重歸文獻——影印經學要籍善本叢刊

影印南宋官版

尚書正義

（唐）孔穎達 撰

北京大學出版社
PEKING UNIVERSITY PRESS

國家古籍整理出版專項經費資助項目

重歸文獻——影印經學要籍善本叢刊

主編 安平秋 楊忠

「重歸文獻」叢書序

學術從建立各種相關概念開始，逐漸討論各概念之間的關係，追求建設精緻完美的理論體系。不難想像，在這追求的過程中，脫離實有世界的傾向是不可避免的，因爲他們的出發點是諸概念，目標是理論世界的完美。西漢章句學發展到極點，遭到班固、桓譚、王充等的批評，班固等轉而主張兼通五經；南北朝義疏學發展到極點，遭到顏之推、王劭、劉炫等的鄙視，顏之推等轉而主張廣泛閱讀典籍。朱熹以四書爲基礎建立一套經學體系，元儒紛紛爲之義疏，研究透徹，理論精密，理學理論貫徹到五經所有內容。於是出現一個悖理：五經所述既然不外乎四書之道理，讀五經有何意義？所以明代中期以後學者才逐漸轉移目光，開始閱讀漢注唐疏以及唐代以前各種典籍。二十世紀史學界，曾經盛行馬列理論，經過諸多學者辛勤研究，所有歷史現象都被證明符合馬列理論。同樣出現的問題是：既然知道都符合馬列理論，還有必要學歷史嗎？我們利用概念、理論，可以收到以簡馭繁的效果，但這種概括方式走到最後，只能導致學術的貧瘠，甚至口號化。若欲拯救這種貧瘠，唯有回到文獻的豐饒世界裡。

經過八十年代的理論熱，九十年代的國學熱，近十年來文史領域的論文數量猛增，而我們又開始感覺到學術的空虛。現在我們要暫時告別學術界，跳出學術發展的大潮流，上岸腳踏實地，重新調查實有的歷史文獻，仔細探索各種概念、理論與實有文獻之間的關係。我們不求速成，準備從容悠長地進行調查。首先要有可供調查的材料，所以我們策劃推出這套叢書。我們選擇最基本的文獻，尋找該書最重要的版本，儘可能全面、如實地展現其實有真相。因此，本叢書會有殘、破、髒、重、小等看似十分糟糕的特點，而我們爲此感到驕傲。版片磨損，印葉殘破，背面有公文等情況，本叢書都如實影印，絕不加工。原版、補版儘量並列對照，不怕重複。爲便個人學者長期收藏、調查，又爲便掌握全書結構，先後對照，本叢書經過縮印。希望本叢書能夠爲文史研究提供一片原始森林，既爲學界提供必要的稀有資源，又作爲可以退守的根據地。也希望本叢書能爲那些有能力體察實有文獻真相的同道所購，時常引誘他們踏進實有文獻的世界中。

【出版説明】

傳世尚書正義版本，以楊守敬舊藏越刊八行本爲最佳。自一九八六年古逸叢書三編影印之後，普及甚廣。然此本有缺卷、缺葉，配補日人影抄，所據非宋版。足利學校所藏宋版儘管包含較多補版，基本完足，僅缺數葉，楊守敬舊藏本之缺卷、缺葉皆所具備。除了八行本之外，又有南宋刊單疏本，保留北宋監本之風貌，夙爲學者所重，有翻刻本及多種影印本，頗便參考。然其本譌誤不在少，刊刻時間又晚於八行本，不得專據。

本書以楊守敬舊藏本爲主，用足利學校所藏宋版配補缺卷、缺葉，於是八行本始無缺憾；又取宋版單疏本與八行本對照影印，可以直接覈對八行本、單疏本之原字。八行本既得完璧，又與宋版單疏並排，本書一編在手，可以直逼尚書正義北宋監本之原貌。

又，宋刊尚書孔傳單行本，如今僅李盛鐸舊藏本傳世，而其本校刊欠佳，則今日當以八行本所載尚書孔傳爲最得北宋監本之正統。

本書包含首次公布之足利學校藏本及重新據膠卷成像之單疏本，經過合理編排，爲今日讀者研讀尚書孔傳及孔穎達正義，提供最可靠、最方便的讀本。

【凡例】

一、本書對照影印尚書正義越刊八行本與南宋刊單疏本。

一、八行本以北京圖書館藏楊守敬舊藏本爲主，今用古逸叢書三編影印本，本書簡稱「楊本」。

一、楊本缺卷、缺葉有補抄，今皆不取，用足利學校藏本配補。足利學校藏本，本書簡稱「足利本」，今複製斯道文庫所藏縮微膠卷，電子掃描拼接影印。

一、單疏本以日本宫内廳書陵部藏本爲底本。今複製書陵部所藏縮微膠卷，電子掃描拼接影印。

一、編排以上欄八行本、下欄單疏本爲原則。八行本葉數較多，爲便對照，雙數頁下欄亦排八行本。

一、八行本相應之單疏本内容，或不在當頁。本書新編目次及書耳篇名，均以八行本爲準。

目次

附　錄

孔維等校定上表

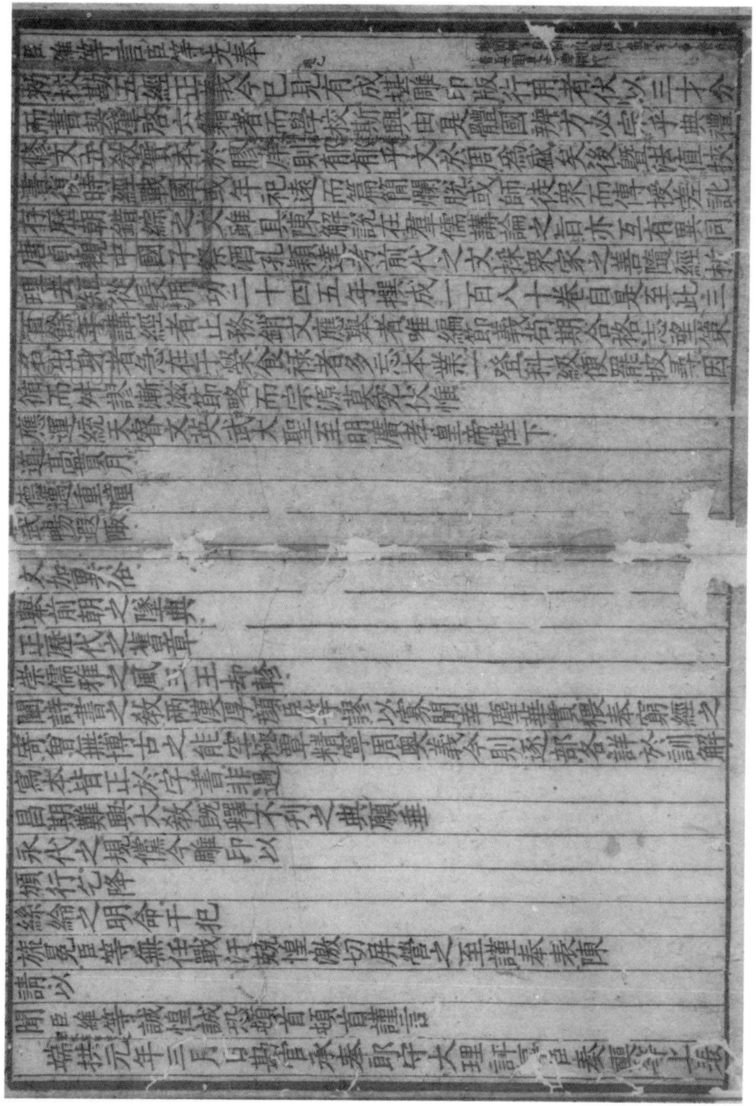

單疏卷一第一葉

楊本卷首第一葉

武暢遐陬
文加異俗
舉前朝之墜典
正歷代之舊章
崇儒雅之風三王却軫
闡詩書之教兩漢厚顔臣等謬以寡聞幸塵華貫猥
奉窮經之寄曾無博古之能而逖覽精審周與義今
則遂部各詳於訓解寫本皆正
昌期雖與以老既釋不刊之典
永代之規儻令雕印以
頒行乞降
絲綸之明命干犯
旒扆臣等無任戰汗兢惶激切屏營之至謹奉表陳
請以
聞臣維等誠惶誠恐頓首頓首謹言
端拱元年三月日勘官承奉郎守大理評事臣秦奭等上表

楊本卷首第二葉

勘官徵事郎守大理寺丞柱國臣軒轅節
勘官徵事郎守太子右贊善大夫臣胡令問
勘官承奉郎守太子右贊善大夫柱國臣解貞吉
勘官承奉郎守殿中丞柱國臣胡迪
勘官朝奉郎守國子毛詩博士柱國賜緋魚袋臣解損
勘官朝奉郎守國子禮記博士賜緋魚袋臣李覺
勘官承奉郎守國子春秋博士賜緋魚袋臣袁逢
都勘官朝請大夫守國子司業賜紫金魚袋臣孔維

上五經正義表
臣無忌等言臣聞混元初闢三極之道分焉醇德既
醨六籍之文著矣於是龜書浮於溫洛爰演九疇龍
圖出於榮河以彰八卦故能範圍天地埏埴陰陽道
濟四濱知周萬物所以七教八政垂炯戒於百王五
始六虛貽徽範於千古詠歌明得失之跡雅頌表
廢興之由實刑政之紀綱乃人倫之隱括昔雲官司
契之后火紀建極之君雖步驟不同質文有異莫不

楊本卷首第三葉

長孫無忌等上表

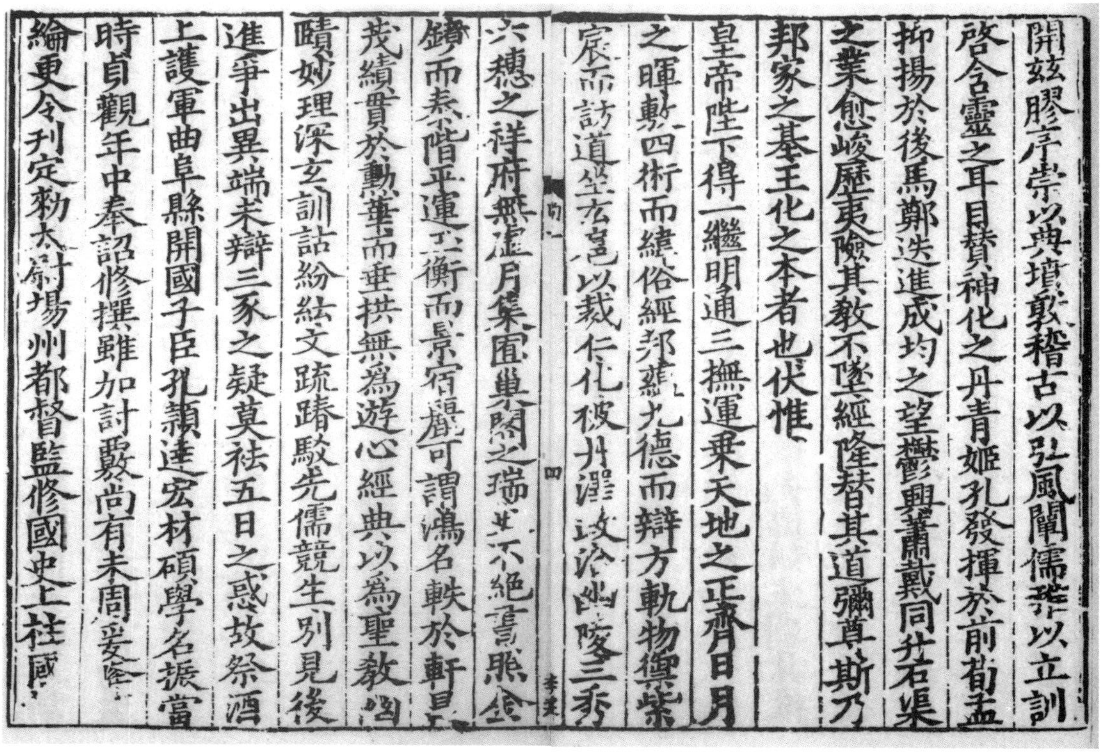
開玆膠序崇以典墳敦稽古以弘風闡儒雅以立訓
啓含靈之耳目贊神化之丹青姬孔發揮於前荀孟
抑揚於後馬鄭迭進成均之望鬱興蕭戴同升石渠
之業愈峻歷夷險其教不墜經隆替其道彌尊斯乃
邦家之基王化之本者也伏惟
皇帝陛下得一繼明通三撫運乘天地之正齊日月
之暉敷四術而緯俗經邦蘊九德而辯方軌物御紫
宸而訪道坐玄扈以裁仁化被丹澤政洽幽陵三秀
六穗之祥府無虛月集囿巢閣之瑞史不絕書照金
鏡而泰階平運玉衡而景宿麗可謂鴻名軼於軒昊
茂績貫於勳華垂拱無爲遊心經典以爲聖教幽
賾妙理深玄訓詁紛紜文疏踳駁先儒競生別見後
進爭出異端未辯三家之疑莫袪五日之惑故祭酒
上護軍曲阜縣開國子臣孔穎達宏材碩學名振當
時貞觀年中奉詔修撰雖加討覈尚有未周爰降絲
綸更令刊定敕太尉揚州都督監修國史上柱國

楊本卷首第四葉

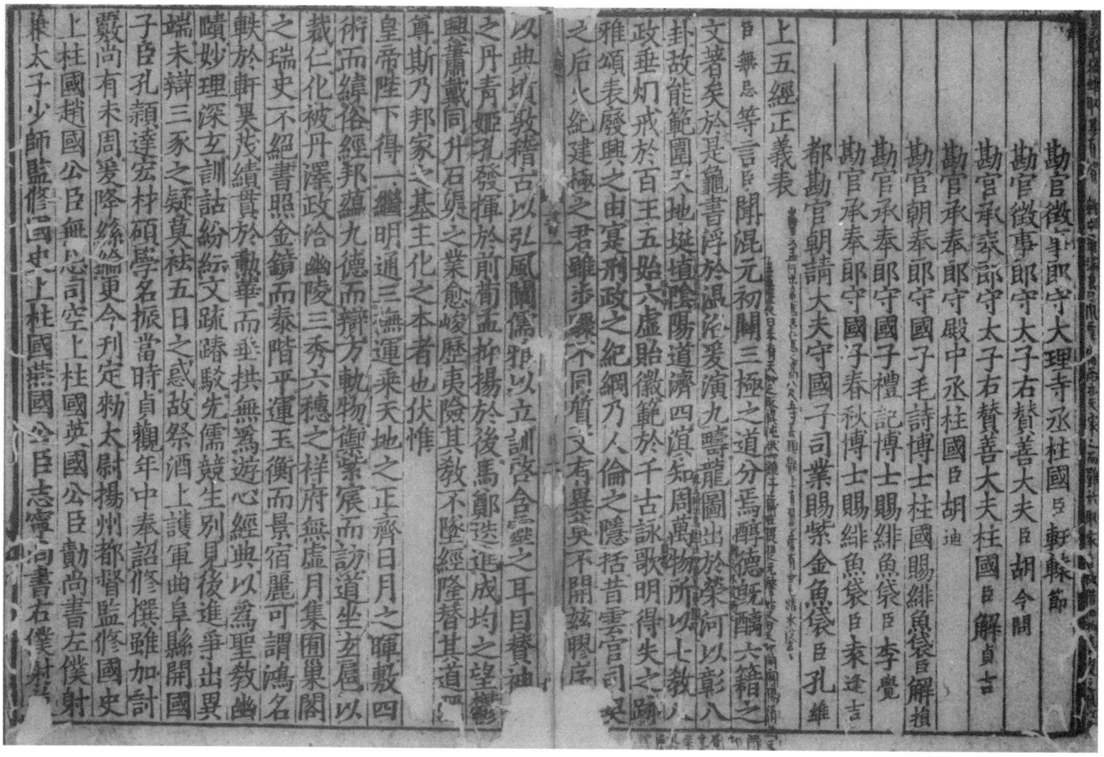
勘官徵事郎守大理寺丞柱國臣軒轅節
勘官徵事郎守太子右贊善大夫臣胡令問
勘官承奉郎守太子右贊善大夫柱國臣解貞吉
勘官承奉郎守殿中丞柱國臣胡迪
勘官朝奉郎守國子毛詩博士柱國賜緋魚袋臣解損
勘官承奉郎守國子禮記博士賜緋魚袋臣李覺
勘官承奉郎守國子春秋博士賜緋魚袋臣袁逢吉
都勘官朝請大夫守國子司業賜紫金魚袋臣孔維
[illegible]
上五經正義表
臣無忌等言臣聞混元初闢三極之道分焉醇德既醨六籍之
文著矣於是龜書浮於溫洛爰演九疇龍圖出於榮河以彰八
卦故能範圍天地埏埴陰陽道濟四溟知周萬物所以七教八
政垂炯戒於百王五始六虛貽徽範於千古詠歌明得失之跡
雅頌表廢興之由實刑政之紀綱乃人倫之隱括昔雲官司契
之后火紀建極之君雖步驟不同質文有異莫不開玆膠序
以典墳敦稽古以弘風闡儒雅以立訓啓含靈之耳目贊神
之丹青姬孔發揮於前荀孟抑揚於後馬鄭迭進成均之望鬱
興蕭戴同升石渠之業愈峻歷夷險其教不墜經隆替其道彌
尊斯乃邦家之基王化之本者也伏惟
皇帝陛下得一繼明通三撫運乘天地之正齊日月之暉敷四
術而緯俗經邦蘊九德而辯方軌物御紫宸而訪道坐玄扈以
裁仁化被丹澤政洽幽陵三秀六穗之祥府無虛月集囿巢閣
之瑞史不絕書照金鏡而泰階平運玉衡而景宿麗可謂鴻名
軼於軒昊茂績貫於勳華垂拱無爲遊心經典以爲聖教幽
賾妙理深玄訓詁紛紜文疏踳駁先儒競生別見後進爭出異
端未辯三家之疑莫袪五日之惑故祭酒上護軍曲阜縣開國
子臣孔穎達宏材碩學名振當時貞觀年中奉詔修撰雖加討
覈尚有未周爰降絲綸更令刊定敕太尉揚州都督監修國史
上柱國趙國公臣無忌司空上柱國英國公臣勣尚書左僕射
兼太子少師監修國史上柱國燕國公臣志寧尚書右僕射

單疏卷一第二葉

國公臣無忌司空上柱國英國公臣勣尚書左僕射
兼太子少師監修國史上柱國燕國公臣志寧尚書
右僕射兼太子少傅監修國史上護軍北平縣開國
公臣行成光祿大夫吏部尚書侍中兼太子少保監
修國史上護軍脩縣開國公臣季輔光祿大夫吏部
尚書監修國史上柱國河南郡開國公臣褚遂良銀
青光祿大夫守中書令監修國史上騎都尉臣柳奭大
前諫議大夫弘文館學士臣谷那律國子博士弘文
館學士臣劉伯莊朝議大夫守國子博士臣王德韶
朝散大夫行太學博士臣賈公彥朝散大夫行太學
博士弘文館直學士臣范義頵朝散大夫行太常博
士臣柳宣通直郎守太學博士臣齊威宣德郎守國
子助教臣史士弘宣德郎行太常博士臣孔志約右
內率府長史弘文館直學士臣薛伯珍兼太學助教
臣鄭祖玄徵事郎守太學助教臣隨德素徵事郎守
四門博士臣趙君贊承務郎守太學助教臣周玄達

承務郎守四門助教臣李玄植儒林郎守四門助教
臣王真儒等上稟
宸旨旁摭羣書釋左氏之膏肓翦古文之煩亂探曲
臺之奧趣索連山之玄言囊括百家森羅萬有比之
天象與七政而長懸方之地軸將五嶽而永久筆削
已了繕寫如前臣等學謝伏恭業慚張禹雖罄庸淺
懼乖正典謹以上聞伏增戰越謹言
永徽四年二月二十四日太尉揚州都督上柱國趙
國公臣無忌等上表

國子祭酒上護軍曲阜縣開國子臣孔穎達奉　勑撰

尚書正義序

夫書者人君辭誥之典右史記言之策古之王者事
總萬機發號出令義非一揆或設教以馭下或展禮
以事上或宣威以肅震曜或敷和而散風雨得之則
百度惟貞失之則千里斯謬樞機之發榮辱之主絲
綸之動不可不慎所以辭不苟出君舉必書欲其

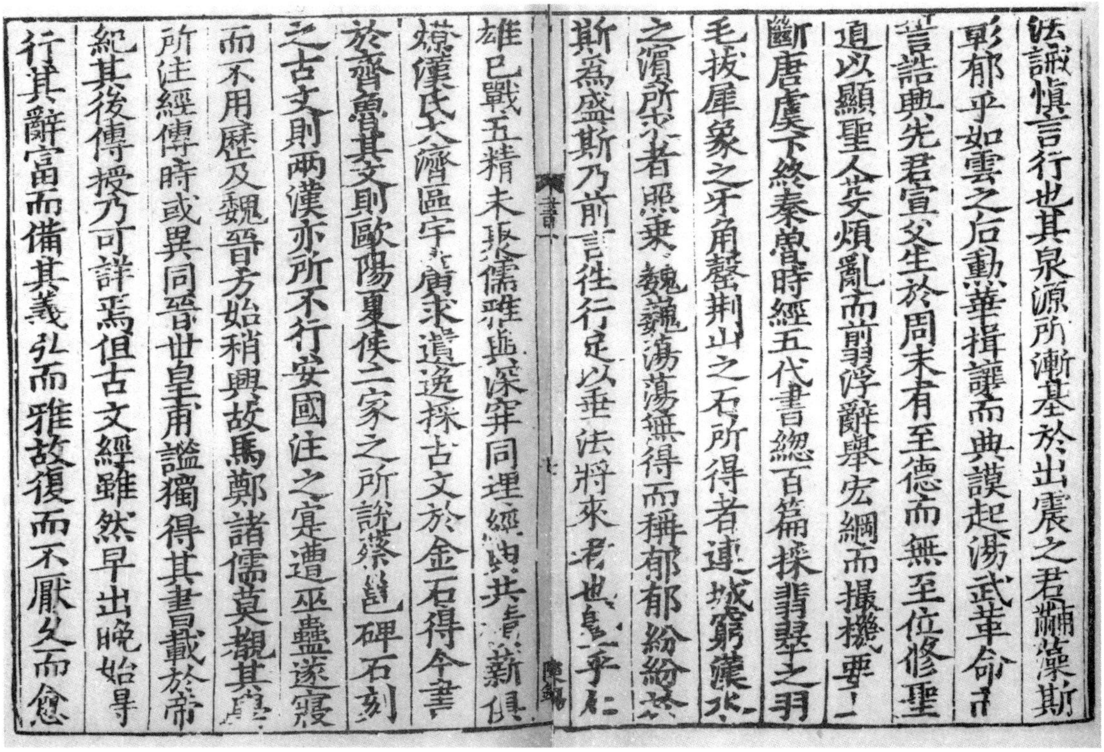
法誠慎言行也其泉源所漸基於出震之君黼藻斯
彰郁乎如雲之后勳華揖讓而典謨起湯武革命而
誓誥興先君宣父生於周末有至德而無至位修聖
道以顯聖人芟煩亂而翦浮辭舉宏綱而撮機要上
斷唐虞下終秦魯時經五代書總百篇採翡翠之羽
毛拔犀象之牙角罄荆山之石所得者連城窮漢水
之濱所求者照乘巍巍蕩蕩無得而稱郁郁紛紛於
斯爲盛斯乃前言往行足以垂法將來者也暨乎七
雄已戰五精未聚儒雅與深穽同埋經典共積薪俱
燎漢氏太濟區宇之廣求遺逸採古文於金石得今書
於齊魯其文則歐陽夏侯二家之所說蔡邕碑石刻
之古文則兩漢亦所不行安國注之實遭巫蠱遂寢
而不用歷及魏晉方始稍興故馬鄭諸儒莫覩其學
所注經傳時或異同晉世皇甫謐獨得其書載於帝
紀其後傳授乃可詳焉但古文經雖然早出晚始得
行其辭富而備其義弘而雅故復而不厭久而愈

楊本卷首第七葉

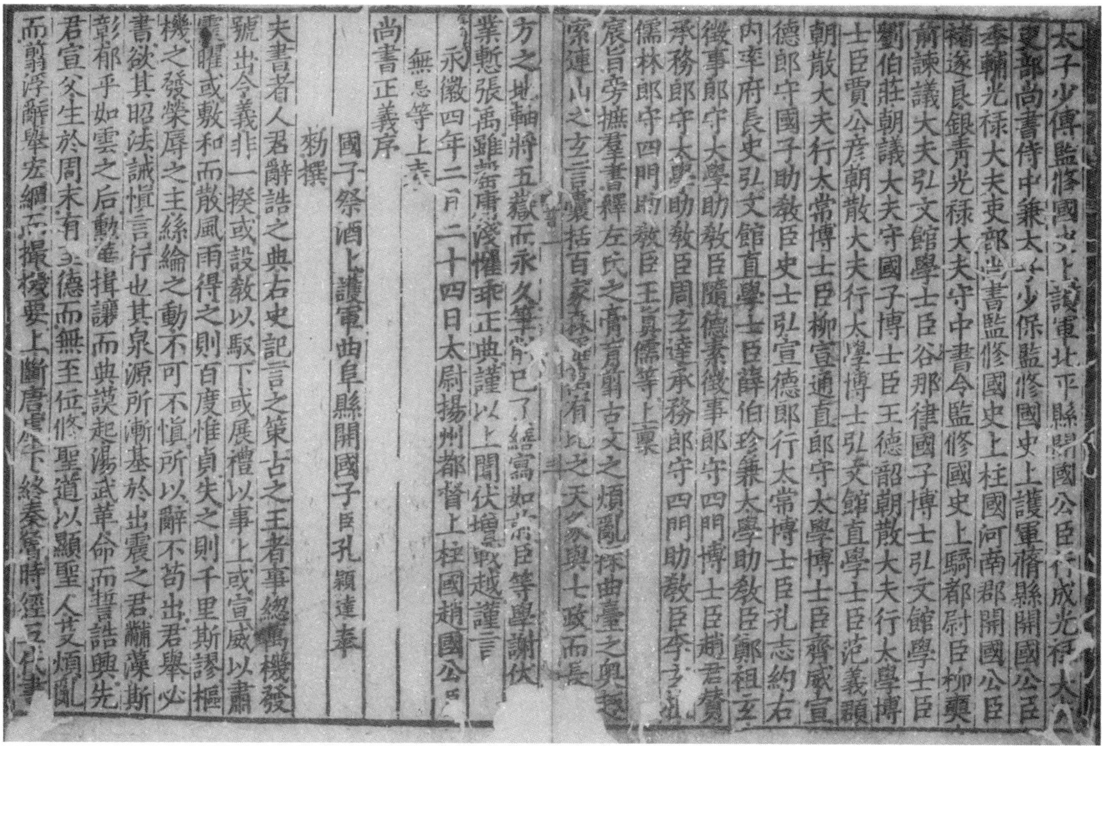
太子少傅監修國史上護軍北平縣開國公臣行成光禄大夫
吏部尚書侍中兼太子少保監修國史上護軍蓨縣開國公臣
季輔光禄大夫吏部尚書監修國史上柱國河南郡開國公臣
褚遂良銀青光禄大夫守中書令監修國史上騎都尉臣柳奭
前諫議大夫弘文館學士臣谷那律國子博士弘文館學士臣
劉伯莊朝議大夫守國子博士臣王德韶朝散大夫行太學博
士臣賈公彦朝散大夫行太學博士弘文館直學士臣范義頵
朝散大夫行太常博士臣柳宣通直郎守太學博士臣齊威宣
德郎守國子助教臣史士弘宣德郎行太常博士臣孔志約右
内率府長史弘文館直學士臣薛伯珍兼太學助教臣鄭祖玄
徵事郎守太學助教臣隨德素徵事郎守四門博士臣趙君贊
承務郎守太學助教臣周玄達承務郎守四門助教臣李玄植
儒林郎守四門助教臣王真儒等上稟
宸旨旁摭羣書釋左氏之膏肓翦古文之煩亂探曲臺之奧趣
賾連山之玄言囊括百家森羅萬有比之天文與七政而長
方之地軸將五嶽而永久筆削已了繕寫如前臣等學謝伏
業慙張禹雖罄庸淺懼乖正典謹以上聞伏增戰越謹言
永徽四年二月二十四日太尉揚州都督上柱國趙國公臣
無忌等上表
尚書正義序
國子祭酒上護軍曲阜縣開國子臣孔穎達奉
勑撰
夫書者人君辭誥之典右史記言之策古之王者事總萬機發
號出令義非一揆或設教以馭下或展禮以事上或宣威以肅
震曜或敷和而散風雨得之則百度惟貞失之則千里斯謬樞
機之發榮辱之主絲綸之動不可不慎所以辭不苟出君舉必
書欲其昭法誡慎言行也其泉源所漸基於出震之君黼藻斯
彰郁乎如雲之后勳華揖讓而典謨起湯武革命而誓誥興先
君宣父生於周末有至德而無至位修聖道以顯聖人芟煩亂
而翦浮辭舉宏綱而撮機要上斷唐虞下終秦魯時經五代書

單疏卷一第三葉

亮江左學者咸悉祖焉近至隋初始流河朔其爲正
義者蔡大寶巢猗費甝顧彪劉焯劉炫等其諸公旨
趣多或因循怗釋注文義皆淺略惟劉焯劉炫最爲
詳雅然焯乃織綜經文穿鑿孔穴詭其新見異彼前
儒非險而更爲險無義而更生義竊以古人言誥惟
在達情雖復時或取象不必辭皆有意若其言必託
數經悉對文斯乃鼓怒浪於平流震驚飆於靜樹使
教者煩而多惑學者勞而少功過猶不及良爲此也
炫嫌焯之煩雜就而刪焉雖復微稍省要又好改張
前義義更太略辭又過華雖爲文筆之善乃非開奬
之路義既無義文又非文欲使後生若爲領袖此乃
炫之所失未爲得也今奉明勑考定是非謹罄庸愚
竭所聞見覽古人之傳記質近代之異同存其是而
去其非削其煩而增其簡此亦非敢臆說必據舊聞
謹與朝散大夫行大學博士臣王德韶前四門助教
臣李子雲等謹共銓敘至十六年又奉

楊本卷首第八葉

總百篇採翡翠之羽毛拔犀象之牙角罄荆山之石所得者連
城窮漢水之濱所求者照乘巍巍蕩蕩無得而稱郁郁紛紛於
斯爲盛斯乃前言往行足以垂法將來者也暨乎七雄已戰五
精未聚儒雅與深穽同埋經典共積薪俱燎漢氏大濟區宇廣
求遺逸採古文於金石得今書於齊魯其文則歐陽夏侯二家
之所說蔡邕碑石刻之古文則兩漢亦所不行安國注之實遭
巫蠱遂寢而不用歷及魏晉方始稍興故馬鄭諸儒莫覩其學
所注經傳時或異同晉世皇甫謐獨得其書載於帝紀其後傳
授乃可詳焉但古文經雖然早出晚始得行其辭富而備其義
弘而雅故復而不厭久而愈亮江左學者咸悉祖焉近至隋初
始流河朔其爲正義者蔡大寶巢猗費甝顧彪劉焯劉炫等其
諸公旨趣多或因循怗釋注文義皆淺略惟劉焯劉炫最爲詳
雅然焯乃織綜經文穿鑿孔穴詭其新見異彼前儒非險而更
爲險無義而更生義竊以古人言誥惟在達情雖復時或取象
不必辭皆有意若其言必託數經悉對文斯乃鼓怒浪於平流
震驚飆於靜樹使教者煩而多惑學者勞而少功過猶不及良
爲此也炫嫌焯之煩雜就而刪焉雖復微稍省要又好改張前
義義更太略辭又過華雖爲文筆之善乃非開奬之路義既無
義文又非文欲使後生若爲領袖此乃炫之所失未爲得也今奉
明勑考定是非謹罄庸愚竭所聞見覽古人之傳記質近代之
異同存其是而去其非削其煩而增其簡此亦非敢臆說必據
舊聞謹與朝散大夫行大學博士臣王德韶前四門助教臣李
子雲等謹共銓敘至十六年又奉
勑與前脩疏人及通直郎行四門博士驍騎尉臣朱長才給事
郎守四門博士上騎都尉臣蘇德融登仕郎守太學助教雲騎
尉臣隨德素儒林郎守四門助教雲騎尉臣王士雄等對
勑使趙弘智覆更詳審爲之正義凡二十卷庶對揚於聖範冀
有益於童稚略陳其事叙之云爾

單疏卷一第四葉

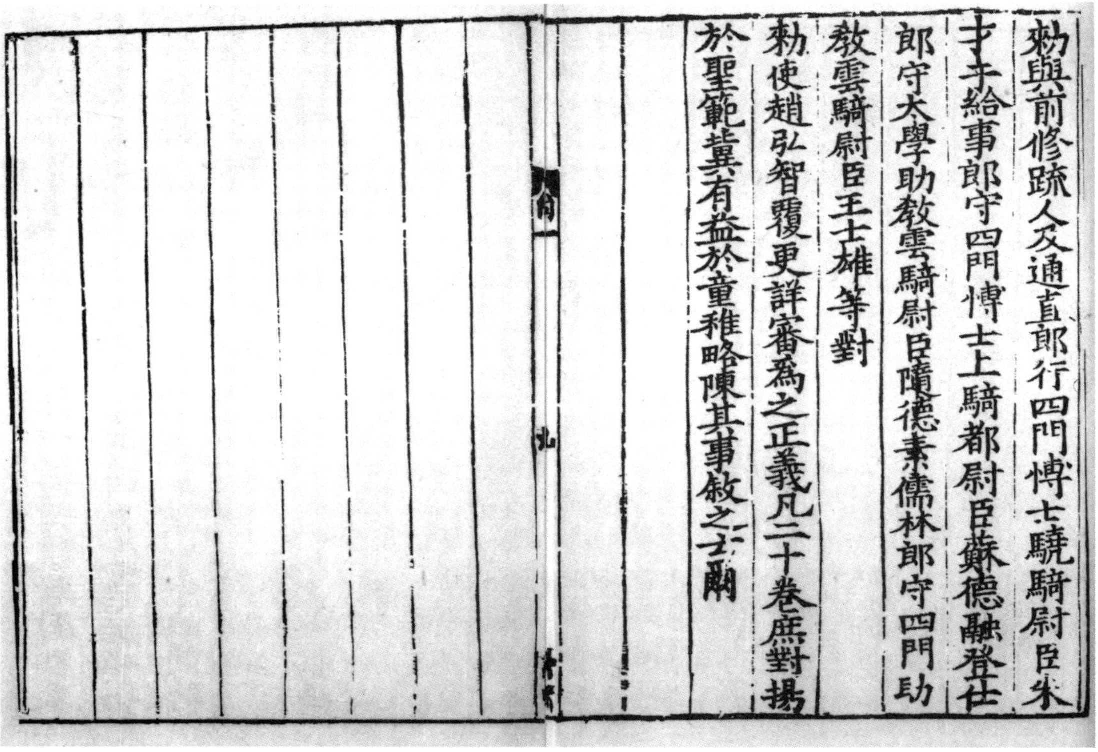

勑與前修疏人及通直郎行四門博士驍騎尉臣朱
子奢給事郎守四門博士上騎都尉臣蘇德融登仕
郎守太學助教雲騎尉臣隋德素儒林郎守四門助
教雲騎尉臣王士雄等對
勑使趙弘智覆更詳審爲之正義凡二十卷庶對揚
於聖範冀有益於童稚略陳其事敍之云爾

楊本卷首第九葉

尚書正義卷第一
國子祭酒上護軍曲阜縣開國子臣孔穎達等奉
勅撰
尚書序 疏 正義曰道本沖寂非有名言既形以道
生物由名舉則凡諸經史因物立名物
有本形形從事著聖賢闡教事顯於言言愜羣心
書而示法既書有法因號曰書後人見其久遠自
於上世尚者上也言此上代以來之書故曰尚書
且言者意之聲書者言之記是故存言以聲意立
書以記言故易曰書不盡言言不盡意是言者意
之筌蹄書言相生者也書者舒也書緯璿璣鈐云
書者如也則書者寫其言如其意情得展舒也又
劉熙釋名云書者庶也以記庶物又爲著言書事得
彰著五經六籍皆是筆書此獨稱書者以彼五經
者非是君口出言即書爲法所書之事各有云爲
遂以所爲別立其稱稱以事立故不名書至於此
書者本書君事事雖有別正是君言言而見書因而
立號以此之故名異諸部但諸部之書隨事立名
名以事舉要名立之後亦是筆書故百氏六經總
曰書也論識所謂題意別名各自載耳昭二年左
傳曰晉韓起適魯觀書於太史氏見易象與魯春
秋此總名書也序者言序述尚書起記存亡註說
之由序爲尚書而作故曰尚書序周頌曰繼序思
不忘毛傳云序者緒也則緒述其事使理相胤續
續若繭之抽緒但易有序卦子夏作詩序孔子亦
作尚書序故孔君因此作序名也鄭玄謂之贊者
以序不分散避其序名故謂之贊贊者明也佐也
佐成序義明以注解故也安國以孔子之序分附
篇端故已之總述亦謂之序事不煩重義無所嫌

楊本卷一第一葉

尚書正義卷第一
國子祭酒上護軍曲阜縣開國子臣孔穎達等奉
勅撰
尚書序
正義曰道本沖寂非有名言既形以道生物由名舉則凡諸經
史因物立名物有本形形從事著聖賢闡教事顯於言言愜羣
心書而示法既書有法因號曰書後人見其久遠自於上世尚
者上也言此上代以來之書故曰尚書且言者意之聲書者言
之記是故存言以聲意立書以記言故易曰書不盡言言不盡
意是言者意之筌蹄書言相生者也書者舒也書緯璿璣鈐云
書者如也則書者寫其言如其意情得展舒也又劉熙釋名云
書者庶也以記庶物又爲著言事得彰著五經六籍皆是筆書
此獨稱書者以彼五經者非是君口出言即書爲法所書之事
各有云爲遂以所爲別立其稱稱以事立故不名書至於此書
者本書君事事雖有別正是君言言而見書因而立號以此之
故名異諸部但諸部之書隨事立名名以事舉要名立之後亦
是筆書故百氏六經總曰書也論識所謂題意別名各自載耳
昭二年左傳曰晉韓起適魯觀書於太史氏見易象與魯春秋
此總名書也序者言序述尚書起記存亡註說之由序爲尚書
而作故曰尚書序周頌曰繼序思不忘毛傳云序者緒也則緒
述其事使理相胤續若繭之抽緒但易有序卦子夏作詩序孔
子亦作尚書序故孔君因此作序名也鄭玄謂之贊者以序不
分散避其序名故謂之贊贊者明也佐也佐成序義明以注解
故也安國以孔子之序分附篇端故已之總述亦謂之序事不
煩重義無所嫌故也
古者至生焉
正義曰代結繩者言前世之政用結繩今有書契以代之則伏
犧時始有文字以書事故曰由是文籍生焉自今本昔曰古古
者以聖德伏物教人以犧牲故曰伏犧字或作宓犧音亦同律
曆志曰結作網罟以取犧牲故曰伏犧或曰包犧言取犧而包

單疏卷一第五葉

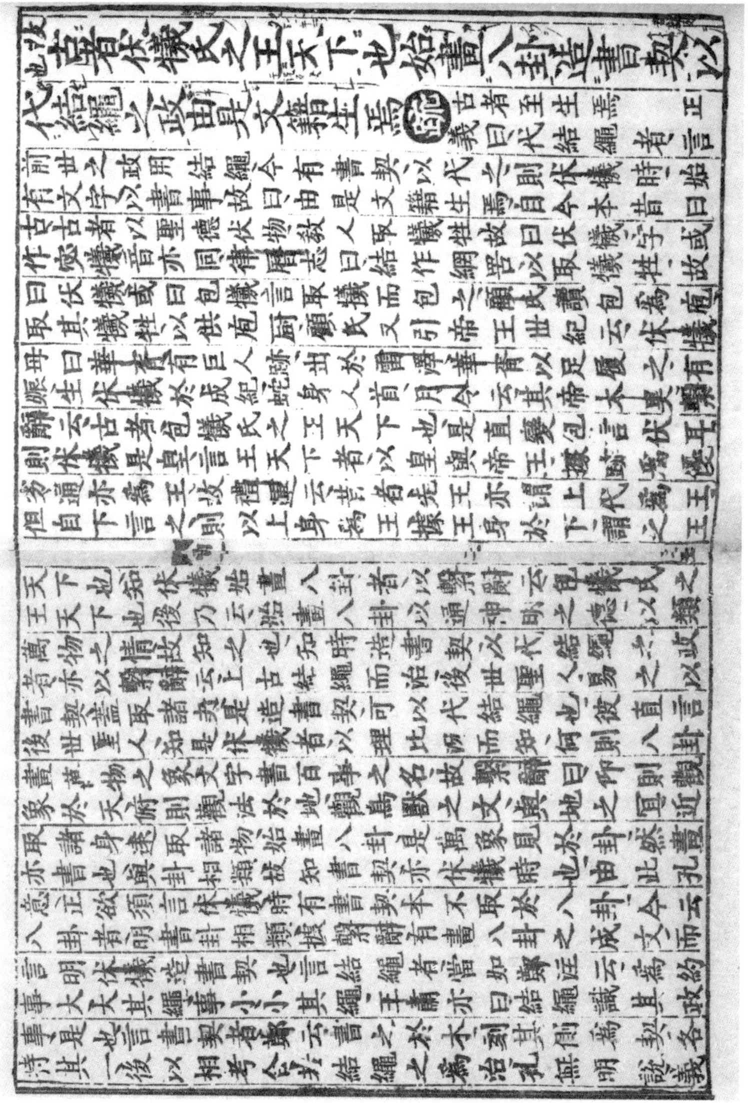
古者伏犧氏之王天下也始畫八卦造書契以代結繩之政由是文籍生焉

楊本卷一第二葉

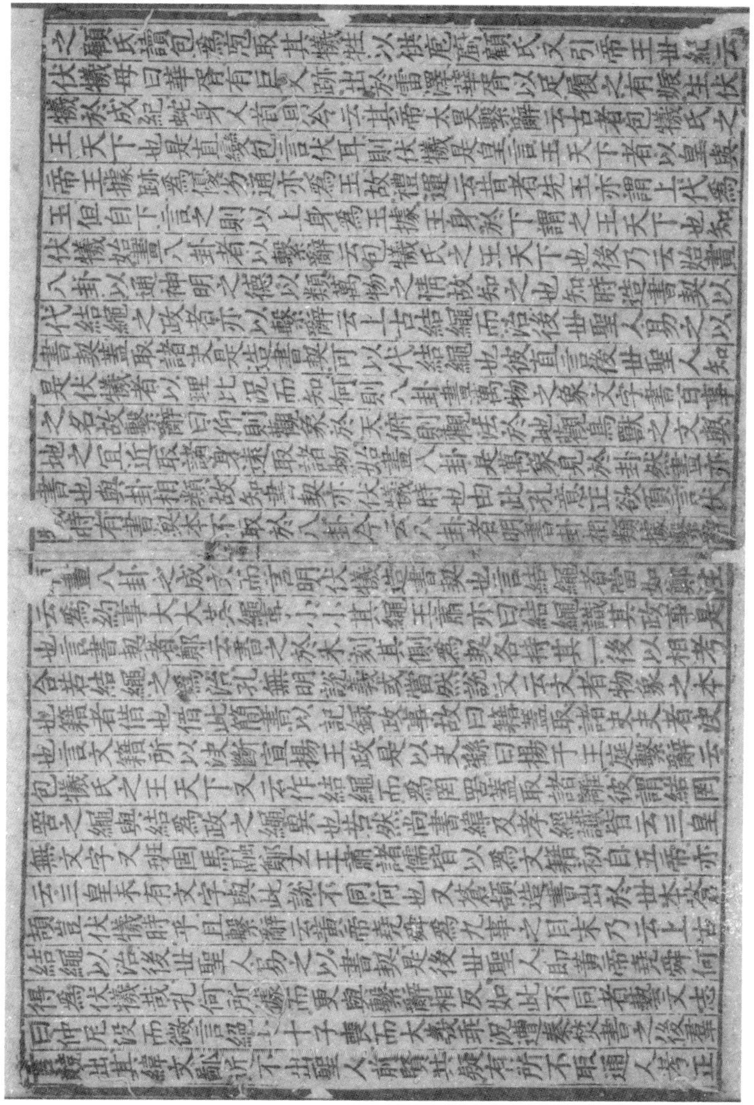

單疏卷一第六葉

或當然說文云文者物象之本也籍者借也借此
簡書以記錄政事故曰籍蓋取諸夬夬者決也言
文籍所以決斷宣揚王政是以夬繇曰揚于王庭
繫辭云包犧氏之王天下也又云作結繩而爲罔罟
蓋取諸離彼謂結罔罟之繩與結爲政之繩異也
若然尚書緯及孝經讖皆云三皇無文字又班固
馬融鄭玄王肅諸儒皆以爲文籍初自五帝亦云
三皇未有文字與此說不同何也又蒼頡造書出
於世本蒼頡豈伏犧時乎且繫辭云黃帝堯舜爲
九事之目末乃云上古結繩以治後世聖人易之
以書契是後世聖人即黃帝堯舜何得爲伏犧哉
孔何所據而更與繫辭相反如此不同者藝文志
曰仲尼沒而微言絕七十子喪而大義乖況遭秦
焚書之後羣言競出其緯文鄙近不出聖人前賢
共疑有所不取通人考正僞起哀平則孔君之時
未有此緯何可引以爲難乎其馬鄭諸儒以據文

尚一　三　王

立說見後世聖人在九事之科便謂書起五帝自
所見有異亦不可難孔也而繫辭云後世聖人在
九事之下者有以而然案彼文先歷說伏犧神農
蓋取下乃云黃帝堯舜垂衣裳而天下治蓋取諸
乾坤是黃帝堯舜之事也又舟楫取渙服牛取隨
重門取豫臼杵取小過弧矢取睽此五者時無所
繫在黃帝堯舜時以否皆可以通也至於宮室葬
與書契皆先言上古古者乃言後世聖人易之則
別起事之端不指黃帝堯舜時以此葬事云古者
不云上古而云易之以棺槨棺槨自殷湯而然非
是彼時之驗則上古結繩何廢伏犧前也其蒼頡
則說者不同故世本云蒼頡作書司馬遷班固韋
誕宋忠傅玄皆云蒼頡黃帝之史官也崔瑗曹植
蔡邕索靖皆直云古之王也徐整云在神農黃帝
之間譙周云在炎帝之世衛氏云當在庖犧蒼帝
之世慎到云在庖犧之前張揖云蒼頡爲帝王生

楊本卷一第三葉

於禪通之紀廣雅曰自開闢至獲麟二百七十六
萬歲分爲十紀則大率一紀二十七萬六千年十
紀者九頭一也五龍二也攝提三也合雒四也連
通五也序命六也循蜚七也因提八也禪通九也
流訖十也如揖此言則蒼頡在獲麟前二十七萬
六千餘年是說蒼頡其年代莫能有定亦不可以
難孔也然紀自燧人而下揖以爲自開闢而設又
伏犧前六紀後三紀亦爲據張揖慎到徐整等說
亦不可以年斷其流訖之紀似自黃帝爲始耳又
依易緯通卦驗燧人在伏犧前表計寘其刻曰蒼
牙通靈昌之成孔演命明道經鄭玄注云刻謂刻
石而記識之據此伏犧前已有文字矣又陰陽書
稱天老對黃帝云鳳皇之象首戴德背負仁頸荷
義膺抱信足履政尾繫武又山海經云鳳皇首文
曰德背文曰義翼文曰順膺文曰仁腹文曰信又
易繫辭云河出圖洛出書聖人則之是文字與天

尚一　四

地並興焉又韓詩外傳稱古封太山禪梁甫者萬
餘人仲尼觀焉不能盡識又管子書稱管仲對齊
桓公曰古之封太山者七十二家夷吾所識十二
而已首有無懷氏封太山禪云云其登封者皆刻
石紀號但遠者字有彫毀故不可識則夷吾所不
識者六十家又在無懷氏前孔子觀而不識又多
於夷吾是文字在伏犧之前已自久遠何怪伏犧
而有書契乎如此者蓋文字在三皇之前未用之
教世至伏犧乃用造書契以代結繩之政是教世
之用猶燧人有火中古用以燔黍捭豚後聖乃修
其利相似文字理本有之用否隨世而漸也若然
惟繫辭至神農始有噬嗑與益則伏犧時其卦未
重當無雜卦而得有取諸夬者此自鄭玄等說耳
案說卦曰昔者聖人幽贊於神明而生蓍繫辭曰
天生神物聖人則之則伏犧用蓍而筮矣故鄭注
說卦亦曰昔者聖人謂伏犧文王也繫辭又曰十

楊本卷一第四葉

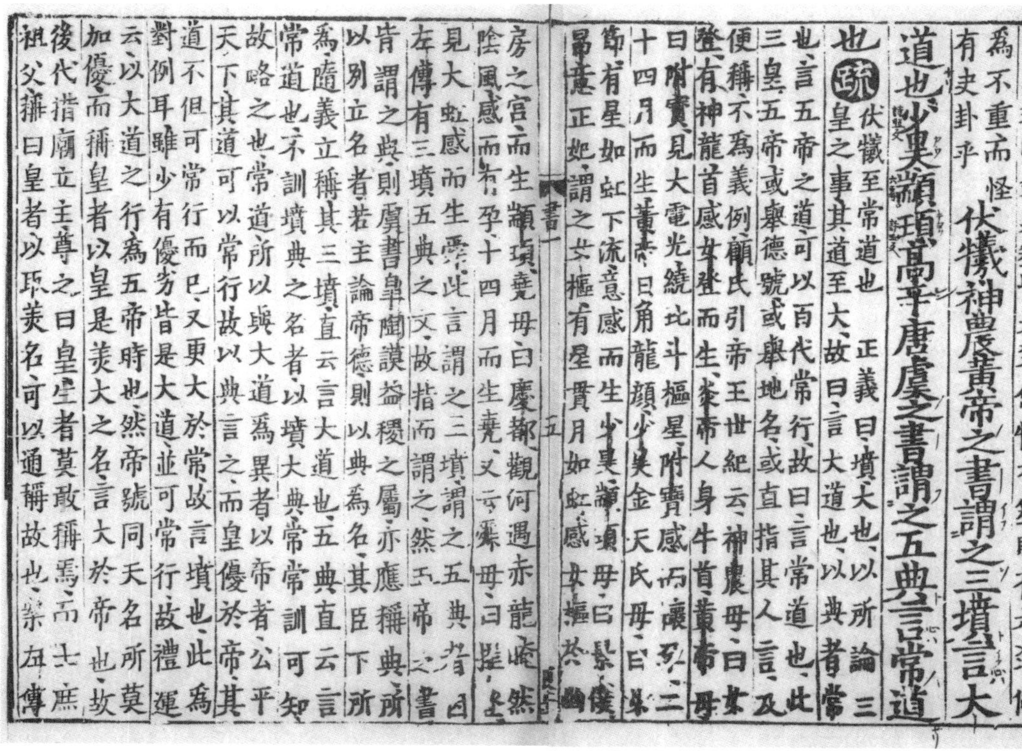
有八變而成卦是言爻皆三歸奇爲三變十八變
則六爻明矣則筮皆六爻伏犧有筮則有六爻何
爲不重而怪
有夬卦乎
伏犧神農黃帝之書謂之三墳言大
道也少昊顓頊高辛唐虞之書謂之五典言常道
也疏伏犧至常道也　正義曰墳大也以所論三
皇之事其道至大故曰言大道也以典者常
也言五帝之道可以百代常行故曰言常道也此
三皇五帝或舉德號或舉地名或直指其人言及
便稱不爲義例顧氏引帝王世紀云神農母曰女
登有神龍首感女登而生炎帝人身牛首黃帝母
曰附寶見大電光繞北斗樞星附寶感而懷二
十四月而生黃帝於壽丘日角龍顏少昊金天氏母曰女
節有星如虹下流意感而生少昊顓頊母曰景僕
昌意正妃謂之女樞有星貫月如虹感女樞於幽
房之宮而生顓頊堯母曰慶都觀河遇赤龍晻然
陰風感而有孕十四月而生堯又云舜母曰握登
見大虹感而生舜此言謂之三墳謂之五典者
左傳有三墳五典之文故指而謂之然五帝之書
皆謂之典則虞書皐陶謨益稷之屬亦應稱典所
以別立名者若主論帝德則以典爲名其臣下所
爲隨義立稱其三墳直云言大道也五典直云言
常道也不訓墳典之名者以墳大典常常訓可知
故略之也常道所以與大道爲異者以帝者公平
天下其道可以常行故以典言之而皇優於帝其
道不但可常行而已又更大於常故言墳也此爲
對例耳雖少有優劣皆是大道並可常行故禮運
云以大道之行爲五帝時也然帝號同天名所莫
加優而稱皇者以皇是美大之名言大於帝也故
後代措廟立主尊之曰皇生者莫敢稱焉而士庶
祖父稱曰皇者以取美名可以通稱故也案左傳

楊本卷一第五葉

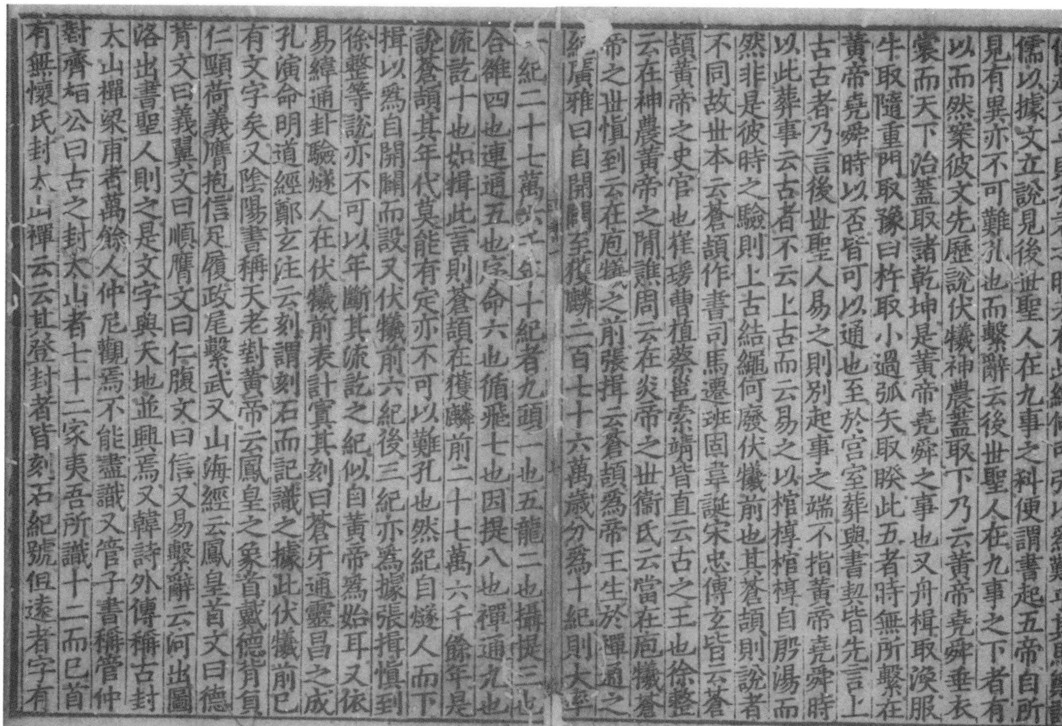
僞起哀平則孔君之時未有此緯何可引以爲難乎其馬鄭諸
儒以據文立說見後世聖人在九事之科便謂書起五帝自所
見有異亦不可難孔也而繫辭云後世聖人在九事之下者有
以而然案彼文先歷說伏犧神農蓋取下乃云黃帝堯舜垂衣
裳而天下治蓋取諸乾坤是黃帝堯舜之事也又舟楫取渙服
牛取隨重門取豫臼杵取小過弧矢取睽此五者時無所繫在
黃帝堯舜時以否皆可以通也至於宮室葬與書契皆先言上
古古者乃言後世聖人易之則別起事之端不指黃帝堯舜時
以此葬事云古者不云上古而云易之以棺槨棺槨自殷湯而
然非是彼時之驗則上古結繩何廢伏犧前也其蒼頡則說者
不同故世本云蒼頡作書司馬遷班固韋誕宋忠傅玄皆云蒼
頡黃帝之史官也崔瑗曹植蔡邕索靖皆直云古之王也徐整
云在神農黃帝之間譙周云在炎帝之世衛氏云當在庖犧蒼
帝之世慎到云在庖犧之前張揖云蒼頡爲帝王生於禪通之
紀廣雅曰自開闢至獲麟二百七十六萬歲分爲十紀則大率
一紀二十七萬六千年十紀者九頭一也五龍二也攝提三也
合雒四也連通五也序命六也循飛七也因提八也禪通九也
流訖十也如揖此言則蒼頡在獲麟前二十七萬六千餘年是
說蒼頡其年代莫能有定亦不可以難孔也然紀自燧人而下
揖以爲自開闢而設又伏犧前六紀後三紀亦爲據張揖慎到
徐整等說亦不可以年斷其流訖之紀似自黃帝爲始耳又依
易緯通卦驗燧人在伏犧前表計寘其刻曰蒼牙通靈昌之成
孔演命明道經鄭玄注云刻謂刻石而記識之據此伏犧前已
有文字矣又陰陽書稱天老對黃帝云鳳皇之象首戴德背負
仁頸荷義膺抱信足履政尾繫武又山海經云鳳皇首文曰德
背文曰義翼文曰順膺文曰仁腹文曰信又易繫辭云河出圖
洛出書聖人則之是文字與天地並興焉又韓詩外傳稱古封
太山禪梁甫者萬餘人仲尼觀焉不能盡識又管子書稱管仲
對齊桓公曰古之封太山者七十二家夷吾所識十二而已首
有無懷氏封太山禪云云其登封者皆刻石紀號但遠者字有

單疏卷一第七葉

正有三墳五典亦言墳是三皇之書典是五帝之
書孔知然者案今堯典舜典是二帝二典推此二
典而上則五帝當五典是五典爲五帝之書今三
墳之書在五典之上數與二皇相當墳又大名與
皇義相類故云三皇之書爲三墳孔君必知三皇
有書者案周禮小史職掌三皇五帝之書是其明
文也鄭玄亦云其書即三墳五典但鄭玄以三皇
無文或據後録定孔君以爲書者記當時之事不
可以在後追録若當時無書後代何以得知其道
也此亦孔君所據三皇有文字之驗耳鄭玄注中
候依運斗樞以伏犧女媧神農爲三皇又云五
帝坐帝鴻金天高陽高辛唐虞氏知不爾者孔君既
不依緯不可以緯難之又易興作之條不見有女
媧何以輒數女媧鄭玄云女媧脩伏犧之道無改作
則已上脩舊者衆豈皆爲皇乎既不數女媧不可
不取黃帝以充三皇耳又鄭玄數五帝何以六人

尚書一　六

或爲之說云德協五帝座不限多少故六人亦名
五帝若六帝何有五座而皇指大帝所謂燿魄寶
止一而已本自無三皇何云三皇豈可三皇數人
五帝數座二文舛互自相乖阻也其諸儒說三皇
或數燧人或數祝融以配犧農者其五帝皆自軒
轅不數少昊斯亦非矣何者燧人說者以爲伏犧之
前據易曰帝出於震震東方其帝太昊又云言古者
伏犧氏之王天下也言古者制作莫先於伏犧何以
燧人廁在前乎又祝融及顓頊以下火官之號金
天已上百官之號以其徵五經無云祝融爲皇者
縱有不過如共工氏共工有水瑞乃與犧農軒摯
相類尚云霸其九州祝融本無此瑞何可數之乎
左傳曰少昊之立鳳鳥適至於月令又在秋享食
所謂白帝之室者也何爲獨非帝乎故孔君以黃
帝上數爲皇少昊爲五帝之首耳若然案今世本
帝繫及大戴禮五帝德幷家語宰我問太史公五

楊本卷一第六葉

彫毀故不可識則夷吾所不識者六十家又在無懷氏前孔子
觀而不識又多於夷吾是文字在伏犧之前已自久遠何怪伏
犧而有書契乎如此者蓋文字在三皇之前未用之教世至伏
犧乃用造書契以代結繩之政是教世之用猶燧人有火中古
用以燔黍捭豚後聖乃修其利相似文字理本有之用否隨世
而漸也若然惟繫辭至神農始有噬嗑與益則伏犧時其卦未
重當無雜卦而得有取諸夬者此自鄭玄等說耳案說卦曰昔
者聖人幽贊於神明而生蓍繫辭曰天生神物聖人則之則伏
犧用蓍而筮矣故鄭注說卦亦曰昔者聖人謂伏犧文王也繫
辭又曰十有八變而成卦是言爻皆三歸奇爲三變十八變則
六爻明矣則筮皆六爻伏犧有筮則有六爻何爲不重而怪有
夬卦乎

伏犧至常道也

正義曰墳大也以所論三皇之事其道至大故曰言大道也以
其五帝之道可以百代常行故曰言常道也此三皇

尚書一　八

五帝或舉德號或舉地名或直指其人言及便稱不爲義例
氏引帝王世紀云神農母曰女登有神龍首感女登而生炎帝
人身牛首黃帝母曰附寶見大電光繞北斗樞星附寶感而懷
孕二十四月而生黃帝日角龍顏少昊金天氏母曰女節有星
如虹下流意感而生少昊顓頊母曰景僕昌意正妃謂之女樞
有星貫月如虹感女樞於幽房之宮而生顓頊堯母曰慶都觀
河遇赤龍晻然陰風感而有孕十四月而生堯又云舜母曰握
登見大虹感而生舜此言謂之三墳謂之五典者因左傳有三
墳五典之文故指而謂之然五帝之書皆謂之典則虞書臯陶
謨益稷之屬亦應稱典所以別立名者若主論帝德則以典爲
名其臣下所爲隨義立稱其三墳直云言大道也五典直云言
常道也不訓墳典之名者以墳大典常常訓可知故略之也常
道所以與大道爲異者以帝者公平天下其道可以常行故以
典言之而皇優於帝其道不但可常行而已又更大於常故言
墳也此爲對例耳雖少有優劣皆是大道並可常行故禮運云

單疏卷一第八葉

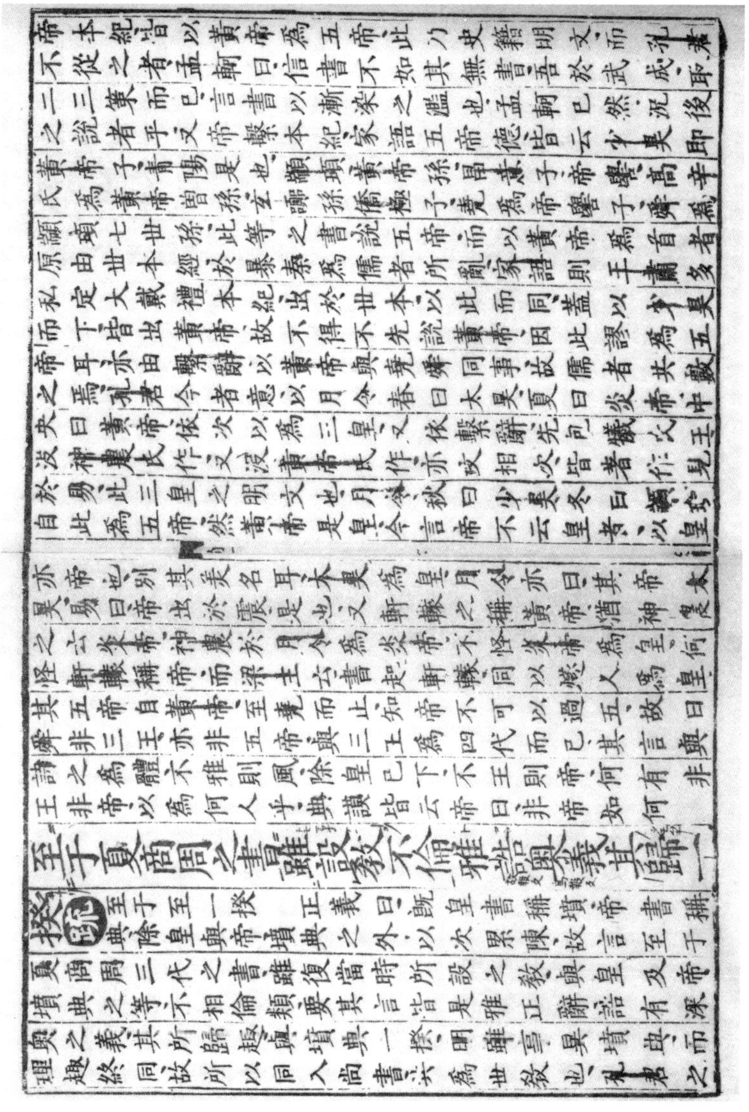
至于夏商周之書雖設教不倫雅誥奧義其歸一揆

楊本卷一第七葉

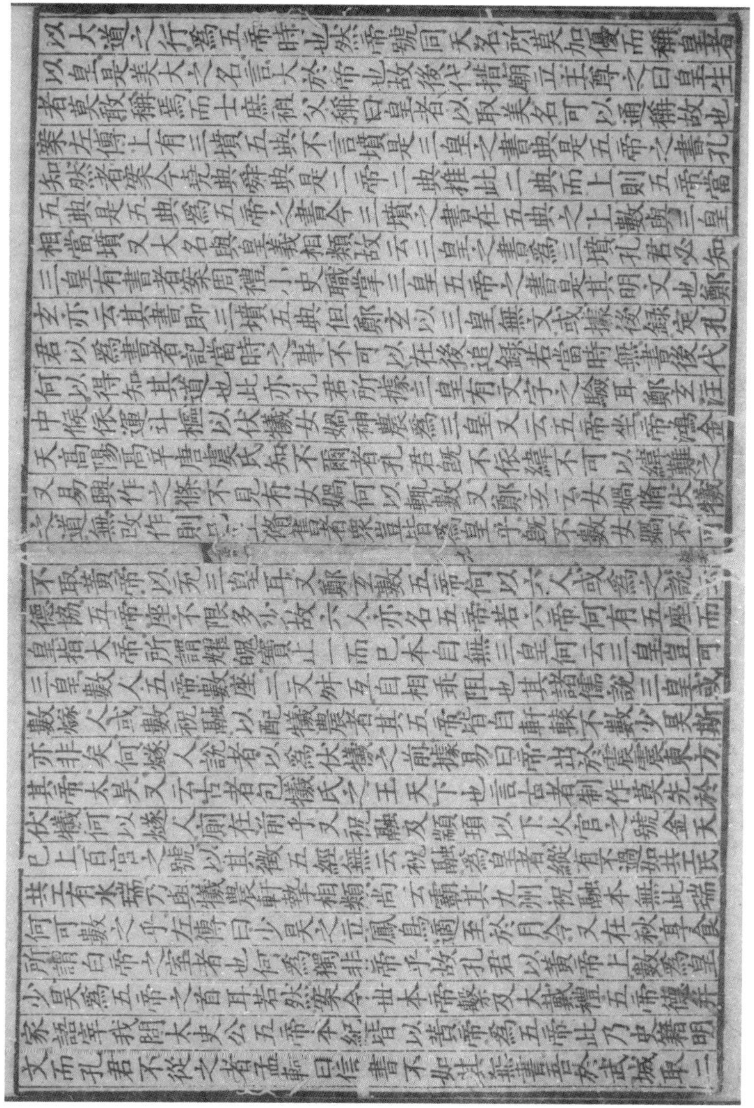

單疏卷一第九葉

意以墳典亦是尚書故此因墳典而及三代下云討論墳典斷自唐虞以下是墳典亦是尚書之內而小史偏掌之者以其遠代故也此既言墳典不依外文連類解八索九丘而言三代之書廁於其間者孔意以墳典是尚書丘索是尚書外物欲先說尚書事訖然後及其外物故先言之也夏商周之書皆訓誥誓命之事言設教者以此訓誥誓命即爲教而設故云設教也言不倫者倫類也三代戰爭不與皇帝等類若然五帝稱典三王劣而不倫不得稱典則三代非典不可常行何以垂法乎然三王世澆不如上代故隨事立名雖篇不目典理實是典故曰雅誥奥義其歸一揆即爲典之謂也然三王之書惟無典謨以外訓誥誓命歌貢征範類猶有八獨言誥者以別而言之其類有八文從要約一誥兼焉何者以此八事皆有言以誥示故總謂之誥又言奥義者指其言謂之誥論其理謂之義故以義配焉言其歸一揆見三代自歸於一亦與墳典爲一揆者況喻之義假譬人射莫不皆發志揆度於的猶如聖人立教亦同揆度於至理故云一揆

是故歷代寶之以爲大訓

疏 正義曰顧命云越玉五重陳寶即以赤刀大訓在西序是寶之以爲大訓之文彼注以典謨爲之與此相當要六藝皆是此直凡書者指而言之故彼注亦然也彼直周時寶之此知歷代者以墳典久遠周尚寶之前代可知故言歷代耳

八卦之說謂之八索求其義也九州之志謂之九丘丘聚也言九州所有土地所生風氣所宜皆聚此書也

疏 八卦至此書也 正義曰以墳典因外文而知其丘索與墳典文連故連而說之故總引傳文以充足己意且爲於下見

三策而已言書以漸深之濫也孟軻已然況後之說者乎又帝繫本紀家語五帝德皆云少昊即黃帝子青陽是也顓頊黃帝孫昌意子帝嚳高辛氏爲黃帝曾孫玄囂孫僑極子堯爲帝嚳子舜爲顓頊七世孫此等之書說五帝而以黃帝爲首者原由世本經於暴秦爲儒者所亂家語則王肅多私定大戴禮本紀出於世本以此而同蓋以少昊而下皆出黃帝故不得不先說黃帝因此謬爲五帝耳亦由繫辭以黃帝與堯舜同事故儒者共數之焉孔君今者意以月令春曰太昊夏曰炎帝中央曰黃帝依次以爲三皇又依繫辭先包犧氏王沒神農氏作又沒黃帝氏作亦文相次皆著作見於易此三皇之明文也月令秋曰少昊冬曰顓頊自此爲五帝然黃帝是皇今言帝不云皇者以皇亦帝也別其美名耳太昊爲皇月令亦曰其帝太昊易曰帝出於震是也又軒轅之稱黃帝猶神農之云炎帝神農於月令爲炎帝不怪炎帝爲皇何怪軒轅稱帝而梁主云書起軒轅同以燧人爲皇其五帝自黃帝至堯而止知帝不可以過五故舜非三王亦非五帝與三王爲四代而已其言與詩之爲體不雅則風除皇已下不王則帝何有非王非帝以爲何人乎典謨皆云帝曰非帝如何

至于至一揆

正義曰既皇書稱墳帝書稱典除皇與帝墳典之外以次累陳故言至于夏商周三代之書雖復當時所設之教與皇及帝墳典之等不相倫類要其言皆是雅正辭誥有深奥之義其所歸趣與墳典一揆明雖事異墳典而理趣終同故所以同入尚書共爲世教也孔君之意以墳典亦是尚書故此因墳典而及三代下云討論墳典斷自唐虞以下是墳典亦是尚書之内而小史偏掌之者以其遠代故也此既言墳典不依外文連類解八索九丘而言三代之書廁於其間者孔意以墳典是尚書丘索是尚書外物欲先說尚書事訖然後及其外物故先言之也夏商周之書皆訓誥誓命之事言設教者以此訓誥誓命即爲教而設故云設教也言不倫者倫類也三代戰爭不與皇帝等類

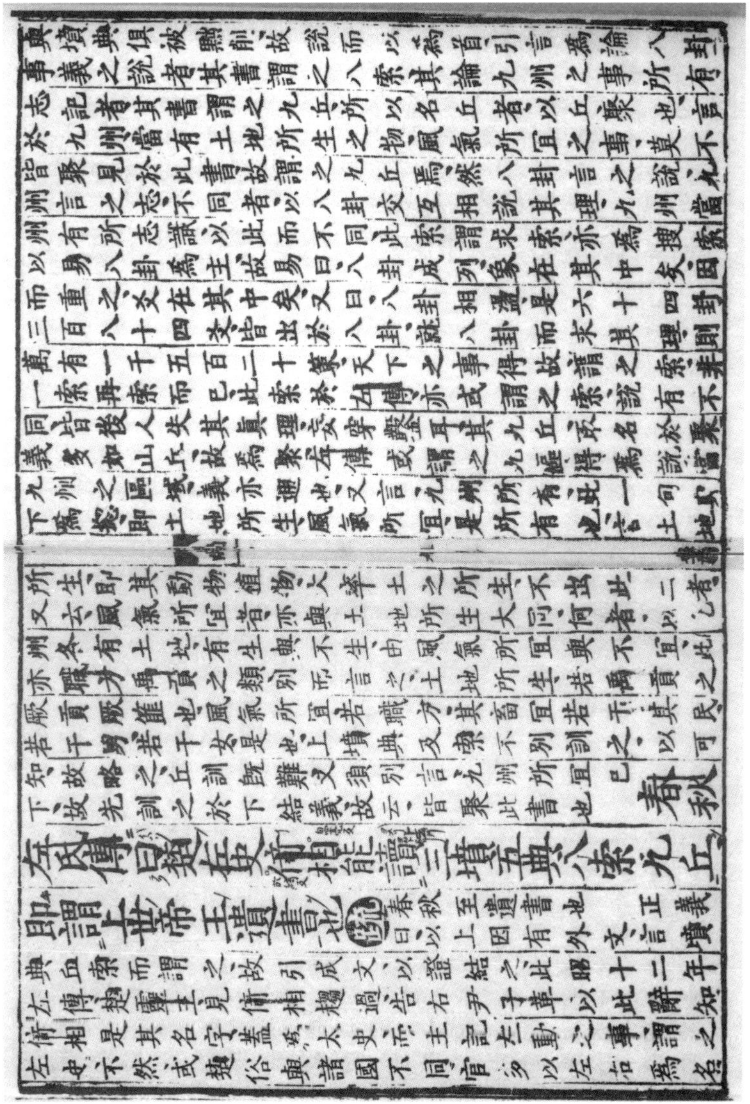

楊本卷一第九葉

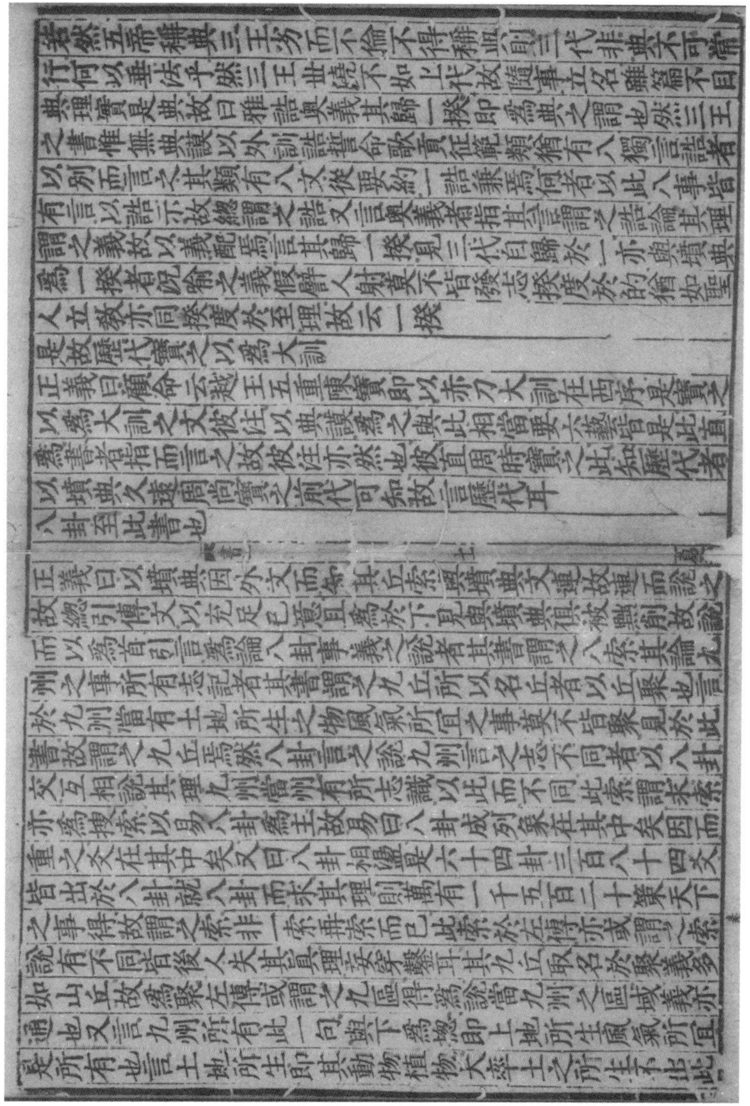

單疏卷一第十一葉

哉別有此左史乎彼子革荅王云倚相臣問祈招
之詩而不知若問遠焉其焉能知之彼以爲倚相
不能讀之此云能者以此據左傳成文因王言而
引之假不能讀事亦無妨況子革欲開諫王之路
倚相未必不能讀也言此墳典丘索即此書是謂
上世帝王遺餘之書也以楚王論時已在三王之
末故云遺書其丘索知是前事亦
不知在何代故直揔言帝王耳
先君孔子生於
周末覩史籍之煩文懼覽之者不一遂乃定禮樂
明舊章刪詩爲三百篇約史記而修春秋讚易道
以黜八索述職方以除九丘〔疏〕先君至九丘　正
義曰既結申帝王
遺書欲言孔子就而刊定孔子世家云宋國是孔
子十一世孫而上尊先祖故曰先君穀梁以爲魯
襄公二十一年冬十一月庚子孔子生左傳哀公
十六年夏四月己丑孔子卒計以周靈王時生敬
王時卒故爲周末上云文籍下云滅先代典籍此
言史籍籍者古書之大名由文而有籍謂之文籍
因史所書謂之史籍可以爲常故曰典籍義亦相
通也但上因書契而言文下傷秦滅道以稱典於
此言史者不但義通上下又以此史籍不必是先
王正史是後代好事者作以此懼其不一故曰蓋
有不知而作之者我無是也先言定禮樂者欲明
孔子欲反於聖道以歸於一故先言其舊行可從
者修而不改曰定就而減削曰刪準依其事曰約
因而佐成曰贊顯而明之曰述各從義理而言獨
禮樂不改者以禮樂聖人制作已無貴位故因而
定之又云明舊章者即禮樂詩易春秋是也以易
道職方與黜八索除九丘對其約史記以刪詩
書爲偶其定禮樂文孤故以明舊章配之作文之

楊本卷一第十葉

二者又云風氣所宜者亦與土地所生大同何者以九州各有
土地有生與不生由風氣所宜與不宜此亦職方禹貢之類別
而言之土地所生若禹貢之厥貢厥篚也風氣所宜若職方其
畜宜若干其民若干男若干女是也上斷典及索不別訓之以
可知故畧之丘訓既難又須別言九州所宜已下故先訓之於
下結義故云皆聚此書也
春秋至遺書也
正義曰以上因有外文言墳典丘索而謂之故引成文以證結
之此昭十二年左傳楚靈王見倚相趨過告右尹子革以此辭
知倚相是其名字蓋爲大史而主記左動之事謂之左史不然
或楚俗與諸國不同官多以左右爲名或別有此左史乎彼子
革荅王云倚相臣問祈招之詩而不知若問遠焉其焉能知之
彼以爲倚相不能讀之此云能者以此據左傳成文因王言而
引之假不能讀事亦無妨況子革欲開諫王之路倚相未必不
能讀也言此墳典丘索即此書是謂上世帝王遺餘之書也以
楚王論時已在三王之末故云遺書其丘索知是前事亦不知
在何代故直揔言帝王耳
先君至九丘
正義曰既結申帝王遺書欲言孔子就而刊定孔子世家云宋
國是孔子十一世孫而上尊先祖故曰先君穀梁以爲魯襄公
二十一年冬十一月庚子孔子生左傳哀公十六年夏四月己
丑孔子卒計以周靈王時生敬王時卒故爲周末上云文籍下
云滅先代典籍此言史籍籍者古書之大名由文而有籍謂之
文籍因史所書謂之史籍可以爲常故曰典籍義亦相通也但
上因書契而言文下傷秦滅道以稱典於此言史者不但義通
上下又以此史籍不必是先王正史是後代好事者作以此懼
其不一故曰蓋有不知而作之者我無是也先言定禮樂者欲
明孔子欲反於聖道以歸於一故先言其舊行可從者修而不
改曰定就而減削曰刪準依其事曰約因而佐成曰贊顯而明
之曰述各從義理而言獨禮樂不改者以禮樂聖人制作已無

單疏卷一第十二葉

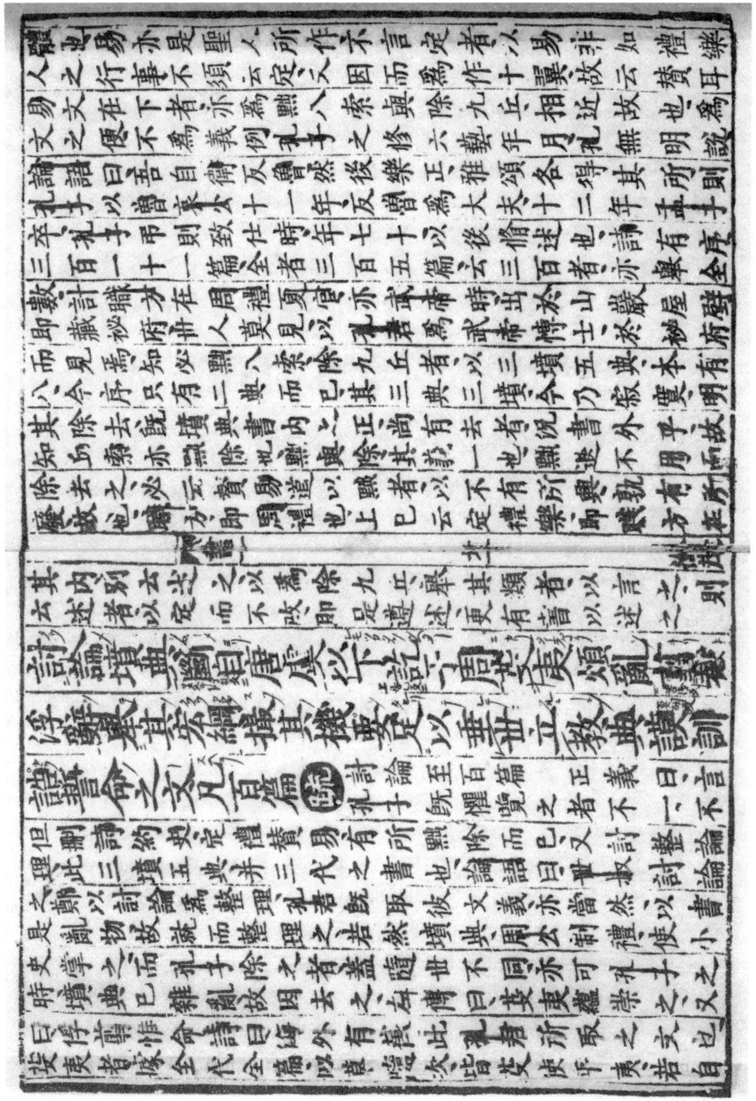

楊本卷一第十一葉

單疏卷一第十三葉

帝嚳已上三典三墳是芟夷之文自夏至周雖有所留全篇去之而多者即芟夷也翦截者就代篇辭有浮者翦截而去之去而少者爲翦截也舉其宏綱即上芟夷煩亂也撮其機要即上翦截浮辭也且宏綱云舉是據篇代大者言之機要云撮爲就篇代之內而撮出之耳宏大也綱者綱之索舉大綱則衆目隨之機者機關撮取其機關之要者斷自唐虞以下者孔無明說書緯以爲帝嚳以上朴略難傳唐虞已來煥炳可法又禪讓之首至周五代一意故耳孔義或然典即堯典舜典謨即大禹謨皋陶謨訓即伊訓高宗之訓誥即湯誥大誥誓即甘誓湯誓命即畢命顧命之等是也說者以書體例有十此六者之外尚有征貢歌範四者并之則十矣若益稷盤庚單言附於十事之例今孔不言者不但舉其機約亦自征貢歌範非君出言之名六者可以兼之此云凡百篇據序而數故耳或云百二篇者誤有所由以前漢之時有東萊張霸僞造尚書百兩篇而爲緯者附之因此鄭云異者其在大司徒大僕正乎此事爲不經也鄭作書論依尚書緯云孔子求書得黃帝玄孫帝魁之書迄於秦穆公凡三千二百四十篇斷遠取近定可以爲世法者百二十篇以百二篇爲尚書十八篇爲中候以爲去三千一百二十篇以上取黃帝玄孫以爲不可依用今所考覈尚書首自舜之末年以禪於禹上錄舜之得用之事由堯以爲堯典下取舜禪之後以爲舜讓得人故史體例別而不必君言若禹貢全非君言而禹身事受禪之後無所入夏書之言是舜史自錄成一法後代因之耳所以恢弘至道示人主以軌範也帝王之制坦然明白可舉而行三千之徒並受其義

疏 所以至其義 正義

楊本卷一第十二葉

之機者機關撮取其機關之要者斷自唐虞以下者孔無明說書緯以爲帝嚳以上朴略難傳唐虞已來煥炳可法又禪讓之首至周五代一意故耳孔義或然典即堯典舜典謨即大禹謨皋陶謨訓即伊訓高宗之訓誥即湯誥大誥誓即甘誓湯誓命即畢命顧命之等是也說者以書體例有十此六者之外尚有征貢歌範四者并之則十矣若益稷盤庚單言附於十事之例今孔不言者不但舉其機約亦自征貢歌範非君出言之名六者可以兼之此云凡百篇據序而數故耳或云百二篇者誤有所由以前漢之時有東萊張霸僞造尚書百兩篇而爲緯者附之因此鄭云異者其在大司徒大僕正乎此事爲不經也鄭作書論依尚書緯云孔子求書得黃帝玄孫帝魁之書迄於秦穆公凡三千二百四十篇斷遠取近定可以爲世法者百二十篇以百二篇爲尚書十八篇爲中候以爲去三千一百二十篇以上取黃帝玄孫以爲不可依用今所考覈尚書首自舜之末年以禪於禹上錄舜之得用之事由堯以爲堯典下取舜禪之後以爲舜讓得人故史體例別而不必君言若禹貢全非君言而禹身事受禪之後無入夏書之言是舜史自錄成一法後代因之耳

所以至其義

正義曰此論孔子正理羣經已畢揔而結之故爲此言家語及史記皆云孔子弟子三千人故云三千之徒也

及秦至屋壁

正義曰言孔子既定此書後雖曰明白反遭秦始皇滅除之依秦本紀云秦王正二十六年平定天下尊爲皇帝不復立謚以爲初并天下故號始皇爲滅先代典籍故云坑儒焚書以即位三十四年因置酒於咸陽宮丞相李斯奏請天下敢有藏詩書百家語者悉詣守尉親燒之有敢偶語詩書者棄市令下三十日不燒黥爲城旦制曰可是焚書也三十五年始皇以方士盧生求仙藥不得以爲誹謗諸生連相告引四百六十餘人皆坑之咸陽是坑儒也又衞宏古文奇字序云秦改古文以爲篆隸國

單疏卷一第十四葉

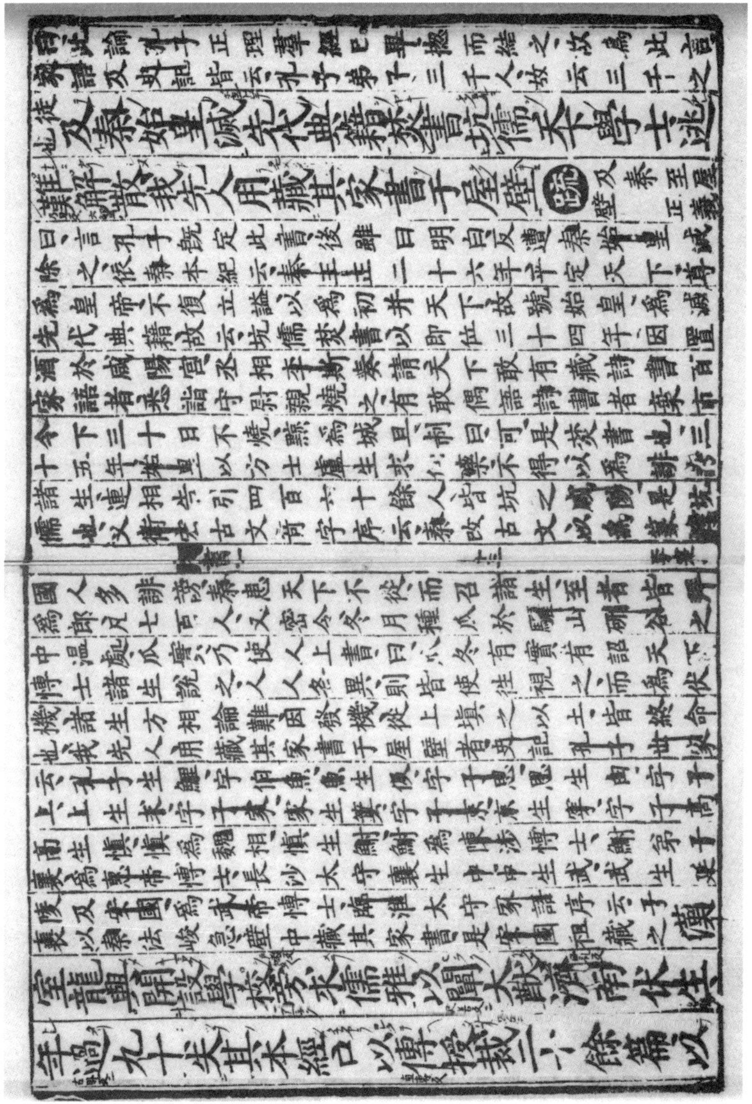

楊本卷一第十三葉

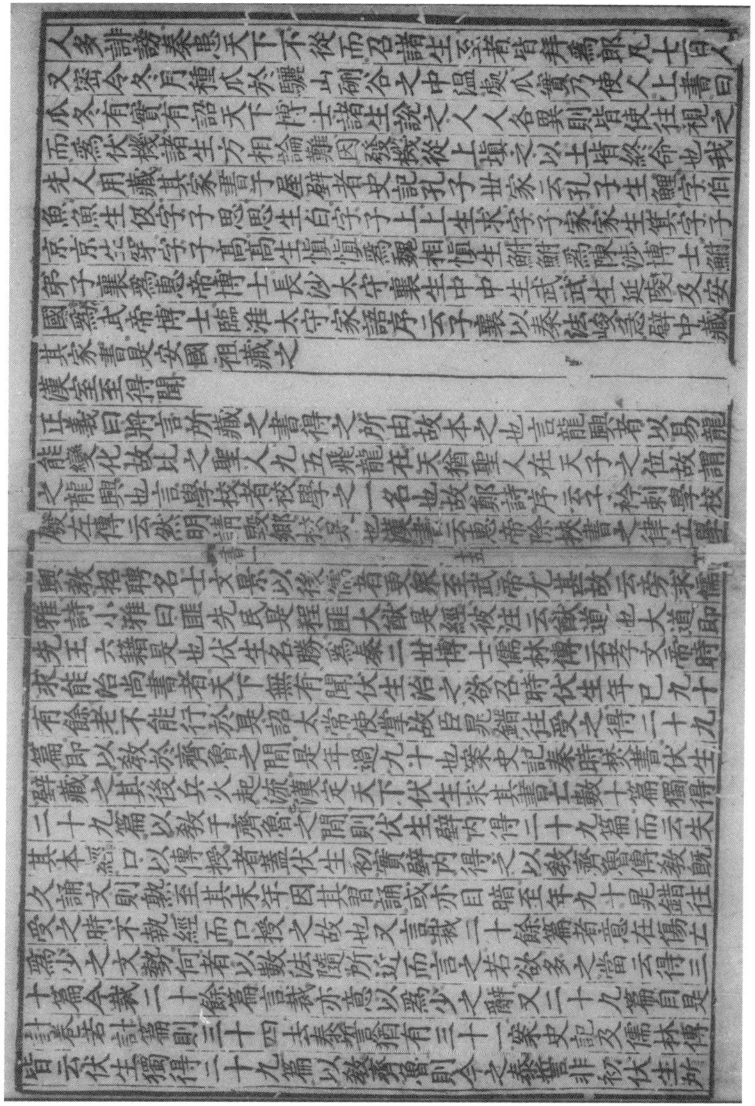

單疏卷一第十五葉

其上古之書謂之尚書百篇之義世莫得聞　疏　漢室

至得聞　正義曰將言所藏之書得之所由故本
之也言龍興者以易龍能變化故比之聖人九五
飛龍在天猶聖人在天子之位故謂之龍興也言
學校者校學之一名也故鄭詩序云子衿刺學校
廢左傳云然明請毀鄉校是也漢書云惠帝除挾
書之律立學興教招聘名士文景以後儒者更衆
至武帝尤甚故云旁求儒雅詩小雅曰匪先民是
程匪大猷是經彼注云猷道也大道即先王六籍
是也伏生名勝爲秦博士儒林傳云孝文帝時
時求能治尚書者天下無有聞伏生治之欲召時
伏生年已九十有餘老不能行於是詔太常使掌
故臣晁錯往受之得二十九篇即以教於齊魯之
間是年過九十也案史記秦時焚書伏生壁藏之
其後兵火起流亡漢定天下伏生求其書亡數十篇
獨得二十九篇以教于齊魯之間則伏生壁內得
二十九篇而云失其本經口以傳授者蓋伏生初
實壁內得之以教齊魯傳教既久誦文則熟至其
末年因其習誦或亦目暗至年九十晁錯往受之
時不執經而口授之故也又言裁二十餘篇者意
在傷亡爲少之文勢何者以數法隨所近而言之
若欲多之當云得三十篇今裁二十餘篇言裁亦
意以爲少之辭又二十九篇自是計卷若計篇則
三十四去泰誓猶有三十一案史記及儒林傳皆
云伏生獨得二十九篇以教齊魯則今之泰誓非
初伏生所得案馬融云泰誓後得鄭玄書論亦云
民間得泰誓別錄曰武帝末民有得泰誓書於壁
內者獻之與博士使讀說之數月皆起傳以教人
則泰誓非伏生所傳而言二十九篇者以司馬遷
在武帝之世見泰誓出而得行入於伏生所傳內
故爲史總之并云伏生所出不復曲別分析云民

間所得其實得時不與伏生所傳同也但伏生雖
無此一篇而書傳有八百諸侯俱至孟津白魚入
舟之事與泰誓事同不知爲伏生先爲此說不知
爲是泰誓出後後人加增此語案王充論衡及後
漢史獻帝建安十四年黃門侍郎房宏等說云宣
帝泰和元年河內女子有壞老子屋得古文泰誓
三篇論衡又云以掘地所得者今史漢書皆云伏
生傳二十九篇則司馬遷時已得泰誓以并歸於
伏生不得云宣帝時始出也則云宣帝時女子所
得亦不可信或者爾時重得之故於後亦據而言
之史記云伏生得二十九篇武帝記載今文泰誓
末篇由此劉向之作別錄班固爲儒林傳不分明
因同於史記而劉向云武帝末得之泰誓理當是
一而古今不同者即馬融所云吾見書傳多矣
凡諸所引今之泰誓皆無此言而古文皆有則古
爲真亦復何疑但於先有張霸之徒僞造泰誓
以示肆中故後得而惑世也亦可今之泰誓百
篇之外若周書之例以於時實有觀兵之誓但
不録入尚書故古文泰誓曰皇天震怒命我文考
肅將天威大勳未集肆予小子發以爾友邦冢君
觀政於商是也又云以其上古之書謂之尚書者
此文繼在伏生之下則言以其上古之書謂之尚
書此伏生意也若以伏生指解尚書之名名已先
有有則當云名之尚書既言以其上古之書今先
云以其則伏生意之所加則知尚字乃伏生所加
也以尚解上則尚訓爲上上者下所慕尚故義得
爲通也孔君既陳伏生此義於下更無是非明即
用伏生之說故書此而論之馬融雖不見孔君此
說理自然同故曰上古有虞氏之書故曰尚書是
也王肅曰上所言史所書故曰尚書鄭玄云尚者
上也尊而重之若天書然故曰尚書二家以尚與
書相將則上名不正出於伏生鄭玄依書緯以尚

字是孔子所加故書贊曰孰子乃尊而命之曰尚
書璿璣鈐云因而謂之書加尚以尊之又曰書務
以天言之鄭玄溺於書緯之說何有人言而須繫
之於天乎且孔君親見伏生不容不悉自云伏生
以其上古之書謂之尚書何云孔子加也王肅云
上所言史所書則尚字與書俱有無先後既直云
尚何以明上之所言書者以筆畫記之辭羣書皆
是何知書要責史所爲也此其不若前儒之說密
耳云上古者亦無指定之目自伏生言之則於漢
世仰遵前代自周已上皆是馬融云有虞氏爲書
之初耳若易歷三世則伏犧爲上古文王爲中古
孔子爲下古禮運鄭玄以先王食腥與易上古結
繩同時爲上古神農爲中古五帝爲下古其不相
對則無例耳且太之與上爲義不異禮以唐虞爲
太古以下有三代冠而推之爲然是爲不定則但
已上仰之已古便爲上古耳以書是本名尚
是伏生所加故諸引書直云書曰若
有配代而言則曰夏書無言尚書者
至魯共王好
治宮室壞孔子舊宅以廣其居於壁中得先人所
藏古文虞夏商周之書及傳論語孝經皆科斗文
字王又升孔子堂聞金石絲竹之音乃不壞宅疏
至魯至壞宅　正義曰欲云得百篇之由故序其
事漢景帝之子名餘封於魯爲王死謚曰共存日
以居於魯近孔子宅好治宮室故欲襃益乃壞孔
子舊宅以增廣其居於所壞壁內得安國先人所
藏古文虞夏商周之書及傳論語孝經皆是科斗
文字王雖得此書猶壞不止又升孔子廟堂聞金
鐘石磬絲琴竹管之音以懼其神異乃止不復敢
壞宅也上言藏家書於屋壁此亦屋壁內得書也

楊本卷一第十六葉

得葉馬融云泰誓後得鄭玄書論亦云民間得泰誓別錄曰武
帝末民有得泰誓書於壁內者獻之與博士使讀說之數月皆
起傳以教人則泰誓非伏生所傳而言二十九篇者以司馬遷
在武帝之世見泰誓出而得行入於伏生所傳內故爲史摠之
并云伏生所出不復曲別分析云民間所得其實得時不與伏
生所傳同也但伏生雖無此一篇而書傳有八百諸侯俱至孟
津白魚入舟之事與泰誓事同不知爲伏生先爲此說不知爲
是泰誓出後後人加增此語案王充論衡及後漢史獻帝建安
十四年黃門侍郎房宏等說云宣帝泰和元年河內女子有壞
老子屋得古文泰誓三篇論衡又云以掘地所得者今史漢書
皆云伏生傳二十九篇則司馬遷時已得泰誓以并歸於伏生
不得云宣帝時始出也則云宣帝時女子所得亦不可信或者
爾時重得之故於後亦據而言之史記云伏生得二十九篇武
帝記載今文泰誓末篇由此劉向之作別錄班固爲儒林傳不
分明因同於史記而劉向云武帝末得之泰誓理當是一而古
今文不同者即馬融所云吾見書傳多矣凡諸所引今之泰誓
皆無此言而古文皆有則古文爲眞亦復何疑但於先有張霸
之徒僞造泰誓以藏壁中故後得而惑世也亦可今之泰誓百
篇之外若周書之例以於時實有觀兵之誓但不錄入尚書故
古文泰誓曰皇天震怒命我文考肅將天威大勳未集肆予小
子發以爾友邦冢君觀政於商是也又云以其上古之書謂之
尚書者此文繼在伏生之下則言以其上古之書謂之尚書此
伏生意也若以伏生指解尚書之名名已先有有則當云名之
尚書既言以其上古之書今先云以其則伏生意之所加則知
尚字乃伏生所加也以尚解上則尚訓爲上上者下所慕尚故
義得爲通也孔君既陳伏生此義於下更無是非明即用伏生
之說故書此而論之馬融雖不見孔君此說理自然同故曰上
古有虞氏之書故曰尚書是也王肅曰上所言史所書故曰尚
書鄭氏云尚者上也尊而重之若天書然故曰尚書二家以尚
與書相將則上名不正出於伏生鄭玄依書緯以尚字是孔子

單疏卷一第十六葉

亦得及傳論語孝經等不從約云得尚書而煩文
言虞夏商周之書者以壁内所得上有題目虞夏
商周書其序直云書序皆無尚字故其目録亦然
故不云尚書而言虞夏商周之書安國亦以此知
尚字是伏生所加推此壁内所無則書本無尚字
明矣凡書非經則謂之傳言及傳論語孝經正謂
論語孝經是傳也漢武帝謂東方朔云傳曰時然
後言人不厭其言又漢東平王劉雲與其太師策
書云傳曰陳力就列不能者止又成帝賜翟方進
策書云傳曰高而不危所以長守貴也是漢世通
謂論語孝經爲傳也以論語孝經非先王之書是
孔子所傳説故謂之傳所以異於先王之書也上
已云壞孔子舊宅又云乃不壞宅者初王意欲壞
之已壞其屋壁聞八音之聲乃止餘者不壞明
已壞者亦不敢居乃不壞宅耳悉以書還孔氏科斗書廢已
久時人無能知者以所聞伏生之書考論文義定
其可知者爲隸古定更以竹簡寫之增多伏生二
十五篇伏生又以舜典合於堯典益稷合於皐陶
謨盤庚三篇合爲一康王之誥合於顧命復出此
篇并序凡五十九篇爲四十六卷其餘錯亂摩滅
弗可復知悉上送官藏之書府以待能者【疏】悉以至能
者　正義曰既云王不壞宅以懼神靈因還其書
已前所得言悉以書還孔氏則上傳論語孝經等
皆還之故言悉也科斗書古文也所謂蒼頡本體
周所用之以今所不識是古人所爲故名古文形

所加故書賛曰孔子乃尊而命之曰尚書璿璣鈐云因而謂之
書加尚以尊之又曰書務以天言之鄭玄溺於書緯之説何有
人言而須繫之於天乎且孔君親見伏生不容不悉自云伏生
以其上古之書謂之尚書何云孔子加也王肅云上所言史所
書則尚字與書俱有無先後既直云尚何以明上之所言書者
以筆畫記之辭羣書皆是何知書要責史所爲也此其不若前
儒之説密耳云上古者亦無指定之目自伏生言之則於漢世
仰遵前代自周已上皆是馬融云有虞氏爲書之初耳若易歷
三世則伏犧爲上古文王爲中古孔子爲下古禮運鄭玄以先
王食腥與易上古結繩同時爲上古神農爲中古五帝爲下古
其不相對則無例耳且太之與上爲義不異禮以唐虞爲太古
以下有三代冠而推之爲然是爲不定則但今世已上仰之已
古便爲上古耳以書是本名尚是伏生所加故諸引書直云書
曰若有配代而言則曰夏書無言尚書者
至魯至壞宅
正義曰欲云得百篇之由故序其事漢景帝之子名餘封於魯
爲王死謚曰共存日以居於魯近孔子宅好治宮室故欲壞益
乃壞孔子舊宅以增廣其居於所壞壁内得安國先人所藏古
文虞夏商周之書及傳論語孝經皆是科斗文字王雖得此書
猶壞不止又升孔子廟堂聞金鐘石磬絲琴竹管之音以懼其
神異乃止不復敢壞宅也上言藏家書於屋壁此亦屋壁内得
書也亦得及傳論語孝經等不從約云得尚書而煩文言虞夏
商周之書者以壁内所得上有題目虞夏商周書其序直云書
序皆無尚字故其目録亦然故不云尚書而言虞夏商周之書
安國亦以此知尚字是伏生所加推此壁内所無則書本無尚
字明矣凡書非經則謂之傳言及傳論語孝經正謂論語孝經
是傳也漢武帝謂東方朔云傳曰時然後言人不厭其言又漢
東平王劉雲與其太師策書云傳曰陳力就列不能者止又成
帝賜翟方進策書云傳曰高而不危所以長守貴也是漢世通
謂論語孝經爲傳也以論語孝經非先王之書是孔子所傳説

多頭麤尾細狀腹團圓似水蟲之科斗故曰科斗
也以古文經秦不用故云廢已久矣時人無能知
識者孔君以人無能知識之故已欲傳之故以所
聞伏生之書比校起發考論古文之義考文而云
義者以上下事義推考其文故云義也定其可知
者就古文內定可知識者爲隸古定不言就伏生
之書而云以其所聞者明用伏生書外亦考之故
云可知者謂并伏生書外有可知不徒伏生書內
而已言隸古者正謂就古文體而從隸定之存古
爲可慕以隸爲可識故曰隸古以雖隸而猶古由
此故謂孔君所傳爲古文也古文者蒼頡舊體周
世所用之文字案班固漢志及許氏說文書本有
六體一曰指事上下二曰象形日月三曰形聲江
河四曰會意武信五曰轉注考老六曰假借令長
此造字之本也自蒼頡以至今字體雖變此本皆
同古今不易也自蒼頡以至周宣皆蒼頡之體未
聞其異宣王紀其史籀始有大篆十五篇號曰篆
籀惟篆與蒼頡二體而已衛恒曰蒼頡造書觀於
鳥跡因而遂滋則謂之字字有六義其文至於三
代不改及秦用篆書焚燒先代典籍古文絕矣許
慎說文言自秦有八體一曰大篆二曰小篆三曰
刻符四曰蟲書五曰摹印六曰署書七曰殳書八
曰隸書亡新居攝以應制作改定古文使甄豐校
定時有六書一曰古文孔子壁內書也二曰奇字
即古字有異者三曰篆書即小篆下杜人程邈所
作也四曰佐書秦隸書也五曰繆篆所以摹印也
六曰鳥蟲書所以書幡信也由此而論即秦罷古
文而有八體非古文矣以至亡新六書并八體亦
用書之六體以造其字其亡新六書於秦八體用
其小篆蟲書摹印隸書去其大篆刻符殳書署書
而加以古文與奇字其刻符及署書蓋同摹印殳
書同於繆篆大篆正古文之別以慕古故乃用古

楊本卷一第十八葉

言謂之傳所以異於先王之書也上已云壞孔子舊宅又云乃
不壞宅者初王意欲壞之已壞其屋壁聞八音之聲乃止當
不壞明知已壞者亦不敢居故云乃不壞宅耳
悉以至能者
正義曰既云王不壞宅以懼神靈因還其書已前所得言悉以
書還孔氏則上傳論語孝經等皆還之故言悉也科斗書古文
也所謂蒼頡本體周所用之以今所不識是古人所爲故名古
文形多頭麤尾細狀腹團圓似水蟲之科斗故曰科斗也以古
文經秦不用故云廢已久矣時人無能知識者孔君以人無能
知識之故已欲傳之故以所聞伏生之書比校起發考論古文
之義考文而云義者以上下事義推考其文故云義也定其可
知者就古文內定可知識者爲隸古定不言就伏生之書而云
以其所聞者明用伏生書外亦考之故云可知者謂并伏生書
外有可知不徒伏生書內而已言隸古者正謂就古文體而從
隸定之存古爲可慕以隸爲可識故曰隸古以雖隸而猶古由
此故謂孔君所傳爲古文也古文者蒼頡舊體周世所用之文
字案班固漢志及許氏說文書本有六體一曰指事上下二曰
象形日月三曰形聲江河四曰會意武信五曰轉注考老六曰
假借令長此造字之本也自蒼頡以至今字體雖變此本皆同
古今不易也自蒼頡以至周宣皆蒼頡之體未聞其異宣王紀
其史籀始有大篆十五篇號曰篆籀惟篆與蒼頡二體而已衛
恒曰蒼頡造書觀於鳥跡因而遂滋則謂之字字有六義其文
至於三代不改及秦用篆書焚燒先代典籍古文絕矣許慎說
文言自秦有八體一曰大篆二曰小篆三曰刻符四曰蟲書五
曰摹印六曰署書七曰殳書八曰隸書亡新居攝以應制作改
定古文使甄豐校定時有六書一曰古文孔子壁內書也二曰
奇字即古字有異者三曰篆書即小篆下杜人程邈所作也四
曰佐書秦隸書也五曰繆篆所以摹印也六曰鳥蟲書所以書
幡信也由此而論即秦罷古文而有八體非古文矣以至亡新
六書并八體亦用書之六體以造其字其亡新六書於秦八體

單疏卷一第十八葉

文與奇字字而不用大篆也是孔子壁内古文即蒼
頡之體故鄭玄云書初出屋壁皆周時象形文字
今所謂科斗書以形言之爲科斗指體即周之古
文鄭玄知者若於周時秦世所有至漢猶當識之
不得云無能知者又云新古文亦云即孔氏壁内
古文是其證也或以古文即大篆非也何者八體
六書自大篆與古文不同又秦有大篆若大篆是
古文不得云古文遂絶以此知大篆非古文也六
書古文與蟲書本別則蟲書非科斗書也鄭玄云
周之象形文字者揔指六書象科斗之形不謂六
書之内一曰象形也又云更以竹簡寫之明留其
壁内之本也顧氏云策長二尺四寸簡長一尺二
寸增多伏生二十五篇者以壁内古文篇題殊別
故知以舜典合於堯典益稷合於臯陶謨伏生之
本亦壁内古文而合者蓋以老而口授之時因誦
而連之故殊耳其盤庚本當同卷故有并也康王
之誥以一時之事連誦而同卷當以王出在應門
之内爲篇首及以王若曰庶邦亦誤矣以伏生本
二十八篇盤庚出二篇加舜典益稷康王之誥凡
五篇爲三十三篇加所增二十五篇爲五十八加
序一篇爲五十九故云復出此篇并序凡五十九
篇此云爲四十六卷者謂除序也下云定五十八
篇既畢不更云卷數明四十六卷故爾又伏生二
十九卷而序在外故知然矣此云四十六卷者不
見安國明說蓋以同序者同卷異序者異卷故五
十八篇爲四十六卷何者五十八篇内有太甲盤
庚說命泰誓皆三篇共卷減其八又大禹謨臯陶
謨益稷又三篇同序共卷其康誥酒誥梓材亦三
篇同序共卷則又減四通前十二以五十八減十
二非四十六卷而何其康王之誥乃與顧命別卷
以別序故也其餘錯亂摩滅五十八篇外四十二
篇也以不可復知悉上送官其可知者已用竹簡

楊本卷一第十九葉

用其小篆蟲書摹印隸書去其大篆刻符殳書署書而加以古
文與奇字其刻符及署書蓋同摹印殳書同於繆篆大篆正古
文之別以慕古故乃用古文與奇字而不用大篆也是孔子壁
内古文即蒼頡之體故鄭玄云書初出屋壁皆周時象形文字
今所謂科斗書以形言之爲科斗指體即周之古文鄭玄知者
若於周時秦世所有至漢猶當識之不得云無能知者又云新
古文亦云即孔氏壁内古文是其證也或以古文即大篆非也
何者八體六書自大篆與古文不同又秦有大篆若大篆是古
文不得云古文遂絶以此知大篆非古文也六書古文與蟲書
本別則蟲書非科斗書也鄭玄云周之象形文字者揔指六書
象科斗之形不謂六書之内一曰象形也又云更以竹簡寫之
明留其壁内之本也顧氏云策長二尺四寸簡長一尺二寸增
多伏生二十五篇者以壁内古文篇題殊別故知以舜典合於
堯典益稷合於臯陶謨伏生之本亦壁内古文而合者蓋以老
而口受之時因誦而連之故殊耳其盤庚本當同卷故有并也
康王之誥以一時之事連誦而同卷當以王出在應門之内爲
篇首及以王若曰庶邦亦誤矣以伏生本二十八篇盤庚出二
篇加舜典益稷康王之誥凡五篇爲三十三篇加所增二十五
篇爲五十八加序一篇爲五十九故云復出此篇并序凡五十
九篇此云爲四十六卷者謂除序也下云定五十八篇既畢不
更云卷數明四十六卷故爾又伏生二十九卷而序在外故知
然矣此云四十六卷者不見安國明說蓋以同序者同卷異序
者異卷故五十八篇爲四十六卷何者五十八篇内有太甲盤
庚說命泰誓皆三篇共卷減其八又大禹謨臯陶謨益稷又三
篇同序共卷其康誥酒誥梓材亦三篇同序共卷則又減四通
前十二以五十八減十二非四十六卷如何其康王之誥乃與
顧命別卷以別序故也其餘錯亂摩滅五十八篇外四十二篇
也以不可復知亦上送官其可知者已用竹簡寫得其本亦俱
送入府故在秘府得有古文也以後生可畏或賢聖間出故須
藏之以待能整理讀之者

單疏卷一第十九葉

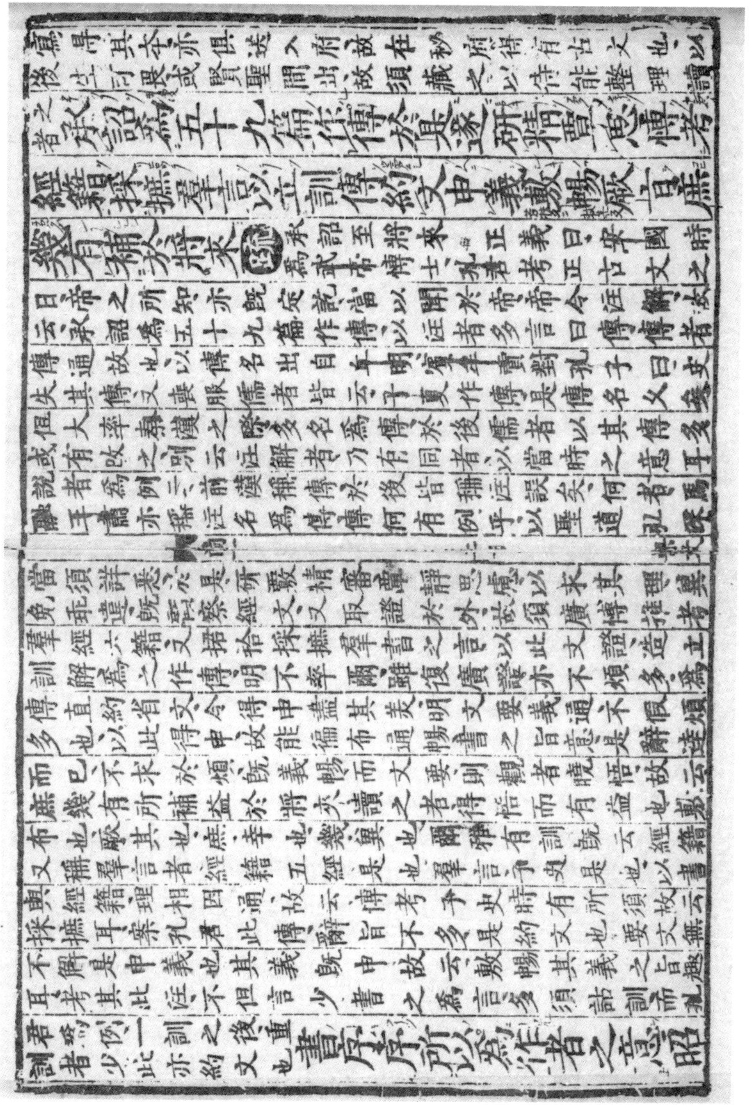

楊本卷一第二十葉

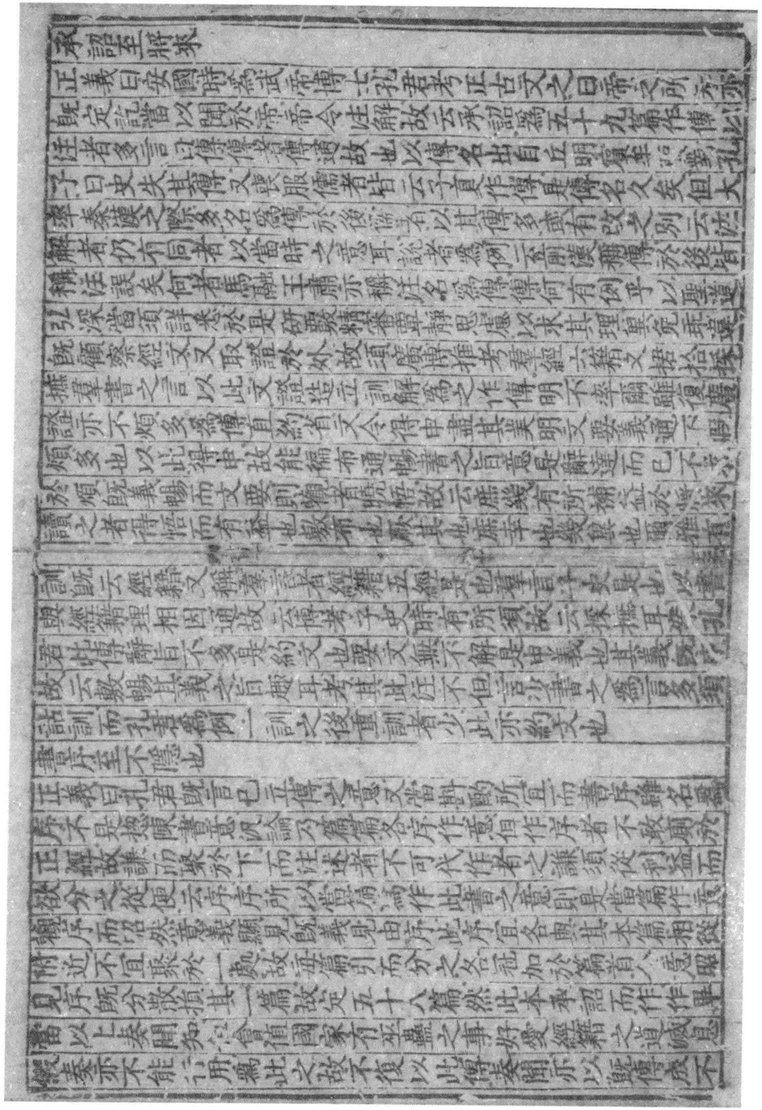

單疏卷一第二十葉

義宜相附近故引之各冠其篇首定五十八篇既畢會國有巫蠱事經籍道息用不復以聞傳之子孫以貽後代若好古博雅君子與我同志亦所不隱也

疏 書序至不隱也　正義曰孔君既言已立傳之意文當斟酌所宜而書序雖名為序不是總陳書意汎論乃篇篇各序作意但作序者不敢廁於正經故謙而聚於下而注述者不可代作者之謙須從利益而欲分之從便云序序所以當篇為作此書之意則是當篇作意觀序而昭然意義顯見既義見由序此序宜各與其本篇相從附近不宜聚於一處故每篇引而分之各冠加於篇首令意昭見序既分散損其一篇故定五十八篇然此本承詔而作作畢當以上奏聞知但會值國家有巫蠱之事好愛經籍之道滅息假奏亦不能行用為此之故不復以此傳奏聞亦以既傳成不得聞上惟自傳於己之子孫以遺與後世之人使行之亦不敢望後世必行故云若後世有好愛古道廣博學問志懷雅正如此之君子若能與我同於慕古之志以行我道我道得此人流行亦所以傳不隱蔽是弘道由人也言巫蠱者王制曰執左道以亂政殺鄭玄注云左道謂巫蠱之屬以非正道故謂之左道以蠱皆巫之所行故云巫蠱蠱者總名左傳云惑蠱其君則蠱者怪惑之名指體則藥毒害人者是若行符厭俗之為魅令人蠱惑夭年傷性皆是也依漢書此時武帝末年上已年老淫惑鬼神崇信巫術由此姦人江充因而行詐先於太子宮埋桐人告上云太子宮有蠱氣上信之使江充治之於太子宮果得桐人太子知己不為此以江充故為陷己因而殺之而帝

得聞上惟自傳於己之子孫以遺與後世之人使行之亦不敢望後世必行故云若後世有好愛古道廣博學問志懷雅正如此之君子若能與我同於慕古之志以行我道我道得此人流行亦所以傳不隱蔽是弘道由人也言巫蠱者王制曰執左道以亂政殺鄭玄注云左道謂巫蠱之屬以非正道故謂之左道以蠱皆巫之所行故云巫蠱蠱者總名左傳云惑蠱其君則蠱者怪惑之名指體則藥毒害人者是若行符厭俗之為魅令人蠱惑夭年傷性皆是也依漢書此時武帝末年上已年老淫惑鬼神崇信巫術由此姦人江充因而行詐先於太子宮埋桐人告上云太子宮有蠱氣上信之使江充治之於太子宮果得桐人太子知己不為此以江充故為陷己因而殺之而帝不知太子實心謂江充言為實即詔丞相劉屈釐發三輔兵討之太子赦長安因與鬬不勝而出走奔湖關自殺此即巫蠱事也言不隱者不謂恐隱藏己道以己道人所不知懼其幽隱人能行之使顯為不隱蔽耳易曰謙謙君子仁者好謙而孔君自作揄揚云君子知己者亦意在教世欲令人覩此言知己傳是深遠因而有所曉寤令之有益故不可以苟謙也亦猶孔子曰何有於我哉

尚書正義卷第一

計一萬三千一百八十六字

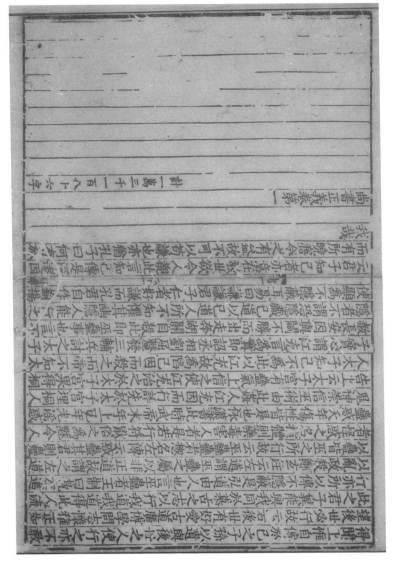

不知太子實心謂江充言爲實即詔丞相劉屈氂發三輔兵討之太子赦長安因與鬭不勝而出走奔湖關自殺此即巫蠱事也言不隱者不謂恐隱藏己道以己道人所不知懼其幽隱人能行之使顯爲不隱蔽耳易曰謙謙君子仁者好謙而孔君自作揄揚云君子知己者亦意在教世欲令人觀此言知己傳是深遠因而有所曉寤令之有益故不可以苟謙也亦猶孔子曰何有於我哉

尚書卷第一

尚書一　廿二　陸先

楊本卷一第二十二葉

尚書正義卷第二

國子祭酒上護軍曲阜縣開國子臣孔穎達奉

勑撰

古文尚書堯典第一 疏 古文尚書堯典第一 正義曰檢古本并石經直言堯典第一無古文尚書以孔君從隷古仍號古文故後人因而題於此以別伏生所出大小夏侯及歐陽所傳爲今文故也堯典第一篇之名當與衆篇相次第訓爲次也於次第之內而處一故曰堯典第一以此第一者以五帝之末接三王之初典策既備因機成務交代揖讓以垂無爲故爲第一也然書者理由舜史勒成一家可以爲法上取堯事下終禪禹以至舜終皆爲舜史所録其堯舜之典多陳行事之狀其言寡矣禹貢即全非君言準之後代不應入書此其一體之異以此禹之身事於禪後無入夏書之理自甘誓已下皆多言辭則古史所書於是乎始知五子之歌亦非上言典書草創以義而録但致言有本各隨其事檢其此體爲例有十一曰典二曰謨三曰貢四曰歌五曰誓六曰誥七曰訓八曰命九曰征十曰範堯典舜典二篇典也大禹謨皋陶謨二篇謨也禹貢一篇貢也五子之歌一篇歌也甘誓泰誓三篇湯誓牧誓費誓秦誓八篇誓也仲虺之誥湯誥大誥康誥酒誥召誥洛誥康王之誥八篇誥也伊訓一篇訓也說命三篇微子之命蔡仲之命顧命畢命冏命文侯之命九篇命也胤征一篇征也洪範一篇範也此各隨事而言益稷亦謨也因其人稱言以別之其太甲咸有一德伊尹訓道王亦訓之類盤庚亦誥也故王肅云不言誥何也取其徙而立功

楊本卷二第一葉

尚書正義卷第二

國子祭酒上護軍曲阜縣開國子臣孔穎達奉

勑撰

古文尚書堯典第一

正義曰檢古本并石經直言堯典第一無古文尚書以孔君從隷古仍號古文故後人因而題於此以別伏生所出大小夏侯及歐陽所傳爲今文故也堯典第一篇之名當與衆篇相次第訓爲次也於次第之内而處一故曰堯典第一以此第一者以五帝之末接三王之初典策既備因機成務交代揖讓以重無爲故爲第一也然書者理由舜史勒成一家可以爲法上取堯事下終禪禹以至舜終皆爲舜史所録其堯舜之典多陳行事之狀其言寡矣禹貢即全非君言準之後代不應入書此其一體之異以此禹之身事於禪後無入夏書之理自甘誓已下皆多言辭則古史所書於是乎始知五子之歌亦非上言典書草創以義而録但致言有本各隨其事檢其此體爲例有十一曰典二曰謨三曰貢四曰歌五曰誓六曰誥七曰訓八曰命九曰征十曰範堯典舜典二篇典也大禹謨皋陶謨二篇謨也禹貢一篇貢也五子之歌一篇歌也甘誓泰誓三篇湯誓牧誓費誓秦誓八篇誓也仲虺之誥湯誥大誥康誥酒誥召誥洛誥康王之誥八篇誥也伊訓一篇訓也說命三篇微子之命蔡仲之命顧命畢命冏命文侯之命九篇命也胤征一篇征也洪範一篇範也此各隨事而言益稷亦謨也因其人稱言以別之其太甲咸有一德伊尹訓道王亦訓之類盤庚亦誥也故王肅云不言誥何也取其徙而立功非但録其誥高宗肜日與訓序連文亦訓辭可知也西伯戡黎云祖伊恐奔告于受亦誥也武成云識其政事亦誥也旅獒戒王亦訓也金縢自爲一體祝亦誥辭也梓材酒誥分出亦誥也多士以王命誥自然誥也無逸戒王亦訓也君奭周公誥召公亦誥也多方周官上誥於下亦誥也君陳君牙與畢命之類亦命也呂刑陳刑告王亦誥也書篇之名因事而立既無體例隨便爲文其百篇次第於序孔鄭不同孔

單疏卷二第一葉

非但録其誥高宗肜日與訓序連文亦訓辭可知
也西伯戡黎云祖伊恐奔告于受亦誥也武成云
識其政事亦誥也旅獒戒王亦訓也金縢自爲一
體亦誥辭也梓材酒誥分出亦誥也多士以王
命誥自然誥也無逸戒王亦訓也君奭周公誥召
公亦誥也多方周官上誥於下亦誥也君陳君牙
與畢命之類亦命也吕刑陳刑告王亦誥也書篇
之名因事而立既無體例隨便爲文其百篇次第
於序孔鄭不同孔以湯誓在夏社前於百篇爲第
二十六鄭以爲在臣扈後第二十九孔以咸有一
德次太甲後第四十鄭以爲在湯誥後第三十二
孔以蔡仲之命次君奭後第八十三鄭以爲在費
誓前第九十六孔以周官在立政後第八十八鄭
以爲在立政前第八十六孔以費誓在文侯之命
後第九十九鄭以爲在吕刑前第九十七不同者
孔依壁内篇次及序爲文鄭依賈氏所奏别録爲
次孔未入學官以此不同考論次第孔義是也
虞書【疏】正義曰堯典雖曰唐事本以虞史所
録末言舜登庸由堯故追堯作典非唐史所録故
謂之虞書也鄭玄云舜之美事在於堯時是也案
馬融鄭玄王肅别録題皆曰虞夏書以虞夏同科
雖虞事亦連夏此直言虞書本無尚書之題也案
鄭序以爲虞夏書二十篇商書四十篇周書四十
篇贊云三科之條五家之教是虞夏同科也其孔
於禹貢注云禹之王以是功故爲夏書之首則虞
夏别題也以上爲虞書則十六篇文帝告釐沃湯
征汝鳩汝方於鄭玄爲商書而孔并於胤征之下
或以爲夏事猶西伯戡黎則夏書九篇商書三十
五篇此與鄭異也或孔因帝告以下五篇亡并注
於夏書不廢猶商書乎别文所引皆云虞書曰夏
書曰無并言虞夏書者又伏生雖有一虞夏傳以
外亦有虞傳夏傳此其所以宜别也此孔依虞夏

楊本卷二第二葉

以湯誓在夏社前於百篇爲第二十六鄭以爲在臣扈後第二
十九孔以咸有一德次太甲後第四十鄭以爲在湯誥後第三
十二孔以蔡仲之命次君奭後第八十三鄭以爲在費誓前第
九十六孔以周官在立政後第八十八鄭以爲在立政前第八
十六孔以費誓在文侯之命後第九十九鄭以爲在吕刑前第
九十七不同者孔依壁内篇次及序爲文鄭依賈氏所奏别録
爲次孔未入學官以此不同考論次第孔義是也
虞書
正義曰堯典雖曰唐事本以虞史所録末言舜登庸由堯故追
堯作典非唐史所録故謂之虞書也鄭玄云舜之美事在於堯
時是也案馬融鄭玄王肅别録題皆曰虞夏書以虞夏同科雖
虞事亦連夏此直言虞書本無尚書之題也案鄭序以爲虞夏
書二十篇商書四十篇周書四十篇贊云三科之條五家之教
是虞夏同科也其孔於禹貢注云禹之王以是功故爲夏書之
首則虞夏别題也以上爲虞書則十六篇又帝告釐沃湯征汝
鳩汝方於鄭玄爲商書而孔并於胤征之下或以爲夏事猶西
伯戡黎則夏書九篇商書三十五篇此與鄭異也或孔因帝告
以下五篇亡并注於夏書不廢猶商書乎别文所引皆云虞書
曰夏書曰無并言虞夏書者又伏生雖有一虞夏傳以外亦有
虞傳夏傳此其所以宜别也此孔依虞夏各别而存之莊八年
左傳云夏書曰皐陶邁種德僖二十四年左傳引夏書曰地平
天成二十七年引夏書賦納以言襄二十六年引夏書曰與其
殺不辜寧失不經皆在大禹謨皐陶謨當云虞書而云夏書者
以事關禹故引爲夏書若洪範以爲周書以箕子至周商人所
陳而傳引之即曰商書也案壁内所得孔爲傳者凡五十八篇
爲四十六卷三十三篇與鄭注同二十五篇增多鄭注也其二
十五篇者大禹謨一五子之歌二胤征三仲虺之誥四湯誥五
伊訓六太甲三篇九咸有一德十説命三篇十三泰誓三篇十
六武成十七旅獒十八微子之命十九蔡仲之命二十周官二
十一君陳二十二畢命二十三君牙二十四冏命二十五但孔

單疏卷二第二葉

各別而存之莊八年左傳云夏書曰皋陶邁種德
僖二十四年左傳引夏書曰地平天成二十七年
引夏書曰賦納以言襄二十六年引夏書曰與其殺
不辜寧失不經皆在大禹謨皋陶謨當云虞書而
云夏書者以事關禹故引爲夏書若洪範以爲周
書以箕子至周商人所陳而傳引之即曰商書也
案壁內所得孔爲傳者凡五十八篇爲四十六卷
三十三篇與鄭注同二十五篇增多鄭注也其二
十五篇者大禹謨一五子之歌二胤征三仲虺之
誥四湯誥五伊訓六太甲三篇九咸有一德十說
命三篇十三泰誓三篇十六武成十七旅獒十八
微子之命十九蔡仲之命二十周官二十一君陳
二十二畢命二十三君牙二十四冏命二十五但
孔君所傳值巫蠱不行以終前漢諸儒知孔本有
五十八篇不見孔傳遂有張霸之徒於鄭注之外
僞造尚書凡二十四篇以足鄭注三十四篇爲五
十八篇其數雖與孔同其篇有異孔則於伏生所
傳二十九篇內無古文泰誓除序尚二十八篇分
出舜典益稷盤庚二篇康王之誥爲二十二增二十五
篇爲五十八篇鄭玄則於伏生二十九篇之內分出盤
庚二篇康王之誥又泰誓三篇爲三十四篇更增益僞
書二十四篇爲五十八所增益二十四篇者則鄭注書
序舜典一汨作二九共九篇十一大禹謨十二益稷十
三五子之歌十四胤征十五湯誥十六咸有一德十七
典寶十八伊訓十九肆命二十原命二十一武成二十
二旅獒二十三冏命二十四以此二十四爲十六卷以
九共九篇共卷除八篇故爲十六故藝文志劉向別錄
云五十八篇藝文志又云孔安國者孔子後也悉得其
書以古文又多十六篇篇即卷也即是僞書二十四篇也劉
向作別錄班固作藝文志並云此言不見孔傳也劉歆作
三統曆論武王伐紂引今文泰誓云丙午逮師又
引武成越若來三月五日甲子咸劉商王受並不

與孔同亦不見孔傳也後漢初賈逵奏尚書疏云
流爲烏是與孔異也馬融書序云經傳所引泰
誓並無此文又云逸十六篇絕無師說是融亦不
見也服虔杜預注左傳亂其紀綱並云夏桀時服
虔杜預皆不見也鄭玄亦不見之故注書序舜典
云入麓伐木注五子之歌云避亂於洛汭注胤征
云胤征臣名又注禹貢引胤征云厥篚玄黃昭我
周王又注咸有一德云伊陟臣扈曰又注典寶引
伊訓云載孚在亳又曰征是三朡又注旅獒云獒
讀曰豪謂是酋豪之長又古文有仲虺之誥太甲
說命等見在而云亡其汨作典寶之等一十三篇
見亡而云已逸是不見古文也案伏生所傳三十
四篇者謂之今文則夏侯勝夏侯建歐陽和伯等
三家所傳及後漢末蔡邕所勒石經是也孔所傳
者膠東庸生劉歆賈逵馬融等所傳是也鄭玄書
贊云我先師棘子下生安國亦好此學衛賈馬二
三君子之業則雅才好博既宣之矣又云歐陽氏
失其本義今疾此蔽冒猶復疑惑未悛是鄭意師
祖孔學傳授膠東庸生劉歆賈逵馬融等學而賤
夏侯歐陽等何意鄭注尚書亡逸並與孔異篇數
並與三家同又劉歆賈逵馬融之等並傳孔學云
十六篇逸與安國不同者良由孔注之後其書散
逸傳注不行以庸生賈馬之等惟傳孔學經文三
十三篇故鄭與三家同以爲古文而鄭承其後所
注皆同賈逵馬融之學題曰古文尚書篇與夏侯
等同而經字多異夏侯等書宅嵎夷爲宅嵎鐵昧
谷曰柳谷心腹賢腸曰憂賢陽劓刵劅剠云臏宮
劓割頭庶剠是鄭注不同也三家之學傳孔業者
漢書儒林傳云安國傳都尉朝子俊傳膠東庸
生生傳清河胡常常傳徐敖敖傳王璜及塗惲惲
傳河南桑欽至後漢初衛賈馬亦傳孔學故書贊
云自世祖興後漢衛賈馬二三君子之業是也所

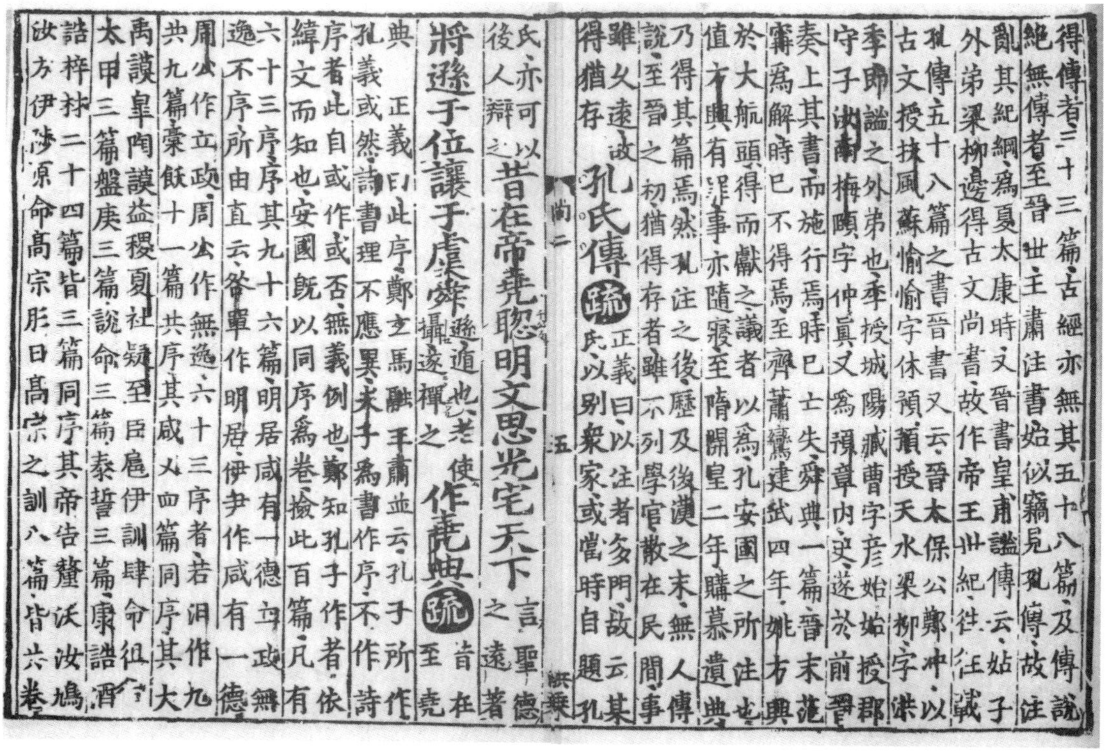

楊本卷二第五葉

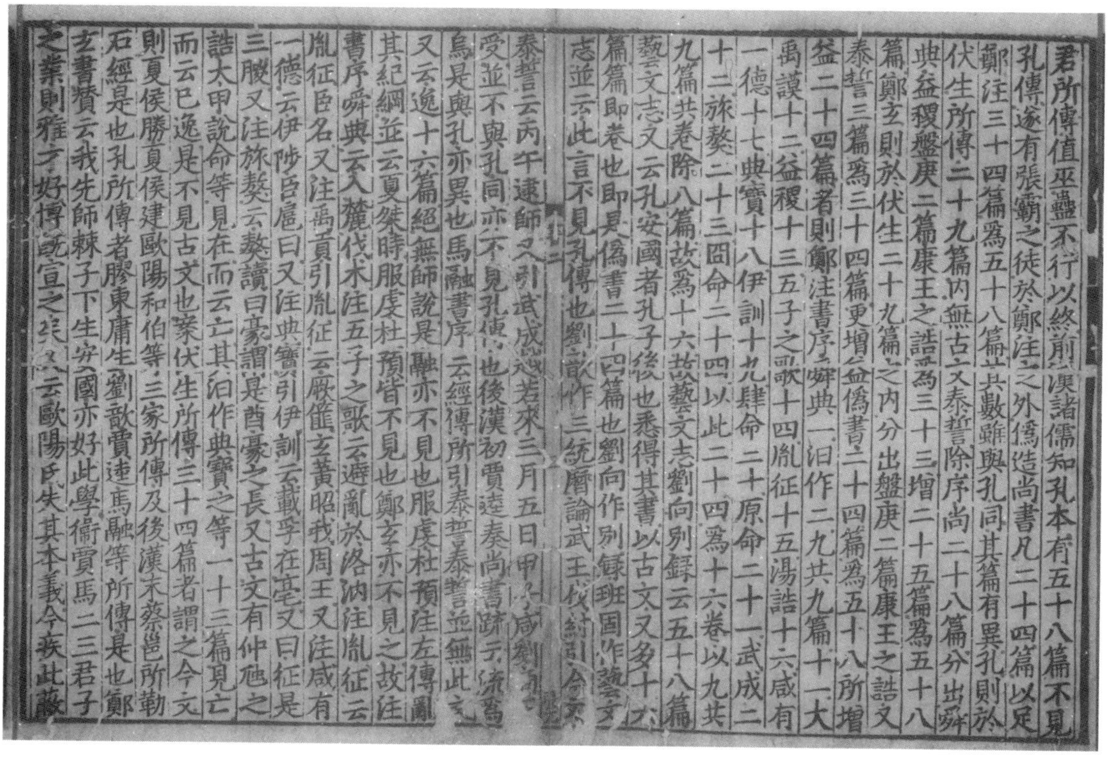

單疏卷二第三葉

類同故同序同序而別篇者三十三篇通明居攝
逸等四篇爲三十七篇加六十三即百篇也序者
以序別行辭爲形勢言昔日在於帝號堯之時也
此堯身智無不知聰也神無不見明也以此聰明
之神智足可以經緯天地即文也又神智之運深
敏於機謀即思也聰明文思即其聖性行之於外
無不備知故此德充滿居止於天下而遠著德旣
如此政化有成天道沖盈功成者退以此故將遜
遁避於帝位以禪其有聖德之虞舜史序其事而
作堯典之篇言昔在者鄭玄云書以堯爲始獨云
昔在使若無先之典然也詩云自古在昔言在昔
者自下本上之辭言昔在者從上自下爲稱故曰
使若無先之者據代有先之而書無所先故云昔
也言帝者天之一名所以名帝帝者諦也言天蕩
然無心忘於物我言公平通遠舉事審諦故謂之
帝也五帝道同於此亦能審諦故取其名若然聖
人皆能同天故曰大人大人者與天地合其德即
三王亦大人不得稱帝者以三王雖實聖人內德
同天而外隨時運不得盡其聖用逐迹爲名故謂
之爲王禮運曰大道之行天下爲公即帝也大道
旣隱各親其親即王也則聖德無大於天三皇優
於帝豈過乎天哉然則三皇亦不能過天但遂同
天之名以爲優劣五帝有爲而同天三皇無爲而
同天立名以爲優劣耳但有爲無爲亦逐多少以
爲分三王亦順帝之則而不盡故不得名帝然天
之與帝義爲一也人主可得稱帝不可得稱天者
以天隨體而立名人主不可同天之體也無由稱
天者以天德立號王者可以同其德焉所以可稱
於帝故繼天則謂之天子其號謂之帝不得云帝
子也言堯者孔無明解案下傳云虞氏舜名然堯
舜相配爲義旣舜爲名則堯亦名也以此而言禹
亦名也於下都無所解而放勳重華文命注隨其

楊本卷二第六葉

冒猶復疑惑未悛是鄭意師祖孔學傳授膠東庸生劉歆賈逵
馬融等學而賤夏侯歐陽等何意鄭注尚書亡逸並與孔異篇
數並與三家同又劉歆賈逵馬融之等並傳孔學云十六篇逸
與安國不同者良由孔注之後其書散逸傳注不行以庸生賈
馬之等惟傳孔學經文三十三篇故鄭與三家同以爲古文而
鄭承其後所注皆同賈逵馬融之學題曰古文尚書篇與夏侯
等同而經字多異夏侯等書宅嵎夷爲宅嵎鐵昧谷曰柳谷心
腹腎腸曰憂腎陽劓刵劅剠云臏宮劓割頭庶剠是鄭注不同
也三家之學傳孔業者漢書儒林傳云安國傳都尉朝子俊
傳膠東庸生生傳清河胡常常傳徐敖敖傳王璜及塗惲惲傳
河南桑欽至後漢初衛賈馬亦傳孔學故書贊云自世祖興後
漢衛賈馬二三君子之業是也所得傳者三十三篇古經亦無
其五十八篇及傳說絕無傳者至晉世王肅注書始似竊見孔
傳故注亂其紀綱爲夏太康時又晉書皇甫謐傳云姑子外弟
梁柳邊得古文尚書故作帝王世紀往往載孔傳五十八篇之書
書晉書又云晉太保公鄭沖以古文授扶風蘇愉愉字休預
授天水梁柳字洪季即謐之外弟也季授城陽臧曹字彥始始
授郡守子汝南梅賾字仲眞又爲豫章內史遂於前晉奏上其
書而施行焉時已亡失舜典一篇晉末范甯爲解時已不得焉
至齊蕭鸞建武四年姚方興於大航頭得而獻之議者以爲孔
安國之所注也值方興有罪事亦隨寢至隋開皇二年購募遺
典乃得其篇焉然孔注之後歷及後漢之末無人傳說至晉之
初猶得存者雖不列學官散在民間事雖久遠故得猶存
孔氏傳
正義曰以注者多門故云某氏以別衆家或當時自題孔氏亦
可以後人辯之
昔在至堯典
正義曰此序鄭玄馬融王肅並云孔子所作孔義或然詩書理
不應異夫子爲書作序不作詩序者此自或作或否無義例也
鄭知孔子作者依緯文而知也安國旣以同序爲卷檢此百篇

單疏卷二第四葉

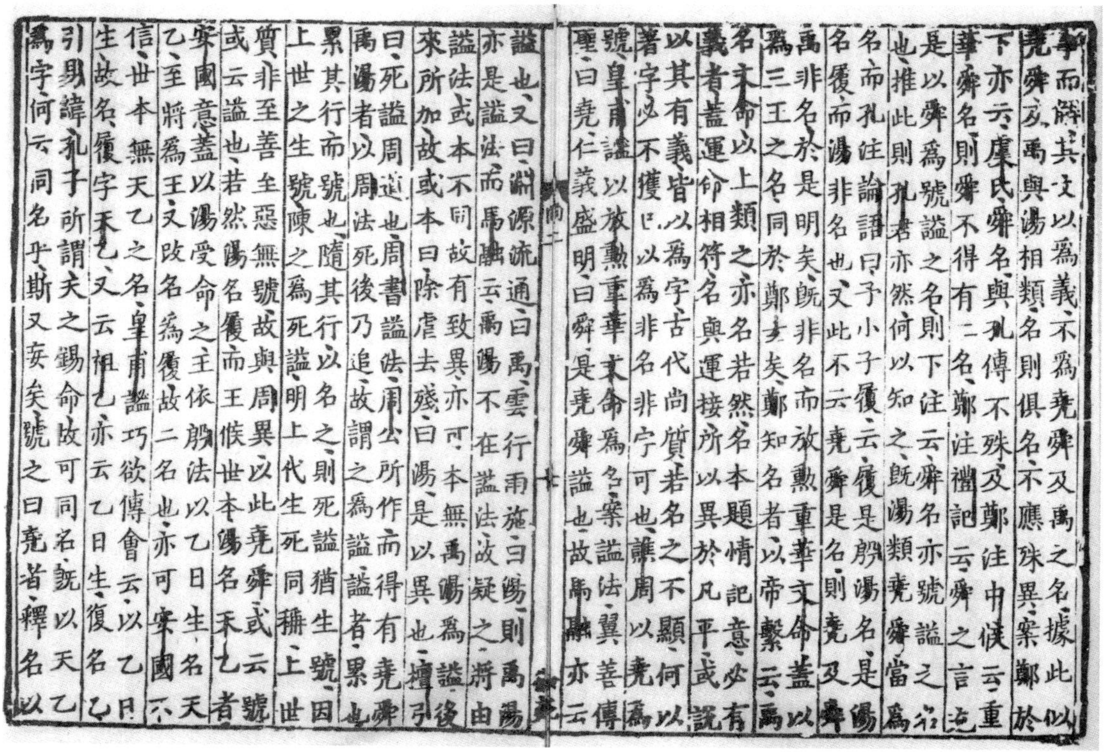

楊本卷二第七葉

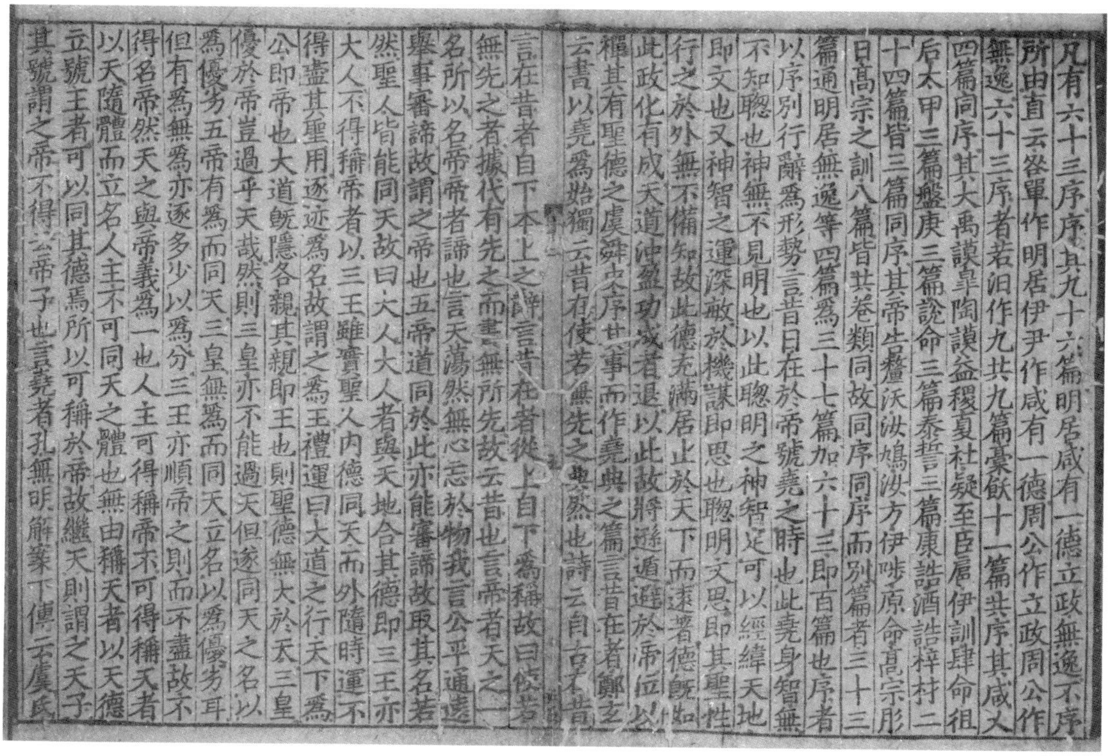

單疏卷二第五葉

爲其尊高堯堯然物莫之先故謂之堯也謚法云
翼善傳聖曰堯堯者以天下之生善因善欲禪之
故二八顯升所謂爲翼能傳位於聖人天下爲公
此所以出衆而高也言聰明者據人近驗則聽遠
爲聰見微爲明若離婁之視明也師曠之聽聰也
以耳目之聞見喻聖人之智慧兼知天下之事故
在於聞見而已故以聰明言之智之所用用於天
地經緯天地謂之文故以聰明之用爲文須當其
理故又云思而會理也經云欽明此爲聰明者彼
方陳行事故美其勑此序其聖性故稱其聰隨事
而變文下舜典直云舜聞之聰明者此
將言堯用故云文思彼要云舜德故直云聰明亦
自此而可知也上言光宅者經傳云光充也不訓宅
者可知也不於此訓光者從經爲正也下將遜于
位傳云遜遁者以經無遜字故在序訓之 傳言
聖德之遠著 正義曰聖德解聰明文思遠著解
光宅天下 傳老使至禪之 正義曰老使攝者
解將遜于位云遂禪之者解讓于虞舜也以己年
老故遜之使攝之後功成而禪禪即讓也言攝者
納於大麓是也禪者汝陟帝位是也雖舜受而攝
之而堯以爲禪武云汝陟帝位爲攝因即直言爲
讓故云遜也鄭玄云堯尊如故舜攝其事是也
堯典 言堯可爲百代常行之道 堯典 正義曰序已云作堯
典而重言此者此是經之篇
目不可因序有名略其舊題故諸篇皆重言本目
而就目解之稱典者以道可百代常行若堯舜禪
讓聖賢禹湯傳授子孫即是堯舜之道不可常行
但惟德是與非賢不授授賢之事道可常行但後
王德劣不能及古耳然經之與典俱訓爲常名典
不名經者以經是總名包殷周以上皆可爲後代
常法故以經爲名典者經中之別特指堯舜之德
於常行之内道最爲優故名典不名經也其太宰

楊本卷二第八葉

舜名然堯舜相配爲義既舜爲名則堯亦名也以此而言禹湯
亦名於下都無所解而放勳重華文命注隨其事而解其文以
爲義不爲堯舜及禹之名據此似堯舜及禹與湯相類名則俱
名不應殊異案鄭於下亦云虞氏舜名與孔傳不殊及鄭注中
候云重華舜名則舜不得有二名鄭注禮記云舜之言充是以
舜爲號謚之名則下注云舜名亦號謚之名也推此則孔君亦
然何以知之既湯類堯舜當爲名而孔注論語曰予小子履云
履是殷湯名是湯名履而湯非名也又此不云堯舜是名則堯
及舜禹非名於是明矣既非名而放勳重華文命蓋以爲三王
之名同於鄭玄矣鄭知名者以帝繫云禹名文命以上類之亦
名若然名本須情記意必有義者蓋運命相符名與運接所以
異於凡平或說以其有義皆以爲字古代尚質若名之不顯可
以著字必不獲已以爲非名非字可也譙周以堯爲號皇甫謐
以放勳重華文命爲名案謚法翼善傳聖曰堯仁義盛明曰舜
是堯舜謚也故馬融亦云謚也又曰淵源流通曰禹雲行雨施
曰湯則禹湯亦是謚法而馬融云禹湯不在謚法疑之將由
謚法或本不同故有致異亦可本無禹湯爲謚後來所加故或
本曰除虐去殘曰湯是以異也檀弓曰死謚周道也周書謚法
周公所作而得有堯舜禹湯者以周法死後乃追故謂之爲謚
謚者累也累其行而號也隨其行以名之則死謚猶生號因上
世之生號陳之爲死謚明上代生死同稱上世質非至善至惡
無號故與周異以此堯舜或云號或云謚也若然湯名履而王
候世本湯名天乙者安國意蓋以湯受命之王依殷法以乙日
生名天乙至將爲王又改名爲履故二名也亦可安國不信世
本無天乙之名皇甫謐巧欲傳會云以乙日生故名履字天乙
又云祖乙亦云乙日生復名乙引易緯孔子所謂天之錫命故
可同名既以天乙爲字何云同名乎斯又妄矣號之曰堯者釋
名以爲其尊高堯堯然物莫之先故謂之堯也謚法云翼善傳
聖曰堯堯者以天下之生善因善欲禪之故二八顯升所謂爲
翼能傳位於聖人天下爲公此所以出衆而高也言聰明者據

單疏卷二第六葉

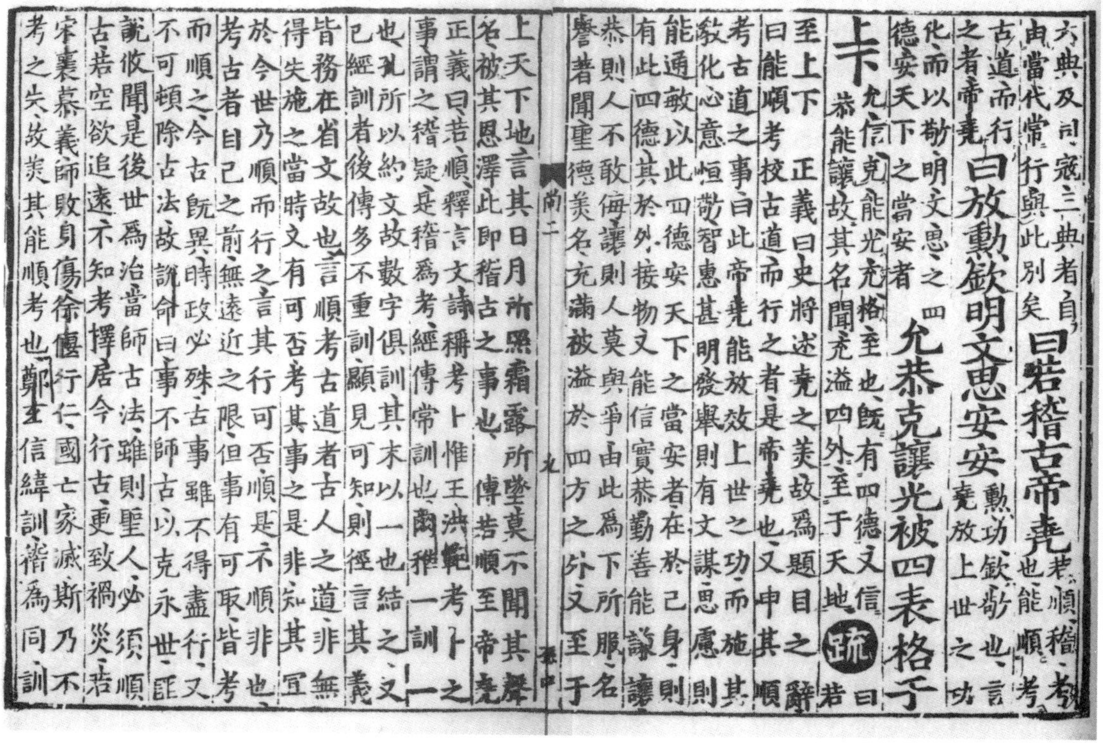

六典及司寇三典者自由當代常行與此別矣
曰若稽古帝堯若順稽考也能順考古道而行之者帝堯
曰放勳欽明文思安安勳功欽敬也言堯放上世之功化而以勑明文思之四德安天下之當安者
允恭克讓光被四表格于上下允信克能光充格至也既有四德又信恭能讓故其名聞充溢四外至于天地
疏曰若至上下
正義曰史將述堯之美故爲題目之辭
曰能順考校古道而行之者是帝堯也又申其順
考古道之事曰此帝堯能放效上世之功而施其
敎化心意恒敬智慧甚明發舉則有文謀思慮則
能通敏以此四德安天下之當安者在於己身則
有此四德其於外接物又能信實恭勤善能謙讓
恭則人不敢侮讓則人莫與爭由此爲下所服名
譽著聞聖德美名充滿被溢於四方之外又至于
上天下地言其日月所照霜露所墜莫不聞其聲
名被其恩澤此即稽古之事也　傳若順至帝堯
正義曰若順釋言文詩稱考卜惟王洪範考卜之
事謂之稽疑是稽爲考經傳常訓也兩稱一訓一
也孔所以約文故數字俱訓其末以一也結之文
已經訓者後傳多不重訓顯見可知則徑言其義
皆務在省文故也言順考古道者古人之道非無
得失施之當時文有可否考其事之是非知其宜
於今世乃順而行之言其行可否順是不順非也
考古者自己之前無遠近之限但事有可取皆考
而順之今古既異時政必殊古事雖不得盡行又
不可頓除古法故說命曰事不師古以克永世匪
說攸聞是後世爲治當師古法雖則聖人必須順
古若空欲追遠不知考擇居今行古更致禍災若
宋襄慕義師敗身傷徐偃行仁國亡家滅斯乃不
考之失故美其能順考也鄭玄信緯訓稽爲同訓

楊本卷二第九葉

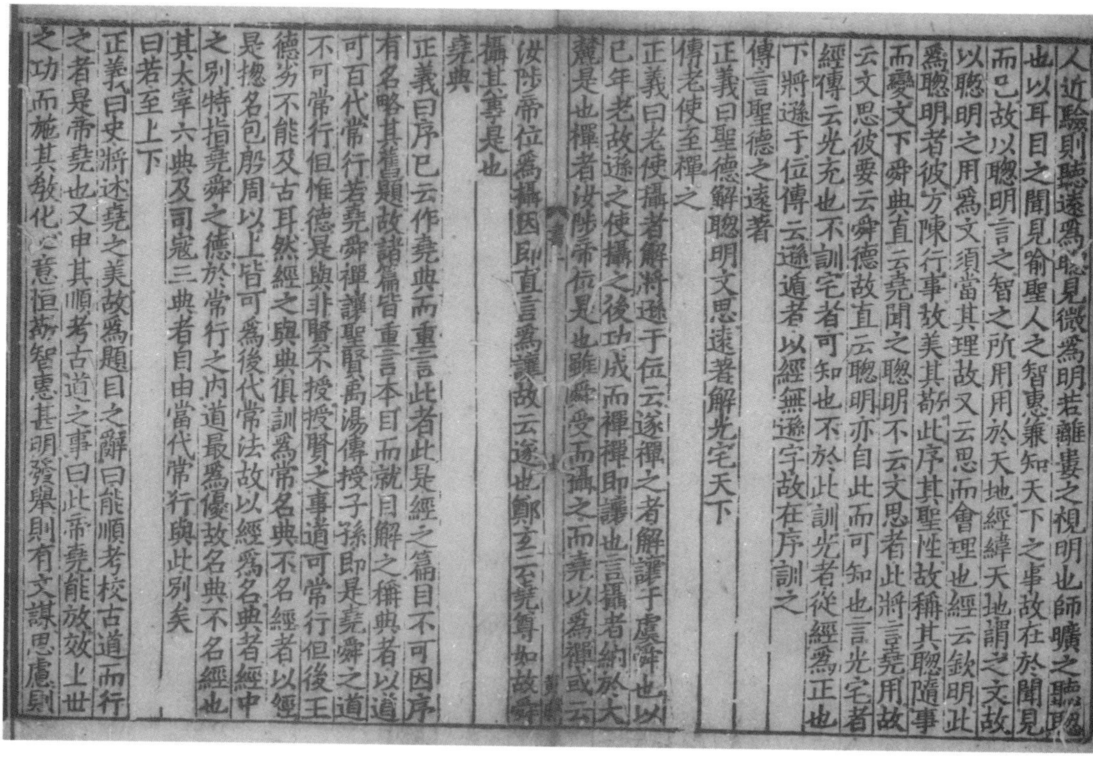

人近驗則聽遠爲聰見微爲明若離婁之視明也師曠之聽聰也
也以耳目之聞見喻聖人之智慧兼知天下之事故在於聞見
而已故以聰明言之智之所用用於天地經緯天地謂之文故
以聰明之用爲文須當其理故又云思而會理也經云欽明此
爲聰明者彼方陳行事故美其敬此序其聖性故稱其聰隨事
而變文下舜典直云堯聞之聰明不云文思者此將言堯用故
云文思彼要云舜德故直云聰明亦自此而可知也言光宅者
經傳云光充也不訓宅者可知也不於此訓光者從經爲正也
下將遜于位傳云遜遁者以經無遜字故在序訓之
傳言聖德之遠著
正義曰聖德解聰明文思遠著解光宅天下
傳老使至禪之
正義曰老使攝者解將遜于位云遂禪之者解讓于虞舜也以
已年老故遜之使攝之後功成而禪禪即讓也言攝者納於大
麓是也禪者汝陟帝位是也雖舜受而攝之而堯以爲禪或云
汝陟帝位爲攝因即直言爲讓故云遂也鄭玄云堯尊如故舜
攝其事是也
堯典
正義曰序已云作堯典而重言此者此是經之篇目不可因序
有名略其舊題故諸篇皆重言本目而就目解之稱典者以道
可百代常行若堯舜禪讓聖賢禹湯傳授子孫即是堯舜之道
不可常行但惟德是與非賢不授授賢之事道可常行但後王
德劣不能及古耳然經之與典俱訓爲常名典不名經者以經
是總名包殷周以上皆可爲後代常法故以經爲名典者經中
之別特指堯舜之德於常行之内道最爲優故名典不名經也
其太宰六典及司寇三典者自由當代常行與此別矣
曰若至上下
正義曰史將述堯之美故爲題目之辭曰能順考校古道而行
之者是帝堯也又申其順考古道之事曰此帝堯能放效上世
之功而施其敎化心意恒敬智慧甚明發舉則有文謀思慮則

單疏卷二第七葉

古爲天言能順天而行之與之同功論語稱惟堯
則天詩美文王順帝之則然則聖人之道莫不同
天合德豈待同天之語然後得同之哉書爲世教
當因之人事以人繫天於義無取且古之爲天經
無此訓高貴鄉公皆以鄭爲長非篤論也 傳勲
功至安者 正義曰勲功欽敬釋詁文此經述上
稽古之事放效上世之功即是考於古道也經言
放勲放其功而已傳兼言化者據其勲業謂之功
指其教人則爲化功之與化所從言之異耳鄭玄
云敬事節用謂之欽照臨四方謂之明經緯天地
謂之文慮深通敏謂之思孔無明說當與之同四
者皆在身之德故謂之四德凡是臣人王者皆須
安之故廣言安天下之當安者所安者則下文九
族百姓萬邦是也其敬明文思爲此次者顧氏云
隨便而言無義例也知者此先聰後明舜典云明
四目達四聰先明後聰故知無例也今考舜典云
濬哲文明先文後明與此不類知顧氏爲得也
傳允信至天地 正義曰允信格至釋詁文克能
光充釋言文在身爲德施之曰行鄭玄云不懈於
位曰恭推賢尚善曰讓恭讓是施行之名上言堯
德此言堯行故傳以文次言之言堯既有敬明文
思之四德又信實恭勤善能推讓下人愛其恭讓
傳其德音故其名遠聞旁行則充溢四方上下則
至于天地持身能恭與人能讓自己及物故先恭
後讓恭言信讓言克交互其文耳皆言信實能爲
也傳以溢解被言其饒多盈溢故被及之也表裏
內外相對之言故以表爲外向下向上至有所限
旁行四方無復限極故四表言被上下言至四外
者以其無限自內言之言其至於遠處正謂四方
之外畔者當知爾雅所謂四海四荒之地也先四
表後上下者人之聲名宜先及於人後被四表是
人先知之故先言至人後言至于上下言至於天

楊本卷二第十葉

能通敏以此四德安天下之當安者在於己身則有此四德其
於外接物又能信實恭勤善能謙讓恭則人不敢侮讓則人莫
與爭由此爲下所服名譽著聞聖德美名充滿被溢於四方之
外又至于上天下地言其日月所照霜露所隊莫不聞其聲名
被其恩澤此即稽古之事也
傳若順至帝堯
正義曰若順釋言文詩稱考卜惟王洪範考卜之事謂之稽疑
是稽爲考經傳常訓也爾雅一訓一也孔所以約文故數字俱
訓其末以一也結之又已經訓者後傳多不重訓顯見可知則
徑言其義皆務在省文故也言順考古道者古人之道非無得
失施之當時又有可否考其事之是非知其宜於今世乃順而
行之言其行可否順是不順非也考古者自己之前無遠近之
限但事有可取皆考而順之今古既異時政必殊古事雖不得
盡行又不可頓除古法故說命曰事不師古以克永世匪說攸
聞是後世爲治當師古法雖則聖人必須順古若空欲追遠不
知考擇居今行古更致禍災若宋襄慕義師敗身傷徐偃行仁
國亡家滅斯乃不考之失故美其能順考也鄭玄信緯訓稽爲
同訓古爲天言能順天而行之與之同功論語稱惟堯則天詩
美文王順帝之則然則聖人之道莫不同天合德豈待同天之
語然後得同之哉書爲世教當因之人事以人繫天於義無取
且古之爲天經無此訓高貴鄉公皆以鄭爲長非篤論也
傳勲功至安者
正義曰勲功欽敬釋詁文此經述上稽古之事放效上世之功
即是考於古道也經言放勲放其功而已傳兼言化者據其勲
業謂之功指其教人則爲化功之與化所從言之異耳鄭玄云
敬事節用謂之欽照臨四方謂之明經緯天地謂之文慮深通
敏謂之思孔無明說當與之同四者皆在身之德故謂之四德
凡是臣人王者皆須安之故廣言安天下之當安者所安者則
下文九族百姓萬邦是也其敬明文思爲此次者顧氏云隨便
而言無義例也知者此先聰後明舜典云明四目達四聰先明

單疏卷二第八葉

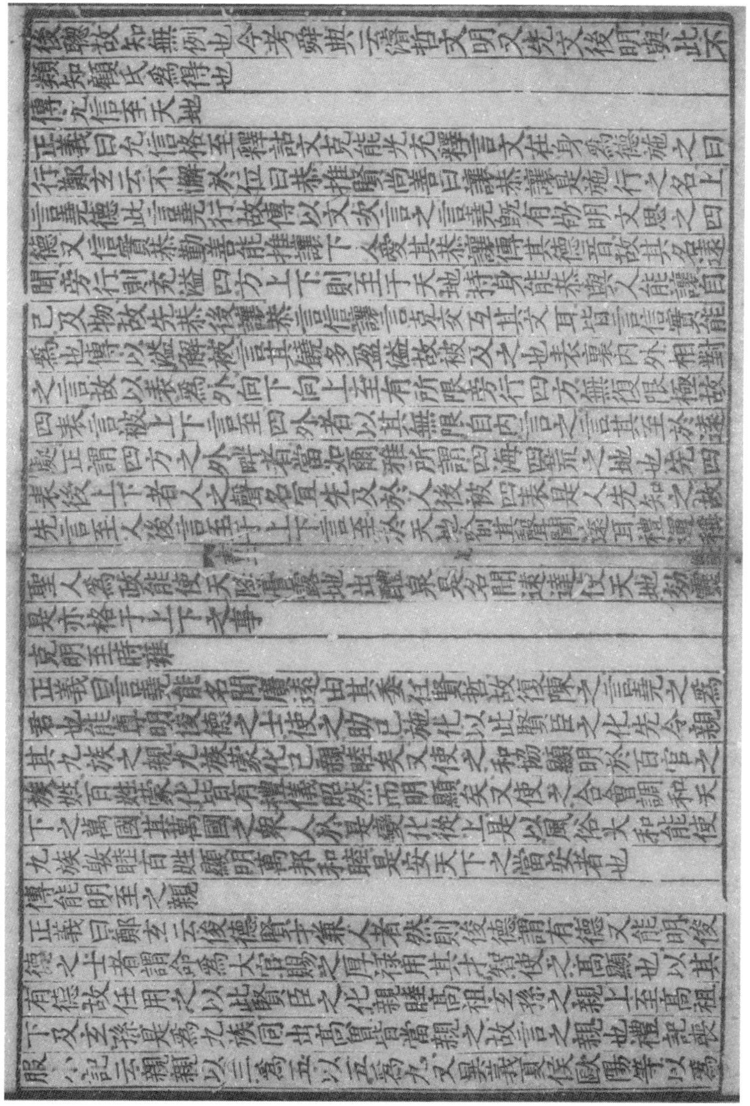

單疏卷二第九葉

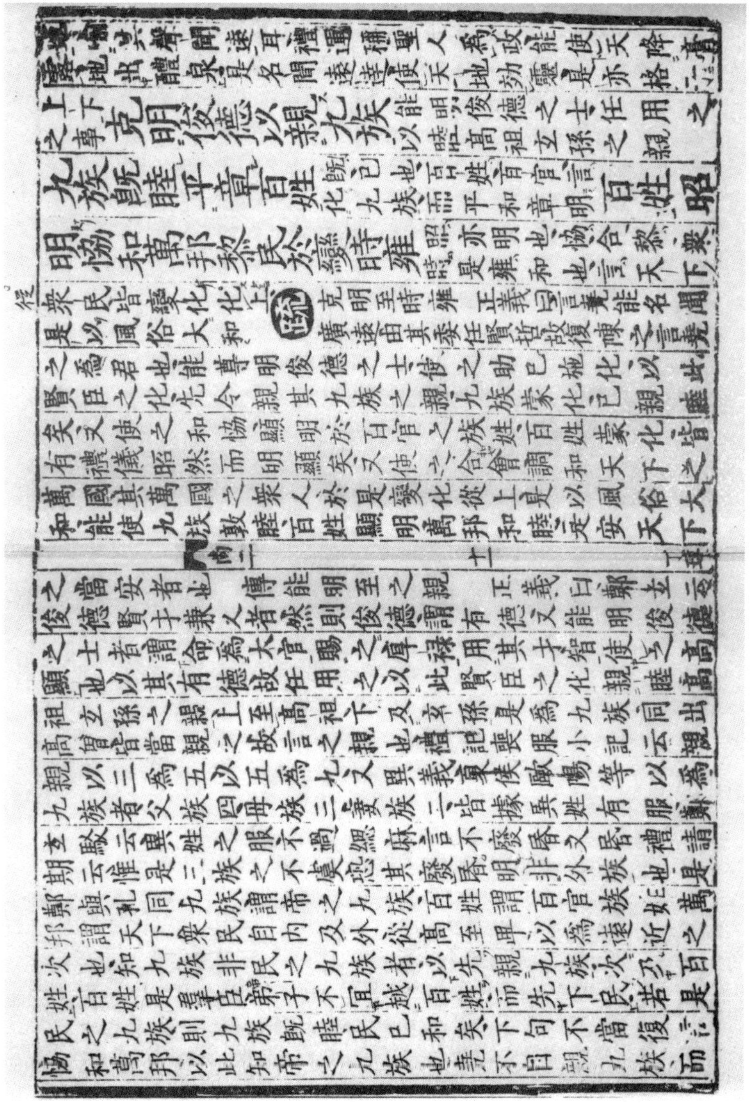

楊本卷二第十一葉

待臣使之親者此言用臣法耳豈有聖人在上疏
其骨肉者乎若以堯自能親不待臣化則化萬
百姓堯豈不能化之而待臣化之也且言親九族
者非徒使帝親之亦使臣親之帝亦令其自相親
愛故須臣子之化也 傳既已至章明 正義曰
既已義同故訓既爲已經傳之言百姓或指天下
百姓此下句乃有黎民故知百姓即百官也百官
謂之百姓者隱八年左傳云天子建德因生以賜
姓謂建立有德以爲公卿因其所生之地而賜之
以爲其姓令其收斂族親自爲宗主明王者任賢
不任親故以百姓言之周官篇云唐虞稽古建官
惟百大禹謨云率百官若帝之初是唐虞之世經
文皆稱百官而禮記明堂位云有虞氏之官五十
後世所記不合經也平章與百姓共文非九族之
事傳以此經之事文勢相因先化九族乃化百官
故云化九族而平和章明謂九族與百官皆須導
之以德義平理之使之協和教之以禮法章顯之
使之明著 傳昭亦至大和 正義曰釋詁以昭
爲光光明義同經已有明故云昭亦明也釋詁
協爲和和合義同故訓協爲合也黎衆時是釋詁
文雍和釋訓文堯民之變明其變惡從善人之所
和惟風俗耳故知謂天下衆人皆變化從上是以
風俗大和人俗大和即是太平之事也此經三事
相類古史交互立文以親言既睦平章言昭明協
和言時雍睦即親也章即明也雍即和也各自變
文以類相對平九族使之親平百姓使之明正謂
使從順禮義恩情和合故於萬邦變言協和則以
親九族平章百姓亦是協和之也但九族宜相親
睦百姓宜明禮義萬邦宜盡和協各因所宜爲文
其實相通也民言於變謂從上化則九族既睦百
姓昭明亦是變上 **乃命羲和欽若昊天厤象日月**
故得睦得明也

楊本卷二第十二葉

九族者父族四母族三妻族二皆據異姓有服鄭玄駁云異姓
之服不過緦麻言不廢昏又昏禮請期云惟是三族之不虞恐
其廢昏明非外族也是鄭與孔同九族謂帝之九族百姓謂百
官族姓萬邦謂天下衆民自内及外從高至卑以爲遠近之次
也知九族非民之九族者以先親九族次及百姓百姓是羣臣
弟子不宜越百姓而先下民若是民之九族則九族既睦民已
和矣下句不當復言協和萬邦以此知帝之九族也堯不自親
九族而待臣使之親者此言用臣法耳豈有聖人在上踈其骨
肉者乎若以堯自能親不待臣化則化萬邦百姓堯豈不能化
之而待臣化之也且言親九族者非徒使帝親之亦使臣親之
帝亦令其自相親愛故須臣子之化也
傳既已至章明
正義曰既已義同故訓既爲已經傳之言百姓或指天下百姓
此下句乃有黎民故知百姓即百官也百官謂之百姓者隱八
年左傳云天子建德因生以賜姓謂建立有德以爲公卿因其
所生之地而賜之以爲其姓令其收斂族親自爲宗主明王者
任賢不任親故以百姓言之周官篇云唐虞稽古建官惟百大
禹謨云率百官若帝之初是唐虞之世經文皆稱百官而禮記
明堂位云有虞氏之官五十後世所記不合經也平章與百姓
共文非九族之事傳以此經之事文勢相因先化九族乃化百
官故云化九族而平和章明謂九族與百官皆須導之以德義
平理之使之協和教之以禮法章顯之使之明著
傳昭亦至大和
正義曰釋詁以昭爲光光明義同經已有明故云昭亦明也釋
詁以協爲和和合義同故訓協爲合也黎衆時是釋詁文雍和
釋訓文堯民之變明其變惡從善人之所和惟風俗耳故知謂
天下衆人皆變化化上是以風俗大和人俗大和即是太平之
事也此經三事相類古史交互立文以親言既睦平章言昭明
協和言時雍睦即親也章即明也雍即和也各自變文以類相
對平九族使之親平百姓使之明正謂使從順禮義恩情和合

單疏卷二第十葉

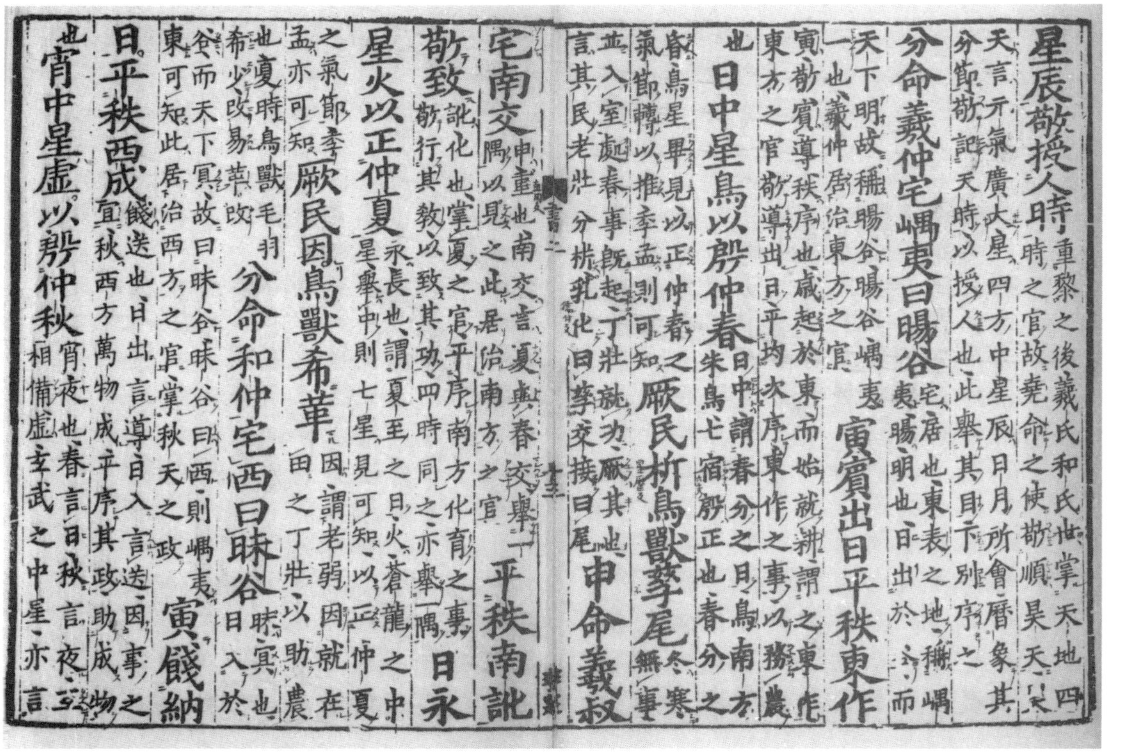

楊本卷二第十三葉

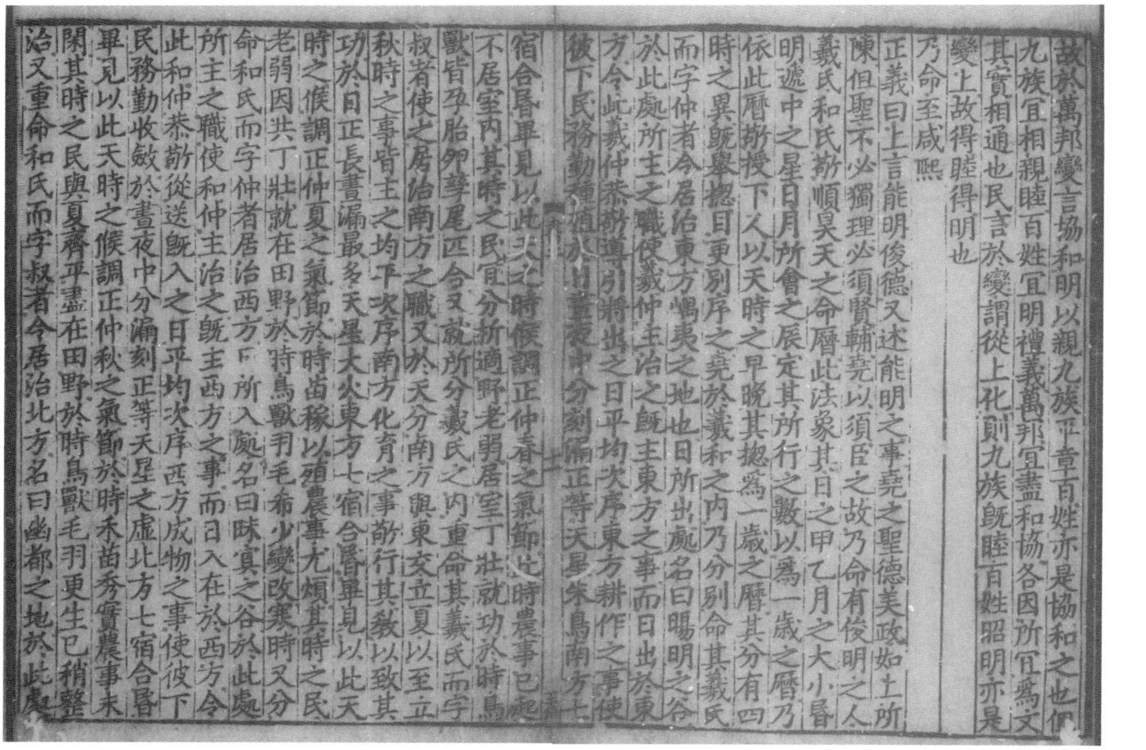

單疏卷二第十一葉

七星皆以秋分日見以正三秋厥民夷鳥獸毛毨夷平也老壯在田與夏平也毨理也毛更生整理申命和叔宅朔方曰幽都平在朔易北稱朔亦稱方言一方則三方見矣北稱幽都南稱明從可知也都謂所聚也易謂歲改易於北方平均在察其政以順天常上總言羲和敬順昊天此分別仲叔各有所掌日短星昴以正仲冬日短冬至之日昴白虎之中星亦以七星並見以正冬之三節厥民隩鳥獸氄毛隩室也民改歲入此室處以辟風寒鳥獸皆生耎毳細毛以自溫帝曰咨汝羲暨和朞三百有六旬有六日以閏月定四時成歲咨嗟暨與也匝四時曰朞一歲十二月月三十日正三百六十日除小月六為六日是為一歲有餘十二日未盈三歲足得一月則置閏焉以定四時之氣節成一歲之曆象允釐百工庶績咸熙允信釐治工官績功咸皆熙廣也言定四時成歲曆以告時授事則能信治百官衆功皆廣歎其善

〔疏〕乃命至咸熙　正義曰上言能明俊德又述能明之事堯之聖德美政如上所陳但聖不必獨理必須賢輔堯以須臣之故乃命有俊明之人羲氏和氏敬順昊天之命曆此法象其日之甲乙月之大小昏明遞中之星日月所會之辰定其所行之數以為一歲之曆乃依此曆敬授下人以天時之早晚其總為一歲之曆其分有四時之異既舉總目更別序之堯於羲和之內乃分別命其羲氏而字仲者令居治東方嵎夷之地也日所出處名曰暘明之谷於此處所主之職使羲仲主治之既主東方之事而日出於東方令此羲仲恭敬導引將出之日平均次序東方耕

作之事使彼下民務勤種植於日晝夜中分刻漏正等天星朱鳥南方七宿合昏畢見以此天之時候調正仲春之氣節此時農事已起不居室內其時之民宜分析適野老弱居室丁壯就功於時鳥獸皆孕胎卵孳尾匹合又就所分羲氏之內重命其羲氏而字叔者使之居治南方之職又於此分南方與東交立夏以至立秋時之事皆主之均平次序南方化育之事敬行其教以致其功於日正長晝漏最多天星大火東方七宿合昏畢見以此天時之候調正仲夏之氣節於時苗稼以殖農事尤煩其時之民老弱因共丁壯就在田野於時鳥獸羽毛希少變改寒時又分命和氏而字仲者居治西方日所入處名曰昧谷於此處所主之職使和仲主治之既主西方之事而日入在於西方令此和仲恭敬從送既入之日平均次序西方成物之事使彼下民務勤收斂於晝夜中分漏刻正等天星之虛北方七宿合昏畢見以此天時之候調正仲秋之氣節於時禾苗秀實農事未閑其時之民與夏齊平盡在田野於時鳥獸毛羽更生已稍整治又重命和氏而字叔者令居治北方名曰幽都之地於此處所主之職使和叔主治之平均視察北方歲改之事於日正短晝漏最少天星之昴西方七宿合昏畢見以此天時之候調正仲冬之氣節於時禾稼已入農事閑暇其時之人皆處深隩之室鳥獸皆生耎毳細毛以自溫煖此是羲和敬天授人之實事也羲和所掌如是故帝堯乃述而歎之曰咨嗟汝羲仲羲叔與和仲和叔一朞之間三百有六旬有六日分為十二月則餘日不盡令氣朔參差若以閏月補闕令氣朔得正定四時之氣節成一歲之曆象是汝之美可歎也又以此歲曆告時授事信能和治百官使之衆功皆廣也歎美羲和能敬天之節衆功皆廣則是風俗

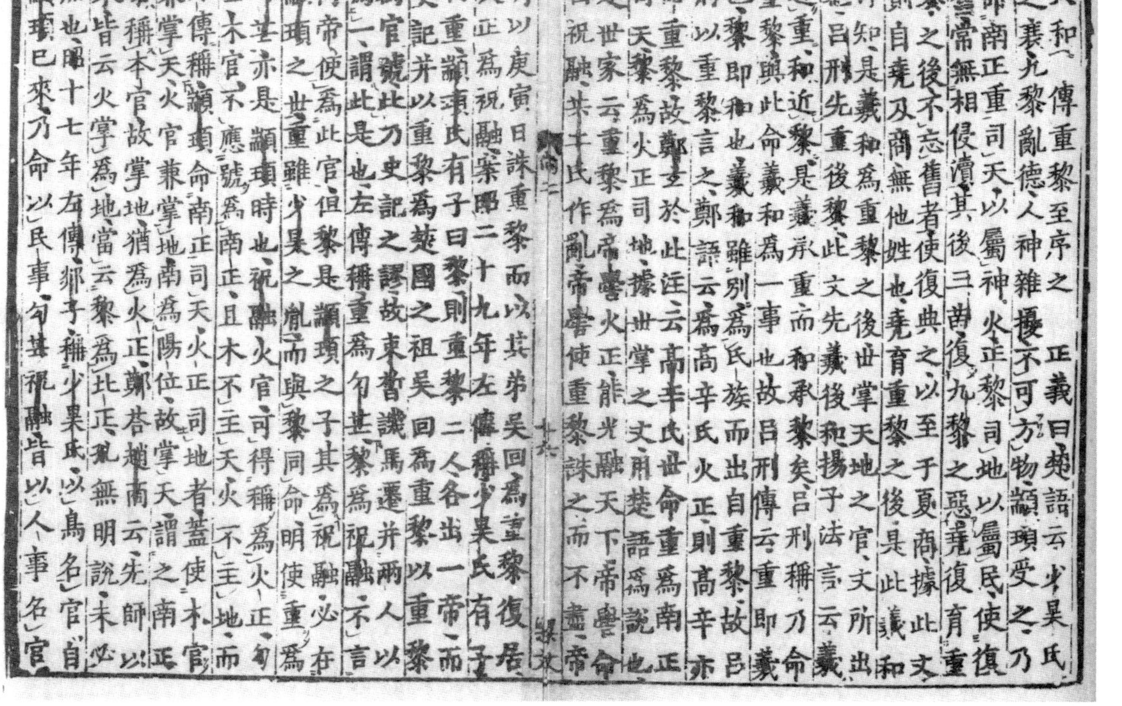

天和〔傳重黎至序之〕正義曰楚語云少昊氏之衰九黎亂德人神雜擾不可方物顓頊受之乃命南正重司天以屬神火正黎司地以屬民使復舊常無相侵瀆其後三苗復九黎之惡堯復育重黎之後不忘舊者使復典之以至于夏商據此文則自堯及商無他姓也堯育重黎之後是此羲和可知是羲和爲重黎之後世掌天地之官文所出也呂刑先重後黎此文先羲後和揚子法言云羲近重和近黎是羲承重而和承黎矣呂刑稱乃命重黎即羲和也羲和雖別爲氏族而出自重黎故呂刑以重黎言之鄭語云爲高辛氏火正則高辛亦命重黎故鄭玄於此注云高辛氏世命重爲南正司天黎爲火正司地據世掌之文用楚語爲說也楚世家云重黎爲帝嚳火正能光融天下帝嚳命曰祝融共工氏作亂帝嚳使重黎誅之而不盡帝乃以庚寅日誅重黎而以其弟吳回爲重黎復居火正爲祝融案昭二十九年左傳稱少昊氏有子曰重顓頊氏有子曰黎則重黎二人各出一帝而史記并以重黎爲楚國之祖吳回爲重黎以重黎爲官號此乃史記之謬故束晳譏馬遷并兩人以爲一謂此是也左傳稱重爲句芒黎爲祝融不言何帝使爲此官但黎是顓頊之子其爲祝融必在顓頊之世重雖少昊之胤而與黎同命明使重爲句芒亦是顓頊時也祝融火官可得稱爲火正句芒木官不應號爲南正且木不主天火不主地而外傳稱顓頊命南正司天火正司地者蓋使木官兼掌天火官兼掌地南爲陽位故掌天謂之南正黎稱本官故掌地猶爲火正鄭荅趙商云先師以來皆云火掌爲地當云黎爲北正孔無明說未必然也昭十七年左傳郯子稱少昊氏以鳥名官自顓頊已來乃命以民事句芒祝融皆以人事名官

楊本卷二第十六葉

所主之職使和叔主治之平均視察北方歲改之事於日正短晝漏最少天星之昴西方七宿合昏畢見以此天時之候調正仲冬之氣節於時禾稼已入農事閑暇其時之人皆處深隩之室鳥獸皆生耎毳細毛以自溫煖此是羲和敬天授人之實事也羲和所掌如是故帝堯乃述而歎之曰咨嗟汝羲仲羲叔與和仲和叔一朞之間三百有六旬有六日分爲十二月則餘日不盡令氣朔參差若以閏月補闕令氣朔得正定四時之氣節成一歲之曆象是汝之美可歎也又以此歲曆告時授事信能和治百官使之衆功皆廣也歎美羲和能敬天之節衆功皆廣則是風俗大和

傳重黎至序之

正義曰楚語云少昊氏之衰九黎亂德人神雜擾不可方物顓頊受之乃命南正重司天以屬神火正黎司地以屬民使復舊常無相侵瀆其後三苗復九黎之惡堯復育重黎之後不忘舊者使復典之以至于夏商據此文則自堯及商無他姓也堯育重黎之後是此羲和可知是羲和爲重黎之後世掌天地之官文所出也呂刑先重後黎此文先羲後和揚子法言云羲近重和近黎是羲承重而和承黎矣呂刑稱乃命重黎與此命羲和爲一事也故呂刑傳云重即羲也黎即和也羲和雖別爲氏族而出自重黎故呂刑以重黎言之鄭語云爲高辛氏火正則高辛亦命重黎故鄭玄於此注云高辛氏世命重爲南正司天黎爲火正司地據世掌之文用楚語爲說也楚世家云重黎爲帝嚳火正能光融天下帝嚳命曰祝融共工氏作亂帝嚳使重黎誅之而不盡帝乃以庚寅日誅重黎而以其弟吳回爲重黎復居火正爲祝融案昭二十九年左傳稱少昊氏有子曰重顓頊氏有子曰黎則重黎二人各出一帝而史記并以重黎爲楚國之祖吳回爲重黎以重黎爲官號此乃史記之謬故束晳譏馬遷并兩人以爲一謂此是也左傳稱重爲句芒黎爲祝融不言何帝使爲此官但黎是顓頊之子其爲祝融必在顓頊之世重雖少昊之胤而與黎同命明使重爲句芒亦是顓頊時也祝融

單疏卷二第十二葉

明此當顓頊之時也傳言少昊氏有四叔當爲後
代子孫非親子也何則傳稱共工氏有子曰句龍
共工氏在顓頊之前多歷年代豈復共工氏親子
至顓頊時乎明知少昊四叔亦非親子高辛所命重
黎或是重黎子孫未必一人能歷二代又高辛前
命後誅當是異人何有罪而誅不容列在祀典明
是重黎之後世以重黎爲號所誅重黎是有功重
黎之子孫也呂刑說羲和之事猶尚謂之重黎況
彼尚近重黎何故不得稱之以此知異世重黎號
同人別顓頊命重司天黎司地羲氏掌天和氏掌
地其實重黎羲和通掌之也此云乃命羲和欽若
昊天是羲和二氏共掌天地之事以乾坤相配天
地相成運立施化者天資生成物者地天之功成
其見在地故下言日中星鳥之類是天事也平秩
東作之類是地事也各分掌其時非別職矣案楚
語云重司天以屬神黎司地以屬人天地既別人
神又殊而云通掌之者外傳之文說呂刑之義以
爲少昊之衰天地相通人神雜擾顓頊乃命重黎
分而異之以解絶地天通之言故云各有所掌天
地相通人神雜擾見其能離絶天地變異人神耳
非即別掌之文別序所掌則羲主春夏和主秋
冬俱掌天時明其共職彼又言至于夏商世掌天
地胤征云羲和湎淫廢時亂日不知日食羲和同
罪明其世掌天地共職可知顓頊命掌天地惟重
黎二人堯命羲和則仲叔四人者以羲和二氏賢
者既多且後代稍文故分掌其職事四人各職一
時兼職方岳以有四岳故用四人顓頊之命重黎
惟司天地主岳以否不可得知設令亦主方岳蓋
重黎二人分主東西也馬融鄭玄皆以此命羲和
者命爲天地之官下云分命申命爲四時之職天
地之與四時於周則冢宰司徒之屬六卿是也孔
言此舉其目下別序之則惟命四人無六官也二

楊本卷二第十七葉

火官可得稱爲火正句芒木官不應號爲南正且木不主天火
不主地而外傳稱顓頊命南正司天火正司地者蓋使木官兼
掌天火官兼掌地南爲陽位故掌天謂之南正黎稱本官故掌
地猶爲火正鄭荅趙商云先師以來皆云火掌爲地當云黎爲
北正孔無明說未必然也昭十七年左傳郯子稱少昊氏以鳥
名官自顓頊已來乃命以民事句芒祝融皆以人事名官明此
當顓頊之時也傳言少昊氏有四叔當爲後代子孫非親子也
何則傳稱共工氏有子曰句龍共工氏在顓頊之前多歷年代
豈復共工氏親子至顓頊時乎明知少昊四叔亦非親子高辛
所命重黎或是重黎子孫未必一人能歷二代又高辛前命後
誅當是異人何有罪而誅不容列在祀典明是重黎之後世以
重黎爲號所誅重黎是有功重黎之子孫也呂刑說羲和之事
猶尚謂之重黎況彼尚近重黎何故不得稱之以此知異世重
黎號同人別顓頊命重司天黎司地羲氏掌天和氏掌地其實
重黎羲和通掌之也此云乃命羲和欽若昊天是羲和二氏共
掌天地之事以乾坤相配天地相成運立施化者天資生成物
者地天之功成其見在地故下言日中星鳥之類是天事也平
秩東作之類是地事也各分掌其時非別職矣案楚語云重司
天以屬神黎司地以屬人天地既別人神又殊而云通掌之者
外傳之文說呂刑之義以爲少昊之衰天地相通人神雜擾顓
頊乃命重黎分而異之以解絶地天通之言故云各有所掌天
地相通人神雜擾見其能離絶天地變異人神耳非即別掌之
下文別序所掌則羲主春夏和主秋冬俱掌天時明其共職彼
又言至于夏商世掌天地胤征云羲和湎淫廢時亂日不知日
食羲和同罪明其世掌天地共職可知顓頊命掌天地惟重黎
二人堯命羲和則仲叔四人者以羲和二氏賢者既多且後代
稍文故分掌其職事四人各職一時兼職方岳以有四岳故用
四人顓頊之命重黎惟司天地主岳以否不可得知設令亦主
方岳蓋重黎二人分主東西也馬融鄭玄皆以此命羲和者命
爲天地之官下云分命申命爲四時之職天地之與四時於周

單疏卷二第十三葉

傳云四岳即羲和四子舜典傳稱禹益六人新命
有職與四岳十二牧凡爲二十二人然新命之六
人禹命爲百揆契作司徒伯夷爲秩宗皐陶爲士
垂作共工亦禹契之輩即是卿官卿官之外別有四
岳四岳非卿官也孔意以羲和非是卿官別掌天地
但天地行於四時四時位在四方平秩四時之人
因主方岳之事猶自別有卿官分掌諸職左傳稱
少昊氏以鳥名官五鳩氏即周世之卿官也五鳩
之外別有鳳鳥氏曆正也班在五鳩之上是上代
以來皆重曆數故知堯於諸卿官之外別命羲和掌
天地也於時羲和似尊於諸卿後世以來稍益卑
賤周禮太史掌正歲年以序事即古羲和之任也
桓十七年左傳云日官居卿以底日猶尚尊其所
掌周之卿官明是堯時重之故特言乃命羲和此
乃命羲和重述克明俊德之事得致雍和所由巳
上論堯聖性此說堯之任賢據堯身而言用臣故
云乃命非時雍之後方始命之使敬順昊天昊天者混
元之氣昊然廣大故謂之昊天也釋天云春爲蒼
天夏爲昊天秋爲旻天冬爲上天毛詩傳云尊而
君之則稱皇天元氣廣大則稱昊天仁覆閔下則
稱旻天自上降監則稱上天據遠視之蒼蒼然則
稱蒼天爾雅四時異名詩傳即隨事立稱鄭玄讀
爾雅云春爲昊天夏爲蒼天故駁異義云春氣博
施故以廣大言之夏氣高明故以遠言之秋氣或
生或殺故以閔下言之冬氣閉藏而清察故以監
下言之皇天者尊而號之也六籍之中諸稱天者
以情所求言之耳非必於其時稱之然此言堯敬
大四天故以廣大言之星四方中星者二十八宿
布在四方隨天轉運更互在南方每月各有中者
月令每月昏旦惟舉一星之中若使每日視之即
諸宿每日昏旦莫不常中中則人皆見之故以中
星表宿四方中星摠謂二十八宿也或以書傳云

楊本卷二第十八葉

則家宰司徒之屬六卿是也孔言此舉其目下別序之則惟命
四人無六官也下傳云四岳即羲和四子舜典傳稱禹益六人
新命有職與四岳十二牧凡爲二十二人然新命之六人禹命
爲百揆契作司徒伯夷爲秩宗皐陶爲士垂作共工亦禹契之
輩即是卿官卿官之外別有四岳四岳非卿官也孔意以羲和
非是卿官別掌天地但天地行於四時四時位在四方平秩四
時之人因主方岳之事猶自別有卿官分掌諸職左傳稱少昊
氏以鳥名官五鳩氏即周世之卿官也五鳩之外別有鳳鳥氏
曆正也班在五鳩之上是上代以來皆重曆數故知堯於卿官
之外別命羲和掌天地也於時羲和似尊於諸卿後世以來稍
益卑賤周禮太史掌正歲年以序事即古羲和之任也桓十七
年左傳云日官居卿以底日猶尚尊其所掌周之卿官明是堯
時重之故特言乃命羲和此乃命羲和重述克明俊德之事得
致雍和所由巳上論堯聖性此說堯之任賢據堯身而言用臣
故云乃命非時雍之後方始命之使敬順昊天昊天者混元之
氣昊然廣大故謂之昊天也釋天云春爲蒼天夏爲昊天秋爲
旻天冬爲上天毛詩傳云尊而君之則稱皇天元氣廣大則稱
昊天仁覆閔下則稱旻天自上降監則稱上天據遠視之蒼蒼
然則稱蒼天爾雅四時異名詩傳即隨事立稱鄭玄讀爾雅云
春爲昊天夏爲蒼天故駁異義云春氣博施故以廣大言之夏
氣高明故以遠言之秋氣或生或殺故以閔下言之冬氣閉藏
而清察故以監下言之皇天者尊而號之也六籍之中諸稱天
者以情所求言之耳非必於其時稱之然此言堯敬大四天故
以廣大言之星四方中星者二十八宿布在四方隨天轉運更
互在南方每月各有中者月令每月昏旦惟舉一星之中若使
每日視之即諸宿每日昏旦莫不常中中則人皆見之故以中
星表宿四方中星摠謂二十八宿也或以書傳云主春者張昏
中可以種穀主夏者火昏中可以種黍主秋者虛昏中可以種
麥主冬者昴昏中可以收斂皆云上告天子下賦臣人天子南
面而視四方星之中知人緩急故曰敬授人時謂此四方中星

單疏卷二第十四葉

主春者張，昏中可以種穀；主夏者火，昏中可以種
黍；主秋者虛，昏中可以種麥；主冬者昴，昏中可以
收斂。皆云上告天子，下賦臣人。天子南面而視四
方星之中，知人緩急，故曰敬授人時。謂此四方中
星。如書傳之說，孔於虛昴諸星本無取中之事，用
書傳爲孔說，非其旨矣。辰，日月所會者，昭七年左
傳士文伯對晉侯之辭也。日行遲，月行疾，每月之
朔，月行及日而與之會，其必在宿分。二十八宿是
日月所會之處。辰，時也，集會有時，故謂之辰。日月
所會與四方中星俱是二十八宿，舉其人目所見
以星言之，論其日月所會以辰言之，其實一物，故
星辰共文。益稷稱古人之象日月星辰，共爲一象，
由其實同故也。日月與星，天之三光，四時變化以
此爲政，故命羲和令以筭術推步，累歷其所行，法
象其所在，具有分數節候，參差不等，敬記此天時
以爲曆而授人。此言星辰共爲一物，周禮大宗伯
云「實柴祀日月星辰」，鄭玄云：「星謂五緯，辰謂日月
所會十二次」者，以星辰爲二者，五緯與二十八宿
俱是天星，天之神祇，禮無不祭，故鄭玄隨事而分
之。以此敬授人時，無取五緯之義，故鄭玄於此注
亦以星辰爲一，觀文爲說也。然則五星與日月皆
別行，不與二十八宿同，爲不動也。△傳「宅居」至「之
官」。正義曰：「宅，居」，釋言文。禹貢青州云「嵎夷既略」，
青州在東界外之畔爲表，故云東表之地稱嵎夷
也。陰陽相對，陰闇而陽明也，故以暘爲明。谷無陰
陽之異，以日出於谷而天下皆明，故謂日出之處
爲暘谷。冬南夏北，不常厥處，但日由空道，似行自
谷，故以谷言之，非實有深谷而日從谷之出也。據
日所出謂之暘谷，指其地名即稱嵎夷，故云暘谷、
嵎夷一也。又解居者，居其官，不居其地，故云羲仲
居治東方之官。此言分命者，上云乃命羲和，揔舉
其目，就乃命之内，分其職掌，使羲主春夏，和主秋

楊本卷二第十九葉

如書傳之說，孔於虛昴諸星本無取中之事，用書傳爲孔說，非
其旨矣。辰，日月所會者，昭七年左傳士文伯對晉侯之辭也。日
行遲，月行疾，每月之朔，月行及日而與之會，其必在宿分。二十
八宿是日月所會之處。辰，時也，集會有時，故謂之辰。日月所會
與四方中星俱是二十八宿，舉其人目所見以星言之，論其日
月所會以辰言之，其實一物，故星辰共文。益稷稱古人之象日
月星辰，共爲一象，由其實同故也。日月與星，天之三光，四時變
化以此爲政，故命羲和令以筭術推步，累歷其所行，法象其所
在，具有分數節候，參差不等，敬記此天時以爲曆而授人。此言
星辰共爲一物，周禮大宗伯云「實柴祀日月星辰」，鄭玄云：「星謂
五緯，辰謂日月所會十二次」者，以星辰爲二者，五緯與二十八
宿俱是天星，天之神祇，禮無不祭，故鄭玄隨事而分之。以此敬
授人時，無取五緯之義，故鄭玄於此注亦以星辰爲一，觀文爲
說也。然則五星與日月皆別行，不與二十八宿同，爲不動也。
傳「宅居」至「之官」。
正義曰：「宅，居」，釋言文。禹貢青州云「嵎夷既略」，青州在東界外之
畔爲表，故云東表之地稱嵎夷也。陰陽相對，陰闇而陽明也，故
以暘爲明。谷無陰陽之異，以日出於谷而天下皆明，故謂日出
之處爲暘谷。冬南夏北，不常厥處，但日由空道，似行自谷，故以
谷言之，非實有深谷而日從谷之出也。據日所出謂之暘谷，指
其地名即稱嵎夷，故云暘谷、嵎夷一也。又解居者，居其官，不居
其地，故云羲仲居治東方之官。此言分命者，上云乃命羲和，揔
舉其目，就乃命之内，分其職掌，使羲主春夏，和主秋冬，分一歲
而別掌之，故言分命；就羲和之内又重分之，故於夏變言申命，
既命仲而復命叔，是其重命之也。所命無伯季者，蓋時無伯季，
或有而不賢，則外傳稱堯育重黎之後不忘舊者，使復典之，明
仲叔能守舊業，故命之也。此羲和掌序天地，兼知人事，因主四
時而分主四方，故舉東表之地以明所舉之域。地東舉嵎夷之
名，明分三方皆宜有地名，此爲其始，故特詳舉其文。羲仲居治
東方之官，居在帝都而遥統領之。王肅云皆居京師而統之，亦

單疏卷二第十五葉

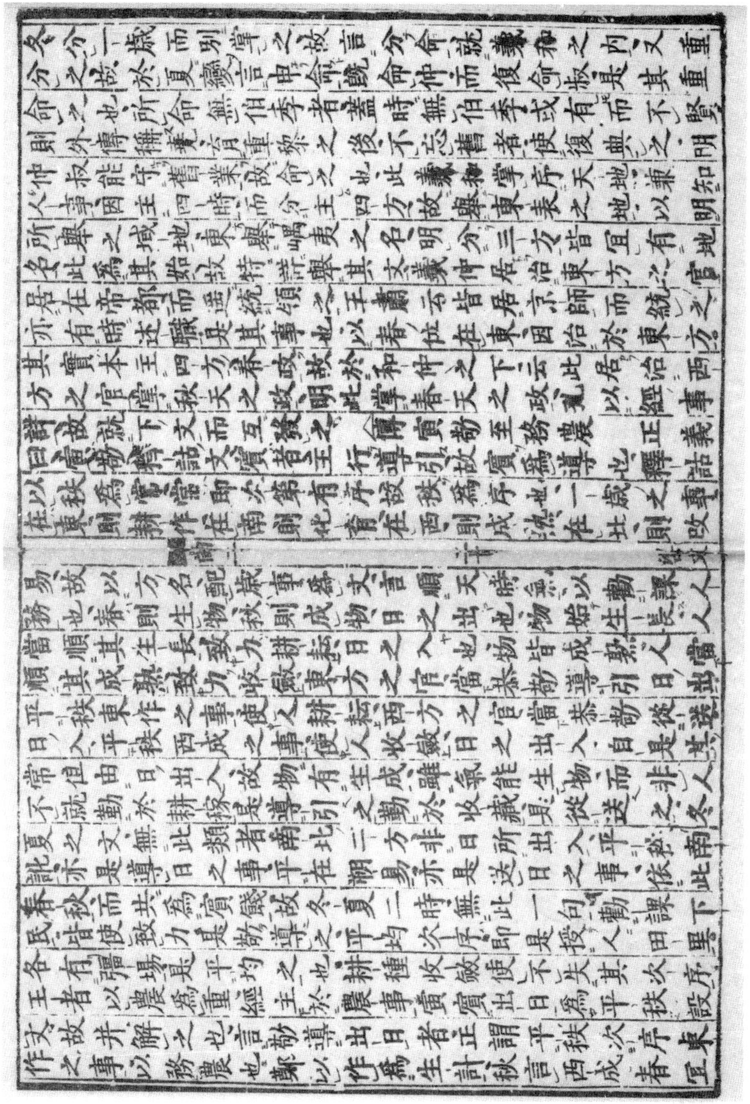

楊本卷二第二十葉

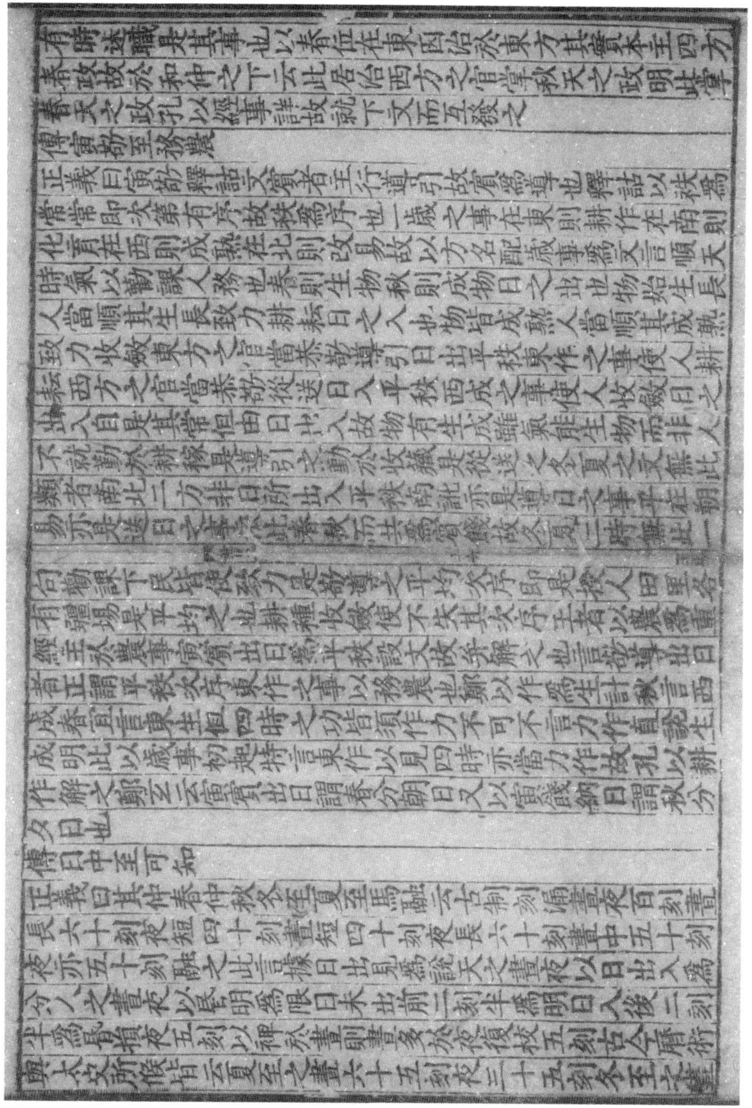

單疏卷二第十六葉

言東生但四時之功皆須作力不可不言方作直
説生成明此以歳事初起特言東作以見四時亦
當力作故孔以耕作解之鄭玄云寅賓出日謂春
分朝日又以寅餞納日謂秋分夕日也〔傳日中
至可知〕正義曰其仲春仲秋冬至夏至馬融云
古制刻漏晝夜百刻晝長六十刻夜短四十刻晝
短四十刻夜長六十刻晝中五十刻夜亦五十刻
融之此言據日出見爲説天之晝夜以日出入爲
分人之晝夜以昬明爲限日未出前二刻半爲明
日入後二刻半爲昬損夜五刻以裨於晝則晝多
於夜復校五刻古今曆術與太史所候皆云夏至
之晝六十五刻夜三十五刻冬至之晝四十五刻
夜五十五刻春分秋分之晝五十五刻夜四十五
刻此其不易之法然今太史細候之法則校常
法半刻也從春分至于夏至晝漸長增九刻半夏
至至于秋分所減亦如之從秋分至于冬至晝漸
短減十刻半從冬至至于春分其增亦如之又於
每氣之間增減刻數有多有少不可通而爲率漢
初未能審知率九日增減一刻和帝時待詔霍融
始請改之鄭注書緯考靈曜仍云九日增減一刻
猶尚未覺誤也鄭注此云日長者日見之漏五十
五刻日短者日見之漏四十五刻與曆不同故王
肅難云知日見之漏減晝漏五刻不意馬融爲傳
已減之矣因馬融所減而又減之故日長爲五十
五刻因以冬至反之取其夏至夜刻以爲冬至晝
短此其所以誤耳鳥南方朱鳥七宿者在天成象
星作鳥形曲禮説軍陳象天之行前朱雀後玄武
左青龍右白虎雀即鳥也武謂龜甲捍禦故變文
玄武爲是天星有龍虎鳥龜之形也四方皆有七
宿各成一形東方成龍形西方成虎形皆南首而
北尾南方成鳥形北方成龜形皆西首而東尾以
南方之宿象鳥故言鳥謂朱鳥七宿也此經舉宿

四十五刻夜五十五刻春分秋分之晝五十五刻夜四十五刻
此其不易之法也然今太史細候之法則校常法半刻也從春
分至于夏至晝漸長增九刻半夏至至于秋分所減亦如之從
秋分至于冬至晝漸短減十刻半從冬至至于春分其增亦如
之又於每氣之間增減刻數有多有少不可通而爲率漢初未
能審知率九日增減一刻和帝時待詔霍融始請改之鄭注書
緯考靈曜仍云九日增減一刻猶尚未覺誤也鄭注此云日長
者日見之漏五十五刻日短者日見之漏四十五刻與曆不同
故王肅難云知日見之漏減晝漏五刻不意馬融爲傳已減之
矣因馬融所減而又減之故日長爲五十五刻因以冬至反之
取其夏至夜刻以爲冬至晝短此其所以誤耳鳥南方朱鳥七
宿者在天成象星作鳥形曲禮説軍陳象天之行前朱雀後玄
武左青龍右白虎雀即鳥也武謂龜甲捍禦故變文玄武焉是
天星有龍虎鳥龜之形也四方皆有七宿各成一形東方成龍
形西方成虎形皆南首而北尾南方成鳥形北方成龜形皆西
首而東尾以南方之宿象鳥故言鳥謂朱鳥七宿也此經舉宿
爲文不類春言星鳥揔舉七宿夏言星火獨指房心虛昴惟舉
一宿文不同者互相通也釋言以殷爲中中正義同故殷爲正
也此經冬夏言正春秋言殷者其義同春分之昬觀鳥星畢見
以正仲春之氣節計仲春日在奎婁而入於酉地則初昬之時
井鬼在午柳星張在巳軫翼在辰是朱鳥七宿皆得見也春有
三月此經直云仲春故傳辨之云旣正仲春轉以推季孟之月
則事亦可知也天道左旋日體右行故星見之方與四時相逆
春則南方見夏則東方見秋則北方見冬則西方見此則勢自
當然而書緯爲文生説言春夏相與交秋冬相與互謂之母成
子子助母斯假妄之談耳馬融鄭玄以爲星鳥星火謂正在南
方春分之昬七星中仲夏之昬心星中秋分之昬虛星中冬至
之昬昴星中皆舉正中之星不爲一方盡見此其與孔異也至
于舉仲月以統一時亦與孔同王肅亦以星鳥之屬爲昬中之
星其要異者以所宅爲孟月日中日永爲仲月星鳥星火爲季

爲文不類春言星鳥總舉七宿夏言星火獨指房
心虛昴惟舉一宿文不同者互相通也釋言以殷
爲中中正義同故殷爲正也此經冬夏言正春秋
言殷者其義同春分之昏觀鳥星畢見以正仲春
之氣節計仲春日在奎婁而入於酉地則初昏之
時井鬼在午柳星張在巳軫翼在辰是朱鳥七宿
皆得見也春有三月此經直云仲春故傳辨之云
既正仲春轉以推季孟之月則事亦可知也六道
左旋日體右行故星見之方與四時相逆春則南
方見夏則東方見秋則北方見冬則西方見此則
勢自當然而書緯爲文生說言春夏相與交秋冬
相與互讀之毋成子子助毋斯假妄之談耳馬融
鄭玄以爲星鳥星火謂正在南方春分之昏七星
中仲夏之昏心星中秋分之昏虛星中冬至之昏
昴星中皆舉正中之星不爲一方盡見此其與孔
異也至于舉仲月以統一時亦與孔同王肅亦以
星鳥之屬爲昏中之星其要異者以宅爲孟月
日中日永爲仲月星鳥星火爲季月以殷以正皆
總三時之月讀仲爲中言各正三月之中氣也以
馬融鄭玄之言不合天象星火之屬仲月未中故
爲每時皆歷陳三月言日以正仲春以正春之三
月中氣若正春之三月中當言以正春中不應言
以正仲春王氏之說非文勢也孔氏直取畢見稍
爲迂闊比諸王馬於理最優〇傳冬寒至曰尾
正義曰厥其釋言文其人老弱在室丁壯適野是
老壯分析也孳字古今同耳字訓愛也產生爲乳
胎孕爲化孕產必愛之故乳化曰孳鳥獸皆以尾
交接故交接曰尾計當先尾後孳隨便言之〇傳
申重至之官▲正義曰申重釋詁文此官既主四
時亦主方面經言南交謂南方與東方交傳言夏
與春交見其時方皆掌之春盡之日與立夏之初
時相交也東方之南南方之東位相交也言羲叔

楊本卷二第二十二葉

月以殷以正皆總三時之月讀仲爲中言各正三月之中氣也
以馬融鄭玄之言不合天象星火之屬仲月未中故爲每時皆
歷陳三月言日以正仲春以正春之三月中氣若正春之三月
中當言以正春中不應言以正仲春王氏之說非文勢也孔氏
直取畢見稍爲迂闊比諸王馬於理最優
傳冬寒至曰尾
正義曰厥其釋言文其人老弱在室丁壯適野是老壯分析也
孳字古今同耳字訓愛也產生爲乳胎孕爲化孕產必愛之故
乳化曰孳鳥獸皆以尾交接故交接曰尾計當先尾後孳隨便
言之
傳申重至之官
正義曰申重釋詁文此官既主四時亦主方面經言南交謂南
方與東方交傳言夏與春交見其時方皆掌之春盡之日與立
夏之初時相交也東方之南南方之東位相交也言羲叔所掌
與羲仲相交際也四時皆舉仲月之候嫌其不統季孟於此言
交明四時皆然故傳言舉一隅以見之春上無冬不得見其交
接至是夏與春交故此言之
傳訛化至一隅
正義曰訛化釋言文禾苗秀穗化成子實亦胎生乳化之類故
掌夏之官平序南方化育之事謂勸課民耘耔使苗得秀實敬
行其敎以致其功謂敬行平秩之敎以致化育之功農功歲終
乃畢敬行四時皆同於此言之見四時皆然故云亦舉一隅也
夏日農功尤急故就此言之
傳永長至可知
正義曰永長釋詁文夏至之日日最長故知謂夏至之日計七
宿房在其中但房心連體心統其名左傳言火中火見詩稱七月
流火皆指房心爲火故曰火蒼龍之中星特舉一星與鳥不類
故云舉中則七星見可知計仲夏日在東井而入于酉地即初
昏之時角亢在午氐房心在巳尾箕在辰是東方七宿皆得見也
傳因謂至革改

單疏卷二第十八葉

別當與舉仲相交際也四時皆舉仲月之候嫌其
不統季孟於此言交明四時皆然故傳言舉一隅
以見之春上無冬不得見其交接至是夏與春交
故此言之　傳訛化至一隅　▲正義曰訛化釋言
文禾苗秀穗化成子實亦胎生乳化之類故掌夏
之官平序南方化育之事謂勸課民耘耨使苗得
秀實勸行其數以致其功謂勸行平秩之數以致
化育之功農功歲終乃畢勸行四時皆同於此言
之見四時皆然故云亦舉一隅也夏月農功尤急
故就此言之　傳永長至可知　▲正義曰永長釋
詁文夏至之日日最長故知謂夏至之日計七宿
房在其中但房心連體心統其名舉傳言火中火
見詩稱七月流火皆指房心爲火故曰火蒼龍之
中星特舉一星與鳥不類故云舉中則七星見可
知計仲夏日在東井而入於酉地即初昏之時角
亢在午氐房心在巳尾箕在辰是東方七宿皆得
見也　傳因謂至華毛　▲正義曰春既分析在外
今日因往就之故言因謂老弱因就在田之丁壯
以務農也鳥獸冬毛最多春猶未脫故至夏始毛
羽希少改易往前華謂變華故爲改也傳之訓字
或先或後無義例也　傳昧冥至之政　▲正義曰
釋言云晦冥也冥是暗故昧爲冥也谷者日所行
之道日入於谷而天下皆冥故謂日入之處爲昧
谷非實有谷而日入也此經春秋相對春不言東
但舉昧谷曰西則嵎夷東可知然則東言嵎夷則
西亦有地明矣闕其文所以互見之傳於春言義
方之官不言掌春夏言掌夏之官不言南方此言
居治西方之官掌秋天之政互文明四時皆同
傳餞送至成物也　▲正義曰送行飲酒謂之餞故
餞爲送也導者引前之言送者從後之稱因其欲
出導而引之因其欲入從而送之是其因事之宜
而立此文也秋位在西於時萬物成熟平序其秋

楊本卷二第二十三葉

正義曰春既分析在外今日因往就之故言因謂老弱因就在
田之丁壯以務農也鳥獸冬毛最多春猶未脫故至夏始毛羽
希少改易往前華謂變華故爲改也傳之訓字或先或後無義
例也
傳昧冥至之政
正義曰釋言云晦冥也冥是暗故昧爲冥也谷者日所行之道日
入於谷而天下皆冥故謂日入之處爲昧谷非實有谷而日入
也此經春秋相對春不言東但舉昧谷曰西則嵎夷東可知然
則東言嵎夷則西亦有地明矣闕其文所以互見之傳於春言
東方之官不言掌春夏言掌夏之官不言南方此言居治西方
之官掌秋天之政互文明四時皆同
傳餞送至成物也
正義曰送行飲酒謂之餞故餞爲送也導者引前之言送者從
後之稱因其欲出導而引之因其欲入從而送之是其因事之
宜而立此文也秋位在西於時萬物成熟平序其秋天之政未
成則耘耨既熟則收斂助天成物以此而從送入日也納入義
同故傳以入解納
傳宵夜至三秋
正義曰宵夜釋言文舍人曰宵陽氣消也三時皆言日惟秋言
夜故傳辨之云春言日秋言夜互相備也互者明也明日中宵
亦中宵中日亦中因此而推之足知日永則宵短日短則宵長
皆以此而備知也正於此時變文者以春之與秋日夜皆等春
言出日即以日言之秋云納日即以夜言之亦事之宜也北方
七宿則虛爲中故虛爲玄武之中星計仲秋日在角亢而入于
酉地初昏之時斗牛在午女虛危在巳室壁在辰舉虛中星言
之亦言七星皆以秋分之日昏時並見以正秋之三月
傳夷平至整理
正義曰釋詁云夷平易也俱訓爲易是夷得爲平秋禾未熟農
事猶煩故老壯在田與夏平也毨者毛羽美悅之狀故爲理也
夏時毛羽希少今則毛羽復生夏改而少秋更生多故言更生

單疏卷二第十九葉

天之政求成則耘耨既熟則收斂助天成物以此
而從送入日也納入義同故傳以入解納　傳宵
夜至三秋 ▲正義曰宵夜釋言文舍人曰宵陽氣
消也三時皆言日惟秋言夜故傳辨之云春言日
秋言夜互相備也互者明也明日中宵亦中宵中
日亦中因此而推之足知日永則宵短日短則宵
長皆以此而備知也正於此時變文者以春之與
秋日夜皆等春言出日即以日言之秋云納日即
以夜言之亦事之宜也北方七宿則虛爲中故虛
爲玄武之中星計仲秋日在角亢而入于酉地初
昏之時斗牛在午女虛危在巳室壁在辰舉虛中
星言之亦言七星以秋分之日昏時並見以正秋
之三月　傳夷平至整理 ▲正義曰釋詁云夷平
易也俱訓爲易是夷得爲平秋禾未熟農事猶煩
故老壯在田與夏平也毨者毛羽美悅之狀故爲
理也夏時毛羽希少今則毛羽復生夏改而少秋
更生多故言更生整理　傳北稱至所掌 ▲正義
曰釋訓云朔北方也舍人曰朔盡也北方萬物盡
故言朔也李巡曰萬物盡於北方蘇而復生故言
北方是北稱朔也羲和主四方之官四時皆應言
方於此言方者即三方皆見矣春爲歲首故舉地
名夏與春交故言南交秋言西以見嵎夷當爲東
冬言方以見三時皆有方古史要約其文互相發
見也幽之與明文恒相對北既稱幽則南當稱明
從此可知故於夏無文經冬言幽都夏當云明都
傳不言都者從可知也鄭云夏不言曰明都三字
摩滅也伏生所誦與壁中舊本並無此字非摩滅
也王肅以夏無明都避敬致然即幽足見明闕文
相避如肅之言義可通矣都謂所聚者揔言此方
是萬物所聚之處非指都邑聚居也易謂歲改易
於北方者人則三時在野冬入隩室物則三時生
長冬入囷倉是人之與物皆改易也王肅云改易

楊本卷二第二十四葉

整理
傳北稱至所掌
正義曰釋訓云朔北方也舍人曰朔盡也北方萬物盡故言朔
也李巡曰萬物盡於北方蘇而復生故言北方是北稱朔也羲
和主四方之官四時皆應言方於此言方者即三方皆見矣春
爲歲首故舉地名夏與春交故言南交秋言西以見嵎夷當爲
東冬言方以見三時皆有方古史要約其文互相發見也幽之
與明文恒相對北既稱幽則南當稱明從此可知故於夏無文
經冬言幽都夏當云明都傳不言都者從可知也鄭云夏不言
曰明都三字摩滅也伏生所誦與壁中舊本並無此字非摩滅
也王肅以夏無明都避敬致然即幽足見明闕文相避如肅之
言義可通矣都謂所聚者揔言此方是萬物所聚之處非指都
邑聚居也易謂歲改易於北方者人則三時在野冬入隩室物
則三時生長冬入囷倉是人之與物皆改易也王肅云改易者
謹約蓋藏循行積聚引詩嗟我婦子曰爲改歲入此室處王肅
言人物皆易孔意亦當然也釋詁云在察也舍人曰在見物之
察是在爲察義故言平均在察其政以順天常以在察須與平
均連言不復訓在爲察故舜典之傳別更訓之三時皆言平秩
此獨言平在者以三時乃役力田野當次序之冬則物皆藏入
須省察之故異其文秋曰物成就故傳言助成物冬曰蓋藏天
之常道故言順天常因明東作南訛亦是助生物順常道也上
揔言羲和敬順昊天此分別仲叔各有所掌明此四時之節即
順天之政實恐人以敬順昊天直是曆象日月嫌仲叔所掌非
順天之事故重明之
傳隩室至溫焉
正義曰釋宮云西南隅謂之隩孫炎云室中隱隩之處也隩是
室內之名故以隩爲室也物生皆盡野功咸畢是歲改矣以天
氣改歲故入此室處以避風寒天氣既至故鳥獸皆生耎毳細
毛以自溫焉經言氄毛謂附肉細毛故以耎毳解之
傳咨嗟至曆象

單疏卷二第二十葉

者謹約蓋藏循行積聚引詩嗟我婦子曰爲改歲
入此室處王肅言人物皆易孔意亦當然也釋語
云在察也舍人曰在見物之察是在爲察義故言
平均在察其政以順天常以在察須與平均連言
不復訓在爲察故舜典之傳別更訓之三時皆言
平秩此獨言平在者以三時乃役力田野當次序
之冬則物皆藏入須省察之故異其文秋曰物成
就故傳言助成物冬日蓋藏天之常道故言順天
常因明東作南訛亦是助生物順常道也上揔言
羲和敬順昊天此分別仲叔各有所掌明此四時
之節即順天之政實恐人以敬順昊天直是曆象
日月嫌仲叔所掌明順天之事故重明之傳隩
室至溫焉▲正義曰釋宮云西南隅謂之隩孫炎
云室中隱隩之處也隩是室內之名故以隩爲室
也物生皆盡野功咸畢是歲改矣以天氣改歲故
入此室處以避風寒天氣既至故鳥獸皆生耎毳
細毛以自温焉經言氄毛謂附肉細毛故以耎毳
解之 傳咨嗟至曆象▲正義曰咨嗟嗟與皆釋
詁文也匝四時曰朞朞即匝也故王肅云朞四時
是也然古時眞曆遭戰國及秦而亡漢存六曆雖
以於五紀之論皆秦漢之際假託爲之實不得正
要有梗槩之言周天三百六十五度四分度之一
而日行一度則一朞三百六十五日四分日之一
今考靈曜乾鑿度諸緯皆然此言三百六十六日
者王肅云四分日之一又入六日之內舉全數以
言之故云三百六十六日也傳又解所以須置閏
之意皆據大率以言之云一歲十二月月三十日
正三百六十日也除小月六又爲六日今經云三
百六十六日故云餘十二日不成朞以一月不整
三十日今一年餘十二日故未至盈滿三歲足
得一月則置閏也以時分於歲故云氣節謂二十
四氣時月之節歲揔於時故云曆象日月星辰敬

正義曰咨嗟嗟與皆釋詁文也匝四時曰朞朞即匝也故王肅
云朞四時是也然古時眞曆遭戰國及秦而亡漢存六曆雖詳
於五紀之論皆秦漢之際假託爲之實不得正要有梗槩之言
周天三百六十五度四分度之一而日日行一度則一朞三百
六十五日四分日之一今考靈曜乾鑿度諸緯皆然此言三百
六十六日者王肅云四分日之一又入六日之內舉全數以言
之故云三百六十六日也傳又解所以須置閏之意皆據大率
以言之云一歲十二月月三十日正三百六十日也除小月六
又爲六日今經云三百六十六日故云餘十二日不成朞以一
月不整三十日今一年餘十二日故未至盈滿三歲足得一月
則置閏也以時分於歲故云氣節謂二十四氣時月之節歲揔
於時故云曆象日月星辰敬授人時以相配成也六曆諸緯與
周髀皆云日行一度月行十三度十九分度之七爲每月二十
九日過半日之於法分爲日九百四十分日之四百九十九即
月有二十九日半強爲十二月六大之外有日分三百四十八
是除小月無六日又大歲三百六十六日小歲三百五十五日
則一歲所餘無十二日今言十二日者皆以大率據整而計之
其實一歲所餘正十一日弱也以爲十九年七閏十九年年十
一日則二百九日其七月四大三小猶二百七日況無四大乎
爲每年十一日弱分明矣所以弱者以四分日之一於九百四
十分則一分爲二百三十五分少於小月餘分三百四十八以
二百三十五減三百四十八不盡一百一十三是四分日之一
餘矣皆以五日爲率其小月雖爲歲日殘分所減猶餘一百
十三則實餘尚無六日就六日抽一日爲九百四十分減其一
百一十三分不盡八百二十七分以不抽者五日并三百六十
日外之五日爲十日其餘九百四十分日之八百二十七爲每
歲之實餘今十九年年十日得整日一百九十又以十九乘八
百二十七分得一萬五千七百一十三以日法九百四十除之
得十六日以并一百九十日爲二百六日不盡六百七十三分
爲日餘今爲閏月得七每月二十九日七月爲二百三日又每

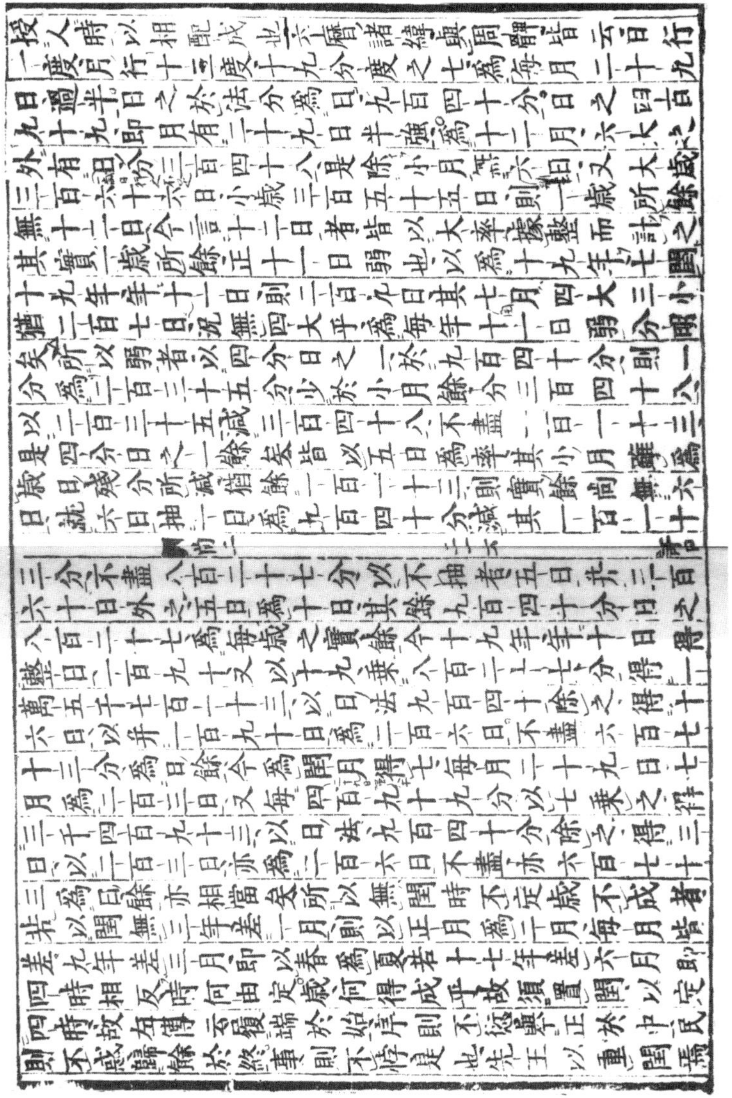

楊本卷二第二十六葉

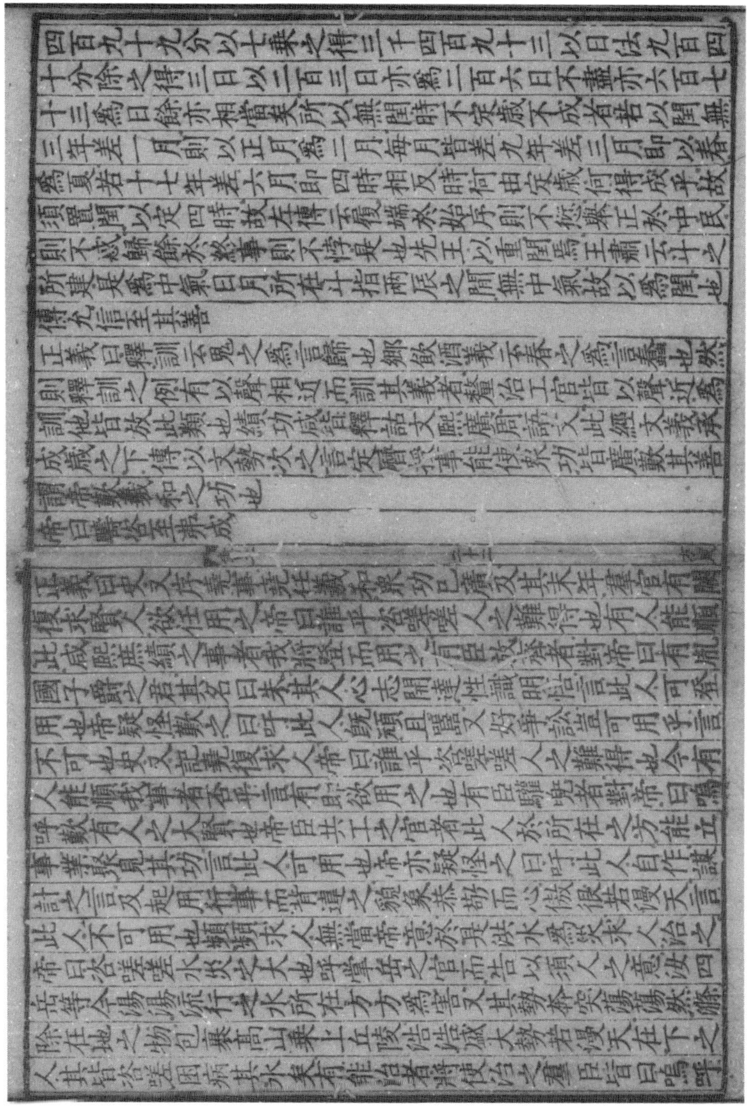

單疏卷二第二十二葉

王肅云斗之所建是爲中氣日月所在斗指兩辰
之間無中氣故以爲閏也　傳允言至其善　▲正
義曰釋訓云鬼之爲言歸也鄉飲酒義云春之爲
言蠢也然則釋訓之例有以聲相近而訓其義者
釐治工官皆以聲近爲訓他皆放此類也績功咸
皆釋詁文熙廣周語文此經文義承成歲之下傳
以文勢次之言定曆授事能使衆功皆廣歎其善謂帝歎羲和之功也　帝曰疇咨若
時登庸　疇誰庸用也誰能咸熙庶績順是事者將登用之　放齊曰胤子朱
啓明帝曰吁嚚訟可乎　放齊臣名胤國子爵朱名啓開也吁疑怪之辭言不
忠信爲嚚又好爭訟可乎言不可　帝曰疇咨若予采　采事也復求誰能順我事
者　驩兜曰都共工方鳩僝功　驩兜臣名都於歎美之辭共工官稱鳩聚
僝見也歎共工能方方聚見其功　帝曰吁靜言庸違象恭滔天
靜謀滔漫也言共工自爲謀言起用行事而背違之貌象恭敬而心傲很若漫天言不可用　帝
曰咨四岳　四岳即上羲和之四子分掌四岳之諸侯故稱焉　湯湯洪水方
割　湯湯流貌洪大割害也言大水方方爲害　蕩蕩懷山襄陵浩浩滔天
湯蕩言水奔突有所滌除懷包襄上也包山上陵浩浩盛大若漫天　下民其咨有能
俾乂　俾使乂治也言民咨嗟憂愁病水困苦故問四岳有能治者將使之　僉曰於鯀
哉　僉皆也鯀崇伯之名朝臣舉之　帝曰吁咈哉方命圮族　凡言吁者皆非
帝意咈戾圮毀族類也言鯀性很戾好比方名命而行事輙毀敗善類　岳曰异哉試

可乃已　异已已退也言餘人盡已唯鯀可試無成乃退　帝曰往欽哉　勑鯀往治
水命使敬其事堯知其性很戾圮族未明其所能而據衆言可試故遂用之　九載績用
弗成　載年也三考九年功用不成則放退之　疏　帝曰疇咨至弗成　○正義曰史又序堯事
堯任羲和衆功已廣及其末年羣官有闕復求賢
人欲任用之帝曰誰乎咨嗟嗟人之難得也有人
能順此咸熙庶績之事者我將登而用之有臣放
齊者對帝曰有胤國子爵之君其名曰朱其人心
志開達性識明悟言此人可登用也帝疑怪歎之
曰吁此人既頑且嚚又好爭訟豈可用乎言不可
也史又記堯復求人帝曰誰乎咨嗟嗟人之難得
也今有人能順我事者否乎言有即欲用之也有
臣驩兜者對帝曰嗚呼歎有人之大賢也帝臣共
工之官者此人於所在之方能立事業聚見其功
言此人可用也帝亦疑怪之曰吁此人自作計
之言及起用行事而背違之貌象恭敬而心傲很
若漫天言此人不可用也頻頻求人無當帝意於
是洪水爲災求人治之帝曰咨嗟嗟水災之大也
呼掌岳之官而告以須人之意汝四岳等今湯湯
流行之水所在方方爲害又其勢奔突蕩蕩然滌
除在地之物包裹高山乘上丘陵浩浩盛大勢若
漫天在下之人其皆咨嗟困病其水矣有能治者
將使治之羣臣皆曰嗚呼歎其有人之能惟鯀堪
能治之帝又疑怪之曰吁其人心很戾哉好比方
直之名命而行事輙毀敗善類言其不可使也朝
臣已共薦舉四岳又復然之岳曰帝若謂鯀爲不
可餘人悉皆已哉言不及鯀也惟鯀一人試之可
也試若無功乃黜退之言洪水必須速治餘人不
復及鯀故勸帝用之帝以羣臣固請不得已而用
之乃告勑鯀曰汝往治水當敬其事哉鯀治水九

載已經三考而功用不成言帝實知人而朝無
賢臣致使水害未除待舜乃治此經三言求人未
必一時之事但歷言朝臣不賢爲求舜張本故也
傳疇誰至用之 ▲正義曰疇誰釋詁文庸聲近用
故爲用也馬融以羲和爲卿官堯之末年皆以老
死庶績多闕故求賢順四時之職欲用以代羲和
孔於下傳云四岳即上羲和之四子帝就羲和求
賢則所求者別代他官不代羲氏和氏孔以羲和
掌天地之官正在敬順昊天告時授事而已其施
政者乃是百官之事非復羲和之職但羲和告時
授事流行百官使百官庶績咸熙今云咸熙庶績
順是事者指謂求代百官之闕非求代羲和也此
經文承庶績之下而言順是事者故孔以文勢次
之此言誰能咸熙庶績順是事者將登用之蓋求
卿士用任也計堯即位至洪水之時六十餘年百
官有闕皆應求代求得賢者則史亦不錄不當帝
意乃始錄之爲求舜張本故惟帝求一人放齊以
一人對之非六十餘年止求一人也堯以聖德在
位庶績咸熙蓋應久矣此繼咸熙之下非知早晚
求之史自歷序其事不必與治水同時也計四岳
職掌天地當是朝臣之首下文求治水者帝咨四
岳此不言咨四岳者帝求賢者固當博訪朝臣但
史以有岳對者言咨四岳此不言咨者但此無岳
對故不言耳 傳放齊至不可 ▲正義曰以放齊
舉人對帝故知臣名爲名爲字不可得知傳言名者辯
此是爲臣之名號耳未必是臣之名也夏王仲康之時
胤侯命掌六師顧命陳寶有胤之舞衣故知古有胤國
胤既是國自然子爲爵朱爲名也馬融鄭玄以爲帝之
胤子曰朱也求官而薦太子太子下愚以爲啓明揆之
人情必不然矣啓之爲開書傳通訓言此人心志開
解而明達 吁者必有所嫌而爲此聲故以爲疑怪
之辭 傳二十四年左傳曰口不道忠信之言爲嚚

楊本卷二第二十九葉

歎其有人之能惟鯀堪能治之帝又疑怪之曰吁其人心佷戾
哉好此方直之名命而行事輒毀敗善類言其不可使也朝臣
已共薦舉四岳又復然之岳曰帝若謂鯀爲不可餘人悉皆已
哉言不及鯀也惟鯀一人試之可也試若無功乃黜退之言洪
水必須速治餘人不復及鯀故勸帝用之帝以羣臣固請不得
已而用之乃告勑鯀曰汝往治水當敬其事哉鯀治水九載已
經三考而功用不成言帝實知人而朝無賢臣致使水害未除
待舜乃治此經三言求人未必一時之事但歷言朝臣不賢爲
求舜張本故也
傳疇誰至用之
正義曰疇誰釋詁文庸聲近用故爲用也馬融以羲和爲卿官
堯之末年皆以老死庶績多闕故求賢順四時之職欲用以代
羲和孔於下傳云四岳即上羲和之四子帝就羲和求賢則所
求者別代他官不代羲氏和氏孔以羲和掌天地之官正在敬
順昊天告時授事而已其施政者乃是百官之事非復羲和之
職但羲和告時授事流行百官使百官庶績咸熙今云咸熙庶
績順是事者指謂求代百官之闕非求代羲和也此經文承庶
績之下而言順是事者故孔以文勢次之此言誰能咸熙庶績
順是事者將登用之蓋求卿士用任也計堯即位至洪水之時
六十餘年百官有闕皆應求代求得賢者則史亦不錄不當帝
意乃始錄之爲求舜張本故惟帝求一人放齊以一人對之非
六十餘年止求一人也堯以聖德在位庶績咸熙蓋應久矣此
繼咸熙之下非知早晚求之史自歷序其事不必與治水同時
也計四岳職掌天地當是朝臣之首下文求治水者帝咨四岳
此不言咨四岳者帝求賢者固當博訪朝臣但史以有岳對者
言咨四岳此不言咨者但此無岳對故不言耳
傳放齊至不可
正義曰以放齊舉人對帝故知臣名爲名爲字不可得知傳言
名者辯此是爲臣之名號耳未必是臣之名也夏王仲康之時
胤侯命掌六師顧命陳寶有胤之舞衣故知古有胤國胤既是

單疏卷二第二十三葉

是言不忠信爲嚚也其人心既頑嚚又好爭訟此
實不可而帝云可乎故吁聲而反之可乎言不可
也唐堯聖明之主應任賢哲放齊聖朝之臣當非
庸品人有善惡無容不知稱嚚訟以爲啓明舉愚
臣以對聖帝何哉將以知人不易人不易知密意
深心固難照察胤子矯飾容貌但以惑人放齊内
少鑒明未能圓備謂其實可任用故承意舉之以
帝堯之聖乃知其嚚訟之事放齊所不知也驩兜
薦舉共工以爲比周之惡謂之四凶投之遠裔放
齊舉胤子不爲凶人者胤子雖有嚚訟之失不至
滔天之罪放齊謂之實賢非是苟爲阿比驩兜則
志不在公私相朋黨共工行背其言心反於貌其
罪並深俱被流放其意異於放齊舉胤子故也
傳采事至事者 ▲正義曰采事釋詁文上已求順
時不得其人故復求順我事者順時順事其義一
也史以上承庶績之下故言順時謂順是庶之
事此不可復同前文故變言順我帝事其意亦如
前經當求卿士之任也順我事之下亦宜有登用
之言上文已具故於此略之 傳驩兜至其功
正義曰驩兜亦舉人對帝故知臣名都於釋詁文
於即嗚字歎之辭也將言共工之善故先歎美之
舜典命垂作共工知共工是官稱鄭以爲其人名
氏未聞先祖居此官故以官氏也計稱人對帝不
應舉先世官名孔直云官稱則其人於時居此官
也時見居官則是已被任用復舉之者帝求順事
之人欲置之上位以爲大臣所欲尊於共工故舉
之也鳩聚釋詁文僝然見之狀故爲見歎共工能
方方聚見其功謂每於所在之方皆能聚集善事以
見其功言可用也若能共工實有見功則是可任
用之人帝言其庸違滔天不可任者共工言是行
非貌恭心很取人之功以爲己功其人非無見功
但功非己有左傳說驩兜云醜類惡物是與比周

國自然子爲爵朱爲名也馬融鄭玄以爲帝之胤子曰朱也求
官而薦太子太子下愚以爲啓明揆之人情必不然矣啓之爲
開書傳通訓言此人心志開解而明達吁者必有所嫌而爲此
聲故以爲疑怪之辭僖二十四年左傳曰口不道忠信之言爲
嚚是言不忠信爲嚚也其人心既頑嚚又好爭訟此實不可而
帝云可乎故吁聲而反之可乎言不可也唐堯聖明之主應任
賢哲放齊聖朝之臣當非庸品人有善惡無容不知稱嚚訟以
爲啓明舉愚臣以對聖帝何哉將以知人不易人不易知密意
深心固難照察胤子矯飾容貌但以惑人放齊内少鑒明未能
圓備謂其實可任用故承意舉之以帝堯之聖乃知其嚚訟之
事放齊所不知也驩兜薦舉共工以爲比周之惡謂之四凶投
之遠裔放齊舉胤子不爲凶人者胤子雖有嚚訟之失不至滔
天之罪放齊謂之實賢非是苟爲阿比驩兜則志不在公私相
朋黨共工行背其言心反於貌其罪並深俱被流放其意異於
放齊舉胤子故也
傳采事至事者
正義曰采事釋詁文上已求順時不得其人故復求順我事者
順時順事其義一也史以上承庶績之下故言順時謂順是庶
績之事此不可復同前文故變言順我帝事其意亦如前經當
求卿士之任也順我事之下亦宜有登用之言上文已具故於
此略之
傳驩兜至其功
正義曰驩兜亦舉人對帝故知臣名都於釋詁文於即嗚字歎
之辭也將言共工之善故先歎美之舜典命垂作共工知共工
是官稱鄭以爲其人名氏未聞先祖居此官故以官氏也計稱
人對帝不應舉先世官名孔直云官稱則其人於時居此官也
時見居官則是已被任用復舉之者帝求順事之人欲置之上
位以爲大臣所欲尊於共工故舉之也鳩聚釋詁文僝然見之
狀故爲見歎共工能方方聚見其功謂每於所在之方皆能聚
集善事以見其功言可用也若能共工實有見功則是可任用

陸

天下之人謂之渾敦言驩兜以共工比周妄相薦舉知所言見功非其實功也　傳靜謀至可用

▲正義曰靜謀釋詁文滔者漫浸之名浸必漫其上故滔爲漫也共工險僞之人自爲謀慮之言皆合於道及起用行事而背違之言其語是而行非也貌象恭敬而心傲很其侮上陵下若水漫天言貌恭而心很也行與言違貌恭心反乃是大佞之人不可任用也明君聖主莫先於堯求賢審官王政所急乃有放齊之不識是非驩兜之朋黨惡物共工之巧言令色崇伯之敗善亂常聖人之朝不才揔萃雖曰難之何其甚也此等諸人才實中品亦雖行有不善未爲大惡故能仕於聖代致位大官以帝堯之末洪水爲災欲責非常之功非復常人所及自非聖舜登庸未禹致力則滔天之害未或可平以舜禹之成功見此徒之多罪勳業既謝愆釁自生爲聖所誅其咎益大且虞史欲盛彰舜德歸過前人春秋史克以宣公比堯辭頗增甚知此等並非下愚未有大惡其爲不善惟帝所知將言求舜以見帝之知人耳　傳四岳至稱焉

▲正義曰上列羲和所掌云宅嵎夷朔方言四子居治四方主於外事岳者四方之大山今王朝大臣皆號稱四岳是與羲和所掌其事爲一以此知四岳即上羲和之四子也又解謂之岳者以其分掌四岳之諸侯故稱焉舜典稱巡守至于岱宗肆覲東后周官說巡守之禮云諸侯各朝於方岳之下是四方諸侯分屬四岳也計堯在位六十餘年乃命羲和蓋應早矣若使成人見命至此近將百歲故馬鄭以爲羲和皆死孔以爲四岳即是羲和至今仍得在者以羲和世掌天地自當父子相承不必仲叔之身皆悉在也書傳雖出自伏生其當聞諸先達虞傳雖說舜典之四岳尚有羲伯和伯是仲叔子孫世掌岳事也　傳湯湯至爲害

▲正義曰湯

之人帝言其庸違滔天不可任者共工言是行非貌恭心很取人之功以爲己功其人非無見功但功非已有左傳說驩兜云醜類惡物是與比周天下之人謂之渾敦言驩兜以共工比周妄相薦舉知所言見功非其實功也

傳靜謀至可用

正義曰靜謀釋詁文滔者漫浸之名浸必漫其上故滔爲漫也共工險僞之人自爲謀慮之言皆　合於道及起用行事而背違之言其語是而行非也貌象恭敬而心傲很其侮上陵下若水漫天言貌恭而心很也行與言違貌恭心反乃是大佞之人不可任用也明君聖主莫先於堯求賢審官王政所急乃有放齊之不識是非驩兜之朋黨惡物共工之巧言令色崇伯之敗善亂常聖人之朝不才揔萃雖曰難之何其甚也此等諸人才實中品亦雖行有不善未爲大惡故能仕於聖代致位大官以帝堯之末洪水爲災欲責非常之功非復常人所及自非聖舜登庸大禹致力則滔天之害未或可平以舜禹之成功見此徒之多罪勳業既謝愆釁自生爲聖所誅其咎益大且虞史欲盛彰舜德歸過前人春秋史克以宣公比堯辭頗增甚知此等並非下愚未有大惡其爲不善惟帝所知將言求舜以見帝之知人耳

傳四岳至稱焉

正義曰上列羲和所掌云宅嵎夷朔方言四子居治四方主於外事岳者四方之大山今王朝大臣皆號稱四岳是與羲和所掌其事爲一以此知四岳即上羲和之四子也又解謂之岳者以其分掌四岳之諸侯故稱焉舜典稱巡守至于岱宗肆覲東后周官說巡守之禮云諸侯各朝於方岳之下是四方諸侯分屬四岳也計堯在位六十餘年乃命羲和蓋應早矣若使成人見命至此近將百歲故馬鄭以爲羲和皆死孔以爲四岳即是羲和至今仍得在者以羲和世掌天地自當父子相承不必仲叔之身皆悉在也書傳雖出自伏生其當聞諸先達虞傳雖說舜典之四岳尚有羲伯和伯是仲叔子孫世掌岳事也

湯波動之狀故爲流貌洪大釋詁文刀害爲割故
割爲害也言大水方方爲害謂其徧害四方也
傳蕩蕩至漫天▲正義曰蕩蕩言水勢
奔突有所滌除謂平地之水除地上之物爲水漂
流無所復見蕩蕩然惟有水耳懷藏包裹之義故
懷爲包也釋言以襄爲駕駕乘牛馬皆車在其上
故襄爲上也包山謂遶其傍上陵謂乘其上平地
已皆蕩蕩又復遶山上陵故爲盛大之勢摠言浩
浩盛大若漫天然也天者無上之物漫者加陵之
辭甚其盛大故云若漫天也　傳俾使乂治也
▲正義曰俾使乂治釋詁文　傳僉皆至舉之▲正
義曰僉皆釋詁文周語云有崇伯鯀即鯀是崇君
伯爵故云鯀崇伯之名帝以岳爲朝臣之首故特
言四岳其實求能治者普問朝臣不言岳對而云
皆曰乃衆人舉之非獨四岳故言朝臣舉之　傳
凡言至善類▲正義曰自上以來三經求人所舉
者帝言其惡而辭皆稱吁故知凡言吁者皆非帝
之所當意也咈者相乖詭之意故爲戾也圮毀釋
詁文左氏稱非我族類其心必異族類義同故族
爲類也言鯀性很戾多乖異衆人好此方直之名
內有姦回之志命而行事輒毀敗善類何則心性
很戾違衆用己知善不從故云毀敗善類詩稱貪
人敗類與此同鄭王以方爲放謂放弃教命易坤
卦六二直方大是直方之事爲人之美名此經云
方故依經爲說　傳异已至乃退▲正義曰异聲
近已故爲已也已訓爲止是停住之意故爲退也
傳勑鯀至用之▲正義曰傳解鯀非帝所意而命
使之者堯知其性很戾圮族未明其所能夫管氏
之奴奢尚僭翼賛霸圖陳平之盜嫂受金弼諧帝
業然則人有性雖不善才堪立功者而衆皆據之
言鯀可試冀或有益故遂用之孔之此說據迹立
言必共驩[illegible]未是聖人之實何則禹稱帝德

楊本卷二第三十二葉

傳湯湯至爲害
正義曰湯湯波動之狀故爲流貌洪大釋詁文刀害爲割故割
爲也言大水勢奔突有所滌除謂平地之水除地上之物爲
水漂流無所復見蕩蕩然惟有水耳懷藏包裹之義故懷爲包
也釋言以襄爲駕駕乘牛馬皆車在其上故襄爲上也包山謂
遶其傍上陵謂乘其上平地已皆蕩蕩又復遶山上陵故爲盛
大之勢摠言浩浩盛大若漫天然也天者無上之物漫者加陵
之辭甚盛其大故云若漫天也
傳俾使乂治也
正義曰俾使乂治釋詁文
傳僉皆至舉之
正義曰僉皆釋詁文周語云有崇伯鯀即鯀是崇君伯爵故云
鯀崇伯之名帝以岳爲朝臣之首故特言四岳其實求能治者
普問朝臣不言岳對而云皆曰乃衆人舉之非獨四岳故言朝
臣舉之

書六　二十六

傳凡言至善類
正義曰自上以來三經求人所舉者帝言其惡而辭皆稱吁故
知凡言吁者皆非帝之所當意也咈者相乖詭之意故爲戾也
圮毀釋詁文左氏稱非我族類其心必異族類義同故族爲類
也言鯀性很戾多乖異衆人好此方直之名內有姦回之志命
而行事輒毀敗善類何則心性很戾違衆用己知善不從故云
毀敗善類詩稱貪人敗類與此同鄭王以方爲放謂放弃教命
易坤卦六二直方大是直方之事爲人之美名此經云方故依
經爲說
傳异已至退也
正義曰异聲近已故爲已也已訓爲止是停住之意故爲退也
傳勑鯀至用之
正義曰傳解鯀非帝所意而命使之者堯知其性很戾圮族未
明其所能夫管氏之好奢尚僭翼賛霸圖陳平之盜嫂受金弼

單疏卷二缺第二十六葉有補抄

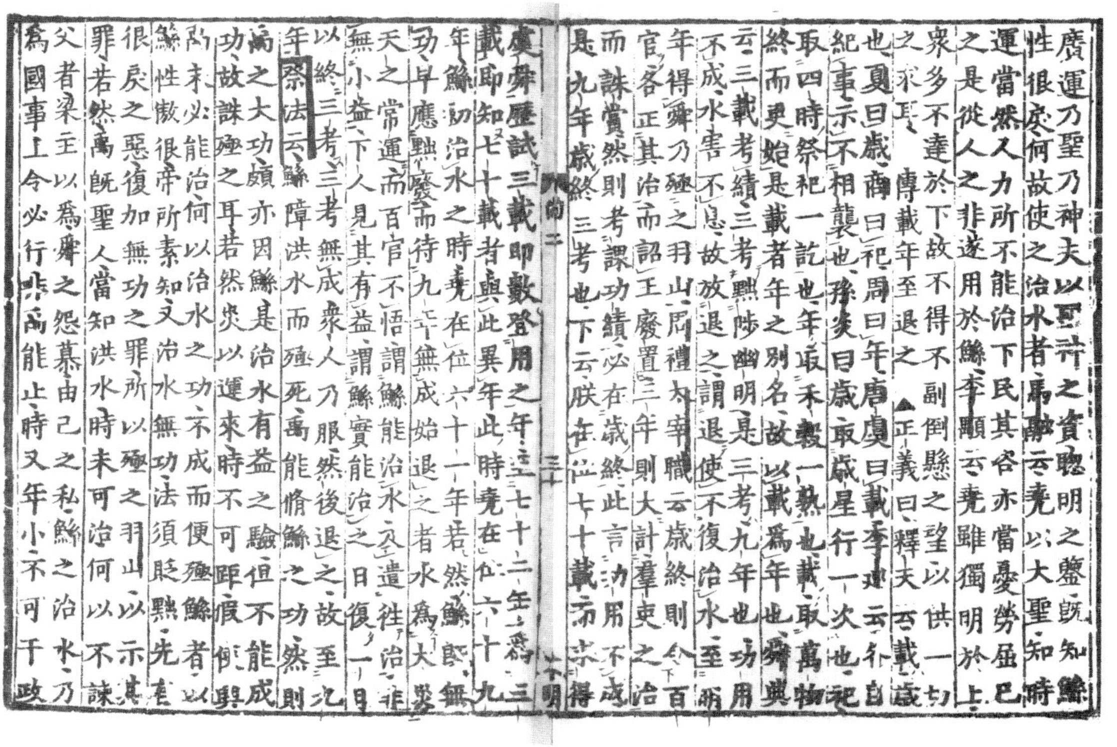

廣運乃聖乃神夫以聖神之資聰明之鑒既知鯀
性很戾何故使之治水者馬融云堯以大聖知時
運當然人力所不能治下民其咨亦當憂勞屈己
之是從人之非遂用於鯀李顒云堯雖獨明於上
衆多不達於下故不得不副倒懸之望以供一切
之求耳　傳載年至退之　▲正義曰釋天云載歲
也夏曰歲商曰祀周曰年唐虞曰載李巡云各自
紀事示不相襲也孫炎曰歲取歲星行一次也祀
取四時祭祀一訖也年取禾穀一熟也載取萬物
終而更始是載者年之別名故以載爲年也舜典
云三載考績三考黜陟幽明是三考九年也功用
不成水害不息故放退之謂退使不復治水至明
年得舜乃殛之羽山周禮太宰職云歲終則令百
官各正其治而詔王廢置三年則大計羣吏之治
而誅賞然則考課功績必在歲終此言功用不成
是九年歲終三考也下云朕在位七十載而求得
虞舜歷試三載即數登用之年至七十二年爲三
載即知七十載者與此異年此時堯在位六十九
年鯀初治水之時堯在位六十一年若然鯀既無
功早應黜廢而待九年無成始退之者水爲大災
天之常運而百官不悟謂鯀能治水又遣往治非
無小益下人見其有益謂鯀實能治之日復一日
以終三考三考無成衆人乃服然後退之故至九
年祭法云鯀障洪水而殛死禹能脩鯀之功然則
禹之大功頗亦因鯀是治水有益之驗但不能成
功故誅殛之耳若然災以運來時不可距假使興
禹未必能治何以治水之功不成而便殛鯀者以
鯀性傲很帝所素知又治水無功法須貶黜先有
很戾之惡復加無功之罪所以殛之羽山以示其
罪若然禹既聖人當知洪水時未可治何以不諫
父者梁主以爲舜之怨慕由己之私鯀之治水乃
爲國事上令必行非禹能止時又年小不可干政

楊本卷二第三十三葉

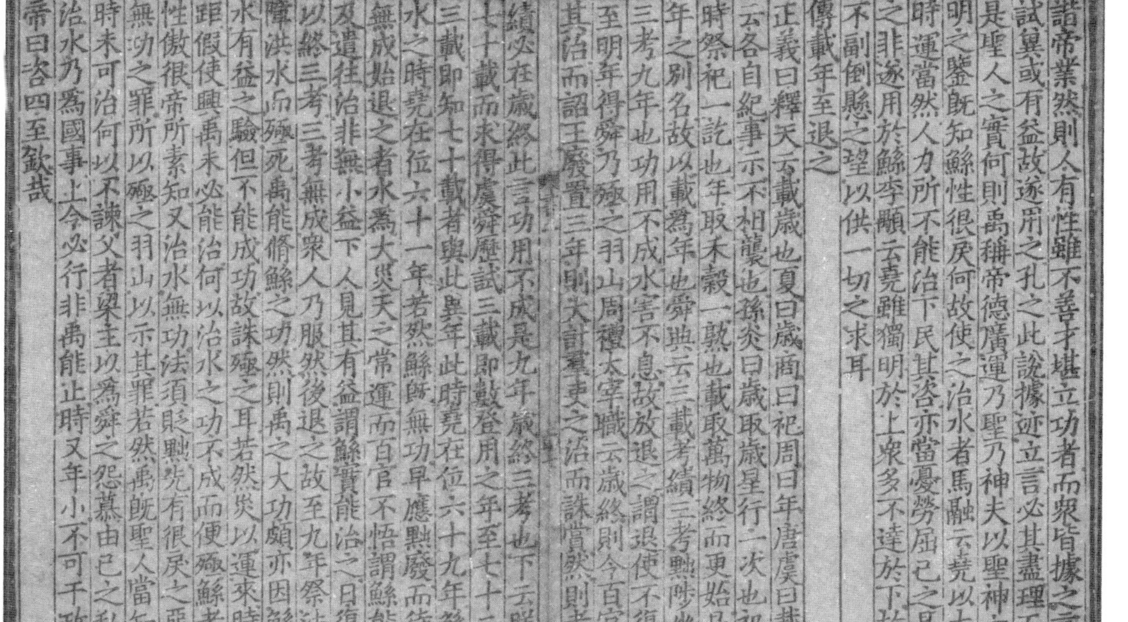

諸帝業然則人有性雖不善才堪立功者而衆皆據之言鯀可
試冀或有益故遂用之孔之此說據迹立言必其盡理而論未
是聖人之實何則禹稱帝德廣運乃聖乃神夫以聖神之資聰
明之鑒既知鯀性很戾何故使之治水者馬融云堯以大聖知
時運當然人力所不能治下民其咨亦當憂勞屈己之是從人
之非遂用於鯀李顒云堯雖獨明於上衆多不達於下故不得
不副倒懸之望以供一切之求耳
傳載年至退之
正義曰釋天云載歲也夏曰歲商曰祀周曰年唐虞曰載李巡
云各自紀事示不相襲也孫炎曰歲取歲星行一次也祀取四
時祭祀一訖也年取禾穀一熟也載取萬物終而更始是載者
年之別名故以載爲年也舜典云三載考績三考黜陟幽明是
三考九年也功用不成水害不息故放退之謂退使不復治水
至明年得舜乃殛之羽山周禮太宰職云歲終則令百官各正
其治而詔王廢置三年則大計羣吏之治而誅賞然則考課功
績必在歲終此言功用不成是九年歲終三考也下云朕在位
七十載而求得虞舜歷試三載即數登用之年至七十二年爲
三載即知七十載者與此異年此時堯在位六十九年鯀初治
水之時堯在位六十一年若然鯀既無功早應黜廢而待九年
無成始退之者水爲大災天之常運而百官不悟謂鯀能治水
又遣往治非無小益下人見其有益謂鯀實能治之日復一日
以終三考三考無成衆人乃服然後退之故至九年祭法云鯀
障洪水而殛死禹能脩鯀之功然則禹之大功頗亦因鯀是治
水有益之驗但不能成功故誅殛之耳若然災以運來時不可
距假使興禹未必能治何以治水之功不成而便殛鯀者以鯀
性傲很帝所素知又治水無功法須貶黜先有很戾之惡復加
無功之罪所以殛之羽山以示其罪若然禹既聖人當知洪水
時未可治何以不諫父者梁主以爲舜之怨慕由己之私鯀之
治水乃爲國事上令必行非禹能止時又年小不可干政也
帝曰咨四至欽哉

單疏卷二第二十七葉

帝曰咨四岳朕在位七十載堯年十六以唐侯升爲天子在位七十年則時年八十六老將求代汝能庸命巽朕位巽順也言四岳能用帝命故欲使順行帝位岳曰否德忝帝位否不忝辱也辭不堪曰明明揚側陋堯知子不肖有禪位之志故明舉明人在側陋者廣求賢也師錫帝曰有鰥在下曰虞舜師衆錫與也無妻曰鰥虞氏舜名在下民之中衆臣知舜聖賢恥己不若故不舉乃不獲已而言之帝曰俞予聞如何俞然也然其所舉言我亦聞之其德行如何岳曰瞽子父頑母嚚象傲無目曰瞽舜父有目不能分別好惡故時人謂之瞽配字曰瞍瞍無目之稱心不則德義之經爲頑象舜弟之字傲慢不友言並惡克諧以孝烝烝乂不格姦諧和烝進也言能以至孝和諧頑嚚昏傲使進進以善自治不至於姦惡帝曰我其試哉言欲試舜觀其行迹女于時觀厥刑于二女女妻刑法也堯於是以二女妻舜觀其法度接二女以治家觀治國釐降二女于嬀汭嬪于虞降下嬪婦也舜爲匹夫能以義理下帝女之心於所居嬀水之汭使行婦道於虞氏帝曰欽哉歎舜能修己行敬以安人則其所能者大矣

疏帝曰咨四岳至欽哉●正義曰帝以鯀功不成又已年老求得授位明聖代御天災故咨嗟汝四岳等我在天子之位七十載矣言己年老不堪在位●汝等四岳之內有能用我之命使之順我帝位之事言欲讓位與之也●四岳對帝曰我等四岳皆不有用命之德若使順行帝事即辱於帝位

言己不堪也●帝又言曰汝當明白舉其明德之人於僻隱鄙陋之處何必在位之臣乃舉之也於是朝廷衆臣乃與帝之明人曰有無妻之鰥夫在下民之內其名曰虞舜言側陋之處有此賢人●帝曰然我亦聞之其德行如何●四岳又對帝曰其人瞽之子其父頑母嚚其弟字象性又傲慢●象有三惡其人能諧和以至孝之行使此頑嚚傲慢者皆進進於善以自治不至於姦惡言能調和惡人是爲賢也●帝曰其行如此當可任用我其召而試之哉欲配女與試之也●即以女妻舜於是欲觀其居家治否也●舜能以義理下二女之心於嬀水之汭使行婦道於虞氏●帝歎曰此舜能敬其事哉歎其善治家知其可以治國故下篇言其授以官位而歷試諸難

傳堯年至求代▲正義曰徧檢今之書傳無堯即位之年孔氏博考群書作爲此傳言堯年十六以唐侯升爲天子必當有所案據不知出何書計十六爲天子其歲稱元年在位七十載應年八十五孔云八十六者史記諸書皆言堯帝嚳之子帝摯之弟嚳崩摯立摯崩乃傳位於堯然則堯以弟代兄蓋踰年改元據其改元年則七十載數其立年故八十六下句求人巽位是老將求代也此經文承績用不成之下計治水之事於時最急不求治水之人而先求代己者堯以身既年老臣無可任治水之事非己所能故求人代己令代者自治是虞史盛美舜功言堯不能治水以大事付舜美舜能消大災成堯美也

傳巽順至之事▲正義曰巽順易說卦文帝呼四岳言汝能庸命四岳自謙言己否德故知汝四岳言四岳能用帝命故帝欲使之順行帝位之事將使攝也在位之臣四岳爲長故讓位於四岳也

傳否不至不堪▲正義曰否古今不字忝辱釋言文己身不德恐辱帝位自辭不堪岳爲群臣之首自度既不堪

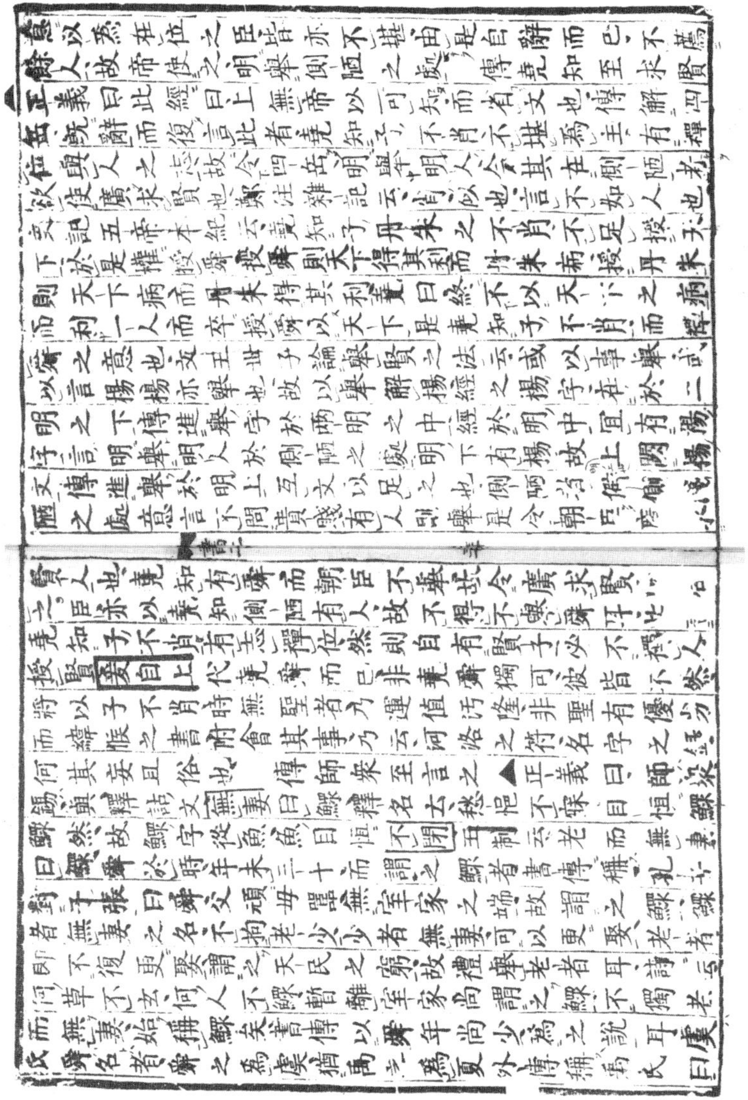

楊本卷二第三十六葉

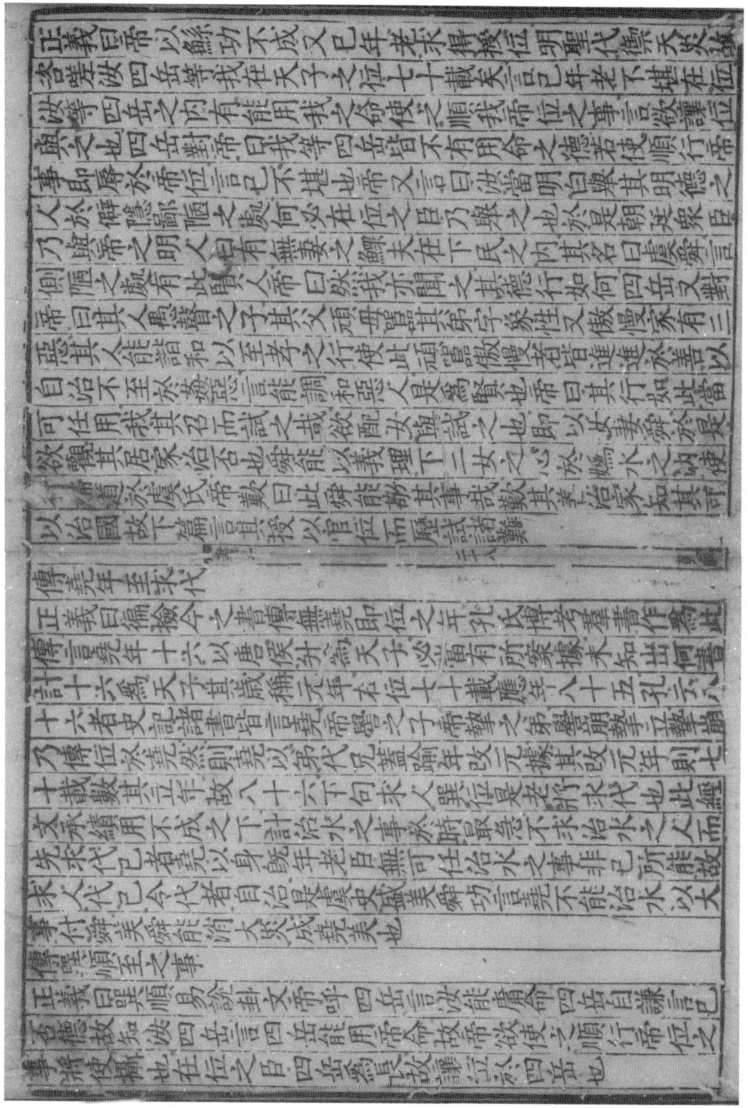

單疏卷二第二十八葉

若夏則此舜氏曰有虞顓頊已來地爲國號而舜
有天下號曰有虞氏是地名也王肅云虞地名也
皇甫謐云堯以二女妻舜封之於虞今河東太陽
山西虞地是也然則舜居虞地以虞爲氏堯封之
虞爲諸侯及王天下遂爲天子之號故從微至著
常稱虞氏舜爲生號之名前已具釋傳又解衆人
以舜與帝則衆人盡知有舜但舜在下人之中未
有官位衆臣德不及之而位居其上雖知舜實聖
賢而恥已不若故不舉之以帝令舉及側陋意謂
帝知有舜乃不獲已而言之耳知然者正以初不
薦舉至此始言明是恥已不若故不早舉舜實聖
人而連言賢者對則事有優劣散即語亦相通舜
謂禹曰惟汝賢是言聖德稱賢也傳以師爲衆臣
爲朝臣之衆或亦通及吏人王肅云古者將舉大
事詢羣吏詢萬人堯將讓位咨四岳使問羣臣衆
舉側陋衆皆願與舜堯計事之大者莫過禪位
應傳詢吏人非獨在位王氏之言得其實矣鄭
師爲諸侯之師帝咨四岳徧訪羣臣安得諸侯之
師獨對帝也　傳俞然至如何　▲正義曰俞然釋
言文然其所舉言我亦聞也其德行如何恐
不審故詳問之堯知有舜不召取禪之而訪四岳
令衆舉薦者以舜在卑賤未有名聞率暴禪之則
下人不服故鄭玄六藝論云若堯知命在舜舜知
命在禹猶求於羣臣舉於側陋上下交讓務在服
人孔子曰人可使由之不可使知之此之謂也是
解堯使人舉舜之意也　傳無目至並惡　▲正義
曰周禮樂官有瞽矇之職以其無目使眡瞭相之
是無目曰瞽又解稱瞽之意舜父有目但不能識
別好惡與無目者同故時人謂之瞽配字曰瞍瞍
亦無目之稱故或謂之爲瞽瞍詩云矇瞍奏公是
瞍爲瞽類大禹謨云祗載見瞽瞍是相配之文史
記云舜父瞽瞍盲以爲瞽瞍是名身實無目也

傳否不至不堪
正義曰否古今不字忝辱釋言文已身不德恐辱帝位自辭不
堪岳爲羣臣之首自度既不堪意以爲在位之臣皆亦不堪由
是自辭而已不薦餘人故帝使之明舉側陋之處
傳堯知至求賢
正義曰此經曰上無帝以可知而省文也傳解四岳既辭而復
言此者堯知子不肖不堪爲主有禪位與人之志故令四岳明
舉明人令其在側陋者欲使廣求賢也鄭注雜記云肖似也言
不如人也史記五帝本紀云堯知子丹朱之不肖不足授天下
於是權授舜授舜則天下得其利而丹朱病授丹朱則天下病
而丹朱得其利堯曰終不以天下之病而利一人而卒授舜以
天下是堯知子不肖而禪舜之意也文王世子論舉賢之法云
或以事舉或以言揚亦舉也故以舉解揚經之揚字在於二
明之下傳進舉字於兩明之中經於明中宜有揚字言明舉明
人於側陋之處明下有揚故上闕揚文傳進舉於明上互文以
足之也側陋者僻側淺陋之處意言不問貴賤有人則舉是令
朝臣廣求賢人也堯知有舜而朝臣不舉故令廣求賢以啓之
臣亦以堯知側陋有人故不得不舉舜耳此言堯知子不肖有
志禪位然則自有賢子必不禪人授賢爰自上代堯舜而已非
堯舜獨可彼皆不然將以子不肖時無聖者乃運值汚隆非聖
有優劣而緯候之書附會其事乃云河洛之符名字之録何其
妄且俗也
傳師衆至言之
正義曰師衆錫與釋詁文無妻曰鰥釋名云愁悒不寐目恒鰥
鰥然故鰥字從魚魚目恒不閉王制云老而無妻曰鰥舜於時
年未三十而謂之鰥者書傳稱孔子對子張曰舜父頑母嚚無
室家之端故謂之鰥鰥者無妻之名不拘老少少者無妻可以
更娶老者即不復更娶謂之天民之窮故禮舉老者耳詩云何
草不玄何人不鰥暫離室家尚謂之鰥不獨老而無妻始稱鰥
矣書傳以舜年尚少爲之說耳虞氏舜名者舜之爲虞猶禹之

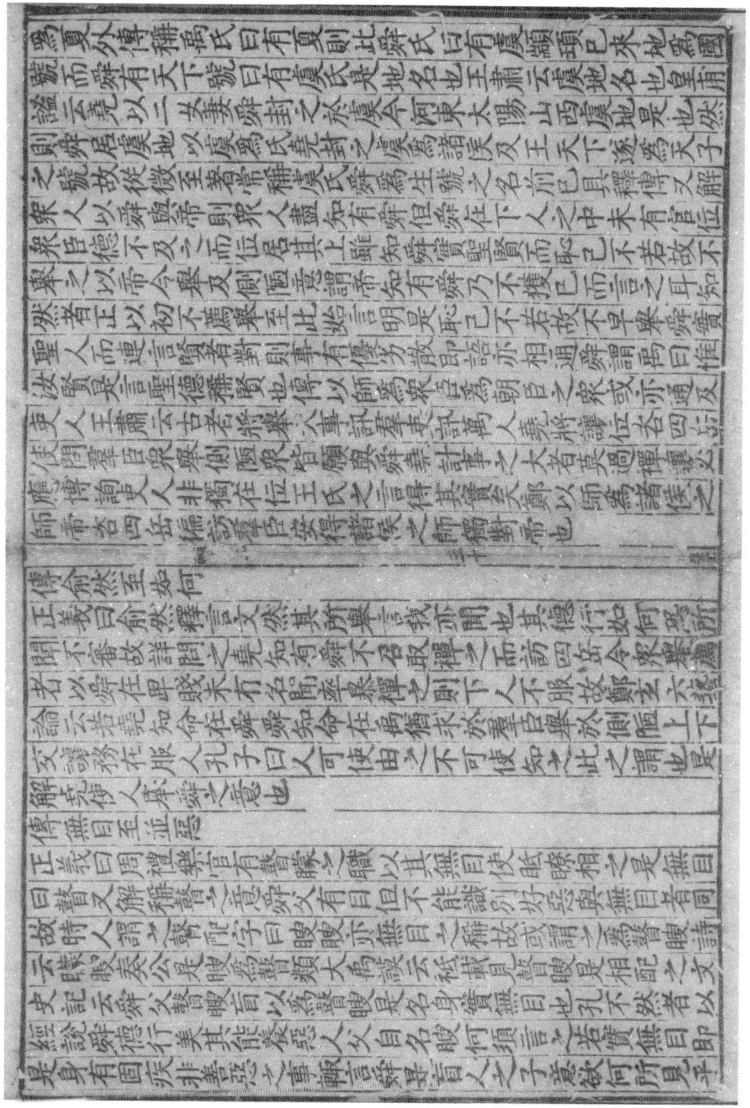

單疏卷二第三十葉

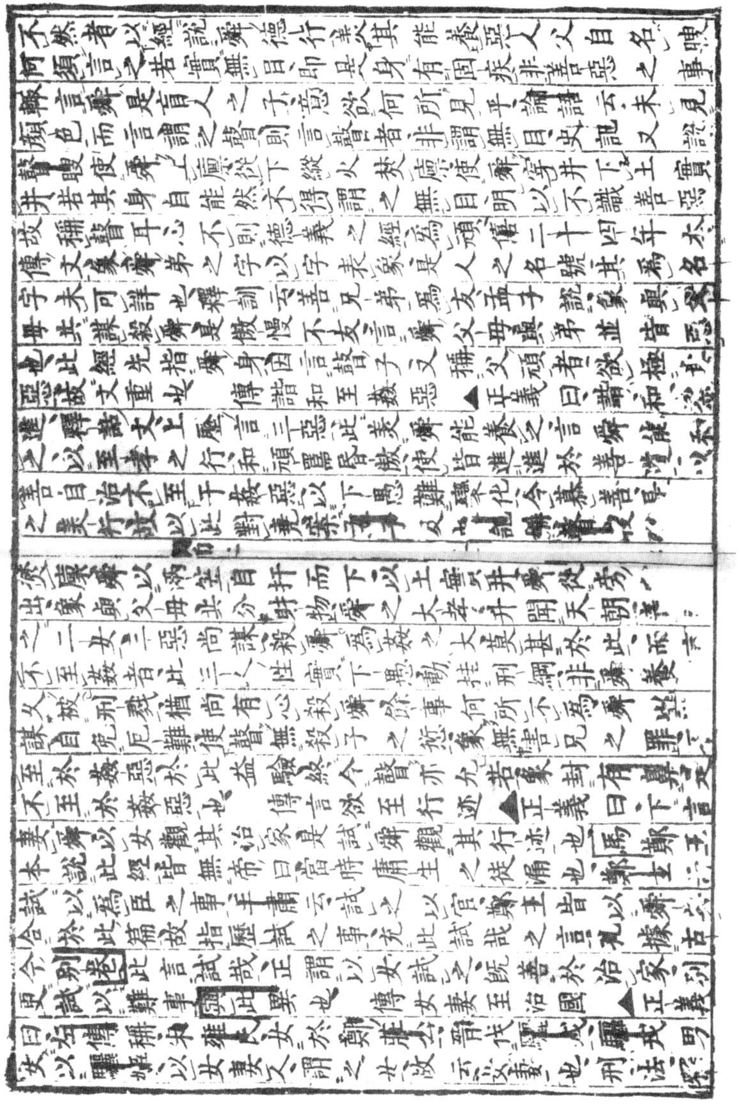

楊本卷二第三十八葉

詁文此巳下皆史述堯事非復堯語言女于時謂
妻舜於是故傳倒文以曉民堯於是以二女妻舜
必妻之者舜家有三惡身爲匹夫忽納帝女難以
和協觀其施法度於二女以法治家觀治國將使
治國故先使治家敵夫曰妻不得有二女言女于
時者揔言之耳二女之中當有貴賤長幼劉向列
女傳云二女長曰娥皇次曰女英舜既升爲天子
娥皇爲后女英爲妃然則初適舜時即娥皇爲妻
鄭不言妻者不告其父不序其正又注禮記云舜
不告而娶不立正妃此則鄭自所說未有書傳云
然案世本堯是黃帝玄孫舜是黃帝八代之孫
堯女於舜之曾祖爲四從姊妹以之爲妻於義
可世本之言未可據信或者古道質故也　傳
下至虞氏　▲正義曰降下釋詁文周禮九嬪之
掌婦學之法嬪是婦之別名故以嬪爲婦釐
能以義理下之則女意初時不下故傳解之
爲匹夫帝女下嫁以貴適賤必自驕矜故美舜
以義理下帝女尊亢之心於所居嬀水之汭使
服行婦道於虞氏虞與嬀汭爲一地見其心下乃
行婦道故分爲二文言匹夫者士大夫已上則有
妾媵庶人無妾媵惟夫妻相匹其名既定雖單亦
通謂之匹夫匹婦嬀水在河東虞鄉縣歷山西西
流至蒲坂縣南入於河舜居其旁周武王賜陳胡
公之姓爲嬀爲舜居嬀水故也舜仕堯朝不家在
於京師而令二女歸虞者蓋舜以大孝示法使妻
歸事於其親以帝之賢女事頑嚚舅姑美其能行
婦道故云嬪於虞　傳歎舜至大矣　▲正義曰二
女行婦道乃由舜之勑故帝言欽哉歎能脩已行
敬以安民也能脩已及安人則是所能者大故歎
之論語云脩已以安百姓堯舜其猶病諸傳意出
於彼
也

楊本卷二第三十九葉

論語云未見顔色而言謂之瞽則言瞽者非謂無目史記又說
瞽瞍使舜上廩從下縱火焚廩使舜穿井下土實井若其身自
能然不得謂之無目明以不識善惡故稱瞽耳心不則德義之
經爲頑僖二十四年左傳文象舜弟之字以字表象是人之名
號其爲名字未可詳也釋訓云善兄弟爲友孟子說象與父母
共謀殺舜是傲慢不友言舜父母與弟並皆惡也此經先指舜
身因言瞽子又稱父頑者欲極其惡故文重也
傳諧和至姦惡
正義曰諧和烝進釋詁文上歷言三惡此美舜能養之言舜能
和之以至孝之行和頑嚚昏傲使皆進進於善道以善自治不
至于姦惡以下愚難變化令慕善是舜之美行故以此對堯築
孟子及史記稱瞽瞍縱火焚廩舜以兩笠自扞而下以土實井
舜從旁空井出象與父母共分財物舜之大孝升聞天朝堯妻
之二女三惡尚謀殺舜爲姦之大莫甚於此而言不至姦者此
三人性實下愚動挂刑網非舜養之久被刑戮猶尚有心殺舜
餘事何所不爲舜以權謀自免厄難使瞽無殺子之愆象無害
兄之罪不至於姦惡於此益驗終令瞽亦允若象封有鼻是不
至於姦惡也
傳言欲至行迹
正義曰下言妻舜以女觀其治家是試舜觀其行迹也馬鄭王
本說此經皆無帝曰當時庸生之徒漏也鄭玄云試以爲臣之
事王肅云試之以官鄭王皆以舜典合於此篇故指歷試之事
充此試哉之言孔據古今別卷此言試哉正謂以女試之旣善
於治家別更試以難事與此異也
傳女妻至治國
正義曰左傳稱宋雍氏女於鄭莊公晉伐驪戎驪戎男女以驪
姬以女妻人謂之女故云女妻也刑法釋詁文此巳下皆史述
堯事非復堯語言女于時謂妻舜於是故傳倒文以曉人堯於
是以二女妻舜必妻之者舜家有三惡身爲匹夫忽納帝女難
以和協觀其施法度於二女以法治家觀治國將使治國故先

單疏卷二第三十一葉

堯典第一　虞書

尚書注疏卷第二

楊本卷二第四十葉

使治家敵夫曰妻不得有二女言女于時者揔言之耳二女之中當有貴賤長幼劉向列女傳云二女長曰娥皇次曰女英舜既升爲天子娥皇爲后女英爲妃然則初適舜時即娥皇爲妻鄭不言妻者不告其父不序其正又注禮記云舜不告而娶不立正妃此則鄭自所說未有書傳云然案世本堯是黄帝玄孫舜是黄帝八代之孫計堯女於舜之曾祖爲四從姊妹以之爲妻於義不可世本之言未可據信或者古道質故也

傳降下至虞氏

正義曰降下釋詁文周禮九嬪之職掌婦學之法嬪是婦之别名故以嬪爲婦釐降謂能以義理下之則女意初時不下故傳解之言舜爲匹夫帝女下嫁以貴適賤必自驕矜故美舜能以義理下帝女尊亢之心於所居嬀水之汭使之服行婦道於虞氏虞與嬀汭爲一地見其心下乃行婦道故分爲二文言匹夫者士大夫已上則有妾媵庶人無妾媵惟夫妻相匹其名既定雖單亦通謂之匹夫匹婦嬀水在河東虞鄉縣歷山西西流至蒲坂縣南入於河舜居其旁周武王賜陳胡公之姓爲嬀爲舜居嬀水故也舜仕堯朝不家在於京師而令二女歸虞者蓋舜以大孝示法使妻歸事於其親以帝之賢女事頑嚚舅姑美其能行婦道故云嬪於虞

傳歎舜至大矣

正義曰二女行婦道乃由舜之勑故帝言欽哉歎能脩已行勑以安民也能脩已及安人則是所能者大故歎之論語云脩己以安百姓堯舜其猶病諸傳意出於彼也

尚書正義卷第二

計二萬一千九十三字

單疏卷二第三十二葉

尚書注疏卷第三

國子祭酒上護軍曲阜縣開國子臣孔穎達奉　勑撰

舜典第二　虞書

虞舜側微，為庶人，故微賤。堯聞之聰明，將使嗣位，歷試諸難，嗣，繼也。試以[illegible]民之難。作舜典。典之義與堯同。

疏「虞舜」至「舜典」。正義曰：虞舜所居側陋，身又微賤，堯聞之有聰明聖德，將使之繼己帝位，歷試於諸所難為之事，史述其事，故作舜典。

傳「為庶人故微賤」。正義曰：此云側微，即堯典側陋也。不在朝廷謂之側，其人貧賤謂之微，居處褊隘，故言陋。此指解微，故云為庶人，故微賤也。帝繫云：顓頊生窮蟬，窮蟬生敬康，敬康生句芒，句芒生蟜牛，蟜牛生瞽瞍，瞽瞍生舜。昭八年左傳云：自幕至于瞽瞍無違命，似其繼世相傳，常有國土。孔言為庶人者，堯典云有鰥在下，此云虞舜側微，必是為庶人矣。蓋至瞽瞍始失國也。

傳「嗣繼」至「難事」。正義曰：嗣繼，釋詁文。經所云慎徽五典，納于百揆，賓于四門，皆是試以治民之難事也。

曰若稽古帝舜，言其順考古道而行之。曰重華協于帝。華謂文德，言其光文重合於堯，俱聖明。濬哲文明，溫恭允塞，濬，深；哲，智也。舜有深智文明溫恭之德，信允塞上下。玄德升聞，乃命以位。玄謂幽潛，潛行道德，升聞天朝，遂見徵用。

疏「曰若」至「以位」。正義曰：昔東晉

尚書正義卷第三

國子祭酒上護軍曲阜縣開國子臣孔穎達奉　勑撰

舜典第二　虞書

虞舜至舜典

正義曰：虞舜所居側陋，身又微賤，堯聞之有聰明聖德，將使之繼己帝位，歷試於諸所難為之事，史述其事，故作舜典。

傳為庶人故微賤

正義曰：此云側微，即堯典側陋也。不在朝廷謂之側，其人貧賤謂之微，居處褊隘，故言陋。此指解微，故云為庶人故微賤也。帝繫云：顓頊生窮蟬，窮蟬生敬康，敬康生句芒，句芒生蟜牛，蟜牛生瞽瞍，瞽瞍生舜。昭八年左傳云：自幕至于瞽瞍無違命，似其繼世相傳，常有國土。孔言為庶人者，堯典云有鰥在下，此云虞舜側微，必是為庶人矣。蓋至瞽瞍始失國也。

傳嗣繼至難事

正義曰：嗣繼，釋詁文。經所云慎徽五典，納于百揆，賓于四門，皆是試以治民之難事也。

曰若至以位

正義曰：昔東晉之初，豫章內史梅賾上孔氏傳，猶闕舜典。自此乃命以位已上二十八字，世所不傳，多用王、范之注補之，而皆以慎徽已下為舜典之初。至齊蕭鸞建武四年，吳興姚方興於大航頭得孔氏傳古文舜典，亦類太康中書，乃表上之。事未施行，方興以罪致戮。至隋開皇初購求遺典，始得之。史將錄舜之美，故為題目之辭曰：能順而考案古道而行之者，是為帝舜也。又申其順考古道之事曰：此舜能繼堯，重其文德之光華，用此德合於帝堯，與堯俱聖明也。此舜性有深沈智慧，文章明鑒，溫和之色，恭遜之容，由名聞遠達，信能充實上下。潛行道德，升聞天朝，堯乃徵用，命之以位而試之也。

傳濬深至上下

正義曰：濬深、哲智皆釋言文。舍人曰：濬，下之深也；哲，大智也。舜

舜典第二　虞書

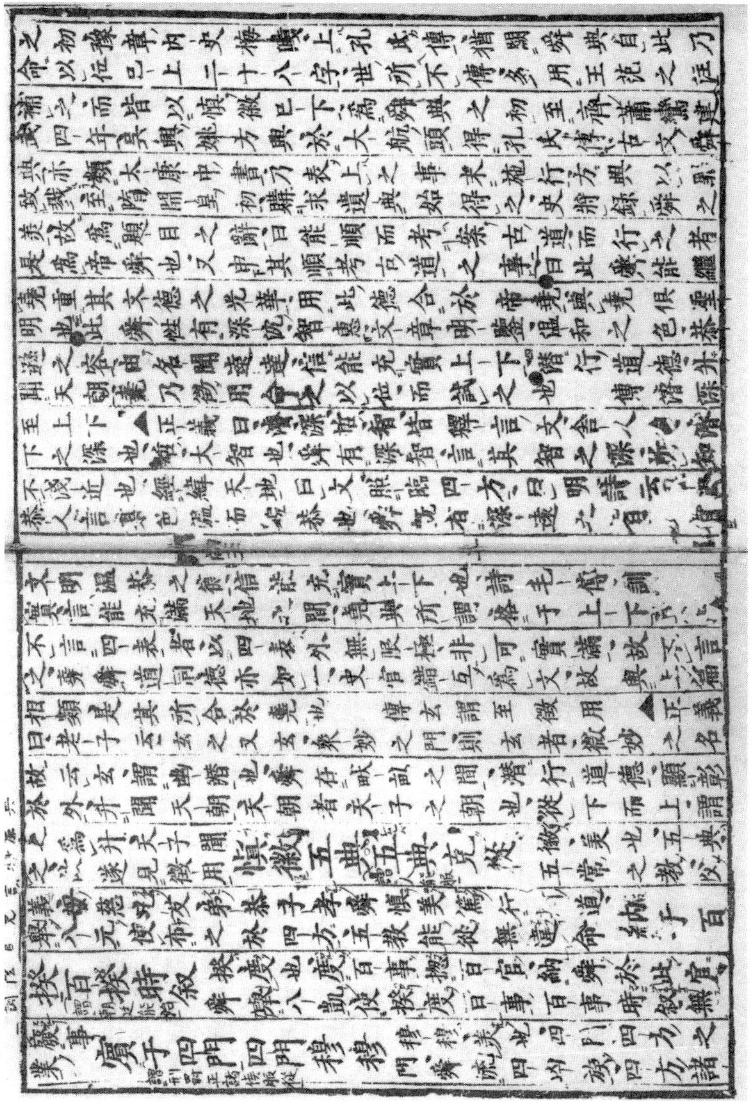

楊本卷三第二葉

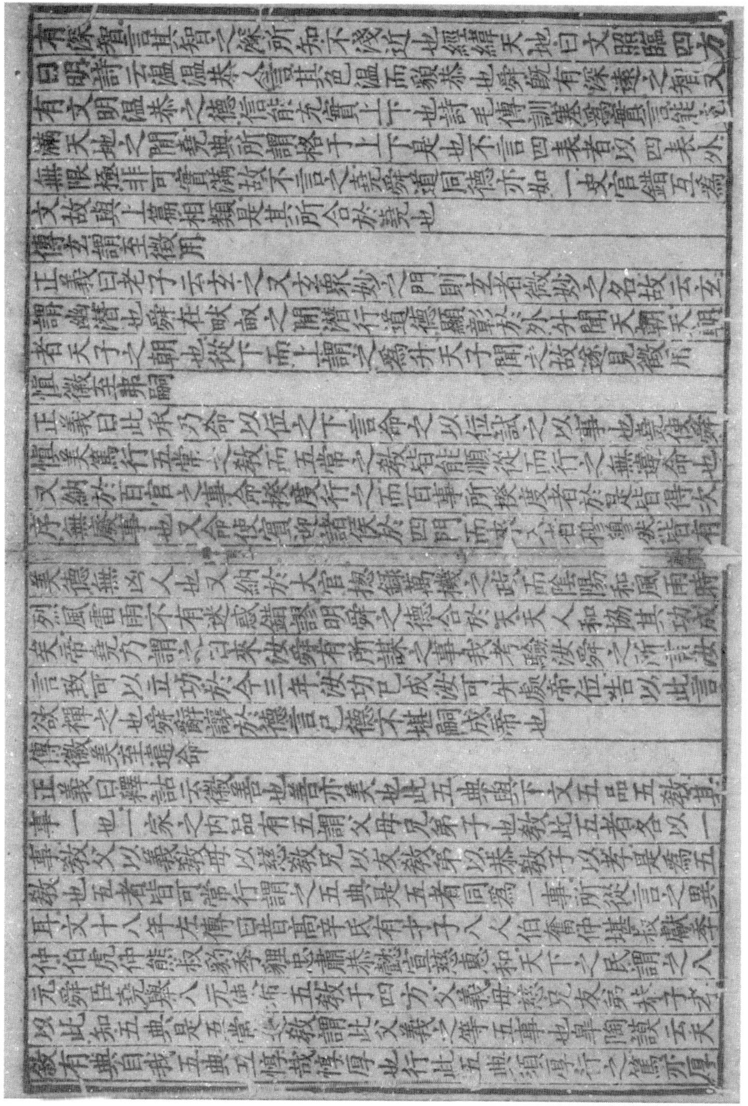

單疏卷三第二葉

侯來朝者舜賓迎之皆有美德無凶人　納于大麓烈風雷雨弗迷　麓錄也納舜使大錄万機之政陰陽和風雨時各以其節不有迷錯愆伏明舜之德合於天　帝曰格汝舜詢事考言乃言厎可績三載汝陟帝位　格來詢謀乃汝厎致陟升也堯呼舜曰來汝所謀事我考汝言汝言致可以立功三年矣三載考績故命使升帝位　舜讓于德弗嗣　辭讓於德不堪不能嗣成帝位

疏　慎徽至弗嗣　正義曰此承乃命以位之下言命之以位試之以事也堯使舜慎美篤行五常之教而五常之教皆能順從而行之無違命也又納於百官之事命揆度行之而百事所揆度者於是皆得次序無廢事也又命使賓迎諸侯於四門而來入者穆穆皆有美德無凶人也又納於大麓錄萬機之政而陰陽和風雨時烈風雷雨不有迷惑錯謬舜之德合於天天人和協其功成矣帝堯乃謂舜曰來汝舜有所謀之事我考驗汝舜之所言汝言致可以立功於今三年汝功已成汝可升處帝位告以此言欲禪之也舜辭讓於德言已德不堪嗣成帝也　傳徽美至違命　正義曰釋詁云徽善也善亦美也此五典與下文五品五教其事一也一家之內品有五謂父母兄弟子也教此五者各以一事教父以義教母以慈教兄以友教弟以恭教子以孝是爲五教也五者皆可常行謂之五典是五者同爲一事所從言之異耳文十八年左傳曰昔高辛氏有才子八人伯奮仲堪叔獻季仲伯虎仲熊叔豹季貍忠肅恭懿宣慈惠和天下之民謂之八元舜臣堯舉八元使布五教于四方父義母慈兄友弟恭子孝以此知五典是五常之教謂此父義之等五事也皐陶謨云天叙有典自我五典

也言舜謹慎美善篤行斯道舉八元使布之於四方命教天下
之民以此五教能使天下皆順從之無違逆舜之命也左傳又
云故虞書數舜之功曰慎徽五典五典克從無違教也父母於
子並宜爲慈今分之者以父主教訓母主撫養撫養在於恩愛
故以慈爲名教訓愛而加嚴故以義爲稱義者宜也理也教之
以義方使得事理之宜故爲義也釋訓云善兄弟爲友則兄弟
之恩俱名爲友今云兄友弟恭者以其同志曰友友是相愛之
名但兄弟相愛乃有長幼故分其弟使之爲恭恭敬於兄而兄
友愛之
傳揆度至事業
正義曰揆度釋言文百揆者言百事皆度之國事散在諸官故
度百事爲揔百官也周官云唐虞稽古建官惟百内有百揆四
岳則百揆爲官名故云納舜於此官也文十八年左傳云昔高
陽氏有才子八人蒼舒隤敳檮戭大臨尨降庭堅仲容叔達齊
聖廣淵明允篤誠天下之民謂之八凱舜臣堯舉八凱使主后
土以揆百事莫不時敘地平天成又云虞書數舜之功曰納于
百揆百揆時敘無廢事業也是言百官於是得其次敘皆無廢
事業舜既臣堯乃舉元凱主后土布五教同時爲之史官立文
自以人事外内爲次故孔先言八元若左傳據所出代之先後
故先舉八凱堯既得舜庶事委之舜既臣堯任無不統非五典
克從之後方始納於百揆百揆時敘之後方始賓于四門四門
穆穆謂流四凶流放四凶最在於前矣洪範云鯀則殛死禹乃
嗣興是先誅鯀而後用禹明此言三事皆同時爲之但言百揆
時敘故言納于百揆其實納于百揆初得即然由舜既居百揆
故得舉用二八若偏居一職不得分使元凱
傳穆穆美至凶人
正義曰穆穆美也釋詁文四門四方之門謂四方諸侯來朝者
從四門而入文十八年左傳歷言四凶之行乃云舜臣堯流四
凶族渾敦窮奇檮杌饕餮投諸四裔以禦螭魅又曰虞書數舜
之功曰賓于四門四門穆穆無凶人也是言皆有美德無凶人

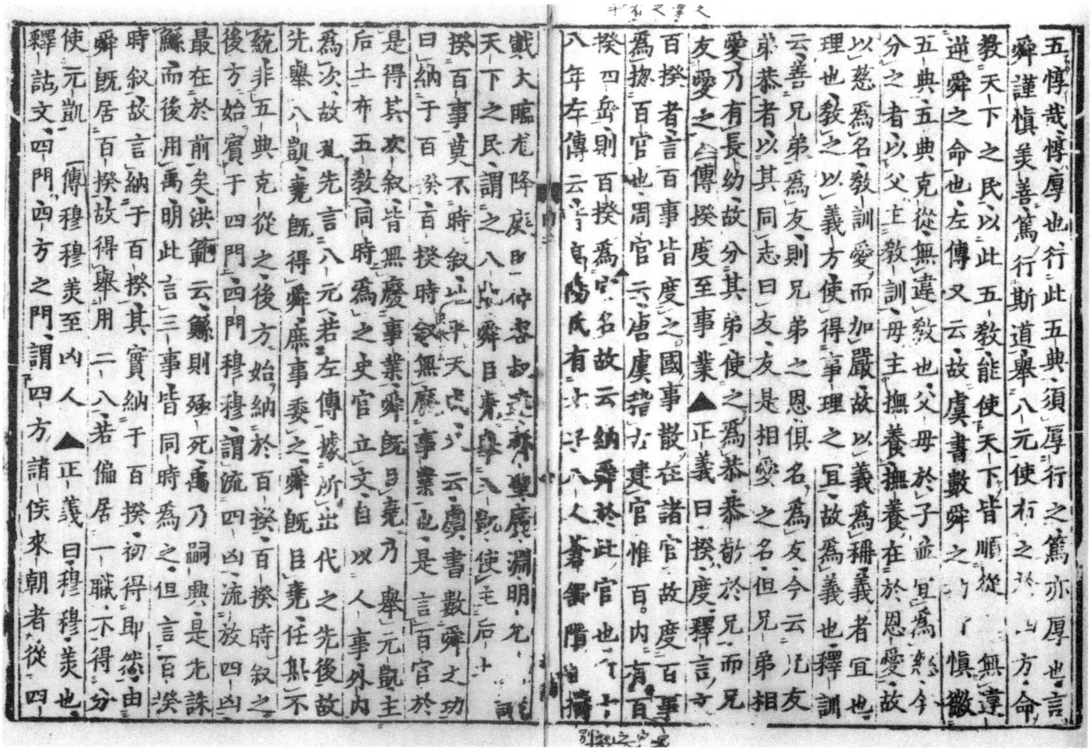
五傳哉傳厚也行此五典須厚行之篤亦厚也言
舜謹慎美善篤行斯道舉八元使布之於四方命
教天下之民以此五教能使天下皆順從無違
逆舜之命也左傳又云故虞書數舜之功曰愼徽
五典五典克從無違教也父母於子並宜爲慈今
分之者以父主教訓母主撫養撫養在於恩愛故
以慈爲名教訓愛而加嚴故以義爲稱義者宜也
理也教之以義方使得事理之宜故爲義也釋訓
云善兄弟爲友則兄弟之恩俱名爲友今云兄友
弟恭者以其同志曰友友是相愛之名但兄弟相
愛乃有長幼故分其弟使之爲恭恭敬於兄而兄
友愛之也傳揆度至事業▲正義曰揆度釋言文
百揆者言百事皆度之國事散在諸官故度百事
爲揔百官也周官云唐虞稽古建官惟百內有百
揆四岳則百揆爲官名故云納舜於此官也十
八年左傳云高陽氏有才子八人蒼舒隤敳檮
戭大臨尨降庭堅仲容叔達齊聖廣淵明允篤誠
天下之民謂之八愷舜臣堯舉八愷使主后土
揆百事莫不時敘地平天成云虞書數舜之功
曰納于百揆百揆時敘無廢事業也是言百官於
是得其次敘皆無廢事業舜既臣堯乃舉元凱主
后土布五教同時爲之史官立文自以人事外內
爲次故先言八元若左傳據所出代之先後故
先舉八凱堯既得舜庶事委之舜既臣堯任無不
統非五典克從之後方始納於百揆百揆時敘之
後方始賓于四門四門穆穆謂流四凶流放四凶
最在於前矣洪範云鯀則殛死禹乃嗣興是先誅
鯀而後用禹明此言三事皆同時爲之但言百揆
時敘故言納于百揆其實納于百揆初得即然由
舜既居百揆故得舉用二八若偏居一職不得分
使元凱　傳穆穆美至凶人▲正義曰穆穆美也
釋詁文四門四方之門謂四方諸侯來朝者從四

楊本卷三第四葉

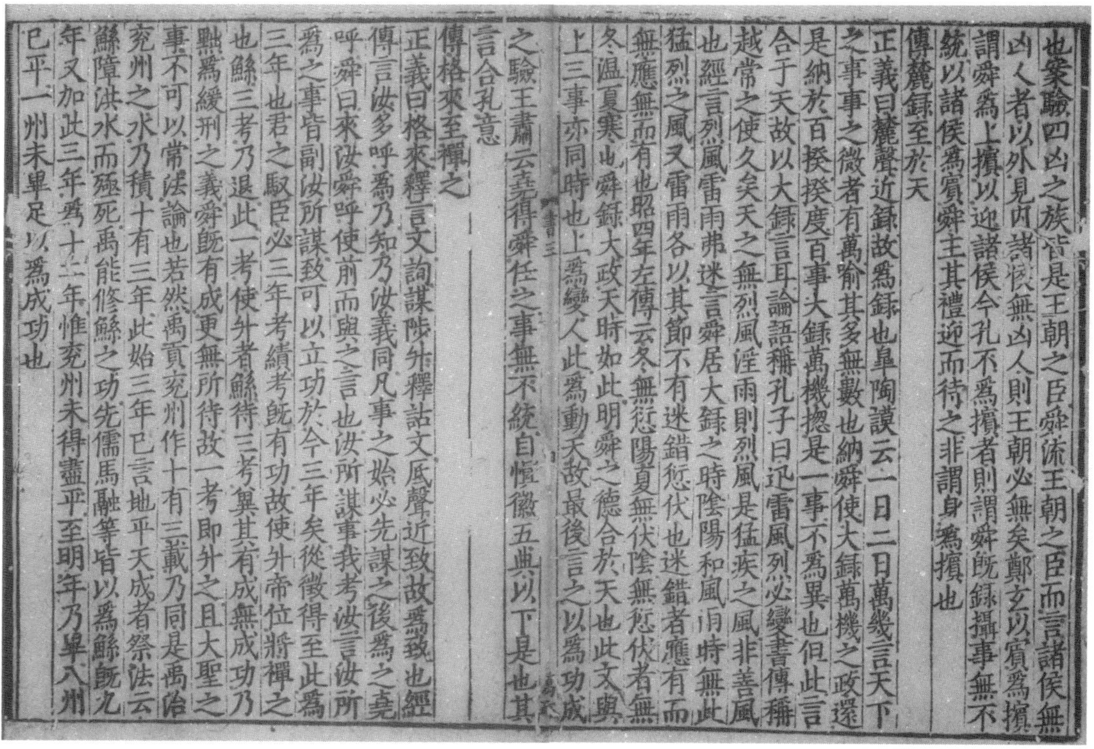
也案驗四凶之族皆是王朝之臣舜流王朝之臣而言諸侯無
凶人者以外見內諸侯無凶人則王朝必無矣鄭玄以賓爲擯
謂舜爲上擯以迎諸侯今孔不爲擯者則謂舜既錄攝事無不
統以諸侯爲賓舜主其禮迎而待之非謂身爲擯也
傳麓錄至於天
正義曰麓聲近錄故爲錄也皐陶謨云一日二日萬幾言天下
之事事之微者有萬喻其多無數也納舜使大錄萬機之政還
是納於百揆揆度百事大錄萬機揔是一事不爲異也但此言
合于天故以大錄言耳論語稱孔子曰迅雷風烈必變書傳稱
越常之使久矣天之無烈風淫雨則烈風是猛疾之風非善風
也經言烈風雷雨弗迷言舜居大錄之時陰陽和風雨時無此
猛烈之風又雷雨各以其節不有迷錯愆伏也迷錯者應有而
無應無而有也昭四年左傳云冬無愆陽夏無伏陰愆伏者無
冬溫夏寒也舜錄大政天時如此明舜之德合於天也此文與
上三事亦同時也上爲變人此爲動天故最後言之以爲功成
之驗王肅云堯得舜任之事無不統自愼徽五典以下是也其
言合孔意
傳格來至禪之
正義曰格來釋言文詢謀陟升釋詁文底聲近致故爲致也經
傳言汝多呼爲乃知乃汝義同凡事之始必先謀之後爲之堯
呼舜曰來汝舜呼使前而與之言也汝所謀事我考汝言汝所
爲之事皆副汝所謀致可以立功於今三年矣從徵得至此爲
三年也君之馭臣必三年考績考既有功故使升帝位將禪之
也鯀三考乃退此一考使升者鯀待三考冀其有成無成功乃
黜爲緩刑之義舜既有成更無所待故一考即升之且大聖之
事不可以常法論也若然禹貢兗州作十有三載乃同是禹治
兗州之水乃積十有三年此始三年已言地平天成者祭法云
鯀障洪水而殛死禹能修鯀之功先儒馬融等皆以爲鯀既九
年又加此三年爲十二年惟兗州未得盡平至明年乃畢八州
已平一州未畢足以爲成功也

單疏卷三第四葉

門而入，文十八年左傳歷言四凶之行，乃云舜臣堯，流四凶族，渾敦、窮奇、檮杌、饕餮，投諸四裔，以禦螭魅。又曰虞書數舜之功，曰賓于四門，四門穆穆，無凶人也。是言皆有美德，無凶人也。察驗四凶之族，皆是王朝之臣，舜流王朝之臣，而言諸侯無凶人者，以外見內，諸侯無凶人，則王朝必無矣。鄭玄以賓爲擯，謂舜爲上擯，以迎諸侯。今孔不爲擯者，則謂舜既録攝事，無不統，以諸侯爲賓，舜主其禮，迎而待之，非謂身爲擯也。○傳「麓録」至「於天」。▲正義曰：麓聲近録，故爲録也。皋陶謨云「一日二日萬幾」，言天下之事，事之微者有萬，喻其多無數也。納舜使大録萬機之政，還是納於百揆，揆度百事，大録萬機，揔是一事，不爲異也。但此言德合於天，故以大録言耳。論語稱孔子曰「迅雷風烈必變」，傳稱越常之使，久矣天之無烈風淫雨，則烈風是猛疾之風，非善風也。經言烈風雷雨弗迷，舜居大録之時，陰陽和，風雨時，無此猛烈之風，雨各以其節，有錯愆伏也。迷錯者，應有而無，無而有也。昭四年左傳云「冬無愆陽，夏無伏陰」，愆伏者，無冬溫夏寒也。舜録大政，天時如此，明舜之德合於天也。此文與上三事亦同時也，上爲變人道爲動，最後言之，以爲功成之驗。王肅云：堯得舜任之，事無不統，自愼徽五典以下是也。其言合天意。

傳「格來」至「禪之」。▲正義曰：格，來，釋言文。詢，謀，陟，升，釋詁文。底聲近致，故爲致也。經傳言汝多呼爲乃，知乃汝義同。凡事之始必先謀之，後爲之，堯呼舜曰來，汝舜，呼使前而與之言也。汝所謀事，我考汝言，汝所爲之事皆副汝所謀，致可以立功，於今三年矣。從徵得至此，爲三年也。君之馭臣，必三年考績，考既有功，故使升帝位，將禪之也。鯀三考乃退，此一考使升者，鯀待三考，冀其有成，無成功乃黜，爲緩刑之義。舜既有成，更無所待，故一考即升之，且大聖之事，不可以常法論也。然禹貢兗州作十有三載乃同，是禹治兗

州之水，乃積十有三年，此始三年已言地平天成者，祭法云「鯀障洪水而殛死，禹能修鯀之功」，先儒馬融等皆以爲鯀既九年，又加此三年，爲十二年，惟兗州未得盡平，至明年乃畢。八州已平，一州未畢，足以爲成功也。

正月上日，受終于文祖。上日，朔日也。終謂堯終帝位之事。文祖者，堯文德之祖廟。

在璿璣玉衡，以齊七政。在，察也。璿，美玉。璣、衡，王者正天文之器，可運轉者。七政，日月五星各異政。舜察天文，齊七政，以審己當天心與否。

肆類于上帝，堯不聽舜讓，使之攝位。舜察天文，考齊七政而當天心，故行其事。肆，遂也。類謂攝位事類，遂以攝告天及五帝。

禋于六宗，精意以享謂之禋。宗，尊也。所尊祭者，其祀有六，謂四時也，寒暑也，日也，月也，星也，水旱也。祭亦以攝告。

望于山川，徧于羣神。九州名山大川、五岳四瀆之屬，皆一時望祭之。羣神謂丘陵墳衍，古之聖賢，皆祭之。

輯五瑞。既月乃日覲四岳羣牧，班瑞于羣后。輯，斂。既，盡。覲，見。班，還。后，君也。舜斂公侯伯子男之瑞圭璧，盡以正月中乃日日見四岳及九州牧監，還五瑞於諸侯，與之正始。

疏 正月至羣后。●正義曰：舜既讓而不許，乃以堯禪之明年正月上日受堯終帝位之事於堯文祖之廟。雖受堯命猶不自安，又以璿爲璣，以玉爲衡者，是爲王者正天文之器也，乃復察此璿璣玉衡，以齊整天之日月五星七曜之政，觀其齊與不齊。齊則受之，是也，不齊則受之非也。見七政皆齊，知己受爲是，遂行爲帝之事，而以告攝事類祭於上帝，祭昊天及五帝也。又禋祭於六宗等尊卑之神，望祭於名山大川、五岳四瀆，而又徧祭於山川丘陵墳衍古之聖賢之羣神，以告己之受禪也。告祭既畢，乃斂公侯伯子男五等之瑞玉，其圭與璧，悉斂取之，盡以正月之中，乃日日

見四岳及羣牧既而更班所斂五瑞於五等之羣后
而與之更始見已受堯之禪行天子之事也△傳上
日至祖廟▲正義曰月之始日謂之朔日每月皆有
朔日此是正月之朔故云上日言一歲日之上也下
云元日亦然鄭玄以爲帝王易代莫不改正堯正建
丑舜正建子此時未改堯正故云正月上日即位乃
改堯正故云月正元日故以異文先儒王肅等以爲
惟殷周改正易民視聽自夏已上皆以建寅爲正此
篇二文不同史異辭耳孔意亦然下云歲二月傳云
既班瑞之明月以此爲建寅之月也受終者堯爲天
子於此事終而授與舜故知終謂堯終帝位之事終
言堯終舜始也禮有大事行之於廟況此是事之大
者知文祖者堯文德之祖廟也且下云歸格于藝祖
藝文義同知文祖是廟者咸有一德云七世之廟可
以觀德則天子七廟其來自遠堯之文祖蓋是堯始
祖之廟不知爲誰也帝繫及世本皆云黃帝生玄囂
尚三
玄囂生僑極僑極生帝嚳帝嚳生堯即如彼言黃帝
爲堯之高祖黃帝以上不知復祭何人充此七數況
彼二書未必可信堯之文祖不可強言△傳在察至
與否▲正義曰在察釋詁文說文云璿美玉也玉是
大名璿是玉之別稱璣衡俱以玉飾但史之立文不
可以玉璣玉衡一指玉體一指玉名猶左傳云瓊弁
玉纓所以變其文傳以璿言玉名故云美玉其實玉
衡亦美玉也易賁卦彖云觀乎天文以察時變日月
星宿運行於天是爲天之文也璣衡者璣爲轉運衡
爲横簫運璣使動於下以衡望之是王者正天文之
器漢世以來謂之渾天儀者是也馬融云渾天儀可
轉故曰璣衡其横簫所以視星宿也以璿爲璣以
玉爲衡蓋貴天象也蔡邕云玉衡長八尺孔徑一寸
下端望之以視星辰蓋懸璣以象天而衡望之轉璣
窺衡以知星宿是其說也七政其政有七於璣衡察
之必在天者知七政謂日月與五星也木曰歲星火

楊本卷三第七葉

正月至羣后
正義曰舜既讓而不許乃以堯禪之明年正月上日受堯終帝
位之事於堯文祖之廟雖受堯命猶不自安又以璿爲璣以玉
爲衡者是爲王者正天文之器也乃復察此璿璣玉衡以齊整
天之日月五星七曜之政觀其齊與不齊齊則受之是也不齊
則受之非也見七政皆齊知己受爲是遂行爲帝之事而以告
攝事類祭於上帝祭昊天及五帝也又禋祭於六宗等尊卑之
神望祭於名山大川五岳四瀆而又徧祭於山川丘陵墳衍古
之聖賢之羣神以告己之受禪也告祭既畢乃斂公侯伯子男
五等之瑞玉其圭與璧悉斂取之盡以正月之中乃日日見四
岳及羣牧既而更班所斂五瑞於五等之羣后而與之更始見
已受堯之禪行天子之事也
傳上日至祖廟
正義曰月之始日謂之朔日每月皆有朔日此是正月之朔故
云上日言一歲日之上也下云元日亦然鄭玄以爲帝王易代
莫不改正堯正建丑舜正建子此時未改堯正故云正月上日
即位乃改堯正故云月正元日故以異文先儒王肅等以爲惟
殷周改正易民視聽自夏已上皆以建寅爲正此篇二文不同
史異辭耳孔意亦然下云歲二月傳云既班瑞之明月以此爲
建寅之月也受終者堯爲天子於此事終而授與舜故知終謂
堯終帝位之事終言堯終舜始也禮有大事行之於廟況此是
事之大者知文祖者堯文德之祖廟也且下云歸格于藝祖藝
文義同知文祖是廟者咸有一德云七世之廟可以觀德則天
子七廟其來自遠堯之文祖蓋是堯始祖之廟不知爲誰也帝
繫及世本皆云黃帝生玄囂玄囂生僑極僑極生帝嚳帝嚳生
堯即如彼言黃帝爲堯之高祖黃帝以上不知復祭何人充此
七數況彼二書未必可信堯之文祖不可強言
傳在察至與否
正義曰在察釋詁文說文云璿美玉也玉是大名璿是玉之別
稱璣衡俱以玉飾但史之立文不可以玉璣玉衡一指玉體一

單疏卷三第五葉

曰熒惑星土曰鎮星金曰太白星水曰辰星易繫辭云
天垂象見吉凶聖人象之此日月五星有吉凶之象因
其變動爲占七者各自異政故爲七政得失由政故稱
政也舜既受終乃察璣衡是舜察天文齊七政以審已
之受禪當天心與否也馬融云日月星皆以璿璣玉衡
度知其盈縮進退失政所在聖人謙讓猶不自安視璿
璣玉衡以驗齊日月五星行度知其政是與否重審已
之事也上天之體不可得知測天之事見於經者唯有
此璿璣玉衡一事而已蔡邕天文志云言天體者有三
家一曰周髀二曰宣夜三曰渾天宣夜絕無師說周髀
術數具在考驗天象多所違失故史官不用唯渾天者
近得其情今史所用候臺銅儀則其法也虞喜云宣明
也夜幽也幽明之數其術兼之故曰宣夜但絕無師說
不知其狀如何周髀之術以爲天似覆盆蓋以斗極爲
中中高而四邊下日月旁行遶之日近而見之爲晝日
遠而不見爲夜渾天者以爲地在其中天周其外日月
初登於天後入於地晝則日在地上夜則日入地下王蕃
渾天說曰天之形狀似鳥卵天包地外猶卵之裹黃
圓如彈丸故曰渾天言其形體渾渾然也其術以爲天
半覆地上半在地下其天居地上見有一百八十二度
半強地下亦然北極出地上三十六度南極入地下亦
三十六度而嵩高正當天之中極南五十五度當嵩高
之上又其南十二度爲夏至之日道又其南二十四度
爲春秋分之日道又其南二十四度爲冬至之日道南
下去地三十一度而已是夏至日北去極六十七度春
秋分去極九十一度冬至去極一百一十五度此其大
率也其南北極持其兩端其天與日月星宿斜而迴
轉此必古有其法遭秦而滅揚子法言云或問渾天
曰落下閎營之鮮于妄人度之耿中丞象之幾乎幾
乎莫之能違也是揚雄之意以渾天而問之也閎與
妄人武帝時人宣帝時司農中丞耿壽昌始鑄銅
爲之象史官施用焉後漢張衡作靈憲以說其狀

楊本卷三第八葉

指玉名猶左傳云瓊弁玉纓所以變其文傳以璿言玉名故云
美玉其實玉衡亦美玉也易賁卦彖云觀乎天文以察時變日
月星宿運行於天是爲天之文也璣衡者璣爲轉運衡爲横簫
運璣使動於下以衡望之是王者正天文之器漢世以來謂之
渾天儀者是也馬融云渾天儀可旋轉故曰璣衡其横簫所以
視星宿也以璿爲璣以玉爲衡蓋貴天象也蔡邕云玉衡長八
尺孔徑一寸下端望之以視星辰蓋懸璣以象天而衡望之轉
璣窺衡以知星宿是其說也七政其政有七於璣衡察之必在
天者知七政謂日月與五星也木曰歲星火曰熒惑星土曰鎮
星金曰太白星水曰辰星易繫辭云天垂象見吉凶聖人象之
此日月五星有吉凶之象因其變動爲占七者各自異政故爲
七政得失由政故稱政也舜既受終乃察璣衡是舜察天文齊
七政以審已之受禪當天心與否也馬融云日月星皆以璿璣
玉衡度知其盈縮進退失政所在聖人謙讓猶不自安視璿璣
玉衡以驗齊日月五星行度知其政是與否重審已之事也上
天之體不可得知測天之事見於經者唯有此璿璣玉衡一事
而已蔡邕天文志云言天體者有三家一曰周髀二曰宣夜三
曰渾天宣夜絕無師說周髀術數具在考驗天象多所違失故
史官不用惟渾天者近得其情今史所用候臺銅儀則其法也
虞喜云宣明也夜幽也幽明之數其術兼之故曰宣夜但絕無
師說不知其狀如何周髀之術以爲天似覆盆蓋以斗極爲中
中高而四邊下日月旁行遶之日近而見之爲晝日遠而不見
爲夜渾天者以爲地在其中天周其外日月初登於天後入於
地晝則日在地上夜則日入地下王蕃渾天說曰天之形狀似
鳥卵天包地外猶卵之裹黃圓如彈丸故曰渾天言其形體渾
渾然也其術以爲天半覆地上半在地下其天居地上見有一
百八十二度半強地下亦然北極出地上三十六度南極入地
下亦三十六度而嵩高正當天之中極南五十五度當嵩高之
上又其南十二度爲夏至之日道又其南二十四度爲春秋分
之日道又其南二十四度爲冬至之日道南下去地三十一度

單疏卷三第六葉

蔡邕鄭玄陸績吳時王蕃晉世姜岌張衡葛洪皆論渾天之義並以渾說爲長江南宋元嘉年皮延宗又作是渾天論太史丞錢樂鑄銅作渾天儀傳於齊梁周平江陵遷其器於長安今在太史書矣衡長八尺璣徑八尺圓周二丈五尺强轉而望之有其法也　◯傳堯不至五帝　▲正義曰傳以既受終事又察璣衡方始祭於羣神是舜察天文考齊七政知己攝位而當於天心故行其天子之事也肆是繼緩之言此因前事而行後事故以肆爲遂祭法云有天下者祭百神徧祭羣神是天子事也也類謂攝位事類既知攝當天心遂以攝位事類告天帝也此類與下禋望相次當爲祭名詩云是類是禡周禮肆師云類造上帝王制云天子將出類乎上帝所言類者皆是祭天之事言以事類而祭也周禮小宗伯云天地之大裁類社稷則爲位是類之爲祭所及者廣而傳之類謂攝位事類者以攝位而告祭故類爲祭名周禮司服云王祀昊天上帝則服大裘而冕祀五帝亦如之是昊天外更有五帝上帝可以兼之故以告天及五帝也鄭玄篤信讖緯以爲昊天上帝謂天皇大帝北辰之星也五帝謂靈威仰等太微宮中有五帝座星是也如鄭之言天神有六也家語云季康子問五帝之名孔子曰天有五行金木水火土分時化育以成萬物其神謂之五帝王肅云五行之神助天理物者也孔意亦當然矣此經惟有祭天不言祭地及社稷必皆祭之但史略文耳　◯傳精意至攝告　▲正義曰國語云精意以享禋也釋詁云禋祭也孫炎曰禋絜敬之祭也周禮大宗伯云以禋祀祀昊天上帝以實柴祀日月星辰以槱燎祀司中司命風師雨師鄭云禋之言煙周人尚臭煙氣之臭聞者也鄭以禋祀之文在燎柴之上故以禋爲此解耳而洛誥云秬鬯二卣曰明禋又曰禋于文

楊本卷三第九葉

說已是夏至日北去極六十七度春秋分去極九十一度冬至去極一百一十五度此其大率也其南北極持其兩端其天與日月星宿斜而迴轉此必古有其法遭秦而滅揚子法言云或問渾天曰落下閎營之鮮于妄人度之耿中丞象之幾乎幾乎莫之能違也是揚雄之意以渾天而問之也閎與妄人武帝時人宣帝時司農中丞耿壽昌始鑄銅爲之象史官施用焉後漢張衡作靈憲以說其狀蔡邕鄭玄陸績吳時王蕃晉世姜岌張衡葛洪皆論渾天之義並以渾說爲長江南宋元嘉年皮延宗又作是渾天論太史丞錢樂鑄銅作渾天儀傳於齊梁周平江陵遷其器於長安今在太史書矣衡長八尺璣徑八尺圓周二丈五尺强轉而望之有其法也

傳堯不至五帝

正義曰傳以既受終事又察璣衡方始祭於羣神是舜察天文考齊七政知己攝位而當於天心故行其天子之事也祭法云有天下者祭百神徧祭羣神是天子事也肆是繼緩之言此前事而行後事故以肆爲遂也類謂攝位事類既知攝當天心遂以攝位事類告天帝也此類與下禋望相次當爲祭名詩云是類是禡周禮肆師云類造上帝王制云天子將出類乎上帝所言類者皆是祭天之事言以事類而祭也周禮小宗伯云天地之大裁類社稷則爲位是類之爲祭所及者廣而傳之類謂攝位事類者以攝位而告祭故類爲祭名周禮司服云王祀昊天上帝則服大裘而冕祀五帝亦如之是昊天外更有五帝上帝可以兼之故以告天及五帝也鄭玄篤信讖緯以爲昊天上帝謂天皇大帝北辰之星也五帝謂靈威仰等太微宮中有五帝座星是也如鄭之言天神有六也家語云季康子問五帝之名孔子曰天有五行金木水火土分時化育以成萬物其神謂之五帝王肅云五行之神助天理物者也孔意亦當然矣此經惟有祭天不言祭地及社稷必皆祭之但史略文耳

傳精意至攝告

正義曰國語云精意以享禋也釋詁云禋祭也孫炎曰禋絜敬

單疏卷三第七葉

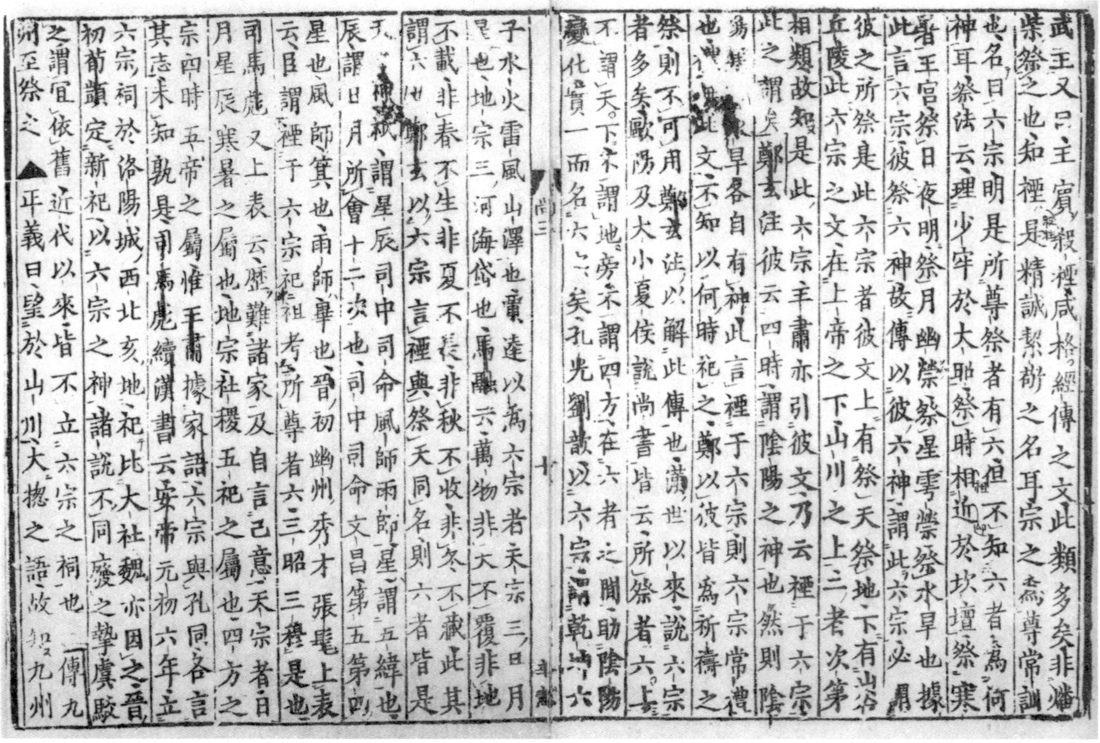

武王又曰王賓殺禋咸格經傳之文此類多矣非燔柴祭之也知禋是精誠絜敬之名耳宗之爲尊常訓也名曰六宗明是所尊祭者有六但不知六者爲何神耳祭法云埋少牢於太昭祭時相近於坎壇祭寒暑王宮祭日夜明祭月幽禜祭星雩禜祭水旱也據此言六宗彼祭六神故傳以彼六神謂此六宗必謂彼之所祭是此六宗者彼文上有祭天祭地下有山谷丘陵此六宗之文在上帝之下山川之上二者次第相類故知是此六宗王肅亦引彼文乃云禋于六宗此之謂矣鄭玄注彼云四時謂陰陽之神也然則陰陽寒暑水旱各自有神此言禋于六宗則六宗常禮也禮無此文不知以何時祀之鄭以彼皆爲祈禱之祭則不可用鄭玄注以解此傳也漢世以來說六宗者多矣歐陽及大小夏侯說尚書皆云所祭者六上不謂天下不謂地旁不謂四方在六者之間助陰陽變化實一而名六宗矣孔光劉歆以六宗謂乾坤六子水火雷風山澤也賈逵以爲六宗者天宗三日月星也地宗三河海岱也馬融云萬物非天不覆非地不載非春不生非夏不長非秋不收非冬不藏此其謂六也鄭玄以六宗言禋與祭天同名則六者皆是天之神祇謂星辰司中司命風師雨師星謂五緯也辰謂日月所會十二次也司中司命文昌第五第四星也風師箕也雨師畢也晉初幽州秀才張髦上表云臣謂禋于六宗祀祖考所尊者六三昭三穆是也司馬彪又上表云歷難諸家及自言已意天宗者日月星辰寒暑之屬也地宗社稷五祀之屬也四方之宗四時五帝之屬惟王肅據家語六宗與孔同各言其志未知孰是司馬彪續漢書云安帝元初六年立六宗祠於洛陽城西北亥地祀比大社魏亦因之晉初荀顗定新祀以六宗之神諸說不同廢之摯虞駁之謂宜依舊近代以來皆不立六宗之祠也傳九州至祭之▲正義曰望於山川大揔之語故知九州

楊本卷三第十葉

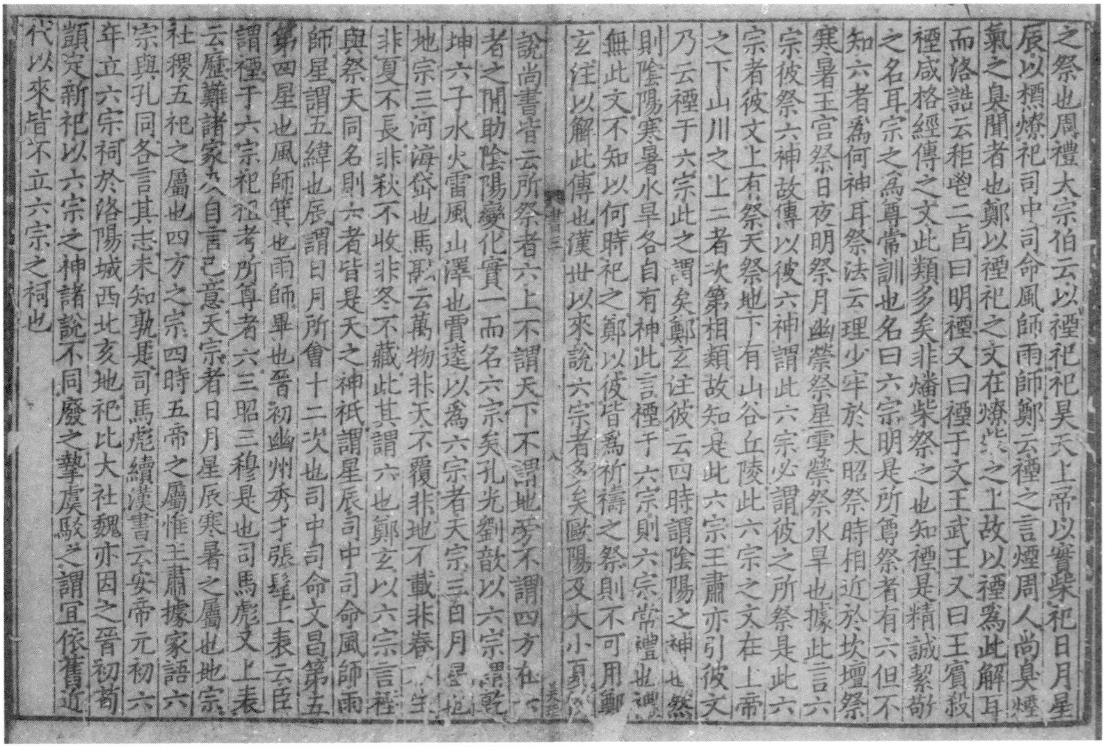

之祭也周禮大宗伯云以禋祀祀昊天上帝以實柴祀日月星辰以槱燎祀司中司命風師雨師鄭云禋之言煙周人尚臭煙氣之臭聞者也鄭以禋祀之文在燎柴之上故以禋爲此解耳而洛誥云秬鬯二卣曰明禋又曰禋于文王武王又曰王賓殺禋咸格經傳之文此類多矣非燔柴祭之也知禋是精誠絜敬之名耳宗之爲尊常訓也名曰六宗明是所尊祭者有六但不知六者爲何神耳祭法云埋少牢於太昭祭時相近於坎壇祭寒暑王宮祭日夜明祭月幽禜祭星雩禜祭水旱也據此言六宗彼祭六神故傳以彼六神謂此六宗必謂彼之所祭是此六宗者彼文上有祭天祭地下有山谷丘陵此六宗之文在上帝之下山川之上二者次第相類故知是此六宗王肅亦引彼文乃云禋于六宗此之謂矣鄭玄注彼云四時謂陰陽之神也然則陰陽寒暑水旱各自有神此言禋于六宗則六宗常禮也禮無此文不知以何時祀之鄭以彼皆爲祈禱之祭則不可用鄭玄注以解此傳也漢世以來說六宗者多矣歐陽及大小夏侯說尚書皆云所祭者六上不謂天下不謂地旁不謂四方在六者之間助陰陽變化實一而名六宗矣孔光劉歆以六宗謂乾坤六子水火雷風山澤也賈逵以爲六宗者天宗三日月星也地宗三河海岱也馬融云萬物非天不覆非地不載非春不生非夏不長非秋不收非冬不藏此其謂六也鄭玄以六宗言禋與祭天同名則六者皆是天之神祇謂星辰司中司命風師雨師星謂五緯也辰謂日月所會十二次也司中司命文昌第五第四星也風師箕也雨師畢也晉初幽州秀才張髦上表云臣謂禋于六宗祀祖考所尊者六三昭三穆是也司馬彪又上表云歷難諸家及自言已意天宗者日月星辰寒暑之屬也地宗社稷五祀之屬也四方之宗四時五帝之屬惟王肅據家語六宗與孔同各言其志未知孰是司馬彪續漢書云安帝元初六年立六宗祠於洛陽城西北亥地祀比大社魏亦因之晉初荀顗定新祀以六宗之神諸說不同廢之摯虞駁之謂宜依舊近代以來皆不立六宗之祠也

單疏卷三第八葉

之內所有名山大川五岳四瀆之屬皆一時望祭之
也王制云名山大川不以封山川大乃有名是名大
互言之耳釋山云泰山爲東嶽華山爲西嶽霍山爲
南嶽恒山爲北嶽嵩高山爲中嶽白虎通云岳者何
桷也桷考功德也應劭風俗通云岳者桷考功德黜
陟也然則四方方有一大山天子巡守至其下桷考
諸侯功德而黜陟之故謂之岳釋水云江河淮濟爲
四瀆四瀆者發源注海者也釋名云瀆獨也各獨出
其水而入海也岳是名山瀆是大川故先言名山大
川又舉岳瀆以見之岳瀆之外猶有名山大川故言
之屬以包之周禮大司樂云四鎮五嶽崩令去樂鄭
云四鎮山之重大者謂揚州之會稽山青州之沂山
幽州之醫無閭山冀州之霍山是五岳之外名山也周
禮職方氏每州云其川其浸若雍州云其川涇汭其
浸渭洛如此之類是四瀆之外大川也言徧于羣神
則神無不徧故羣神謂丘陵墳衍古之聖賢皆祭之
周禮大司樂云凡六樂者一變而致川澤之示再變
而致山林之示三變而致丘陵之示四變而致墳衍
之示鄭玄大司徒注云積石曰山竹木曰林注瀆曰
川水鍾曰澤土高曰丘大阜曰陵水崖曰墳下平曰
衍此傳舉丘陵墳衍則林澤亦包之矣古之聖賢謂
祭法所云在祀典者黃帝顓頊句龍之類皆祭之也
傳輯斂至正始　▲正義曰覲見后君釋詁文釋言
云輯合也輯是合聚之義故爲斂也日月食盡謂之
既是既爲盡也釋言云班賦也孫炎曰謂布與也輯
是斂聚班爲散布故爲還也下云班瑞于羣后則知
輯者從羣后而斂之故云舜斂公侯伯子男之瑞圭
璧也周禮典瑞云公執桓圭侯執信圭伯執躬圭子
執穀璧男執蒲璧是圭璧爲五等之瑞諸侯執之以
爲王者瑞信故稱瑞也舜以朔日受終於文祖又徧
祭羣神及斂五瑞則入月以多日矣盡以正月中謂
從斂瑞以後至月末也乃日日見四岳及九州牧監

楊本卷三第十一葉

傳九州至祭之
正義曰望於山川大揔之語故知九州之內所有名山大川五
岳四瀆之屬皆一時望祭之也王制云名山大川不以封山川
大乃有名是名大互言之耳釋山云泰山爲東嶽華山爲西嶽
霍山爲南嶽恒山爲北嶽嵩高山爲中嶽白虎通云岳者何桷
也桷考功德也應劭風俗通云岳者桷考功德黜陟也然則四
方方有一大山天子巡守至其下桷考諸侯功德而黜陟之故
謂之岳釋水云江河淮濟爲四瀆四瀆者發源注海者也釋名
云瀆獨也各獨出其水而入海也岳是名山瀆是大川故先言
名山大川又舉岳瀆以見之岳瀆之外猶有名山大川故言之
屬以包之周禮大司樂云四鎮五嶽崩令去樂鄭云四鎮山之
重大者謂揚州之會稽山青州之沂山幽州醫無閭山冀州
霍山是五岳之外名山也周禮職方氏每州云其川其浸若雍
州云其川涇汭其浸渭洛如此之類是四瀆之外大川也言徧
于羣神則神無不徧故羣神謂丘陵墳衍古之聖賢皆祭之周
禮大司樂云凡六樂者一變而致川澤之示再變而致山林之
示三變而致丘陵之示四變而致墳衍之示鄭玄大司徒注云
積石曰山竹木曰林注瀆曰川水鍾曰澤土高曰丘大阜曰陵
水崖曰墳下平曰衍此傳舉丘陵墳衍則林澤亦包之矣古之
聖賢謂祭法所云在祀典者黃帝顓頊句龍之類皆祭之也
傳輯斂至正始
正義曰覲見后君釋詁文釋言云輯合也輯是合聚之義故爲
斂也日月食盡謂之既是既爲盡也釋言云班賦也孫炎曰謂
布與也輯是斂聚班爲散布故爲還也下云班瑞于羣后則知
輯者從羣后而斂之故云舜斂公侯伯子男之瑞圭璧也周禮
典瑞云公執桓圭侯執信圭伯執躬圭子執穀璧男執蒲璧是
圭璧爲五等之瑞諸侯執之以爲王者瑞信故稱瑞也舜以朔
日受終於文祖又徧祭羣神及斂五瑞則入月以多日矣盡以
正月中謂從斂瑞以後至月末也乃日日見四岳及九州牧監
舜初攝位當發號出令日日見之與之言也州牧各監一州諸

單疏卷三第九葉

舜初攝位當發號出令日日見之與之言也州牧各
監一州諸侯故言監也更復還五瑞於諸侯者此瑞
本受於堯斂而又還之若言舜新付**歲二月東巡守**
之改爲舜臣與之正新君之始也
至于岱宗柴諸侯爲天子守土故稱守巡行之既班
瑞之明月乃順春東巡岱宗泰山爲四
岳所宗燔柴
祭天告至**望秩于山川**東岳諸侯境內名山大川
如其秩次望祭之謂五岳
牲禮視三公四瀆視
諸侯其餘視伯子男**肆覲東后**遂見東方
之國君**協時月正**
日同律度量衡合四時之氣節月之大小日之甲
乙使齊一也律法制及尺丈斛斗
斤兩皆
均同**修五禮五玉**修吉凶賓軍嘉之禮
五等諸侯執其玉**三帛二生**
一死贄三帛諸侯世子執纁公之孤執玄附庸之
君執黃二生卿執羔大夫執鴈一死士執
雉玉帛生死所
以爲贄以見之**如五器卒乃復**卒終復還也器謂圭
璧如五器禮終則還
之三帛生
死則否**五月南巡守至于南岳如岱禮**南岳衡
山自東
岳南巡
五月**八月西巡守至于西岳如初**西岳華山
初謂岱宗**十有**
一月朔巡守至于北岳如西禮北岳
恒山**歸格于藝祖**
用特巡守四岳然後歸告至文祖之
廟藝文也言祖則考著特一牛**五載一巡守羣**
后四朝各會朝于方岳之下凡四處故曰四朝將說
敷奏之事故申言之堯舜同道舜攝則然堯
又可
知**敷奏以言明試以功車服以庸**敷陳奏進也
諸侯四朝各
使陳進治禮之言明試其言以要其
功功成則賜車服以表顯其能用
［疏］歲二月至以
庸正義曰

舜既班瑞羣后即以其歲二月東行巡省守土之諸
侯至於岱宗之岳燔柴告至又望而以秩次祭於其
方岳山川柴望既畢遂以禮見東方諸侯諸國之君
於此諸國協其四時氣節月之大小正其日之甲乙
使之齊一均同其國之法制度之丈尺量之斛斗衡
之斤兩皆使齊同無輕重大小又修五禮吉凶賓軍
嘉之禮修五玉公侯伯子男所執之圭璧也又修三
帛諸侯世子公之孤附庸之君所執玄纁黃之帛也
又修二生卿所執羔大夫所執鴈也又修一死士所
執雉也自五玉至於一死皆蒙上修文摠言所用玉
帛生死皆爲贄以見天子也其贄之內如五玉之器
禮終乃復還之其帛與生死則不還也東岳禮畢即
向衡山五月南巡守至于南岳之下柴望以下一如
岱宗之禮南岳禮畢即向華山八月西巡守至于西
岳之下其禮如初時如岱宗所行西岳禮畢即向恒
山朔北也十有一月北巡守至于北岳之下如西
岳之禮巡守既周乃歸京師至於文祖之
廟用特牛之牲設祭以告巡守歸至也從是以後
每五載一巡守其巡守之年諸侯羣后四方各朝
天子於方岳之下其朝之時各使自陳進其所以
治化之言天子明試其言以考其功功成有驗則
賜之車服以表顯其有功能用事［疏］傳諸侯至岳
至　正義曰王者所爲巡守者以諸侯自專一國
威福在己恐其擁遏上命澤不下流故時自巡行
問民疾苦孟子稱晏子對齊景公云天子適諸侯
曰巡守巡守者巡所守也是言天子巡守主謂巡
行諸侯故言諸侯爲天子守土故稱守而往巡行
之定四年左傳祝鮀言衛國取相土之東都以會
王之東蒐是獮之名也王者因巡諸侯或亦獮
以教戰其守皆作狩白虎通云王者所以巡狩者
也巡者循也狩者收也爲天子循收養人故因名
以附說亦不如晏子之言得其本也　正月班瑞二月

即行故云既班瑞之明月乃順春東巡春位在東故
順春也爾雅泰山爲東岳此巡守至於岱岱之與泰
其山有二名也風俗通云泰山山之尊者一曰岱宗
岱始也宗長也萬物之始陰陽交代故爲五岳之長
是解岱即泰山爲四岳之宗稱岱宗也郊特牲云天
子適四方先柴是燔柴爲祭天告至也△傳東岳至
子男　△正義曰四時各至其方岳望祭其方岳山川
故云東[illegible]境内名山大川如其秩次望祭之也
言[illegible]次[illegible]徧於羣神故云五岳牲禮視三公四
瀆視諸侯其餘視伯子男也其尊卑所視王制及書
傳之文[illegible]禮二字孔增之也諸侯五等三公爲上等
諸[illegible]等伯子男爲下等則所言諸侯惟謂侯爵
[illegible]言所視[illegible]視其祭祀祭五岳如祭三公之禮
祭四瀆如祭諸侯之禮祭山川如祭伯子男之禮公
侯伯子男尊卑既有等級其祭禮必不同但古典亡
滅不可復知鄭玄注書傳云所視者謂其牲幣粢盛
籩豆爵獻之數案五等諸侯適天子皆膳用太牢禮
諸侯祭皆用太牢無上下之别又大行人云上公九
獻侯伯七獻子男五獻掌客上公饔餼九牢飧五牢
侯伯饔餼七牢飧四牢子男饔餼五牢飧三牢又上
公豆四十侯伯三十二子男二十四並伯與侯同又
鄭注禮器四望五獻據此諸文與孔傳王制不同者
掌客行人自是周法孔與王制先代之禮必知然者
以周禮[illegible]同公羊及左氏傳皆以公爲上伯子
男爲下[illegible]其異也△傳合四至均同△正義曰上篇
已訓協爲合故注即以合言之也他皆倣此周禮太
史云正歲年頒告朔於邦國則節氣晦朔皆天子頒
之猶恐諸侯國異或不齊同故因巡守而合和之節
是月初氣是月半也世本云容成作曆大撓作甲子
二人皆黄帝之臣蓋自黄帝已來始用甲子紀日每
六十日而甲子一周史記稱紂爲長夜之飲忘其日
辰恐諸侯或有此之類故須合日之甲乙也時也月

楊本卷三第十四葉

侯故言監也更復還五瑞於諸侯者此瑞本受於堯斂而又還
之若言舜新付之改爲舜臣與之正新君之始也
歲二月至以庸
正義曰舜既班瑞羣后即以其歲二月東行巡省守土之諸侯
至於岱宗之岳燔柴告至又望而以秩次祭於其方岳山川柴
望既畢遂以禮見東方諸侯諸國之君於此諸國協其四時氣
節月之大小正其日之甲乙使之齊一均同其國之法制度之丈
尺量之斛斗衡之斤兩皆使齊同無輕重大小又修五禮吉凶
賓軍嘉之禮修五玉公侯伯子男所執之圭璧也又修三帛諸
侯世子公之孤附庸之君所執玄纁黄之帛也又修二生卿所
執羔大夫所執鴈也又修一死士所執雉也自五玉至於一死
皆蒙上修文摠言所用玉帛生死皆爲贄以見天子也其贄之
内如五玉之器禮終乃復還之其帛與生死則不還也東岳禮
畢即向衡山五月南巡守至于南岳之下柴望以下一如岱宗
之禮南岳禮畢即向華山八月西巡守至于西岳之下其禮如
初時如岱宗所行西岳禮畢即向恒山朔北也十有一月北巡
守至于北岳之下一如西岳之禮巡守既周乃歸京師藝文祖
至於文祖之廟用特牛之牲設祭以告巡守歸至也從是以後
每五載一巡守其巡守之年諸侯羣后四方各朝天子於方岳
之下其朝之時各使自陳進其所以治化之言天子明試其言
以考其功功成有驗則賜之車服以表顯其有功能用事
傳諸侯至告至
正義曰王者所以巡守者以諸侯自專一國威福在已恐其擁
遏上命澤不下流故時自巡行問民疾苦孟子稱晏子對齊景
公云天子適諸侯曰巡守巡守者巡所守也是言天子巡守主
謂巡行諸侯故言諸侯爲天子守土故稱守而往巡行之定四
年左傳祝鮀言衞國取相土之東都以會王之東蒐蒐是獵之
名也王者因巡諸侯或亦獵以教戰其守皆作狩白虎通云王
者所以巡狩者也巡者循也狩者牧也爲天子循收養人彼因
名以附説不如晏子之言得其本也正月班瑞二月即行故云

單疏卷三第十葉

也。日也。三者皆當勘檢諸國使齊一也律者候氣之
管而度量衡三者法制皆出於律故云律法制也度
有丈尺量有斛斗衡有斤兩皆取法於律故孔解律
爲法制即云及尺丈斛斗斤兩皆均同之漢書律曆
志云度量衡出於黃鍾之律也度者分寸尺丈引所
以度長短也本起於黃鍾之管長以子穀秬黍中
者以一黍之廣度之千二百黍爲一分十分爲寸十
寸爲尺十尺爲丈十丈爲引而五度審矣量謂龠合
升斗[illegible]量多少也本起於黃鍾之龠以子穀秬
黍中者千有二百實爲一龠十龠爲合十合爲升十
升爲斗十斗爲斛而五量嘉矣權者銖兩斤鈞石所
以稱[illegible]知輕重也本起於黃鍾之龠一龠容千二百
黍[illegible]十二銖兩之爲兩十六兩爲斤三十斤爲鈞
四鈞爲石而五權謹矣權衡一物衡平也權重也稱
上謂之衡稱錘謂之權所從言之異耳如彼志文是
度量衡本起於律也時月言協日言正度量衡言同
者以時月須與他月和合故言協日有正與不正義
言正度量衡俱是民之所用恐不齊同故言同因事
宜而變名耳〇傳修吉至其王 ▲正義曰周禮大宗
伯以吉禮事邦國之鬼神示以凶禮哀邦國之憂
以賓禮親邦國以軍禮同邦國以嘉禮親萬民之昏
姻知五禮謂此也帝王之名既異古今之禮或殊而
以周之五禮爲此五禮者以帝王相承事有損益後
代之禮亦當是前代禮也且曆驗此經亦有五事此
篇類於上帝吉也如喪考妣凶也羣后四朝賓也大
禹謨云汝徂征軍也堯典云女于時嘉也五禮之事
並見於經知與後世不異也此云五玉即上文五瑞
故知五等諸侯執其玉也鄭玄云執之曰瑞陳列曰
玉〇傳諸侯至執黃 ▲正義曰周禮典命云凡諸侯
之適子誓於天子攝其君則下其君之禮一等未誓
則以皮帛繼子男之下公之孤四命以皮帛眡小國
之君是諸侯世子公之孤執帛也附庸雖則無文而

楊本卷三第十五葉

既班瑞之明月乃順春東巡春位在東故順春也爾雅泰山爲
東岳此巡守至於岱岱之與泰其山有二名也風俗通云泰山
山之尊者一曰岱宗岱始也宗長也萬物之始陰陽交代故爲
五岳之長是解岱即泰山爲四岳之宗稱岱宗也郊特牲云天
子適四方先柴是燔柴爲祭天告至也
傳東岳至子男
正義曰四時各至其方岳望祭其方岳山川故云東岳諸侯境
内名山大川如其秩次望祭之也言秩次而祭知徧於羣神故
云五岳牲禮視三公四瀆視諸侯其餘視伯子男也其尊卑所
視王制及書傳之文牲禮二字孔增之也諸侯五等三公爲上
等諸侯爲中等伯子男爲下等則所言諸侯惟謂侯爵者耳其
言所視蓋視其祭祀祭五岳如祭三公之禮祭四瀆如祭諸侯
之禮祭山川如祭伯子男之禮公侯伯子男尊卑既有等級其
祭禮必不同但古典亡滅不可復知鄭玄注書傳云所視者謂
其牲幣粢盛籩豆爵獻之數禁五等諸侯適天子皆膳用[illegible]
禮諸侯祭皆用大牢無上下之別又大行人云上公九獻侯伯
七獻子男五獻掌客上公饔餼九牢飧五牢侯伯饔餼七牢飧
四牢子男饔餼五牢飧三牢又上公豆四十侯伯三十二子男
二十四並伯與侯同又鄭注禮器四望五獻據此諸文與孔傳
王制不同者掌客行人自是周法孔與王制先代之禮必知然
者以周禮侯與伯同公羊及左氏傳皆以公爲上伯子男爲下
是其異也
傳合四至均同
正義曰上篇已訓協爲合故注即以合言之也他皆倣此周禮
大史云正歲年頒告朔於邦國則節氣晦朔皆天子頒之猶恐
諸侯國異或不齊同故因巡守而合和之節是月初氣是月半
也世本云容成作曆大撓作甲子二人皆黃帝之臣蓋自黃帝
已來始用甲子紀日每六十日而甲子一周史記稱紂爲長夜
之飲忘其日辰恐諸侯或有此之類故須合日之甲乙也時也
月也日也三者皆當勘檢諸國使齊一也律者候氣之管而度

單疏卷三第十一葉

爲南面之君是一國之主春秋時附庸之君適魯皆稱
來朝未有爵命不得執玉則亦繼小國之君同執帛
也經言三帛必有三色所云纁玄黃者孔時或有所
據未知出何書也王肅云三帛纁玄黃也附庸與諸
侯之適子公之孤執皮帛其執之色未詳聞或曰孤
執玄諸侯之適子執纁附庸執黃王肅之注尚書其
言多同孔傳周禮孤與世子皆執皮帛鄭玄云皮帛
者束帛而表之以皮爲之飾皮虎豹皮也此三帛不
言皮蓋于時未以皮爲飾　傳卿執至執雉　正義
曰此皆大宗伯文也鄭玄曰羔小羊取其羣而不失
其類也鴈取其候時而行也雉取其守介死不失節
也曲禮云飾羔鴈者以繢謂衣之以布而又畫之雉
執之無飾士相見之禮卿大夫飾贄以布不言繢此
諸侯之臣與天子之臣異也鄭之此言論周之禮耳
虞時每事猶質羔鴈不必有飾　傳玉帛至見之
正義曰曲禮云贄諸侯圭卿羔大夫鴈士雉雉不可
生知一死是雉二生是羔鴈也鄭玄云贄之言至所
執以自至也自五玉以下蒙上修文者執之使有常
也若不言贄則不知所用故言贄以結上文是玉帛
生死皆所以爲贄以見君與自相見其贄同也　傳
卒終至則否　正義曰卒終釋詁文釋言云還復返
也是還復同義故爲還也五器文在贄下則是贄內
之物周禮大宗伯云以玉作五器知器謂圭璧即五
玉是也如若也言諸侯贄之內若是五器禮終乃還
之如三帛生死則不還也聘義云以圭璋聘重禮也
已聘而還圭璋此輕財而重禮之義也聘義主於說
聘其朝禮亦然周禮司儀云諸公相見爲賓還圭如
將幣之儀是圭璧皆還之也士相見禮言大夫以下
見國君之禮云若他邦之人則使擯者還其贄己臣
皆不還其贄是三帛生死則否　傳南岳至月至
正義曰釋山云河南華河東岱河北恒江南衡李巡
云華西岳華山也岱東岳泰山也恒北岳恒山也衡

楊本卷三第十六葉

量衡王者法制皆出於律故云律法制也度有丈尺量有斛斗
衡有斤兩皆取法於律故孔解律爲法制即云及尺丈斛斗斤
兩皆均同之漢書律曆志云度量衡出於黃鍾之律也度者分
寸尺丈引所以度長短也本起於黃鍾之管長以子穀秬黍中
者以一黍之廣度之千二百黍爲一分十分爲寸十寸爲尺十
尺爲丈十丈爲引而五度審矣量謂龠合升斗斛所以量多少
也本起於黃鍾之龠以子穀秬黍中者千有二百實爲一龠十
龠爲合十合爲升十升爲斗十斗爲斛而五量嘉矣權者銖兩
斤鈞石所以稱物知輕重也本起於黃鍾之龠一龠容千二百
黍重十二銖兩銖之爲兩十六兩爲斤三十斤爲鈞四鈞爲石
而五權謹矣權衡一物衡平也權重也稱上謂之衡稱錘謂之
權所從言之異耳如彼志文是度量衡本起於律也時月言協
日言正度量衡言同者以時月須與他月和合故言協日有正
與不正故言正度量衡俱是民之所用恐不齊同故言同因
宜而變名耳
傳修吉至其玉
正義曰周禮大宗伯云以吉禮事邦國之鬼神示以凶禮哀邦
國之憂以賓禮親邦國以軍禮同邦國以嘉禮親萬民之昏姻
知五禮謂此也帝王之名既異古今之禮或殊而以周之五禮
爲此五禮者以帝王相承事有損益後代之禮亦當是前代禮
也且曆驗此經亦有五事此篇類於上帝吉也如喪考妣凶也
羣后四朝賓也大禹謨云汝徂征軍也堯典云女于時嘉也五
禮之事並見於經知與後世不異也此云五玉即上文五瑞故
知五等諸侯執其玉也鄭玄云執之曰瑞陳列曰玉
傳諸侯至執黃
正義曰周禮典命云凡諸侯之適子誓於天子攝其君則下其
君之禮一等未誓則以皮帛繼子男之下公之孤四命以皮帛
眡小國之君是諸侯世子公之孤執帛也附庸雖則無文而爲
南面之君是一國之主春秋時附庸之君適魯皆稱來朝未有
爵命不得執玉則亦繼小國之君同執帛也經言三帛必有三

單疏卷三第十二葉

南岳衡山也郭璞云恒山一名常山避漢文帝諱霍
山又云泰山為東岳華山為西岳霍山為南岳恒山
為北岳岱之與泰衡之與霍皆一山而有兩名也張
揖云天柱謂之霍山漢書地理志云天柱在廬江灊
縣則霍山在江北而與江南衡為一者郭璞爾雅注
云霍山今在廬江灊縣灊水出焉別名天柱山漢武
帝以衡山遼曠故移其神於此今其彼土俗人皆呼
之為南岳南岳本自以兩山為名非從近來也而學
者多以霍山不得為南岳又云漢武帝來始乃名之
即如此言謂武帝在爾雅前乎斯不然矣是解衡霍
二名之由也書傳多云五岳以嵩高為中岳此云四
岳者明巡守至於四岳故也風俗通云泰山山之尊
者一曰岱宗岱始也宗長也萬物之始陰陽交代故
為五岳之長王者受命恒封禪之衡山一名霍山言
萬物霍然大也華變也萬物變由西方也恒常也萬
物伏北方有常也二月至於岱宗不指岳名者巡守
之始故詳其文三時言岳名明岱亦是岳因事互而
互相見也四巡之後乃云歸格則是一出而周四岳
故知自東岳而即南行以五月至也王者順天道以
行人事故四時之月各當其時之中故以仲月至其
岳上云歲二月東巡守以二月始發者此四時巡守
之月皆以至岳為文東巡以二月至非發時也但舜
以正月有事正月即發行耳鄭玄以為每岳禮畢而
歸仲月乃復更去若如鄭言當於東巡之下即言歸
格後以如勑包之何當北巡之後始言歸乎且若來
而復去計程不得周徧此事不必然也其經南云如
岱禮西云如初北云如西禮者見四時之禮皆同互
文以明耳不巡中岳者蓋近京師有事必聞不慮枉
滯且諸侯分配四方無屬中岳故不須巡之也△朔巡
守▲正義曰釋訓云朔北方也故堯典及此與禹貢皆
以朔言北史變文耳〔傳巡守至一牛〕▲正義曰此承
四巡之下是巡守既徧然後歸也以上受終在文祖之廟

楊本卷三第十七葉

色所云纁玄黃者孔時或有所據未知出何書也王肅云三帛
纁玄黃也附庸與諸侯之適子公之孤執皮帛其執之色未詳
聞或曰孤執玄諸侯之適子執纁附庸執黃王肅之注尚書其
言多同孔傳周禮孤與世子皆執皮帛鄭玄云皮帛者束帛而
表之以皮為之飾皮虎豹皮也此三帛不言皮蓋于時未以皮
為飾
傳卿執至執雉
正義曰此皆大宗伯文也鄭玄曰羔小羊取其羣而不失其類
也鴈取其候時而行也雉取其守介死不失節也曲禮云飾羔
鴈者以繢謂衣之以布而又畫之雉執之無飾士相見之禮卿
大夫飾贄以布不言繢此諸侯之臣與天子之臣異也鄭之此
言論周之禮耳虞時每事猶質羔鴈不必有飾
傳玉帛至見之
正義曰曲禮云贄諸侯圭卿羔大夫鴈士雉雉不可生知一死
是雉二生是羔鴈也鄭玄云贄之言至所執以自至也自玉
以下蒙上修文者執之使有常也若不言贄則不知所用故言
贄以結上文見玉帛生死皆所以為贄以見君與自相見其贄
同也
傳卒終至則否
正義曰卒終釋詁文釋言云還復返也是還復同義故為還也
五器文在贄下則是贄內之物周禮大宗伯云以玉作五器知
器謂圭璧即五玉是也如若也言諸侯贄之內若是五器禮終
乃還之如三帛生死則不還也聘義云以圭璋聘重禮也已聘
而還圭璋此輕財而重禮之義也聘義主於說聘其朝禮亦然
周禮司儀云諸公相見為賓還圭如將幣之儀是圭璧皆還之
也士相見禮言大夫以下見國君之禮云若邦他之人則使擯
者還其贄曰臣皆不還其贄是三帛生死則否
傳南岳至月至
正義曰釋山云河南華河東岱河北恒江南衡李巡云華西岳
華山也岱東岳泰山也恒北岳恒山也衡南岳衡山也郭璞云

單疏卷三第十三葉

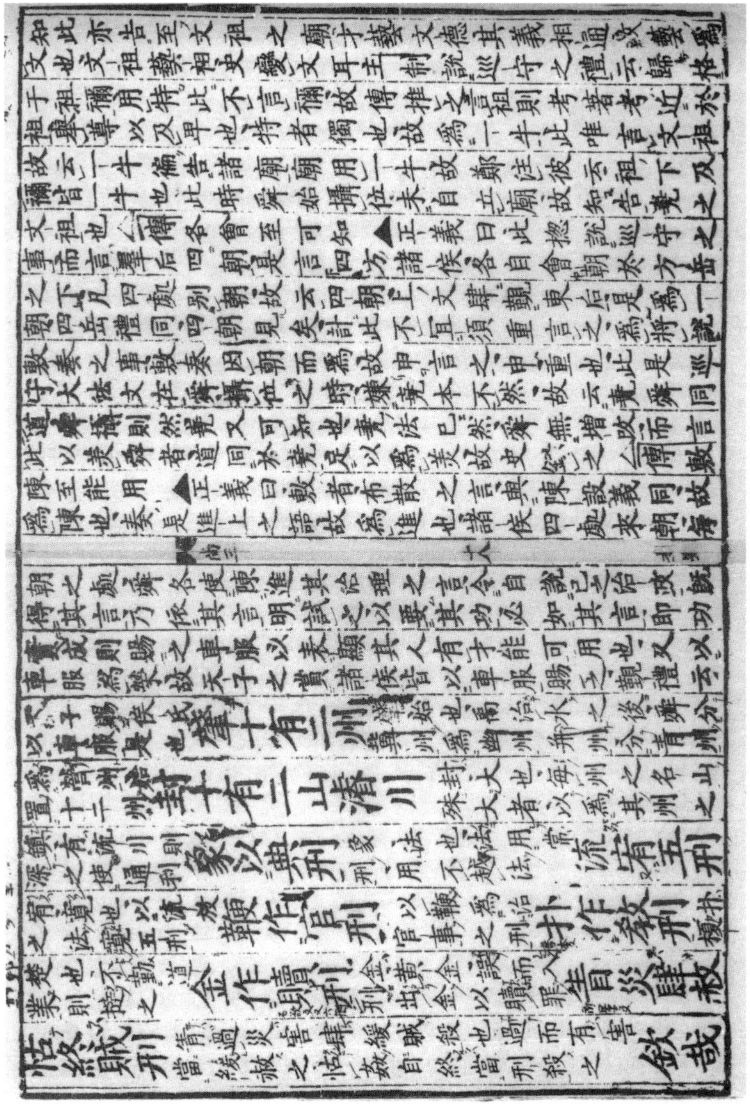

楊本卷三第十八葉

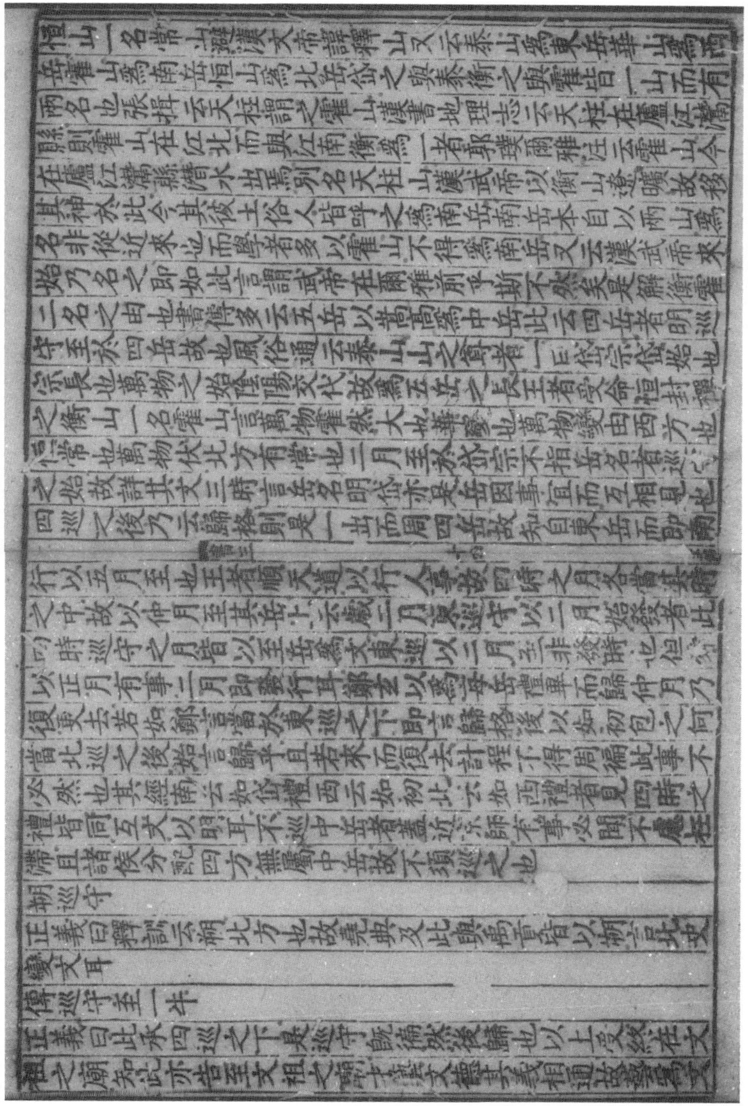

單疏卷三第十四葉

欽哉欽哉，惟刑之恤哉。流共工于幽州，放驩兜于崇山，竄三苗于三危，殛鯀于羽山，四罪而天下咸服。

楊本卷三第十九葉

單疏卷三第十五葉

徐梁周立州名必因於古知舜時當有幽幷職方幽
幷山川於禹貢皆冀州之域知分冀州之域爲之也爾
雅釋地九州之名於禹貢無梁青而有幽營云燕曰
幽州齊曰營州孫炎以爾雅之文與職方禹貢並皆
不同疑是殷制則營州亦有所因知舜時亦有營州
齊即青州之地知分青州爲之於此居攝之時始置
十有二州蓋終舜之世常然宣三年左傳云昔夏之
方有德也貢金九牧則禹登王位還置九州其名蓋
知禹貢其境界不可知也　傳封大至通利　正義
曰釋詁云冢大也舍人曰冢封之大也定四年左傳
云封豕長蛇相對是封爲大也周禮職方氏兗州皆
云其山鎮曰某山揚州會稽荊州衡山豫州華山雍
州吳山冀州霍山幷州恒山幽州醫無閭青州沂山
兗州岱山是周時九州之內最大之山舜時十有二
山事亦然也州內雖有多山取其最高大者以爲其
州之鎮特舉其名是殊大之也其有川無大無小皆
當深之故云濬川有流川則深之使通利也職方氏
兗州皆云其川其浸亦舉其州內大川但令小大俱
通不復舉其大者故直云濬之而已　傳象法至越
法　正義曰易繫辭云象也者象此者也又曰天垂
象聖人則之是象爲倣法故爲法也五刑雖有常法
所犯未必當條皆須原其本情然後斷決或情有差
降俱被重科或意有不同失出失入皆是違其常法
故令依法用其常刑用之使不越法也　傳宥寬至
五刑　正義曰宥寬周語文流謂徙之遠方放使生
活以流放之法寬縱五刑也此惟解以流寬五刑而
不解宥寬之意鄭玄云其輕者或流放之四罪是也
王肅云謂君不忍刑殺宥之以遠方然則知此是據
狀合刑而情差可恕全赦則太輕致刑即太重不忍
依例刑殺故完全其體宥之遠方應刑不刑是寬縱
之也上言典刑此言五刑者其法是常其數則五象
以典刑謂其刑之也流宥五刑謂其遠縱之也流言

楊本卷三第二十葉

勸念刑罰不使枉濫也又言舜非於攝位之後方始重愼刑罰
初於登用之日即用刑當其罪流徙共工於北裔之幽州放逐
驩兜於南裔之崇山竄三苗于西裔之三危誅殛伯鯀于東裔
之羽山行此四罪各得其實而天下皆服從之
傳肇始至二州
正義曰肇始釋詁文禹貢治水之時猶爲九州今始爲十二州
知禹治水之後也禹之治水通鯀九載爲作十有三載則舜攝
位元年九州始畢當是二年之後以境界太遠始別置之知分
冀州爲幽州幷州者以王者疆置理必相沿周禮職方氏九州
之名有幽幷無徐梁周立州名必因於古知舜時當有幽幷職
方幽幷山川於禹貢皆冀州之域知分冀州之域爲之也爾雅
釋地九州之名於禹貢無梁青而有幽營云燕曰幽州齊曰營
州孫炎以爾雅之文與職方禹貢並皆不同疑是殷制則營州
亦有所因知舜時亦有營州齊即青州之地知分青州爲之於
此居攝之時始置十有二州蓋終舜之世常然宣三年左傳云
昔夏之方有德也貢金九牧則禹登王位還置九州其名蓋
禹貢其境界不可知也
傳封大至通利
正義曰釋詁云冢大也舍人曰冢封之大也定四年左傳云封
豕長蛇相對是封爲大也周禮職方氏兗州皆云其山鎮曰某
山揚州會稽荊州衡山豫州華山雍州吳山冀州霍山幷州恒
山幽州醫無閭青州沂山兗州岱山是周時九州之內最大之
山舜時十有二山事亦然也州內雖有多山取其最高大者以
爲其州之鎮特舉其名是殊大之也其有川無大無小皆當深
之故云濬川有流川則深之使通利也職方氏兗州皆云其川
其浸亦舉其州內大川但令小大俱通不復舉其大者故直云
濬之而已
傳象法至越法
正義曰易繫辭云象也者象此者也又曰天垂象聖人則之是
象爲倣法故爲法也五刑雖有常法所犯未必當條皆須原其

單疏卷三第十六葉

五刑則典刑亦五其文互以相見王肅云言宥五刑則正五刑見矣是言二文相通之意也典刑是其身流宥離其鄉流放致罪爲輕此鞭爲重故次典刑之下先言流宥鞭扑雖輕猶虧其體比於出金贖罪文爲輕且以刑五罰雖主贖五刑其鞭扑之罪亦容輸贖故後言之此正刑五與流宥鞭扑俱有常法典字可以統之故發首言典刑也　傳以鞭至之刑▲正義曰此有鞭刑則用鞭久矣周禮滌狼氏誓大夫曰敢不關鞭五百左傳有鞭徒人費圉人犖是也子玉使鞭七人衛侯鞭師曹三百日來亦皆施用大隋造律方使廢之治官事之刑者言若於官事不治則鞭之蓋量狀加之未必有定數也　傳扑榎至撻之正義曰學記云榎楚二物以收其威鄭玄云榎稻也楚荆也二物可以扑撻犯禮者知扑是榎楚也既言以收其威知不勤道業則撻之益稷云撻以記之又大射鄉射皆云司馬搢扑則扑亦官刑惟言作教刑者官刑鞭扑俱用教刑惟扑而已故屬扑於教其實官刑亦當用扑蓋重者鞭之輕者撻之　傳金黃至贖罪▲正義曰此以金爲黃金吕刑其罰百鍰傳爲黃鐵俱是贖罪而金鐵不同者古之金銀銅鐵總號爲金別之四名耳釋器云黃金謂之盪白金謂之銀是黃金白銀俱名金也周禮考工記攻金之工築氏爲削冶氏爲殺矢鳧氏爲鍾㮚氏爲量段氏爲鎛桃氏爲劍其所爲者有銅有鐵是銅鐵俱名爲金則鐵名亦包鍚矣此傳黃金吕刑黃鐵皆是今之銅也古之贖罪者皆用銅漢始改用黃金但少其斤兩令與銅相敵故鄭玄駁異義言贖死罪千鍰鍰六兩大半兩爲四百一十六斤十兩大半兩銅與金贖死罪金三斤爲價相依附是古贖罪皆用銅也實謂銅而謂之金鐵知傳之所言謂銅爲金鐵耳漢及後魏贖罪皆用黃金後魏以金難得合金一兩收絹十匹今律乃復依古死罪贖銅一百二十斤於古稱爲三百六

楊本卷三第二十一葉

本情然然斷決或情有差降俱被重科或意有不同失出失入皆是違其常法故令依法用其常刑用之使不越法也

傳宥寬至五刑

正義曰寬宥周語文流謂徙之遠方放使生活以流放之法寬縱五刑也此惟解以流寬之刑而不解宥寬之意鄭玄云其輕者或流放之四罪是也王肅云謂君不忍刑殺宥之以遠方然則知此是據狀合刑而情差可恕全赦則太輕致刑即太重不忍依例刑殺故完全其體宥之遠方應刑不刑是寬縱之也上言典刑此言五刑者其法是常其數則五象以典刑謂其刑之也流宥五刑謂其遠縱之也流言五刑則典刑亦五其文互以相見王肅云言宥五刑則正五刑見矣是言二文相通之意也典刑是其身流宥離其鄉流放致罪爲輕此鞭爲重故次典刑之下先言流宥鞭扑雖輕猶虧其體比於出金贖罪又爲輕且以刑五罰雖主贖五刑其鞭扑之罪亦容輸贖故後言之此正刑五與流宥鞭扑俱有常法典字可以統之故發首言典刑也

傳以鞭至之刑

正義曰此有鞭刑則用鞭久矣周禮滌狼氏誓大夫曰敢不關鞭五百左傳有鞭徒人費圉人犖是也子玉使鞭七人衛侯鞭師曹三百日末亦皆施用大隋造律方使廢之治官事之刑者言若於官事不治則鞭之蓋量狀加之未必有定數也

傳扑榎至撻之

正義曰學記云榎楚二物以收其威鄭玄云榎稻也楚荆也二物可以扑撻犯禮者知扑是榎楚也既言以收其威知不勤道業則撻之益稷云撻以記之又大射鄉射皆云司馬搢扑則扑亦官刑惟言作教刑者官刑鞭扑俱用教刑惟扑而已故屬扑於教其實官刑亦當用扑蓋重者鞭之輕者撻之

傳金黃至贖罪

正義曰此以金爲黃金吕刑其罰百鍰傳爲黃鐵俱是贖罪而金鐵不同者古之金銀銅鐵總號爲金別之四名耳釋器云黃金謂之盪白金謂之銀是黃金白銀俱名金也周禮考工記攻

單疏卷三第十七葉

舜典第二　虞書

十斤孔以鍰爲六兩計千鍰爲三百七十五斤今
輕於古也誤而入罪出金以贖即律過失殺傷人各
依其狀以贖論是也呂刑所言疑赦乃罰者即今律
疑罪各從其實以贖論是也疑謂虛實之證等是非
之理均或事涉疑似旁無證見或雖有證見事非疑
似如此之類言皆爲疑罪疑而罰贖呂刑已明言誤
而輸贖於文不顯故此傳指言誤而入罪以解此贖
鞭扑加於人身可云扑作教刑金非加人之物而言
金作贖刑出金之與受扑俱是人之所患故得指其
所出以爲刑名　傳眚過至殺之　▲正義曰春秋言
肆眚者皆謂緩縱過失之人是肆爲緩也眚爲過也
公羊傳云眚害物曰災是爲害也宣二年左傳晉侯殺
趙盾使鉏麑賊之是賊爲殺也此經二句承上典刑
之下揔言用刑之要過而有害雖據狀合罪而原心
非故如此者當緩赦之小則恕之大則宥之上言流
宥贖刑是也怙恃姦詐欺罔時人以此自終無心改
悔如此者當刑殺之小者刑之大者殺之上言典刑
及鞭扑皆是也經言賊刑傳云刑殺不順經文者隨
便言之　傳舜陳至得中　▲正義曰此經二句舜之
言也不言舜曰以可知而略之舜既制此典刑又陳
典刑之義以勑天下百官使敬之哉敬之哉惟刑之
憂哉憂念此刑恐有濫失欲使得中也　傳象恭至
曰州　▲正義曰堯典言共工之行云靜言庸違象恭
滔天言貌象恭敬傲很戾天足以疑惑世人故流放
也左傳說此事言投諸四裔釋地云燕曰幽州知北
裔也水中可居者曰洲釋水文李巡曰四方有水中
央高獨可居故曰洲天地之勢四邊有水鄒衍書說
九州之外有瀛海環之是九州居水內故以州爲名
共在一洲之上分之爲九耳州取水內爲名故引爾
雅解州也投之四裔裔訓遠也當在九州之外而言於
幽州者在州境之北邊也禹貢羽山在徐州三危在
雍州故知北裔在幽州下三者所居皆言山名此[illegible]

楊本卷三第二十二葉

金之工築氏爲削治氏爲殺矢梟氏爲鐘㮚氏爲量段氏爲鎛
桃氏爲劍其所爲者有銅有鐵是銅鐵俱名爲金則鐵名亦包
銅矣此傳黃金呂刑黃鐵皆是今之銅也古之贖罪者皆用銅
漢始改用黃金但少其斤兩令與銅相敵故鄭玄駁異義言贖
死罪千鍰鍰六兩大半兩爲四百一十六斤十兩大半兩銅與
金贖死罪金三斤爲價相依附是古贖罪皆用銅也實謂銅而
謂之金鐵知傳之所言謂銅爲金鐵耳漢及後魏贖罪皆用黃
金後魏以金難得合金一兩收絹十匹今律乃復依古死罪贖
銅一百二十斤於古稱爲三百六十斤孔以鍰爲六兩計千鍰
爲三百七十五斤今贖輕於古也誤而入罪出金以贖即律過
失殺傷人各依其狀以贖論是也呂刑所言疑赦乃罰者即今
律疑罪各從其實以贖論是也疑謂虛實之證等是非之理均
或事涉疑似旁無證見或雖有證見事非疑似如此之類言皆
爲疑罪疑而罰贖呂刑已明言誤而輸贖於文不顯故此傳指
言誤而入罪以解此贖鞭扑加於人身可云扑作教刑金非加
人之物而言金作贖刑出金之與受扑俱是人之所患故得指
其所出以爲刑名
傳眚過至殺之
正義曰春秋言肆眚者皆謂緩縱過失之人是肆爲緩也眚爲
過也公羊傳云眚害物曰災是爲害也宣二年左傳晉侯殺趙盾
使鉏麑賊之是賊爲殺也此經二句承上典刑之下揔言用刑
之要過而有害雖據狀合罪而原心非故如此者當緩赦之小
則恕之大則宥之上言流宥贖刑是也怙恃姦詐欺罔時人以
此自終無心改悔如此者當刑殺之小者刑之大者殺之上言
典刑及鞭扑皆是也經言賊刑傳云刑殺不順經文者隨便言之
傳舜陳至得中
正義曰此經二句舜之言也不言舜曰以可知而略之舜既制
此典刑又陳典刑之義以勑天下百官使敬之哉敬之哉惟刑
之憂哉憂念此刑恐有濫失欲使得中也
傳象恭至曰州

單疏卷三第十八葉

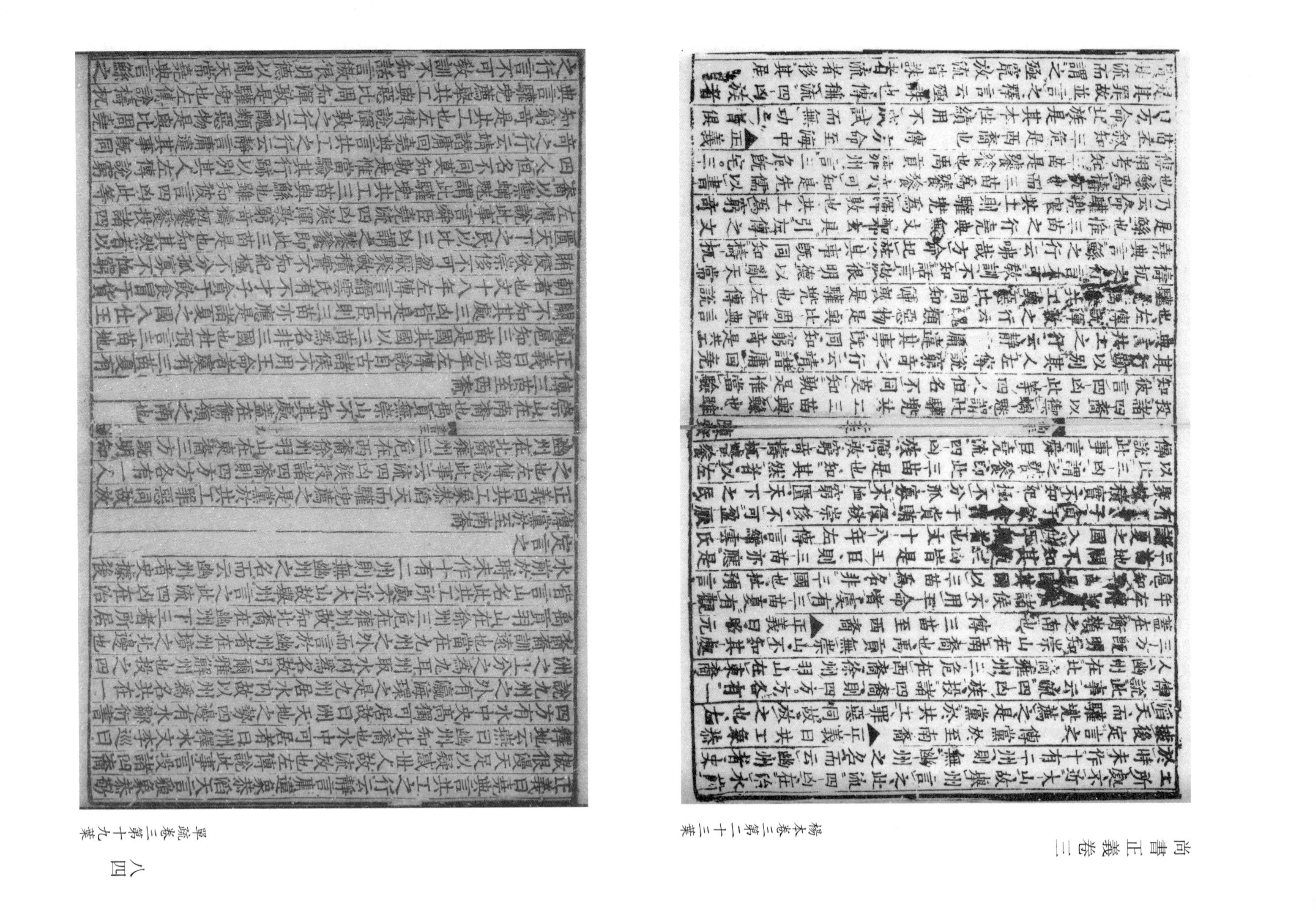

單疏卷三第十九葉

楊本卷三第二十三葉

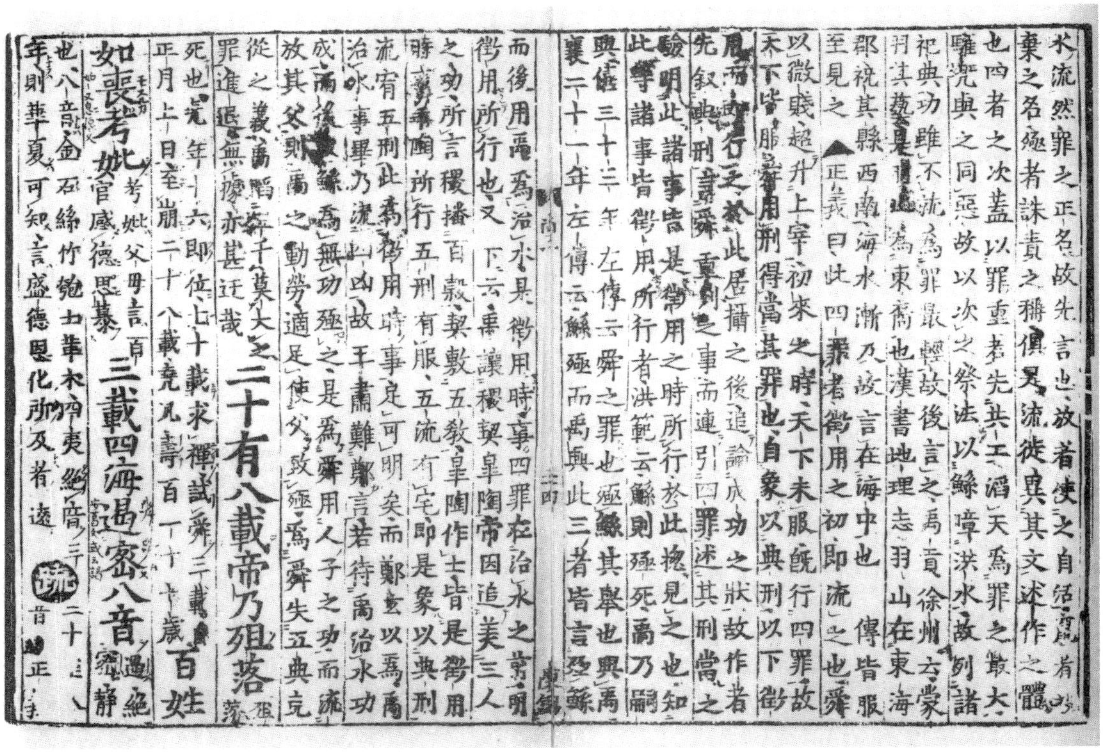
水流然罪之正名故先言也放者使之自活竄者
棄之名殛者誅責之稱俱是流徙異其文述作之體
也四者之次蓋以罪重者先共工滔天為罪之最大
驩兜與之同惡故以次之祭法以鯀障洪水故列諸
祀典功雖不就為罪最輕故後言之禹貢徐州云蒙
羽其藝是羽山為東裔也漢書地理志羽山在東海
郡祝其縣西南海水漸及故言在海中也　傳皆服
至見之　▲正義曰此四罪者徵用之初即流之也舜
以微賤超升上宰初來之時天下未服既行四罪故
天下皆服舜用刑得當其罪也自象以典刑以下徵
用而即行之於此居攝之後追論成功之狀故作者
先敘典刑言舜重刑之事而連引四罪述其刑當之
驗明此諸事皆是徵用之時所行於此總見之也知
此等諸事皆徵用所行者洪範云鯀則殛死禹乃嗣
興僖三十三年左傳云舜之罪也殛鯀其舉也興禹
襄二十一年左傳云鯀殛而禹興此三者皆言殛鯀
而後用禹為治水是徵用時事四罪在治水之前明
徵用所行也又下云禹讓稷契皋陶帝因追美三人
之功所言稷播百穀契敷五教皋陶作士皆是徵用
時事皋陶所行五刑有服五流有宅即是象以典刑
流宥五刑此為徵用時事足可明矣而鄭玄以為禹
治水事畢乃流四凶故王肅難鄭言若待禹治水功
成而後以鯀為無功殛之是為舜用人子之功而流
放其父則禹之勤勞適足使父致殛為舜失五典克
從之義禹陷於千載莫大之
罪進退無據亦甚迂哉
二十有八載帝乃殂落
殂落死也堯年十六即位七十載求禪試舜三載
自正月上日至崩二十八載堯凡壽百一十七歲
百姓
如喪考妣
考妣父母言百
姓感德思慕
三載四海遏密八音
遏絕密靜也八音金石絲竹匏土革木四夷絕音三
年則華夏可知言盛德恩化所及者遠
疏　二十…音　正

楊本卷三第二十四葉

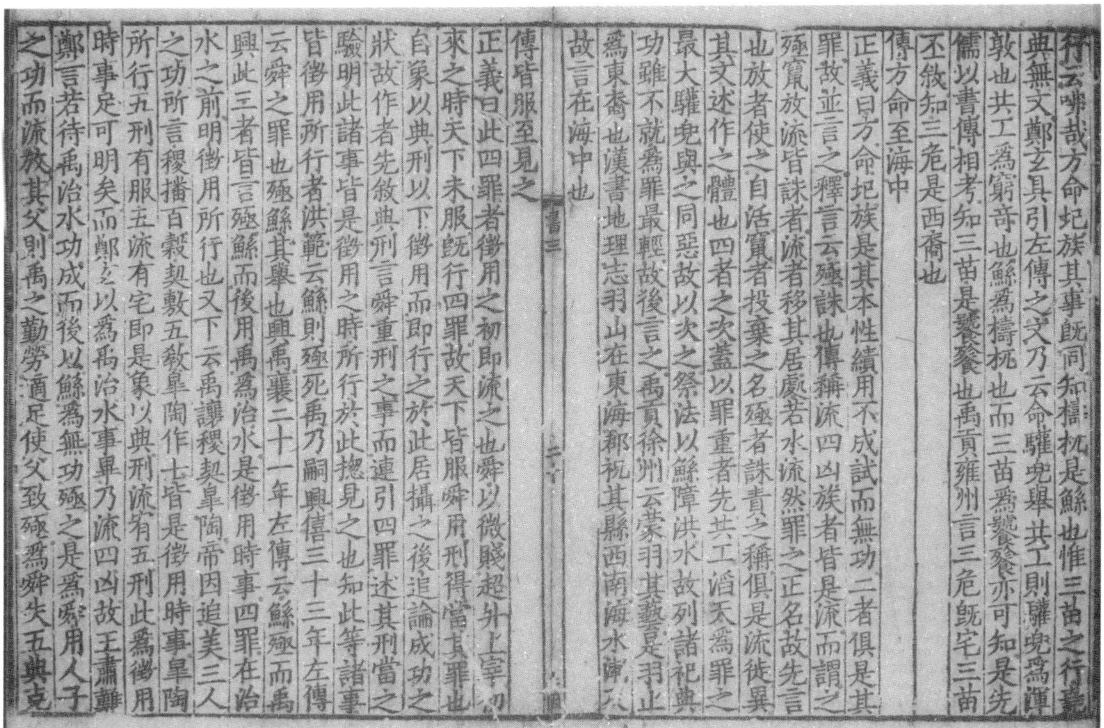
行云吁哉方命圮族其事既同知檮杌是鯀也惟三苗之行饕
典無文鄭玄具引左傳之文乃云命驩兜舉共工則驩兜為渾
敦也共工為窮奇也鯀為檮杌也而三苗為饕餮亦可知是先
儒以書傳相考知三苗是饕餮也禹貢雍州言三危既宅三苗
丕敘知三危是西裔也
傳方命至海中
正義曰方命圮族是其本性績用不成試而無功二者俱是其
罪故並言之釋言云殛誅也傳稱流四凶族者皆是流而謂之
殛竄放流皆誅者流者移其居處若水流然罪之正名故先言
也放者使之自活竄者投棄之名殛者誅責之稱俱是流徙異
其文述作之體也四者之次蓋以罪重者先共工滔天為罪之
最大驩兜與之同惡故以次之祭法以鯀障洪水故列諸祀典
功雖不就為罪最輕故後言之禹貢徐州云蒙羽其藝是羽山
為東裔也漢書地理志羽山在東海郡祝其縣西南海水漸及
故言在海中也
傳皆服至見之
正義曰此四罪者徵用之初即流之也舜以微賤超升上宰初
來之時天下未服既行四罪故天下皆服舜用刑得當其罪也
自象以典刑以下徵用而即行之於此居攝之後追論成功之
狀故作者先敘典刑言舜重刑之事而連引四罪述其刑當之
驗明此諸事皆是徵用之時所行於此總見之也知此等諸事
皆徵用所行者洪範云鯀則殛死禹乃嗣興僖三十三年左傳
云舜之罪也殛鯀其舉也興禹襄二十一年左傳云鯀殛而禹
興此三者皆言殛鯀而後用禹為治水是徵用時事四罪在治
水之前明徵用所行也又下云禹讓稷契皋陶帝因追美三人
之功所言稷播百穀契敷五教皋陶作士皆是徵用時事皋陶
所行五刑有服五流有宅即是象以典刑流宥五刑此為徵用
時事足可明矣而鄭玄以為禹治水事畢乃流四凶故王肅難
鄭言若待禹治水功成而後以鯀為無功殛之是為舜用人子
之功而流放其父則禹之勤勞適足使父致殛為舜失五典克

單疏卷三第二十葉

曰舜受終之後攝天子之事二十有八載帝堯乃
死百官感德思慕如喪考妣三載之內四海之人
蠻夷戎狄皆絕靜八音而不復作樂是堯盛德恩
化所及者遠也　傳殂落至七歲▲正義曰殂落
死也釋詁文李巡曰殂落堯死之稱郭璞曰古死
尊卑同稱故書堯曰殂落舜曰陟方乃死謂之殂
落者蓋殂爲往也言人命盡而往落者若草木葉
落也堯以十六即位明年乃爲元年七十載求禪
求禪之時八十六也試舜三年自正月上日至崩
二十八載摠計其數凡壽一百一十七歲案堯典
求禪之年即得舜而試之求禪試舜共在一年也
更得二年即爲歷試三年故下傳云歷試二年與
攝位二十八年合得爲三十在位故王肅云徵用
三載其一在徵用之年其餘二載與攝位二十八
年凡三十歲也故孔傳云歷試二年明其一年在
徵用之限以此計之惟有一百一十六歲不得有
七蓋誤爲七也　傳考妣至思慕▲正義曰曲禮
云生曰父母死曰考妣鄭玄云考成也言其德行
之成也妣之言媲也媲於考也喪服爲父爲君同
服斬衰檀弓說事君之禮云服勤至死方喪三年
鄭玄云方喪資於事父凡此以義爲制義重則恩
輕其情異於父如喪考妣言百官感德情同父母
思慕深也諸經傳言百姓或爲百官或爲萬民知此
百姓是百官者以喪服庶民爲天子齊衰三月畿
外之民無服不得如考妣故知百官也　傳遏絕
至者遠▲正義曰密靜釋詁文遏止絕之義故爲
絕也周禮大師云播之以八音金石土革絲木匏
竹鄭云金鐘鎛也石磬也土塤也革鼓鼗也絲琴
瑟也木柷敔也匏笙也竹管簫也傳言八音與彼
次不同者隨便言耳釋地云九夷八狄七戎六蠻
謂之四海夷狄尚絕音三年則華夏內國可知也
喪服諸侯之大夫爲天子正服繐衰既葬除之

楊本卷三第二十五葉

從之義禹陷三千莫大之罪進退無據亦甚迂哉
二十至八音
正義曰舜受終之後攝天子之事二十有八載帝堯乃死百官
感德思慕如喪考妣三載之內四海之人蠻夷戎狄皆絕靜八
音而不復作樂是堯盛德恩化所及者遠也
傳殂落至七歲
正義曰殂落死也釋詁文李巡曰殂落堯死之稱郭璞曰古死
尊卑同稱故書堯曰殂落舜曰陟方乃死謂之殂落者蓋殂爲
往也言人命盡而往落者若草木葉落也堯以十六即位明年
乃爲元年七十載求禪求禪之時八十六也試舜三年自正月
上日至崩二十八載摠計其數凡壽一百一十七歲案堯典求
禪之年即得舜而試之求禪試舜共在一年也更得二年即爲
歷試三年故下傳云歷試二年與攝位二十八年合得爲三十
在位故王肅云徵用三載其一在徵用之年其餘二載與攝位
二十八年凡三十歲也故孔傳云歷試二年明其一年在徵用
之限以此計之惟有一百一十六歲不得有七蓋誤爲七也
傳考妣至思慕
正義曰曲禮云生曰父母死曰考妣鄭玄云考成也言其德行
之成也妣之言媲也媲於考也喪服爲父爲君同服斬衰檀弓
說事君之禮云服勤至死方喪三年鄭玄云方喪資於事父凡
此以義爲制義重則恩輕其情異於父如喪考妣言百官感德
情同父母思慕深也諸經傳言百姓或爲百官或爲萬民知此
百姓是百官者以喪服庶民爲天子齊衰三月畿外之民無服
不得如考妣故知百官也
傳遏絕至者遠
正義曰密靜釋詁文遏止絕之義故爲絕也周禮太師云播之
以八音金石土革絲木匏竹鄭云金鐘鎛也石磬也土塤也革
鼓鼗也絲琴瑟也木柷敔也匏笙也竹管簫也傳言八音與彼
次不同者隨便言耳釋地云九夷八狄七戎六蠻謂之四海夷
狄尚絕音三年則華夏內國可知也喪服諸侯之大夫爲天子

單疏卷三第二十一葉

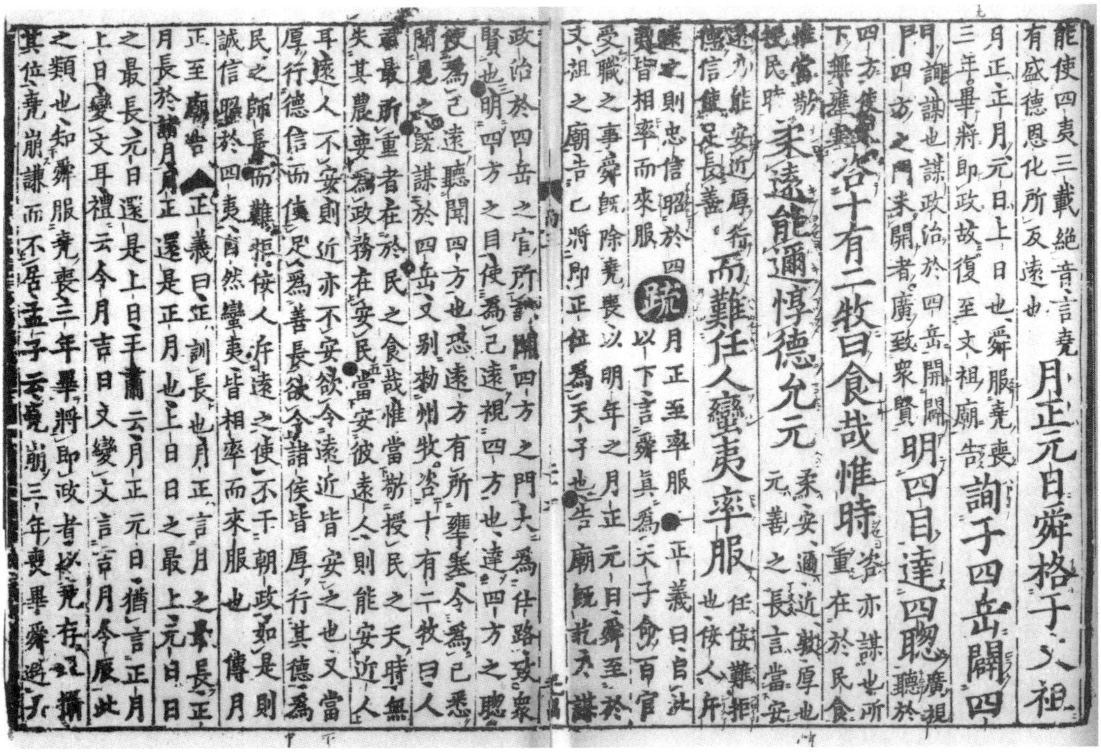
能使四夷三載絕音言堯有盛德恩化所及遠也
月正元日舜格于文祖 月正正月元日上日也舜服堯喪三年畢將即政故復至文祖廟告
詢于四岳闢四門 詢謀也謀政治於四岳開闢四方之門未開者廣致衆賢
明四目達四聰 廣視聽於四方使天下無壅塞
咨十有二牧曰食哉惟時 咨亦謀也所重在於民食惟當敬授民時
柔遠能邇惇德允元 柔安邇近敦厚也元善之長言當安遠乃能安近厚行德信使足長善
而難任人蠻夷率服 任佞難拒也佞人斥遠之則忠信昭於四夷皆相率而來服
疏 月正至率服 ○正義曰自此以下言舜眞爲天子命百官受職之事舜既除堯喪以明年之月正元日舜至於文祖之廟告已將即正位爲天子也告廟既訖乃謀
政治於四岳之官所謀開四方之門大爲仕路致衆
賢也明四方之目使爲己遠視四方也達四方之聰
使爲己遠聽聞四方也恐遠方有所擁塞令爲己悉
聞見之既謀於四岳又別勑州牧咨十有二牧曰人
君最所重者在於民之食哉惟當敬授民之天時無
失其農要爲政務在安民當安彼遠人則能安近人
耳遠人不安則近亦不安欲令遠近皆安之也又當
厚行德信而使足爲善長欲令諸侯皆厚行其德爲
民之師長而難拒佞人斥遠之使不干朝政如是則
誠信昭於四夷自然蠻夷皆相率而來服也　傳月
正至廟告 ○正義曰正訓長也月正言月之最長正
月長於諸月月正還是正月也上日日之最上元日
之最長元日還是上日王肅云月正元日猶言正月
上日變文耳禮云令月吉日又云吉月令辰此
之類也知舜服堯喪三年畢將即政者以堯存且攝
其位堯崩謙而不居孟子云堯崩三年喪畢舜避丹

楊本卷三第二十六葉

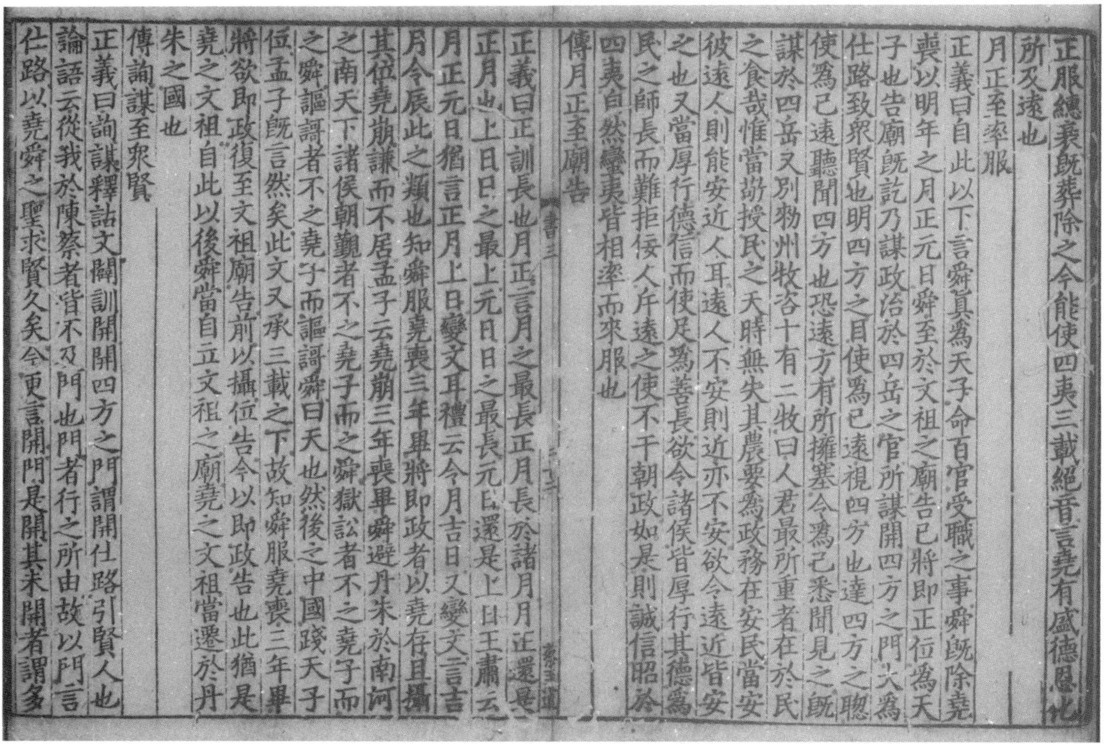
正服總喪既葬除之今能使四夷三載絕音言堯有盛德恩化
所及遠也
月正至率服
正義曰自此以下言舜眞爲天子命百官受職之事舜既除堯
喪以明年之月正元日舜至於文祖之廟告已將即正位爲天
子也告廟既訖乃謀政治於四岳之官所謀開四方之門大爲
仕路致衆賢也明四方之目使爲己遠視四方也達四方之聰
使爲己遠聽聞四方也恐遠方有所擁塞令爲己悉聞見之既
謀於四岳又別勑州牧咨十有二牧曰人君最所重者在於民
之食哉惟當敬授民之天時無失其農要爲政務在安民當安
彼遠人則能安近人耳遠人不安則近亦不安欲令遠近皆安
之也又當厚行德信而使足爲善長欲令諸侯皆厚行其德爲
民之師長而難拒佞人斥遠之使不干朝政如是則誠信昭於
四夷自然蠻夷皆相率而來服也
傳月正至廟告
正義曰正訓長也月正言月之最長正月長於諸月月正還是
正月也上日日之最上元日之最長元日還是上日王肅云
月正元日猶言正月上日變文耳禮云令月吉日又變文言吉
月令辰此之類也知舜服堯喪三年畢將即政者以堯存且攝
其位堯崩謙而不居孟子云堯崩三年喪畢舜避丹朱於南河
之南天下諸侯朝覲者不之堯子而之舜訟獄者不之堯子而
之舜謳謌者不之堯子而謳謌舜曰天也然後之中國踐天子
位孟子既言然矣此文又承三載之下故知舜服堯喪三年畢
將欲即政復至文祖廟告前以攝位告今以即政告也此猶是
堯之文祖自此以後舜當自立文祖之廟堯之文祖當遷於丹
朱之國也
傳詢謀至衆賢
正義曰詢謀釋詁文闢訓開開四方之門謂開仕路引賢人也
論語云從我於陳蔡者皆不及門也門者行之所由故以門言
仕路以堯舜之聖求賢久矣今更言開門是開其未開者謂多

單疏卷三第二十二葉

來於南河之南天下諸侯朝覲者不之堯子而之舜
獄訟者不之堯子而之舜謳歌者不之堯子而謳歌
舜曰天也夫然後之中國踐天子位孟子既言然矣此
文又承三載之下故知舜服堯喪三年畢將欲即政
復至文祖廟告前以攝位今以即政告也此猶是
堯之文祖自此以後舜當自立文祖之廟堯之文祖
當遷於丹朱之國也　傳詢謀至衆賢▲正義曰詢
謀釋詁文闢訓開開四方之門謂開仕路引賢人也
論語云從我於陳蔡者皆不及門也門者行之所由
故以門言仕路以堯舜之聖求賢久矣今更言開門
是開其未開者謂多設取士之科以此廣致衆賢也
傳廣視至壅塞▲正義曰聽謂耳聞之也既云明
四目不云聽四耳者目視苦其不明耳聽貴其及遠
明謂所見博達謂聽至遠二者互以相見故傳總申
其意廣視聽於四方使天下無壅塞天子之聞見在
下必由近臣四岳親近之官故與謀此事也　傳咨
亦至民時▲正義曰咨謀釋詁文以上帝曰咨上連
帝曰故爲咨嗟此則上有詢于四岳言咨十有二牧
故爲謀也立君所以牧民民生在於粒食是君之所
重論語云所重民食謂年穀也種殖收斂及時乃穫
故惟當敬授民時　傳柔安至長善　正義曰柔安
邇近惇厚皆釋詁文元善之長易文言也安近不能
安遠遠人或來擾亂雖欲安近近亦不安人君爲政
若其不能安近但戒使之柔遠故能安近言當安彼
遠人乃能安近欲令遠近皆安也王肅云能安遠者
先能安近知不然者以牧在遠方故據遠言之惇德
者令人君厚行德也允元者信使足爲長善也言人
君厚行德之與信使足爲善長民必效之爲善而行
也　傳任佞至來服▲正義曰任佞釋詁文□□云
似可任之佞也論語說爲邦之法云遠佞人□殆
故以難距佞人爲斥遠之令不干朝□朝□□則
忠信昭於四夷皆相率而來服也舉蠻夷□□□亦

設取士之科以此廣致衆賢也
傳廣視至壅塞
正義曰聽謂耳聞之也既云明四目不云聽四耳者目視苦其
不明耳聽貴其及遠明謂所見博達謂聽至遠二者互以相見
故傳總申其意廣視聽於四方使天下無壅塞天子之聞見在
下必由近臣四岳親近之官故與謀此事也
傳咨亦至民時
正義曰咨謀釋詁文以上帝曰咨上連帝曰故爲咨嗟此則上
有詢于四岳言咨十有二牧故爲謀也立君所以牧民民生在
於粒食是君之所重論語云所重民食謂年穀也種殖收斂及
時乃穫故惟當敬授民時
傳柔安至長善
正義曰柔安邇近惇厚皆釋詁文元善之長易文言也安近不
能安遠遠人或來擾亂雖欲安近近亦不安人君爲政若其不
能安近但戒使之柔遠故能安近言當安彼遠人乃能安近欲
令遠近皆安也王肅云能安遠者先能安近知不然者以牧在
遠方故據遠言之惇德者令人君厚行德也允元者信使足爲
長善也言人君厚行德之與信使足爲善長民必效之爲善而
行也
傳任佞至來服
正義曰任佞釋詁文孫炎云似可任之佞也論語說爲邦之法
云遠佞人佞人殆故以難距佞人爲斥遠之令不干朝政朝無
佞人則忠信昭於四夷皆相率而來服也舉蠻夷而戎狄亦見矣
舜曰至往哉
正義曰舜本以百揆攝位今既即政故求置其官曰咨嗟四岳
等汝於群臣之内有能起發其功廣大帝堯之事者我欲使之
居百揆之官在官而信立其功於事能順者其是誰乎四岳皆
曰伯禹作司空有成功惟此人可用帝曰然然其所舉得人也
乃咨嗟勑禹汝本平水土實有成功惟當居是百揆而勉力行
哉禹拜稽首讓于稷契與皋陶帝曰然然其所讓實賢也汝但

見矣 舜曰咨四岳有能奮庸熙帝之載 奮起庸功載事也訪
羣臣有能起發其功廣堯之事者言舜曰以別堯 使宅百揆亮采惠疇 亮信
惠順也求其人使居百揆之官信立其功順其事者誰乎 僉曰伯禹作司空 四岳同辭
而對禹代鯀爲崇伯入爲天子司空治洪水有成功言可用之 帝曰俞咨禹汝平
水土惟時懋哉 然其所舉稱禹前功以命之懋勉也惟居是百揆勉行之 禹拜
稽首讓于稷契暨皐陶 居稷官者棄也契皐陶二臣名稽首首至地
帝曰俞汝往哉 然其所推之賢不許其讓勑使往宅百揆 疏 舜曰至往哉
正義曰舜本以百揆攝位今既即政故求置其官曰咨嗟四岳等汝於羣臣之內有能起發其功廣大帝
堯之事者我欲使之居百揆之官在官而信立其功於事能順者其是誰乎四岳皆曰伯禹作司空有成
功惟此人可用帝曰然然其所舉得人也乃咨嗟勑禹汝本平水土實有成功惟當居是百揆而勉力行
哉禹拜稽首讓于稷契與皐陶帝曰然然其所讓實賢也汝但往居此職不許其讓也 傳奮起至別堯
正義曰奮是起動之意故爲起也釋詁云庸勞也勞亦功也鄭玄云載行也王肅云載成也孔以載爲事
也各自以意訓耳舜受堯禪當繼行其道行之在於任臣百揆臣之最貴求能起發其功廣大帝堯之事
者欲任之舜既即位可以稱帝而言舜曰者承堯事下言舜曰以別堯於此一別以下稱帝也 傳亮信
至誰乎 正義曰亮信釋詁文惠順釋言文上云舜納於百揆百揆是官名故求其人使居百揆之官居
官則當信立其功能順其事者誰乎此官任重當統羣職繼堯之功故歷言所順而後始問誰乎異於餘

楊本卷三第二十八葉

往居此職不許其讓也
傳奮起至別堯
正義曰奮是起動之意故爲起也釋詁云庸勞也勞亦功也鄭
玄云載行也王肅云載成也孔以載爲事也各自以意訓耳舜
受堯禪當繼行其道行之在於任臣百揆臣之最貴求能起發
其功廣大帝堯之事者欲任之舜既即位可以稱帝而言舜曰
者承堯事下言舜曰以別堯於此一別以下稱帝也
傳亮信至誰乎
正義曰亮信釋詁文惠順釋言文上云舜納於百揆百揆是官
名故求其人使居百揆之官居官則當信立其功能順其事者
誰乎此官任重當統羣職繼堯之功故歷言所順而後始問誰
乎異於餘官先言疇也
傳四岳至用之
正義曰僉訓爲皆故云四岳皆同辭而對也國語云有崇伯鯀
堯殛之於羽山賈逵云崇國名伯爵也禹代鯀爲崇伯入爲天
子司空以其伯爵故稱伯禹言人之賢而舉其爲官知禹治洪
水有成功言可用也
傳然其至行之
正義曰禹平水土往前之事嫌其今復命之令平水土故云稱
禹前功以命之懋勉釋詁文
傳居稷至首至地
正義曰下文帝述三人遂變稷爲棄故解之居稷官者棄也獨
稱官者出自禹意耳不必著義鄭云時天下賴后稷之功故以
官名通稱或當然也經因稷契名單其文言暨皐陶爲文勢耳
三人爲此次者蓋以官尊卑爲先後也周禮太祝辨九拜一曰
稽首稽首爲拜之極故爲首至地稽首是拜內之別名爲拜乃
稽首故云拜稽首也
帝曰棄至百穀
正義曰帝因禹讓三人而官不轉各述其功以勸之帝呼稷曰
棄往者洪水之時衆民之難在於飢汝君爲此稷之官教民

單疏卷三第二十四葉

帝曰：俞，咨禹！汝平水土，惟時懋哉！禹拜稽首，讓于稷、契暨皋陶。帝曰：俞，汝往哉！

帝曰：棄，黎民阻飢，汝后稷，播時百穀。

帝曰：契，百姓不親，五品不遜。汝作司徒，敬敷五教，在寬。

楊本卷三第二十九葉

單疏卷三第二十五葉

帝又呼契曰往者天下百姓不相親睦家内尊卑五品不能和順汝作司徒之官謹敬布其五常之教務在於寬故使五典克從是汝之功宜當勉之 傳五品至順也 ▲正義曰品謂品秩一家之内尊卑之差即父母兄弟子是也教之義慈友恭孝此事行乃爲五常耳傳上云五典克從即此五品能順上傳以解五典爲五常又解此以同之故云五品謂五常其實五常據教爲言不據品也遜順常訓也不順謂不義不慈不友不恭不孝也 傳布五至前功 ▲正義曰文十八年左傳云布五教於四方父義母慈兄友弟恭子孝是布五常之教也論語云寬則得衆故務在寬所以得民心也品不遜之罪宜峻法以繩之而貴務寬者此五品不遜直是禮教不行風俗未淳耳未有殺害之罪故教之務在於寬若其不孝不恭其人至於逆亂而後治之於事不得寬也

帝曰皐陶蠻夷猾夏寇賊姦宄猾亂也夏華夏羣行攻劫曰寇殺人曰賊在外曰姦在内曰宄言無教所致**汝作士五刑有服**士理官也五刑墨劓剕宮大辟服從也言得輕重之中正**五服三就**既從五刑謂服罪也行刑當就三處大罪於原野大夫於朝士於市**五流有宅五宅三居**謂不忍加刑則流放之若四凶者五刑之流各有所居五居之差有三等之居大罪四裔次九州之外次千里之外**惟明克允**言皐陶能明信五刑施之遠近蠻夷猾夏使咸信服無敢犯者因禹讓三臣故歷述之

疏　帝曰皐陶至克允 ●正義曰帝呼皐陶曰往者蠻夷戎狄猾亂華夏又有強寇劫賊外姦内宄者爲害甚大汝作士官治之皆能審得其情致之五刑之罪受罪者皆有服從之心言輕重得中悉無怨恨也 ●五刑有服從者於三處就而殺之 ●其有不忍刑其身者則斷爲五刑

楊本卷三第三十葉

輕重罪得其宜受罪無怨者惟汝識見之明能使之信服故美
邪之人無敢更犯是汝之功宜當勉之因禹之讓以次誡之
傳猾亂至之致
正義曰猾者狡猾相亂故猾爲亂也夏訓大也中國有文章光華禮義之大定十年左傳云裔不謀夏夷不亂華是中國爲華夏也寇者衆聚爲之賊者殺害之稱故羣行攻劫曰寇殺人曰賊成十七年左傳云亂在外爲姦在内爲宄是在外曰姦在内曰宄也寇賊姦宄皆是作亂害物之名也蠻夷猾夏與兵犯邊害大故先言之寇賊姦宄皆國内之害小故後言之管子曰倉廩實知禮節衣食足知榮辱讓生於有餘爭生於不足往者洪水爲災下民飢困内有寇賊爲害外則四夷犯邊皆言無教之致也唐堯之聖協和萬邦不應末年頓至於此蓋少有其事辭頗增甚歸功於人作與奪之勢耳
傳士理至中正
正義曰士即周禮司寇之屬有士師鄉士等皆以士爲官名鄭玄云士察也主察獄訟之事月令云命大理昭十四年左傳云叔魚攝理是謂獄官爲理官也準呂刑文知五刑謂墨劓剕宮大辟也人心服罪是順從之義故爲從也所以服者言得輕重之中正也呂刑云咸庶中正是也
傳既從至於市
正義曰經言五服謂皐陶所斷五刑皆服其罪傳既訓服爲從故云既從五刑謂服罪也行刑當就三處惟謂大辟罪耳魯語云刑五而已無有隱者大刑用甲兵次刑斧鉞中刑刀鋸其次鑽筰薄刑鞭扑以威民故大者陳之原野小者致之市朝五刑三次是無隱也孔用彼爲說故以三就爲原野與朝市也國語賈逵注云用兵甲者諸侯逆命征討之刑也大夫已上於朝士已下於市傳雖不言已上已下爲義亦當然也國語云五刑者謂甲兵也斧鉞也刀鋸也鑽筰也鞭扑也與呂刑之五刑異也所言三次即此三就是也惟死罪當分就處所其墨劓剕宮皆常處可就也馬鄭王三家皆以三就爲原野也市朝也甸師氏

單疏卷三第二十六葉

流放之五刑之流各有所居居處五刑所居於三處
之所以輕重罪得其宜受罪無怨者惟汝識見之明
能使之信服故姦邪之人無敢更犯是汝之功宜當
勉之因禹之讓以次誡之　傳猾亂至之致　▲正義
曰猾者狡猾相亂故猾爲亂也夏訓大也中國有文
章光華禮義之大定十年左傳云裔不謀夏夷不亂
華是中國爲華夏也寇者衆聚爲之賊者殺害之稱
故羣行攻劫曰寇殺人曰賊成十七年左傳云亂在
外爲姦在内爲宄是在外曰姦在内曰宄也寇賊姦
宄皆是作亂害物之名也蠻夷猾夏與兵犯邊害大
故先言之寇賊姦宄皆國内之害小故後言之管子
云倉廩實知禮節衣食足知榮辱讓生於有餘爭生
於不足往者洪水爲災下民飢困内有寇賊爲害外
則四夷犯邊皆言無教之致也帝堯之聖協和萬邦
不應末年頓至於此蓋少有其事辭頗增甚歸功於
人作與奪之勢耳　傳士理至中正　▲正義曰士即
周禮司寇之屬有士師鄉士等官以士爲官名鄭玄
云士察也主察獄訟之事月令云命大理昭十四年
左傳云叔魚攝理是謂獄官爲理官也准呂刑文知
五刑謂墨劓剕宮大辟也不必服罪是順從之義故
爲從也所以服者言得輕重之中正也呂刑云咸庶
中正是也　傳既從至於市　▲正義曰經言五服謂
皐陶所斷五刑皆服其罪傳既訓服爲從故云既從
五刑謂服罪也行刑當就三處惟謂大辟罪耳魯語
云刑五而已無有隱者大刑用甲兵次刑斧鉞中刑
刀鋸其次鑽笮薄刑鞭扑以威民故大者陳之原野
小者致之市朝五刑三次是無隱也孔用彼爲說故
以三就爲原野與朝市也國語賈逵注云用兵甲者
諸侯逆命征討之刑也大夫已上於朝士已下於市
傳雖不言已上已下爲義亦當然也國語云五刑者
謂甲兵也斧鉞也刀鋸也鑽笮也鞭扑也與呂刑之
五刑異也所言三次即此三就是也惟死罪當分

也案刑於甸師氏者王之同族刑於隱者不與國人慮兄弟耳
非所刑之正處此言正刑不當數甸師也又市朝異所不得合
以爲一且皆國語之文其義不可通也
傳謂不至之外
正義曰此五流有宅即流有五刑也當在五刑而流放之故知
謂不忍加刑則流放之若四凶也鄭玄云舜不刑此四人者以
爲堯臣不忍刑之王肅云謂在八議之辟君不忍殺宥之以遠
八議者周禮小司寇所云議親議故議賢議能議貴議賓議功
議勤是也以君恩不忍殺罪重不可全赦故流之也五刑之流
各有所居謂徙置有處也五居之差有三等之居量其罪狀爲
遠近之差也四裔最遠在四海之表故大罪四裔謂本犯死罪
也故周禮調人職云父之讎辟諸海外即與四裔爲一也次九
州之外即王制云入學不率教者屛之遠方西方曰棘東方曰
寄注云偪寄於夷狄也與此九州之外同也次千里之外者即
調人職云兄弟之讎辟諸千里之外也立政云中國之外不同
者言中國者據罪人所居之國定千里也據其遠近其實一也
周禮與王制既有三處之別故約以爲言鄭玄云三處者自九
州之外至於四海三分其地遠近若周之夷鎮蕃也然罪有輕
重不同豈五百里之校乎不可從也
傳言皐至述之
正義曰惟明謂皐陶之明克允謂受罪者信服故王肅云惟明
其罪能使之信服是信施於彼也但彼人信服由皐陶有信故
傳言皐陶能明信五刑施之遠近蠻夷使咸信服主言信者見
其皐陶有信故彼信之也
傳問誰至臣名
正義曰考工記云國有六職百工與居一焉工即百工故云問
誰能順我百工事者直言帝曰無所偏咨故知僉曰是朝臣共
舉垂也
傳共謂供其職事
正義曰堯典傳云共工官稱即彼以共工二字爲官名上云疇

處所其墨劓剕宮無常處可就也鄭玄三家皆[illegible]
三就爲原野也市朝也甸師氏也案刑於甸師氏者
王之同族刑於隱者不與國人慮兄弟耳非所刑之
正處此言正刑不當數甸師也又市朝異所不得合
以爲一且皆國語之文其義不可通也　傳謂不忍
之外　▲正義曰此五流有宅即宥也當在五
刑而流放之故知謂不忍加刑則流放之若　凶也
鄭玄云舜不刑此四人者以爲[illegible]耳不忍刑
云謂在八議之辟君不忍殺宥之以遠八議者周禮
小司寇所云議親議故議賢議能議貴議賓議功議
勤是也以君恩不忍殺罪重不可全赦故流之也五
刑之流各有所居謂從罪有處也五居之差有三等
之居量其罪狀爲遠近之差也四裔最遠在四海之
表故大罪四裔謂不犯死罪也故周禮調人職云父
之讎辟者海外即與四裔爲一也次九州之外即王
制云不變[illegible]者屏之遠方西方曰棘東方曰寄
注云偏守一夷也與此九州之外同也次千里之
外者即調人職云兄弟之讎辟諸千里之外也立政
云中國之外不同言中國者據人所居之國定
千里也據其遠近其實一也周禮與王制既有三處
之別故約以爲言鄭玄云三處者自九州之外至於
四海三分其地遠近若周之夷鎮蕃也然罪有輕重
不同豈五百里之校乎不可從也　傳言皐至述之
▲正義曰惟明[illegible]皐陶之明克允謂受罪者信服故
王肅云惟明[illegible]非使之信服[illegible]信施於彼也但彼
人信服由皐陶能信故傳言皐陶能明信五刑施之
遠近[illegible]夷使[illegible]信服[illegible]言信者
見其皐陶有信故彼信之也　帝曰疇若予工僉
曰垂哉　問誰能順我百工事者朝臣舉垂垂臣名　疏　傳問誰至臣名　▲正義曰[illegible]云
國有六職百工與居一焉工即百工故云問誰能順
我百工事者直言帝曰無所偏咨故知僉曰是朝[illegible]

楊本卷三第三十二葉

若予工單舉工名今命此人云汝作共工明是帝謂此人堪供
此職非是呼此官名爲共工也其官或以共工爲名要帝意言
共謂供此職也
傳上謂至能之
正義曰言上下草木鳥獸則上之與下各有草木鳥獸即周禮
山虞澤虞之官各掌其教知上謂山下謂澤也順其草木鳥獸
之宜明是施其政教取之有時用之有節也馬鄭王本皆爲禹
曰益哉是字相近而彼誤耳
作朕虞
正義曰此官以虞爲名帝言作我虞耳朕非官名也鄭玄云言
朕虞重鳥獸草木漢書王莽自稱爲予立予虞之官則莽謂此
官名爲朕虞其義必不然也
傳朱虎至之中
正義曰知垂所讓四人皆在元凱之中者以文十八年左傳八
元之內有伯虎仲熊即此朱虎熊羆是也虎熊在元凱之內明
殳斨伯與亦在其內但不知彼誰當之耳益是皐陶之子皐陶
即庭堅也益在八凱之內垂則不可知也傳不言伯夷夔龍之
下爲此言者以伯夷姜姓不在元凱之內夔龍亦不可知惟言
此四人耳傳雖言殳斨伯與亦難知也
傳三禮至姜姓
正義曰此時秩宗即周禮之宗伯也其職云掌天神人鬼地祇
之禮雖三者併爲吉禮要言三禮者是天地人之事故知三禮
是天地人之禮上文舜之巡守言修五禮此言典朕三禮各有
其事則五禮皆據其所施於三處五禮所施於天地人耳言三
足以包五故舉三以言之鄭語云姜伯夷之後也伯夷能禮於
神以佐堯是伯夷爲姜姓也此經不言疇者訪其有能是問誰
可知上文已具此略之也
傳秩序至之官
正義曰堯典傳已訓秩爲序此復訓者此爲官名須辨官名之
義故詳之也宗之爲尊常訓也主郊廟之官掌序鬼神尊卑故

單疏卷三第二十八葉

共舉垂也帝曰俞咨垂汝共工共謂供其職事疏傳共謂供其職事▲正義曰堯典傳云共工官稱則彼以共工二字爲官名上云疇若予工單舉工名今命此人云汝作共工明是帝謂此人甚供此職非是呼此官名爲共工也其官或以共工爲名要帝言共謂供此職也垂拜稽首讓于殳斨暨伯與殳斨伯與二臣名帝曰俞往哉汝諧汝能諧和此官帝曰疇若予上下草木鳥獸僉曰益哉上謂山下謂澤順謂施其政教取之有時用之有節言伯益能之疏傳上謂至能之▲正義曰言上下草木鳥獸則上之與下各有草木鳥獸故周禮山虞澤虞之官各掌其教知上謂山下謂澤也順其草木鳥獸之宜明是施其政教取之有時用之有節也馬鄭王本皆爲禹曰益哉是字相近而彼誤耳帝曰俞咨益汝作朕虞虞掌山澤之官疏作朕虞▲正義曰此官以虞爲名帝言作我虞耳朕非官名也鄭玄云言朕虞重鳥獸草木漢書王莽自稱爲予立予虞之官則莽謂此官名爲朕虞莫盡必不然也益拜稽首讓于朱虎熊羆帝曰俞往哉汝諧朱虎熊羆三臣名垂益所讓四人皆在元凱之中疏傳朱虎至之中▲正義曰知垂所讓四人皆在元凱之中者以文十八年左傳八元之內有伯虎仲熊即此朱虎熊羆是也虎熊在元凱之內明朱斨伯與亦在其內但不知彼誰當之耳益是皐陶之子皐陶即庭堅也益在八凱之內垂則不可知也傳不在伯夷夔龍之下爲此言者以伯夷姜姓不在元凱之內夔龍亦不可知雖言此四人耳傳雖言殳斨伯與亦難知也帝曰咨四岳有能

以秋宗爲名郊謂祭天南郊祭地北郊廟謂祭先祖即周禮所謂天神人鬼地祇之禮是也

傳夙早至清明

正義曰夙早釋詁文早夜敬思其職謂早起夜深乃臥謹敬其職事也典禮之官施行教化使正直而清明正直不枉曲也清明不暗昧也

帝曰夔至率舞

正義曰帝因伯夷所讓隨才而任用之帝呼夔曰我今命汝典掌樂事當以詩樂教訓世適長子使此長子正直而溫和寬弘而莊栗剛毅而不苛虐簡易而不傲慢教之詩樂所以然者詩言人之志意歌詠其義以長其言樂聲依此長歌爲節律呂和此長歌爲聲八音皆能和諧無令相奪道理如此則神人以此和矣夔答舜曰嗚呼我擊其石磬拊其石磬諸音莫不和諧百獸相率而舞樂之所感如此是人神既已和矣

傳胄長至孝友

正義曰說文云胄胤也釋詁云胤繼也繼父世者惟長子耳故以胄爲長也謂元子已下至卿大夫子弟者王制云樂正崇四術立四教王太子王子羣后之太子卿大夫元士之適子皆造焉是下至卿大夫也不言元士士卑故略之彼鄭注云王子王之庶子也此傳兼言弟者蓋指太子之弟耳或孔意公卿大夫之弟亦教之國子以適爲主故言胄子也命典樂之官使教胄子下句又言詩歌之事是今夔以歌詩蹈之舞之教此適長國子也周禮大司樂云以樂德教國子中和祗庸孝友鄭云中猶忠也和剛柔適也祗敬也庸有常也善父母曰孝善兄弟曰友是言樂官用樂教之使成此六德也樂記又云樂在宗廟之中君臣上下同聽之則莫不和敬在族黨鄉里之中長幼同聽之則莫不和順在閨門之內父子兄弟同聽之則莫不和親是樂之感人能成忠和祗庸孝友之六德也

傳教之至莊栗

正義曰此直而溫與下三句皆使夔教胄子令性行當然故傳

典朕三禮僉曰伯夷三禮天地人之禮伯夷臣名姜姓疏傳三禮至姜姓
▲正義曰此時秩宗即周禮之宗伯也其職云掌天
神人鬼地祇之禮闕三者併爲吉禮要言三禮者是
天地人之事故知三禮是天地人之禮上文舜之巡
守言修五禮此云典朕三禮各有其事則五禮皆據
其所施於三處五禮所施於天地人耳言三足以包
五故舉三以言之鄭語云姜伯夷之後也伯夷能禮
於神以佐堯是伯夷爲姜姓也此經不言疇者
詢其有能故問誰可知上文已具此略之也帝曰俞
咨伯汝作秩宗秩序宗尊也主郊廟之官疏傳秩序至之官▲正義曰堯典傳已
訓秩爲序此復訓者此爲官名須辨官名之義故詳
之也宗之爲尊常訓也主郊廟之官掌序鬼神尊卑
故以秩宗爲名郊謂祭天南郊祭地北郊廟謂
祭先祖即周禮所謂天神人鬼地祇之禮是也夙夜

惟寅直哉惟清夙早也言早夜敬思其職典禮施政教使正直而清明疏傳夙早至
清明▲正義曰夙早釋詁文早夜敬服其職謂侵早已
起夜深乃眠謹敬其職事也典禮之官施行教化使正
直而清明正直不枉曲也清明不暗昧也伯拜稽首讓于夔龍夔龍二臣名帝
曰俞往欽哉然其賢不許讓帝曰夔命汝典樂教冑子冑直又反
冑長也謂元子以下至卿大夫子弟以歌詩蹈之舞之教長國子中和祇庸孝友直而溫寬
而栗教之正直而溫和寬弘而能莊栗剛而無虐簡而無傲剛失入虐簡失
入傲教之以防其失詩言志歌永言謂詩言志以導之歌詠其義以長其言聲
依永律和聲聲謂五聲宮商角徵羽律謂六律六呂十二月之音氣言當依聲律以和樂

發首言教之也正直者失於太嚴故令正直而溫和寬弘者失
於緩慢故令寬弘而莊栗栗謂矜莊嚴栗栗者謹敬也
傳剛失至其失
正義曰剛彊之失入於苛虐故令人剛而無虐簡易之失入於
傲慢故令簡而無傲剛簡是其本性教之使無虐傲是言教之
以防其失也由此而言之上二句亦直寬是其本性直失於不
溫寬失於不栗故教之使溫栗也直寬剛簡即皋陶所謀之九
德也九德而獨舉此四事者人之大體故特言之
傳謂詩至其言
正義曰作詩者自言己志則詩是言志之書習之可以生長志
意故教其詩言志以導冑子之志使開悟也作詩者直言不足
以申意故長歌之教令歌詠其詩之義以長其言謂聲長續之
定本經作永字明訓永爲長也
傳聲謂至和樂
正義曰周禮太師云文之以五聲宮商角徵羽言五聲之清濁
有五品分之爲五聲也又太師掌六律六呂以合陰陽之聲陽
聲黃鍾太蔟姑洗蕤賓夷則無射陰聲大呂應鍾南呂林鍾仲
呂夾鍾是六律六呂之名也漢書律曆志云律有十二陽六爲
律陰六爲呂是陰律名同亦名呂也鄭玄云律述氣也同助陰
宣氣與之同也又云呂旅也言旅助陽宣氣也志又云律黃帝
之所作也黃帝使伶倫氏自大夏之西崑崙之陰取竹於嶰谷
之中各生其竅厚薄均者斷兩節之間吹之以爲黃鍾之宮制
十二筩以聽鳳皇之鳴其雄聲爲六雌鳴亦六以比黃鍾之宮
是爲律之本言律之所作如此聖人之作律也既以出音又以
候氣布十二律於十二月之位氣至則律應是六律六呂十二
月之音氣也聲依永者謂五聲依附長言而爲之其聲未和乃
用此律呂調和其五聲使應於節奏也
傳倫理至黜之
正義曰倫之爲理常訓也八音能諧相應和也各自守分不相
奪道理是言理不錯亂相奪也如此則神人咸和矣帝言此者

八音克諧無相奪倫神人以和倫理也八音能諧理不錯奪則神人咸和
命夔使勉之夔曰於予擊石拊石百獸率舞石磬也磬音之清者拊亦擊也
舉清者和則其餘皆從矣樂感百獸使相率而舞則神人和可知疏帝曰夔至率舞▲正義曰帝因伯夷
所讓隨才而任用之帝呼夔曰我今命汝典掌樂事當以詩樂教訓世適長子使此長子正直而溫和寬弘而
莊栗剛毅而不苛虐簡易而不傲慢教之詩樂所以然者詩言人之志意歌詠其義以長其言樂聲依此長歌
為節律呂和此長歌為聲八音皆能和諧無令相奪道理如此則神人以此和矣夔荅舜曰嗚呼我擊其石磬
拊其石磬諸音莫不和諧百獸相率而舞樂之所感如此是人神既已和矣傳胄長至孝友▲正義曰
說文云胄胤也釋詁云胤繼也繼父世者惟長子耳故以胄為長也謂元子已下至卿大夫子弟者王制
云樂正崇四術立四教王大子王子羣后之大子卿大夫元士之適子皆造焉是下至卿大夫也不言元
士卑故略之彼鄭注云王子王之庶子也此傳兼言弟者蓋指太子之弟耳或孔意公卿大夫之弟亦教
之國子以適為主故言胄子也命典樂之官使教胄子下句又言詩歌之事是令夔以歌詩蹈之舞之教
此適長國子也周禮大司樂云以樂德教國子中和祗庸孝友鄭注云中猶忠也和剛柔適也祗敬庸有
常也善父母曰孝善兄弟曰友是言樂官用樂教之使成此六德也樂記又云樂在宗廟之中君臣上下
同聽之則莫不和敬在族黨鄉里之中長幼同聽之則莫不和順在閨門之內父子兄弟同聽之則莫不
和親是樂之感人能成忠和祗庸孝友之六德也傳教之至莊栗▲正義曰此直而溫與下三句皆使
夔教胄子令性行當然故傳發首言教之也正直者失於太嚴故令正直而溫和寬弘者失於緩慢故令

楊本卷三第三十五葉

命夔使勉之也大司樂云大合樂以致鬼神示以和邦國以諧
萬民以安賓客以說遠人是神人和也
傳石磬至可知
正義曰樂器惟磬以石為之故云石磬也八音之音石磬最清
故知磬是音之聲清者磬必擊以鳴之故云拊亦擊之重其文
者擊有大小擊是大擊拊是小擊音聲濁者粗清者精精則難
和舉清者和則其餘皆從矣商頌云依我磬聲是言磬聲清諸
音來依之百獸率舞即大司樂云以作動物益稷云鳥獸蹌蹌
是也人神易感鳥獸難感百獸相率而舞則神人和可知也夔
言此者以帝戒之云神人以和欲使勉力感神人也乃荅帝云
百獸率舞則神人以和言帝德及鳥獸也
帝曰龍至惟允
正義曰帝呼龍曰龍我憎疾人為讒佞之說絕君子之行而動
驚我眾人欲遏絕之故命汝作納言之官從早至夜出納我之號
命惟以誠信每事皆信則讒言自絕命汝使勉之
傳堲疾至絕之
正義曰堲聲近疾故為疾也殄絕震動皆釋詁文讒人以善為
惡以惡為善故言我疾讒說絕君子之行眾人畏其讒口故亂
讒也動驚我眾欲遏止之
傳納言至以信
正義曰詩美仲山甫為王之喉舌喉舌者宣出王命如王咽喉
口舌故納言為喉舌之官也此官主聽下言納於上故以納言
為名亦主受上言宣於下故言出朕命納言不納於下朕命有
出無入官名納言云出納朕命互相見也必以信者不妄傳下
言不妄宣帝命出納皆以信也
帝曰咨至天功
正義曰帝既命用眾官乃摠敕之曰咨嗟汝新命六人及四
岳十二牧凡二十有二人等各當敬其職事哉惟是汝等敬事
則信實能立天下之功天下之功成主在於汝可得不敬之哉
傳禹垂至命之

單疏卷三第三十一葉

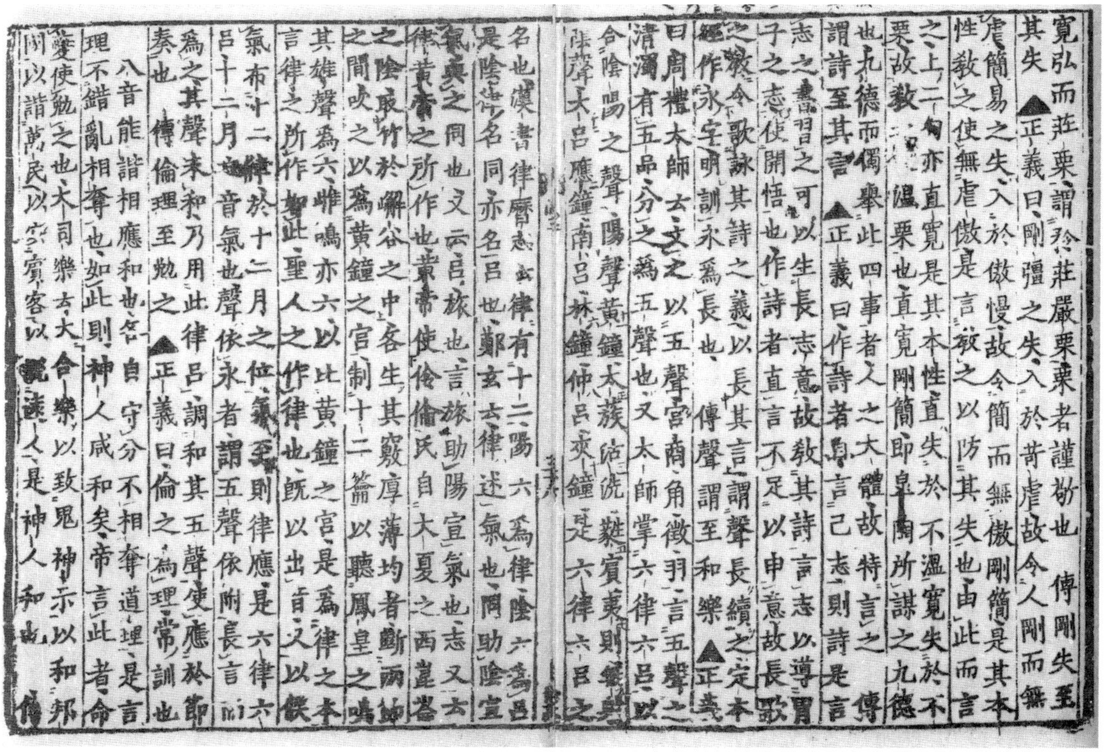
寬弘而莊栗謂矜莊嚴栗栗者謹敬也 傳剛失至
其失 ▲正義曰剛彊之失入於苛虐故令人剛而無
虐簡易之失入於傲慢故令簡而無傲剛簡是其本
性教之使無虐傲是言教之以防其失也由此而言
之上二句亦直寬是其本性直失於不溫寬失於不
栗故教之溫栗也直寬剛簡即皐陶所謀之九德
也九德而獨舉此四事者人之大體故特言之 傳
謂詩至其言 ▲正義曰作詩者自言己志則詩是言
志之書習之可以生長志意故教其詩言志以導冑
子之志使開悟也作詩者直言不足以申意故長歌
之教令歌詠其詩之義以長其言謂聲長續之定本
經作永字明訓永爲長也 傳聲謂至和樂 ▲正義
曰周禮太師云文之以五聲宮商角徵羽言五聲之
清濁有五品分之爲五聲也又太師掌六律六呂以
合陰陽之聲陽聲黃鍾太蔟姑洗蕤賓夷則無射
陰聲大呂應鍾南呂林鍾仲呂夾鍾是六律六呂之
名也漢書律曆志云律有十二陽六爲律陰六爲呂
是陰陽名同亦名呂也鄭玄云律述氣也同助陰宣
氣與之同也又云呂旅也言旅助陽宣氣也志又云
律黃帝之所作也黃帝使伶倫氏自大夏之西崑崙
之陰取竹於嶰谷之中各生其竅厚薄均者斷兩節
之間吹之以爲黃鍾之宮制十二筩以聽鳳皇之鳴
其雄聲爲六雌鳴亦六以比黃鍾之宮是爲律之本
言律之所作如此聖人之作律也既以出音又以候
氣布十二律於十二月之位氣至則律應是六律六
呂十二月之音氣也聲依永者謂五聲依附長言而
爲之其聲未和乃用此律呂調和其五聲使應於節
奏也 傳倫理至勉之 ▲正義曰倫之爲理常訓也
八音能諧相應和也各自守分不相奪道理是言
理不錯亂相奪也如此則神人咸和矣帝言此者命
夔使勉之也大司樂云大合樂以致鬼神示以和邦
國以諧萬民以安賓客以說遠人是神人和也 傳

楊本卷三第三十六葉

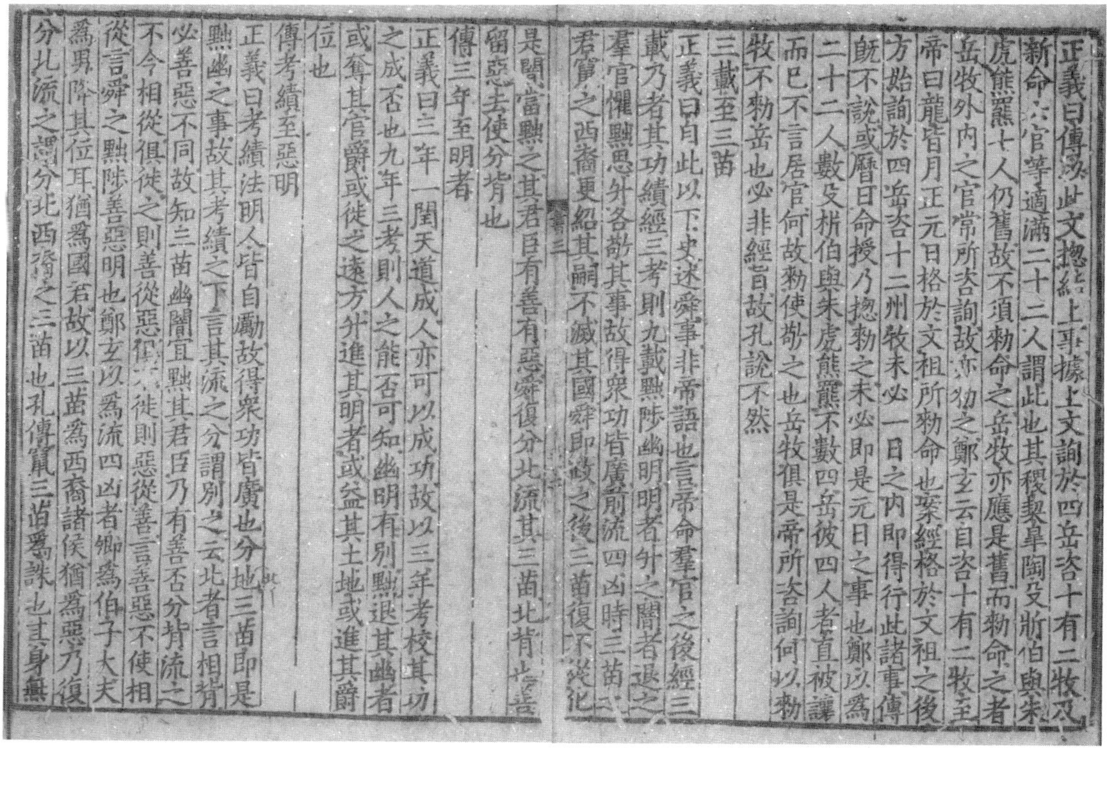
正義曰傳以此文總結上事據上文詢於四岳咨十有二牧及
新命六官等適滿二十二人謂此也其稷契皐陶殳斨伯與朱
虎熊羆七人仍舊故不須勑命之岳牧亦應是舊而勑命之者
岳牧外內之官常所咨詢故亦勑之鄭玄云自咨十有二牧至
帝曰龍皆月正元日格於文祖所勑命也案經格於文祖之後
方始詢於四岳咨十二州牧未必一日之內即得行此諸事傳
既不說或曆日命授乃總勑之未必即是元日之事也鄭以爲
二十二人數殳斨伯與朱虎熊羆不數四岳彼四人者直被讓
而已不言居官何故勑使敬之也岳牧俱是帝所咨詢何以勑
牧不勑岳也必非經旨故孔說不然
三載至三苗
正義曰自此以下史述舜事非帝語也言帝命羣官之後經三
載乃考其功績經三考則九載黜陟幽明明者升之闇者退之
羣官懼黜思升各敬其事故得衆功皆廣前流四凶時三苗之
君竄之西裔更紹其嗣不滅其國舜即政之後三苗復不從化
是闇當黜之其君臣有善有惡舜復分北流其三苗北背也善
留惡去使分背也
傳三年至明者
正義曰三年一閏天道成人亦可以成功故以三年考校其功
之成否也九年三考則人之能否可知幽明有別黜退其幽者
或奪其官爵或徙之遠方升進其明者或益其土地或進其爵
位也
傳考績至惡明
正義曰考績法明人皆自勵故得衆功皆廣也分北三苗即是
黜幽之事故其考績之下言其流之分謂別之云北者言相背
必善惡不同故知三苗幽闇宜黜其君臣乃有善否分背流之
不令相從俱徙之則善從惡徙則惡從善言善惡不使相
從言舜之黜陟善惡明也鄭玄以爲流四凶者卿爲伯子大夫
爲男降其位耳猶爲國君故以三苗爲西裔諸侯猶爲惡乃復
分北流之謂分北西裔之三苗也孔傳竄三苗爲誅也主身無

單疏卷三第三十二葉

石磬至可知 ▲正義曰樂器惟磬以石爲之故云石
磬也八音之音石磬最清故知磬是音之聲清者磬
必擊以鳴之故云拊亦擊之重其文者擊有大小擊
是大擊拊是小擊音聲濁者粗清者精精則難和舉
清者和則其餘皆從矣商頌云依我磬聲是言磬聲
清諸音來從之百獸率舞即太司樂云以作動物益
稷云鳥獸蹌蹌是也人神易感鳥獸難感百獸相率
而舞則神人和可知也夔言此者以帝戒之云神人
以和欲使勉力感神人也乃荅帝云百
獸率舞則神人以和言帝德及鳥獸也 帝曰龍朕堲
讒說殄行震驚朕師 堲疾殄絕震動也言我疾讒說絕君子之行而動驚
我衆欲遏絕之 命汝作納言夙夜出納朕命惟允 納言喉舌之官聽下言納於上受上言宣於下必以信 疏 帝曰龍至惟允 ●正義曰帝呼龍曰龍我憎疾人爲
讒佞之說絕君子之行而動驚我衆欲遏之故命
汝作納言之官從早至夜出納我之教命惟以誠信
每事皆信則讒言自絕命龍使勉之 傳堲疾至絕
之 ▲正義曰堲聲近疾故爲疾也殄絕震動皆釋詁
文讒說以善爲惡以惡爲善故言我疾讒說絕君子
之行衆人畏其讒口故爲讒也動驚我衆欲遏止之
傳納言至以信 ▲正義曰詩美仲山甫爲王之喉
舌喉舌者宣出王命如王咽喉口舌故納言爲喉舌
之官也此官主聽下言納於上故以納言爲名亦主
受上言宣於下故言出朕命納言不納於下朕命有
出無入官名納言云出納朕命互相見也必以
信者不妄傳下言不妄宣帝命出納皆以信也 帝曰
咨汝二十有二人 禹垂益伯夷夔龍六人新命有職四岳十二牧凡二十二人特勑命之
欽哉惟時亮天功 各勑其職惟是乃能信立天下之功 疏 帝曰咨至

楊本卷三第三十七葉

復官爵必非黜陟之限其所分北非彼竄者王肅云三苗之民
有赦宥者復不從化不令相從分北流之王肅意彼赦宥者復
繼爲國君至不復從化故分北流之禹繼鯀爲崇伯三苗未必
絕後傳意或如肅言
傳歷試至八年
正義曰上云乃言厎可績三載則歷試當三年云二年者其一
即是徵用之年已在上句三十之數故惟有二年耳受終居攝
尚在臣位故歷試并爲三十在位謂在臣位也
傳方道至十二歲
正義曰論語云可謂仁之方也已孔注亦以方爲道常訓也舜
即位五十年從格於文祖之後數之外道謂乘道而行也天子
之行必是巡其所守之國故通以巡守爲名未必以仲夏之月
巡南岳也檀弓云舜葬蒼梧之野是舜死蒼梧之野因而葬焉
孔以月正元日在三載遏密之下又孟子云舜服堯三年喪畢
避堯之子故服喪三年三年之喪二十五月而畢其一年即在
三十在位之數惟有二年是舜年六十二爲天子五十年乃死
凡壽百一十二歲也大禹謨云帝曰朕宅帝位三十有三載乃
求禪禹孟子云舜薦禹於天子十七年是在位五十年其文明
矣鄭玄讀此經云舜生三十謂生三十年也登庸二十謂歷試
二十年在位五十載陟方乃死謂攝位至死爲五十年舜年一
百歲也史記云舜年三十堯舉用之年五十攝行天子事年五
十八堯崩年六十一而踐天子位三十九年崩皆謬耳
帝釐至槀飫
正義曰此序也孔以書序序所以爲作者之意宜相附近故引
之各冠其篇首其經亡者以序附於本篇次而爲之傳故此序
在此也帝舜治理下土諸侯之事爲各於其方置設其官居其
所在之方而統治之又爲民別其姓族之生分別異類各使相
從作汩作篇又作九共九篇又作槀飫之篇凡十一篇皆亡
傳言舜至其方
正義曰在虞書知帝是舜也下土對天子之辭故云理四方諸

單疏卷三第三十三葉

虞夏各爲其官居其方耶知若爲設之凡此三篇之序亦既不具
其經闕則無以可中孔氏爲傳復順其文爲其傳耳是非不可
新也他皆倣此

傳汩治至篇亡

正義曰汩之爲治無正訓也作是其義故爲興也言其治民之
功興以其事言之耳

傳槀勞飫賜也

正義曰左傳言槁師者以師枯槁用酒食勞之是槀得爲勞也
襄二十六年左傳云將賞爲之加膳加膳則飫賜是飫得爲賜
也亦不知勞賜之何所謂也

尚書正義卷第三

計二萬八千六十四字

尚書三　三十四

舜典第二　虞書

楊本卷三第三十八葉

單疏卷三第三十四葉

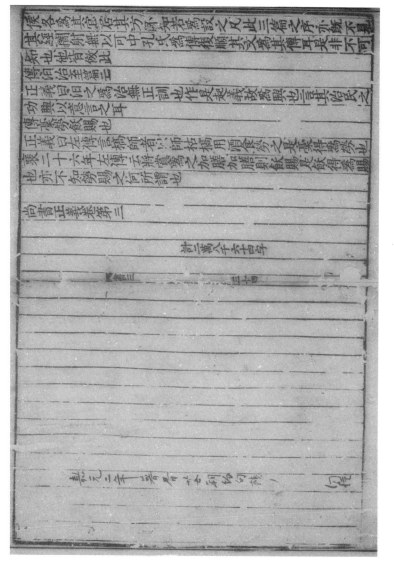

考績法明人皆自勵故得衆功皆廣也分北三苗即
是黜幽之事故其考績之下言其流之分謂別之云
北者言相背必善惡不同故知三苗幽闇宜黜其君
臣乃有善否分背流之不令相從俱從之則善從惡
俱不從則惡從善言善惡不使相從言舜之黜陟善
惡明也鄭玄以爲流四凶者卿爲伯子大夫爲男降
其位耳猶爲國君故以三苗爲西裔諸侯猶爲惡乃
復分北流之謂分北西裔之三苗也孔傳竄三苗爲
誅也其身無復官爵必非黜陟之限其所分北非彼
竄者王肅云三苗之民有赦宥者復不從化不令相
從分北流之王肅意彼赦宥者復繼爲國君至不復從
化故分北流之禹繼鯀爲崇伯三苗未必絶後傳意
或如肅言 **舜生三十徵庸** 言其始見試用 **三十在位** 歷試二年攝位二十八
年 疏 傳歷試至八年 正義曰上云乃言底可績
三載則歷試當三年云二年者其一即是徵

尚三　三十九

用之年已在上句三十之數故惟有二年耳受終
居攝尚在臣位故歷試并爲三十在位謂在臣位
也 **五十載陟方乃死** 方道也舜即位五十年升道南方巡守死於蒼梧之野而
葬焉三十徵庸三十在位服喪三年其一在三十之數爲天子五十年凡壽百一十二歲 疏 傳方
道至十二歲 正義曰論語云可謂仁之方
也已孔注亦以方爲道常訓也舜即位五十年從格
於文祖之後數之升道謂乘道而行也天子之行必
是巡其所守之國故通以巡守爲名未必以仲夏之
月巡南岳也檀弓云舜葬蒼梧之野是舜死蒼梧之
野因而葬焉孔以月正元日在三載遏密之下又孟
子云舜服堯三年喪畢避堯之子故服喪三年三年
之喪二十五月而畢其一年即在三十在位之數惟
有二年是舜年六十二爲天子五十年是舜凡壽百
一十二歲也大禹謨云帝曰朕宅帝位三十有三載

足利本卷三第三十九葉

求禪禹孟子云舜薦禹於天子十七年是
十七年其文明矣鄭玄讀此經云舜生三十謂
年也登庸二十謂歷試二十年在位五十謂陟方
死謂攝位至死爲五十年舜年一百歲也史記云舜
年三十堯舉用之年五十攝行天子事年五十八堯
崩年六十一而踐天子位三十九年崩皆謬耳
帝釐下土方設居方 言舜理四方諸侯各設其官居其方 **別生分類** 生姓
作汨作九共 汨治作興也言其治民之功興故爲汨作之篇亡 **九共**
九篇槀飫 槀勞也飫賜也凡十一篇皆亡 疏 帝釐至槀飫 ●正義曰此序也孔以書
序所以爲作者之意宜相附近故引之各冠其篇首
其經亡者以此陷於本篇之次而爲之傳故此序在此
也帝舜治理下土諸侯之事爲各於其方置設其官
居其所治方面爲民之長又爲民別其姓族之生分
別其類各使相從作汨作九共九篇作槀
飫之篇凡十一篇皆亡 傳言舜至其方 ●正義曰
在堯書知帝是舜也下上對天之辭故云理四方
諸侯各爲其官居其方不知若爲設之凡此三篇之
序亦既不見其經闇射無以可中孔氏爲傳復順其
文爲其傳耳是非不可知也他皆倣此 傳汨治至
篇亡 ▲正義曰汨之爲治無正訓也作是起義故爲
興也言其治民之功興以意言之耳 傳槀勞飫賜
也 ▲正義曰左傳言犒師者以師枯槁用酒食勞之
是槀得爲勞也襄二十六年左傳云將賞爲加膳加膳
則飫賜是飫得爲賜也亦
不知勞賜之何所謂也

尚書注疏卷第三

楊本卷三第四十葉

尚書注疏卷第四
大禹謨第三　虞書　孔氏傳
皋陶矢厥謨 矢陳也 禹成厥功 陳其成功 帝舜申之 申重
也重美二子之言 作大禹皋陶謨 大禹謨九功皋陶謨九德 益稷 凡三篇 疏
皋陶至益稷 ●正義曰皋陶爲帝舜陳其謀禹爲帝
舜陳已成所治水之功帝舜因其所陳從而重美之
●史錄其辭作大禹皋陶二篇之謨又作益稷之篇凡
三篇也篇先大禹序先言皋陶者皋陶之篇皋陶
先發端禹乃然而問之皋陶言在禹先故序先言皋
陶其此篇以功大爲先故先禹也二篇亦是禹爲
之所陳因皋陶之言而論益稷在皋陶謨後故後
其篇 傳矢陳也 ▲正義曰矢陳釋詁文 傳陳其
成功 ▲正義曰此是篇禹成其功陳其言耳蒙上
矢文故傳明之言陳其成功也序成在厥上傳成在
下者序順上句傳從便文故倒也 傳申重至之言
▲正義曰申重釋詁文大禹謨云帝曰俞地平天成
時乃功又帝曰皋陶惟茲臣庶罔或干予政時乃功
懋哉益稷云迪朕德時乃功皆是重美二子之言也
傳大禹至九德 ▲正義曰二篇皆是謨也序以一
謨揔二篇故傳明之大禹治水能致九功而言謨以
其序有謨文故云謨也 傳凡三篇 ▲正義曰益稷
亦大禹所謀不言謨者禹謀言及益稷非是益稷爲
謀不得言益稷謨也其篇雖有夔曰
夔言樂和本非謀慮不得謂之夔謨 大禹謨 禹稱大大其功
也 謨謀 疏 傳禹稱至謀也 ▲正義曰餘文單稱禹而此
獨加大者故解之禹與皋陶同爲舜謀而禹
功實大禹與皋陶不等史加大其功使異於皋陶於
此獨加大字與皋陶並言故也謨謀釋詁文此三篇

楊本卷四第一葉

尚書正義卷第四　國子祭酒上護軍曲阜縣開國子臣孔穎達奉
虞書　勅撰
大禹謨第三
皋陶謨第四
大禹謨第三
皋陶至益稷
正義曰皋陶爲帝舜陳其謀禹爲帝舜陳已成所治水之功帝
舜因其所陳從而重美之史錄其辭作大禹皋陶二篇之謨又
作益稷之篇凡三篇也篇先大禹序先言皋陶者皋陶之篇皋
陶自先發端禹乃然而問之皋陶言在禹先故序先言皋陶其
此篇以功大爲先故先禹也益稷之篇亦是禹之所陳因皋陶
之言而禹論益稷在皋陶謨後故後其篇
傳矢陳也
正義曰矢陳釋詁文
傳陳其成功
正義曰此是謨篇禹成其功陳其言耳蒙上矢文故傳明之言
陳其成功也序成在厥上傳成在下者序順上句傳從便文故
倒也
傳申重至之言
正義曰申重釋詁文大禹謨云帝曰俞地平天成時乃功又帝
曰皋陶惟茲臣庶罔或干予政時乃功懋哉益稷云迪朕德時
乃功皆是重美二子之言也
傳大禹至九德
正義曰二篇皆是謨也序以一謨揔二篇故傳明之大禹治水
能致九功而言謨以其序有謨文故云謨也
傳凡三篇
正義曰益稷亦大禹所謀不言謨者禹謀言及益稷非是益稷
爲謀不得言益稷謨也其篇雖有夔曰夔言樂和本非謀慮不

單疏卷四第一葉

皆是舜史所録，上取堯事，下録禹功，善於堯之知己，又美所禪得人，故包括上下以爲虞書。其事以類相從，非由事之先後。若其不然，上篇已言舜死，於此豈死後言乎？此篇已言禪禹，下篇豈受禪後乎？明史以類聚爲文。計此三篇，禹謨最在後，以禹功大，故進之於先。孟子稱舜薦禹於天，十有七年，則禹攝一十七年，舜陟方乃死，不知禹征有苗在攝幾年。史述禹之行事，不必以攝位之年即征苗民也。

曰若稽古大禹，順考古道而言之。曰文命敷于四海，祗承于帝。言其外布文德教命，内則敬承堯舜。

【疏】曰若至于帝 ●正義曰：史將録禹之事，故爲題目之辭，曰能順而考案古道而言之者，是大功之禹也。此禹能以文德教命布陳於四海，又能敬承堯舜。外布四海，内承二帝，言其道周備。

傳順考至言之 ▲正義曰：典是常行，謨是言語，故傳於典云行之，於謨云言之，皆是順考古道也。

傳言其至堯舜 ▲正義曰：敷於四海，即敷此文命，故言外布文德教命也。四海舉其遠地，故傳以外内言之。祗，訓敬也。禹承堯舜二帝，故云敬承堯舜。傳不訓祗而直言敬，以易知而略之。

曰后克艱厥后，臣克艱厥臣，政乃乂，黎民敏德。敏，疾也。能知爲君難，爲臣不易，則其政治，而衆民皆疾修德。帝曰：俞！允若茲，嘉言罔攸伏，野無遺賢，萬邦咸寧。攸，所也。善言無所伏，言必用。如此則賢才在位，天下安寧。稽于衆，舍己從人，不虐無告，不廢困窮，惟帝時克。帝謂堯也。舜因嘉言無所伏，遂稱堯德以成其義。考衆從人，矜孤愍窮，凡人所輕，聖人所重。

【疏】曰后至時克 ●正義曰：禹爲帝舜謀，曰：君能重難其爲君之事，臣能重難其爲臣之職，則

楊本卷四第二葉

得謂之[illegible]謨。

傳禹稱至謀也

正義曰：餘文單稱禹，而此獨加大者，故解之。禹與皋陶同爲舜謀，而禹功實大，禹與皋陶不等，史加大其功，使異於皋陶，於此獨加大字，與皋陶並言故也。謨，謀，釋詁文。此三篇皆是舜史所録，上取堯事，下録禹功，善於堯之知己，又美所禪得人，故包括上下以爲虞書。其事以類相從，非由事之先後，若其不然，上篇已言舜死，於此豈死後言乎？此篇已言禪禹，下篇豈受禪後乎？明史以類聚爲文。計此三篇，禹謨最在後，以禹功大，故進之於先。孟子稱舜薦禹於天，十有七年，則禹攝一十七年，舜陟方乃死，不知禹征有苗在攝幾年，史述禹之行事，不必以攝位之年即征苗民也。

曰若至于帝

正義曰：史將録禹之事，故爲題目之辭，曰能順而考案古道而言之者，是大功之禹也。此禹能以文德教命布陳於四海，又能敬承堯舜，外布四海，内承二帝，言其道周備。

傳順考至言之

正義曰：典是常行，謨是言語，故傳於典云行之，於謨云言之，皆是順考古道也。

傳言其至堯舜

正義曰：敷於四海，即敷此文命，故言外布文德教命也。四海舉其遠地，故傳以外内言之。祗訓敬也。禹承堯舜二帝，故云敬承堯舜。傳不訓祗而直言敬，以易知而略之。

曰后至時克

正義曰：禹爲帝舜謀，曰：君能重難其爲君之事，臣能重難其爲臣之職，則上之政教乃治，則下之衆民皆化而疾修其德。而帝曰：然，信能如此，君臣皆能自難，並願善以輔己，則下之善言無所隱伏，在野無遺逸之賢，賢人盡用，則萬國皆安寧也。爲人上者，考於衆言，觀其是非，舍己之非，從人之是，不苟虐鰥寡孤獨無所告者，必哀矜之；不廢棄困苦貧窮無所依者，必愍念之。惟

單疏卷四第二葉

上之政教乃治則下之衆民皆化而疾修其德而帝
曰然信能如此君臣皆能自難並願善以輔己則下
之善言無所隱伏在野無遺逸之賢賢人盡用則萬
國皆安寧也爲人上者考於衆言觀其是非舍己之
非從人之是不苛虐鰥寡孤獨無所告者必哀矜之
不廢棄困苦貧窮無所依者必愍念之惟帝堯於是
能爲此行餘人所不能言克難之不易也　傳敬疾
至修德　▲正義曰詩慎說文云敏疾也是相傳爲訓
爲君難爲臣不易論語文能知爲君難爲臣不易則
當謹慎恪勤求賢自輔故其政自然治矣見善則用
知賢必進衆民各自舉則皆疾修德矣此經上不言
禹者承上禹事以可知而略之　傳攸所至下安
正義曰攸所釋言文善言無所伏者言其必用之也
言之善者必出賢人之口但言之易行之難或有人
不賢而言可用也故言與賢異其文也如此用善
言任賢才在位則天下一安　傳帝謂至所重　▲正義
曰舜稱爲帝故知帝謂堯也舜因嘉言無所伏以爲
堯乃能然故遂稱堯德以成其義此爲言之義以堯
之聖智無所不能惟言其考衆從人矜孤愍窮以爲
堯之美者此是凡人所輕聖人所重不虐不廢皆謂矜
撫愍念之互相通也王制云少而無父謂之孤老而
無子謂之獨老而無妻謂之鰥老而無夫謂之寡此
四者天民之窮而無告者故此無告是彼四者彼四
者而此惟言孤者四者皆孤也言孤足以揔之言困
窮謂貧無資財也　益曰都帝德廣運乃聖乃神乃武乃
文　益因舜言又美堯也廣謂所覆者大運謂所及者遠聖無所不通神妙無方文經天地武定禍亂
皇天眷命奄有四海爲天下君　眷視奄同也言堯有此德故爲天所
命所以勉舜也　疏　益曰至下君　●正義曰益承帝言歎美堯
德曰嗚呼帝堯之德廣大運行乃聖而無

楊本卷四第三葉

帝堯於是能爲此行餘人所不能言克難之不易也
傳敬疾至修德
正義曰詩慎說文云敏疾也是相傳爲訓爲君難爲臣不易論
語文能知爲君難爲臣不易則當謹慎恪勤求賢自輔故其政
自然治矣見善則用知賢必進衆民各自舉則皆疾修德矣此
經上不言禹者承上禹事以可知而略之
傳攸所至下安
正義曰攸所釋言文善言無所伏者言其必用之也言之善者
必出賢人之口但言之易行之難或有人不賢而言可用也故
言與賢異其文也如此用善言任賢才在位則天下安
傳帝謂至所重
正義曰舜稱爲帝故知帝謂堯也舜因嘉言無所伏以爲堯乃
能然故遂稱堯德以成其義此禹言之義以堯之聖智無所不
能惟言其考衆從人矜孤愍窮以爲堯之美者此是凡人所輕
聖人所重不虐不廢皆謂矜撫愍念之互相通也王制云少而
無父謂之孤老而無子謂之獨老而無妻謂之鰥老而無夫謂
之寡此四者天民之窮而無告者故此無告是彼四者四者
而此惟言孤者四者皆孤也言孤足以揔之言困窮謂貧無資
財也
益曰至下君
正義曰益承帝言歎美堯德曰嗚呼帝堯之德廣大運行乃聖
而無所不通乃神而微妙無方乃武能克定禍亂乃文能經緯
天地以此爲大天顧視而命之使同有四海之内爲天下之君
傳益因至禍亂
正義曰廣者闊之義故爲所覆者大運者動之言故爲所及者
遠洪範云睿作聖言通知衆事故爲無所不通繫易曰神者妙
萬物而爲言也又曰神妙無方此言神道微妙無可比方不知
其所以然易又云陰陽不測之謂神謚法云經緯天地曰文克
定禍亂曰武經傳文武倒者經取韻句傳以文重故也
傳眷視而勉舜

單疏卷四第三葉

所不通乃神而微妙無方乃武能克定禍亂乃文
能經緯天地以此爲天天顧視而命之使同有四海
之内爲天下之君　傳益因至禍亂　▲正義曰廣者
闊之義故爲所覆者大運者動之言故爲所及者遠
洪範云睿作聖言通知衆事故爲無所不通案易曰
神者妙萬物而爲言也又曰神妙無方此言神道微
妙無可比方不知其所以然易又云陰陽不測之謂
神謚法云經緯天地曰文克定禍亂曰武經傳文武
倒者經取韻句傳以文重故也　傳眷視至勑舜
正義曰詩云乃眷西顧謂視而迴首說文亦以眷爲
視奄同釋言文益因帝言盛稱堯　禹曰惠迪吉從逆
善者亦勸勉舜冀之必及堯也
凶惟影響　迪道也順道吉從逆凶吉凶之報若影之隨形響之應聲言不虛　益曰吁
戒哉儆戒無虞罔失法度　先吁後戒欲使聽者精其言虞度也無億
度謂無形戒於無形備慎深秉法守度言有恒　罔遊于逸罔淫于樂　淫過也遊
逸過樂敗德之原富貴所忽故特以爲戒　任賢勿貳去邪勿疑疑謀勿
成百志惟熙　一意任賢果於去邪疑則勿行道義所存於心日以廣矣　罔違道
以干百姓之譽　干求也失道求名古人賤之　罔咈百姓以從己
之欲　咈戾也專欲難成犯衆興禍故戒之　無怠無荒四夷來王　言天子常
戒慎無怠惰荒廢則四夷歸往之　疏　禹曰至來王　●正義曰禹因益言謀及世事言人順道則
吉從逆則凶吉凶之報惟若影之隨形響之應聲
言其無不報也益聞禹語驚懼而言曰吁誡如此
言宜誡慎之哉所誡者當儆誡其心無億度之事
謂忽然而有儆誡慎之無失其守法度使行必有

正義曰詩云乃眷西顧謂視而迴首說文亦以眷爲視奄同釋
言文益因帝言盛稱堯善者亦勸勉舜冀之必及堯也
禹曰至來王
正義曰禹因益言謀及世事言人順道則吉從逆則凶吉凶之
報惟若影之隨形響之應聲言其無不報也益聞禹語驚懼而
言曰吁誡如此言宜誡慎之哉所誡者當儆誡其心無億度之
事謂忽然而有當誡慎之無失其守法度使行必有恒無違常
也無遊縱於逸豫無過耽於戲樂當誡慎之以保己也任用賢
人勿有二心逐去回邪勿有疑惑所疑之謀勿成用之如是則
百種志意惟益廣也無違越正道以求百姓之譽無反戾百姓
以從己心之欲常行此事無怠惰荒廢則四夷之國皆來歸往
之此亦所以勸勉舜也
傳迪道也
正義曰釋詁文
傳先吁至有恒
正義曰堯典傳云吁疑怪之辭此無可怪聞禹之言驚而爲聲耳先
吁後戒者欲審其言之美然後設戒辭欲使聽者精審其言虞
釋詁文無億度者謂不有此事無心億度之曲禮云凡爲人子
者聽于無聲視于無形戒于無形見之事言備慎深也安不忘
危治不忘亂是其慎無形也法度當執守之故以秉法守度解
不失言有恒也
傳淫過至爲戒
正義曰淫者過度之意故爲過也逸謂縱體樂謂適心縱體在
於逸遊適心在於淫恣故以遊逸過樂爲文三者敗德之源富
貴所忽故特以爲戒
傳干求至賤之
正義曰干求釋言文失道求名謂曲取人情苟悅衆意古人賤之
傳咈戾至戒之
正義曰堯典已訓咈爲戾彼謂戾明濟此謂戾在下故詳其文
耳專欲難成犯衆興禍襄十年左傳文

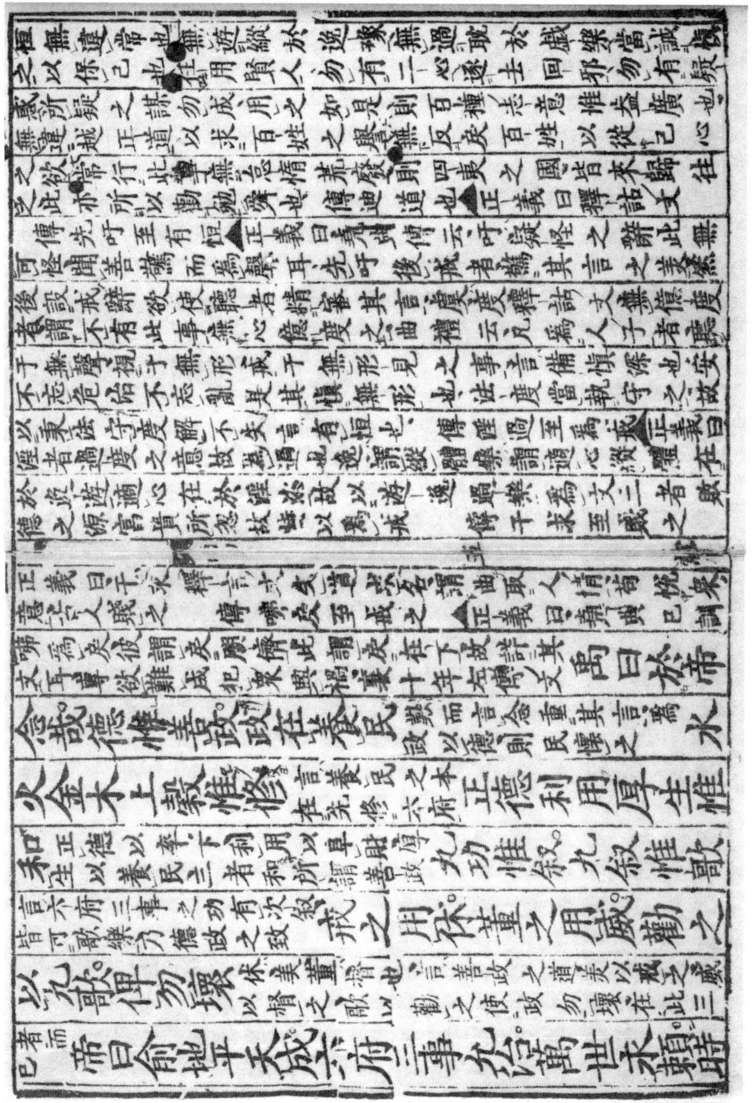
禹曰於帝念哉德惟善政政在養民水火金木土穀惟修正德利用厚生惟和九功惟敘九敘惟歌戒之用休董之用威勸之以九歌俾勿壞帝曰俞地平天成六府三事允治萬世永賴時乃功

楊本卷四第五葉

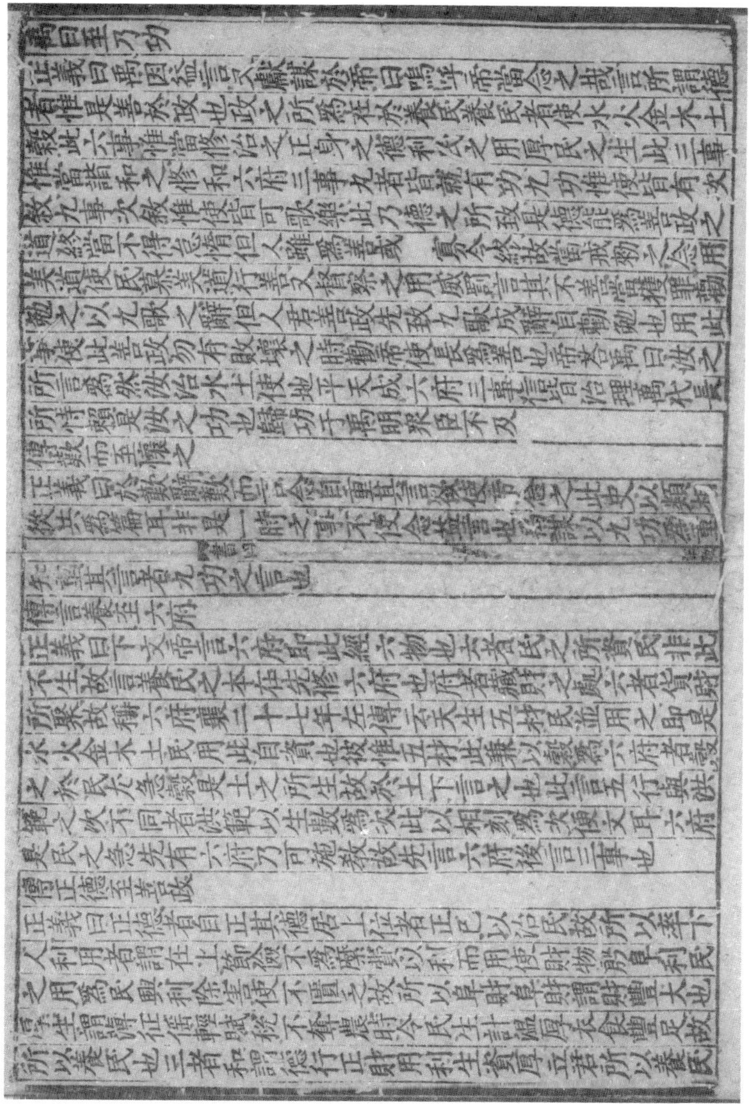

單疏卷四第五葉

大禹謨第三　虞書

乃功。水土治曰平，五行叙曰成。因禹陳九功而歎美之，言是汝之功，明衆臣不及。

疏「禹曰」至「乃功」。●正義曰：禹因益言，又獻謀於帝曰：嗚呼！帝當念之哉！言所謂德者，惟是善於政也。政之所爲，在於養民。養民者，使水火金木土穀此六事惟當修治之。●正身之德，利民之用，厚民之生，此三事惟當諧和之。●修和六府三事，九者皆就有功。九功惟使皆有次叙，九事次叙，惟使皆可歌樂，此乃德之所致。是德能爲善政之道，終當不得怠情。●但人雖爲善，或寡令終，故當戒勑之，念用美道，使民慕美道行善。又督察之，用威罰言其不善當獲罪。勸勉之以九歌之辭。但人君善政，先致九歌，成辭自勸勉也。用此事使此善政勿有敗壞之時，勸帝使長爲善也。●帝荅禹曰：汝之所言爲然。汝治水土，使地平天成，六府三事信皆治理，萬代長所恃賴，是汝之功也。歸功于禹，明衆臣不及。傳「歎而至懷之」。▲正義曰：於，歎辭。歎而言，念，自重其言，欲使帝念之。此史以類相從，共爲篇耳，非是一時之事，不使念益言也。禹謀以九功爲重，知其言者，九功之言也。傳「言養至六府」。▲正義曰：下文帝言六府，即此經六物也。六者民之所資，民非此不生，故言養民之本在先修六府也。府者藏財之處，六者貨財所聚，故稱六府。襄二十七年左傳云：天生五財，民並用之。即是水火金木土，民用此自資也。彼惟五材，此兼以穀爲六府者，穀之於民尤急，穀是土之所生，故於土下言之也。此言五行與洪範之次不同者，洪範以生數爲次，此以相剋爲次，便文耳。六府是民之急，先有六府，乃可施教，故先言六府，後言三事也。傳「正德至善政」。▲正義曰：正德者，自正其德，居上位者正己以治民，故所以率下人。利用者，謂在上節儉，不爲縻費，以利而用，使財物殷阜，利民之用，爲民興利除害，使不匱乏，故所以阜財。阜財謂財豐大也。厚生謂薄征徭、輕賦稅，不奪農時，令民生計溫厚，衣食豐足，故所以養民也。三者和，謂德行正，財用利，生資豐足，故所以養民也。三者和，謂德行正，財用利，生資豐，立君所以養民，人君若能如此，則爲君之道備矣。故謂善政結上德惟善政之言。此三者之次，人君自正乃能正下，故以正德爲先，利用然後厚生，故後言厚生。厚生謂財用足，禮讓行也。傳「言六至之致」。▲正義曰：上六下三即是六府三事，此揔云九功，知六府三事之功爲九功。惟叙者，即上惟修、惟和爲次叙，事皆有叙，民必歌樂君德，故九叙皆可歌，樂乃人君德政之致也。言下民必有歌樂，乃爲善政之驗，所謂和樂興而頌聲作也。傳「休美至而已」。▲正義曰：休，美，釋詁文。又云：董，督，正也。是董爲督也。此戒之、董之、勸之，皆謂人君自戒，勸欲使善政勿壞，在此三事而已。文七年左傳云：晉郤缺言於趙宣子，引此一經，乃言：九功之德皆可歌也，謂之九歌。若吾子之德莫可歌，其誰來之？盍使睦者歌吾子乎？言九功之德皆可歌者，若水能灌溉，火能烹飪，金能斷割，木能興作，土能生殖，穀能養育，古之歌詠各述其功，猶如漢魏已來樂府之歌，事歌其功用，是舊有成辭。人君修治六府以自勸勉，使民歌詠之，三事亦然。傳「水土至不及」。▲正義曰：釋詁云：平，成也。是平成義同，天地文異而分之耳。天之不成，由地之不平，故先言地平，本之於地以及天。禹平水土，故水土治曰平。五行之神佐天治物，繫之於天，故五行叙曰成。洪範云：鯀陻洪水，汩陳其五行，彝倫攸斁。禹治洪水，彝倫攸叙。是禹命五行叙也。帝因禹陳九功而歎美之，指言是汝之功，明衆臣不及。

帝曰：格，汝禹！朕宅帝位三十有三載，耄期倦于勤。汝惟不怠，揔朕師。八十九十曰耄，百年曰期頤。言己年老，厭倦萬機，汝不懈怠於位，稱揔我衆，欲使攝。禹曰：朕德罔克，民不依。皋陶邁種德，德乃降。黎民懷之。邁，行；種，布；降，下；懷，歸也。言己無德，民所不能依，皋陶布行其德，下洽於民，民歸服之。帝念哉。念茲在茲，釋茲在茲。茲，此；釋，廢也。念此人在此功，廢此人在此罪，言不可誣。名言茲在茲，允出茲在茲。惟帝念功。名言此事，必在此義；信出此心，亦在此義。言皋陶之德以義爲主，所宜念之。

疏

●正義曰：此舜言將禪禹，帝呼禹曰：「來，汝禹，我居帝位已三十有三載，在耄期之間，厭倦於勤勞。汝惟在官不懈怠，可代我居帝位，揔領我衆。」禹讓之曰：「我德實無所能，民必不依就我也。」言己不堪揔衆也。皋陶行布於德，德乃下洽於民，衆皆歸服之，可令皋陶攝也。我所言者，帝當念之哉。凡念愛此人在此功勞，知有功勞乃用之；釋廢此人在此罪，實知有罪乃廢之。言進人退人不可誣也。名目言談此事，必在此事之義，而名言之；若信實出見此心，必在此心之義，而出見之。言己名言其口，出見其心，以舉皋陶，皆在此義，不有虛妄。帝當念録其功以禪之，言皋陶堪攝位也。

傳「八十至使攝」。▲正義曰：八十、九十曰耄，百年曰期頤，曲禮文也。如舜典之傳，計舜年六十三即政，至今九十五矣，年在耄期之間，故並言之。鄭云：「期，要也。頤，養也。不知衣服食味，孝子要盡養之道而已。」孔意當然。

傳「邁行至服之」。▲正義曰：邁，行；降，下，釋言文。又云：「懷，來也。」來亦歸也。種物必布於地，故爲布也。

傳「茲此至可誣」。▲正義曰：茲，此；釋，舍，詁文。釋爲舍義，故爲廢也。禹之此意，欲令帝念皋陶，下云「惟帝念功」，念是念功，知廢是廢罪。言念廢必依其實，不可誣罔也。

傳「名言至念之」。▲正義曰：名言，謂已發於口；信出，謂始發於心。皆據欲舉皋陶，必先念慮於心，而後宣之於口。先言名言者，已對帝讓皋陶，即是名言之事，故先言其意，然後本其心，故後言信出。以義爲主者，言己讓皋陶，事非虛妄，以義爲主。

帝曰：「皋

楊本卷四第八葉

人君若能如此，則爲君之道備矣，故謂善政。結上德惟善政之言。此三者之次，人君自正，乃能正下，故以正德爲先，利用然後厚生，故後言厚生。厚生謂財用足，禮讓行也。

傳言六至之致

正義曰：上六下三，即是六府三事。此揔云九功，知六府三事之功爲九功。惟敘者，即上惟修惟和爲次敘，事皆有敘，民必歌樂君德，故九敘皆可歌樂，乃人君德政之致也。言下民必有歌樂，乃爲善政之驗，所謂和樂興而頌聲作也。

傳休美至而已

正義曰：休，美，釋詁文。又云：董，督，正也。是董爲督也。此戒之、董之、勸之，皆謂人君自戒勸，欲使善政勿壞，在此三事而已。文七年左傳云：晉郤缺言於趙宣子，引此一經，乃言九功之德皆可歌也，謂之九歌。若吾子之德莫可歌也，其誰來之？盍使睦者歌吾子乎？言九功之德皆可歌者，若水能灌溉，火能亨飪，金能斷割，木能興作，土能生殖，穀能養育，古之歌詠各述其功，猶如漢魏已來樂府之歌事，歌其功用，是舊有成辭。人君修治六府以自勸勉，使民歌詠之。三事亦然。

傳水土至不及

正義曰：釋詁云：平，成也。是平成義同，天地文異而分之耳。天之不成，由地之不平，故先言地平，本之於地以及天也。禹平水土，故水土治曰平；五行之神佐天治物，繫之於天，故五行敘曰成。洪範云：鯀陻洪水，汩陳其五行，彝倫攸斁。禹治洪水，彝倫攸敘。是禹命五行敘也。帝因禹陳九功而歎美之，指言是汝之功，明衆臣不及。

帝曰格至念功

正義曰：此舜言將禪禹，帝呼禹曰：來，汝禹，我居帝位已三十有三載，在耄期之間，厭倦於勤勞，汝惟在官不懈怠，可代我居帝位，揔領我衆。禹讓之曰：我德實無所能，民必不依就我也。言己不堪揔衆也。皋陶行布於德，德乃下洽於民，衆皆歸服之，可令皋陶攝也。我所言者，帝當念之哉。凡念愛此人在此功勞，知有

單疏卷四第六葉

陶惟茲臣庶罔或干予正或有也無有干我正言順命汝作士
明于五刑以弼五教期于予治弼輔期當也歎其能以刑輔教當於
治體刑期于無刑民協于中時乃功懋哉雖或行刑以殺止殺
終無犯者刑期於無所刑民皆合於大中之道是汝之功勉之皋陶曰帝德罔愆
臨下以簡御衆以寬愆過也善則歸君人臣之義罰弗及嗣
賞延于世嗣亦世俱謂子孫延及也父子罪不相及而及其賞道德之政宥過
無大刑故無小過誤所犯雖大必宥不忌故犯雖小必刑罪疑惟輕功
疑惟重刑疑附輕賞疑從重忠厚之至與其殺不辜寧失不
經好生之德洽于民心茲用不犯于有司辜罪
經常司主也皋陶因帝勉己遂稱帝之德所以明民不犯上也寧失不常之罪不枉不辜之善仁愛之道
帝曰俾予從欲以治四方風動惟乃之休使我從心
所欲而政以治民動順上命若草應風是汝能明刑之美疏帝曰皋陶至之休正義曰帝以禹讓皋
陶故述而美之帝呼之曰皋陶惟此羣臣衆庶皆無敢有干犯我正道者由汝作士官明曉於五刑以輔成
五教當於我之治體用刑期於無刑以殺止殺使民合於中正之道令人每事得中是汝之功當勉之哉
皋陶以帝美己歸美於君曰民合於中者由帝德純善無有過失臨臣下以簡易御衆庶以優寬罰人不
及後嗣賞人延於來世宥過失者無大雖大亦宥之刑其故犯者無小雖小必刑之罪有疑者雖重從輕

功乃用之釋廢此人在此罪釁有罪乃廢之言進人退人不
可誣也名目言談此事必在此事之義而名言之若信實出見
此心必在此心之義而出見之言已名言其口出見其心以舉
皋陶皆在此義不有虛妄帝當念錄其功以禪之言皋陶堪攝
位也
傳八十至使攝
正義曰八十九十曰耄百年曰期頤曲禮文也如舜典之傳計
舜年六十三即政至今九十五矣年在耄期之閒故並言之鄭
云期要也頤養也不知衣服食味孝子要盡養之道而已孔意
當然
傳邁行至服之
正義曰邁行降下釋言文又云懷來也來亦歸也種物必布於
地故爲布也
傳茲此至可誣
正義曰茲此釋詁文釋丟舍義故爲廢也重之此意欲令帝念
皋陶下云惟帝念功念是念功知廢是廢罪言念廢必依其實
不可誣罔也
傳名言至念之
正義曰名言謂已發於口信出謂始發於心皆據欲舉皋陶必
先念慮於心而後宣之於口先言名言者已對帝讓皋陶即是
名言之事故先言其意然後本其心故後言信出以義爲主者
言已讓皋陶事非虛妄以義爲主
帝曰皋陶至之休
正義曰帝以禹讓皋陶故述而美之帝呼之曰皋陶惟此羣臣
衆庶皆無敢有干犯我正道者由汝作士官明曉於五刑以輔
成五教當於我之治體用刑期於無刑以殺止殺使民合於中
正之道令人每事得中是汝之功當勉之哉皋陶以帝美已歸
美於君曰民合於中者由帝德純善無有過失臨臣下以簡易
御衆庶以優寬罰人不及後嗣賞人延於來世宥過失者無大
雖大亦宥之刑其故犯者無小雖小必刑之罪有疑者雖重從

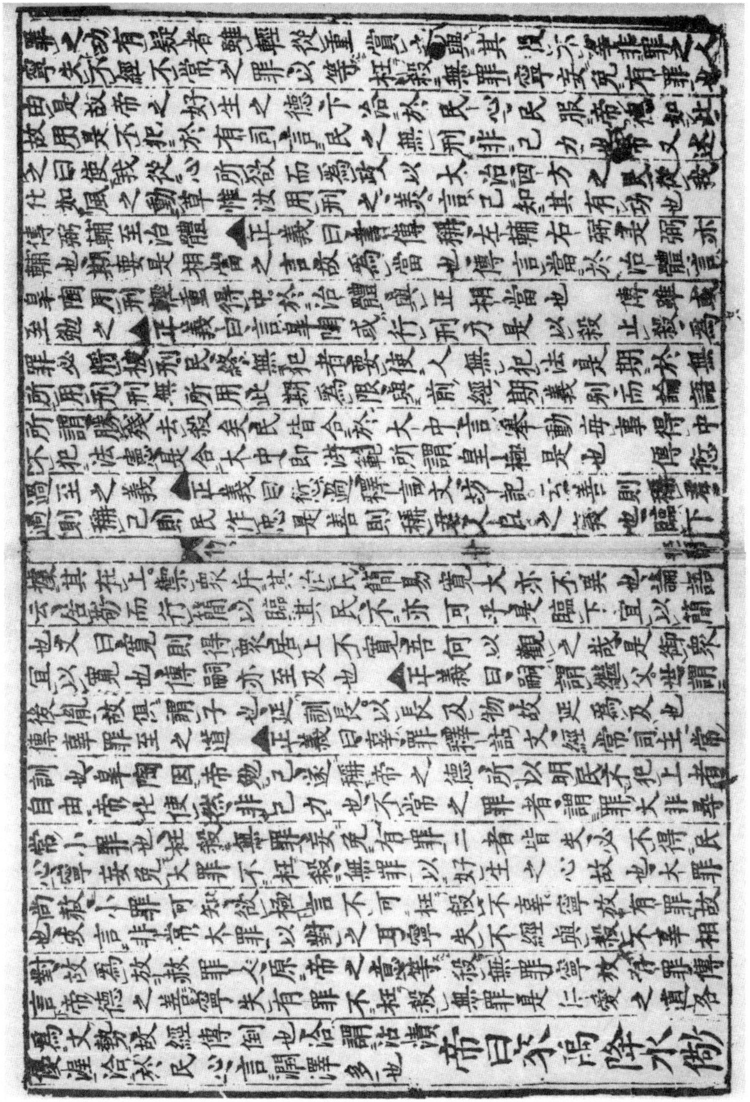

楊本卷四第十葉

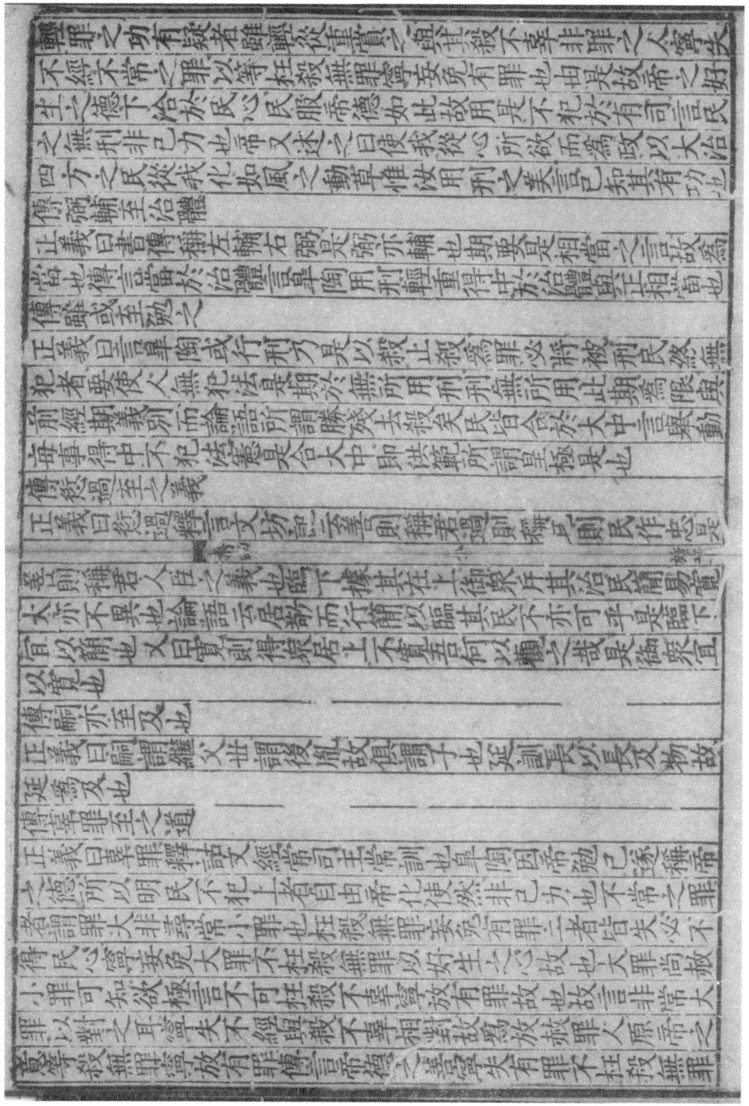

單疏卷四第八葉

予成允成功惟汝賢水性流下故曰下水儆戒也能成聲教之信成治水之功言禹最賢重美之克勤于邦克儉于家不自滿假惟汝賢滿謂盈實假大也言禹惡衣薄食卑其宮室而盡力爲民執心謙沖不自盈大汝惟不矜天下莫與汝爭能汝惟不伐天下莫與汝爭功自賢曰矜自功曰伐言禹推善讓人而不失其能不有其勞而不失其功所以能絶衆人予懋乃德嘉乃丕績天之曆數在汝躬汝終陟元后丕大也曆數謂天道元大也大君天子舜善禹有治水之大功言天道在汝身汝終當升爲天子人心惟危道心惟微惟精惟一允執厥中危則難安微則難明故戒以精一信執其中無稽之言勿聽弗詢之謀勿庸無考無信驗不詢專獨終必無成故戒勿聽用可愛非君可畏非民衆非元后何戴民以君爲命故可愛君失道民叛之故可畏言衆戴君以自存后非衆罔與守邦君恃衆以守國相須而立欽哉愼乃有位敬修其可願四海困窮天祿永終有位天子位可願謂道德之美困窮謂天民之無告者言爲天子勤此二者則天之祿籍長終汝身惟口出好興戎朕言不再好謂賞善戎謂伐惡言口榮辱之主慮而宣之成於一也

疏帝曰來至不再 ●正義曰帝不許禹讓呼之曰來禹下流之水儆戒於我我恐不能治之汝成聲教之信能成治水之功惟汝之賢汝能勤勞於國謂盡力於溝洫

是仁愛之道各爲文勢故經傳倒也浛謂沾漬優渥洽於民心言潤澤多也

帝曰來至不再

正義曰帝不許禹讓呼之曰來禹下流之水儆戒於我我恐不能治之汝成聲教之信能成治水之功惟汝之賢汝能勤勞於國謂盡力於溝洫能節儉於家謂薄飲食卑宮室常執謙沖不自滿溢誇大惟汝之賢也又申美之汝惟不自矜誇故天下莫敢與汝爭能汝惟不自稱伐故天下莫敢與汝爭功美功之大也我今勉汝之德善汝大功天之曆運之數帝位當在汝身汝終當升此大君之位宜代我爲天子因戒以爲君之法民心惟甚危險道心惟甚幽微危則難安微則難明汝當精心惟當一意信執其中正之道乃得人安而道明耳又爲人君不當妄受用人語無可考驗之言勿聽受之不是詢衆之謀勿信用之言民所愛者豈非人君乎民以君爲命故愛君也言君可畏者豈非民乎君失道則民叛之故畏民也衆非大君而何所奉戴無君則民亂故愛君也君非衆人無以守國無人則國亡故畏民也君民相須如此當宜敬之哉謹慎汝所有之位守天子之位勿使失也敬修其可願之事謂道德之美人所願也養彼四海困窮之民使皆得存立則天之祿籍長終汝身矣又告禹惟口之所言出好事興戎兵非善思慮無以出口我言不可再發令禹受其言也

傳水性至美之

正義曰降水洪水也水性下流故曰下水禹以治水之事儆戒於予益稷云予創若時娶于塗山辛壬癸甲啓呱呱而泣予弗子惟荒度土功之事雖文在下篇實是欲禪前事故帝述而言之禹貢言治水功成云朔南暨聲教故知成允是成聲教之信成功是成治水之功也前已言地平天成是汝功今復說治水之事言禹最賢重美之也禹實聖人美其賢者其性爲聖其功爲賢猶易繫辭云可久則賢人之德可大則賢人之業亦是聖人之事

能節儉於家謂薄飲食卑宮室常執謙沖不自盈滿
盈誇大惟汝之賢也又申美之汝惟不自矜誇故天
下莫敢與汝爭能汝惟不自稱伐故天下莫敢與汝
爭功美功之大也我今勉汝之德善汝大功天之曆
運之數帝位當在汝身汝終當升此大君之位宜代
我爲天子因戒以爲君之法民心惟甚危險道心惟
甚幽微危則難安微則難明汝當精心惟當一意信
執其中正之道乃得人安而道明耳又爲人君不當
妄受用人語無可考驗之言勿聽受之不是詢衆之
謀勿信用之言民所愛者豈非人君乎民以君爲命
故愛君也言君可畏者豈非民乎君失道則民叛之
故畏民也衆非大君而何所奉戴無君則民亂故愛
君也君非衆人無以守國無人則國亡故畏民也君
民相須如此當宜敬之哉謹慎汝所有之位守天子
之位勿使失也敬修其可願之事謂道德之美人所
願也養彼四海困窮之民使皆得存立則天之祿籍
長終汝身矣又告禹惟口之所言出好事興戎兵非
善思慮無以出口我言不可再發令禹受其言也
傳水性至美之 ▲正義曰降水洪水也水性下流故
曰下水禹以治水之事儆戒於予益稷云予創若時
娶于塗山辛壬癸甲啓呱呱而泣予弗子惟荒度土
功之事雖文在下篇實是欲禪前事故帝述而言之
禹貢言治水功成云朔南暨聲教故知成允是成聲
教之信成功是成治水之功也前已言地平天成是
汝功今復說治水之事言禹最賢重美之也禹實聖
人美其賢者其性爲聖其功爲賢猶易繫辭云可久
則賢人之德可大則賢人之業亦是聖人之事 傳
滿謂至盈大 ▲正義曰滿以器喻故爲盈實也假大
釋詁文言己無所不知是爲自滿言己無所不能是
爲自大禹實不自滿大故爲賢也論語美禹之功德
云惡衣服菲飲食卑宮室而盡力乎溝洫故傳引彼
惡衣薄食卑其宮室是儉於家盡力爲民是勤於邦

楊本卷四第十二葉

傳滿謂至盈大

正義曰滿以器喻故爲盈實也假大釋詁文言己無所不知是
爲自滿言己無所不能是爲自大禹實不自滿大故爲賢也論
語美禹之功德云惡衣服菲飲食卑宮室而盡力乎溝洫故傳
引彼惡衣薄食卑其宮室是儉於家盡力爲民是勤於邦上言
其功此言其德故再云惟汝賢

傳自賢至衆人

正義曰自言己賢曰矜自言己功曰伐論語云願無伐善詩云
矜其車甲矜與伐俱是誇義以經有爭能爭功故別解之耳弗
矜莫與汝爭能即矜者矜其能也賢能大同小異故自賢解矜
老子云夫惟不爭故天下莫能與之爭是故不矜伐而不失其
功能此所以能絕異於衆人也

傳丕大至天子

正義曰丕大釋詁文曆數謂天曆運之數帝王易姓而興故言
曆數謂天道鄭玄以曆數在汝身謂有圖籙之名孔無讖緯之
說義必不然當以大功既立衆望歸之即是天道在身釋詁云
訓爲首首是體之大也易曰大君有命是大君謂天子也

傳危則至其中

正義曰居位則治民治民必須明道故戒之以人心惟危道心
惟微道者徑也物所從之路也因言人心遂云道心人心爲萬
慮之主道心爲衆道之本立君所以安人人心危則難安安民
必須明道道心微則難明將欲明道必須精心將欲安民必須
一意故以戒精心一意又當信執其中然後可得明道以安民耳

傳無考至聽用

正義曰爲人之君不當妄用人言故又戒之無可考校之言謂
無信驗不詢於衆人之謀謂專獨用意言無信驗是虛妄之言
獨爲謀慮是偏見之說二者終必無成故戒令勿聽用也言謂
率意爲語謀謂豫計前事故互文也

傳民以至而立

正義曰百人無主不散則亂故民以君爲命君尊民畏之嫌其

單疏卷四第十葉

上言其功此言其德故再云惟汝賢 傳自賢至衆
人 ▲正義曰自言己賢曰矜自言己功曰伐論語云
願無伐善詩云矜其車甲矜與伐俱是誇義以經有
爭能爭功故別解之耳弗矜莫與汝爭能即矜者矜
其能也賢能大同小異故自賢爲矜老子云夫惟不
爭故天下莫能與之爭是故不矜伐而不失其功能
此所以能絕異於衆人也 傳丕大至天子 ▲正義
曰丕大釋詁文曆數謂天曆運之數帝王易姓而興
故言曆數謂天道鄭玄以曆數在汝身謂有圖籙之
名孔無讖緯之說義必不然當以大功既立衆望歸
之即是天道在身釋詁云元首也首是體之大也易
曰大君有命是大君謂天子也 傳危則至其中
▲正義曰居位則治民治民必須明道故戒之以人心
惟危道心惟微道者徑也物所從之路也因言人心
遂云道心人心爲萬慮之主道心爲衆道之本立君
所以安人人心危則難安安民必須明道道心微則
難明將欲明道必須精心將欲安民必須一意故以
戒精心一意又當信執其中然後可得明道以安民
耳 傳無考至聽用 ▲正義曰爲人君不當妄用
人言故又戒之無可考校之言謂無信驗不詢於衆
人之謀謂專獨用意言無信驗是虛妄之言獨爲謀
慮是偏見之說二者終必無成故戒令勿聽用也言
謂率意爲語謀謂豫計前事故互文也 傳民以至
而立 ▲正義曰百姓無主不散則亂故民以君爲命
君尊民畏之嫌其不愛故言愛也民賤君忽之嫌其
不畏故言畏也 傳有位至汝身 ▲正義曰上云汝終
陟元后命升天位知其慎汝有位慎天子位也道德
人之可願知可願者是道德之美也惟言四海困窮
不結言民之意必謂四海之內困窮之民令天子撫育之
故知如王制所云孤獨鰥寡此四者天民之窮而無
告者此是困窮者也言爲天子當慎天位修道德養
窮民勤此三者則天之祿籍長終汝身祿謂福祿籍

楊本卷四第十三葉

不愛故言愛也民賤君忽之嫌其不畏故言畏也
傳有位至汝身
正義曰上云汝終陟元后命升天位知其慎汝有位慎天子位
也道德人之可願知可願者是道德之美也惟言四海困窮不
結言民之意必謂四海之內困窮之民令天子撫育之故知如
王制所云孤獨鰥寡此四者天民之窮而無告者此是困窮者
也言爲天子當慎天位修道德養窮民勤此三者則天之祿籍
長終汝身祿謂福祿籍謂名籍言享大福保大名也
傳好謂至於一
正義曰昭二十八年左傳云慶賞刑威曰君君出言有賞有刑
出好謂愛人而出好言故爲賞善興戎謂疾人而動甲兵故爲
伐惡易繫辭曰言語者君子之樞機樞機之發榮辱之主必當
慮之於心然後宣之於口故成之於一而不可再帝言我命汝
升天位者是慮而宣之此言故不可再
禹曰至汝諧
正義曰禹以讓而不許更請帝曰每以一枚歷卜功臣惟吉之
人從而受之帝曰禹卜官之占惟能先斷人志後乃命其大龜
我授汝之志先以定矣又詢於衆衆其謀又皆同美矣我後謀
及鬼神加之卜筮鬼神其依我矣龜筮復合從矣卜法不得因
前之吉更復卜之不須復卜也禹猶拜而後稽首固辭帝曰毋
毋者禁止其辭也惟汝能諧和此元后之任汝宜受之
傳枚謂至之志
正義曰周禮有銜枚氏所銜之物狀如箸今人數物云一枚兩
枚則枚是籌之名也枚卜謂人人以次歷申卜之似若枚數然
然 請卜不請筮者舉重也
傳帝王至後卜
正義曰占是卜人之占而云官占者帝王立卜筮之官故曰官
占洪範稽疑云擇建立卜筮人是帝王立卜筮之官周禮司寇
斷獄爲蔽獄是蔽爲斷也昆後釋言文官占之法先斷人志後
命元龜言志定然後卜也洪範云汝則有大疑謀及乃心謀及

單疏卷四第十一葉

謂名籍言享大福保大名也　傳所謂至於一
正義曰昭二十八年左傳云慶賞刑威曰君君出
言有賞有刑出好謂愛人而出好言故爲賞善興
戎謂疾人而動甲兵故爲伐惡易繫辭曰言語者
君子之樞機樞機之發榮辱之主必當慮之於
心然後宣之於口故成之於一而不可再帝言我
命汝升天位者是慮而宣之此言故不可再　禹曰枚卜功臣惟吉之從枚謂
歷卜之而從其吉此禹讓之志　帝曰禹官占惟先蔽志昆命于元
龜帝王立卜占之官故曰官占蔽斷昆後也官占之法先斷人志後命於元龜言志定然後卜
朕志先定詢謀僉同鬼神其依龜筮協從卜不
習吉習因也言已謀之於心謀及卜筮四者合從卜不因吉無所枚卜　禹拜稽首固
辭再辭曰固　帝曰毋惟汝諧言毋所以禁其辭禹有大功德故能諧和元后
之任　疏　禹曰至汝諧　●正義曰禹以讓而不許更請帝曰毋以一枚歷卜功臣惟吉之今從而受之帝
曰禹卜官之占惟能先斷人志後乃命其大龜我授
汝之志先以定矣又詢於衆人其謀又皆同美矣我
後謀及鬼神加之卜筮鬼神其依我矣龜筮復合從
矣卜法不得因前之吉更復卜之不須復卜也禹猶
拜而後稽首固辭帝曰毋毋者禁止其辭也惟汝能
諧和此元后之任汝宜受之　傳枚謂至之志　▲正
義曰周禮有銜枚氏所銜之物狀如箸今人數物云
一枚兩枚則枚是籌之名也枚卜謂人人以次歷申卜
之似若枚數然然　請卜不請筮者舉重也　傳帝
王至後卜　▲正義曰占是卜人之占而云官占者帝
王立卜筮之官故曰官占洪範稽疑云擇建立卜筮
人是帝王立卜筮之官周禮司寇斷獄爲蔽獄是蔽

卿士謀及庶人是先斷人志乃云謀及卜筮是後命元龜元龜
謂大龜也
傳習因至枚卜
正義曰表記云卜筮不相襲鄭云襲因也然則習與襲同重衣
謂之襲習是後因前故爲因也朕志先定言已謀之於心龜筮
協從是謀及卜筮經言詢謀僉同謀及卿士庶人謀皆同心鬼
神其依即是龜筮之事卜筮通鬼神之意故言鬼神其依龜筮
協從謂卜得吉是依從也志先定也謀僉同也鬼神依也龜筮
從也四者合從然後命汝卜法不得因吉無所復枚卜也如帝
此言既謀既卜方始命禹仍請枚卜者帝與朝臣私謀私卜將
欲命禹禹不預謀故不在更請卜也
傳言毋至之任
正義曰說文云毋止之也其字從女内有一畫象有姦之者禁
止令勿姦也古人言毋猶今人言莫是言毋者所以禁其辭令
勿辭
正月至之初
正義曰舜即政三十三年命禹代已禹辭不獲免乃以明年正
月朔旦受終事之命於舜神靈之宗廟揔率百官順帝之初攝
故事言與舜受禪之初其事悉皆同也此年舜即政三十四年
九十六也
傳受舜至尊之
正義曰舜典說舜之初受終于文祖此言若帝之初知受命即
是舜終事之命也神宗猶彼文祖故云文祖之宗廟文祖言祖
有文德神宗言神而尊之名異而實同神宗當舜之始祖案帝
繫云黃帝生昌意昌意生顓頊顓頊生窮蟬窮蟬生敬康敬康
生句芒句芒生蟜牛蟜牛生瞽瞍瞽瞍生舜即是舜有七廟黃
帝爲始祖其顓頊與窮蟬爲二祧敬康句芒蟜牛瞽瞍爲親廟
則文祖爲黃帝顓頊之等也
傳順舜至行之
正義曰若不得爲如也舜典巡守之事言如初者皆言如不言

爲斷也是後釋文官占之法先斷人志後命元龜言志定然後卜也洪範云汝則有大疑謀及乃心謀及卿士謀及庶人是先斷人志乃云謀及卜筮是後命元龜元龜謂大龜也 傳習因至枚卜 ▲正義曰表記云卜筮不相襲鄭云襲因也然則習與襲同重衣謂之襲習是後因前故爲因也朕志先定言已謀之於心龜筮協從是謀及卜筮經言詢謀僉同謀及卿士庶人謀皆同心鬼神其依即是龜筮之事卜筮通鬼神之意故言鬼神其依龜筮協從謂卜得吉是依從也志先定也謀僉同也鬼神依也龜筮從也四者合從然後命汝卜法不得因吉無所復枚卜也如帝此言既謀既卜方始命禹禹仍請枚卜者帝與朝臣私謀私卜將欲命禹禹不預謀故不在更請卜也 傳言毋至之任 ▲正義曰說文云毋止之也其字從女內有一畫象有姦之者禁止令勿姦也古人言毋猶今人言莫是言毋者所以禁其辭令勿辭 正

月朔旦受命于神宗 受舜終事之命神宗文祖之宗廟言神尊之 率百官若帝之初 順舜初攝帝位故事奉行之 疏 正月至之初 ●正義曰舜即政三十三年命禹代己禹辭不獲免乃以明年正月朔旦受終事之命於堯神靈之宗廟總率百官順帝之初攝故事言與舜受禪之初其事悉皆同也此年舜即政三十四年九十六也 傳受舜至尊之 ▲正義曰堯典說舜之初受終于文祖此言若帝之初知受命即是舜終事之命也神宗猶彼文祖故云文祖之宗廟文祖言祖有文德神宗言神而尊之名異而實同神宗當舜之始祖案帝繫云黃帝生昌意昌意生顓頊顓頊生窮蟬窮蟬生敬康敬康生句芒句芒生蟜牛蟜牛生瞽瞍瞽瞍生舜即是舜有七廟黃帝爲始祖其顓頊與窮蟬爲二祧敬康句芒蟜牛瞽瞍爲親廟則文祖爲黃帝顓頊之等也 傳順舜至行之 ▲正

義曰若不得爲如也舜典巡守之事言如初者皆言如不言若知此若爲順也順舜初攝帝位故事而奉行之其奉行者當如舜典在璿璣以下班瑞羣后以上也其巡守非率百官之事舜尚自爲陟方禹攝帝位未得巡守此是舜史所錄以爲虞書故言帝之事順帝之初奉行帝之事故自美禪之得人也 帝曰咨禹惟時有苗弗率汝徂征 三苗之民數干王誅率循徂往也不循帝道言亂逆命禹討之 禹乃會羣后誓于師曰濟濟有衆咸聽朕命 會諸侯共伐有苗軍旅曰誓濟濟衆盛之貌 蠢茲有苗昏迷不恭 蠢動昏闇也言其所以宜討之 侮慢自賢反道敗德 狎侮先王輕慢典教反正道敗德義 君子在野小人在位 廢仁賢任姦佞 民棄不保天降之咎 言民叛天災之 肆予以爾衆士奉辭罰罪 肆故也辭謂不恭罪謂侮慢以下事 爾尚一乃心力其克有勳 尚庶幾一汝心力以從我命 疏 帝曰咨至有勳 ●正義曰史言禹雖攝位帝尊如故時有苗國不順帝曰咨嗟汝禹惟時有苗之國不循帝道汝往征之得帝命乃會羣臣諸侯告誓於衆曰濟濟美盛之有衆皆聽從我命今蠢蠢然動而不遜者是此有苗之君昏闇迷惑不恭敬王命侮慢典常自以爲賢反戾正道敗壞德義其君子在野小人在位由此民棄叛之不保其有衆上天降之殃咎故我以爾衆士奉此譴責之辭伐彼有罪之國汝等庶幾同心盡力以從我命其必能有大功勳不可懈惰 傳三苗至討之 ▲正義曰呂刑稱苗民作五虐之刑皇帝遏絕苗民無世在下謂堯初誅三苗舜典云竄三苗于三危謂舜

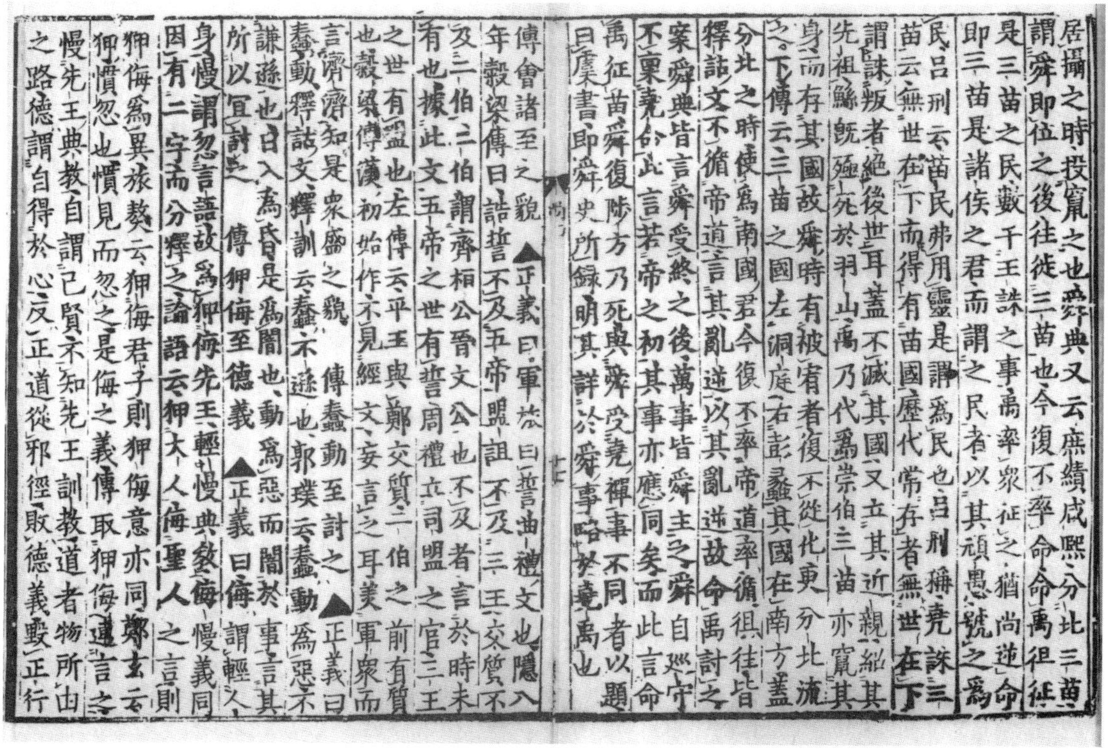

楊本卷四第十七葉

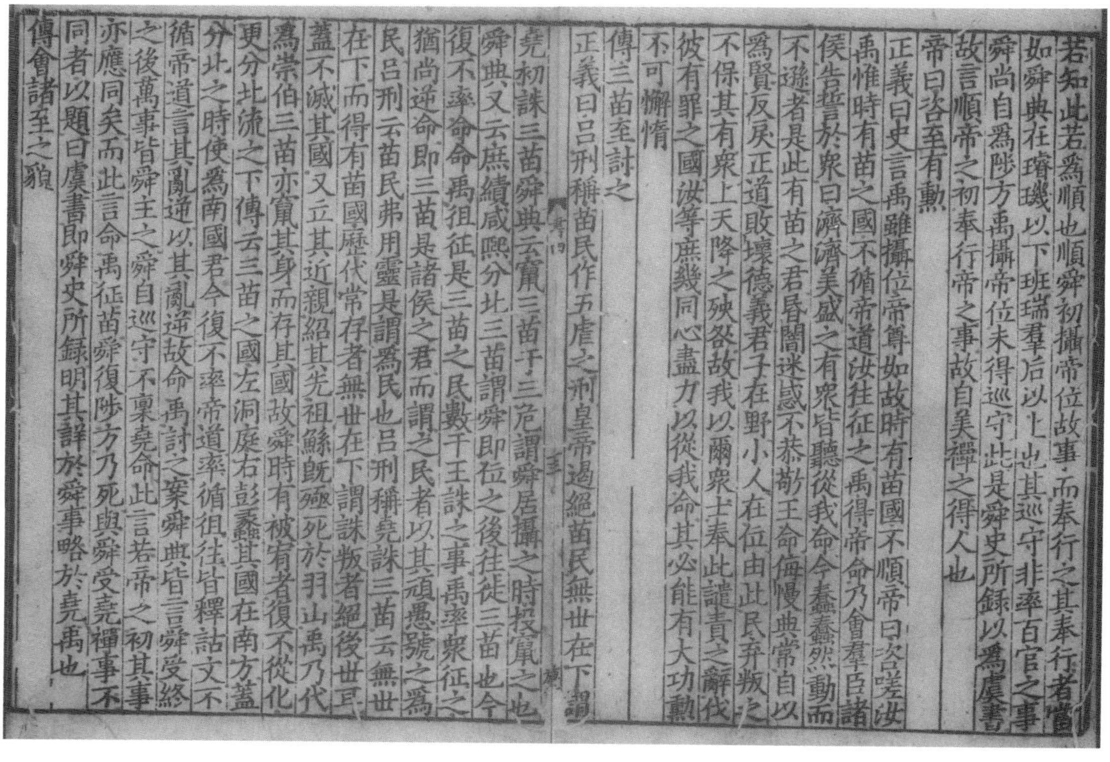

單疏卷四第十三葉

也。傳廢仁賢任姦佞▲正義曰雖則下愚之君皆
云好賢疾佞非知賢而廢之知佞而任之但愚人所
好必同於民賢求其心佞從其欲以賢爲惡謂佞爲
善故仁賢見廢姦佞被任此則昏迷之狀也　傳肆
故至下事▲正義曰肆故釋詁文所奉之辭即所伐
之罪但天子責其不恭數其身罪因其文異而分之
傳尚庶至我命▲正義曰釋言云庶幾尚也反以相解故尚爲庶幾　三旬苗民逆
命旬十日也以師臨之一月不服責舜不先有文誥之命威讓之辭而便憚之以威脅之以兵所以生
辭。益贊于禹曰惟德動天無遠弗屆贊佐屆至也益以此
義佐禹欲其修德致遠　滿招損謙受益時乃天道自滿者人損之自謙
者人益之是天之常道　帝初于歷山往于田日號泣于旻天
于父母仁覆愍下謂之旻天言舜初耕于歷山之時爲父母所疾日號泣于旻天及父母克己自
責不責於人　負罪引慝祗載見瞽瞍夔夔齋慄
瞽亦允若慝惡載事也夔夔悚懼之貌言舜負罪引惡敬以事見于父悚懼齋莊父亦信
順之言能以至誠感頑父　至諴感神矧茲有苗諴和矧况也至和感神况有苗
乎言易感　禹拜昌言曰俞班師振旅昌當也以益言爲當故拜受而
然之遂還師兵入曰振旅言整衆　帝乃誕敷文德遠人不服大布文德以來之
舞干羽于兩階干楯羽翳也皆舞者所執修闡文教舞文舞于賓主階間抑武
事　七旬有苗格討而不服不討自來明御之者必有道三苗之國左洞庭右彭蠡在

正義曰軍旅曰誓曲禮文也隱八年穀梁傳曰誥誓不及五帝
盟詛不及三王交質不及二伯二伯謂齊桓公晉文公也
者言於時未有也據此文五帝之世有誓周禮立司盟之官三
王之世有盟也左傳云平王與鄭交質二伯之前有質也穀梁
傳漢初始作不見經文妄言之耳美軍衆而言濟濟知是衆盛
之貌
傳蠢動至討之
正義曰蠢動釋詁文釋訓云蠢不遜也郭璞云蠢動爲惡不謙
遜也日入爲昏是爲闇也動爲惡而闇於事言其所以宜討之
傳狎侮至德義
正義曰侮謂輕人身慢謂忽言語故爲狎侮先王輕慢典教侮
慢義同因有二字而分釋之論語云狎大人侮聖人之言則狎
侮爲異旅獒云狎侮君子則狎侮意亦同鄭玄云狎慣忽也慣
見而忽之是侮之義傳取狎侮連言之慢先王典教自謂己賢
不知先王訓教道者物所由之路德謂自得於心反正道從邪
徑敗德義毀正行也
傳廢仁賢任姦佞
正義曰雖則下愚之君皆云好賢疾佞非知賢而廢之知佞而
任之但愚人所好必同於民賢求其心佞從其欲以賢爲惡謂
佞爲善故仁賢見廢姦佞被任此則昏迷之狀也
傳肆故至下事
正義曰肆故釋詁文所奉之辭即所伐之罪但天子責其不恭
數其身罪因其文異而分之
傳尚庶至我命
正義曰釋言云庶幾尚也反以相解故尚爲庶幾
三旬至苗格
正義曰禹既誓於衆而以師臨苗經三旬苗民逆帝命不肯服
罪益乃進謀以佐於禹曰惟是有德能動上天苟能修德無有
遠而不至因言行德之事自滿者招其損謙虛者受其益是乃
天之常道欲禹修德謙虛以來苗既說其理又言其驗帝乃初

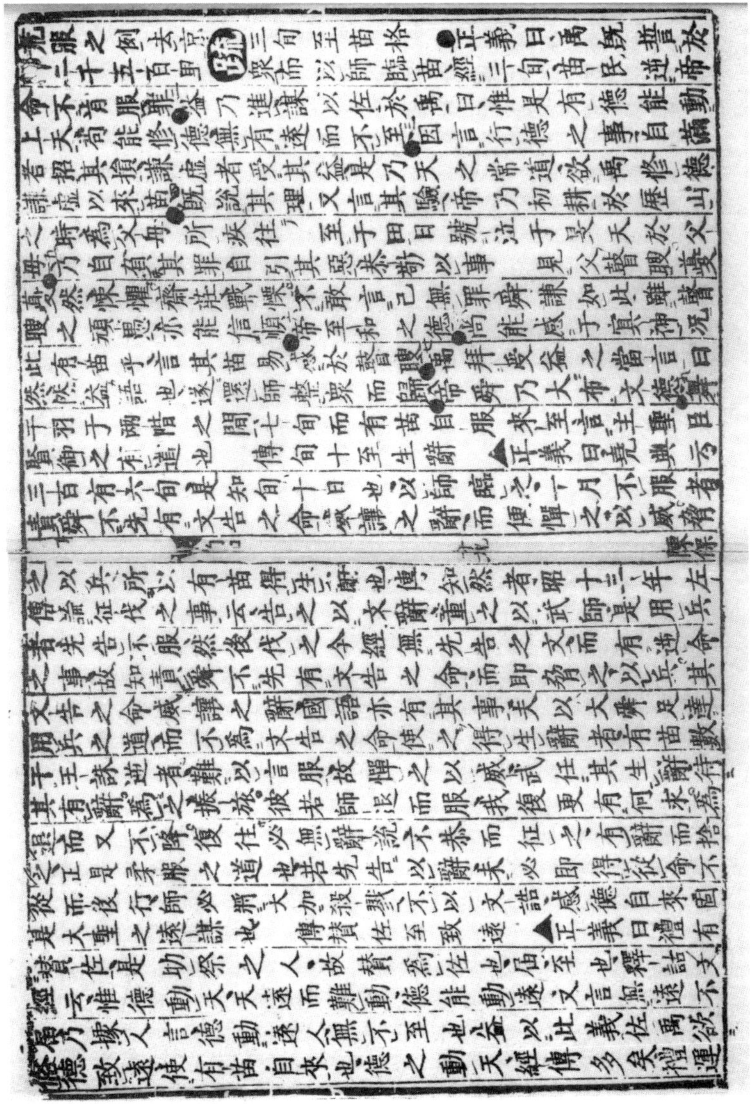

楊本卷四第十九葉

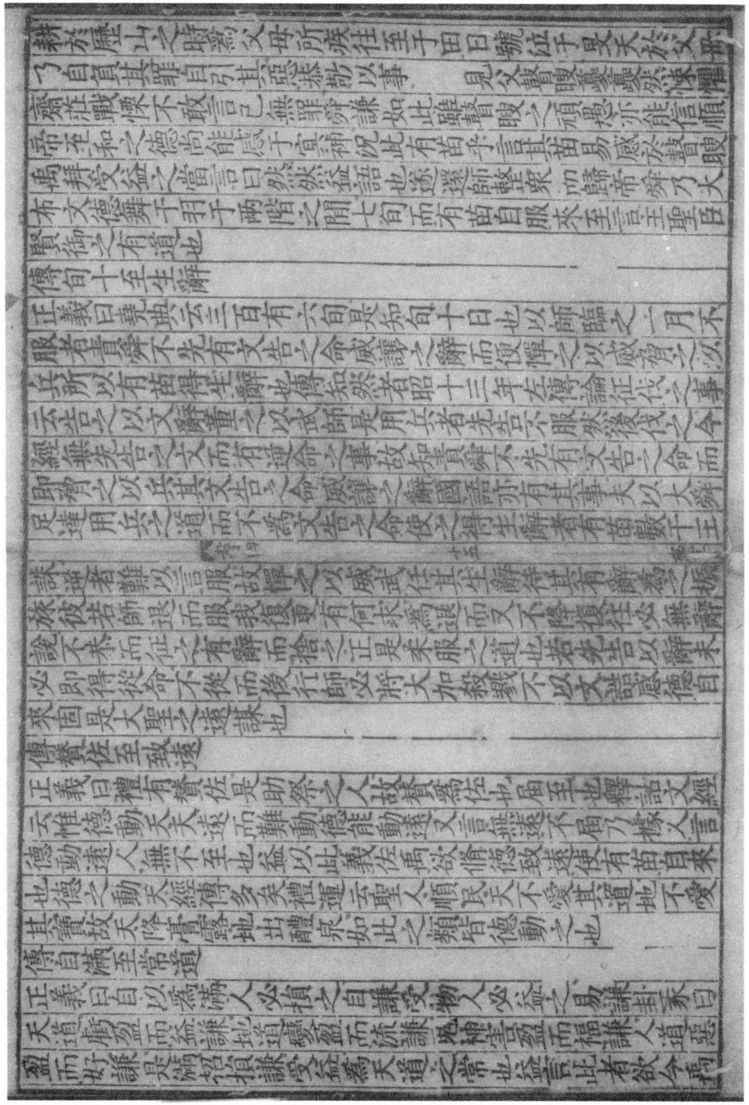

單疏卷四第十五葉

大禹謨第三　虞書

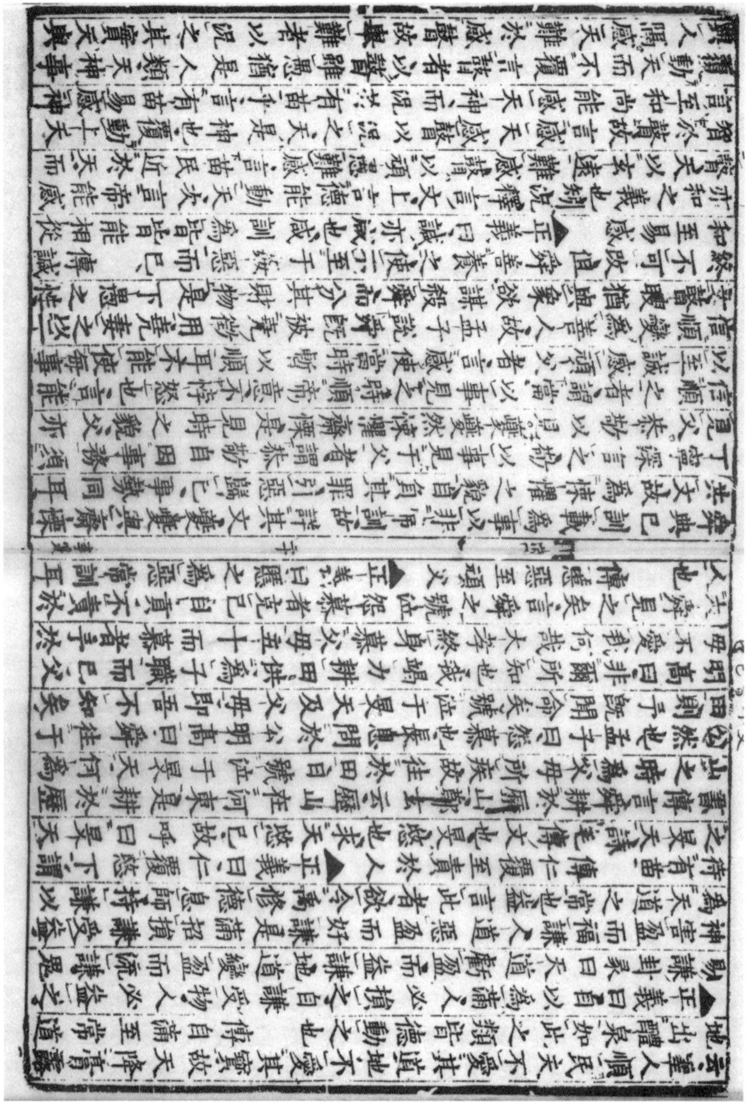

楊本卷四第二十葉

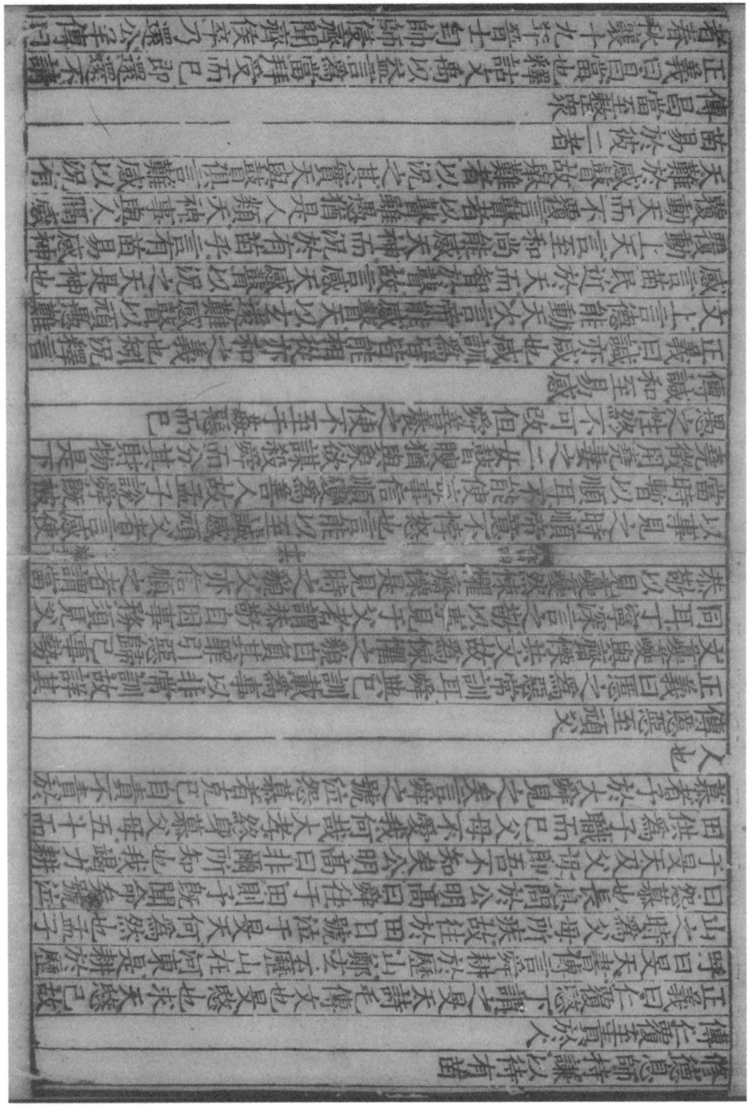

楊本卷四第十六葉

贊俱言難感以況有苗易於彼二者　傳昌當至整
衆　▲正義曰昌當也釋詁文禹以益言爲當拜受而
已即還還不請者春秋襄十九年晉士匄帥師侵齊
聞齊侯卒乃還公羊傳曰大夫以君命出進退在大
夫是言進退由將不須請也或可當時請帝乃還文
不具耳兵入曰振旅釋天文與春秋二傳皆有此文
振整也言整衆而還　傳遠人至來之　▲正義曰遠
人不服文德以來之論語文也益贊於禹使修德而
帝自誕敷者言君臣同心大布者多設文德之教君
臣共行之也　傳干楯至武事　▲正義曰釋言云干
扞也孫炎曰干楯自蔽扞也以楯爲人扞通以干爲
楯名故干爲楯釋言又云纛翳也郭璞云舞者持以
自蔽翳也故明堂位云朱干玉戚以舞大武戚斧也
是武舞執斧執楯詩云左手執籥右手秉翟是文舞
執籥故干羽皆舞者所執修闡文教不復征伐故舞
文德之舞於賓主階間言帝抑武事也經云舞干羽
即亦舞武也傳惟言舞文者以據器言之則有武有
文俱用以爲舞而不用於敵故教爲文也　傳討而
至百里　▲正義曰御之必有道者不恭而往征得辭
而振旅而御之以道史記吳起對魏武侯云昔三苗
氏左洞庭右彭蠡德義不修而禹滅之此言來服則
是不滅吳起言滅者以武侯恃險言滅以懼之辯士
之說不必皆依實也知在荒服之例者以其地驗之
爲然禹貢五服甸侯綏要荒荒最在外王畿面五百
里其外四服文每服五百里
是去京師爲二千五百里

皋陶謨第四　虞書　孔氏傳

皋陶謨　謨謀也皋陶爲帝舜謀　疏　傳謨謀至舜謀　孔以此篇惟與禹言嫌其　●正義曰
不對帝舜故言爲帝舜謀將言爲帝舜謀故又訓謨爲謀以詳其文　曰若稽古皋陶

楊本卷四第二十一葉

大夫以君命出進退在大夫是言進退由將不須請也或可當
時請帝乃還文不具耳兵入曰振旅釋天文與春秋二傳皆有
此文振整也言整衆而還
傳遠人至來之
正義曰遠人不服文德以來之論語文也益贊於禹使修德而
帝自誕敷者言君臣同心大布者多設文德之教君臣共行之也
傳干楯至武事
正義曰釋言云干扞也孫炎曰干楯自蔽扞也以楯爲人扞通
以干爲楯名故干爲楯釋言又云纛翳也郭璞云舞者持以自
蔽翳也故明堂位云朱干玉戚以舞大武戚斧也是武舞執斧
執楯詩云左手執籥右手秉翟是文舞執籥故干羽皆舞者所
執修闡文教不復征伐故舞文德之舞於賓主階間言帝抑武
事也經云舞干羽即亦舞武也傳惟言舞文者以據器言之則
有武有文俱用以爲舞而不用於敵故教爲文也
傳討而至百里
正義曰御之必有道者不恭而往征得辭而振旅而御之以道
史記吳起對魏武侯云昔三苗氏左洞庭右彭蠡德義不修而
禹滅之此言來服則是不滅吳起言滅者以武侯恃險言滅以
懼之辯士之說不必皆依實也知在荒服之例者以其地驗之
爲然禹貢五服甸侯綏要荒荒最在外王畿面五百里其外四
服又每服五百里是去京師爲二千五百里
皋陶謨第四
傳謨謀至舜謀
正義曰孔以此篇惟與禹言嫌其不對帝舜故言爲帝舜謀將
言爲帝舜謀故又訓謨爲謀以詳其文
曰若至曰俞
正義曰史將言皋陶之能謀故爲題目之辭曰能順而考案古
道而言之者是皋陶也其爲帝謀曰爲人君者當信實蹈行古
人之德而謀廣其聰明之性以輔諧已之政事則善矣禹曰然
然其謀是也此當如何行之皋陶曰嗚呼重其事而歎美之行

單疏卷四第十七葉

亦順考古道以言之夫典謨聖帝所以立治之本皆師法古道以成不易之則曰允迪厥德
謨明弼諧迪蹈厥其也其古人也言人君當信蹈行古人之德謀廣聰明以輔諧其政
禹曰俞如何然其言問所以行皋陶曰都慎厥身修思
永歎美之重也慎修其身思為長久之道惇敘九族庶明勵翼邇
可遠在茲言慎修其身厚次敘九族則衆庶皆明其教而自勉勵翼戴上命近可推而遠
者在此道禹拜昌言曰俞以皋陶言為當故拜受而然之疏曰若至曰俞●正義
曰史將言皋陶之能謀故為題目之辭曰能順而考案古道而言之者是皋陶也其為帝謀曰為人君者
當信實蹈行古人之德而謀廣其聰明之性以輔諧已之政事則善矣禹曰然然其謀是也此當如何行
之皋陶曰嗚呼重其事而歎美之行上謀者當謹慎其己身而修治人之事思為久長之道又厚次敘九
族之親而不遺弃則衆人皆明曉上意而各自勉勵翼戴上命行之於近而可推而至遠者在此道也禹
乃拜受其當理之言曰然美其言而拜受之傳亦順至之則▲正義曰二謨其目正同故云亦順考古
道以言也堯舜考古以行謂之為典大禹皋陶考古以言謂之為謨典謨之文不同其目皆云考古故傳
明其意夫典謨聖帝所以立治之本雖言行有異皆是考法古道以成不易之則故史皆以稽古為端目
但君則行之臣則言之以尊卑不同故典謨名異禹亦為君而云謨者禹在舜時未為君也顧氏亦同此
解皋陶德劣於禹皆是考古以言故得同其題目但禹能敷于四海祗承于帝皋陶不能然故此下更無
別辭耳傳迪蹈至其政▲正義曰釋詁云迪道也聲借為導導音與蹈同故迪又為蹈也其德即其上

上謀者當謹慎其己身而修治人之事思為久長之道又厚次
敘九族之親而不遺弃則衆人皆明曉上意而各自勉勵翼戴
上命行之於近而可推而至遠者在此道也禹乃拜受其當理
之言曰然美其言而拜受之
傳亦順之至則
正義曰二謨其目正同故云亦順考古道以言也堯舜考古以
行謂之為典大禹皋陶考古以言謂之為謨典謨之文不同其
目皆云考古故傳明言其意夫典謨聖帝所以立治之本雖言
行有異皆是考法古道以成不易之則故史皆以稽古為端目
但君則行之臣則言之以尊卑不同故典謨名異禹亦為君而
云謨者禹在舜時未為君也顧氏亦同此解皋陶德劣於禹皆
是考古以言故得同其題目但禹能敷于四海祗承于帝皋陶
不能然故此下更無別辭耳
傳迪蹈至其政
正義曰釋詁云迪道也聲借為導導音與蹈同故迪又為蹈也
其德即其上稽古故曰其古人也而臣為君謀故云言人君當
信蹈行古人之德謂蹈履依行之也謀廣聰明聰明者自是已
性又當受納人言使多所聞見以博大此聰明以輔弼和諧其
政經惟言明傳亦有聰者以耳目同是所用故以聰明言之此
曰上不言皋陶猶大禹為謀曰上不言禹鄭玄云以皋陶下屬
為句則稽古之下無人名與上三篇不類甚矣
傳歎美至之道
正義曰衆傳之言以修為上讀顧氏亦同也
傳言慎至此道
正義曰自身以外九族為近故慎修其身又厚次敘九族猶堯
之為政先以親九族也人君既能如此則衆庶皆明其教而各
自勉勵翼戴上命昭九年左傳說晉叔向言翼戴天子故以為
翼戴上命言如鳥之羽翼而奉戴之王者率己以化物親親以
及遠故從近可推而至于遠者在修己身親九族之道王肅云
以衆賢明為砥礪為羽翼鄭云厲作也以衆賢明作輔翼之臣

皐陶謨第四　　虞書

稽古故曰其古人也而百爲君謨故云言人君當使
蹈行古人之德謂蹈履依行之也謨謂廣聰明聰明者
自是己性又當受納人言使多所聞見以博大此聰
明以輔弼和諧其政經惟言明傳亦有聰者以耳目
同是所用故以聰明言之此曰上不言皐陶猶大禹
爲謨曰上不言禹鄭玄云以皐陶下屬爲句則稽古
之下無人名與上三篇不類甚矣　傳歎美至之道
▲正義曰案傳之言以修爲上讀顧氏亦同也　傳
言慎至此道　▲正義曰自身以外九族爲近故慎修
其身文厚次叙九族猶堯之爲政先以親九族也人
君既能如此則衆庶皆明其教而各自勉勵翼戴上
命昭九年左傳說晉叔向言翼戴天子故以爲翼戴
上命言如鳥之羽翼而奉戴之王者率己以化物親
親以及遠故從近可推而至于遠者在修己身親九
族之道王肅云以衆賢明爲砥礪爲羽翼鄭
云厲作也以衆賢明作輔翼之臣與孔不同　皐陶曰
都在知人在安民　歎修身親親之道在知人所信任在能安民　禹曰吁
咸若時惟帝其難之　言帝堯亦以知人安民爲難故曰吁　知人則哲
能官人安民則惠黎民懷之　哲智也無所不知故能官人惠愛也
愛則民歸之　能哲而惠何憂乎驩兜　佞人亂眞堯憂其敗政故流放
之　何遷乎有苗何畏乎巧言令色孔壬　孔甚也巧言靜
言庸違令色象恭滔天禹言有苗驩兜之徒甚佞如此堯畏其亂政故遷放之　疏　皐陶曰都在至孔壬
●正義曰皐陶以禹然其言更述修身親親之道歎
而言曰人君行此道者在於知人善惡擇善而信任
之在於能安下民爲政以安定之也●禹聞此言乃驚
而言曰吁人君皆如是能知人能安民惟帝堯猶其

楊本卷四第二十三葉

與孔不同
皐陶曰都在至孔壬
正義曰皐陶以禹然其言更述修身親親之道歎而言曰人君
行此道者在於知人善惡擇善而信任之在於能安下民爲政
以安定之也禹聞此言乃驚而言曰吁人君皆如是能知人能
安民惟帝堯猶其難之況餘人乎知人善惡則爲大智能用官
得其人矣能安下民則爲惠政衆民皆歸之矣此甚不易也若
帝堯能智而惠則當朝無姦佞何憂懼於驩兜之佞而流放之
何須遷徙於有苗之君何所畏懼於彼巧言令色爲甚佞之人
三凶見惡帝堯方始去之是知人之難
傳哲智至歸之
正義曰哲智釋詁文舍人曰哲大智也無所不知知人之善惡
是能官人惠愛釋詁文君愛民則民歸之
傳孔甚至放之
正義曰孔甚釋詁文上句既言驩兜有苗則此巧言令色共工
之行也故以堯典共工之事解之巧言靜言庸違也令色象恭
滔天也孔壬之文在三人之下揔上三人皆甚佞也苗言其名
巧言令色言其行令其文首尾互相見故傳通言之禹言有苗
驩兜之徒甚佞如此堯畏其亂政故遷放之傳不言共工故云
之徒以包之遷與憂畏亦互相承言畏之而憂乃遷之也四凶
惟言三者馬融云禹爲父隱故不言鯀也
皐陶至采采
正義曰禹既言知人爲難皐陶又言行之有術故言曰嗚呼人
性雖則難知亦當考察其所行有九種之德人欲稱薦人者不
直言可用而已亦當言其人有德問其德之狀乃言曰其德之
所行某事某事以所行之事爲九德之驗如此則可知也
傳言人至可知
正義曰言人性行有九德下文所云是也如此九者考察其眞
僞則人之善惡皆可知矣然則皐陶之賢不及帝堯遠矣皐陶
知有此術帝堯無容不知而有四凶在朝禹言帝難之者堯朝

單疏卷四第十九葉

難之況餘人乎知人善惡則爲大智能用官得其人矣能安下民則爲惠政衆民皆歸之矣此甚不易也若帝堯能智而惠則當朝無姦佞何憂懼於驩兜之佞而流放之何須遷徙於有苗之君何所畏懼於彼巧言令色爲甚佞之人三凶見惡帝堯方始去之是知人之難　傳哲智至歸之　▲正義曰哲智釋詁文舍人曰哲大智也無所不知知人之善惡是能官人惠愛釋詁文君愛民則民歸之　傳孔甚至放之　●正義曰孔甚釋詁文上句既言驩兜有苗則此巧言令色共工之行也故以堯典共工之事解之巧言靜言庸違也令色象恭滔天也孔壬之文在三人之下揔上三人皆甚佞也苗言其名巧言令色言其行令其文首尾互相見故傳通言之禹言有苗驩兜之徒甚佞如此堯畏其亂政故遷放之傳不言共工故云之徒以包之遷與憂畏亦互相承言畏之而憂乃遷之也四凶惟言三者馬融云禹爲父隱故不言鯀也

皐陶曰都亦行有九德言人性行有九德以考察眞僞則可知**亦言其人有德乃言曰載采采**載行采事也稱其人有德必言其所行某事某事以爲驗

疏皐陶至采采　●正義曰禹既言知人爲難皐陶又言行之有術故言曰嗚呼人性雖則難知亦當考察其所行有九種之德人欲稱薦人者不直言可用而已亦當言其人有德問其德之狀乃言曰其德之所行某事某事以所行之事爲九德之驗如此則可知也　傳言人至可知　▲正義曰言人性行有九德下文所云是也如此九者考察其眞僞則人之善惡皆可知矣然則皐陶之賢不及帝堯遠矣皐陶知有此術帝堯無容不知而有四凶在朝禹言帝難之者堯朝之有四凶跡以顯爾禹言惟帝難之說彼甚佞因其成敗以示教法欲開皐陶之志故舉大事以爲戒非是此實甚佞堯不能

知也顧氏亦云堯實不以此爲難今云難者將同流俗之稱也　傳載行至爲驗　▲正義曰載者運行之義故爲行也此謂薦舉人者稱其人有德欲使在上用之必須言其所行之事云見此人常行其某事某事由此所行之事以爲有德之驗論語云如有所譽者其有所試矣是言試之於事乃可知其德

禹曰何問九德品例**皐陶曰寬而栗**性寬弘而能莊栗**柔而立**和柔而能立事**愿而恭**慤愿而恭恪**亂而敬**亂治也有治而能謹敬**擾而毅**擾順也致果爲毅**直而溫**行正直而氣溫和**簡而廉**性簡大而有廉隅**剛而塞**剛斷而實塞**彊而義**無所屈撓動必合義**彰厥有常吉哉**彰明吉善也明九德之常以擇人而官之則政之善

疏禹曰至吉哉　●正義曰皐陶既言其九德禹乃問其品例曰何謂也皐陶曰人性有寬弘而能莊栗也和柔而能立事也慤愿而能恭恪也治理而能謹敬也和順而能果毅也正直而能溫和也簡大而有廉隅也剛斷而能實塞也強勁而合道義也人性不同有此九德人君明其九德所有之常以此擇人而官之則爲政之善哉　傳性寬至莊栗　▲正義曰此九德之文舜典云寬而栗直而溫與此正同彼云剛而無虐簡而無傲與此小異彼言剛失入虐此言剛斷而能實塞實塞亦是不爲虐彼言簡失入傲此言簡大而有廉隅廉隅亦是不爲傲也九德皆人性也鄭玄云凡人之性有異有其上者不必有其下有其下者不必有其上上下相協乃成其德是言上下以相對各令以相對兼而有之乃爲一德此二者雖是本性亦可以長短自矯寬弘者失於緩慢故性寬弘而能矜莊嚴栗乃成一德九者皆然也　傳慤愿而恭恪　▲正義曰愿者慤謹良善之名謹愿者失於遲鈍貌或不

恭故慤愿而能恭恪乃爲德　傳亂治至謹敬　▲正
義曰亂治釋詁文有能治者謂才高於人也堪撥煩
理劇者也負才輕物人之常性故有治而能謹敬乃
爲德也愿言恭治云敬者恭在貌敬在心愿者遲鈍
敬以顯情恭與敬其事亦通愿其貌恭而心敬也
失於外儀故言恭以表貌治者輕物內失於心故稱
傳擾順至爲毅　▲正義曰周禮太宰云以擾萬民鄭
玄云擾猶馴也司徒云安擾邦國鄭云擾亦安也擾
是安馴之義故爲順也致果爲毅宣二年左傳文彼
文以殺敵爲果致果爲毅謂能致果敢殺敵之心是
爲強貌也和順者失於不斷故順而能決乃爲德也
傳性簡至廉隅　▲正義曰簡者寬大率略之名志
遠者遺近務大者輕細弘大者失於不謹細行者不
修廉隅故簡大而有廉隅乃爲德也　傳剛斷而實
塞　●▲正義曰塞訓實也剛而能斷失於空疎必性剛
正而內充實乃爲德也　傳無所至合義　▲正義曰
強直自立無所屈撓或任情違理失於事宜動合道
義乃爲德也鄭注論語云剛謂強志不屈撓即剛強
義同此剛強異者剛是性也強是志也當官而行無
所避忌剛也執已所是不爲衆撓強也剛強相近鄭
連言之寬謂度量寬弘柔謂性行和柔擾謂事理擾
順三者相類即洪範云柔克也愿謂容貌恭正亂謂
剛柔治理直謂身行正直三者相類即洪範云正直
也簡謂器量疑簡剛謂事理剛斷強謂性行堅強三
者相類即洪範云剛克也而九德之次從柔而至
剛也惟擾而毅在愿亂之下耳其洪範三德先人事
而後天地與此不同　傳彰明至之善　▲正義曰彰
吉善常訓也此句言用人之義所言九德謂彼人常
能然者君暫能爲之未成爲德故人君取士必明其
九德之常知其人常能行之然後以此九者之法擇
人而官之則爲政之善也明謂人君明知之王肅云
明其有常則善也言有德當有恒也其意亦言彼能

之有四凶晦迹以顯舜爾禹言惟帝難之說彼其佞因其成敗
以示教法欲開臯陶之志故舉大事以爲戒非是此實其佞堯
不能知也顧氏亦云堯實不以此爲難今云難者俯同流俗之
稱也
傳載行至爲驗
正義曰載者運行之義故爲行也此謂薦舉人者稱其人有德
欲使在上用之必須言其所行之事云見此人常行其某事某
事由此所行之事以爲有德之驗論語云如有所譽者其有所
試矣是言試之於事乃可知其德
禹曰至吉哉
正義曰臯陶既言其九德禹乃問其品例曰何謂也臯陶曰人
性有寬弘而能莊栗也和柔而能立事也慤愿而能恭恪也治
理而能謹敬也和順而能果毅也正直而能溫和也簡大而有
廉隅也剛斷而能實塞也強勁而合道義也人性不同有此九
德人君明其九德所有之常以此擇人而官之則爲政之善哉
傳性寬至莊栗
正義曰此九德之文舜典云寬而栗直而溫與此正同彼云剛
而無虐簡而無傲與此小異彼言剛失入虐此言剛斷而能實
塞實塞亦是不爲虐彼言簡失入傲此言簡大而有廉隅廉隅
亦是不爲傲也九德皆人性也鄭玄云凡人之性有異有其上
者不必有下有其下者不必有上上下相協乃成其德是言上
下以相對各令以相對兼而有之乃爲一德此二者雖是本性
亦可以長短自矯寬弘者失於緩慢故性寬弘而能矜莊嚴栗
乃成一德九者皆然也
傳慤愿而恭恪
正義曰愿者慤謹良善之名謹愿者失於遲鈍貌或不恭故慤
愿而能恭恪乃爲德
傳亂治至謹敬
正義曰亂治釋詁文有能治者謂才高於人也堪撥煩理劇者
也負才輕物人之常性故有治而能謹敬乃爲德也愿言恭治

有常人君能明之也鄭云人能明其德所行使有常則成善人矣其意謂彼人自明之與孔異也 日宣三德夙夜浚明有家 三德九德之中有其三宣布夙早浚須也卿大夫稱家言能日日布行三德早夜思之須明行之可以爲卿大夫 日嚴祗敬六德亮采有邦 有國諸侯日日嚴敬其身敬行六德以信治政事則可以爲諸侯 翕受敷施九德咸事俊乂在官 翕合也能合受三六之德而用之以布施政教使九德之人皆用事謂天子如此則俊德治能之士並在官 百僚師師百工惟時 僚工皆官也師師相師法百官皆是言政無非 撫于五辰庶績其凝 凝成也言百官皆撫順五行之時衆功皆成 【疏】日宣至其凝 ●正義曰皐陶既陳人有九德擇而官之此又言官之所用人能日日宣布三德早夜思念而須明行之此人可以爲卿大夫使有家也若能日日嚴敬其身敬能行六德信能治理其事此人可以爲諸侯使有國也然後揔以天子之任合受有家有國三六之德而用之布施政教使九德之人皆得用事事各盡其能無所遺棄則天下俊德治能之士並在官矣皆隨賢才任職百官各師其師轉相教誨則百官惟皆是矣無有非者以此撫順五行之時以化天下之民則衆功其皆成矣結上知人安民之意 傳三德至大夫 ▲正義曰此文承九德之下故知三德是九德之内課有其三也周語云宣布哲人之令德宣亦布義故爲布也夙早釋詁文又云須待也此經之意謂夜思之明旦行之須爲待之意故浚爲須也大夫受采邑賜氏族立宗廟世不絕祀故稱家位不虛受非賢臣不可言能日日布行三德早夜思之待明行之如此念德不懈息者乃可以爲大夫也以士卑

云敬者恭在貌敬在心愿者遲鈍失於外儀故言恭以表貌治者輕物内失於心故稱敬以顯情恭與敬其事亦通愿其貌恭而心敬也

傳擾順至爲毅

正義曰周禮太宰云以擾萬民鄭玄云擾猶馴也司徒云安擾邦國鄭云擾亦安也擾是安馴之義故爲順也致果爲毅宣二年左傳文彼文以殺敵爲果致果爲毅謂能致果敢殺敵之心是爲強毅也和順者失於不斷故順而能決乃爲德也

傳性簡至廉隅

正義曰簡者寬大率略之名志遠者遺近務大者輕細弘大者失于不謹細行者不修廉隅故簡大而有廉隅乃爲德也

傳剛斷而實塞

正義曰塞訓實也剛而能斷失於空疎必性剛正而内充實乃爲德也

傳無所至合義

正義曰強直自立無所屈撓或任情違理失於事宜動合道義乃爲德也鄭注論語云剛謂強志不屈撓即剛強義同此剛強異者剛是性也強是志也當官而行無所避忌剛也執己所是不爲衆撓強也剛強相近鄭連言之寬謂度量寬弘柔謂性行和柔擾謂事理擾順三者相類即洪範云柔克也愿謂容貌恭正亂謂剛柔治理直謂身行正直三者相類即洪範云正直也簡謂器量凝簡剛謂事理剛斷強謂性行堅強三者相類即洪範云剛克也而九德之次從柔而至剛也惟擾而毅在愿亂之下耳其洪範三德先人事而後天地與此不同

傳彰明至之善

正義曰彰明吉善常訓也此句言用人之義所言九德謂彼人常能然者若暫能爲之未成爲德故人君取士必明其九德之常知其人常能行之然後以此九者之法擇人而官之則爲政之善也明謂人君明知之王肅云明其有常則善也言有德當有恒也其意亦言彼能有常人君能明之也鄭云人能明其德

故言不及也計有一德二德卽可以爲士也鄭以三德六德皆亂而敬以下之文經無此意也 傳有國至諸侯 正義曰天子分地建國諸侯專爲已有故有國謂諸侯也祇亦爲敬敬有二文上謂敬身下謂敬德嚴則敬之狀也故言日日嚴敬其身敬行六德以信治政事則可以爲諸侯也諸侯大夫皆言日日者言人之行德不可暫時捨也臣當行君之令故早夜思之君是出令者故言敬身行德此文以小至大揔以天子之事故先大夫而後諸侯 傳翕合至在官 正義曰翕合釋詁文以文承三德六德之下故言合受三六之德而用之以此人爲官令其布施政教使此九德之人皆居官用事謂天子也任之所能大夫所行三德或在諸侯六德之內但幷此三六之德卽充九數故言九德皆用事謂用爲大夫用爲諸侯使之治民事也大夫諸侯當身自行之故言日宣日嚴天子當任人使行之故言合受而用之其實天子亦備九德而能任用三德六德俊德治能之士並在官矣乂訓爲治故云治能馬王鄭皆云才德過千人爲俊百人爲乂 傳僚工至無非 正義曰僚官釋詁文工官常訓也師師謂相師法也 傳凝成至皆成 正義曰鄭玄亦云凝成也王肅云凝猶定也皆以意訓耳文承百工之下撫于五辰還是百工撫之故云百官皆撫順五行之時則衆功皆成也五行之時卽四時也禮運曰播五行於四時王寄王四季故爲五行之時也所撫順者卽堯典敬授民時平秩東作之類是也

無教逸欲有邦

不爲逸豫貪欲之教是有國者之常

兢兢業業一日二日萬幾

兢兢戒慎業業危懼幾微也言當戒懼萬事之微

無曠庶官天工人其代之

曠空也位非其人爲空官言人代天理官不可以天官私非其才

天敘有典勑我

所行使有常則成善人矣其意謂彼人自明之與孔異也

日宣至其凝

正義曰皐陶旣陳人有九德宜擇而官之此又言官之所宜若人能日日宣布三德早夜思念而須明行之此人可以爲卿大夫使有家也若日日嚴敬其身又能敬行六德信能治理其事此人可以爲諸侯使有國也然後揔以天子之任合受有家有國三六之德而用之布施政教使九德之人皆得用事事各盡其能無所遺棄則天下俊德治能之士並在官矣皆隨賢才任職百官各師其師轉相教誨則百官惟皆是矣無有非者以此撫順五行之時以化天下之民則衆功其皆成矣結上知人安民之意

傳三德至大夫

正義曰此文承九德之下故知三德是九德之內課有其三也周語云宣布哲人之令德宣亦布義故爲布也夙早釋詁文又云須待也此經之意謂夜思之明旦行之須爲待之意故浚爲須也大夫受采邑賜氏族立宗廟世不絕祀故稱家位不虛受非賢臣不可言能日日布行三德早夜思之待明行之如此念德不懈怠者乃可以爲大夫也以士卑故言不及也計有一德二德卽可以爲士也鄭以三德六德皆亂而敬以下之文經無此意也

傳有國至諸侯

正義曰天子分地建國諸侯專爲已有故有國謂諸侯也祇亦爲敬敬有二文上謂敬身下謂敬德嚴則敬之狀也故言日日嚴敬其身敬行六德以信治政事則可以爲諸侯也諸侯大夫皆言日日者言人之行德不可暫時捨也臣當行君之令故早夜思之君是出令者故言敬身行德此文以小至大揔以天子之事故先大夫而後諸侯

傳翕合至在官

正義曰翕合釋詁文以文承三德六德之下故言合受三六之德而用之以此人爲官令其布施政教使此九德之人皆居官

楊本卷四第二十九葉

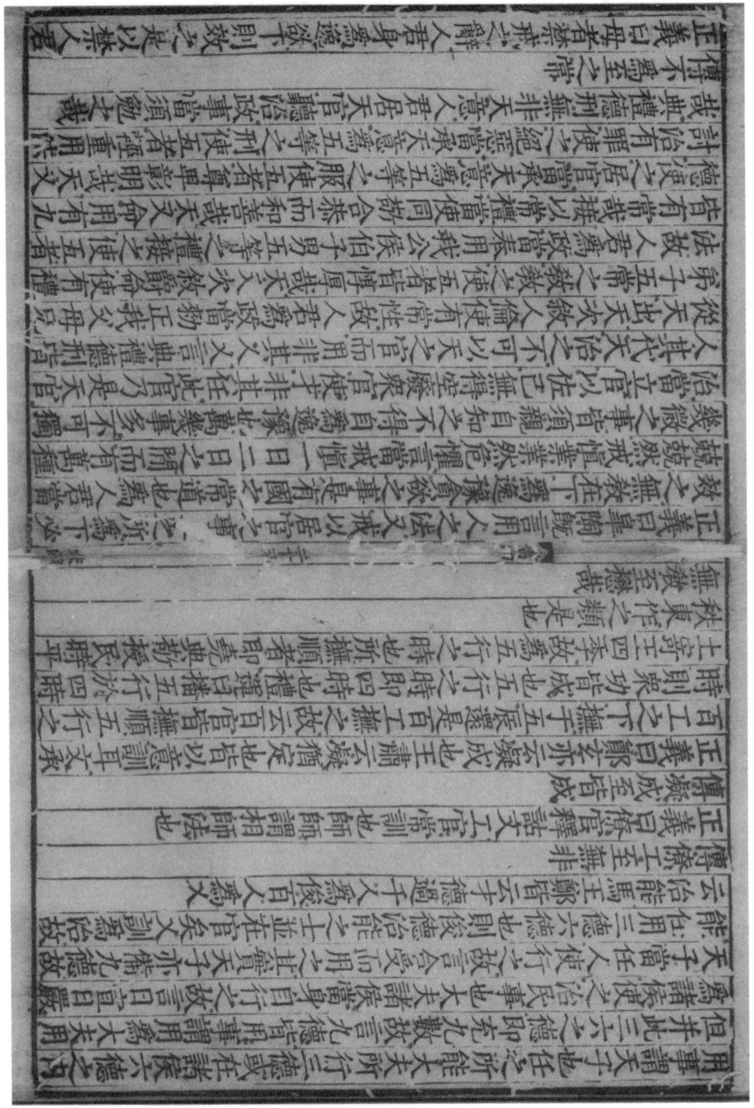

單疏卷四第二十三葉

兢兢至之微 ▲正義曰釋訓云兢兢戒也業業危也戒必慎危必懼傳言慎懼以足之易繫辭云幾者動之微故幾爲微也一日二日之間微者乃有萬事言當戒慎萬事之微微者尚有萬則大事必多矣且微者難察察則勞神以言不可逸耳馬王皆云一日二日猶日日也　傳曠空至其才 ▲正義曰曠之爲空常訓也位非其人所職不治是爲空官天不自治立君乃治之君不獨治爲臣以佐之下典禮德刑無非天意者天意既然人君當順天是言人當代天治官官則天之官居天之官代天爲治苟非其人不堪此任人不可以天之官而私非其才王肅云天不自下治之故人代天居之不可不得其人也　傳天次至天下 ▲正義曰天叙有典有此五典即父義母慈兄友弟恭子孝是也五者人之常性自然而有但人性有多少耳天次叙人之常性使之各有分義義宜也令此義慈友恭孝各有定分合於事宜此皆出天然是爲天次叙之天意既然人君當順天之意勑正五常之教使合於五者皆厚以教天下之民也五常之教人君爲之故言我也五教徧於海內故以天下言之　傳庸常至有常 ▲正義曰庸常釋詁文又云由自也由是用故自爲用也天次叙有禮謂使賤事貴卑承尊是天道使之然也天意既然人君當順天意用我公侯伯子男五等之禮以接之使之貴賤有常也此文主於天子天子至於諸侯車旗衣服國家禮儀饗食燕好饔餼飱牢禮各有次秩以接之上言天叙此云天秩者叙謂定其倫次秩謂制其差等義亦相通上云勑我此言自我者五典以敎下民須勑戒之五禮以接諸侯當用我意故文不同也上言五惇此言五庸者五典施於近親欲其恩厚五禮施於臣下欲其有常故文異也王肅云五禮謂王公卿大夫士鄭玄云五禮天子也諸侯也卿大夫也士也庶民也此經文可據各以意說耳　傳衷善至和善

使不自爲耳不爲逸豫貪欲之教是有國者之常也此文主於天子天子謂天下爲國詩云生此王國之類是也

傳兢兢至之微

正義曰釋訓云兢兢戒也業業危也戒必慎危必懼傳言慎懼以足之易繫辭云幾者動之微故幾爲微也一日二日之間微者乃有萬事言當戒慎萬事之微微者尚有萬則大事必多矣且微者難察察則勞神以言不可逸耳馬王皆云一日二日猶日日也

傳曠空至其才

正義曰曠之爲空常訓也位非其人所職不治是爲空官天不自治立君乃治之君不獨治爲臣以佐之下典禮德刑無非天意者天意既然人君當順天是言人當代天治官官則天之官居天之官代天爲治苟非其人不堪此任人不可以天之官而私非其才王肅云天不自下治之故人代天居之不可不得其人也

傳天次至天下

正義曰天敘有典有此五典即父義母慈兄友弟恭子孝是也五者人之常性自然而有但人性有多少耳天次敘人之常性使之各有分義義宜也令此義慈友恭孝各有定分合於事宜此皆出天然是爲天次敘之天意既然人君當順天之意勑正我五常之敎使合於五者皆厚以教天下之民也五常之教人君爲之故言我也五教徧於海內故以天下言之

傳庸常至有常

正義曰庸常釋詁文又云由自也由是用故自爲用也天次敘有禮謂使賤事貴卑承尊是天道使之然也天意既然人君當順天意用我公侯伯子男五等之禮以接之使之貴賤有常也此文主於天子天子至於諸侯車旗衣服國家禮儀饗食燕好饔餼飱牢禮各有次秩以接之上言天敘此云天秩者敘謂定其倫次秩謂制其差等義亦相通上云勑我此言自我者五典以教下民須勑戒之五禮以接諸侯當用我意故文不同也上

正義曰衷之爲善常訓也故左傳云天誘其衷説者皆以衷爲善此文合五禮之下禮尚恭敬故以五禮正諸侯使同敬合恭而和善也鄭玄以爲并上之禮共有此事五典室家之内務在相親非復言以恭敬恭敬惟爲五禮而已孔言是也　傳五服至有德
正義曰益稷云以五采彰施於五色作服汝明是天子諸侯卿大夫士之服也其尊卑彩章各異於彼傳具之天命有德使之居位命有貴賤之倫位有上下之異不得不立名以此等之象物以彰之先王制爲五服所以表貴賤也服有等差所以別尊卑也

天聰明自我民聰明　言天因民而降之福民所歸者天命之天視聽人君之行用民爲聽明

天明畏自我民明威　天明可畏亦用民成其威民所叛者天討之是天明可畏之勑

達于上下敬哉有土　言天所賞罰惟善惡所在有土之君不可不懼

皋陶曰朕言惠可厎行　言順於古道

禹曰俞乃言厎可績　然其所陳從而美之曰用汝言致可以立功

皋陶曰予未有知思曰贊贊襄哉　言我未有所知未能思致於善徒亦贊奏上古行事言之因禹美之承以謙辭言之序

天聰至襄哉　○正義曰此承上懋哉之下言所勉之者以天之聰明視聽觀人有德用我民以爲耳目之聰明察人言善者天意歸賞之又天之明德可畏天威者用我民言惡而叛之因討而伐之成其明威天所賞罰達於上下不避貴賤故須敬哉有土之君皋陶既陳此戒欲其言入之故曰我之此言順於古道可致行不可忽也禹即受之曰然汝言用而致可以立功重其言以深戒帝皋陶乃承之以謙曰我未有所知未能思致於善我所言曰徒贊奏上

言五惇此言五庸者五典施於近親欲其恩厚五禮施于臣下欲其有常故文異也王肅云五禮謂王公卿大夫士鄭玄云五禮天子也諸侯也卿大夫也士也庶民也此無文可據各以意説耳

傳衷善至和善

正義曰衷之爲善常訓也故左傳云天誘其衷説者皆以衷爲善此文承五禮之下禮尚恭敬故以五禮正諸侯使同敬合恭而和善也鄭玄以爲并上之禮共有此事五典室家之内務在相親非復言以恭敬恭敬惟爲五禮而已孔言是也

傳五服至有德

正義曰益稷云以五采彰施於五色作服汝明是天子諸侯卿大夫士之服也其尊卑彩章各異於彼傳曰天命有德使之居位命有貴賤之倫位有上下之異不得不立名以此等之象物以彰之先王制爲五服所以表貴賤也服有等差所以別尊卑也

天聰至襄哉

正義曰此承上懋哉之下言所勉之者以天之聰明視聽觀人有德用我民以爲耳目之聰明察人言善者天意歸賞之又天之明德可畏天威者用我民言惡而叛之因討而伐之成其明威天所賞罰達於上下不避貴賤故須敬哉有土之君皋陶既陳此戒欲其言入之故曰我之此言順於古道可致行不可忽也禹即受之曰然汝言用而致可以立功重其言以深戒帝皋陶乃承之以謙曰我未有所知未能思致於善我所言曰徒贊奏上古所行而言之哉非已知思而所自能是其謙也

傳言天至聰明

正義曰皇天無心以百姓之心爲心此經大意言民之所欲天必從之聰明謂聞見也天之所聞見用民之所聞見也然則聰明直是聞見之義其言未有善惡以下言明威是天降之禍知此聰明是天降之福此即泰誓所云天聽自我民聽天視自我民視故民所歸者天命之大而言之民所歸就天命之爲天子

古所行而言之哉非已知思而所能是其謙也
傳言天至聰明 ▲正義曰皇天無心以百姓之心爲
心此經大意言民之所欲天必從之聰明謂聞見也
天之所聞見用民之所聞見也然則聰明直是聞見
之義其言未有善惡以下言明威是天降之禍知此
聰明是天降之福此即泰誓所云天聽自我民聽天
視自我民視故民所歸者天命之天而言之民所歸
就天命之爲天子也小而言之雖公卿大夫之任亦
爲民所歸向乃得居之此文主於天子故言天視聽
人君之行用民爲聰明戒天子使順民心受天之福
也 傳言天至敬懼 ▲正義曰上句有賞罰故言天
所賞罰不避貴賤此之達於上下言天子亦不免也
喪服鄭玄注云天子諸侯及卿大夫有地者皆曰君
卿此有土可兼大夫以上但此文本意實主於天子
戒天子不可不敬懼也 傳言我至之序 ▲正義曰
皋陶自言可致行禹言致可績此承而爲謙知其自
言未有所知未能思致於善也思字屬上句王肅云
贊贊猶贊奏也顧氏云襄上也謂
言之也經云曰者謂我上之所言也傳不訓襄爲上
已從襄陵而釋之故二劉並以襄爲因若必爲因孔
傳無容不訓其意言進習上古行事因贊成其辭而
言之也傳雖不訓襄字其義當如王說皋陶慮忽之
自云言順可行因禹美之即承謙辭一揚一抑言之
次序也鄭玄云贊明也襄之言暢言我未有所知所
思徒贊明帝德暢
我忠言而已謙也

尚書注疏經義卷第四

也小而言之雖公卿大夫之任亦爲民所歸向乃得居之此文
主於天子故言天視聽人君之行用民爲聰明戒天子使順民
心受天之福也
傳言天至敬懼
正義曰上句有賞罰故言天所賞罰不避貴賤此之達於上下
言天子亦不免也喪服鄭玄注云天子諸侯及卿大夫有地者
皆曰君即此有土可兼大夫以上但此文本意實主於天子戒
天子不可不敬懼也
傳言我至之序
正義曰皋陶自言可致行禹言致可績此承而爲謙知其自言
未有所知未能思致於善也思字屬上句王肅云贊贊猶贊奏
也顧氏云襄上也謂贊奏上古行事而言之也經云曰者謂我
上之所言也傳不訓襄爲上已從襄陵而釋之故二劉並以襄
爲因若必爲因孔傳無容不訓其意言進習上古行事因贊成
其辭而言之也傳雖不訓襄字其義當如王說皋陶慮忽之自
云言順可行因禹美之即承謙辭一揚一抑言之次序也鄭玄
云贊明也襄之言暢言我未有所知所思徒贊明帝德暢我忠
言而已謙也

尚書正義卷第四

計一萬四千八百二字

嘉元々年 癸卯 十月廿一日加朱點了

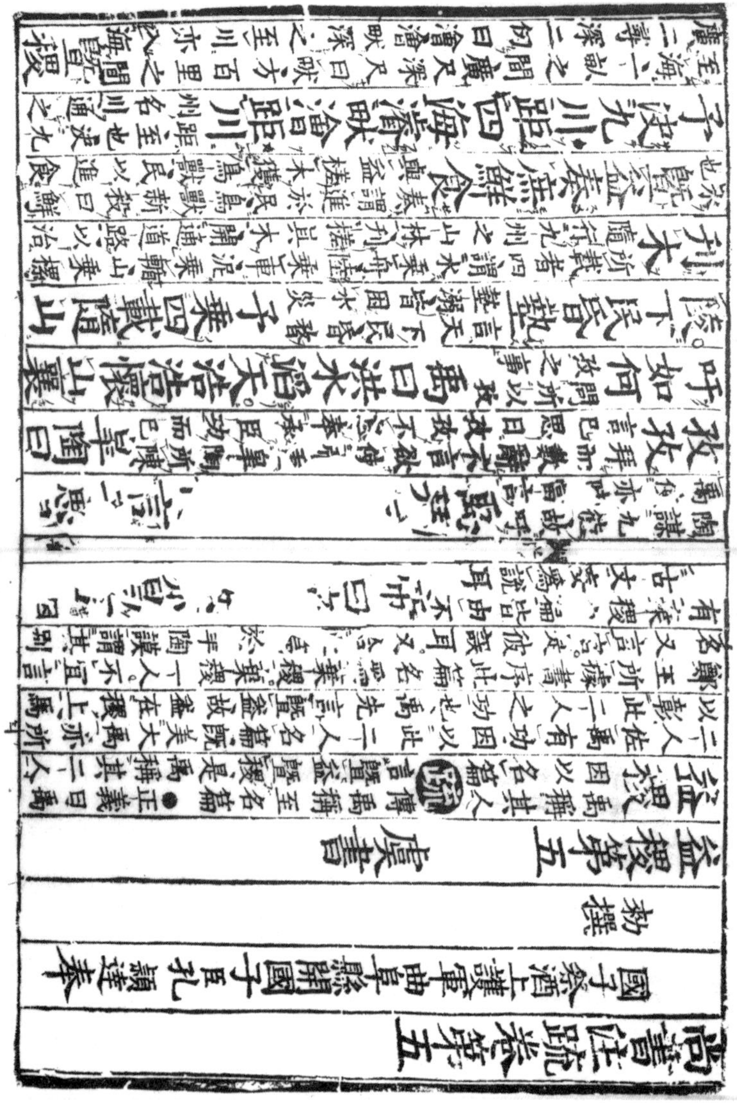

楊本卷五第一葉

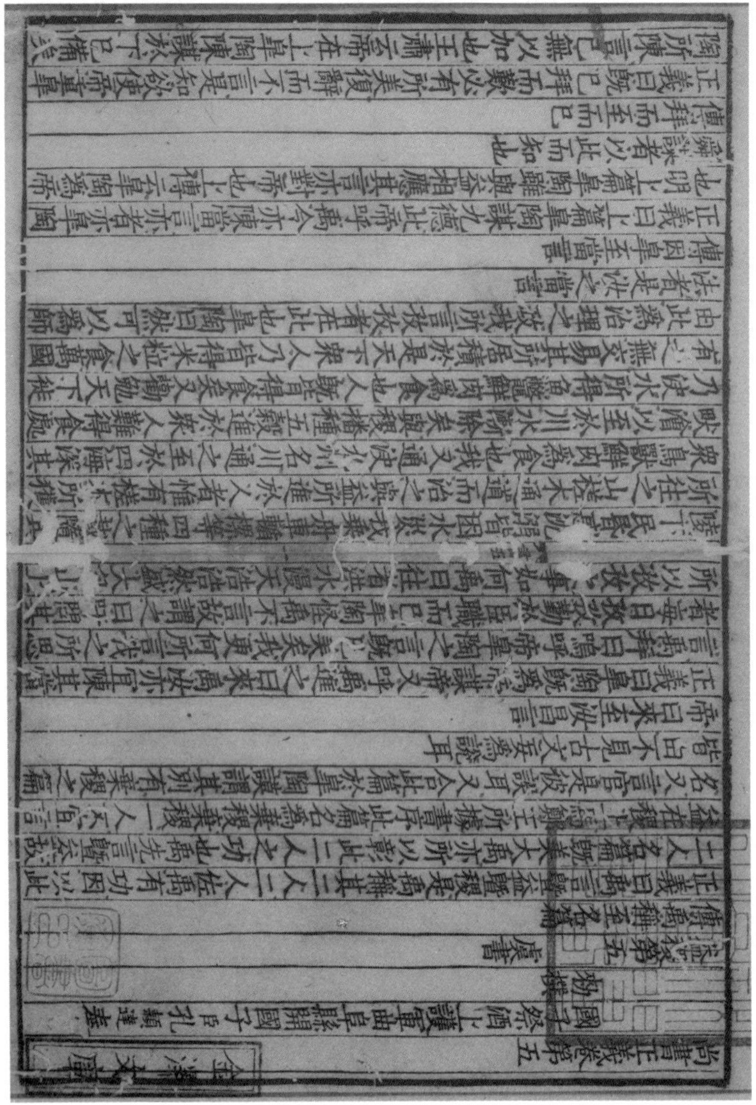

單疏卷五第一葉

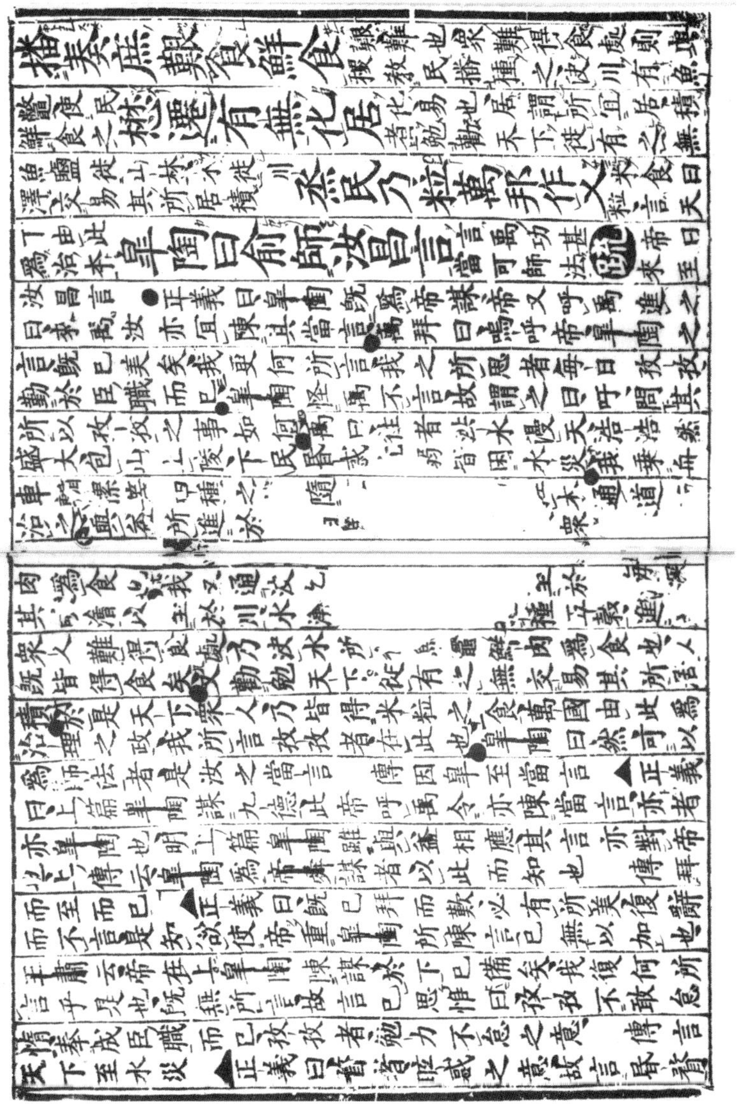

楊本卷五第二葉

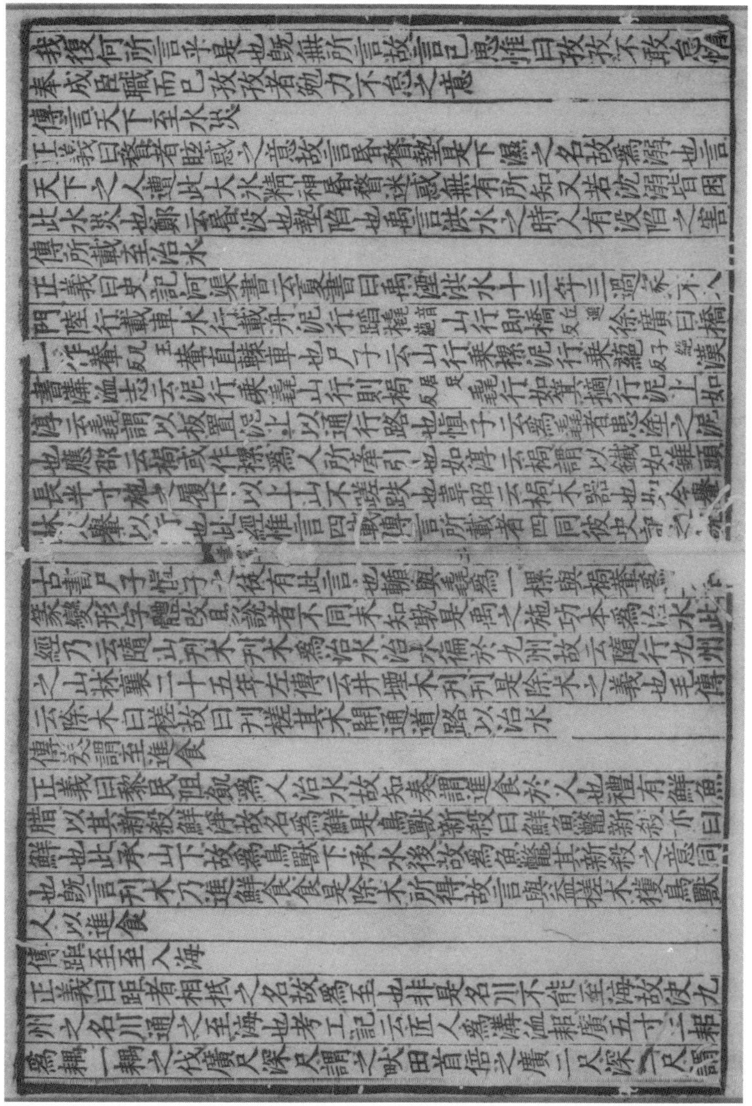

單疏卷五第二葉

墊是下濕之名故爲溺也言天下之人遭此大水精神昏瞀迷惑無有所知又苦沈溺皆困此水災也　云昏沒也墊陷也禹言洪水之時人有沒溺之害　傳所載至治水　▲正義曰史記河渠書云夏書曰禹湮洪水十三年過家不入門陸行載車水行載舟泥行蹈毳山行即橋徐廣曰橋一作輂輂直轅車也尸子云山行乘樏泥行乘蕝漢書溝洫志云泥行乘毳山行則梮毳行如箕擿行泥上如淳云毳謂以板置泥上以通行路也慎子云爲毳者患塗之泥也應劭云梮或作樏爲人所牽引也如淳云梮謂以鐵如錐頭長半寸施之履下以上山不蹉跌也韋昭云梮木器也如今轝牀人轝以行也此經惟言四載傳言所載者四同彼史記之說古書尸子慎子之徒有此言也輴與毳爲一樏與梮爲一古篆形字體改易說者不同未知

治水止經乃云隨山刊木故云隨行九州之山林五年左傳云井堙木刊刊是除木之義也　傳云除木曰槎故曰刊槎其木開通道路以治水　傳奏謂至進食　正義曰黎民阻飢爲人治水故知奏謂進食於人也禮有鮮魚腊以其新殺鮮淨故名爲鮮是鳥獸新殺曰鮮魚鱉新殺亦曰鮮也此承山下故爲鳥獸下承水後故爲魚鱉其新殺之意同也既言刊木乃進鮮食食是除木所得故言與益槎木獲鳥獸以進食　傳距至至入海　▲正義曰距者相抵之名故爲至也非是名川不能至海故決九州之名川通之至海也考工記云匠人爲溝洫耜廣五寸二耜爲耦一耦之伐廣尺深尺謂之畎田首倍之廣二尺深二尺謂之遂九夫爲井井間廣四尺深四尺謂之溝方十里爲成成間廣八尺深八尺謂之洫方百里爲同同間廣二尋深二仞謂之

澮是畎遂溝洫澮皆通水之道也以小注大故從畎遂溝洫乃以入澮澮入於川川入於海是畎內之水亦入海也惟言畎澮舉大小而略其餘也先言決川至海後言濬畎至川者川既入海然後澮得入川故先言川也　傳艱難至鮮食之　正義曰艱難也釋詁文禹主治水稷主教播種水害漸除則有可耕之地難得食處先須教導以救之故云衆難得食處則與稷教人播種之易得食處人必自能得之意在救人艱危之厄故舉難得食處以言之於時雖漸播種得穀猶少人食未足故決川有魚鱉使人鮮食之言食魚以助穀也鄭玄云與稷教人種澤物菜蔬艱厄之食稷功在於種穀不主種菜蔬也言治稷種菜蔬艱厄之食未記未有此言也　傳化易至居積　▲正義曰變化是改易之義故化爲易也居謂居積者近者居魚鹽近山者居林木

者謂徙我所有往彼所無取以所有以濟彼之無魚鹽徙山林木徙川澤交易其所宜居積言此遷者謂將物去不得空取彼物也王肅云易居者不得空去當滿而去當滿而來也　傳米食至治本　▲正義曰說文云粒糂也今人謂飯爲米糂遺餘之飯謂之一粒兩粒是米食曰粒言是用米爲食之名也人非穀不生政由穀而就言天下由此穀爲治政之本也君子之道以謙虛爲德禹盛言己功者爲臣之法當孜孜不怠自言己之勤苦所以勉勸人臣非自伐也

禹曰都帝慎乃在位帝曰俞然禹言受其戒**禹曰安汝止惟幾惟康其弼直**言慎在位當先安好惡所止念慮幾微以保其安其輔臣必用直人**惟動丕應徯志**徯待也帝先安所止動則天下大應之順天命以待帝

志以昭受上帝天其申命用休昭明也非但人應之又乃明受天之報施天又重命用美帝曰吁臣哉鄰哉鄰哉臣哉
禹曰俞鄰近也言君臣道近相須而成疏禹曰都至曰俞●正義曰禹以皋陶然已
臣歎而戒帝曰嗚呼帝當謹慎汝所在之位帝受
其戒曰然禹又戒帝曰若欲慎汝在位當須先安
定汝心好惡所止念慮事之微細以保安其身其
輔弼之臣必用正直之人若能如此惟帝所動則
天下大應之以待帝志以明受天之布施於天也
重命帝用美道也帝以禹言已重乃驚而言曰吁
臣哉近哉臣當親近君也近哉臣哉君當親近臣
也言君臣當相親近共成政道也禹應帝曰然
言君臣宜相親近也　傳言慎至直人▲正義
此禹重戒帝從上慎乃在位當安好惡所止謂
心之所止當止好不止惡言惡以形好也大學云
爲人君止於仁爲人臣止於敬好惡所止謂此類
也傳意以上惟爲念下惟爲辭故云念慮幾微然
後以保其好惡所安寧耳　傳徯待至帝志▲正
義曰徯待釋詁文帝先能自安所止心之所止止
於好事其有舉動發號出令則天下大應之順命
以待帝志謂靜以待命有命則從也　傳昭明至皇
用美▲正義曰堯典已訓昭爲明此重訓詳之皇
天無親惟德是輔人之所欲天必從之帝若能安
所止非但人歸之又乃明受天之報施天下太平
祚胤長遠是天之報施也天又重命用美謂四時
和祥瑞臻之類也或當前後非一故傳言又也
傳鄰近至而成▲正義曰周禮五家爲鄰取相近
之義故鄰爲近也禹言君當好善帝言須得臣力
再言鄰哉言君臣之道當相須而成鄭玄云臣哉
汝當爲我鄰哉鄰哉汝當爲我臣哉反覆言此欲

之遂九夫爲井井閒廣四尺深四尺謂之溝方十里爲成成閒
廣八尺深八尺謂之洫方百里爲同同閒廣二尋深二仞謂之
澮是畎遂溝洫澮皆通水之道也以小注大故從畎遂溝洫乃
以入澮澮入於川川入於海是畎内之水亦入海也惟言畎澮
舉大小而略其餘也先言決川至海後言濬畎至川者川既入
海然後澮得入川故先言川也
傳艱難至鮮食之
正義曰艱難也釋詁文禹主治水稷主教播種水害漸除則有
可耕之地難得食處先須教導以救之故云衆難得食處則與
稷教人播種之易得食處人必自能得之意在救人艱危之戹
故衆難得食處以言之於時雖漸播種得穀猶少人食未足故
決川有魚鼈使人鮮食之言食魚以助穀也鄭玄云與稷教人
種澤物菜蔬艱戹之食稷功在於種穀不主種菜蔬也言后稷
種菜蔬艱戹之食傳記未有此言也
傳化易至居積
正義曰變化是改易之義故化爲易也居謂所宜居積者水
者居魚鹽近山者居林木也勉勸天下徙有之無者謂徙我所
有往彼無鄉取彼所有以濟我之所無魚鹽徙山林木徙川澤
交易其所宜居積言此遷者謂將物去不得空取彼物也王肅
云易居者不得空去當滿而去當滿而來也
傳米食至治本
正義曰說文云粒糂也今人謂飯爲米糂遺餘之飯謂之一粒
兩粒是米食曰粒言是用米爲食之名也人非穀不生政由穀
而就言天下由此穀爲治政之本也君子之道以謙虛爲德禹
盛言己功者爲臣之法當孜孜不怠自言己之勤苦所以勉勸
人臣非自伐也
禹曰都至曰俞
正義曰禹以皋陶然已因歎而戒帝曰嗚呼帝當謹慎汝所在
之位帝受其戒曰然禹又戒帝曰若欲慎汝在位當須先安定
汝心好惡所止念慮事之微細以保安其身其輔弼之臣必用

其志心入禹帝曰臣作朕股肱耳目言大體若身予欲左右有民汝翼左右助也助我所有之民富而教之汝翼成我予欲宣力四方汝為布力立治之功汝羣臣當爲之予欲觀古人之象欲觀示法象之服制日月星辰山龍華蟲日月星爲三辰華象草華蟲雉也畫三辰山龍華蟲於衣服旌旗作會宗彝會五采也以五采成此畫焉宗廟彝樽亦以山龍華蟲爲飾藻火粉米黼黻絺繡藻水草有文者火爲火字粉若粟冰米若聚米黼若斧形黻爲兩己相背葛之精者曰絺五色備曰繡以五采彰施于五色作服汝明天子服日月而下諸侯自龍袞而下至黼黻士服藻火大夫加粉米上得兼下下不得僭上以五采明施于五色作尊卑之服汝明制之予欲聞六律五聲八音在治忽以出納五言汝聽言欲以六律和聲音在察天下治理及忽怠者又以出納仁義禮智信五德之言施于民以成化汝當聽審之予違汝弼汝無面從退有後言我違道汝當以義輔正我無得面從我違而退後有言我不可弼欽四鄰庶頑讒說若不在時四近前後左右之臣勑使敬其職衆頑愚讒說之人若所行不在於是而爲非者當察之侯以明之撻以記之當行射侯之禮以明善惡之教笞撻不是者使記識其過書用識哉欲並生哉書識其非欲使改悔與共並生

正直之人若能如此惟帝所動則天下大應之以待帝志以明受天之布施於天其重命帝用美道也帝以禹言已重乃驚而言曰吁臣哉近哉臣當親近君也近哉臣哉君當親近臣也言君臣當相親近共興成政道也禹應帝曰然言君臣宜相親近也

傳言慎至直人

正義曰此禹重戒帝覆上慎乃在位當先安好惡所止謂心之所止當止於好不止惡言惡以形好也太學云爲人君止於仁爲人臣止於敬好惡所止謂此類也傳意以上惟爲念下惟爲辭故云念慮幾微然後以保其好惡所安寧耳

傳徯待至帝志

正義曰徯待釋詁文帝先能自安所止心之所止止於好事其有舉動發號出令則天下大應之順命以待帝志謂靜以待命有命則從也

傳昭明至用美

正義曰堯典已訓昭爲明此重訓詩之皇天無親惟德是輔人之所欲天必從之帝若能安所止非但人歸之又乃明受天之報施天下太平祚胤長遠是天之報施也天又重命用美謂四時和祥瑞臻之類也或當前後非一故傳言又也

傳鄰近至而成

正義曰周禮五家爲鄰取相近之義故鄰爲近也禹言君當好善帝言須得臣力再言鄰哉言君臣之道當相須而成鄭玄云臣哉汝當爲我鄰哉鄰哉汝當爲我臣哉反覆言此欲其志心入禹

帝曰臣至威之

正義曰帝以禹然已言又說須臣之事作我股肱耳目言已動作視聽皆由臣也我欲助我所有之人使之家給人足汝當翼贊我也我欲布陳智力於天下四方爲立治之功汝等當與我爲之我欲觀示君臣上下以古人衣服之法象其日月星辰山龍華蟲作會合五采而畫之又畫山龍華蟲於宗廟彝樽其藻火粉米黼黻於絺葛而刺繡以五種之彩明施於五色制作衣服

工以納言，時而颺之，格工樂官掌誦詩以納諫當是正其義而颺道之
則承之庸之，否則威之天下人能至于道則承用之任以官不從教則
以刑威之
疏帝曰臣至威之●正義曰帝以禹然已言
又說須臣之事作我股肱耳目言已動作
視聽皆由臣也●我欲助我所有之人使之家給人
足汝當翼贊我也●我欲布陳智力於天下四方爲
立治之功汝等當與我爲之●我欲觀示君臣上下
以古人衣服之法象其日月星辰山龍華蟲作會
合五采而畫之文畫山龍華蟲於宗廟彝鐏其藻
火粉米黼黻於絺葛而刺繡以五種之彩明施於
五色制作衣服汝當爲我明其差等而制度之●我
欲聞知六律和五聲播之於八音以此音樂察其
政治與忽怠者其樂音又以出納五德之言汝當
爲我聽審之●我有違道汝當以義輔成我汝無得
知我違非而對面從我退而後更有言云我不可
輔也既言其須臣之力乃惣勑之敕其職事哉汝
在我前後左右四旁鄰近之臣也其衆類頑愚讒
說之人若有所行不在於是而爲非者汝當察之
以法行射侯之禮知其善惡以明別之行有不是
者文撻其身以記之書其過者以識哉所以撻之
書之者冀其改悔欲與並生活哉工樂之官以納
諫言於上當是正其義而顯揚之使我自知得失
也又惣言御下之法天下之人有能至於道者則
當承受而進用之當在以官也不從教者則以刑
罰威之當罪其身也此等皆汝臣之所爲　傳言
大體若身▲正義曰君爲元首臣爲股肱耳目大
體如一身也足行手取耳聽目視身雖百體四者
爲大故舉以爲言鄭玄云動作視聽皆由臣也傳
左右至成我▲正義曰釋詁云左右助慮也同訓
爲慮是左右得爲助也立君所以牧人人之自營

楊本卷五第七葉

汝當爲我明其差等而制度之我欲聞知六律和五聲播之於
八音以此音樂察其政治與忽怠者其樂音又以出納五德之
言汝當爲我聽審之我有違道汝當以義輔成我汝無得知我
違非而對面從我退而後更有言云我不可輔也既言其須臣
之力乃惣勑之敬其職事哉汝在我前後左右四旁鄰近之臣
也其衆類頑愚讒說之人若有所行不在於是而爲非者汝當
察之以法行射侯之禮知其善惡以明別之行有不是者文撻
其身以記之書其過者以識哉所以撻之書之者冀其改悔欲
與並生活哉工樂之官以納諫言於上當是正其義而顯揚之
使我自知得失也又惣言御下之法天下之人有能至於道者
則當承受而進用之當任以官也不從教者則以刑罰威之當
罪其身也此等皆汝臣之所爲
傳言大體若身
正義曰君爲元首臣爲股肱耳目大體如一身也足行手取耳
聽目視身雖百體四者爲大故舉以爲言鄭玄云動作視聽皆
由臣也
傳左右至成我
正義曰釋詁云左右助慮也同訓爲慮是左右得爲助也立君
所以牧人人之自營生產人君當助救之論語稱孔子適衛欲
先富民而後教之故云助我所有之民欲富而教之也君子施
教本爲養人故先云助人舉其重者以其爲人事重當須翼成
故言汝翼次顯君施教化須臣爲之故言汝爲次明衣服上下
摽顯尊卑故云汝明次云六律五聲故云汝聽各隨事立文其
實不異
傳布力至爲之
正義曰詩云四方于宣論語云陳力就列是布政用力故言布
力立治之功汝群臣當爲之
傳欲觀至服制
正義曰觀示法象之服制者謂欲申明古人法象之衣服垂示
在下使觀之也易繫辭云黃帝堯舜垂衣裳而天下治象物制

單疏卷五第五葉

生產人君當助救之論語稱孔子適衛欲先富民
而後教之故云助我所有之民欲富而教之也君
子施教本爲養人故先云助人舉其重者以其爲
人事重當須翼成故言汝翼次顯君施教化須臣
爲之故言汝爲次明衣服上下摽顯尊卑故云汝
明次云六律五聲故云汝聽各隨事立文其實不
異　傳布力至爲之　▲正義曰詩云四方于宣論
語云陳力就列是布政用力故言布力立治之功
汝羣臣當爲之　傳欲觀至服制　▲正義曰觀示
法象之服制者謂欲申明古人法象之衣服垂示
在下使觀之也易繫辭云黃帝堯舜垂衣裳而天
下治象物制服蓋因黃帝以還未知何代而具彩
章舜言已欲觀古知在舜之前耳　傳日月至旌
旗　▲正義曰桓二年左傳云三辰旂旗昭其明也
三辰謂此日月星也故日月星爲三辰辰即時也
三者皆是示人時節故並稱辰焉傳言此者以辰
在星下揔上三事爲辰辰非別爲物也周禮大宗
伯云實柴祀日月星辰鄭玄云星謂五緯也辰謂
日月所會十二次也星辰異者彼鄭以徧祭天之
諸神十二次亦當祭之故令辰與星別此云畫之
於衣日月合宿之辰非有形容可畫且左傳云三
辰即日月星也周禮司常掌九旗之物惟日月爲
常不言畫星蓋太常之上又畫星也穆天子傳稱
天子葬盛姬畫日月七星蓋畫北斗也草木雖皆
有華而草華爲美故云華象草華蟲雉也周禮司
服有鷩冕鷩則雉焉雉五色象草華也月令五時
皆云其蟲蟲是鳥獸之揔名也下云作服汝明知
畫三辰山龍華蟲於衣服也又言旌旗者左傳言
三辰旂旗周禮司常云日月爲常王者禮有沿革
後因於前故知舜時三辰亦畫之於旌旗也下傳
云天子服日月而下則三辰畫之於衣服又畫於
旌旗也周禮司服云享先王則袞冕袞者卷也言

楊本卷五第八葉

服蓋因黃帝以還未知何代而具彩章舜言已欲觀古知在舜
之前耳
傳日月至旌旗
正義曰桓二年左傳云三辰旂旗昭其明也三辰謂此日月星
也故日月星爲三辰辰即時也三者皆是示人時節故並稱辰
焉傳言此者以辰在星下揔上三事爲辰辰非別爲物也周禮
大宗伯云實柴祀日月星辰鄭玄云星謂五緯也辰謂日月所
會十二次也星辰異者彼鄭以徧祭天之諸神十二次亦當祭
之故令辰與星別此云畫之於衣日月合宿之辰非有形容可
畫且左傳云三辰即日月星也周禮司常掌九旗之物惟日月
爲常不言畫星蓋太常之上又畫星也穆天子傳稱天子葬盛
姬畫日月七星蓋畫北斗也草木雖皆有華而草華爲美故云
華象草華蟲雉也周禮司服有鷩冕鷩則雉焉雉五色象草華
也月令五時皆云其蟲蟲是鳥獸之揔名也下云作服汝明知
畫三辰山龍華蟲於衣服也又言旌旗者左傳言三辰旂旗周
禮司常云日月爲常王者禮有沿革後因於前故知舜時三辰
亦畫之於旌旗也下傳云天子服日月而下則三辰畫之於衣
服又畫於旌旗也周禮司服云享先王則袞冕袞者卷也言龍
首卷然以袞爲名則所畫自龍以下無日月星也郊特牲云祭
之日王被袞冕以象天也又曰龍章而設日月以象天也鄭玄
云謂有日月星辰之章設日月畫於衣服旌旗也據此記文袞
冕之服亦畫日月鄭注禮記言郊特牲所云謂魯禮也要其文
稱王被服袞冕非魯事也或當三代天子衣上亦畫三辰自龍
章爲首而使袞統名耳禮文殘缺不可得詳但如孔解舜時天
子之衣畫日月耳鄭玄亦以爲然王肅以爲舜時三辰即畫於
旌旗不在衣也天子山龍華蟲耳
傳會五至爲飾
正義曰會者合聚之名下云以五采彰施於五色作服知會謂
五色也禮衣畫而裳繡五色備謂之繡知畫亦備五色故云以
五采成此畫焉謂畫之於衣宗彝文承作會之下故云宗廟彝

單疏卷五第六葉

龍首卷然以袞爲名則所畫自龍以下無日月星
也郊特牲云祭之日王被袞冕以象天也又曰龍
章而設日月以象天也鄭玄云謂有日月星辰之
章設日月畫於衣服旌旗也據此記文袞冕之服
亦畫日月鄭注禮記言郊特牲所云謂魯禮也要
其文稱王被服袞冕非魯事也或當下三代天子衣
上亦畫三辰自龍章爲首而使袞統名耳禮文殘
鈌不可得詳但如孔解舜時天子之衣畫日月耳
不在衣也天子山龍華蟲耳　傳會五至爲飾
鄭玄亦以爲然王肅以爲舜時三辰即畫於旌旗
正義曰會者合聚之名下云以五采彰施於五色
作服知會謂五色也禮衣畫而裳繡五色備謂之
繡知畫亦備五色故云以五采成此畫焉謂畫之
於衣宗彝文承作會之下故云宗廟彝樽亦以山
龍華蟲爲飾知不以日月星爲飾者孔以三辰之
尊不宜施於器物也周禮有山罍龍勺雞彝鳥彝
以類言之知彝樽以山龍華蟲爲飾亦畫之以爲
飾也周禮彝器所云犧象雞鳥者鄭玄皆爲畫飾
與孔意同也周禮彝器無山龍華蟲爲飾者帝王
華易所尚不同故有異也　傳藻水至曰繡　正
義曰詩云魚在在藻是藻爲水草草類多矣獨取
此草者謂此草有文故也火爲火字謂刺繡爲火
字也考工記云火以圜鄭司農云謂圜形似火也
鄭玄云形如半環然記是後人所作何必能得其
眞今之服章繡爲火字者如孔所說也粉若粟冰
者粉之在粟其狀如冰米若聚米者刺繡爲文類
聚米形也黼若斧形考工記云白與黑謂之黼釋
器云斧謂之黼孫炎云黼文如斧形蓋半白半黑
似斧刃白而身黑黻爲兩己相背謂刺繡爲己字
兩己字相背也考工記云黑與青謂之黻刺繡爲
兩己字以青黑線繡也詩葛覃云爲絺爲綌是絺
用葛也玉藻云浴用二巾上絺下綌曲禮云爲天

楊本卷五第九葉

樽亦以山龍華蟲爲飾知不以日月星爲飾者孔以三辰之尊
不宜施於器物也周禮有山罍龍勺雞彝鳥彝以類言之知彝
樽以山龍華蟲爲飾亦畫之以爲飾也周禮彝器所云犧象雞
鳥者鄭玄皆爲畫飾與孔意同也周禮彝器無山龍華蟲爲飾
者帝王華易所尚不同故有異也
傳藻水至曰繡
正義曰詩云魚在在藻是藻爲水草草類多矣獨取此草者謂
此草有文故也火爲火字謂刺繡爲火字也考工記云火以圜
鄭司農云謂圜形似火也鄭玄云形如半環然記是後人所作
何必能得其眞今之服章繡爲火字者如孔所說也粉若粟冰
者粉之在粟其狀如冰米若聚米者刺繡爲文類聚米形也黼
若斧形考工記云白與黑謂之黼釋器云斧謂之黼孫炎云黼
文如斧形蓋半白半黑似斧刃白而身黑黻爲兩己相背謂刺
繡爲己字兩己字相背也考工記云黑與青謂之黻刺繡爲兩
己字以青黑線繡也詩葛覃云爲絺爲綌是絺用葛也玉藻云
浴用二巾上絺下綌曲禮云爲天子削瓜者副之巾以絺爲國
君者華之巾以綌皆以絺貴而綌賤是絺精而綌麤故葛之精
者曰絺五色備謂之繡考工記文也計此所陳皆述祭服祭服
玄纁爲之後代無用絺者蓋於時仍質暑月染絺爲纁而繡之
以爲祭服孔以華象草華蟲雉則合華蟲爲一周禮鄭玄注亦
然則以日月星辰山龍華蟲六章畫於衣也藻火粉米黼黻六
章繡於裳也天之大數不過十二故王者制作皆以十二象天
也顧氏取先儒等說以爲日月星取其照臨山取能興雲雨龍
取變化無方華取文章雉取耿介顧氏雖以華蟲爲二其取象
則同又云藻取有文火取炎上粉取絜白米取能養黼取能斷
黻取善惡相背鄭玄云會讀爲繢宗彝謂宗廟之鬱鬯樽也故
虞夏以上蓋取虎彝蜼彝而已粉米白米也絺讀爲黹黹紩也
自日月至黼黻凡十二章天子以飾祭服凡畫者爲繢刺者爲
繡此繡與繢各有六衣用繢裳用繡三周而變之以三辰爲旂
旗[illegible]龍爲袞宗彝爲毳或損益上下更其等差鄭意以華蟲爲

單疏卷五第七葉

尚書正義　卷五

楊本卷五第十葉

單疏卷五第八葉

冕服之名皆取章首爲義袞冕九章以龍爲首龍
首卷然故以袞爲名鷩冕七章華蟲爲首華蟲即
鷩雉也毳冕五章虎蜼爲首虎蜼毛淺毳是亂毛
故以毳爲名如鄭此解配文甚便於絺繡之義揔
爲消帖但解宗彝爲虎蜼取理大迴未知所説誰
得經旨　傳天子至制之▲正義曰此言作服汝
明故傳辯其等差天子服日月而下十二章諸侯
自龍袞而下至黼黻八章再言而下明天子諸侯
皆至黼黻也士服藻火二章大夫加粉米四章孔
注上篇五服謂天子諸侯卿大夫士則卿與大夫
不同當加之以黼黻爲六章孔略而不言孔意蓋
以周禮制諸侯有三等之服此諸侯同八章者上
古朴質諸侯俱南面之尊故合三爲一等且禮諸
侯多同爲一等故雜記云天子九虞諸侯七虞大
傳云天子七月而葬諸侯五月而葬是也孔以此
經上句日月星辰山龍華蟲尊者在上下句藻火
粉米黼黻尊者在下黼黻尊於粉米粉米尊於藻
火故從上以尊卑差之士服藻火大夫加以粉米
并藻火爲四章焉孔不見孔傳其注亦以爲然以
古有此言相傳爲説也蓋以衣在上爲陽陽統於
上故所尊在先裳在下爲陰陰統於下故所重在
後詩稱玄袞及黼顧命云麻冕黼裳當以黼爲裳
故首舉黼以言其事如孔説也天子諸侯下至黼
黻大夫粉米兼服藻火是上得兼下也士不得服
粉米大夫不得服黼黻是下不得僭上也訓彰爲
明以五種之彩明施於五色作尊卑之服汝當分
明制之令其勿使僭濫也鄭玄云性曰采施曰色
以本性施於繒帛故云以五采施於五色也鄭云
作服者此十二章爲五服天子備有焉公自山龍
而下侯伯自華蟲而下子男自藻火而下卿大夫
自粉米而下亦是以意説也此云作服惟據衣服
所以經有宗彝又孔云旌旗亦以山龍華蟲爲飾

楊本卷五第十一葉

兼服藻火是上得兼下也士不得服粉米大夫不得服黼黻是
下不得僭上也訓彰爲明以五種之彩明施於五色作尊卑之
服汝當分明制之令其勿使僭濫也鄭玄云性曰采施曰色以
本性施於繒帛故云以五采施於五色也鄭云作服者此十二
章爲五服天子備有焉公自山龍而下侯伯自華蟲而下子男
自藻火而下卿大夫自粉米而下亦是以意説也此云作服惟
據衣服所以經有宗彝又孔云旌旗亦以山龍華蟲爲飾者但
此雖以服爲主上既云古人之象則法象分在器物皆悉明之
非止衣服而已旌旗器物皆是彩飾彼服以明尊卑故揔云作
服以結之
傳言欲至審之
正義曰此經大意令臣審聽樂音察世之治否以報君也金石
絲竹匏土革木八物各出其音謂之八音八音之聲皆有清濁
聖人差之以爲五品宫商角徵羽謂之五聲五聲高下各有所
準則聖人制爲六律與五聲相均作樂者以律均聲聲從器出
帝言我欲以六律和彼五聲八音以此樂之音聲察世之治否
詩序云治世之音安以樂其政和亂世之音怨以怒其政乖此
則聽聲知政之道也言今聽作樂若其音安樂和平則時政辨
治而修理也若其音怨怒乖離則時政忽慢而怠惰也是用樂
之聲音察天下治理及忽怠者也知其治理則保以修之知其
忽怠則改而修之此治理忽怠人君所願聞也又樂之感人使
和易調暢若樂音合度則言必得理以此樂音出納仁義禮智
信五德之言乃君之發言合彼五德施之於人可以成其教化
是出五言也人之乃言合彼五德歸之於君可以成諷諫是納
五言也君言可以利民民言可以益君是言之善惡由樂音而
知也此言之善惡亦人君之所願聞也政之理忽言之善惡皆
是上所願聞欲令察知以告已得守善而改惡故帝令臣汝當
爲我聽審之也六律六呂當有十二惟言六律者鄭玄云舉陽
陰從可知也傳以五言爲五德之言者漢書律曆志稱五聲播
於五常則角爲仁商爲義徵爲禮羽爲智宫爲信志之所稱必

單疏卷五第九葉

者但此雖以服爲主上既云古人之象則法象分
在器物皆悉明之非止衣服而已旌旗器物皆是
彩飾彼服以明尊卑故揔云作服以結之　傳言
欲至審之　▲正義曰此經大意令臣審聽樂音察
世之治否以報君也金石絲竹匏土革木八物各
出其音謂之八音八音之聲皆有清濁聖人差之
以爲五品宮商角徵羽謂之五聲五聲高下各有
所準則聖人制爲六律與五聲相均作樂者以律
均聲聲從器出帝言我欲以六律和彼五聲八音
以此樂之音聲察世之治否詩序云治世之音安
以樂其政和亂世之音怨以怒其政乖止則聽聲
知政之道也言今聽作樂若其音安樂和平則時
政辨治而修理也若其音怨怒乖離則時政忽慢
而怠情也是用樂之聲音察天下治理及忽怠者
也知其治理則保以修之知其忽怠則改而修之
此治理忽怠人君所願聞也又樂之感人使和易
調暢若樂音合度則言得理以此樂音出納仁
義禮智信五德之言乃君之發言合彼五德施之
於人可以成其教化是出五言也人之乃言合彼
五德歸之於君可以成諷諫是納五言也君言可
以利民民言可以益君是言之善惡由樂音而知
也此言之善惡亦人君之所願聞也政之理忽言
之善惡皆是上所願聞欲令察知以告己得守善
而改惡故帝令臣汝當爲我聽審之也六律六呂
當有十二惟言六律者鄭玄云舉陽陰從可知也
傳以五言爲五德之言者漢書律曆志稱五聲播
於五常則角爲仁商爲義徵爲禮羽爲智宮爲信
志之所稱必有舊說也言五聲與五德相協此論
樂事而云出納五言知是出納五德之言也樂音
和則五德之言得其理音不和則五德之言違其
度故亦以樂音察五言也帝之此言自說臣之大
法於舜所聽使聽韶樂也襄二十九年左傳吳季

有舊說也言五聲與五德相協此論樂事而云出納五言知是
出納五德之言也樂音和則五德之言得其理音不和則五德
之言違其度故亦以樂音察五言也帝之此言自說臣之大法
於舜所聽使聽韶樂也襄二十九年左傳吳季札見舞韶樂而
歎曰德至矣哉大矣如天之無不幬也如地之無不載也然則
韶樂盡善盡美有理無忽而并言忽者韶樂自美耳樂採人歌
爲曲若其怠忽則音辭亦有焉故常使聽察之也
傳四近至察之
正義曰冏命云惟予一人無良實賴左右前後有位之士匡其
不及知四近謂前後左右四者近君之臣勑使敬其職也更欲
告以此下之辭故勑之衆頑愚讒說之人若有所行不在於是
而爲非者當察之知其非乃撻之書之此與以下發端也庶頑
讒說謂朝廷之臣格則承之乃謂天下之人舜之朝廷當無讒
說之人故設爲大法戒慎之耳四近之臣普謂近君之臣耳無
常人也鄭玄以四近爲左輔右弼前疑後承惟伏生書傳有此
言文王世子云有師保有疑承以外經傳無此官也
傳當行至其過
正義曰禮射皆張侯射之知侯以明之當行射侯之禮以明善
惡之教射禮有序賓以賢詢衆擇善之義是可以明善惡也笞
撻不是者使記識其過謂過輕者也大罪刑殺之矣古之射侯
之事無以言之案周禮司裘云王大射則供虎侯熊侯豹侯設
其鵠諸侯則供熊侯豹侯卿大夫則供麋侯皆設其鵠鄭玄注
云虎九十弓即方一丈八尺熊七十弓方一丈四尺豹麋五十
弓方一丈鄭又引梓人爲侯廣與崇方三分其廣而鵠居一焉
則丈八之侯鵠方六尺丈四之侯鵠方四尺六寸大半寸一丈
之侯鵠方三尺三寸少半寸此皆大射之侯也射人云王以六
耦射三侯五正諸侯以四耦射二侯三正孤卿大夫以三耦射
一侯二正士以三耦射豻侯二正鄭玄注云五正者五采中朱
次白次蒼次黃玄居外三正者去玄黃二正者去白蒼而畫以
朱綠此賓射之侯也鄭以賓射三侯步數高廣與大射侯同

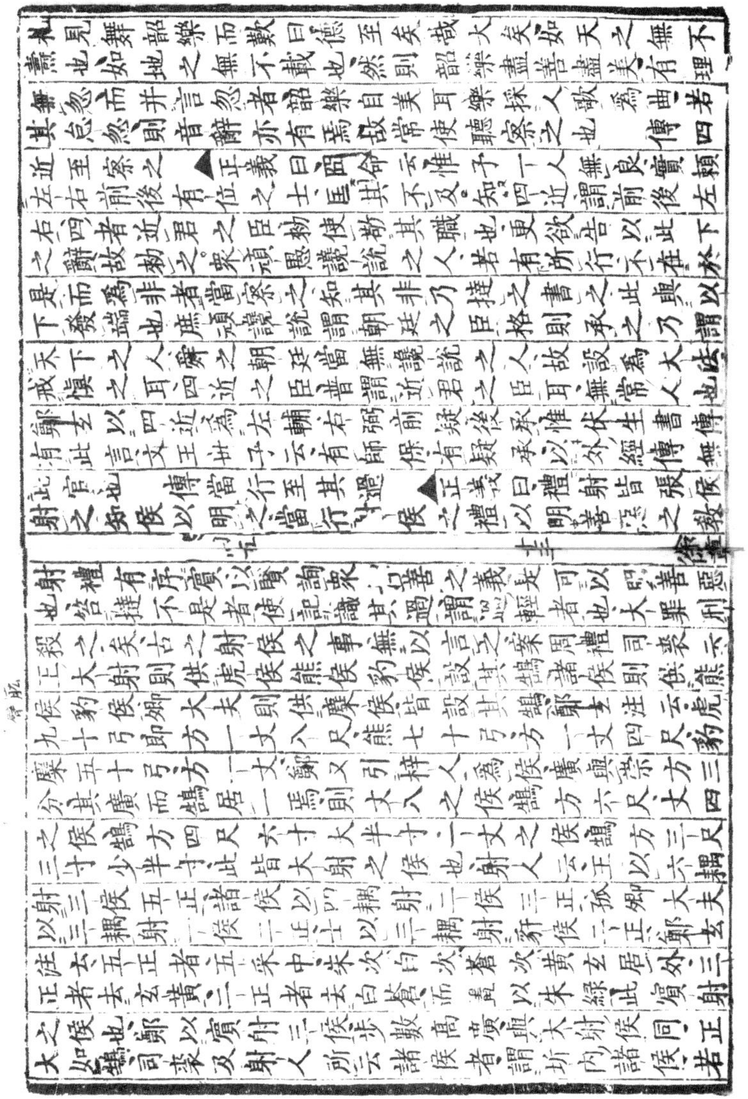

楊本卷五第十三葉

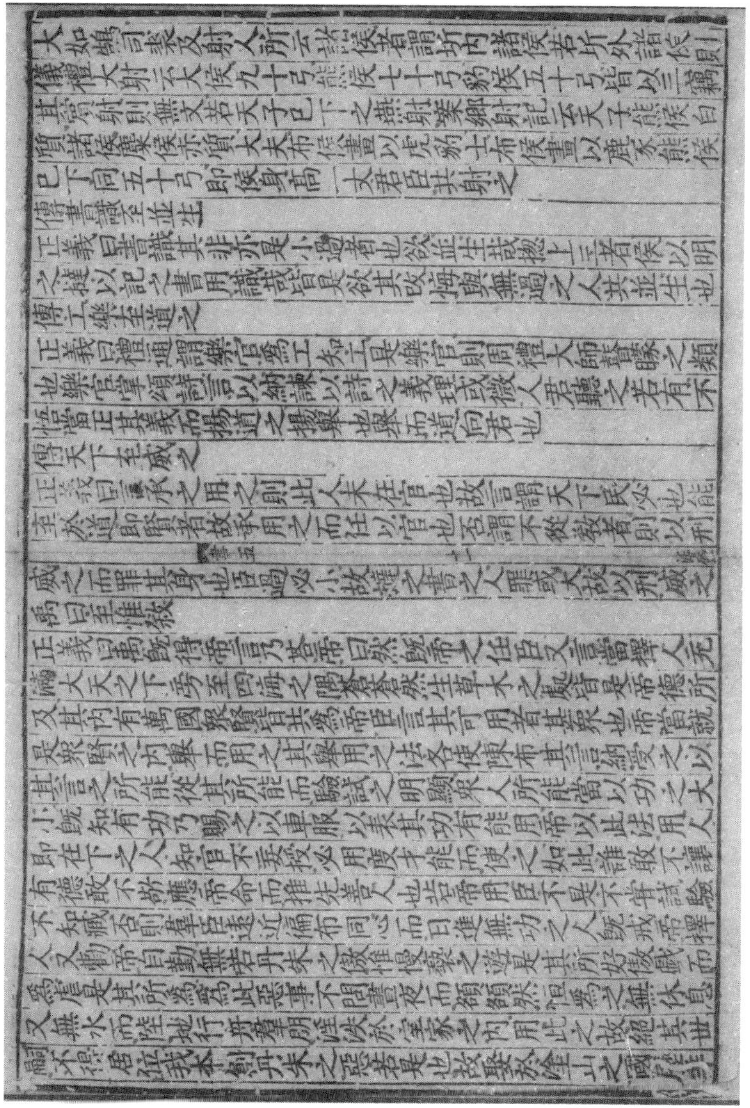

單疏卷五第十一葉

畿外諸侯則儀禮大射云大侯九十弓熊侯七十弓豹侯五十弓皆以三耦其賓射則無文若天子巳下之燕射案鄉射記云天子熊侯白質諸侯麋侯赤質大夫布侯畫以虎豹士布侯畫以鹿豕熊侯巳下同五十弓即侯身高一丈君臣共射之傳書識至並生▲正義曰書識其非亦是小過者也欲並生哉撻上三者侯以明之撻以記之書用識哉皆是欲其改悔與無過之人共並生也　傳工樂官至道之▲正義曰禮通謂樂官為工知工是樂官則周禮大師瞽矇之類也樂官掌頌詩言以納諫以詩之義理或微人君聽之若有不悟當正其義而揚道之揚舉也舉而道向君也　傳天下至咸之▲正義曰言承之用之則此人未在官也故言謂天下民必也能至於道即賢者故承用之而任之官也否謂不從教者則以刑威之而罪其身也臣過必小故撻之書之罪或大故以刑威之

十四　陳保

禹曰俞哉帝光天之下至于海隅蒼生光天之下至于海隅蒼蒼然生草木言所及廣遠萬邦黎獻共惟帝臣惟帝時舉敷納以言明庶以功車服以庸獻賢也萬國衆賢共為帝臣帝舉是而用之使陳布其言明之皆以功大小為差以車服旌其能用之誰敢不讓敢不敬應上惟賢是用則下皆敬應上命而讓善帝不時敷同日奏罔功帝用臣不是則遠近布同而日進於無功以賢愚並並優劣共流故無若丹朱傲惟慢遊是好丹朱堯子舉以戒之傲虐是作罔晝夜頟頟傲戲而為虐無晝夜常頟頟肆惡無休息罔

水行舟朋淫于家用殄厥世朋羣也丹朱習於無水陸地行舟言無度羣淫於家妻妾亂用是絕其世不得嗣予創若時娶于塗山辛壬癸甲創懲也塗山國名懲丹朱之惡辛日娶妻至于甲日復往治水不以私害公啟呱呱而泣予弗子惟荒度土功啟禹子也禹治水過門不入聞啟泣聲不暇子名之以大治度水土之功故弼成五服至于五千州十有二師五服侯甸綏要荒服也服五百里四方相距為方五千里治洪水輔成之一州用三萬人功九州二十七萬庸外薄四海咸建五長薄迫也言至海諸侯五國立賢者一人為方伯謂之五長以相統治以奬帝室各迪有

十五　陳錫

功苗頑弗即工帝其念哉九州五長各蹈為有功唯三苗頑凶不得就官善惡分別帝曰迪朕德時乃功惟敘言天下蹈行我德是汝治水之功有次序敢不念乎

疏禹曰至惟敘●正義曰禹既得帝言乃荅帝曰然既帝之任臣又言當擇人充滿大天之下旁至四海之隅蒼蒼然生草木之處皆是帝德所及其內有萬國衆賢皆共為帝臣言其可用者甚衆也帝當就是衆賢之內舉而用之其舉用之法各使陳布其言納受之以其言之所能從其所能而驗試之明顯衆人所能當以功之大小既知有功乃賜之以車服以表其功有能用帝以此法用人即在下之人知官不妄授必用度才能而使之如此誰敢不讓有德敢不敬應帝命而推先善人也若帝用臣否是不審試驗不知臧否則羣臣遠近徧布同心而日進

無功之人既戒帝擇人又勸帝自勤無若丹朱之
傲惟慢遊之遊是其所好傲戲而爲虐是其所爲
爲此惡事不問晝夜而頟頟然恒爲之無休息又
無水而陸地行舟羣朋淫泆於室家之內用此之
故絕其世嗣不得居位我本創丹朱之惡若是也
故娶於塗山之國歷辛壬癸甲四日而即往治水
其後過門不入聞啓呱呱而泣我不暇入而子名
之惟以大治度水土之功故也水土既平乃輔成
五服四面相距至于五千里州十有二師其治水
之時所役人功每州用十有二師各用三萬人也
自京師外迫及四海其閒諸侯五國皆立一長迪
相統領以此諸侯各蹈行所職並爲有功惟有三
苗頑凶不能就官我以供勤之故得使天災消役
帝念此事哉不可不自勤帝荅禹曰天下之人
皆蹈行我德是汝治水之功惟有次叙故也受其
戒而美其功也　傳光天至廣遠　▲正義曰堯典
之序訓光爲充即此亦光充言充滿大天之下也
據其方面即四隅爲遠至于海隅舉極遠之處言
帝境所及廣遠其內多賢人也　傳獻賢至用之
正義曰釋言云獻聖也賢是聖之次臣德不宜言
聖故爲賢也萬國衆賢共爲帝臣言求臣之處多
也帝舉是衆賢而用之使陳布其言令其自說己
之所能聽其言而納受之依其言而考試之顯明
衆臣皆以功大小爲差然後賜車服以旌別其人
功能事用是舉賢用人之法也舜典云敷奏以言
明試以功奏試二字與此異者彼言施於諸侯其
人見爲國君故令奏言試功此謂方始擢用故言
納庶納謂受取之庶謂在羣衆　傳帝用至流故
正義曰帝用臣不是不以言考功在下知帝不分
別善惡則無遠近徧布同心日日進於無功之人
由其賢愚並位優劣共流故也敷是布之義故言
遠近布同同心妄舉也　傳丹朱堯子　▲正義曰

楊本卷五第十六葉

壬癸甲四日而即往治水其後過門不入聞啓呱呱而泣我不
暇入而子名之惟以大治度水土之功故也水土既平乃輔成
五服四面相距至于五千里州十有二師其治水之時所役人
功每州用十有二師各用三萬人也自京師外迫及四海其閒
諸侯五國皆立一長迪相統領以此諸侯各蹈行所職並爲有
功惟有三苗頑凶不能就官我以供勤之故得使天災消沒帝
念此事哉不可不自勤也帝荅禹曰天下之人皆蹈行我德是
汝治水之功惟有次敘故也受其戒而美其功也
傳光天至廣遠
正義曰堯典之序訓光爲充即此亦爲充言充滿大天之下也
據其方面即四隅爲遠至于海隅舉極遠之處言帝境所及廣
遠其內多賢人也
傳獻賢至用之
正義曰釋言云獻聖也賢是聖之次臣德不宜言聖故爲賢也
萬國衆賢共爲帝臣言求臣之處多也帝舉是衆賢而用之使
陳布其言令其自說己之所能聽其言而納受之依其言而考
試之顯明衆臣皆以功大小爲差然後賜車服以旌別其人功
能事用是舉賢用人之法也舜典云敷奏以言明試以功奏試
二字與此異者彼言施於諸侯其人見爲國君故令奏言試功
此謂方始擢用故言納庶納謂受取之庶謂在羣衆
傳帝用至流故
正義曰帝用臣不是不以言考功在下知帝不分別善惡則無
遠近徧布同心日日進於無功之人由其賢愚並位優劣共流
故也敷是布之義故言遠近布同同心妄舉也
傳丹朱堯子
正義曰漢書律曆志云堯讓舜使子朱處於丹淵爲諸侯則朱
是名丹是國也
傳傲戲至休息
正義曰詩美衛武公云善戲謔兮不爲虐兮丹朱反之故傲戲
而爲虐也頟頟是不休息之意肆謂縱恣也晝夜常頟頟然縱

單疏卷五第十二葉

漢書律曆志云堯讓舜使子朱處於丹淵爲諸侯
則朱是名丹是國也 傳傲戲至休息 ▲正義曰
詩美衛武公云善戲謔兮不爲虐兮丹朱反之故
傲戲而爲虐也頟頟是不休息之意肆謂縱恣也
晝夜常頟頟然縱恣爲惡無休息時也 傳朋羣
至得嗣 ▲正義曰朋輩與羣聚義同故朋爲羣也
聖人作車以行陸作舟以行水丹朱乃習於無水
而陸地行舟言其所爲惡事無節度也此乃稟受
惡性習惡事也鄭玄云丹朱見洪水時人乘舟今
水已治猶居舟中頟頟使人推行之案下句云予
創若時乃勤治水則丹朱行舟之時水尚未除非
效洪水之時人乘舟也羣淫於家言羣聚妻妾恣
意淫泆無男女之別故言妻妾亂也用是之惡故
絶其世位不得嗣父也此用殄厥世一句禹既見
世絶今始言之以明行惡之驗此句非禹所創創
之者創其行之惡耳 傳創懲至害公 ▲正義曰
創與懲皆是見惡自止之意故云創懲也哀七年
左傳云禹會諸侯於塗山杜預云塗山在壽春縣
東北塗山國名蓋近彼山也娶于塗山言其所娶
之國耳非就妻家見妻也懲丹朱之惡故不可不
勤故辛日娶妻至于甲日復往治水孔云復往則
已嘗治水而輟事成昏也鄭玄云登用之年始娶
于塗山氏三宿而爲帝所命治水鄭意娶後始受
帝命娶前未治水也然娶後始受帝命當云聞命
即行不須計辛之與甲日數多少當如孔說輟事
成昏也此時禹父新殛而得爲昏者鯀放而未死
不妨禹娶且治水四年兗州始畢禹娶不必在殛
鯀之年也 傳啓禹至功故 ▲正義曰啓禹子世
本文也孟子稱禹治水三過其門而不入是至門
而聞啓泣聲不暇如人父子名爲己子而愛念之
以其爲大治度水土之功故也訓荒爲大治謂去
其水度謂量其功故治度連言之 傳五服至萬

楊本卷五第十七葉

恣爲惡無休息時也
傳朋羣至得嗣
正義曰朋輩與羣聚義同故朋爲羣也聖人作車以行陸作舟
以行水丹朱乃習於無水而陸地行舟言其所爲惡事無節度
也此乃稟受惡性習惡事也鄭玄云丹朱見洪水時人乘舟今
水已治猶居舟中頟頟使人推行之案下句云予創若時乃勤
治水則丹朱行舟之時水尚未除非效洪水之時人乘舟也羣
淫於家言羣聚妻妾恣意淫泆無男女之別故言妻妾亂也用
是之惡故絶其世位不得嗣父也此用殄厥世一句禹既見世
絶今始言之以明行惡之驗此句非禹所創創之者創其行之
惡耳
傳創懲至害公
正義曰創與懲皆是見惡自止之意故云創懲也哀七年左傳
云禹會諸侯於塗山杜預云塗山在壽春縣東北塗山國名蓋
近彼山也娶于塗山言其所娶之國耳非就妻家見妻也懲丹
朱之惡故不可不勤故辛日娶妻至于甲日復往治水孔云復
往則已嘗治水而輟事成昏也鄭玄云登用之年始娶于塗山
氏三宿而爲帝所命治水鄭意娶後始受帝命娶前未治水也
然娶後始受帝命當云聞命即行不須計辛之與甲日數多少
當如孔說輟事成昏也此時禹父新殛而得爲昏者鯀放而未
死不妨禹娶且治水四年兗州始畢禹娶不必在殛鯀之年也
傳啓禹至功故
正義曰啓禹子世本文也孟子稱禹治水三過其門而不入是
至門而聞啓泣聲不暇如人父子名爲己子而愛念之以其爲
大治度水土之功故也訓荒爲大治謂去其水度謂量其功故
治度連言之
傳五服至萬庸
正義曰據禹貢所云五服之名數知五服即甸侯綏要荒服也
彼五服每服五百里四面相距爲方五千里也王肅云五千里
者直方之數若其迴邪委曲動有倍加之較是直路五千里也

單疏卷五第十三葉

庸▲正義曰據禹貢所云五服之名數知五服即
甸侯綏要荒服也故五服每服五百里四面相距
爲方五千里也王肅云五千里者直方之數若其
迴邪委曲動有倍加之較是直路五千里也治洪
水輔成之者謂每服之內爲其小數定其差品各
有所掌是禹輔成之也周禮大司馬法二千五百
人爲師每州十有二師通計之一州用三萬人功
總計九州用二十七萬庸庸亦功也州境既有闊
狹用功必有多少例言三萬人者大都通率爲然
惟言用三萬人者亦不知用功日數多少治水四年
乃畢用功蓋多矣不知用幾日也鄭玄云輔五服
而成之至于面方各五千里四面相距爲方萬里
九州州立十二人爲諸侯師以佐牧堯初制五服
服各五百里要服之內方四千里曰九州其外荒
服曰四海此禹所受地記書曰崑崙山東南地方
五千里名曰神州者禹弼五服之殘數亦每服者
合五百里故有萬里之界萬國之封焉猶用要服
之內爲九州州更方七千里七七四十九得方千
里者四十九其一以爲圻內餘四十八八州分而
各有六春秋傳曰禹朝羣臣于會稽執玉帛者萬
國言執玉帛者則九州之內諸侯也其制特置牧
以諸侯賢者爲之師蓋百國一師州十有二師則
州千二百國也八州凡九千六百國其餘四百國
在圻內與王制之法準之八州通率封公侯百里
之國者一伯七十里之國二子男五十里之國四
方百里者三封國七十有畸至于圻內則子男而
已鄭云禹弼成五服面各五千里王肅禹貢之注
已難之矣傳稱萬盈數也萬國舉盈數而言非謂
其數滿萬也詩桓曰綏萬邦烝民曰揉此萬邦豈
周之建國復有萬乎天地之勢平原者甚少山川
所在不啻居半豈以不食之地亦封建國乎王圻
千里封五十里之國四百則圻內盡以封人王城

楊本卷五第十八葉

治洪水輔成之者謂每服之內爲其小數定其差品各有所掌
是禹輔成之也周禮大司馬法二千五百人爲師每州十有二
師通計之一州用三萬人功摠計九州用二十七萬庸庸亦功
也州境既有闊狹用功必有多少例言三萬人者大都通率爲
然惟言用三萬人者不知用功日數多少治水四年乃畢用功
蓋多矣不知用幾日也鄭玄云輔五服而成之至于面方各五
千里四面相距爲方萬里九州州立十二人爲諸侯師以佐牧
堯初制五服服各五百里要服之內方四千里曰九州其外荒
服曰四海此禹所受地記書曰崑崙山東南地方五千里名曰
神州者禹弼五服之殘數亦每服者合五百里故有萬里之界
萬國之封焉猶用要服之內爲九州州更方七千里七七四十
九得方千里者四十九其一以爲圻內餘四十八八州分而各
有六春秋傳曰禹朝羣臣于會稽執玉帛者萬國言執玉帛者
則九州之內諸侯也其制特置牧以諸侯賢者爲之師蓋百國
一師州十有二師則州千二百國也八州凡九千六百國其餘
四百國在圻內與王制之法準之八州通率封公侯百里之國
者一伯七十里之國二子男五十里之國四方百里者三封國
七十有畸至于圻內則子男而已鄭云禹弼成五服面各五千
里王肅禹貢之注已難之矣傳稱萬盈數也萬國舉盈數而言
非謂其數滿萬也詩桓曰綏萬邦烝民曰揉此萬邦豈周之建
國復有萬乎天地之勢平原者甚少山川所在不啻居半豈以
不食之地亦封建國乎王圻千里封五十里之國四百則圻內
盡以封人王城宮室無建立之處言不顧實何至此也百國一
師不出典記自造此語何以可從禹朝羣臣于會稽魯語文也
執玉帛者萬國左傳文也採合二事亦爲謬矣
傳薄迫至帝室
正義曰釋言云逼迫也薄者逼近之義故云迫也外迫四海言
從京師而至于四海也釋地云九夷八狄七戎六蠻謂之四海
謂九州之外也王制云五國以爲屬屬有長此建五長亦如彼
文故云諸侯五國立賢者一人爲方伯謂之五長以相統治欲

單疏卷五第十四葉

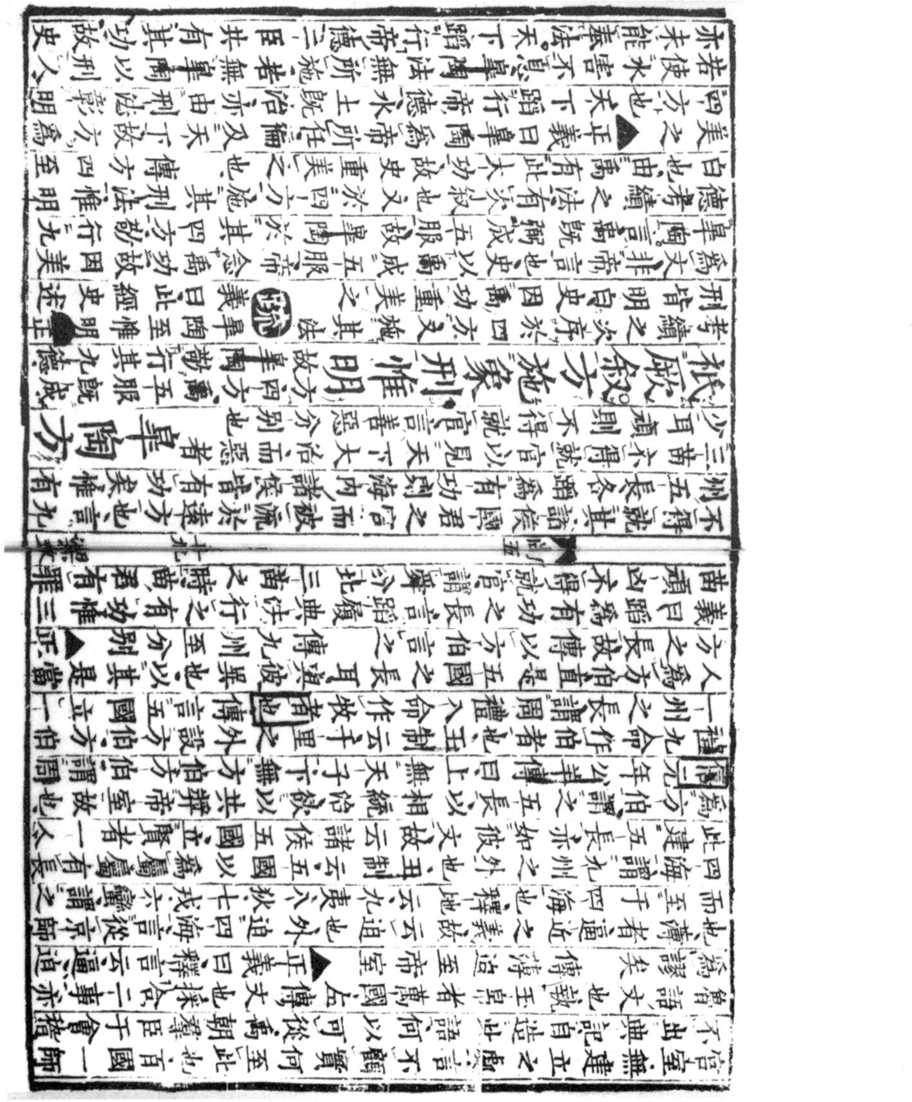

楊本卷五第十九葉

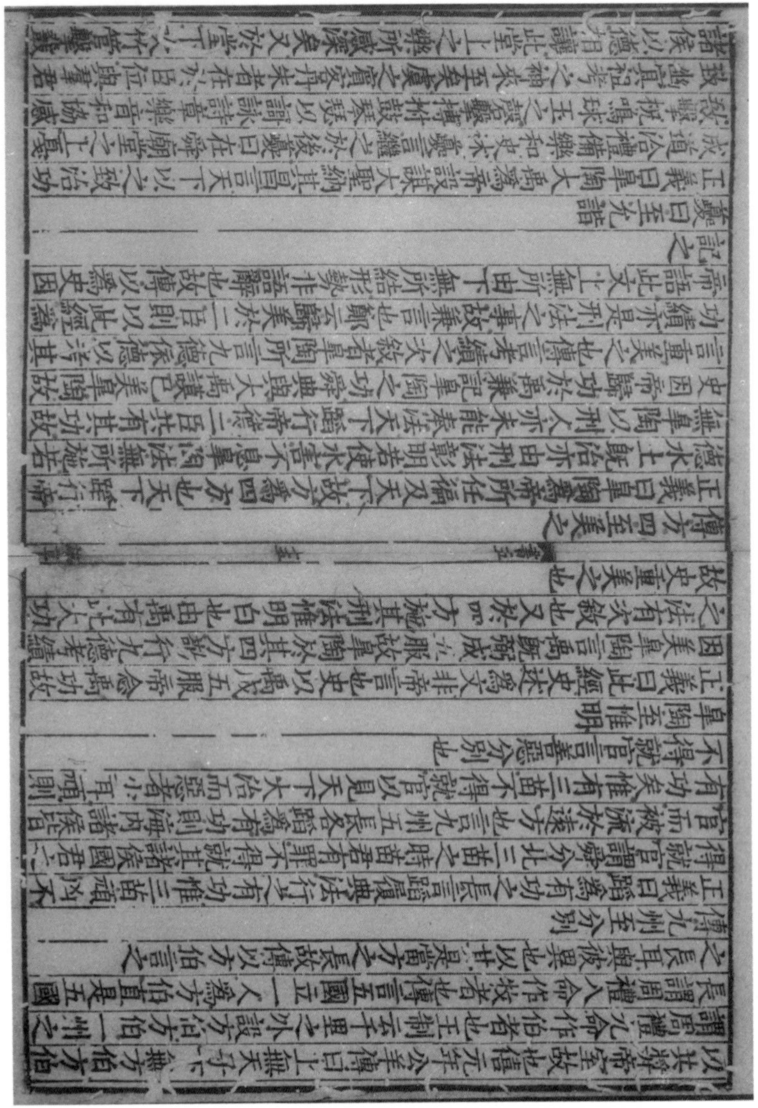

單疏卷五第十五葉

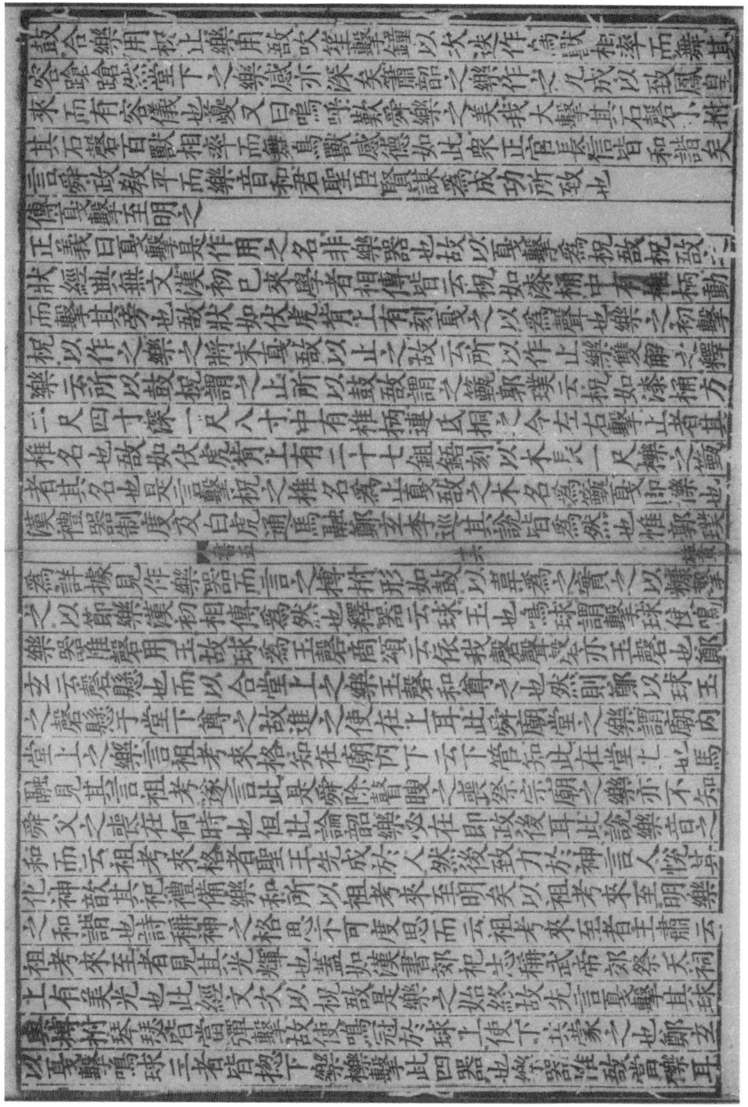

單疏卷五第十六葉

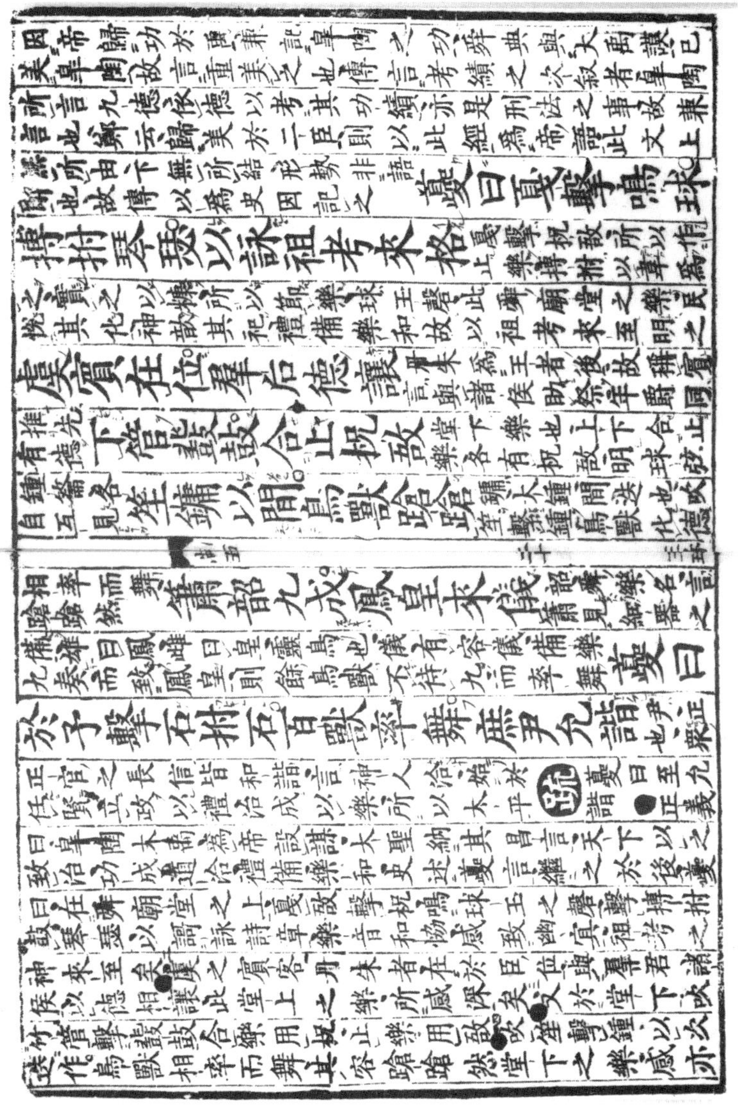

楊本卷五第二十葉

深矣簫韶之樂作之九成以致鳳皇來而有容儀也夔又曰嗚呼歎舜樂之美我大擊其石磬小拊其石磬百獸相率而舞鳥獸感德如此衆正官長信皆和諧矣言舜政教平而樂音和君聖臣賢謀是作用之名非樂器也故以戛擊爲柷敔柷敔之爲成功所致也　傳戛擊至明之▲正義曰戛擊狀經典無文漢初已來學者相傳皆云柷如漆桶中有椎柄動而擊其旁也敔狀如伏虎背上有刻戛之以爲聲也樂之初擊柷以作之樂之將末戛敔以止之故云所以作止樂雙解之釋樂云所以鼓柷謂之止所以鼓敔謂之籈郭璞云柷如漆桶方二尺四寸深一尺八寸中有椎柄連底挏之令左右擊止者其椎名也敔如伏虎背上有二十七鉏鋙刻以木長一尺櫟之籈者其名也是言擊柷之椎名爲止戛敔之木名爲籈戛即櫟也漢禮器制度及白虎通馬融鄭玄李巡其說皆爲然也惟

尚五　二十一　宋明

郭璞爲詳據見作樂器而言之搏拊形如鼓以韋爲之實之以糠擊之以節樂漢初相傳爲然也釋器云球玉也鳴球謂擊球使鳴樂器惟磬用玉故球爲玉磬商頌云依我磬聲磬亦玉磬也鄭玄云磬懸也而以合堂上之樂玉磬和尊之也然則鄭以球玉之磬懸于堂下尊之故進之使在上耳此舜廟堂之樂謂廟內堂上之樂言祖考來格知在廟內下云下管知此在堂上也馬融見其言祖考遂言此是舜除瞽瞍之喪祭宗廟之樂亦不知舜父之喪在何時也但此論部樂必在即政後耳此說樂音之和而云祖考來格者聖王先成於人然後致力於神言人悅其化神歆其祀禮備樂和所以祖考來至明矣以祖考來至明樂之和諧也詩稱神之格思不可度思而云祖考來至者王肅云祖考來至者見其光輝也蓋如漢書郊祀志稱武帝郊祭天祠上有美光也此經文次以柷敔是樂

四器不櫟鄭言非也

傳丹朱至有德

正義曰微子之命云作賓于王家詩頌微子之來謂之有客是王者之後爲時王所賓也故知虞賓謂丹朱爲王者後故稱賓也王者立二代之後而獨言丹朱者蓋高辛氏之後無文而言故惟指丹朱也王者之後尊於羣后故殊言在位羣后亦在位也後言德讓丹朱亦以德讓也故言與諸侯助祭年爵同者推先有德也二王之後並爲上公亦有與丹朱爵同故丹朱亦讓也丹朱之性下愚堯不能化此言有德者猶上云瞽亦允若暫能然也

傳堂下至互見

正義曰經言下管知是堂下樂也敔當戛之柷當擊之上言戛擊此言柷敔其事是一故云上下合止樂各有柷敔也言堂下堂上合樂各以柷止樂各以敔也上言作用此言器名兩相備也上下皆有柷敔兩見其文明球絃鐘籥上下樂器不同各自

書五　十七　葛

更互見也絃謂琴瑟鐘鏞也籥管也琴瑟在堂鐘籥在庭上下之器各別不得兩見其名各自更互見之依大射禮鐘磬在庭今鳴球於廟堂之上者案郊特牲云歌者在上貴人聲也左傳云歌鐘二肆則堂上有鐘明磬亦在堂上故漢魏已來登歌皆有鐘磬燕禮大射堂上無鐘磬者諸侯樂不備也

傳鏞大至蹌蹌然

正義曰釋樂云大鐘謂之鏞李巡曰大鐘音聲大鏞大也孫炎曰鏞深長之聲釋詁云間代也孫炎曰間厠之代也釋言云遞迭也李巡曰遞者更迭間厠相代之義故間爲迭也吹笙擊鐘更迭而作鳥獸化德相率而舞蹌蹌然下云百獸率舞知此蹌蹌然亦是舞也禮云凡行容惕惕大夫濟濟士蹌蹌是爲行動之貌故爲舞也

傳韶舜至率舞

正義曰韶是舜樂經傳多矣但餘文不言簫韶簫乃樂器非樂名簫是樂器之小者言簫見細器之備謂作樂之時小大之器皆

之始終故先言戛擊其球與搏拊琴瑟皆當彈擊故使鳴冠於球上使下共蒙之也鄭玄以戛擊鳴球三者皆揔下樂櫟擊此四器也樂器惟敔當櫟耳四器不櫟鄭言非也　傳丹朱至有德 ▲正義曰微子之命云作賓于王家詩頌微子之來謂之有客是王者之後爲時王所賓也故知虞賓謂丹朱爲王者後故稱賓也主者立二代之後而獨言丹朱者蓋高辛氏之後無文而言故惟指丹朱也王者之後尊於羣后故殊言在位羣后亦在位也後言德讓丹朱亦以德讓也故言與諸侯助祭爭爵同者推先有德也二王之後並爲上公亦有與丹朱爵同故丹朱亦讓也丹朱之性下愚堯不能化此言有德者商上云嚚亦允若暫能然也　傳堂下至互見 ▲正義曰經言下管知是堂下樂也敔當戛之柷當擊之上言戛擊此言柷敔其事是一故云上下合止樂各有柷敔也言堂下堂上合

尚三　二十二　毛昌

樂各以柷止樂各以敔也上言作用此言器名兩相備也上下皆有柷敔兩見其文明球絃鐘籥上下樂器不同各自更互見也絃謂琴瑟鐘鏞也籥管也琴瑟在堂鐘籥在庭上下之器各别不得兩見其名各自再互見之依大射禮鐘磬在庭今鳴球於廟堂之上者案郊特牲云歌者在上貴人聲也左傳云歌鐘二肆則堂上有鐘明磬亦在堂上故漢魏已來登歌皆有鐘磬燕禮大射堂上無鐘磬者諸侯樂不備也　傳鏞大至蹌蹌然 ▲正義曰釋樂云大鐘謂之鏞李巡曰大鐘音聲大鏞大也孫炎曰鏞深長之聲釋詁云間代也孫炎曰間厠之代也釋言云遞迭也李巡曰遞者更迭間厠相代之義故間爲迭也吹笙擊鏞更迭而作鳥獸化德相率而舞蹌蹌然下云百獸率舞知此蹌蹌然亦是舞也禮云凡行容惕惕大夫濟濟士蹌蹌是爲行動之貌故爲舞也　傳韶舜至率舞 ▲正

楊本卷五第二十二葉

備也釋鳥云鶠鳳其雌皇是此鳥雄曰鳳雌曰皇禮運云麟鳳龜龍謂之四靈是鳳皇爲神靈之鳥也易漸卦上九鴻漸于陸其羽可用爲儀是儀爲有容儀也成謂樂曲成也鄭云成猶終也每曲一終必變更奏故經言九成傳言九奏周禮謂之九變其實一也言簫見細器之備備樂九奏而致鳳皇則其餘鳥獸不待九而率舞也尊者體盤靈瑞難致故九成之下始言鳳皇來儀鳥獸蹌蹌乃在上句傳據此文言鳥獸易來鳳皇難致故云鳥獸不待九也樂之作也依上下遞奏間合而後曲成神物之來上下共致非堂上堂下別有所感以祖考尊神配堂上之樂鳥獸賤物故配堂下之樂揔上下之樂言九成致鳳尊異靈瑞故别言爾非堂上之樂獨致神來堂下之樂偏令獸舞也鄭玄注周禮具引此文乃云此其在於宗廟九奏效應也是言祖考來格百獸率舞皆是九奏之事也大司樂云凡六樂者六變而致象物及天神鄭玄云象物有象在天所謂四靈者彼謂蜡之祭作樂以致其神此謂鳳皇身至故九奏也

書五　十八

傳尹正至太平

正義曰尹正釋言文衆正官之長謂每職之首周官所謂唐虞稽古建官惟百是也信皆和諧言職事修理也上云祖考來格此言衆正官治言神人洽樂音和也此篇初說用臣之法末言樂音之和言其始於任賢立政以禮治成以樂所以得致太平解史錄夔言之意

帝庸至往欽哉

正義曰帝既得夔言用此庶尹允諧之政故乃作歌自戒將歌而先爲言曰人君奉正天命以臨下民惟當在於順時惟當在於慎微既爲此言乃歌曰股肱之臣喜樂其事哉元首之君政化乃起哉百官事業乃得廣大哉言君之善政由臣也皐陶拜手稽首颺聲大言曰帝當念是言哉率領臣下爲起政治之事慎汝天子法度而敬其職事哉又當數自顧省已之成功而敬終之哉乃續載帝歌曰會是元首之君能明哉則股肱之臣乃善哉衆事皆得安寧哉既言其美又戒其惡元首之君叢脞細

單疏卷五第十八葉

義曰：韶是舜樂，經傳多矣，但餘文不言簫韶，乃樂器非樂名，簫是樂器之小者，言簫見細器之備，謂作樂之時，小大之器皆備也。釋鳥云：鶠，鳳，其雌皇。是此鳥雄曰鳳，雌曰皇。禮運云：麟鳳龜龍謂之四靈，是鳳皇爲神靈之鳥也。易漸卦上九：鴻漸于陸，其羽可用爲儀。是儀爲有容儀也。成謂樂曲成也。鄭云：成猶終也，每曲一終必變更奏。故經言九成，傳言九奏，周禮謂之九變，其實一也。言簫見細器之備，備樂九奏而致鳳皇，則其餘鳥獸不待九而率舞也。尊者體盤，靈瑞難致，故九成之下始言鳳皇來儀；鳥獸蹌蹌，乃在上句。傳據此文，言鳥獸易來，鳳皇難致，故云鳥獸不待九也。樂之作也，依上下遞奏，閒合而後曲成。神物之來，上下共致，非堂上堂下別有所感。以祖考尊神，配堂上之樂；鳥獸賤物，故配堂下之樂。總上下之樂，言九成致鳳，尊異靈瑞，故別言爾，非堂上之樂獨致神來，堂下之樂偏令獸舞也。鄭玄注周禮具引此文，乃云此其在於宗廟九奏效應也。是言祖考來格，百獸率舞，皆是九奏之事也。大司樂云：凡六樂者，六變而致象物及天神。鄭玄云：象物，有象在天，所謂四靈者。彼謂大蜡之祭作樂以致其神，此謂鳳皇身至，故九奏也。

傳尹正至太平　正義曰：尹正釋言文。衆正官之長，謂每職之首，周官所謂唐虞稽古，建官惟百是也。信皆和諧，言職事修理也。上云祖考來格，此言衆正官治，言神人洽，樂音和也。此篇初說用臣之法，末言樂音之和，言其始於任賢，立政以禮，治成以樂，所以得致太平，解史錄夔言之意。

帝庸作歌曰：勑天之命，惟時惟幾。用庶尹允諧之政，故作歌以戒，安不忘危。勑，正也。奉正天命以臨民，惟在順時，惟在慎微。乃歌曰：股肱喜哉！元首起哉！百

楊本卷五第二十三葉

脞哉，則股肱之臣懈惰緩慢哉，衆事悉皆墮廢哉。言政之得失由君也。帝拜而受之，曰：然。然其所歌顯是也。汝羣臣自今已往各勑其職事哉。

傳用庶至慎微　正義曰：此承夔言之下，既得夔言而歌，故知帝庸作歌者，用庶尹允諧之政，故作歌以自戒之，安不忘危也。勑是正齊之意，故爲正也。言天合奉正天命以臨下民，惟在順時，不妨農務也；惟在慎微，不忽細事也。鄭玄以爲戒臣，孔以爲自戒者，以正天之命是人君之事故也。

傳元首至乃廣　正義曰：釋詁云：元，良，首也。僖三十三年左傳稱狄人歸先軫之元，則元與首各爲頭之別名。此以元首共爲頭也。君臣大體猶如一身，故元首君也，股肱之臣也。臣喜樂盡忠，謂樂行君之化，君之治功乃起，言無廢事業。事業在於百官，故衆功皆起，百官之業乃廣也。

傳憲法至其職　正義曰：憲法釋詁文。此言興事對上起哉，天子率臣下爲起治之事，言臣不能獨使起也。

傳屢數至懈怠　正義曰：釋詁云：屢，數，疾也。俱訓爲疾，故屢爲數也。顧省汝成功，謂已有成功，令數顧省之，勑終以善，無懈怠也。恐其惰於已成功，故以此爲戒。

傳賡續至其義　正義曰：詩云：西有長賡。毛傳亦以賡爲續，是相傳有此訓也。鄭玄以載爲始，孔以載爲成，各以意訓耳。帝歌歸美股肱，義未足者，非君之明，爲臣不能盡力，空責臣功，是其義未足，以此續成帝歌，必先君後臣，衆事乃安，故以此言成其義也。

傳叢脞至申戒　正義曰：孔以叢脞爲細碎無大略，鄭以叢脞總聚小小之事以亂大政，皆是以意言耳。君無大略，則不能任賢，功不見知，則臣

單疏卷五第十九葉

楊本卷五第二十四葉

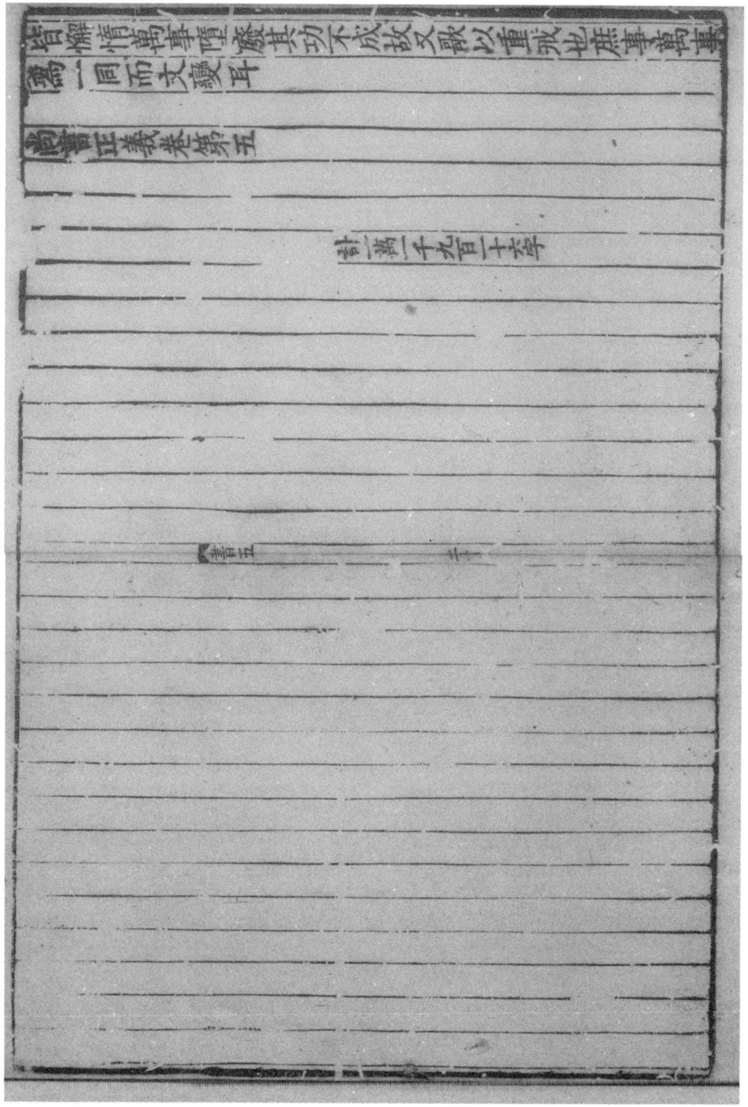

單疏卷五第二十葉

故作歌以自戒之，安不忘危也。勑是正齊之意，故爲正也。言天命奉正天命以臨下民，惟在順時，不妨農務也；惟在慎微，不忽細事也。鄭玄以爲戒臣，孔以爲自戒者，以正天之命是人君之事故也。

傳「元首」至「乃康」。▲正義曰：《釋詁》云：「元、良，首也。」僖三十三年《左傳》稱狄人歸先軫之元，則元與首各爲頭之別名，此以元首共爲頭也。君臣大體猶如一身，故元首君也。股肱之臣喜樂盡忠，謂樂行君之化，君之治功乃起，言無廢事業。事業在於百官，故衆功皆起，百官之業乃廣也。

傳「憲法」至「其職」。▲正義曰：「憲，法」，《釋詁》文。此言興事，對上起哉，天子率臣下爲起治之事，言臣不能獨使起也。

傳「屢數」至「懈怠」。▲正義曰：《釋詁》云：「屢，亟也。」亟訓爲疾，故屢爲數也。顧省汝成功，謂已有成功，令數顧省之，勑終以善，無懈怠也。恐其情於已成功，故以此爲戒。

傳「賡續」至「其義」。▲正義曰：《詩》云「西有長庚」，毛傳亦以賡爲續，是相傳有此訓也。鄭玄以載爲始，孔以載爲成，各以意訓耳。帝歌歸美股肱，義未足者，非君之明，爲臣不能盡力，空責臣功，是其義未足，以此續成帝歌，必先君後臣，衆事乃安，故以此言成其義也。

傳「叢脞」至「申戒」。▲正義曰：孔以叢脞爲細碎無大略，鄭以叢脞揔聚小小之事以亂大政，皆是以意言耳。君無大略，則不能任賢，功不見知，則臣皆懈惰，萬事墮廢，其功不成，故又歌以重戒也。庶事、萬事，爲一同而文變耳。

尚書正義卷第五

尚書正義卷第六

國子祭酒上護軍曲阜縣開國子臣孔穎達奉

勑撰

禹貢第一　夏書

禹別九州，分其圻界。隨山濬川，刊其木，深其流。任土作貢。任其土地所有，定其貢賦之差。此堯時事，而在夏書之首，禹之王以是功。

【疏】禹別至作貢。●正義曰：禹分別九州之界，隨其所至之山，刊除其木，深其大川，使得注海。水害既除，地復本性，任其土地所有，定其貢賦之差。史錄其事，以為禹貢之篇。

傳分其圻界。▲正義曰：詩傳云：圻，疆也。分其疆界，使有分限。計九州之境，當應舊定，而云禹別者，以堯遭洪水，萬事改新，此為作貢生文，故言禹別耳。

傳刊其木深其流。▲正義曰：經言隨山刊木，序以較略為文，直言隨山，不云隨山為何事，故傳明之。隨山，刊其木也。濬川，深其流也。隨山本為濬川，故連言之。

傳任其至是功。▲正義曰：九州之土，物產各異，任其土地所有，以定貢賦之差。既任其所有，亦因其肥瘠多少不同，制為差品。鄭玄云：任土，謂定其肥境之所生。是言用肥瘠多少為差也。賦者，自上稅下之名，謂治田出穀，故經定其差等，謂之厥賦。貢者，從下獻上之稱，謂以所出之穀市其土地所生異物，獻其所有，謂之厥貢。雖以所賦之物為貢，用賦物不盡有也，亦有全不用賦物，直隨地所有採取以為貢者。此之所貢，即與周禮太宰九貢不殊，但周禮分之為九耳。其賦與周禮九賦全異，彼賦謂口率出錢。不言作賦而云作貢者，取

尚書正義卷第六

國子祭酒上護軍曲阜縣開國子臣孔穎達奉

勑撰

禹貢第一　夏書

禹別至作貢

正義曰：禹分別九州之界，隨其所至之山，刊除其木，深其大川，使得注海。水害既除，地復本性，任其土地所有，定其貢賦之差。史錄其事，以為禹貢之篇。

傳分其圻界

正義曰：詩傳云：圻，疆也。分其疆界，使有分限。計九州之境，當應舊定，而云禹別者，以堯遭洪水，萬事改新，此為作貢生文，故言禹別耳。

傳刊其木深其流

正義曰：經言隨山刊木，序以較略為文，直言隨山，不云隨山為何事，故傳明之。隨山，刊其木也。濬川，深其流也。隨山本為濬川，故連言之。

傳任其至是功

正義曰：九州之土，物產各異，任其土地所有，以定貢賦之差。既任其所有，亦因其肥瘠多少不同，制為差品。鄭玄云：任土，謂定其肥境之所生。是言用肥瘠多少為差也。賦者，自上稅下之名，謂治田出穀，故經定其差等，謂之厥賦。貢者，從下獻上之稱，謂以所出之穀市其土地所生異物，獻其所有，謂之厥貢。雖以所賦之物為貢，用賦物不盡有也，亦有全不用賦物，直隨地所有採取以為貢者。此之所貢，即與周禮太宰九貢不殊，但周禮分之為九耳。其賦與周禮九賦全異，彼賦謂口率出錢。不言作賦而云作貢者，取下供上之義也。諸序皆言作某篇，此序不言作禹貢者，以發首言禹，句末言貢，篇名足以顯矣。百篇之序，此類有三：微子作誥父師少師，不言作微子；仲虺作誥，不言作仲虺之誥；與此篇皆為理足而略之也。又解篇在此之意，此治水是堯末時事，而在夏書之首，禹之得王天下，以是治水之功，故以

下供上之義也。諸序皆言作某篇，此序不言作禹
貢者，以發首言禹，句末言貢，篇名足以顯矣。百篇
之序，此類有三：微子作誥父師、少師，不言作微子；
仲虺作誥，不言作仲虺之誥，與此篇皆為理足而
略之也。又解篇在此之意，此治水是堯末時事，而
在夏書之首，禹之得王天下，以是治水之功，故以
為夏書之首。此篇史述時事，非是應對言語，當是
水土既治，史即録此篇，其初必在虞書之内，蓋夏
史抽入夏書，或仲尼始
退其第，事不可知也。

禹貢 禹制九州貢法。 疏 禹貢 ●正義曰：此篇
史述為文，發首奠高山大川，言禹治九州之水，水
害既除，定山川次秩，與諸州為引序。自導岍至嶓
冢，條説所治之山，言其首尾相及也；自導弱水至
導洛，條説所治之水，言其發源注海也；自九州攸
同至成賦中邦，摠言水土既平，貢賦得常之事也；
錫土姓三句，論天子於土地布行德教之事也；自
五百里甸服至二百里流，摠言四海之内，量其遠
近分為五服之事也；自東漸于海以下，摠結禹功
成，受錫之事。 傳禹制九州貢法 ▲正義曰：禹
制貢法，故以禹貢名篇。貢賦之法，其來久矣，治水
之後更復改新，言此篇貢法
是禹所制，非禹始為貢也。

禹敷土，隨山刊木，洪水汎溢，禹分布治九州
之土，隨行山林，斬木通道。奠高山大川。奠，定也。高山，五
岳；大川，四瀆。定其
差秩，祀禮所視。 疏 禹敷至大川 ●正義曰：言禹
分布治此九州之土，其治之
也，隨行所至之山，除木通道，決流其水。水土既平，
乃定其高山大川，謂定其次秩尊卑，使知祀禮所
視。言禹治其山川，使復常也。 傳洪水至通道
正義曰：詩傳云：汎汎，流也。汎是水流之皃，洪水流
而汎溢浸壞民居，故禹分布治之。知者，文十八年
左傳云：舉八凱，使主后土，則伯益之輩佐禹多矣。

楊本卷六第二葉

為夏書之首。此篇史述時事，非是應對言語，當是水土既治，史
即録此篇，其初必在虞書之内，蓋夏史抽入夏書，或仲尼始退
其第，事不可知也。

禹貢

正義曰：此篇史述為文，發首奠高山大川，言禹治九州之水，水
害既除，定山川次秩，與諸州為引序。自導岍至嶓冢，條説所治
之山，言其首尾相及也；自導弱水至導洛，條説所治之水，言其
發源注海也；自九州攸同至成賦中邦，摠言水土既平，貢賦得
常之事也；錫土姓三句，論天子於土地布行德教之事也；自五
百里甸服至二百里流，摠言四海之内，量其遠近分為五服之
事也；自東漸于海以下，摠結禹功成受錫之事也。

傳禹制九州貢法

正義曰：禹制貢法，故以禹貢名篇。貢賦之法，其來久矣，治水之
後更復改新，言此篇貢法是禹所制，非禹始為貢也。

禹敷至大川

正義曰：言禹分布治此九州之土，其治之也，隨行所至之山，除
木通道，決流其水。水土既平，乃定其高山大川，謂定其次秩尊
卑，使知祀禮所視。言禹治其山川，使復常也。

傳洪水至通道

正義曰：詩傳云：汎汎，流也。汎是水流之皃，洪水流而汎溢浸壞
民居，故禹分布治之。知者，文十八年左傳云：舉八凱，使主后土，
則伯益之輩佐禹多矣。禹必身行九州，規謀設法，乃使佐已之
人分布治之。於時平地盡為流潦，鮮有陸行之路，故將欲治水，
隨行山林，斬木通道。鄭云：必隨州中之山而登之，除木為道，以
望觀所當治者，則規其形而度其功焉。是言禹登山之意也。孟
子曰：禹三過門不入。其家門猶三過之，則其餘所歷多矣，來而
復往，非止一處，故言分布治之。

傳奠定至所視

正義曰：禮定器於地，通名為奠，是奠為定也。山之高者莫高於
岳，川之大者莫大於瀆，故言高山五岳，謂嵩、岱、衡、華、恒也；大川

單疏卷六第二葉

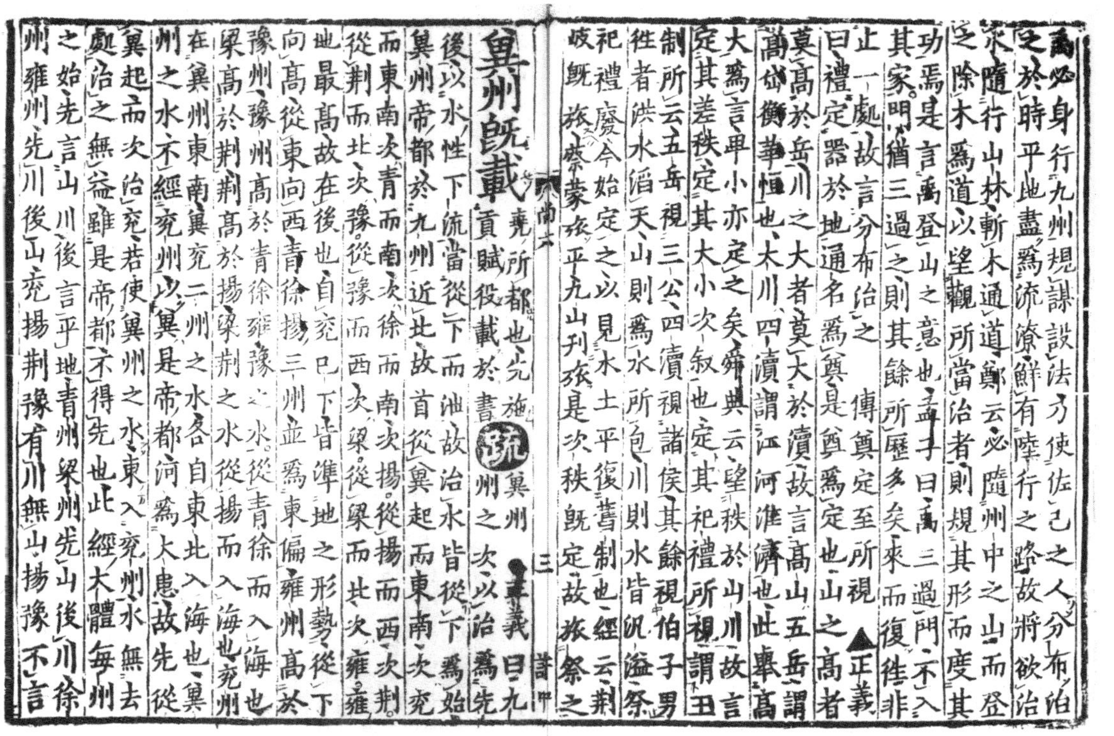
禹必身行九州規謀設法乃使佐己之人分布治
之於時平地盡爲流潦鮮有陸行之路故將欲治
水隨行山林斬木通道鄭云必隨州中之山而登
之除木爲道以望觀所當治者則規其形而度其
功焉是言禹登山之意也孟子曰禹三過門不入
其家明猶三過之則其餘所歷多矣來而復往非
止一處故言分布治之　傳奠定至所視　▲正義
曰禮定器於地通名爲奠是奠爲定也山之高者
莫高於岳川之大者莫大於瀆故言高山五岳謂
嵩岱衡華恒也大川四瀆謂江河淮濟也此舉高
大爲言卑小亦定之矣舜典云望秩於山川故言
定其差秩定其大小次敘也定其祀禮所視謂王
制所云五岳視三公四瀆視諸侯其餘視伯子男
往者洪水滔天山則爲水所包川則水皆汎溢祭
祀禮廢今始定之以見水土平復舊制也經云荆
岐既旅蔡蒙旅平九山刊旅是次秩既定故旅祭之
冀州既載堯所都也先施貢賦役載於書疏冀州●正義曰九州之次以治爲先
後以水性下流當從下而泄故治水皆從下爲始
冀州帝都於九州近北故首從冀起而東南次兖
而東南次青而南次徐而南次揚從揚而西次荆
從荆而北次豫從豫而西次梁從梁而北次雍雍
地最高故在後也自兖已下皆準地之形勢從下
向高從東向西青徐揚三州並爲東偏雍州高於
豫州豫州高於青徐雍豫之水從青徐而入海也
梁高於荆荆高於揚梁荆之水從揚而入海也兖州
在冀州東南冀兖二州之水各自東北入海也冀
州之水不經兖州以冀是帝都河爲大患故先從
冀起而次治兖若使冀州之水東入兖州水無去
處治之無益雖是帝都不得先也此經大體每州
之始先言山川後言平地青州梁州先山後川徐
州雍州先川後山兖揚荆豫有川無山揚豫不言

楊本卷六第三葉

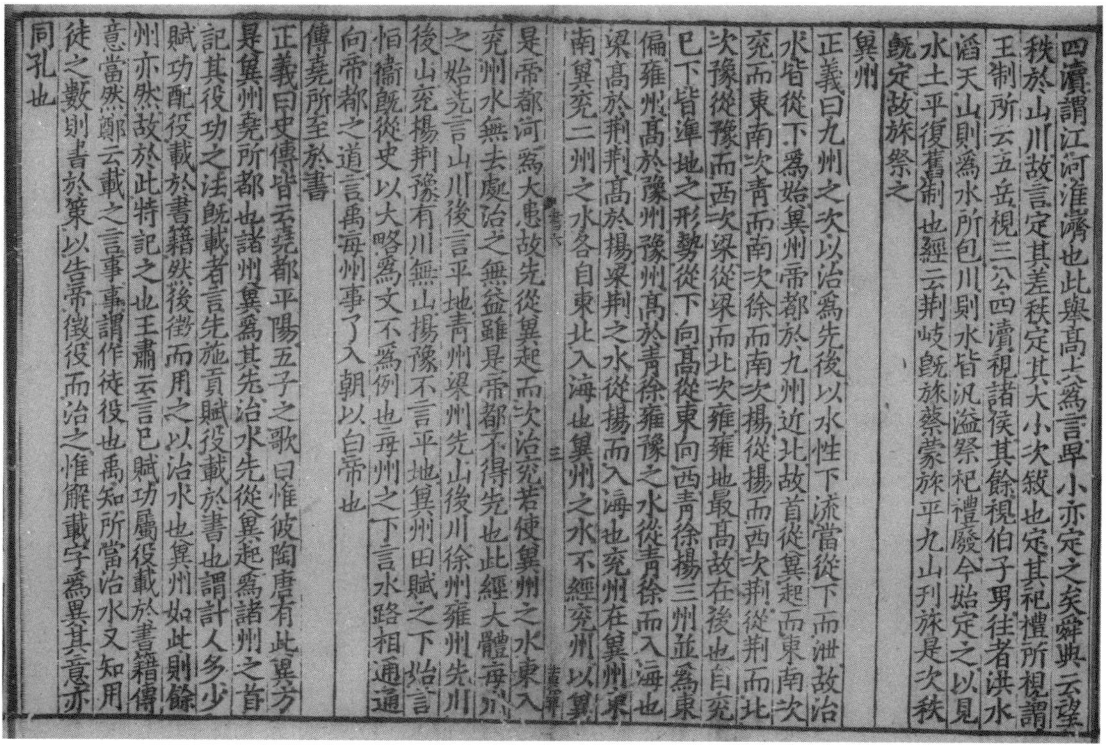
四瀆謂江河淮濟也此舉高大爲言卑小亦定之矣舜典云望
秩於山川故言定其差秩定其大小次敘也定其祀禮所視謂
王制所云五岳視三公四瀆視諸侯其餘視伯子男往者洪水
滔天山則爲水所包川則水皆汎溢祭祀禮廢今始定之以見
水土平復舊制也經云荆岐既旅蔡蒙旅平九山刊旅是次秩
既定故旅祭之
冀州
正義曰九州之次以治爲先後以水性下流當從下而泄故治
水皆從下爲始冀州帝都於九州近北故首從冀起而東南次
兖而東南次青而南次徐而南次揚從揚而西次荆從荆而北
次豫從豫而西次梁從梁而北次雍雍地最高故在後也自兖
已下皆準地之形勢從下向高從東向西青徐揚三州並爲東
偏雍州高於豫州豫州高於青徐雍豫之水從青徐而入海也
梁高於荆荆高於揚梁荆之水從揚而入海也兖州在冀州東
南冀兖二州之水各自東北入海也冀州之水不經兖州以冀
是帝都河爲大患故先從冀起而次治兖若使冀州之水東入
兖州水無去處治之無益雖是帝都不得先也此經大體每州
之始先言山川後言平地青州梁州先山後川徐州雍州先川
後山兖揚荆豫有川無山揚豫不言平地冀州田賦之下始言
恒衛既從史以大略爲文不爲例也每州之下言水路相通通
向帝都之道言禹每州事了入朝以白帝也
傳堯所至於書
正義曰史傳皆云堯都平陽五子之歌曰惟彼陶唐有此冀方
是冀州堯所都也諸州冀爲其先治水先從冀起爲諸州之首
記其役功之法既載者言先施貢賦役載於書也謂計人多少
賦功配役載於書籍然後徵而用之以治水也冀州如此則餘
州亦然故於此特記之也王肅云言已賦功屬役載於書籍傳
意當然鄭云載之言事事謂作徒役也禹知所當治水又知用
徒之數則書於策以告帝徵役而治之惟解載字爲異其意亦
同孔也

單疏卷六第三葉

平地，冀州田賦之下始言恒衛既從，史以大略爲
文，不爲例也。每州之下言水路相通，通向帝都之
道，言禹每州事了入朝以白帝也。傳堯所至於
書 ▲正義曰：史傳皆云堯都平陽，五子之歌曰：惟
彼陶唐，有此冀方，是冀州堯所都也。諸州冀爲其
先，治水先從冀起，爲諸州之首，記其役功之法，既
載者，言先施貢賦役，載於書也。謂計人多少賦功
配役，載於書籍，然後徵而用之，以治水也。冀州如
此，則餘州亦然，故於此特記之也。王肅云：言已賦
功屬役，載於書籍。傳意當然。鄭云：載之言事，事謂
作徒役也。禹知所當治水，又知用徒之數，則書於
策以告帝，徵役而治之。惟解載字爲異，其意亦同
孔也 **壺口治梁及岐** 壺口在冀州，梁岐在雍州，從東循山治水而西。疏 傳壺
口至而西 ▲正義曰：史記稱高祖入咸陽，蕭何先
收圖籍，則秦焚詩書，圖籍皆在。孔君去漢初七八
十年耳，身爲武帝博士，必當具見圖籍，其山川所
在必是驗實而知。壺口在冀州，梁岐在雍州，當時
疆界爲然也。此於冀州之分，言及雍州之山者，從
東循山治水而西故也。鄭云：於此言治梁及岐者，
蓋治水從下起，以襄水害易也。班固作漢書地理
志，據前漢郡縣，言山川所在。志云壺口在河東北
屈縣東南，應劭云：已有南屈，故稱北屈。梁山在左
馮翊夏陽縣西北，岐山在右扶風美陽縣西北。然
則壺口西至梁山，梁山西至岐山，從東而向西言
之也。經於壺口之下言治者，孔意蓋云欲見上下
皆治也 **既修太原至于岳陽** 高平曰太原，今以爲郡名。岳，太岳，在
太原西南。山南曰陽。疏 傳高平至曰陽 ▲正義曰：太原，原之
大者。漢書以爲郡名，傳欲省文，故云
高平曰太原，今以爲郡名，即晉陽縣是也。釋地云：
廣平曰原，高平曰陸。孔以太原地高，故言高平。其

傳壺口至而西
正義曰史記稱高祖入咸陽蕭何先收圖籍則秦焚詩書圖籍
皆在孔君去漢初七八十年耳身爲武帝博士必當具見圖籍
其山川所在必是驗實而知壺口在冀州梁岐在雍州當時疆
界爲然也此於冀州之分言及雍州之山者從東循山治水而
西故也鄭云於此言治梁及岐者蓋治水從下起以襄水害易
也班固作漢書地理志據前漢郡縣言山川所在志云壺口在
河東北屈縣東南應劭云已有南屈故稱北屈梁山在左馮翊
夏陽縣西北岐山在右扶風美陽縣西北然則壺口西至梁山
梁山西至岐山從東而向西言之也經於壺口之下言治者孔
意蓋云欲見上下皆治也
傳高平至曰陽
正義曰太原原之大者漢書以爲郡名傳欲省文故云高平曰
太原今以爲郡名即晉陽縣是也釋地云廣平曰原高平曰陸
孔以太原地高故言高平其地高而廣也下文導山云壺口雷
首至于太岳知此岳即太岳也屬河東郡在太原西南也地理
志云河東彘縣東有霍太山此彘縣周厲王所奔順帝改爲永
安縣周禮職方氏冀州其山鎮曰霍山即此太岳是也山南見
日故山南曰陽此說循理平地言從太原至岳山之南故云岳
陽也
傳覃懷至衡漳
正義曰地理志河內郡有懷縣在河之北蓋覃懷二字共爲一
地故云近河地名衡即古橫字漳水橫流入河故云橫漳漳在
懷北五百餘里從覃懷致功而北至橫漳也地理志云清漳水
出上黨沾縣大黽谷東北至渤海阜城縣入河過郡五行千六
百八十里此沾縣因水爲名志又云沾水出壺關志又云濁漳
水出長子縣東至鄴縣入清漳鄭玄亦云橫漳漳水橫流王肅
云衡漳二水名
傳無塊至而壤
正義曰九章算術穿地四爲壤五壤爲息土則壤是土和緩之

地高而廣也下文導山云壺口雷首至于太岳知
此岳即太岳也屬河東郡在太原西南也地理志
云河東彘縣東有霍太山此彘縣周厲王所奔順
帝改爲永安縣周禮職方氏冀州其山鎮曰霍山
即此太岳是也山南見曰故山南曰陽此說循
理平地言從太原至岳山之南故云岳陽也覃
懷底績至于衡漳覃懷近河地名漳水橫流
入河從覃懷致功至橫漳
疏傳覃懷至衡漳▲正義曰地理志河內郡有懷
縣在河之北蓋覃懷二字共爲一地故云近河
地名衡即古橫字漳水橫流入河故云橫漳漳在
懷北五百餘里從覃懷致功而北至橫漳也地理
志云清漳水出上黨沾縣大黽谷東北至渤海阜
城縣入河過郡五行千六百八十里此沾縣因水
爲名志又云沾水出壺關志又云濁漳水出長子
縣東至鄴縣入清漳鄭玄亦云橫漳漳水橫流王

尚六　五　秦中

肅云衡漳二水名厥土惟白壤無塊曰壤水去土
復其性色白而壤疏傳無
塊至而壤▲正義曰九章筭術穿地四爲壤五壤
爲息土則壤是土和緩之名故云無塊曰壤此土
本色爲然水去土復其性色白而壤雍州色黃而
壤豫州直言壤不言其色蓋州內之土不純一色
故不得言色也厥賦惟上上錯賦謂土地所生以供天子
上上第一錯雜雜出第二
之賦疏傳賦謂至之賦▲正義曰以文承厥土之下
序云任土作貢又賦者稅斂之名往者洪水
爲災民皆墊溺九州賦稅蓋亦不行水災既除土
復本性以作貢賦之差故云賦謂土地所生以供
天子謂稅穀以供天子鄭玄云此州入穀不貢是
也因九州差爲九等上上是第一也交錯是間雜
之義故錯爲雜也顧氏云上上之下即次上中故
云雜出第二之賦也孟子稱稅什一爲正輕之於

名故云無塊曰壤此土本色爲然水去土復其性色白而壤雍
州色黃而壤豫州直言壤不言其色蓋州內之土不純一色故
不得言色也
傳賦謂至之賦
正義曰以文承厥土之下序云任土作貢又賦者稅斂之名往
者洪水爲災民皆墊溺九州賦稅蓋亦不行水災既除土復本
性以作貢賦之差故云賦謂土地所生以供天子謂稅穀以供
天子鄭玄云此州入穀不貢是也因九州差爲九等上上是第
一也交錯是閒雜之義故錯爲雜也顧氏云上上之下即次上
中故云雜出第二之賦也孟子稱稅什一爲正輕之於堯舜爲
大貊小貊重之於堯舜爲大桀小桀則此時亦什一稅俱什一
而得爲九等差者人功有強弱收穫有多少傳以荊州田第八
賦第三爲人功修也雍州田第一賦第六爲人功少也是據人
功多少總計以定差此州以上上爲正而雜爲次等言出上上
時多而上中時少也多者爲正少者爲雜故云第一此州言上

尚書六　五

上錯者少在正下故先言上上而後言錯豫州言錯上中者少
在正上故先言錯而後言上中揚州云下上上錯不言錯下上
者以本設九等分三品爲之上中下下上本是異品故變文言
下上上錯也梁州云下中三錯者梁州之賦凡有三等其出下
中時多故以下中爲正上有下上下有下下三等雜出故言三
錯足明雜有下上下下可知也此九等所較無多諸州相準爲
等級耳此計大率所得非上科定也但治水據田責其什一隨
土豐瘠是上之任土而下所獻自有差降即以差等爲上之定
賦也然一升一降不可常同冀州自出第二與豫州同時則無
第一之賦豫州與冀州第一同時則無第二之賦或容如此事
不可恒鄭玄云賦之差一井上上出九夫稅下下出一夫稅通
率九州一井稅五夫如鄭此言上上出稅九倍多於下下鄭詩
箋云井稅一夫其田百畝若上上一井稅一夫則下下九井乃
出一夫稅太少矣若下下井稅一夫則上上全入官矣豈容輕
重頓至是乎

堯舜為大貊小貊，重之於堯舜為大桀小桀，則此時亦什一稅，俱什一而得為九等差者，人功有強弱，收穫有多少。傳以荊州田第八，賦第三，為人功修也；雍州田第一，賦第六，為人功少也。是據人功多少總計以定差。此州以上上為正，而雜為次等，言出上上時多而上中時少也；多者為正，少者為雜，故云第一。此州言上上錯者，少在正下，故先言上上而後言錯；豫州言錯上中者，少在正上，故先言錯而後言上中；揚州云下上上錯，不言錯下上者，以本設九等分三品為之，上中下下上本是異品，故變文言下上上錯也。梁州云下中三錯者，梁州之賦凡有三等，其出下中時多，故以下中為正，上有下上，下有下下，三等雜出，故言三錯，足明雜有下上下下可知也。此九等所較無多，諸州相準為等級耳。此計大率所得，非上科定也。但治水據田責其什一，隨土豐瘠，是上之任土，而下所獻自有差降，即以差等為上之定賦也。然一升一降，不可常同，冀州自出第二，與豫州同，時則無第一之賦；豫州與冀州第一同時，則無第二之賦。或容如此，事不可恒。鄭玄云：「賦之差，一井上上出九夫稅，下下出一夫稅，通率九州一井稅五夫。」如鄭此言，上上出稅九倍多於下下。鄭詩箋云：「井稅一夫，其田百畝。」若上上一井稅一夫，則下下九井乃出一夫稅，太少矣；若下下井稅一夫，則上上全入官矣。豈容輕重頓至是乎？

厥田惟中中。田之高下肥瘠，九州之中為第五。

疏 傳「田之」至「第五」。▲正義曰：鄭玄云：「田著高下之等者，當為水害備也。」則鄭謂地形高下為九等也。王肅云：「言其土地各有肥瘠。」則肅定其肥瘠以為九等也。如鄭之義，高處地瘠，出物既少，不得為上；如肅之義，肥處地下，水害所傷，出物既少，不得為上。故孔云「高下肥瘠」，共相參對以為九等。上言敷土，此言田。田土異者，鄭玄云：「地當陰陽之中，能吐生萬物者曰土；據人功作力競得而田之，則為之田。」田土異名，義當然也。

恒衛既從，大陸既作。二水已治，從其故道，大陸之地已可耕作。

疏 傳「二水」至「耕作」。▲正義曰：二水汎溢漫流，已治從其故道，故今已可耕作也。青州濰淄其道，與此恒衛既從同，是從故道也；荊州雲土夢作乂，與此大陸既作同，是水治可耕作也。其文不同，史異辭耳，無義例也。壺口與雍州之山連文，故傳言壺口在冀州，此無所嫌，故不言在冀州。以下皆如此也。地理志云：恒水出常山上曲陽縣東，入滱水；衛水出常山靈壽縣東北，入滹沱。大陸在鉅鹿。釋地十藪云：晉有大陸。孫炎等皆云：今鉅鹿縣北廣河澤也。郭璞云：廣河猶大陸，以地名言之近為是也。春秋魏獻子畋于大陸，焚焉，還卒于甯。杜氏春秋說云：嫌鉅鹿絶遠，以為汲郡修武縣吳澤也。甯即修武也。然此二澤相去甚遠，所以得為大陸者，以爾雅廣平曰陸，但廣而平者則名大陸，故異所而同名焉。然此二澤地形卑下，得以廣平為陸者，澤雖卑下，旁帶廣平之地，故統名焉。故大陸澤名廣河，以旁近大陸故也。

島夷皮服。海曲謂之島。居島之夷還服其皮，明水害除。

疏 傳「海曲」至「害除」。▲正義曰：孔讀鳥為島，島是海中之山，九章筭術所云「海島邈絶不可踐量」是也。傳云「海曲謂之島」，謂其海曲有山，夷居其上，此居島之夷常衣鳥獸之皮，為遭洪水，衣食不足，今還得衣其皮服，以明水害除也。鄭玄云：「鳥夷，東方之民搏食鳥獸者也。」王肅云：「鳥夷，東北夷國名也。」與孔不同。

夾右碣石入于河。碣石，海畔山。禹夾行此山之右而入河逆上。此州帝都，不說境界，以餘州所至則可知。先賦後田，亦殊於餘州；不言貢篚，亦差於餘州。

疏傳碣石至餘州◢正義曰地理志云碣石山在北平驪城縣西南是碣石爲海畔山也鄭云戰國策碣石在九門縣今屬常山郡蓋別有碣石與此名同今驗九門無此山也下文導河入于海傳云入於渤海渤海之郡當以此海爲名計渤海北距碣石五百餘里河入海處遠在碣石之南禹行碣石不得入於河也蓋遠行通水之處北盡冀州之境然後南迴入河而逆上也夾右者孔云夾行此山之右則行碣石山西南行入河在碣石之右故云夾右也顧氏亦云山西曰右鄭玄云禹由碣石山西北行盡冀州之境還從山東南行入河鄭以北行則東爲右南行西爲右故夾山兩旁山常居右與孔異也衆州傳云浮東渡河而還帝都白所治也則入河逆上爲還都白所治也禹之治水必每州巡行度其形勢計其人功施設規模指授方略令人分布並作還都白帝所知於時帝都近河故於每州之下皆言浮水達河記禹還都之道也冀兗徐荊豫梁雍州各自言河惟青揚二州不言河耳兗州云浮于濟漯達于河故青州直云達于濟徐州云浮于淮泗達于河故揚州云達于淮泗皆記禹入河之道也王肅云凡每州之下說諸治水者禹功主於治水故詳記其所治之州往還所乘涉之水名肅惟不言還都白帝亦謂爲治水故浮水也鄭玄以爲治水既畢更復行之觀地肥瘠定貢賦上下其意與孔異也八州皆言境界而此獨無故解之此州帝都不說境界以餘州所至則可知也兗州云濟河自東河以東也豫州云荊河自南河以南也雍州云西河自西河以西也明東河之西西河之東南河之北是冀州之境也馬鄭皆云冀州不書其界者時帝都之使若廣大然文既局以州名復何以見其廣大是妄說也又解餘州先田後賦此州先賦後田亦如境界殊於餘州

楊本卷六第八葉

傳田之至第五

正義曰鄭玄云田著高下之等者當爲水害備也則鄭謂地形高下爲九等也王肅云言其土地各有肥瘠則肅定其肥瘠以爲九等也如鄭之義高處地瘠出物既少不得爲上如肅之義肥處地下水害所傷出物既少不得爲上故孔云高下肥瘠共相參對以爲九等上言敷土此言厥田田土異者鄭玄云地當陰陽之中能吐生萬物者曰土據人功作力競得而田之則爲之田田土異名義當然也

傳二水至耕作

正義曰二水汎溢漫流已治從其故道故今已可耕作也青州濰淄其道與此恒衛既從同是從故道也荊州雲土夢作乂與此大陸既作同是水治可耕作也其文不同史異辭耳無義例也壺口與雍州之山連文故傳言壺口在冀州此無所嫌故不言在冀州以下皆如此也地理志云恒水出常山上曲陽縣東入滱水衛水出常山靈壽縣東北入滹沱大陸在鉅鹿縣北釋地十藪云晉有大陸孫炎等皆云今鉅鹿縣北廣河澤也郭璞云廣河猶大陸以地名言之近爲是也春秋魏獻子畋于大陸焚焉還卒于寧杜氏春秋說云嫌鉅鹿絕遠以爲汲郡修武縣吳澤也寧即修武也然此二澤相去甚遠所以得爲大陸者以爾雅廣平曰陸但廣而平者則名大陸故異所而同名焉然此二澤地形卑下得以廣平爲陸者澤雖卑下旁帶廣平之地故統名焉故大陸澤名廣河以旁近大陸故也

傳海曲至害除

正義曰孔讀鳥爲島島是海中之山九章筭術所云海島邈絕不可踐量是也傳云海曲謂之島謂其海曲有山夷居其上此居島之夷常衣鳥獸之皮爲遭洪水衣食不足今還得衣其皮服以明水害除也鄭玄云鳥夷東方之民搏食鳥獸者也王肅云鳥夷東北夷國名也與孔不同

傳碣石至餘州

正義曰地理志云碣石山在北平驪城縣西南是碣石爲海畔

單疏卷六第六葉

也言殊者當爲田賦以收穫爲差由以肥瘠爲等若田在賦上則賦宜從田田美則宜賦重無以見人功修否故令賦先於田也以見賦由人功此州既見此理餘州從而可知皆令賦在田下欲見賦從田出爲此故殊於餘州也鄭玄云此州入穀不貢下云五百里甸服傳云爲天子服治田是田入穀故不獻貢篚差異於餘州也甸服止方千里冀之北土境界甚遥遠都之國必有貢篚舉大略而言也

濟河惟兗州 東南據濟西北距河 疏兗州 傳東南至距河▲正義曰此下八州發首言山川者皆謂境界所及也據謂跨之距至也濟河之間相去路近兗州之境跨濟而過東南越濟水西北至東河也李巡注爾雅解州名云兩河間其氣情性相近故曰冀冀近也濟河間其氣專質體性信謙故云兗兗信也淮海間其氣寬舒稟性安徐故曰徐徐舒也江南其氣燥勁厥性輕揚故曰揚揚輕也荊州其氣燥剛稟性彊梁故曰荊荊彊也河南其性安舒厥性寬豫故曰豫豫舒也河西其氣蔽壅受性急凶故云雍雍壅也爾雅九州無梁青故李巡不釋所言未必得其本也

九河既道 河水分爲九道在此州界平原以北是 疏傳河水至此是▲正義曰河自大陸之北敷爲九河謂大陸在冀州嫌九河亦在冀州故云在此州界也河從大陸東畔北行而東北入海冀州之東境至河之西畔水分大河東爲九道故知在兗州界平原以北是也釋水載九河之名云徒駭太史馬頰覆釜胡蘇簡絜鉤盤鬲津李巡曰徒駭禹疏九河以徒衆起故云徒駭太史禹大使徒衆通其水道故曰太史馬頰河勢上廣下狹狀如馬頰也覆釜水中多渚往往而處形如覆釜胡蘇其水下流故曰胡蘇胡下也蘇流也簡大也河水深而大也絜言河水多山石

山也鄭云戰國策碣石在九門縣今屬常山郡蓋別有碣石與之此名同今驗九門無此山也下文導河入于海傳云入於渤海渤海之郡當以此海爲名計渤海北距碣石五百餘里河入海處遠在碣石之南禹行碣石不得入於河也蓋遠行通水之處北盡冀州之境然後南迴入河而逆上也夾右者孔云夾行此山之右則行碣石山西南行入河在碣石之右故云夾右也顧氏亦云山西曰右鄭玄云禹由碣石山西北行盡冀州之境還從山東南行入河鄭以北行則東爲右南行西爲右故夾山兩旁山常居右與孔異也梁州傳云浮東渡河而還帝都白所治也則入河逆上爲還都白所治也禹之治水必每州巡行度其形勢計其人功施設規模指授方略令人分布並作還都白帝所知於時帝都近河故於每州之下皆言浮水達河記禹還都之道也冀兗徐荊豫梁雍州各自言河惟青揚二州不言河耳兗州云浮于濟漯達于河故青州直云達于濟徐州云浮于淮泗達于河故揚州云達于淮泗皆記禹入河之道也王肅云凡每州之下說諸治水者禹功主於治水故詳記其所治之州往還所乘涉之水名肅惟不言還都白帝亦謂爲治水故浮水也鄭玄以爲治水既畢更復行之觀地肥瘠定貢賦上下其意與孔異也八州皆言境界而此獨無故解之此州帝都不說境界以餘州所至則可知也兗州云濟河自東河以東也豫州云荊河自南河以南也雍州云西河自西河以西也明東河之西西河之東南河之北是冀州之境也馬鄭皆云冀州不書其界者時帝都之使若廣大然文既局以州名復何以見其廣大是妄說也又解餘州先田後賦此州先賦後田亦如境界殊於餘州也言殊者當爲田賦以收穫爲差田以肥瘠爲等若田在賦上則賦宜從田田美則宜賦重無以見人功修否故令賦先於田也以見賦由人功此州既見此理餘州從而可知皆令賦在田下欲見賦從田出爲此故殊於餘州也鄭玄云此州入穀不貢下云五百里甸服傳云爲天子服治田是田入穀故不獻貢篚差異於餘州也甸服止方千里冀之北土境界甚遥遠都之國必

治之苦絜絜苦也鈎盤言河水曲如鈎屈折如盤
也鬲津河水狹小可鬲以爲津也孫炎曰徒駭禹
疏九河用功雖廣衆懼不成故曰徒駭胡蘇水流
多散胡蘇然其餘同李巡郭璞云徒駭今在成平
其義未詳計禹陳九河云復其故道則名應先有
東光縣今有胡蘇亭覆釜之名同李巡餘名皆云
不宜徒駭太史因禹立名此郭氏所以未詳也或
九河雖舊有名至禹治水更別立名即爾雅所云
是也漢書溝洫志成帝時河隄都尉許商上書曰
古記九河之名有徒駭胡蘇鬲津今見在成平東
光鬲縣界中自鬲津以北至徒駭其間相去二百
餘里是知九河所在徒駭最北鬲津最南蓋徒駭
是河之本道東出分爲八枝也許商上言三河下
言三縣則徒駭在成平胡蘇在東光鬲津在鬲縣
其餘不復知也爾雅九河之次從北而南既知三
河之處則其餘六者太史馬頰覆釜在東光之北

書六　十　余永

成平之南簡絜鈎盤在東光之南鬲縣之北也其
河填塞時有故道鄭玄云周時齊桓公塞之同爲
一河今河間弓高以東至平原鬲津往往有其遺
處春秋緯寶乾圖云移河爲界在齊呂填閼八流
以自廣鄭玄蓋據此文爲齊桓公塞之也言閼
八流拓境則塞其東流八枝并使歸於徒駭也雷
夏既澤灉沮會同 傳雷夏澤名灉沮二水會同此澤 疏傳雷夏至此澤 ▲正
義曰洪水之時高原亦水澤不爲澤雷夏既澤高
地水盡此復爲澤也於澤之下言灉沮會同謂二
水會合而同入此澤也地理志
云雷澤在濟陰城陽縣西北 桑土既蠶是降
丘宅土 傳地高曰丘大水去民下丘居平土就桑蠶 疏傳桑土至宅土 ●正
義曰宜桑之土既
得桑養蠶矣洪水之時民居丘上於是得下丘陵
居平土矣 傳地高至桑蠶 正義曰釋丘云非

楊本卷六第十葉

有貢篚舉大略而言也
兗州
傳東南至距河
正義曰此下八州發首言山川者皆謂境界所及也據謂跨之
距至也濟河之間相去路近兗州之境跨濟而過東南越濟水
西北至東河也李巡注爾雅解州名云兩河間其氣清性相近
故曰冀冀近也濟河間其氣專質體性信謙故云兗兗信也淮
海間其氣寬舒稟性安徐故曰徐徐舒也江南其氣燥勁厥性
輕揚故曰揚揚輕也荆州其氣燥剛稟性彊梁故曰荆荆彊也
河南其性安舒厥性寬豫故曰豫豫舒也河西其氣蔽壅受性
急凶故云雍雍壅也爾雅九州無梁青故李巡不釋所言未必
得其本也
傳河水至北是
正義曰河自大陸之北敷爲九河謂大陸在冀州嫌九河亦在
冀州故云在此州界也河從大陸東畔北行而東北入海冀州

書六　八

之東境至河之西畔水分大河東爲九道故知在兗州界平原
以北是也釋水載九河之名云徒駭太史馬頰覆釜胡蘇簡絜
鈎盤鬲津李巡曰徒駭禹疏九河以徒衆起故云徒駭太史禹
大使徒衆通其水道故曰太史馬頰河勢上廣下狹狀如馬頰
也覆釜水中多渚往往而處形如覆釜胡蘇其水下流故曰胡
蘇胡下也蘇流也簡大也河水深而大也絜言河水多山石治
之苦絜絜苦也鈎盤言河水曲如鈎屈折如盤也鬲津河水狹
小可鬲以爲津也孫炎曰徒駭禹疏九河用功雖廣衆懼不成
故曰徒駭胡蘇水流多散胡蘇然其餘同李巡郭璞云徒駭今
在成平東光縣今有胡蘇亭覆釜之名同李巡餘名皆云其義
未詳計禹陳九河云復其故道則名應先有不宜徒駭太史因
禹立名此郭氏所以未詳也或九河雖舊有名至禹治水更別
立名即爾雅所云是也漢書溝洫志成帝時河隄都尉許商上
書曰古記九河之名有徒駭胡蘇鬲津今見在成平東光鬲縣
界中自鬲津以北至徒駭其間相去二百餘里是知九河所在

單疏卷六第八葉

爲之丘孫炎曰地性自然也是地高曰丘也降丘宅土與既蠶連文知下丘居平土就桑蠶也計下丘居土諸處皆然獨於此州言之者鄭玄云此州寡於山而夾川兩大流之間遭洪水其民尤困水害既除於是下丘居土以其免於厄尤喜故記之

厥土黑墳色黑而墳起

厥草惟繇厥木惟條繇茂條長也

疏傳繇茂條長也▲正義曰繇是茂之貌條是長之體言草茂而木長也九州惟此州與徐揚三州言草木者三州偏宜之也宜草木則地美矣而田非上者爲土下濕故也

厥田惟中下田第六

厥賦貞貞正也州第九賦正與九相當

疏傳貞正至相當▲正義曰周易彖象皆以貞爲正也諸州賦無下下貞即下下爲第九也此州治水最在後畢州爲第九成功其賦亦爲第九列賦於九州之差與第九州相當故變文爲貞見此意也

作十有三載乃同治水十三年乃有賦法與他州同

疏傳治水至州同▲正義曰作者役功作務謂治水也治水十三年乃有賦法始得貢賦與他州同也他州十二年此州十三年比於他州最在後也堯典言鯀治水九載績用不成然後堯命得舜舜乃舉禹治水三載功成堯即禪舜此言十三載者并鯀九載數之祭法云禹能修鯀之功明鯀已加功而禹因之也此言十三載者記其治水之年言其水害除耳非言十三年內皆是禹之治水施功也禹貢曰禹治水三年八州平故堯以爲功而禪舜是十二年而八州平十三年而兗州平兗州平在舜受終之年也

厥貢漆絲厥篚織文地宜漆林又宜桑蠶織文錦綺之屬盛之筐篚而貢焉

疏傳地宜至貢焉▲正義曰任土作貢此州貢漆知地宜漆林也

徒駭最北鬲津最南蓋徒駭是河之本道東出分爲八枝也許商上言三河下言三縣則徒駭在成平胡蘇在東光鬲津在鬲縣其餘不復知也爾雅九河之次從北而南既知三河之處則其餘六者太史馬頰覆釜在東光之北成平之南簡絜鉤盤在東光之南鬲縣之北也其河塡塞時有故道鄭玄云周時齊桓公塞之同爲一河今河間弓高以東至平原鬲津往往有其遺處春秋緯寶乾圖云移河爲界在齊呂塡閼八流以自廣鄭玄蓋據此文爲齊桓公塞之也言閼八流拓境則塞其東流八枝并使歸於徒駭也

傳雷夏至此澤

正義曰洪水之時高原亦水澤不爲澤雷夏既澤高地水盡此復爲澤也於澤之下言灘沮會同謂二水會合而同入此澤也地理志云雷澤在濟陰城陽縣西北

桑土至宅土

正義曰宜桑之土既得桑養蠶矣洪水之時民居丘上於是得下丘陵居平土矣

傳地高至桑蠶

正義曰釋丘云非人爲之丘孫炎曰地性自然也是地高曰丘也降丘宅土與既蠶連文知下丘居平土就桑蠶也計下丘居土諸處皆然獨於此州言之者鄭玄云此州寡於山而夾川兩大流之間遭洪水其民尤困水害既除於是下丘居土以其免於厄尤喜故記之

傳繇茂條長也

正義曰繇是茂之貌條是長之體言草茂而木長也九州惟此與徐揚三州言草木者三州偏宜之也宜草木則地美矣而田非上者爲土下濕故也

傳貞正至相當

正義曰周易彖象皆以貞爲正也諸州賦無下下貞即下下爲第九也此州治水最在後畢州爲第九成功其賦亦爲第九列賦於九州之差與第九州相當故變文爲貞見此意也

宜漆林也周禮載師云漆林之征故以漆林言之
絺是織繒之有文者是綾錦之別名故云錦綺之
屬皆是織而有文者也篚是入貢之時盛在於篚
故云盛之筐篚而貢焉鄭玄云貢者百功之府受
而藏之其實於篚者入於女功故以貢篚別之歷
檢篚之所盛皆供衣服之用入於女功如鄭言矣
檿絲中琴瑟之絃亦是女功所爲也織貝鄭玄以
爲織如貝文傳謂織爲細紵貝爲水物則貝非服
飾所須蓋恐其損缺故以筐篚盛之也諸州無厥
篚者其諸州無入篚之物故不貢也漢世陳留襄
邑縣置服官使制作衣服是兖州綾錦美也
浮于濟漯達于河 順流
曰浮濟漯兩水名因水入水曰達 疏 傳順流至曰達▲正義曰地理志云漯水出東郡東武陽
縣至樂安千乘縣入海過郡三行千二十里其濟則下文具矣是濟漯爲二水名也言因水入水曰
達當謂從水入水不須舍舟而陸行也揚州云沿
于江海達于淮泗傳云沿江入海自海入淮自淮
入泗是言水路相通得乘舟經達也案青州云浮
于汶達于濟經言濟會于汶浮汶得達濟也此云
浮于濟漯達于河從漯入濟自濟入河徐州云浮
于淮泗達于河蓋以徐州北接青州既浮淮泗當
浮汶入濟以達于河也
海岱惟青州 東北據海西南距岱 疏 青州 傳東北
至距岱▲正義曰海非可越而言據者東萊東境
之縣浮海入海曲之間青州之境非至海畔而已
故言據也漢末有公孫度者竊據遼東自號青州
刺史越海收東萊諸郡宋元時青州當越海而有遼
東也舜爲十二州分青州爲營州營州即遼東也 **嵎夷既略濰淄其**
道 嵎夷地名用功少曰略濰淄二水復其故道 疏 傳嵎夷至故道▲正義曰嵎夷地名即堯

傳治水至州同
正義曰作者役功作務謂治水也治水十三年乃有賦法始得
貢賦與他州同也他州十二年此州十三年比於他州最在後
也堯典言鯀治水九載績用不成然後堯命得舜舜乃舉禹治
水三載功成堯即禪舜此言十三載者并鯀九載數之祭法云
禹能脩鯀之功明鯀已加功而禹因之也此言十三載者記其
治水之年言其水害除耳非言十三年內皆是禹之治水施功
也馬融曰禹治水三年八州平故堯以爲功而禪舜是十二年
而八州平十三年而兖州平兖州平在舜受終之年也
傳地宜至貢焉
正義曰任土作貢此州貢漆知地宜漆林也周禮載師云漆林
之征故以漆林言之綺是織繒之有文者是綾錦之別名故云
錦綺之屬皆是織而有文者也篚是入貢之時盛在於篚故云
盛之筐篚而貢焉鄭玄云貢者百功之府受而藏之其實於篚
者入於女功故以貢篚別之歷檢篚之所盛皆供衣服之用入
於女功如鄭言矣檿絲中琴瑟之絃亦是女功所爲也織貝鄭
玄以爲織如貝文傳謂織爲細紵貝爲水物則貝非服飾所須
蓋恐其損缺故以筐篚盛之也諸州無厥篚者其諸州無入篚
之物故不貢也漢世陳留襄邑縣置服官使制作衣服是兖州
綾錦美也
傳順流至曰達
正義曰地理志云漯水出東郡東武陽縣至樂安千乘縣入海
過郡三行千二十里其濟則下文具矣是濟漯爲二水名也言
因水入水曰達當謂從水入水不須舍舟而陸行也揚州云沿
于江海達于淮泗傳云沿江入海自海入淮自淮入泗是言水
路相通得乘舟經達也案青州云浮于汶達于濟經言濟會于
汶浮汶得達濟也此云浮于濟漯達于河從漯入濟自濟入河
徐州云浮于淮泗達于河蓋以徐州北接青州既浮淮泗當浮
汶入濟以達于河也
青州

典宅嵎夷是也嵎夷萊夷和夷爲地名淮夷爲水
名島夷爲狄名皆觀文爲說也略是簡易之義故
用功少爲略也地理志云濰水出琅邪箕屋山北
至都昌縣入海過郡三行五百二十里淄水出泰
山萊蕪縣原山東北至千乘博昌縣入海**厥土白墳海濱廣斥**濱涯也言
復其斥鹵疏傳濱涯至斥鹵▲正義曰濱涯常訓也說文云鹵鹹地也東方謂之斥西方謂之鹵
海畔迥闊地皆斥鹵故云廣斥言水害除復舊性也**厥田惟上下厥賦中**
上田第三賦第四**厥貢鹽絺海物惟錯**絺細葛錯雜非一種**岱**
畎絲枲鈆松怪石畎谷也怪異好石似玉者岱山之谷出此五物皆貢之
疏傳畎谷至貢之▲正義曰釋水云水注川曰谿注谿曰谷谷是兩山之間流水之道畎言畎去
水故言谷也怪石奇怪之石故云好石似玉也枲麻也鈆錫也岱山之谷有此五物美於他方所有
故貢之也**萊夷作牧**萊夷地名可以放牧**厥篚檿絲**檿桑蠶絲中琴
瑟弦疏傳檿桑至瑟弦▲正義曰釋木云檿桑山桑郭璞曰柘屬也檿絲是蠶食檿桑所得絲韌
中琴瑟弦也**浮于汶達于濟**疏浮于汶▲正義曰地理志云汶水出泰山
萊蕪縣原山西南入濟也**海岱及淮惟徐州**東至海北至岱南及淮**淮**
沂其乂蒙羽其藝二水已治二山已可種藝疏徐州傳二水至種藝
正義曰乂訓治也故云二水已治地理志云沂水
出泰山蓋縣臨樂子山南至下邳入泗過郡五行
六百里淮出桐柏山發源遠矣於此州言之者淮
水至此而大爲害尤甚喜得其治故於此記之地

楊本卷六第十三葉

傳東北至距岱
正義曰海非可越而言據者東萊東境之縣浮海入海曲之間
青州之境非至海畔而已故言據也漢末有公孫度者竊據遼
東自號青州刺史越海收東萊諸郡堯時青州當越海而有遼
東也舜爲十二州分青州爲營州營州即遼東也
傳嵎夷至故道
正義曰嵎夷地名即堯典宅嵎夷是也嵎夷萊夷和夷爲地名
淮夷爲水名島夷爲狄名皆觀文爲說也略是簡易之義故用
功少爲略也地理志云濰水出琅邪箕屋山北至都昌縣入海
過郡三行五百二十里淄水出泰山萊蕪縣原山東北至千乘
博昌縣入海
傳濱涯至斥鹵
正義曰濱涯常訓也說文云鹵鹹地也東方謂之斥西方謂之
鹵海畔迥闊地皆斥鹵故云廣斥言水害除復舊性也
傳畎谷至貢之
正義曰釋水云水注川曰谿注谿曰谷谷是兩山之間流水之
道畎言畎去水故言谷也怪石奇怪之石故云好石似玉也枲
麻也鈆錫也岱山之谷有此五物美於他方所有故貢之也
傳檿桑至瑟弦
正義曰釋木云檿桑山桑郭璞曰柘屬也檿絲是蠶食檿桑所
得絲韌中琴瑟弦也
浮于汶
正義曰地理志云汶水出泰山萊蕪縣原山西南入濟也
徐州
傳二水至種藝
正義曰乂訓治也故云二水已治地理志云沂水出泰山蓋縣
臨樂子山南至下邳入泗過郡五行六百里淮出桐柏山發源
遠矣於此州言之者淮水至此而大爲害尤甚喜得其治故於
此記之地理志云蒙山在泰山蒙陰縣西南羽山在東海祝其
縣南詩云蓺之荏菽故蓺爲種也

單疏卷六第十一葉

理志云蒙山在泰山蒙陰縣西南羽山在東海祝其縣南詩云蓺之荏菽故蓺爲種也 大野既豬東原厎平大野澤名水所停曰豬東原致功而平言可耕 疏 傳大野至可耕▲正義曰地理志云大野澤在山陽鉅野縣北鉅即大也檀弓云汙其宮而豬焉又澤名孟豬停水處也故云水所停曰豬往前漫溢今得豬水爲澤也東原即今之東平郡也致功而地平言其可耕也

厥土赤埴墳草木漸包土黏曰埴漸進長包叢生 疏 傳土黏至叢生▲正義曰戠埴音義同考工記用土爲瓦謂之摶埴之工是埴謂黏土故土黏曰埴……卦彖云漸進也釋言云苞稹也孫炎曰物叢生曰苞齊人名曰稹郭璞曰今人呼叢緻者爲稹漸苞謂長進叢生言其美也

厥田惟上中田第二 厥賦中中賦第五

厥貢惟土五色王者封五色土爲社建諸侯則各割其方色土與之使立社燾以黃土苴以白茅茅取其潔黃取王者覆四方 疏 傳王者至四方▲正義曰傳解貢土之意王者封五色土以爲社若封建諸侯則各割其方色土與之使歸國立社其上燾以黃土燾覆也四方各依其方色皆以黃土覆之其割土與之時苴以白茅用白茅裹土與之必用白茅者取其潔清也易稱藉用白茅茅色白而潔美韓詩外傳云天子社廣五丈東方青南方赤西方白北方黑上冒以黃土將封諸侯各取其方色土苴以白茅以爲社明有土謹敬潔清也蔡邕獨斷云天子太社以五色土爲壇皇子封爲王者授之太社之土以所封之方色苴以白茅使之歸國以立社謂之茅社是必古書有此說故先儒之言皆同也

羽畎夏翟嶧陽孤桐夏翟翟雉名羽

楊本卷六第十四葉

傳大野至可耕

正義曰地理志云大野澤在山陽鉅野縣北鉅即大也檀弓云汙其宮而豬焉又澤名孟豬停水處也故云水所停曰豬往前漫溢今得豬水爲澤也東原即今之東平郡也致功而地平言其可耕也

傳土黏至叢生

正義曰戠埴音義同考工記用土爲瓦謂之摶埴之工是埴謂黏土故土黏曰埴易漸卦彖云漸進也釋言云苞稹也孫炎曰物叢生曰苞齊人名曰稹郭璞曰今人呼叢緻者爲稹漸苞謂長進叢生言其美也

傳王者至四方

正義曰傳解貢土之意王者封五色土以爲社若封建諸侯則各割其方色土與之使歸國立社其上燾以黃土燾覆也四方各依其方色皆以黃土覆之其割土與之時苴以白茅用白茅裹土與之必用白茅者取其潔清也易稱藉用白茅茅色白而潔美韓詩外傳云天子社廣五丈東方青南方赤西方白北方黑上冒以黃土將封諸侯各取其方色土苴以白茅以爲社明有土謹敬潔清也蔡邕獨斷云天子太社以五色土爲壇皇子封爲王者授之太社之土以所封之方色苴以白茅使之歸國以立社謂之茅社是必古書有此說故先儒之言皆同也

傳夏翟至琴瑟

正義曰釋鳥云翟山雉此言夏翟則夏翟共爲雉名周禮立夏采之官取此名也周禮司常云全羽爲旞析羽爲旌用此羽爲之故云羽中旌旄也地理志云東海下邳縣西有葛嶧山即此山也

傳泗水至美魚

正義曰泗水旁山而過石爲泗水之涯石在水旁水中見石似若水上浮然此石可以爲磬故謂之浮磬也貢石而言磬者此石宜爲磬猶如砥礪然也蠙是蚌之別名此蠙出於淮夷遂以蠙爲珠名蠙之與魚皆是水物而以淮夷冠之知淮夷是二水之

單疏卷六第十二葉

中旌旄羽山之谷有之孤特也嶧山之陽特生桐中琴瑟 疏 傳夏翟至琴瑟▲正義曰釋鳥云翟
山雉此言夏翟則夏翟共爲雉名周禮立夏采之官取此名也周禮司常云全羽爲旞析羽爲旌用
此羽爲之故云羽中旌旄也地理志云東海下邳縣西有葛嶧山即此山也 **泗濱浮**
磬淮夷蠙珠暨魚 泗水涯水中見石可以爲磬蠙珠珠名淮夷二水出
蠙珠及美魚 疏 傳泗水至美魚▲正義曰泗水旁山而過石爲泗水之涯石在水旁水中見石
似若水上浮然此石可以爲磬故謂之浮磬也貢石而言磬者此石宜爲磬猶如砥礪然也蠙是蚌
之別名此蠙出珠遂以蠙爲珠名蠙之與魚音是水物而以淮夷冠之知淮夷是二水之名淮即四
瀆之淮也夷蓋小水後來竭涸不復有其處耳王肅亦以淮夷爲水名鄭玄以爲淮水之上夷民獻
此珠與魚也地理志泗水出濟陰乘氏縣東南至臨淮睢陵縣入淮行千一百一十里也 **厥**
篚玄纖縞 玄黑繒縞白繒纖細也纖在中明二物皆當細 疏 傳玄黑至當細
正義曰篚之所盛例是衣服之用此單言玄玄必有質玄是黑色之別名故知玄是黑繒也史記稱
高祖爲義帝發喪諸侯皆縞素是縞爲白繒也 **浮于淮泗達于河淮**
海惟揚州 北據淮南距海 **彭蠡既豬陽鳥攸居**
彭蠡澤名隨陽之鳥鴻鴈之屬冬月所居於此澤 疏 揚州 傳彭蠡至此澤▲正義曰彭蠡是
江漢合處下云導漾水南入于江東匯爲彭蠡是也日之行也夏至漸南冬至漸北鴻鴈之屬九月
而南正月而北左思蜀都賦所云木落南翔冰泮北徂是也日陽也此鳥南北與日進退隨陽之鳥

淮即四瀆之淮也夷蓋小水後來竭涸不復有其處耳王肅亦
以淮夷爲水名鄭玄以爲淮水之上夷民獻此珠與魚也地理
志泗水出濟陰乘氏縣東南至臨淮睢陵縣入淮行千一百一
十里也
傳玄黑至當細
正義曰篚之所盛例是衣服之用此單言玄玄必有質玄是黑
色之別名故知玄是黑繒也史記稱高祖爲義帝發喪諸侯皆
縞素是縞爲白繒也
揚州
傳彭蠡至此澤
正義曰彭蠡是江漢合處下云導漾水南入于江東匯爲彭蠡
是也日之行也夏至漸南冬至漸北鴻鴈之屬九月而南正月
而北左思蜀都賦所云木落南翔冰泮北徂是也日陽也此鳥
南北與日進退隨陽之鳥故稱陽鳥冬月所居於此彭蠡之澤也
傳震澤至震澤
正義曰地理志云會稽吳縣故周泰伯所封國也具區在西古
文以爲震澤是吳南大湖名蓋縣治居澤之東北故孔傳言南
志言西大澤畜水南方名之曰湖三江既入此湖也治水致功令
江入此澤故致定爲震澤也下傳云自彭蠡江分爲三入震澤
遂爲北江而入海是孔意江從彭蠡而分爲三又共入震澤從
震澤復分爲三乃入海鄭云三江分於彭蠡爲三孔東入海其
意言三江既入入海耳不入震澤也又案周禮職方揚州藪曰
具區浸曰五湖五湖即震澤若如志云具區即震澤則浸藪爲
一案餘州浸藪皆異而揚州同者蓋揚州浸藪同處論其水謂
之浸指其澤謂之藪
傳篠竹箭簜大竹
正義曰釋草云篠竹箭郭璞云別二名也又云簜竹李巡曰竹
節相去一丈曰簜孫炎曰竹闊節者曰簜郭璞云竹別名是篠
爲小竹簜爲大竹
傳少長曰夭喬高也

故稱陽鳥冬月所居於此彭蠡之澤也

三江既入震澤厎定震澤吳南大湖名言三江已入致定爲震澤

疏 傳震澤至震澤▲正義曰地理志云會稽吳縣故周泰伯所封國也具區在西古文以爲震澤是吳南大湖名蓋縣治居澤之東北故孔傳言南志言西大澤畜水南方名之曰湖三江既入此湖也治水致功令江入此澤故致定爲震澤也下傳云自彭蠡江分爲三入震澤遂爲北江而入海是孔意江從彭蠡而分爲三又共入震澤從震澤復分爲三乃入海鄭云三江分於彭蠡爲三孔東入海其意言三江既入入海耳不入震澤也又案周禮職方揚州藪曰具區浸曰五湖五湖即震澤若如志云具區即震澤則浸藪爲一案餘州浸藪皆異而揚州同者蓋揚州浸藪同處論其水謂之浸指其澤謂之藪

篠簜既敷篠竹簜大竹水去已布生

疏 傳篠竹箭簜大竹▲正義曰釋草云篠竹箭郭璞云別二名也又云簜竹李巡曰竹節相去一丈曰簜孫炎曰竹闊節者曰簜郭璞云竹別名是篠爲小竹簜爲大竹

厥草惟夭厥木惟喬少長曰夭喬高也

疏 傳少長曰夭喬高也▲正義曰夭是少長之貌詩曰桃之夭夭是也喬高釋詁文詩曰南有喬木是也

厥土惟塗泥地泉濕

厥田惟下下厥賦下上上錯田第九賦第七雜出第六

厥貢惟金三品金銀銅也

疏 傳金銀銅也▲正義曰金既揔名而云三品黃金以下惟有白銀與銅耳故爲金銀銅也釋器云黃金謂之璗其美者謂之鏐白金謂之銀其美者謂之鐐郭璞曰此皆道金銀之別名及其美者也鏐即紫磨金也鄭玄以爲金三

楊本卷六第十六葉

正義曰夭是少長之貌詩曰桃之夭夭是也喬高釋詁文詩曰南有喬木是也

傳金銀銅也

正義曰金既揔名而云三品黃金以下惟有白銀與銅耳故爲金銀銅也釋器云黃金謂之璗其美者謂之鏐白金謂之銀其美者謂之鐐郭璞曰此皆道金銀之別名及其美者也鏐即紫磨金也鄭玄以爲金三品者銅三色也

傳瑤琨皆美玉

正義曰美石似玉者也玉石其質相類美惡別名也王肅云瑤琨美石次玉者也

傳齒象至豫章

正義曰詩云元龜象齒知齒是象牙也說文云齒口斷骨也牙壯齒也隱五年左傳云齒牙骨角牙齒小別統而名之齒亦牙也考工記犀甲七屬兕甲六屬宣二年左傳云犀兕尚多棄甲則那是甲之所用犀革爲上革之所美莫過於犀知革是犀皮也說文云獸皮治去其毛爲革革與皮去毛爲異耳說文云羽鳥長毛也知羽是鳥羽南方之鳥孔雀翡翠之屬其羽可以爲飾故貢之也說文云犛西南夷長旄牛也此犛牛之尾可爲旌旗之飾經傳通謂之旄牧誓云右秉白旄詩云建旐設旄皆謂此牛之尾故知毛是旄牛尾也直云惟木不言木名故言梗梓豫章此三者是揚州美木故傳舉以言之所貢之木不止於此

傳南海至葛越

正義曰上傳海曲謂之島知此島夷是南海島上之夷也釋草云卉草舍人曰凡百草一名卉知卉服是草服葛越也葛越南方布名用葛爲之左思吳都賦云蕉葛升越弱於羅紈是也冀州云島夷皮服是夷自服皮皮非所貢也此言島夷卉服亦非所貢也此與萊夷作牧並在貢篚之閒古史立文不次也鄭玄云此州下濕故衣草服貢其服者以給天子之官與孔異也

傳織細至水物

正義曰傳以貝非織物而云織貝則貝織異物織是織而爲之

單疏卷六第十四葉

品者銅三色也瑤琨篠簜瑤琨皆美玉疏傳瑤琨皆美玉▲正義曰美石似玉者也玉石其質相類美惡別名也王肅云瑤琨美石次玉者也齒革羽毛惟木齒象牙革犀皮羽鳥羽毛旄牛尾木楩梓豫章疏傳齒象至豫章▲正義曰詩云元龜象齒知齒是象牙也說文云齒口斷骨也牙壯齒也隱五年左傳云齒牙骨角牙齒小別統而名之齒亦牙也考工記犀甲七屬兕甲六屬宣二年左傳云犀兕尚多棄甲則那是甲之所用犀革為上革之所美莫過於犀知革是犀皮也說文云獸皮治去其毛為革革與皮去毛為異耳說文云羽鳥長毛也知羽是鳥羽南方之鳥孔雀翡翠之屬其羽可以為飾故貢之也說文云犛西南夷長旄牛也此犛牛之尾可為旌旗之飾經傳通謂之旄牧誓云右秉白旄詩云建旐設旄皆謂此牛之尾故知毛是旄牛尾也直云惟木不言木名故言楩梓豫章此三者是揚州美木故傳舉以言之所貢之木不止於此島夷卉服南海島夷草服葛越疏傳南海至葛越▲正義曰上傳海曲謂之島知此島夷是南海島上之夷也釋草云卉草舍人曰凡百草一名卉知卉服是草服葛越也葛越南方布名用葛為之左思吳都賦云蕉葛升越弱於羅紈是也冀州云島夷皮服是夷自服皮皮非所貢也此言島夷卉服亦非所貢也此與萊夷作牧並在貢篚之間古史立文不次也鄭玄云此州下濕故衣草服貢其服者以給天子之官與禮異也厥篚織貝織細紵貝水物疏傳織細至水物▲正義曰傳以貝非織物而云織貝則貝織異物織是織而為之揚州紵之所出此物又以篚盛之為衣服之用知是細紵謂細紵布也釋魚之蟦貝有居陸居水此州下濕故云水物

釋魚有玄貝貽貝餘貾黃白文餘泉白黃文當貢此有文之貝以為器物之飾也鄭玄云貝錦名詩云萋兮斐兮成是貝錦凡為織者先染其絲乃織之則文成矣禮記曰士不衣織與孔異也厥包橘柚錫貢小曰橘大曰柚其所包裹而致者錫命乃貢言不常疏傳小曰至不常▲正義曰橘柚二果其種本別以實相比則柚大橘小故云小曰橘大曰柚猶詩傳云大曰鴻小曰鴈亦別種也此物必須裹送故云其所包裹而送之以須之有時故待錫命乃貢言不常也文在篚下以不常故耳荊州納錫大龜豫州錫貢磬錯皆為非常並在篚下荊州言包傳云橘柚也文在篚上者荊州橘柚為善以其常貢此州則不常也王肅云橘與柚錫其命而後貢之不常入當繼荊州乏無也鄭玄云有錫則貢之此州有錫而貢之或時無則不貢錫所以柔金也周禮考工記云攻金之工掌執金錫之齊故也沿于江海達于淮泗順流而下曰沿沿江入海自海入淮自淮入泗疏傳順流至入泗▲正義曰文十年左傳云沿漢泝江泝是逆沿是順故順流而下曰沿沿江入海順也自海入淮自淮入泗逆也荊及衡陽惟荊州北據荊山南及衡山之陽疏傳北據至之陽▲正義曰此州北界至荊山之北故言據也南及衡山之陽其境過衡山也以衡是大山其南無復有名山大川可以為記故言陽見其南至山南也江漢朝宗于海二水經此州而入海有似於朝百川以海為宗宗尊也疏傳二水至宗尊也▲正義曰周禮太宗伯諸侯見天子之禮春見曰朝夏見曰宗鄭云朝猶朝也欲其來之早也宗尊也欲其尊王也朝宗是人事之名水無性識非有此義以海

水大而江漢小以小就大似諸侯歸於天子假人
事而言之也詩云沔彼流水朝宗於海毛傳云水
猶有所朝宗朝宗是假人事而言水也老子云滄
海所以能爲百谷王者以其下之是百川以海爲
宗鄭云江水漢水其流遄疾又合爲一共赴海也
猶諸侯之同心尊天子而朝事之荆楚之域國有
道則後服國無道則先彊故
記其水之義以著人臣之禮
九江孔殷　江於此州界分
爲九道甚得地勢之中
疏　傳江於至之中　▲正義曰傳以江
是此水大名九江謂大江分而爲
九猶大河分爲九河故言江於此州之界分爲九
道訓孔爲甚殷爲中言甚得地勢之中也鄭云殷
猶多也九江從山谿所出其孔衆多言治之難也
地理志九江在今廬江潯陽縣南皆東合爲大江
如鄭此意九江各自別源其源非大江也下流合
於大江耳然則江以南水無大小俗人皆呼爲江

尚六　十九

或從江分出或從外合來故孔鄭各爲別解應劭
注地理志云江自潯陽分爲九道符於孔說潯陽
記有九江之名一曰烏江二曰蚌江三曰烏白江
四曰嘉靡江五曰畎江六曰源江七曰廩江八曰
提江九曰菌江雖名
起近代義或當然
沱潛既道　沱江別名潛水名皆復其故道
疏　傳沱江至故道　▲正義曰下文岷山導江東別
爲沱是沱爲江之別名也經無潛之本源故直
云水名釋水云水自江出爲沱漢爲潛鄭注此既
引爾雅乃云今南郡枝江縣有沱水其尾入江耳
首不於江出也華容有夏水首出江尾入沔蓋此
所謂沱也潛則未聞象類此解荆州之沱潛發源
此州若如鄭言此水南流不入荆州界非此潛也
此下梁州注云二水亦謂自江漢出者地理志在
今蜀郡郫縣江沱及漢中安陽皆有沱水潛水其
尾入江漢耳首不於此出江源有鄗江首出江南

揚州紵之所出此物又以篚盛之爲衣服之用知是細紵謂細
紵布也釋魚之篇貝有居陸居水此州下濕故云水物釋魚有
玄貝貽貝餘貾黃白文餘泉白黃文當貢此有文之貝以爲器
物之飾也鄭玄云貝錦名詩云萋兮斐兮成是貝錦凡爲織者
先染其絲乃織之則文成矣禮記曰士不衣織與孔異也
傳小曰至不常
正義曰橘柚二果其種本別以實相比則柚大橘小故云小曰
橘大曰柚猶詩傳云大曰鴻小曰鴈亦別種也此物必須裹送
故云其所包裹而送之以須之有時故待錫命乃貢言不常也
文在篚下以不常故耳荆州納錫大龜豫州錫貢磬錯皆爲非
常並在篚下荆州言包傳云橘柚也文在篚上者荆州橘柚爲
善以其常貢此州則不常也王肅云橘與柚錫其命而後貢之
不常入當繼荆州之無也鄭云有錫則貢之此州有錫而貢之
或時無則不貢錫所以柔金也周禮考工記云攻金之工掌執
金錫之齊故也

尚書六　十五

傳順流至入泗
正義曰文十年左傳云沿漢泝江泝是逆沿是順故順流而下
曰沿沿江入海順也自海入淮自淮入泗逆也
荆州
傳北據至之陽
正義曰此州北界至荆山之北故言據也南及衡山之陽其境
過衡山也以衡是大山其南無復有名山大川可以爲記故言
陽見其南至山南也
傳二水至宗尊也
正義曰周禮大宗伯諸侯見天子之禮春見曰朝夏見曰宗鄭
云朝猶朝也欲其來之早也宗尊也欲其尊王也朝宗是人事
之名水無性識非有此義以海水大而江漢小以小就大似諸
侯歸於天子假人事而言之也詩云沔彼流水朝宗於海毛傳
云水猶有所朝宗朝宗是假人事而言水也老子云滄海所以
能爲百谷王者以其下之是百川以海爲宗鄭云江水漢水其

至揵爲武陽又入江豈沱之類與潛蓋漢西出嶓
冢東南至巴郡江州入江行二千七百六十里此
解梁州之沱潛也郭璞爾雅音義云沱水自蜀郡
都水縣揃山與江別而更流璞又云有水從漢中
沔陽縣南流至梓潼漢壽入大穴中通岡山下西
南潛出一名沔水舊俗云即禹貢潛也郭璞此言
亦解梁州沱潛與鄭又異然地理志及鄭皆以荆
梁二州各有沱潛又鄭氏所解沱潛惟據梁州不
言荆州之沱潛而孔梁州注云沱潛發源此州入
荆州以二州沱潛爲一者然彼州山水古今不可
移易孔爲武帝博士地理志無容不知蓋以水從
江漢出者皆曰沱潛但地勢西高東下雖於梁州
合流還從荆州分出猶如濟水入河還
從河出故孔舉大略爲發源梁州耳　**雲土夢**
作乂 雲夢之澤在江南其中有平土丘水去可爲耕作畎畝之治　疏 傳雲夢至之治　▲正

尚六　二十　毛昌

義曰昭三年左傳楚子與鄭伯田于江南之夢是
雲夢之澤在江南也地理志南郡華容縣南有雲
夢澤杜預云南郡枝江縣西有雲夢城江夏安陸
縣亦有雲夢或曰南郡華容縣東南有巴丘湖江
南之夢雲夢一澤而每處有名者司馬相如子虛
賦云雲夢者方八九百里則此澤跨江南北每處
名存焉定四年左傳稱楚昭王寢於雲中則此澤
亦得單稱雲單稱夢經之土字在二字之間蓋史
文兼上下也此澤既大其內有平土
有高丘水去可爲耕作畎畝之治　**厥土惟塗**
泥厥田惟下中厥賦上下 田第八賦第三人功修 **厥**
貢羽毛齒革惟金三品 土所出與揚州同　疏 傳土所至州同
▲正義曰與揚州同而揚州先齒革此州先羽毛者
蓋以善者爲先由此而言之諸州貢物多種其次

楊本卷六第二十葉

流遠疾又合爲一共赴海也猶諸侯之同心尊天子而朝事之
荆楚之域國有道則後服國無道則先彊故記其水之義以著
人臣之禮
傳江於至之中
正義曰傳以江是此水大名九江謂大江分而爲九猶大河分
爲九河故言江於此州之界分爲九道訓孔爲甚殷爲中言甚
得地勢之中也鄭云殷猶多也九江從山谿所出其孔衆多言
治之難也地理志九江在今廬江潯陽縣南皆東合爲大江如
鄭此意九江各自別源其源非大江也下流合於大江耳然則
江以南水無大小俗人皆呼爲江或從江分出或從外合來故
孔鄭各爲別解應劭注地理志云江自潯陽分爲九道符於孔
說潯陽記有九江之名一曰烏江二曰蚌江三曰烏白江四曰
嘉靡江五曰畎江六曰源江七曰廩江八曰提江九曰菌江雖
名起近代義或當然
傳沱江至故道
正義曰下文岷山導江東別爲沱是沱爲江之別名也經無潛
之本源故直云水名釋水云水自江出爲沱漢爲潛鄭注此既
引爾雅乃云今南郡枝江縣有沱水其尾入江耳首不於江出
也華容有夏水首出江尾入沔蓋此所謂沱也潛則未聞象類
此解荆州之沱潛發源此州若如鄭言此水南流不入荆州界
非此潛也此下梁州注云二水亦謂自江漢出者地理志在今
蜀郡郫縣江沱及漢中安陽皆有沱水潛水其尾入江漢耳首
不於此出江源有𨛬江首出江南至揵爲武陽又入江豈沱之
類與潛蓋漢西出嶓冢東南至巴郡江州入江行二千七百六
十里此解梁州之沱潛也郭璞爾雅音義云沱水自蜀郡都水
縣揃山與江別而更流璞又云有水從漢中沔陽縣南流至梓
潼漢壽入大穴中通岡山下西南潛出一名沔水舊俗云即禹
貢潛也郭璞此言亦解梁州沱潛與鄭又異然地理志及鄭皆
以荆梁二州各有沱潛又鄭氏所解沱潛惟據梁州不言荆州
之沱潛而孔梁州注云沱潛發源此州入荆州以二州沱潛爲

単疏卷六第十六葉

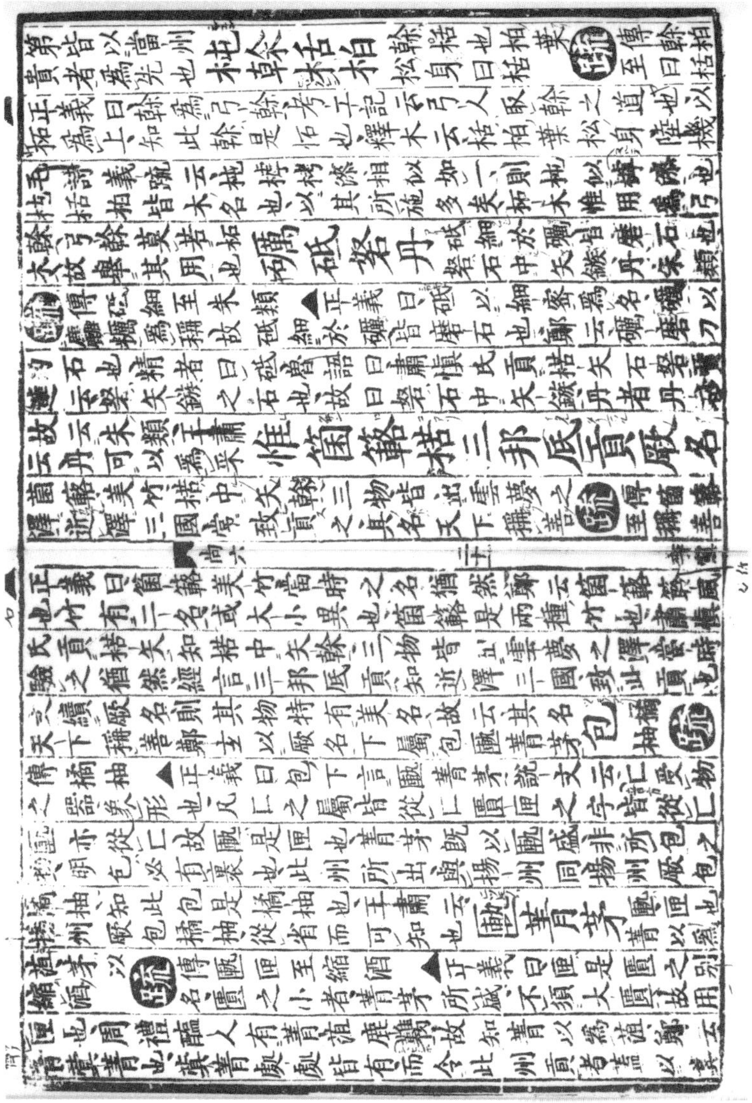

楊本卷六第二十一葉

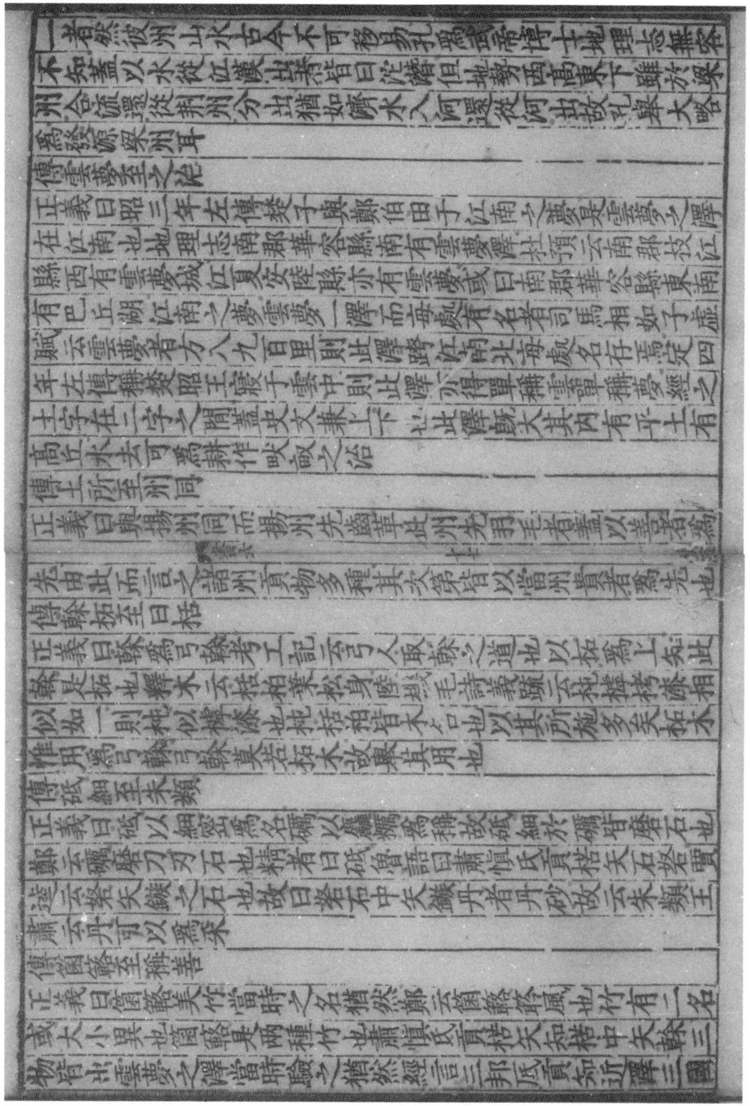

單疏卷六第十七葉

味善也僖四年左傳齊桓公責楚云爾貢包茅不入王祭不供無以縮酒是茅以縮酒也郊特牲云縮酒用茅明酌也鄭注云以茅縮酒也周禮甸師云祭祀供蕭茅鄭興云蕭字或爲莤莤讀爲縮束茅立之祭前酒沃其上酒滲下若神飲之故謂之縮杜預解左傳用鄭興之說未知誰同孔旨特令此州貢茅茅當異於諸處杜預云茅之爲異未審也或云茅有三脊案史記齊桓公欲封禪管仲覩其不可窮以辭因設以無然之事云古之封禪江淮之間三脊茅以爲藉此乃懼桓公耳非荊州所有也鄭玄以菁茅爲一物匭猶纏結也菁茅之有毛刺者重之故既包裹而又纏結也

厥篚玄纁璣組此州染玄纁色善故貢之璣珠類生於水組綬類疏傳此州至綬類▲正義曰釋器云三染謂之纁李巡云三染其色已成爲絳纁絳一名也考工記云三入爲纁五入爲緅七入爲緇鄭云染纁者三入而成又再染以黑則爲緅又再染以黑則爲緇玄色在緅緇之間其六入者是染玄纁之法也此州染玄纁色善故令貢之說文云璣珠不圓者故爲珠類王肅說佩玉所縣者皆云組綬是組綬相類之物也

九江納錫大龜尺二寸曰大龜出於九江水中龜不常用錫命而納之疏傳尺二至納之▲正義曰史記龜策傳云龜千歲滿尺二寸漢書食貨志云元龜距冉長尺二寸故以尺二寸爲大龜冠以九江知出九江水中也文在龜下而言納錫是言龜不常用故錫命乃納之言此大龜錫命乃貢之也

浮于江沱潛漢逾于洛至于南河逾越也河在冀州南東流故越洛而至南河疏浮于江沱潛漢▲正義曰浮此四水乃得至洛本或潛下有于誤耳

荊河惟豫州西南

楊本卷六第二十二葉

致此貢也玄纁厥名則其物特有美名故云其名天下稱善鄭玄以厥名下屬包匭菁茅

傳橘柚

正義曰包下言匭菁茅說文云匚受物之器象形也凡匚之屬皆從匚匱匣之字皆從匚匭亦從匚故匭是匣也菁茅既以匭盛非所包之物明包必有裹也此州所出與揚州同揚州厥包橘柚知此包是橘柚也王肅云揚州厥包橘柚從省而可知也

傳匭匣至縮酒

正義曰匣是匱之別名匱之小者菁茅所盛不須大匱故用匣也周禮醢人有菁菹鹿臡故知菁以爲菹鄭云菁蔓菁也菁茅處處皆有而令此州貢者蓋以其味善也僖四年左傳齊桓公責楚云爾貢包茅不入王祭不供無以縮酒是茅以縮酒也郊特牲云縮酒用茅明酌也鄭注云以茅縮酒也周禮甸師云祭祀供蕭茅鄭興云蕭字或爲莤莤讀爲縮束茅立之祭前酒沃其上酒滲下若神飲之故謂之縮杜預解左傳用鄭興之說未知誰同孔旨特令此州貢茅茅當異於諸處杜預云茅之爲異未審也或云茅有三脊案史記齊桓公欲封禪管仲覩其不可窮以辭因設以無然之事云古之封禪江淮之間三脊茅以爲藉此乃懼桓公耳非荊州所有也鄭玄以菁茅爲一物匭猶纏結也菁茅之有毛刺者重之故既包裹而又纏結也

傳此州至綬類

正義曰釋器云三染謂之纁李巡云三染其色已成爲絳纁絳一名也考工記云三入爲纁五入爲緅七入爲緇鄭云染纁者三入而成又再染以黑則爲緅又再染以黑則爲緇玄色在緅緇之間其六入者是染玄纁之法也此州染玄纁色善故令貢之說文云璣珠不圓者故爲珠類王肅說佩玉所懸者皆云組綬是組綬相類之物也

傳尺二至納之

正義曰史記龜策傳云龜千歲滿尺二寸漢書食貨志云元龜距冉長尺二寸故以尺二寸爲大龜冠以九江知出九江水中

單疏卷六第十八葉

至荊山北距河水
伊洛瀍澗既入于河伊出陸渾山洛出上洛山澗出
沔池山瀍出河南北山四水合流而入河
疏豫州　傳伊出至入河▲正義曰地理志云伊水出
弘農盧氏縣東熊耳山東北入洛洛水出弘農上洛縣冢領山東北至鞏縣入河瀍水出河南穀城
縣潛亭北東南入洛澗水出弘農新安縣東南入洛志與傳異者熊耳山在陸渾縣西冢領山在上
洛縣境之內沔池在新安縣西穀城潛亭北此即是河南境內之北山也志詳而傳略所據小異耳
伊瀍澗三水入洛合流而入河言其不復爲害也
滎波既豬滎澤波水已成遏豬
疏傳滎澤至遏豬▲正義曰沇水入河而溢爲滎滎是澤名洪水之時此澤水大動成波浪此澤
其時波水已成遏豬言壅遏而爲豬畜水而成澤不濫溢也鄭云今塞爲平地滎陽民猶謂其處爲
滎澤在其縣東言在滎澤縣之東也馬鄭王本皆作滎播謂此澤名滎播春秋閔二年衛侯及狄人
戰于滎澤不名播也鄭玄謂衛狄戰在此地杜預云此滎澤當在河北以衛敗方始渡河戰處必在
河北蓋此澤跨河南北多而得名耳
導菏澤被孟豬菏澤在胡陵孟豬澤名在菏東北水流溢覆被之
疏傳菏澤至被之▲正義曰地理志山陽郡有胡陵縣不言其縣
有菏澤也又云菏澤在濟陰定陶縣東孟豬在梁國睢陽縣東北以今地驗之則胡陵在睢陽之東
定陶在睢陽之北其水皆不流溢東北被孟豬也然郡縣之名隨代變易古之胡陵當在睢陽之西
北故得東出被孟豬也於此作孟豬左傳爾雅作孟諸周禮作望諸聲轉字異正是一地也
厥土惟壤下土墳壚高者壤下者壚壚疏
厥田惟中上厥

楊本卷六第二十三葉

也文在篚下而言納錫是言龜不常用故錫命乃納之言此大
龜錫命乃貢之也
浮于江沱潛漢
正義曰浮此四水乃得至洛本或潛下有于誤耳
豫州
傳伊出至入河
正義曰地理志云伊水出弘農盧氏縣東熊耳山東北入洛洛
水出弘農上洛縣冢領山東北至鞏縣入河瀍水出河南穀城
縣潛亭北東南入洛澗水出弘農新安縣東南入洛志與傳異
者熊耳山在陸渾縣西冢領山在上洛縣境之內沔池在新安
縣西穀城潛亭北此即是河南境內之北山也志詳而傳略所
據小異耳伊瀍澗三水入洛合流而入河言其不復爲害也
傳滎澤至過豬
正義曰沇水入河而溢爲滎滎是澤名洪水之時此澤水大動
成波浪此澤其時波水已成過豬言壅遏而爲豬畜水而成澤
不濫溢也鄭云今塞爲平地滎陽民猶謂其處爲滎澤在其縣
東言在滎澤縣之東也馬鄭王本皆作滎播謂此澤名滎播春
秋閔二年衛侯及狄人戰于滎澤不名播也鄭玄謂衛狄戰在
此地杜預云此滎澤當在河北以衛敗方始渡河戰處必在河
北蓋此澤跨河南北多而得名耳
傳菏澤至被之
正義曰地理志山陽郡有胡陵縣不言其縣有菏澤也又云菏
澤在濟陰定陶縣東孟豬在梁國睢陽縣東北以今地驗之則
胡陵在睢陽之東定陶在睢陽之北其水皆不流溢東北被孟
豬也然郡縣之名隨代變易古之胡陵當在睢陽之西北故得
東出被孟豬也於此作孟豬左傳爾雅作孟諸周禮作望諸聲
轉字異正是一地也
傳纊細緜
正義曰禮喪大記候死者屬纊以俟絶氣即纊是新緜耳纖是
細故言細緜

單疏卷六第十九葉

賦錯上中田第四賦第二又雜出第一厥貢漆枲絺紵厥篚織纊纊細緜【疏】傳纊細緜▲正義曰禮喪大記候死者屬纊以俟絶氣即纊是新緜耳纊是細故言細緜錫貢磬錯治玉石曰錯治磬錯【疏】傳治玉至磬錯▲正義曰詩云佗山之石可以攻玉又曰可以爲錯磬有以玉爲之者故云治玉石曰錯謂治磬錯也

浮于潛達于河華陽黑水惟梁州東據華山之南西距黑水【疏】梁州傳東據至黑水▲正義曰周禮職方氏豫州其山鎭曰華山在豫州界内此梁州之境東據華山之南不得其山故言陽也此山之西雍州之境也岷嶓既藝沱潛既道岷山嶓冢皆山名水去已可種藝沱潛發源此州入荊州【疏】傳岷山至荊州▲正義曰漢制縣有羌夷曰道地理志云蜀郡有湔道岷山在西徼外江水所出也隴西郡西縣嶓冢山西漢水所出是二者皆山名也沱出于江潛出于漢二水發源此州而入荊州故荊州亦云沱潛既道

蔡蒙旅平和夷厎績蔡蒙二山名祭山曰旅平言治功畢和夷之地致功可藝【疏】傳蔡蒙至可藝▲正義曰地理志云蒙山在蜀郡青衣縣應劭云順帝改曰漢嘉縣蔡山不知所在論語云季氏旅於泰山是祭山曰旅也平者言其治水畢猶上既藝也和夷平地之名致功可藝藝與平互言耳厥土青黎色青黑而沃壤【疏】傳色青黑而沃壤▲正義曰孔以黎爲黑故云色青黑其地沃壤言其美也王肅曰青黑色黎小疏也厥田惟下上厥賦下中三錯田第七賦第八雜出第七第九三等【疏】傳田

傳治玉至磬錯

正義曰詩云佗山之石可以攻玉又曰可以爲錯磬有以玉爲之者故云治玉石曰錯謂治磬錯也

梁州

傳東據至黑水

正義曰周禮職方氏豫州其山鎭曰華山在豫州界内此梁州之境東據華山之南不得其山故言陽也此山之西雍州之境也

傳岷山至荊州

正義曰漢制縣有羌夷曰道地理志云蜀郡有湔道岷山在西徼外江水所出也隴西郡西縣嶓冢山西漢水所出是二者皆山名也沱出于江潛出于漢二水發源此州而入荊州故荊州亦云沱潛既道

傳蔡蒙至可藝

正義曰地理志云蒙山在蜀郡青衣縣應劭云順帝改曰漢嘉縣蔡山不知所在論語云季氏旅於泰山是祭山曰旅也平者言其治水畢猶上既藝也和夷平地之名致功可藝藝與平互言耳

傳色青黑而沃壤

正義曰孔以黎爲黑故云色青黑其地沃壤言其美也王肅曰青黑色黎小疏也

傳田第至三等

正義曰傳以既言下中復云三錯舉下中第八爲正上下取一故雜出第七第九與第八爲三也鄭云三錯者此州之地有當出下之賦者少耳又有當出下上中下者差復益少與孔異也

傳璆玉至剛鐵

正義曰釋器云璆琳玉也郭璞云璆琳美玉之别名鏤者可以刻鏤故爲剛鐵也

傳貢四至金罽

正義曰與織皮連文必不貢生獸故云貢四獸之皮釋言云氂罽也舍人曰氂謂毛罽也胡人續羊毛作衣孫炎曰毛氂爲罽

第至三等▲正義曰傳以既言下中復云三錯舉
下中第八爲正上下取一故雜出第七第九與篤
八爲三也鄭云三錯者此州之地有當出下之賦
者少耳又有當出下上中下者差復益少與孔異
也厥貢璆鐵銀鏤砮磬璆玉名鏤剛鐵疏傳璆玉至剛鐵▲正
義曰釋器云璆琳玉也郭璞云璆琳美玉之別名鏤者可以刻鏤故爲剛鐵也熊羆狐
貍織皮貢四獸之皮織金罽疏傳貢四至金罽▲正義曰鼻織皮連文必不貢生獸故云
貢四獸之皮釋言云氂罽也舍人曰氂謂毛罽也
胡人績羊毛作衣孫炎曰毛氂爲罽織毛而言皮
者毛附於皮故以皮表毛耳西傾因桓是來浮于潛逾于
沔西傾山名桓水自西傾山南行因桓水是來浮于潛漢上曰沔疏傳西傾至曰沔▲正義曰
下文道山有西傾知是山名也地理志云西傾在
隴西臨洮縣西南西傾在雍州自西傾山南行因
桓水是來浮於潛水也地理志云桓水出蜀郡蜀
山西南行羌中入南海則初發西傾未有水也不
知南行幾里得桓水也下傳云泉始出山爲漾水
東南流爲沔水至漢中東行爲漢水是漢上曰沔
入于渭亂于河越沔而北入渭浮東渡河而還帝都白所治正絕流曰亂疏
傳越沔至曰亂▲正義曰計沔在渭南五百餘里
故越沔陸行而北入渭渭水入河故浮渭而東帝
都在河之東故渡河陸行而還帝都也以每州之
下言入河之事河近帝都知是還都白所治也正
絕流曰亂釋水文孫炎曰橫渡也黑水西河惟雍州西距黑水東據河龍
門之河在冀州西疏雍州傳西距至州西▲正義曰禹治豫州乃次梁州自東向西故言梁

南六　十五

織毛而言皮者毛附於皮故以皮表毛耳
傳西傾至曰沔
正義曰下文導山有西傾知是山名也地理志云西傾在隴西
臨洮縣西南西傾在雍州自西傾山南行因桓水是來浮於潛
水也地理志云桓水出蜀郡蜀山西南行羌中入南海則初發
西傾未有水也不知南行幾里得桓水也下傳云泉始出山爲
漾水東南流爲沔水至漢中東行爲漢水是漢上曰沔
傳越沔至曰亂
正義曰計沔在渭南五百餘里故越沔陸行而北入渭渭水入
河故浮渭而東帝都在河之東故渡河陸行而還帝都也以每
州之下言入河之事河近帝都知是還都白所治也正絕流曰
亂釋水文孫炎曰橫渡也
雍州
傳西距至州西
正義曰禹治豫州乃次梁州自東向西故言梁州之境先以華
陽而後黑水從梁適雍自南向北故先黑水而後西河計雍州
之境被荒服之外東不越河而西踰黑水王肅云西據黑水東
距西河所言得其實也偏撿孔本皆云西距黑水東據河必是
誤也又河在雍州之東而謂之西河者龍門之河在冀州西界
故謂之西河王制云自東河至於西河千里而近是河相對而
爲東西也
傳導之至合黎
正義曰諸水言既導此言既西由地勢不同導之使西流也鄭
云衆水皆東此水獨西故記其西下也
傳屬逮至於渭
正義曰屬謂相連屬故訓爲逮逮及也言水相及詩毛傳云汭
水涯也鄭云汭之言內也蓋以人皆南面望水則北爲汭也且
涇水南入渭而名爲渭汭知水北曰汭言治涇水使之入渭亦
是從故道也地理志云涇水出安定涇陽縣西岍頭山東南至
馮翊陽陵縣入渭行千六百里

州之境先以華陽而後黑水從梁適雍自南向北
故先黑水而後西河計雍州之境被荒服之外東
不越河而西踰黑水王肅云西據黑水東距西河
所言得其實也徧檢孔本皆云西距黑水東據河
必是誤也又河在雍州之東而謂之西河者龍門
之河在冀州西界故謂之西河王制云自東河至
於西河千里而近是
河相對而爲東西也 **弱水既西** 導之西流至於合黎 疏 傳導之至
合黎 ▲正義曰諸水言既導此言既西由地勢不
同導之使西流也鄭云衆水皆東此水獨西故記
其西下也 **涇屬渭汭** 屬逮也水北曰汭言治涇水入於渭 疏 傳屬逮至 ▲正
義曰屬謂相逮屬故訓爲逮逮及也言水相及詩
毛傳云汭水涯也鄭云汭之言内也蓋以人皆南
面望水則北爲汭也且涇水南入渭而名爲渭汭
知水北曰汭言治涇水使之入渭亦是從故道也
地理志云涇水出安定涇陽縣西岍頭山
東南至馮翊陽陵縣入渭行千六百里 **漆沮**
既從灃水攸同 漆沮之水已從入渭灃水所同同之於渭 疏 傳漆沮至於渭
正義曰詩云自土沮漆毛傳云沮水漆水也則漆
沮本爲二水地理志云漆水出扶風漆縣西闞駰
十三州志云漆水出漆縣西北岐山東入渭沮則
不知所出蓋東入渭時已與漆合渭發源遠以渭
爲主上云涇屬渭是矣故此言漆沮既從已從於渭
灃水所同亦同於渭以渭爲主故也地理志灃水出
扶風鄠縣東南北過上林苑入渭也 **荆岐既旅** 已旅祭言治功畢此荆在岐東非荆
州之荆 疏 傳已旅至之荆 ▲正義曰洪水之時祭祀
禮廢已旅祭而言治功畢治水從下自東
而西先荆後岐荆在岐東嫌與上荆爲一故云非
荆州之荆也地理志云禹貢北條荆山在馮翊懷

傳漆沮至於渭
正義曰詩云自土沮漆毛傳云沮水漆水也則漆沮本爲二水
地理志云漆水出扶風漆縣西闞駰十三州志云漆水出漆縣
西北岐山東入渭沮則不知所出蓋東入渭時已與漆合渭發
源遠以渭爲主上云涇屬渭是矣故此言漆沮既從已從於渭
灃水所同亦同於渭以渭爲主故也地理志灃水出扶風鄠縣
東南北過上林苑入渭也
傳已旅至之荆
正義曰洪水之時祭祀禮廢已旅祭而言治功畢治水從下自
東而西先荆後岐荆在岐東嫌與上荆爲一故云非荆州之荆
也地理志云禹貢北條荆山在馮翊懷德縣南南條荆山在南
郡臨沮縣北彼是荆州之荆也
傳三山至相望
正義曰以荆岐單名此山復名故辯之云三山名也至於鳥鼠
尾之辭故言相望也三山空舉山名不言治意蒙上既旅之文
也地理志云扶風武功縣有太一山古文以爲終南垂山古文
以爲惇物皆在縣東
傳下濕至致功
正義曰下濕曰隰釋地文地理志云豬野澤在武威縣東北有
休屠澤古文以爲豬野澤鄭玄以爲詩云度其隰原即此原隰
是也原隰豳地從此致功西至豬野之澤也
傳西裔至之功
正義曰左傳稱舜去四凶投之四裔舜典云竄三苗於三危是
三危爲西裔之山也其山必是西裔未知山之所在地理志杜
林以爲燉煌郡即古瓜州也昭九年左傳云先王居檮杌于四
裔故允姓之姦居于瓜州杜預云允姓之祖與三苗俱放於三
危瓜州今燉煌也鄭玄引地記書云三危之山在鳥鼠之西南
當岷山則在積石之西南地記乃妄書其言未必可信要知三
危之山必在河之南也禹治水未已竄三苗水災既除彼得安
定故云三危之山已可居三苗之族大有次敘記此事以美禹

德縣南南條荆山在南郡臨
沮縣北彼是荆州之荆也
終南惇物至于鳥
鼠 三山名言相望 疏 傳三山至相望 ▲正義曰以荆岐單
名此山復名故辯之云三山名也至
於爲首尾之辭故言相望也三山空舉山名不言
治意蒙上既旅之文也地理志云扶風武功縣有
太一山古文以爲終南垂山
古文以爲惇物皆在縣東
原隰底績至于
豬野 下濕曰隰豬野地名言皆致功 疏 傳下濕至致功 ▲正義曰
下濕曰隰釋地文地理志
云豬野澤在武威縣東北有休屠澤古文以爲豬
野澤鄭玄以爲詩云度其隰原即此原隰是也原
隰豳地從此致功西至豬野之澤也
三危既宅三苗丕叙 西裔之山已可
居三苗之族大有
次叙美禹之功 疏 傳西裔至之功 ▲正義曰左
傳稱舜去四凶投之四裔舜
典云竄三苗於三危是三危爲西裔之山也其山
必是西裔未知山之所在地理志杜林以爲燉煌
郡即古瓜州也昭九年左傳云先王居檮杌于四
裔故允姓之姦居于瓜州杜預云允姓之祖與三
苗俱放於三危瓜州今燉煌也鄭玄引地記書云
三危之山在鳥鼠之西南當岷山則在積石之西
南地記乃妄書其言未必可信要知三危之山必
在河之南也禹治水未已竄三苗水災既除彼得
安定故云三危之山已可居三苗之族
大有次叙記此事以美禹治之功也 厥土惟
黄壤厥田惟上上厥賦中下 田第一賦第六人功少 疏
傳田第一至功少 ▲正義曰此與荆州賦田升降
皆較六等荆州升之極故云人功修此州降之極
故云人功少其餘相較少者從此可知也王制云
凡居民量地以制邑度地以居民地邑民居必參

楊本卷六第二十七葉

治之功也
傳田第一至功少
正義曰此與荆州賦田升降皆較六等荆州升之極故云人功
修此州降之極故云人功少其餘相較少者從此可知也王制
云凡居民量地以制邑度地以居民地邑民居必參相得也則
民當相準而得有人功修人功少者記言初置邑者可以量之
而州境闊遠民居先定新遭洪水存亡不同故地勢有美惡人
功有多少治水之後即爲此差在後隨人少多必得更立其等
此非永定也
傳球琳至似珠
正義曰釋地云西北之美者有崐崘虛之璆琳琅玕焉說者皆
云球琳美玉名琅玕石而似珠者必相傳驗實有此言也
傳積石至西界
正義曰地理志云積石山在金城河關縣西南羌中河行塞外
東北入塞内積石非河之源故云河所經也河從西來至此北
流故禹沿河順流而北釋水云河千里一曲一直故千里而東
千里而南至于龍門西河也地理志云龍門山在馮翊夏陽縣
北此山當河之道禹鑿以通河東郡之西界也禹至此渡河而
還都白帝也沿或誤爲治此說禹行不說治水也
傳逆流至西上
正義曰會合也人行逆流而水相向故逆流曰會從河入渭自
渭北涯逆水西上言禹白帝訖從此而西上更入雍州界也諸
州之末惟言還都之道此州事終言發都更去明諸州皆然也
傳織皮至戎狄也
正義曰四國皆衣皮毛故以織皮冠之傳言織皮毛布有此四
國崐崘也析支也渠也搜也四國皆是戎狄也末以西戎揔之
此戎在荒服之外流沙之内牧誓云武王伐紂有羌髳從之此
是羌髳之屬禹皆就次敘美禹之功遠及戎狄故記之也鄭玄
云衣皮之民居此崐崘析支渠搜三山之野者皆西戎也王肅
云崐崘在臨羌西析支在河關西西戎西域也王肅不言渠搜

單疏卷六第二十三葉

相得也則民當相準而得有人功修人功少者記
言初置邑者可以量之而州境闊遠民居先定新
遭洪水存亡不同故地勢有美惡人功有多少治
水之後即爲此差在後隨人少多必得更立其等
此非永
定也
厥貢惟球琳琅玕球琳皆玉名琅玕石而似珠疏傳球
琳至似珠▲正義曰釋地云西北之美者有崐崘
虛之璆琳琅玕焉說者皆云球琳美玉名琅玕石
而似珠者必相傳
驗實有此言也
浮于積石至于龍門西河
積石山在金城西南河所經也沿河順流而北疏
千里而東千里而南龍門山在河東之西界
傳積石至西界▲正義曰地理志云積石山在金
城河關縣西南羌中河行塞外東北入塞內積石
非河之源故云河所經也河從西來至此北流故
禹沿河順流而北釋水云河千里一曲一直故千
里而東千里而南至于龍門西河也地理志云龍
門山在馮翊夏陽縣北此山當河之道禹鑿以通
河東郡之西界也禹至此渡河而還都白
帝也沿或誤爲治此說禹行不說治水也會于
渭汭逆流曰會自渭北涯逆水西上疏傳逆流至西上▲正義曰會合也人行逆流而水相
向故逆流曰會從河入渭自渭北涯逆水西上言
禹白帝訖從此而西上更入雍州界也諸州之末
惟言還都之道此州事終言
發都更去明諸州皆然也織皮崐崘析支渠
搜西戎即叙織皮毛布有此四國在荒服之外流沙之內羌髳之屬皆就次叙美
禹之功及疏傳織皮至戎狄也▲正義曰四國皆
戎狄也衣皮毛故以織皮冠之傳言織皮毛
布有此四國崐崘也析支也渠搜也四國皆是
戎狄也末以西戎總之此戎在荒服之外流沙之

楊本卷六第二十八葉

鄭併渠搜爲一孔傳不明或亦以渠搜爲一通西戎爲四也鄭
以崐崘爲山謂別有崐崘之山非河所出者也所以孔意或是
地名國號不必爲山也
導岍及岐
正義曰上文每州說其治水登山從下而上州境隔絕未得徑
通今更從上而下條說所治之山本以通水舉其山相連屬言
此山之傍所有水害皆治訖也因冀州在北故自北爲始從此
導岍至敷淺原舊說以爲三條地理志云禹貢北條荆山在馮
翊懷德縣南條荆山在南郡臨沮縣東北是舊有三條之說
也故馬融王肅皆爲三條導岍北條西傾中條嶓冢南條鄭玄
以爲四列導岍爲陰列西傾爲次陰列嶓冢爲次陽列岷山爲
正陽列鄭玄創爲此說孔亦當爲三條也岍與嶓冢言導西傾
不言導者史文有詳略以可知故省文也
傳更理至雍州
正義曰荆岐上已具矣而此復言之以山勢相連而州境隔絕
更從上理說所治山川首尾所在總解此下導山水之意也其
實通水而文稱導山者導山本爲治水故以導山名之地理志
云吳岳在扶風岍縣西古文以爲岍山岐山在美陽縣西北荆
山在懷德縣三山皆在雍州
傳此謂至西河
正義曰逾于河謂山逾之也此處山勢相望越河而東故云此
謂龍門西河言此處山不絕從此而渡河也
傳三山至黨西
正義曰地理志云壺口在河東北屈縣東南雷首在河東蒲坂
縣南太岳在河東彘縣東是三山在冀州以太岳東近上黨故
云在上黨西也
傳此三至東行
正義曰地理志云析城在河東濩澤縣西王屋在河東垣縣東
北地理志不載厎柱厎柱在太陽關東析城之西從厎柱至王
屋在冀州南河之北東行也

單疏卷六第二十四葉

内牧誓云武王伐紂有羌髳從之此是羌髳之屬禹皆就次叙美禹之功遠及戎狄故記之也鄭玄云衣皮之民居此崐崘析支渠搜三山之野者皆西戎也王肅云崐崘在臨羌西析支在河關西西戎西域也王肅不言渠搜鄭併渠搜爲二孔傳不明或亦以渠搜爲一通西戎爲四也鄭以崐崘爲山謂别有崐崘之山非河所出者也所以孔意或是地名國號不必爲山也

導岍及岐至于荆山更理説所治山川首尾所在治山通水故以山名之三山皆在雍州

疏導岍及岐▲正義曰上文每州説其治水登山從下而上州境隔絶未得徑通今更從上而下條説所治之山本以通水舉其山相連屬言此山之傍所有水害皆治訖也因冀州在北故自北爲始從岍導岍至敷淺原舊説以爲三條地理志云禹貢北條荆山在馮翊懷德縣南南條荆山在南郡臨沮縣東北是舊有三條之説也故馬融王肅皆爲三條導岍北條西傾中條嶓冢南條鄭玄以爲四列導岍爲陰列西傾爲次陰列嶓冢爲次陽列岷山爲正陽列鄭玄創爲此説孔亦當爲三條也岍與嶓冢言導西傾不言導者史文有詳略以可知故省文也

傳更理至雍州▲正義曰荆岐上已具矣而此復言之以山勢相連而州境隔絶更從上理説所治中川首尾所在揔解此下導山水之意也其實通水而文稱導山者導山本爲治水故以導山名之地理志云吴岳在扶風汧縣西古文以爲岍山岐山在美陽縣西北荆山在懷德縣三山皆在雍州

逾于河此謂梁山龍門西河

疏傳此謂至西河▲正義曰逾于河謂山逾之也此處山勢相望越河而東故云此謂龍門西河言此處山不絶從此而渡河也

壺口雷首至于太岳三山

傳此二至言之

正義曰地理志云太行山在河内山陽縣西北恒山在常山上曲陽縣西北太行去恒山太遠恒山去碣石又遠故云此二山連延東北接碣石而入滄海言山傍之水皆入海山不入海也又解治水言山之意百川經此衆山禹皆治之川多不可勝名故以山言之也謂漳潞汾涑在壺口雷首太行經底柱析城濟出王屋淇近太行恒衛滹沲滱易近恒山碣石之等也

傳西傾至南山

正義曰地理志云西傾在隴西臨洮縣西南朱圉在天水冀縣南言在積石以東見河所經也地理志云鳥鼠同穴山在隴西首陽縣西南渭水所出在隴西郡之西是三者皆雍州之南山也

傳相首尾而東

正義曰地理志云太華在京兆華陰縣南鳥鼠東望太華太遠故云相首尾而東也

傳四山至相備

正義曰地理志云熊耳山在弘農盧氏縣東伊水所出嵩高山在潁川嵩高縣古文以爲外方山桐柏山在南陽平氏縣東南横尾山在江夏安陸縣東北古文以爲陪尾山是四山接華山而相連東南皆在豫州界也凡舉山名皆爲治水故言水之所經洛出熊耳伊經外方淮出桐柏經陪尾導山本爲治水故云皆先舉所施功之山於上而後條列所治水於下互相備也

傳漾水至荆州

正義曰下云嶓冢導漾梁州云岷嶓既藝是嶓冢在梁州也荆州以荆山爲名知荆山在荆州也

傳内方至所經

正義曰地理志云章山在江夏竟陵縣東北古文以爲内方山地理志無大別鄭玄云大別在廬江安豐縣杜預解春秋云大别闕不知何處或曰大别在安豐縣西南左傳云吴既與楚夾漢然後楚乃濟漢而陳自小別至于大別然則二別近漢之名無緣得在安豐縣如預所言雖不知其處要與内方相接漢水

在冀州太岳上黨西　疏　傳三山至黨西▲正義曰地理志云壺口在河東北屈縣東南雷首在河東蒲坂縣南太岳在河東彘縣東是三山在冀州以太岳東近上黨故云在上黨西也

底柱析城至于王屋　此三山在冀州南河之北東行　疏　傳此三至東行▲正義曰地理志云析城在河東濩澤縣西王屋在河東垣縣東北地理志不載底柱底柱在太陽關東析城之西從底柱至王屋在冀州南河之北東行也

太行恒山至于碣石入于海　此二山連延東北接碣石而入滄海百川經此衆山禹皆治之不可勝名故以山言之　疏　傳此二至言之▲正義曰地理志云太行山在河內山陽縣西北恒山在常山上曲陽縣西北太行去恒山太遠恒山去碣石又遠故云此二山連延東北接碣石而入滄海言山傍之水皆入海山不入海也又解治水言山之意百川經此衆山禹皆治之川多不可勝名故以山言之也謂漳潞汾涑在壺口雷首太行經底柱析城濟出王屋淇近太行恒衛滹池滱易近恒山碣石之等也

西傾朱圉魚呂反**鳥鼠**　西傾朱圉在積石以東鳥鼠渭水所出在隴西之西三者雍州之南山　疏　傳西傾至南山▲正義曰地理志云西傾在隴西臨洮縣西南朱圉在天水冀縣南言在積石以東見河所經也地理志云鳥鼠同穴山在隴西首陽縣西南渭水所出在隴西郡之西是三者皆雍州之南山也

至于太華　相首尾而東　疏　傳相首尾而東▲正義曰地理志云太華在京兆華陰縣南鳥鼠東望太華太遠故云相首尾而東也

熊耳外方桐柏至于陪尾　四山相連東南在豫州界洛經熊耳伊經外方淮出桐柏經陪尾凡

此皆先舉所施功之山於上而後條列所治水於下互相備　疏　傳四山至相備▲正義曰地理志云熊耳山在弘農盧氏縣東伊水所出嵩高山在潁川嵩高縣古文以爲外方山桐柏山在南陽平氏縣東南橫尾山在江夏安陸縣東北古文以爲陪尾山是四山接華山而相連東南皆在豫州界也凡舉山名皆爲治水故言水之所經洛出熊耳伊經外方淮出桐柏經陪尾導山本爲治水故云皆先舉所施功之山於上而後條列所治水於下互相備也

導嶓冢至于荆山　漾水出嶓冢在梁州經荆山荆山在荆州　疏　傳漾水至荆州▲正義曰下云嶓冢導漾梁州云岷嶓既藝是嶓冢在梁州也荆州以荆山爲名知荆山在荆州也

內方至于大別　內方大別二山名在荆州漢所經　疏　傳內方至所經▲正義曰地理志云章山在江夏竟陵縣南北古文以爲內方山地理志無大別鄭玄云大別在廬江安豐縣杜預解春秋云大別闕不知何處或曰大別在安豐縣西南左傳云吳旣與楚夾漢然後楚乃濟漢而陳自小別至于大別然則二別近漢之名無緣得在安豐縣如預所言雖不知其處要與內方相接漢水所經必在荆州界也

岷山之陽至于衡山　岷山江所出在梁州衡山江所經在荆州　疏　傳岷山至荆州▲正義曰其下云岷山導江梁州云岷嶓既藝是岷山在梁州也地理志云衡山在長沙湘南縣東南上言衡陽惟荆州是江所經在荆州也

過九江至于敷淺原　言衡山連延過九江接敷淺原言導從首起言陽從南敷淺原一名博陽山在揚州豫章界　疏　傳言衡至章界▲正義曰衡即橫也東西長今之人謂之爲嶺東行連延過九江之水而東接

於敷淺原之山也經於岍及嶓冢言導岍山言陽故解之言導從首起言陽從南言岷山之南至敷淺原別以岷山爲首不與大別相接由江所經別記之耳以見岷非三條也地理志豫章歷陵縣南有博陽山古文以爲敷淺原

導弱水至于合黎合黎水名在流沙東

疏 導弱水 ▲正義曰此下所導凡有九水大意亦自北爲始以弱水最在西北水又西流故先言之黑水雖在河南水從雍梁西界南入南海與諸水不相參涉故又次之四瀆江河爲大河在北故先言河也漢入于江故先漢後江其濟發源河北越河而南與淮俱爲四瀆故次濟次淮其渭與洛俱入于河故後言之計流水多矣此舉大者言耳凡此九水立文不同弱水黑水沇水不出于山文單故以水配其餘六水文與山連既繫於山不須言水積石山非河上源記施功之處故云導河積石言發首積石起也漾江先山後水淮渭洛先水後山皆是史文詳略無義例也又淮渭洛言自某山者皆是發源此山欲使異於導河故加自耳鄭玄云凡言導者發源於上未成流凡言自者亦發源於上未成流必其俱未成流何須別導與自河出崐崘發源甚遠豈至積石猶未成流而云導河也

傳合黎至沙東 ▲正義曰弱水得入合黎知合黎是水名顧氏云地說書合黎山名但此水出合黎因山爲名鄭玄亦以爲山名地理志張掖郡刪丹縣桑欽以爲導弱水自此西至酒泉合黎張掖郡又有居延澤在縣東北古文以爲流沙如志之言酒泉郡在張掖郡西居延屬張掖合黎在酒泉則流沙在合黎之東與此傳不合案經弱水西流水既至于合黎餘波入于流沙當如傳文合黎在流沙之東不得在其西也

餘波入于流沙弱水餘波西溢入流沙

導

楊本卷六第三十二葉

所經必在荆州界也

傳岷山至荆州

正義曰其下云岷山導江梁州岷嶓既藝是岷山在梁州也地理志云衡山在長沙湘南縣東南上言衡陽惟荆州是江所經在荆州也

傳言衡至章界

正義曰衡即横也東西長今之人謂之爲嶺東行連延過九江之水而東接於敷淺原之山也經於岍及嶓冢言導岍山言陽故解之言導從首起言陽從南言岷山之南至敷淺原別以岷山爲首不與大別相接由江所經別記之耳以見岷非三條也地理志豫章歷陵縣南有博陽山古文以爲敷淺原

導弱水

正義曰此下所導凡有九水大意亦自北爲始以弱水最在西北水又西流故先言之黑水雖在河南水從雍梁西界南入南海與諸水不相參涉故又次之四瀆江河爲大河在北故先言河也漢入于江故先漢後江其濟發源河北越河而南與淮俱爲四瀆故次濟次淮其渭與洛俱入于河故後言之計流水多矣此舉大者言耳凡此九水立文不同弱水黑水沇水不出于山文單故以水配其餘六水文與山連既繫於山不須言水積石山非河上源記施功之處故云導河積石言發首積石起也漾江先山後水淮渭洛先水後山皆是史文詳略無義例也又淮渭洛言自某山者皆是發源此山欲使異於導河故加自耳鄭玄云凡言導者發源於上未成流凡言自者亦發源於上未成流必其俱未成流何須別導與自河出崐崘發源甚遠豈至積石猶未成流而云導河也

傳合黎至沙東

正義曰弱水得入合黎知合黎是水名顧氏云地說書合黎山名但此水出合黎因山爲名鄭玄亦以爲山名地理志張掖郡刪丹縣桑欽以爲導弱水自此西至酒泉合黎張掖郡又有居延澤在縣東北古文以爲流沙如志之言酒泉郡在張掖郡西

單疏卷六第二十六葉

黑水至于三危，入于南海。黑水自北而南，經三危，過梁州，入南海。

疏傳黑水至南海 ▲正義曰：地理志益州郡計在蜀郡西南三千餘里，故滇王國也。武帝元封二年始開爲郡，郡内有滇池縣，縣有黑水祠。止言有其祠，不知水之所在。鄭云今中國無也。傳之此言，順經文耳。案酈元水經，黑水出張掖雞山，南流至燉煌，過三危山，南流入于南海。然張掖、燉煌並在河北，所以黑水得越河入南海者，河自積石以西皆多伏流，故黑水得越而南也。

導河積石，至于龍門，施功發于積石，至于龍門，或鑿山，或穿地，以通流。

疏傳施功至通流 ▲正義曰：河源不始於此，記其施功處耳，故言施功發於積石。釋水云：河千里一曲一直。則河從積石北行，又東乃南行至于龍門，計應三千餘里。龍門、底柱，鑿山也；其餘平地，穿地也。或鑿山，或穿地以通流，言自積石至海皆然也。釋水云：河出崐崘虚，色白。李巡曰：崐崘，山名。虚，山下地也。郭璞云：發源高處激湊，故水色白。潛流地中，受渠衆多，渾濁，故水色黄。漢書西域傳云：河有兩源，一出葱嶺，一出于闐。于闐在南山下，其河北流與葱嶺河合，東注蒲昌海。蒲昌海一名鹽澤者，去玉門、陽關三百餘里，廣袤三四百里，其水停居，冬夏不增減，皆以爲潛行地下，南出于積石，爲中國河。郭璞云：其去崐崘里數遠近未得詳也。

南至于華陰，河自龍門南流，至華山北而東行。

東至于底柱，底柱，山名。河水分流，包山而過，山見水中若柱然，在西虢之界。

又東至于孟津，孟津，地名，在洛北，都道所湊，古今以爲津。

疏傳孟津至爲津 ▲正義曰：孟是地名，津是渡處，在孟地致津，謂之孟津。傳云地名，謂孟爲地名耳。杜預云：孟津，河内河

居延屬張掖，合黎在酒泉，則流沙在合黎之東，與此傳不合。案經弱水西流，水既至于合黎，餘波入于流沙，當如傳文，合黎在流沙之東，不得在其西也。

傳黑水至南海

正義曰：地理志益州郡計在蜀郡西南三千餘里，故滇王國也。武帝元封二年始開爲郡，郡内有滇池縣，縣有黑水祠。止言有其祠，不知水之所在。鄭云今中國無也。傳之此言，順經文耳。案酈元水經，黑水出張掖雞山，南流至燉煌，過三危山，南流入于南海。然張掖、燉煌並在河北，所以黑水得越河入南海者，河自積石以西皆多伏流，故黑水得越而南也。

傳施功至通流

正義曰：河源不始於此，記其施功處耳，故言施功發於積石。釋水云：河千里一曲一直。則河從積石北行，又東乃南行至于龍門，計應三千餘里。龍門、底柱，鑿山也；其餘平地，穿地也。或鑿山，或穿地以通流，言自積石至海皆然也。釋水云：河出崐崘虚，色白。李巡曰：崐崘，山名。虚，山下地也。郭璞云：發源高處激湊，故水色白。潛流地中，受渠衆多，渾濁，故水色黄。漢書西域傳云：河有兩源，一出葱嶺，一出于闐。于闐在南山下，其河北流與葱嶺河合，東注蒲昌海。蒲昌海一名鹽澤者，去玉門、陽關三百餘里，廣袤三四百里，其水停居，冬夏不增減，皆以爲潛行地下，南出于積石，爲中國河。郭璞云：其去崐崘里數遠近未得詳也。

傳孟津至爲津

正義曰：孟是地名，津是渡處，在孟地致津，謂之孟津。傳云地名，謂孟爲地名耳。杜預云：孟津，河内河陽縣南孟津也，在洛陽城北，都道所湊，古今常以爲津。武王渡之，近世以來呼爲武濟。

傳洛汭至北行

正義曰：洛汭，洛入河處，河南鞏縣東也。釋山云：再成英，一成岯。李巡曰：山再重曰英，一重曰岯。傳云再成曰岯，與介雅不同，蓋所見異也。鄭云：大岯在脩武、武德之界。張揖云：成皐縣山也。漢書音義有臣瓚者，以爲脩武、武德無此山也。成皐縣山又不

陽縣南孟津也在洛陽城北都道所湊古今**東過**
常以爲津武王渡之近世以來呼爲武濟
洛汭至于大伾洛汭洛入河處山再成曰伾至于大伾而北行 疏 傳洛汭至
北行 ▲正義曰洛汭洛入河處河南鞏縣東也釋
山云再成英一成伾李巡曰山再重曰英一重曰
伾傳云再成曰伾與爾雅不同蓋所見異也鄭玄
云大伾在脩武武德之界張揖云成皐縣山也漢
書音義有臣瓚者以爲脩武武德無此山也成皐
縣山又不一成今黎陽縣山臨河豈不是大伾乎
瓚言當然**北過降水至于大陸**降水水名入河大陸澤名 疏 傳降水至
澤名 ▲正義曰地理志云降水在信都縣案班固
漢書以襄國爲信都在大陸之南或降水發源在
此下尾至今之信都故得先過降水乃至大陸若
其不爾則降水不可知也鄭以降讀爲降下江反聲
轉爲共河内共縣淇水出焉東至魏郡黎陽縣入
河此近降水也周時國於此地者惡言降水改謂
之共此鄭胷臆不可從也**又北播爲九河**北分爲九河以殺其溢在兖州界
同爲逆河入于海同合爲一大河名逆河而入於渤海皆禹所加功故叙之
疏 傳同合至叙之 ▲正義曰傳言九河將欲至海
更同合爲一大河名爲逆河而入于渤海也鄭
玄云下尾合名爲逆河言相向迎受王肅
云同逆一大河納之於海其意與孔同**嶓冢**
導漾東流爲漢泉始出山爲漾水東南流爲沔水至漢中東行爲漢水
疏 傳泉始至漢水 ▲正義曰傳之此言當據時人
之名爲説也地理志云漾水出隴西氐道縣至
武都爲漢水不言中爲沔水孔知嶓冢之東漢水
之西而得爲沔水者以禹治梁州入帝都白所治

楊本卷六第三十四葉

一成今黎陽縣山臨河豈不是大伾乎瓚言當然
傳降水至澤名
正義曰地理志云降水在信都縣案班固漢書以襄國爲信都
在大陸之南或降水發源在此下尾至今之信都故得先過降
水乃至大陸若其不爾則降水不可知也鄭以降讀爲降下江反
聲轉爲共河内共縣淇水出焉東至魏郡黎陽縣入河此近降
水也周時國於此地者惡言降水改謂之共此鄭胷臆不可從也
傳同合至敍之
正義曰傳言九河將欲至海更同合爲一大河名爲逆河而入
于渤海也鄭玄云下尾合名爲逆河言相向迎受王肅云同逆
一大河納之於海其意與孔同
傳泉始至漢水
正義曰傳之此言當據時人之名爲説也地理志云漾水出隴
西氐道縣至武都爲漢水不言中爲沔水孔知嶓冢之東漢水
之西而得爲沔水者以禹治梁州入帝都白所治云逾于沔入
于渭是沔近於渭當梁州向冀州之路也應劭云沔水自江別
至南郡華容縣爲夏水過江夏郡入江既云江別明與此沔別
也依地理志漾水之尾變爲夏水是應劭所云沔水下尾亦與
漾合乃入于江也
傳別流在荆州
正義曰傳言別流似分爲異水案經首尾相連不是分別當以
名稱別流也以上在梁州故此云在荆州
傳自彭至入海
正義曰揚州云三江既入震澤底定孔爲三江既入入震澤也
故言江自彭蠡分而爲三江復共入震澤出澤又分爲三此水
遂爲北江而入于海鄭玄以爲三江既入入于海不入震澤也
孔必知入震澤者以震澤屬揚州彭蠡在揚州之西界今從彭
蠡有三江則震澤之西三江具矣今云三江既入繼以震澤底
定故知三江入震澤矣今南人以大江不入震澤震澤之東別
有松江等三江案職方揚州其川曰三江宜舉州内大川其松

單疏卷六第二十八葉

云逾于沔入于渭是沔近於渭當梁州之
路也應劭云沔水自江別至南郡華容縣為夏水
過江夏郡入江既云江別明與此沔別也依地理
志漢水之尾變為夏水是應劭所云沔水下尾亦
與漢合乃入于江也 又東為滄浪之水 別流在荊州 疏 傳別流在荊州
正義曰傳言別流似分為異水案經首尾相連不
是分別當以名稱別流也以上在梁州故此云在
荊州 過三澨至于大別 三澨水名入漢大別山名 南入于江 觸山
迴南入江 東匯澤為彭蠡 匯迴也水東迴為彭蠡大澤 東為北
江入于海 自彭蠡江分為三入震澤遂為北江而入海 疏 傳自彭至入海 正義曰
揚州云三江既入震澤厎定孔為三江既入入震
澤也故言江自彭蠡分而為三江復共入震澤
澤又分為三此水遂為北江而入于海鄭玄以為
三江既入入于海不入震澤也孔必知入震澤者
以震澤屬揚州彭蠡在揚州之西界今從彭蠡有
三江則震澤之西三江具矣今云三江既入繼以
震澤厎定故知三江入震澤矣今南人以大江不
入震澤震澤之東別有松江等三江案職方揚州
其川曰三江宜舉州內大川其松江等雖出震澤
入海既近周禮不應捨岷山大江之名而記松江
等小江之說山水同今變易故鄭云既
知今亦當知古是古今同之驗也 岷山導江
東別為沱 江東南流沱東行 疏 傳江東至東行 正義曰以上云浮于江沱潛
漢其次自南而北江在沱南知江東南流而沱東行 又東至于澧 澧水名 疏
傳澧水名 正義曰鄭玄以此經自導弱水已下
言過言會者皆是水名言至于者或山或澤皆非

楊本卷六第三十五葉

江等雖出震澤入海既近周禮不應捨岷山大江之名而記松
江等小江之說山水同今變易故鄭云既知今亦當知古是古
今同之驗也
傳江東至東行
正義曰以上云浮于江沱潛漢其次自南而北江在沱南知江
東南流而沱東行
傳澧水名
正義曰鄭玄以此經自導弱水已下言過言會者皆是水名言
至于者或山或澤皆非水名故以合黎為山名澧為陵名鄭玄
云今長沙郡有澧陵縣其以陵名為縣乎孔以合黎與澧皆為
水名弱水餘波入于流沙則本源入合黎矣合黎得容弱水知
是水名楚辭曰濯余佩兮澧浦是澧亦為水名
傳江分至地名
正義曰九江之水禹前先有其處禹今導江過歷九江之處非
是別有九江之水
傳迆溢至彭蠡
正義曰迆言靡迆邪出之言故為溢也東溢分流文都共溢合
北會彭蠡言散流而復合也鄭云東迆者為南江孔意或然至
之與會史異文耳
傳有北有中南可知
正義曰地理志云南江從會稽吳縣南東入海中江從丹陽蕪
湖縣西東至會稽陽羨縣東入海北江從會稽毗陵縣北東入海
傳泉源至平地
正義曰地理志云濟水出河東垣縣王屋山東南至河內武德
縣入河傳言在溫西北平地者濟水近在河內孔必驗而知之
見今濟水所出在溫之西北七十餘里溫是古之舊縣故計溫
言之
傳濟水至東南
正義曰此皆目驗為說也濟水既入于河與河相亂而知截河
過者以河濁濟清南出還清故可知也

單疏卷六第二十九葉

水名故以合黎爲山名澧爲陵名鄭玄云今長沙
郡有澧陵縣其以陵名爲縣乎孔以合黎與澧皆
爲水名弱水餘波入于流沙則本源入合黎矣合
黎得容弱水知是水名楚辭曰濯余佩兮澧浦
澧亦爲水名
過九江至于東陵 江分爲九道在荊州東陵地名 【疏】傳江
分至地名▲正義曰九江之水禹前先有其處
爲今導江過歷九江之處非是別有九江之水 東
迤北會于匯 迤溢也東溢分流都共北會爲彭蠡 【疏】傳迤溢至彭蠡▲正義曰
迤言靡迤邪出之言故爲溢也東溢分流又都共
聚合北會彭蠡言散流而復合也鄭云東迤者爲
南江孔意或然至之與會更異文耳
東爲中江入于海 有北有中南可
知【疏】傳有北有中南可知▲正義曰地理志云南
江從會稽吳縣南東入海中江從丹陽蕪湖
縣西東至會稽陽羡縣東入海北江從會稽毗陵縣北東入海
導沇水東流
爲濟 泉源爲沇流去爲濟在溫西北平地 【疏】傳泉源至平地▲正義曰地理志云濟
水出河東垣縣王屋山東南至河內武德縣入河
傳言在溫西北平地者濟水近在河內孔必驗而
知之見今濟水所出在溫之西北七
十餘里溫是古之舊縣故計溫言之
入于河溢
爲滎 濟水入河並流十數里而南截河又並流數里溢爲滎澤在敖倉東南 【疏】傳濟
水至東南▲正義曰此皆目驗爲說也濟水既入
于河與河相亂而知截河過者以河濁濟清南出
還清故可知也
東出于陶丘北 陶丘丘再成 【疏】傳陶丘丘再成▲正義曰
釋丘云再成爲陶丘李巡曰再成其形再重也郭
璞云今濟陰定陶城中有陶丘地理志云定陶縣

傳陶丘丘再成
正義曰釋丘云再成爲陶丘李巡曰再成其形再重也郭璞云
今濟陰定陶城中有陶丘地理志云定陶縣西南有陶丘亭
傳桐柏至之東
正義曰地理志云桐柏山在南陽平氏縣東南淮水所出水經
云出胎簪山東北過桐柏山胎簪蓋桐柏之傍小山傳言南陽
郡之東也
傳與泗至入海
正義曰地理志云沂水出泰山蓋縣南至下邳入泗泗水出濟
陰乘氏縣至臨淮睢陵縣入淮乃沂水先入泗泗入淮耳以沂
水入泗處去淮已近故連言之
傳鳥鼠至出焉
正義曰釋鳥云鳥鼠同穴其鳥爲鵌其鼠爲鼵李巡曰鵌鼵鳥
鼠之名共處一穴天性然也郭璞曰鼵如人家鼠而短尾鵌似
鵽而小黃黑色穴入地三四尺鼠在內鳥在外今在隴西首陽
縣有鳥鼠同穴山尚書孔傳云共爲雄雌張氏地理記云不爲
牝牡璞並載此言未知誰得實也地理志云隴西首陽西南有
鳥鼠同穴山渭水所出至京兆北船司空縣入河過郡四行千
八百七十里
傳漆沮至朔北
正義曰地理志云漆水出扶風漆縣依十三州記漆水在岐山
東入渭則與漆沮不同矣此云會于涇又東過漆沮是漆沮在
涇水之東故孔以爲洛水一名漆沮水經沮水出北地直路縣
東入洛水又云鄭渠在太上皇陵東南濯水入焉俗謂之漆水
又謂之漆沮其水東流注於洛水志云出馮翊懷德縣東南入
渭以水土驗之與毛詩古公自土沮漆者別也彼漆即扶風漆
水也彼沮則未聞
九州至中邦
正義曰昔堯遭洪水道路阻絕今水土既治天下大同故揔敘
之今九州所共同矣所同者四方之宅已盡可居矣九州之山

西南有陶丘亭又東至于菏菏澤之水又東北會于汶
濟與汶合又北東入于海北折而東導淮自桐柏桐柏山在
南陽之東疏傳桐柏至之東▲正義曰地理志云桐柏山在南陽平氏縣東南淮水所出水經云
出胎簪山東北過桐柏山胎簪蓋桐柏之傍小山傳言南陽郡之東也東會于泗
沂東入于海與泗沂二水合入海疏傳與泗至入海▲正義曰地理志云沂水
出泰山蓋縣南至下邳入泗泗水出濟陰乘氏縣至臨淮睢陵縣入淮乃沂水先入泗泗入淮耳以
沂水入泗與去淮已近故連言之導渭自鳥鼠同穴鳥鼠共爲雄雌同穴
處此山遂名山曰鳥鼠渭水出焉疏傳鳥鼠至出焉▲正義曰釋鳥云鳥鼠同穴其鳥爲鵌其
鼠爲鼵李巡曰鵌鼵鳥鼠之名共處一穴天性然也郭璞曰鼵如人家鼠而短尾鵌似鵽而小黃黑
色穴入地三四尺鼠在內鳥在外今在隴西首陽縣有鳥鼠同穴山尚書孔傳云共爲雄雌張氏地
理記云不爲牝牡璞並載此言未知誰得實也地理志云隴西首陽西南有鳥鼠同穴山渭水所出
至京兆北船司空縣入河過郡西行千八百七十里東會于灃又東會
于涇灃水自南涇水自北而合又東過漆沮入于河漆沮二水
名亦曰洛水出馮翊北疏傳漆沮至翊北▲正義曰地理志云漆水出扶風漆縣依十三州記
漆水在岐山東入渭則與漆沮不同矣此云會于涇又東過漆沮是漆沮在涇水之東故孔以爲洛
水一名漆沮水經沮水出北地直路縣東入洛水又云鄭渠在太上皇陵東南濯水入焉俗謂之漆

刊槎其木旅祭之矣九州之川滌除泉源無壅塞矣九州之澤
已皆陂障無決溢矣四海之內皆得會同京師無乖異矣六材
之府甚修治矣言海內之人皆豐足矣水災已除天下衆土墳
壤之屬得其正復本性故也民既豐足取之有藝致所重慎
者惟財貨賦稅也慎之者皆法則其三品土壤準其地之肥瘠
爲上中下三等以成其貢賦之法於中國美禹能治水土安海
內於此揔結之
傳所同事在下
正義曰九州所同與下爲目故言所同事在下四隩既宅已下
皆是也其言九山九川九澤最是同之事矣
傳四方至可居
正義曰室隅爲隩隩是內也人之造宅爲居至其隩內遂以隩
表宅故傳以隩爲宅以宅內可居言四方舊可居之處皆可居也
傳九州至溢矣
正義曰上文諸州有言山川澤者皆舉大言之所言不盡故於
此復更揔之九山九川九澤言九州之內所有山川澤無大無
小皆刊槎決除已訖其皆旅祭惟據名山大川言旅者往前大
水旅祭禮廢已旅見已治也山非水體故以旅見治其實水亦
旅矣發首云奠高山大川但是定位皆已旅祭也川言滌除泉
源從其所出至其所入皆蕩除之無壅塞也澤言既陂往前濫
溢今時水定或作陂以障之使無決溢詩云彼澤之陂毛傳云
陂澤障也
傳四海至化和
正義曰禮諸侯之見天子時見曰會殷見曰同此言四海會同
乃謂官之與民皆得聚會京師非據諸侯之身朝天子也夷狄
戎蠻謂之四海但天子之於夷狄不與華夏同風故知四海謂
四海之內即是九州之中乃有萬國萬國同其風化若物在繩
索之貫故云九州同風萬國共貫大禹謨云水火金木土穀謂
之六府皆修治者言政化和也由政化和平民不失業各得殖
其資產故六府修治也

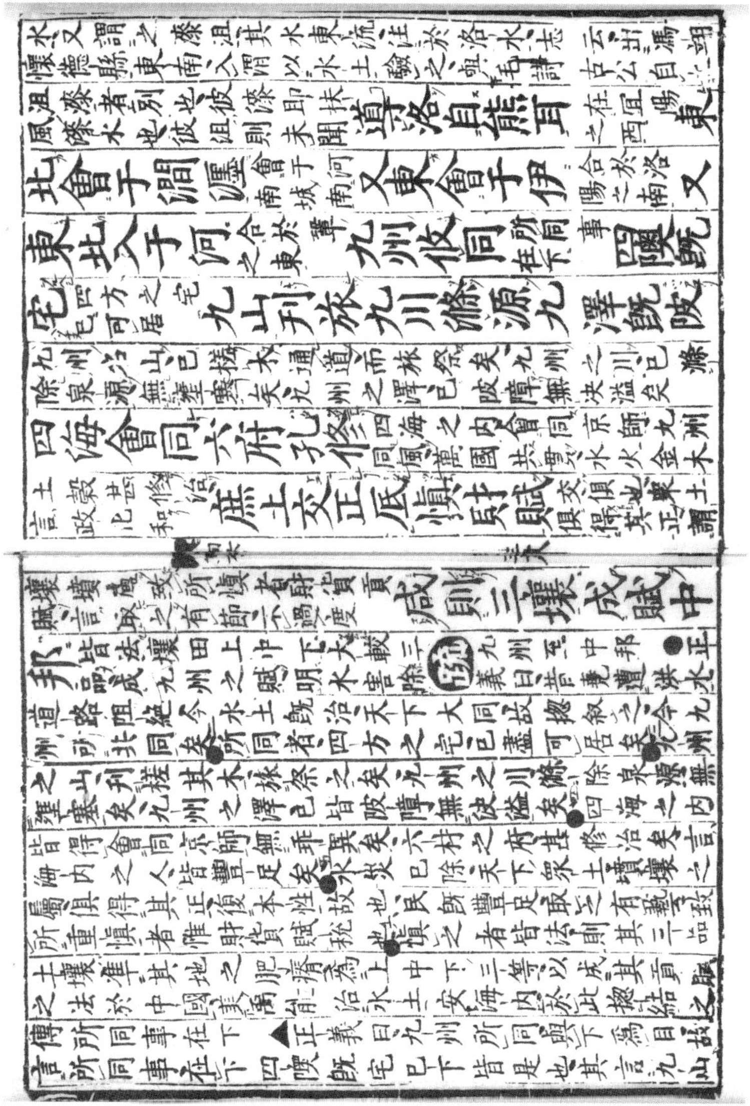

楊本卷六第三十八葉

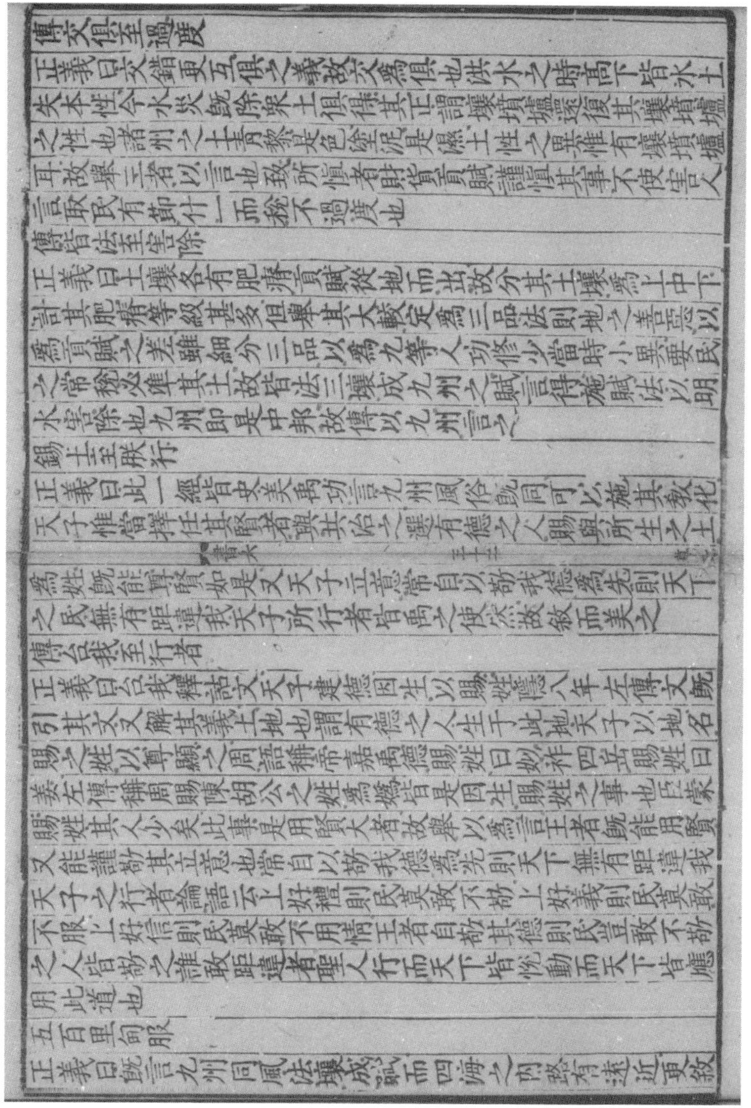

單疏卷六第三十二葉

九川九澤最是同之事矣　傳四方至可居▲正義曰室隅爲隩隩是內也人之造宅爲居至其隩內遂以隩表宅故傳以隩爲宅以宅內可居言四方舊可居之處皆可居也　傳九州至謐矣▲正義曰上文諸州有言山川澤者皆舉大言之所言不盡故於此復更揔之九山九川九澤言九州之內所有山川澤無大無小皆刊槎決除巳訖其皆旅祭惟據名山大川言旅者往前大水旅祭禮廢巳旅見巳治也山非水體故以旅見治其實水亦旅矣發首云奠高山大川但是定位皆巳旅祭也川言滌除泉源從其所出至其所入皆蕩除之無壅塞也澤言既陂往前濫溢今時水定或作陂以障之使無決溢詩云彼澤之陂毛傳云陂澤障也　傳四海至化和▲正義曰禮諸侯之見天子時見曰會殷見曰同此言四海會同乃謂官之與民皆得聚會京師非據諸侯之身朝天子也夷狄戎蠻

謂之四海但天子之於夷狄不與華夏同風故知四海謂四海之內即是九州之中乃有萬國萬國同其風化若物在繩索之貫故云九州同風萬國共貫大禹謨云水火金木土穀謂之六府皆修治者言政化和也由政化和平民不失業各得殖其資產故六府修治也　傳交俱至過度▲正義曰交錯更互俱之義故交爲俱也洪水之時高下皆水土失本性今水災既除衆土俱得其正謂壤墳壚還復其壤墳壚之性也諸州之土青黎是色塗泥是濕土性之異惟有壤墳壚耳故舉三者以言也致所慎者財貨貢賦謹慎其事不使害人言取民有節什一而稅不過度也　傳皆法至害除▲正義曰土壤各有肥瘠貢賦從地而出故分其土壤爲上中下計其肥瘠等級甚多但舉其大較定爲三品法則地之善惡以爲貢賦之差雖細分三品以爲九等人功修少當時小異要民之常稅必

準其土故皆法三壤成九州之賦言得施賦法以明水害除也九州即是中邦故傳以九州言之

錫土姓祗台德先不距朕行

台我也天子建德因生以賜姓謂有德之人生此地以此地名賜之姓以顯之王者常自以敬我德爲先則天下無距違我行者

錫土至朕行　●正義曰此一經皆史美禹功言九州風俗既同可以施其教化天子惟當擇任其賢者與共治之選有德之人賜與所生之土爲姓既能尊賢如是又天子立意常自以敬我德爲先則天下之民無有距違我天子所行者皆禹之使然故敘而美之　傳台我至行者▲正義曰台我釋詁文天子建德因生以賜姓隱八年左傳文既引其文又解其義土地也謂有德之人生於此地天子以地名賜之姓以顯之周語稱帝嘉禹德賜姓曰姒祚四岳賜姓曰姜左傳稱周賜陳胡公之姓爲

嬀皆是因生賜姓之事也昌蒙賜姓其人少矣此事是用賢大者故與以爲言主者既能用賢又能謹敬其立意也常自以敬我德爲先則天下無有距違我天子之行者論語云上好禮則民莫敢不敬上好義則民莫敢不服上好信則民莫敢不用情主者自敬其德則民豈敢不敬之人皆敬之誰敢距違者聖人行而天下皆悅動而天下皆應用此道也

五百里甸服

規方千里之內謂之甸服爲天子服治田去王城面五百里

五百里甸服　●正義曰既言九州同風法壤成賦而四海之內路有遠近更敘弼成五服之事甸侯綏要荒五服之名堯之舊制洪水既平之後禹乃爲之節文使賦役有恒職掌分定甸服去京師最近賦稅尤多故每於百里即爲一節侯服稍遠近者供役故二百里內各爲一節三百里外共爲一節綏要荒三服去京師益遠每服分而爲

二內三百里爲一節外二百里爲一節以遠近有
較故其任不等甸服入穀故發首言賦稅也賦令
自送入官故三百里內每皆言納四百里五百里
不言納者從上省文也於三百里言服者舉中以
明上下皆是服王事也侯服以外貢不入穀侯主
爲斥候二百里內備役差多故各爲一名三百里
外同是斥候故共爲一名自下皆先言三百里而
後二百里舉大率爲差等也　傳規方至百里
正義曰先王規方千里以爲甸服周語文王制亦
云千里之內曰甸鄭玄云服治田出穀稅也言甸
者主治田故服名甸也

百里賦納總 甸服內之百里近王城者禾稾曰總入之供飼國馬

疏　傳甸服至國馬　▲正義曰去王城五百里揔
名甸服就其甸服內又細分之從內而出此
爲其首故云甸服之內近王城者總者總下銍秸
禾穗與稾總皆送之故云禾稾曰總入之供飼國
馬周禮掌客待諸侯之禮有芻有禾此總是也

二百里納銍 銍刈謂禾穗

疏　傳銍刈謂禾穗　▲正義曰劉熙釋名云銍穫禾鐵
也說文云銍穫禾短鎌也詩云奄觀銍刈用銍刈
者謂禾穗也禾穗用銍以刈故以銍表禾穗也

三百里納秸服 秸稾也服稾役

疏　傳秸稾也服稾役　▲正義曰郊特牲云莞簟之
安而稾秸之設秸亦稾也雙言之耳去穗送稾
易於送穗故爲遠彌輕也然計什一而得稾粟皆
送則秸服重於納銍則乖近重遠輕之義蓋納粟
之外斟酌納稾服稾役者解經服字於此言服明
上下服皆並有所納之役也四百里猶尚納粟此
當稾粟別納非是徒納稾也

四百里粟五百里米 所納精者少麤者多

疏　傳所納至者多　▲正義曰直納粟米爲少禾稾
俱送爲多其於稅也皆當什一但所納有精麤

楊本卷六第四十一葉

彌成五服之事甸侯綏要荒五服之名堯之舊制洪水既平之
後禹乃爲之節文使賦役有恒職掌分定甸服去京師最近賦
稅尤多故每於百里即爲一節侯服稍遠近者供役故二百里
內各爲一節三百里外共爲一節綏要荒三服去京師益遠每
服分而爲二內三百里爲一節外二百里爲一節以遠近有較
故其任不等甸服入穀故發首言賦稅也賦令自送入官故三
百里內每皆言納四百里五百里不言納者從上省文也於三
百里言服者舉中以明上下皆是服王事也侯服以外貢不入
穀侯主爲斥候二百里內徭役差多故各爲一名三百里外同
是斥候故共爲一名自下皆先言三百里而後二百里舉大率
爲差等也

傳規方至百里

正義曰先王規方千里以爲甸服周語文王制亦云千里之內
曰甸鄭玄云服治田出穀稅也言甸者主治田故服名甸也

傳甸服至國馬

正義曰去王城五百里揔名甸服就其甸服內又細分之從內
而出此爲其首故云甸服之內近王城者總者總下銍秸禾穗
與稾揔皆送之故云禾稾曰總入之供飼國馬周禮掌客待諸
侯之禮有芻有禾此總是也

傳銍刈謂禾穗

正義曰劉熙釋名云銍穫禾鐵也說文云銍穫禾短鎌也詩云
奄觀銍刈用銍刈者謂禾穗也禾穗用銍以刈故以銍表禾穗也

傳秸稾也服稾役

正義曰郊特牲云莞簟之安而稾秸之設秸亦稾也雙言之耳
去穗送稾易於送穗故爲遠彌輕也然計什一而得稾粟皆送
則秸服重於納銍則乖近重遠輕之義蓋納粟之外斟酌納稾
服稾役者解經服字於此言服明上下服皆並有所納之役也
四百里猶尚納粟此當稾粟別納非是徒納稾也

傳所納至者多

正義曰直納粟米爲少禾稾俱送爲多其於稅也皆當什一但

單疏卷六第三十三葉

遠輕而近重耳**五百里侯服**甸服外之五百里侯候也斥候而服事疏傳甸服至服事▲正義曰侯聲近候故爲候也襄十八年左傳稱晉人伐齊使司馬斥山澤之險斥謂檢行之也斥候謂檢行險阻伺候盜賊此五百里主爲斥候而服事天子故名侯服因見諸言服者皆是服事也**百里采**侯服內之百里供王事而已不主一疏傳侯服至主一正義曰采訓爲事此百里之內主供王事而已事謂役也有役則供不主於一故但言采**二百里男邦**男任也任王者事疏傳男任也任王者事▲正義曰男聲近任故訓爲任任王者事任受其役此任有常殊於不主一也言邦者見上下皆是諸侯之國也**三百里諸侯**三百里同爲王者斥候故合三爲一名疏傳三百至一名▲正義曰經言諸侯者三百里內同爲王者斥候在此內所主事同故合三百四百五百共爲一名言諸侯以示義耳**五百里綏服**綏安也侯服外之五百里安服王者政教疏傳綏安至政教▲正義曰綏安釋詁文要服去京師已遠王者以文教要束使服此綏服路近言安服王者政教以示不待要束而自服也周語云先王之制邦內甸服邦外侯服侯衛賓服夷蠻要服戎狄荒服彼賓服當此綏服韋昭云以文武侯衛爲安王賓之因以名服然則綏者據諸侯安王爲名賓者據王敬諸侯爲名彼云先王之制則此服舊有二名**三百里揆文教**揆度也度王者文教而行之三百里皆同疏傳揆度至皆同▲正義曰釋詁訓揆爲度故雙言之以王者有文教此服諸侯揆度王者政教而行之必自揆度恐其不合上耳即是安服王者之義**二百里奮武衛**

所納有精麤遠輕而近重耳
傳甸服至服事
正義曰侯聲近候故爲候也襄十八年左傳稱晉人伐齊使司
馬斥山澤之險斥謂檢行之也斥候謂檢行險阻伺候盜賊此
五百里主爲斥候而服事天子故名侯服因見諸言服者皆是
服事也
傳侯服至主一
正義曰采訓爲事此百里之內主供王事而已事謂役也有役
則供不主於一故但言采
傳男任也任王者事
正義曰男聲近任故訓爲任任王者事任受其役此任有常殊
於不主一也言邦者見上下皆是諸侯之國也
傳三百至一名
正義曰經言諸侯者三百里內同爲王者斥候在此內所主事
同故合三百四百五百共爲一名言諸侯以示義耳
傳綏安至政教
正義曰綏安釋詁文要服去京師已遠王者以文教要束使服
此綏服路近言安服王者政教以示不待要束而自服也周語
云先王之制邦內甸服邦外侯服侯衛賓服夷蠻要服戎狄荒
服彼賓服當此綏服韋昭云以文武侯衛爲安王賓之因以名
服然則綏者據諸侯安王爲名賓者據王敬諸侯爲名彼云先
王之制則此服舊有二名
傳揆度至皆同
正義曰釋詁訓揆爲度故雙言之以王者有文教此服諸侯揆
度王者政教而行之必自揆度恐其不合上耳即是安服王者
之義
傳文教至以安
正義曰既言三百又言二百嫌是三百之內以下二服文與此
同故於此解之此是文教外之二百里也由其心安王化奮武
以衛天子所以名此服爲安也內文而外武故先揆文教後言

文教外之二百里奮武衛天子所以安　疏　傳文教至以安▲正義曰既言三百言二百嫌是三百之内以下二服文與此同故於此解之此是文教外之二百里也由其心安王化奮武以衛天子所以名此服爲安也内文而外武故先揆文教後言奮武衛所從言之異與安之義同奮武衛天子是其安之驗也言服内諸侯心安天子非言天子賴諸侯以安也

五百里要服　綏服外之五百里要束以文教　疏　傳綏服至文教▲正義曰要者約束之義上言揆文教知要者要束以文教也綏服自揆天子文教恐其不稱上旨此要服差遠已慢王化天子恐其不服乃以文教要服之名爲要見其疎遠之義也

三百里夷　守平常之教事王者而已

二百里蔡　蔡法也法三百里而差簡　疏　傳蔡法至差簡▲正義曰蔡之爲法無正訓也上言三百里夷訓平也言守平常教此名爲蔡教簡於夷故訓蔡爲法法則三百里者去京師彌遠差復簡易言其不能守平常也

五百里荒服　要服外之五百里言荒又簡略　疏　傳要服至簡略▲正義曰服名荒者王肅云政教荒忽因其故俗而治之傳言荒又簡略亦當以爲荒忽又簡略於要服之蔡也

三百里蠻　以文德蠻來之不制以法　疏　傳以文至以法　正義曰鄭云蠻者聽從其俗羈縻其人耳故云蠻蠻之言緡也其意言蠻是緡也緡是繩也言蠻者以繩束物之名揆度文教論語稱遠人不服則修文德以來之故傳言以文德蠻來之不制以國内之法強逼之王肅云蠻慢也禮儀簡慢與孔異然甸侯綏要四服俱有三日之役什一而稅但二百里蔡者稅微差簡其荒服力役田稅並無故鄭注云蔡之言殺減殺其賦荒服既不役作其人又一

楊本卷六第四十三葉

奮武衛所從言之異與安之義同奮武衛天子是其安之驗也
言服内諸侯心安天子非言天子賴諸侯以安也

傳綏服至文教

正義曰要者約束之義上言揆文教知要者要束以文教也綏服自揆天子文教恐其不稱上旨此要服差遠已慢王化天子恐其不服乃以文教要服之名爲要見其疎遠之義也

傳蔡法至差簡

正義曰蔡之爲法無正訓也上言三百里夷夷訓平也言守平常教耳此名爲蔡教簡於夷故訓蔡爲法法則三百里者去京師彌遠差復簡易言其不能守平常也

傳要服至簡略

正義曰服名荒者王肅云政教荒忽因其故俗而治之傳言荒又簡略亦當以爲荒忽又簡略於要服之蔡也

傳以文至以法

正義曰鄭云蠻者聽從其俗羈縻其人耳故云蠻蠻之言緡也其意言蠻是緡也緡是繩也言蠻者以繩束物之名揆度文教論語稱遠人不服則修文德以來之故傳言以文德蠻來之不制以國内之法強逼之王肅云蠻慢也禮儀簡慢與孔異然甸侯綏要四服俱有三日之役什一而稅但二百里蔡者稅微差簡其荒服力役田稅並無故鄭注云蔡之言殺減殺其賦荒服既不役作其人又不賦其田事也其侯綏等所出稅賦各入本國則亦有納總納銍之差但此據天子立文耳要服之内皆有文教故孔於要服傳云要束以文教則知已上皆有文教可知獨於綏服三百里云揆文教者以去京師既遠更無別供又不近外邊不爲武衛其要服文要束始行文教無事而能揆度文教而行者惟有此三百里耳奮武衛者在國習學兵武有事則征討夷狄不於要服内奮武衛者以要服逼近夷狄要束始來不可委以兵武

傳流移至千里

正義曰流如水流故云移也其俗流移無常故政教隨其俗任

單疏卷六第三十五葉

賦其田事也其侯綏等所出稅賦各入本國則亦有納總納銍之差但此據天子立文耳要服之内皆有文教故孔於要服傳云要束以文教則知已上皆有文教可知獨於綏服三百里云揆文教者以去京師既遠更無別供又不近外邊不爲武衛其要服又要束始行文教無事而能揆度文教而行者惟有此三百里耳奮武衛者在國習學兵武有事則征討夷狄不於要服内奮武衛者以要服逼近夷狄要束始來不可委以兵武

二百里流　流移也言政教隨其俗凡五服相距爲方五千里

疏　傳流移至千里　▲正義曰流如水流故云移也其俗流移無常故政教隨其俗任其去來不服蠻來之也凡五服之別各五百里是王城四面面別二千五百里四面相距爲方五千里也賈逵馬融以爲甸服之外百里至五百里米特有此數去王城千里其侯綏要荒服各五百里是面三千里相距爲方六千里鄭玄以爲五服服別五百里是堯之舊制及禹弼之每服之間更增五百里面至于五千里相距爲方萬里司馬遷與孔意同王肅亦以爲然故肅注此云賈馬既失其實鄭玄尤不然矣禹之功在平治山川不在拓境廣土土地之廣三倍於堯而書傳無稱也則鄭玄創造難可據信漢之孝武疲弊中國甘心夷狄天下戶口至減太半然後僅開緣邊之郡而已禹方憂洪水三過其門不入未暇以征伐爲事且其所以爲服之名輕重顛倒遠近失所難得而通矣先王規方千里以爲甸服其餘均分之公侯伯子男使各有寰宇而使甸服之外諸侯入禾稾非其義也史遷之旨蓋得之矣是同於孔也若然周禮王畿之外別有九服服別五百里是爲方萬里復以何故三倍於堯又地理志言漢之土境東西九千三百二里南北萬三千三百六十八里驗其所言山川不出禹貢之

楊本卷六第四十四葉

其去來不服蠻來之也凡五服之別各五百里是王城四面面別二千五百里四面相距爲方五千里也賈逵馬融以爲甸服之外百里至五百里米特有此數去王城千里其侯綏要荒服各五百里是面三千里相距爲方六千里鄭玄以爲五服服別五百里是堯之舊制及禹弼之每服之間更增五百里面別至于五千里相距爲方萬里司馬遷與孔意同王肅亦以爲然故肅注此云賈馬既失其實鄭玄尤不然矣禹之功在平治山川不在拓境廣土土地之廣三倍於堯而書傳無稱也則鄭玄創造難可據信漢之孝武疲弊中國甘心夷狄天下戶口至減太半然後僅開緣邊之郡而已禹方憂洪水三過其門不入未暇以征伐爲事且其所以爲服之名輕重顛倒遠近失所難得而通矣先王規方千里以爲甸服其餘均分之公侯伯子男使各有寰宇而使甸服之外諸侯入禾稾非其義也史遷之旨蓋得之矣是同於孔也若然周禮王畿之外別有九服服別五百里是爲方萬里復以何故三倍於堯又地理志言漢之土境東西九千三百二里南北萬三千三百六十八里驗其所言山川不出禹貢之域山川戴地古今必同而得里數異者堯與周漢其地一也尚書所言據其虛空鳥路方直而計之漢書所言乃謂著地人跡屈曲而量之所以數不同也故王肅上篇注云方五千里者直方之數若其迴邪委曲動有倍加之較是言經指直方之數漢據迴邪之道有九服五服其地雖同王者革易自相變改其法不改其地也鄭玄不言禹變堯法乃云地倍於堯故王肅所以難之王制云西不盡流沙東不盡東海南不盡衡山北不盡恒山凡四海之內斷長補短方三千里者彼自言不盡明未至遠界且王制漢世爲之不可與經合也

東漸至成功

正義曰言五服之外又東漸入于海西被及于流沙其北與南雖在服外皆與聞天子威聲文教時來朝見是禹治水之功盡加于四海以禹功如是故帝賜以玄色之圭告其能成天之功也

傳漸入至朝見

單疏卷六第三十六葉

域山川戴地古今必同而得里數異者堯與周漢
其地一也尚書所言據其虛空鳥路方直而計之
漢書所言乃謂著地人跡屈曲而量之所以數不
同也故王肅上篇注云方五千里者直方之數若
其迴邪委曲動有倍加之較是言經指直方之數
漢據迴邪之道有九服五服其地雖同王者革易
自相變改其法不改其地也鄭玄不言禹變堯法
乃云地倍於堯故王肅所以難之王制云西不盡
流沙東不盡東海南不盡衡山北不盡恒山凡四
海之內斷長補短方三千里者彼自言不盡明未
至遠界且王制漢世爲之不可與經合也
東漸于海西被于流沙
朔南暨聲教漸入也被及也此言五服之外皆與王者聲教而朝見訖
于四海禹錫玄圭告厥成功玄天色禹功盡加于四海[illegible]
故堯錫玄圭以彰顯之言天功成
疏東漸至成功
及于流沙其北與南雖在服外皆與聞天子威聲
文教時來朝見是禹治水之功盡加于四海以禹
功如是故帝賜以玄色之圭告其能成天之功也
傳漸入至朝見　正義曰漸是沾溼故爲入謂入
海也覆被是遠及之辭故爲及也海多邪曲故言
漸入流沙長遠故言被及皆是過之意也五服之
下方說此事故言此五服之外皆與王者聲教而
朝見言其聞風感德而來朝也鄭玄云南北不言
所至容踰之此言西被於流沙流沙當是西境最
遠者也而地理志以流沙爲張掖居延澤是也計
三危在居延之西大遠矣志言非也　傳玄天至
功成　正義曰考工記天謂之玄是玄爲天色禹
之蒙賜必是堯賜故史敘其事禹功盡加于四海
故堯賜玄圭以彰顯之必以天色圭者言天功成

楊本卷六第四十五葉

正義曰漸是沾溼故爲入謂入海也覆被是遠及之辭故爲及
也海多邪曲故言漸入流沙長遠故言被及皆是過之意也五
服之下乃說此事故言此五服之外皆與王者聲教而朝見言
其聞風感德而來朝也鄭玄云南北不言所至容踰之此言西
被於流沙流沙當是西境最遠者也而地理志以流沙爲張掖
居延澤是也計三危在居延之西大遠矣志言非也
傳玄天至功成
正義曰考工記天謂之玄是玄爲天色禹之蒙賜必是堯賜故
史敘其事禹功盡加于四海故堯賜玄圭以彰顯之必以天色
圭者言天功成也大禹謨舜美禹功云地平天成是天功成也

尚書正義卷第六

計一萬一千三百六字

單疏卷六第三十七葉

楊本卷六第四十六葉

也大禹謨歎美禹功言地平天成是天功成也

尚書注疏卷第六

尚書注疏卷第七

國子祭酒上護軍曲阜縣開國子臣孔穎達奉

勑撰

夏書

甘誓第二

五子之歌第三

胤征第四

甘誓第二

啓與有扈戰于甘之野作甘誓夏啓嗣禹立伐有扈之罪**疏**啓與至甘誓　正義曰夏王啓之時諸侯有扈氏叛王命率衆親征之有扈氏發兵拒啓啓與戰于甘地之野將戰集將士而誓戒之史叙其事作甘誓傳夏啓至之罪　正義曰孟子稱禹薦益於天七年禹崩之後益避啓於箕山之陰天下諸侯不歸益而歸啓曰吾君之子也啓遂即天子位史記夏本紀稱啓立有扈氏不服故伐之蓋由自堯舜受禪相承啓獨見繼父以此不服故云夏啓嗣禹立伐有扈之罪言繼立者見其由嗣立故不服也

甘誓甘有扈郊地名將戰先誓**疏**甘誓　正義曰發首二句叙其誓之由其王曰已下皆是誓之辭也曲禮云約信曰誓將與敵戰恐其損敗與將士設約示賞罰之信也將戰而誓是誓之大者禮將祭而號令齊百官亦謂之誓周禮大宰云祀

足利本卷七第一葉

尚書正義卷第七

國子祭酒上護軍曲阜縣開國子臣孔穎達奉

勑撰

夏書

甘誓第二

五子之歌第三

胤征第四

甘誓第二

啓與至甘誓

正義曰夏王啓之時諸侯有扈氏叛王命率衆親征之有扈氏發兵拒啓啓與戰于甘地之野將戰集將士而誓戒之史叙其事作甘誓

傳夏啓至之罪

正義曰孟子稱禹薦益於天七年禹崩之後益避啓於箕山之陰天下諸侯不歸益而歸啓曰吾君之子也啓遂即天子位史記夏本紀稱啓立有扈氏不服故伐之蓋由自堯舜受禪相承啓獨見繼父以此不服故云夏啓嗣禹立伐有扈之罪言繼立者見其由嗣立故不服也

甘誓

正義曰發首二句叙其誓之由其王曰已下皆是誓之辭也曲禮云約信曰誓將與敵戰恐其損敗與將士設約示賞罰之信也將戰而誓是誓之大者禮將祭而號令齊百官亦謂之誓周禮大宰云祀五帝則掌百官之誓戒鄭玄云誓戒要之以刑重失禮也明堂位所謂各揚其職百官廢職服大刑是誓辭之略也彼亦是約信但小於戰之誓馬融云軍旅曰誓會同曰誥誥誓俱是號令之辭意小異耳

傳甘有至先誓

正義曰地理志扶風鄠縣古扈國夏啓所伐者也鄠扈音同未知何時改也啓伐有扈必將至其國乃出兵與啓戰故以甘爲有扈之郊地名馬融云甘有扈南郊地名計啓西行伐之當在

單疏卷七第一葉

五帝則掌百官之誓戒鄭玄云誓戒要之以刑重
失禮也明堂位所謂各揚其職百官廢職服大刑
是誓辭之略也彼亦是約信但小於戰之誓馬融
云軍旅曰誓會同曰誥誥誓俱是號令之辭意小
異耳　傳甘有至先誓　正義曰地理志扶風鄠
縣古扈國夏啓所伐者也鄠扈音同未知何時改
也啓伐有扈必將至其國乃出兵與啓戰故以甘
爲有扈之郊地名馬融云甘有扈南郊地名計啓
西行伐之當在東郊訛則扶風人或當知其處也
將戰先誓誓是臨戰時也甘誓牧誓費誓皆取誓
地爲名湯誓舉其王號泰誓不言武誓者皆史官不
同故立名有異耳泰誓未戰而誓故別爲之名泰
誓自悔而誓非爲戰誓自約其心故舉其國名

大戰于甘乃召六卿天子六軍其將皆命卿

王曰嗟六事之人各有軍事故曰六事予誓告汝有扈氏威侮五行怠棄三正五行之德王者相承所取法有扈與夏同姓恃親而不恭是則威虐侮慢五行怠惰棄廢天地人之正道言亂常天用勦絶其命用其失道故勦截也截絶謂滅之今予惟恭行天之罰恭奉也言欲截絶之左不攻于左汝不恭命左車左左方主射攻治也治其職右不攻于右汝不恭命右車右勇力之士執戈矛以退敵御非其馬之正汝不恭命御以正馬爲政三者有失皆不奉我命用命賞于祖天子親征必載遷廟之祖主行有功則賞祖主前示不專弗用命戮于社天子親征又載社主謂之社事不用命奔北者則戮之於社主前社主陰陰主殺親祖嚴社之義予則孥戮汝孥

足利本卷七第二葉

東郊訛則扶風人或當知其處也將戰先誓誓是臨戰時也甘
誓牧誓費誓皆取誓地爲名湯誓舉其王號泰誓不言武誓者
皆史官不同故立名有異耳泰誓未戰而誓故別爲之名泰誓
自悔而誓非爲戰誓自約其心故舉其國名

大戰至戮汝

正義曰史官自先敘其事啓與有扈大戰于甘之野將欲交戰
乃召六卿令與衆士俱集王乃言曰嗟重其事故嗟歎而呼之
汝六卿者各有軍事之人我設要誓之言以勑告汝今有扈氏
威虐侮慢五行之盛德怠惰棄廢三才之正道上天用失道之
故今欲截絶其命天既如此故我今惟奉行天之威罰不敢違
天也我既奉天汝當奉我汝諸士衆在車左者不治理於車左
之事是汝不奉我命在車右者不治理於車右之事是汝不奉
我命御車者非其馬之正令馬進退違戾是汝不奉我命汝等
若用我命我則賞之於祖主之前若不用我命則戮之於社主
之前所戮者非但止汝身而已我則并殺汝子以戮辱汝汝等
不可不用我命以求殺敵戒之使齊力戰也

傳天子至命卿

正義曰將戰而召六卿明是卿爲軍將天子六軍其將皆命卿
周禮夏官序文也鄭玄云夏亦然則三王同也經言大戰者鄭
玄云天子之兵故曰大孔無明說蓋以六軍並行威震多大故
稱大戰

傳各有至六事

正義曰卿爲軍將故云乃召六卿及其誓之非六卿而已鄭玄
云變六卿言六事之人者言軍吏下及士卒也下文戒左右與
御是徧勑在軍之士步卒亦在其間六卿之身及所部之人各
有軍事故六事之人爲揔呼之辭

傳五行至亂常

正義曰五行水火金木土也分行四時各有其德月令孟春三
日太史謁於天子曰某日立春盛德在木夏云盛德在火秋云
盛德在金冬云盛德在水此五行之德王者雖易姓相承其所

單疏卷七第二葉

也非但止汝身辱
及汝子言恥累也 疏 大戰至戮汝 正義曰史官自先敘其事啓與有扈大戰
于甘之野將欲交戰乃召六卿令與衆士俱集王
乃言曰嗟重其事故嗟歎而呼之汝六卿者各有
軍事之人我設要誓之言以勑告汝今有扈氏威
虐侮慢五行之盛德怠惰棄廢三才之正道上天
用失道之故今欲截絶其命天既如此故我今惟
奉行天之威罰不敢違天也我既奉天汝當奉我
汝諸士衆在車左者不治理於車左之事是汝不
奉我命在車右者不治理於車右之事是汝不奉
我命御車者非其馬之正令馬進退違戾是汝不
奉我命汝等若用我命我則賞之於祖主之前若
不用我命則戮之於社主之前所戮者非但止汝
身而已我則并殺汝子以戮辱汝汝等不可不用
我命以求殺敵戒之使齊力戰也 傳天子至命
卿 正義曰將戰而召六卿明是卿爲軍將天子
六軍其將皆命卿周禮夏官序文也鄭玄云夏亦
然則三王同也經言大戰者鄭玄云天子之兵故
曰大 孔無明說蓋以六軍並行威震多大故稱大
戰 傳各有至六事 正義曰卿爲軍將故云乃
召六卿及其誓之非六卿而已鄭玄云變六卿言
六事之人者言軍吏下及士卒也下文戒左右與
御是徧勑在軍之士步卒亦在其間六卿之身及
所部之人各有軍事故六事之人爲總呼之辭
傳五行至亂常 正義曰五行水火金木土也分
行四時各有其德月令孟春三日太史謁於天子
曰某日立春盛德在木夏云盛德在火秋云盛德
在金冬云盛德在水此五行之德王者雖易姓相
承其所取法同也言王者共所取法而有扈氏獨
侮慢之所以爲大罪也且五行在人爲仁義禮智
信威侮五行亦爲侮慢此五常而不行也有扈與
夏同姓恃親而不恭天子廢君臣之義失相親之

足利本卷七第三葉

取法同也言王者共所取法而有扈氏獨侮慢之所以爲大罪
也且五行在人爲仁義禮智信威侮五行亦爲侮慢此五常而
不行也有扈與夏同姓恃親而不恭天子廢君臣之義失相親
之恩五常之道盡矣是威侮五行也無所畏忌作威虐而侮慢之
故云威虐侮慢易說卦云立天之道曰陰與陽立地之道曰柔
與剛立人之道曰仁與義物之爲大無大於此者周易謂之三
才人生天地之閒莫不法天地而行事以此知怠惰棄廢天地
人之正道棄廢此道言亂常也孔馬鄭王與皇甫謐等皆言有扈
與夏同姓並依世本之文楚語云昭王使觀射父傅太子射父
辭之曰堯有丹朱舜有商均夏有觀扈周有管蔡是其恃親而
不恭也周語云帝嘉禹德賜姓曰姒禹始得姓有扈與夏同姓
則爲啓之兄弟如此者蓋禹未賜姓之前以姒爲姓故禹之親
屬舊已姓姒帝嘉其德又以姒姓顯揚之猶若伯夷國語稱賜
姓曰姜然伯夷是炎帝之後未賜姓之前先爲姜姓與此同也
故有扈以爲夏之同姓
傳用其至滅之
正義曰天子用兵稱恭行天罰諸侯討有罪稱肅將王誅皆示
有所稟承不敢專也有扈既有大罪宜其絶滅故原天之意言
天用其失道之故欲截絶其命謂滅之也勦是斬斷之義故爲
截也
傳左車至其職
正義曰歷言左右及御此三人在一車之上也故左爲車左則
右爲車右明矣宣十二年左傳云楚許伯御樂伯攝叔爲右以
致晉師樂伯曰吾聞致師者左射以菆攝叔曰吾聞致師者右
入壘折馘執俘而還是左方主射右主擊刺而御居中也御言
正馬而左右不言所職者以戰主殺敵左右用兵是戰之常事
故略而不言御惟主馬故特言之互相明也此謂凡常兵車甲
士三人所主皆如此耳若將之兵車則御者在左勇力之士在
右將居鼓下在中央主擊鼓與軍人爲節度成二年左傳說晉
伐齊云晉解張御郤克鄭丘緩爲右郤克傷於矢未絶鼓音曰

單疏卷七第三葉

恩五常之道盡矣是威侮五行也無所畏忌作威
虐而侮慢之故云威虐侮慢易說卦云立天之道
曰陰與陽立地之道曰柔與剛立人之道曰仁與
義物之為大無大於此者周易謂之三才人生天
地之間莫不法天地而行事以此知怠惰棄廢天
地人之正道棄廢此道言亂常也孔馬鄭王與皇
甫謐等皆言有扈與夏同姓並依世本之文楚語
云昭王使觀射父傅太子射父辭之曰堯有丹朱
舜有商均夏有觀扈周有管蔡是其待親而不恭
也周語云帝嘉禹德賜姓曰姒禹始得姓有扈與
夏同姓則為啓之見弟如此者蓋禹未賜姓之前
以姒為姓故禹之親屬皆已姓姒帝嘉其德又以
姒姓顯揚之猶若伯夷國語稱賜姓曰姜然伯夷
是炎帝之後未賜姓之前先為姜姓與此同也故
有扈以為夏之同姓 傳用其至滅之 正義曰
天子用兵稱恭行天罰諸侯討有罪稱肅將王誅
皆示有所稟承不敢專也有扈既有大罪宜其絕
滅故原天之意言天用其失道之故欲截絕其命
謂滅之也勦是斬斷之義故為截也 傳左車至
其職 正義曰歷言左右及御此三人在一車之
上也故左為車左則右為車右明矣宣十二年左
傳云楚許伯御樂伯攝叔為右以致晉師樂伯曰吾
聞致師者左射以菆攝叔曰吾聞致師者右入壘
折馘執俘而還是左方主射右主擊刺而御居中
也御言正馬而左右不言所職者以戰主殺敵左
右用兵是戰之常事故略而不言御惟主馬故特
言之互相明也此謂凡常兵車甲士三人所主皆
如此耳若將之兵車則御者在左勇力之士在右
將居鼓下在中央主擊鼓與軍人為節度成二年
左傳說晉伐齊云晉解張御郤克鄭丘緩為右郤
克傷於矢未絕鼓音曰余病矣張侯曰自始合而
矢貫余手及肘余折以御左輪朱殷豈敢言病郤

克傷於矢而鼓音未絕張侯為御而血染左輪是御
在左而將居中也攻之為治常訓也治其職者左當
射人右當擊刺是其所掌職事也 傳御以至我命
正義曰御以正馬為政言御之政事事在正馬故
馬不正則罪之詩云兩驂如手傳云進止如御者之
手是為馬之正也左右與御三者有失言皆不奉我
命以御在後故摠解之 傳天子至不專 正義曰
曾子問云孔子曰天子巡守以遷廟之主行載於齊
車言必有尊也巡守尚然征伐必也故云天子親征
必載遷廟之祖主行有功則賞祖主前示不專也周
禮大司馬云若師不功則厭而奉主車鄭玄云厭伏
冠也奉猶送也送主歸於廟與社亦是征伐載主之
事也 傳天子至之義 正義曰定四年左傳云君
以軍行祓社釁鼓祝奉以從是天子親征又載社主
行也郊特牲云惟為社事單出里故以社事言之不
用命奔北者則戮之於社主之前奔北謂背陳走也
所以刑賞異處者社主陰陰主殺則祖主陽陽主生
禮左宗廟右社稷是祖陽而社陰就祖賞就社殺親
祖嚴社之義也大功大罪則在軍賞罰其徧敘諸勳
乃至太祖賞耳 傳孥子至累也 正義曰詩云樂
爾妻孥對妻別文是孥為子也非但止辱汝身并及
汝子亦殺言以恥惡累之湯誓云予則孥戮汝傳曰
古之用刑父子兄弟罪不相及今云
孥戮汝權以脅之使勿犯此亦然也

五子之歌第三　夏書　孔氏傳

太康失邦 啓子也盤于遊田不恤民事為羿所逐不得反國 昆弟五人須
于洛汭作五子之歌 太康五弟與其母待太康於洛水之北怨其不反故作歌
疏 太康至之歌 正義曰啓子太康以遊畋棄民為羿所逐失其邦國其未失國之前畋于洛水

五子之歌第三　夏書

五子之歌

太康尸位以逸豫滅厥德黎民咸貳乃盤遊無度畋于有洛之表十旬弗反有窮后羿因民弗忍距于河厥弟五人御其母以從徯于洛之汭五子咸怨述大禹之戒以作歌

足利本卷七第六葉

余病矣張侯曰自始合而矢貫余手及肘余折以御左輪朱殷
豈敢言病郤克傷於矢而鼓音不絶張侯爲御而血流左輪是
御在左而將居中也攻之爲治當訓也治其職者左當射人右
當四擊刺是其所掌職事也

傳御以至我命

正義曰御以正馬爲政言御之政事在正馬故馬不正則罪
之詩云兩驂如手傳云進止如御者之手是爲馬之正也左右
與御三者有失言皆不奉我命以御在後故揔解之

傳天子至不專

正義曰曾子問云孔子曰天子巡守以遷廟之主行載於齊車
言必有尊也巡守尚然征伐必也故云天子親征必載遷廟之
祖主行有功則賞祖主前示不專也周禮大司馬云若師不功
則厭而奉主車鄭玄云厭伏冠也奉猶送也送主歸於廟與社
亦是征伐載主之事也

傳天子至之義

正義曰定四年左傳云君以軍行祓社釁鼓祝奉以從是天子
親征又載社主行也郊特牲云唯爲社事單出里故以社事言
之不用命奔北者則戮之於社主之前奔北謂背陳走也所以
刑賞異處者社主陰陰主殺則祖主陽陽主生禮左宗廟右社
稷是祖陽而社陰就祖賞就社殺親祖嚴社之義也大功大罪
則在軍賞罰其偏敘諸勳乃至太祖賞耳

傳孥子至罪也

正義曰詩云樂爾妻孥對妻別文是孥爲子也非但止辱汝身
并及汝子亦殺言以恥累之湯誓云予則孥戮汝傳曰古之
用刑父子兄弟罪不相及今云孥戮汝權以脅之使勿犯此亦
然也

五子之歌第三

太康至之歌

正義曰啓子太康以遊畋棄民爲羿所逐失其邦國其未失國
之前敗于洛水之表太康之弟更有昆弟五人從太康畋獵與

單疏卷七第四葉

以從太康太康畋于洛南五弟待於洛北太康久而
不反致使羿距于河五子皆怨太康追述大禹之戒
以作歌而各敘己怨之志也其弟侍母以從太康太
康初去即然待於洛水之北以冀太康速反羿既距
之五子乃怨史述太康之惡既盡然後言其作歌故
令羿距之文乃在母從之上作文之勢當然也 傳
尸主也 正義曰釋詁文 傳有窮至廢之 正義
曰襄四年左傳曰夏之方衰也后羿自鉏遷于窮石
然則羿居窮石故曰有窮國名窮是諸侯之國羿是
其君之名也說文云羿帝嚳射官也賈逵云羿之先
祖世為先王射官故帝賜羿弓矢使司射淮南子云
堯時十日並生堯使羿射九日而落之楚辭天問云
羿焉彃日烏解羽歸藏易亦云羿彃十日說文云彃
者射也此三者言雖不經以取信要言帝嚳時有羿
堯時亦有羿則羿是善射之號非復人之名字信如
彼言則不知羿名為何也夏都河北洛在河南距太
尚七 十二
康於河此不得入國遂廢太康耳羿猶立仲康不自
立也 傳述循至敘怨 正義曰述循釋詁文循其
所戒用作歌以敘怨也其一曰皇祖有訓其二曰訓
有之是述大禹之戒也其三惟亡國都其四恨絕宗
祀其五言追悔無及直是指怨太康非為述祖戒
也本述戒作歌因即言及時事故言祖戒以揔之 其
一曰皇祖有訓民可近不可下 皇君也君祖禹有訓戒近謂親之下謂失分
民惟邦本本固邦寧 言人君當固民以安國 予視天下愚夫
愚婦一能勝予 言能畏敬小民所以得衆心 一人三失怨豈在
明不見是圖 三失過非一也不見是謀備其微 予臨兆民懍乎若
朽索之馭六馬 十萬曰億十億曰兆言多懍危貌朽腐也腐索馭六馬言危懼甚

足利本卷七第七葉

其母待太康于洛水之北太康為羿所距不得反國其弟五人
即啓之五子並怨太康各自作歌史敘其事作五子之歌
傳太康至作歌
正義曰昆弟五人自有長幼故稱昆弟嫌是太康之昆故云太
康之五弟
五子之歌
正義曰史述作歌之由先敘失國之事其一曰以下乃是歌辭
此五子作歌五章每章各是一人之作而辭相連接自為終始
初言皇祖有訓未必則指怨太康必是五子之歌相顧從輕至
甚其一其二蓋是昆弟之次或是作歌之次不可知也
傳啓之至名篇
正義曰直言五子不知謂誰故言啓之五子太康之弟敘怨作
歌不言五弟而言五子者以其述祖之訓故繫父以言之
太康至作歌
正義曰天子之在天位職當牧養兆民太康主以尊位用為逸
豫滅其人君之德衆人皆有二心太康乃尚愛樂遊逸無有法
度畋獵於洛水之表一出而十旬不反有窮國君其名曰羿因
民不能堪忍太康之惡率衆距之于河不得反國太康初去之
時其弟五人侍其母以從太康太康畋于洛南五弟待於洛北
太康久而不反致使羿距于河五子皆怨太康追述大禹之戒
以作歌而各敘己怨之志也其弟侍母以從太康太康初去即
然待於洛水之北以冀太康速反羿既距之五子乃怨史述太
康之惡既盡然後言其作歌故令羿距之文乃在母從之上作
文之勢當然也
傳尸主也
正義曰釋詁文
傳有窮至廢之
正義曰襄四年左傳曰夏之方衰也后羿自鉏遷于窮石然則
羿居窮石故曰有窮國名窮是諸侯之國羿是其君之名也說
文云羿帝嚳射官也賈逵云羿之先祖世為先王射官故帝賜

單疏卷七第五葉

爲人上者奈何不敬能敬則不驕在上不驕則高而不危【疏】其一至不敬

正義曰我君祖大禹有訓戒之事言民可親近不可卑賤輕下令其失分則人懷怨則事上之心不固矣民惟邦國之本本固則邦寧言在上不可使人怨也我視天下之民愚夫愚婦一能過勝我安得不敬畏之也所以畏其怨者一人之身三度有失凡所過失爲人所怨豈在明著大過皆由小事而起言小事不防易致大過故於不見細微之時當於是豫圖謀之使人不怨也我臨兆民之上常畏人怨懍懍乎危懼若腐索之馭六馬索絕則馬逸言危懼之甚人之可畏如是爲民上者奈何不敬慎乎怨太康之不恤下民也　傳皇君至失分　正義曰皇君釋詁文述禹之戒知君祖是禹禹有訓也民可近者據君爲文近謂親近之也下謂卑下輕忽之失本分也奪其農時勞以揹役是失分也故下云予視天下愚夫愚婦一能勝予是畏敬下民也　傳言能至衆心　正義曰我視愚夫愚婦當能勝我身是畏敬小民也由能畏敬小民故以小民從命是得衆心也　傳三失至其微　正義曰顧氏云怨豈在明必皆在明著之時必於未形之日思善道以自防衛之是備慎其微也　傳十萬至懼甚　正義曰古數十萬曰億十億曰兆言多也懍懍心懼之意故爲危貌朽腐常訓也腐索馭六馬索絕馬驚馬驚則逸言危懼甚也經傳之文惟此言六馬漢世此經不傳餘書多言駕四者春秋公羊說天子駕六毛詩說天子至大夫皆駕四許慎案王度記云天子駕六鄭玄以周禮挍人養馬乘馬一師四圉四馬曰乘康王之誥云皆布乘黃朱以爲天子駕四漢世天子駕六非常法也然則此言馬多懼深故舉六以言之

其二曰訓有之內作色荒外

足利本卷七第八葉

羿弓矢使司射淮南子云堯時十日並生堯使羿射九日而落之楚辭天問云羿焉彈日烏解羽歸藏易亦云羿彈十日說文云彈者射也此三者言雖不經以取信要言帝嚳時有羿堯時亦有羿則羿是善射之號非復人之名字信如彼言則不知羿名爲何也夏都河北洛在河南距太康於河北不得入國遂廢太康耳羿猶立仲康不自立也

傳述循至敘怨

正義曰述循釋詁文循其所戒用作歌以敘怨也其一曰皇祖有訓其二曰訓有之是述大禹之戒也其三恨亡國都其四恨絕宗祀其五言追悔無及直是指怨太康非爲述祖戒也本述戒作歌因即言及時事故言祖戒以揔之

其一至不敬

正義曰我君祖大禹有訓戒之事言民可親近不可卑賤輕下令其失分則人懷怨則事上之心不固矣民惟邦國之本本固則邦寧言在上不可使人怨也我視天下之民愚夫愚婦一能過勝我安得不敬畏之也所以畏其怨者一人之身三度有失凡所過失爲人所怨豈在明著大過皆由小事而起言小事不防易致大過故於不見細微之時當於是豫圖謀之使人不怨也我臨兆民之上常畏人怨懍懍乎危懼若腐索之馭六馬索絕則馬逸言危懼之甚人之可畏如是爲民上者奈何不敬慎乎怨太康之不恤下民也

傳皇君至失分

正義曰皇君釋詁文述禹之戒知君祖是禹禹有訓也民可近者據君爲文近謂親近之也下謂卑下輕忽之失本分也奪其農時勞以揹役是失分也故下云予視天下愚夫愚婦一能勝予是畏敬下民也

傳言能至衆心

正義曰我視愚夫愚婦當能勝我身是畏敬小民也由能畏敬小民故以小民從命是得衆心也

傳三失至其微

單疏卷七第六葉

作禽荒作爲也迷亂曰荒色女色禽鳥獸○疏傳作爲至鳥獸○正義曰作爲釋言文昭元年左傳晉平公近女色過度惑以喪志老子云馳騁田獵令人心發狂好色好田則精神迷亂故迷亂曰荒女有美色男子悅之經傳通謂女人爲色獵則鳥獸並取故以禽爲鳥獸也甘酒嗜音峻宇彫牆甘嗜無厭足峻高大彫飾畫有一于此未或不亡此六者棄德之君必有其一有一必亡況兼有乎其三曰惟彼陶唐有此冀方陶唐帝堯氏都冀州統天下四方疏傳陶唐至四方○正義曰世本云帝堯爲陶唐氏韋昭云陶唐皆國名猶湯稱殷商也案書傳皆言堯以唐侯升爲天子不言封於陶唐陶唐二字或共爲地名未必如昭言也以天子王有天下非獨冀州一方故以冀方爲都冀州統天下四方堯都平陽舜都蒲坂禹都安邑相去不盈二百皆在冀州自堯以來其都不出此地故舉陶唐以言之今失厥道亂其紀綱乃底滅亡言失堯之道亂其法制自致滅亡其四曰明明我祖萬邦之君有典有則貽厥子孫君萬國爲天子典謂經籍則法貽遺也言仁及後世關石和鈞王府則有荒墜厥緒覆宗絕祀金鐵曰石供民器用通之使和平則官民足言古制存而太康失其業以取亡疏其四至絕祀○正義曰有明明之德我祖大禹也以有明德爲萬邦之君謂爲天子也有治國之典有爲君之法遺其後世之子孫使法則之又關通衡石之用使之和平人既足用王之府藏則皆有矣典存國富宜以爲政今大康荒廢墜失其業覆滅宗族斷絕祭祀言太康棄典法所以滅宗祀也傳君萬至後世○正義曰萬邦之君謂君統萬國爲天子也

正義曰顧氏云怨豈在明未必皆在明著之時必於未形之日思善道以自防衛之是備慎其微也

傳十萬至懼甚

正義曰古數十萬曰億十億曰兆言多也懔懔心懼之意故爲危貌朽腐常訓也腐索馭六馬索絕馬驚馬驚則逸言危懼甚也經傳之文惟此言六馬漢世此經不傳餘書多言駕四者春秋公羊說天子駕六毛詩說天子至大夫皆駕四許慎案王度記云天子駕六鄭玄以周禮校人養馬乘馬一師四圉四馬曰乘康王之誥云皆布乘黃朱以爲天子駕四漢世天子駕六非常法也然則此言馬多懼深故舉六以言之

傳作爲至鳥獸

正義曰作爲釋言文昭元年左傳晉平公近女色過度惑以喪志老子云馳騁田獵令人心發狂好色好田則精神迷亂故迷亂曰荒女有美色男子悅之經傳通謂女人爲色獵則鳥獸並取故以禽爲鳥獸也

傳陶唐至四方

正義曰世本云帝堯爲陶唐氏韋昭云陶唐皆國名猶湯稱殷商也案書傳皆言堯以唐侯升爲天子不言封於陶唐陶唐二字或共爲地名未必如昭言也以天子王有天下非獨冀州一方故以冀方爲都冀州統天下四方堯都平陽舜都蒲坂禹都安邑相去不盈二百皆在冀州自堯以來其都不出此地故舉陶唐以言之

其四至絕祀

正義曰有明明之德我祖大禹也以有明德爲萬邦之君謂爲天子也有治國之典有爲君之法遺其後世之子孫使法則之又關通衡石之用使之和平人既足用王之府藏則皆有矣典存國富宜以爲政今太康荒廢墜失其業覆滅宗族斷絕祭祀言太康棄典法所以滅宗祀也

傳君萬至後世

正義曰萬邦之君謂君統萬國爲天子也典謂先王之典可憑

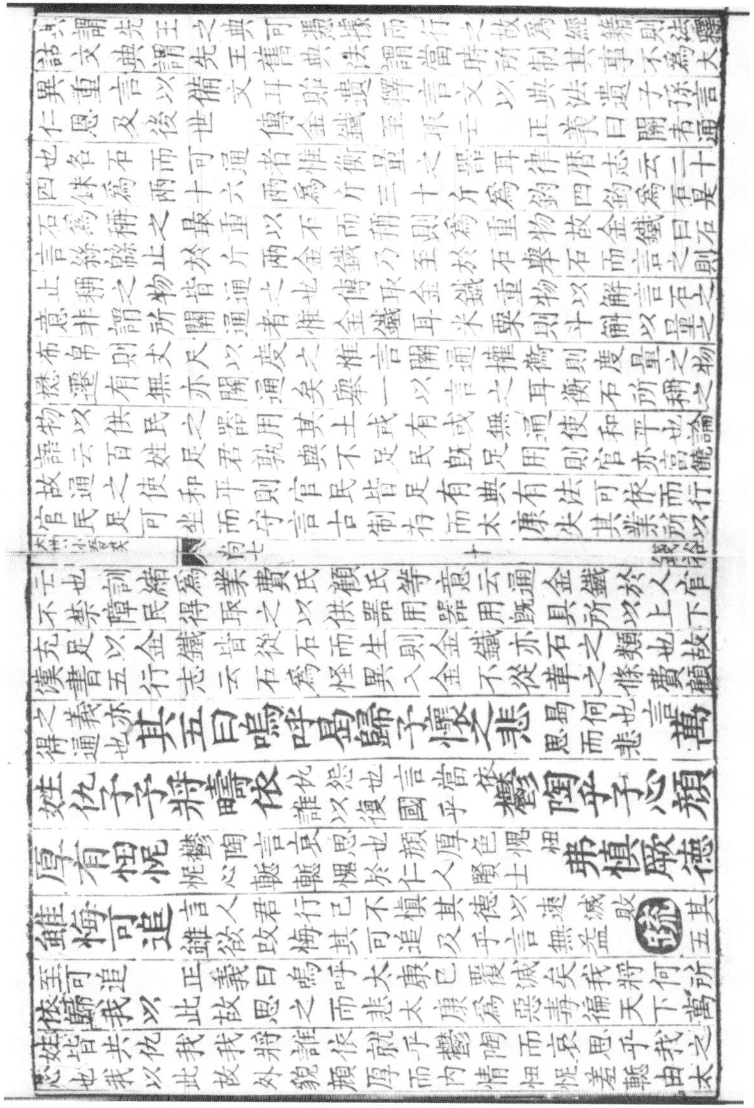

足利本卷七第十葉

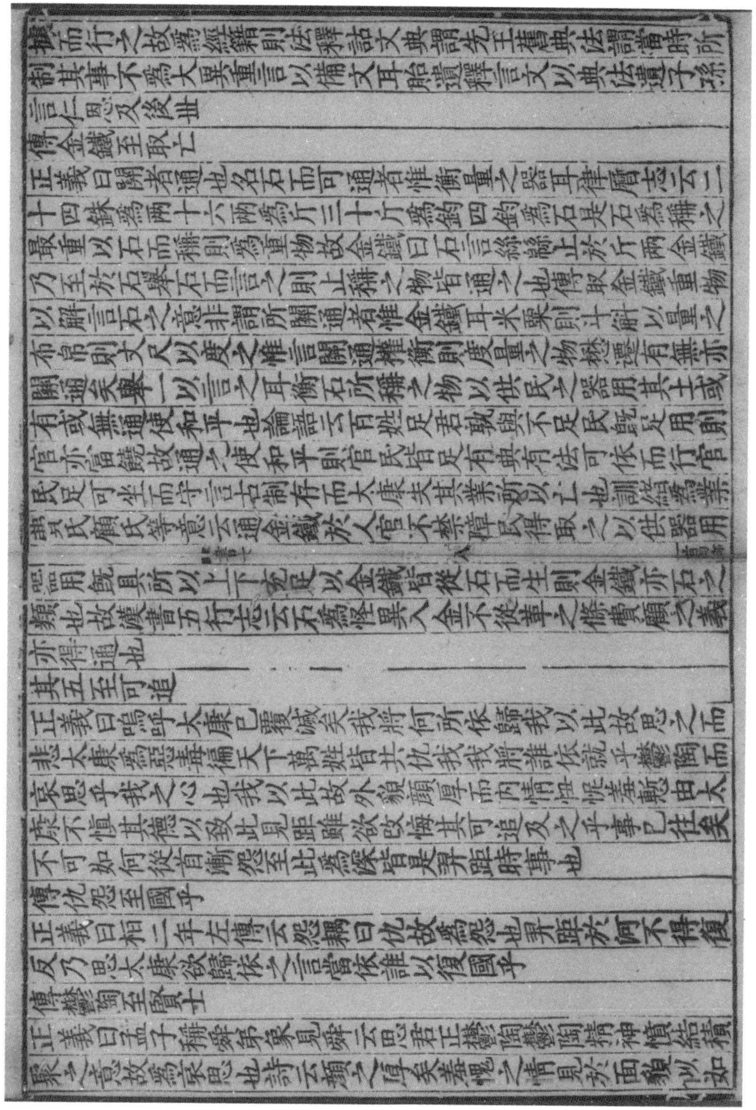

單疏卷七第八葉

五子之歌第三　夏書

康不愼其德以致此見距雖欲改悔其可追及之
乎事已往矣不可如何從首𥻘怨至此爲深皆是
羿距時事也　傳佽怨至國乎　正義曰桓二年
左傳云怨耦曰仇故爲怨也羿距於河不得復反
乃思太康欲歸依之言當依誰以復國乎　傳鬱
陶至賢士　正義曰孟子稱舜弟象見舜云思君
正鬱陶精神憤結積聚之意故爲哀思也詩
云顏之厚矣羞愧之情見於面貌似如面皮厚然
故以顏厚爲色愧忸怩羞不能言心慙之狀
小人不足以知得失故慙愧於仁人賢士

胤征第四　夏書　孔氏傳

羲和湎淫廢時亂日　羲氏和氏世掌天地四時之官自唐虞至三代世職不絶承太康之後沈湎於酒過差非度廢天時亂甲乙　胤往征之作胤征　胤國之君受王命往征之

胤征　奉辭罰罪曰征

疏羲和至胤征　正義曰羲氏和氏世掌天地四時之
官今乃沈湎于酒過差非度廢天時亂甲乙不以
所掌爲意胤國之侯受王命往征之史叙其事作
胤征　傳羲氏至甲乙　正義曰羲氏和氏世掌
天地四時之官堯典所言是其事也羲和是重黎
之後楚語稱堯育重黎之後使典天地以至于夏
商是自唐虞至三代世職不絶故此時羲和仍掌
時日以太康逸豫臣亦縱弛此承太康之後於今
仍亦懈惰沈湎于酒過差非度廢天時亂甲乙是
其罪也經云酒荒于厥邑惟言荒酒不言好色故
訓淫爲過言耽酒爲過差也聖人作曆數以紀天
時不存曆數是廢天時也日以甲乙爲紀不知日
食是亂甲乙也　傳奉辭罰罪　正義曰奉責讓
之辭伐不恭之罪名之曰征征者正也伐之以正其罪

惟仲康肇位四海　羿廢

面皮厚然故以顏厚爲色愧忸怩羞不能言心慙之狀小人不
足以知得失故慙愧於仁人賢士

胤征第四

羲和至胤征

正義曰羲氏和氏世掌天地四時之官今乃沈湎于酒過差非
度廢天時亂甲乙不以所掌爲意胤國之侯受王命往征之史
敘其事作胤征

傳羲氏至甲乙

正義曰羲氏和氏世掌天地四時之官堯典所言是其事也羲
和是重黎之後楚語稱堯育重黎之後使典天地以至于夏商
是自唐虞至三代世職不絶故此時羲和仍掌時日以太康逸
豫臣亦縱弛此承太康之後於今仍亦懈惰沈湎于酒過差非
度廢天時亂甲乙是其罪也經云酒荒于厥邑惟言荒酒不言
好色故訓淫爲過言耽酒爲過差也聖人作曆數以紀天時不
存曆數是廢天時也日以甲乙爲紀不知日食是亂甲乙也

傳奉辭罰罪

正義曰奉責讓之辭伐不恭之罪名之曰征征者正也伐之以
正其罪

惟仲康至徂征

正義曰惟仲康始即王位臨四海胤國之侯受王命爲大司馬
掌六師於是有羲氏和氏廢其所掌之職縱酒荒迷亂于私邑
胤國之君承王命往征之

傳羿廢至天子

正義曰以羿距太康於河於時必廢之也夏本紀云太康崩弟
仲康立襄四年左傳云羿因夏民以代夏政則羿於其後簒天
子之位仲康不能殺羿必是羿握其權知仲康之立是羿立之
矣故云羿廢太康而立其弟仲康爲天子計五子之歌仲康當
是其一仲康必賢於太康但形勢既衰故政由羿耳羿在夏世
爲一代大賊左傳稱羿既簒位寒浞殺之羿滅夏后相相子少
康始滅浞復夏政計羿浞相承向有百載爲夏亂甚矣而夏本

太康而立其弟仲康爲天子胤侯命掌六師仲康命胤侯掌主六師爲大司馬羲和廢厥職酒荒于厥邑舍其職官還其私邑以酒迷亂不修其業胤后承王命徂征徂往也就其私邑往討之疏惟仲康至徂征正義曰惟仲康始即王位臨四海胤國之侯受王命爲大司馬掌六師於是有羲氏和氏廢其所掌之職縱酒荒迷亂于私邑胤國之君承王命往征之傳羿廢至天子正義曰以羿距太康於河於時必廢之也夏本紀云太康崩弟仲康立襄四年左傳云羿因夏民以代夏政則羿於其後簒天子之位仲康不能殺羿必是羿握其權知仲康之立是羿立之矣故云羿廢太康而立其弟仲康爲天子計五子之歌仲康當是其一仲康必賢於太康但形勢既衰故政由羿耳羿在夏世爲一代大賊左傳稱羿既簒位寒浞殺之羿滅夏后相相子少康始滅浞復夏政計羿浞相承向有百載爲夏亂甚矣而夏本紀云太康崩其弟仲康立仲康崩子相立相崩子少康立都不言羿浞之事是馬遷之說疎矣告于衆曰嗟予有衆誓勑之聖有謨訓明徵定保徵證保安也聖人所謀之教訓爲世明證所以定國安家先王克謹天戒臣人克有常憲言君能慎戒臣能奉有常法百官修輔厥后惟明明修職輔君君臣俱明每歲孟春遒人以木鐸徇于路遒人宣令之官木鐸金鈴木舌所以振文教官師相規工執藝事以諫官師衆官更相規闕百工各執其所治技藝以諫諫失常其

紀云太康崩其弟仲康立仲康崩子相立相崩子少康立都不言羿浞之事是馬遷之說疎矣

告于至常刑

正義曰胤侯將征羲和告于所部之衆曰嗟呼我所有之衆人聖人有謨之訓所以爲世之明證可以定國安家其所謀者言先王能謹慎敬畏天戒臣人者能奉先王常法百官修常職輔其君君臣相與如是則君臣俱明惟爲明君明臣言君當謹愼以畏天臣當守職以輔君也先王恐其不然大開諫爭之路每歲孟春遒人之官以木鐸徇于道路以號令臣下使在官之衆更相規闕百工雖賤令執其藝能之事以諫上之失常其有違諫不恭謹者國家則有常刑

傳徵證至安家

正義曰成八年左傳稱晉殺趙括欒郤爲徵徵是證驗之義故爲證也能自保守是安定之義故爲安也聖人將爲教訓必謀而後行故言所謀之教訓聖人之言必有其驗故爲世之明證用聖人之謨訓必有成功故所以定國安家

傳言君至常法

正義曰王者代天理官故稱天戒臣人奉主法令故言常憲君當奉天臣當奉君言君能戒愼天戒也臣能奉有常法奉行君法也此謂大臣下云百官修輔謂衆臣

傳遒人至文教

正義曰以執木鐸徇於路是宣令之事故言宣令之官周禮無此官惟小宰云正歲帥理官之屬而觀治象之法徇以木鐸曰不用法者國有常刑宣令之事略與此同此似別置其官非如周之小宰名曰遒人不知其意蓋訓遒爲聚聚人而令之故以爲名也禮有金鐸木鐸鐸是鈴也其體以金爲之明舌有金木之異知木鐸是木舌也周禮教鼓人以金鐸通鼓大司馬教振旅兩司馬執鐸明堂位云振木鐸於朝是武事振金鐸文事振木鐸今云木鐸故云所以振文教也

傳官衆至失常

或不恭邦有常刑言百官廢職服大刑【疏】告于至常刑　正義曰胤侯將征羲和告于所部之衆曰嗟乎我所有之衆人聖人有謨之訓所以爲世之明證可以定國安家其所謀者言先王能謹慎敬畏天戒臣人者能奉先王常法百官修常職輔其君君臣相與如是則君臣俱明惟爲明君明臣言君當謹慎以畏天臣當守職以輔君也先王恐其不然大開諫爭之路每歲孟春遒人之官以木鐸徇于道路以號令臣下使在官之衆更相規闕百工雖賤令執其藝能之事以諫上之失常其有違諫不恭謹者國家則有常刑　傳徵證至安家　正義曰成八年左傳稱晉殺趙括欒郤爲徵徵是證驗之義故爲證也能自保守是安定之義故爲安也聖人將爲教訓必謀而後行故言所謀之教訓聖人之言必有其驗故爲世之明證用聖人之謨訓必有成功故所以定國安

家　傳言君至常法　正義曰王者代天理官故稱天戒臣人奉主法令故言常憲君當奉天臣當奉君言君能戒慎天戒也臣能奉有常法奉行君法也此謂大臣下云百官修輔謂衆臣　傳遒人至文敎　正義曰以執木鐸徇於路是宣令之事故言宣令之官周禮無此官惟小宰云正歲帥理官之屬而觀治象之法徇以木鐸曰不用法者國有常刑宣令之事略與此同此似別置其官非如周之小宰名曰遒人不知其意蓋訓遒爲聚聚人而令之故以爲名也禮有金鐸木鐸鐸是鈴也其體以金爲之明舌有金木之異知木鐸是木舌也周禮敎鼓人以金鐸通鼓大司馬敎振旅兩司馬執鐸明堂位云振木鐸於朝是武事振金鐸文事振木鐸今云木鐸故云所以振文教也　傳官衆至失常　正義曰相規相平等之辭故官衆謂衆官相規謂更相規闕平等有闕猶尚相規見上之

過諫之必矣百工各執其所治技藝以諫謂被遣作器工有奢儉若月令云無作淫巧以蕩上心見其淫巧不正當執之以諫諫失常也百工之賤猶令進諫則百工以上不得不諫矣　傳言百至大刑　正義曰百官廢職服大刑明堂位文也顧氏云百官衆臣其有廢職懈怠不恭謹者國家當有常刑

惟時羲和顛覆厥德顛覆言反倒將陳羲和所犯故先舉孟春之令犯令之誅沈亂于酒畔官離次沈謂醉冥失次位也俶擾天紀遐弃厥司俶始擾亂遐遠也紀謂時日司所主也乃季秋月朔辰弗集于房辰日月所會房所舍之次集合也不合即日食可知瞽奏鼓嗇夫馳庶人走凡日食天子伐鼓於社責上公瞽樂官樂官進鼓則伐之嗇夫主幣之官馳取幣禮天神衆人

走供救日食之百役也羲和尸厥官罔聞知主其官而無聞知於日食之變異所以罪重昏迷于天象以干先王之誅闇錯天象言昏亂之甚干犯也政典曰先時者殺無赦政典夏后爲政之典籍若周官六卿之治典先時謂曆象之法四時節氣弦望晦朔先天時則罪死無赦不及時者殺無赦不及謂曆象後天時雖治其官苟有先後之差則無赦況廢官乎【疏】惟時至無赦　正義曰言不諫尚有刑廢職懈怠是爲大罪惟是羲和顛倒其奉上之德而沈沒昏亂於酒違叛其所掌之官離其所居位次始亂天之紀綱遠棄所主之事乃季秋九月之朔日月當合於辰其日之辰日月不合於舍不得合辰謂日被月食日有食之禮有救日之法於時瞽人樂官進鼓而擊之嗇夫馳騁而取幣以禮天神庶

人奔走供救日食之百役此爲災異之大羣官促遽若此羲和主其官而不聞知日食是大罪也此羲和昏闇迷錯於天象以犯先王之誅此罪不可赦也故先王爲政之典曰主曆之官爲曆之法節氣先天時者殺無赦不及時者殺無赦失前失後尚猶合殺況乎不知日食其罪不可赦也況彼罪之大言已所以征也　傳顛覆至之誅　正義曰顛覆言反倒謂人反倒也人當竪立今乃反倒猶臣當事君今乃廢職似人之反倒然言臣以事君爲德故言顛覆厥德胤侯將陳羲和之罪故先舉孟春之令犯令之誅舉輕以見重小事犯令猶有常刑況叛官離次爲大罪乎　傳沈謂至次位　正義曰沒水謂之沈大醉冥然無所復知猶沈水然故謂醉爲沈　傳俶始至所主　正義曰俶始遐遠皆釋詁文擾謂煩亂故爲亂也洪範五紀五曰曆數曆數所以紀天時此言天紀謂時日此時日之事是羲和所司言棄其所主　傳辰日至可知　正義曰昭七年左傳曰晉侯問於士文伯曰何謂辰對曰日月之會是謂辰是辰爲日月之會日月俱右行於天日行遲月行疾日每日行一度月日行十三度十九分度之七計二十九日過半月已行天一周又逐及日而與日聚會此聚會爲辰一歲十二會故爲十二辰即子丑寅卯之屬是也房謂室之房也故爲所舍之次計九月之朔日月當會於大火之次釋言云集會也會即是合故爲合也日月當聚會共舍今言日月不合於舍則是日月可知也日食者月掩之也月體掩日日被月映即不成共處故以不集言日食也或以爲房謂房星九月日月會于大火之次房心共爲大火言辰在房星事有似矣知不然者以集是止舍之處言其不集於舍故得以表日食若言不集於房星似太遲太疾惟可見曆錯不得以表日食也且

正義曰相規相平等之辭故官衆謂衆官相規謂更相規闕平等有闕猶尚相規見上之過諫之必矣百工各執其所治技藝以諫謂被遣作器工有奢儉若月令云無作淫巧以蕩上心見其淫巧不正當執之以諫諫失常也百工之賤猶令進諫則百工以上不得不諫矣

傳言百至大刑

正義曰百官廢職服大刑明堂位文也顧氏云百官衆臣其有廢職懈怠不恭謹者國家當有常刑

惟時至無赦

正義曰言不諫尚有刑廢職懈怠是爲大罪惟是羲和顛倒其奉上之德而沈沒昏亂於酒違叛其所掌之官離其所居位次始亂天之紀綱遠棄所主之事乃季秋九月之朔日月當合於辰其日之辰日月不合於舍不得合辰謂日被月食日有食之禮有救日之法於時瞽人樂官進鼓而擊之嗇夫馳騁而取幣以禮天神庶人奔走供救日食之百役此爲災異之大羣官促遽若此羲和主其官而不聞知日食是大罪也此羲和昏闇迷錯於天象以犯先王之誅此罪不可赦也故先王爲政之典曰主曆之官爲曆之法節氣先天時者殺無赦不及時者殺無赦失前失後尚猶合殺況乎不知日食其罪不可赦也況彼罪之大言已所以征也

傳顛覆至之誅

正義曰顛覆言反倒謂人反倒也人當竪立今乃反倒猶臣當事君今乃廢職似人之反倒然言臣以事君爲德故言顛覆厥德胤侯將陳羲和之罪故先舉孟春之令犯令之誅舉輕以見重小事犯令猶有常刑況叛官離次爲大罪乎

傳沈謂至次位

正義曰沒水謂之沈大醉冥然無所復知猶沈水然故謂醉爲沈

傳俶始至所主

正義曰俶始遐遠皆釋詁文擾謂煩亂故爲亂也洪範五紀五曰曆數曆數所以紀天時此言天紀謂時日此時日之事是羲

日之所在星宿不見，正可推筭以知之，非能舉目而見之。君子慎疑，寧當以日在之宿爲文，以此知其必非房星也。

傳凡日至百役　正義曰：文十五年左傳云日有食之，天子不舉，伐鼓于社，諸侯用幣于社，伐鼓于朝。杜預以爲伐鼓于社，責羣陰也。此傳言責上公者，郊特牲云社祭土而主陰氣也，君南鄉北墉下，荅陰之義也。是言社主陰也。日食陰侵陽，故杜預以爲責羣陰也。昭二十九年左傳云封爲上公，祀爲貴神，社稷五祀，是尊是奉。是社祭句龍爲上公之神也。日食臣侵君之象，故傳以爲責上公。亦當羣陰上公並責之也。周禮瞽矇之官掌作樂，瞽爲樂官，樂官用無目之人，以其無目於音聲審也。詩云奏鼓簡簡，謂伐鼓爲奏鼓，知樂官進鼓則伐之。周禮太僕軍旅田役贊王鼓，救日月亦如之。鄭玄云王通鼓佐擊其餘面，則救日之時王或親鼓。莊二十五年穀梁傳曰天子救日，置五麾，陳五兵五鼓，陳既多，皆樂人伐之。周禮無嗇夫之官，禮云嗇夫承命告于天子，鄭玄云嗇夫蓋司空之屬也。嗇夫主幣，禮無其文。此云嗇夫馳，必馳走有所取也。左傳云諸侯用幣，則天子亦當有用幣之處，嗇夫必是主幣之官，馳取幣也。社神尊於諸侯，故諸侯用幣於社以請救。天子伐鼓于社，必不用幣，知嗇夫馳取幣禮天神。庶人走，蓋是庶人在官者，謂諸侯胥徒也。其走必有事，知爲供救日食之百役也。曾子問云諸侯從天子救日食，各以方色與其兵。周禮庭氏云救日之弓矢，是救日必有多役，庶人走供之。鄭注庭氏云以救日爲太陽之弓，救月爲太陰之弓，救日以枉矢，救月以恒矢。其鼓則蓋用祭天之雷鼓也。昭十七年夏六月甲戌朔，日有食之，左傳云季平子曰惟正月朔，慝未作，日有食之，於是乎有伐鼓用幣，禮也，其餘則否。太史曰在此月也，當夏四月，是謂孟夏。如彼

和所司言棄其所主

傳辰日至可知

正義曰：昭七年左傳曰晉侯問於士文伯曰何謂辰，對曰日月之會是謂辰。是辰爲日月之會。日月俱右行於天，日行遲，月行疾，日每日行一度，月日行十三度十九分度之七，計二十九日過半，月已行天一周，又逐及日而與日聚會，謂此聚會爲辰。一歲十二會，故爲十二辰，即子丑寅卯之屬是也。房謂室之房也，故爲所舍之次。計九月之朔，日月當會於大火之次。釋言云集，會也。會即是合，故爲合也。日月當聚會共舍，令言日月不合於舍，則是日月可知也。日食者，月揜之也。月體揜日，日被月映，即不成共處，故以不集言日食也。或以爲房謂房星，九月日月會于大火之次，房心共爲大火，言辰在房星，事有似矣。知不然者，以集是止舍之處，言其不集於舍，故得以表日食。若言不集於房星，似太遲太疾，惟可見曆錯，不得以表日食也。且日之所在星宿不見，正可推筭以知之，非能舉目而見之。君子慎疑，寧當以日在之宿爲文，以此知其必非房星也。

傳凡日至百役

正義曰：文十五年左傳云日有食之，天子不舉，伐鼓于社，諸侯用幣于社，伐鼓于朝。杜預以爲伐鼓于社，責羣陰也。此傳言責上公者，郊特牲云社祭土而主陰氣也，君南鄉北墉下，荅陰之義也。是言社主陰也。日食陰侵陽，故杜預以爲責羣陰也。昭二十九年左傳云封爲上公，祀爲貴神，社稷五祀，是尊是奉。是社祭句龍爲上公之神也。日食臣侵君之象，故傳以爲責上公。亦當羣陰上公並責之也。周禮瞽矇之官掌作樂，瞽爲樂官，樂官用無目之人，以其無目於音聲審也。詩云奏鼓簡簡，謂伐鼓爲奏鼓，知樂官進鼓則伐之。周禮太僕軍旅田役贊王鼓，救日月亦如之。鄭玄云王通鼓佐擊其餘面，則救日之時王或親鼓。莊二十五年穀梁傳曰天子救日，置五麾，陳五兵五鼓，陳既多，皆樂人伐之。周禮無嗇夫之官，禮云嗇夫承命告于天子，鄭玄云嗇夫蓋司空之屬也。嗇夫主幣，禮無其文。此云嗇夫馳，必馳走

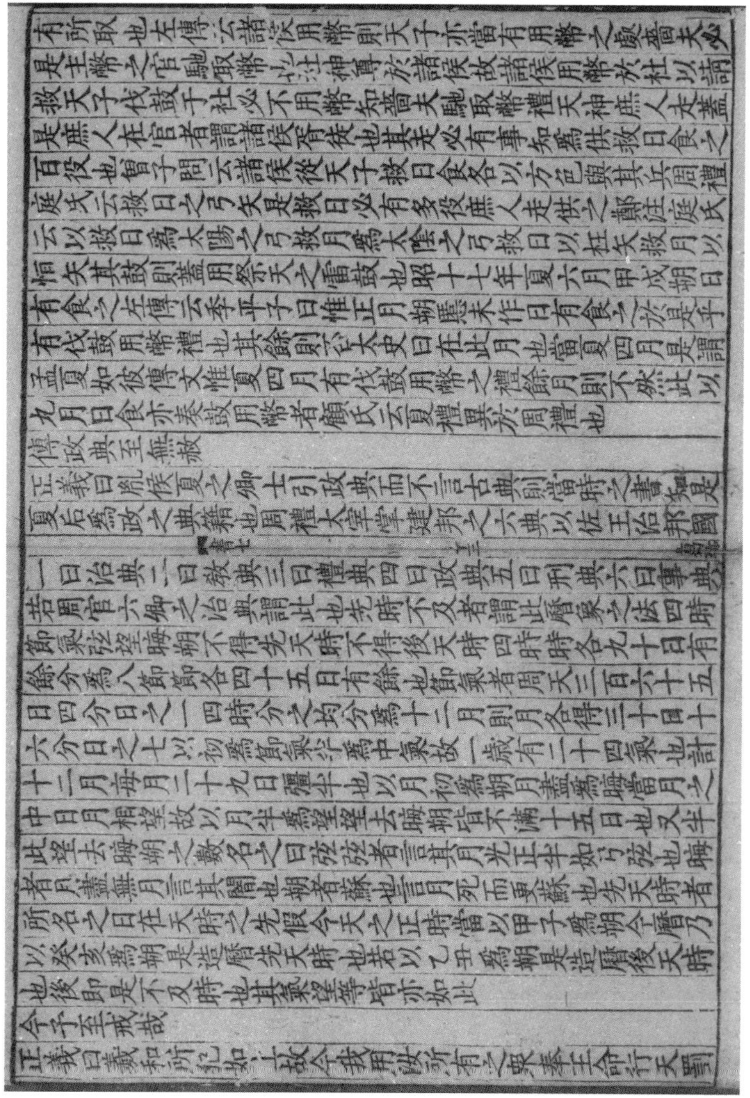

單疏卷七第十三葉

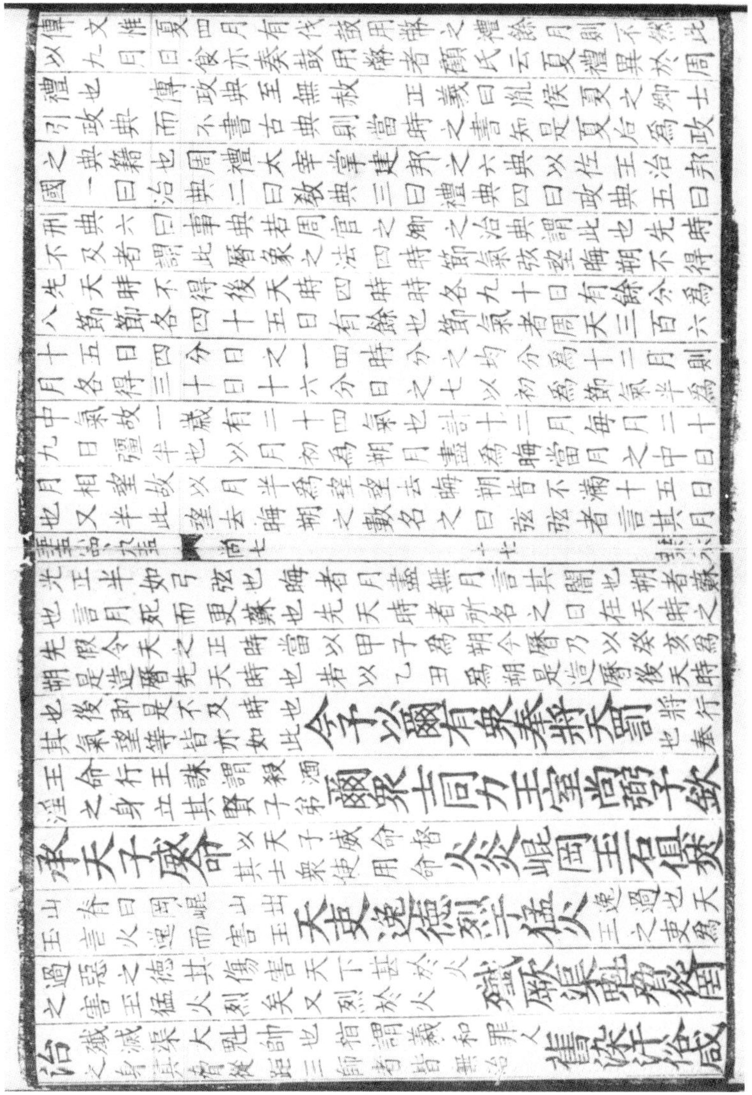

足利本卷七第十七葉

與惟新言其餘人久染汙俗本無惡心皆與更新一無所問嗚呼威克厥愛
允濟歎能以威勝所愛則必有成功愛克厥威允罔功以愛勝威無以濟衆
信無功其爾衆士懋戒哉言當勉以用命戒以辟戮疏今予至戒哉 正義
曰羲和所犯如上故今我用汝所有之衆奉王命
行天罰汝等衆士當同心盡力於王室庶幾輔我
敬承天子之命使我伐必克之又恐兵威所及濫
殺無辜故假喻以戒之火炎崐山之岡玉石俱被
焚燒天王之吏爲過惡之德則酷烈甚於猛火宜
誅惡存善不得濫殺滅其爲惡大帥罪止羲和之
身其被迫脅而從距王師者皆無治責其罪久染
汙穢之俗本無惡心皆與惟得更新一無所問又
言將軍之法必有殺戮嗚呼重其事故歎而言之
將軍威嚴[illegible]勝其愛心有罪者雖愛必誅信有成

尚七　十八

功若愛心勝其威嚴親愛者有罪不殺信無功矣
言我雖愛汝有罪必殺其汝衆士宜勉力以戒愼
哉勿違我命以取殺也 傳將行至子弟 正義
曰將之爲行常訓也天欲加罪王者順天之罰則
王誅也奉王命行王誅謂殺淫湎之身羲和之罪
不及其嗣故知殺其身立其賢子弟楚語云重黎
之後世掌天地四時之官至于夏商則此不滅其
族故傳言此也 傳山脊至害玉 正義曰釋山
云山脊岡孫炎曰長山之脊也以崐山出玉言火
逸害玉喻誅惡害善也 傳逸過至於火 正義
曰逸即佚也佚是淫縱之名故爲過也天王之吏
言位貴而威高秉貴勢而逞毒心或睚眦而害良
善故爲過惡之德其傷害天下甚於火之害玉猛
火爲烈甚矣又復烈之於火言其害之深也 傳
殲滅至無治 正義曰殲盡也釋詁文舍人曰殲
衆之盡也衆皆死盡爲滅也渠大魁帥無正訓以

足利本卷七第十八葉

汝等衆士當同心盡力於王室庶幾輔我敬承天子之命使我
伐必克之又恐兵威所及濫殺無辜故假喻以戒之火炎崐山
之岡玉石俱被焚燒天王之吏爲過惡之德則酷烈甚於猛火
宜誅惡存善不得濫殺滅其爲惡大帥罪止羲和之身其被迫
脅而從距王師者皆無治責其罪久染汙穢之俗本無惡心皆
與惟得更新一無所問又言將軍之法必有殺戮嗚呼重其事
故歎而言之將軍威嚴能勝其愛心有罪者雖愛必誅信有成
功若愛心勝其威嚴親愛者有罪不殺信無功矣言我雖愛汝
有罪必殺其汝衆士宜勉力以戒愼哉勿違我命以取殺也
傳將行至子弟
正義曰將之爲行常訓也天欲加罪王者順天之罰則王誅也
奉王命行王誅謂殺淫湎之身羲和之罪不及其嗣故知殺其
身立其賢子弟楚語云重黎之後世掌天地四時之官至于夏
商則此不滅其族故傳言此也
傳山脊至害玉

書七　十四

正義曰釋山云山脊岡孫炎曰長山之脊也以崐山出玉言火
逸害玉喻誅惡害善也
傳逸過至於火
正義曰逸即佚也佚是淫縱之名故爲過也天王之吏言位貴
而威高秉貴勢而逞毒心或睚眦而害良善故爲過惡之德其
傷害天下甚於火之害玉猛火爲烈甚矣又復烈之於火言其
害之深也
傳殲滅至無治
正義曰殲盡也釋詁文舍人曰殲衆之盡也衆皆死盡爲滅也
渠大魁帥無正訓以上殲厥渠魁謂滅其元首故以渠爲大魁
爲帥史傳因此謂賊之首領爲渠帥本源出於此
自契至鑿沃
正義曰自此巳下皆商書也序本別卷與經不連孔以經序宜
相附近引之各冠其篇首此篇經亡序存文無所託不可以無
經之序爲卷之首本書在此故附此卷之末契是商之始祖故

單疏本卷七第十四葉

上殲破渠魁謂滅其元首故以渠爲大魁爲帥史傳因此謂賊之首領爲渠帥本源出於此

自契至于成湯八遷十四世凡八徙國都湯始居亳從先王居契父帝嚳都亳湯自商丘遷焉故曰從先王居作帝告釐沃告來居治沃土二篇皆亡

疏自契至釐沃○正義曰自此已下皆商書也序本別卷與經不連孔以經序宜相階近引之各冠其篇首此篇經亡序存文無所託不可以無經之序爲卷之首本書在此故附此卷之末契是商之始祖故遠本之自契至于成湯凡八遷都至湯始往居亳從其先王帝嚳舊居當時湯有言告史序其事作帝告釐沃二篇　傳十四至國都　正義曰周語曰玄王勤商十四世而興玄王謂契也勤殖功業十四世至湯而興爲天子也殷本紀云契生昭明昭明卒子相土立相土卒子昌若立昌若卒子曹圉立曹圉卒子冥立冥卒子振立振卒子微立微卒子報丁立報丁卒子報乙立報乙卒子報丙立報丙卒子主壬立主壬卒子主癸立主癸卒子天乙立天乙是爲成湯是也契至成湯十四世凡八遷國都者商頌云帝立子生商是契居商也世本云昭明居砥石左傳稱相土居商丘及今湯居亳事見經傳者有此四遷其餘四遷未詳聞也鄭玄云契本封商國在太華之陽皇甫謐云今上洛商是也襄九年左傳云陶唐氏之火正閼伯居商丘相土因之杜預云今梁國睢陽宋都是也其砥石先儒無言不知所在自契至湯諸侯之國而得數遷都者蓋以時王命之使遷至湯乃以商爲天下號則都雖數遷商名不改今湯遷亳乃作此篇若是諸侯遷都則不得史録其事以爲商書之首文在湯征諸侯伊尹去亳之上是湯將欲爲王時事史以商有天下乃追録初興并湯征與

足利本卷七第十九葉

遠本之自契至于成湯凡八遷都至湯始往居亳從其先王帝嚳舊居當時湯有言告史序其事作帝告釐沃二篇

傳十四至國都

正義曰周語曰玄王勤商十四世而興玄王謂契也勤殖功業十四世至湯而興爲天子也殷本紀云契生昭明昭明卒子相土立相土卒子昌若立昌若卒子曹圉立曹圉卒子冥立冥卒子振立振卒子微立微卒子報丁立報丁卒子報乙立報乙卒子報丙立報丙卒子主壬立主壬卒子主癸立主癸卒子天乙立天乙是爲成湯是也契至成湯十四世凡八遷國都者商頌云帝立子生商是契居商也世本云昭明居砥石左傳稱相土居商丘及今湯居亳事見經傳者有此四遷其餘四遷未詳聞也鄭玄云契本封商國在太華之陽皇甫謐云今上洛商是也襄九年左傳云陶唐氏之火正閼伯居商丘相土因之杜預云今梁國睢陽宋都是也其砥石先儒無言不知所在自契至湯諸侯之國而得數遷都者蓋以時王命之使遷至湯乃以商爲天下號則都雖數遷商名不改今湯遷亳乃作此篇若是諸侯遷都則不得史録其事以爲商書之首文在湯征諸侯伊尹去亳之上是湯將欲爲王時事史以商有天下乃追録初興并湯征與汝鳩汝方皆是伐桀前事後追録之也

傳契父至王居

正義曰先王天子也自契已下皆是諸侯且文稱契至湯今云從先王居者必從契之先世天子所居也世本本紀皆云契是帝嚳子知先王是契父帝嚳帝嚳本居亳今湯往從之嚳實帝也言先王者對文論優劣則有皇與帝及王之別散文則雖皇與帝皆得言王也故禮運云昔者先王未有宮室乃謂上皇爲王是其類也孔言湯自商丘遷焉以相土之居商丘其文見於左傳因之言自商丘徙耳此言不必然也何則相土契之孫也自契至湯凡八遷若相土至湯都遂不改豈契至相土三世而七遷也相土至湯必更遷都但不知湯從何地而遷亳耳必不從商丘遷也鄭玄云亳今河南偃師縣有湯亭漢書音義臣瓚

單疏卷七第十五葉

汝鳩汝方皆是伐桀前事後追録之也　傳契父至
王居　正義曰先王天子也自契已下皆是諸侯
且文稱契至湯今云從先王居者必從契之先世
天子所居也世本本紀皆云契是帝嚳子知先王
是契父帝嚳帝嚳本居亳今湯往從之嚳實帝也
言先王者對文論優劣則有皇與帝及王之別散
文則雖皇與帝皆得言王也故禮運云昔者先王
未有宮室乃謂上皇爲王是其類也孔言湯自商
丘遷焉以相土之居商丘其文見於左傳因之言
自商丘徙耳此言不必然也何則相土契之孫也
自契至湯凡八遷若相土至湯都遂不改豈契至
相土三世而七遷也相土至湯必更遷都但不知
湯從何地而遷亳耳必不從商丘遷也鄭玄云亳
今河南偃師縣有湯亭漢書音義臣瓚者云湯居
亳今濟陰亳縣是也今亳有湯冢已氏有伊尹冢
杜預云梁國蒙縣北有亳城城中有成湯冢其西
又有伊尹冢皇甫謐云孟子稱湯居亳與葛爲鄰
葛伯不祀湯使亳衆爲之耕葛即今梁國寧陵之
葛鄉也若湯居偃師去寧陵八百餘里豈當使民
爲之耕乎亳今梁國穀熟縣是也諸說不同未知
孰是　傳告來至皆亡　正義曰經文既亡其義
難明孔以意言耳所言帝告不知告誰序言從先
王居或當告帝嚳也

湯征諸侯爲夏方伯得專征伐葛伯不祀湯始征之葛國伯爵也廢其土地山川及宗廟神祇皆不祀湯始伐之伐始於葛
疏　傳葛國至於葛　正義曰序言湯征諸侯知其人是葛國之
君伯爵直云不祀文無指斥王制云山川神祇有
不舉者爲不敬不敬者君削以地宗廟有不順者
爲不孝不孝者君黜以爵是言不祀必廢其土地
山川之神祇及宗廟皆不祀故湯始征之湯伐諸
侯伐始於葛仲虺之誥云初征自葛是也孟子云

足利本卷七第二十葉

者云湯居亳今濟陰亳縣是也今亳有湯塚已氏有伊尹塚杜
預云梁國蒙縣北有亳城城中有成湯塚其西又有伊尹塚皇
甫謐云孟子稱湯居亳與葛爲鄰葛伯不祀湯使亳衆爲之耕
葛即今梁國寧陵之葛鄉也若湯居偃師去寧陵八百餘里豈
當使民爲之耕乎亳今梁國穀熟縣是也諸說不同未知孰是
傳告來至皆亡
正義曰經文既亡其義難明孔以意言耳所言帝告不知告誰
序言從先王居或當告帝嚳也
傳葛國至於葛
正義曰序言湯征諸侯知其人是葛國之君伯爵直云不祀文
無指斥王制云山川神祇有不舉者爲不敬不敬者君削以地
宗廟有不順者爲不孝不孝者君黜以爵是言不祀必廢其土
地山川之神祇及宗廟皆不祀故湯始征之湯伐諸侯伐始於
葛仲虺之誥云初征自葛是也孟子云湯居亳與葛爲鄰葛伯
不祀湯使人問之曰何爲不祀曰無以供犧牲也湯使遺之牛
羊葛伯食之又不祀湯又使人問之曰何爲不祀曰無以供粢
盛也湯使亳衆往爲之耕老弱饋食葛伯率其人要其酒食黍稻
者劫而奪之不授者殺之有童子以黍肉餉殺而奪之書曰葛
伯仇餉此之謂也是說伐始於葛之事也
傳伊尹至於桀
正義曰伊氏尹字故云字氏倒文以曉人也伊尹不得叛湯知
湯貢之於桀必貢之者湯欲以誠輔桀冀其用賢以治不可匡
輔乃始伐之此時未有伐桀之意故貢伊尹使輔之孫武兵書
反閒篇曰商之興也伊尹在夏周之興也呂牙在殷言使之爲
反閒也與此說殊
傳鳩方至曰遇
正義曰伊尹與之言知是賢臣也不期而會曰遇隱八年穀梁
傳文也

尚書正義卷第七　　計九千三百四十三字

單疏卷七第十六葉

湯居亳與葛爲鄰葛伯不祀湯使人問之曰何爲
不祀曰無以供犧牲也湯使遺之牛羊葛伯食之
又不祀湯又使人問之曰何爲不祀曰無以供粢
盛也湯使亳往爲之耕老弱饋食葛伯率其人要
其酒食黍稻者劫而奪之不授者殺之有童子以
黍肉餉殺而奪之書曰葛伯仇餉此之謂也是說
伐始於葛之事也 **作湯征** 述始征之義也云 **伊尹去亳適夏** 伊尹
字氏湯 疏 傳伊尹至於桀 正義曰伊氏尹字故
進於桀 云字氏倒文以曉人也伊尹不得數諫
知湯貢之於桀必貢之者湯欲以誠輔桀冀其用
賢以治不可臣輔乃始伐之此時未有伐桀之意
故貢伊尹使輔之孫武兵書反間篇曰商之興也
伊尹在夏周之興也呂牙在殷言使之爲反間也
與此說殊 **既醜有夏復歸于亳** 醜惡其政不能用賢故退還 **入自北**

尚十

門乃遇汝鳩汝方 鳩方二人湯之賢臣不期而會曰遇 疏 傳鳩方至曰遇
正義曰伊尹與之言知是賢臣也不期而會曰遇隱八年穀梁傳文也 **作汝鳩汝方**
書所以醜夏而還之意二篇皆云

尚書注疏卷第七

尚書注疏卷第八

國子祭酒上護軍曲阜縣開國子臣孔穎達奉

勑撰

商書

湯誓第一

仲虺之誥第二

湯誥第三

伊訓第四

太甲上第五

太甲中第六

太甲下第七

咸有一德第八

湯誓第一

伊尹相湯伐桀升自陑 桀都安邑湯升道從陑出其不意陑在河曲之南

遂與桀戰于鳴條之野 地在安邑之西桀逆拒湯 作湯誓 疏 伊尹至湯誓

正義曰伊尹以夏政醜惡去而歸湯輔相成湯與之伐桀升道從陑出其不意遂與桀戰

足利本卷八第一葉

尚書正義卷第八

國子祭酒上護軍曲阜縣開國子臣孔穎達奉

勑撰

商書

湯誓第一

仲虺之誥第二

湯誥第三

伊訓第四

太甲上第五

太甲中第六

太甲下第七

咸有一德第八

湯誓第一

伊尹至湯誓

正義曰伊尹以夏政醜惡去而歸湯輔相成湯與之伐桀升道從陑出其不意遂與桀戰于鳴條之野將戰而誓戒士衆史敘其事作湯誓

傳桀都至之南

正義曰此序湯自伐桀必言伊尹相湯者序其篇次自爲首尾以上云伊尹醜夏遂相成湯伐之故文次言伊尹也計太公之相武王猶如伊尹之相成湯泰誓不言太公相者彼文無其次也且武王之時有周召之倫聖賢多矣湯稱伊尹云聿求元聖與之戮力伊尹稱惟尹躬曁湯咸有一德則伊尹相湯其功多於太公故特言伊尹相湯也桀都安邑相傳爲然即漢之河東郡安邑縣是也史記吳起對魏武侯云夏桀之居左河濟右太華伊闕在其南羊腸在其北修政不仁湯放之也地理志云上黨郡壺關縣有羊腸坂在安邑之北是桀都安邑必當然矣將明陑之所在故先言桀都安邑桀都在亳西當從東而往今乃升道從陑升者從下向上之名言陑當是山阜之地歷險迂路爲出其不意故也陑在河曲之南蓋今潼關左右河曲在安邑

單疏卷八第一葉

于鳴條之野將戰而誓戒士衆史叙其事作湯誓　傳
桀都至之南　正義曰此序湯自伐桀必言伊尹相湯
者序其篇次自爲首尾以上云伊尹醜夏遂相成湯伐
之故文次言伊尹也計太公之相武王猶如伊尹之相
成湯泰誓不言太公相者彼文無其次也且武王之時
有周召之倫聖賢多矣湯稱伊尹云聿求元聖與之戮
力伊尹稱惟尹躬暨湯咸有一德則伊尹相湯其功多
於太公故特言伊尹相湯也桀都安邑相傳爲然即漢
之河東郡安邑縣是也史記吳起對魏武侯云夏桀之
居左河濟右太華伊闕在其南羊腸在其北修政不仁
湯放之也地理志云上黨郡壺關縣有羊腸坂在安邑之
北是桀都安邑必當然矣將明陑之所在故先言桀都
安邑桀都在亳西當從東而往今乃升道從陑升者從
下向上之名言陑當是山阜之地歷險迂路爲出其不
意故也陑在河曲之南蓋今潼關左右河曲在安邑西
南從陑向北渡河乃東向安邑鳴條在安邑之西桀西

小六百五十二　尚八　二

出拒湯故戰于鳴條之野陑在河曲之南鳴條在安邑
之西皆彼有其迹相傳云然湯以至聖伐暴當顯行用
師而出其不意掩其不備者湯承禪代之後嘗爲桀臣
慙而且懼故出其不意武王則三分天下有其二久不
事紂紂有浮桀之罪地無險要之勢故顯然致罰以明
天誅又慇懃誓衆與湯有異所以湯惟一誓武王有三
○傳地在至拒湯　正義曰鄭玄云鳴條南夷地名孟
子云舜卒於鳴條東夷之地或云陳留平丘縣今有鳴
條亭是也皇甫謐云伊訓曰造攻自鳴條朕哉自亳
又曰夏師敗績乃伐三朡湯誥曰王歸自克夏至于
亳三朡在定陶於義不得在陳留與東夷也今安邑
見有鳴條陌昆吾亭左氏以爲昆吾與桀同以乙卯
日亡韋顧亦爾故詩曰韋顧既伐昆吾夏桀於左氏
昆吾在衛乃在濮陽不得與桀異處同日而亡明昆
吾亦來安邑欲以衛桀故同日亡而安邑有其亭也
且吳起言險以指安邑安邑於此而言何得在南夷

足利本卷八第二葉

西南從陑向北渡河乃東向安邑鳴條在安邑之西桀西出拒
湯故戰于鳴條之野陑在河曲之南鳴條在安邑之西皆彼有
其迹相傳云然湯以至聖伐暴當顯行用師而出其不意掩其
不備者湯承禪代之後嘗爲桀臣慙而且懼故出其不意武王
則三分天下有其二久不事紂紂有浮桀之罪地無險要之勢
故顯然致罰以明天誅又慇懃誓衆與湯有異所以湯惟一誓
武王有三
傳地在至拒湯
正義曰鄭玄云鳴條南夷地名孟子云舜卒於鳴條東夷之地
或云陳留平丘縣今有鳴條亭是也皇甫謐云伊訓曰造攻自
鳴條朕哉自亳又曰夏師敗績乃伐三朡湯誥曰王歸自克夏
至于亳三朡在定陶於義不得在陳留與東夷也今安邑見有
鳴條陌昆吾亭左氏以爲昆吾與桀同以乙卯日亡韋顧亦爾
故詩曰韋顧既伐昆吾夏桀於左氏昆吾在衛乃在濮陽不得
與桀異處同日而亡明昆吾亦來安邑欲以衛桀故同日亡而
安邑有其亭也且吳起言險以指安邑安邑於此而言何得在
南夷乎謐言是也
湯誓
正義曰此經皆誓之辭也甘誓泰誓牧誓發首皆有序引別言
其誓意記其誓處此與費誓惟記誓辭不言誓處者史非一人
辭有詳略序以經文不具故備言之也
王曰至攸赦
正義曰商王成湯將與桀戰呼其將士曰來汝在軍之衆庶悉
聽我之誓言我伐夏者非我小子輒敢行此以臣伐君舉爲亂
事乃由有夏君桀多有大罪上天命我誅之桀既失君道我非
復桀臣是以順天誅之由其多罪故也桀之罪狀汝盡知之今
汝桀之所有之衆即汝輩是也汝等言曰我君夏桀不憂念我
等衆人舍廢我稼穡之事奪我農功之業而爲割剝之政於夏
邑斂我貨財我惟聞汝衆言夏氏既有此罪上天命我誅桀我
畏上天之命不敢不正桀罪而誅之又質而審之今汝衆人其

單疏卷八第二葉

孚諸言 是也 湯誓 戒誓其 士衆 疏 湯誓 正義曰此經皆 誓之辭也甘誓泰誓牧
誓費誓皆有序引則言其誓意記其誓處此與費 誓惟記誓辭不言誓處者史非一人辭有詳略序
以經文不具 故備言之也 王曰格爾衆庶悉聽朕言 契始封商湯 遂以爲天下
號湯稱王則 比桀於一夫 非台小子敢行稱亂有夏多罪天命
殛之 稱舉也舉亂以諸侯伐天子非我小子 敢行此事桀有昏德民命誅之今順天 今爾
有衆汝曰我后不恤我衆舍我穡事而割正夏 汝汝 有衆
我后桀也正政也言奪 民農功而爲割剝之政 予惟聞汝衆言 不憂我 衆之言 夏
氏有罪予畏上帝不敢不正 不敢不正 桀罪誅之 今汝其曰
夏罪其如台 今汝其復言桀惡其 亦如我所聞之言 夏王率遏衆力
率割夏邑 言桀君臣相率爲勞役之事以絕衆力 謂廢農功相率割剝夏之邑居謂征賦
重 有衆率怠弗協曰時日曷喪予及汝皆亡 衆下 相率
爲怠惰不與上和合比桀於日曰是日 何時喪我與汝俱亡欲殺身以喪桀 夏德若茲
今朕必往 凶德如此 必往誅之 我 爾尚輔予一人致天之罰
予其大賚汝 賚與也汝庶幾輔成 我我大與汝爵賞 爾無不信朕不
食言 食盡其言 僞不實 爾不從誓言 不用 命 予則孥戮汝罔
有攸赦 古之用刑父子兄弟罪不相及今云 孥戮汝無有所赦權以脅之使勿犯 疏 王 曰

至攸赦　正義曰商王成湯將與桀戰呼其將士
曰來汝在軍之衆庶悉聽我之誓言我伐夏者非
我小子輒敢行此以臣伐君舉爲亂事乃由有夏
君桀多有大罪上天命我誅之桀既失君道我非
復桀臣是以順天誅之由其多罪故也桀之罪狀
汝盡知之今汝桀之所有之衆即汝輩是也汝等
言曰我君夏桀不憂念我等衆人舍廢我稼穡之
事奪我農功之業而爲割剝之政於夏邑斂我貝
財我惟聞汝衆言夏氏既有此罪上天命我誅桀
我畏上天之命不敢不正桀罪而誅之又質而審
之今汝衆人其必言曰夏王之罪其實如我所言
夏王非徒如此又與臣下相率遏絕衆力使不得
事農又相率爲割剝之政於此夏邑使不得安居
上下同惡民困益甚由是汝等相率怠惰不與在
上和協比桀於日曰是日何時能喪若其可喪我
與汝皆亡身殺之寧殺身以亡桀是其惡之甚夏
王惡德如此今我必往誅之汝庶幾輔成我一人
致行天之威罰我其大賞賜汝汝無得不信我語
我終不食盡其言爲虛僞不實汝若不從我之誓
言我則并殺汝子以戮汝身必無有所赦勸使勉
力勿犯法也庶亦衆也古人有此重言猶云艱難
也　傳契始至一夫　正義曰以湯於此稱王故
本其號商之意契始封商湯號爲商知契始封商
湯遂以商爲天下之號鄭玄之說亦然惟王肅云
相土居商丘湯取商爲號若取商丘爲號何以不
名商丘而單名商也若八遷國名商不改則此商
猶是契商非相土之商也若八遷遷即改名則相
土至湯改名多矣相土既非始祖又非受命何故
用其所居之地以爲天下號名成湯之意復何取
乎知其必不然也湯取契封商以商爲天下之號
周不取后稷封邰爲天下之號者契後八遷商名
不改成湯以商受命故宜以商爲號后稷之後隨

遷易名公劉爲豳大王爲周文王以周受命故當以周爲號二代不同理則然矣泰誓云獨夫受此湯稱爲王則比桀於一夫桀旣同於一夫故湯可稱王矣是言湯於伐桀之時始稱王也周書泰誓稱王則亦伐紂之時始稱王也鄭玄以文王生稱王亦謬也　傳稱舉至順天　正義曰稱舉釋言文常法以臣伐君則爲亂逆故舉亂謂以諸侯伐天子桀有昏德宣三年左傳文以有昏德天命誅之今乃順天行誅非復臣伐君也以此解衆人守常之意也　傳今汝至之言　正義曰如我者謂湯之自稱我也湯謂其衆云汝言桀之罪如我誓言所述也　傳言桀至賦重　正義曰此經與上舍我穡事而割正夏其意一也上言夏王之身此言君臣相率再言所以積桀之罪也力施於農時供上賦故以止絕衆力謂廢農功割剝夏邑謂征賦重言以農時勞役又重斂其財致使民困而怨深賦斂重則民不安矣　傳衆下至喪桀　正義曰上旣馭之非道下亦不供其命故衆下相率爲怠惰不與上和合不肯每事順從也比桀於日曰是日何時喪云欲令早喪桀命也我與汝俱亡者民相謂之辭言並欲殺身以喪桀也所以比桀於日者以日無喪之理猶云桀不可喪言喪之難也不避其難與汝俱亡欲殺身以喪桀疾之甚也鄭云桀見民欲叛乃自比於日曰是日何嘗喪乎日若喪亡我與汝亦皆喪亡引不亡之徵以脅恐下民也　傳食盡至不實　正義曰釋詁云食僞也孫炎曰食言之僞也哀二十五年左傳云孟武伯惡郭重曰何肥也公曰是食言多矣能無肥乎然則言而不行如食之消盡後終不行前言爲僞故通謂僞言爲食言故爾雅訓食爲僞也　傳古之至勿犯　正義曰昭二十年左傳引康誥曰父子兄弟罪不相及是古之用刑如是也旣刑不相

足利本卷八第五葉

必言曰夏王之罪其實如我所言夏王非徒如此又與臣下相率遏絕衆力使不得事農又相率爲割剝之政於此夏邑使不得安居上下同惡民困益甚由是汝等相率怠惰不與在上和協比桀於日曰是日何時能喪若其可喪我與汝皆亡身殺之寧殺身以亡桀是其惡之甚夏王惡德如此今我必往誅之汝庶幾輔成我一人致行天之威罰我其大賞賜汝汝無得不信我語我終不食盡其言爲虛僞不實汝若不從我之誓言我則并殺汝子以戮汝身必無有所赦勸使勉力勿犯法也庶亦衆也古人有此重言猶云艱難也

傳契始至一夫

正義曰以湯於此稱王故本其號商之意契始封商湯號爲商知契始封商湯遂以商爲天下之號鄭玄之說亦然惟王肅云相土居商丘湯取商爲號若取商丘爲號何以不名商丘而單名商也若八遷國名商不改則此商猶是契商非相土之商也若八遷遷即改名則相土至湯改名多矣相土旣非始祖又非受命何故用其所居之地以爲天下號名成湯之意復何取乎知其必不然也湯取契封商以商爲天下之號周不取后稷封邰爲天下之號者契後八遷商名不改成湯以商受命故宜以商爲號后稷之後隨遷易名公劉爲豳大王爲周文王以周受命故當以周爲號二代不同理則然矣泰誓云獨夫受此湯稱爲王則比桀於一夫桀旣同於一夫故湯可稱王矣是言湯於伐桀之時始稱王也周書泰誓稱王則亦伐紂之時始稱王也鄭玄以文王生稱王亦謬也

傳稱舉至順天

正義曰稱舉釋言文常法以臣伐君則爲亂逆故舉亂謂以諸侯伐天子桀有昏德宣三年左傳文以有昏德天命誅之今乃順天行誅非復臣伐君也以此解衆人守常之意也

傳今汝至之言

正義曰如我者謂湯之自稱我也湯謂其衆云汝言桀之罪如我誓言所述也

單疏卷八第三葉

及必不殺其子權時以迫脅之使勿犯刑法耳不
於甘誓解之者以夏啓承舜禹之後刑罰尚寛殷
周以後其罪或相縁坐恐其實有孥戮故於此解
之鄭玄云大罪不止其身又孥戮其子孫周禮云
其奴男子入于罪隷女子入于舂槀鄭意以爲實
戮其子故周禮注云奴謂從坐而没入縣官者也
孔以孥戮爲權脅之辭則周禮所云非從坐也鄭
衆云謂坐爲盜賊而爲奴者輸於罪隷舂人槀人
之官引此孥戮汝又引論語云箕子爲
之奴或如衆言别有没入非縁坐者也 湯既勝夏
欲遷其社不可 湯承堯舜禪代之後順天應人逆
取順守而有慙德故革命創制改
正易服變置社稷而後世
無及句龍者故不可而止 作夏社疑至臣扈 言夏社不
可遷之義疑至及
臣扈三篇皆亡 疏 湯既至臣扈 正義曰湯既伐
而勝夏革命創制變置社稷

尚八 六

欲遷其社無人可代句龍故不可而止於時有言
議論其事故史敘之爲夏社疑至臣扈三篇皆亡
傳湯承至而止 正義曰傳解湯遷社之意湯
承堯舜禪代之後已獨伐而取之雖復應天順人
乃是逆取順守而有慙愧之德自恨不及古人故
革命創制改正易服因變置社稷也易革卦彖曰
湯武革命順乎天而應乎人下篇言湯有慙德大
傳云改正朔易服色此其所得與民變革者也所
以變革此事欲易人之視聽與之更新故於是之
時變置社稷昭二十九年左傳云共工氏有子曰
句龍爲后土后土爲社有烈山氏之子曰柱爲稷
自夏已上祀之周棄亦爲稷自商已來祀之祭法
云厲山氏之有天下也其子曰農能殖百穀夏之
衰也周棄繼之故祀以爲稷共工氏之霸九州也
其子曰后土能平九州故祀以爲社是言變置之
事也魯語文與祭法正同而云夏之興也周棄繼

傳言孥至賦重
正義曰此經與上舍我穡事而割正夏其意一也上言夏王之
身此言君臣相率再言所以積桀之罪也力施於農時供上賦
故以止絶衆力謂廢農功割剥夏邑謂征賦重言以農時勞役
又重斂其財致使民困而怨深賦斂重則民不安矣
傳衆下至喪桀
正義曰上既馭之非道下亦不供其命故衆下相率爲怠惰不
與上和合不肯每事順從也比桀於日曰是日何時喪亡欲令
早喪桀命也我與汝俱亡者民相謂之辭言並欲殺身以喪桀
也所以比桀於日者以日無喪之理猶云桀不可喪言喪之難
也不避其難與汝俱亡欲殺身以喪桀疾之甚也鄭云桀見民
欲叛乃自比於日曰是日何嘗喪乎日若喪亡我與汝亦皆喪
亡引不亡之徵以脅恐下民也
傳食盡至不實
正義曰釋詁云食僞也孫炎曰食言之僞也哀二十五年左傳

書八 四 蔡圭道

云孟武伯惡郭重曰何肥也公曰是食言多矣能無肥乎然則
言而不行如食之消盡後終不行前言爲僞故通謂僞言爲食
言故爾雅訓食爲僞也
傳古之至勿犯
正義曰昭二十年左傳引康誥曰父子兄弟罪不相及是古之
用刑如是也既刑不相及必不殺其子權時以迫脅之使勿犯
刑法耳不於甘誓解之者以夏啓承舜禹之後刑罰尚寛殷周
以後其罪或相縁坐恐其實有孥戮故於此解之鄭玄云大罪
不止其身又孥戮其子孫周禮云其奴男子入于罪隷女子入
于舂槀鄭意以爲實戮其子故周禮注云奴謂從坐而没入縣
官者也孔以孥戮爲權脅之辭則周禮所云非從坐也鄭衆云
謂坐爲盜賊而爲奴者輸於罪隷舂人槀人之官引此孥戮汝
又引論語云箕子爲之奴或如衆言别有没入非縁坐者也
湯既至臣扈
正義曰湯既伐而勝夏革命創制變置社稷欲遷其社無人可

之興當爲棄字之誤耳湯于初時社稷俱欲改之周棄功多於柱即令廢柱祀棄而上世治水土之臣其功無及勾龍者故不可遷而止此序之次在湯誓之下云湯既勝夏下云夏師敗績湯遂從之是未及逐桀已爲此謀鄭玄等注此序乃在湯誓之上若在作誓之前不得云既勝夏也孟子曰犧牲既成粢盛既絜祭祀以時然而旱乾水溢則變置社稷鄭玄因此乃云湯伐桀之時大旱既置其禮祀明德以薦而猶旱至七年故更致社稷乃謂湯即位之後七年大旱方始變之若實七年乃變何當繫之勝夏勝夏猶尚不可况在湯誓前乎且禮記云夏之衰也周棄繼之商興七年乃變安得以夏衰爲言也若商革夏命猶七年祀柱左傳亦不得斷爲自夏已上祀柱自商已來祀棄也由此而言孔稱改正朔而變置社稷所言得其旨也漢世儒者說社稷有二左傳說社祭勾龍稷祭柱棄惟祭人神而已孝經說社爲土神稷爲穀神勾龍柱棄是配食者也孔無明說而此經云遷社孔傳云無及勾龍即同賈逵馬融等說以社爲勾龍也

傳言夏至皆亡　正義曰疑至與臣扈相類當是二臣名也蓋亦言其不可遷之意馬融云聖人不可自專復用二臣自明也

夏師敗績大崩曰敗績**湯遂從之**從謂逐討之**遂伐三朡俘厥寶玉**三朡國名桀走保之今定陶也桀自安邑東入山出太行東南涉河湯緩追之不迫遂奔南巢俘取也玉以禮神使無水旱之災故取而寶之

【疏】傳三朡至寶之　正義曰湯伐三朡知是國名逐桀而伐其國知桀走保之也今定陶者相傳爲然安邑在洛陽西北定陶在洛陽東南孔跡其所往之路桀自安邑東入山出太行乃東南涉河往奔三朡湯緩追之不迫遂奔南巢俘取釋詁文桀必載寶而行棄

足利本卷八第七葉

代句龍故不可而止於時有言議論其事故史敘之爲夏社疑至臣扈三篇皆亡

傳湯承至而止

正義曰傳解湯遷社之意湯承堯舜禪代之後已獨伐而取之雖復應天順人乃是逆取順守而有慚愧之德自恨不及古人故革命創制改正易服因變置社稷也易革卦彖曰湯武革命順乎天而應乎人下篇言湯有慚德大傳云改正朔易服色此其所得與民變革者也所以變革此事欲易人之視聽與之更新故於是之時變置社稷昭二十九年左傳云共工氏有子曰句龍爲后土后土爲社有烈山氏之子曰柱爲稷自夏已上祀之周棄亦爲稷自商已來祀之祭法云厲山氏之有天下也其子曰農能殖百穀夏之衰也周棄繼之故祀以爲稷共工氏之霸九州也其子曰后土能平九州故祀以爲社是言變置之事也魯語文與祭法正同而云夏之興也周棄繼之興當爲衰字之誤耳湯于初時社稷俱欲改之周棄功多於柱即令廢柱祀棄而上世治水土之臣其功無及句龍者故不可遷而止此序之次在湯誓之下云湯既勝夏下云夏師敗績湯遂從之是未及逐桀已爲此謀鄭玄等注此序乃在湯誓之上若在作誓之前不得云既勝夏也孟子曰犧牲既成粢盛既絜祭祀以時然而旱乾水溢則變置社稷鄭玄因此乃云湯伐桀之時大旱既置其禮祀明德以薦而猶旱至七年故更致社稷乃謂湯即位之後七年大旱方始變之若實七年乃變何當繫之勝夏勝夏猶尚不可况在湯誓前乎且禮記云夏之衰也周棄繼之商興七年乃變安得以夏衰爲言也若商革夏命猶七年祀柱左傳亦不得斷爲自夏已上祀柱自商已來祀棄也由此而言孔稱改正朔而變置社稷所言得其旨也漢世儒者說社稷有二左傳說社祭句龍稷祭柱棄惟祭人神而已孝經說社爲土神稷爲穀神句龍柱棄是配食者也孔無明說而此經云遷社孔傳云無及句龍即同賈逵馬融等說以社爲句龍也

傳言夏至皆亡

單疏卷八第五葉

於三朡取其寶玉取其所棄者也楚語云玉足以
庇廕嘉穀使無水旱之災則寶之韋昭云玉禮神
之玉也言用玉禮神神享其德使風
雨調和可以庇廕嘉穀故取而寶之 誼伯仲伯作

典寶 二臣作典寶一篇言國之常寶也 亡

仲虺之誥第二 商書 孔氏傳

湯歸自夏至于大坰 自三朡而還大坰地名 仲虺作誥 為湯左相
奚仲之後 疏 湯歸至作誥 正義曰湯歸自伐夏至于
大坰之地其臣仲虺作誥以誥湯史錄其
言作仲虺之誥上言遂伐三朡故傳言自三朡而
還不言歸自三朡而言歸自夏者伐夏而遂逐桀
於今方始旋歸以自夏告廟故序言自夏傳本其
來處故云自三朡耳大坰地名未知所在當是定
陶向亳之路所經湯在道而言予恐來世以台為
口實故仲虺至此地而作誥也序不言作仲虺之
誥以理足文便故略之 傳為湯至之後 正義
曰定元年左傳云薛之皇祖奚仲居薛以為夏車
正仲虺居薛以為湯左相是其事也 仲虺之誥 仲虺臣名以諸侯相天子會同曰誥 疏
仲虺之誥 正義曰發首二句史述成湯之心次
二句湯言己慙之意仲虺乃作誥以下皆勸湯之
辭自曰嗚呼至用爽厥師言天以桀有罪命伐夏
之事自簡賢輔勢至言足聽聞說湯在桀時怖懼
之事自惟王弗邇聲色至厥惟舊哉言湯有德行
加民民歸之事自佑賢輔德以下說天子之法當
擢用賢良屏黜昏暴勸湯奉行此事不須以放桀
為惡康誥召誥之類二字足以為文仲虺誥三字
不得成文以之字足成其句畢命冏命不言之微
子之命文侯之命言之與此同猶周禮司服言大

正義曰疑至與臣扈相類當是二臣名也蓋亦言其不可遷之
意馬融云聖人不可自專復用二臣自明也
傳三朡至寶之
正義曰湯伐三朡知是國名逐桀而伐其國知桀走保之也今
定陶者相傳為然安邑在洛陽西北定陶在洛陽東南孔跡其
所往之路桀自安邑東入山出太行乃東南涉河往奔三朡湯
緩追之不迫逐奔南巢俘取釋詁文桀必載寶而行棄於三朡
取其寶玉取其所棄者也楚語云玉足以庇廕嘉穀使無水旱
之災則寶之韋昭云玉禮神之玉也言用玉禮神神享其德使
風雨調和可以庇廕嘉穀故取而寶之
仲虺之誥第二
湯歸至作誥
正義曰湯歸自伐夏至于大坰之地其臣仲虺作誥以誥湯史
錄其言作仲虺之誥上言遂伐三朡故傳言自三朡而還不言
歸自三朡而言歸自夏者伐夏而遂逐桀於今方始旋歸以自
夏告廟故序言自夏傳本其來處故云自三朡耳大坰地名未
知所在當是定陶向亳之路所經湯在道而言予恐來世以台
為口實故仲虺至此地而作誥也序不言作仲虺之誥以理足
文便故略之
傳為湯至之後
正義曰定元年左傳云薛之皇祖奚仲居薛以為夏車正仲虺
居薛以為湯左相是其事也
仲虺之誥
正義曰發首二句史述成湯之心次二句湯言已慙之意仲虺
乃作誥以下皆勸湯之辭自曰嗚呼至用爽厥師言天以桀有
罪命伐夏之事自簡賢輔勢至言足聽聞說湯在桀時怖懼之事
自惟王弗邇聲色至厥惟舊哉言湯有德行加民民歸之事自
佑賢輔德以下說天子之法當擢用賢良屏黜昏暴勸湯奉行
此事不須以放桀為惡康誥召誥之類二字足以為文仲虺誥
三字不得成文以之字足成其句畢命冏命不言之微子之命

褎而冕亦足句也。傳仲虺至曰誥●正義曰伯仲叔季人字之常仲虺必是其名或字仲而名虺古人名字不可審知縱使是字亦得謂之爲名言是人之名號也左傳稱居薛爲湯左相是以諸侯相天子也周禮士師云以五戒先後刑罰一曰誓用之於軍旅二曰誥用之於會同是會同曰誥誥謂於會之所設言以誥衆此惟誥湯一人而言會同者因解諸篇誥義且仲虺必對衆誥湯亦是會同曰誥

成湯放桀于南巢惟有慙德湯伐桀武功成故以爲號南巢地名有慙德慙德不及古曰予恐來世以台爲口實恐來世論道我放天子常不去口仲虺乃作誥陳義誥湯可無慙曰嗚呼惟天生民有欲無主乃亂民無君主則恣情欲必致禍亂惟天生聰明時乂言天生聰

尚書八

明是治民亂有夏昏德民墜塗炭夏桀昏亂不恤下民民之危險若陷泥墜火無救之者天乃錫王勇智表正萬邦纘禹舊服言天與王勇智應爲民主儀表天下法正萬國繼禹之功統其故服茲率厥典奉若天命天意如此但當循其典法奉順天命而已無所慙

疏成湯放桀于南巢　正義曰桀奔南巢湯縱而不迫故稱放也傳言南巢地名不知地之所在周書序有巢伯來朝傳云南方遠國鄭玄云巢南方之國世一見者桀之所奔蓋彼國也以其國在南故稱南耳傳并以南巢爲地名不能委知其處故未明言之

夏王有罪矯誣上天以布命于下言託天以行虐民乃桀之大罪帝用不臧式商受命用爽厥師

足利本卷八第九葉

文侯之命言之與此同猶周禮司服言大裘而冕亦足句也

傳仲虺至曰誥

正義曰伯仲叔季人字之常仲虺必是其名或字仲而名虺古人名字不可審知縱使是字亦得謂之爲名言是人之名號也左傳稱居薛爲湯左相是以諸侯相天子也周禮士師云以五戒先後刑罰一曰誓用之於軍旅二曰誥用之於會同是會同曰誥誥謂於會之所設言以誥衆此惟誥湯一人而言會同者因解諸篇誥義且仲虺必對衆誥湯亦是會同曰誥

成湯放桀于南巢

正義曰桀奔南巢湯縱而不迫故稱放也傳言南巢地名不知地之所在周書序有巢伯來朝傳云南方遠國鄭玄云巢南方之國世一見者桀之所奔蓋彼國也以其國在南故稱南耳傳并以南巢爲地名不能委知其處故未明言之

夏王至厥師

正義曰矯詐也誣加也夏王自有所欲詐加上天言天道須然不可不爾假此以布苛虐之命於天下以困苦下民上天用桀無道之故故不善之用使商家受此爲王之命以王天下用命商王明其所有之衆謂湯教之使脩德行善以自安樂是明之也

傳式用爽明也

正義曰式用釋言文昭七年左傳云是以有精爽至於神明從爽以至於明則爽是明之如故爽爲明也經稱昧爽謂未大明也

德懋至不吝

正義曰於德能勉力行之者王則勸勉之以官於功能勉力爲之者王則勸勉之以賞用人之言惟如已之所出改悔過失無所悋惜美湯之行如此凡庸之主得人之言　非已智雖知其善不肯遂從已有愆失恥於改過與事雖覺其非不肯更悔是惜過不改故以此美湯也成湯之爲此行尚爲仲虺所稱歎凡人能勉者鮮矣

乃葛伯仇餉

正義曰此言乃者知說已過之事胤征云乃季秋月朔其義亦

單疏卷八第七葉

天用桀無道故不善之式用爽明也用商受王命用明其衆言爲主也簡賢附勢寔
繁有徒簡略也賢而無勢則略之不賢有勢則附之若是者繁多有徒衆無道之世所常
肇我邦于有夏若苗之有莠若粟之有秕始我商家國於夏世欲見翦除若莠生苗若秕在粟恐被鋤治簸颺小大戰戰罔不懼于非
辜矧予之德言足聽聞言商家小大憂危恐其非罪見滅矧况也况我之道德善言足聽聞乎無道之惡有道自然理惟王不邇聲色不殖貨利邇近
也不近聲樂言清簡不近女色言貞固殖生也不生資貨財利言不貪也既有聖德兼有此行
疏夏王至厥師　正義曰矯詐也誣加也夏王自有所欲詐加上天言天道須然不可不爾假此以布
苛虐之命於天下以困苦下民上天用桀無道之故不善之用使商家受此爲王之命以王天下
用命商王明其所有之衆謂湯教之使修德行善以自安樂是明之也　傳式用爽明也　正義曰
式用釋言文昭七年左傳云是以有精爽至於神明從爽以至於明則爽是明之如故爽爲明也　經
稱昧爽謂未大明也德懋懋官功懋懋賞用人惟己改過不
吝勉於德者則勉之以官勉於功者則勉之以賞用人之言若自己出有過則改無所吝惜所以
能成王業克寬克仁彰信兆民言湯寬仁之德明信於天下　疏德懋
至不吝　正義曰於德能勉力行之者王則勸勉之以官於功能勉力爲之者王則勸勉之以賞用
人之言惟如己之所出改悔過失無所悋惜美湯之行如此凡庸之主得人之言恥非己智雖知其

善不肯遂從己有過失恥於改過舉事雖覺其非不肯更悔是惜過不改故以此美湯之改
此行尚爲仲虺所稱歎凡人能勉者鮮矣乃葛伯仇餉初征自葛東征
西夷怨南征北狄怨葛伯遊行見農民之餉於田者殺其人奪其餉故謂之仇餉仇
怨也湯爲是以不祀之罪伐之從此後遂征無道西夷北狄舉遠以言則近者著矣曰奚獨
後予怨者辭也攸徂之民室家相慶曰徯予后后來其蘇
湯所往之民皆喜曰待我君來其可蘇息民之戴商厥惟舊哉舊謂初征自葛時
佑賢輔德顯忠遂良賢則助之德則輔之忠則顯之良則進之明王之道兼
弱攻昧取亂侮亡弱則兼之闇則攻之亂則取之有亡形則侮之言正義推
亡固存邦乃其昌有亡道則推而亡之有存道則輔而固之王者如此國乃昌盛
疏乃葛伯仇餉　正義曰此言乃者却說己過之事胤征云乃季秋月朔其義亦然左傳稱怨耦
曰仇謂彼人有負於我我心怨之是名爲仇也餉田之人不負葛伯葛伯奪其餉而殺之是葛伯以餉
田之人爲己之仇言非所怨而妄殺故湯爲之報也孟子稱湯使亳衆往爲之耕有童子以黍肉餉葛伯
奪而殺之則葛伯所殺殺亳人也傳言葛伯遊行見農人之餉於田者殺其人而奪其餉故謂之仇餉乃
以葛伯自殺己人與孟子違者湯之征葛以人之枉死而爲之報耳不爲亳人乃報之非亳人則赦之故
傳指言殺餉不辨死者何人亳人葛人義無以異故不復言亳非是故違孟子　傳賢則至之道　正義
曰周禮鄉大夫云三年則大比考其德行道藝而興賢者鄭玄云賢者謂有德行者詩序云忠臣良士皆

是善也然則賢是德盛之名德是資賢之實忠是
盡心之事良是爲善之稱俱是可用之人所從言
之異耳佑之與輔顯之與遂隨便而言之　傳弱
則至正義　正義曰力少爲弱不明爲昧政荒爲
亂國滅爲亡兼謂包之攻謂擊之取謂取爲己有
侮謂侮慢其人弱昧亂亡俱是彼國衰微之狀兼
攻取侮是此欲吞并之意弱昧是始衰之事來服
則制爲己屬不服則以兵攻之此二者始欲服其
人未是滅其國亂是已亂亡謂將亡二者衰甚已將
滅其國亡形已著無可忌憚故陵侮其人既侮其
人必滅其國故以侮言之此是人君之正義仲虺
陳此者意亦言桀亂亡取之不足爲愧下言推亡
及覆昏暴其意亦在桀也

德日新萬邦惟懷志自滿九族乃離

日新不懈怠自滿志盈溢

疏　德日至乃離　正義曰易繫辭云日新之謂盛德修德不怠日日益

尚八　十二

新德加于人無遠不届故萬邦之衆惟盡歸之志
意自滿則陵人人既被陵情必不附雖九族之親
乃亦離之萬邦舉遠以明近九族舉親以明疎也
漢代儒者說九族有二案禮戴及尚書緯歐陽說
九族乃異姓有屬者父族四母族三妻族二古尚
書說九族從高祖至玄孫凡九族堯典云以親九
族傳云以睦高祖玄孫之親則此言九族亦謂高
祖玄孫之親也謂萬邦惟懷實歸之九族乃離實
離之聖賢設言爲戒容辭頗甚父子之間便以志
滿相棄此言九族以爲外姓九族有屬文便也

王懋昭大德建中于民以義制事以禮制心垂裕後昆 欲王自勉明大德立大中之道於民率義奉禮垂優足之道示後世 予聞曰能自得師者王 求賢聖而事之 謂人莫己若者亡 自多足人莫之益亡

足利本卷八第十二葉

然左傳稱怨耦曰仇謂彼人有負於我我心怨之是名爲仇也
餉田之人不負葛伯葛伯奪其餉而殺之是葛伯以餉田之人
爲己之仇言非所怨而妄殺故湯爲之報也孟子稱湯使亳衆
往爲之耕有童子以黍肉餉葛伯奪而殺之則葛伯所殺殺亳
人也傳言葛伯遊行見農人之餉於田者殺其人而奪其餉故
謂之仇餉乃似葛伯自殺己人與孟子違者湯之征葛以人之
枉死而爲之報耳不爲亳人乃報之非亳人則赦之故傳指言
殺餉不辨死者何人亳人葛人義無以異故不復言亳非是故
違孟子

傳賢則至之道

正義曰周禮鄉大夫云三年則大比考其德行道藝而興賢者
鄭玄云賢者謂有德行者詩序云忠臣良士皆是善也然則賢
是德盛之名德是資賢之實忠是盡心之事良是爲善之稱俱
是可用之人所從言之異耳佑之與輔顯之與遂隨便而言之

傳弱則至正義

正義曰力少爲弱不明爲昧政荒爲亂國滅爲亡兼謂包之攻
謂擊之取謂取爲己有侮謂侮慢其人弱昧亂亡俱是彼國衰
微之狀兼攻取侮是此欲吞并之意弱昧是始衰之事來服則
制爲己屬不服則以兵攻之此二者始欲服其人未是滅其國
亂是已亂亡謂將亡二者衰甚已將滅其國亡形已著無可忌
憚故陵侮其人既侮其人必滅其國故以侮言之此是人君之
正義仲虺陳此者意亦言桀亂亡取之不足爲愧下言推亡及
覆昏暴其意亦在桀也

德曰至乃離

正義曰易繫辭云日新之謂盛德修德不怠日日益新德加于
人無遠不届故萬邦之衆惟盡歸之志意自滿則陵人人既被
陵情必不附雖九族之親乃亦離之萬邦舉遠以明近九族舉
親以明疎也漢代儒者說九族有二案禮戴及尚書緯歐陽說
九族乃異姓有屬者父族四母族三妻族二古尚書說九族從
高祖至玄孫凡九族堯典云以親九族傳云以睦高祖玄孫之

單疏卷八第八葉

之道好問則裕自用則小問則有得所以足不問專固所以小嗚呼慎厥終惟其始靡不有初鮮克有終故戒慎終如其始殖有禮覆昏暴有禮者封殖之昏暴者覆亡之欽崇天道永保天命王者如此上事則敬天安命之道

湯誥第三　商書　孔氏傳

湯既黜夏命黜退也退其王命復歸于亳作湯誥以伐桀大義告天下

【疏】湯既至湯誥　正義曰湯既黜夏王之命復歸于亳以伐桀大義誥示天下史錄其事作湯誥仲虺在路作誥此至亳乃作故次仲虺之下

王歸自克夏至于亳誕告萬方誕大也以天命大義告萬方之衆人

【疏】王歸自克夏　正義曰湯之伐桀當有諸侯從之不從行者必應多矣既已克夏改正名號還至于亳海內盡來猶如武成篇所云庶邦冢君暨百工受命于周也湯於此時大誥諸侯以伐桀之義故云誕告萬方誕大釋詁文萬者舉盈數下云凡我造邦是誥諸侯也

王曰嗟爾萬方有衆明聽予一人誥天子自稱曰予一人古今同義惟皇上帝降衷于下民皇大上帝天也衷善也

【疏】降衷于下民　正義曰天生烝民與之五常之性使有仁義禮智信是天降善於下民也天既與善於民君當順之故下傳云順人有常之性則是為君之道

若有恆性克綏厥猷惟后順人有常之性能安立其道教則惟為君之道夏王滅德

足利本卷八第十三葉

親則此言九族亦謂高祖玄孫之親也謂萬邦惟懷實歸之九族乃離實離之聖賢設言為戒容辭頗甚父子之閒便以志滿相棄此言九族以為外姓九族有屬文便也

湯誥第三

湯既至湯誥

正義曰湯既黜夏王之命復歸于亳以伐桀大義誥示天下史録其事作湯誥仲虺在路作誥此至亳乃作故次仲虺之下

王歸自克夏

正義曰湯之伐桀當有諸侯從之不從行者必應多矣既已克夏改正名號還至于亳海内盡來猶如武成篇所云庶邦冢君暨百工受命于周也湯於此時大誥諸侯以伐桀之義故云誕告萬方誕大釋詁文萬者舉盈數下云凡我造邦是誥諸侯也

降衷于下民

正義曰天生烝民與之五常之性使有仁義禮智信是天降善於下民也天既與善於民君當順之故下傳云順人有常之性則是為君之道

弗忍荼毒

正義曰釋草云荼苦菜此菜味苦故假之以言人苦毒謂螫人之蟲蛇虺之類實是人之所苦故并言荼毒以喻苦也

敢用玄牡

正義曰檀弓云殷人尚白牲用白今云玄牡夏家尚黑于時未變夏禮故不用白也故安國注論語敢用玄牡之文云殷家尚白未變夏禮故用玄牡是其義也鄭玄說天神有六周家冬至祭皇天大帝于圜丘牲用蒼夏至祭靈威仰於南郊則牲用騂孔注孝經圜丘與郊共為一事則孔之所說無六天之事論語堯曰之篇所言敢用玄牡即此事是也孔注論語以為堯曰之章有二帝三王之事錄者採合以成章檢大禹謨及此篇與泰誓武成則堯曰之章其文略矣鄭玄解論語云用玄牡者為舜命禹事於時揔告五方之帝莫適用用皇天大帝之牲其意與孔異

單疏卷八第九葉

湯誥第三　商書

作威以敷虐于爾萬方百姓夏桀滅道德作威刑以布行虐政於天下百官言殘酷爾萬方百姓罹其凶害弗忍荼毒罹被荼毒苦也不能堪忍虐之甚疏弗忍荼毒　正義曰釋草云荼苦菜此菜味苦故假之以言人苦毒謂螫人之蟲蛇虺之類實是人之所苦故并言荼毒以喻苦也並告無辜于上下神祇言百姓兆民並告無罪稱冤訴天地天道福善禍淫降災于夏以彰厥罪政善天福之淫過天禍之故下災異以明桀罪惡譴寤之而桀不改肆台小子將天命明威不敢赦行天威謂誅之敢用玄牡敢昭告于上天神后請罪有夏明告天問桀百姓有何罪而加虐乎疏敢用玄牡　正

尚八　十四

義曰檀弓云殷人尚白牡用白今云玄牡夏家尚黑于時未變夏禮故不用白也故安國注論語敢用玄牡之文云殷家尚白未變夏禮故用玄牡是其義也鄭玄說天神有六周家冬至祭皇天大帝于圜丘牲用蒼夏至祭靈威仰於南郊則牲用騂孔注孝經圜丘與郊共爲一事則孔之所說無六天之事論語堯曰之篇所言敢用玄牡即此事是也孔注論語以爲堯曰之章有二帝三王之事錄者採合以成章檢大禹謨及此篇與泰誓武成則堯曰之章其文略矣鄭玄解論語云用玄牡者爲舜命禹事於時揔告五方之帝莫適用所皇天大帝之牲其意與孔異聿求元聖與之勠力以與爾有衆請命聿遂也大聖陳力謂伊尹放桀除民之穢是請命疏傳聿遂至請命　正義曰聿訓述也述前所以申遂故聿爲遂也勠力猶勉力也論語云

足利本卷八第十四葉

傳聿遂至請命

正義曰聿訓述也述前所以申遂故聿爲遂也勠力猶勉力也論語云陳力就列湯臣大賢惟有伊尹故知大聖陳力謂伊尹也伊尹賢人而謂之聖者相對則聖極而賢次散文則賢聖相通舜謂禹曰惟汝賢是聖得謂之賢則賢亦可言聖鄭玄周禮注云聖通而先識也解先識則爲聖名故伊尹可爲聖也孟子云伯夷聖人之清者也伊尹聖人之任者也柳下惠聖人之和者也孔子聖人之時者也是謂伊尹爲聖人也桀爲殘虐人不自保故伐桀除人之穢是爲請命

天命至允殖

正義曰桀以大罪身即黜伏是天之福善禍淫之命信而不僭差也既除大惡天下煥然僭飾若草木同生華兆民信樂生也昔日不保性命今日樂生活矣僭差不齊之意故傳以僭爲差賁飾易序卦文也

傳此伐至衆心

書八　十

正義曰經言茲者謂此伐桀也顧氏云未知得罪于天地言伐桀之事未知得罪于天地以否湯之伐桀上應天心下符人事本實無罪而云未知得罪以否者謙以求衆心

惟簡在上帝之心

正義曰鄭玄注論語云簡閱在天心言天簡閱其善惡也

咎單作明居

正義曰百篇之序此類有四伊尹作咸有一德周公作無逸作立政與此篇直言其所作之人不言其作者之意蓋以經文分明故略之馬融云咎單爲湯司空傳言王土地之官蓋亦爲司空也

伊訓第四

成湯至徂后

正義曰成湯既沒其歲即太甲元年伊尹以太甲承湯之後恐其不能纂修祖業作書以戒之史敘其事作伊訓肆命徂后三篇

傳太甲至元年

單疏卷八第十葉

陳力就列湯臣大賢惟有伊尹故知大聖陳力謂
伊尹也伊尹賢人而謂之聖者相對則聖極而賢
次散文則賢聖相通舜謂禹曰惟汝賢是聖得謂
之賢則賢亦可言聖鄭玄周禮注云聖通而先識
也解先識則爲聖名故伊尹可爲聖也孟子云伯
夷聖人之清者也伊尹聖人之任者也柳下惠聖
人之和者也孔子聖人之明者也是謂伊尹爲聖
人也桀爲殘虐人不自保故伐桀除人之穢是爲
請命上天孚佑下民罪人黜伏孚信也天信佑助下民桀知其罪退伏遠
屏天命弗僭賁若草木兆民允殖僭差賁飾也言福善禍淫之道
不差天下惡除煥然咸飾若草木同華民信樂生 疏 天命至允殖 正義曰桀以大罪身即黜
伏是天之福善禍淫之命信而不僭差也既除大
惡天下煥然脩飾若草木同生華兆民信樂生也

昔日不保性命今日樂生活矣僭差不齊
之意故傳以僭爲差賁飾易序卦文也 俾予一
人輯寧爾邦家言天使我輯安汝國家國諸侯家卿大夫 茲朕未知獲
戾于上下此伐桀未知得罪於天地謙以求衆心 疏 傳此伐至衆心 正義曰經言
茲者謂此伐桀也顧氏云未知得罪于天地言伐桀
之事未知得罪于天地以否湯之伐桀上應天心下
符人事本實無罪而云未知得罪以否者謙以求衆心 慄慄危懼若將隕于
深淵慄慄危心若墜深淵危懼之甚 凡我造邦無從匪彝無即慆
淫戒諸侯與之更始彝常慆慢也無從非常無就慢過禁之 各守爾典以承天
休守其常法承天美道 爾有善朕弗敢蔽罪當朕躬弗敢自

赦惟簡在上帝之心所以不蔽善人不赦巳罪以其簡在天心故 疏 惟簡
在上帝之心 正義曰鄭玄注論語云簡閱在天心言天簡閱其善惡也 其爾萬方有
罪在予一人自責化不至 予一人有罪無以爾萬方無用
爾萬方言非所及 嗚呼尚克時忱乃亦有終忱誠也庶幾能是誠道乃
亦有終世之美 咎單作明居咎單臣名主土地之官作明居民法一篇亡 疏 咎單
作明居 正義曰百篇之序此類有四伊尹作咸
有一德周公作無逸作立政與此篇直言其所作
之人不言其作者之意蓋以經文分明故略之馬
融云咎單爲湯司空傳言主土地之官蓋亦爲司
空也

伊訓第四 商書 孔氏傳

成湯既沒太甲元年太甲太丁子湯孫也太丁未立而卒及湯沒而太甲立稱
元年 伊尹作伊訓肆命徂后凡三篇其二亡 疏 成湯至徂后 正義曰成
湯既沒其歲即太甲元年伊尹以太甲承湯之後
恐其不能纂修祖業作書以戒之史叙其事作伊
訓肆命徂后三篇 傳太甲至元年 正義曰太
甲太丁子世本文也此序以太甲元年繼湯沒之
下明是太丁未立而卒太甲以孫繼祖故湯沒而
太甲代立即以其年稱爲元年也周法以踰年即
位知此即以其年稱元年者此經云元祀十有二
月伊尹祠于先王奉嗣王祗見厥祖太甲中篇云
惟三祀十有二月朔伊尹以冕服奉嗣王歸于亳
二者皆云十有二月若是踰年即位二者皆當以

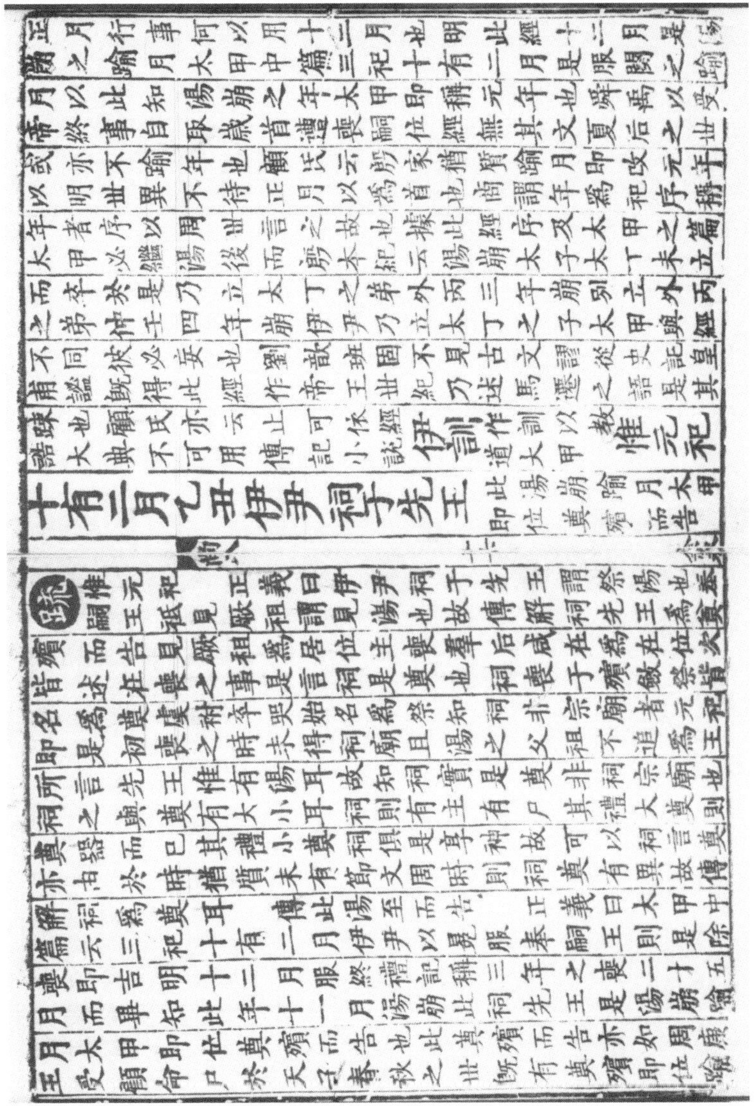

足利本卷八第十七葉

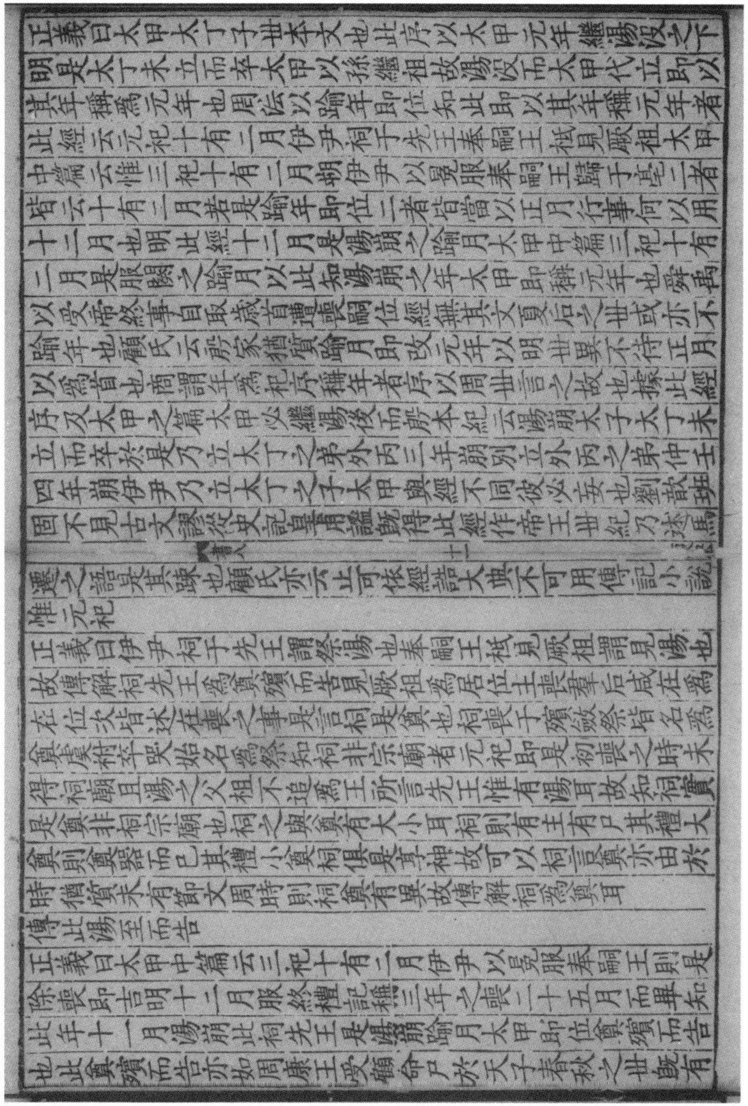

單疏卷八第十一葉

年即位此踰月即位當奠殯即位也此言伊尹祠于先
王是特設祀也嗣王祇見厥祖是始見祖也特設祀禮
而王始見祖明是初即王位告殯爲喪主也奉嗣王祇見厥祖居位主喪侯甸
羣后咸在在位次百官總已以聽冢宰伊尹制百官以三公攝冢
宰伊尹乃明言烈祖之成德以訓于王湯有功烈之祖故稱
焉傳湯有至稱焉 正義曰湯有功烈之祖毛
詩傳文也烈訓業也湯有定天下之功業爲
商家一代之大祖故以烈祖稱焉曰嗚呼古有夏先后方懋厥德
罔有天災先君謂禹以下少康以上賢王言能以德禳災傳先君至禳災 正義曰
有夏先君摠指桀之上世有德之王皆是也傳舉
聖賢者言禹已下少康已上惟當禹與啓及少康
耳魯語云杼能師禹者也杼少康之子傳蓋以其
德衰薄故斷自少康已上耳由勉行其德故無有
天災言能以德禳災也山川鬼神亦莫不寧言皆安之暨鳥
獸魚鼈咸若雖微物皆順之明其餘無不順正義曰山川至咸若 正義曰山川鬼神謂
山川之鬼神也亦莫不寧者謂鬼神安人君之政
政善則神安之神安之則降福人君無妖孽也鳥
獸魚鼈咸若者謂人君順禽魚君政善而順彼性
取之有時不夭殺也鳥獸在陸魚鼈在水水陸所
生微細之物人君爲政皆順之明其餘無不順也于其子孫弗率皇天降
災假手于我有命言桀不循其祖道故天下禍災借手於我有命商王誅討之
造攻自鳴條朕哉自亳造哉皆始也始攻桀伐無道由我始修德于亳

足利本卷八第十八葉

真殯即位踰年即位此踰月即位當真殯即位也此言伊尹祠
于先王是特設祀也嗣王祗見厥祖是始見祖也特設祀禮而
王始見祖明是初即王位告殯爲喪主也
傳湯有至稱焉
正義曰湯有功烈之祖毛詩傳文也烈訓業也湯有定天下之
功業爲商家一代之大祖故以烈祖稱焉
傳先君至禳災
正義曰有夏先君摠指桀之上世有德之王皆是也傳舉聖賢
者言禹已下少康已上惟當禹與啓及少康耳魯語云杼能師
禹者也杼少康之子傳蓋以其德衰薄故斷自少康已上耳由
勉行其德故無有天災言能以德禳災也
山川至咸若
正義曰山川鬼神謂山川之鬼神也亦莫不寧者謂鬼神安人
君之政政善則神安之神安之則降福人君無妖孽也鳥獸魚
鼈咸若者謂人君順禽魚君政善而順彼性取之有時不夭殺
也鳥獸在陸魚鼈在水水陸所生微細之物人君爲政皆順之
明其餘無不順也
于其至自亳
正義曰于其子孫於有夏先君之子孫謂桀也不循其祖之道
天下禍災謂滅其國而誅其身也天不能自誅於桀故借手于
我有命之人謂成湯也言湯有天命將爲天子就湯借手使誅
桀也既受天命誅桀始攻從鳴條之地而敗之天所以命我者
由湯始自修德於亳故也
立愛至四海
正義曰王者之馭天下撫兆人惟愛敬二事而已孝經天子之
章盛論愛敬之事言天子當用愛敬以接物也行之所立自近
爲始立愛惟親先愛其親推之以及疏立敬惟長先敬其長推
之以及幼即孝經所云愛親者不敢惡於人敬親者不敢慢於
人是推親以及物始則行於家國終乃洽於四海即孝經所云
德教加於百姓刑于四海是也所異者孝經論愛敬並始於親

單疏卷八第十二葉

于其至自亳 正義曰于其子孫於有夏先君之
子孫謂桀也不循其祖之道天下禍災謂滅其國
而誅其身也天不能自誅於桀故借手于我有命
之人謂成湯也言湯有天命將爲天子就湯借手
使誅桀也既受天命誅桀始攻從鳴條之地而
敗之天所以命我者由湯始自修德於亳故也 惟
我商王布昭聖武代虐以寬兆民允懷 言湯布明武德以寬
政代桀虐政兆民以此 今王嗣厥德罔不在初 言
皆信懷我商王之德 善
惡之由無不在 立愛惟親立敬惟長始于家邦終
初欲其慎始
于四海 言立愛敬之道始於親長 疏 立愛至四
則家國並化終洽四海 海 正義
曰王者之馭天下撫兆人惟愛敬二事而已孝
經天子之章盛論愛敬之事言天子當用愛敬
以接物也行之所立自近爲始立愛惟親先愛
其親推之以及疏立敬惟長先敬其長推之以
及幼即孝經所云愛親者不敢惡於人敬親者
不敢慢於人是推親以及物始則行於家國
終乃洽於四海即孝經所云德教加於百姓刑
于四海是也所異者孝經論愛敬並始於親令
緣親以及疏此分敬屬
長言從長以及幼耳 嗚呼先王肇修人紀從諫
弗咈先民時若 言湯始脩爲人綱紀有過則改 從諫如流必先民之言是順
疏 先民時若 正義曰賈逵注周語云先民古賢
人也魯語云古曰在昔昔曰先民然則先民在
古昔之前遠言之也遠古賢人亦是民內之一人
故以民言之先民之言於是順從言其動皆法古
賢也 居上克明 言理恕 疏 居上克明 正義曰見下之
謂明言其以理恕物照察下

足利本卷八第十九葉

今緣親以及疏此分敬屬長言從長以及幼耳
先民時若
正義曰賈逵注周語云先民古賢人也魯語云古曰在昔昔曰
先民然則先民在古昔之前遠言之也遠古賢人亦是民內之
一人故以民言之先民之言於是順從言其動皆法古賢也
居上克明
正義曰見下之謂明言其以理恕物照察下情是能明也
檢身若不及
正義曰檢謂自攝斂也檢勑其身常如不及不自大以卑人不
恃長以陵物也
曰敢有至蒙士
正義曰此皆湯所制治官之刑以儆戒百官之言也三風十愆
謂巫風二舞也歌也淫風四貨也色也遊也畋也與亂風四爲
十愆也舞及遊畋得有時爲之而不可常然故三事特言恒也
歌則可矣不可樂酒而歌故以酣配之巫以歌舞事神故歌舞
爲巫覡之風俗也貨色人所貪欲宜其以義自節而不可專心
殉求故言殉於貨色心殉貨色常爲遊畋是謂淫過之風俗也
侮慢聖人之言拒逆忠直之諫疏遠耆年有德親比頑愚幼童
愛惡憎善國必荒亂故爲荒亂之風俗也此三風十愆雖惡有
大小但有一於身皆喪國亡家故各從其類相配爲風俗臣下
不匡其刑墨言臣無貴賤皆當匡正君也具訓于蒙士者謂湯
制官刑非直教訓邦君卿大夫等使之受諫亦備具教訓下士
使受諫也
傳常舞至無政
正義曰酣歌常舞並爲耽樂無度荒淫廢德俱是敗亂政事其
爲愆過不甚異也恒舞酣歌乃爲愆耳若不恒舞不酣歌非爲
過也樂酒曰酣言耽酒以自樂也說文亦云酣樂酒也楚語云
民之精爽不攜貳者則明神降之在男曰覡在女曰巫又周禮
有男巫女巫之官皆掌接神故事鬼神曰巫也廢棄德義專爲
歌舞似巫事鬼神然言其無政也

單疏卷八第十三葉

情是能明也爲下克忠事上竭誠與人不求備檢身若不及
使人必器之常如不及恐有過疏檢身若不及　正義曰檢謂自攝斂也檢勑其身常如不及不
自大以卑人不恃長以陵物也以至于有萬邦茲惟艱哉言湯操心常危
懼動而無過以至爲天子此自立之難敷求哲人俾輔于爾後嗣布求
賢智使師輔於爾嗣王言仁及後世制官刑儆于有位言湯制治官刑法以儆戒百官
曰敢有恒舞于宮酣歌于室時謂巫風常舞則荒淫樂酒曰酣酣
歌則廢德事鬼神曰巫言無政敢有殉于貨色恒于遊畋時謂淫風殉求
也昧求財貨美色常遊戲畋獵是淫過之風俗敢有侮聖言逆忠直遠耆
德比頑童時謂亂風狎侮聖人之言而不行拒逆忠直之規而不納耆年有德
疏遠之童稚頑嚚親比之是荒亂之風俗惟茲三風十愆卿士有一于身家
必喪有一過則德義廢失位亡家之道邦君有一于身國必亡諸侯犯此
國亡之道臣下不匡其刑墨具訓于蒙士邦君卿士則以爭臣自匡正臣
不正君服墨刑鑿其額涅以墨蒙士例謂下士士以爭友僕隸自匡正疏曰敢有至蒙士　正
義曰此皆湯所制治官之刑以儆戒百官之言也
三風十愆謂巫風二舞也歌也淫風四貨也色也
遊也畋也與亂風四爲十愆也舞及遊畋得有時
爲之而不可常然故三事特言恒也歌則可矣不
可樂酒而歌故以酣酣之巫以歌舞事神故歌舞
爲巫覡之風俗也貨色人所貪欲宜其以義自節

足利本卷八第二十葉

而不可專心殉求故言殉於貨色心殉貨色常爲
遊畋是謂淫過之風俗也侮慢聖人之言拒逆忠
直之諫踈遠耆年有德親比頑愚幼童愛惡憎善
國必荒亂故爲荒亂之風俗也此三風十愆雖惡
有大小但有一於身皆喪國亡家故各從其類相
配爲風俗臣下不匡其刑墨言臣無貴賤皆當匡
正君也具訓于蒙士者謂湯制官刑非直教訓邦
君卿大夫等使之受諫亦備具教訓下士使受諫
也　傳常舞至無政　正義曰酣歌常舞並爲耽
樂無度荒淫廢德俱是敗亂政事其爲愆過不甚
異也恒舞酣歌乃爲愆耳若不恒舞不酣歌非爲
過也樂酒曰酣言耽酒以自樂也說文亦云酣樂
酒也楚語云民之精爽不攜貳者則明神降之在
男曰覡在女曰巫又周禮有男巫女巫之官皆掌
接神故事鬼神曰巫也廢棄德義專爲歌舞似巫
事鬼神然言其無政也　傳殉求至風俗　正義
曰殉者心循其事是貪求之意故爲求也志在得
之不顧禮義昧求謂貪昧以求之無逸云于遊于
畋是遊與畋別故爲遊戲與畋獵爲之無度是淫
過之風俗也　傳狎侮至風俗　正義曰侮謂[illegible]
慢狎謂慣忽故傳以狎配侮而言之禮記云德盛
不狎侮是狎侮意相類也　傳邦君至臣正　正
義曰言十愆有一則亡國喪家邦君卿士慮其喪
亡之故則宜以爭臣自匡正犯顏而諫臣之所難
故設不諫之刑以勵臣下故言臣下不正君則服墨
刑墨刑五刑之輕者謂鑿其額涅以墨司刑所謂
墨罪五百者也蒙謂蒙稚卑小之稱故蒙士例謂
下士也顧氏亦以爲蒙謂蒙闇之士例字宜從下
讀言此等流例謂下士也嗚呼嗣王祗厥身念哉言當敬身念祖德聖
謨洋洋嘉言孔彰洋洋美善言甚明可法疏聖謨至孔彰　正義

足利本卷八第二十一葉

言此歎聖人之謨洋洋美善者謂上湯作官刑所言三風十愆令受下之諫是善言甚明可法也

惟上帝不常作善降之百祥作不善降之百殃　祥善

也天之禍福惟善惡所在不常在一家

爾惟德罔小萬邦惟慶　修德無小則天下賚慶

爾惟不德罔大墜厥宗　苟為不德無大言惡有類以類相致必墜失宗廟此伊尹至忠之訓

〔疏〕爾惟至厥宗　正義曰又戒王爾惟修德而為善德無小德雖小猶萬邦賴慶況大善乎爾惟不德而為惡惡無大惡雖小猶墜失其宗廟況大惡乎〔傳〕苟為至之訓　正義曰爾惟德謂修德以善也爾惟不德謂不修德為惡也易繫辭曰善不積不足以成名惡不積不足以滅身乃謂大善始為福大惡乃成禍此訓作勸誘之辭言為善無小小善萬邦猶慶況大善乎而為惡無大言小惡猶墜厥宗況大惡乎此經二事辭反而意同也傳言惡有類者解小惡墜宗之意初為小惡小惡有族類以類相致至於大惡若致於大惡必墜失宗廟言至於大惡乃墜非小惡即能墜也晉語云趙文子冠見韓獻子曰戒之此謂成人成人在始始與善善進不善蔑由至矣始與不善不善進善亦蔑由至矣言惡有類以類相致也今太甲初立恐其親近惡人以惡類相致禍害故以言戒之此是伊尹至忠之訓也

肆命　陳天命以戒太甲

徂后　陳往古明君以戒上

太甲上第五　商書　孔氏傳

太甲既立不明　不用伊尹之訓不明居喪之禮　伊尹放諸桐　湯葬地也

足利本卷八第二十二葉

傳殉求至風俗

正義曰殉者心循其事是貪求之意故為求也志在得之不顧禮義昧求謂貪昧以求之無逸云于遊于畋是遊與畋別故為遊戲與畋獵為之無度是淫過之風俗也

傳狎侮至風俗

正義曰侮謂輕慢狎謂慣忽故傳以狎配侮而言之旅獒云德盛不狎侮是狎侮意相類也

傳邦君至臣正

正義曰言十愆有一則云國喪家邦君卿士慮其喪亡之故則宜以爭臣自匡正犯顏而諫臣之所難故設不諫之刑以厲臣下故言臣不正君則服墨刑墨刑五刑之輕者謂鑿其額涅以墨司刑所謂墨罪五百者也蒙謂蒙稚卑小之稱故蒙士例謂下士也顧氏亦以為蒙謂蒙闇之士例字宜從下讀言此等流例謂下士也

聖謨至孔彰

正義曰此歎聖人之謨洋洋美善者謂上湯作官刑所言三風十愆令受下之諫是善言甚明可法也

爾惟至厥宗

正義曰又戒王爾惟修德而為善德無小德雖小猶萬邦賴慶況大善乎爾惟不德而為惡惡無大惡雖小猶墜失其宗廟況大惡乎

傳苟為至之訓

正義曰爾惟德謂修德以善也爾惟不德謂不修德為惡也易繫辭曰善不積不足以成名惡不積不足以滅身乃謂大善始為福大惡乃成禍此訓作勸誘之辭言為善無小小善萬邦猶慶況大善乎而為惡無大言小惡猶墜厥宗況大惡乎此經二事辭反而意同也傳言惡有類者解小惡墜宗之意初為小惡小惡有族類以類相致至於大惡若致於大惡必墜失宗廟言至於大惡乃墜非小惡即能墜也晉語云趙文子冠見韓獻子曰戒之此謂成人成人在始始與善善進不善蔑由至矣始與

単疏卷八第十四葉

不知朝政故曰放三年復歸于亳思庸念常道伊尹作太甲
三篇[疏]太甲至三篇　正義曰太甲既立爲君不明居喪之禮伊尹放諸桐宮使之思過三年復
歸於亳都以其能改前過思念常道故也自初立
至放而復歸伊尹每進言以戒之史叙其事作太
甲三篇案經上篇是放桐宮之事中下二篇是歸
亳之事此序歷言其事以揔三篇也　傳不用至
之禮　正義曰此篇承伊訓之下經稱不惠于阿
衡知不明者不用伊尹之訓也王徂桐宮始云居
憂是未放已前不明居喪之禮也　傳湯葬至曰
放　正義曰經稱營于桐宮密邇先王知桐是湯
葬地也舜放四凶徙之遠裔春秋放其大夫流之
他境嫌此亦然故辨之云不知朝政故曰放使之
遠離國都往居墓側與彼放逐事同故亦稱放也
古者天子居喪三年政事聽於冢宰法當不知朝
政而云不知朝政曰放者彼正法三年之內君雖不
親政事冢宰猶尚諮稟此則全不知政故爲放也
太甲戒太甲故以名篇[疏]傳戒太甲故以名篇　正義曰盤庚仲丁祖乙等皆是發言之
人名篇此太甲及沃丁君奭以被告之人名篇史
官不同故以爲名有異且伊訓肆命徂后與此三
篇及咸有一德皆是伊尹戒太甲不可
同名伊訓故隨事立稱以太甲名篇也惟嗣王不
惠于阿衡阿倚衡平言不順伊尹之訓[疏]惟嗣至阿衡　正義曰太甲以元年十二
月即位此至放桐之時未知凡經幾月必是伊尹
數諫久而不順方始放之蓋以三五月矣必是二
年放之序言三年復歸者謂即位三年非在桐宮
三年也史録其伊尹訓王有伊訓肆命徂后其餘
忠規切諫固應多矣太甲終不從之故言不惠于
阿衡史爲作書發端故言此爲目也　傳阿倚至

足利本卷八第二十三葉

不善不善進善亦幾由至矣言惡有類以類相致也今太甲初
立恐其親近惡人以惡類相致禍害故以言戒之此是伊尹至
忠之訓也
太甲上第五
太甲至三篇
正義曰太甲既立爲君不明居喪之禮伊尹放諸桐宮使之思
過三年復歸於亳都以其能改前過思念常道故也自初立至
放而復歸伊尹每進言以戒之史敘其事作太甲三篇案經上
篇是放桐宮之事中下二篇是歸亳之事此序歷言其事以揔
三篇也
傳不用至之禮
正義曰此篇承伊訓之下經稱不惠于阿衡知不明者不用伊
尹之訓也王徂桐宮始云居憂是未放已前不明居喪之禮也
傳湯葬至曰放
正義曰經稱營于桐宮密邇先王知桐是湯葬地也舜放四凶
徙之遠裔春秋放其大夫流之他境嫌此亦然故辨之云不知
朝政故曰放使之遠離國都往居墓側與彼放逐事同故亦稱
放也古者天子居喪三年政事聽於冢宰法當不知朝政而云
不知朝政曰放者彼正法三年之內君雖不親政事冢宰猶尚
諮稟此則全不知政故爲放也
傳戒太甲故以名篇
正義曰盤庚仲丁祖乙等皆是發言之人名篇此太甲及沃丁
君奭以被告之人名篇史官不同故以爲名有異且伊訓肆命
徂后與此三篇及咸有一德皆是伊尹戒太甲不可同名伊訓
故隨事立稱以太甲名篇也
惟嗣至阿衡
正義曰太甲以元年十二月即位比至放桐之時未知凡經幾
月必是伊尹數諫久而不順方始放之蓋以三五月矣必是二
年放之序言三年復歸者謂即位三年非在桐宮三年也史録
其伊尹訓王有伊訓肆命徂后其餘忠規切諫固應多矣太甲

單疏卷八第十五葉

太甲上第五　商書

之訓　正義曰古人所讀阿倚同音故阿爲倚也
稱上謂之衡故衡爲平也詩毛傳云阿衡伊尹也
鄭玄亦云阿倚衡平也伊尹
湯倚而取平故以爲官名　伊尹作書曰先王
顧諟天之明命以承上下神祇　顧謂常目在之諟
是也言敬奉天命
以承順
天地．疏
傳顧謂至天地　正義曰說文云顧還
視也諟與是古今之字異故變文爲是
也言先王每有所行必還迴視是天之明命謂常
目在之言其想象如目前終常敬奉天命以承上
天下地之
神祇也　社稷宗廟罔不祗肅　肅嚴也言能嚴
敬鬼神而遠之　天
監厥德用集大命撫綏萬方　監視也天視湯德集
王命於其身撫安天
下　惟尹躬克左右厥辟宅師　伊尹言能助其君
居業天下之衆　疏

惟尹躬　正義曰孫武兵書及呂氏春秋皆云伊
尹名摯則尹非名也今自稱尹者蓋湯得之使尹
正天下故號曰伊尹人既呼之爲尹故亦以尹自
稱禮法君前臣名不稱名者古人質直不可以後
代之禮
約之　肆嗣王丕承基緒　肆故也言先祖勤德致
有天下故子孫得大承
基業宜念
祖修德　惟尹躬先見于西邑夏自周有終相亦
惟終　周忠信也言身先見夏君臣
用忠信有終夏都在亳西　其後嗣王罔克
有終相亦罔終　言桀君臣滅先人之道
德不能終其業以取亡　嗣王戒哉
祗爾厥辟辟不辟忝厥祖　以不終爲戒慎之至敬
其君道則能終忝辱也
爲君不君
則辱其祖　王惟庸罔念聞　言太甲守常不改
無念聞伊尹之戒　伊尹

足利本卷八第二十四葉

終不從之故言不惠于阿衡史爲作書發端故言此爲目也
傳阿倚至之訓
正義曰古人所讀阿倚同音故阿爲倚也稱上謂之衡故衡爲
平也詩毛傳云阿衡伊尹也鄭玄亦云阿倚衡平也伊尹湯倚
而取平故以爲官名
傳顧謂至天地
正義曰說文云顧還視也諟與是古今之字異故變文爲是也
言先王每有所行必還迴視是天之明命謂常目在之言其想
象如目前終常敬奉天命以承上天下地之神祇也
惟尹躬
正義曰孫武兵書及呂氏春秋皆云伊尹名摯則尹非名也今
自稱尹者蓋湯得之使尹正天下故號曰伊尹人既呼之爲尹
故亦以尹自稱禮法君前臣名不稱名者古人質直不可以後
代之禮約之
伊尹至有辭
正義曰伊尹作書以告太甲不念聞之伊尹乃又言曰先王以
昧爽之時思大明其德既思得其事則坐以待旦明則行之其
身既勤於政又乃旁求俊彦之人置之於位令以開導後人先
王之念子孫其憂勤若是嗣王今承其後無得墜失其先祖之
命以自覆敗王當慎汝儉約之德令其以儉爲德而謹慎守之
惟思爲長世之謀謀爲政之事譬若以弩射也可準度之機已
張之又當以意往省視矢括當於所度則釋而放之如是而射
則無不中矣猶若人君所修政教欲發命也當以意夙夜思之
使當於民心明旦行之則無不當矣王又當敬其身所安止循
汝祖之所行若能如此惟我以此喜悅王于萬世常有善辭言
有聲譽亦見歎美無窮也
傳爽顯至行之
正義曰昭七年左傳云是以有精爽至於神明從爽以至於明
是爽謂未大明也昧是晦冥爽是未明謂夜向晨也釋詁云丕
大也顯光也光亦明也於夜昧冥之時思欲大明其德既思得

單疏卷八第十六葉

乃言曰先王昧爽丕顯坐以待旦爽顯皆明也言先王昧明思大明其德坐以待旦而行之旁求俊彥啟迪後人旁非一方美士曰彥開道後人言訓戒無越厥命以自覆越墜失也無失亡祖命而不勤德以自顛覆慎乃儉德惟懷永圖言當以儉爲德思長世之謀若虞機張往省括于度則釋機弩牙也虞度也度機機有度以準望言修德夙夜思之明旦行之如射先省矢括于度釋則中欽厥止率乃祖攸行止謂行所安止君止於仁子止於孝惟朕以懌萬世有辭言能循汝祖所行則我喜悅王亦見歎美無窮

疏

伊尹至有辭　正義曰伊尹作書以告太甲不念
聞之伊尹乃又言曰先王以昧爽之時思大明其
德既思得其事則坐以待旦明則行之其身既勤
於政又乃旁求俊彥之人置之於位令以開導後
人先王之念子孫其憂勤若是嗣王今承其後無
得墜失其先祖之命以自覆敗王當慎汝儉約之
德令其以儉爲德而謹慎守之惟思爲長世之謀
謀爲政之事譬若以弩射也可準度之機已張之
又當以意往省視矢括當於所度則釋而放之如
是而射則無不中矣猶若人君所修政教欲發命
也當以意夙夜思之使當於民心明旦行之則無
不當矣王又當敬其身所安止循汝祖之所行若
能如此惟我以此喜悅王于萬世常有善辭言有
聲譽亦見歎美無窮也　傳爽顯至行之　正義
曰昭七年左傳云是以有精爽至於神明從爽以
至於明是爽謂未大明也昧是晦冥爽是未明謂
夜向晨也釋詁云丕大也顯光也光亦明也於夜
昧冥之時思欲大明其德既思得之坐以待旦而

行之言先王身之勤也　傳旁非至訓戒　正義
曰旁謂四方求之故言非一方也美士曰彥釋訓
文舍人曰國有美士爲人所言道也　傳機弩至
則中　正義曰括謂矢末機張省括則是以射喻
也機是轉關故爲弩牙虞訓度也度機者機有法
度以準望所射之物準望則解經虞也如射者弩
以張訖機關先省矢括與所射之物三者於法度
相當乃後釋弦發矢則射必中矣言爲政亦如是
也

王未克變未能變不用訓太甲性輕脫伊尹至忠所以不已

疏

傳未能至不已
正義曰未能變者據在後能變故當時爲未能
也時既未變是不用伊尹之訓也太甲終爲人主
非是全不可移但體性輕脫與物推遷雖有心向
善而爲之不固伊尹至忠所以進言不已是伊尹
知其可移故誨之不止冀其終從已也

伊尹曰茲乃不義習與性成言習行不義將成其性予弗狎于弗順營于桐宮密邇先王其訓無俾世迷狎近也經營桐墓立宮令太甲居之近先王則訓於義無成其過不使世人迷惑怪之

疏

伊尹至世迷　正義曰伊尹以王未變乃告於朝廷羣臣曰此嗣王所行
乃是不義之事習行此事乃與性成言爲之不已
將以不義爲性也我不得令王近於不順之事當
營於桐墓立宮使比近先王當受人教訓之無得
成其過失使後世人迷惑怪之　傳狎近至怪之
正義曰狎習是相近之義故訓爲近也不順即
是近不順也習爲不義近於不順則當日日益惡
必至滅亡故伊尹言已不得使王近於不順故經
營桐墓立宮墓傍令太甲居之不使復知朝政身
見廢退必當改悔爲善也

王徂桐宮居憂往入桐宮居憂位

疏

傳往入至憂位

正義曰亦既不知朝政之事惟行居喪之禮居憂位謂服治喪禮也伊尹亦使兵士衛之選賢俊教之故太甲能終信德也

克終允德言能思念其祖終其信德

太甲中第六　商書　孔氏傳

惟三祀十有二月朔湯以元年十一月崩至此二十六月三年服闋伊尹以冕服奉嗣王歸于亳冕冠也踰月即吉服

［疏］惟三至于亳　正義曰周制君薨之年屬前君明年始爲新君之元年此殷法君薨之年而新君即位即以其年爲新君之元年惟三祀者太甲即位之三年也湯以元年十一月崩至此年十一月爲再朞除喪服也至十二月服闋闋息也如喪服息即吉服舉事貴初始故於十二月朔以冕服奉嗣王歸于亳冕是在首之服冠内之別名冠是首服之大名故傳以冕爲冠案王制云殷人冔而祭大雅云常服黼冔冔是殷之祭冠今云冕者蓋冕爲通名王制文云有虞氏皇而祭夏后氏收而祭殷人冔而祭周人冕而祭並是當代別名殷禮不知天子幾冕周禮天子六冕大裘之冕祭天尚質弁師惟掌五冕備物盡文惟衮冕耳此以冕服蓋以衮冕之服也顧氏云祥禫之制前儒不同案士虞禮云朞而小祥又朞而大祥中月而禫王肅云祥月之内又禫祭服彌寬而變彌數也禮記檀弓云祥而縞是月禫徙月樂王肅云是祥之月而禫禫之明月可以樂矣案此孔傳云二十六月服闋則與王肅同鄭玄以中月爲間一月云祥後復更有一月而禫則三年之喪凡二十七月與孔爲異

作書曰民非后罔克胥匡以生無能

之坐以待旦而行之言先王身之勤也

傳旁非至訓戒

正義曰旁謂四方求之故言非一方也美士曰彥釋訓文舍人曰國有美士爲人所言道也

傳機弩至則中

正義曰括謂矢末機張省括則是以射喻也機是轉關故爲弩牙虞訓度也度機者機有法度以準望所射之物準望則解經虞也如射者弩以張訖機關先省矢括與所射之物三者於法度相當乃後釋弦發矢則射必中矣言爲政亦如是也

傳未能至不已

正義曰未能變者據在後能變故當時爲未能也時既未變是不用伊尹之訓也太甲終爲人主非是全不可移但體性輕脫與物推遷雖有心向善而爲之不固伊尹至忠所以進言不已是伊尹知其可移故誨之不止冀其終從已也

伊尹至世迷

正義曰伊尹以王未變乃告於朝廷羣臣曰此嗣王所行乃是不義之事習行此事乃與性成言爲之不已將以不義爲性也我不得令王近於不順之事當營於桐墓立宮使比近先王當受人教訓之無得成其過失使後世人迷惑怪之

傳狎近至怪之

正義曰狎習是相近之義故訓爲近也不順即是近不順也習爲不義近於不順則當日日益惡必至滅亡故伊尹言已不得使王近於不順故經營桐墓立宮墓傍令太甲居之不使復知朝政身見廢退必當改悔爲善也

傳注入至憂位

正義曰亦既不知朝政之事惟行居喪之禮居憂位謂服治喪禮也伊尹亦使兵士衞之選賢俊教之故太甲能終信德也

太甲中第六

惟三至于亳

正義曰周制君薨之年屬前君明年始爲新君之元年此殷法

相臣故須君以生后非民罔以辟四方須民以君四方皇天眷佑
有商俾嗣王克終厥德實萬世無疆之休言王能終其德
乃天之顧佑商家是商家萬世無窮之美王拜手稽首曰予小子不明
于德自底不類君而稽首於臣謝前過類善也闇於德故自致不善欲敗度
縱敗禮以速戾于厥躬速召也言已放縱情欲毀敗禮儀法度以召罪於其
身疏傳速召至其身　正義曰釋言云速徵也徵召也轉以相訓故速為召也欲者本之於情
縱者放之於外有欲而縱之縱欲為一也準法謂之度體見謂之禮禮度一也故傳并釋之言已放
縱情欲毀敗禮儀法度以召罪於其身也天作孽猶可違自作孽不

尚八　二八

可逭孽災逭逃也言天災可避自作災不可逃疏傳孽災至可逃　正義曰洪範五行傳有
妖孽眚祥漢書五行志說云凡草物之類謂之妖妖猶天胎言尚微也蟲豸之類謂之孽孽則牙孽
矣甚則異物生謂之眚自外來謂之祥是孽為災初生之名故為災也逭逃也釋言文樊光云行相
避逃謂之逭亦行不相逢也天作災者謂若太戊桑穀生朝高宗雊雉升鼎耳可修德以禳之是可
避也自作災者謂若桀放鳴條紂死宣室是不可逃也據其將來修德可去及其已至改亦無益天
災自作逃否亦同且天災亦由人行而至非是橫加災也此太甲自悔之深故言自作甚於天災耳
既往背師保之訓弗克于厥初尚賴匡救之德圖
惟厥終言已往之前不能修德於其初今庶幾賴教訓之德謀終於善悔過之辭伊

足利本卷八第二十八葉

君薨之年而新君即位即以其年為新君之元年惟三祀者太
甲即位之三年也湯以元年十一月崩至此年十一月為再朞
除喪服也至十二月服闋闋息也如喪服息即吉服舉事貴初
始故於十二月朔以冕服奉嗣王歸于亳冕是在首之服冠內
之別名冠是首服之大名故傳以冕為冠案王制云殷人冔而
祭大雅云常服黼冔冔是殷之祭冠今云冕者蓋冕為通名王
制又云有虞氏皇而祭夏后氏收而祭周人冕而
祭並是當代別名殷禮不知天子幾冕周禮天子六冕大裘之
冕祭天尚質弁師惟掌五冕備物盡文惟袞冕耳此以冕服蓋
以袞冕之服也顧氏云祥禫之制前儒不同案士虞禮云朞而
小祥又朞而大祥中月而禫王肅云祥月之內又禫祭服彌寬
而變彌數也禮記檀弓云祥而縞是月禫徙月樂王肅云是祥
之月而禫禫之明月可以樂矣案此孔傳云二十六月服闋則
與王肅同鄭玄以中月為間一月云祥後復更有一月而禫則
三年之喪凡二十七月與孔為異

書八　十八

傳速召至其身
正義曰釋言云速徵也徵召也轉以相訓故速為召也欲者本
之於情縱者放之於外有欲而縱之縱欲為一也準法謂之度
體見謂之禮禮度一也故傳并釋之言已放縱情欲毀敗禮儀
法度以召罪於其身也
傳孽災至可逃
正義曰洪範五行傳有妖孽眚祥漢書五行志說云凡草物之
類謂之妖妖猶夭胎言尚微也蟲豸之類謂之孽孽則牙孽矣
甚則異物生謂之眚自外來謂之祥是孽為災初生之名故為
災也逭逃也釋言文樊光云行相避逃謂之逭亦行不相逢也
天作災者謂若太戊桑穀生朝高宗雊雉升鼎耳可修德以禳
之是可避也自作災者謂若桀放鳴條紂死宣室是不可逃也
據其將來修德可去及其已至改亦無益天災自作逃否亦同
且天災亦由人行而至非是橫加災也此太甲自悔之深故言
自作甚於天災耳

單疏卷八第十八葉

尹拜手稽首 拜手首至手

疏 傳拜手首至手 正義曰周禮太祝辨九拜一曰稽首二曰頓首三曰空首鄭玄云稽首拜頭至地也頓首拜頭叩地也空首拜頭至手所謂拜手也鄭惟解此三者拜之形容所以爲異也稽首頭至地頭下至地也頓首頭下至地暫一叩之而已此言拜手稽首者初爲拜頭至手乃復申頭以至于地至手是爲拜手至地乃爲稽首然則凡爲稽首者皆先爲拜手乃後爲稽首故拜手稽首連言之諸言拜手稽首義皆同也太祝又云四曰振動五曰吉拜六曰凶拜七曰奇拜八曰褒拜九曰肅拜鄭注云振動者戰栗變動而拜吉拜者拜而後稽顙謂齊衰不杖以下者之拜凶拜者稽顙而後拜即三年喪拜也奇拜者謂君荅臣一拜也褒拜者謂再拜拜神與尸也肅拜者謂揖拜也禮介者不拜及婦人之拜也左傳云天子在寡君無所稽首則諸侯於天子稽首也諸侯相於則頓首也君於臣則空手也

尚八　二十九

曰修厥身允德協于下惟明后 言修其身使信德合於羣下惟乃明君

先王子惠困窮民服厥命罔有不悅 言湯子愛困窮之人使皆得其所故民心服其教令無有不忻喜

並其有邦厥鄰乃曰徯我后后來無罰 湯俱與鄰並有國鄰國人乃曰待我君來言忻戴君來無罰言仁惠

疏 並其至無罰 正義曰言湯昔爲諸侯之時與湯並居其有邦國謂諸侯之國也此諸侯國人其與湯鄰近者皆願以湯爲君乃言曰待我后后來無罰於我言羨慕湯德忻戴之也

王懋乃德視乃厥祖無時豫怠 言當勉修其德法視其祖而行之無爲是逸豫怠惰

奉先思孝接

傳拜手首至手

正義曰周禮太祝辨九拜一曰稽首二曰頓首三曰空首鄭玄云稽首拜頭至地也頓首拜頭叩地也空首拜頭至手所謂拜手也鄭惟解此三者拜之形容所以爲異也稽首頭至地頭下至地也頓首頭下至地暫一叩之而已此言拜手稽首者初爲拜頭至手乃復申頭以至于地至手是爲拜手至地乃爲稽首然則凡爲稽首者皆先爲拜手乃後爲稽首故拜手稽首連言之諸言拜手稽首義皆同也太祝又云四曰振動五曰吉拜六曰凶拜七曰奇拜八曰褒拜九曰肅拜鄭注云振動者戰栗變動而拜吉拜者拜而後稽顙謂齊衰不杖以下者之拜凶拜者稽顙而後拜即三年喪拜也奇拜者謂君荅臣一拜也褒拜者謂再拜拜神與尸也肅拜者謂揖拜也禮介者不拜及婦人之拜也左傳云天子在寡君無所稽首則諸侯於天子稽首也諸侯相於則頓首也君於臣則空手也

並其至無罰

書八　十九

正義曰言湯昔爲諸侯之時與湯並居其有邦國謂諸侯之國也此諸侯國人其與湯鄰近者皆願以湯爲君乃言曰待我后后來無罰於我言羨慕湯德忻戴之也

傳言當至聽德

正義曰人之心識所知在於聞見聞見所得在於耳目故欲言人之聰明以視聽爲主視若不見故言惟明明謂監察是非也聽若不聞故言惟聰聰謂識知善惡也視戒見近迷遠故言視遠聽戒背正從邪故言聽德各準其事相配爲文

太甲下第七

伊尹申誥于王

正義曰伊尹以至忠之心喜王改悔重告於王冀王大善一篇皆誥辭也天親克敬民歸有仁神享克誠言天民與神皆歸于善也奉天宜其敬謹養民宜用仁恩事神當以誠信亦準事相配而爲文也

傳言安至所法

思恭以念祖德為孝以不驕慢為恭視遠惟明聽德惟聰言當以明視遠以聰聽德疏傳言當至聽德　正義曰人之心識所知在於聞見聞見所得在於耳目故欲言人之聰明以視聽為主視若不見故言惟明明謂監察是非也聽若不聞故言惟聰聰謂識知善惡也視戒見近迷遠故言視遠聽戒背正從邪故言聽德各準其事相配為文朕承王之休無斁王所行如此則我承王之美無厭

太甲下第七　商書　孔氏傳

伊尹申誥于王曰嗚呼惟天無親克敬惟親言天於人無有親踈惟親能敬身者疏伊尹申誥于王　正義曰伊尹以至忠之心喜王改悔重告於王冀王大善一篇皆誥辭也天親克敬民歸有仁神享克誠言天民與神皆歸于善也奉天宜其敬謹養民宜用仁恩事神當以誠信亦準事相配而為文也民罔常懷懷于有仁民所歸無常以仁政為常鬼神無常享享于克誠言鬼神不保一人能誠信者則享其祀天位艱哉言居天子之位難以此三者德惟治否德亂為政以德則治不以德則亂與治同道罔不興與亂同事罔不亡言安危在所任治亂在所法疏傳言安至所法　正義曰任賢則興任佞則亡故安危在所任於善則治於惡則亂故治亂在所法揔言治國則稱道單指所行則言事興難而亡易道大而事小故大言興而小言亡也此所云惟言治亂在所法耳下句云終始慎厥與

言當與賢不與佞治亂在於用臣故傳於此言安危在所任也終始慎厥與惟明明后明慎其所與治亂之機則為明王明君疏傳惟明明后　正義曰重言明明言其為大明耳傳因文重故言明王明君君王猶是一也先王惟時懋敬厥德克配上帝言湯惟是終始所與之難勉修其德能配天而行之今王嗣有令緒尚監茲哉令善也繼祖善業當夙夜庶幾視祖此配天之德而法之若升高必自下若陟遐必自邇言善政有漸如登高升遠必用下近為始然後終致高遠無輕民事惟難無輕為力役之事必重難之乃可無安厥位惟危言當常自危懼以保其位慎終于始於始慮終於終思始疏慎終于始　正義曰欲慎其終於始即須慎之故傳云於始慮終傳以舒終戒惰故又云於終思始言終始皆當慎也有言逆于汝心必求諸道人以言咈違汝心必以道義求其意勿拒逆之有言遜于汝志必求諸非道遜順也言順汝心必以非道察之勿以自臧嗚呼弗慮胡獲弗為胡成一人元良萬邦以貞胡何貞正也言常念慮道德則得道德念為善政則成善政一人天子天子有大善則天下得其正疏傳胡何至其正　正義曰胡之與何方言之異耳易彖象皆以貞為正也伊尹此言勸王為善弗慮弗為必是善事人君善事惟有道德政教言不慮何獲是念慮有所得知心所念慮是道德也不為何成則為之有所成則知心所念是為善政也謂天子為一人者其義有二一則天

子自稱一人是爲謙辭言已是人中之一耳一則
臣下謂天子爲一人是爲尊稱言天下惟一人而
已君罔以辯言亂舊政利口覆國家故特愼焉臣罔以寵利
居成功成功不退其志無限故爲之極以安之疏傳成功至安之正義曰四時之序
成功者退臣既成功不知退謝其志貪欲無限其
君不堪所求或有怨恨之心君懼其謀必生誅殺
之計自古以來人臣有功不退者皆喪家滅族者
衆矣經稱臣無以寵利居成功者爲之限極以安
之也伊尹告君而言及臣事者雖
復況說大理亦見已有退心也邦其永孚于
休言君臣各以其道則國長信保於美

咸有一德第八　商書　孔氏傳

伊尹作咸有一德言君臣皆有純一之德以戒太甲疏伊尹作咸有一德
正義曰太甲既歸於亳伊尹致仕而退恐太甲德
不純一故作此篇以戒之經稱尹躬及湯咸有一德
言已君臣皆有純一之德戒太甲使君臣亦然此
主戒太甲而言臣有一德者欲令太甲亦任一德
之臣經云任官惟賢材左右惟其人是戒太甲使
善用臣也伊尹既放太甲又迎而復之是伊尹有
純一之德已爲太甲所信是
已君臣純一欲令太甲法之咸有一德即政之後恐其不一
故以戒之疏咸有一德正義曰此篇終始皆言一德之事發首至陳戒于德敍其作戒之由已
下皆戒辭也德者得也內得於心行得其理既得
其理執之必固不爲邪見更致差貳是之謂一德
也而凡庸之主監不周物志既少決性復多疑與
智者謀之與愚者敗之則是二三其德不爲一也

足利本卷八第三十二葉

正義曰任賢則興任佞則亡故安危在所任於善則治於惡則
亂故治亂在所法揔言治國則稱道單指所行則言事興難而
亡易道大而事小故大言興而小言亡也此所云惟言治亂在
所法耳下句云終始愼厥與言當與賢不與佞治亂在於用臣
故傳於此言安危在所任也
惟明明后
正義曰重言明明言其爲大明耳傳因文重故言明王明君君
王猶是一也
愼終于始
正義曰欲愼其終於始即須愼之故傳云於始慮終傳以將終
戒情故又云於終思始言終始皆當愼也
傳胡何至其正
正義曰胡之與何方言之異耳易彖象皆以貞爲正也伊尹此
言勸王爲善弗慮弗爲必是善事人君善事惟有道德政教言
不慮何獲是念慮有所得知心所念慮是道德也不爲何成則
爲之有所成則知心所念是爲善政也謂天子爲一人
有二一則天子自稱一人是爲謙辭言已是人中之一耳一則
臣下謂天子爲一人是爲尊稱言天下惟一人而已
傳成功至安之
正義曰四時之序成功者退臣既成功不知退謝其志貪欲無
限其君不堪所求或有怨恨之心君懼其謀必生誅殺之計自
古以來人臣有功不退者皆喪家滅族者衆矣經稱臣無以寵
利居成功者爲之限極以安之也伊尹告君而言及臣事者雖
復況說大理亦見已有退心也
咸有一德第八
伊尹作咸有一德
正義曰太甲既歸於亳伊尹致仕而退恐太甲德不純一故作
此篇以戒之經稱尹躬及湯有一德言已君臣皆有純一之德
戒太甲使君臣亦然此主戒太甲而言臣有一德者欲令太甲
亦任一德之臣經云任官惟賢材左右惟其人是戒太甲使善

單疏卷八第二十葉

經云德惟一動罔不吉德二三動罔不凶是不二三則為一德也又曰終始惟一時乃日新言守一必須固也太甲新始即政伊尹恐其二三故專以一德為戒

伊尹既復政厥辟還政太甲將告歸乃陳戒于德告老歸邑陳德以戒

【疏】伊尹至于德　正義曰自太甲居桐而伊尹秉政太甲既歸于亳伊尹還政其君將欲告老歸其私邑乃陳言戒王於德以一德戒王也太甲既得復歸伊尹即應還政其告歸陳戒未知在何年也下云今嗣王新服厥命則是初始即政蓋太甲居亳之後即告老也君奭云在太甲時則有若保衡伊尹也襄二十一年左傳云伊尹放太甲而相之卒無怨色則伊尹又相太甲蓋伊尹此時將欲告歸太甲又留之為相如成王之留周公不得歸也

傳告老至以戒　正義曰伊尹湯之上相位為三公必封為國君又受邑於畿內告老致政事於君欲歸私邑以自安將離王朝故陳戒以德也無逸云肆祖甲之享國三十三年傳稱祖甲即太甲也殷本紀云太甲崩子沃丁立沃丁序云沃丁既葬伊尹于亳則伊尹卒在沃丁之世湯為諸侯之時已得伊尹比至沃丁始卒伊尹壽年百有餘歲此告歸之時已應七十左右也殷本紀云太甲既立三年伊尹放之於桐宮居桐宮三年悔過反善伊尹乃迎而授之政謂太甲歸亳之歲已為即位六年與此經相違馬遷之說妄也紀年云殷仲壬即位居亳其卿士伊尹仲壬崩伊尹乃放太甲於桐而自立也伊尹即位於太甲七年太甲潛出自桐殺伊尹乃立其子伊陟伊奮命復其父之田宅而中分之案此經序伊尹奉太甲歸于亳其文甚明左傳又稱伊尹放太甲而相之孟子云有伊尹之志則可無伊尹之志則篡伊尹不肯自立太甲不殺伊

足利本卷八第三十三葉

用也伊尹既放太甲又迎而復之是伊尹有純一之德已為
太甲所信是已君臣純一欲令太甲法之
咸有一德
正義曰此篇終始皆言一德之事發首至陳戒于德敍其作戒
之由已下皆戒辭也德者得也內得於心行得其理既得其理
執之必固不為邪見更致差貳是之謂一德凡庸之主監理不
周物志既少決則見事多疑[illegible]
三其德不為一也經云德惟一動罔不吉德二三動罔不凶是
不二三則為一德也又曰終始惟一時乃日新言守一必須固
也太甲新始即政伊尹恐其二三故專以一德為戒
伊尹至于德
正義曰自太甲居桐而伊尹秉政太甲既歸于亳伊尹還政其
君將欲告老歸其私邑乃陳言戒王於德以一德戒王也太甲
既得復歸伊尹即應還政其告歸陳戒未知在何年也下云今
嗣王新服厥命則是初始即政蓋太甲居亳之後即告歸也君
奭云在太甲時則有若保衡伊尹也襄二十一年左傳云
伊尹放太甲而相之卒無怨色則伊尹又相太甲蓋伊尹此時
將欲告歸太甲又留之為相如成王之留周公不得歸也
傳告老至以戒
正義曰伊尹湯之上相位為三公必封為國君又受邑於畿內
告老致政事於君欲歸私邑以自安將離王朝故陳戒以德也
無逸云肆祖甲之享國三十三年傳稱祖甲即太甲也殷本紀
云太甲崩子沃丁立沃丁序云沃丁既葬伊尹于亳則伊尹卒
在沃丁之世湯為諸侯之時已得伊尹比至沃丁始卒伊尹壽
年百有餘歲此告歸之時已應七十左右也殷本紀云太甲既
立三年伊尹放之於桐宮居桐宮三年悔過反善伊尹乃迎而
授之政謂太甲歸亳之歲已為即位六年與此經相違馬遷之
說妄也紀年云殷仲壬即位居亳其卿士伊尹仲壬崩伊尹乃
放太甲於桐而自立也伊尹即位於太甲七年太甲潛出自桐
殺伊尹乃立其子伊陟伊奮命復其父之田宅而中分之案此

單疏卷八第二十一葉

尹也必若伊尹放君自立太甲起而殺之則伊尹死有餘罪義當汙宮滅族太甲何所感德而復立其子還其田宅乎紀年之書晉太康八年汲郡民發魏安僖王塚得之蓋當時流俗有此妄說故其書因記之耳

曰嗚呼天難諶命靡常 以其無常故難信 常厥德保厥位厥德匪常九有以亡 人能常其德則安其位九有諸侯桀不能常其德湯伐而兼之 疏 九有以亡 正義曰毛詩傳云九有九州也此傳云九有諸侯謂九州所有之諸侯伊尹此言汎說大理未指夏桀但傳顧下文比桀爲此言之驗故云桀不能常其德湯伐而兼之

夏王弗克庸德慢神虐民 言桀不能常其德不敬神明不恤下民 皇天弗保監于萬方啓迪有命 言天不安桀所爲廣視萬方有天命者開道之 眷求一德俾作神主 天求一德使伐桀爲天地神祇之主 惟尹躬暨湯咸有一德克享天心受天明命 享當也所征無敵謂之受天命 疏 傳享當至天命 正義曰德當神意神乃享之故以享爲當也天道遠而人道近天之命人非有言辭文誥正以神明佑之使之所征無敵謂之受天命也緯候之書乃稱有黃龍玄龜白魚赤雀負圖銜書以授聖人正典無其事也漢自哀平之間緯候始起假託鬼神妄稱祥瑞孔時未有其說縱使時已有之亦非孔所信也

以有九有之師爰革夏正 爰於也於得九有之衆遂伐夏勝之改其正 非天私我有商惟天佑于一德 非天私商而王

足利本卷八第三十四葉

經序伊尹奉太甲歸于亳其文甚明左傳又稱伊尹放太甲而相之孟子云有伊尹之志則可無伊尹之志則簒伊尹不肯自立太甲不殺伊尹也必若伊尹放君自立太甲起而殺之則伊尹死有餘罪義當汙宮滅族太甲何所感德而復立其子還其田宅乎紀年之書晉太康八年汲郡民發魏安僖王冢得之蓋當時流俗有此妄說故其書因記之耳

九有以亡

正義曰毛詩傳云九有九州也此傳云九有諸侯謂九州所有之諸侯伊尹此言汎說大理未指夏桀但傳顧下文比桀爲此言之驗故云桀不能常其德湯伐而兼之

傳享當至天命

正義曰德當神意神乃享之故以享爲當也天道遠而人道近天之命人非有言辭文誥正以神明佑之使之所征無敵謂之受天命也緯候之書乃稱有黃龍玄龜白魚赤雀負圖銜書以授聖人正典無其事也漢自哀平之間緯候始起假託鬼神妄稱祥瑞孔時未有其說縱使時已有之亦非孔所信也

惟吉至在德

正義曰指其已然則爲吉凶言其徵兆則曰災祥其事不甚異也吉凶已成之事指人言之故曰在人災祥未至之徵行之所招故言在德在德謂爲德有一與不一在人謂人行有善與不善也吉凶已在其身故不言來處災祥自外而至故言天降其實吉凶亦天降也

今嗣王至惟一

正義曰上既言在德此指戒嗣王今新始服其王命惟當新其所行之德所云新者終始所行惟常如一無有衰殺之時是乃日新也王既身行一德臣亦當然任人爲官惟用其賢材輔弼左右惟當用其忠良之人乃可爲左右耳此任官左右卽王之臣也臣之爲用所施多矣何者言臣之助爲在上當施爲道德身爲臣下當須助爲於民也臣之旣當爲君又須爲民故不可任非其才用非其人此臣之所職其事甚難得以爲易其事

單疏卷八第二十二葉

之佑助一德所以王非商求于下民惟民歸于一德非商以力
求民民自歸於一德德惟一動罔不吉德二三動罔不凶
二三言不一惟吉凶不僭在人惟天降災祥在德行善
則吉行惡則凶是不差德一天降之善不一天降之災是在德 疏 惟吉至在德 正義曰指
其已然則爲吉凶言其微兆則曰災祥其事不甚異也吉凶已成之事指人言之故曰在人災
祥未至之微行之所招故言在德在德謂爲德有一與不一在人謂人行有善與不善也吉凶
已在其身故不言來處災祥自外而至故言天降其實吉凶亦天降也今嗣王新
服厥命惟新厥德其命王命新其德戒勿怠終始惟一時乃

足利本卷八第三十五葉

日新言德行終始不衰殺是乃日新之義任官惟賢材左右惟其
人官賢才而任之非賢才不可任選左右必忠良不忠良非其人臣爲上爲德
爲下爲民言臣奉上布德順下訓民不可官所私任非其人其難其
慎惟和惟一其難無以爲易其慎無以輕之羣臣當和一心以事君政乃善
疏 今嗣王至惟一 正義曰上既言在德此指戒嗣王今新始服其王命惟當新其所
行之德所云新者終始所行惟常如一無有衰殺之時是乃日新也王既身行一德臣亦
當然任人爲官惟用其賢材輔弼左右惟當用其忠良之人乃可爲左右耳此任官左右
即王之臣也臣之爲用所施多矣何者言臣之助爲在上當施爲道德自身爲臣下當須助爲

於民也臣之既當爲君又須爲民故不可任非其人用非其人此臣之所職其事甚難無得以爲易
其事須慎無得輕忽爲臣之難如此惟當衆臣和順惟當共秉一心以此事君然後政乃善耳言君
臣宜皆有一德 傳其命至勿怠 正義曰說命云王言惟作命成十八年左傳云人之求君使出
命也是言人君職在發命新服厥命新始服行王命故云其命王命也新其德者勤行其事日日益
新戒王勿懈怠也 傳言德至之義 正義曰日新者日日益新也若今日勤而明日惰昨日是而
今日非自旁觀之則有新有舊言王德行終始皆同不有衰殺從旁觀之每日益新是乃日新之義
也 傳官賢至其人 正義曰任官謂任人以官故云官賢才而任之言官用賢才而委任之詩序
云任賢使能非賢才不可任也冏命云小大之臣咸懷忠良故言選左右必忠良不忠良即是非其

人任官是用人爲官左右亦是任而用之故言選左右也直言其人人字不見故據冏命之文以忠
良充之 傳言臣至其人 正義曰言臣奉上布德者奉上謂奉爲在上解經爲上也布德者謂布
爲道德解經爲德也順下訓民者順下謂卑順以爲臣下解經爲下也訓民者謂以善道訓助下民
解經爲民也顧氏亦同此解 傳其難至乃善 正義曰此經申上臣事既所爲如此其難無以爲易
其慎無以輕忽之戒臣無得輕易臣之職也既事不可輕宜和協奉上羣臣當一心以事君如此政
乃善耳一心即一德言臣亦當一德也德無常師主善爲師德非
一方以善爲主乃可師善無常主協于克一言以合於能一爲常德
俾萬姓咸曰大哉王言一德之言故曰大又曰一哉王

足利本卷八第三十六葉

心能一德則一心克綏先王之祿永底烝民之生言爲王而
令萬姓如此則能保安先王之寵祿長
致衆民所以自生之道是明王之事嗚呼七
世之廟可以觀德天子立七廟有德之王則爲祖宗其廟不毀故可觀德
萬夫之長可以觀政能整齊萬夫其政可知　疏嗚呼至觀政　正義
曰此又勸王脩德以立後世之名禮王者祖有功
宗有德雖七世之外其廟不毀嗚呼七世之廟其
外則猶有不毀者可以觀知其有明德也立德在
於爲政萬夫之長能使其整齊可以觀知其善政
也萬夫之長尚爾況天子乎勸王使爲善政也
傳天子至觀德　正義曰天子立七廟是其常事
其有德之王則列爲祖宗雖七廟親盡而其廟不
毀故於七廟之外可以觀德矣下云萬夫之長可
以觀政謂觀其萬夫之長此七世之廟可以觀德
謂觀七世之外文雖同而義小異耳所謂辭不害
意漢氏以來論七廟者多矣其文見於記傳者禮
器家語荀卿書穀梁傳皆曰天子立七廟以爲天
子常法不辨其廟之名王制云天子七廟三昭三
穆與太祖之廟而七祭法云王立七廟曰考廟曰
王考廟曰皇考廟曰顯考廟曰祖考廟皆月祭之
遠廟爲祧有二祧享嘗乃止漢書韋玄成議曰周
之所以七廟者后稷始封文王武王受命而王是
以三廟不毀與親廟四而七也鄭玄用此爲說惟
周有七廟二祧爲文王武王廟也故鄭玄王制注
云此周制七者太祖及文王武王二祧與親廟四
太祖后稷也殷則六廟契及湯與二昭二穆夏則
五廟無太祖禹與二昭二穆而已良由不見古文
故爲此謬說此篇乃是商書已云七世之廟則天
子立七廟王者常禮非獨周人始有七廟也文武

足利本卷八第三十七葉

須慎無得輕忽爲臣之難如此惟當衆臣和順惟當共秉一心
以此事君然後政乃善耳言君臣宜皆有一德
傳其命至勿怠
正義曰說命云王言惟作命成十八年左傳云人之求君使出
命也是言人君職在發命新服厥命新始服行王命故云其命
王命也新其德者勤行其事日日益新戒王勿懈怠也
傳言德至之義
正義曰日新者日日益新也若今日勤而明日惰昨日是而今
日非自旁觀之則有新有舊言王德行終始皆同不有衰殺從
旁觀之每日益新是乃日新之義也
傳官賢至其人
正義曰任官謂任人以官故云官賢才而任之言官用賢才而
委任之詩序云任賢使能非賢才不可任也冏命云小大之臣
咸懷忠良故言選左右必忠良不忠良即是非其人任官是用
人爲官左右亦是任而用之故言選左右也直言其人人字不
見故據冏命之文以忠良充之
傳言臣至其人
正義曰言臣奉上布德者奉上謂奉爲在上解經爲上也布德
者謂布爲道德解經爲德也順下訓民者順下謂卑順以爲臣
下解經爲下也訓民者謂以善道訓助下民解經爲民也顧氏
亦同此解
傳其難至乃善
正義曰此經申上臣事既所爲如此其難無以爲易其慎無以
輕忽之戒臣無得輕易臣之職也既事不可輕宜和協奉上羣
臣當一心以事君如此政乃善耳一心即一德言臣亦當一德也
嗚呼至觀政
正義曰此又勸王脩德以立後世之名禮王者祖有功宗有德
雖七世之外其廟不毀嗚呼七世之廟其外則猶有不毀者可
以觀知其有明德也立德在於爲政萬夫之長能使其整齊可
以觀知其善政也萬夫之長尚爾況天子乎勸王使爲善政也

單疏卷八第二十三葉

則爲祖宗不在昭穆之數王制之文不得云三昭三
穆也劉歆馬融王肅雖則不見古文皆以七廟爲天
子常禮所言二祧者王肅以爲高祖之父及祖也并
高祖已下共爲三昭三穆耳喪服小記云王者禘其
祖之所自出以其祖配之而立四廟庶子王亦如之
所以不同者王肅等以受命之王是初基之王故立
四廟庶子王者謂庶子之後自外繼立雖承正統之後
自更別立已之高祖已下之廟猶若漢宣帝別立戾
太子悼皇考廟之類也或可庶子初
基爲王亦得與嫡子同正立四廟也 后非民罔
使民非后罔事 君以使民自尊 民以事君自生 無自廣以狹
人匹夫匹婦不獲自盡民主罔與成厥功 上有
狹人之心則下無所自盡矣言先盡其
心然後乃能盡其力人君所以成功 疏 無自 至厥
功 正義曰既言君民相須又戒王虛心待物凡
爲人主無得自爲廣大以狹小前人勿自以所知
爲大謂彼所知爲小若謂彼狹小必待之輕薄彼
知遇薄則意不自盡匹夫匹婦不得自盡其意則
在下不肯親上在上不得下情
如是則人主無與成其功也 沃丁既葬伊
尹于亳 沃丁太甲子伊尹既致 仕老終以三公禮葬 咎單遂訓伊
尹事 訓暢其所行 功德之事 作沃丁 咎單忠臣名作 此篇以戒也亡 疏 沃丁
至作沃丁 正義曰沃丁殷王名也沃丁既葬
伊尹言重其賢德備禮而葬之咎單以沃丁愛
慕伊尹遂訓暢伊尹之事以告沃丁史錄其事
作沃丁之篇 傳沃丁至禮葬 正義曰世本
本紀皆云太甲崩子沃丁立是爲太甲子也伊
尹本是三公上篇言其告歸知致仕老終以三

足利本卷八第三十八葉

傳天子至觀德
正義曰天子立七廟是其常事其有德之王則列爲祖宗雖七
廟親盡而其廟不毀故於七廟之外可以觀德矣下云萬夫之
長可以觀政謂觀其萬夫之長此七世之廟可以觀德謂觀七
世之外文雖同而義小異耳所謂辭不害意漢氏以來論七廟
者多矣其文見於記傳者禮器家語荀卿書穀梁傳皆曰天子
立七廟以爲天子常法不辨其廟之名王制云天子七廟三昭
三穆與太祖之廟而七祭法云王立七廟曰考廟曰王考廟曰
皇考廟曰顯考廟曰祖考廟皆月祭之遠廟爲祧有二祧享嘗
乃止漢書韋玄成議曰周之所以七廟者后稷始封文王武王
受命而王是以三廟不毀與親廟四而七也鄭玄用此爲說惟
周有七廟二祧爲文王武王廟也故鄭玄王制注云此周制七
者太祖及文王武王二祧與親廟四大祖后稷也殷則六廟契
及湯與二昭二穆夏則五廟無太祖禹與二昭二穆而已是由
不見古文故爲此謬說此篇乃是商書已云七世之廟則天子
立七廟王者常禮非獨周人始有七廟也文武則爲祖宗不在
昭穆之數王制之文不得云三昭三穆也劉歆馬融王肅雖則
不見古文皆以七廟爲天子常禮所言二祧者王肅以爲高祖
之父及祖也并高祖已下共爲三昭三穆耳喪服小記云王者
禘其祖之所自出以其祖配之而立四廟庶子王亦如之所以
不同者王肅等以爲受命之王是初基之王故立四廟庶子王
者謂庶子之後自外繼立雖承正統之後自更別立已之高祖
已下之廟猶若漢宣帝別立戾太子悼皇考廟之類也或可庶
子初基爲王亦得與嫡子同正立四廟也
無自至厥功
正義曰既言君民相須又戒王虛心待物凡爲人主無得自爲
廣大以狹小前人勿自以所知爲大謂彼所知爲小若謂彼狹
小必待之輕薄彼知遇薄則意不自盡匹夫匹婦不得自盡其
意則在下不肯親上在上不得下情如是則人主無與成其功也
沃丁至作沃丁

單疏卷八第二十四葉

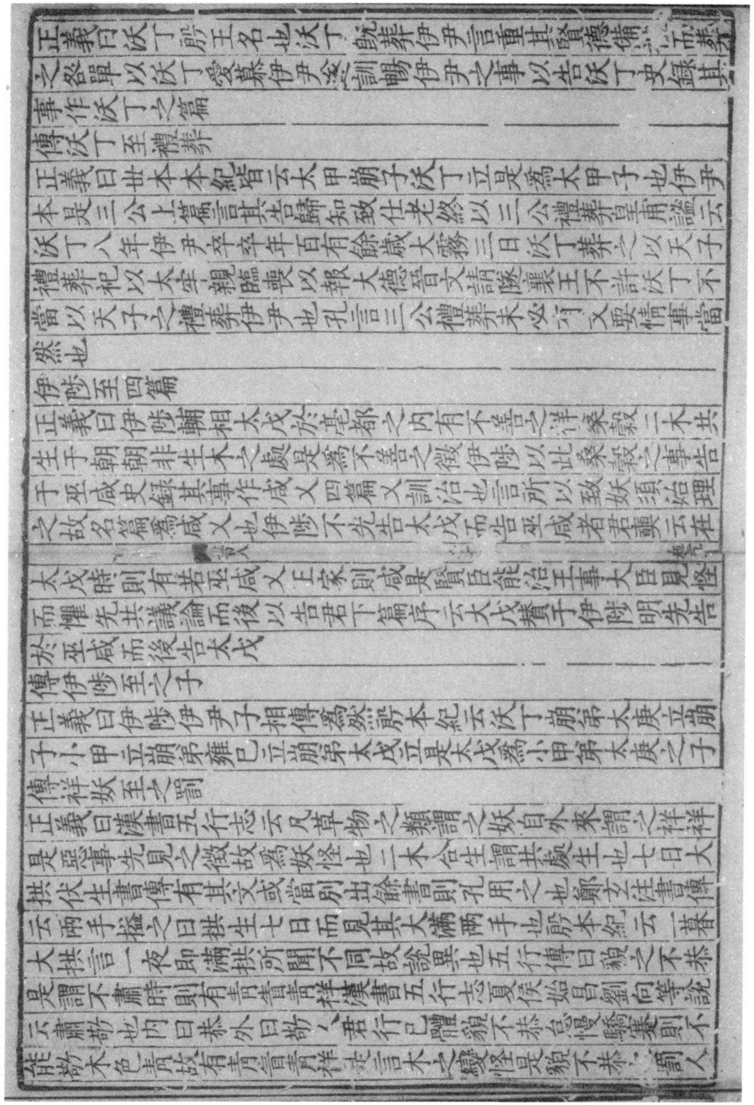

單疏卷八第二十五葉

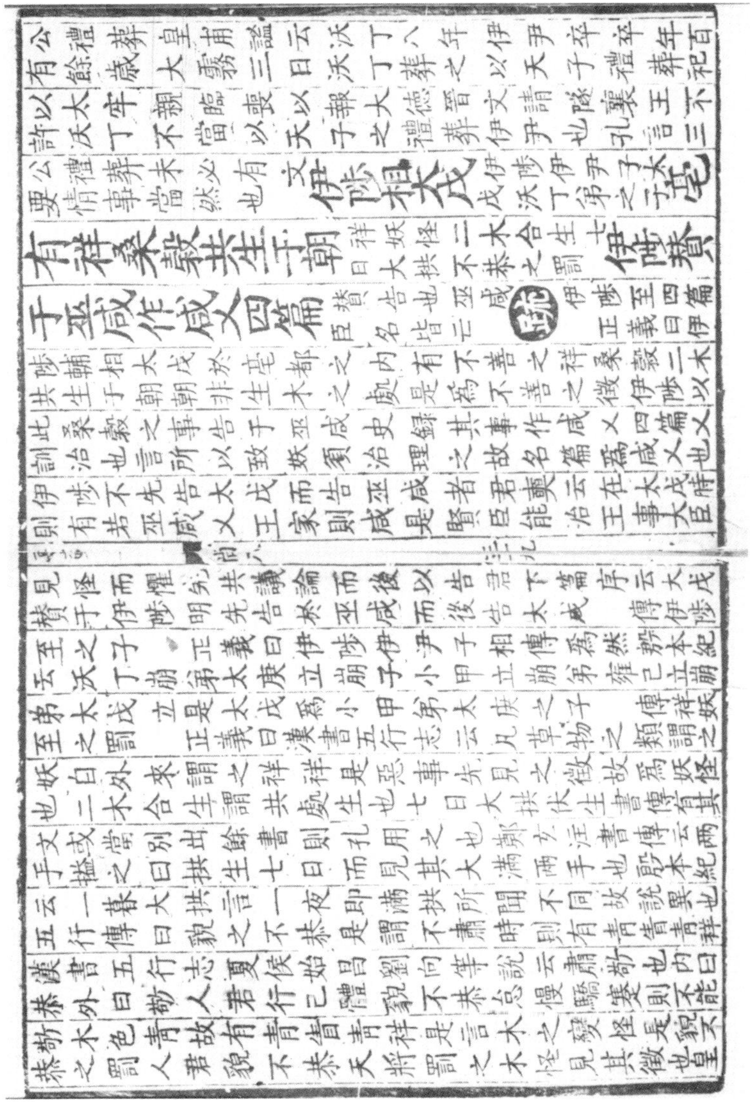

足利本卷八第三十九葉

甫謐云太戊問於伊陟伊陟曰臣聞妖不勝德帝之政事有闕白帝修德太戊退而占之曰桑穀野木而不合生於朝意者朝亡乎太戊懼修先王之政明養老之禮三年而遠方重譯而至七十六國是言妖不勝德也 傳贊告至臣名 正義曰禮有贊者皆以言告人故贊爲告也君奭傳曰巫氏也當以巫爲氏名咸此言臣名者言是臣之名號也鄭玄云巫咸謂之巫官者案君奭咸子又稱賢父子並爲大臣必不世作巫官故孔言巫氏是也 **太戊贊于伊陟**告以改過自新 **作伊陟原命**原臣名原命伊陟二篇皆亡 疏 太戊至原命 正義曰言太戊贊於伊陟惟告伊陟不告原也史録其事而作伊陟原命二篇則太戊告伊陟亦告原俱以桑穀事告故序揔以爲文也原是臣名而云原命謂以言命原故以原命名篇猶如冏命畢命也 **仲丁遷于囂**太戊子去亳囂地名 疏 仲丁遷于囂 正義曰此三篇皆是遷都之事俱以君名名篇並陳遷都之義如盤庚之誥民也發其舊都謂之遷到彼新邑謂之居遷于囂與居相亦事同也以河亶甲三字句長不言于其實亦是居于相也圯于耿者孔意以爲毀于相地乃遷于耿地其篇蓋言毀意故序特言圯也李顒云囂在陳留浚儀縣皇甫謐云仲丁自亳徙囂在河北也或曰今河南敖倉二說未知孰是也相地孔云在河北蓋有文而知也謐又以耿在河東皮氏縣耿鄉是也 傳大戊至地名 正義曰此及下傳言仲丁是太戊之子河亶甲仲丁弟也祖乙河亶甲子皆世本文也仲丁是太戊之子太戊之時仍云亳有祥知仲丁遷于囂去亳也 **作仲丁**陳遷都之義亡 **河亶甲居相**仲丁弟相地名在河北 **作河亶甲**亡 **祖乙**

足利本卷八第四十葉

君貌不恭天將罰之木怪見其徵也皇甫謐云太戊問於伊陟伊陟曰臣聞妖不勝德帝之政事有闕白帝修德太戊退而占之曰桑穀野木而不合生於朝意者朝亡乎太戊懼修先王之政明養老之禮三年而遠方重譯而至七十六國是言妖不勝德也

傳贊告至臣名

正義曰禮有贊者皆以言告人故贊爲告也君奭傳曰巫氏也當以巫爲氏名咸此言臣名者言是臣之名號也鄭玄云巫咸謂之巫官者案君奭咸子又稱賢父子並爲大臣必不世作巫官故孔言巫氏是也

太戊至原命

正義曰言太戊贊於伊陟惟告伊陟不告原也史録其事而作伊陟原命二篇則太戊告伊陟亦告原俱以桑穀事告故序揔以爲文也原是臣名而云原命謂以言命原故以原命名篇猶如冏命畢命也

仲丁遷于囂

正義曰此三篇皆是遷都之事俱以君名名篇並陳遷都之義如盤庚之誥民也發其舊都謂之遷到彼新邑謂之居遷于囂與居相亦事同也以河亶甲三字句長不言于其實亦是居于相也圯于耿者孔意以爲毀于相地乃遷于耿地其篇蓋言毀意故序特言圯也李顒云囂在陳留浚儀縣皇甫謐云仲丁自亳徙囂在河北也或曰今河南敖倉二說未知孰是也相地孔云在河北蓋有文而知也謐又以耿在河東皮氏縣耿鄉是也

傳大戊至地名

正義曰此及下傳言仲丁是太戊之子河亶甲仲丁弟也祖乙河亶甲子皆世本文也仲丁是太戊之子太戊之時仍云亳有祥知仲丁遷于囂去亳也

傳亶甲至曰圯

正義曰孔以河亶甲居相祖乙即亶甲之子故以爲圯於相圯乃遷都于耿釋詁云圯毀也故云河水所毀曰圯據文圯于耿

單疏卷八第二十六葉

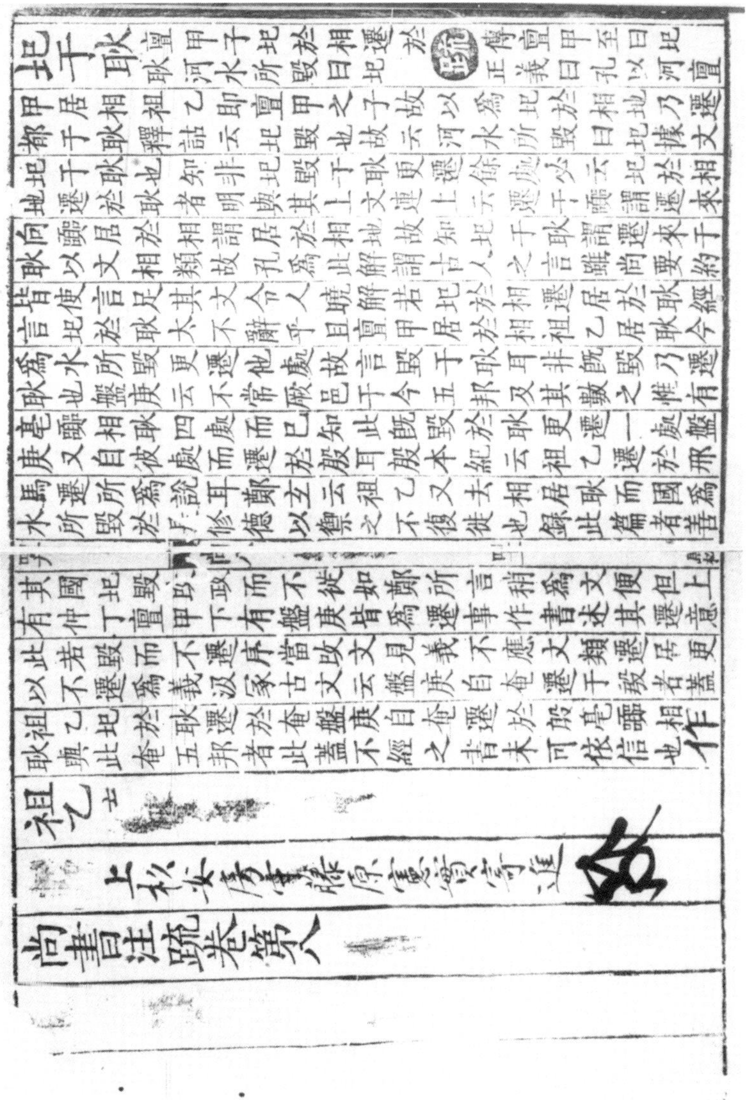

足利本卷八第四十一葉

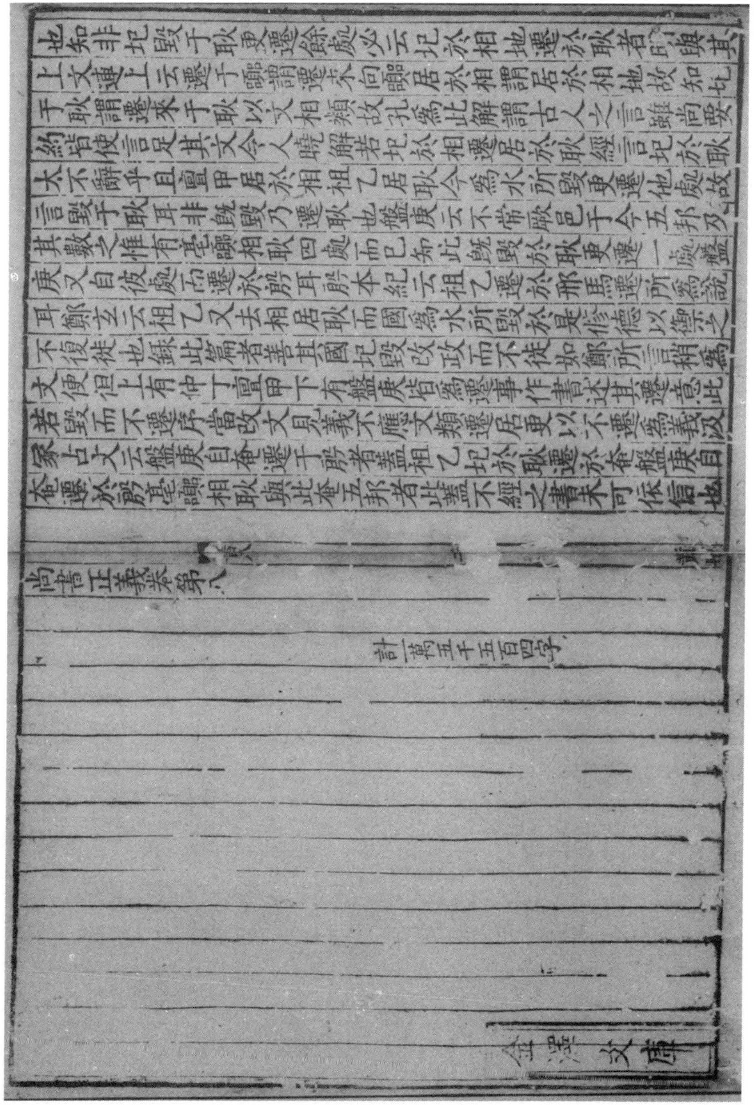

單疏卷八第二十七葉

尚書注疏卷第九

國子祭酒上護軍曲阜縣開國子臣孔穎達奉

勑撰

商書

盤庚上第九

盤庚五遷將治亳殷自湯至盤庚凡五遷都盤庚治亳殷民

咨胥怨胥相也民不欲徙乃咨嗟憂愁相與怨上作盤庚三篇

楊本卷九第一葉

尚書正義卷第九

國子祭酒上護軍曲阜縣開國子臣孔穎達奉

勑撰

商書

盤庚上第九

盤庚五至三篇

正義曰商自成湯以來屢遷都邑仲丁河亶甲祖乙皆有言誥
歷載於篇盤庚最在其後故序總之自湯至盤庚凡五遷都今
盤庚將欲遷居而治於亳之殷地民皆戀其故居不欲徙移咨
嗟憂愁相與怨上盤庚以言辭誥之史敘其事作盤庚三篇

傳自湯至亳殷

正義曰經言不常厥邑于今五邦故序言盤庚五遷傳嫌一身
五遷故辨之云自湯至盤庚凡五遷都也上文言自契至于成
湯八遷并數湯為八此言盤庚五遷又并數湯為五湯一人再
數故班固云殷人屢遷前八後五其實正十二也此序云盤庚
將治亳殷下傳云殷亳之別名則亳殷即是一都湯遷還從先
王居也汲冢古文云盤庚自奄遷于殷殷在鄴南三十里束晳云
尚書序盤庚五遷將治亳殷舊說以為居亳亳殷在河南孔子
壁中尚書云將始宅殷是與古文不同也漢書項羽傳云洹水
南殷墟上今安陽西有殷束晳以殷在河北與亳異也然孔子
壁內之書安國先得其本此將治亳殷不可作將始宅殷亳字

單疏卷九第一葉

盤庚至三篇　正義曰商自成湯以來屢遷都邑
仲丁河亶甲祖乙皆有言誥歷載於篇盤庚最在
其後故序揔之自湯至盤庚凡五遷都今盤庚將
欲遷居而治於亳之殷地民皆戀其故居不欲移
徙咨嗟憂愁相與怨上盤庚以言辭誥之史敘其
事作盤庚三篇　傳自湯至亳殷　正義曰經言
不常厥邑于今五邦故序言盤庚五遷傳嫌一身
五遷故辨之云自湯至盤庚凡五遷都也上文言
自契至于成湯八遷并數湯爲八此言盤庚五遷
又并數湯爲五湯一人再數故班固云殷人屢遷前
八後五其實正十二也此序云盤庚將治亳殷下
傳云殷亳之別名則亳即是　都湯遷還從先王
居也汲冢古文云盤庚自奄遷于殷殷在鄴南三
十里束晳云尚書序盤庚五遷將治亳殷舊說以
爲居亳亳殷在河南孔子壁中尚書云將始宅殷
是與古文不同也漢書項羽傳云洹水南殷墟上
今安陽西有殷束晳以殷在河北與亳異也然孔
子壁內之書安國先得其本此將治亳殷不可作
將始宅殷亳字摩滅容或爲宅壁內之書安國先
得始皆作亂其字與治不類無緣誤作始字知束
晳不見壁內之書妄爲說耳若洹水之南有殷墟
或當餘王居之非盤庚也盤庚治於亳殷紂滅在
於朝歌則盤庚以後遷於河北蓋盤庚後王有從
河南亳地遷於洹水之南後又遷于朝歌　傳胥
相至怨上　正義曰釋詁云胥皆也相亦是皆義
故通訓胥爲相也民不欲徙乃咨嗟憂愁相與怨
上經云民不適有居是怨上之事也仲丁祖乙亦
是遷都序無民怨之言此獨有怨者盤庚祖乙之
曾孫也祖乙遷都於此至今多歷年世民居已久
戀舊情深前王三徙詔今則行曉喻之易故無此
此則民怨之深故序獨有此事彼各一篇而此
獨三篇者謂民怨上故勸誘之難也民不欲遷而

楊本卷九第二葉

摩滅容或爲宅壁內之書安國先得始皆作亂其字與治不類
無緣誤作始字知束晳不見壁內之書妄爲說耳若洹水之南
有殷墟或當餘王居之非盤庚也盤庚治於亳殷紂滅在於朝
歌則盤庚以後遷於河北蓋盤庚後王有從河南亳地遷於洹
水之南後又遷于朝歌
傳胥相至怨上
正義曰釋詁云胥皆也相亦是皆義故通訓胥爲相也民不欲
徙乃咨嗟憂愁相與怨上經云民不適有居是怨上之事也仲
丁祖乙亦是遷都序無民怨之言此獨有怨者盤庚祖乙之曾
孫也祖乙遷都於此至今多歷年世民居已久戀舊情深前王
三徙詔今則行曉喻之易故無此言此則民怨之深故序獨有
此事彼各一篇而此獨三篇者謂民怨上故勸誘之難也民不
欲遷而盤庚必遷者鄭玄云祖乙居耿後奢侈踰禮土地迫近
山川嘗圮焉至陽甲立盤庚爲之臣乃謀徙居湯舊都又序注
云民居耿久奢淫成俗故不樂徙王肅云自祖乙五世至盤庚
元兄陽甲宮室奢侈下民邑居墊隘水泉瀉鹵不可以行政化
故徙都於殷皇甫謐云耿在河北迫近山川自祖辛以來民皆
奢侈故盤庚遷於殷此三者之說皆言奢侈鄭玄既言君奢又
言民奢王肅專謂君奢皇甫謐專謂民奢言君奢者以天子宮
室奢侈侵奪下民言民奢者以豪民室宇過度逼迫貧乏皆爲
細民弱劣無所容居欲遷都改制以寬之富民戀舊故違上意
不欲遷也案檢孔傳無奢侈之語惟下篇云今我民用蕩析離
居罔有定極傳云水泉沈溺故蕩析離居無安定之極徙以爲
之極孔意蓋以地勢洿下又久居水變水泉瀉鹵不可行化故
欲遷都不必爲奢侈也此以君名名篇必是爲君時事而鄭玄
以爲上篇是盤庚爲臣時事何得專輒謬妄也
盤庚
正義曰此三篇皆以民不樂遷開解民意告以不遷之害遷都
之善也中上二篇未遷時事下篇既遷後事上篇人皆怨上初
啓民心故其辭尤切中篇民以少悟故其辭稍緩下篇民既從

單疏卷九第二葉

盤庚必遷者，鄭玄云：祖乙居耿，後奢侈踰禮，土地
迫近山川，嘗圮焉。至陽甲立，盤庚爲之臣，乃謀徙
居湯舊都。又序注云：民居耿久，奢淫成俗，故不樂
徙。王肅云：自祖乙五世至盤庚，元兄陽甲，宮室奢
侈，下民邑居墊隘，水泉瀉鹵，不可以行政化，故徙
都於殷。皇甫謐云：耿在河北，迫近山川，自祖辛以
來，民皆奢侈，故盤庚遷於殷。此三者之說皆言奢侈。
鄭玄既言君奢，又言民奢；王肅專謂君奢；皇甫謐專
謂民奢。言君奢者，以天子宮室奢侈，侵奪下民；言
民奢者，以豪民室宇過度，逼迫貧乏。皆爲細民弱
劣，無所容居，欲遷都改制，以寬之。富民戀舊，故違
上意，不欲遷也。案檢孔傳，無奢侈之語，惟下篇云
今我民用蕩析離居，罔有定極，傳云：水泉沈溺，故
蕩析離居，無安定之極，徙以爲之極。孔意蓋以地
勢洿下，又久居水變，水泉瀉鹵，不可行化，故欲遷
都，不必爲奢侈也。此以君名名篇，必是爲君時事，而
鄭玄以爲三篇，其盤庚爲臣
時事，何得專輒謬妄也。

盤庚 盤庚，殷王名。殷質，以名篇。

疏 盤庚 ●正義曰：此三篇皆以民不樂遷，開解
民意，告以不遷之害，遷都之善也。中、下二篇未
遷時事，下篇既遷後事。上篇人皆怨上，初啓民心，
故其辭尤切；中篇民以少悟，故其辭稍緩；下篇民
既從遷，故辭復益緩。哀十一年左傳引此篇云盤
庚之誥，則此篇皆誥辭也。題篇不曰盤庚誥者，王
肅云：取其徙而立功，故但以盤庚名篇。然仲丁、祖
乙、河亶甲等皆以王名名篇，則是史意異耳，未必
見他義。傳殷質以名篇 ▲正義曰：周書謚法成
王時作，故桓六年左傳云：周人以諱事神。殷時質，
未諱君名，故以王名名篇也。上仲丁、祖乙亦是王
名，於此始作傳者，以上篇經亡，此經稱盤庚，故就
此解之。史記殷本紀云：盤庚崩，弟小辛立，殷復衰，
百姓思盤庚，乃作盤庚三篇。與此序違，非也。鄭玄

遷故辭復益緩哀十一年左傳引此篇云盤庚之誥則此篇皆
誥辭也題篇不曰盤庚誥者王肅云取其徙而立功故但以盤
庚名篇然仲丁祖乙河亶甲等皆以王名名篇則是史意異耳
未必見他義
傳殷質以名篇
正義曰周書謚法成王時作故桓六年左傳云周人以諱事神
殷時質未諱君名故以王名名篇也上仲丁祖乙亦是王名於
此始作傳者以上篇經亡此經稱盤庚故就此解之史記殷本
紀云盤庚崩弟小辛立殷復衰百姓思盤庚乃作盤庚三篇與
此序違非也鄭玄云盤庚湯十世孫祖乙之曾孫以五遷繼湯
篇次祖乙故繼之于上累之祖乙爲湯玄孫七世也又加祖乙
復其祖父通盤庚故十世本紀云祖乙崩子祖辛立崩子開甲
立崩弟祖丁立崩開甲之子南庚立崩祖丁子陽甲立崩弟盤
庚立是祖乙生祖辛祖辛生祖丁祖丁生盤庚故爲曾孫
盤庚至四方
正義曰盤庚欲遷於亳之殷地其民不欲適彼殷地別有邑居
莫不憂愁相與怨上盤庚率領和諧其衆憂之人出正直之言
以曉告曰我先王初居此者從舊都來於是宅於此地所以遷
於此者爲重我民無欲盡殺故先王以久居墊隘不遷則死見
下民不能相匡正以生故謀而來徙以徙爲善未敢專決又考
卜於龜以徙既獲吉兆乃曰其如我所行欲徙之吉先王成湯
以來凡有所服行敬順天命如此尚不常安可從則從不常其
邑於今五邦矣今若不承於古徙以避害則是無知天將斷絕
汝命矣天將絕命尚不能知況曰其能從先王之基業乎今我
往遷都更求昌盛若顛仆之木有用生蘖哉人衰更求盛猶木
死生蘖哉我今遷向新都上天其必長我殷之王命於此新邑
繼復先王之大業致行其道以安四方之人我徙欲如此耳汝
等何以不願徙乎前云若不徙以避害則天將絕汝命謂絕臣
民之命明亦絕我殷王之命復云若遷往新都天其長我殷之
王命明亦長臣民之命互文也

盤庚上第九　商書

盤庚遷于殷 亳之別名 民不適有居 率籲衆慼出矢言 曰我王來既爰宅于茲 重我民無盡劉 劉殺也 不能胥匡以生 卜稽曰其如台

先王有服恪謹天命茲猶不常寧不常厥邑于今五邦今不承于古罔知天之斷命矧曰其克從先王之烈若顛木之有由櫱天其永我命于茲新邑紹復先王之大業底綏四方

[illegible]

傳亳之別名

正義曰此序先言亳後言殷亳是大名殷是亳內之別名鄭玄云商家自徙此而號曰殷鄭以此前未有殷名也中篇云殷降大虐

[illegible]

亳殷地，其民不欲適彼殷地，別有邑居，莫不憂愁，相與怨上。盤庚率領和諧其衆憂之人，出正直之言以曉告曰：我先王初居此者，從舊都來於是宅於此地，所以遷於此者，爲重我民，無欲盡殺故。先王以久居墊隘，不遷則死，見下民不能相匡正以生，故謀而來徙，以徙爲善，未敢專決，又考卜於龜以徙，既獲吉兆，乃曰其如我所行欲徙之吉。先王成湯以來，凡有所服行，敬順天命，如此尚不常安，可徙則徙，不常其邑，於今五邦矣。今若不承於古，徙以避害，則是無知天將斷絶汝命矣。天將絶命，尚不能知，況曰其能從先王之基業乎？今我往遷都，更求昌盛，若顛仆之木有用生蘖哉。人盛猶木死生蘖哉。我今遷向新都，上天其必永我殷之王命於此新邑，繼復先王之大業，致行其道，以安四方之人。我徙欲如此，耳汝等何以不願從乎？前云不徙以避害，則天將絶汝命，謂絶其民之命，明亦絶我殷王之命。復云若遷往新都，天其長我殷之王命，明亦長臣民之命，互文也。 傳亳之別名 ▲正義曰：此序先亳後殷，亳是大名，殷是亳内之別名。鄭玄云：商家自徙此而號曰殷。鄭以此前未有殷名也。中篇云殷降大虐，將遷於殷，先正其號，明知於時殷也。雖兼號爲殷，而商名不改，或稱商，或稱殷，又有兼稱殷商。商頌云商邑翼翼，撻彼殷武，是單稱之也。又大雅云殷商之旅，咨汝殷商，是兼稱之也。亳是殷地大名，故殷社謂之亳社。其亳，鄭玄以爲偃師，皇甫謐以爲梁國穀熟縣，或云濟陰亳縣，說既不同，未知誰是。 傳適之至邑居 ▲正義曰：釋詁云：適、之，往也。俱訓爲往，故適得爲之。不欲往彼殷地，別有新邑居也。 傳籲和至之言 ▲正義曰：籲即裕也，是寬意，故爲和也。憂則不和，戚訓憂也，故率和衆憂之人，出正直之言。詩云其直如矢，故以言爲正直之言。 傳我王至於此 ▲正義曰：孔

以祖乙圮於相地，遷都於耿，今盤庚自耿遷于殷，以我王爲祖乙，此謂耿也。 傳劉殺至殺故 ▲正義曰：劉，殺，釋詁文。水泉鹹鹵，不可行化，王化不行，殺民之道。先王所以去彼遷此者，重我民，無欲盡殺故也。 傳言民至所行 ▲正義曰：不徙所以不能相匡以生者，謂水泉沈溺，人民困苦，不能從教相匡正以生。又考卜於龜以徙，周禮大卜大遷則貞龜，是遷必卜也。 傳先王至輒遷 ▲正義曰：下云于今五邦，自湯以來數之，則此言先王摠謂成湯至祖乙也。先王有所服行，謂行有典法，言能敬順天命，即是有所服行也。盤庚言先王敬順天命如此，尚不常安，有可遷輒遷，況我不能敬，不遷民必死矣，故不可不遷也。 傳湯遷至耿都 ▲正義曰：孔以盤庚意在必遷，故通數我往五邦。鄭、王皆云湯自商徙亳，數商、亳、囂、相、耿爲五。計湯既遷亳始建王業，此言先王遷都，不得遠數居亳之前充此數也。 傳言今至蘖哉 ▲正義曰：釋詁云：枿，餘也。李巡曰：枿，槁木之餘也。郭璞云：晉衛之間曰枿。是言木死顛仆，其根更生蘖哉。毀壞若枯死之木，若棄去毀壞之邑，更得昌盛猶顛仆枯死之木用生蘖哉。

盤庚斆于民，由乃在位以常舊服，正法度。斆，教也。教人使用汝在位之命，用常故事，正其法度。**曰：無或敢伏小人之攸箴。**言無有敢伏絶小人之所欲箴規上者。戒朝臣。

（疏）盤庚至攸箴 ●正義曰：前既略言遷意，今復並戒臣民。盤庚先教於民，云汝等當用汝在位之命，用舊常故事，正其法度，欲令民徙，從其臣言也。民從上命，即是常事法度也。又戒臣曰：汝等無有敢伏絶小人之所欲箴規上者。 傳斆教至朝臣 ▲正義曰：文王世子云：小樂正斆干，大胥贊之，籥師斆戈，籥師

丞贊之彼並是斆舞干戈知斆爲教也小臣等患
水泉沈溺欲箴規上而徙汝臣下勿抑塞伏絕之
鄭玄云奢侈之俗小民咸苦之欲言於王命衆
王今將屬民而詢焉故勑以無伏之
悉至于庭衆群臣以下 疏 傳衆羣臣以下▲正義曰周禮小司寇掌外朝之
政以致萬民而詢焉一曰詢國危二曰詢國遷三
曰詢立君是國將大遷必詢及於萬民故知衆悉
至王庭是羣臣以下謂及下民也民不欲徙
由臣不助王勸民故已下多是責臣之辭王若
曰格汝衆予告汝訓告汝以法教汝猷黜乃心無
傲從康謀退汝違上之心無傲慢從心所安古我先王亦惟圖
任舊人共政先王謀任久老成人共治其政 疏 傳先王▲正義曰此篇所言先

王其文無指斥者皆謂成湯以來諸賢王也下言
神后高后者指謂湯耳下篇言古我先王適于山
者乃謂遷都之王仲丁祖乙之等也此言先王謂
先世賢王此既言先王下句王播告之王用丕欽
蒙上之先不言先省文也王播告之修不匿厥指王布告人以所
修之政不匿其指 疏 傳王布至其指▲正義曰上句言先
王用舊人共政下云王播告之修當
謂告臣耳傳言布告人者以下云
民用丕變是必告臣亦又告民王用丕欽罔
有逸言民用丕變王用大勸其政教無有逸豫之言民用大變從化
今汝聒聒起信險膚予弗知乃所訟聒聒無知
之貌起信險膚受之言 疏 傳聒聒至何謂▲正
予不知汝所訟言何謂義曰鄭玄云聒讀如

正義曰孔以盤庚意在必遷故通數我往居亳爲五邦鄭王皆
云湯自商徙亳數商亳囂相耿爲五計湯既遷亳始建王業此
言先王遷都不得遠數居亳之前充此數也
傳言今至蘖哉
正義曰釋詁云枿餘也李巡曰枿槁木之餘也郭璞云晉衞之
間曰枿是言木死顛仆其根更生蘖哉此都毀壞若枯死之木
若棄去毀壞之邑更得昌盛猶顛仆枯死之木用生蘖哉
盤庚至攸箴
正義曰前既略言遷意今復並戒臣民盤庚先教於民云汝等
當用汝在位之命用舊常故事正其法度欲令民徙從其臣言
也民從上命即是常事法度也又戒臣曰汝等無有敢伏絕小
人之所欲箴規上者
傳斆教至朝臣
正義曰文王世子云小樂正斆干大胥贊之籥師學戈籥師丞
贊之彼並是斆舞干戈知斆爲教也小民等患水泉沈溺欲箴
規上而徙汝臣下勿抑塞伏絕之鄭玄云奢侈之俗小民咸苦
之欲言於王今將屬民而詢焉故勑以無伏之
傳衆羣臣以下
正義曰周禮小司寇掌外朝之政以致萬民而詢焉一曰詢國
危二曰詢國遷三曰詢立君是國將大遷必詢及於萬民故知
衆悉至王庭是羣臣以下謂及下民也民不欲徙由臣不助王
勸民故已下多是責臣之辭
傳先王
正義曰此篇所言先王其文無指斥者皆謂成湯已來諸賢王
也下言神后高后者指謂湯耳下篇言古我先王適于山者乃
謂遷都之主仲丁祖乙之等也此言先王謂先世賢王此既言
先王下句王播告之王用丕欽蒙上之先不言先省文也
傳王布至其指
正義曰上句言先王用舊人共政下云王播告之修當謂告臣
耳傳言布告人者以下云民用丕變是必告臣亦又告民

聒耳之聒聒聒難告之貌王肅云聒聒善自用之意也此傳以聒聒爲無知之貌以聒聒是多言亂人之意也起信險膚者言發起所行專信此險僞膚受淺近之言信此浮言妄有爭訟我不知汝所訟言何謂言無理也**非予自荒茲德惟汝含德不惕予一人予若觀火**我之欲徙非廢此德汝不從我命所含惡德但不畏懼我耳我視汝情如視火疏非予至觀火▲正義曰言先王勤其敎民用大變我命敎汝汝不肯徙非我自廢此丕欽之德惟汝之所含德甚惡不畏懼我一人故耳汝含藏此意謂我不知我見汝情觀火言見之分明如視火也**予亦拙謀作乃逸**逸過也我不威脅汝徙是我拙謀成汝過疏傳逸過至汝過▲正義曰逸過釋言文我若以威加汝汝當不敢不遷無違上之過也我不威脅汝徙乃是我亦拙謀作成汝過也恨民以恩導之而不從己也**若網在綱有條而不紊若農服田力穡乃亦有秋**紊亂也穡耕稼也下之順上當如網在綱各有條理而不亂也農勤穡則有秋下承上則有福疏傳紊亂至有福▲正義曰紊是絲亂故爲亂也稼穡相對則種之曰稼斂之曰穡穡是秋收之名得爲耕穫總稱故云穡耕稼下承上則有福福謂祿賞**汝克黜乃心施實德于民至于婚友丕乃敢大言汝有積德**汝羣臣能退汝違上之心施實德於民至于婚姻僚友則我大乃敢言汝有積德之臣**乃不畏戎毒于遠邇惰農自安不昏作勞**

不服田畝越其罔有黍稷戎大昬強越於也言不欲徙則是不畏大毒於遠近如怠惰之農苟自安逸不強作勞於田畝則黍稷無所有疏傳戎大至所有▲正義曰戎大昬強越於皆釋詁文孫炎曰昬夙夜之強也書曰不昬作勞引此解彼是亦讀此爲昬也鄭玄讀昬爲愍訓爲勉也與孔不同傳云言不欲徙則是不畏大毒於遠近其意言不徙則有毒毒謂禍患也遠近謂賒促言害至有早晚也不強於作勞則黍稷無所獲以喻不遷於新邑則福祿無所有也此經惰農弗昬無黍稷對上服田力穡乃亦有秋但其文有詳畧耳**汝不和吉言于百姓惟汝自生毒**責公卿不能和喻百官是自生毒害疏傳責公至毒害▲正義曰此篇上下皆言民此獨云百姓則知百姓是百官也言姓既是百官和吉言者文在百官之下知此經是責公卿不能和喻善言於百官使之樂遷也不和百官必將遇禍是公卿自生毒害**乃敗禍姦宄以自災于厥身**言汝不相率共徙是爲敗禍姦宄以自災之道**乃既先惡于民乃奉其恫汝悔身何及**羣臣不欲徙是先惡於民恫痛也不徙則禍毒在汝身徙奉持所痛而悔之則於身無所及疏傳羣臣至所及▲正義曰羣臣是民之師長當倡民爲善羣臣亦不欲徙是乃先惡於民也恫痛釋言文**相時憸民猶胥顧于箴言其發有逸口矧予制乃短長之命**言憸利小民尚相顧於箴誨恐其發動有過口之患況我制汝生之命而汝不相敎從我是不若小民**汝曷**

弗告朕而胥動以浮言恐沈于衆曷何也責其不以情告上而相恐動以浮言不從恐汝沈溺於衆有禍害若火之燎于原。不可嚮邇其猶可撲滅火炎不可嚮近尚可撲滅浮言不可信用尚可刑戮絕之則惟汝衆自作弗靖非予有咎我刑戮汝非我咎也靖謀也是汝自爲非謀所致疏相時至有咎●正義曰又責大臣不相教遷徙是不如小民我視彼儉利小民猶尚相顧於箴規之言恐其發舉有過口之患故以言相規患之小者尚知畏避況我爲天子制汝短長之命威恩在大汝不相教從我乃是汝不如小民汝若不欲徙何不以情告我而輒相恐動以浮華之言乃語民云國不可徙我恐汝自取沈溺於衆人而身被刑戮之禍害此浮言流行似火之燎於原野炎熾不可嚮近其猶可撲之使滅以喻浮言不可止息尚可刑戮使絕也若以刑戮加汝則是汝自爲非謀所致此耳非我有咎過也　傳曷何至禍害正義曰曷何同音故曷爲何也顧氏云汝以浮言恐動不從更是無益我恐汝自取沈溺於衆人不免禍害也　傳我刑至所致▲正義曰我刑戮汝汝自招之非我咎也靖謀釋詁文告民不從者非善謀也由此而被刑戮是汝自爲非謀所致也遲任有言曰人惟求舊器非求舊惟新遲任古賢言人貴舊器貴新汝不徙是不貴舊古我先王暨乃祖乃父胥及逸勤予敢動用非罰言古之君臣相與同勞逸子孫所宜法之我豈敢動用非常之罰脅汝乎世選爾

楊本卷九第十葉

傳聒聒至何謂

正義云鄭玄云聒讀如聒耳之聒聒聒難告之貌王肅云聒聒善自用之意也此傳以聒聒爲無知之貌以聒聒是多言亂人之意也起信險膚者言發起所行專信此險僞膚受淺近之言信此浮言妄有爭訟我不知汝所訟言何謂言無理也

非予至覩火

正義曰言先王勞其教民用大變我命教汝汝不肯徙非我自廢此丕欽之德惟汝之所含德甚惡不畏懼我一人故耳汝含藏此意謂我不知我見汝情若覩火言見之分明如視火也

傳逸過至汝過

正義曰逸過釋言文我若以威加汝汝自不敢不遷則無違上之過也我不威脅汝徙乃是我亦拙謀作成汝過也恨民以恩導之而不從已也

傳紊亂至有福

正義曰紊是絲亂故爲亂也稼穡相對則種之曰稼斂之曰穡穡是秋收之名得爲耕穫揔稱故云穡耕稼下云不上則有福謂祿賞

傳戎大至所有

正義曰戎大昬強越於皆釋詁文孫炎曰昬夙夜之強也書曰不昬作勞引此解彼是亦讀此爲昬也鄭玄讀昬爲愍訓爲勉也與孔不同傳云言不欲徙則是不畏大毒於遠近其意言不徙則有毒毒謂禍患也遠近謂賒促言害至有早晚也不強於作勞則黍稷無所獲以喻不遷於新邑則福祿無所有也此經惰農弗昬無黍稷對上服田力穡乃亦有秋但其文有詳略耳

傳責公至毒害

正義曰此篇上下皆言民此獨云百姓則知百姓是百官也百姓既是百官和吉言者又在百官之上知此經是責公卿不能和喻善言於百官使之樂遷也不和百官必將遇禍是公卿自生毒害

傳羣臣至所及

單疏卷九第六葉

勞予不掩爾善選數也言我世世數汝功勤不掩蔽汝善是我忠於汝

茲予大享于先王爾祖其從與享之古者天子録功臣配食於廟大享烝嘗也所以不掩汝善

作福作災予亦不敢動用非德善自作福惡自作災我不敢動用非罰加汝非德賞汝乎從汝善惡而報之

疏遲任至非德

●正義曰可遷即遷是先王舊法古之賢人遲任有言曰人惟求舊器非求舊惟新言人貴舊器貴新汝不欲徙是不貴舊反遲任也古者我之先王及汝祖汝父相與同逸豫同勤勞汝為人子孫宜法父祖當與我同其勞逸我豈敢動用非常之罰脅汝乎以至於我世世數汝功勞我不掩蔽汝善是我忠於汝也以此故我大享祭於先王汝祖其從我先王與在宗廟而歆享之是我不掩汝善也汝有善自作福汝有惡自作災我亦不敢動用非德之賞妄賞汝各從汝善惡而報之耳其意告臣言從上必有賞違我必有罰也

傳遲任至貴舊

▲正義曰其人既沒其言立於後世知是古賢人也鄭玄云古之賢史王肅云古老成人皆謂賢也

傳選數至於汝

▲正義曰釋詁云算數也舍人曰釋數之曰算選即算也故訓選為數言己世世數汝功勞是從先王至己常行此事故云是我忠於汝也言己之忠責臣之不忠也

傳古者至汝善

▲正義曰周禮大宗伯祭祀之名天神曰祀地祇曰祭人鬼曰享此大享於先王謂天子祭宗廟也傳解天子祭廟得有臣祖與享之意言古者天子録功臣配食於廟故臣之先祖得與享之也古者孔氏據已而道前世也此時已然矣大享烝嘗者烝嘗是秋冬祭名謂之大享者以事各有對若烝嘗對禘祫則禘祫為

楊本卷九第十一葉

正義曰羣臣是民之師長當倡民為善羣臣亦不欲徙是乃先惡於民也恫痛釋言文

相時至有咎

正義曰又責大臣不相教遷徙是不如小民我視彼憸利小民猶尚相顧於箴規之言恐其發舉有過口之患故以言相規患之小者尚知畏避況我為天子制汝短長之命威恩甚大汝不相教從我乃是汝不如小民汝若不欲徙何不以情告我而輒相恐動以浮華之言乃語民云國不可徙我恐汝自取沈溺於衆人而身被刑戮之禍害此浮言流行若似火之燎於原野炎熾不可嚮近其猶可撲之使滅以喻浮言不可止息尚可刑戮使絶也若以刑戮加汝則是汝衆自為非謀所致此耳非我有咎過也

傳曷何至禍害

正義曰曷何同音故曷為何也顧氏云汝以浮言恐動不徙更是無益我恐汝自取沈溺於衆人不免禍害也

傳我刑至所致

正義曰我刑戮汝汝自招之非我咎也靖謀釋詁文告民不徙者非善謀也由此而被刑戮是汝自為非謀所致也

遲任至非德

正義曰可遷即遷是先王舊法古之賢人遲任有言曰人惟求舊器非求舊惟新言人貴舊器貴新汝不欲徙是不貴舊反遲任也古者我之先王及汝祖汝父相與同逸豫同勤勞汝為人子孫宜法父祖當與我同其勞逸我豈敢動用非常之罰脅汝乎自先王以至於我世世數汝功勞我不掩蔽汝善是我忠於汝也以此故我大享祭於先王汝祖其從我先王與在宗廟而歆享之是我不掩汝善也汝有善自作福汝有惡自作災我亦不敢動用非德之賞妄賞汝各從汝善惡而報之耳其意告臣言從上必有賞違我必有罰也

傳遲任至貴舊

正義曰其人既沒其言立於後世知是古賢人也鄭玄云古之

單疏卷九第七葉

大烝嘗為小若四時自相對則烝嘗為大礿祠為
小以秋冬物成可薦者衆故烝嘗為大春夏物未
成可薦者少故礿祠為小也知烝嘗有功臣與祭
者案周禮司勳云凡有功者銘書於王之太常祭
於大烝司勳詔之是也嘗是烝之類而傳以嘗配
之魯頌曰秋而載嘗是也祭統云內祭則大嘗禘
是也外祭則郊社是也然彼以祫為大嘗知此不
以烝嘗時為禘祫而直據時祭者以殷祫於三時
非獨烝嘗也秋冬之祭尚及功臣則禘祫可知惟
春夏不可耳以物未成故也近代已來惟禘祫乃
祭功臣配食時祭不及之也近代已來功臣配食
各配所事之君若所事之君其廟已毀時祭不祭
毀廟其君尚不時祭其臣固當止矣禘祫則毀廟
之主亦在焉其時功臣亦當在也王制云犆礿祫
禘祫嘗祫烝諸侯礿犆禘一犆一祫嘗祫烝祫此
王制之文夏殷之制天子春惟時祭其夏秋冬既
為祫又為時祭諸侯亦春為時祭夏惟作祫不作
時祭秋冬先作時祭而後祫周則春曰祠夏曰礿
三年一祫在秋五年一禘在夏故公羊傳云五年
再殷祭禮緯云三年一祫五年一禘此是鄭氏之義
未知孔意如何

予告汝于難若射之有志告汝行事之難當如射之有所準志必中所志乃善

疏　予告至有志　●正義曰既言作福作災由人行有善惡故
復戒臣行善我告汝於行事之難猶如射之有所
準志志之所主欲得中也必中所志乃為善耳以
喻人將有行豫思念之行得其道為善耳其意言
遷都是善道當念從我言也　傳告汝至乃善
正義曰此傳惟順經文不言喻意鄭玄云我告汝
[illegible]我心至難矣夫射者張弓屬矢而志在所射必
中然後發之為政之道亦如是也以[illegible]度之可施於彼然後出之

汝無侮老成

賢也王肅云古老成人皆謂賢也
傳選數至於汝
正義曰釋詁云算數也舍人曰釋數之曰算選即算也故訓為
數經言世世數汝功勞是從先王至已常行此事故云是我忠
於汝也言已之忠責臣之不忠也
傳古者至汝善
正義曰周禮大宗伯祭祀之名天神曰祀地祇曰祭人鬼曰享
此大享於先王謂天子祭宗廟也傳解天子祭廟得有臣祖與
享之意言古者天子錄功臣配食於廟故臣之先祖得與享之
也古者孔氏據已而道前世也此殷時已然矣大享烝嘗者烝
嘗是秋冬祭名謂之大享者以事各有對若烝嘗對禘祫則禘
祫為大烝嘗為小若四時自相對則烝嘗為大礿祠為小以秋
冬物成可薦者衆故烝嘗為大春夏物未成可薦者少故礿祠
為小也知烝嘗有功臣與祭者案周禮司勳云凡有功者銘書
於王之太常祭於大烝司勳詔之是也嘗是烝之類而傳以嘗
配之魯頌曰秋而載嘗是也祭統云內祭則大嘗禘是也外祭
則郊社是也然彼以祫為大嘗知此不以烝嘗時為禘祫而直
據時祭者以殷祫於三時非獨烝嘗也秋冬之祭尚及功臣則
禘祫可知惟春夏不可耳以物未成故也近代已來惟禘祫乃
祭功臣配食時祭不及之也近代已來功臣配食各配所事之
君若所事之君其廟已毀時祭不祭毀廟其君尚不時祭其臣
固當止矣禘祫則毀廟之主亦在焉其時功臣亦當在也王制
云犆礿祫禘祫嘗祫烝諸侯礿犆禘一犆一祫嘗祫烝祫此王
制之文夏殷之制天子春惟時祭其夏秋冬既為祫又為時祭
諸侯亦春為時祭夏惟作祫不作時祭秋冬先作時祭而後祫
周則春曰祠夏曰礿三年一祫在秋五年一禘在夏故公羊傳
云五年再殷祭禮緯云三年一祫五年一禘此是鄭氏之義未
知孔意如何
予告至有志
正義曰既言作福作災由人行有善惡故復戒臣行善我告汝

人無弱孤有幼不用老成人之言，是侮老之；不徙則孤幼受害，是弱易之。【疏】傳"不用"至"易之"。▲正義曰：老謂見其年老，謂其無所復知；弱謂見其幼弱，謂其未有所識。鄭云"老弱皆輕忽之意也"。老成人之言云可徙，不用其言，是侮老之也。不徙則水泉鹹鹵，孤幼受害，不念其害，則是卑弱輕易之也。各長于厥居，勉出乃力，聽予一人之作猷。盤庚勑臣下各思長於其居，勉盡心出力，聽從遷徙之謀。【疏】傳"盤庚"至"之謀"。正義曰：於時羣臣難毀其居宅，惟見目前之利，不思長久之計，其臣非一，共爲此心。盤庚勑臣下各思長久於其居處，勉強盡心出力，聽從我遷徙之謀，自此以下皆是也。無有遠邇，用罪伐厥死，用德彰厥善。言遠近待之如一，罪以懲之，使勿犯；伐去其死道；德以明之，使勸慕競爲善。【疏】"無有"至"厥善"。▲正義曰：此即遷徙之謀也。言我至新都，撫養在下，無有遠之與近，必當待之如一。用刑殺之罪伐去其死道，用照察之德彰明其行善。有過罪以懲之，使民不犯非法，死刑不用，是伐去其死道。伐若伐樹然，言止而不復行用也。有善者，人主以照察之德加賞祿以明之，使競慕爲善，是彰其善也。此二句相對，上言用罪伐厥死，下宜言用賞彰厥生。不然者，上言用刑，下言賞善，死是刑之重者，舉重故言死；有善乃可賞，故言彰厥善。行賞是德，故以德言。賞人生是常，無善亦生，不得言彰厥生，故文互。邦之臧，惟汝衆；有善則衆臣之功。邦之不臧，惟予一人有佚罰。佚，失也。是己失政之罰，罪己之義。凡爾衆，其惟致告：致我誠告汝衆。自

於行事之難，猶如射之有所準志，志之所主，欲得中也。必中所志乃爲善耳。以喻人將有行，豫思念之，行得其道，爲善耳。其意言遷都是善道，當念從我言也。

傳"告汝"至"乃善"。

正義曰：此傳惟順經文，不言喻意。鄭玄云"我告汝於我心至難矣，夫射者張弓屬矢而志在所射，必中然後發之，爲政之道亦如是也，以己心度之，可施於彼，然後出之"。

傳"不用"至"易之"。

正義曰：老謂見其年老，謂其無所復知；弱謂見其幼弱，謂其未有所識。鄭云"老弱皆輕忽之意也"。老成人之言云可徙，不用其言，是侮老之也。不徙則水泉鹹鹵，孤幼受害，不念其害，是卑弱輕易之也。

傳"盤庚"至"之謀"。

正義曰：於時羣臣難毀其居宅，惟見目前之利，不思長久之計，其臣非一，共爲此心。盤庚勑臣下各思長久於其居處，勉強盡心出力，聽從我遷徙之謀，自此以下皆是也。

"無有"至"厥善"。

正義曰：此即遷徙之謀也。言我至新都，撫養在下，無有遠之與近，必當待之如一。用刑殺之罪伐去其死道，用照察之德彰明其行善。有過罪以懲之，使民不犯非法，死刑不用，是伐去其死道。伐若伐樹然，言止而不復行用也。有善者，人主以照察之德加賞祿以明之，使競慕爲善，是彰其善也。此二句相對，上言用罪伐厥死，下宜言用賞彰厥生。不然者，上言用刑，下言賞善，死是刑之重者，舉重故言死；有善乃可賞，故言彰厥善。行賞是德，故以德言。賞人生是常，無善亦生，不得言彰厥生，故文互。

"度乃口"。

正義曰：度，法度也。故傳言以法度居汝口也。

盤庚中第十

"盤庚"至"厥民"。

正義曰：盤庚於時見都河北，欲遷向河南，作惟南渡河之法，欲

今至于後日各恭爾事齊乃位度乃口 奉其職事正齊其位以法度居汝口勿浮言 疏 度乃口 ▲正義曰度法度也故傳言以法度居汝口也 罰及爾身弗可悔 不從我謀罰及汝身雖悔可及乎

盤庚中第十

盤庚作惟涉河以民遷 為此南渡河之法用民徙 乃話民之弗率誕告用亶其有衆 話善言民不循教發善言大告用誠於衆 咸造勿褻在王庭 造至也衆皆至王庭無褻慢 盤庚乃登進厥民 升進命使前 疏 盤庚至厥民 ▲正義曰盤庚於時見都河北欲遷向河南作惟南渡河之法欲用民徙乃出善言以告曉民之不循教者大為教告用誠心於其所有之衆人於時衆人皆至無有褻慢之人盡在於王庭盤庚乃升進其民延之使前而教告之史敘其事以為盤庚發誥之目 ▲傳為此至民徙 ▲正義曰鄭玄云作渡河之具王肅云為此思南渡河之事此傳言南渡河之法皆謂造舟船渡河之具是濟水先後之次思其事而為之法也 傳話善至於衆 ▲正義曰釋詁云話言也孫炎曰話善人之言也王若民不從教必發善言告之故以話為善言鄭玄詩箋亦云話善言也 曰明聽朕言無荒失朕命 荒廢 嗚呼古我前后罔不惟民之承 言我先世賢君無不承安民而恤之 保后胥慼鮮以不浮于

楊本卷九第十四葉

用民徙乃出善言以告曉民之不循教者大為教告用誠心於其所有之衆人於時衆人皆至無有褻慢之人盡在於王庭盤庚乃升進其民延之使前而教告之史敘其事以為盤庚發誥之目

傳為此至民徙

正義曰鄭玄云作渡河之具王肅云為此思南渡河之事此傳言南渡河之法皆謂造舟船渡河之具是濟水先後之次思其事而為之法也

傳話善至於衆

正義曰釋詁云話言也孫炎曰話善人之言也王若民不從教必發善言告之故以話為善言鄭玄詩箋亦云話善言也

傳民亦至天時

正義曰以君承安民而憂之故民亦安君之政相與憂行君令使君令必行責時羣臣不憂行君令也舟船浮水而行故以濟為行也行天時也順時布政若月令之為也

傳我殷至行徙

正義曰遷都者止為邑居墊隘水泉鹹鹵非為避天災也此傳以虐為災懷為思言殷家於天降大災則先王不思故居而行徙者以天時人事終是相將邑居不可行化必將天降之災上云不能相匡以生罔知天之斷命即是天降災也

承汝至于罰

正義曰先王為政惟民之承今我亦法先王故承安汝使汝徙惟歡喜安樂皆與汝共之非謂汝有咎惡而徙汝令比近於殃罰也

予若至厥志

正義曰盤庚言我順於道理和協汝衆歸懷此新邑者非直為我王家亦惟利汝衆故為此大從我本志而遷徙不有疑也

臭厥載

正義曰臭是氣之別名古者香氣穢氣皆名為臭易云其臭如蘭謂香氣為臭也晉語云惠公改葬申生臭徹於外謂穢氣為

單疏卷九第十葉

天時民亦安君之政相與憂行君令浮行也少以不行於天時者言皆行天時疏傳民
亦至天時▲正義曰以君承安民而憂之故民亦安君之政相與憂行君令使君令必行責時羣臣不憂行君令也舟船浮水而行故以浮爲行也行天時也順時布政若月令之爲也殷降
太虐先王不懷我殷家於天降大災則先王不思故居而行徙疏傳我
殷至行徙▲正義曰遷都者止爲邑居墊隘水泉鹹鹵非爲避天災也此傳以虐爲災懷爲思言殷家於天降大災則先王不思故居而行徙者以天時人事終是相將邑居不可行化必將天降之災
上云不能相匡以生罔知天之斷命即是天降災也厥攸作視民利用
遷其所爲視民有利則用徙汝曷弗念我古后之聞
古君先王之聞謂遷事承汝俾汝惟喜康共非汝有
咎比于罰今我法先王惟民之承故承汝使汝徙惟與汝共喜安非謂汝有惡徙汝今比
近於殃罰疏承汝至于罰●正義曰先王爲政惟民之承今我亦法先王故承安汝使汝徙惟歡
喜安樂皆與汝共之非謂汝有咎惡而徙汝令比近於殃罰也予若籲懷茲
新邑亦惟汝故以丕從厥志言我順和懷此新邑
欲利汝衆故大從其志而徙之疏予若至厥志●正義曰盤庚言我順於道理和協汝衆歸懷此
新邑者非直爲我王家亦惟利汝衆故爲此大從我本志而遷徙不有疑也今予將
試以汝遷安定厥邦試用汝不憂朕心之攸

困所困不順上命乃咸大不宣乃心欽念以忱動
予一人汝皆大不布腹心敬念以誠感動我是汝不盡忠爾惟自鞠
自苦鞠窮也言汝爲臣不忠自取窮苦若乘舟汝弗濟臭
厥載言不徙之害如舟在水中流不渡臭敗其所載物疏臭厥載●正義曰臭是氣
之別名古者香氣穢氣皆名爲臭易云其臭如蘭謂香氣爲臭也晉語云惠公改葬申生臭徹於外謂穢氣爲臭也下文覆述此意云無起穢以自臭則此臭謂穢氣也肉敗則臭故以臭爲敗船不渡
水則敗其所載物也爾忱不屬惟胥以沈不其或稽
自怒曷瘳汝忠誠不屬逮古苟不欲徙相與沈溺不考之先王禍至自怒何瘳差乎
疏爾忱至曷瘳●正義曰盤庚責其臣民汝等不用徙者由汝忠誠不能屬逮於古賢苟不欲徙惟相與沈溺於衆不欲徙之言不其有考驗於先王遷徙之事汝既不考於古及其禍至乃自忿怒
何所瘳差也汝不謀長以思乃災汝誕勸憂汝不謀長
久之計思汝不徙之災苟不欲徙是大勸憂之道疏汝誕勸憂●正義曰凡人以善自勸則善
事多若以憂自勸則憂來衆今不徙則憂來衆是自勸勸以憂愁之道今其有今
罔後汝何生在上言不徙無後計汝何得久生在人上禍將及汝疏今其
至在上●正義曰顧氏云責羣臣汝今日其且有今日前之小利無後日久長之計患禍將至汝何
得久生在民上也今予命汝一無起穢以自臭我

心命汝汝違我是自臭敗【疏】今予至自臭●正義曰今我命汝是我之一心也汝當從我無得起
爲穢惡以自臭敗汝違我命是起穢以自臭也
恐人倚乃身迂乃心
言汝既不欲從又爲他人所誤倚曲迂僻【疏】恐人至乃心●正義曰言汝心既不欲從旁人或更
誤汝我又恐他人倚曲汝身迂僻汝心使汝益不用從也　傳言汝至迂僻▲正義曰人心不能自
決則好用非理之謀言汝既不欲遷從又爲他人所誤盤庚疑其被誤故言此也以物倚物者必曲
故倚爲曲也迂是迴也迴行必僻故迂爲僻也
予迓續乃命于天予
豈汝威用奉畜汝衆
迓迎也言我徙欲迎續汝命于天豈以威
脅汝乎用奉畜養汝衆【疏】傳迓迎至汝衆▲正義曰迓迎釋詁文不遷必將死矣天欲遷以延
命天意向汝我欲迎之天斷汝命我欲續之我今徙者欲迎續汝命於天豈以威脅汝乎遷都惟用
奉養汝衆臣民耳
予念我先神后之勞爾先予
丕克羞爾用懷爾然
言我亦法湯大能進勞汝以義懷汝心而
汝違我是汝反先人【疏】予念至爾然●正義曰我念我先世神后之君成湯愛勞汝之先人故我
大能進用汝與汝爵位用以道義懷安汝心耳然汝乃違我命是汝反先人也　傳言我至先人
正義曰易稱神者妙萬物而爲言也湯之先世神明之君惟有湯耳故知神后謂湯也下高后先后
與此神后一也神者言其通聖高者言其德尊此神后言先於高后略而不言先其下直言先后又
略而不言高從上省文也勞爾先謂愛之也勞者勸也閔其勤勞而慰勞之勞亦愛之義故論語云

臭也下文覆述此意云無起穢以自臭則此臭謂穢氣也肉敗
則臭故以臭爲敗船不渡水則敗其所載物也
爾忱至曷瘳
正義曰盤庚責其臣民汝等不用徙者由汝忠誠不能屬逮於
古賢苟不欲徙惟相與沈溺於衆不欲徙之言不其有考驗於
先王遷徙之事汝既不考於古及其禍至乃自忿怒何所瘳差也
汝誕勸憂
正義曰凡人以善自勸則善事多若以憂自勸則憂來衆今不
徙則憂來衆是自勸勵以憂愁之道
今其至在上
正義曰顧氏云責羣臣汝今日其且有今目前之小利無後日
久長之計患禍將至汝何得久生在民上也
今予至自臭
正義曰今我命汝是我之一心也汝當從我無得起爲穢惡以
自臭敗汝違我命是起穢以自臭也
恐人至乃心
正義曰言汝心既不欲從旁人或更誤汝恐又恐他人倚曲汝
身迂僻汝心使汝益不用徙也
傳言汝至迂僻
正義曰人心不能自決則好用非理之謀言汝既不欲遷徙又
爲他人所誤盤庚疑其被誤故言此也以物倚物者必曲故倚
爲曲也迂是迴也迴行必僻故迂爲僻也
傳迓迎至汝衆
正義曰迓迎釋詁文不遷必將死矣天欲遷以延命天意向汝
我欲迎之天斷汝命我欲續之我今徙者欲迎續汝命於天豈
以威脅汝乎遷都惟用奉養汝衆臣民耳
予念至爾然
正義曰我念我先世神后之君成湯愛勞汝之先人故我大能
進用汝與汝爵位用以道義懷安汝心耳然汝乃違我命是汝
反先人也

愛之能勿勞乎是勞爲愛也追言湯勞汝先則此所責之臣其祖於成湯之世已在朝廷世仕王朝而不用己命故責之深也失于政陳于茲高后丕乃崇降罪疾曰曷虐朕民崇重也今既失政而陳久於此而不徙湯必大重下罪疾於我曰何爲虐我民而不徙乎汝萬民乃不生生暨予一人猷同心不進進謀同心徙先后丕降與汝罪疾曰曷不暨朕幼孫有比言非但罪我亦將罪汝幼孫盤庚自謂比同心故有爽德自上其罰汝汝罔能迪湯有明德在天見汝情下罰汝汝無能道言無辭

疏失于至能迪●正義曰盤庚以民不願遷言神將罪汝欲懼之使從己也我所以必須從者我今失於政教陳久於此民將有害高德之君成湯必忿我不徙矣乃重下罪疾於我曰何爲殘虐我民而不徙乎我既欲徙而汝與萬民乃不進進與我一人謀計同心則我先君成湯大下與汝罪疾曰何故不與我幼孫盤庚有相親比同心徙乎汝不與我同心故湯有明德從上見汝之情其下罰於汝汝實有罪無所能道言無辭以自解說也 傳崇重至徙乎▲正義曰崇重釋詁文又云塵久也孫炎曰陳居之久久則生塵矣古者塵陳同也故陳爲久之義 傳不進至心徙▲正義曰物之生長則必漸進故以生生爲進進王肅亦然進進是同心願樂之意也此實責羣臣而言汝萬民者民心亦然因博及之 傳湯有至無辭▲正義曰訓爽爲明言其見下故稱明德詩稱三后在天死者精神在天故云同心見汝古我先后

尚九　十八　王琳

傳言我至先人

正義曰易稱神者妙萬物而爲言也殷之先世神明之君惟有湯耳故知神后謂湯也下高后先后與此神后一也神者言其通聖高者言其德尊此神后言先於高后略而不言先其下直言先后又略而不言高從上省文也勞爾先謂愛之也勞者勤也閔其勤勞而慰勞之勞亦愛之義故論語云愛之能勿勞乎是勞爲愛也追言湯勞汝先則此所責之臣其祖於成湯之世已在朝廷世仕王朝而不用己命故責之深也

失於至能迪

正義曰盤庚以民不願遷言神將罪汝欲懼之使從己也我所以必須從者我今失於政教陳久於此民將有害高德之君成湯必忿我不徙矣乃重下罪疾於我曰何爲殘虐我民而不徙乎我既欲徙而汝與萬民乃不進進與我一人謀計同心則我先君成湯大下與汝罪疾曰何故不與我幼孫盤庚有相親比同心徙乎汝不與我同心故湯有明德從上見汝[illegible]情其下罪罰於汝汝實有罪無所能道言無辭以自解說也

傳崇重至徙乎

正義曰崇重釋詁文又云塵久也孫炎曰陳居之久久則生塵矣古者塵陳同也故陳爲久之義

傳不進至心徙

正義曰物之生長則必漸進故以生生爲進進王肅亦然進進是同心願樂之意也此實責羣臣而言汝萬民者民心亦然因博及之

傳湯有至無辭

正義曰訓爽爲明言其見下故稱明德詩稱三后在天死者精神在天故言下見汝

古我至乃死

正義曰又責羣臣古我先君成湯既愛勞汝祖汝父與之共治民矣汝今共爲我養民之官是我於汝與先君同也而汝有殘虐民之心非我令汝如此則在汝心自惡此惡是汝反祖父之

既勞乃祖乃父勞之共治人汝共作我畜民。汝有戕則在乃心戕殘也汝共我治民有殘人之心而不欲徙是反父祖之行我先后綏乃祖乃父。乃祖乃父乃斷棄汝不救乃死言我先王安汝父祖之忠今汝不忠汝父祖必斷絕棄汝命不救汝死●疏古我至乃死●正義曰又責羣臣古我先君成湯既愛勞汝祖汝父與之共治民矣●汝今共爲我養民之官是我於汝與共君同也而汝有殘虐民之心非我令汝如此則在汝心自爲此惡●是汝反祖父之行雖汝祖父亦不祐汝我先君安汝祖汝父之忠汝祖汝父忠於先君必忿汝違我乃斷絕棄汝命不救汝死言汝違我命故汝祖父亦忿見湯罪汝不救汝死也傳勞之至治人▲正義曰下句責臣之身云汝共作我畜民明先后勞其祖父是勞之共治民也傳戕殘至之行▲正義曰春秋宣十八年邾人戕鄫子左傳云凡自虐其君曰弒自外曰戕戕爲殘害之義故爲殘也先后愛勞汝祖汝父與共治民汝祖父必有愛人之心作訓爲也汝今共爲我養民之官而有殘民之心而不用徙以避害是汝反祖父之行盤庚距湯年世多矣臣父不及湯世而云父者與祖連言之耳茲予有亂政同位具乃貝玉。亂治也此我有治政之臣同位於父祖不念盡忠但念貝玉而已言其貪乃祖先父丕乃告我高后曰作丕刑于朕孫言汝父祖見汝貪而不忠必大乃告湯曰作大刑於我子孫求討不忠之罪迪高后丕乃崇降

尚九　十九　徐羌

楊本卷九第十九葉

行雖汝祖父亦不祐汝我先君安汝祖汝父之忠汝祖汝父忠於先君必忿汝違我乃斷絕棄汝命不救汝死言汝違我命故汝祖父亦忿見湯罪汝不救汝死也

傳勞之至治人

正義曰下句責臣之身云汝共作我畜民明先后勞其祖父是勞之共治民也

傳戕殘至之行

正義曰春秋宣十八年邾人戕鄫子左傳云凡自虐其君曰弒自外曰戕戕爲殘害之義故爲殘也先后愛勞汝祖汝父與共治民汝祖父必有愛人之心作訓爲也汝今共爲我養民之官而有殘民之心而不用徙以避害是汝反祖父之行盤庚距湯年世多矣臣父不及湯世而云父者與祖連言之耳

茲予至弗祥

正義曰又責臣云汝祖父非徒不救汝死乃更請與汝罪於此我有治政之臣同位於其父祖其位與父祖同心與父祖異不念忠誠但念具汝貝玉而已言其貪而不忠也汝先祖先父以汝如此大乃告我高后曰爲大刑於我子孫以此言開道我高后故我高后大乃下不善之殃以罰汝成湯與汝祖父皆欲罪汝汝何以不從我徙乎

傳亂治至具貪

正義曰亂治釋詁文舍人曰亂義之治也孫炎曰亂治之理也大臣理國之政此者所責之人故言於此我有治政之臣言其同位於父祖責其位同而心異也貝者水蟲古人取其甲以爲貨如今之用錢然漢書食貨志具有其事貝是行用之貨也貝玉是物之最貴者責其貪財故舉二物以言之當時之臣不念盡忠於君但念具貝玉而已言其貪也

傳言汝至之罪

正義曰上句言成湯罪此諸臣其祖父不救子孫之死此句言臣之祖父請成湯討其子孫以不從已故責之益深先祖請討非盤庚所知原神之意而爲之辭以懼其子孫耳

尚書九

單疏卷九第十三葉

弗祥言汝父祖開道湯大重下不善以罰汝陳忠孝之義以督之 疏茲予至弗祥 ●正義曰又責臣云汝祖父非徒不救汝死乃更請與汝罪。於此我有治政之臣同位於其父祖其位與父祖同心與父祖異不念忠誠但念具汝貝玉而已言其貪而不忠也汝先祖先父以汝如此乃告我高后曰爲大刑於我子孫以此言開道我高后故我高后大乃下不善之殃以罰汝成湯與汝祖父皆欲罪汝汝何以不從我徙乎 傳亂治至其貪 ▲正義曰亂治釋詁文舍人曰亂義之治也孫炎曰亂治之理也大臣理國之政此者所責之人故言於此我有治政之臣言其同位於父祖責其位同而心異也貝者水蟲古人取其甲以爲貨如今之用錢然漢書食貨志具有其事貝是行用之貨也貝玉是物之最貴者責其貪財故舉二物以言之當時之臣不念盡忠於君但念具貝玉而已言其貪也 傳言汝至之罪 ▲正義曰上句言成湯罪此諸臣其祖父不救子孫之死此句言臣之祖父請成湯討其子孫以不從己故責之益深先祖請討非盤庚所知原神之意而爲之辭以懼其子孫耳 傳言汝至督之 ▲正義曰訓迪爲道言汝父祖開道湯也不從君爲不忠違父祖爲不孝父祖開道湯下罰欲使從君順祖陳忠孝之義以督勵之 嗚呼今予告汝不易凡所言皆不易之事永敬大恤無胥絶遠長敬我言大憂行之無相與絶遠棄廢之汝分猷念以相從各設中于乃心羣臣當分明相與謀念和以相從各設中正於汝心乃有不吉不迪不善不道爲凶人顛越不恭暫遇姦宄顛隕越墜

也不恭不奉上命暫遇人而劫奪之爲姦於外爲宄於內我乃劓殄滅之無遺育無俾易種于茲新邑劓割育長也言不吉之人當劓絶滅之無遺長其類無使易種於此新邑往哉生生今予將試以汝遷永建乃家自今已往進進於善我用以汝徙長立汝家卿大夫稱家 疏嗚呼至乃家 ●正義曰盤庚以言事將畢欲戒使入之故嗚呼而歎之今我告汝皆不易之事言其難也事既不易當長敬我言大憂行之無相絶遠棄廢之必須存心奉行汝羣臣分輩相與計謀念和協以相從各設中正于汝心勿爲殘害之事汝羣臣若有不善不道隕墜禮法不恭上命暫逢遇人即爲姦宄而劫奪之我乃割絶滅之無有遺餘生長所以然者欲無使易其種類於此新邑故自今以往哉汝當進進於善今我將用以汝遷長立汝家使汝在位傳諸子孫勿得違我言也 傳不易至之事 ▲正義曰此易讀爲難易之易不易言其難也王肅云告汝以命之不易亦以不易爲難鄭玄云我所以告汝者不變易言必行之謂盤庚自道己言必不改易與孔異 傳顛隕至於內 ▲正義曰釋詁云隕落也隕墜也顛越也是從上倒下之言故以顛爲隕越是遺落爲隊墜也傳僖九年齊桓公云恐隕越於下文十八年宋元云弗敢失墜隕越是遺落廢失之意故以隕墜不恭爲不奉上命也暫遇人而劫奪之謂逢人即劫爲之無已成十七年左傳曰亂在外爲姦在內爲宄是劫奪之事故以劫奪解其姦宄也 傳劓割至新邑正義曰五刑截鼻爲劓故劓爲割也育長釋詁文不吉之人當割絶滅之無遺長其類謂早殺其人不使得生子孫有此惡類也易種者即今俗語云

相沐易也惡種在善人之中則善人亦變易爲惡
故絶其惡類無使易種於此新邑也滅去惡種乃
是常法而言于此新邑者言已若至新都當整齊
使潔清　傳自今至稱家　▲正義曰長立汝家謂
賜之以族使子孫不絶每傳所謂諸侯命氏是
也王朝大夫天子亦命之氏故云立汝家也

盤庚下第十一

盤庚既遷奠厥攸居乃正厥位　定其所居正郊廟朝社之位
綏爰有衆曰無戲怠懋建大命　安於有衆戒無戲怠勉立大教
今予其敷心腹腎腸歷告爾百姓于朕志　布心腹言輸誠於百官以告志
罔罪爾衆爾無共怒協比讒言予一人　羣臣前有此過故禁其後今我陳誠不罪汝汝勿共怒我合比凶人而妄言

疏　盤庚至一人　●正義曰盤庚既遷至殷地定其國都
處所乃正其郊廟朝社之位又屬民而聚之安慰
於其所有之衆曰汝等自今以後無得遊戲怠惰
勉力立行教命今我其布心腹腎腸輸寫誠信歷
徧告汝百姓於我心志者欲遷之日民臣共怒盤
庚盤庚恐其怖懼故開解之今我無復罪汝衆人
我既不罪汝汝無得如前共爲忿怒協比讒言毀
惡我一人怨其前愆與之更始也　傳定其至之
位　▲正義曰訓攸爲所定其所居總謂都城之内
官府萬民之居處也鄭玄云徙主於民故先定其
里宅所處次乃正宗廟朝廷之位如鄭之意奠
厥攸居者正謂定民之居豈先令民居使之待其
餘則之處然後建王宮乎若留地以擬王宮即是

傳言汝至督之
正義曰訓迪爲道言汝父祖開道湯也不從君爲不忠違父祖
爲不孝父祖開道湯下罰欲使從君順祖陳忠孝之義以督勵之
傳嗚呼至乃家
正義曰盤庚以言事將畢欲戒使入之故嗚呼而歎之今我告
汝皆不易之事言其難也事既不易當長敬我言大憂行之無
相絶遠棄廢之必須存心奉行汝羣臣臣分輩相與計謀念和
協以相從各設中正于汝心勿爲殘害之事汝羣臣若有不善
不道隕墜禮法不恭上命暫逢遇人即爲姦宄而劫奪之我乃
割絶滅之無有遺餘生長所以然者欲無使易其種類於此新
邑故耳自今以往哉汝當進進於善今我將用以汝遷長立汝
家使汝在位傳諸子孫勿得違我言也
傳不易至之事
正義曰此易讀爲難易之易不易言其難也王肅云告汝以命
之不易亦以不易爲難鄭玄云我所以告汝者不變易言必行
之謂盤庚自道己言必不改易與孔異
傳顛隕至於内
正義曰釋詁云隕落也隕墜也顛越是從上倒下之言故以顛
爲隕越爲墜也左傳僖九年齊桓公云恐隕越於下文十八年
史克云弗敢失隊隕越是遺落廢失之意故以隕墜不恭爲不
奉上命也暫遇人而劫奪之謂逢人即劫爲之無已成十七年
左傳曰亂在外爲姦在内爲宄是劫奪之事故以劫奪解其姦
宄也
傳劓割至新邑
正義曰五刑截鼻爲劓故劓爲割也育長釋詁文不吉之人當
割絶滅之無遺長其類謂早殺其人不使得生子孫有此惡類
也易種者即今俗語云相染易也惡種在善人之中則善人亦
變易爲惡故絶其惡類無使易種於此新邑也滅去惡種乃是
常法而言于此新邑者言已若至新都當整齊使潔清
傳自今至稱家

先王居不得爲先定民矣孔惟言定其所居知
是官民之居並定之也禮郊在國外左祖右社面
朝後市正厥位謂正此郊廟朝社之位也　傳安
於至大教　▲正義曰鄭玄云勉立我大命使心識
教令常行之王肅云勉立太教建性命致之五福
又案下句爾無共怒予一人是恐其不從巳命此
句宜言我有教命汝當勉力立之鄭說如孔旨也
傳布心至告志　▲正義曰此論心所欲言腹內
之事耳以心爲五藏之主腹爲六腑之摠腸在腹
內腎在心下舉腎腸以配腹心詩曰公侯腹心宣
十二年左傳云敢布腹心是腹
心足以表內腎腸配言之也

古我先王將多于前功

言以遷徙多大前人之功美

適于山用降我凶德嘉績于朕邦

徙必依山之險無城郭之勞下去凶惡之德立善功於我國

尚九　二十三

今我民用蕩析離居罔有定極

水泉沈溺故蕩析離居無安定之極徙以爲之極

疏　古我至定極　●正義曰言古者我之先王將欲多大於前人之功是
故徙都而適于山險之處用下去我凶惡之德立
善功於我新國●但徙來巳久水泉沈溺令我在此
之民用播蕩分析離其居宅無有安定之極我今
徙而使之得其中也說其遷都之意亦欲多大前
人之功定民極也　傳言以至功美　▲正義曰古
我先王謂遷都者前人謂未遷者前人之居舊邑
民不能相匡以生則是居無功矣盤庚言先王以
此遷徙故多大前人之功美故我今遷亦欲多前
功矣　傳徙必至我國　▲正義曰先王至此五邦
不能盡知其地所都皆近山故摠稱適于山也易
坎卦彖云王公設險以守其國徙必依山之險欲
使下民無城郭之勞雖則近山不可全無城郭言

正義曰長立汝家謂賜之以族使子孫不絕左傳所謂諸侯命
氏是也王朝大夫天子亦命之氏故云立汝家也

盤庚下第十一

盤庚至一人

正義曰盤庚既遷至殷地定其國都處所乃正其郊廟朝社之
位又屬民而聚之安慰於其所有之衆曰汝等自今以後無得
遊戲怠惰勉力立行教命今我其布心腹腎腸輸寫誠信歷徧告
汝百姓於我心志者欲遷之日民臣共怒盤庚盤庚恐其怖懼
故開解之今我無復罪汝衆人我既不罪汝汝無得如前共爲
忿怒協比讒言毀惡我一人恕其前愆與之更始也

傳定其至之位

正義曰訓攸爲所定其所居摠謂都城之內官府萬民之居處
也鄭玄云徙主於民故先定其里宅所處次乃正宗廟朝廷之
位如鄭之意奠厥攸居者止謂定民之居豈先令民居使足待
其餘剩之處然後建王宮乎若留地以擬王宮即是先定王居

書九　十五

不得爲先定民矣孔惟言定其所居知是官民之居並定之也
禮郊在國外左祖右社面朝後市正厥位謂正此郊廟朝社之
位也

傳安於至大教

正義曰鄭玄云勉立我大命使心識教令常行之王肅云勉立
大教建性命致之五福又案下句爾無共怒予一人是恐其不
從巳命此句宜言我有教命汝當勉力立之鄭說如孔旨也

傳布心至告志

正義曰此論心所欲言腹內之事耳以心爲五藏之主腹爲六
腑之摠腸在腹內腎在心下舉腎腸以配腹心詩曰公侯腹心
宣十二年左傳云敢布腹心是腹心足以表內腎腸配言之也

古我至定極

正義曰言古者我之先王將欲多大於前人之功是故徙都而
適于山險之處用下去我凶惡之德立善功於我新國但徙來
巳久水泉沈溺令我在此之民用播蕩分析離其居宅無有安

其防守易耳徙必近山則舊處新居皆有山矣而云適于山者言其徙必依山不適平地不謂舊處無山故徙就山也水泉鹹鹵民居墊隘時君不為之徙即是凶惡之德其徙者是下去凶惡之德立善功於我新遷之國也言下者凶德在身下而墜去去之　傳水泉至之極▲正義曰民居積世穿掘處多則水泉盈溢令人沈深而陷溺其處不可安居播蕩分析離其居宅無安定之極極訓中也詩云立我烝民莫匪爾極言民賴后稷之功莫不得其中今為民失中故徙以為之中也

爾謂朕曷震動萬民以遷言皆不明己本心**肆上帝將復我高祖之德亂越我家**以徙故天將復湯德治理於我家**朕及篤敬恭承民命用永地于新邑**言我當與厚敬之臣奉承民命用長居新邑**肆予沖人非廢厥謀弔由靈**沖童童人謙也弔至靈善也非廢謂動謀於眾至用其善**各非敢違卜用宏茲賁**宏賁皆大也君臣用謀不敢違卜用大此遷都大業

爾謂至茲賁　正義曰言我徙以為民立中汝等不明我心乃謂我何故震動萬民以為此遷我以此遷之故上天將復我高祖成湯之德治理於我家我當與厚敬之臣奉承民命用是長居於此新邑以此須遷之故我童蒙之人非敢廢其詢謀謀於眾人眾謀不同至用其善者言善謀者皆欲遷都也又決之於龜卜而得吉我與汝群臣各非敢違卜用是必遷光大此遷都之大業我從本意如此耳　傳以徙至我家▲正義曰民害不從違失湯德以從之故天必祐我將使復奉湯德令得治理於我家言由從故天福之也

楊本卷九第二十四葉

定之極我今徙而使之得其中也說其遷都之意亦欲多大前人之功定民極也

傳言以至功美

正義曰古我先王謂遷都者前人謂未遷者前人久居舊邑民不能相匡以生則是居無功矣盤庚言先王以此遷徙故多大前人之功美故我今遷亦欲多前功矣

傳徙必至我國

正義曰先王至此五邦不能盡知其地所都皆近山故總稱適于山也易坎卦彖云王公設險以守其國徙必依山之險欲使下民無城郭之勞雖則近山不可全無城郭言其防守易耳徙必近山則舊處新居皆有山矣而云適于山者言其徙必依山不適平地不謂舊處無山故徙就山也水泉鹹鹵民居墊隘時君不為之徙即是凶惡之德其徙者是下去凶惡之德立善功於我新遷之國也言下者凶德在身下而墜去之

傳水泉至之極

正義曰民居積世穿掘處多則水泉盈溢令人沈深而陷溺其處不可安居播蕩分析離其居宅無安定之極極訓中也詩云立我烝民莫匪爾極言民賴后稷之功莫不得其中今為民失中故徙以為之中也

爾謂至茲賁

正義曰言我徙以為民立中汝等不明我心乃謂我何故震動萬民以為此遷我以此遷之故上天將復我高祖成湯之德治理於我家我當與厚敬之臣奉承民命用是長居於此新邑以此須遷之故我童蒙之人非敢廢其詢謀謀於眾人眾謀不同至用其善者言善謀者皆欲遷都也又決之於龜卜而得吉我與汝群臣各非敢違卜用是必遷光大此遷都之大業我從本意如此耳

傳以徙至我家

正義曰民害不從違失湯德以從之故天必祐我將使復奉湯德令得治理於我家言由從故天福之也

單疏卷九第十六葉

傳沖童至其善 ▲正義曰沖童聲相近皆是幼
小之名自稱童人言已幼小無知故爲謙也弔至
靈善皆釋詁文禮將有大事必謀於衆謀衆乃是
常理故言非廢謂動謀於衆言已不自專也衆謀
必有異見故至極用其善者　傳宏賁至大業
正義曰宏賁皆大也釋詁文樊光曰周禮云其聲
大而宏詩云有賁其首是宏賁皆爲大之義也各
者非一人之辭故爲君臣用謀不敢違卜洪範云汝
則有大疑謀及卿士謀及卜筮言非敢違卜是既
謀及於衆又決於蓍龜也用大此遷都大謂立嘉
績以大之也　嗚呼邦伯師長百執事之人尚皆
隱哉 國伯二伯及州牧也衆長公卿也言當庶幾相隱括共爲善政 予其懋
簡相爾念敬我衆 簡大相助也勉大助汝念敬我衆民 朕不肩
好貨敢恭生生鞠人謀人之保居敘欽 肩任也我不任貪貨之人敢奉用進進於善者人之窮困能謀安其居者則我式序而敬之 嗚呼
至敘欽 ●正義曰言遷事已訖故歎而勑之嗚呼
國之長伯及衆官之長與百執事之人庶幾皆相
與隱括共爲善政哉我其勉力大助汝等爲善汝
當思念愛敬我之衆民我不任用好貨之人有人
果敢奉用進進於善見窮困之人能謀此窮困之
人安居者我乃次序而敬用之　傳國伯至善政
正義曰邦伯邦國之伯諸侯師長故爲東西二伯
及九州之牧也鄭玄注禮記云殷之州長曰伯虞
夏及周皆曰牧此殷時而言牧者此乃鄭之所約
孔意不然故揔稱牧也師訓爲衆衆長衆官之長
故爲三公六卿也其百執事謂大夫以下諸有職
事之官皆是也此揔勑衆臣故二伯已下及執事

傳沖童至其善
正義曰沖童聲相近皆是幼小之名自稱童人言已幼小無知
故爲謙也弔至靈善皆釋詁文禮將有大事必謀於衆謀衆乃
是常理故言非廢謂動謀於衆言已不自專也衆謀必有異見
故至極用其善者
傳宏賁至大業
正義曰宏賁皆大也釋詁文樊光曰周禮云其聲大而宏詩云
有賁其首是宏賁皆爲大之義也各者非一之辭故爲君臣用
謀不敢違卜洪範云汝則有大疑謀及卿士謀及卜筮言非敢
違卜是既謀及於衆又決於蓍龜也用大此遷都大謂立嘉績
以大之也
嗚呼至敘欽
正義曰言遷事已訖故歎而勑之嗚呼國之長伯及衆官之長
與百執事之人庶幾皆相與隱括共爲善政哉我其勉力大助
汝等爲善汝當思念愛敬我之衆民我不任用好貨之人有人
果敢奉用進進於善見窮困之人能謀此窮困之人安居者我
乃次序而敬用之
傳國伯至善政
正義曰邦伯邦國之伯諸侯師長故爲東西二伯及九州之牧
也鄭玄注禮記云殷之州長曰伯虞夏及周皆曰牧此殷時而
言牧者此乃鄭之所約孔意不然故揔稱牧也師訓爲衆衆長
衆官之長故爲三公六卿也其百執事謂大夫以下諸有職事
之官皆是也此揔勑衆臣故二伯已下及執事之人皆戒之也
釋言云庶幾尚也反覆相訓故尚爲庶幾庶幸也幾冀也隱謂
隱審也幸冀相與隱審檢括共爲善政其同心共爲善也隱
括必是舊語不知本出何書何休公羊序云隱括使就繩墨焉
傳簡大至衆民
正義曰簡大釋詁文又云相助慮也俱訓爲慮是相得爲助也
盤庚欲使羣臣同心爲善欲勉力大佐助之使皆念敬我衆民也
傳肩任至敬之

之人皆戒之也釋言云庶幾尚也反覆相訓故尚
爲庶幾庶幸也幾冀也隱謂隱審也幸冀相與隱
審檢括共爲善政欲其同心共爲善也隱括必是
舊語不知本出何書何休公羊序云隱括使就繩
墨焉　傳簡大至衆民　▲正義曰簡大釋詁文又
云相助慮也俱訓爲慮是相得爲助也盤庚欲使
羣臣同心爲善欲勉力大佐助之使皆念敬我衆
民也　傳肩任至敬之　▲正義曰釋詁云肩勝也
舍人曰肩強之勝也強能勝重是堪任之義故爲
任也我今不委任貪貨之人以恭爲奉人有向善
而心不決志故美其人能果敢奉用進進於善者
言其人好善不倦也鞠訓爲窮鞠人謂窮困之人
謀人之保居謂謀此窮人之安居若見人之窮困
能謀安其居愛人而樂安存之者則我式序而敬
之詩云式序在位言其用次序在官位也鄭王皆
以鞠爲養言能謀養人安其居者我則次序而敬
之與孔不同
今我既羞告爾于朕志若否罔
有弗欽 已進告汝之後順於汝心與否當以情告我無敢有不敬
無總于貨寶生生自庸 無總貨寶以求位當進進皆自用功德
式敷民德永肩一心 用布示民必以德義長任一心以事君　［疏］今我至一心
正義曰今我既進而告汝於我心志矣其我所告
順合於汝心以否當以情告我無得有不敬者汝
等無得總於貨寶以求官位當進進自用功德不
當用富也用此布示於民必以德義長任一心以
事君不得懷二意以遷
都既定故殷勤以戒之

說命上第十二

楊本卷九第二十六葉

正義曰釋詁云肩勝也舍人曰肩強之勝也強能勝重是堪任
之義故爲任也我今不委任貪貨之人以恭爲奉人有向善而
心不決志故美其人能果敢奉用進進於善者言其人好善不
倦也鞠訓爲窮鞠人謂窮困之人謀人之保居謂謀此窮人之
安居若見人之窮困能謀安其居愛人而樂安存之者則我式
序而敬之詩云式序在位言其用次序在官位也鄭王皆以鞠
爲養言能謀養人安其居者我則次序而敬之與孔不同
今我至一心
正義曰今我既進而告汝於我心志矣其我所告順合於汝心
以否當以情告我無得有不敬者汝等無得總於貨寶以求官
位當進進自用功德不當用富也用此布示於民必以德義長
任一心以事君不得懷二意以遷都既定故殷勤以戒之
說命上第十二
高宗至三篇
正義曰殷之賢王有高宗者夢得賢相其名曰說羣臣之內既
無其人使百官以所夢之形象經營求之於野外得之于傅氏
之巖遂命以爲相史敘其事作說命三篇
傳盤庚至曰說
正義曰世本云盤庚崩弟小辛立崩弟小乙立崩子武丁立是
武丁爲盤庚弟小乙子也喪服四制云高宗者武丁武丁者殷
之賢王也當此之時殷衰而復興禮廢而復起中而高之故謂
之高宗是德高可尊故號高宗也經云爰立作相王呼之曰說
知其名曰說
傳使百至之谿
正義曰以工爲官見其求者衆多故舉百官言之使百官以所
夢之形象經營求於外野皇甫謐云使百工寫其形象則謂工
爲工巧之人與孔異也釋水云水注川曰谿李巡曰水出於山
入於川曰谿然則谿是水流之處巖是山崖之名序稱得諸傅
巖傳云得之於傅巖之谿以巖是揔名故序言之耳
傳命說至攝政

單疏卷九第十八葉

高宗夢得說盤庚弟小乙子名武丁德高可
尊故號高宗夢得賢相其名曰
說使百工營求諸野得諸傅巖使百官以所夢
之形象經營求之於外野得之於傅巖之谿
作說命三篇命說爲相使攝政
疏高宗至三篇 ●正義曰殷之賢王有高宗者夢
得賢相其名曰說羣臣之內既無其人使百官
以所夢之形象經營求之於野外得之于傅氏之
巖遂命以爲相史敘其事作說命三篇 傳盤庚
至曰說 ▲正義曰世本云盤庚崩弟小辛立崩弟
小乙立崩子武丁立是武丁爲盤庚弟小乙子也
此之時殷衰而復興禮廢而復起中而高之故謂
之高宗是德高可尊故號高宗也經云爰立作相
王呼之曰說知其名曰說 傳使百至之谿 ▲正
義曰以工爲官見其求者衆多故舉百官言之使
百官以所夢之形象經營求於外野皇甫謐云使
百工寫其形象則謂工爲工巧之人與孔異也釋
水云水注川曰谿李巡曰水出於山入於川曰谿
然則谿是水流之處巖是山崖之名序稱得諸傅
巖傳云得之於傅巖之谿以巖是摠名故序言之
耳 傳命說至攝政 ▲正義曰經稱爰立作
相是命爲相也惟說命摠百官是使攝政也說命
始求得疏說命 ●正義曰此三篇上篇言夢說始
而命之求得而命之中篇說既總百官戒王爲
政下篇主欲師說而學說報王爲學之有益王又
厲說以伊尹之功相對以成章史分序以爲三篇
也
王宅憂亮陰三祀陰默也居憂信默三年不言疏王宅憂亮
陰三祀 ●正義曰言王居父憂信任冢宰默而不
言已三年矣三年不言自是常事史錄此句於首

正義曰經稱爰立作相是命爲相也惟說命摠百官是使攝政也
說命
正義曰此三篇上篇言夢說始求得而命之中篇說既摠百官
戒王爲政下篇王欲師說而學說報王爲學之有益王又厲說
以伊尹之功相對以成章史分序以爲三篇也
王宅憂亮陰三祀
正義曰言王居父憂信任冢宰默而不言已三年矣三年不言
自是常事史錄此句於首者謂既免喪事可以言而猶不言故
述此以發端也
傳陰默至不言
正義曰陰者幽闇之義默亦闇義故爲默也易稱君子之道或
默或語則默者不言之謂也無逸傳云乃有信默三年不言有
此信默則信謂信任冢宰也
傳傅氏至之形
正義曰傳以傅爲氏此巖以傅爲名明巖傍有姓傅之民故云
傅氏之巖也尸子云傅巖在北海之洲傳言虞虢之界孔必有
所案據而言之也史記殷本紀云是時說爲胥靡築於傅險晉
灼漢書音義云胥相也靡隨也古者相隨坐輕刑之名言於時
築傅險則以杵築地傅說賢人必身不犯罪言其說爲胥靡當
是時代胥靡也傳云通道所經有澗水壞道常使胥靡刑人築
護此道說賢而隱代胥靡築之以供食或亦有成文也殷本紀
又云武丁得說舉以爲相遂以傅險姓之號曰傅說鄭云得諸
傅巖高宗因以傅命說爲氏案序直言夢得說不言傅或如馬
鄭之言如高宗始命爲傅氏不知舊何氏也皇甫謐云高宗夢
天賜賢人胥靡之衣蒙之而來曰我徒也姓傅名說天下得
我者豈徒也哉武丁悟而推之曰傅者相也說者懽說也天下
當有傅我而說民者哉明以夢視百官百官皆非也乃使百工
寫其形象求諸天下果見築者胥靡衣褐帶索執役于虞虢之
閒傅巖之野名說以其得之傅巖謂之傅說案謐言初夢即云
姓傅名說又言得之傅巖謂之傅說其言自不相副謐惟見此

謂既免喪事可以言而猶不言故述此以發端也　傳陰默至不言　▲正義曰陰者幽闇之義默亦闇義故爲默也易稱君子之道或默或語則默者不言之謂也無逸傳云乃有信默三年不言有此信默則信謂信任冢宰也

既免喪其惟弗言　除喪猶不言政

羣臣咸諫于王曰嗚呼知之曰明哲明哲實作則　知事則爲明智明智則能制作法則

天子惟君萬邦百官承式　天下待令百官仰法

王言惟作命不言臣下罔攸稟令　稟受令亦命也

王庸作書以誥曰以台正于四方台恐德弗類茲故弗言　用臣下怪之故作誥類善也我正四方恐德不善此故不言

恭默思道夢帝賚予良弼其代予言　夢天與我輔弼良佐將代我言政教

乃審厥象俾以形旁求于天下　審所夢之人刻其形象以四方旁求之於民間

說築傅巖之野惟肖　傅氏之巖在虞虢之界通道所經有澗水壞道常使胥靡形人築護此道說賢而隱代胥靡築之以供食肖似似所夢之形

疏　傳傅氏至之形　▲正義曰傳以傅爲氏此巖以傅爲名明巖傍有姓傅之民故云傅氏之巖也尸子云傅巖在北海之洲傳言虞虢之界亦必有所案據而言之也史記殷本紀云是時說爲胥靡築於傅險晉灼漢書音義云胥相也靡隨也古者相隨坐輕刑之名言於時築傅險則以杵築地傅說賢人必身不

楊本卷九第二十八葉

書傳會爲近世之語其言非實事也

傳霖三日雨

正義曰隱九年左傳云凡雨自三日已往爲霖

啓乃至弗瘳

正義曰當開汝心所有以灌沃我心欲令以彼所見教已未知故也其沃我心須切至若服藥不使人瞑眩憤亂則其疾不得瘳愈言藥毒乃得除病言切乃得去惑也

傳開汝至自警

正義曰瞑眩者令人憤悶之意也方言云凡飲藥而毒東齊海岱閒或謂之瞑或謂之眩郭璞曰瞑眩亦通語也然則藥之攻病先使人瞑眩憤亂病乃得瘳傳言瞑眩極者言悶極藥乃行也楚語稱衞武公作懿以自警懿即大雅抑詩也切言出於傳說據王以爲自警也

說命中第十三

惟說命總百官

正義曰惟此傳說受王命總百官之職謂在冢宰之任也說以官高任重乃進言於王故史特標此句爲發言之端也

傳天有至設都

正義曰晉語云大者天地其次君臣易繫辭云天垂象見吉凶聖人象之皆言人君法天以設官順天以致治也天有日月照臨晝夜猶王官之伯率領諸侯也北斗環繞北極猶卿士之周衞天子也五星行於列宿猶州牧之省察諸侯也二十八宿布於四方猶諸侯爲天子守土也天象皆有尊卑相正之法言明王奉順天道以立國設都也立國謂立王國及邦國設都謂設帝都及諸侯國都揔言建國立家之事

樹后至師長

正義曰此又揔言設官分職之事也樹立也后王謂天子也君公謂諸侯也承者奉上之名后王君公人主也大夫師長人臣也臣當奉行君命故以承言之周禮立官多以師爲名師者衆所法亦是長之義也大夫已下分職不同其官各有其長故以

單疏卷九第二十葉

犯罪而言，其義爲胥靡。當是時代胥靡也。傳云：「通道所經，有澗水壞道，常使胥靡刑人築護此道，說賢而隱，代胥靡築之，以供食。」或亦有成文也。殷本紀又云：「武丁得說，舉以爲相，遂以傅險姓之，號曰傅說。」鄭云：「得諸傅巖，高宗因以傅命說爲氏。」案序直言夢得說，不言傅，或如馬鄭之言，如高宗始命爲傅氏，不知舊何氏也。皇甫謐云：「高宗夢天賜賢人，胥靡之衣，蒙之而來，且云：我徒也，姓傅名說，天下得我者，豈徒也哉？武丁悟而推之曰：傅者相也，說者懽悅也，天下當有傅我而說民者哉！明以夢視百官，百官皆非也，乃使百工寫其形象，求諸天下，果見築者胥靡，衣褐帶索，執役于虞虢之間傅巖之野，名說。以其得之傅巖，謂之傅說。」案謐言初夢即云姓傅名說，又言得之傅巖謂之傅說，其言自不相副。謐惟見此書傅會爲近世之語，其言非實事也。

爰立作相。王置諸其左右。於是禮命立以爲相，使在左右。命之曰：「朝夕納誨，以輔台德。言當納諫誨直辭以輔我德。若金，用汝作礪。鐵須礪以成利器。若濟巨川，用汝作舟楫。渡大水待舟楫。若歲大旱，用汝作霖雨。霖，三日雨。霖以救旱。【疏】傳「霖三日雨」。▲正義曰：隱九年左傳云：「凡雨，自三日已往爲霖。」啓乃心，沃朕心。若藥弗瞑眩，厥疾弗瘳。開汝心以沃我心，如服藥必瞑眩極其病乃除，欲其出切言以自警。【疏】「啓乃」至「弗瘳」。●正義曰：當開汝心所有，以灌沃我心，欲令以彼所見教己未知故也。其沃我心須切至，若服藥不使人瞑眩憒亂，則其疾不得瘳愈，言藥毒乃得除病，言切乃得去惑也。傳「開汝」至「自警」。▲正義曰：瞑眩者，令人憤悶之意也。方言云：「凡飲藥而毒，東齊海岱間或謂之瞑，或謂之眩。」郭璞曰：「瞑眩亦通語也。」然則藥之攻病，先使人瞑眩憒亂，病乃得瘳。傳言瞑眩極者，言悶極藥乃行也。楚語稱衛武公作懿以自警，懿即大雅抑詩也。切言出於傳說，據王以爲自警也。若跣弗視地，厥足用傷。跣必視地，足乃無害，言欲使爲己視聽。惟暨乃僚，罔不同心，以匡乃辟。與汝並官，皆當倡率，無不同心以匡正汝君。俾率先王，迪我高后，以康兆民。言匡正汝君，使循先王之道，蹈成湯之蹤，以安天下。嗚呼！欽予時命，其惟有終。」敬我是命，修其職，使有終。說復于王曰：「惟木從繩則正，后從諫則聖。言木以繩直，君以諫明。后克聖，臣不命其承。君能受諫，則臣不待命其承意而諫之。疇敢不祗若王之休命？」言王如此，誰敢不敬順王之美命而諫者乎？

說命中第十三

惟說命總百官，在冢宰之任。【疏】「惟說命總百官」。●正義曰：惟此傅說受王命總百官之職，謂在冢宰之任也。說以官高任重，乃進言於王，故史特摽此句爲發言之端也。乃進于王曰：「嗚呼！明王奉若天道，建邦設都，天有日月北斗五星二十八宿，皆有尊卑相正之法，言明王奉順此道，以立國設都。【疏】傳「天有」至

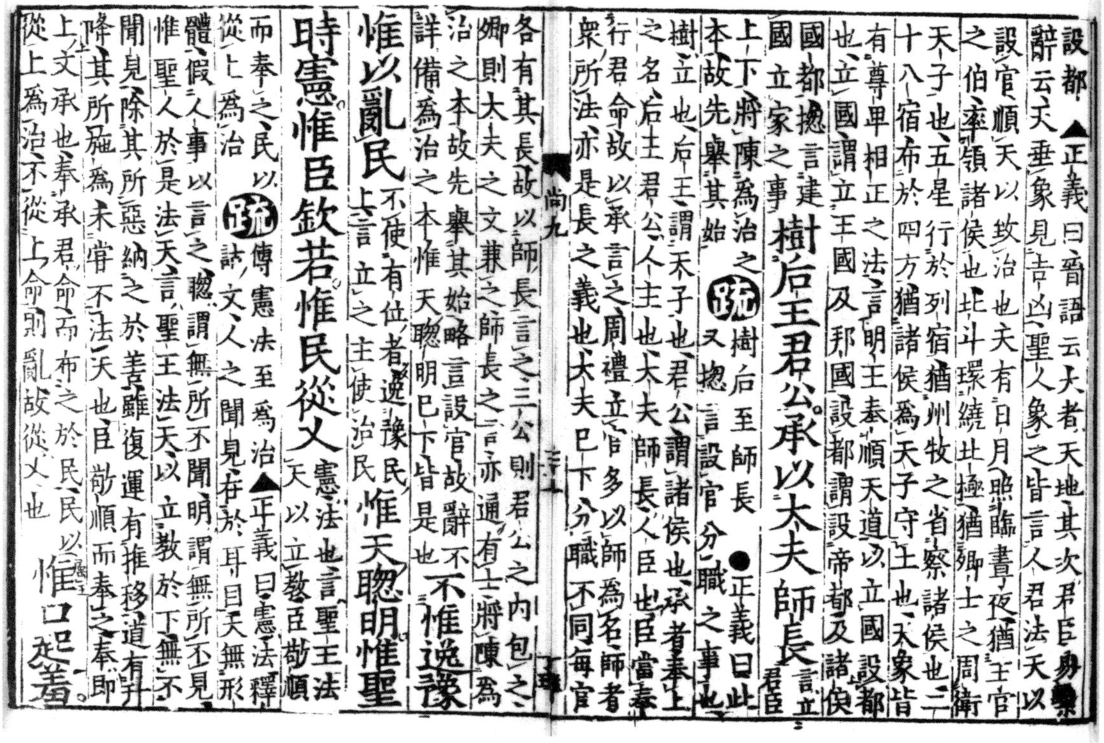
設都▲正義曰齊語云天者天地其次君臣身辭云天垂象見吉凶聖人象之皆言人君法天以設官順天以致治也夫有日月照臨晝夜猶王官之伯率領諸侯也北斗環繞北極猶卿士之周衛天子也五星行於列宿猶州牧之省察諸侯也二十八宿布於四方猶諸侯為天子守土也天象皆有尊卑相正之法言明王奉順天道以立國設都也立國謂立王國及邦國設都謂設帝都及諸侯國都摠言建國立家之事 樹后王君公承以大夫師長 言立君臣上下將陳為治之本故先舉其始 疏 樹后至師長 ●正義曰此又摠言設官分職之事也樹立也后王謂天子也君公謂諸侯也承者奉上之名后主君公人主也大夫師長人臣也臣當奉行君命故以承言之周禮立官多以師為名師者眾所法亦是長之義也大夫已下分職不同每官各有其長故以師長言之三公則君公之內包之卿則大夫之文兼之師長之言亦通有士將陳為治之本故先舉其始略言設官故辭不詳備為治之本惟天聰明已下皆是也 不惟逸豫惟以亂民 不使有位者逸豫民上言立之主使治民 惟天聰明惟聖時憲惟臣欽若惟民從乂 憲法也言聖王法天以立教臣敬順而奉之民以從上為治 疏 傳憲法至為治▲正義曰憲法釋詁文人之聞見在於耳目天無形體假人事以言之聰謂無所不聞明謂無所不見惟聖人於是法天言聖王法天以立教於下無不聞見除其所惡納之於善雖復運有推移道有升降其所施為未嘗不法天也臣敬順而奉之奉即上文承也奉承君命而布之於民民以從上為治不從上命則亂故從乂也 惟口起羞

楊本卷九第三十一葉

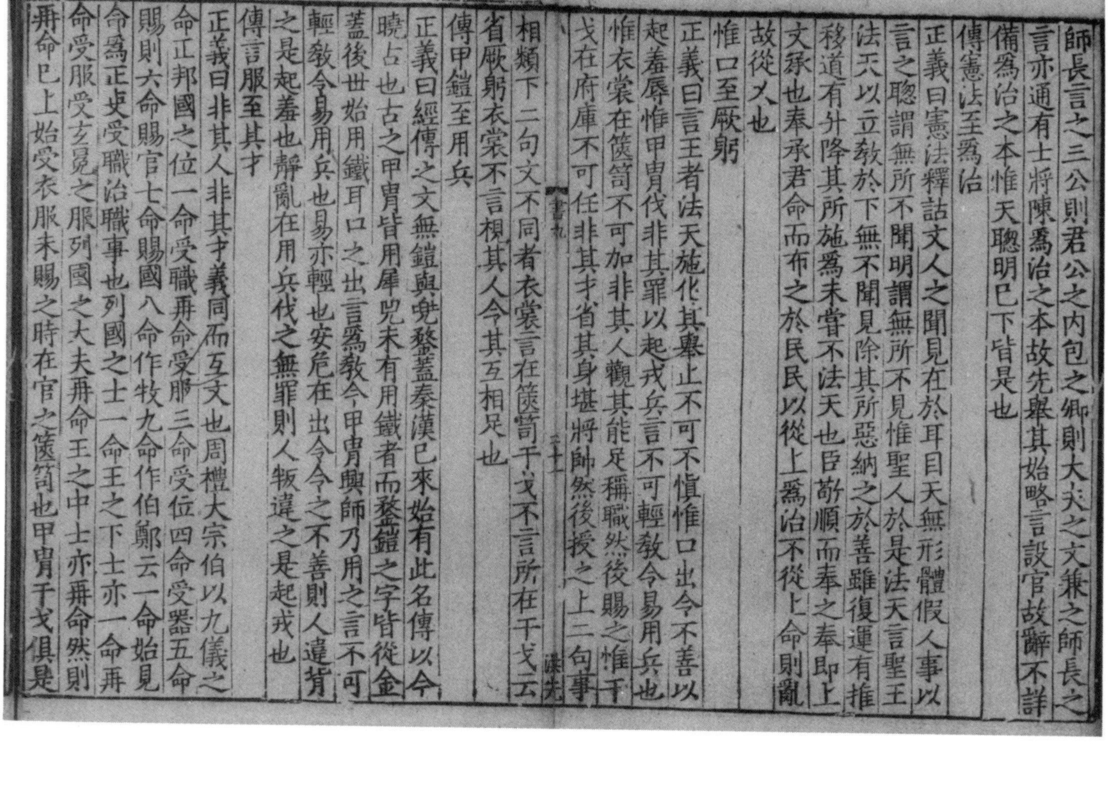
師長言之三公則君公之內包之卿則大夫之文兼之師長之言亦通有士將陳為治之本故先舉其始略言設官故辭不詳備為治之本惟天聰明已下皆是也

傳憲法至為治

正義曰憲法釋詁文人之聞見在於耳目天無形體假人事以言之聰謂無所不聞明謂無所不見惟聖人於是法天言聖王法天以立教於下無不聞見除其所惡納之於善雖復運有推移道有升降其所施為未嘗不法天也臣敬順而奉之奉即上文承也奉承君命而布之於民民以從上為治不從上命則亂故從乂也

惟口至厥躬

正義曰言王者法天施化其舉止不可不慎惟口出令不善以起羞辱惟甲胄伐非其罪以起戎兵言不可輕教令易用兵也惟衣裳在篋笥不可加非其人觀其能足稱職然後賜之惟干戈在府庫不可任非其才省其身堪將帥然後授之上二句事相類下二句文不同者衣裳言在篋笥干戈不言所在干戈云省厥躬衣裳不言視其人令其互相足也

傳甲鎧至用兵

正義曰經傳之文無鎧與兜鍪蓋秦漢已來始有此名傳以今曉古也古之甲胄皆用犀兕未有用鐵者而鍪鎧之字皆從金蓋後世始用鐵耳口之出言為教令甲胄興師乃用之言不可輕教令易用兵也易亦輕也安危在出令令之不善則人違背之是起羞也靜亂在用兵伐之無罪則人叛違之是起戎也

傳言服至其才

正義曰非其人非其才義同而互文也周禮大宗伯以九儀之命正邦國之位一命受職再命受服三命受位四命受器五命賜則六命賜官七命賜國八命作牧九命作伯鄭云一命始見命為正吏受職治職事也列國之士一命王之下士亦一命再命受服受玄冕之服列國之大夫再命王之中士亦再命然則再命已上始受衣服未賜之時在官之篋笥也甲胄干戈俱是

單疏卷九第二十一葉

惟甲冑起戎甲鎧冑兜鍪也言不可輕教令易用兵惟衣裳在笥惟干戈省厥躬言服不可加非其人兵不可任非其才【疏】惟口至厥躬●正義曰言王者法天施化其舉止不可不慎惟口出令不善以起羞辱惟甲冑伐非其罪以起戎兵言不可輕教令易用兵也惟衣裳在篋笥不可加非其人觀其能足稱職然後賜之惟干戈在府庫不可任非其才省其身堪將帥然後授之上二句事相類下二句文不同者衣裳言在篋笥干戈不言所在干戈云省厥躬衣裳不言視其人令其互相足也　傳甲鎧至用兵▲正義曰經傳之文無鎧與兜鍪蓋秦漢已來始有此名傳以今曉古也古之甲冑皆用犀兕未有用鐵者而鍪鎧之字皆從金蓋後世始用鐵耳口之出言爲教令甲冑興師乃用之言不可輕教令易用兵也易亦輕也安危在出令令之不善則人違背之是起羞也靜亂在用兵伐之無罪則人叛違之是起戎也　傳言服至其才▲正義曰非其人非其才義同而互文也周禮大宗伯以九儀之命正邦國之位一命受職再命受服三命受位四命受器五命賜則六命賜官七命賜國八命作牧九命作伯鄭云一命始見命爲正吏受職治職事也列國之士一命王之下士亦一命再命受服受玄冕之服列國之大夫再命王之中士亦再命然則再命已上始受衣服未賜之時在官之篋笥也甲冑干戈俱是軍器上言不可輕用兵此言不可妄委人雖文重而意異也王惟戒茲允茲克明乃罔不休言王戒慎此四惟之事信能明政乃無不美惟治亂在庶官言所官得人則治失人則亂官不及私昵惟其能不加私昵

惟能是官爵罔及惡德惟其賢言非賢不爵【疏】官不至其賢▲正義曰王制云論定然後官之任官然後爵之鄭云官之使之試守也爵之命之也然則治其事謂之官受其位謂之爵官爵一也所從言之異耳賢謂德行能謂才用治事必用能故官云惟其能受位宜得賢故爵云惟其賢詩序云任賢使能周禮鄉大夫三年則大比考其德行道藝而興賢者能者鄭云賢者有德行者能者有道藝者是賢能爲異耳私昵謂知其不可而用之惡德謂不知其非而任之戒王使審求人絶私好也慮善以動動惟厥時非善非時不可動有其善喪厥善矜其能喪厥功雖天子亦必讓以得之【疏】有其至厥功●正義曰人性尚謙讓而憎自取自有其善則人不以爲善故實善而喪其善自誇其能則人不以爲能故實能而喪其能由其自取故人不與之有其善即伐善也舜美禹云汝惟不矜天下莫與汝爭能汝惟不伐天下莫與汝爭功是言推而不有故名反歸之也惟事事乃其有備有備無患事事非一事無啓寵納侮開寵非其人則納侮之道【疏】無啓寵納侮●正義曰君子位高益恭小人得寵則慢若寵小人則必恃寵慢主無得開小人以寵自納此輕侮也開謂君出恩以寵臣納謂臣入慢以輕主開納以出入爲據君而言開納以出入爲文也無恥過作非恥過誤而文之遂成大非【疏】傳恥過至大非●正義曰仲虺之美成湯云改過不吝明小人有過皆惜而不改論語云小人之過也必文恥有過誤而更以言辭文飾之望人不覺其非彌甚故遂成大非

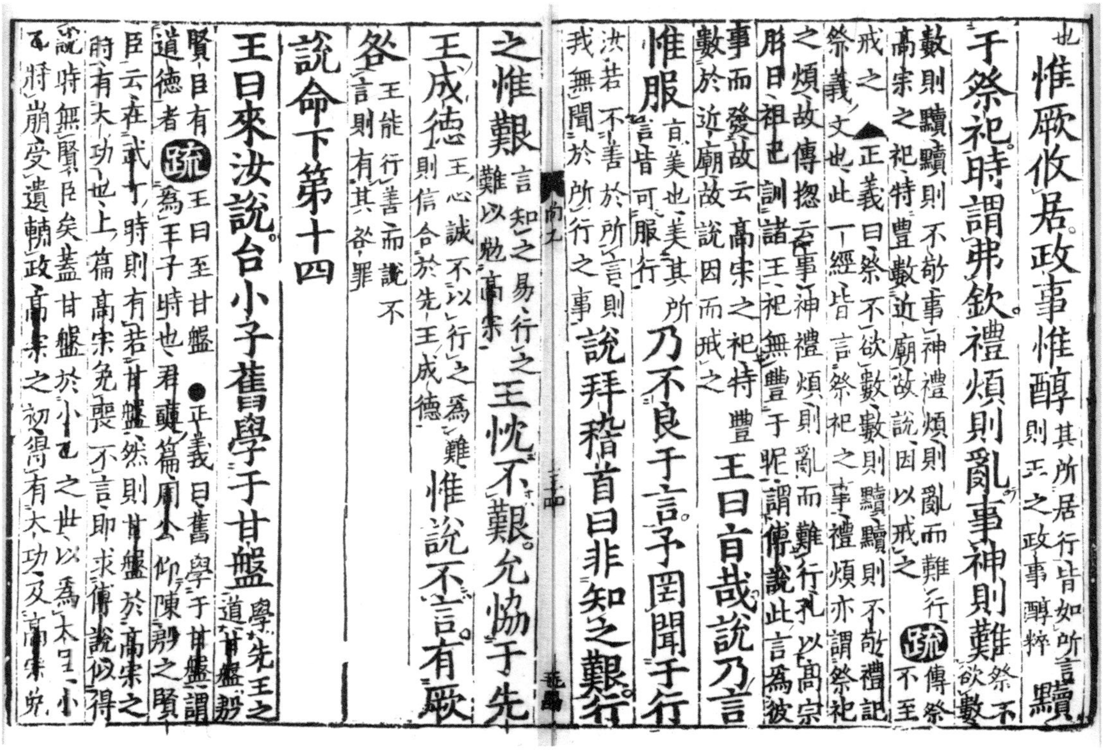
也
惟厥攸居。政事惟醇其所居行皆如所言則王之政事醇粹黷
于祭祀時謂弗欽。禮煩則亂。事神則難祭不欲數數則黷黷則不敬禮
數則黷黷則不欲事神禮煩則亂而難行疏傳祭不至戒之
高宗之祀特豐數近廟故說因以戒之
戒之○正義曰祭不欲數數則黷黷則不敬禮記祭義文也此一經皆言祭祀之事禮煩亦謂祭祀之煩故傳總云事神禮煩則亂而難行孔以高宗彤日祖己訓諸王祀無豐于昵謂傳說此言爲彼事而發故云高宗之祀特豐數於近廟故說因而戒之
王曰旨哉說乃言
惟服旨美也美其所言皆可服行乃不良于言。予罔聞于行
汝若不善於所言則我無聞於所行之事說拜稽首曰非知之艱。行
之惟艱言知之易行之難以勉高宗王忱不艱。允協于先
王成德王心誠不以行之爲難則信合於先王成德惟說不言。有厥
咎王能行善而說不言則有其咎罪
說命下第十四
王曰來汝說。台小子舊學于甘盤學先王之道甘盤殷賢臣有道德者
疏王曰至甘盤●正義曰舊學于甘盤謂爲王子時也君奭篇周公仰陳殷之賢臣云在武丁時則有若甘盤然則甘盤於高宗之時有大功也上篇高宗免喪不言即求傅說似得說時無賢臣矣蓋甘盤於小乙之世以爲大臣小乙將崩受遺輔政高宗之初得有大功及高宗免

楊本卷九第三十四葉

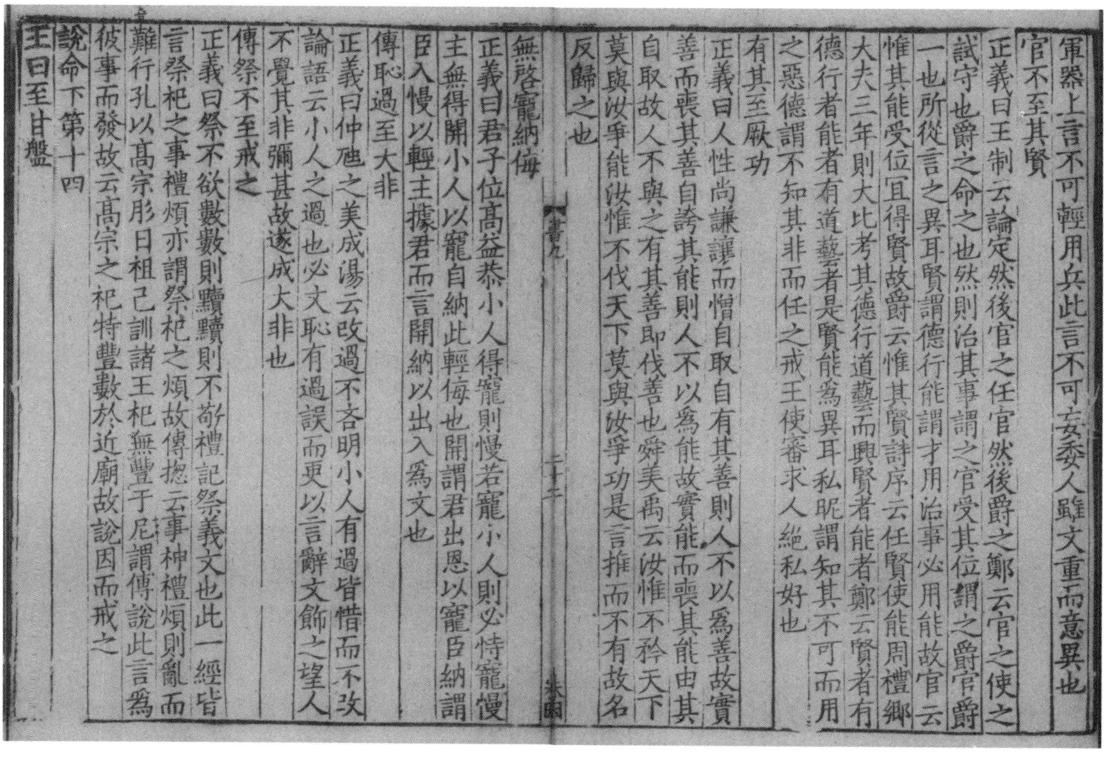
軍器上言不可輕用兵此言不可妄委人雖文重而意異也
官不至其賢
正義曰王制云論定然後官之任官然後爵之鄭云官之使之
試守也爵之命之也然則治其事謂之官受其位謂之爵官爵
一也所從言之異耳賢謂德行能謂才用治事必用能故官云
惟其能受位宜得賢故爵云惟其賢詩序云任賢使能周禮鄉
大夫三年則大比考其德行道藝而興賢者能者鄭云賢者有
德行者能者有道藝者是賢能爲異耳私昵謂知其不可而用
之惡德謂不知其非而任之戒王使審求人絶私好也
有其至厥功
正義曰人性尚謙讓而憎自取自有其善則人不以爲善故實
善而喪其善自誇其能則人不以爲能故實能而喪其能由其
自取故人不與之有其善即伐善也舜美禹云汝惟不矜天下
莫與汝爭能汝惟不伐天下莫與汝爭功是言推而不有故名
反歸之也
無啓寵納侮
正義曰君子位高益恭小人得寵則慢若寵小人則必恃寵慢
主無得開小人以寵自納此輕侮也開謂君出恩以寵臣納謂
臣入慢以輕主據君而言開納以出入爲文也
傳恥過至大非
正義曰仲虺之美成湯云改過不吝明小人有過皆惜而不改
論語云小人之過也必文恥有過誤而更以言辭文飾之望人
不覺其非彌甚故遂成大非也
傳祭不至戒之
正義曰祭不欲數數則黷黷則不敬禮記祭義文也此一經皆
言祭祀之事禮煩亦謂祭祀之煩故傳總云事神禮煩則亂而
難行孔以高宗彤日祖己訓諸王祀無豐于昵謂傳說此言爲
彼事而發故云高宗之祀特豐數於近廟故說因而戒之
說命下第十四
王曰至甘盤

單疏卷九第二十二葉

喪甘盤已死故君奭傳曰高宗即位甘盤佐之後有傅說是言傅說之前有甘盤也但下句言既乃遯于荒野是學訖乃遯非即位之初從甘盤學也**既乃遯于荒野入宅于河**既學而中廢業遯居田野河洲也其父欲使高宗知民之艱苦故使居民間疏傳既學至民間▲正義曰河是水名水不可居而云入宅于河知在河之洲也釋水云水中可居者曰洲初遯田野後入河洲言其徙居無常也無逸云其在高宗時舊勞於外爰曁小人言其父欲使高宗知民之艱苦故使居民間也於時蓋未爲太子殷道雖質不可既爲太子更得與民雜居**自河徂亳暨厥終罔顯**自河往居亳與今其終故遂無顯明之德**爾惟訓于朕志**言汝當教訓於我使我志通達**若作酒醴爾惟麴糵**酒醴須麴糵以成亦言我須汝以成**若作和羹爾惟鹽梅**鹽鹹梅醋羹須鹹醋以和之**爾交修予罔予棄予惟克邁乃訓**交非一之義邁行也言我能行汝教疏傳交非至汝教▲正義曰爾交脩予令其交更脩治己也故以交爲非一之義言交互教之非一事之義邁行釋詁文**說曰王人求多聞時惟建事學于古訓乃有獲**王者求多聞以立事學於古訓乃有所得**事不師古以克永世匪說攸聞**事不法古訓而以能長世非說所聞言無是道**惟學遜志務時敏厥修乃來**學以順志務是敏疾其德之修乃來疏惟學至乃來▲正義曰人志本欲求善

楊本卷九第三十五葉

正義曰舊學于甘盤謂爲王子時也君奭篇周公仰陳殷之賢臣云在武丁時則有若甘盤然則甘盤於高宗之時有大功也上篇高宗免喪不言即求傅說似得說時無賢臣矣蓋甘盤於小乙之世以爲大臣小乙將崩受遺輔政高宗之初得有大功及高宗免喪甘盤已死故君奭傳曰高宗即位甘盤佐之後有傅說是言傅說之前有甘盤也但下句言既乃遯于荒野是學訖乃遯非即位之初從甘盤學也

傳既學至民間

正義曰河是水名水不可居而云入宅于河知在河之洲也釋水云水中可居者曰洲初遯田野後入河洲言其徙居無常也無逸云其在高宗時舊勞於外爰曁小人言其父欲使高宗知民之艱苦故使居民間也於時蓋未爲太子殷道雖質不可既爲太子更得與民雜居

傳交非至汝教

正義曰爾交修予令其交更修治己也故以交爲非一之義言交互教之非一事之義邁行釋詁文

惟學至乃來

正義曰人志本欲求善欲學順人本志學能務是敏疾則其德之修乃自來言務之既疾則德自來歸已也

惟斆至罔覺

正義曰教人然後知困知困必將自強惟教人乃是學之半言其功半於學也於學之法念終念始常在於學則其德之修漸漸進益無能自覺其進言曰有所益不能自知也

傳保衡至之臣

正義曰保衡阿衡俱伊尹也君奭傳曰伊尹爲保衡言天下所取安所取平也鄭箋云阿倚衡平也伊尹湯所依倚而取平也故以爲官名又云太甲時曰保衡鄭不見古文太甲云不惠于阿衡故此爲解孔所不用計此阿衡保衡非常人之官名蓋當時特以此名號伊尹也作訓爲起言起而助湯也正長釋詁文

高宗肜日第十五

單疏卷九第二十三葉

欲學順人本志學能務是敏疾則其德之志乃自來言務之既疾則德自來歸己也允懷于茲道積于厥躬信懷此學志則道積於其身惟斆學半念終始典于學厥德修罔覺斆教也教然後知所困是學之半終始常念學則其德之修無能自覺

疏　惟學至罔覺　●正義曰教人然後知困知困必將自強惟教人乃是學之半言其功半於學也於學之法念終念始常在於學則其德之修漸漸進益無能自覺其進言日有所益不能自知也

監于先王成憲其永無愆愆過也視先王成法其長無過其惟學乎惟說式克欽承旁招俊乂列于庶位言王能志學說亦用能敬承王志廣招俊乂使列衆官王曰嗚呼說四海之內咸仰朕德時乃風風教也使天下皆仰我德是汝教股肱惟人良臣惟聖手足具乃成人有良臣乃成聖昔先正保衡作我先王保衡伊尹也作起正長也言先世長官之臣

疏　傳保衡至之臣　▲正義曰保衡阿衡俱伊尹也君奭傳曰伊尹爲保衡言天下所取安所取平也鄭箋云阿倚衡平也伊尹湯所依倚而取平也故以爲官名又云太甲時曰保衡鄭不見古文太甲云不惠于阿衡故此爲解云所不用計此阿衡保衡非常人之官名蓋當時特以此名號伊尹也作訓爲起言起而助湯也正長釋詁文

乃曰予弗克俾厥后惟堯舜其心愧恥若撻于市

高宗至之訓

正義曰高宗祭其太祖成湯於肜祭之日有飛雉來升祭之鼎耳而雊鳴其臣祖己以爲王有失德而致此祥遂以道義訓王勸王改修德政史敘其事作高宗肜日高宗之訓二篇

傳耳不至雊鳴

正義曰經言肜日有雊雉不知祭何廟鳴何處故序言祭成湯升鼎耳以足之禘祫與四時之祭祭之明日皆爲肜祭不知此肜是何祭之肜也洪範五事有貌言視聽思若貌不恭言不從視不明聽不聰思不睿各有妖異興焉雉乃野鳥不應入室今乃入宗廟之內升鼎耳而鳴孔以雉鳴在鼎耳故以爲耳不聰之異也洪範五行傳云視之不明時則有羽蟲之孽聽之不聰時則有介蟲之孽言之不從時則有毛蟲之孽貌之不恭時則有鱗蟲之孽思之不睿時則有倮蟲之孽先儒多以此爲羽蟲之孽非爲耳不聰也漢書五行志劉歆以爲鼎三足三公象也而以耳行野鳥居鼎耳是小人將居公位敗宗廟之祀也鄭云鼎三公象也又用耳行雉升鼎耳而鳴象視不明天意若云當任三公之謀以爲政劉鄭雖小異其爲羽蟲之孽則同與孔意異詩云雉之朝雊尚求其雌說文云雊雄雉鳴也雷始動雉乃鳴而雊其頸

傳所以訓也亡

正義曰名高宗之訓所以訓高宗也此二篇俱是祖己之言並是訓王之事經云乃訓于王此篇亦是訓也但所訓事異分爲二篇標此爲發言之端故以肜日爲名下篇總諫王之事故名之訓終始互相明也肆命徂后孔歷其名於伊訓之下別爲之傳此高宗之訓因序爲傳不重出名者此以訓王事同因解文便作傳不爲例也

傳祭之至曰繹

正義曰釋天云繹又祭也周曰繹商曰肜孫炎曰祭之明日尋繹復祭也肜者相尋不絕之意春秋宣八年六月辛巳有事於太廟壬午猶繹穀梁傳曰繹者祭之旦日之享賓也是肜者祭

言伊尹不能使其君如堯舜則恥之若見撻于市故成其能 一夫不獲則曰時予之辜 伊尹見一夫不得其所則以為己罪 佑我烈祖格于皇天 言以此道左右成湯功至大天無能及者 爾尚明保予罔俾阿衡專美有商 汝庶幾明安我事則與伊尹同美 惟后非賢不乂惟賢非后不食 言君須賢治賢須君食 其爾克紹乃辟于先王永綏民 能繼汝君於先王長安民則汝亦有保衡之功 說拜稽首曰敢對揚天子之休命 對答也答受美命而稱揚之

高宗肜日第十五

高宗祭成湯有飛雉升鼎耳而雊 耳不聰之異雊鳴 祖己訓諸王 賢臣也以訓道諫王 作高宗肜日高宗之訓 所以訓也亡 疏高宗至之訓 ●正義曰高宗祭其太祖成湯於肜祭之日有飛雉來升祭之鼎耳而雊鳴其臣祖己以為王有失德而致此祥遂以道義訓王勸王改脩德政史敘其事作高宗肜日高宗之訓二篇 傳耳不至雊鳴 ▲正義曰經言肜日有雊雉不知祭何廟鳴何處故序言祭成湯升鼎耳以足之禘祫與四時之祭祭之明日皆為肜祭不知此肜是何祭之肜也洪範五事有貌言視聽思若貌不恭言不從視不明聽不聰思不睿各有

妖異興焉雉乃野鳥不應入室今乃入宗廟之內升鼎耳而鳴孔以雉鳴在鼎耳故以為耳不聰之異也洪範五行傳云視之不明時則有羽蟲之孽聽之不聰時則有介蟲之孽言之不從時則有毛蟲之孽貌之不恭時則有鱗蟲之孽思之不睿時則有倮蟲之孽先儒多以此為羽蟲之孽非為耳不聰也漢書五行志劉歆以為鼎三足三公象也而以耳行野鳥居鼎耳是小人將居公位敗宗廟之祀也鄭云鼎三公象也又用耳行雉升鼎耳而鳴象視不明天意若云當任三公之謀以為政劉鄭雖小異其為羽蟲之孽則同與孔意異詩云雉之朝雊尚求其雌說文云雊雄雌鳴也雷始動雉乃鳴而雊其頸 傳所以訓也亡 ▲正義曰名高宗之訓所以訓高宗也此二篇俱是祖己之言並是訓王之事經云乃訓于王此篇亦是訓也但所訓事異分為二篇摽此為發言之端故以肜日為名下篇揔諫王之事故名之訓終始互相明也肆命徂后孔歷其名於伊訓之下別為之傳此高宗之訓因序為傳不重出名者此以訓王事同因解文便作傳不為例也

高宗肜日 祭之明日又祭殷曰肜周曰繹 疏傳祭之至日繹 ▲正義曰釋天云繹又祭也周曰繹商曰肜孫炎曰祭之明日尋繹復祭也肜者相尋不絕之意春秋宣八年六月辛巳有事於太廟壬午猶繹穀梁傳曰繹者祭之旦日之享賓也是肜者祭之明日又祭也爾雅因繹祭而本之上世故先周後商此以上代先後故與爾雅倒也釋天又云夏曰復胙鄭玄云未見所出或無此一句孔傳不言夏曰復胙於義非所須或本無此事也儀禮有司撤上大夫曰儐尸與正祭同日鄭康成注詩鳧鷖云祭天地社稷山川五祀皆有繹祭 高宗肜日越有雊雉 於肜日有雊雉異

祖己曰惟先格王正厥事言至道之王遭變異正其事而異自
消疏高宗至厥事●正義曰高宗既祭成湯肜祭
之日於是有雊鳴之雉在於鼎耳此乃怪異
之事賢臣祖己見其事而私自言曰惟先世至道
之王遭遇變異則正其事而異自消也既作此言
乃進言訓王史録其事以爲訓王之端也　傳言
至至自消▲正義曰格訓至也至道之王謂用心
至極行合於道遭遇變異改修德教正其事而異
自消太戊拱木武丁雊雉皆感變而懼躬道復
興是異自消之驗也至道之王當無災異而云
遭變消災者天或有譴告使之至道未必爲道
不至而致此異且此勸戒之辭不可執文以害意
也此經直云祖己曰不知與誰語鄭云謂其黨王
肅云言于王下句始言乃訓于王此句
未是告王之辭私言告人鄭説是也乃訓于
王曰惟天監下民典厥義祖己既言遂以道訓諫王言天視下
民以義爲常降年有永有不永非天夭民民中
絶命言天之下年與民有義者長無義者不長非天欲夭民民自不修義以致絶命民
有不若德不聽罪天既孚命正厥德不順德言
無義不服罪不改修天已信命正其德謂有永有不永疏乃訓至厥德●正
義曰祖己既私言
其事乃以道訓諫於王曰惟天視此下民常用其
義言以義視下觀其爲義以否其下年與民有長
者有不長者言與爲義者長不義者短短命者非
是天欲夭民民自不修義使中道絶其性命但人
有爲行不順德義有過不服聽罪過而不改乃致
天罰非天欲夭之也天既信行賞罰之命正其馭

楊本卷九第三十九葉

之明日又祭也爾雅因繹祭而本之上世故先周後商此以上
代先後故與爾雅倒也釋天又云夏曰復胙郭璞云未見所出
或無此一句孔傳不言夏曰復胙於義非所須或本無此事也
儀禮有司徹上大夫曰儐尸與正祭同日鄭康成注詩鳧鷖云
祭天地社稷山川五祀皆有繹祭
高宗至厥事
正義曰高宗既祭成湯肜祭之日於是有雊鳴之雉在於鼎耳
此乃怪異之事賢臣祖己見其事而私自言曰惟先世至道之
王遭遇變異則正其事而異自消也既作此言乃進言訓王史
録其事以爲訓王之端也
傳言至至自消
正義曰格訓至也至道之王謂用心至極行合於道遭遇變異
改修德教正其事而異自消太戊拱木武丁雊雉皆感變而懼
躬道復興是異自消之驗也至道之王當無災異而云遭變消
災者天或有譴告使之至道未必爲道不至而致此異且此勸
戒之辭不可執文以害意也此經直云祖己曰不知與誰語鄭
云謂其黨王肅云言于王下句始言乃訓于王此句未是告王
之辭私言告人鄭説是也
乃訓至厥德
正義曰祖己既私言其事乃以道訓諫於王曰惟天視此下民
常用其義言以義視下觀其爲義以否其下年與民有長者有
不長者言與爲義者長不義者短短命者非是天欲夭民民自
不修義使中道絶其性命但人有爲行不順德義有過不服聽
罪過而不改乃致天罰非天欲夭之也天既信行賞罰之命正
其馭民之德欲使有義者長不義者短王安得不行義事求長
命也
傳言天至絶命
正義曰經惟言有永有不永安知由義者以上句云惟天監下
民典厥義天既以義爲常知命之長短莫不由義故云天之下
年與民有義者長無義者不長也民有五常之性謂仁義禮智

單疏卷九第二十五葉

民之德，欲使有義者長，不義者短，王安得不行義事，求長命也。傳言天至絕命 ▲正義曰：經惟言有永有不永，安知由義者？以上句云「惟天監下民，典厥義」，天既以義爲常，知命之長短，莫不由義，故云天之下年與民，有義者長，無義者不長也。民有五常之性，謂仁、義、禮、智、信也。此獨以義爲言者，五常指體則別，理亦相通。義者宜也，得其事宜，五常之名皆以適宜爲用，故稱義可以揔之也。民有貴賤貧富、愚智好醜，不同多矣，獨以夭壽爲言者，鄭玄云：「年命者，蠢愚之人尤愒焉，故引以諫王也。」愒，貪也。洪範五福以壽爲首，六極以短折爲先，是年壽者最是人之所貪，故祖己引此以諫王也。 傳不順至不永 ▲正義曰：傳亦顧上經，故不順德言無義也。聽謂聽從，故以不聽爲不服罪，言既爲罪過而不肯改修也。天已信命，正其德，言天自信命賞有義，罰無義，此事必信也。天自正其德，福善禍淫，其德必不差也。謂民有永有不永，天隨其善惡而報之，勸王改過脩德以求永也。

乃曰其如台。祖己恐王未受其言，故乃復曰天道其如我所言。

嗚呼！王司敬民，罔非天胤，典祀無豐于昵。胤，嗣；昵，近也。歎以感王入其言。王者主民，當敬民事，民事無非天所嗣常也，祭祀有常，不當特豐於近廟，欲王因異服罪改脩之。

疏 嗚呼至于昵 ●正義曰：祖己恐其言不入王意，又歎而戒之。嗚呼！王者主民，當謹敬民事，民事無非天所繼嗣，以爲常道者也。天以其事爲常，王當繼天行之。祀禮亦有常，無得豐厚於近廟。若特豐於近廟，是失於常道。高宗豐於近廟，欲王服罪改脩也。 傳胤嗣至改脩之 ▲正義曰：釋詁云：「胤，嗣、繼也。」俱訓爲繼，是胤得爲嗣，嗣亦繼之義也。釋詁云：「即，尼也。」孫炎曰：「即，猶今也。尼者，近也。」郭

璞引尸子曰：「悅尼而來遠。」是尼爲近也。尼與昵音義同。烝民不能自治，立君以主之，是王者主民也。既與民爲主，當敬慎民事，民事無大小，無非天所嗣常也。言天意欲令繼嗣行之，所以爲常道也。祭祀有常，謂犧牲、粢盛、尊彝、俎豆之數，禮有常法，不當特豐於近廟。謂犧牲禮物多也。祖己知高宗豐於近廟，欲王因此雊雉之異，服罪改修，以從禮耳。其異不必由豐近而致之也。王肅亦云：「高宗豐於禰，故有雊雉升遠祖成湯廟鼎之異。」

西伯戡黎第十六

殷始咎周，咎，惡。**周人乘黎。**乘，勝也。所以見惡。**祖伊恐，**祖己後賢臣。**奔告于受，**受，紂也，音相亂。帝乙之子，嗣立，暴虐無道。**作西伯戡黎。**戡亦勝也。

疏 殷始至戡黎 ●正義曰：文王功業稍高，王兆漸著，殷之朝廷之臣始畏惡周家。所以畏惡之者，以周人伐而勝黎邑故也。殷臣祖伊見周克黎國之易，恐其終必伐殷，奔走告受，言殷將滅。史叙其事，作西伯戡黎。 傳咎惡至見惡 ▲正義曰：易繫辭云：「無咎者，善補過也。」則咎是過之別名。以彼過而憎惡之，故咎爲惡也。以其勝黎，所以見惡，釋其見惡之由。是周人勝黎之後始惡之。詩毛傳云：「乘，陵也。」乘駕是加陵之意，故乘爲勝也。鄭玄云：「紂聞文王斷虞芮之訟，又三伐皆勝，而始畏惡之。」所言據書傳爲說。伏生書傳云：「文王受命，一年斷虞芮之質，二年伐邘，三年伐密須，四年伐犬夷，五年伐耆，六年伐崇，七年而崩。」耆即黎也。乘黎之前，始言惡周，故鄭以伐邘、伐密須、伐犬夷三伐皆勝，始畏惡之。武成篇云文王誕膺天命，九年乃崩，則伐國之年

殷始咎周，周人乘黎。祖伊恐，奔告于受，作《西伯戡黎》。

西伯戡黎

西伯既戡黎，祖伊恐，奔告于王。曰：天子，天既訖我殷命。

西伯戡黎第十六　　商書

楊本卷九第四十二葉

單疏卷九第二十六葉

布德行威有將王之意而紂不能制日益滋大命已
復克有黎國迫近王圻似有天助之力故云天已
畢訖殷之王命言殷祚至
此而畢將欲化爲周也
格人元龜罔敢知吉
至人以人事觀殷大龜
以神靈考之皆無知吉 疏 傳至人至知吉 ▲正義
曰格訓爲至至人謂至
道之人有所識解者也至人以人事觀殷大龜有
神靈遞知來物故大龜以神靈考之二者皆無知
殷有吉者言必凶也祖伊未必問
至人親灼龜但假之以爲言耳
非先王不相
我後人惟王淫戲用自絕
非先祖不助子孫
以王淫過戲怠用
自絕於
先王
故天棄我不有康食不虞天性不
以紂自絕於先王故天亦棄之宗廟不有
安食於天下而王不度知天性命所在而
迪率典
所行不蹈循 疏 傳以紂至多罪 ▲正義曰禮記稱
常法言多罪 萬物本於天人本於祖則天與先
王俱是人君之本紂既自絕於先王亦自絕於天
上經言紂自絕先王此言天棄紂互明紂自絕然
後天與先王棄絕之故傳申通其意以紂自絕先
王故天亦棄之亦者亦先王言先王與天俱棄之
也孝經言天子得萬國之歡心以事其先王然後
祭則鬼享之今紂既自絕於先王先王不有安食
於天下言紂雖以天子之尊事宗廟宗廟之神不
得安食也而王不度知天命所在不知己之性命
當盡也而所行不蹈循
常法動皆違法言多罪
今我民罔弗欲喪曰天
摯至也民
無不欲王
曷不降威大命不摯今王其如台
之亡言天何不下罪誅之有大命宜王
者何以不至王之凶害其如我所言
疏 傳摯至
也至所

楊本卷九第四十三葉

所以畏惡之者以周人伐而勝黎邑故也殷臣祖伊見周克黎
國之易恐其終必伐殷奔走告受言殷將滅史敘其事作西伯
戡黎
傳咎惡又云乘勝至見惡
正義曰易繫辭云無咎者善補過也則咎是過之別名以彼過
而憎惡之故咎爲惡也以其勝黎所以見惡釋其見惡之由是
周人勝黎之後始惡之詩毛傳云乘陵也乘駕是加陵之意故
乘爲勝也鄭玄云紂聞文王斷虞芮之訟又三伐皆勝而始畏
惡之所言據書傳爲說伏生書傳云文王受命一年斷虞芮之
質二年伐邘三年伐密須四年伐犬夷五年伐耆六年伐崇七
年而崩耆即黎也乘黎之前始言惡周故鄭以伐邘伐密須伐
犬夷三伐皆勝始畏惡之武成篇文王誕膺天命九年乃崩則
伐國之年不得如書傳所說未必見三伐皆勝始畏之
傳祖己後賢臣
正義曰此無所出正以同爲祖氏知是其後明能先覺故知賢臣
傳受紂至無道
正義曰經云奔告于王王無謚號故序言受以明之此及泰誓
武成皆呼此君爲受自外書傳皆呼爲紂受即紂也音相亂故
字改易耳殷本紀云帝乙崩子辛立是爲帝辛天下謂之紂鄭
玄云紂帝乙之少子名辛帝乙愛而欲立焉號曰受德時人傳
聲轉作紂也史掌書知其本故曰受與孔大同謚法云殘義損
善曰紂殷時未有謚法後人見其惡爲作惡義耳
傳戡亦勝也
正義曰戡勝釋詁文孫炎曰戡強之勝也
西伯戡黎
正義曰鄭玄云西伯周文王也時國於岐封爲雍州伯也國在
西故曰西伯王肅云王者中分天下爲二公摠治之謂之二伯
得專行征伐文王爲西伯黎侯無道文王伐而勝之兩說不同
孔無明解下傳云文王率諸侯以事紂非獨率一州之諸侯也
論語稱三分天下有其二以服事殷謂文王也終乃三分有二

單疏卷九第二十七葉

言▲正義曰摯至同音故摯爲至也言天何不下罪誅之恨其久行虐政欲得早殺之也有大命宜王者何以不至向望大聖之君欲令早伐紂也王之凶禍其如我之所言以王不信故審告之也

王曰嗚呼我生不有命在天言我生有壽命在天民之所言豈能害我遂惡之辭

祖伊反曰嗚呼乃罪多參在上乃能責命于天反報紂也言汝罪惡衆多參列於上天天誅罰汝汝能責命于天拒天誅乎

殷之即喪指乃功不無戮于爾邦言殷之就亡指汝功事所致汝不得無死戮於殷國必將滅亡立可待

微子第十七

殷既錯天命錯亂也

微子作誥父師少師告二師而去紂

疏殷既至少師●正義曰殷紂既暴虐無道錯亂天命其兄微子知紂必亡以作言誥告父師箕子少師比干史叙其事而作此篇也名曰微子而不言作微子者已言微子作誥以可知而省文也　傳錯亂也▲正義曰交錯是渾亂之義故爲亂也不指言紂惡而言錯亂天命者天生烝民立君以牧之爲君而無君道是錯亂天命爲惡之大故舉此以見惡之極耳

微子微圻內國名子爵爲紂卿士去無道

疏傳微圻至無道▲正義曰微國在圻內先儒相傳爲然鄭玄以爲微與箕俱在圻內孔雖不言箕亦當在圻內也王肅云微國名子爵入爲王卿士肅意蓋以微爲圻外故言入也微子名啓世家作開避漢景帝諱也啓與其弟仲衍皆是紂之同母庶兄史記稱微

楊本卷九第四十四葉

豈獨一州牧乎且言西伯對東爲名不得以國在西而稱西伯
也並同王肅之說
傳近王至東北
正義曰黎國漢之上黨郡壺關所治黎亭是也紂都朝歌王圻
千里黎在朝歌之西故爲近王圻之諸侯也鄭云入紂圻內文
王猶尚事紂不可伐其圻內所言圻內亦無文也
傳文王至爲周
正義曰襄四年左傳云文王率殷之叛國以事紂是率諸侯共
事紂也竊雖事紂內秉王心布德行威有將王之意而紂不能
制日益強大今復克有黎國迫近王圻似有天助之力故云天
已畢訖殷之王命言殷祚至此而畢將欲化爲周也
傳至人至知吉
正義曰格訓爲至至人謂至道之人有所識解者也至人以人
事觀殷大龜有神靈逆知來物故大龜以神靈考之二者皆無
知殷有吉者言必凶也祖伊未必問至人親灼龜但假之以爲
言耳
傳以紂至多罪
正義曰禮記稱萬物本於天人本於祖則天與先王俱是人君
之本紂既自絕於先王亦自絕於天上經言紂自絕先王此言
天棄紂互明紂自絕然後天與先王棄絕之故傳申通其意以
紂自絕先王故天亦棄之亦者亦先王言先王與天俱棄之也
孝經言天子得萬國之歡心以事其先王然後祭則鬼享之今
紂既自絕於先王先王不有安食於天下言紂雖以天子之尊
事宗廟宗廟之神不得安食也而王不度知天命所在不知已
之性命當盡也而所行不蹈循常法動皆違法言多罪
傳摯至也至所言
正義曰摯至同音故摯爲至也言天何不下罪誅之恨其久行
虐政欲得早殺之也有大命宜王者何以不至向望大聖之君
欲令早伐紂也王之凶禍其如我之所言以王不信故審告之也
微子第十七

單疏卷九第二十八葉

仲衍衍亦稱微者，微子封微，以微爲氏，故弟亦稱微，猶如春秋之世，虞公之弟稱虞叔，祭公之弟稱祭叔。微子若非大臣，則無假憂紂，亦不必須去。以此知其爲卿士也。傳云「去無道」者，以去見其爲卿士也。

微子若曰：父師、少師！父師，太師，三公，箕子也。少師，孤卿，比干。微子以紂距諫，知其必亡，順其事而言之。殷其弗或亂正四方。或，有也。言殷其不有治正四方之事，將必亡。我祖厎遂陳于上，言湯致遂其功，陳列於上世。我用沈酗于酒，用亂敗厥德于下。我，紂也。沈湎酗營，敗亂湯德於後世。殷罔不小大，好草竊姦宄。草野竊盜，又爲姦宄於外內。卿士師師非度，凡有辜罪，乃罔恆獲。六卿典士，相師效爲非法度，皆有辜罪，無秉常得中者。小民方興，相爲敵讎。卿士既亂，而小人各起一方，共爲敵讎，言不和同。今殷其淪喪，若涉大水，其無津涯。淪，沒也。言殷將沒亡，如涉大水，無涯際，無所依就。殷遂喪，越至于今。言遂喪亡，於是至於今，到不待久。

疏「微子」至「于今」。正義曰：微子將欲去殷，順其去事而言曰：父師、少師，呼二師與之言也。今殷國其將不復有治正四方之事，言其必滅亡也。昔我祖成湯致行其道，遂其功業，陳列於上世矣。今我紂惟用沈湎酗營於酒，用是亂敗其祖之德於下。由紂亂敗之故，今日殷人無不小大皆好草竊姦宄，雖在朝卿士，相師師爲非法度之事，朝廷之臣皆有辜罪，乃無有一人能秉常得中者。在外小人方方各起，相與共爲敵讎，荒亂如

楊本卷九第四十五葉

殷既至少師

正義曰：殷紂既暴虐無道，錯亂天命，其兄微子知紂必亡，以作言誥告父師箕子、少師比干。史敘其事而作此篇也。名曰微子而不言作微子者，已言微子作誥，以可知而省文也。

傳錯亂也

正義曰：交錯是渾亂之義，故爲亂也。不指言紂惡而言錯亂天命者，天生烝民，立君以牧之，爲君而無君道，是錯亂天命，爲惡之大，故舉此以見惡之極耳。

傳微圻至無道

正義曰：微國在圻內，先儒相傳爲然。鄭玄以爲微與箕俱在圻內，孔雖不言箕，亦當在圻內也。王肅云：「微，國名，子，爵，入爲王卿士。」肅意蓋以微爲圻外，故言入也。微子名啓，世家作開，避漢景帝諱也。啓與其弟仲衍皆是紂之同母庶兄，史記稱微仲衍，衍亦稱微者，微子封微，以微爲氏，故弟亦稱微，猶如春秋之世，虞公之弟稱虞叔，祭公之弟稱祭叔。微子若非大臣，則無假憂紂，亦不必須去。以此知其爲卿士也。傳云「去無道」者，以去見其爲卿士也。

微子至于今

正義曰：微子將欲去殷，順其去事而言曰：父師、少師，呼二師與之言也。今殷國其將不復有治正四方之事，言其必滅亡也。昔我祖成湯致行其道，遂其功業，陳列於上世矣。今我紂惟用沈湎酗營於酒，用是亂敗其祖之德於下。由紂亂敗之故，今日殷人無不小大皆好草竊姦宄，雖在朝卿士，相師師爲非法度之事，朝廷之臣皆有辜罪，乃無有一人能秉常得中者。在外小人方方各起，相與共爲敵讎，荒亂如此。今殷其沒亡，若涉大水，其無津濟涯岸。殷遂喪亡，言不復久也。此喪亡於是至於今，到必不得更久也。

傳父師至而言之

正義曰：以畢命之篇王呼畢公爲父師，畢公時爲太師也。周官云：「太師、太傅、太保，茲惟三公。少師、少傅、少保，曰三孤。」家語云：比

單疏卷九第二十九葉

喪今殷其沒亡若涉大水其無津涯殷遂喪
亡言不復久也此喪亡於是至於今到必不得更
久也　傳父師至而言之　▲正義曰以畢命之篇
王呼畢公爲父師畢公時爲太師也周官云太師
太傅太保茲惟三公少師少傅少保曰三孤家語
云比干官則少師少師是比干知太師是箕子也
偏檢書傳不見箕子之名惟司馬彪注莊子云箕
子名胥餘不知出何書也周官以少師爲孤此傳
言孤卿者孤亦卿也考工記曰外有九室九卿朝
焉是三孤六卿共爲九卿也比干不言封爵或本
無爵或有而不言也家語云比干是紂之親則諸
父知比干是紂之諸父耳箕子則無文宋世家云
箕子者紂親戚也止言親戚不知爲父爲兄也鄭
玄王肅皆以箕子爲紂之諸父服虔杜預以爲紂
之庶兄既無正文各以意言之耳微子以紂距諫
知其必亡心欲去之故順其去事而言呼二師以

尚九　四十六　朱明

告之　傳或有至必亡　▲正義曰或者不定之辭
其事或當然則是有此事故以或爲有也鄭玄論
語注亦云或之言有也不有言無也天子天下之
主所以治正四方言殷其不有治正四方之事言
將必亡　傳我紂至後世　▲正義曰嗜酒亂德是
紂之行故知我我紂也人以酒亂若沈於水故以
耽酒爲沈也湎然是齊同之意詩云天不湎爾以
酒鄭云天不同汝顏色以酒是湎謂酒變面色湎
然齊同無復平時之容也說文云酗醟也然則酗
醟一物謂飲酒醉而發怒經言亂敗其德必有所
屬上言我祖指謂成湯知言敗亂湯德於後世也
上謂前世故下爲後世也　傳六卿至中者　▲正
義曰士訓事也故卿士爲六卿典事師師言相師
效爲非法度之事也止言卿士以貴者尚爾見賤
者皆然故王肅云卿士以下轉相師效爲非法度
之事也鄭云凡猶皆也傳意亦然以凡爲皆言卿

楊本卷九第四十六葉

子官則少師少師是比干知太師是箕子也偏檢書傳不見箕
子之名惟司馬彪注莊子云箕子名胥餘不知出何書也周官
以少師爲孤此傳言孤卿者孤亦卿也考工記曰外有九室九
卿朝焉是三孤六卿共爲九卿也比干不言封爵或本無爵或
有而不言也家語云比干是紂之親則諸父知比干是紂之諸
父耳箕子則無文宋世家云箕子者紂親戚也止言親戚不知
爲父爲兄也鄭玄王肅皆以箕子爲紂之諸父服虔杜預以爲
紂之庶兄既無正文各以意言之耳微子以紂距諫知其必亡
心欲去之故順其去事而言呼二師以告之
傳或有至必亡
正義曰或者不定之辭其事或當然則是有此事故以或爲有
也鄭玄論語注亦云或之言有也不有言無也天子天下之主
所以治正四方言殷其不有治正四方之事言將必亡
傳我紂至後世
正義曰嗜酒亂德是紂之行故知我我紂也人以酒亂若沈於

書九　三十　洪先

水故以耽酒爲沈也湎然是齊同之意詩云天不湎爾以酒鄭
云天不同汝顏色以酒是湎謂酒變面色湎然齊同無復平時
之容也說文云酗醟也然則酗醟一物謂飲酒醉而發怒經言
亂敗其德必有所屬上言我祖指謂成湯知言敗亂湯德於後
世也上謂前世故下爲後世也
傳六卿至中者
正義曰士訓事也故卿士爲六卿典事師師言相師效爲非法
度之事也止言卿士以貴者尚爾見賤者皆然故王肅云卿士
以下轉相師效爲非法度之事也鄭云凡猶皆也傳意亦然以
凡爲皆言卿士以下在朝之臣其所舉動皆有辜罪無人能秉
常行得中正者
傳父師至何其
正義曰微子既言紂亂乃問身之所宜止而復言故別加一曰
父師少師更呼而語之也我念殷亡之故其心發疾生狂吾在
家心內耄亂欲遯遯出於荒野今汝父師少師無指減亡之意

單疏卷九第三十葉

士以下在朝之臣其所舉動皆有辜罪無人能秉常行得中正者曰父師少師我其發出狂吾家耄遜于荒我念殷亡發疾生狂在家耄亂故欲遯出於荒野言愁悶今爾無指告予顛隮若之何其汝無指意告我殷邦顛隮墜如之何其救之

疏曰父師至何其　正義曰微子既言紂亂乃問身之所宜止而復言故別加一曰父師少師更呼而誥之也我念殷亡之故其心發疾生狂吾在家心內耄亂欲遯遯出於荒野今汝父師少師無指誠亡之意告我云殷邦其隕墜則當如之何其救之乎恐其留已共救之也　傳我念至愁悶　正義曰狂生於心而出於外故傳以出狂爲生狂應璩詩云積念發狂癡此其事也在家思念之深精神益以耄亂鄭玄云耄昏亂也在家不堪耄亂故欲遯出於荒野言愁悶之至詩云駕言出遊以寫我憂亦此意也　傳汝無至救之　正義曰無指意告我者謂無指殷亡之事告我言殷將隕墜欲留我救之顛謂從上而隕隮謂墜於溝壑皆滅亡之意也昭十三年左傳曰小人老而無子知擠於溝壑矣王肅云隮隮溝壑言此隮之義如左傳也

父師若曰王子比干不見明心同省文微子帝乙元子故曰王子天毒降災荒殷邦方興沈酗于酒天生紂爲亂是天毒下災四方化紂沈湎不可如何乃罔畏畏咈其耇長舊有位人言起沈湎上不畏天災下不畏賢人違戾耆老之長致仕之賢不用其教法紂故今殷民乃攘竊神祇之犧牷牲用以容將食無災

楊本卷九第四十七葉

告我云殷邦其隕墜則當如之何其救之乎恐其留已共救之也

傳我念至愁悶

正義曰狂生於心而出於外故傳以出狂爲生狂應璩詩云積念發狂癡此其事也在家思念之深精神益以耄亂鄭玄云耄昏亂也在家不堪耄亂故欲遯出於荒野言愁悶之至詩云駕言出遊以寫我憂亦此意也

傳汝無至救之

正義曰無指意告我者謂無指殷亡之事告我言殷將隕墜欲留我救之顛謂從上而隕隮謂墜於溝壑皆滅亡之意也昭十三年左傳曰小人老而無子知擠於溝壑矣王肅云隮隮溝壑言此隮之義如左傳也

父師至行遯

正義曰父師亦順其事而報微子曰王子今天酷毒下災生此昏虐之君以荒亂殷之邦國紂既沈湎四方化之皆起而沈湎酗醟於酒不可如何小人皆自放恣乃無所畏上不畏天災下不畏賢人違戾其耆老之長與舊有爵位致仕之賢人今殷民乃攘竊祭祀神祇之犧牷牲用以相通容行取食之無災罪之者盜天地大祀之物用而不得罪言政亂甚也我又下視殷民所用爲治者民皆讎怨斂聚之道也言重賦傷民民以在上爲讎重賦乃是斂讎也既爲重賦又急行暴虐此所以益招民怨是乃自召敵讎不懈怠也上下各有罪合於一紂之身言紂化之使然也故使民多瘠病而無詔救之者商今其有滅亡之災我起而受其敗商其沒亡喪滅我無所爲人臣僕言不可別事他人必欲諫取死也我教王子出奔於外是道也我久云子賢言於帝乙欲立子不肯我乃病傷子不得立爲王則宜終爲殷後若王子不出則我殷家宗廟乃隕墜無主既勸之出即與之別云各自謀行其志人人各自獻達於先王我不顧念行遯之事明期與紂俱死

傳比干至王子

正義曰詔二人而一人荅明心同省文也鄭云少師不荅志在

單疏卷九第三十一葉

自來而取曰攘色純曰犧體完曰牷牛羊豕曰牲
器實曰用盜天地宗廟牲用相容行食之無災罪
之者言政亂　降監殷民用乂讎斂召敵讎不怠
下視殷民所用治者皆重賦傷民斂聚怨讎之道而又亟行暴虐自召敵讎不懈息　罪合
于一多瘠罔詔　言殷民上下有罪皆合於一法紂故使民多瘠病而無詔救之者
商今其有災我興受其敗　災滅在近我起受其敗言宗室大臣
義不忍去　商其淪喪我罔爲臣僕　詔王子出迪
商其沒亡我二人無所爲臣僕欲以死諫紂我教王子出合於道　我舊云刻子
王子弗出我乃顛隮　紂病也我久知子賢言於帝乙欲立子帝乙不肯
子不得立則宜爲殷後者子今若不出迷難我殷家宗廟乃隕墜無主　自靖人自
獻于先王　各自謀行其志人人自獻達于先王以不失道　我不顧行
遯　言將與紂俱死所執各異皆歸於仁明君子之道出處默語非一途
疏　父師至行遯　●正義
曰父師亦順其事而報微子曰●王子今天酷毒下
災生此昏虐之君以荒亂殷之邦國紂既沈湎酗
方化之皆起而沈湎醟於酒不可如何●小人皆
自放恣乃無所畏上不畏天災下不畏賢人違戾
其耇老之長與舊有爵位致仕之賢人●今殷民乃
攘竊祭祀神祇之犧牷牲用以相通容行取食之
無災罪之者盜天地大祀之物用而不得罪言政
亂甚也我又下視殷民所用爲治者民皆讎怨斂
聚之道也言重賦傷民民以在上爲讎重賦乃是
斂讎也既爲重賦又急行暴虐此所以益招民怨

楊本卷九第四十八葉

必死然則箕子本意豈必求生乎身若求生何以不去既不顧
行遯明期於必死但紂自不殺之耳若比干意異箕子則別有
荅安得默而不言孔解心同是也微子帝乙元子微子之命有
其文也父師呼微子爲王子則父師非王子矣鄭王等以爲紂
之諸父當是實也
傳天生至如何
正義曰荒殷邦者乃是紂也而云天毒降災故言天生紂爲亂
本之於天天毒下災也以微子云若之何此荅彼意故言四方
化紂沈湎不可如何
傳言起至紂故
正義曰文在方興沈酗之下則此無所畏畏者謂當時四方之
民也民所當畏惟畏天與人耳故知二畏者上不畏天下不畏
賢人違戾耇長舊有位人即是不畏賢人故不用其教紂無
所畏此民無所畏謂法紂故也
傳自來至政亂
正義曰攘竊同文則攘是竊類釋詁云攘因也是因其自來而
取之名攘也說文云犧宗廟牲也曲禮云天子以犧牛天子祭
牲必用純色故知色純曰犧也周禮牧人掌牧六牲以供祭祀
之牲牷以牷爲言必是體全具也故體完曰牷經傳多言三牲
知牲是牛羊豕也以犧牷牲三者既爲俎實則用者簠簋之實
謂黍稷稻粱故云器實曰用謂粢盛也禮天曰神地曰祇舉天
地則人鬼在其間矣故揔云盜天地宗廟牲用也訓將爲行相
容行食之謂所司相通容使盜者得行盜而食之大祭祀之物
物之重者盜而無罪言政亂甚也漢魏以來著律皆云敢盜郊
祀宗廟之物無多少皆死爲特重故也
傳下視至懈怠
正義曰箕子身爲三公下觀世俗故云下視殷民所用治者謂
卿士已下是治民之官也以紂暴虐務稱上旨皆重賦傷民民
既傷矣則以上爲讎泰誓所謂虐我則讎是也重斂民財乃是
聚斂怨讎之道既爲重斂而又亟行暴虐亟急也急行暴虐欲

單疏卷九第三十二葉

是乃自召敵讎不懈怠也。上下各有罪，合於一紂
之身，言紂化之使然也。故使民多瘠病而無詔救
之者。商今其有滅亡之災，我起而受其敗。商其沒
亡喪滅，我無所爲人臣僕。言不可別事他人，必欲
諫取死也。我教王子出奔於外，是道也。我久云子
賢，言於帝乙，欲立子，不肯，我乃病傷子不得立爲
王，則宜終爲殷後。若王子不出，則我殷家宗廟乃
隕墜無主。既勸之出，即與之別，云各自謀行其志，
人人各自獻達於先王，我不顧念行遯之事，明期
與紂俱死。　傳比干至王子　▲正義曰：詔二人而
一人荅，明心同，省文也。鄭云：少師不荅，志在必死。
然則箕子本意豈必求生乎？身若求生，何以不去？
既不顧行遯，明期於必死，但紂自不殺之耳。若比
干意異箕子，則別有荅，安得默而不言？亦解心同
是也。微子，帝乙元子，微子之命有其文也。父師，少
微子爲王子，則父師非王子矣。鄭王等以爲紂之
諸父，當是實也。　傳天生至如何　▲正義曰：荒，廢
邦者，乃是紂也。而云天毒降災，故言天生紂爲亂，
本之於天。天毒下災也。以微子云若之何，此荅彼
意，故言四方化紂沈湎，不可如何。　傳言起至紂
故　▲正義曰：文在方興沈酗之下，則此無所畏畏
者，謂當時四方之民也。民所當畏，惟畏天與人耳。
故知二畏者，上不畏天，下不畏賢人，違戾者長與
舊有位人，即是不畏賢人，故不用其教。紂無所畏，
此民無所畏，謂法紂故也。　傳自來至政亂　正
義曰：攘竊同文，則攘是竊類。釋詁云：攘，因也。是因
其自來而取之名攘也。說文云：犧，宗廟牲也。曲禮
云：天子以犧牛。天子祭牲必用純色，故知色純曰
犧也。周禮牧人掌牧六牲，以供祭祀之牲，牷以牷
爲言，必是體全具也，故體完曰牷。經傳多言三牲，
知牲是牛羊豕也。以犧牷牲三者既爲俎實，則用
者簠簋之實，謂黍稷稻粱，故云器實曰用。謂粱

盛也。禮，天曰神，地曰祇，舉天地則人鬼在其間矣，
故揔云盜天地宗廟牲用也。訓將爲行，相容行食
之，謂所司相通容，使盜者得行盜而食之。大祭祀
之物，物之重者，盜而無罪，言政亂甚也。漢魏以來
著律，皆云敢盜郊祀宗廟之物，無多少皆死，爲特
重故也。　傳下視至懈怠　正義曰：箕子身爲三
公，下觀世俗，故云下視殷民所用治者，謂卿士已
下是治民之官也。以紂暴虐，務稱上旨，皆重賦傷
民，民既傷矣，則以上爲讎，泰誓所謂虐我則讎是
也。重斂民財，乃是聚斂怨讎之道，既爲重斂而又
亟行暴虐，亟，急也，急行暴虐，欲以威民，乃是自召
敵讎，勤行虐政，是不懈怠也。　傳商其至於道
正義曰：有災與淪喪一事而重出文者，上言商今
其有災，我興受其敗，逆言災雖未至，至則已必受
禍。此言商其淪喪，我罔爲臣僕，豫言殷滅之後，言
已不事異姓。辭有二意，故重出其文。我無所爲臣
僕，言不能與人爲臣僕，必欲以死諫紂，但箕子之
諫，值紂怒不甚，故得不死耳。我教王子出，合於道，
保全身命，終爲殷後，使宗廟有主，享祀不絕，是合
其道也。　傳刻病至無主　正義曰：刻者，傷害之
義，故爲病也。呂氏春秋仲冬紀云：紂之母生微子
啓與仲衍，其時猶尚爲妾，改而爲妻，後生紂。紂之
父欲立微子啓爲太子，太史據法而爭曰：有妻之
子，不可立妾之子，故立紂爲後。於時箕子蓋諫請
立啓而帝乙不聽，今追恨其事。我久知子賢，言於
帝乙，欲立子爲太子，而帝乙不肯。我病子不得立，
則宜爲殷後。　傳言將至一途　正義曰：不肯遯
以求生，言將與紂俱死也。或去或留，所執各異，皆
歸於仁，孔子稱殷有三仁焉，是皆歸於仁也。易繫
辭曰：君子之道，或出或處，或默或語，是非一途也。
何晏云：仁者愛人，三人行異而
同稱仁者，以其俱在憂亂寧民。

尚書注疏卷第九

以威民乃是自召敵讎勤行虐政是不懈怠也
傳商其至沗道
正義曰有災與淪喪一事而重出文者上言商今其有災我興
受其敗述言災雖未至至則己必受禍此言商其淪喪我罔爲
臣僕遂言殷敗之後己不事異姓辭有二意故重出其文我
無所爲臣僕言不能與人爲臣僕必欲以死諫紂但箕子之諫
值紂怒不甚故得不死耳我教王子出合於道得全身命終爲
殷後使宗廟有主享祀不絕是合其道也
傳刻病至無主
正義曰刻者傷害之義故爲病也呂氏春秋仲冬紀云紂之母
生微子啓與仲衍其時猶尚爲妾改而爲妻後生紂紂之父欲
立微子啓爲太子太史據法而爭曰有妻之子不可立妾之子
故立紂爲後於時箕子蓋謂請立啓而帝乙不聽今追恨其事
我久知子賢言於帝乙欲立子爲太子而帝乙不肯我病子不
得立則宜爲殷後
傳言將至一途
正義曰不肯遯以求生言將與紂俱死也或去或留所執各異
皆歸於仁孔子稱殷有三仁焉是皆歸於仁也易繫辭曰君子
之道或出或處或默或語是非一途也何晏云仁者愛人三人
行異而同稱仁者以其俱在憂亂寧民

尚書正義卷第九

計一萬八千五百七十八字

微子第十七　商書

楊本卷九第五十一葉

單疏卷九第三十三葉

尚書注疏卷第十

國子祭酒上護軍曲阜縣開國子臣孔穎達奉

勑撰

周書

泰誓上第一

泰誓中第二

泰誓下第三

牧誓第四

武成第五

泰誓上第一　周書　孔氏傳

惟十有一年武王伐殷周自虞芮質厥成諸侯並附以爲受命之年至九年而文王卒武王三年服畢觀兵孟津以卜諸侯伐紂之心諸侯僉同乃退以示弱

一月戊午師渡孟津十三年正月二十八日更與諸侯期而共伐紂作

泰誓三篇渡津乃作

疏 惟十至三篇　正義曰惟文王受命十有一年武王服喪既畢舉兵伐殷以卜諸侯伐紂之心雖諸侯僉同乃復往伐之其年一月戊午之日師渡孟津王誓以戒衆史敘其事作泰誓三篇

傳周自至示弱　正

尚書正義卷第十

國子祭酒上護軍曲阜縣開國子臣孔穎達奉

勑撰

周書

泰誓上第一

泰誓中第二

泰誓下第三

牧誓第四

武成第五

泰誓上第一

惟十至三篇

正義曰惟文王受命十有一年武王服喪既畢舉兵伐殷以卜諸侯伐紂之心雖諸侯僉同乃退以示弱至十三年紂惡既盈乃復往伐之其年一月戊午之日師渡孟津王誓以戒衆史敘其事作泰誓三篇

傳周自至示弱

正義曰武成篇云我文考文王誕膺天命以撫方夏惟九年大統未集則文王以九年而卒也無逸稱文王享國五十年則嗣位至卒非徒九年而已知此十一年者文王改稱元年至九年而卒至此年爲十一年也詩云虞芮質厥成毛傳稱天下聞虞芮之訟息歸周者四十餘國故知周自虞芮質厥成諸侯並附以爲受命之年至九年而文王卒至此十一年武王居父之喪三年服畢也案周書云文王受命九年惟暮春在鎬召太子發作文傳其時猶在但未知崩月就如暮春即崩武王服喪至十一年三月大祥至四月觀兵故今文泰誓亦云四月觀兵也知此十一年非武王即位之年者大戴禮云文王十五而生武王則武王少文王十四歲也禮記文王世子云文王九十七而終武王九十三而終計其終年文王崩時武王已八十三矣八十四即位至九十三而崩適滿十年不得以十三年伐紂知此十一年者據文王受命而數之必繼文王年者爲其卒父業故也

義曰武成篇云我文考文王誕膺天命以撫方
夏惟九年大統未集則文王以九年而卒也無
追稱文王享國五十年則嗣位至卒非徒九年
而已知此十一年者文王改稱元年至九年而
卒至此年爲十一年也詩云虞芮質厥成毛傳
稱天下聞虞芮之訟息歸周者四十餘國故知
周自虞芮質厥成諸侯並附以爲受命之年至
九年而文王卒至此十一年武王居父之喪三
年服畢也案周書云文王受命九年惟暮春在
鎬召太子發作文傳其時猶在但未知崩月就
如暮春即崩武王服喪至十一年三月大祥至
四月觀兵故今文泰誓亦云四月觀兵也知此
十一年非武王即位之年者大戴禮云文王十
五而生武王則武王少文王十四歲也禮記文
王世子云文王九十七而終武王九十三而終
計其終年文王崩時武王已八十三矣八十四
即位至九十三而崩適滿十年不得以十三年
伐紂知此十一年者據文王受命而數之必繼
文王年者爲其卒父業故也緯候之書言受命
者謂有黃龍玄龜白魚赤雀負圖銜書以命人
主其言起於漢哀平之世經典無文焉孔時未
有此說咸有一德傳云所征無敵謂之受天命
此傳云諸侯並附以爲受命之年是孔解受命
皆以人事爲言無瑞應也史記亦以斷虞芮之
訟爲受命元年但彼以文王受命七年而崩不
得與孔同耳三年之喪二十五月而畢故九年
文王卒至此三年服畢此經武王追陳前事云
肆予小子發以爾友邦冢君觀政于商是十一
年伐紂者止爲觀兵孟津以卜諸侯伐紂之心
□于商知亦至孟津也　傳十三年至伐紂
正義曰以一月戊午乃是作誓月日經言十三
年春大會于孟津文云戊午次于河朔知此一

楊本卷十第二葉

緯候之書言受命者謂有黃龍玄龜白魚赤雀負圖銜書以命
人王其言起於漢哀平之世經典無文焉孔時未有此說咸有
一德傳云所征無敵謂之受天命此傳云諸侯並附以爲受命
之年是孔解受命皆以人事爲言無瑞應也史記亦以斷虞芮
之訟爲受命元年但彼以文王受命七年而崩不得與孔同耳
三年之喪二十五月而畢故九年文王卒至此三年服畢此經
武王追陳前事云肆予小子發以爾友邦冢君觀政于商是十
一年伐紂者止爲觀兵孟津以卜諸侯伐紂之心言于商知亦
至孟津也
傳十三年至伐紂
正義曰以一月戊午乃是作誓月日經言十三年春大會于孟
津又云戊午次于河朔知此一月戊午是十三年正月戊午日
非是十一年正月也序不別言十三年而以一月接十一年下
者序以觀兵至而即還略而不言月日誓則經有年有春故略
而不言年春止言一月使其互相足也戊午是二十八日以曆
推而知之據經亦有其驗漢書律曆志載舊說云死魄朔也生
魄望也武成篇說此伐紂之事云惟一月壬辰旁死魄則壬辰
近朔而非朔是爲月二日也二日壬辰則此月辛卯朔矣以次
數之知戊午是二十八日也不言正月而言一月者以武成經
言一月故此序同之武成所以稱一月者易革卦彖曰湯武革
命順乎天而應乎人象曰君子以治歷明時然則改正治歷必
自武王始矣武王以殷之十二月發行正月四日殺紂既入商
郊始改正朔以殷之正月爲周之二月其初發時猶是殷之十
二月未爲周之正月改正在後不可追名爲正月以其實是周
之一月故史以一月名之顧氏以爲古史質或云正月或云一
月不與春秋正月同義或然也易緯稱文王受命改正朔布王
號於天下鄭玄依而用之言文王生稱王已改正然天無二日
上無二王豈得殷紂尚在而稱周王哉若文王身自稱王已改
正朔則是功業成矣武王何得云大勳未集欲卒父業也禮記
大傳云牧之野武王之大事也既事而退追王大王亶父王季

單疏卷十第二葉

月戊午是十三年正月戊午日非是十一年正月
也序不別言十三年而以一月接十一年下者序
以觀兵至而即還略而不言月日誓則經有年有
春故略而不言年春正言一月使其互相足也戊
午是二十八日以曆推而知之據經亦有其驗漢
書律曆志載舊說云死魄朔也生魄望也武成篇
說此伐紂之事云惟一月壬辰旁死魄則壬辰近
朔而非朔是爲月二日也二日壬辰則此月辛卯
朔矣以次數之知戊午是二十八日也不言正月
而言一月者以武成經言一月故此序同之武成
所以稱一月者易革卦彖曰湯武革命順乎天而
應乎人象曰君子以治曆明時然則改正治曆必
自武王始矣武王以殷之十二月發行正月四日
殺紂既入商郊始改正朔以殷之正月爲周之二
月其初發時猶是殷之十二月未爲周之正月改
正在後不可追名爲正月以其實是周之一月故
史以一月名之顧氏以爲古史質或云正月或云
一月不與春秋正月同義或然也易緯稱文王受
命改正朔布王號於天下鄭玄依而用之言文王生
稱王已改正然天無二日土無二王豈得殷紂尚
在而稱周王哉若文王身自稱王已改正朔則是
功業成矣武王何得云大勳未集欲卒父業也禮
記大傳云牧之野武王之大事也既事而退追王
大王亶父王季歷文王昌是追爲王何以得爲文
王身稱王已改正朔也春秋王正月謂周正月也
公羊傳曰王者孰謂謂文王其意以正爲文王所
改公羊傳漢初俗儒之言不足以取正也春秋之
王自是當時之王非改正之王晉世有王愆期者
知其不可注公羊以爲春秋制文王指孔子耳非
周昌也文王世子稱武王對文王云西方有九國焉
君王其終撫諸呼文王爲王是後人追爲之辭其
言未必可信亦非實也 傳渡津乃作 正義曰

楊本卷十第三葉

歷文王昌是追爲王何以得爲文王身稱王已改正朔也春秋
王正月謂周正月也公羊傳曰王者孰謂謂文王其意以正爲
文王所改公羊傳漢初俗儒之言不足以取正也春秋之王自
是當時之王非改正之王晉世有王愆期者知其不可注公羊
以爲春秋制文王指孔子耳非周昌也文王世子稱武王對文
王云西方有九國焉君王其終撫諸呼文王爲王是後人追爲
之辭其言未必可信亦非實也
傳渡津乃作
正義曰孟者河北地名春秋所謂向盟是也於孟地置津謂之
孟津言師渡孟津乃作泰誓知三篇皆渡津乃作也然則中篇
獨言戊午次于河朔者三篇皆河北乃作分爲三篇耳上篇未
次時作故言十三年春中篇既次乃作故言戊午之日下篇則
明日乃作言時厥明各爲首引故文不同耳尚書遺秦而亡漢
初不知篇數武帝時有太常蓼侯孔臧者安國之從兄也與安
國書云時人惟聞尚書二十八篇取象二十八宿謂爲信然不
知其有百篇也然則漢初惟有二十八篇無泰誓矣後得僞泰
誓三篇諸儒多疑之馬融書序曰泰誓後得案其文似若淺露
又云八百諸侯不召自來不期同時不謀同辭及火復於上至
於王屋流爲鵰五至以穀俱來舉火神怪得無在子所不語中
乎又春秋引泰誓曰民之所欲天必從之國語引泰誓曰朕夢
協朕卜襲于休祥戎商必克孟子引泰誓曰我武惟揚侵于之
疆取彼凶殘我伐用張于湯有光孫卿引泰誓曰獨夫受禮記
引泰誓曰予克受非予武惟朕文考無罪受克予非朕文考有
罪惟予小子無良今文泰誓皆無此語吾見書傳多矣所引泰
誓而不在泰誓者甚多弗復悉記略舉五事以明之亦可知矣
王肅亦云泰誓近得非其本經馬融惟言後得不知何時得之
漢書婁敬說高祖云武王伐紂不期而會盟津之上者八百諸
侯僞泰誓有此文不知其本出何書也武帝時董仲舒對策云
書曰白魚入于王舟有火復于王屋流爲烏周公曰復哉復哉
今引其文是武帝之時已得之矣李顒集注尚書於僞泰誓篇

單疏卷十第三葉

孟者河北地名春秋所謂向盟是也於是孟地置津
謂之孟津言師渡孟津乃作泰誓知三篇皆渡津
乃作也然則中篇獨言戊午次于河朔者三篇皆
河北乃作分爲三篇耳上篇未次時作故言十三
年春中篇既次乃作故言戊午之日下篇則明日
乃作言時厥明各爲首引故文不同耳尚書遭秦
而亡漢初不知篇數武帝時有太常蓼侯孔臧者
安國之從兄也與安國書云時人惟聞尚書二十
八篇取象二十八宿謂爲信然不知其有百篇也
然則漢初惟有二十八篇無泰誓矣後得僞泰誓
三篇諸儒多疑之馬融書序曰泰誓後得案其文
似若淺露又云八百諸侯不召自來不期同時不
謀同辭及火復於上至於王屋流爲鵰五至以穀
俱來舉火神怪得無在子所不語中乎又春秋引
泰誓曰民之所欲天必從之國語引泰誓曰朕夢
協朕卜襲于休祥戎商必克孟子引泰誓曰我武
尚十　四　徐老
惟揚侵于之疆取彼凶殘我伐用張于湯有光孫
卿引泰誓曰獨夫受禮記引泰誓曰予克受非予
武惟朕文考無罪受克予非朕文考有罪惟予小
子無良今文泰誓皆無此語吾見書傳多矣所引
泰誓而不在泰誓者甚多弗復悉記略舉五事以
明之亦可知矣王肅亦云泰誓近得非其本經馬
融惟言後得不知何時得之漢書婁敬說高祖云
武王伐紂不期而會盟津之上者八百諸侯僞泰
誓有此文不知其本出何書也武帝時董仲舒對
策云書曰白魚入于王舟有火復于王屋流爲烏
周公曰復哉復哉今引其文是武帝之時已得之
矣李顒集注尚書於僞泰誓篇每引孔安國曰計
安國必不爲彼僞書作傳不知顒何由爲此言梁
王兼而存之言本有兩泰誓古文泰誓伐紂時事
聖人取爲尚書今文泰誓觀兵時事別錄之以爲
周書此非辭也彼僞書三篇上篇觀兵時事中下

楊本卷十第四葉

每引孔安國曰計安國必不爲彼僞書作傳不知顒何由爲此
言梁王兼而存之言本有兩泰誓古文泰誓伐紂時事聖人取
爲尚書今文泰誓觀兵時事別錄之以爲周書此非辭也彼僞
書三篇上篇觀兵時事中下二篇亦伐紂時事非盡觀兵時事
也且觀兵示弱即退復何誓之有設有其誓不得同以泰誓爲
篇名也
傳大會以誓衆
正義曰經云大會于孟津知名曰泰誓者其大會以誓衆也王
肅云武王以大道誓衆肅解彼僞文故說謬耳湯誓指湯爲名
此不言武誓而別立名者以武誓非一故史推義作名泰誓見
大會也牧誓舉戰地時史意也顧氏以爲泰者大之極也猶如
天子諸侯之子曰太子天子之卿曰太宰此會中之大故稱泰
誓也
惟十至孟津
正義曰此三篇俱是孟津之上大告衆國之君而此篇首異者此
尚書十　四
見大會誓衆故言大會于孟津中篇止言師而誓故言以師畢會
下篇王更徇師故言大巡六師皆史官觀事而爲作端緒耳
傳三分至孟春
正義曰論語稱三分天下有其二中篇言羣后以師畢會則周
之所有諸國皆集牧誓所呼有庸蜀羌髳微盧彭濮人知此大
會謂三分有二之諸侯及諸戎狄皆會也序言一月知此春是
周之孟春謂建子之月也知者案三統曆以殷之十二月武王
發師至二月甲子咸劉商王紂從十二月即周之正月建子之
月也
傳冢大至聽誓
正義曰冢大釋詁文侍御是治理之事故通訓御爲治也同志
爲友天子友諸侯親之也牧誓傳曰言志同滅紂令摠呼國君
皆爲大君尊之也下及治事衆士謂國君以外卿大夫及士諸
掌事者大小無不皆明聽誓自士以上皆摠戒之也
傳生之至爲貴

單疏卷十第四葉

二篇亦伐紂時事，非盡觀兵時事也。且觀兵示弱而退，復何誓之有？設有其誓，不得同以泰誓爲篇名也。

泰誓大會以誓衆

疏 傳大會以誓衆 正義曰：經云大會于孟津，知名曰泰誓者，其大會以誓衆也。王肅云：武王以大道誓衆。肅解彼僞文，故說謬耳。湯誓指湯爲名，此不言武誓而別立名者，以武誓非一，故史推義作名。泰誓見大會也，牧誓舉戰地，時史意也。顧氏以爲泰者大之極也，猶如天子諸侯之子曰太子，天子之卿曰太宰，此會中之大，故稱泰誓也。

惟十有三年春，大會于孟津。三分二諸侯及諸戎狄，此周之孟春。

疏 惟十至孟津 正義曰：此三篇俱是孟津之上大告諸國之君，而發首異者，此見大會誓衆，故言大會于孟津；中篇徇師而誓，故言以師畢會；下篇王更徇師，故言大巡六師。皆史官觀事而爲作端緒耳。傳三分至孟春 正義曰：論語稱三分天下有其二。中篇言羣后以師畢會，則周之所有諸國皆集。牧誓所呼有庸、蜀、羌、髳、微、盧、彭、濮人，知此大會謂三分有二之諸侯及諸戎狄皆會也。序言一月，知此春是周之孟春，謂建子之月也。知者，案三統曆，以殷之十二月武王發師，至二月甲子咸劉商王紂，彼十二月即周之正月建子之月也。

王曰：嗟！我友邦冢君，越我御事庶士，明聽誓。冢，大。御，治也。友諸侯，親之。稱大君，尊之。下及我治事衆士，大小無不皆明聽誓。

疏 傳冢大至聽誓 正義曰：冢，大，釋詁文。御是治理之事，故通訓御爲治也。同志爲友，天子友諸侯，親之也。牧誓傳曰：言志同滅紂。令揔呼國君皆爲大君，尊之也。下及治事衆士，謂國君以外卿、大夫及士諸掌事者，大小無不皆明聽誓，自士以上皆揔戒之也。

惟天地萬物父母，

惟人萬物之靈。生之謂父母。靈，神也。天地所生，惟人爲貴。

疏 傳生之至爲貴 正義曰：萬物皆天地生之，故謂天地爲父母也。老子云：神得一以靈。靈、神是一，故靈爲神也。禮運云：人者，天地之心，五行之端也，食味、別聲、被色而生者也。言人能兼此氣性，餘物則不能然。故孝經云：天地之性人爲貴。此經之意，天地是萬物之父母，言天地之意欲養萬物也。人是萬物之最靈，言其尤宜長養也。紂違天地之心而殘害人物，故言此以數之，與下句爲首引也。

亶聰明作元后，元后作民父母。人誠聰明，則爲大君，而爲衆民父母。

今商王受弗敬上天，降災下民。沈湎冒色，敢行暴虐，沈湎嗜酒，冒亂女色，敢行酷暴，虐殺無辜。

疏 傳沈湎至無辜 正義曰：人被酒困，若沈於水，酒變其色，湎然齊同，故沈湎爲嗜酒之狀。冒訓貪也。亂女色，荒也。酷解經之暴，殺解經之虐，皆果敢爲之。案說文云：酷，酒厚味也。酒味之厚必嚴烈，人之暴虐與酒嚴烈同，故謂之酷。

罪人以族，官人以世。一人有罪，刑及父母兄弟妻子，言淫濫。官人不以賢才，而以父兄，所以政亂。

疏 傳一人至政亂 正義曰：秦政酷虐，有三族之刑，謂非止犯者之身，乃更上及其父，下及其子。經言罪人以族，故以三族解之。父母，前世也；兄弟及妻，當世也；子孫，後世也。一人有罪，刑及三族，言淫濫也。古者臣有大功，乃得繼世在位，而紂之官人不以賢才，而以父兄。已濫受寵，子弟頑愚亦用，不堪其職，所以政亂。官人以世，惟當用其子耳，而傳兼言兄者，以紂爲惡，或當因兄用弟，故以兄協句耳。

惟宮室臺榭陂池侈服，以

殘害于爾萬姓土高曰臺有木曰榭澤障曰陂停水曰池侈謂服飾過制言匱
民財力爲奢麗疏傳土高至奢麗　正義曰釋宮云宮謂之室室謂之宮李巡曰所以古今
通語明實同而兩名此傳不解宮室義當然也釋宮又云闍謂之臺有木者謂之榭李巡曰臺
積土爲之所以觀望也臺上有屋謂之榭又云無室曰榭四方而高曰臺孫炎曰榭但有堂也
郭璞曰榭即今之堂堭也然則榭是臺上之屋歇前無室今之廳是也詩云彼澤之陂毛傳云
陂澤障也障澤之水使不流溢謂之陂停水不流謂之池侈亦奢也謂衣服采飾過於制度言
匱竭民之財力爲奢麗也顧氏亦云華侈服飾二劉以爲宮室之上而加侈服據孔傳云服飾
過制即謂人之服飾二劉之說非也殷本紀云紂厚賦稅以實鹿臺之錢而盈鉅橋之粟益收
尚書十　七
狗馬奇物充仞宮室益廣沙丘苑臺多聚野獸飛鳥置其中大聚樂戲於沙丘以酒爲池懸肉
爲林使男女倮相逐其閒誥紂奢侈之事書傳多矣焚炙忠良刳剔孕
婦忠良無罪焚炙之懷子之婦刳剔視之言暴虐疏傳忠良至暴虐　正義曰焚炙俱燒
也刳剔謂割剝也說文云刳判也今人去肉至骨謂之剔去是剔亦判之義也武王以此數紂
之惡必有忠良被炙孕婦被刳不知其姓名爲誰也殷本紀云紂爲長夜之飲時諸侯或叛妲
己以爲罰輕紂欲重刑乃爲熨斗以火燒之然使人舉輒爛其手不能勝紂怒乃更爲銅柱以
膏塗之亦加於炭火之上使有罪者緣之足滑跌墜入中紂與妲己以爲大樂名曰炮烙之刑
是紂焚炙之事也後文王獻洛西之地赤壤之田方千里請紂除炮烙之刑紂許之皇甫謐作

楊本卷十第七葉

正義曰萬物皆天地生之故謂天地爲父母也老子云神得一
以靈靈神是一故靈爲神也禮運云人者天地之心五行之端
也食味別聲被色而生者也言人能兼此氣性餘物則不能然
故孝經云天地之性人爲貴此經之意天地是萬物之父母言
天地之意欲養萬物也人是萬物之最靈言其尤宜長養也紂
違天地之心而殘害人物故言此以數之與下句爲首引也
傳沈湎至無辜
正義曰人被酒困若沈於水酒變其色湎然齊同故沈湎爲嗜
酒之狀冒訓貪也亂女色荒也酷解經之暴殺解經之虐皆果
敢爲之案說文云酷酒厚味也酒味之厚必嚴烈人之暴虐與
酒嚴烈同故謂之酷
傳一人至政亂
正義曰秦政酷虐有三族之刑謂非止犯者之身乃更上及其
父下及其子經言罪人以族故以三族解之父母前世也兄弟
及妻當世也子孫後世也一人有罪刑及三族言淫濫也古者
尚書十　五
臣有大功乃得繼世在位而紂之官人不以賢才而以父兄已
濫受寵子弟頑愚亦用不堪其職所以政亂官人以世惟當用
其子耳而傳兼言兄者以紂爲惡或當因兄用弟故以兄協句耳
傳土高至奢麗
正義曰釋宮云宮謂之室室謂之宮李巡曰所以古今通語明
實同而兩名此傳不解宮室義當然也釋宮又云闍謂之臺有
木者謂之榭李巡曰臺積土爲之所以觀望也臺上有屋謂之
榭又云無室曰榭四方而高曰臺孫炎曰榭但有堂也郭璞曰
榭即今之堂堭也然則榭是臺上之屋歇前無室今之廳是也
詩云彼澤之陂毛傳云陂澤障也障澤之水使不流溢謂之陂
停水不流謂之池侈亦奢也謂衣服采飾過於制度言匱竭民
之財力爲奢麗也顧氏亦云華侈服飾二劉以爲宮室之上而
加侈服據孔傳云服飾過制即謂人之服飾二劉之說非也殷
本紀云紂厚賦稅以實鹿臺之錢而盈鉅橋之粟益收狗馬奇
物充仞宮室益廣沙丘苑臺多聚野獸飛鳥置其中大聚樂戲

單疏卷十第五葉

帝王世紀亦云然。諡文云：紂剖比干妻，以視其胎，即引此爲刳剔孕婦也。皇天震怒，命
我文考肅將天威，大勳未集。言天怒紂之惡，命文王勸行天罰，功業未
成而崩。肆予小子發，以爾友邦冢君觀政于商。父業未就
之故，故我與諸侯觀紂政之善惡，謂十一年自孟津還時。惟受罔有悛心，乃夷
居弗事上帝神祇，遺厥先宗廟弗祀。悛，改也。言紂縱惡無改心，
平居無故廢天地百神宗廟之祀，慢之甚。䟽傳悛改至之甚。正義曰：左傳稱長惡不悛，悛是退
前創改之義，故爲改也。觀政于商，計當恐怖，言紂縱惡無改悔之心，平居無故，不事神祇，是紂之大
惡。上帝舉其尊者，謂諸神悉皆不事，故傳言百神以該之。不事亦是不祀，別言遺厥先宗廟弗祀，遺
棄祖父，言其慢之甚也。犧牲粢盛，既于凶盜。凶人盡盜食之，而紂不罪。
曰：吾有民有命，罔懲其侮。紂言吾所以有兆民，有天命，故羣臣畏罪不爭，無
能止其慢也。天佑下民，作之君，作之師。言天佑助下民，爲立君以政之，
爲立師以教之。惟其克相上帝，寵綏四方。當能助天寵安天下。有罪
無罪，予曷敢有越厥志。越，遠也。言己志欲爲民除惡，是與否不敢
遠其志。䟽天佑至厥志。正義曰：已上數紂之罪，此言伐紂之意。上天佑助下民，不欲使之遭
害，故命我爲之君上，使臨政之，爲之師保，使教誨之。爲人君、爲人師者，天意如此，不可違天。我今惟
其當能佑助上天，寵安四方之民，使民免於患難。今紂暴虐，無君師之道，故今我往伐之，不知伐罪

於沙丘，以酒爲池，懸肉爲林，使男女倮相逐其閒，說紂奢侈之
事，書傳多矣。
傳忠良至暴虐
正義曰：焚炙，俱燒也。刳剔，謂割剝也。說文云：刳，刲也。今人去肉
至骨謂之剔去，是剔亦刲之義也。武王以此數紂之惡，必有忠
良被炙、孕婦被刳，不知其姓名爲誰也。殷本紀云：紂爲長夜之
飲，時諸侯或叛，妲己以爲罰輕，紂欲重刑，乃爲熨斗，以火燒之，
然使人舉輒爛其手，不能勝。紂怒，乃更爲銅柱，以膏塗之，亦加
於炭火之上，使有罪者緣之，足滑跌墜入中，紂與妲己以爲大
樂，名曰炮烙之刑。是紂焚炙之事也。後文王獻洛西之地，赤壤
之田，方千里，請紂除炮烙之刑，紂許之。皇甫謐作帝王世紀亦
云然。諡又云：紂剖比干妻以視其胎，即引此爲刳剔孕婦也。
傳悛改至之甚
正義曰：左傳稱長惡不悛，悛是退前創改之義，故爲改也。觀政
于商，計當恐怖，言紂縱惡無改悔之心，平居無故，不事神祇，是
紂之大惡。上帝舉其尊者，謂諸神悉皆不事，故傳言百神以該
之。不事亦是不祀，別言遺厥先宗廟弗祀，遺棄祖父，言其慢之
甚也。
天佑至厥志
正義曰：已上數紂之罪，此言伐紂之意。上天佑助下民，不欲使
之遭害，故命我爲之君上，使臨政之，爲之師保，使教誨之。爲人
君、爲人師者，天意如此，不可違天。我今惟其當能佑助上天，寵
安四方之民，使民免於患難。今紂暴虐，無君師之道，故今我往
伐之。不知伐罪之事，爲有罪也，爲無罪也，不問有罪無罪，志在
必伐，我何敢有遠其本志而不伐之？
傳言天至教之
正義曰：衆民不能自治，立君以治之，立君治民，乃是天意，言天
佑助下民，爲立君也。治民之謂君，教民之謂師，君既治之，師又
教之，故言作之君，作之師。師謂君與民爲師，非爲別置師也。
傳當能至天下

之事爲有罪也爲無罪也不敢有罪無罪志在於我
我何敢有遠其本志而不伐之　傳言天至敎之
正義曰衆民不能自治立君以治之立君治民乃是
天意言天佑助下民爲立君也治民之謂君敎民之謂
師君既治之師又敎之故言作之君作之師師謂
君與民爲師非爲別置師也　傳當能至天下
正義曰天愛下民爲立君立師者當能佑助天意
寵安天下不奪民之財力不變非理刑殺是助天
寵愛民也　傳越遠至其志　正義曰越者踰越
超遠之義故爲遠也武王伐紂内實爲民除害外
則以臣伐君故疑其有罪與無罪言已志欲爲民
除害無問是之與否不敢遠其志言已本志欲伐
何敢遠本志
捨而不伐也　同力度德同德度義　力鈞則有德者勝德鈞則
秉義者强揆度
優劣勝負可見　疏　傳力鈞至可見　正義曰德者
得也自得於心義者宜也動合

尚十　九　陳仁

事宜但德在於身故言有德義施於行故言秉執
武王志在養民動爲除害有君人之明德執利民
之大義與紂無者爲敵雖未交兵揆度優劣勝
負可見示以必勝之道令士衆勉力而戰也　受
有臣億萬惟億萬心　人執異心不和諧　予有臣三千惟
一心　三千一心言同欲　商罪貫盈天命誅之予弗順
天厥罪惟鈞　紂之爲惡一以貫之惡貫已滿天畢
其命今不誅紂則爲逆天與紂同罪
疏　傳紂之至同罪　正義曰紂之爲惡如物在繩
索之貫一以貫之其惡貫已滿矣物極則反天
下欲畢其命故上天命我誅之今我不誅紂則是
逆天之命無恤民之心是我與紂同罪矣猶如律
故縱者與
同罪也　予小子夙夜祇懼受命文考類

楊本卷十第九葉

正義曰天愛下民爲立君立師者當能佑助天意寵安天下不
奪民之財力不妄非理刑殺是助天寵愛民也
傳越遠至其志
正義曰越者踰越超遠之義故爲遠也武王伐紂内實爲民除
害外則以臣伐君故疑其有罪與無罪言已志欲爲民除害無
問是之與否不敢遠其志言已本志欲伐何敢遠本志捨而不
伐也
傳力鈞至可見
正義曰德者得也自得於心義者宜也動合事宜但德在於身
故言有德義施於行故言秉執武王志在養民動爲除害有君
人之明德執利民之大義與紂無者爲敵雖未交兵揆度優劣
勝負可見示以必勝之道令士衆勉力而戰也
傳紂之至同罪
正義曰紂之爲惡如物在繩索之貫一以貫之其惡貫已滿矣
物極則反天下欲畢其命故上天命我誅之今我不誅紂則是
逆天之命無恤民之心是我與紂同罪矣猶如律故縱者與同
罪也
傳祭社至於紂
正義曰釋天引詩云乃立冢土戎醜攸行即云起大事動大衆
必先有事乎社而後出謂之宜孫炎曰宜求見福祐也是祭社
曰宜冢訓大也社是土神故冢土社也毛詩傳云冢土大社也
受命文考是告廟以行故爲告文王廟也王制云天子將出類
乎上帝宜乎社造乎禰此受命文考即是造乎禰也王制以神
尊卑爲次故先言帝社後言禰此以廟是已親若言家内私議
然後告天故先言受命文考而後言類于上帝舜典類于上帝
傳云告天及五帝此以事類告天亦當如彼也罰紂是天之意
故用汝衆致天罰於紂也
泰誓中第二
傳次止至之北
正義曰次是止舍之名穀梁傳亦云次止也序云一月戊午師

單疏卷十第七葉

于上帝宜于冢土以爾有衆厎天之罰祭社曰宜冢土社也言我畏天之威告文王廟以事類告天祭社用汝衆致天罰於紂 疏 傳祭社至於紂 正義曰釋天引詩云乃立冢土戎醜攸行即云起大事動大衆必先有事乎社而後出謂之宜孫炎曰宜求見福祐也是祭社曰宜冢訓大也社是土神故冢土社也毛詩傳云冢土大社也受命文考是告廟以行故爲告文王廟也王制云天子將出類乎上帝宜乎社造乎禰此受命文考即是造乎禰也王制以神尊卑爲次故先言帝社後言禰此以廟是己親若言家内私議然後告天故先言受命文考而後言類于上帝舜典類于上帝傳云告天及五帝此以事類告天亦當如彼也罰紂是天之意故用汝衆致天罰於紂也 天矜于民民之所欲天必從之矜憐也言天除惡樹善與民同 爾尚弼予一人永清四海穢惡除則四海長清 時哉弗可失言今我伐紂正是天人合同之時不可違失

泰誓中第二

周書 孔氏傳

惟戊午王次于河朔次止也戊午渡河而誓既誓而止於河之北 疏 傳次止至之北 正義曰次是止舍之名穀梁傳亦云次止也序云一月戊午師渡孟津則師以戊午日渡也此戊午日次于河朔則是師渡之日次止也上篇是渡河而誓未及止舍而先誓之此次于河朔者是既誓而止於河之北也莊三年左傳例云凡師一宿爲舍再宿爲信過信爲次此次直取止舍之義非春秋三日之例也何則商郊去河四百餘里戊午渡河甲子殺紂相去纔六日耳是今日次訖又誓明日誓訖即行不容三日止于河旁也 羣后以師畢會諸侯盡會次也 王乃徇師而誓曰嗚呼西土有衆咸聽朕言徇循也武王在西故稱西土 疏 傳徇循至西土 正義曰說文云徇疾也循行也徇是疾行之意故以徇爲循也下篇大巡六師義亦然也此誓揔戒衆軍武王國在西偏此師皆從西而來故稱西土 我聞吉人爲善惟日不足凶人爲不善亦惟日不足言吉人竭日以爲善凶人亦竭日以行惡 今商王受力行無度行無法度竭日不足故曰力行 播棄犂老昵比罪人鮐背之耇稱犂老布棄不禮敬昵近罪人謂天下逋逃之小人 疏 傳鮐背至小人 正義曰釋詁云鮐背耇老壽也舍人曰鮐背老人氣衰皮膚消瘠背若鮐魚也孫炎曰耇面凍黎色似浮垢也然則老人背皮似鮐面色似黎故鮐背之耇稱黎老傳以黎爲犂布者徧也言徧棄之不禮敬也昵近釋詁文孫炎曰昵親近也牧誓數紂之罪云四方之多罪逋逃是崇是長是信是使知紂所親近罪人謂天下逋逃小人也 淫酗肆虐臣下化之過酗縱虐以酒成惡臣下化之言罪同 疏 傳過酗至罪同 正義曰酗是酒怒淫酗共文則淫非女色故以淫爲過言飲酒過多也肆是放縱之意酒過則酗縱情爲虐以酒成此暴虐之惡臣下化而爲之由紂惡而臣亦惡言君臣之罪同也 朋家作仇脅權相滅臣下朋黨自爲仇怨脅上權命以相誅滅 無辜籲天穢德彰聞籲呼也民皆呼天告冤無辜紂之穢德彰聞天地言

罪惡深[疏]朋家至彰聞　正義曰小人好忿天性之常化紂淫酗怨懟無已臣下朋黨共爲一家與
前人並作仇敵脅上權命以相滅亡無罪之人怨嗟呼天紂之穢惡之德彰聞天地言其罪惡深也
傳臣下至惡深　正義曰脅上謂紂既昏迷朝無綱紀姦宄之臣脅於在下假用在上之權命脅
之更相誅滅也**惟天惠民惟辟奉天**言君天下者當奉天以愛民**有**
夏桀弗克若天流毒下國桀不能順天流毒虐於下國萬民言凶害
天乃佑命成湯降黜夏命言天助湯命使下退桀命**惟受**
罪浮于桀浮過[疏]傳浮過　正義曰物在水上謂之浮浮者高之意故爲過也桀
罪已大紂又過之言紂惡之甚故下句說其過桀之狀案夏本紀及帝王世紀云諸侯叛桀關龍逢
引皇圖而諫桀殺之伊尹諫桀桀曰天之有日如吾之有民日亡吾乃亡矣是桀亦賊虐諫輔諸
有天命而云過於桀者殷本紀云紂剖比干觀其心桀殺龍逢無剖心之事又桀惟比之於日紂乃
誣命於天又紂有炮烙之刑又有刳胎斮脛之事而桀皆無之是紂罪過於桀也**剝喪元**
良賊虐諫輔剝傷害也賊殺也元善之長良善以諫輔紂紂反殺之[疏]傳剝傷至
殺之　正義曰說文云剝裂也一曰剝割也裂與割俱是傷害之義也殺人謂之賊故賊爲殺也元
者善之長易文言文良之爲善書傳通訓也元良俱善而雙舉之者言其剝喪善中之善爲害大也
以諫輔紂紂反殺之即比干是也上篇言焚炙忠良與此經相類而復言此者以殺害人爲惡之大
故重陳之也**謂已有天命謂敬不足行謂祭無益**

渡孟津則師以戊午日渡也此戊午日次于河朔則是師渡之
日次止也上篇是渡河而誓未及止舍而先誓之此次于河朔
者是既誓而止於河之北也莊三年左傳例云凡師一宿爲舍
再宿爲信過信爲次此次直取止舍之義非春秋三日之例也
何則商郊去河四百餘里戊午渡河甲子殺紂相去纔六日耳
是今日次訖又誓明日誓訖即行不容三日止于河旁也
傳徇循至西土
正義曰說文云徇疾也循行也徇是疾行之意故以徇爲循也
下篇大巡六師義亦然也此誓揔戒衆軍武王國在西偏此師
皆從西而來故稱西土
傳鮐背至小人
正義曰釋詁云鮐背耇老壽也舍人曰鮐背老人氣衰皮膚消
瘠背若鮐魚也孫炎曰耇面凍棃色似浮垢也然則老人背皮
似鮐面色似棃故鮐背之耇稱棃老傳以播爲布布者徧也言
徧棄之不禮敬也昵近釋詁文孫炎曰昵親近也牧誓數紂之
罪云四方之多罪逋逃是崇是長是信是使知紂所親近罪人
謂天下逋逃之小人也
傳過酗至罪同
正義曰酗是酒怒淫酗共文則淫非女色故以淫爲過言飲酒
過多也肆是放縱之意酒過則酗縱情爲虐以酒成此暴虐之
惡臣下化而爲之由紂惡而臣亦惡言君臣之罪同也
朋家至彰聞
正義曰小人好忿天性之常化紂淫酗怨怒無已臣下朋黨共
爲一家與前人並作仇敵脅上權命以相滅亡無罪之人怨嗟
呼天紂之穢惡之德彰聞天地言其罪惡深也
傳臣下至惡深
正義曰脅上謂紂既昏迷朝無綱紀姦宄之臣脅於在下假用
在上之權命脅之更相誅滅也
傳浮過
正義曰物在水上謂之浮浮者高之意故爲過也桀罪已大紂

謂暴無傷。言紂所以罪過於桀。厥監惟不遠，在彼夏王。其視紂罪與桀同辜，言必誅之。疏傳其視至誅之　正義曰：紂罪過於桀，而言與桀同辜者，罪不過死，合死之罪同，言必誅也。天其以予乂民，用我治民，當除惡。朕夢協朕卜，襲于休祥，戎商必克。言我夢與卜俱合於美善，以兵誅紂必克之占。疏傳言我至占之　正義曰：夢者事之祥，人之精爽先見者也，吉凶或有其驗，聖王採而用之。我卜伐紂得吉，夢又戰勝。禮記稱卜筮不相襲，襲者重合之義，訓戎爲兵，夢卜俱合於美，是以兵誅紂必克之占也。聖人逆知來物，不假夢卜，言此以強軍人之意耳。史記周本紀云：武王伐紂，卜龜兆不吉，羣公皆懼，惟太公強之。太公六韜云：卜戰，龜兆焦，筮又不吉，太公曰：枯骨朽蓍，不踰人矣。彼言不吉者，六韜之書，後人所作，史記又採用六韜，好事者妄矜太公，非實事也。受有億兆夷人，離心離德。平人凡人也。雖多而執心用德不同。疏傳平人至不同　正義曰：昭二十四年左傳此文，服虔、杜預以夷人爲夷狄之人，即如彼言，惟云億兆夷人，則受率其旅若林，即曾無華夏人矣。故傳訓夷爲平，平人爲凡人，言其智慮齊，識見同，人數雖多，執心用德不同。心謂謀慮，德謂用行，智識既齊，各欲申意，故心德不同也。予有亂臣十人，同心同德。我治理之臣雖少，而心德同。疏傳我治至德同　正義曰：釋詁云：亂，治也。故謂我治理之臣有十人也。十人皆是上智，咸識周是殷非，故人數雖少，而心德同，同佐武王，欲共滅紂也。論語引此云：予有亂臣十人。而孔子論之，有一婦人焉，則十人之內，其一是婦人，故先

又過之言紂惡之甚，故下句說其過桀之狀。案夏本紀及帝王世紀云：諸侯叛桀，關龍逢引皇圖而諫，桀殺之。伊尹諫桀，桀曰：天之有日，如吾之有民，日亡吾乃亡矣。是桀亦賊虐諫輔，謂己有天命。而云過於桀者，殷本紀云：紂剖比干，觀其心。桀殺龍逢，無剖心之事。又桀惟比之於日，紂乃詐命於天。又紂有炮烙之刑，又有刳胎斮脛之事，而桀皆無之，是紂罪過於桀也。

傳剝傷至殺之

正義曰：說文云：剝，裂也。一曰剝，割也。裂與割俱是傷害之義也。殺人謂之賊，故賊爲殺也。元者善之長，易文言文。良之爲善，書傳通訓也。元良俱善而雙舉之者，言其剝喪善中之善，爲害大也。以諫輔紂，紂反殺之，即比干是也。上篇言焚炙忠良，與此經相類，而復言此者，以殺害人爲惡之大，故重陳之也。

傳其視至誅之

正義曰：紂罪過於桀，而言與桀同辜者，罪不過死，合死之罪同，言必誅也。

傳言我至之占

正義曰：夢者事之祥，人之精爽先見者也，吉凶或有其驗，聖王採而用之。我卜伐紂得吉，夢又戰勝。禮記稱卜筮不相襲，襲者重合之義，訓戎爲兵，夢卜俱合於美，是以兵誅紂必克之占也。聖人逆知來物，不假夢卜，言此以強軍人之意耳。史記周本紀云：武王伐紂，卜龜兆不吉，羣公皆懼，惟太公強之。太公六韜云：卜戰，龜兆焦，筮又不吉，太公曰：枯骨朽蓍，不踰人矣。彼言不吉者，六韜之書，後人所作，史記又採用六韜，好事者妄矜太公，非實事也。

傳平人至不同

正義曰：昭二十四年左傳此文，服虔、杜預以夷人爲夷狄之人，即如彼言，惟云億兆夷人，則受率其旅若林，即曾無華夏人矣。故傳訓夷爲平，平人爲凡人，言其智慮齊，識見同，人數雖多，執心用德不同。心謂謀慮，德謂用行，智識既齊，各欲申意，故心德不同也。

儒鄭玄等皆以十人爲文母周公太公
公畢公榮公太顛宏夭散宜生南宮括也 雖有周
親不如仁人 周至也言紂至親雖多不如周家之少仁人 疏 傳周至至仁人 正
義曰詩毛傳亦以周爲至相傳爲此訓也武王三
分天下有其二則紂黨不多於周但辭有激發旨
有抑揚欲明多惡不如少善故言紂
至親雖多不如周家之少仁人也 天視自我民視
天聽自我民聽 言天因民以視聽民所惡者天誅之 百姓有過在予
一人 已能無惡于民民之有過在我教不至 疏 傳百姓有過在予一人 正義曰言此者以
上云民之所惡天必誅之已今有善不爲民之所
惡天必佑我令教化百姓若不教百姓使有罪過
實在我一人之身此百姓與下
百姓懍懍皆謂天下衆民也 今朕必往我武
揚侵于之疆 揚舉也言我舉武事侵入紂郊疆伐之 取彼凶殘
我伐用張于湯有光 桀流毒天下湯黜其命紂行凶殘之德我以兵
取之伐惡之道張設比於湯又有光明 疏 今朕至有光 正義曰既與天下爲任則
當爲之除害今我必往伐紂我之武事惟於此舉
之侵紂之疆境取彼爲凶殘之惡者若得取而殺
之是我伐凶惡之事用張設矣湯惟放逐我能擒
取是比於湯又益有光明 傳揚舉至伐之 正
義曰文王世子論舉賢之法云或以事舉或以言
揚是揚舉義同故揚爲舉也於時猶在河朔將欲
行適商都言我舉武事侵入紂之郊疆往伐之也
春秋之例有鐘鼓曰伐無曰侵此實伐也言往侵
者侵是入之意非如春秋之例無鐘鼓也 勗哉夫子罔或無畏寧執

傳我治至德同
正義曰釋詁云亂治也故謂我治理之臣有十人也十人皆是
上智咸識周是㸚非故人數雖少而心德同同佐武王欲共滅
紂也論語引此云予有亂臣十人而孔子論之有一婦人焉則
十人之内其一是婦人故先儒鄭玄等皆以十人爲文母周公
太公召公畢公榮公太顛宏夭散宜生南宮括也
傳周至至仁人
正義曰詩毛傳亦以周爲至相傳爲此訓也武王三分天下有
其二則紂黨不多於周但辭有激發旨有抑揚欲明多惡不如
少善故言紂至親雖多不如周家之少仁人也
百姓有過在予一人
正義曰言此者以上云民之所惡天必誅之已今有善不爲民
之所惡天必佑我令教化百姓若不教百姓使有罪過實在我
一人之身此百姓與下百姓懍懍皆謂天下衆民也
今朕至有光
正義曰既與天下爲任則當爲之除害今我必往伐紂我之武
事惟於此舉之侵紂之疆境取彼爲凶殘之惡者若得取而殺
之是我伐凶惡之事用張設矣湯惟放逐我能擒取是比於湯
又益有光明
傳揚舉至伐之
正義曰文王世子論舉賢之法云或以事舉或以言揚是揚舉
義同故揚爲舉也於時猶在河朔將欲行適商都言我舉武事
侵入紂之郊疆往伐之也春秋之例有鐘鼓曰伐無曰侵此實
伐也言往侵者侵是入之意非如春秋之例無鐘鼓也
勗哉至非敵
正義曰取得紂則功多於湯宜勉力哉夫子將士等呼將士令
勉力也以兵伐人當臨事而懼汝將士等無敢有無畏輕敵之
心寧執守似前人之强非已能敵之志以伐之如是乃可克矣
傳勗勉至克矣
正義曰勗勉釋詁文呼將士而誓之知夫子是將士也老子云

非敵勗勉也夫子謂將士無敢有無畏之心寧執非敵之志伐之則克矣 疏 勗哉至非敵

正義曰取得紂則功多於湯宜勉力哉夫子將士等呼將士令勉力也以兵伐人當臨事而懼汝將士等無敢有無畏輕敵之心寧執守似前人之强非己能敵之志以伐之如是乃可克矣 傳勗勉至克矣 正義曰勗勉釋詁文呼將士而誓之知夫子是將士也老子云禍莫大於輕敵故令將士無敢有無畏之心令其必以前敵爲可畏也論語稱子路曰子行三軍則誰與孔子曰必也臨事而懼令軍士等不欲發意輕前人寧執非敵之志恐彼強多非我能敵執此志以伐之則當克矣

百姓懍懍若崩厥角言民畏紂之虐危懼不安若崩摧其角無所容頭 疏 傳言民至容頭 正義曰懍懍是怖懼之意言民畏紂之虐危懼不安其志懍懍然以畜獸爲喻民之怖懼若似畜獸崩摧其頭角然無所容頭顧氏云常如人之欲崩其角也言容頭無地隱三年穀梁傳曰高曰崩頭角之稱崩體之高也

嗚呼乃一德一心立定厥功惟克永世汝同心立功則能長世以安民

泰誓下第三　周書　孔氏傳

時厥明王乃大巡六師明誓衆士是其戊午明日師出以律三申令之重難之義衆士百夫長巳上 疏 傳是其至巳上 正義曰上篇未次而誓故略言大會中篇既次乃誓爲文稍詳故言以師畢會此篇最在其後爲文益詳故言大巡六師巡遶周徧大其事故稱大也師者衆也天子之行通以六師爲言於時諸侯盡會其師不啻六也師出以律易師卦初六

禍莫大於輕敵故令將士無敢有無畏之心令其必以前敵爲可畏也論語稱子路曰子行三軍則誰與孔子曰必也臨事而懼令軍士等不欲發意輕前人寧執非敵之志恐彼強多非我能敵執此志以伐之則當克矣

傳言民至容頭

正義曰懍懍是怖懼之意言民畏紂之虐危懼不安其志懍懍然以畜獸爲喻民之怖懼若似畜獸崩摧其頭角然無所容頭顧氏云常如人之欲崩其角也言容頭無地隱三年穀梁傳曰高曰崩頭角之稱崩體之高也

泰誓下第三

傳是其至巳上

正義曰上篇未次而誓故略言大會中篇既次乃誓爲文稍詳故言以師畢會此篇最在其後爲文益詳故言大巡六師巡遶周徧大其事故稱大也師者衆也天子之行通以六師爲言於時諸侯盡會其師不啻六也師出以律易師卦初六爻辭也律法也行師以法即誓勑賞勸是也禮成於三故爲三篇之誓三度申重號令爲重慎艱難之義也孫子兵法三令五申之此誓三篇亦爲三令之事也牧誓王所呼者從上而下至百夫長而止知此衆士是百夫長巳上也

傳言天至法則

正義曰孝經云則天之明昭二十五年左傳云以象天明是治民之事皆法天之道天有尊卑之序人有上下之節三正五常皆在於天有其明道此天之明道其義顯惟明言明白可效王者所宜法則之將言商王不法天道故先摽二句於前其下乃述商王違天之事言其罪宜誅也

傳輕狎至神明

正義曰鄭玄論語注云狎慣忽之言慣見而忽之意與侮同傳因文重而分之五常即五典謂父義母慈兄友弟恭子孝五者人之常行法天明道爲之輕狎五常之教侮慢而不遵行之是違天顯也訓荒爲大大爲怠惰不敬謂不敬天地神明也上篇

史解也律法也行師以法即誓勑賞勸是也禮成
於三故爲三篇之誓三度申重號令爲重慎艱難
之義也孫子兵法三令五申之此誓三篇亦爲三
令之事也按誓王所呼者從上而下至百夫長而
止知此衆士是百夫長已上也王曰嗚呼我西土君子天有顯
道厥類惟彰言天有明道其義類惟明言王所宜法則【疏】傳言天至法則○正
義曰孝經云則天之明昭二十五年左傳云以象
天明是治民之事皆法天之道天有尊卑之序人
有上下之節三正五常皆在於天有其明道此天
之明道其義類惟明言明白可效王者所宜法則
之辭言商王不法天道故先標二句於前
其下乃述商王違天之事言其罪宜誅也今商
王受狎侮五常荒怠弗敬輕狎五常之教侮慢不行大爲
怠惰不敬天地神明【疏】傳輕狎至神明　正義曰鄭玄論語注云狎慣忽之言慣見而忽之意也
侮同傳因文重而分之五常即五典謂父義母慈
兄友弟恭子孝五者人之常行法天明道爲之輕
狎五常之教侮慢而不遵行之是違天顯也訓荒
爲大大爲怠惰不敬謂不敬天地神明也上篇云
不事上帝神祇知此不敬天地神明也禮云
毋不敬傳舉天地以言明舉事皆不敬也自絕
于天結怨于民不敬天自絕之酷虐民結怨之斮朝涉之脛剖
賢人之心冬月見朝涉水者謂其脛耐寒斬而視之比干忠諫謂其心異於人剖而觀之
酷虐之甚【疏】傳冬月至之甚　正義曰釋器云魚曰斮之樊光云斮斫也說文云斮斬也斬斮涉
水之脛必有所由知冬月見朝涉水者謂其脛耐
寒疑其骨髓有異斬而視之其事或當有所出也

云不事上帝神祇知此不敬天地神明也禮云毋不敬傳舉天
地以言明舉事皆不敬也
傳冬月至之甚
正義曰釋器云魚曰斮之樊光云斮斫也說文云斮斬也斬朝
涉水之脛必有所由知冬月見朝涉水者謂其脛耐寒疑其骨
髓有異斬而視之其事或當有所出也殷本紀云微子既去比
干曰爲人臣者不得不以死爭乃强諫紂紂怒曰吾聞聖人心有
七竅遂剖比干觀其心是紂謂比干心異於人剖而觀之言酷
虐之甚
傳痡病至及遠
正義曰痡病釋詁文紂之毒害未必偏及夷狄而云病四海者
言害所及者遠也
郊社至婦人
正義曰不修謂不掃治也不享謂不祭祀也與上篇不事上帝
神祇遺厥先宗廟不祀其事一也重言之耳奇技謂奇異技能
淫巧謂過度工巧二者大同但技據人身巧指器物爲異耳
傳祝斷
正義曰哀十四年公羊傳云子路死子曰天祝予何休云祝斷
也是相傳訓也
傳迪進至之功
正義曰迪進登成皆釋詁文殺敵爲果致果爲毅宣二年左傳
文果謂果敢毅謂强決能殺敵人謂之爲果言能果敢以除賊
致此果敢是名爲毅言能强決以立功皆言其心不猶豫也
軍法以殺敵爲上故勸令果毅成功也
傳若紂至之致
正義曰言克受乃是文王之功若受克予非是文王之罪而言
非我父罪我之無善之致者其意言勝非我功敗非父咎崇孝
罪已以求衆心耳
牧誓第四
武王至牧誓

剖。本紀云：微子既去，比干曰：爲人臣者不得不以死爭。乃強諫紂。紂怒曰：吾聞聖人心有七竅。遂剖比干觀其心。是紂謂比干心異於人，剖而觀之。言酷虐之甚。作威殺戮，毒痡四海。痡，病也。言害所及遠。疏 傳痡病至及遠 正義曰：痡，病，釋詁文。紂之毒害未必徧及夷狄，而云病四海者，言害所及者遠也。崇信姦回，放黜師保，回，邪也。姦邪之人反尊信之，可法以安者反放退之。屛棄典刑，囚奴正士，屛棄常法而不顧。箕子正諫而以爲囚奴。郊社不修，宗廟不享，作奇技淫巧以悅婦人。言紂廢至尊之敬，營卑褻惡事，作過制技巧以恣耳目之欲。疏 傳郊社至婦人 正義曰：不修，謂不埽治也。不享，謂不祭祀也。上篇不事上帝神祇，遺厥先宗廟不祀，其事一也，重言

尚十　十七　徐章

耳。奇技謂奇異技能，淫巧謂過度工巧，二者大同，但技據人身，巧指器物爲異耳。上帝弗順，祝降時喪。祝，斷也。天惡紂逆道，斷絶其命，故下是喪亡之誅。疏 傳祝斷 正義曰：哀十四年公羊傳云：子路死，子曰：天祝予。何休云：祝，斷也。是相傳訓也。爾其孜孜奉予一人，恭行天罰。孜孜，勸勉不怠。古人有言曰：撫我則后，虐我則讎。武王述古言以明義，言非惟今惡紂。獨夫受洪惟作威，乃汝世讎。言獨夫，失君道也。大作威，殺無辜，乃是汝累世之讎，明不可不誅。樹德務滋，除惡務本，立德務滋長，去惡務除本。言紂爲天下惡本。肆予小子誕以爾衆士殄殲乃讎。言欲行除惡之義，絶

盡紂。爾衆士其尚迪果毅，以登乃辟。迪，進也。殺敵爲果，致果爲毅。登，成也。成汝君之功。疏 傳迪進至之功 正義曰：迪，進；登，成，皆釋詁文。殺敵爲果，致果爲毅，宣二年左傳文。果謂果敢，殺謂強決，能殺敵人，謂之爲果。言能果敢以除賊，致此果敢，是名爲毅。言能強決以立功，皆言其心不猶豫也。軍法以殺敵爲上，故勸令果毅成功也。功多有厚賞，不迪有顯戮。賞以勸之，戮以威之。嗚呼！惟我文考若日月之照臨，光于四方，顯于西土。稱父以感衆也。言其明德充塞四方，明著岐周。惟我有周誕受多方。言文王德大，故受衆方之國，三分天下而有其二。予克受，非予武，惟朕文考無罪。推功於父，言文王無罪於天下，故天佑之，人盡其用。受克予，非朕文考有罪，惟予小子無良。若紂克我，非我父罪，我之無善之致。疏 傳若紂至之致 正義曰：言克受乃是文王之功，若受克予，非是文王之罪，而言非我父罪，我之無善之致者，其意言勝非我功，敗非父咎，崇孝罪己，以求衆心耳。

尚十　十八

牧誓第四　周書　孔氏傳

武王戎車三百兩，兵車，百夫長所載。車稱兩，一車步卒七十二人，凡二萬一千人，舉全數。虎賁三百人，勇士稱也。若虎賁獸，言其猛也。皆百夫長。與受戰于牧野，作牧誓。至牧地而誓衆。

牧誓

疏 武王至牧誓 正義曰：武王以兵戎之車三百兩，虎賁之士三百人，與受戰於商郊牧地之野。將戰之時，主設言以誓衆，史敘其事，作牧誓之

傳兵車至全數　正義曰孔以虎賁三百人與戎
車數同王於誓時所呼有百夫長因謂虎賁即是
百夫之長一人而乘一車故云兵車百夫長所載
也數車之法一車謂之一兩詩云百兩迓之是車
稱兩也風俗通說車有兩輪故稱爲兩猶屨有兩
隻亦稱爲兩詩云葛屨五兩即其類也一車步卒
七十二人司馬法文也車有七十二人三百乘凡
二萬一千人計車有七十二人三百乘當有二萬
一千六百人孔略六百而不言故云舉全數顧氏
亦同此解孔既用司馬法一車七十二人又云兵
車百夫長所載又下傳以百夫長爲卒帥是實領
百人非惟七十二人依周禮大司馬法天子六軍
出自六鄉凡起徒役無過家一人故一鄉出一軍
鄉爲正遂爲副若鄉遂不足則徵兵于邦國則司
馬法六十四井爲甸計有五百七十六夫共出長
轂一乘甲士三人步卒七十二人至於臨敵對戰
布陳之時則依六鄉軍法五人爲伍五伍爲兩四兩
爲卒五卒爲旅五旅爲師五師爲軍故左傳云先
偏後伍又云廣有一卒卒偏之兩非直人數如此
車數亦然故周禮云乃會車之卒伍鄭云車亦有
卒伍左傳戰于繻葛杜注云車二十五乘爲偏是
車亦爲卒伍之數也則一車七十二人者自計元
科兵之數科兵既至臨時配割其車雖在其人分
散前配車之人臨戰不得還屬本車當更以虎賁
甲士配車而載孔舉七十二人元科兵數者欲揔
明三百兩人之大數云兵車百夫長所載者欲見
臨敵實一車有百人既虎賁與車數相當又經稱
百夫長故孔爲此說　傳勇士至夫長　正義曰
周禮虎賁氏之官其屬有虎士八百人是虎賁爲
勇士稱也若虎之賁走逐獸言其猛也此虎賁必
是軍内驍勇選而爲之當時謂之虎賁樂記云虎
賁之士說劍謂此也孔意虎賁即是經之百夫長

楊本卷十第十九葉

正義曰武王以兵戎之車三百兩虎賁之士三百人與受戰於
商郊牧地之野將戰之時王設言以誓衆史敘其事作牧誓
傳兵車至全數
正義曰孔以虎賁三百人與戎車數同王於誓時所呼有百夫
長因謂虎賁即是百夫之長一人而乘一車故云兵車百夫長
所載也數車之法一車謂之一兩詩云百兩迓之是車稱兩也
風俗通說車有兩輪故稱爲兩猶屨有兩隻亦稱爲兩詩云葛
屨五兩即其類也一車步卒七十二人司馬法文也車有七十
二人三百乘凡二萬一千人計車有七十二人三百乘當有二
萬一千六百人孔略六百而不言故云舉全數顧氏亦同此解
孔既用司馬法一車七十二人又云兵車百夫長所載又下傳
以百夫長爲卒帥是實領百人非惟七十二人依周禮大司馬
法天子六軍出自六鄉凡起徒役無過家一人故一鄉出一軍
鄉爲正遂爲副若鄉遂不足則徵兵于邦國則司馬法六十四
井爲甸計有五百七十六夫共出長轂一乘甲士三人步卒七
十二人至於臨敵對戰布陳之時則依六鄉軍法五人爲伍五
伍爲兩四兩爲卒五卒爲旅五旅爲師五師爲軍故左傳云先
偏後伍又云廣有一卒卒偏之兩非直人數如此車數亦然故
周禮云乃會車之卒伍鄭云車亦有卒伍左傳戰于繻葛杜注
云車二十五乘爲偏是車亦爲卒伍之數也則一車七十二人
者自計元科兵之數科兵既至臨時配割其車雖在其人分散
前配車之人臨戰不得還屬本車當更以虎賁甲士配車而戰
孔舉七十二人元科兵數者欲揔明三百兩人之大數云兵車
百夫長所載者欲見臨敵實一車有百人既虎賁與車數相當
又經稱百夫長故孔爲此說
傳勇士至夫長
正義曰周禮虎賁氏之官其屬有虎士八百人是虎賁爲勇士
稱也若虎之賁走逐獸言其猛也此虎賁必是軍内驍勇選而
爲之當時謂之虎賁樂記云虎賁之士說劍謂此也孔意虎賁
即是經之百夫長故云皆百夫長也

單疏卷十第十三葉

故云皆百夫長也

時甲子昧爽 是克紂之月甲子之日二月四日昧冥爽明早旦

疏傳是克至早旦 正義曰春秋主書動事編次爲文於法日月時年皆具其有不具史闕耳尚書惟記言語直指設言之日上篇戊午次于河朔洛誥戊辰王在新邑與此甲子皆言有日無月史意不爲編次故不具也是克紂之月甲子之日是周之二月四日以曆推而知之也釋言云晦冥也昧亦晦義故爲冥也冥是夜爽是明夜而未明謂早旦之時蓋雞鳴後也爲下朝至發端朝即昧爽時也

王朝至于商郊牧野乃誓 紂近郊三十里地名牧癸亥夜陳甲子朝誓將與紂戰

疏傳紂近至紂戰 正義曰傳言紂近郊三十里或當有所據也皇甫謐云在朝歌南七十里不知出何書也言至于商郊牧野知牧是郊上之地戰在平野故言野耳詩云于牧之野禮記大傳云牧之野武王之大事繼牧言野明是牧地而鄭玄云郊外曰野將戰于郊故至牧野而誓案經至于商郊牧野乃誓豈王行已至於郊乃復倒退適野誓訖而更進兵乎何不然之甚也武成云癸亥夜陳未畢而雨是癸亥夜已布陳故甲子朝而誓衆將與紂戰故戒敕之

王左杖黃鉞右秉白旄以麾曰逖矣西土之人 鉞以黃金飾斧左手杖鉞示無事於誅右手把旄示有事於教逖遠也遠矣西土之人勞苦之

疏傳鉞以至苦之 正義曰太公六韜云大柯斧重八斤一名天鉞廣雅云鉞斧也斧稱黃鉞故知以黃金飾斧也鉞以殺戮殺戮用右手用左手杖鉞示無事於誅右手把旄示有事於教其意言惟教軍人不誅殺也把旄何以白旄用白者取其易見也逖遠釋詁文

王曰嗟我友邦

傳是克至早旦

正義曰春秋主書動事編次爲文於法日月時年皆具其有不具史闕耳尚書惟記言語直指設言之日上篇戊午次于河朔洛誥戊辰王在新邑與此甲子皆言有日無月史意不爲編次故不具也是克紂之月甲子之日是周之二月四日以曆推而知之也釋言云晦冥也昧亦晦義故爲冥也冥是夜爽是明夜而未明謂早旦之時蓋雞鳴後也爲下朝至發端朝即昧爽時也

傳紂近至紂戰

正義曰傳言在紂近郊三十里或當有所據也皇甫謐云在朝歌南七十里不知出何書也言至于商郊牧野知牧是郊上之地戰在平野故言野耳詩云于牧之野禮記大傳云牧之野武王之大事繼牧言野明是牧地而鄭玄云郊外曰野將戰于郊故至牧野而誓案經至于商郊牧野乃誓豈王行已至於郊乃復到退適野誓訖而更進兵乎何不然之甚也武成云癸亥夜陳未畢而雨是癸亥夜已布陳故甲子朝而誓衆將與紂戰故戒勑之

傳鉞以至苦之

正義曰太公六韜云大柯斧重八斤一名天鉞廣雅云鉞斧也斧稱黃鉞故知以黃金飾斧也鉞以殺戮殺戮用右手用左手杖鉞示無事於誅右手把旄示有事於教其意言惟教軍人不誅殺也把旄何以白旄用白者取其易見也逖遠釋詁文

傳治事至戰者

正義曰孔以於時已稱王而有六師亦應已置六卿今呼治事惟三卿者司徒主民治徒庶之政令司馬主兵治軍旅之誓戒司空主土治壘壁以營軍是指誓戰者故不及太宰太宗司寇也其時六卿具否不可得知但據此三卿爲說耳此御事之文指三卿而說是不通於亞旅已下

傳亞次至門者

正義曰亞次釋言文旅衆釋詁文此及左傳皆卿下言亞旅知是大夫其位次卿而數衆故以亞次名之謂諸　是四命之大

冢君同志爲友言志同滅紂御事司徒司馬司空治事三卿司徒
主民司馬主兵司空主土指誓戰者〔疏〕傳治事至戰者　正義曰孔以於時已稱王而有六師亦
應已置六卿今呼治事惟三卿者司徒主民治徒庶之政令司馬主兵治軍旅之誓戒司空主土治
壘壁以營軍是指誓戰者故不及太宰太宗司寇也其時六卿具否不可得知但據此三卿爲說耳
此御事之文指三卿而說是不通於亞旅已下亞旅師氏亞次旅眾也眾大夫其位次卿
師氏大夫官以兵守門者〔疏〕傳亞次至門者　正義曰亞次釋言文旅眾釋詁文此及下傳皆卿
下言亞旅知是大夫其位次卿而數眾故以亞次名之謂諸是四命之大夫在軍有職事者也師氏
亦大夫其官掌以兵守門所掌尤重故別言之周禮師氏中大夫使其屬帥四夷之隸各以其兵服
守王之門外朝在野外則守內列鄭玄云內列蕃營之在內者也守之如守王宮千夫長
百夫長師帥卒帥〔疏〕傳師帥卒帥　正義曰周禮二千五百人爲師師帥皆中大夫
百人爲卒卒長皆上士孔以師雖二千五百人舉全數亦得爲千夫長長與帥其義同是千夫長亦
可以稱帥故以千夫長爲師帥百夫長爲卒帥王肅云師長卒長意與孔同順經文而稱長耳鄭玄
以爲師帥旅帥也與孔不同及庸蜀羌髳微盧彭濮人八國
皆蠻夷戎狄屬文王者國名羌在西蜀叟髳微在巴蜀盧彭在西北庸濮在江漢之南〔疏〕傳八
國至之南　正義曰九州之外四夷大名則東夷西戎南蠻北狄其在當方或南有戎而西有夷此
八國並非華夏故大判言之皆蠻夷戎狄屬文王者國名也此八國皆西南夷也文王國在於西故

夫在軍有職事者也師氏亦大夫其官掌以兵守門所掌尤重
故別言之周禮師氏中大夫使其屬帥四夷之隸各以其兵服
守王之門外朝在野外則守內列鄭玄云內列蕃營之在內者
也守之如守王宮
傳師帥卒帥
正義曰周禮二千五百人爲師師帥皆中大夫百人爲卒卒長
皆上士孔以師雖二千五百人舉全數亦得爲千夫長長與帥
其義同是千夫長亦可以稱帥故以千夫長爲師帥百夫長爲
卒帥王肅云師長卒長意與孔同順經文而稱長耳鄭玄以爲
師帥旅帥也與孔不同
傳八國至之南
正義曰九州之外四夷大名則東夷西戎南蠻北狄其在當方
或南有戎而西有夷此八國並非華夏故大判言之皆蠻夷戎
狄屬文王者國名也此八國皆西南夷也文王國在於西故西
南夷先屬焉大劉以蜀是蜀郡顯然可知故孔不說又退庸就
濮解之故以次先解羌云羌在西蜀叟者漢世西南之夷蜀名
爲大故傳據蜀而說左思蜀都賦云三蜀之豪時來時往是蜀
都分爲三羌在其西故云西蜀叟叟者蜀夷之別名故後漢書
興平元年馬騰劉範謀誅李傕益州牧劉焉遣叟兵五千人助
之是蜀夷有名叟者也髳微在巴蜀者巴在蜀之東偏漢之巴
郡所治江州縣也盧彭在西北者在東蜀之西北也文十六年
左傳稱庸與百濮伐楚楚遂滅庸是庸濮在江漢之南
傳稱舉至干楯
正義曰稱舉釋言文方言云戟楚謂之孑吳揚之間謂之戈是
戈即戟也考工記云戈柲六尺有六寸車戟常鄭云八尺曰尋
倍尋曰常然則戈戟長短異名而云戈者即戟戈戟長短雖異
其形制則同此云舉戈宜舉其長者故以戈爲戟也方言又云
楯自關而東或謂之楯或謂之干關西謂之楯是干楯爲一也
戈短人執以舉之故言稱楯則並以扞敵故言比矛長立之於
地故言立也

西南夷先屬焉不劉以蜀是蜀郡顯然可知故孔
不說文退庸就濮解之故以次先解羌云羌在西
蜀叟者漢世西南之夷蜀名爲大故傳據蜀而說
左思蜀都賦云三蜀之豪時來時往是蜀都分爲
三羌在其西故云西蜀叟叟者蜀夷之別名故後
漢書興平元年馬騰劉範謀誅李傕益州牧劉焉
遣叟兵五千人助之是蜀夷有名叟者也髳微在
巴蜀者巴在蜀之東偏漢之巴郡所治江州縣也
盧彭在西北者在東蜀之西北也文十六年左傳
稱庸與百濮伐楚楚遂滅庸是庸濮在江漢之南
稱爾戈比爾干立爾矛予其誓 稱舉也戈戟干楯也
疏傳稱舉至干楯 正義曰稱舉釋言文方言戟楚
謂之孑吳揚之間謂之戈是戈即戟也考工記云
戈柲六尺有六寸車戟常鄭云八尺曰尋倍尋曰
常然則戈戟長短異名而云戈者即戟戈戟長短
雖異其形制則同此云舉戈宜舉其長者故以戈
爲戟也方言又云楯自關而東或謂之楯或謂之
干關西謂之楯是干楯爲一也戈短人執以舉之
故言稱楯則並以扞敵故言比矛長立之於地故
言立也
王曰古人有言曰牝鷄無晨 言無晨鳴之道牝
鷄之晨惟家之索 索盡也喻婦人知外事雌代雄鳴則家盡婦奪夫政
則國亡 疏傳索盡至國亡 正義曰禮記檀弓曰吾
離羣而索居則索居爲散義鄭玄云索散
也物散則盡故索爲盡也牝鷄雌也爾雅飛曰雌
雄走曰牝牡而此言牝鷄者毛詩左傳稱雄狐是
亦飛走通也此以牝鷄之鳴喻婦人知外事故重
申喻意云雌代雄鳴則家盡婦奪夫政則國亡家
總貴賤爲文言家以對國耳將陳紂用婦言故舉
此古人之語紂直用婦言耳非能奪其政舉此言

楊本卷十第二十二葉

傳索盡至國亡
正義曰禮記檀弓曰吾離羣而索居則索居爲散義鄭玄云索
散也物散則盡故索爲盡也牝雞雌也爾雅飛曰雌雄走曰牝
牡而此言牝雞者毛詩左傳稱雄狐是亦飛走通也此以牝雞
之鳴喻婦人知外事故重申喻意云雌代雄鳴則家盡婦奪夫
政則國亡家總貴賤爲文言家以對國耳將陳紂用婦言故舉
此古人之語紂直用婦言耳非能奪其政舉此言者專用其言
賞罰由婦即是奪其政矣婦人不當知政是別外內之分若使
賢如文母可以興助國家則非牝雞之喻矣
傳妲己至用之
正義曰晉語云殷辛伐有蘇氏蘇氏以妲己女焉妲己有寵而
亡殷殷本紀云紂嬖于婦人愛妲己惟妲己之言是從列女傳
云紂好酒淫樂不離妲己妲己所舉者貴之妲己所憎者誅
之爲長夜飲妲己好之百姓怨望而諸侯有叛者妲己曰罰輕
誅薄威不立耳紂乃重刑辟爲炮烙之法妲己乃笑武王伐紂
斬妲己頭懸之於小白旗上以爲亡紂者此女也
傳昏亂至鬼神
正義曰昏闇者於事必亂故昏爲亂也詩云肆筵設席毛云肆者陳
設之意毛傳亦以肆爲陳也對荅相當之事故荅爲當也紂身
昏亂棄其宜所陳設祭祀不復當享鬼神與上郊社不修宗廟
不享亦一也不事神祇惡之大者故泰誓及此三言之
傳王父至以道
正義曰釋親云父之考爲王父則王父是祖也紂無親祖可棄
故爲祖之昆弟棄其祖之昆弟則父之昆弟亦棄之矣春秋之
例母弟稱弟凡春秋稱弟皆是母弟也母弟謂同母之弟同母
尚棄別生者必棄矣舉尊親以見卑疏也遺亦棄也言紂之昏
亂棄其所遺骨肉之親不接之以道經先言棄祀棄親者鄭玄
云誓首言此者神怒民怨紂所以亡也
傳使四至都邑
正義曰暴虐謂殺害殺害加於人故言於百姓姦宄謂劫奪劫

單疏卷十第十六葉

者尊用紂言賞罰由婦助是奪其政矣婦人不當知政是別外內之分若使賢如文母可以興助國家則非牝鷄之喻矣

今商王受惟婦言是用 妲己惑紂紂信用之

疏 傳妲己至用之 正義曰晉語云殷辛伐有蘇有蘇氏以妲己女焉妲己有寵而云殷本紀云紂嬖于婦人愛妲己惟妲己之言是從列女傳云紂好酒淫樂不離妲己妲己所舉言者貴之妲己所憎者誅之為長夜飲妲己好之百姓怨望而諸侯有叛者妲己曰罰輕誅薄威不立耳紂乃重刑辟為炮烙之法妲己乃笑武王伐紂斬妲己頭懸之於小白旗上以為亡紂者此女也

昏棄厥肆祀弗答 昏亂肆陳答當也亂棄其所陳祭祀不復當享鬼神

疏 傳昏亂至鬼神 正義曰昏闇昏於事必亂故昏為亂也詩云肆筵設席肆者陳設之意毛傳亦以肆為陳也對答相當之事故答為當也紂身昏亂棄其宜所陳設祭祀不復當享鬼神與上郊社不修宗廟不享亦一也不事神祇惡之大者故舉誓及此三言之

昏棄厥遺王父母弟不迪 王父祖之昆弟母弟同母弟言棄其骨肉不接之以道

疏 傳王父至以道 正義曰釋親云父之考為王父則王父是祖也紂無親祖可棄故為祖之昆弟棄其祖之昆弟則父之昆弟亦棄之矣春秋之例母弟稱弟凡春秋稱弟皆是母弟也母弟謂同母之弟同母尚棄別生者必棄矣舉尊親以見卑疎也遺亦棄也言紂之昏亂棄其所遺骨肉之親不接之以道經先言棄祀棄親者鄭玄云誓首言此者神怒民怨紂王以亡也

乃惟四方之多罪逋逃是崇是長 言紂棄其賢臣而尊長逃亡罪人信用之 是信是

楊本卷十第二十三葉

奪有處故言於商邑百姓亦是商邑之人故傳揔言於都邑也

傳今日至一心

正義曰戰法布陳然後相向故設其就敵之限不過六步七步乃止相齊焉欲其相得力也樂記稱進旅退旅是旅為衆也言當衆進一心也

傳夫子至為例

正義曰此及下文三云夫子此勗哉在下下勗哉在上此先呼其人然後勉之此既言然下先令勉勵乃呼其人各與下句為目也上有戈矛戈謂擊兵矛謂刺兵故云伐謂擊刺此伐猶伐樹然也

傳桓桓武貌

正義曰釋訓云桓桓威也詩序云桓武志也

傳貔執夷

正義曰釋獸云貔白狐其子穀舍人曰貔名白狐其子名穀郭璞曰一名執夷虎豹之屬

傳商衆至之義

正義曰迓訓迎也不迎擊商衆能奔來降者兵法不誅降也役謂使用也如此不殺降人則所以使用我西土之義用兵於彼令彼知我有義也王肅讀御為禦言不禦能奔走者如殷民欲奔走來降者無逆之奔走去者亦不禦止役為也盡力以為我西土與孔不同

武成第五

武王至武成

正義曰武王之伐殷也往則陳兵伐紂歸放牛馬為史記識殷家美政善事而行用之史敘其事作武成

傳往誅至牧地

正義曰此序於經于征伐商是往伐也歸馬放牛是歸獸也故傳引經以解之爾雅有釋獸釋畜畜獸形相類也在野自生為獸人家養之為畜歸馬放牛不復乘用使之自生自死若野獸然故謂之獸獸以野澤為家故言歸也

單疏卷十第十七葉

使是以爲大夫卿士士，事也。用爲卿大夫，典政事。俾暴虐于百姓，以姦宄于商邑。使四方罪人暴虐姦宄於都邑。【疏】傳使四至都邑 正義曰：暴虐謂殺害，殺害加於人，故言於百姓；姦宄謂劫奪，劫奪有處，故言於商邑。百姓亦是商邑之人，故傳揔言於都邑也。

今予發惟恭行天之罰。今日之事，不愆于六步七步，乃止齊焉。今日戰事，就敵不過六步七步，乃止相齊。言當旅進一心。【疏】傳今日至一心 正義曰：戰法布陳，然後相向，故設其就敵之限，不過六步七步，乃止相齊焉，欲其相得力也。樂記稱進旅退旅，是旅爲衆也。言當衆進一心也。

夫子勖哉！不愆于四伐五伐六伐七伐，乃止齊焉。夫子謂將士，勉勵之。伐謂擊刺，少則四五，多則六七，以爲例。【疏】傳夫子至爲例 正義曰：此及下文三云夫子，此勖哉在下，下勖哉在上。此先呼其人，然後勉之；此既言然，下先令勉勵，乃呼其人，令與下句爲目也。上有戈矛，戈謂擊兵，矛謂刺兵，故云伐謂擊刺。此伐猶伐樹然也。

勖哉夫子！尚桓桓，桓桓，武貌。【疏】傳桓桓武貌 正義曰：釋訓云：桓桓，威也。詩序云：桓桓，武志也。如虎如貔，如熊如羆，于商郊。貔，執夷，虎屬也。四獸皆猛健，欲使士衆法之，奮擊於牧野。【疏】傳貔執夷 正義曰：釋獸云：貔，白狐，其子豰。舍人曰：貔名白狐，其子名豰。郭璞曰：一名執夷，虎豹屬。弗迓克奔，以役西土。商衆能奔來降者，不迎擊之，如此則所以役我西土之義。【疏】傳商衆至之義 正義曰：迓訓迎也。不迎擊商

衆能奔來降者，兵法不誅降也。役謂使用也。如此不殺降人，則所以使用我西土之義，用義於彼，令彼知我有義也。王肅讀御爲禦，言不禦能奔走者，如殷民欲奔走來降者，無逆之；奔走去者亦不禦止。役，爲也。盡力以爲我西土。與孔不同。

勖哉夫子！爾所弗勖，其于爾躬有戮。臨敵所安，汝不勉，則於汝身有戮矣。

武成第五

周書 孔氏傳

武王伐殷，往伐歸獸，往誅紂克定，偃武修文，歸馬牛於華山桃林之牧地。識其政事，記識殷家政教善事以爲法。作武成。武功成，文事修。

【疏】武王至武成 正義曰：武王之伐殷也，往則陳兵伐紂，歸則放牛馬爲獸，記識殷家美政善事而行用之。史敘其事，作武成。傳往誅至牧地 正義曰：此序於經于征伐商，是往伐也；歸馬放牛，是歸獸也。故傳引經以解之。爾雅有釋獸、釋畜，畜獸形相類也，在野自生爲獸，人家養之爲畜。歸馬放牛，不復乘用，使之自生自死，若野獸然，故謂之獸。獸以野澤爲家，故言歸也。傳記識至爲法 正義曰：紂以昏亂而滅，前世政有善者，故訪問殷家政教，記識善事以爲治國之法。經云列爵惟五，分土惟三，是也。

武成文王受命，有此武功，成於克商。【疏】武成 正義曰：此篇敘事多而王言少，惟辭文首尾不結，體裁異於餘篇。自惟一月至受命于周，史敘伐殷往反及諸侯大集，爲王言發端也。自王若曰至大統未集，述祖父已來開建王業之事也。自予小子至名山大川，言己承父祖之意，告神陳紂之罪也。自曰惟有道至無作神羞，自陳告神之辭也。既戊午已下，文是史敘往伐殺

紂入殷都布政之事無作神羞以下惟告神其辭
不結文義不成非述作之體案左傳荀偃禱河云
無作神羞其官臣偃無敢復濟惟爾有神裁之蒯
聵禱祖云無作三祖羞大命不敢請佩玉不敢愛
彼二者於神羞之下皆更申己意此經無作神羞
下更無語直是與神之言猶尚未訖且冢君百工
初受周命王當有以戒之如湯誥之類宜應說其
除害與民更始創以爲惡之禍勸以行道之福不
得大聚百官惟誦禱辭而已欲征則殷勤誓衆既
克則空話禱神聖人有作理必不爾竊謂神羞之
下更合有言簡編斷絶經失其本所以辭不次耳
或初藏之日已失其本或壞壁得之始有脫漏故
孔稱五十八篇以外錯亂磨滅不可復知明是見
在諸篇亦容脫錯但孔此篇首尾具足既取其文
爲之作傳恥云有所失落不復言其事耳　傳文
王至克商　正義曰文王受命有此武功詩之文

尚十　二十六

也彼言武功謂始伐崇耳殷紂尚在其功未成成
功在於克商今武始成矣故以武成名篇以泰誓
繼文王之年故本之於文王鄭云著武道至此而成　**惟一月壬辰旁死魄**此本說始伐紂時一月周之正月旁近也月二日近死魄
越翼日癸巳王朝步自周于征伐商翼明步行也武王以正月三日行自周往征伐商二十八日渡孟津
厥四月哉生明王來自商至于豐其四月哉始也始生明月三日與死魄互言
乃偃武修文倒載干戈包以虎皮示不用行禮射設庠序修文教
歸馬于華山之陽放牛于桃林之野示天下弗服山南曰陽桃林在華山東皆非長養牛馬之地欲使自生自死示天下不復乘用

楊本卷十第二十六葉

傳記識至爲法
正義曰紂以昏亂而滅前世政有善者故訪問殷家政教記識
善事以爲治國之法經云列爵惟五分土惟三是也
武成
正義曰此篇敘事多而王言少惟辭又首尾不結體裁異於餘
篇自惟一月至受命于周史敘伐殷往反及諸侯大集爲王言
發端也自王若曰至大統未集述祖父已來開建王業之事也
自予小子至名山大川言己承父祖之意告神陳紂之罪也自
曰惟有道至無作神羞王自陳告神之辭也既戊午已下又是
史敘往伐殺紂入殷都布政之事無作神羞以下惟告神其辭
不結文義不成非述作之體案左傳荀偃禱河云無作神羞其
官臣偃無敢復濟惟爾有神裁之蒯聵禱祖云無作三祖羞大
命不敢請佩玉不敢愛彼二者於神羞之下皆更申己意此經
無作神羞下更無語直是與神之言猶尚未訖且冢君百工初
受周命王當有以戒之如湯誥之類宜應說其除害與民更始

尚書十　十八

創以爲惡之禍勸以行道之福不得大聚百官惟誦禱辭而已
欲征則殷勤誓衆既克則空話禱神聖人有作理必不爾竊謂
神羞之下更合有言簡編斷絶經失其本所以辭不次耳或初
藏之日已失其本或壞壁得之始有脫漏故孔稱五十八篇以
外錯亂磨滅不可復知明是見在諸篇亦容脫錯但孔此篇首
尾具足既取其文爲之作傳恥云有所失落不復言其事耳
傳文王至克商
正義曰文王受命有此武功詩之文也彼言武功謂始伐崇耳
殷紂尚在其功未成成功在於克商今武始成矣故以武成名
篇以泰誓繼文王之年故本之於文王鄭云著武道至此而成
惟一至武成
正義曰此歷敘伐紂往反祀廟告天時日說武功成之事也一
月壬辰旁死魄謂伐紂之年周正月辛卯朔其二日是壬辰也
翼日癸巳王朝步自周于征伐商謂正月三日發鎬京始東行
也其月二十八日戊午渡河泰誓序云一月戊午師渡孟津泰

單疏卷十第十八葉

丁未，祀于周廟，邦甸侯衛駿奔走，執豆籩。四月丁未祭告后稷以下文考文王以上七世之祖。駿，大也。邦國甸侯衛服諸侯皆大奔走於廟執事。

越三日庚戌，柴望，大告武成。燔柴郊天，望祀山川，先祖後郊，自近始。

疏「惟一」至「武成」。正義曰：此歷敘伐紂往反，祀廟告天時日，說武功成之事也。一月壬辰旁死魄，謂伐紂之年周正月辛卯朔，其二日是壬辰也。翼日癸巳，王朝步自周，于征伐商，謂正月三日發鎬京始東行也。其月二十八日戊午渡河，泰誓序云「一月戊午，師渡孟津」，泰誓中篇云「惟戊午，王次于河朔」是也。二月辛酉朔，甲子殺紂，牧誓云「時甲子昧爽，乃誓」是也。其年閏二月庚寅朔，三月庚申朔，四月己丑朔，厥四月哉生明，王來自商至于豐，謂四月三日也，其日當是辛卯也。丁未祀于周廟，四月十九日也。越三日庚戌柴望，二十二日也。正月始往伐，四月告成功，史敘其事，見其功成之次也。漢書律曆志引武成篇云「惟一月壬辰旁死魄，若翼日癸巳，武王乃朝步自周，于征伐紂。越若來二月既死魄，越五日甲子，咸劉商王紂。惟四月既旁生魄，越六日庚戌，武王燎于周廟。翼日辛亥，祀於天位。越五日乙卯，乃以庶國祀於周廟」，與此經不同。彼是焚書之後有人偽為之，漢世謂之逸書，其後又亡。其篇，鄭玄云「武成，逸書，建武之際亡」，謂彼偽武成也。

傳「此本」至「死魄」。正義曰：將言武成，遠本其始，此本說始伐紂時。一月，周之正月，是建子之月，殷十二月也。此月辛卯朔，朔是死魄，故月二日近死魄。魄者，形也，謂月之輪郭無光之處名魄也。朔後明生而魄死，望後明死而魄生。律曆志云「死魄，朔也；生魄，望也」。顧命云「惟四月哉生魄」，傳云「始生魄，月十六日也」。月

楊本卷十第二十七葉

誓中篇云惟戊午王次于河朔是也二月辛酉朔甲子殺紂牧誓云時甲子昧爽乃誓是也其年閏二月庚寅朔三月庚申朔四月己丑朔厥四月哉生明王來自商至于豐謂四月三日也其日當是辛卯也丁未祀于周廟四月十九日也越三日庚戌柴望二十二日也正月始往伐四月告成功史敘其事見其功成之次也漢書律曆志引武成篇云惟一月壬辰旁死魄若翼日癸巳武王乃朝步自周于征伐紂越若來二月既死魄越五日甲子咸劉商王紂惟四月既旁生魄越六日庚戌武王燎于周廟翼日辛亥祀於天位越五日乙卯乃以庶國祀於周廟與此經不同彼是焚書之後有人偽為之漢世謂之逸書其後又亡其篇鄭玄云武成逸書建武之際亡謂彼偽武成也

傳此本至死魄

正義曰將言武成遠本其始此本說始伐紂時一月周之正月是建子之月殷十二月也此月辛卯朔朔是死魄故月二日近死魄魄者形也謂月之輪郭無光之處名魄也朔後明生而魄死望後明死而魄生律曆志云死魄朔也生魄望也顧命云惟四月哉生魄傳云始生魄月十六日也月十六日為始生魄是一日為始死魄二日近死魄也顧氏解死魄與小劉同大劉以三日為始死魄二日為旁死魄旁死魄無事而記之者與下日為發端猶今之將言日必先言朔也

傳翼明至孟津

正義曰翼明釋言文釋宮云堂上謂之行堂下謂之步彼相對為名耳散則可以通故步為行也周去孟津千里以正月三日行自周二十八日渡孟津凡二十五日每日四十許里時之宜也詩云于三十里毛傳云師行三十里蓋言其大法耳

傳其四至互言

正義曰其四月此伐商之四月也哉始釋詁文顧命傳以哉生魄為十六日則哉生明為月初矣以三日月光見故傳言始生明月三日也此經無日未必非二日也生明死魄俱是月初上云死魄此云生明而魄死明生互言耳

單疏卷十第十九葉

十六日爲始生魄是一日爲始死魄二日近死魄
也顧氏解死魄與小劉同大劉以三日爲始死魄
二日爲旁死魄旁死魄無事而記之者與下日爲
發端猶今之將言日必先言朔也　傳翼明至孟
津　正義曰翼明釋言文釋言云堂上謂之行堂
下謂之步彼相對爲名耳散則可以通故步爲行
也周去孟津千里以正月三日行自周三十八日
渡孟津凡二十五日每日四十許里時之宜也詩
云于三十里毛傳云師行三十里蓋言其大法耳
傳其四至互言　正義曰其四月此伐商之四月
也哉始釋詁文顧命傳以哉生魄爲十六日則哉
生明爲月初矣以三日月光見故傳言始生明月
三日也此經無日未必非二日也生明死魄俱是
月初上云死魄此云生明而魄死明生互言耳
傳倒載至文教　正義曰樂記云武王克殷濟河
而西車甲釁而藏之府庫倒載干戈包之以虎皮
天下知武王之不復用兵也散軍而郊射左射貍
首右射騶虞而貫革之射息也是偃武修文之事
故傳引之郊射是禮射也王制論四代學名云虞
謂之庠夏謂之序故言設庠序修文教也　傳山
南至乘用　正義曰釋山云山西曰夕陽山東曰
朝陽李巡曰山西暮乃見日故曰夕陽山東朝乃
見日故云朝陽陽以見日爲名故知山南曰陽杜
預云桃林之塞今弘農華陰縣潼關是也是在華
山東也指其所往謂之歸據我釋之則云放放牛
歸馬互言之耳華山之旁尤乏水草非長養牛馬
之地欲使自生自死此是戰時牛馬故放之以示
天下不復乘用易繫辭云服牛乘馬服乘俱是用
義故以服揔牛馬　傳四月至執事　正義曰以
四月之字隔文巳多故言四月丁未此以成功設
祭明其徧告羣祖知告后稷以下后稷則始祖以
下容毀廟也天子七廟故云文考文王以上七世

楊本卷十第二十八葉

傳倒載至文教
正義曰樂記云武王克殷濟河而西車甲釁而藏之府庫倒載
干戈包之以虎皮天下知武王之不復用兵也散軍而郊射左
射貍首右射騶虞而貫革之射息也是偃武修文之事故傳引
之郊射是禮射也王制論四代學名云虞謂之庠夏謂之序故
言設庠序修文教也
傳山南至乘用
正義曰釋山云山西曰夕陽山東曰朝陽李巡曰山西暮乃見
日故曰夕陽山東朝乃見日故云朝陽陽以見日爲名故知山
南曰陽杜預云桃林之塞今弘農華陰縣潼關是也是在華山
東也指其所往謂之歸據我釋之則云放放牛歸馬互言之耳
華山之旁尤乏水草非長養牛馬之地欲使自生自死此是戰
時牛馬故放之以示天下不復乘用易繫辭云服牛乘馬服乘
俱是用義故以服揔牛馬
傳四月至執事
正義曰以四月之字隔文巳多故言四月丁未此以成功設祭
明其徧告羣祖知告后稷以下后稷則始祖以下容毀廟亦天
子七廟故云文考文王以上七世之祖見是周廟皆祭之故經
揔云周廟也駿大釋詁文周禮六服侯甸男采衞要此略舉邦
國在諸侯服故云甸侯衞其言不次詩頌云駿奔走在廟故云
皆大奔走於廟執事也
越三日庚戌
正義曰召誥云越三日者皆從前至今爲三日此從丁未數之
則爲四日蓋史官不同立文自異或此三當爲四由字積與誤
傳魄生至一統
正義曰月以望虧望是月半望在十六日爲多通率在十六日
者四分居三其一在十五日耳此言既生魄故言魄生明死十
五日之後也丁未祀于周廟巳是此月十九日矣此受命于周
繼生魄言之則受命在祀廟之前故祀廟之時諸侯巳奔走執
事豈得未受周命巳助周祭明其受命在祀廟前矣史官採其

單疏卷十第二十葉

之祖見是周廟皆祭之故經揔云周廟也駿大釋
詁文周禮六服侯甸男采衛要此略舉邦國在諸
侯服故云侯衛其言不次詩頌云駿奔走在廟
故云皆大奔走於廟執事也　越三日庚戌　正
義曰召誥云越三日者皆從前至今爲三日此從
丁未數之則爲四日蓋史官不同立文自異或此
三當爲四由字積與誤　既生魄庶邦冢君暨百工受命
于周　魄生明死十五日之後諸侯與百官受政命於周明一統　疏　傳魄生至一統　正
義曰月以望虧望是月半望在十六日爲多通率
在十六日者四分居三其一在十五日耳此言既
生魄故言魄生明死十五日之後也丁未祀于周
廟已是此月十九日矣此受命于周繼生魄言之
則受命在祀廟之前故祀廟之時諸侯已奔走執
事豈得未受周命已助周祭以其受命在祀廟前

尚十　二十九

矣史官採其時事先言告武成既記然後却說受
命故文在下耳諸侯與百官舊有未屬周者今皆
受政命於周於此時始天下一統也顧氏以既生
魄謂庚戌已後雖十六日始生魄從十六日至晦
皆爲生魄但不知
庚戌之後幾日耳　王若曰嗚呼羣后　順其祖業數美之以告諸
侯　惟先王建邦啓土　謂后稷也尊祖故稱先王　疏　傳謂后至先王　正義曰
此先王文在公劉之前知謂后稷也后稷非王尊
其祖故稱先王周語云昔我先王后稷又曰我先
王不窋韋昭云王之先祖故稱王商頌亦以契爲
玄王文武之功起於后稷后稷始封於邰故言建
邦啓土　公劉克篤前烈　后稷曾孫公爵劉名能厚先人之業　疏　傳后稷至
之業　正義曰周本紀云后稷卒子不窋立卒子
鞠陶立卒子公劉立是公劉爲后稷曾孫也本紀

時日先言告武成既訖然後却說受命故文在下耳諸侯與百
官舊有未屬周者今皆受政命於周於此時始天下一統也顧
氏以既生魄謂庚戌已後雖十六日始生魄從十六日至晦皆
爲生魄但不知庚戌之後幾日耳

傳謂后至先王

正義曰此先王文在公劉之前知謂后稷也后稷非王尊其祖
故稱先王周語云昔我先王后稷又曰我先王不窋韋昭云王
之先祖故稱王商頌亦以契爲玄王文武之功起於后稷后稷
始封於邰故言建邦啓土

傳后稷至之業

正義曰周本紀云后稷卒子不窋立卒子鞠陶立卒子公劉立
是公劉爲后稷曾孫也本紀云公劉之後有公　非公祖之類
知公是爵劉時未諱故稱劉名先公多矣獨三人稱公當時之
意耳本紀云公劉復修后稷之業百姓懷之多徙而歸保焉周
道之興自此之後是能厚先人之業也

書十　二十一

傳大王至王家

正義曰詩云后稷之孫實惟大王居岐之陽實始翦商是大王
翦齊商人始王業之兆迹也周本紀云王季修古公之道諸侯
順之是能纘統大王之業勤立王家之基本也

大邦至其德

正義曰大邦力足拒敵故言畏其力小邦必畏矣小邦或被棄
遺故言懷其德大邦亦懷德矣量事爲文也

傳言諸至未就

正義曰文王斷虞芮之訟諸侯歸之改稱元年至九年而卒故
云大業未就也文王既未稱王而得輒改元年者諸侯自於其
國各稱元年是已之所稱容或中年得改矣汲冢竹書魏惠王
有後元年漢初文帝二元景帝三元此必有因於古也伏生司
馬遷韓嬰之徒不見此書以爲文王受命七年而崩故鄭玄等
皆依用之

傳致商至川河

云公劉之後有公非公祖之類知公是爵邠時未諱故稱劉名先公多矣獨三人稱公當時之意耳本紀云公劉復修后稷之業百姓懷之多徙而歸保焉周道之興自此之後是能厚先人之業也

至于大王肇基王迹王季其勤王家大王修德以翦齊商人始王業之肇迹王季纘統其業乃勤立王家 疏 傳大王至王家 正義曰詩云后稷之孫實惟大王居岐之陽實始翦商是大王翦齊商人始王業之兆迹也周本紀云王季修古公之道諸侯順之是能纘統大王之業勤立王家之基本也

我文考文王克成厥勳誕膺天命以撫方夏言我文德之父能成其王功大當天命以撫綏四方中夏

大邦畏其力小邦懷其德言天下諸侯大者畏威小者懷德是文王威德之大 疏 大邦至其德 正義曰大邦力足拒敵故言畏其力小邦必畏矣小邦或被棄遺故言懷其德矣邦亦懷德矣量事爲文也

惟九年大統未集言諸侯歸之九年而卒故大業未就 疏 傳言諸至未就 正義曰文王斷虞芮之訟諸侯歸之改稱元年至九年而卒故云大業未就也文王既未稱王而得輒改元年者諸侯自於其國各稱元年是己之所稱容或中年得改矣汲冢竹書魏惠王有後元年漢初文帝二元景帝三元此必有因於古也伏生司馬遷韓嬰之徒不見此書以爲文王受命七年而崩故鄭玄等皆依用之

予小子其承厥志言承文王本意

底商之罪告于皇天后土所過名山大川致商之罪謂伐紂之時后土社也名山華岳大川河

正義曰致商之罪謂伐紂之時欲將伐紂告天乃發故文在所過之上禮天子出征必類于上帝宜于冢土故云后土社也昭二十九年左傳稱句龍爲后土后土爲社是也僖十五年左傳云戴皇天而履后土彼晉大夫要秦伯故以地神后土而言之與此異也自周適商路過河華故知所過名山華岳大川河也山川大乃有名名大互言之耳周禮太祝云王過大山川則用事焉鄭云用事用祭事告行也

曰惟有道曾孫周王發

正義曰自稱有道者聖人至公爲民除害以紂無道言已有道所以告神求助不得飾以謙辭也稱曾孫者曲禮說諸侯自稱之辭云臨祭祀内事曰孝子某侯某外事曰曾孫某侯某哀二年左傳蒯聵禱祖亦自稱曾孫皆是言已承藉上祖冥享之意

暴殄至烝民

正義曰天物語闊人在其間以人爲貴故别言害民則天物之言除人外普謂天下百物鳥獸草木皆暴絶之

傳逋亡至大藪

正義曰逋亦逃也故以爲亡罪人逃亡而紂爲魁主魁首也言受用逃亡者與之爲魁首爲主人萃訓聚也言若蟲獸入窟故云窟聚水深謂之淵藏物謂之府史遊急就篇云司農少府國之淵淵府類故言淵府水鍾謂之澤無水則名藪藪澤大同故言藪澤萃淵藪三者各爲物室言紂與亡人爲主亡人歸之若蟲之窟聚魚歸淵府獸集藪澤言紂爲大姦也據傳意主字下讀爲便昭七年左傳引此文杜預云萃集也天下逋逃悉以紂爲淵藪集而歸之與孔異也

傳冕服至成命

正義曰冕服采章對被髮左衽則爲有光華也釋詁云夏大也故大國曰夏華夏謂中國也言蠻貊則戎夷可知王言華夏及四夷皆相率而充已使奉天成命欲其共伐紂也

既戊午至我師

疏傳致商至川河　正義曰致商之罪謂伐紂之時欲將伐紂告天乃發故文在所過之上禮天子出征必類帝宜社此告皇天后土即泰誓上篇類于上帝宜于冢土故云后土社也昭二十九年左傳稱句龍爲后土后土爲社是也僖十五年左傳云戴皇天而履后土彼晉大夫要秦伯故以地神后土而言之與此異也自周適商路過河華故知所過名山華岳大川河也山川大乃有名名大互言之耳周禮大祝云王過大山川則用事焉鄭云用事用祭事告行也

曰惟有道曾孫周王發將有大正于商　告天社山川之辭大正以征之也

疏曰惟有道曾孫周王發　正義曰自稱有道者聖人至公爲民除害以紂無道言己有道所以告神求助不得飾以謙辭也稱曾孫者曲禮說諸侯自稱之辭云臨祭祀內事曰孝子某侯某外事曰曾孫某侯某哀二年左傳蒯聵禱云曾孫祖亦自稱曾孫皆是言己承藉上祖奠享之意

商王受無道　無道德　暴殄天物害虐烝民　暴絶天物言逆天也逆天害民所以爲無道

疏暴殄至烝民　正義曰天物語闕人存其間以人爲貴故別言害民則天物之言除人外普謂天下百物鳥獸草木皆暴絶之

爲天下逋逃主萃淵藪　逋逃也天下罪人逃亡者而紂爲魁主窟聚淵府藪澤言大姦

疏傳逋亡至大姦　正義曰逋亦逃也故以爲亡罪人逃亡而紂爲魁主魁首也言受用逃亡者與之爲魁首爲主人萃訓聚也言若蟲獸入窟故云窟聚水深謂之淵藏物謂之府史游急就篇云司農少府國之淵淵府類故言淵府水鍾謂之澤無水則名藪藪澤大同故言藪澤萃淵藪三者各爲物室言紂與亡人爲主亡人歸之若蟲之窟聚魚歸淵府獸集藪澤言紂爲大姦也據傳意主字下讀爲便昭七年左傳引此文杜預云萃集也天下逋逃悉以紂爲淵藪集而歸之與孔異也

予小子既獲仁人敢祗承上帝以遏亂略　仁人謂太公周召之徒略路也言誅紂敬承天意以絶亂路

華夏蠻貊罔不率俾恭天成命　冕服采章曰華大國曰夏及四夷皆相率而使奉天成命

疏傳冕服至成命　正義曰冕服采章對被髮左衽則爲有光華也釋詁云夏大也故大國曰夏華夏謂中國也言蠻貊則戎夷可知王言華夏及四夷皆相率而充己使奉天成命欲其共伐紂

肆予東征綏厥士女　此謂十一年孟津還時

惟其士女篚厥玄黃昭我周王　言東國士女筐篚盛其絲帛奉迎道次明我周王爲之除害

天休震動用附我大邑周　天之美應震動民心故用依附我

惟爾有神尚克相予以濟兆民無作神羞　神庶幾助我渡民危害無爲神羞辱

既戊午師逾孟津癸亥陳于商郊俟天休命　自河至朝歌出四百里五日而至赴敵宜速待天休命謂夜雨止畢陳

甲子昧爽受率其旅若林會于牧野　旅衆也如林言盛多會逆距戰

罔有敵于我師前徒倒戈攻于後以北血

流漂杵紂衆服周仁政無有戰心前徒倒戈自
攻于後以北走血流漂舂杵甚之言
疏既戊午至我師　正義曰自此以下皆史辭也
其上闕絶失其本經故文無次第必是王言既
下此句次之故云既戊午也史官叙事得言罔有
終史乃更叙戰事於文次當承自周于征伐商之
敵于我師稱我者猶如自漢至今文章之士雖民
論國事莫不稱我皆云我大隨以心體國故稱我
耳非要王言乃稱我也　傳自河至畢陳　正義
曰出四百里驗地為然戊午明日猶誓於河朔癸
亥巳陳於商郊凡經五日日行八十里所以疾者
赴敵宜速也帝王世紀云王軍至鮪水紂使膠鬲
候周師見王問曰西伯將焉之王曰將攻辟也膠
鬲曰然願西伯無我欺王曰不子欺也將之殷膠
鬲曰何日至王曰以甲子日以是報矣膠鬲去而報
命於紂而雨甚軍卒皆諫王曰卒病請休之王曰
吾巳令膠鬲以甲子報其主矣吾雨而行所以救
膠鬲之死也遂行甲子至于商郊然則本期甲子
故速行也周語云王以二月癸亥夜陳未畢而雨
是雨止畢陳也待天休命雨是天之美命也韋昭
云雨者天地神人和同之應也天地氣和乃有雨
降是雨為和同之應也　傳旅衆至距戰　正義
曰旅衆釋詁文詩亦云其會如林言盛多也本紀
云紂發兵七十萬人以距武王紂兵雖則衆多不
得有七十萬人是史官美其能破強敵虛言之耳
傳紂衆至之言　正義曰罔有敵于我師言紂
衆雖多皆無有敵我之心故自攻於後以北走自
攻其後必殺人不多血流漂舂杵甚之言也孟子
云信書不如無書吾於武成取二三策而已仁者
無敵於天下以至仁伐不仁如何其血流漂杵也
是言不實也易繫辭云斷木為
杵掘地為臼是杵為舂器也　一戎衣天下大

足利本卷十第三十三葉

正義曰自此以下皆史辭也其上闕絶失其本經故文無次第
必是王言既終史乃更叙戰事於文次當承自周于征伐商之
下此句次之故云既戊午也史官叙事得言罔有敵于我師稱
我者猶如自漢至今文章之士雖民論國事莫不稱我皆云我
大隨以心體國故稱我耳非要王言乃稱我也
傳自河至畢陳
正義曰出四百里驗地為然戊午明日猶誓於河朔癸亥巳陳
於商郊凡經五日日行八十里所以疾者赴敵宜速也帝王世
紀云王軍至鮪水紂使膠鬲候周師見王問曰西伯將焉之王
曰將攻辟也膠鬲曰然願西伯無我欺王曰不子欺也將之殷
膠鬲曰何日至王曰以甲子日以是報矣膠鬲去而報命於紂
而雨甚軍卒皆諫王曰卒病請休之王曰吾巳令膠鬲以甲子
報其主矣吾雨而行所以救膠鬲之死也遂行甲子至于商郊
然則本期甲子故速行也周語云王以二月癸亥夜陳未畢而
雨是雨止畢陳也待天休命雨是天之美命也韋昭云雨者天
地神人和同之應也天地氣和乃有雨降是雨為和同之應也
傳旅衆至距戰
正義曰旅衆釋詁文詩亦云其會如林言盛多也本紀云紂發
兵七十萬人以距武王紂兵雖則衆多不得有七十萬人是史
官美其能破強敵虛言之耳
傳紂衆至之言
正義曰罔有敵于我師言紂衆雖多皆無有敵我之心故自攻
於後以北走自攻其後必殺人不多血流漂舂杵甚之言也孟
子云信書不如無書吾於武成取二三策而已仁者無敵於天
下以至仁伐不仁如何其血流漂杵也是言不實也易繫辭云
斷木為杵掘地為臼是杵為舂器也
傳皆武至禮賢
正義曰紂囚其人而放釋之紂殺其身而增封其墓紂退其人
而式其門閭皆是武王反紂政也下句散其財聚亦是反紂於
此須有所因言之耳上篇云囚奴正士論語云箕子為之奴

單疏卷十第二十三葉

定衣服也一著戎服而滅紂言與衆同心動有成功乃反商政政由
舊反紂惡政用商先王善政釋箕子囚封比干墓式商
容閭皆武王反紂政囚奴徒隸封益其土商容賢人紂所貶退式其閭巷以禮賢疏
傳皆武至禮賢　正義曰紂囚其人而放釋之紂
殺其身而增封其墓紂退其人而式其門閭皆是
武王反紂政也下句散其財粟亦是反紂於此須
有所解因言之耳上篇云囚奴正士論語云箕子
爲之奴是紂囚之又爲奴役之周禮司厲職云其
奴男子入于罪隸鄭衆云爲之奴者繫於罪隸之
官是囚爲奴以徒隸役之也商容賢人之姓名紂
所貶退處於私室式者車上之橫木男子立乘有
所敬則俯而憑式遂以式爲敬名說文云閭族居
里門武王過其閭而式之言此内有賢人式之
禮賢也帝王世紀云商容及殷民觀周軍之入見
畢公至殷民曰是吾新君也容曰非也視其爲人
嚴乎將有急色故君子臨事而懼見太公至民曰
是吾新君也容曰非也視其爲人虎據而鷹趾當
敵將衆威怒自倍見利即前不顧其後故君子臨
衆果於進退見周公至民曰是吾新君也容曰非
也視其爲人忻忻休休志在除賊是非天子則周
之相國也故聖人臨衆知之見武王至民曰是吾
新君也容曰然聖人爲海内討惡見惡不怒見
善不喜顏色相副是以知之是說商容之事也散
鹿臺之財發鉅橋之粟紂所積之府倉皆散發以賑貧民
疏傳紂所至貧民　正義曰藏財爲府藏粟爲倉故
言紂所積之府倉也名曰鹿臺鉅橋則其義未
聞散者言其分布發者言其開出互相見也周本
紀云命召公釋箕子之囚命畢公釋百姓之囚表

楊本卷十第三十四葉

是紂囚之又爲奴役之周禮司厲職云其奴男子入于罪隸鄭
衆云爲之奴者繫於罪隸之官是囚爲奴以徒隸役之也商容
賢人之姓名紂所貶退處於私室式者車上之橫木男子立乘
有所敬則俯而憑式遂以式爲敬名說文云閭族居里門也武
王過其閭而式之言此内有賢人式之禮賢也帝王世紀云商
容及殷民觀周軍之入見畢公至殷民曰是吾新君也容曰非
也視其爲人嚴乎將有急色故君子臨事而懼見太公至民曰
是吾新君也容曰非也視其爲人虎據而鷹趾當敵將衆威怒
自倍見利即前不顧其後故君子臨衆果於進退見周公至民
曰是吾新君也容曰非也視其爲人忻忻休休志在除賊是非
天子則周之相國也故聖人臨衆知之見武王至民曰是吾新
君也容曰然聖人爲海内討惡見惡不怒見善不喜顏色相副
是以知之是說商容之事也
傳紂所至貧民
正義曰藏財爲府藏粟爲倉故言紂所積之府倉也名曰鹿臺
鉅橋則其義未聞散者言其分布發者言其開出互相見也周
本紀云命召公釋箕子之囚命畢公釋百姓之囚表商容之閭
命閎夭封比干之墓命南宮括散鹿臺之錢發鉅橋之粟以賑
貧弱也然則武王親式商容之閭又表之也新序云鹿臺其大
三里其高千尺則容物多矣此言鹿臺之財則非一物也史記
作錢後世追論以錢爲主耳周禮有泉府之官周語稱景王鑄
大錢周時已名泉爲錢也
傳施舍至服德
正義曰左傳成十八年晉悼公初立施舍已責成二年楚將起
師已責救之定五年歸粟於蔡以賙急矜無資也杜預以爲施
恩惠舍勞役也已責止逋責也皆是恤民之事故傳引之以證
大賚所謂周有大賚論語文孔安國解堯曰之篇有二帝三王
之事周有大賚正指此事故言所謂也悅是歡喜服謂聽從感
恩則悅見義則服故天下皆悅仁服德也帝王世紀云王命封
墓釋囚又歸遊鹿臺之珠玉及傾宮之女於諸侯殷民咸喜曰

單疏卷十第二十四葉

商容之閭命閎夭封比干之墓命南宮括散鹿臺之錢發鉅橋之粟以賑貧弱也然則武王親式商容之閭又表之也新序云鹿臺其大三里其高千尺則容物多矣此言鹿臺之財則非一物也史記作錢後世追論以錢爲主耳周禮有泉府之官周語稱景王鑄大錢是周時已名泉爲錢也

大賚于四海而萬姓悅服施舍已債救乏賙無所謂周有大賚天下皆悅仁服德

疏 傳施舍至服德　正義曰傳成十八年晉悼公初立施舍已責成二年楚將起師已責救乏定五年歸粟於蔡以賙急矜無資也杜預以爲施恩惠舍勞役也已責止逋責也皆是恤民之事故傳引之以證大賚所謂周有大賚論語文孔安國解堯曰之篇有二帝三王之事周有大賚正指此事故言所謂也悅是歡喜服謂聽從感恩則悅見義則服故言悅仁服德也其世家云王命封墓釋囚散鹿臺之珠玉歸傾宮之女於諸侯殷民咸喜曰王之於仁人也死者猶封其墓況生者乎王之於賢人也亡者猶表其閭況存者乎王之於財也聚者猶散之況其復藉之乎王之於色也見在者猶歸其父母況其復徵之乎是悅服之事也

列爵惟五即所識政事而法之爵五等公侯伯子男

分土惟三列地封國公侯方百里伯七十里子男五十里爲三品

疏 傳列地至三品　正義曰爵五等地三品武王於此既從殷法未知周公制禮亦然以否孟子曰北宮錡問於孟子曰周之班爵祿如何孟子曰其詳不可得聞矣嘗聞其略天子之制地方千里公侯方百里伯七十里子男五十里漢書地理志亦云周爵五等其土三等也公侯百里伯七十里子男五十里漢世儒者多以爲然包咸注論語云千乘之國百里之國也謂大

楊本卷十第三十五葉

王之於仁人也死者猶封其墓況生者乎王之於賢人也亡者猶表其閭況存者乎王之於財也聚者猶散之況其復藉之乎王之於色也見在者猶歸其父母況其復徵之乎是悅服之事也

傳列地至三品

正義曰爵五等地三品武王於此既從殷法未知周公制禮亦然以否孟子曰北宮錡問於孟子曰周之班爵祿如何孟子曰其詳不可得聞矣嘗聞其略天子之制地方千里公侯方百里伯七十里子男五十里漢書地理志亦云周爵五等其土三等也公侯百里伯七十里子男五十里漢世儒者多以爲然包咸注論語云千乘之國百里之國也謂大國惟百里耳周禮大司徒云諸公之地封疆方五百里侯四百里伯三百里子二百里男一百里蓋是周室既衰諸侯相幷自以國土寬大皆違禮文乃除去本經妄爲說耳鄭玄之徒以爲武王時大國百里周公制禮大國五百里王制之注具矣

重民五教

正義曰此重民下五事民與五教食喪祭也五教所以教民故與民同句下句食與喪祭三者各爲一事相類而別故以惟目之言此皆聖王所重也論語云所重民食喪祭以論語即是此事而彼無五教錄論語者自略之耳

垂拱而天下治

正義曰說文云拱斂手也垂拱而天下治謂所任得人人皆稱職手無所營下垂其拱故美其垂拱而天下治也

尚書正義卷第十

計一萬四千六百一十二字

單疏卷十第二十五葉

國惟百里耳周禮大司徒云諸公之地封疆方五
百里侯四百里伯三伯里子二百里男一百里蓋
是周室既衰諸侯相并自以國土寬大皆違禮文
乃除去本經妄爲說耳鄭玄之徒以爲武王時大
國百里周公制禮大國五百里王制之注具矣建官惟賢立官以官賢才位
事惟能居位理事必任能事重民五教所重在民及五常之教疏
重民五教　正義曰此重揔下五事民與五教食
喪祭也五教所以教民故與民同句下句食與喪
祭三者各爲一事相類而別故以惟目之言此皆
聖王所重也論語云所重民食喪祭以論語即是
此事而彼無五教錄惟食喪祭民以食爲命喪禮篤事親愛祭祀
論語者省略之耳
崇孝養皆惇信明義使天下厚行信明忠義崇德報
聖王所重
功

工有六尊以爵報以祿垂拱而天下治言武王所修皆是所任得人故
垂拱而天下治疏垂拱而天下治　正義曰說文云拱斂
手也垂拱而天下治謂所任得人人皆
稱職手無所營下垂其拱
故美其垂拱而天下治也

尚書注疏卷第十

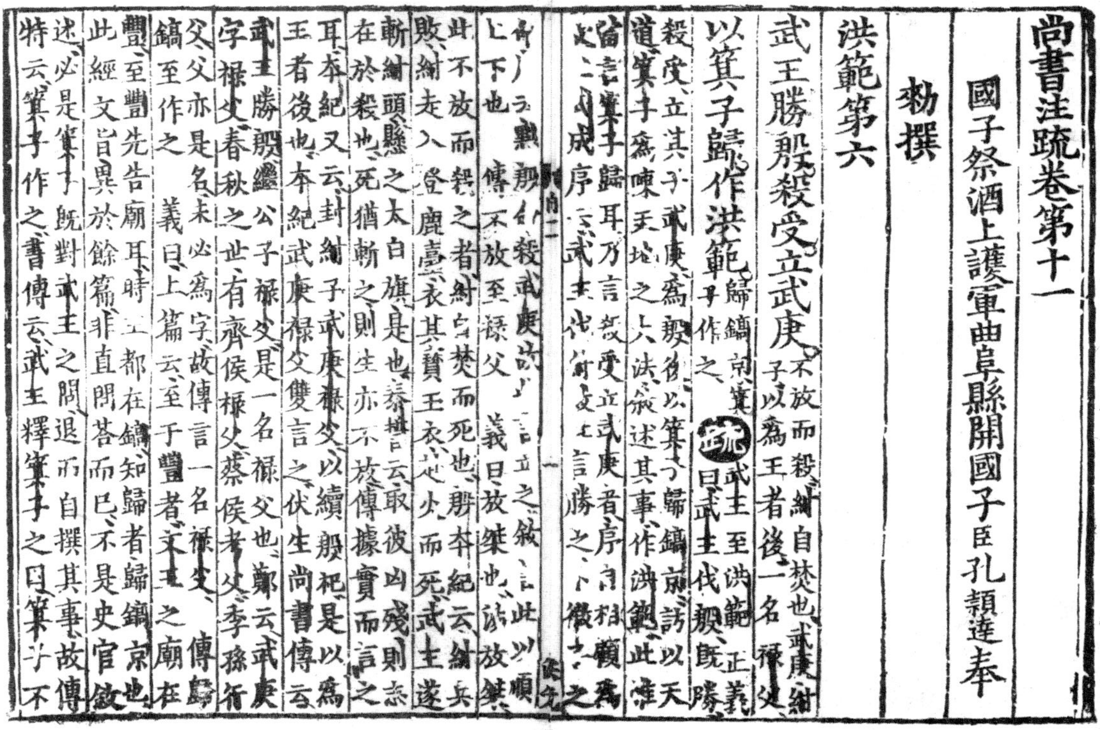

尚書注疏卷第十一
國子祭酒上護軍曲阜縣開國子臣孔穎達奉
勑撰
洪範第六
武王勝殷殺受立武庚不放而殺紂自焚也武庚紂子以爲王者後一名祿父
以箕子歸作洪範歸鎬京箕子作之 疏 武王至洪範 正義曰武王伐殷既勝
殺受立其子武庚爲殷後以箕子歸鎬京訪以天道箕子爲陳天地之大法敘述其事作洪範此惟
當言箕子歸耳乃言殺受立武庚者序自相顧爲之文上武成序云武王伐殷此云勝殷之下微子之
命序云黜殷命殺武庚故此言立之敘言此以順
上下也 傳不放至祿父 義曰放桀也湯放桀
此不放而殺之者紂自焚而死也殷本紀云紂兵
敗紂走入登鹿臺衣其寶玉衣赴火而死武王遂
斬紂頭懸之太白旗是也泰誓云取彼凶殘則志
在於殺也死猶斬之則生亦不放傳據實而言之
耳本紀又云封紂子武庚祿父以續殷祀是以爲
王者後也本紀武庚祿父雙言之伏生尚書傳云
武王勝殷繼公子祿父是一名祿父也鄭云武庚
字祿父春秋之世有齊侯祿父蔡侯考父季孫行
父父亦是名未必爲字故傳言一名祿父 傳歸
鎬至作之 義曰上篇云至于豐者文王之廟在
豐至豐先告廟耳時王都在鎬知歸者歸鎬京也
此經文旨異於餘篇非直問荅而已不是史官敘
述必是箕子既對武王之問退而自撰其事故傳
特云箕子作之書傳云武王釋箕子之囚箕子不

楊本卷十一第一葉

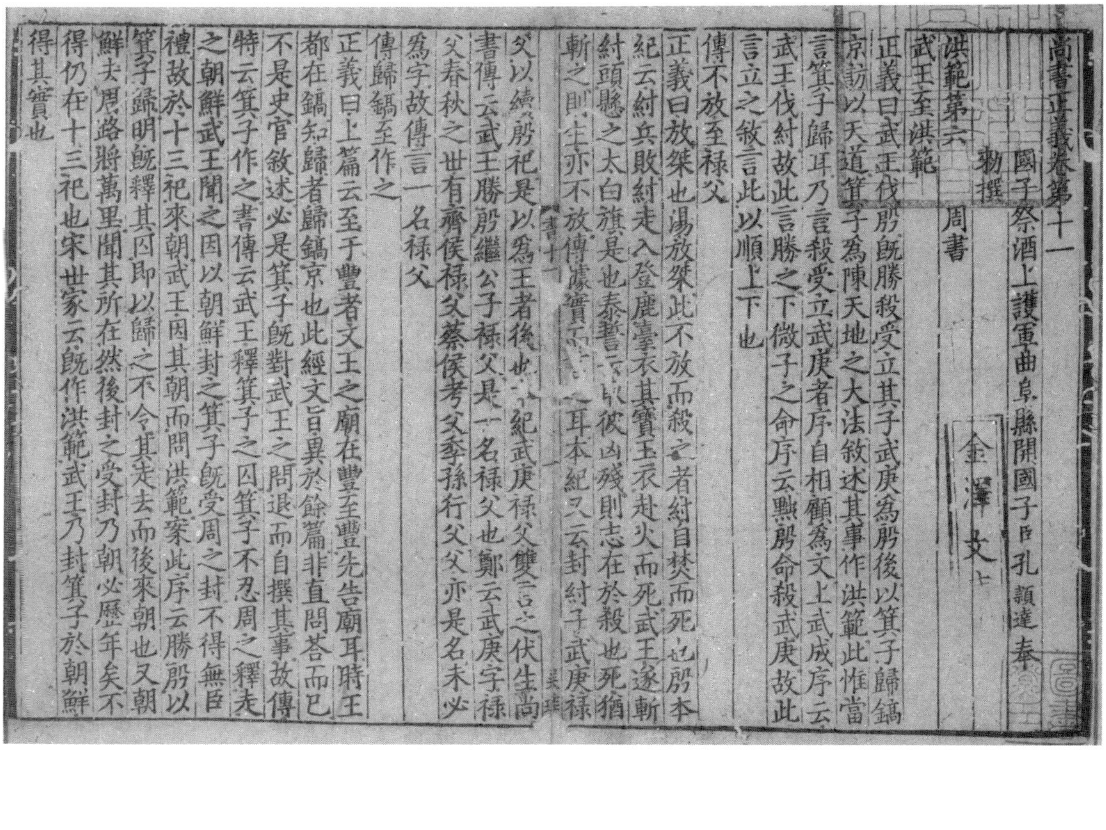

尚書正義卷第十一
國子祭酒上護軍曲阜縣開國子臣孔穎達奉
勑撰　周書
洪範第六
武王至洪範
正義曰武王伐殷既勝殺受立其子武庚爲殷後以箕子歸鎬
京訪以天道箕子爲陳天地之大法敘述其事作洪範此惟當
言箕子歸耳乃言殺受立武庚者序自相顧爲文上武成序云
武王伐紂故此言勝之下微子之命序云黜殷命殺武庚故此
言立之敘言此以順上下也
傳不放至祿父
正義曰放桀也湯放桀此不放而殺之者紂自焚而死也殷本
紀云紂兵敗紂走入登鹿臺衣其寶玉衣赴火而死武王遂斬
紂頭懸之太白旗是也泰誓云取彼凶殘則志在於殺也死猶
斬之則生亦不放傳據實而言之耳本紀又云封紂子武庚祿
父以續殷祀是以爲王者後也本紀武庚祿父雙言之伏生尚
書傳云武王勝殷繼公子祿父是一名祿父也鄭云武庚字祿
父春秋之世有齊侯祿父蔡侯考父季孫行父父亦是名未必
爲字故傳言一名祿父
傳歸鎬至作之
正義曰上篇云至于豐者文王之廟在豐至豐先告廟耳時王
都在鎬知歸者歸鎬京也此經文旨異於餘篇非直問荅而已
不是史官敘述必是箕子既對武王之問退而自撰其事故傳
特云箕子作之書傳云武王釋箕子之囚箕子不忍周之釋走
之朝鮮武王聞之因以朝鮮封之箕子既受周之封不得無臣
禮故於十三祀來朝武王因其朝而問洪範案此序云勝殷以
箕子歸明既釋其囚即以歸之不令其走去而後來朝也又朝
鮮去周路將萬里聞其所在然後封之受封乃朝必歷年矣不
得仍在十三祀也宋世家云既作洪範武王乃封箕子於朝鮮
得其實也

單疏卷十一第一葉

忍周之釋，走之朝鮮。武王聞之，因以朝鮮封之。箕
子既受周之封，不得無臣禮，故於十三祀來朝。武
王因其朝而問洪範。案此序云勝殷以箕子歸，明
既釋其囚，即以歸之，不令其走去而後來朝也。又
朝鮮去周路將萬里，聞其所在，然後封之，受封乃
朝，必歷年矣，不得仍在十三祀也。宋世家云既作
洪範，武王乃封箕子於朝鮮，得其實也。洪範 洪，大。範，法也。言
天地之大法。疏 洪範 義曰：
此經開源於首，覆更演說，非復一問一荅之勢，必
是箕子自為之也。發首二句自記被問之年，自王
乃言至彝倫攸敘，王問之辭；自箕子乃言至彝倫
攸敘，言禹得九疇之由；自初一曰至威用六極，言
禹第敘九疇之次；自一五行已下，箕子更條說九
疇之義。此條說者，當時亦以對王，更復退而修撰，
定其文辭，使成典教耳。傳洪大至
大法 正義曰：洪，大；範，法，皆釋詁文。惟十有三祀，

尚十一 二 陳先

王訪于箕子。商曰祀，箕子稱祀，不忘本。此年四月歸宗周，先告武成，次問天道。王
乃言曰：嗚呼！箕子，惟天陰騭下民，相協厥居，騭，定也。天
不言而默定下民，是助合其居，使有常生之資。我不知其彝倫攸敘。言我不知
天所以定民之常道理次敘，問何由。疏 惟十至攸敘 正義曰：此箕子陳王問己之年、被問之事。
惟文王受命十有三祀，武王訪問於箕子，即陳其
問辭。王乃言曰：嗚呼！箕子，此上天不言而默定下
民，佑助諧合其安居，使有常生之資，我不知此天
之定民常道所以次敘，問天意何由也。傳商曰
至天道 正義曰：商曰祀，周曰年，釋天文。案此周
書也，泰誓稱年，此獨稱祀，故解之。箕子稱祀，不忘
本也。此篇箕子所作，箕子商人，故記傳引此篇者
皆云商書，曰是箕子自作明矣。序言歸作洪範，似

洪範
正義曰：此經開源於首，覆更演說，非復一問一荅之勢，必是箕
子自為之也。發首二句自記被問之年，自王乃言至彝倫攸敘，
王問之辭；自箕子乃言至彝倫攸敘，言禹得九疇之由；自初一
曰至威用六極，言禹第敘九疇之次；自一五行已下，箕子更條
說九疇之義。此條說者，當時亦以對王，更復退而修撰，定其文
辭，使成典教耳。
傳洪大至大法
正義曰：洪，大；範，法，皆釋詁文。
惟十至攸敘
正義曰：此箕子陳王問己之年、被問之事。惟文王受命十有三
祀，武王訪問於箕子，即陳其問辭。王乃言曰：嗚呼！箕子，此上天
不言而默定下民，佑助諧合其安居，使有常生之資，我不知此
天之定民常道所以次敘，問天意何由也。
傳商曰至天道

書十一 二 蔡至道

正義曰：商曰祀，周曰年，釋天文。案此周書也，泰誓稱年，此獨稱
祀，故解之。箕子稱祀，不忘本也。此篇箕子所作，箕子商人，故記
傳引此篇者皆云商書，曰是箕子自作明矣。序言歸作洪範，似
歸即作之，嫌在武成之前，故云此年四月歸宗周，先告武成，次
問天道，以次在武成之後，故知先告武成也。
傳騭定至之資
正義曰：傳以騭即質也，質訓為成，成亦定義，故為定也。言民是
上天所生，形神天之所授，故天不言而默定下民，羣生受氣流
形，各有性靈心識，下民不知其然，是天默定也。相，助也。協，合也。
助合其居者，言民有其心，天佑助之，令其諧合其生出，言是非
立行，得失衣食之用，動止之宜，無不稟諸上天，乃得諧合，失道
則死，合道則生，言天非徒賦命於人，授以形體心識，乃復佑助
諧合其居業，使有常生之資，九疇施之於民，皆是天助之事也。
此問荅皆言乃者，以天道之大，沈吟乃問，思慮乃荅。宣八年公
羊傳曰：乃，緩辭也。王肅以陰騭下民一句為天事，相協以下為

歸即作之嫌在武成之前故云此年四月歸宗周先告武成次問天道以次在武成之後故知先告武成也　傳騭定至之資　正義曰傳以騭即質也質訓爲成成亦定義故爲定也言民是上天所生形神天之所授故天不言而默定下民羣生受氣流形各有性靈心識下民不知其然是天默定也相助也協合也助合其居者言民有其心天佑助之令其諧合其生出言是非立行得失衣食之用動止之冝無不稟諸上天乃得諧合失道則死合道則生言天非徒賦命於人授以形體心識乃得佑助諧合其居業使有常生之資九疇施之於民皆是天助之事也此問荅皆言乃者以天道之大沈吟乃問思慮乃荅宣八年公羊傳曰乃緩辭也王肅以陰騭下民一句爲天事相協以下爲民事注云陰深也言天深定下民與之五常之性王者當助天和合其居所行〻之性我不知常道倫理所以次敘問承天順民何所由與孔異也

箕子乃言曰我聞在昔鯀陻洪水汨陳其五行陻塞汨亂也治水失道亂陳其五行帝乃震怒不畀洪範九疇彝倫攸斁畀與斁敗也天動怒鯀不與大法九疇疇類也故常道所以敗鯀則殛死禹乃嗣興放鯀至死不赦嗣繼也廢父興子堯舜之道天乃錫禹洪範九疇彝倫攸敘天與禹洛出書神龜負文而出列於背有數至于九禹遂因而第之以成九類常道所以次敘

疏箕子至攸敘　正義曰箕子乃言荅王曰我聞在昔鯀障塞洪水治水失道是乃亂陳其五行而逆天道也天帝乃動其威怒不與鯀大法九類天之常道所以敗也鯀則放殛至死不赦禹

民事注云陰深也言天深定下民與之五常之性王者當助天和合其居所行天之性我不知常道倫理所以次敘是問承天順民何所由與孔異也

箕子至攸敘

正義曰箕子乃言荅王曰我聞在昔鯀障塞洪水治水失道是乃亂陳其五行而逆天道也天帝乃動其威怒不與鯀大法九類天之常道所以敗也鯀則放殛至死不赦禹以聖德繼父而興代治洪水決道使通天乃賜禹大法九類天之常道所以得其次敘此說其得九類之由也

傳陻塞至五行

正義曰襄二十五年左傳說陳之伐鄭云井陻木刊謂塞其井斬其木是陻爲塞也汨是亂之意故爲亂也水是五行之一水性下流鯀反塞之失水之性水失其道則五行皆失矣是塞洪水爲亂陳其五行言五行陳列皆亂也大禹謨帝美禹治水之功云地平天成傳云水土治曰平五行敘曰成水旣治五行序是治水失道爲亂五行也

傳畀與至以敗

正義曰畀與釋詁文斁敗相傳訓也以禹得而鯀不得故爲天動威怒鯀不與大法九疇疇是輩類之名故爲類也言其每事自相類者有九九者各有一章故漢書謂之爲九章此謂九類是天之常道旣不得九類故常道所以敗也自古以來得九疇者惟有禹耳未聞餘人有得之者也若人皆得之鯀獨不得可言天帝怒鯀餘人皆不得獨言天怒鯀者以禹由治水有功故天賜之鯀亦治水而天不與以鯀禹俱是治水父不得而子得之所以彰禹之聖當於天心故舉鯀以彰禹也

傳放鯀至之道

正義曰傳嫌殛謂被誅殺故辨之云放鯀至死不赦也嗣繼釋詁文三代以還父罪子廢故云廢父興子堯舜之道賞罰各從其實爲天下之至公也

傳天與至次敘

以聖德繼父而興代治洪水決道使通天乃賜禹
大法九類天之常道所以得其次敘此說其得九
類之由也　傳陻塞至五行　正義曰襄二十五
年左傳說陳之伐鄭云井陻木刊謂塞其井斬其
木是陻爲塞也汩是亂之意故爲亂也水是五行
之一水性下流鯀反塞之失水之性水失其道則
五行皆失矣是塞洪水爲亂陳其五行言五行陳
列皆亂也大禹謨帝美禹治水之功云地平天成
傳云水土治曰平五行敘曰成水既治五行序是
治水失道爲亂五行也　傳畀與至以敗　正義曰
畀與釋詁文斁敗相傳訓也以禹得而鯀不得故爲
天動威怒鯀不與大法九疇疇是輩類之名故爲類
也言其每事自相類者有九九者各有一章故漢書
謂之爲九章此謂九類是天之常道既不得九類故
常道所以敗也自古以來得九疇者惟有禹耳未
聞餘人有得之者也若人皆得之鯀獨不得可言
天帝怒鯀餘人皆不得獨言天怒鯀者以禹由治
水有功故天賜之鯀亦治水而天不與以鯀禹俱
是治水父不得而子得之所以彰禹之聖當於天
心故舉鯀以彰禹也　傳放鯀至之道　正義曰
傳嫌殛謂被誅殺故辨之云放鯀至死不赦也嗣
繼釋詁文三代以還父罪子廢故云廢父興子堯
舜之道賞罰各從其實爲天下之至公也　傳天
與至次敘　正義曰易繫辭云河出圖洛出書聖
人則之九類各有文字即是書也而云天乃錫禹
知此天與禹者即是洛書也漢書五行志劉歆以
爲伏羲繫天而王河出圖則而畫之八卦是也禹
治洪水錫洛書法而陳之洪範是也先達共爲此
說龜負洛書經無其事中候及諸緯多說黃帝堯
舜禹湯文武受圖書之事皆云龍負圖龜負書緯
候之書不知誰作通人討覈謂僞起哀平雖復前
漢之末始有此書以前學者必相傳此說故孔以

正義曰易繫辭云河出圖洛出書聖人則之九類各有文字即
是書也而云天乃錫禹知此天與禹者即是洛書也漢書五行
志劉歆以爲伏羲繫天而王河出圖則而畫之八卦是也禹治
洪水錫洛書法而陳之洪範是也先達共爲此說龜負洛書經
無其事中候及諸緯多說黃帝堯舜禹湯文武受圖書之事皆
云龍負圖龜負書緯候之書不知誰作通人討覈謂僞起哀平
雖復前漢之末始有此書以前學者必相傳此說故孔以九類
是神龜負文而出列於背有數從一而至於九禹見其文遂因
而第之以成此九類法也此九類陳而行之常道所以得次敘
也言禹第之者以天神言語必當簡要不應曲有次第丁寧若
此故以爲禹次第之禹既第之當有成法可傳應人盡知之而
武王獨問箕子者五行志云聖人行其道而寶其眞降及於殷
箕子在父師之位而典之周既克殷以箕子歸周武王親虛己
而問焉言箕子典其事故武王特問之其義或當然也若然大
禹既得九類常道始有次敘未有洛書之前常道所以不亂者
世有澆淳教有疏密三皇已前無文亦治何止無洛書也但既
得九類以後聖王法而行之從之則治違之則亂故此說常道
攸敘攸斁由洛書耳
初一至六極
正義曰天所賜禹大法九類者初一曰五行氣性流行次二曰
敬用在身五種之行事次三曰厚用接物八品之政教次四曰
和用天象五物之綱紀次五曰立治用大爲中正之道次六曰
治民用三等之德次七曰明用卜筮以考疑事次八曰念用天
時衆氣之應驗次九曰嚮勸人用五福威沮人用六極此九類
之事也
傳農厚至乃成
正義曰鄭玄云農讀爲醲則農是醲意故爲厚也政施於民善
不厭深故厚用之政乃成也張晏王肅皆言農食之本也食爲
八政之首故以農言之然則農用止爲一食不兼八事非上下
之例故傳不然八政三德揔是治民但政是被物之名德是在

九類是神龜負文而出列於背有數從一而至於
九禹見其文遂因而第之以成此九類法也此九
類天神言語必當簡要不應曲有次第丁寧若此故
以爲禹次第之禹既第之當有成法可傳應人盡
知之而武王獨問箕子者五行志云聖人行其道
而寶其眞降及於殷箕子在父師之位而典之周
既克殷以箕子歸周武王親虛己而問焉言箕子
典其事故武王特問之其義或當然也若然大禹
既得九類常道始有次敘未有洛書之前常道所
以不亂者世有澆淳教有疎密三皇已前無文亦
治何止無洛書也但既得九類以後聖王法而行
之從之則治違之則亂故此
說常道攸敘攸斁由洛書耳 初一曰五行 九類一章以五行爲治 次二曰敬用五事 五事在身用之必敬乃善 次三曰農
用八政 農厚也厚用之政乃成 次四曰協用五紀 協和也和天時
使得正用五紀 次五曰建用皇極 皇大極中也凡立事當用大中之道 次
六曰乂用三德 治民必用剛柔正直之三德 次七曰明用稽
疑 明用卜筮考疑之事 次八曰念用庶徵次九曰嚮用
五福威用六極 言天所以嚮勸人用五福所以威沮人用六極此已上禹所第
敘
疏 初一至六極 正義曰天所賜禹大法九類
者初一曰五行次二曰敬用在身
五種之行事次三曰厚用接物八品之政教次四
曰和用天象五物之綱紀次五曰立治用大爲中
正之道次六曰治民用三等之德次七曰明用卜
筮以考疑事次八曰念用天時衆氣之應驗次九

曰嚮勸人用五福威沮人用六極此九類之事也
傳農厚至乃成 正義曰鄭玄云農讀爲醲則農
是醲意故爲厚也政施於民善不厭深故厚用之
政乃成也張晏王肅皆言農食之本也食爲八政
之首故以農言之然則農用止爲一食不兼八事
非上下之例故傳不然八政三德摠是治民但政
是被物之名德是在己之稱故分爲二疇也 傳
協和至五紀 正義曰協和釋詁文天是積氣其
狀無形列宿四方爲天之限天左行晝夜一周日
月右行日遲月疾周天三百六十五度有餘日則
日行一度月則日行十三度有餘日月行於星辰
乃爲天之歷數和此天時令不差錯使行得正用
五紀也日月逆天道而行其行又有遲疾故須調
和之 傳皇大至之道 正義曰皇大釋詁文極
之爲中常訓也凡所立事王者所行皆是無得過
與不及常用大中之道也詩云莫匪爾極周禮以
爲民極論語允執其中皆謂用大中也 傳言天
至第敘 正義曰貧弱等六者皆謂窮極惡事故
目之六極也福者人之所慕皆嚮望之極者人之
所惡皆畏懼之勸勉也勉之爲善沮止也止其爲
惡福極皆上天爲之言天所以嚮望勸勉人用五
福所以畏懼沮止人用六極自初一曰已下至此
六極已上皆是禹所次第而敘之下文更條此九
類而演說之知此九者皆禹所第也禹爲此次者
蓋以五行世所行用是諸事之本故五行爲初也
發見於人則爲五事故五事爲二也正身而後及
人施人乃名爲政故八政爲三也施人之政用天
之道故五紀爲四也順天布政則得大中故皇極
爲五也欲求大中隨德是任故三德爲六也政雖
任德事必有疑故稽疑爲七也行事在於政得失
應於天故庶徵爲八也天監在下善惡必報休咎
驗於時氣禍福加於人身故五福六極爲九也皇

極居中者揔包上下故皇極傳云大中之道大立其有中謂行九疇之義是也福極處末者顧氏云前八事俱得五福歸之前八事俱失六極臻之故福極處末也發首言初一其末不言終九者數必以一爲始其九非數之終故從上言次而不言終也五行不言用者五行萬物之本天地百物莫不用之不嫌非用也傳於五福六極言天用者以前並是人君所用五福六極受之於天故言天用傳言此禹所第敘不知洛書本有幾字五行志悉載此一章乃云凡此六十五字皆洛書本文計天言簡要必無次第之數上傳云禹因而第之則孔以第是禹之所爲初一曰等三十八字必是禹加之也其敬用農用等一十八字大劉及顧氏以爲龜背先有總三十八字小劉以爲敬用等亦禹所第敘其龜文惟有二十字並無明據未知孰是故兩存焉皇極不言數者以揔該九疇理兼萬事非局數能盡故也稽疑不言數者以卜五筮二共成爲七若舉卜不得兼筮舉筮不得兼卜且疑事既衆不可以數揔之故也庶徵不言數者以庶徵得爲五休失爲五咎若舉休不兼咎舉咎不兼休若休咎並言便爲十事本是五物不可言十也然五福六極所以善惡皆言者以沮勸在下故丁寧明言善惡也且庶徵雖有休咎皆以念慮包之福極嚮威相反不可一言爲目故別爲文焉知五福六極非各分爲疇所以共爲一者蓋以龜文福極相近一處故禹第之揔爲一疇等行五事所以福五而極六者大劉以爲皇極若得則分散揔爲五福若失則不能爲五事之主與五事並列其咎弱故爲六也猶詩平王以後與諸侯並列同爲國風焉咎徵有五而極有六者五行傳云皇之不極厥罰常陰即與咎徵常雨相類故以常雨包之爲五也

○五行一曰水二曰火三

楊本卷十一第七葉

已之稱故分爲二疇也

傳協和至五紀

正義曰協和釋詁文天是積氣其狀無形列宿四方爲天之限天左行晝夜一周日月右行日遲月疾周天三百六十五度有餘日則日行一度月則日行十三度有餘日月行於星辰乃爲天之曆數和此天時令不差錯使行得正用五紀也日月逆天道而行其行又有遲疾故須調和之

傳皇大至之道

正義曰皇大釋詁文極之爲中常訓也凡所立事王者所行皆是無得過與不及當用大中之道也詩云莫匪爾極周禮以爲民極論語允執其中皆謂用大中也

傳言天至第敘

正義曰貧弱等六者皆謂窮極惡事故目之六極也福者人之所慕皆嚮望之極者人之所惡皆畏懼之勸勉之爲善沮止也止其爲惡福極皆上天爲之言天所以嚮望　勸勉人用五福所以畏懼沮止人用六極自初一曰已下至此六極已上皆是禹所次第而敘之下文更條此九類而演說之知此九者皆禹所第也禹爲此次者蓋以五行世所行用是諸事之本故五行爲初也發見於人則爲五事故五事爲二也正身而後及人施人乃名爲政故八政爲三也施人之政用天之道故五紀爲四也順天布政則得大中故皇極爲五也欲求大中隨德是任故三德爲六也政雖任德事必有疑故稽疑爲七也行事在於政得失應於天故庶徵爲八也天監在下善惡必報休咎驗於時氣禍福加於人身故五福六極爲九也皇極居中者揔包上下故皇極傳云大中之道大立其有中謂行九疇之義是也福極處末者顧氏云前八事俱得五福歸之前八事俱失六極臻之故福極處末也發首言初一其末不言終九者數必以一爲始其九非數之終故從上言次而不言終也五行不言用者五行萬物之本天地百物莫不用之不嫌非用也傳於五福六極言天用者以前並是人君所用五福六極受之於天故言天

單疏卷十一第五葉

曰木四曰金五曰土皆其生數水曰潤下火曰炎上
言其自然之常性木曰曲直金曰從革木可以揉曲直金可以改更
土爰稼穡種曰稼斂曰穡土可以種可以斂潤下作鹹水鹵所生炎
上作苦焦氣之味曲直作酸木實之性從革作辛金之氣味
稼穡作甘甘味生於百穀五行以下箕子所陳　疏　一五行至作甘　正義曰此以下
箕子所演陳禹所第疇名於上條列說以成之此
章所演文有三重第一言其名次第二言其體性
第三言其氣味言五者性異而味別各爲人之用
書傳云水火者百姓之所飲食也金木者百姓之
所興作也土者萬物之所資生也是爲人用五行
即五材也襄二十七年左傳云天生五材民並用
之言五者各有材幹也謂之行者若在天則五氣
流行在地世所行用也　傳皆其生數　正義曰
易繫辭曰天一地二天三地四天五地六天七地
八天九地十此即是五行生成之數天一生水地
二生火天三生木地四生金天五生土此其生數
也如此則陽無匹陰無偶故地六成水天七成火
地八成木天九成金地十成土於是陰陽各有匹
偶而物得成焉故謂之成數也易繫辭又曰天數
五地數五五位相得而各有合此所以成變化而
行鬼神謂此也又數之所起起於陰陽陰陽往來
在於日道十一月冬至日南極陽來而陰往冬水
位也以一陽生爲水數五月夏至日北極陰進而
陽退夏火位也當以一陰生爲火數但陰不名奇
數必以偶故以六月二陰生爲火數也是故易說
稱乾貞於十一月子坤貞於六月未而皆左行由
此也冬至以及於夏至當爲陽來正月爲春木位

楊本卷十一第八葉

用傳言此禹所第敘不知洛書本有幾字五行志悉載此一章
乃云凡此六十五字皆洛書本文計天言簡要必無次第之數
上傳云禹因而第之則孔以第是禹之所爲初一曰等二十七
字必是禹加之也其敬用農用等一十八字大劉及顧氏以爲
龜背先有總三十八字小劉以爲敬用等亦禹所第敘其龜文
惟有二十字並無明據未知孰是故兩存焉皇極不言數者以
總該九疇理兼萬事非局數能盡故也稽疑不言數者以卜五
筮二共成爲七若舉卜不得兼筮舉筮不得兼卜且疑事既衆
不可以數總之故也庶徵不言數者以庶徵得爲五休失爲五
咎若舉休不兼咎舉咎不兼休若休咎並言便爲十事本是五
物不可言十也然五福六極所以善惡皆言者以沮勸在下故
丁寧明言善惡也且庶徵雖有休咎皆以念慮包之福極嚮威
相反不可一言爲目故別爲文焉知五福六極非各分爲疇所
以共爲一者蓋以龜文福極[illegible]近一處故禹第之總爲一疇等
行五事所以福五而極六者大劉以爲皇極若得則分散總爲
五福若失則不能爲五事之主與五事並列其咎弱故爲六也
猶詩平王以後與諸侯並列同爲國風焉咎徵有五而極有六
者五行傳云皇之不極厥罰常陰即與咎徵常雨相類故以常
雨包之爲五也
一五行至作甘
正義曰此以下箕子所演陳禹所第疇名於上條列說以成之
此章所演文有三重第一言其名次第二言其體性第三言其
氣味言五者性異而味別各爲人之用書傳云水火者百姓之
求飲食也金木者百姓之所興作也土者萬物之所資生也是
爲人用五行即五材也襄二十七年左傳云天生五材民並用
之言五者各有材幹也謂之行者若在天則五氣流行在地世
所行用也
傳皆其生數
正義曰易繫辭曰天一地二天三地四天五地六天七地八天
九地十此即是五行生成之數天一生水地二生火天三生木

單疏卷十一第六葉

也三陽巳生故三爲木數夏至以及冬至當爲陰進八月爲秋金位也四陰巳生故四爲金數三月春之季四季土位也五陽巳生故五爲土數此其生數之由也又萬物之本有生於無著生於微及其成形亦以微著爲漸五行先後亦以微著爲次五行之體水最微爲一火漸著爲二木形實爲三金體固爲四土質大爲五亦是次之宜大劉與顧氏皆以爲水火木金得土數而成故水成數六火成數七木成數八金成數九土成數十義亦然也

傳言其自然之常性　正義曰易文言云水流濕火就燥王肅曰水之性潤萬物而退下火之性炎盛而升上是潤下炎上言其自然之本性

傳木可至改更　正義曰此亦言其性也揉曲直者爲器有須曲直也可改更者可銷鑄以爲器也木可以揉令曲直金可以從人改更言其可爲人用之意也由此而觀水則潤下可用以灌溉火則炎上可用以炊爨亦可知也水既純陰故潤下趣陰火是純陽故炎上趣陽木金陰陽相雜故可以直改更也

傳種曰至以斂　正義曰鄭玄周禮注云種穀曰稼若嫁女之有所生然則穡是惜也言聚畜之可惜也共爲治田之事分爲種斂二名耳土上所爲故爲土性上文潤下炎上曲直從革即是水火木金體有本性其稼穡以人事爲名非是土之本性生物是土之本性其稼穡非土本性也爰亦曰也變曰言爰以見此異也六府以土穀爲二由其體異故也

傳水鹵所生　正義曰水性本甘久浸其地變而爲鹵鹵味乃鹹說文云鹵西方鹹地東方謂之斥西方謂之鹵禹貢云海濱廣斥是海浸其旁地使之鹹也月令冬云其味鹹其臭朽是也上言曰者言其本性此言作者從其發見指其體則稱曰致其類即言作下五事庶徵言曰作者義亦然也

傳焦氣之味　正義曰火性炎

地四生金天五生土此其生數也如此則陽無匹陰無偶故地六成水天七成火地八成木天九成金地十成土於是陰陽各有匹偶而物得成焉故謂之成數也易繫辭又曰天數五地數五五位相得而各有合此所以成變化而行鬼神謂此也又數之所起起於陰陽陰陽往來在於日道十一月冬至日南極陽來而陰往冬水位也以一陽生爲水數五月夏至日北極陰進而陽退夏火位也當以一陰生爲火數但陰不名奇數必以偶故以六月二陰生爲火數也是故易說稱乾貞於十一月子坤貞於六月未而皆左行由此也冬至以及於夏至當爲陽來正月爲春木位也三陽巳生故三爲木數夏至以及冬至當爲陰進八月爲秋金位也四陰巳生故四爲金數三月春之季四季土位也五陽巳生故五爲土數此其生數之由也又萬物之本有生於無著生於微及其成形亦以微著爲漸五行先後亦以微著爲次五行之體水最微爲一火漸著爲二木形實爲三金體固爲四土質大爲五亦是次之宜大劉與顧氏皆以爲水火木金得土數而成故水成數六火成數七木成數八金成數九土成數十義亦然也

傳言其自然之常性

正義曰易文言云水流濕火就燥王肅曰水之性潤萬物而退下火之性炎盛而升上是潤下炎上言其自然之本性

傳木可至改更

正義曰此亦言其性也揉曲直者爲器有須曲直也可改更者可銷鑄以爲器也木可以揉令曲直金可以從人改更言其可爲人用之意也由此而觀水則潤下可用以灌溉火則炎上可用以炊爨亦可知也水既純陰故潤下趣陰火是純陽故炎上趣陽木金陰陽相雜故可曲直改更也

傳種曰至以斂

正義曰鄭玄周禮注云種穀曰稼若嫁女之有所生然則穡是惜也言聚畜之可惜也共爲治田之事分爲種斂二名耳土上所爲故爲土性上文潤下炎上曲直從革即是水火木金體有

上焚物則焦焦是苦氣月令夏云其臭焦其味苦
苦爲焦味故云焦氣之味也嗅之曰氣在口曰味
傳木實之性　正義曰木生子實其味多酸五果
之味雖殊其爲酸一也是木實之性然也月令春
云其味酸其臭羶是也　傳金之氣味　正義曰
金之在火別有腥氣非苦非酸其味近辛故辛爲
金之氣味月令秋云其味辛其臭腥是也　傳甘
朱生於百穀　正義曰甘味生於百穀穀是上之
所生故甘爲土之味也月令中央云其来甘其臭香是也
二五事一曰貌容儀二曰言詞章三曰視觀正四曰聽察是非五曰思心慮所行
貌曰恭儼恪言曰從是則可從視曰明必清審聽曰
聰必微諦思曰睿必通於微恭作肅心敬從作乂可以治
明作哲照了聰作謀所謀必成當睿作聖於事無不通謂
之聖
疏二五事至作聖　正義曰此章所演亦爲三
重第一言其所名第二言其所用第三言其
所致貌是容儀舉身之大名也言是口之所出視
是目之所見聽是耳之所聞思是心之所慮一人
之上有此五事也貌必須恭言乃可從視必當明
聽必當聰思必當通於微密也此一重即是敬用
之事貌能恭則心肅敬也言可從則政必治也視
能明則所見照晢也聽能聰則所謀必當也思通
微則事無不通乃成聖也此一重言其所致之事
洪範本體與人主作法皆據人主爲說貌揔身也
口言之目視之耳聽之心慮之人主始於敬身終
通萬事此五事爲天下之本也五事爲此次者鄭
云此數本諸陰陽昭明人相見之次也五行傳曰
貌屬木言屬金視屬火聽屬水思屬土五行傳伏

本性其稼穡以人事爲名非是土之本性生物是土之本性其
稼穡非土本性也爰亦曰也變曰言爰以見此異也六府以土
穀爲二由其體異故也
傳水鹵所生
正義曰水性本甘久浸其地變而爲鹵鹵味乃鹹說文云鹵西
方鹹地東方謂之斥西方謂之鹵禹貢云海濱廣斥是海浸其
旁地使之鹹也月令冬云其味鹹其臭朽是也上言曰者言其
本性此言作者從其發見指其體則稱曰致其類即言作下五
事庶徵言曰作者義亦然也
傳焦氣之味
正義曰火性炎上焚物則焦焦是苦氣月令夏云其臭焦其味
苦苦爲焦味故云焦氣之味也嗅之曰氣在口曰味
傳木實之性
正義曰木生子實其味多酸五果之味雖殊其爲酸一也是木
實之性然也月令春云其味酸其臭羶是也
傳金之氣味
正義曰金之在火別有腥氣非苦非酸其味近辛故辛爲金之
氣味月令秋云其味辛其臭腥是也
傳甘味生於百穀
正義曰甘味生於百穀穀是土之所生故甘爲土之味也月令
中央云其味甘其臭香是也
二五事至作聖
正義曰此章所演亦爲三重第一言其所名第二言其所用第
三言其所致貌是容儀舉身之大名也言是口之所出視是目
之所見聽是耳之所聞思是心之所慮一人之上有此五事也
貌必須恭言乃可從視必當明聽必當聰思必當通於微密也
此一重即是敬用之事貌能恭則心肅敬也言可從則政必治
也視能明則所見照晢也聽能聰則所謀必當也思通微則事
無不通乃成聖也此一重言其所致之事洪範本體與人主作
法皆據人主爲說貌揔身也口言之目視之耳聽之心慮之人

生之書也孔於太戊桑穀之下云七日大拱貌不
恭之罰高宗雊雉之下云耳不聰之異皆書傳之
文也孔取書傳爲說則此次之意亦當如書傳也
木有華葉之容故貌屬木言之決斷若金之斬割
故言屬金火外光故視屬火水內明故聽屬水土
安靜而萬物生心思慮而萬事成故思屬土又於
易東方震爲足足所以動容貌也西方兊爲口口
出言也南方離爲目目視物也北方坎爲耳耳聽
聲也土在內猶思在心亦是五屬之義也　傳察
是非　正義曰此五事皆有是非論語云非禮勿
視非禮勿聽非禮勿言非禮勿動又引詩云思無
邪故此五事皆有是非也此經歷言五名名非善
惡之稱但爲之有善有惡傳皆以是辭釋之貌者
言其動有容儀也言者道其語有辭章也視者言
其觀正不觀邪也聽者受人言察是非也思者心
慮所行使行得中也傳於聽云察是非明五者皆
有是非也所爲者爲正不爲邪也於視不言視邪
正於聽言察是非亦所以互相明也　傳必通於
微　正義曰此一重言敬用之事貌戒惰容故恭
爲儼恪曲禮曰儼若思儼是嚴正之貌也恪敬也
貌當嚴正而莊敬也言非理則人違之故言是則
可從也視必明於善惡故必清徹而審察也聽當
別彼是非必微妙而審諦也王肅云睿通也思慮
苦其不深故必深思使通於微也此皆敬用使然
故經以善事明之鄭玄云此恭明聰睿行之於我
身其從則是彼人從我以與上下違者我是而彼
從亦我所爲不乖倒也此據人主爲文皆是人主
之事說命云接下思恭視遠惟明聽德惟聰即此
是也　傳於事至之聖　正義曰此一重言所致
之事也恭在貌而敬在心人有心慢而貌恭必當
緣恭以致敬故貌恭作心敬也下從上則國治故
人主言必從其國可以治也視能清審則照了物

主始於敬身終通萬事此五事爲天下之本也五事爲此次者
鄭云此數本諸陰陽昭明人相見之次也五行傳曰貌屬木言
屬金視屬火聽屬水思屬土五行傳伏生之書也孔於太戊桑
穀之下云七日大拱貌不恭之罰高宗雊雉之下云耳不聰之
異皆書傳之文也孔取書傳爲說則此次之意亦當如書傳也
木有華葉之容故貌屬木言之決斷若金之斬割故言屬金火
外光故視屬火水內明故聽屬水土安靜而萬物生心思慮而
萬事成故思屬土又於易東方震爲足足所以動容貌也西方
兊爲口口出言也南方離爲目目視物也北方坎爲耳耳聽聲
也土在內猶思在心亦是五屬之義也
傳察是非
正義曰此五事皆有是非論語云非禮勿視非禮勿聽非禮勿
言非禮勿動又引詩云思無邪故此五事皆有是非也此經歷
言五名名非善惡之稱但爲之有善有惡傳皆以是辭釋之貌
者言其動有容儀也言者道其語有辭章也視者言其觀正不
觀邪也聽者受人言察是非也思者心慮所行使行得中也傳
於聽云察是非明五者皆有是非也所爲者爲正不爲邪也於
視不言視邪正於聽言察是非亦所以互相明也
傳必通於微
正義曰此一重言敬用之事貌戒惰容故恭爲儼恪曲禮曰儼
若思儼是嚴正之貌也恪敬也貌當嚴正而莊敬也言非理則
人違之故言是則可從也視必明於善惡故必清徹而審察也
聽當別彼是非必微妙而審諦也王肅云睿通也思慮苦其不
深故必深思使通於微也此皆敬用使然故經以善事明之鄭
玄云此恭明聰睿行之於我身其從則是彼人從我以與上下
違者我是而彼從亦我所爲不乖倒也此據人主爲文皆是人
主之事說命云接下思恭視遠惟明聽德惟聰即此是也
傳於事至之聖
正義曰此一重言所致之事也恭在貌而敬在心人有心慢而
貌恭必當緣恭以致敬故貌恭作心敬也下從上則國治故人

情故視明致照晳也聽聰則知其是非從其是爲
謀必當故聽聰致善謀也睿聖俱是通名聖大而
睿小緣其能通微事事無不通因睿以作聖也鄭
玄周禮注云聖通而先識也是言識事在於衆物
之先無所不通以是名之爲聖聖是智之上通之
大也此言人主行其小而致其大皆是人主之事
也鄭云皆謂其政所致也君貌恭則臣禮肅君言
從則臣職治君視明則臣照晳君聽聰則臣進謀
君思睿則臣賢智鄭意謂此所致皆是君致臣也
案庶徵之章休徵咎徵皆肅乂所致若肅乂明聰
皆是臣事則休咎之所致悉皆不由君矣又聖大
而睿小若君睿而致臣聖則臣皆上於君矣何不
然之甚乎晳字王肅及漢書五行志
皆云晳智也定本作晳則讀爲晳
三八政一曰
食勤農業**二曰貨**寶用物**三曰祀**敬鬼神以成教**四曰司**
空主空土以居民**五曰司徒**主徒衆教以禮義**六曰司寇**主姦盜使
無縱**七曰賓**禮賓客無不敬**八曰師**簡師所任必良士卒必練 疏 三八
政至曰師　正義曰八政者人主施政教於民有
八事也一曰食教民使勤農業也二曰貨教民使
求資用也三曰祀教民使敬鬼神也四曰司空之
官主空土以居民也五曰司徒之官教衆民以禮
義也六曰司寇之官詰治民之姦盜也七曰賓教
民以禮待賓客相往來也八曰師立師防寇賊以
安保民也八政如此次者人不食則死食於人最
急故教爲先也有食又須衣貨爲人之用故貨爲
二也所以得食貨乃是明靈祐之人當敬事鬼神
故祀爲三也足衣食祭鬼神必當有所安居司空
主居民故司空爲四也雖有所安居非禮義不立
司徒教以禮義故司徒爲五也雖有禮義之教而

楊本卷十一第十二葉

主言必從其國可以治也視能清審則照了物情故視明致照
晳也聽聰則知其是非從其是爲謀必當故聽聰致善謀也睿
聖俱是通名聖大而睿小緣其能通微事事無不通因睿以作
聖也鄭玄周禮注云聖通而先識也是言識事在於衆物之先
無所不通以是名之爲聖聖是智之上通之大也此言人主行
其小而致其大皆是人主之事也鄭云皆謂其政所致也君貌
恭則臣禮肅君言從則臣職治君視明則臣照晳君聽聰則臣
進謀君思睿則臣賢智鄭意謂此所致皆是君致臣也案庶徵
之章休徵咎徵皆肅乂所致若肅乂明聰皆是臣事則休咎之
所致悉皆不由君矣又聖大而睿小若君睿而致臣聖則臣皆
上於君矣何不然之甚乎晳字王肅及漢書五行志皆云晳智
也定本作晳則讀爲晳
三八政至曰師
正義曰八政者人主施政教於民有八事也一曰食教民使勤
農業也二曰貨教民使求資用也三曰祀教民使敬鬼神也四
曰司空之官主空土以居民也五曰司徒之官教衆民以禮義
也六曰司寇之官詰治民之姦盜也七曰賓教民以禮待賓客
相往來也八曰師立師防寇賊以安保民也八政如此次者人
不食則死食於人最急故教爲先也有食又須衣貨爲人之用
故貨爲二也所以得食貨乃是明靈祐之人當敬事鬼神故祀
爲三也足衣食祭鬼神必當有所安居司空主居民故司空爲
四也雖有所安居非禮義不立司徒教以禮義故司徒爲五也
雖有禮義之教而無刑殺之法則彊弱相陵司寇主姦盜故司
寇爲六也民不往來則無相親之好故賓爲七也寇賊爲害則
民不安居故師爲八也此用於民緩急而爲次也食貨祀賓師
指事爲之名三卿舉官爲名者三官所主事多若以一字爲名
則所掌不盡故舉官名以見義鄭玄云此數本諸其職先後之
宜也食謂掌民食之官若后稷者也貨掌金帛之官若周禮司
貨賄是也祀掌祭祀之官若宗伯者也司空掌居民之官司徒
掌教民之官也司寇掌詰盜賊之官賓掌諸侯朝覲之官周禮

單疏卷十一第十葉

[illegible]刑殺之法則彊弱相陵司寇主姦盜故司寇爲
六也民不往來則無相親之好故賓爲七也寇賊
爲害則民不安居故師爲八也此用於民緩急而
爲次也食貨祀賓師指事爲之名三卿舉官爲名
者三官所主事多若以一字爲名則所掌不盡故
舉官名以見義鄭玄云此數本諸其職先後之宜
也食謂掌民食之官若后稷者也貨掌金帛之官
若周禮司貨賄是也祀掌祭祀之官若宗伯者也
司空掌居民之官司徒掌教民之官也司寇掌詰
盜賊之官賓掌諸侯朝覲之官周禮大行人是也
師掌軍旅之官若司馬也王肅云賓掌賓客之官
也即如鄭王之說自可皆舉官名何獨三事舉官
也八政主以教民非謂公家之事司貨賄掌公家
貨賄大行人掌王之賓客若其事如周禮皆掌王
家之事非復施民之政何以謂之政乎且司馬在
上司空在下今司空在四司馬在八非取職之先
後也　傳寶用物　正義曰貨者金玉布帛之揔
名皆爲人用故爲用物旅獒云不貴異物賤用物
是也食則勤農以求之衣則蠶績以求之但貨非
獨衣不可指言求處故云得而寶愛之孝經云謹
身節用詩序云儉以足用是寶物也　傳主空土
以居民　正義曰周官篇云司空掌邦土居四民
時地利司徒掌邦教敷五典擾兆民司寇掌邦禁
詰姦慝刑暴亂周禮司徒教以禮義司寇無縱罪
人其文具矣　傳簡師至必練　正義曰經言賓
師當有賓師之法故傳以禮賓客無不敬教民待
賓客相往來也師者衆之通名必當選人爲之故
傳言簡師選人爲師也所任必良任良將也士卒
必練練謂教習使知義若練金使精也論語
以不教民戰是謂棄之是士卒必須練也　四五
紀一曰歲所以紀四時　二曰月所以紀一月　三曰日紀一日　四

大行人是也師掌軍旅之官若司馬也王肅云賓掌賓客之官
也即如鄭王之說自可皆舉官名何獨三事舉官也八政主以
教民非謂公家之事司貨賄掌公家貨賄大行人掌王之賓客
若其事如周禮皆掌王家之事非復施民之政何以謂之政乎
且司馬在上司空在下今司空在四司馬在八非取職之先後也
傳寶用物
正義曰貨者金玉布帛之揔名皆爲人用故爲用物旅獒云不
貴異物賤用物是也食則勤農以求之衣則蠶績以求之但貨
非獨衣不可指言求處故云得而寶愛之孝經云謹身節用詩
序云儉以足用是寶物也
傳主空土以居民
正義曰周官篇云司空掌邦土居四民時地利司徒掌邦教敷
五典擾兆民司寇掌邦禁詰姦慝刑暴亂周禮司徒教以禮義
司寇無縱罪人其文具矣
傳簡師至必練
正義曰經言賓師當有賓師之法故傳以禮賓客無不敬教民
待賓客相往來也師者衆之通名必當選人爲之故傳言簡師
選人爲師也所任必良任良將也士卒必練練謂教習使知義
若練金使精也論語以不教民戰是謂棄之是士卒必須練也
四五紀至曆數
正義曰五紀者五事爲天時之經紀也一曰歲從冬至以及明
年冬至爲一歲所以紀四時也二曰月從朔至晦大月三十日
小月二十九日所以紀一月也三曰日從夜半以至明日夜半
周十二辰爲一日所以紀一日也四曰星辰星謂二十八宿昏
明迭見辰謂日月別行會於宿度從子至於丑爲十二辰星以
紀節氣早晚辰以紀日月所會處也五曰曆數筭日月行道所
曆計氣朔早晚之數所以爲一歲之曆凡此五者皆所以紀天
時故謂之五紀也五紀不言時者以歲月氣節正而四時亦自
正時隨月變非曆所推故不言時也五紀爲此次者歲統月月
統日星辰見於天其曰曆數總曆四者故歲爲始曆爲終也

曰星辰二十八宿迭見以敍氣節十二辰以紀日月所會五曰曆數曆數節氣之度以爲曆敬授民時疏四五紀至曆數正義曰五紀者五事爲天時之經紀也
一曰歲從冬至以及明年冬至爲一歲所以紀四
時也二曰月從朔至晦大月三十日小月二十九
日所以紀一月也三曰日從夜半以至明日夜半
周十二辰爲一日所以紀一日也四曰星辰星謂
二十八宿昏明迭見辰謂日月別行會於宿度從
子至於丑爲十二辰星以紀節氣早晚辰以紀日
月所會處也五曰曆數筭日月行道所曆計氣朔
早晚之數所以爲一歲之曆凡此五者皆所以紀
天時故謂之五紀也五紀不言時者以歲月氣節
正而四時亦自正時隨月變非曆所推故不言時
也五紀爲此次者歲統月月統日星辰見於天其
曰曆數揔曆四者故歲爲始曆爲終也　傳二十
至所會　正義曰二十八宿布於四方隨天轉運
昏明迭見月令十二月皆紀昏旦所中之星若月
令孟春昏參中旦尾中仲春昏弧中旦建星中季
春昏七星中旦牽牛中孟夏昏翼中旦婺女中仲
夏昏亢中旦危中季夏昏心中旦奎中孟秋昏建
星中旦畢中仲秋昏牽牛中旦觜觿中季秋昏虛中
旦柳中孟冬昏危中旦七星中仲冬昏東辟中旦
軫中季冬昏婁中旦氐中皆所以敍氣節也氣節
者一歲三百六十五日有餘分爲十二月有二十
四氣一爲節氣謂月初也一爲中氣謂月半也以
彼迭見之星敍此月之節氣也昭七年左傳晉侯
問士文伯曰多語寡人辰而莫同何謂也對曰日
月之會是謂辰會者日行遲月行疾俱循天度而
右行二十九日過半月行一周天又前及日而與
日會因謂會處爲辰則月令孟春日在營室仲春
日在奎季春日在胃孟夏日在畢仲夏日在東井

傳二十至所會
正義曰二十八宿布於四方隨天轉運昏明迭見月令十二月
皆紀昏旦所中之星若月令孟春昏參中旦尾中仲春昏弧中
旦建星中季春昏七星中旦牽牛中孟夏昏翼中旦婺女中仲
夏昏亢中旦危中季夏昏心中旦奎中孟秋昏建星中旦畢中
仲秋昏牽牛中旦觜觿中季秋昏虛中旦柳中孟冬昏危中旦七
星中仲冬昏東辟中旦軫中季冬昏婁中旦氐中皆所以敍氣
節也氣節者一歲三百六十五日有餘分爲十二月有二十四
氣一爲節氣謂月初也一爲中氣謂月半也以彼迭見之星敍
此月之節氣也昭七年左傳晉侯問士文伯曰多語寡人辰而
莫同何謂也對曰日月之會是謂辰會者日行遲月行疾俱循
天度而右行二十九日過半月行一周天又前及日而與日會
因謂會處爲辰則月令孟春日在營室仲春日在奎季春日在
胃孟夏日在畢仲夏日在東井季夏日在柳孟秋日在翼仲秋
日在角季秋日在房孟冬日在尾仲冬日在斗季冬日在婺女
十二會以爲十二辰辰即子丑寅卯之謂也十二辰所以紀日
月之會處也鄭以爲星五星也然五星所行下民不以爲候故
傳不以星爲五星也
傳曆數至民時
正義曰天以積氣無形二十八宿分之爲限每宿各有度數合
成三百六十五度有餘日月右行循此宿度日行一度月行十
三度有餘二十九日過半而月一周與日會每於一會謂之一
月是一歲爲十二月仍有餘十一日爲日行天未周故置閏以
充足若均分天度以爲十二次則每次三十度有餘一次之內
有節氣中氣次之所管其度多每月之所統其日入月朔參差
不及節氣不得在月朔中氣不得在月半故聖人曆數此節氣
之度使知氣所在既得氣在之日以爲一歲之曆所以敬授民
時王肅云日月星辰所行布而數之所以紀度數是也歲月日
星傳皆言紀曆數不言紀者曆數數上四事爲紀所紀非獨一
事故傳不得言紀但成彼四事爲紀故通數以爲五耳

季夏日在柳孟秋日在翼仲秋日在角季秋日在
房孟冬日在尾仲冬日在斗季冬日在婺女十二
會以爲十二辰辰即子丑寅卯之謂也十二辰所
以紀日月之會處也鄭以爲星五星也然五星所
行下民不以爲候故傳不以星爲五星也傳曆
數至民時　正義曰天以積氣無形二十八宿分
之爲限每宿各有度數合成三百六十五度有餘
日月右行循此宿度日行一度月行十三度有餘
二十九日過半而月一周與日會每於一會謂之
一月是一歲爲十二月仍有餘十一日爲日行天
未周故置閏以充足若均分天度以爲十二次則
每次三十度有餘二次之内有節氣中氣次之所
管其度多每月之所繞其日入月朔參差不及節
氣不得在月朔中氣不得在月半故聖人曆數此
節氣之度使知氣所在既得氣在之日以爲一歲
之曆所以敬授民時王肅云日月星辰所行布而
數之所以紀度數是也歲月日星傳皆言紀曆數
不言紀者曆數數上四事爲紀所紀非獨一事故
傳不得言紀但成彼四事爲紀故通數以爲五耳

五皇極皇建其有極 大中之道大立其有中謂行九疇之義

斂時五福用敷錫厥庶民 斂是五福之道以爲教用布與衆民使慕之

惟時厥庶民于汝極錫汝保極 君上有五福之教衆民於君取中與君以安中之善言從化

凡厥庶民無有淫朋人無有比德惟皇作極 民有安中之善則無淫過朋黨之惡比周之德惟天下皆大爲中正

疏　五皇極至作極　正義曰皇大也極中也施政教治下民當使大得其
中無有邪僻故演之云大中者人君爲民之主當

大自立其有中之道以施教於民當先敬用五事
以斂聚五福之道用此爲教布與衆民使衆民慕
而行之在上能教如此惟是其衆民皆効上所爲
無不於汝人君取其中道而行積久漸以成性乃
更與汝人君以安中之道言皆化也若能化如是
凡其衆民無有淫過朋黨之行人無有惡相阿比
之德惟皆大爲中正之道言天下衆民盡得中也
傳大中至之義　正義曰此疇以大中爲名故演
其大中之義大中之道大立其有中欲使人主先
自立其大中乃以大中教民也凡行不迂僻則謂
之中中庸所謂從容中道論語允執其中皆謂此
也九疇爲德皆求大中是爲善之摠故云謂行九
疇之義言九疇之義皆求得中非獨此疇求大中
也此大中是人君之大行故特敘以爲一疇耳
傳斂是至慕之　正義曰五福生於五事五事得
中則福報之斂是五福之道指其敬用五事也用
五事得中則各得其福其福乃散於五處不相集
聚若能五事皆敬則五福集來歸之普敬五事則
是斂聚五福之道以此敬五事爲教布與衆民使
衆民勸慕爲之福在幽冥無形可見敬用五事則
能致之斂是五福正是敬用五事不言敬用五事
以教而云斂是五福以爲教者福是善之見者故
言福以勸民欲其慕而行善也汝者箕子汝王也
傳君上至從化　正義曰凡人皆有善性善不能
自成必須人君教之乃得爲善君上有五福之教
以大中教民衆民於君取中保訓安也既學得中
則其心安之君以大中教民民以大中嚮君是民
與君皆以大中之善君有大中民亦有大中言從
君化也　傳民有至中正　正義曰民有安中之
善非中不與爲交安中之人則無淫過朋黨之惡
無有比周之德朋黨比周是不中者善多惡少則
惡亦化而爲善無復有不中之人惟天下皆大爲

中正矣

凡厥庶民，有猷有為有守，汝則念之。民戢有道有所為有所執守汝則念錄敘之

不協于極，不罹于咎，皇則受之。凡民之行雖不合於中而不罹於咎惡皆可進用大法受之

而康而色，曰予攸好德，汝則錫之福。汝當安汝顏色以謙下人人曰我所好者德汝則與之爵祿

時人斯其惟皇之極。不合於中之人汝與之福則是人此其惟大之中言可勉進

無虐煢獨而畏高明。煢單無兄弟也無子曰獨單獨者不侵虐之寵貴者不枉法畏之

疏 凡厥至高明

正義曰：文說用人為官使之大中。凡其衆民有道德、有所為、有所執守，汝為人君則當念錄敘之，用之為官。若未能如此，雖不合於中，亦不罹於咎惡，此人可勉進，宜以取人大法則受取之。其受人之大法如何乎？汝當和安汝之顏色，以謙下人。彼欲仕者謂汝曰：我所好者德也。汝則與之以福祿，隨其所能用之為官。是人庶幾必自勉進，此其惟為大中之道。又為君者無侵虐單獨而畏忌高明。高明謂貴寵之人，勿枉法畏之。如是即為大中矣。

傳民戢至敘之　正義曰：戢，斂也。因上斂是五福，故傳以戢言之。戢文兼下三事。民能斂德行智能，使其身有道德，其才能有所施為，用心有所執守，如此人者，汝念錄敘之，宜用之為官也。有所為，謂藝能也。有執守，謂將善事能守而勿失，言其心正不逆邪也。

傳凡民至受之　正義曰：不合於中，不罹於咎，謂未為大善，又無惡行，是中人已上，可勸勉有方將者也，故皆可進用，以大法受之。大法謂用人之法，取其所長，棄瑕錄用也。上文人

尚十一　十七　陳仁

五皇極至作極

正義曰：皇，大也。極，中也。施政教治下民，當使大得其中，無有邪僻，故演之云：大中者，人君為民之主，當大自立其有中之道，以施教於民。當先敬用五事，以斂聚五福之道，用此為教，布與衆民，使衆民慕而行之。在上能教如此，惟是其衆民皆效上所為，無不於汝人君取其中道而行，積久漸以成性，乃更與汝人君以安中之道，言皆化也。若能化如是，凡其衆民無有淫過朋黨之行，人無有惡相阿比之德，惟皆大為中正之道，言天下衆民盡得中也。

傳大中至之義

正義曰：此疇以大中為名，故演其大中之義。大中之道，大立其有中，欲使人主先自立其大中，乃以大中教民也。凡行不迂僻則謂之中。中庸所謂「從容中道」，論語「允執其中」，皆謂此也。九疇為德，皆求大中，是為善之揔，故云謂行九疇之義，言九疇之義皆求得中，非獨此疇求大中也。此大中是人君之大行，故特敘以為一疇耳。

傳斂是至慕之

正義曰：五福生於五事，五事得中則福報之。斂是五福之道，指其敬用五事也。用五事得中，則各得其福，其福乃散於五處，不相集聚。若能五事皆敬，則五福集來歸之。普敬五事，則是斂聚五福之道。以此敬五事為教，布與衆民，使衆民勸慕為之。福在幽冥，無形可見，敬用五事則能致之。斂是五福，正是敬用五事，不言敬用五事以教，而云斂是五福以為教者，福是善之見者，故言福以勸民，欲其慕而行善也。汝者，箕子汝王也。

傳君上至從化

正義曰：凡人皆有善性，善不能自成，必須人君教之，乃得為善。君上有五福之教，以大中教民，衆民於君取中。保，訓安也。既學得中，則其心安之。君以大中教民，民以大中嚮君，是民與君皆以大中之善。君有大中，民亦有大中，言從君化也。

傳民有至中正

書十一　十三

者以大中教民使天下皆爲大中此句又令不合
於中亦用之者上文言設教耳其實天下之大兆
民之衆不可使皆合大中且庶官交曠即須任人
不可待人盡合大中然後敍用言各有爲不相妨
害　傳汝當至爵禄　正義曰安汝顔色以謙下
人其此不合於中之人此人言曰我所好者德也
是有慕善之心有方將者也汝則與之爵禄以長
進之上句言受之謂始受取此言與爵禄謂用爲
官也　傳不合至勉進　正義曰不合於中之人
初時未合中也汝與之爵禄置之朝廷見人爲善
心必慕之則是人此其惟大中之道爲大中之人
言可勸勉使進也荀卿書曰蓬生麻中不扶自直
白沙在泥與之俱黑斯言信矣此經或言時人德
鄭王諸本皆無德字此傳不以德爲義定本無德
疑衍字也　傳煢單至畏之　正義曰詩云獨行
煢煢是爲單謂無兄弟也無子曰獨王制文高明

尚十一　十八

與煢獨相對非謂才高知寵貴之人位望高也不
枉法畏之即詩所謂不畏强禦是也此經皆是據
天子無陵虐煢獨而畏避高明寵貴者顧氏亦以此經據人君小劉以爲據人臣謬也　人之
有能有爲使羞其行而邦其昌　功能有爲之士使進其所行汝國其昌盛
凡厥正人既富方穀　凡其正直之人既當以爵禄富之文當以善道接之
汝弗能使有好于而家時人斯其辜　不能使正直之人有好於國家則是人斯其詐取罪而去
于其無好　於其無好德之人汝雖與之爵
德汝雖錫之福其作汝用咎　禄其爲汝用惡道以敗汝善
疏　人之至用咎　正義曰此又言用臣之法人之在位者有才能

正義曰民有安中之善非中不與爲交安中之人則無淫過朋
黨之惡無有比周之德朋黨比周是不中者善多惡少則惡亦
化而爲善無復有不中之人惟天下皆大爲中正矣
凡厥至高明
正義曰又說用人爲官使之大中凡其衆民有道德有所爲有
所執守汝爲人君則當念録敍之用之爲官若未能如此雖不
合於中亦不羅於咎惡此人可勉進宜以取人大法則受取之
其受人之大法如何乎汝當和安汝之顔色以謙下人彼欲仕
者謂汝曰我所好者德也汝則與之以福禄隨其所能用之爲
官是人庶幾必自勉進此其惟爲大中之道又爲君者無侵虐
單獨而畏忌高明高明謂貴寵之人勿枉法畏之如是即爲大
中矣
傳民戢至敍之
正義曰戢斂也因上斂是五福故傳以戢言之戢文兼下三事
民能斂德行智能使其身有道德其才能有所施爲用心有所
執守如此人者汝念録敍之宜用之爲官也有所爲謂藝能也
有執守謂得善事能守而勿失言其心正不逆邪也

尚書十一　十四

傳凡民至受之
正義曰不合於中不羅於咎謂未爲大善又無惡行是中人已
上可勸勉有方將者也故皆可進用以大法受之大法謂用人
之法取其所長棄瑕録用也上文人君以大中教民使天下皆
爲大中此句又令不合於中亦用之者上文言設教耳其實天
下之大兆民之衆不可使皆合大中且庶官交曠即須任人不
可待人盡合大中然後敍用言各有爲不相妨害
傳汝當至爵禄
正義曰安汝顔色以謙下人其此不合於中之人此人言曰我
所好者德也是有慕善之心有方將者也汝則與之爵禄以長
進之上句言受之謂始受取此言與爵禄謂用爲官也
傳不合至勉進
正義曰不合於中之人初時未合中也汝與之爵禄置之朝廷

不所爲當褒賞之委任使進其行汝國其將昌盛
也凡其正直之人旣以爵禄富之又復以善道接
之使之荷恩盡力汝若不能使正直之人有好善
於汝國家是人於此其將詐取罪而去矣於其無
好德之人謂性行惡者汝雖與之福賜之爵禄但
本性旣惡必爲惡行其爲汝臣必用惡道以敗汝
善言當任善而去惡　傳功能至昌盛　正義曰功
能有爲之士謂其身有才能所爲有成功此謂已
在朝廷任用者也使進其行者謂人之有善若上
知其有能有爲或以言語勞來之或以財貨賞賜
之或更任之以大位如是則其人喜於見知必當
行自進益人皆漸自修進汝國其昌盛矣　傳凡
其至接之　正義曰凡其正直之人普謂臣民有
正直者爵禄所設正直是與已知彼人正直必當
授之以官旣當與爵禄富之又當以善道接之言
其非徒與官而已又當數加燕賜使得其歡心也

尚十一　十九

傳不能至而去　正義曰授之以官爵加之以燕
賜喜於知已荷君恩德必進謀樹功有好善於國
家若雖用爲官心不委任禮意踈薄更無恩紀言
不聽計不用必將奮衣而去不肯久留故言不能
使正直之人有好於國家則是人斯其詐取罪而
去也　傳於其至汝善　正義曰無好對有好有
好謂有善也無好德之人謂彼性不好德好惡之
人也論語曰未見好德如好色者傳記言好德者
多矣傳以好德言之定本作無惡者疑誤耳不好
德者性行本惡君雖與之爵禄不能感恩行義其
爲汝臣必用惡道以敗汝善也易繫辭云無
咎者善補過也咎是過之別名故爲惡耳　無
偏無陂遵王之義　偏不平陂不正言當循先王之正義以治民　無有
作好遵王之道無有作惡遵王之路　言無有亂

楊本卷十一第十九葉

見人爲善心必慕之則是人人此其惟大中之道爲大中之人言
可勸勉使進也荀卿書曰蓬生麻中不扶自直白沙在涅與之
俱黑斯言信矣此經或言時人德鄭王諸本皆無德字此傳不
以德爲義定本無德疑衍字也
傳煢單至畏之
正義曰詩云獨行煢煢是爲單謂無兄弟也無子曰獨王制文
高明與煢獨相對非謂才高知寵貴之人位望高也不枉法畏
之即詩所謂不畏彊禦是也此經皆是據天子無陵虐煢獨而
畏避高明寵貴者顧氏亦以此經據人君小劉以爲據人臣謬也
人之至用咎
正義曰此又言用臣之法人之在位者有才能有所爲當褒賞
之委任使進其行汝國其將昌盛也凡其正直之人旣以爵禄
富之又復以善道接之使之荷恩盡力汝若不能使正直之人
有好善於汝國家是人於此其將詐取罪而去矣於其無好德
之人謂性行惡者汝雖與之福賜之爵禄但本性旣惡必爲惡

書十一　十五

行其爲汝臣必用惡道以敗汝善言當任善而去惡
傳功能至昌盛
正義曰功能有爲之士謂其身有才能所爲有成功此謂已在
朝廷任用者也使進其行者謂人之有善若上知其有能有爲
或以言語勞來之或以財貨賞賜之或更任之以大位如是則
其人喜於見知必當行自進益人皆漸自修進汝國其昌盛矣
傳凡其至接之
正義曰凡其正直之人普謂臣民有正直者爵禄所設正直是
與已知彼人正直必當授之以官旣當與爵禄富之又當以善
道接之言其非徒與官而已又當數加燕賜使得其歡心也
傳不能至而去
正義曰授之以官爵加之以燕賜喜於知已荷君恩德必進謀
樹功有好善於國家若雖用爲官心不委任禮意踈薄更無恩
紀言不聽計不用必將奮衣而去不肯久留故言不能使正直
之人有好於國家則是人斯其詐取罪而去也

單疏卷十一第十五葉

衍私好惡動必循先王之道路 無偏無黨王道蕩蕩 言開闢
無黨無偏王道平平 言辯治 無反無側王
道正直 言所行無反道不正則王道平直 會其有極歸其
有極 言會其有中而行之則天下皆歸其有中矣 疏 無偏至有極 正義曰更言大
中之體爲人君者當無偏私無陂曲動循先王之
正義無有亂爲私好謬賞惡人動循先王之正道
無有亂爲私惡濫罰善人動循先王之正路無偏
私無阿黨主家所行之道蕩蕩然開闢矣無阿黨
無偏私主者所立之道平平然辯治矣所行無反
道無偏側主家之道正直矣所行得無偏私皆正
直者會集其有中之道而行之若其行必得中則
天下歸其中矣言人皆謂此人爲大中之人也
傳偏不至治民 正義曰不平謂高下不正謂邪
僻與下好惡反側其義一也偏頗阿黨是政之大
患故箕子殷勤言耳下傳云無有亂爲私好私惡
者人有私好惡則亂於正道故傳以亂言之 傳
言會至中之 正義曰會謂集會言人之將爲行
也集會其有中之道而行之行實得中則天下皆
歸其爲有中矣天下者大言之論語云一
曰克己復禮天下歸仁焉此意與彼同也 曰皇極
之敷言是彝是訓于帝其訓 曰者大其義言以大中之道布陳言教不失是常則人皆是順矣天且其順而況于人乎 凡厥庶民極之
敷言是訓是行以近天子之光 凡其衆民中心之所陳言凡順是行之則可以近益天子之光明 曰天子作民父母以爲

楊本卷十一第二十葉

傳於其至汝善
正義曰無好對有好謂有善也無好德之人謂彼性不好
德好惡之人也論語曰未見好德如好色者傳記言好德者多
矣故傳以好德言之定本作無惡者疑誤耳不好德者性行本
惡君雖與之爵禄不能感恩行義其爲汝臣必用惡道以敗汝
善也易繫辭云無咎者善補過也咎是過之別名故爲惡耳
無偏至有極
正義曰更言大中之體爲人君者當無偏私無陂曲動循先王
之正義無有亂爲私好謬賞惡人動循先王之正道無有亂爲
私惡濫罰善人動循先王之正路無偏私無阿黨王家所行之
道蕩蕩然開闢矣無阿黨無偏私王者所立之道平平然辯治
矣所行無反道無偏側王家之道正直矣所行得無偏私皆正
直者會集其有中之道而行之若其行必得中則天下歸其中
矣言人皆謂此人爲大中之人也
傳偏不至治民
正義曰不平謂高下不正謂邪僻與下好惡反側其義一也偏
頗阿黨是政之大患故箕子殷勤言耳下傳云無有亂爲私好
私惡者人有私好惡則亂於正道故傳以亂言之
傳言會至中矣
正義曰會謂集會言人之將爲行也集會其有中之道而行之
行實得中則天下皆歸其爲有中矣天下者大言之論語云一
曰克己復禮天下歸仁焉此意與彼同也
曰皇至下王
正義曰既言有中矣爲天下所歸更美之曰以大中之道布陳
言教不使失是常道則民皆於是順矣天且其順而況於人乎
以此之故大中爲天下所歸也又大中之道至矣何但出於天
子爲貴凡其衆民中和之心所陳之言謂以善言聞於上者於
是順之於是行之悅於民而便於政則可近益天子之光明矣
又本人君須大中者更美大之曰人君於天所子布德惠之教
爲民之父母以是之故爲天下所歸往由大中之道教使然言

單疏卷十一第十六葉

天下王言天子布德惠之教爲兆民之父母是爲天下所歸往不可不務【疏】曰皇至下王

正義曰既言有中矣爲天下所歸更美之曰以大中之道布陳言教不使失是常道則民皆於是順矣天且其順而況於人乎以此之故大中爲天下所歸也又大中之道至矣何但出於天子爲上者於是順之於是行之悦於民而便於政則可貴凡其衆民中和之心所陳之言謂以善言聞於近益天子之光明矣又本人君須大中者更美大之曰人君於天所子布德惠之教爲民之父母以是之故爲天下所歸往由大中之道教使然言人君不可不務大中矣

六三德一曰正直能正人之曲直二曰剛克剛能立事三曰柔克和柔能治三者皆德平康正直世平安用正直治之彊弗友剛克友順世彊禦不順以剛能治之燮友柔克燮和也世和順以柔能治之沈潛剛克沈潛謂地雖柔亦有剛能出金石高明柔克高明謂天言天爲剛德亦有柔克不干四時喻臣當執剛以正君君亦當執柔以納臣惟辟作福惟辟作威惟辟玉食言惟君得專威福爲美食臣無有作福作威玉食臣之有作福作威玉食其害于而家凶于而國人用側頗僻民用僭忒在位不敦平則下民僭差【疏】六三德至僭忒正義曰此三德者人君之德張弛有三也一曰正直言能正人之曲使直二曰剛克言剛彊而能立事三曰柔克言和柔而能治既言

楊本卷十一第二十一葉

人君不可不務大中矣

六三德至僭忒

正義曰此三德者人君之德張弛有三也一曰正直言能正人之曲使直二曰剛克言剛彊而能立事三曰柔克言和柔而能治既言人主有三德又說隨時而用之平安之世用正直治之彊禦不順之世用剛能治之和順之世用柔能治之既言三德張弛隨時而用又舉天地之德以喻君臣之交地之德沈深而柔弱矣而有剛能出金石之物也天之德高明剛彊矣而有柔能順陰陽之氣也以喻臣道雖柔當執剛以正君君道雖剛當執柔以納臣也既言君臣之交剛柔遞用更言君臣之分貴賤有恒惟君作福得專賞人也惟君作威得專罰人也惟君玉食得備珍食也爲臣無得有作福作威玉食言政當一統權不可分也臣之有作福作威玉食者其必害於汝臣之家凶於汝君之國言將得罪喪家且亂邦也在位之人用此大臣專權之故其行側頗僻下民用在位頗僻之故皆言不信而行差錯

傳和柔至皆德

正義曰剛不恒用有時施之故傳言立事柔則常用以治故傳言能治三德爲此次者正直在剛柔之間故先言之二者先剛後柔得其敍矣王肅意與孔同鄭玄以爲三德人各有一德謂人臣也

傳友順至治之

正義曰釋訓云善兄弟爲友友是和順之名故爲順也傳云燮和也釋詁文此三德是王者一人之德視世而爲之故傳三者各言世世平安雖時無逆亂而民俗未和其下猶有曲者須在上以正之故世平安用正直之德治之世有彊禦不順非剛無以制之故以剛能治之世既和順風俗又安故以柔能治之鄭玄以爲人臣各有一德天子擇使之注云安平之國使中平守一之人治之使不失舊職而已國有不順孝敬之行者則使剛能之人誅治之其有中和之行者則使柔能之人治之差正之與孔不同

單疏卷十一第十七葉

人主有三德，又說隨時而用之。平安之世用正直
治之，彊禦不順之世用剛能治之，和順之世用柔
能治之。既言三德張弛隨時而用，又舉天地之德
以喻君臣之交。地之德沈深而柔弱矣，而有剛能
出金石之物也。天之德高明剛彊矣，而有柔能順
陰陽之氣也。以喻臣道雖柔當執剛以正君，君道
雖剛當執柔以納臣也。既言君臣之交剛柔遞用，
更言君臣之分貴賤有恒，惟君作福得專賞人也，
惟君作威得專罰人也，惟君玉食得備珍食也。為
臣無得有作福作威玉食，言政當一統，權不可分
也。臣之有作福作威玉食者，其必害於汝臣之家，
凶於汝君之國。言將得罪喪家且亂邦。用在位之
人用此大臣專權之故，其行側頗僻。下民用在位
頗僻之故，皆言不信而行差錯。　傳和柔至皆德
正義曰：剛不恒用，有時施之，故傳言立事柔則當
用以治，故傳言能治三德為此次者，正直在剛柔

之間，故先言二者，先剛後柔，得其敘矣。王肅意與
孔同，鄭玄以為三德，人各有一德，謂人臣也。　傳
友順至治之　正義曰：釋訓云善兄弟為友，友是
和順之名，故為順也。傳云燮，和也，釋詁文。此三德
是王者一人之德，視世而為之，故傳三者各言世。
世平安，雖時無逆亂，而民俗未和，其下猶有曲者，
須在上以正之，故世平安，用正直之德治之。世有彊
禦不順，非剛無以制之，故以剛能治之。世既和順，
風俗又安，故以柔能治之。鄭玄以為人臣各有一
德，天子擇使之。注云：安平之國，使中平守一之人
治之，使不失舊職而已。國有不順孝敬之行者，則
使剛能之人誅治之。其有中和之行者，則使柔能
之人治之，差正之。與孔不同。　傳高明至納臣
正義曰：中庸云博厚配地，高明配天，高而明者惟
有天耳，知高明謂天也。以此高明是天，故上傳沈
潛謂地也。文五年左傳云：天為剛德，猶不干時，是

言天亦有柔德，不干四時之序也。地柔而能剛，天
剛而能柔，故以喻臣當執剛以正君，君當執柔以
納臣也。　傳言惟至美食　正義曰：於三德之下
說此事者，以德則隨時而用，位則不可假人，故言
尊卑之分，君臣之紀，不可使臣專威福，奪君權也。
衣亦不得僭君，而獨言食者，人之所資，食最為重，
故舉言重也。王肅云：辟，君也。不言王者，關諸侯也。
諸侯於國得專賞罰，其義或當然也。　傳在位至
僭差　正義曰：此經福威與食，於君每事言辟，於
臣則并文而略之也。作福作威，謂秉國之權，勇略
震主者也。人用側頗僻者，謂在位小臣見彼大臣
威福由己，由此之故，小臣皆附下罔上，為此側頗
僻也。下民見此在位小臣秉心僻側，用此之故，下
民皆不信恒，為此僭差也。言在位由大臣，下民由
在位，故皆言用也。傳不解家，王肅云：大夫
稱家，言秉權之臣必滅家，復害其國也。

七、稽疑

擇建立卜筮人，龜曰卜，蓍曰筮，考正疑事，當選擇知卜筮人而建立之。乃
命卜筮。建立其人，命以其職。曰雨，曰霽，龜兆形有似雨者，有似雨止者。
曰蒙，蒙，陰闇。曰驛，氣落驛不連屬。曰克，兆相交錯。五者卜兆之常法。
曰貞，曰悔，內卦曰貞，外卦曰悔。凡七。卜筮之數。卜五，占用二，衍
忒。立時人作卜筮，三人占，則從二人之言。立是
知卜筮人，使為卜筮之事。夏殷周卜筮各異，三法並卜，從二人之言，善鈞從眾。卜筮各三人。汝則
有大疑，謀及乃心，謀及卿士，謀及庶人，
謀及卜筮，將舉事而汝則有大疑，先盡汝心，以謀慮之，次及卿士眾民，然後卜筮以

之汝汝則從龜從筮從卿士從庶民從是
之謂大同人心和順龜筮從之是謂大同於吉身其康彊子
孫其逢吉動不違衆故後世遇吉汝則從龜從筮
從卿士逆庶民逆吉二從二逆中吉亦可舉事卿士從
龜從筮從汝則逆庶民逆吉君臣不同決之卜筮
亦中吉庶民從龜從筮從汝則逆卿士逆吉
民與上異心亦卜筮以決之汝則從龜從筮逆卿士逆
庶民逆作內吉作外凶二從三逆龜筮相違故可以祭祀冠婚不
可以出師征伐龜筮共違于人皆逆用靜吉用作凶
安以守常則吉動則凶疏七稽疑至之言　正義曰稽疑者
言王者考正疑事當選擇知卜筮
者而建立之以爲卜筮人謂立爲卜人筮人之官
也既立其官乃命以卜筮之職云卜兆有五曰雨
兆如雨下也曰霽兆如雨止也曰雺兆氣蒙闇也
曰圛兆氣落驛不連屬也曰克兆相交也筮卦有
二重二體乃成一卦曰貞謂內卦也曰悔謂外卦
也卜筮兆卦其法有七事其卜兆用五雨霽蒙驛
克也其筮占用二貞與悔也卜筮皆就此七者推
衍其變立是知卜筮人使作卜筮之官其卜筮必
用三代之法三人占之若其所占不同而其善鈞
者則從二人之言言以此法考正疑事也　傳龜
曰卜至立之　正義曰龜曰卜蓍曰筮曲禮文也考
正疑事當選擇知卜筮人而建立之建亦立也復

楊本卷十一第二十四葉

傳高明至納臣
正義曰中庸云博厚配地高明配天高而明者惟有天耳知高
明謂天也以此高明是天故上傳沈潛謂地也文五年左傳云
天爲剛德猶不干時是言天亦有柔德不干四時之序也地柔
而能剛天剛而能柔故以喻臣當執剛以正君君當執柔以納
臣也
傳言惟至美食
正義曰於三德之下說此事者以德則隨時而用位則不可假
人故言尊卑之分君臣之紀不可使臣專威福奪君權也衣亦
不得僭君而獨言食者人之所資食最爲重故舉言重也王肅
云辟君也不言王者關諸侯也諸侯於國得專賞罰其義或當
然也
傳在位至僭差
正義曰此經福威與食於君每事言辟於臣則并文而略之也
作福作威謂秉國之權勇略震主者也人用側頗僻者謂在位
小臣見彼大臣威福由己由此之故小臣皆附下罔上爲此側
頗僻也下民見此在位小臣秉心僻側用此之故下民皆不信
恒爲此僭差也言在位由大臣下民由在位故皆言用也傳不
解家王肅云大夫稱家言秉權之臣必滅家復害其國也
七稽疑至之言
正義曰稽疑者言王者考正疑事當選擇知卜筮者而建立之
以爲卜筮人謂立爲卜人筮人之官也既立其官乃命以卜筮
之職云卜兆有五曰雨兆如雨下也曰霽兆如雨止也曰雺兆
氣蒙闇也曰圛兆氣落驛不連屬也曰克兆相交也筮卦有二
重二體乃成一卦曰貞謂內卦也曰悔謂外卦也卜筮兆卦其
法有七事其卜兆用五雨霽蒙驛克也其筮占用二貞與悔也
卜筮皆就此七者推衍其變立是知卜筮人使作卜筮之官其
卜筮必用三代之法三人占之若其所占不同而其善鈞者則
從二人之言言以此法考正疑事也
傳龜曰至立之

單疏卷十一第十八葉

言之耳鄭王皆以建立爲二言將考疑事選擇可
立者立爲卜人筮人　傳兆相至常法　正義曰
此上五者灼龜爲兆其璺拆形狀有五種是卜兆
之常法也說文云霽雨止也霽似雨止則雨似雨
下鄭玄曰霽如雨止者雲在上也雺聲近蒙詩云
零雨其濛則濛是闇之義故以雺爲兆蒙是陰闇
也圛即驛也故以爲兆氣落驛不連屬落驛希踈
之意也雨霽既相對則蒙驛亦相對故驛爲落驛
氣不連屬則雺爲氣連蒙闇也王肅云圛霍驛消
滅如雲陰雺天氣下地不應闇冥也其意如孔言
鄭玄以圛爲明言色澤光明也雺者氣澤鬱鬱冥
冥也自以明闇相對異於孔也克謂兆相交錯王
肅云兆相侵入蓋兆爲二拆其拆相交也鄭玄云
克者如雨氣色相侵入卜筮之事體用難明故先
儒各以意說未知孰得其本今之用龜其兆横者
爲土立者爲木斜向徑者爲金背徑者爲火因兆

尚十一　二十五　洪範

而細曲者爲水不知與此五者同異如何此五兆
不言一曰二曰者灼龜所遇無先後也　傳内卦
至曰悔　正義曰僖十五年左傳云秦伯伐晉卜
徒父筮之其卦遇蠱蠱卦巽下艮上說卦云巽爲
風艮爲山其占云蠱之貞風也其悔山也是内卦
爲貞外卦爲悔也筮法爻從下起故以下體爲内
上體爲外下體爲本因而重之故以下卦爲貞貞
正也言下體是其正鄭玄云悔之言晦晦猶終也
晦是月之終故以爲終言上體是其終也下體言
正以見上體不正上體言終以見下體爲始二名
互相明也　傳立是至三人　正義曰此經卜五
占用二衍忒孔不爲傳鄭玄云卜五占用謂雨霽
蒙驛克也二衍忒謂貞悔也斷用從上句二衍忒
者指謂筮事王肅云卜五者筮短龜長故卜多而
筮少占用二者以貞悔占六爻衍忒者當推衍其
爻義以極其意卜五占二其義當如王解其衍忒

楊本卷十一第二十五葉

正義曰龜曰卜蓍曰筮曲禮文也考正疑事當選擇知卜筮人
而建立之建亦立也復言之耳鄭王皆以建立爲二言將考疑
事選擇可立者立爲卜人筮人
傳兆相至常法
正義曰此上五者灼龜爲兆其璺拆形狀有五種是卜兆之常
法也說文云霽雨止也霽似雨止則雨似雨下鄭玄曰霽如雨
止者雲在上也雺聲近蒙詩云零雨其濛則濛是闇之義故以
雺爲兆蒙是陰闇也圛即驛也故以爲兆氣落驛不連屬落驛
希踈之意也雨霽既相對則蒙驛亦相對故驛爲落驛氣不連
屬則雺爲氣連蒙闇也王肅云圛霍驛消減如雲陰雺天氣下
地不應闇冥也其意如孔言鄭玄以圛爲明言色澤光明也雺
者氣澤鬱鬱冥冥也自以明闇相對異於孔也克謂兆相交錯
王肅云兆相侵入蓋兆爲二拆其拆相交也鄭玄云克者如雨
氣色相侵入卜筮之事體用難明故先儒各以意說未知孰得
其本今之用龜其兆横者爲土立者爲木斜向徑者爲金背徑

書十一　十九　陳忠

者爲火因兆而細曲者爲水不知與此五者同異如何此五兆
不言一曰二曰者灼龜所遇無先後也
傳内卦至曰悔
正義曰僖十五年左傳云秦伯伐晉卜徒父筮之其卦遇蠱蠱
卦巽下艮上說卦云巽爲風艮爲山其占云蠱之貞風也其悔
山也是内卦爲貞外卦爲悔也筮法爻從下起故以下體爲内
上體爲外下體爲本因而重之故以下卦爲貞貞正也言下體
是其正鄭玄云悔之言晦晦猶終也晦是月之終故以爲終言
上體是其終也下體言正以見上體不正上體言終以見下體
爲始二名互相明也
傳立是至三人
正義曰此經卜五占用二衍忒孔不爲傳鄭玄云卜五占用謂
雨霽蒙驛克也二衍忒謂貞悔也斷用從上句二衍忒者指謂
筮事王肅云卜五者筮短龜長故卜多而筮少占用二者以貞
悔占六爻衍忒者當推衍其爻義以極其意卜五占二其義當

單疏卷十一第十九葉

宜揔謂卜筮皆當衍其義極其變非獨筮衍而卜
否也傳言立是知卜筮人使爲卜筮之事者言經
之此文覆述上句立卜筮人也言三人占是占此
卜筮法當有三人周禮太卜掌三兆之法一曰玉
兆二曰瓦兆三曰原兆掌三易之法一曰連山二
曰歸藏三曰周易杜子春以爲玉兆帝顓頊之兆
瓦兆帝堯之兆又云連山宓犧歸藏黄帝三兆三
易皆非夏殷而孔意必以三代夏殷周法者以周
禮指言一曰二曰不辯時代之名案考工記云夏
曰世室殷曰重屋周曰明堂又禮記郊特牲云夏
收殷冔周冕皆以夏殷周三代相因明三易亦夏
殷周相因之法子春之言孔所不取鄭玄易贊亦
云夏曰連山殷曰歸藏與孔同也所言三兆三易
必是三代異法故傳以爲夏殷周卜筮各異三代
異法三法並卜法有一人故三人也從二人之言
者二人爲善既鈞故從衆也若三人之內賢智不

尚十一　二十六　洪範

等雖少從賢不從衆也善鈞從衆成六年左傳文
既言三法並卜嫌筮不然故又云卜筮各三人也
經惟言三占從二何知不一法而三占而知三法
並用者金縢云乃卜三龜一習吉儀禮士喪卜葬
占者三人貴賤俱用三龜知卜筮並用三代法也
傳將舉至決之　正義曰非有所舉則自不卜故
云將舉事事有疑則當卜筮人君先盡己心以謀
慮之次及卿士衆民人謀猶不能定然後問卜筮
以決之故先言乃心後言卜筮也鄭玄云卿士六
卿掌事者然則謀及卿士以卿爲首耳其大夫及
士亦在焉以下惟言庶人明大夫及士寄卿文以
見之矣周禮小司寇掌外朝之政以致萬民而詢
焉一曰詢國危二曰詢國遷三曰詢立君是有大
疑而詢衆也又曰小司寇以敘進而問焉是謀及
之也大疑者不要是彼三詢其謀及則同也謀及
庶人必是大事若小事不必詢於萬民或謀及庶

楊本卷十一第二十六葉

如王解其衍忒宜揔謂卜筮皆當衍其義極其變非獨筮衍而
卜否也傳言立是知卜筮人使爲卜筮之事者言經之此文覆
述上句立卜筮人也言三人占是占此卜筮法當有三人周禮
太卜掌三兆之法一曰玉兆二曰瓦兆三曰原兆掌三易之法
一曰連山二曰歸藏三曰周易杜子春以爲玉兆帝顓頊之兆
瓦兆帝堯之兆又云連山宓犧歸藏黄帝三兆三易皆非夏殷
而孔意必以三代夏殷周法者以周禮指言一曰二曰不辯時
代之名案考工記云夏曰世室殷曰重屋周曰明堂又禮記郊
特牲云夏收殷冔周冕皆以夏殷周三代相因明三易亦夏殷
周相因之法子春之言孔所不取鄭玄易贊亦云夏曰連山殷
曰歸藏與孔同也所言三兆三易必是三代異法故傳以爲夏
殷周卜筮各異三代異法三法並卜法有一人故三人也從二
人之言者二人爲善既鈞故從衆也若三人之內賢智不等雖
少從賢不從衆也善鈞從衆成六年左傳文既言三法並卜嫌
筮不然故又云卜筮各三人也經惟言三占從二何知不一法

書十一　二十　洪範

而三占而知三法並用者金縢云乃卜三龜一習吉儀禮士喪
卜葬占者三人貴賤俱用三龜知卜筮並用三代法也
傳將舉至決之
正義曰非有所舉則自不卜故云將舉事事有疑則當卜筮人
君先盡己心以謀慮之次及卿士衆民人謀猶不能定然後問
卜筮以決之故先言乃心後言卜筮也鄭玄云卿士六卿掌事
者然則謀及卿士以卿爲首耳其大夫及士亦在焉以下惟言
庶人明大夫及士寄卿文以見之矣周禮小司寇掌外朝之政
以致萬民而詢焉一曰詢國危二曰詢國遷三曰詢立君是有
大疑而詢衆也又曰小司寇以敘進而問焉是謀及之也大疑
者不要是彼三詢其謀及則同也謀及庶人必是大事若小事
不必詢於萬民或謀及庶人在官者耳小司寇又曰以三刺斷
庶民獄訟之中一曰訊羣臣二曰訊羣吏三曰訊萬民彼羣臣
羣吏分而爲二此惟言卿士者彼將斷獄令衆議然後行刑故
臣與民爲三其人主待衆議而決之此則人主自疑故以人主

單疏卷十一第二十葉

人之在官者耳小司寇又曰以三刺斷庶民獄訟之
中一曰訊羣臣二曰訊羣吏三曰訊萬民彼羣臣
羣吏分而爲二此惟言卿士者彼將斷獄令衆議
然後行刑故臣與民爲三其人主待衆議而決之
此則人主自疑故以人主爲一又摠羣臣爲一也
傳人心至於吉　正義曰人主與卿士庶民皆從
是人心和順也此必臣民皆從乃問卜筮而進龜
筮於上者尊神物故先言之不在汝則之上者卜
當有主故以人爲先下三事亦然改卜言龜者卜
是請問之意吉凶龜占兆告於人故改言龜也筮
則本是著名故不須改也　傳動不至遇吉　正
義曰物貴和同故大同之吉延及於後宜三年左
傳稱成王定鼎卜世三十卜年七百是後世遇吉
傳三從至舉事　正義曰此與下二事皆是三從
二逆除龜筮以外有汝與卿士庶民分三者各爲
一從二逆嫌其貴賤有異從逆或殊故三者各以
有一從爲主見其爲吉同也方論得吉以從者爲
主故次言卿士從下言庶民從也以從爲主故退
汝則於下傳解其意卿士從者君臣不同也庶民
從者民與上異心也解臣民與君異心得其筮之
意也不言四從一逆者吉可知不假言之也四從
之內雖龜筮相違亦爲吉以其從者多也若三從
之內龜筮相違雖不如龜筮俱從猶勝下龜筮相
違二從三逆必知然者以下傳云二從三逆龜筮
相違既計從之多少明從多則吉故杜預云龜筮
同卿士之數者是龜筮雖靈不至越於人也上言
庶人又言庶民者嫌庶人惟指在官者變人言民
見其同也民人之賤得與卿士敵者貴者雖貴未
必謀慮長故通以民爲一令與君臣等也　傳民
與至決之　正義曰天子聖人庶民愚賤得爲識
見同者但聖人生知不假卜筮垂教作訓晦跡同
凡且庶民既衆以衆情可否亦得上敵於聖故老

楊本卷十一第二十七葉

爲一又摠羣臣爲一也
傳人心至於吉
正義曰人主與卿士庶民皆從是人心和順也此必臣民皆從
乃問卜筮而進龜筮於上者尊神物故先言之不在汝則之上
者卜當有主故以人爲先下三事亦然改卜言龜者卜是請問
之意吉凶龜占兆告於人故改言龜也筮則本是著名故不須
改也
傳動不至遇吉
正義曰物貴和同故大同之吉延及於後宜三年左傳稱成王
定鼎卜世三十卜年七百是後世遇吉
傳三從至舉事
正義曰此與下二事皆是三從二逆除龜筮以外有汝與卿士
庶民分三者各爲一從二逆嫌其貴賤有異從逆或殊故三者
各以有一從爲主見其爲吉同也方論得吉以從者爲主故次
言卿士從下言庶民從也以從爲主故退汝則於下傳解其意
卿士從者君臣不同也庶民從者民與上異心也解臣民與君
異心得其筮之意也不言四從一逆者吉可知不假言之也四
從之內雖龜筮相違亦爲吉以其從者多也若三從之內龜筮
相違雖不如龜筮俱從猶勝下龜筮相違二從三逆必知然者
以下傳云二從三逆龜筮相違既計從之多少明從多則吉故
杜預云龜筮同卿士之數者是龜筮雖靈不至越於人也上言
庶人又言庶民者嫌庶人惟指在官者變人言民見其同也民
人之賤得與卿士敵者貴者雖貴未必謀慮長故通以民爲一
令與君臣等也
傳民與至決之
正義曰天子聖人庶民愚賤得爲識見同者但聖人生知不假
卜筮垂教作訓晦跡同凡且庶民既衆以衆情可否亦得上敵
於聖故老子云聖人無常心以百姓心爲心是也
傳二從至征伐
正義曰此二從三逆爲小吉故猶可舉事內謂國內故言以祭

單疏卷十一第二十一葉

子云聖人無常心以百姓心爲心是也傳二從至征伐　正義曰此二從三逆爲小吉故猶可舉事內謂國內故可以祭祀冠婚外謂境外故不可以出師征伐征伐事大此非大吉故也此經龜從筮逆其筮從龜逆爲吉亦同故傳言龜筮相違見龜筮之智等也若龜筮智等而僖四年左傳云筮短龜長者於時晉獻公欲以驪姬爲夫人卜既不吉而更令筮之神靈不以實告筮而得吉必欲用之卜人欲令公舍筮從卜故曰筮短龜長非是龜實長也易繫辭云著之德圓而神卦之德方以智神以知來智以藏往然則知來藏往是爲極妙雖龜之長無以加此聖人演筮爲易所知豈是短乎明彼長短之說乃是有爲言耳此二從三逆以汝與龜爲二從耳卿士庶民謀有一從亦是二從凶吉亦同故不復設文同可知也若然汝卿士庶民皆逆龜筮並從則亦是二從三逆而經無文者若君與臣民皆逆本自不問卜矣何有龜從筮從之理也前三從之內龜筮既從君與卿士庶民各有一從以配龜筮凡有三條若惟君與卿士從配龜爲一條或君與庶民從配龜又爲一條或卿士庶民從配龜又爲一條凡有三條若筮從龜逆其事亦然三從三逆君配龜從爲一條於經已具卿士配龜從爲二條庶民配龜從爲三條若筮從龜逆以人配筮其事亦同案周禮筮人國之大事先筮而後卜鄭玄云於筮之凶則止何有筮逆龜從及龜筮俱違者崔靈恩以爲筮用三代之占若三占之俱凶則止不卜即鄭注周禮筮凶則止是也若三占二逆一從凶猶不決雖有筮逆猶得更卜故此有筮逆龜從之事或筮凶則止而不卜乃是鄭玄之意非是周禮經文未必孔之所取曲禮云卜筮不相襲鄭云卜不吉則又筮筮不吉則又卜是謂瀆龜筮周禮太卜小事筮大事卜應筮而又用

楊本卷十一第二十八葉

祀冠婚外謂境外故不可以出師征伐征伐事大此非大吉故也此經龜從筮逆其筮從龜逆爲吉亦同故傳言龜筮相違見龜筮之智等也若龜筮智等而僖四年左傳云筮短龜長者於時晉獻公欲以驪姬爲夫人卜既不吉而更令筮之神靈不以實告筮而得吉必欲用之卜人欲令公舍筮從卜故曰筮短龜長非是龜實長也易繫辭云著之德圓而神卦之德方以智神以知來智以藏往然則知來藏往是爲極妙雖龜之長無以加此聖人演筮爲易所知豈是短乎明彼長短之說乃是有爲言耳此二從三逆以汝與龜爲二從耳卿士庶民謀有一從亦是二從凶吉亦同故不復設文同可知也若然汝卿士庶民皆逆龜筮並從則亦是二從三逆而經無文者若君與臣民皆逆本自不問卜矣何有龜從筮從之理也前三從之內龜筮既從君與卿士庶民各有一從以配龜筮凡有三條若惟君與卿士從配龜爲一條或君與庶民從配龜又爲一條或卿士庶民從配龜又爲一條凡有三條若筮從龜逆其事亦然二從三逆君配龜從爲一條於經已具卿士配龜從爲二條庶民配龜從爲三條若筮從龜逆以人配筮其事亦同案周禮筮人國之大事先筮而後卜鄭玄云於筮之凶則止何有筮逆龜從及龜筮俱違者崔靈恩以爲筮用三代之占若三占之俱凶則止不卜即鄭注周禮筮凶則止是也若三占二逆一從凶猶不決雖有筮逆猶得更卜故此有筮逆龜從之事或筮凶則止而不卜乃是鄭玄之意非是周禮經文未必孔之所取曲禮云卜筮不相襲鄭云卜不吉則又筮筮不吉則又卜是謂瀆龜筮周禮太卜小事筮大事卜應筮而又用卜應卜而又用筮及國之大事先筮後卜不吉之後更作卜筮如此之等是爲相襲皆據吉凶分明不可重爲卜筮若吉凶未決於事尚疑者則得更爲卜筮僖二十五年晉侯卜納王得阪泉之兆曰吾不堪也公曰筮之遇大有之睽又哀九年晉趙鞅卜救鄭遇水適火又筮之遇泰之需之類是也周禮既先筮後卜而春秋時先卜後筮者不能依禮故也

八庶徵

單疏卷十一第二十二葉

卜憑卜而又用筮及國之大事先筮後卜不吉之
後更作卜筮如此之等是爲相襲皆據吉凶分明
不可重爲卜筮若吉凶未決於事尚疑者則得更
爲卜筮僖二十五年晉侯卜納王得阪泉之兆曰
吾不堪也公曰筮之遇大有之睽又襄九年晉趙
鞅卜救鄭遇水適火又筮之遇泰之需之類是也
周禮既先筮後卜而春秋時
先卜後筮者不能依禮故也

八庶徵

正義曰
庶衆也
徵驗也主者用九疇爲大中行稽疑以上爲善政
則衆驗有美惡以爲人主自曰雨至一極無凶揔
言五氣之驗有美有惡曰休徵敘美行之驗曰咎
徵敘惡行之驗自曰王省至家用平康言政善致
美也日月歲時至家用不寧言政惡致咎也
庶民惟星以下言人君當以常度齊正下民

曰雨曰暘曰燠曰寒曰風曰時

雨以潤物暘以乾
物燠以長物寒以
成物風以動物五者各
以其時所以爲衆驗

五者來備各以其敘

言五者備至各以次序
則衆草蕃滋廡豐也

庶草蕃廡一極備凶

一者備極過甚則凶二者極
無不至亦凶謂不時失敘

一極無凶

曰雨
至無
凶　正義曰將說其驗先立其名五者行於天地
之間人物所以得生成也其名曰雨所以潤萬物
也曰暘所以乾萬物也曰燠所以長萬物也曰寒
所以成萬物也曰風所以動萬物也此是五氣之
名曰時言五者各以時來所以爲衆事之驗也更
述時與不時之事五者於是來皆備足須風則風
來須雨則雨來其來各以次序則衆草木蕃滋而
豐茂矣謂來以時也若不以時五者之內一者備
極過甚則凶一者極無不至亦凶雨多則澇雨少
則旱是備極亦凶極無亦凶其餘四者亦然　傳

正義曰庶衆也徵驗也王者用九疇爲大中行稽疑以上爲善
政則衆驗有美惡以爲人主自曰雨至一極無凶揔言五氣之
驗有美有惡曰休徵敘美行之驗曰咎徵敘惡行之驗自曰王
省至家用平康言政善致美也日月歲時至家用不寧言政惡
致咎也庶民惟星以下言人君當以常度齊正下民
曰雨至無凶
正義曰將說其驗先立其名五者行於天地之間人物所以得
生成也其名曰雨所以潤萬物也曰暘所以乾萬物也曰燠所
以長萬物也曰寒所以成萬物也曰風所以動萬物也此是五
氣之名曰時言五者各以時來所以爲衆事之驗也更述時與
不時之事五者於是來皆備足須風則風來須雨則雨來其來
各以次序則衆草木蕃滋而豐茂矣謂來以時也若不以時五
者之內一者備極過甚則凶一者極無不至亦凶雨多則澇雨
少則旱是備極亦凶極無亦凶其餘四者亦然
傳雨以至衆驗
正義曰易說卦云風以散之雨以潤之日以烜之日暘也烜乾
也是雨以潤物暘以乾物風以動物也易繫辭云寒往則暑來
暑往則寒來寒暑相推而歲成焉是言天氣有寒有暑暑長物
而寒成物也釋言云燠煖也舍人曰燠溫煖也是燠煖爲一故
傳以煖言之不言暑而言燠者燠是熱之始暑是熱之極涼是
冷之始寒是冷之極長物舉其始成物舉其極理宜然也五者
各以其時而至所以爲衆事之驗也所以言時者謂當至則來
當止則去無常時也冬寒夏燠雖有定時或夏須漸寒冬當漸
熱雨足則思暘暘久則思雨草木春則待風而長秋則待風而
落皆是無定時也不言一曰二曰者爲其來無先後也依五事
所致爲次下云休徵咎徵雨若風若是其致之次也昭元年左
傳云天有六氣陰陽風雨晦明也以彼六氣校此五氣雨暘風
文與彼同彼言晦明此言寒燠則晦是寒也明是燠也惟彼陰
於此無所當耳五行傳說五事致此五氣云貌之不恭是謂不
肅厥罰恒雨惟金沴木言之不從是謂不乂厥罰恒暘惟木沴

雨以至衆驗　正義曰易說卦云風以散之雨以潤之日以烜之月暘也烜乾也是雨以潤物暘以乾物風以動物也易繫辭云寒往則暑來暑往則寒來寒暑相推而歲成焉是言天氣有寒有暑暑長物而寒成物也釋言云燠煖也舍人曰燠溫煖也是燠煖爲一故傳以煖言之不言暑而言燠者燠是熱之始暑是熱之極涼是冷之始寒是冷之極長物舉其始成物舉其極理宜然也五者各以其時而至所以爲衆事之驗也所以言時者謂當至則來當止則去無常時也冬寒夏燠雖有定時或夏須漸寒冬當漸熱雨足則思暘暘久則思雨草木春則待風而長秋則待風而落皆是無定時也不言一曰二曰者爲其來無先後也依五事所致爲次下云休徵咎徵雨若風若是其致之次也昭元年左傳云天有六氣陰陽風雨晦明也以彼六氣校此五氣雨暘風文與彼同彼言晦明此言寒燠則晦是寒也明是燠也惟彼陰於此無所當耳五行傳說五事致此五氣云貌之不恭是謂不肅厥罰恒雨惟金沴木言之不從是謂不乂厥罰恒暘惟木沴金視之不明是謂不哲厥罰恒燠惟水沴火聽之不聰是謂不謀厥罰恒寒惟火沴水思之不睿是謂不聖厥罰恒風惟木金水火沴土如彼五行傳言是雨屬木暘屬金燠屬火寒屬水風屬土鄭云雨木氣也春始施生故木氣爲雨暘金氣也秋物成而堅故金氣爲暘燠火氣也寒水氣也風土氣也凡氣非風不行猶金木水火非土不處故土氣爲風是用五行傳爲說孔意亦當然也六氣有陰五事休咎皆不致陰五行傳又曰皇之不極厥罰常陰是陰氣不由五事別自屬皇極也蓋立用大中則陰順時爲休大之不中陰恒若爲咎也　傳言五至庶豐　正義曰五氣所以生成萬物正可時來時去不可常無常有故言五者

楊本卷十一第三十葉

金視之不明是謂不哲厥罰恒燠惟水沴火聽之不聰是謂不謀厥罰恒寒惟火沴水思之不睿是謂不聖厥罰恒風惟木金水火沴土如彼五行傳言是雨屬木暘屬金燠屬火寒屬水風屬土鄭云雨木氣也春始施生故木氣爲雨暘金氣也秋物成而堅故金氣爲暘燠火氣也寒水氣也風土氣也凡氣非風不行猶金木水火非土不處故土氣爲風是用五行傳爲說孔意亦當然也六氣有陰五事休咎皆不致陰五行傳又曰皇之不極厥罰常陰是陰氣不由五事別自屬皇極也蓋立用大中則陰順時爲休大之不中陰恒若爲咎也

傳言五至庶豐

正義曰五氣所以生成萬物正可時來時去不可常無常有故言五者備至各以次序須至則來須止則去則衆草百物蕃滋庶豐也釋詁文庶豐茂也草蕃庶言草滋多而茂盛也下言百穀用成此言衆草蕃廡者舉草茂盛則穀成必矣舉輕以明重也

傳一者至失敍

正義曰此謂不以時來其至無次序也一者備極過甚則凶謂來而不去也一者極無不至亦凶謂去而不來也即下云恒雨若恒風若之類是也有無相刑去來正反恒雨則無暘恒寒則無燠恒雨亦凶無暘亦凶恒寒亦凶無燠亦凶謂至不待時失次序也如此則草不茂穀不成也

曰休徵至風若

正義曰既言五者次序覆述次序之事曰美行致以時之驗何者是也曰人君行敬則雨以時而順之曰人君政治則暘以時而順之曰人君照哲則燠以時而順之曰人君謀當則寒以時而順之曰人君通聖則風以時而順之此則致上文各以其次敍庶草蕃廡也

曰咎徵至風若

正義曰上既言失次序覆述失次序之事曰惡行致備極之驗何者是也曰君行狂妄則常雨順之曰君行僭差則常暘順之曰君行逸豫則常煖順之曰君行急躁則常寒順之曰君行蒙

單疏卷十一第二十四葉

備至各以次序須至則來須止則去則衆草百物蕃滋廡豐也釋詁文廡豐茂也草蕃廡言草滋多而茂盛也下言百穀用成此言衆草蕃廡者舉草茂盛則穀成必矣舉輕以明重也　傳一者至失敘　正義曰此謂不以時來其至無次序也一者備極過甚則凶謂來而不去也一者極無不至亦凶謂去而不來也即下云恒雨若恒風若之類是也有無相刑去來正反恒雨則無暘恒寒則無燠恒雨亦凶無暘亦凶恒寒亦凶無燠亦凶謂至不待時失次序也如此則草不茂穀不成也

曰休徵（敘美行之驗）曰肅時雨若（君行敬則時雨順之）曰乂時暘若（君行政治則時暘順之）曰哲時燠若（君能照哲則時燠順之）曰謀時寒若（君能謀則時寒順之）曰聖時風若（君能通理則時風順之）曰咎徵（敘惡行之驗）曰狂恒雨若（君行狂妄則常雨順之）曰僭恒暘若（君行僭差則常暘順之）曰豫恒燠若（君行逸豫則常燠順之）曰急恒寒若（君行急則常寒順之）曰蒙恒風若（君行蒙闇則常風順之）

疏　曰休徵至風若　正義曰既言五者次序覆述次序之事曰美行致以時之驗何者是也曰人君行敬則雨以時而順之曰人君政治則暘以時而順之曰人君照哲則燠以時而順之曰人君謀當則寒以時而順之曰人君通聖則風以時而順之此則致上文各以其次敘庶草蕃廡也　曰咎徵至風若　正義曰上既言失次序覆述失次序之事曰惡行致備極之驗何者是也曰君行狂妄則常雨順之曰君行僭差則常暘順之曰君行逸豫則常燠順之曰君行急躁則常寒順之曰君行蒙闇則常風順之此即致上文一極備凶一極無凶　傳君行至順之　正義曰此休咎皆言若者其所致者皆順其所行故言若也易文言云雲從龍風從虎水流濕火就燥是物各以類相應故知天氣順人所行以示其驗也其咎反於休者人君行不敬則狂妄故狂對肅也政不治則僭差故僭對乂也明不照物則行自逸豫故豫對哲也心無謀慮則行必急躁故急對謀也性不通曉則行必蒙闇故蒙對聖也鄭玄以狂爲倨慢以對不敬故爲慢也鄭王本豫作舒鄭云舉遲也王肅云舒惰也以對照哲故爲遲惰鄭云急促自用也以謀者用人之言故急爲自用己也鄭云蒙見冒亂也王肅云蒙瞀蒙以聖是通達故蒙爲瞽蒙所見冒亂言其不曉事與孔各小異耳

曰王省惟歲（王所省職兼所總羣吏如歲兼四時）卿士惟月（卿士各有所掌如月之有別）師尹惟日（衆正官之吏分治其職如日之有歲月）歲月日時無易（各順常）百穀用成乂用明（歲月日時無易則百穀成君臣無易則政治明）俊民用章家用平康（賢臣顯用國家平寧）日月歲時既易（是三者已易喻君臣易職）百穀用不成乂用昏不明俊民用微家用不寧（君失其柄權臣擅命治闇賢隱國家亂）

疏　曰王省至不寧　正義曰既陳五事之休咎又言皇極之得失與上異端更[illegible]曰王之省職兼總羣吏惟如歲也卿士分居列位惟如月也衆正官之長各治其職惟如日也此王也卿士

也師尹也掌事猶歲月日者言皆無改易君秉君
道臣行臣事則百穀用此而成歲豐稔也其治用
是而明世安泰也俊民用此而章在官位也國家
用此而平安風俗和也若王也卿士也師尹也掌
事猶如日月歲者是已變易君失其柄權臣各專
恣百穀用此而不成歲饑饉也其治用此昏闇而
不明政事亂也俊民用此而卑微皆隱遁也國家
用此而不安泰時世亂也此是皇極所致得中則
致善不中則致惡歲月日無易是得中也既易是
不中也所致善惡乃大於庶徵故於此敘之也
傳王所至四時　正義曰下云庶民惟星以星喻
民知此歲月日者皆以喻職事也於王言省則卿
士師尹亦爲省也王之所省職無不兼所總羣吏
如歲兼四時下句惟有月日羣臣無喻時者但時
以統月故傳以四時言之言其兼下月日也　傳
衆正至歲月　正義曰師衆也尹正也衆正官之
吏謂卿士之下有正官大夫與其同類之官爲長
周禮大司樂爲樂官之長大卜爲卜官之長此之
類也此等分治其職屬王屬卿如日之有歲月言
其有繫屬也詩稱赫赫師尹乃謂三公之官此以
師尹爲正官之吏謂大夫者以此師尹之文在卿
士之下卑於卿士知是大夫與小官爲長亦是衆
官之長故師尹之名同耳鄭云所以承休徵咎徵
言之者休咎五事得失之應其所致尚微故大陳
君臣之象成皇極之事其道得則其美應如此
其道失則敗德如彼非徒風雨寒燠而已是也　庶
民惟星星有好風星有好雨　星民象故衆民惟若星箕星
好風畢星好雨亦民所好　日月之行則有冬有夏　日月
之行冬夏各有常度君臣政治小大各有常法　月之從星則以風

闇則常風順之此即致上文一極備凶一極無凶也
傳君行至順之
正義曰此休咎皆言若者其所致者皆順其所行故言若也易
文言云雲從龍風從虎水流濕火就燥是物各以類相應故知
天氣順人所行以示其驗也其咎反於休者人君行不敬則狂
妄故狂對肅也政不治則僭差故僭對乂也明不照物則行自
逸豫故豫對哲也心無謀慮則行必急躁故急對謀也性不通
曉則行必蒙闇故蒙對聖也鄭玄以狂爲倨慢以對不敬故爲
慢也鄭王本豫作舒鄭云舉遲也王肅云舒惰也以對照晳故
爲遲惰鄭云急促自用也以謀者用人之言故急爲自用已也
鄭云蒙見冒亂也王肅云蒙瞽蒙以聖是通達故蒙爲瞽蒙所
見冒亂言其不曉事與聖反也與孔各小異耳
曰王省至不寧
正義曰既陳五事之休咎又言皇極之得失與上異端更復言
曰王之省職兼揔羣吏惟如歲也卿士分居列位惟如月也衆
正官之長各治其職惟如日也此王也卿士也師尹也掌事猶
歲月日者言皆無改易君秉君道臣行臣事則百穀用此而成
歲豐稔也其治用是而明世安泰也俊民用此而章在官位也
國家用此而平安風俗和也若王也卿士也師尹也掌事猶如
日月歲者是已變易君失其柄權臣各專恣百穀用此而不成
歲饑饉也其治用此昏闇而不明政事亂也俊民用此而卑微
皆隱遁也國家用此而不安泰時世亂也此是皇極所致得中
則致善不中則致惡歲月日無易是得中也既易是不中也所
致善惡乃大於庶徵故於此敘之也
傳王所至四時
正義曰下云庶民惟星以星喻民知此歲月日者皆以喻職事
也於王言省則卿士師尹亦爲省也王之所省職無不兼所揔
羣吏如歲兼四時下句惟有月日羣臣無喻時者但時以統月
故傳以四時言之言其兼下月日也
傳衆正至歲月

雨傳月經於箕則多風離於畢則多雨政教失常以從民欲亦所以亂【疏】庶民至風雨　正義
曰既言大中治民不可改易又言民各有心須齊
正之言庶民之性惟若星然星有好風星有好雨
以喻民有好善亦有好惡日月之行則有冬有夏
言日月之行冬夏各有常道喻君臣爲政小大各
有常法若日月失其常道則天氣從而改焉月之
行度失道從星所好以致風雨喻人君政教失常
從民所欲則致國亂故當立用大中以齊正之不
得從民欲也　傳星民至所好　正義曰星之在
天猶民之在地星爲民象以其象民故因以星喻
故衆民惟若星也直言星有好風不知何星故云
箕星好風也畢星好雨亦如民有所好也不言畢
星好雨具於下傳　傳日月至常法　正義曰日
月之行四時皆有常法變冬夏爲南北之極故舉
以言之日月之行冬夏各有常度喻人君爲政小
大各有常法張衡蔡邕王蕃等說渾天者皆云周
天三百六十五度四分度之一天體圓如彈丸北
高南下北極出地上三十六度南極入地下三十
六度南極去北極直徑一百二十二度弱其依天
體隆曲南極去北極一百八十二度彊正當天之
中央南北二極中等之處謂之赤道去南北極各
九十一度春分日行赤道從此漸北夏至赤道之
北二十四度去北極六十七度去南極一百一十
五度日行黑道從夏至日以後日漸南至秋分還
行赤道與春分同冬至行赤道之南二十四度去
南極六十七度去北極一百一十五度其日之行
處謂之黃道又有月行之道與日道相近交絡而
過半在日道之裏半在日道之表其當交則兩道
相合交去極遠處兩道相去六度此其日月行道
之大略也　王肅云日月行有常度君臣禮有常法
以齊其民　傳月經至以亂　正義曰詩云月離

正義曰師衆也尹正也衆正官之吏謂卿士之下有正官大夫
與其同類之官爲長周禮大司樂爲樂官之長大卜爲卜官之
長此之類也此等分治其職屬王屬卿如日之有歲月言其有
繫屬也詩稱赫赫師尹乃謂三公之官此以師尹爲正官之吏
謂大夫者以此師尹之文在卿士之下卑於卿士知是大夫與
小官爲長亦是衆官之長故師尹之名同耳鄭云所以承休徵
咎徵言之者休咎五事得失之應其所致尚微故大陳君臣之
象成皇極之事其道得則其美應如此其道失則敗德如彼非
徒風雨寒燠而已是也
庶民至風雨
正義曰既言大中治民不可改易又言民各有心須齊正之言
庶民之性惟若星然星有好風星有好雨以喻民有好善亦有
好惡日月之行則有冬有夏言日月之行冬夏各有常道喻君
臣爲政小大各有常法若日月失其常道則天氣從而改焉月
之行度失道從星所好以致風雨喻人君政教失常從民所欲
則致國亂故當立用大中以齊正之不得從民欲也
傳星民至所好
正義曰星之在天猶民之在地星爲民象以其象民故因以星
喻故衆民惟若星也直言星有好風不知何星故云箕星好風
也畢星好雨亦如民有所好也不言畢星好雨具於下傳
傳日月至常法
正義曰日月之行四時皆有常法變冬夏爲南北之極故舉以
言之日月之行冬夏各有常度喻人君爲政小大各有常法張
衡蔡邕王蕃等說渾天者皆云周天三百六十五度四分度之
一天體圓如彈丸北高南下北極出地上三十六度南極入地
下三十六度南極去北極直徑一百二十二度弱其依天體隆
曲南極去北極一百八十二度彊正當天之中央南北二極中
等之處謂之赤道去南北極各九十一度春分日行赤道從此
漸北夏至赤道之北二十四度去北極六十七度去南極一百
一十五度日行黑道從夏至日以後日漸南至秋分還行赤道

于畢俾滂沲矣是離畢則多雨其文見於經經箕則多風傳記無其事鄭玄引春秋緯云月離於箕則風揚沙作緯在孔君之後以前必有此說孔依用之也月行雖有常度時或失道從星經箕多風離畢多雨此天象之自然以箕爲簸揚之器畢亦捕魚之物故耳鄭以爲箕星好風者箕東方木宿風中央土氣木克土爲妻從妻所好故好風也畢星好雨者畢西方金宿雨東方木氣金克木爲妻從妻所好故好雨也推此則南宮好暘北宮好燠中宮四季好寒以各尚妻之所好故也未知孔意同否顧氏所解亦同於鄭言從星者謂不應從而從以致此風雨故喻政教失常以從民欲亦所以亂也上云日月之行此句惟言月者鄭云不言日者日之從星不可見故也

凡五福

一曰壽百二十年**二曰富**財豐備**三曰康寧**無疾病**四曰攸好德**所好者德福之道**五曰考終命**各成其短長之命以自終不橫夭

六極一曰凶短折動不遇吉短未六十折未三十言辛苦**二曰疾**常抱疾苦**三曰憂**多所憂**四曰貧**困於財**五曰惡**醜陋**六曰弱**尫劣

【疏】九五福至曰弱　正義曰五福者謂人蒙福祐有五事也一曰壽年得長也二曰富家豐財貨也三曰康寧無疾病也四曰攸好德性所好者美德也五曰考終命成終長短之命不橫夭也六極謂窮極惡事有六一曰凶短折遇凶而橫夭性命也二曰疾常抱疾病三曰憂常多憂愁四曰貧困乏於財五曰惡貌狀醜陋六曰弱志力尫劣也五福六極天實得爲之而歷言此者以人生於世有此福極爲善致福爲惡致極勸人君使行善也五福六極

與春分同冬至行赤道之南二十四度去南極六十七度去北極一百一十五度其日之行處謂之黃道又有月行之道與日道相近交絡而過半在日道之裏半在日道之表其當交則兩道相合交去極遠處兩道相去六度此其日月行道之大略也王肅云日月行有常度君臣禮有常法以齊其民

傳月經至以亂

正義曰詩云月離于畢俾滂沲矣是離畢則多雨其文見於經經箕則多風傳記無其事鄭玄引春秋緯云月離於箕則風揚沙作緯在孔君之後以前必有此說孔依用之也月行雖有常度時或失道從星經箕多風離畢多雨此天象之自然以箕爲簸揚之器畢亦捕魚之物故耳鄭以爲箕星好風者箕東方木宿風中央土氣木克土爲妻從妻所好故好風也畢星好雨者畢西方金宿雨東方木氣金克木爲妻從妻所好故好雨也推此則南宮好暘北宮好燠中宮四季好寒以各尚妻之所好故也未知孔意同否顧氏所解亦同於鄭言從星者謂不應從而從以致此風雨故喻政教失常以從民欲亦所以亂也上云日月之行此句惟言月者鄭云不言日者日之從星不可見故也

九五福至曰弱

正義曰五福者謂人蒙福祐有五事也一曰壽年得長也二曰富家豐財貨也三曰康寧無疾病也四曰攸好德性所好者美德也五曰考終命成終長短之命不橫夭也六極謂窮極惡事有六一曰凶短折遇凶而橫夭性命也二曰疾常抱疾病三曰憂常多憂愁四曰貧困乏於財五曰惡貌狀醜陋六曰弱志力尫劣也五福六極天實得爲之而歷言此者以人生於世有此福極爲善致福爲惡致極勸人君使行善也五福六極如此次者鄭云此數本諸其尤者福是人之所欲以尤欲者爲先極是人之所惡以尤所不欲者爲先以下緣人意輕重爲次耳

傳百二十年

正義曰人之大期百年爲限世有長壽云百二十年者故傳以最長者言之未必有正文也

如此次者鄭云此數本諸其尤者福是人之所欲
以尤欲者爲先極是人之所惡以尤所不欲者爲
先以下緣人意輕重爲次耳　傳百二十年　正
義曰人之大期百年爲限世有長壽云百二十年
者故傳以最長者言之未必有正文也　傳所好
至之道　正義曰人所嗜好稟諸上天性之所好
不能自已好善者或當知善是善好惡者不知惡
之爲惡謂惡是善故好之無厭任其所好從而觀
之所好者德是福之道也好德者天使之然故爲
福也鄭云民皆好有德也王肅云言人君所好者
道德爲福洪範以人君爲主上之所爲下必從之
人君好德故民亦好德事相通也　傳各成至橫
夭　正義曰成十三年左傳云民受天地之中以
生所謂命也能者養之以福不能者敗以取禍是
言命之短長雖有定分未必能遂其性不致夭枉
故各成其短長之命以自終不橫夭者亦爲福也

傳動不至辛苦　正義曰動不遇吉者解凶也傳
以壽爲百二十年短者半之爲未六十折又半爲
未三十辛苦者味也辛苦之味入口猶困厄之事
在身故謂殃厄勞役之事爲辛苦也鄭玄以爲凶
短折皆是夭枉之名未齓曰凶未冠曰短未婚曰
折漢書五行志云傷人曰凶禽獸曰短草木曰折
一曰凶夭是也兄喪弟曰短父喪子曰折並與孔
不同　傳尫劣　正義曰尫劣並是弱事爲筋力
弱亦爲志氣弱鄭玄云愚懦不毅曰弱言其志氣
弱也五行傳有致極之文無致福之事鄭玄依書
傳云凶短折思不睿之罰疾視不明之罰憂言不
從之罰貧聽不聰之罰惡貌不恭之罰弱皇不極
之罰反此而云王者思睿則致壽聽聰則致富視
明則致康寧言從則致攸好德貌恭則致考終命
所以然者不但行運氣性相感以義言之以思睿
則無擁神安而保命故壽若蒙則不通殤神夭性

楊本卷十一第三十六葉

傳所好至之道
正義曰人所嗜好稟諸上天性之所好不能自已好善者或當
知善是善好惡者不知惡之爲惡謂惡是善故好之無厭任其
所好從而觀之所好者德是福之道也好德者天使之然故爲
福也鄭云民皆好有德也王肅云言人君所好者道德爲福洪
範以人君爲主上之所爲下必從之人君好德故民亦好德事
相通也
傳各成至橫夭
正義曰成十三年左傳云民受天地之中以生所謂命也能者
養之以福不能者敗以取禍是言命之短長雖有定分未必能
遂其性不致夭枉故各成其短長之命以自終不橫夭者亦爲
福也
傳動不至辛苦
正義曰動不遇吉者解凶也傳以壽爲百二十年短者半之爲
未六十折又半爲未三十辛苦者味也辛苦之味入口猶困厄

之事在身故謂殃厄勞役之事爲辛苦也鄭玄以爲凶短折皆
是夭枉之名未齓曰凶未冠曰短未婚曰折漢書五行志云傷
人曰凶禽獸曰短草木曰折一曰凶夭是也兄喪弟曰短父喪
子曰折並與孔不同
傳尫劣
正義曰尫劣並是弱事爲筋力弱亦爲志氣弱鄭玄云愚懦不
毅曰弱言其志氣弱也五行傳有致極之文無致福之事鄭玄
依書傳云凶短折思不睿之罰疾視不明之罰憂言不從之罰
貧聽不聰之罰惡貌不恭之罰弱皇不極之罰反此而云王者
思睿則致壽聽聰則致富視明則致康寧言從則致攸好德貌
恭則致考終命所以然者不但行運氣性相感以義言之以思
睿則無擁神安而保命故壽若蒙則不通殤神夭性所以短折
也聽聰則謀當所求而會故致富違而失計故貧也視明照了
性得而安寧不明以擾神而疾也言從由於德故好者德也不
從而無德所以憂耳貌恭則容儼形美而成性以終其命容毀

單疏卷十一第二十八葉

所以短折也聽聰則謀當所求而會故致富違而失計故貧也視明照了性得而安寧不明以擾神而疾也言從由於德故好者德也不從而無德所以憂耳貌恭則容儼形美而成性以終其命容毀故致惡也不能爲大中故所以弱也此亦孔所不同焉此福極之文雖主於君亦兼於下故有貧富惡弱之等也

武王既勝殷邦諸侯班宗彝賦宗廟彝器酒罇賜諸侯**作分器**言諸侯尊卑各有分也亡

疏武王至分器　正義曰武王既已勝殷制邦國以封有功者爲諸侯既封爲國君乃班賦宗廟彝器以賜之於時有言誥戒勑史敘其事作分器之篇　傳賦宗至諸侯　正義曰序云邦諸侯者立邦國封人爲諸侯也樂記云封有功者爲諸侯詩賚序云大封於廟謂此時也釋言云班賦也周禮有司尊彝之官鄭云彝亦尊也鬱鬯曰彝彝法也言爲尊之法正然則盛鬯者爲彝盛酒者爲尊皆祭宗廟之酒器也分宗廟彝器酒尊以賦諸侯既封乃賜之也　傳言諸至也亡　正義曰篇名分器知其篇言諸侯尊卑各有分也昭十二年左傳楚靈王云昔我先王熊繹與呂伋王孫牟燮父禽父並事康王四國皆有分我獨無十五年傳曰諸侯之封也皆受明器於王室杜預云謂明德之分器也是諸侯各有分也亡

乇

尚書注疏卷第十一

楊本卷十一第三十七葉

故致惡也不能爲大中故所以弱也此亦孔所不同焉此福極之文雖主於君亦兼於下故有貧富惡弱之等也

武王至分器

正義曰武王既已勝殷制邦國以封有功者爲諸侯既封爲國君乃班賦宗廟彝器以賜之於時有言誥戒勑史敘其事作分器之篇

傳賦宗至諸侯

正義曰序云邦諸侯者立邦國封人爲諸侯也樂記云封有功者爲諸侯詩賚序云大封於廟謂此時也釋言云班賦也周禮有司尊彝之官鄭云彝亦尊也鬱鬯曰彝彝法也言爲尊之法正然則盛鬯者爲彝盛酒者爲尊皆祭宗廟之酒器也分宗廟彝器酒尊以賦諸侯既封乃賜之也

傳言諸至也亡

正義曰篇名分器知其篇言諸侯尊卑各有分也昭十二年左傳楚靈王云昔我先王熊繹與呂伋王孫牟燮父禽父並事康王四國皆有分我獨無十五年傳曰諸侯之封也皆受明器於王室杜預云謂明德之分器也是諸侯各有分也亡

尚書正義卷第十一

計一萬七千七百九字

單疏卷十一第二十九葉

尚書注疏卷第十二

國子祭酒上護軍曲阜縣開國子臣孔穎達奉

勑撰

周書

旅獒第七

金縢第八

大誥第九

微子之命第十

旅獒第七　周書

西旅獻獒西戎遠國貢大犬太保作旅獒召公陳戒因獒而陳道義

疏西旅至旅獒　正義曰西方之戎有國名旅者遣獻其大犬其名曰獒於是太保召公因陳戒史敘其事作旅獒　傳西戎至大犬　正義曰西旅西方夷名西方曰戎克商之後乃來知是西戎遠國也獒是犬名故云貢大犬　傳召公陳戒　正義曰成王時召公爲太保知此時太保亦召公也釋詁云旅陳也故云召公陳戒上旅是國名此旅訓爲陳二旅字同而義異鄭云獒讀曰豪西戎無君名強大有政者爲酋豪國人遣其酋豪來獻見於周良由不見古文妄爲此說

惟克商遂通道于九夷八蠻四夷慕化貢其方賄九八

楊本卷十二第一葉

尚書正義卷第十二

國子祭酒上護軍曲阜縣開國子臣孔穎達奉

勑撰

周書

旅獒第七

金縢第八

大誥第九

微子之命第十

旅獒第七

西旅至旅獒

正義曰西方之戎有國名旅者遣獻其大犬其名曰獒於是太保召公因陳戒史敘其事作旅獒

傳西戎至大犬

正義曰西旅西方夷名西方曰戎克商之後乃來知是西戎遠國也獒是犬名故云貢大犬

傳召公陳戒

正義曰成王時召公爲太保知此時太保亦召公也釋詁云旅陳也故云召公陳戒上旅是國名此旅訓爲陳二旅字同而義異鄭云獒讀曰豪西戎無君名強大有政者爲酋豪國人遣其酋豪來獻見於周良由不見古文妄爲此說

惟克至于王

正義曰惟武王既克商華夏既定遂開通道路於九夷八蠻於是有西戎旅國致貢其大犬名獒太保召公乃作此篇陳貢獒之義用訓諫於王

傳四夷至不服

正義曰曲禮云其在東夷西戎南蠻北狄經舉夷蠻則戎狄可知四夷慕化貢其方賄言所貢非獨旅也四夷各自爲國無大小統領九八言非一也釋地云九夷八狄七戎六蠻謂之四海又云八蠻在南方六戎在西方五狄在北方上下二文三方數目不同明堂位稱九夷八蠻六戎五狄與爾雅上文不同周禮

單疏卷十二第一葉

言非一皆通道路無遠不服

西旅厎貢厥獒 西戎之長致貢其獒犬高四尺曰獒以大爲異

太保乃作旅獒用訓于王 陳貢獒之義以訓諫王

疏 惟克至于王　正義曰惟武王既克商華夏既定遂開通道路於九夷八蠻於是有西戎旅國致貢其大犬名獒太保召公乃作此篇陳貢獒之義用訓諫於王　傳四夷至不服　正義曰

曲禮云其在東夷西戎南蠻北狄經舉夷蠻則戎狄可知四夷慕化貢其方賄言所貢非獨旅也四夷各自爲國無大小統領九八言非一也釋地云九夷八狄七戎六蠻謂之四海又云八蠻在南方六戎在西方五狄在北方上下二文三方數目不同明堂位稱九夷八蠻六戎五狄與爾雅上文不同周禮職方氏掌四夷八蠻七閩九貉五戎六狄之人鄭衆云四八七九五六周之所服國數也徧撿經傳四夷之數參差不同先儒舊解此爾雅殷制明堂位及職方并爾雅下文云八蠻在南六戎在西五狄在北皆爲周制義或當然明堂位言六戎五狄職方言五戎六狄趙商以此問鄭鄭荅云戎狄但有其國數其名難得而知是鄭亦不能定解言克商遂通道是王家遣使通道也魯語引此事韋昭云通道譯使懷柔之是王家遣使通彼彼聞命來獻也言其通夷蠻而有戎貢是四夷皆通道路無所不服　傳西戎至爲異　正義曰西戎之長謂旅國之君致貢其獒或遣使貢之不必自來也犬高四尺曰獒釋畜文左傳晉靈公有犬謂之獒旅國以大爲異故貢之也

曰嗚呼明王慎德四夷咸賓 言明王慎德以懷遠故四夷皆賓服

無有遠邇畢獻方物惟服食器用 天下萬國無有遠近盡貢其方

楊本卷十二第二葉

職方氏掌四夷八蠻七閩九貉五戎六狄之人鄭衆云四八七九五六周之所服國數也徧撿經傳四夷之數參差不同先儒舊解此爾雅殷制明堂位及職方并爾雅下文云八蠻在南六戎在西五狄在北皆爲周制義或當然明堂位言六戎五狄職方言五戎六狄趙商以此問鄭鄭荅云戎狄但有其國數其名難得而知是鄭亦不能定解言克商遂通道是王家遣使通道也魯語引此事韋昭云通道譯使懷柔之是王家遣使通彼彼聞命來獻也言其通夷蠻而有戎貢是四夷皆通道路無所不服

傳西戎至爲異

正義曰西戎之長謂旅國之君致貢其獒或遣使貢之不必自來也犬高四尺曰獒釋畜文左傳晉靈公有犬謂之獒旅國以大爲異故貢之也

曰嗚呼至展親

正義曰嗚呼歎而言也自古明聖之王慎其德教以柔遠人四夷皆來賓服無有遠之與近盡貢其方土所生之物其所獻者惟可以供其服食器用而已不爲耳目華侈供玩好之用也明王既得所貢乃明其德之所致分賜於彼異姓之國明已德致遠賜異姓之國令使無廢其服職事也分寶玉於同姓伯叔之國見已無所愛惜是用誠信其親親之道也

傳天下至華侈

正義曰以言無有遠近是華夷摠統之辭釋詁云畢盡也故云天下萬國無有遠之與近盡貢其方土所生之物惟可以供服食器用者玄纁絺紵供服也橘柚菁茅供食也羽毛齒革瑤琨篠簜供器用也下言不役耳目故知言不爲耳目華侈也周禮大行人云九州之外謂之蕃國世壹見各以其所貴寶爲贄鄭玄云所貴寶見經傳者犬戎獻白狼白鹿是也餘外則周書王會備焉案王會篇諸方致貢無所不有此言惟服食器用者遠方所貢雖不充於器用實亦受之召公深戒武王故言此耳

傳德之至其職

正義曰明王有德四夷乃貢是德之所致謂遠夷之貢也昭德

單疏卷十二第二葉

土所生之物惟可以供服食器用者言不爲耳目華侈王乃昭德之致于
異姓之邦無替厥服德之所致謂遠夷之貢以分賜異姓諸侯使無
廢其職分寶玉于伯叔之國時庸展親以寶玉分同姓
之國是用誠信其親親之道疏曰嗚呼至展親正義曰嗚呼歎而言也自古明聖之王慎其
德敎以柔遠人西夷皆來賓服無有遠之與近盡
貢其方土所生之物其所獻者惟可以供其服食
器用而已不爲耳目華侈供玩好之用也明王既
得所貢乃明其德之所致分賜於彼異姓之國明
己德致遠賜異姓之國令使無廢其服職事也分
寶玉於同姓伯叔之國見己無所愛惜是用誠信
其親親之道也傳天下至華侈　正義曰以言
無有遠近是華夷摠統之辭釋詁云畢盡也故云
天下萬國無有遠之與近盡貢其方土所生之物
惟可以供服食器用者玄纁絺紵供服也橘柚菁
茅供食也羽毛齒革瑤琨篠簜供器用也下言不
役耳目故知言不爲耳目華侈也周禮大行人云
九州之外謂之蕃國世壹見各以其所貴寶爲贄
鄭玄云所貴寶見經傳者犬戎獻白狼白鹿是也
餘外則周書王會備焉案王會篇諸方致貢無所
不有此言惟服食器用者遠方所貢雖不充於器
用寳亦受之召公深戒武王故言此耳傳德之所
至其職　正義曰明王有德四夷乃貢是德之所
致謂遠夷之貢也昭德之致正謂賜異姓諸侯令
其見此遠物服德畏威無廢其貢獻常職也魯語
稱武王時肅愼氏來貢楛矢石砮長尺有咫先王
欲昭令德之致遠以示後人使永監焉故銘其楛
曰肅愼氏貢矢以分大姬配虞胡公而封諸陳古
者分異姓以遠方之貢使無忘服也故分陳以肅

愼氏之矢是分異姓之事禮有異姓庶姓異姓王
之甥舅庶姓與王無親其分庶姓亦當以遠方之
貢矣傳以寶至之道　正義曰寶玉亦是萬國
所貢但不必是遠方所貢耳以寶玉分同姓之國
示己不愛惜共諸侯有之是用誠信其親親之道
也言用寶以表誠心使彼知王親愛之也定四年
左傳稱分魯公以夏后氏之璜是以寶玉分同姓
也異姓疏遠其廢職故賜以遠方之物攝彼心同
姓親嫌王無恩賜以寶玉貴
物表王心此亦互相見也人不易物惟德其
物言物貴由人有德則物貴無德則物賤所貴在於德德盛不狎侮盛德必自
敬何狎易侮慢之有狎侮君子罔以盡人心以虛受人則人盡其
心矣狎侮小人罔以盡其力以悅使民民忘其勞則力盡矣疏
人不至其力　正義曰既言分物賜人因說貴不
在物言有德無德之王俱是以物賜人所賜之物
一也不改易其物惟有德者賜人人其此賜者是物
若無德者賜人人則此物不是物矣恐人主恃己賜
人不自脩德言此者戒人主使脩德也又說脩德
之事德盛者常自敬身不爲輕狎侮慢之事狎侮
君子則無以盡人心君子被君侮慢不肯盡心矣
狎侮小人則無以盡其力小人被君侮慢不復肯
盡力矣君子不盡心小人不盡力則國家之事敗
矣傳言物至於德　正義曰有德不濫賞賞必
加於賢人得者則以爲榮故有德則物貴也無德
則濫賞賞或加於小人賢者得之反以爲恥故無
德則物賤也所貴不在於物乃在於德傳以虛
至心矣　正義曰以虛受人易咸卦象辭也人主
以己爲虛受用人言執謙以下人則人皆盡其心
矣傳以悅至盡矣　正義曰詩序云悅以使民

民忘其死故云以悅使民民忘其勞在上撫悅之
則人皆盡其力矣此君子謂臣小人謂民太甲曰
接下思恭不可押侮臣也論語云使民如承大祭
不可押侮民也襄九年左傳云君子勞心小人勞
力故別言之　不役耳目百度惟貞　言不以聲色自役則百度正
玩人喪德玩物喪志　以人爲戲弄則喪其德以器物爲戲弄則喪其
志　以道寧言以道接　在心爲志發氣爲言皆以道爲本故
君子勤道　不作無益害有益功乃成不貴異
物賤用物民乃足　遊觀爲無益奇巧爲異物言明王之道以德義爲益
器用爲貴所以化俗生民　犬馬非其土性不畜　非此土所生不畜以
不習其用　珍禽奇獸不育于國　皆非所用有損害故　不
寶遠物則遠人格　不侵奪其利則來服矣　所寶惟
賢則邇人安　寶賢任能則近人安近人安則遠人安矣　疏　不役至道接　正義
曰既言不可押侮又言不可縱恣不以聲色使役耳
目則百事之度惟皆正矣以聲色自娛必玩弄人物
既玩弄人者喪其德也玩弄物者喪其志也人物既
不可玩則當以道自處志當以道而寧身言當以道
而接物依道而行則志自得而言自當　傳言不
至度正　正義曰昭元年左傳子產論晉侯之疾
云茲心不爽昏亂百度杜預云百度百事之節也
此言志既不營聲色百事皆自用心則皆得正也
傳以人至其志　正義曰喪德喪志其義一也玩
人爲重以德言之玩物爲輕以志言之終是志荒

楊本卷十二第五葉

之致正謂賜異姓諸侯令其見此遠物服德畏威無廢其貢獻
常職也魯語稱武王時肅愼氏來貢楛矢石砮長尺有咫先王
欲昭令德之致遠以示後人使永監焉故銘其楛曰肅愼氏貢
矢以分大姬配虞胡公而封諸陳古者分異姓以遠方之貢使
無忘服也故分陳以肅愼氏之矢是分異姓之事禮有異姓庶
姓異姓王之甥舅庶姓與王無親其分庶姓亦當以遠方之貢矣
傳以寶至之道
正義曰寶王亦是萬國所貢但不必是遠方所貢耳以寶玉分
同姓之國示己不愛惜共諸侯有之是用誠信其親親之道也
言用寶以表誠心使彼知王親愛之也定四年左傳稱分魯公
以夏后氏之璜是以寶玉分同姓也異姓踈慮其廢職故賜以
遠方之物攝彼心同姓親嫌王無恩賜以寶玉貴物表王心此
亦互相見也
人不至其力
正義曰既言分物賜人因說貴不在物言有德無德之王俱是
以物賜人所賜之物一也不改易其物惟有德者賜人其此賜
者是物若無德者賜人則此物不是物矣恐人主恃己賜人不
自脩德言此者戒人主使脩德也又說脩德之事德盛者常自
敬身不爲輕押侮慢之事押侮君子則無以盡人心君子被君
侮慢不肯盡心矣押侮小人則無以盡其力小人被君侮慢不
復肯盡力矣君子不盡心小人不盡力則國家之事敗矣
傳言物至於德
正義曰有德不濫賞賞必加於賢人得者則以爲榮故有德則
物貴也無德則濫賞賞或加於小人賢者得之反以爲恥故無
德則物賤也所貴不在於物乃在於德
傳以虛至心矣
正義曰以虛受人易咸卦象辭也人主以己爲虛受用人言執
謙以下人則人皆盡其心矣
傳以悅至盡矣
正義曰詩序云悅以使民民忘其死故云以悅使民民忘其勞

單疏卷十二第三葉

而德喪耳　傳在心至勤道　正義曰在心爲志
詩序文也在心爲志謂心動有所向也發氣爲言
言於志所趣也志是未發言是已發相接而成本
末之異耳志言並皆用道但志未發故以道寧志
不依道則不得寧耳言是已發故以道接言不以
道則不可接物志言皆以道爲本故君子須勤道
也　傳遊觀至生民　正義曰遊觀徒費時日故
爲無益無益多矣非徒遊觀而已奇巧世所希有
故爲異物異物多矣非徒奇巧而已諸是妄作皆
爲無益諸是世所希皆爲異物異物無益不可徧
舉舉此二者以明此類皆是也不作是初造之辭
爲作有所害故以爲無益不貴是愛好之語有貴
必有賤故以異物對用物雖經言用物傳言器用
可矣經言有益有益不知所謂故傳以德義是人
之本故德義爲有益諸是益身之物皆是有益亦
舉重爲言經之戒人主人王如此所以化世俗生
養下民也此言生民宜十二年左傳云分謗生民
皆謂生活民也下云生民保厥居與孝經云生民
之本盡矣言民生於世謂之生民與此傳異也俗
本云弗賤衍弗字也　傳非此至其用　正義曰
此篇爲戒止爲此句以西旅之獒非中國之犬不
用令王愛好之故言此也僖十五年左傳言晉侯
乘鄭馬及戰陷於濘是非此土所生不習其用也
犬不習用傳記無文　傳寶賢至安矣　正義曰
詩序云任賢使能周室中興故傳以任能配寶賢
言之論語云舉直錯諸枉則民服故寶賢任能則
近人安嫌安近不及遠故云近人安則遠人安矣
楚語云王孫圉聘於晉定公饗之趙簡子鳴玉以
相問於王孫圉曰楚之白珩猶在乎對曰然簡子
曰其爲寶也幾何矣曰未嘗爲寶楚之所寶者曰
觀射父及左史倚相此楚國之寶也若夫
白珩先王之所玩何寶之焉是謂寶賢也　嗚呼

楊本卷十二第六葉

在上撫悅則人皆盡其力矣此君子謂臣小人謂民太甲曰
接下思恭不可狎侮臣也論語云使民如承大祭不可狎侮民
也襄九年左傳云君子勞心小人勞力故分言之
不役至道接
正義曰既言不可狎侮又言不可縱恣不以聲色使役耳目則
百事之度惟皆正矣以聲色自娛必玩弄人物既玩弄人者喪
其德也玩弄物者喪其志也人物既不可玩則當以道自處志
當以道而寧身言當以道而接物依道而行則志自得而言自當
傳言不至度正
正義曰昭元年左傳子產論晉侯之疾云茲心不爽昏亂百度
杜預云百度百事之節也此言志既不營聲色百事皆自用心
則皆得正也
傳以人至其志
正義曰喪德喪志其義一也玩人爲重以德言之玩物爲輕以
志言之終是志荒而德喪耳
傳在心至勤道
正義曰在心爲志詩序文也在心爲志謂心動有所向也發氣
爲言言於志所趣也志是未發言是已發相接而成本末之異
耳志言並皆用道但志未發故以道寧志不依道則不得寧耳
言是已發故以道接言不以道則不可接物志言皆以道爲本
故君子須勤道也
傳遊觀至生民
正義曰遊觀徒費時日故爲無益無益多矣非徒遊觀而已奇
巧世所希有故爲異物異物多矣非徒奇巧而已諸是妄作皆
爲無益諸是世所希皆爲異物異物無益不可徧舉舉此二者
以明此類皆是也不作是初造之辭爲作有所害故以爲無益
不貴是愛好之語有貴必有賤故以異物對用物雖經言用物
傳言器用可矣經言有益有益不知所謂故傳以德義是人之
本故德義爲有益諸是益身之物皆是有益亦舉重爲言經之
戒人主人王如此所以化世俗生養下民也此言生民宜十二

單疏卷十二第四葉

夙夜罔或不勤言當早起夜寐常勤於德不矜細行終
累大德輕忽小物積害毀大故君子慎其微爲山九仞功虧一
簣八尺曰仞喻向成也未成一簣猶不爲山故曰功虧一簣是以聖人乾乾日昃慎終如始
允迪茲生民保厥居惟乃世王言其能信蹈行此誡
則生人安其居天子乃世世王天下武王雖聖猶
設此誡況非聖人可以無誡乎其不免於過則亦
宜矣【疏】嗚呼至世王　正義曰所誡已終故歎以結
之嗚呼爲人君者當早起夜寐無有不勤於
德言當勤行德也若不矜惜細行作隨宜小過終
必損累大德矣譬如爲山已高九仞其功虧損在
於一簣惟少一簣而止猶尚不成山以喻樹德行
政小有不終德政則不成矣必當慎終如始以成

尚書十二　七

德政王者信能蹈行此誡生民皆安其居惟天
子乃世世王天下也　傳輕忽至其微　正義曰
矜是憐惜之意故以不惜細行爲輕忽小物謂上
狎侮君子小人愛玩犬馬禽獸之類是小事也積
小害毀大德故君子慎其微易繫辭曰小人以小
善爲無益而不爲也以小惡爲無傷而不去也故
惡積而不可掩罪大而不可解是故君子當慎微
也　傳八尺至如始　正義曰周禮匠人有畎遂
溝洫皆廣深等而澮云廣二尋深二仞則澮亦廣
深等仞與尋同故知八尺曰仞王肅聖證論及注
家語皆云八尺曰仞與孔義同鄭玄云七尺曰仞
與孔意異論語云譬如爲山未成一簣鄭云簣盛
土器爲山九仞欲成山以喻爲善向成也未成一
簣猶不爲山故曰爲山功虧一簣古語云行百里
者半於九十言末路之艱難也是以聖人乾乾不
息至於日昃不敢自暇恐末路之失同於一簣故

楊本卷十二第七葉

年左傳云以謗生民皆謂生活民也下云生民保厥居與孝經
云生民之本盡矣言民生於世謂之生民與此傳異也俗本云
弗賤衍弗字也
傳非此至其用
正義曰此篇爲戒止爲此句以西旅之獒非中國之犬不用令
王愛好之故言此也僖十五年左傳言晉侯乘鄭馬及戰陷於
濘是非此土所生不習其用也犬不習用傳記無文
傳寶賢至安矣
正義曰詩序云任賢使能周室中興故傳以任能配寶賢言之
論語云舉直錯諸枉則民服故寶賢任能則近人安嫌安近不
及遠故云近人安則遠人安矣楚語云王孫圉聘於晉定公饗
之趙簡子鳴玉以相問於王孫圉曰楚之白珩猶在乎對曰然
簡子曰其爲寶也幾何矣曰未嘗爲寶楚之所寶者曰觀射父
及左史倚相此楚國之寶也若夫白珩先王之玩何寶之焉
是謂寶賢也

書十二　五

嗚呼至世王
正義曰所戒已終故歎以結之嗚呼爲人君者當早起夜寐無
有不勤於德言當勤行德也若不矜惜細行作隨宜小過終必
損累大德矣譬如爲山已高九仞其功虧損在於一簣惟少一
簣而止猶尚不成山以喻樹德行政小有不終德政則不成矣
必當慎終如始以成德政王者信能蹈行此誡生民皆安其居
處惟天子乃世世王天下也
傳輕忽至其微
正義曰矜是憐惜之意故以不惜細行爲輕忽小物謂上狎侮
君子小人愛玩犬馬禽獸之類是小事也積小害毀大德故君
子慎其微易繫辭曰小人以小善爲無益而不爲也以小惡爲
無傷而不去也故惡積而不可掩罪大而不可解是故君子當
慎微也
傳八尺至如始
正義曰周禮匠人有畎遂溝洫皆廣深等而澮云廣二尋深二

單疏卷十二第五葉

慎終如始也乾乾易乾卦文日昃無逸篇文 傳
言其至宜矣 正義曰此揔結上文信蹈行此誡
行此以上言也言君主於治民故先云生民安其
居天子乃得世世王天下也傳以庸君多自用己
不受人言敘經意而申之云武王雖聖召公猶設
此誡況非聖人可以無誡乎身既非聖又無善誡
其不免於過則
亦宜其然矣

巢伯來朝 殷之諸侯伯爵也南方遠國武王克商慕義來朝

芮伯作旅巢命 芮伯周同姓圻內之國爲卿大夫陳威德以命巢云

【疏】巢伯至巢命 正義曰巢伯國爵之君南方遠國也以武王克商乃慕義
來朝主之卿大夫有芮伯者陳王威德以命巢君
史敘其事作旅巢命之篇 傳殷之至來朝 正
義曰武王克商即來受周之王命知是殷之諸侯
伯是爵也仲虺之誥云成湯放桀于南巢或此巢
是也故先儒相傳皆以爲南方之國今聞武王克
商慕義而來朝也鄭玄以爲南方世一見者孔以
夷狄之爵不過子此君伯爵夷夏未明故直言遠
國也 傳芮伯至巢云 正義曰世本云芮伯姬
姓是周同姓也杜預云芮馮翊臨晉縣芮鄉是也
知是圻內之國者芮伯在朝作命必是王臣不得
其官故卿與大夫並言之旅
訓爲陳陳王威德以命巢

金縢第八

武王有疾周公作金縢 爲請命之書藏之於匱緘之以金不欲人開之

金縢 遂以所藏爲篇名

【疏】武王至金縢 正義曰武王有疾周公作
策書告神請代武王死事畢納書於金縢之匱遂
作金縢凡序言作者謂作此篇也案經周公策命

仞則潰亦蒙深等仞與尋同故知八尺曰仞王肅聖證論及注
家語皆云八尺曰仞與孔義同鄭玄云七尺曰仞與孔意異論
語云譬如爲山未成一簣鄭云簣盛土器爲山九仞欲成山以
喻爲善向成也未成一簣猶不爲山故曰爲山功虧一簣古語
云行百里者半於九十言末路之艱難也是以聖人乾乾不息
至於日昃不敢自暇恐末路之失同於一簣故慎終如始也乾
乾易乾卦文日昃無逸篇文
傳言其至宜矣
正義曰此揔結上文信蹈行此誡行此以上言也言君主於治
民故先云生民安其居天子乃得世世王天下也傳以庸君多
自用己不受人言敘經意而申之云武王雖聖召公猶設此誡
況非聖人可以無誡乎身既非聖又無善誡其不免於過則亦
宜其然矣
巢伯至巢命
正義曰巢伯國爵之君南方遠國也以武王克商乃慕義來朝
王之卿大夫有芮伯者陳王威德以命巢君史敘其事作旅巢
命之篇
傳殷之至來朝
正義曰武王克商即來受周之王命知是殷之諸侯伯是爵也
仲虺之誥云成湯放桀于南巢或此巢是也故先儒相傳皆以
爲南方之國今聞武王克商慕義而來朝也鄭玄以爲南方世
一見者孔以夷狄之爵不過子此君伯爵夷夏未明故直言遠
國也
傳芮伯至巢云
正義曰世本云芮伯姬姓是周同姓也杜預云芮馮翊臨晉縣
芮鄉是也知是圻內之國者芮伯在朝作命必是王臣不得其
官故卿與大夫並言之旅訓爲陳陳王威德以命巢
金縢第八
武王至金縢
正義曰武王有疾周公作策書告神請代武王死事畢納書於

之書自納金縢之匱及爲流言所謗成王悟而開之史敘其事乃作此篇非周公作也序以經具故略言之　傳爲請至開之　正義曰經云金縢之匱則金縢是匱之名也詩述韔弓之事云竹閉緄縢毛傳云緄繩縢約也此傳言緘之以金則訓縢爲緘王鄭皆云縢束也又鄭喪大記注云齊人謂棺束爲緘家語稱周廟之內有金人參緘其口則縢是束縛之義藏之於匱緘之以金若今釘鍱之不欲人開也鄭云凡藏秘書藏之於匱必以金緘其表是秘密之書皆藏於匱非周公始造此匱獨藏此書也

金縢　正義曰發首至王季文王史敘將告神之事也史乃策祝至屏璧與珪告神之辭也自乃卜至乃瘳言卜吉告王差之事也自武王既喪已下敘周公被流言東征還反之事也此篇敘事多而言語少若使周公不遭流言則請命之事遂無人知爲成王開書周公得反史官美大

尚十二　九　陳浩

其事故敘之以爲此篇　既克商二年王有疾弗豫伐紂明年武王有疾不悅豫　二公曰我其爲王穆卜周公曰未可以戚我先王穆敬戚近也召公太公言王疾當敬卜吉凶周公言未可以死近我先王相順之辭　公乃自以爲功周公乃自以請命爲己事　爲三壇同墠因太王王季文王請命於天故爲三壇壇築土墠除地大除地於中爲三壇　爲壇於南方北面周公立焉立壇上對三王　植璧秉珪乃告太王王季文王璧以禮神植置也置於三王之坐周公秉桓珪以爲贄告謂祝辭　[疏]既克至文王　正義曰既克商二年即伐紂之明年

楊本卷十二第九葉

金縢之匱遂作金縢凡序言作者謂作此篇也案經周公策命之書自納金縢之匱及爲流言所謗成王悟而開之史敘其事乃作此篇非周公作也序以經具故略言之

傳爲請至開之

正義曰經云金縢之匱則金縢是匱之名也詩述韔弓之事云竹閉緄縢毛傳云緄繩縢約也此傳言緘之以金則訓縢爲緘王鄭皆云縢束也又鄭喪大記注云齊人謂棺束爲緘家語稱周廟之內有金人參緘其口則縢是束縛之義藏之於匱緘之以金若今釘鍱之不欲人開也鄭云凡藏秘書藏之於匱必以金緘其表是秘密之書皆藏於匱非周公始造此匱獨藏此書也

金縢

正義曰發首至王季文王史敘將告神之事也史乃策祝至屏璧與珪告神之辭也自乃卜至乃瘳言卜吉告王差之事也自武王既喪已下敘周公被流言東征還反之事也此篇敘事多而言語少若使周公不遭流言則請命之事遂無人知爲成王

書十二　七

開書周公得反史官美大其事故敘之以爲此篇

既克至文王

正義曰既克商二年即伐紂之明年也王有疾病不悅豫召公與太公二公同辭而言曰我其爲王敬卜吉凶問王疾病當瘳否周公曰王今有疾未可以死近我先王故當須卜也周公既爲此言公乃自以請命之事爲己事除地爲墠墠內築壇爲三壇同墠又爲一壇於南方北面周公立壇上焉置璧於三王之坐公自執珪乃告太王王季文王告此三王之神也

傳伐紂至悅豫

正義曰武王以文王受命十三年伐紂既殺紂即當稱元年克紂稱元年知此二年是伐紂之明年也王肅亦云克殷明年顧命云王有疾不懌懌悅也故不豫爲不悅豫也何休因此爲例云天子曰不豫諸侯曰負茲大夫曰犬馬士曰負薪

傳穆敬至之辭

正義曰釋訓云穆穆敬也戚是親近之義故爲近也武王時三

單疏卷十二第七葉

也。王有疾病不悅豫，召公與太公二公同辭而言曰：我其爲王敬卜吉凶，問王疾瘳否。周公曰：王今有疾，未可以死近我先王，故當須卜也。周公既爲此言，公乃自以請命之事爲己事，除地爲墠，墠内築壇，爲三壇同墠，又爲一壇於南方，北面，周公立壇上，爲置璧於三王之坐，公自執珪，乃告太王、王季、文王，告此三王之神也。○傳「伐紂至悅豫」。○正義曰：武王以文王受命十三年伐紂，既殺紂，即當稱元年，克紂稱元年，知此二年是伐紂之明年也。王肅亦云「克殷明年」。顧命云「王有疾，不懌」，懌，悅也，故不豫爲不悅豫也。何休因此爲例，云：「天子曰不豫，諸侯曰負茲，大夫曰犬馬，士曰負薪。」○傳「穆敬至之辭」。○正義曰：釋訓云：「穆穆，敬也。」戚是親近之義，故爲近也。武王時，三公惟周、召與太公耳，知二公是召公、太公也。言王疾恐死，當敬卜吉凶。周公言武王既定天下，當成就周道，未可以死近我先王，死則神與先王相近，故言近先王；若生則人神道隔，是爲遠也。二公恐王死，欲爲之卜，周公言王未可以死，是相順之辭也。鄭玄云：「戚，憂也。」周公既内知武王有九齡之命，又有文王曰「吾與爾三」之期，今必瘳，不以此終，故止二公之卜，云「未可以憂怖我先王」。如鄭此言，周公知王不死，先王豈不知乎？而慮先王憂也。○傳「周公至己事」。○正義曰：功，訓事也。周公雖許二公之卜，仍恐王疾不瘳，不復與二公謀之，乃自以請命爲己之事，獨請代武王死也。所以周公自請爲己事者，周公位居冢宰，地則近親，脫或卜之不善，不可使外人知悉，亦不可苟讓，故自以爲功也。○傳「因大至三壇」。○正義曰：請命，請之於天，而告三王者，以三王精神已在天矣，故因太王、王季、文王以請命於天。三王每王一壇，故爲三壇。壇是築土，墠是除地，大除其地，於中爲三壇。周公爲壇於南方，亦當在此墠内，但其處

小別，故下別言之。周公北面，則三壇南面可知，但不知以何方爲上耳。鄭玄云：「時爲壇墠於豐，壇墠之處猶存焉。」○傳「立壇至三王」。○正義曰：禮，授坐不立，授立不坐，欲其高下均也。神位在壇，故周公立壇上，對三王也。○傳「璧以至祝辭」。○正義曰：周禮大宗伯云：「以蒼璧禮天。」詩說禱旱云：「圭璧既卒。」是璧以禮神，不知其何色也。鄭云：「植，古置字。」故爲置也。言置璧於三王之坐也。周禮云：「公執桓圭。」知周公秉桓圭，又置以爲贄也。告謂祝辭，下文是其辭也。

史乃冊祝曰：惟爾元孫某，遘厲虐疾。史爲冊書祝辭也。元孫，武王。某，名，臣諱君，故曰某。厲，危；虐，暴也。

若爾三王，是有丕子之責于天，以旦代某之身。太子之責，謂疾不可救，於天則當以旦代之。死生有命，不可請代，聖人敘臣子之心，以垂世教。

予仁若考，能多材多藝，能事鬼神。我周公仁能順父，又多材多藝，能事鬼神，言可以代武王之意。

乃元孫不若旦多材多藝，不能事鬼神。乃命于帝庭，敷佑四方，汝元孫受命於天庭，爲天子，布其德教，以佑助四方，言不可以死。

用能定爾子孫于下地，四方之民罔不祗畏。言武王用受命帝庭之故，能定先人子孫於天下，四方之民無不敬畏。

嗚呼！無墜天之降寶命，我先王亦永有依歸。歎惜武王，言不救則墜天之寶命，救之則先王長有依歸。

今我即命于元

龜就受三王之命於大龜卜知吉凶爾之許我我其以璧
與珪歸俟爾命許謂疾瘳待命當以事神爾不許我
我乃屏璧與珪不許謂不愈也屏藏也言不得事神 疏 史乃至與珪
正義曰史乃爲策書執以祝之曰惟爾元孫某
某即發也遇得危暴重疾今恐其死若爾三王
是有太子之責於天謂負天太子責必須一子
死者請以旦代發之身令旦死而發生又告神
以代之狀我仁能順父又旦多材力多伎藝又
能善事鬼神汝元孫不如旦多材多藝又不能
事鬼神言取發不如取旦也然人各有能發聳
不能事鬼神則有人君之用乃受命於天帝之
庭能布其德教以佑助四方之民用能安定汝
三王子孫在於下地四方之民無不敬畏之

尚十二　十二

以此之故不可使死嗚呼發之可惜如此神明當
救助之無得隕墜天之所下寶命天下寶命謂使
爲天子若武王死是隕墜之也若不墜命則我先
王亦永有依歸爲宗廟之主神得歸之我與三王
人神道隔許我以否不可知今我就受三王之命
於彼大龜卜其吉凶吉則許我凶則不許我爾之
許我使卜得吉兆旦死而發生我其以璧與珪歸
家待汝神命我死當以珪璧事神爾不許我使卜
兆不吉發死而旦生我乃屏去璧之與珪言不得
事神當藏珪璧也　傳史爲至虐暴　正義曰告
神之言書之於策祝是讀書告神之名故云史爲
策書祝辭史讀此策書以祝告神也武王是太王
之曾孫也尊統於上繼之於祖謂元孫是長孫也
某者武王之名本告神云元孫發臣諱君故曰某
也易乾卦云夕惕若厲厲爲危也虐訓爲暴言性
命危而疾暴重也泰誓牧誓皆不諱發而此獨諱

公惟周召與太公耳知二公是召公太公也言王疾恐死當[illegible]
卜吉凶周公言武王既定天下當成就周道未可以死近我先
王死則神與先王相近故言近先王若生則人神道隔是爲遠
也二公恐王死欲爲之卜周公言王未可以死是相順之辭也
鄭云戚憂也周公既內知武王有九齡之命又有文王曰吾與
爾三之期今必瘳不以此終故止二公之卜云未可以憂怖我
先王如鄭此言周公知王不死先王豈不知乎而慮先王憂也
傳周公至己事
正義曰功訓事也周公雖許二公之卜仍恐王疾不瘳不復與
二公謀之乃自以請命爲己之事獨請代武王死也所以周公
自請爲己事者周公位居冢宰地則近親脫或卜之不善不可
使外人知悉亦不可苟讓故自以爲功也
傳因大至三壇
正義曰請命請之於天而告三王者以三王精神已在天矣故
因大王王季文王以請命於天三王每王一壇故爲三壇壇是

書十二　八

築土墠是除地大除其地於中爲三壇周公爲壇於南方亦當
在此墠內但其處小別故下別言之周公北面則三壇南面可
知但不知以何方爲上耳鄭玄云時爲壇墠於豐壇墠之處猶
存焉
傳立壇至三王
正義曰禮授坐不立授立不坐欲其高下均也神位在壇故周
公立壇上對三王也
傳璧以至祝辭
正義曰周禮大宗伯云以蒼璧禮天詩說禱旱云圭璧既卒是
璧以禮神不知其何色也鄭云植古置字故爲置也言置璧於
三王之坐也周禮云公執桓圭知周公秉桓圭又置以爲贄也
告謂祝辭下文是其辭也
史乃至與珪
正義曰史乃爲策書執以祝之曰惟爾元孫某某即發也遇得
危暴重疾今恐其死若爾三王是有太子之責於天謂負天大

之孔惟言臣諱君不解諱之意鄭玄云諱之者由成王讀之也意雖不明當謂成王開匱得書王自讀之至此字口改爲某史官録爲此篇因遂成王所讀故諱之上篇泰誓牧誓王自稱者令入史制爲此典故不須諱之 傳太子至世教 正義曰責讀如左傳施舍已責之責責謂負人物也太子之責於天言負天一太子謂必須死疾不可救於天必須一子死則當以旦代之死生有命不可請代令請代者聖人敘臣子之心以垂世教耳非謂可代得也鄭玄弟子趙商問玄曰若武王未終疾固當瘳信命之終雖請不得自古已來何患不爲玄荅曰君父疾病方困忠臣孝子不忍嘿爾視其歔欷歸其命於天中心惻然欲爲之請命周公達於此禮著在尚書若君父之病不爲請命豈忠孝之志也然則命有定分非可代死周公爲此者自申臣子之心非謂死實可代自古不廢亦有其人

但不見爾未必周公獨爲之鄭玄云丕讀曰不愛子孫曰子元孫遇疾若汝不救是將有不愛子孫之過爲天所責欲使爲之請命也與孔讀異 傳我周至之意 正義曰告神稱予知周公自稱我也考是父也故仁能順父上云元孫對祖生稱此言順父從親爲始祖爲王考曾祖爲皇考考父可以通之傳舉親而言父耳既能順父又多材多藝能事鬼神言已可以代武王之意上言丕子之責於天則是天欲取武王非父祖取之此言已能順父祖善事鬼神者假令天意取之其神必共父祖同處言已是父祖所欲令請之於天也 傳汝元至以死 正義曰以王者存亡大運在天有德於民天之所與是受命天庭也以人況天故言在庭非王實至天庭受天命也既受天命以爲天子布其德教以佑助四方之民當於天心有功於民言不可以死也

乃卜三龜一

子責必須一子死者請以旦代發之身令旦死而發生又告神以代之狀我仁能順父又旦多材多藝又能善事鬼神汝元孫不如旦多材多藝又不能事鬼神言取發不如取旦也然人各有能發雖不能事鬼神則有人君之用乃受命於天帝之庭能布其德教以佑助四方之民用能安定汝三王子孫在於下地四方之民無不敬而畏之以此之故不可使死嗚呼發之可惜如此神明當救助之無得隕墜天之所下寶命天下寶命謂使爲天子若武王死是隕墜之也若不墜命則我先王亦永有依歸爲宗廟之主神得歸之我與三王人神道隔許我以否不可知今我就受三王之命於彼大龜卜其吉凶吉則許我凶則爲不許我爾之許我使卜得吉兆旦死而發生我其以璧與珪歸家待汝神命我死當以珪璧事神爾不許我使卜兆不吉發死而旦生我乃屏去璧之與珪言不得事神當藏珪璧也

傳史爲至虐暴

正義曰告神之言書之於策祝是讀書告神之名故云史爲策

書祝辭史讀此策書以祝告神也武王是大王之曾孫也尊統於上繼之於祖謂元孫是長孫也某者武王之名本告神云元孫發臣諱君故曰某也易乾卦云夕惕若厲厲爲危也虐訓爲暴言性命危而疾暴重也泰誓牧誓皆不諱發而此獨諱之孔惟言臣諱君不解諱之意鄭玄云諱之者由成王讀之也意雖不明當謂成王開匱得書王自讀之至此字口改爲某史官錄爲此篇因遂成王所讀故諱之上篇泰誓牧誓王自稱者令入史制爲此典故不須諱之

傳太子至世教

正義曰責讀如左傳施舍已責之責責謂負人物也太子之責於天言負天一太子謂必須死疾不可救於天必須一子死則當以旦代之死生有命不可請代令請代者聖人敘臣子之心以垂世教耳非謂可代得也鄭玄弟子趙商問玄曰若武王未終疾固當瘳信命之終雖請不得自古已來何患不爲玄荅曰君父疾病方困忠臣孝子不忍嘿爾視其歔欷歸其命於天中

習吉習因也以三王之龜卜一相因而吉啓籥見書乃并是
吉三兆既同吉開籥見占兆書乃亦并是吉公曰體王其罔害公視兆曰
如此兆體王其無害言必愈予小子新命于三王惟永
終是圖周公言我小子新受三王之命武王惟長終是謀周之道茲攸俟
能念予一人言武王愈此所以待能念我天子事成周道公歸乃
納冊于金縢之匱中王翼日乃瘳從壇歸翼明瘳
差也〔疏〕乃卜至乃瘳正義曰祝告已畢即於壇所乃卜其吉凶用三王之龜一一皆相因而吉
觀兆已知其吉猶尚未見占書占書在於藏內必藏以籥見其占書亦與兆體乃并是吉公視兆曰
觀此兆體王身其無患害也我小子新受命於三王謂卜得吉也我武王當惟長終是謀周之道此
卜吉之愈者上天所以須待武王能念我一人天子之事成其周道故也公自壇歸乃納策於金縢
之匱中王明日乃病瘳　傳習因至而吉　正義曰習則襲也襲是重衣之名因前而重之故以習
為因也雖三龜並卜卜有先後後者因前故云因也周禮太卜掌三兆之法一曰玉兆二曰瓦兆三
曰原兆三兆各別必三代法也洪範卜筮之法三人占則從二人之言是必三代之法並用之矣故
知三龜三王之龜龜形無異代之別但卜法既別各用一龜謂之三王之龜耳每龜一人占之其後
君與大夫等總占三代之龜定其吉凶未見占書已知吉者卜有大體見兆之吉凶麤觀可識故知
吉也　傳三兆至是吉　正義曰鄭玄云籥開藏之管也開兆書藏之室以管乃復見三龜占書亦

心惻然欲為之請命周公達於此禮著在尚書若君父之病不
為請命豈忠孝之心也然則命有定分非可代死周公為此者
自申臣子之心非謂死實可代自古不廢亦有其人但不見爾
未必周公獨為之鄭玄云丕讀曰不愛子孫曰子元孫遇疾若
汝不救是將有不愛子孫之過為天所責欲使為之請命也與
孔讀異
傳我周至之意
正義曰告神稱予知周公自稱我也考是父也故仁能順父又上
云元孫對祖生稱此言順父從親為號祖為王考曾祖為皇考
考父可以通之傳舉親而言父耳既能順父又多材多藝能事
鬼神言己可以代武王之意上言丕子之責於天則是天欲取
武王非父祖取之此言己能順父祖善事鬼神若假令天意取
之其神必共父祖同處言己及父祖亦欲令請之於天也
傳汝元至以死
正義曰以王者存亡大運在天有德於民天之所與是受命于天
庭也以人說天故言在庭非王實至天庭受天命也既受天命
以為天子布其德教以佑助四方之民當於天心有功於民言
不可以死也
乃卜至乃瘳
正義曰祝告已畢即於壇所乃卜其吉凶用三王之龜一一皆
相因而吉觀兆已知其吉猶尚未見占書占書在於藏內啓藏
以籥見其占書亦與兆體乃并是吉公視兆曰觀此兆體王身
其無患害也我小子新受命於三王謂卜得吉也我武王當惟
長終是謀周之道此卜吉之愈者上天所以須待武王能念我
一人天子之事成其周道故也公自壇歸乃納策於金縢之匱
中王明日乃病瘳
傳習因至而吉
正義曰習則襲也襲是重衣之名因前而重之故以習為因也
雖三龜並卜卜有先後後者因前故云因也周禮太卜掌三兆
之法一曰玉兆二曰瓦兆三曰原兆三兆各別必三代法也洪

合於是吉王肅亦云籥開藏占兆書管也然則占兆別在於藏太卜三兆之下云其經兆之體皆百有二十其頌皆千有二百占兆之書則彼頌是也略觀三兆既已同吉開藏以籥見彼占兆之書乃亦并是吉言其兆頌符同為大吉也 傳公視至必愈 正義曰如此兆體指卜之所得兆也周禮占人云凡卜筮君占體大夫占色史占墨卜人占坼鄭玄云體兆象也色兆氣也墨兆廣也坼兆璺也尊者視兆象而已卑者以次詳其餘也周公卜武王占之曰體王其無害鄭意此言體者即彼君占體也但周公令卜汲汲欲王之愈必當親視灼龜躬省兆繇不惟占體而已但鄭以君占體與此文同故引以為證耳 傳言武至周道 正義曰此原三王之意也言武王得愈者此謂卜吉武王之愈言天與三王一一須待武王能念我天子事成周道若死則不復得念天子之事周道必不成也禮夫子自稱曰予一人故以一人言天子也 傳從壇至瘳差 正義曰壇所即卜故從壇歸翼明釋言文瘳訓差亦為愈病除之名也藏此書者此既告神即是國家舊事其書不可捐棄又不可示諸世人故藏于金縢之匱耳

武王既喪管叔及其羣弟乃流言於國武王死周公攝政其弟管叔及蔡叔霍叔乃放言於國以誣周公以惑成王曰公將不利於孺子三叔以周公大聖有次立之勢遂生流言孺稚也稚子成王周公乃告二公曰我之弗辟我無以告我先王辟法也告召公太公言我不以法法三叔則我無以成周道告我先王周公居東二年則罪人斯得周公既告二公遂東征之三年

楊本卷十二第十五葉

範卜筮之法三人占則從二人之言是必三代之法並用之矣故知三龜三王之龜龜形無異代之別但卜法既別各用一龜謂之三王之龜耳每龜一人占之其後君與大夫等摠占三代之龜定其吉凶未見占書已知吉者卜有大體見兆之吉凶麤觀可識故知吉也

傳三兆至是吉

正義曰鄭玄云籥開藏之管也開兆書藏之室以管乃復見三龜占書亦合於是吉王肅亦云籥開藏占兆書管也然則占兆別在於藏太卜三兆之下云其經兆之體皆百有二十其頌皆千有二百占兆之書則彼頌是也略觀三兆既已同吉開藏以籥見彼占兆之書乃亦并是吉言其兆頌符同為大吉也

傳公視至必愈

正義曰如此兆體指卜之所得兆也周禮占人云凡卜筮君占體大夫占色史占墨卜人占坼鄭玄云體兆象也色兆氣也墨兆廣也坼兆璺也尊者視兆象而已卑者以次詳其餘也周公卜武王占之曰體王其無害鄭意此言體者即彼君占體也但周公令卜汲汲欲王之愈必當親視灼龜躬省兆繇不惟占體而已但鄭以君占體與此文同故引以為證耳

傳言武至周道

正義曰此原三王之意也言武王得愈者此謂卜吉武王之愈言天與三王一一須待武王能念我天子事成周道若死則不復得念天子之事周道必不成也禮天子自稱曰予一人故以一人言天子也

傳從壇至瘳差

正義曰壇所即卜故從壇歸也翼明釋言文瘳訓差亦為愈病除之名也藏此書者此既告神即是國家舊事其書不可捐棄又不可示諸世人故藏于金縢之匱耳

武王至誥公

正義曰周公於成王之世為管蔡所誣王開金縢之書方始明公本意卒得成就周道天下太平史官美大其事述為此篇故

單疏卷十二第十一葉

之中罪人此得于後公乃爲詩以貽王名之曰鴟鴞
王亦未敢誚公成王信流言而疑周公故周公既誅三監而作詩解所以宜誅
之意以遺王王猶未悟故欲讓公而未敢
疏武王至誚公○正義曰周於成王之世爲管蔡所
誣王開金縢之書方始明公本意卒得成就周道
天下太平史官美大其事述爲此篇故追言請命
於前乃說流言於後自此以下說周公身事武王
既喪成王幼弱周公攝王之政專決萬機管叔及
其羣弟蔡叔霍叔乃流放其言於國中曰公將不
利於孺子言欲篡王位爲不利周公乃告二公曰
我之不以法法此三叔則我無以成就周道告我
先王既言此遂東征之周公居東二年則罪人於
此皆得謂獲三叔及諸叛逆者罪人既得訖成王
猶尚疑公公於此既得罪人之後爲詩遺王名之
曰鴟鴞鴟鴞言三叔不可不誅之意王心雖疑亦
未敢責誚公言王意欲責而未敢也　傳武王至
成王　正義曰武王既死成王幼弱故周公攝政
攝政者雖以成王爲主政令自公出不復關成王
也蔡仲之命云羣叔流言乃致辟管叔于商囚蔡
叔于郭鄰降霍叔于庶人則知羣弟是蔡叔霍叔
也周語云獸三爲羣則滿三乃稱羣蔡霍二人而
言羣者并管故稱羣也傳既言周公攝政乃云其
弟管叔蓋以管叔爲周公之弟孟子曰周公弟也
管叔兄也史記亦以管叔爲周公之兄孔似不用
孟子之說或可孔以其弟謂武王之弟與史記亦
不違也流言者宣布其言使人聞知若水流然流
即放也乃放言於國以誣周公以惑成王王亦未
敢誚公是王心惑也鄭玄云流公將不利於孺子
之言於京師於時管蔡在東蓋遣人流傳此言於
民間也　傳三叔至成王　正義曰辟法多兄工

追言請命於前乃說流言於後自此以下說周公身事武王既
喪成王幼弱周公攝王之政專決萬機管叔及其羣弟蔡叔霍
叔乃流放其言於國中曰公將不利於孺子言欲篡王位爲不
利周公乃告二公曰我之不以法法此三叔則我無以成就周
道告我先王既言此遂東征之周公居東二年則罪人於此皆
得謂獲三叔及諸叛逆者罪人既得訖成王猶尚疑公公於此
既得罪人之後爲詩遺王名之曰鴟鴞鴟鴞言三叔不可不誅
之意王心雖疑亦未敢責誚公言王意欲責而未敢也
傳武王至成王
正義曰武王既死成王幼弱故周公攝政攝政者雖以成王爲
主政令自公出不復關成王也蔡仲之命云羣叔流言乃致辟
管叔于商囚蔡叔于郭鄰降霍叔于庶人則知羣弟是蔡叔霍
叔也周語云獸三爲羣則滿三乃稱羣蔡霍二人而言羣者并
管故稱羣也傳既言周公攝政乃云其弟管叔蓋以管叔爲周
公之弟孟子曰周公弟也管叔兄也史記亦以管叔爲周公之
兄孔似不用孟子之說或可孔以其弟謂武王之弟與史記亦
不違也流言者宣布其言使人聞知若水流然流即放也乃放
言於國以誣周公以惑成王王亦未敢誚公是王心惑也鄭玄
云流公將不利於孺子之言於京師於時管蔡在東蓋遣人流
傳此言於民間也
傳三叔至成王
正義曰辟法多兄亡弟立三叔以周公大聖又是武王之弟有
次立之勢今復秉國之權恐其因即篡奪遂生流言不識大聖
之度謂其實有異心非是故誣之也但啓商共叛爲罪重耳
傳辟法也
正義曰釋詁文
傳周公至此得
正義曰詩東山之篇歌此事也序云東征知居東者遂東往征
也雖征而不戰故言居東也東山詩曰自我不見于今三年又
云三年而歸此言二年者詩言初去及來凡經三年此直數居

剣立三叔以周公大聖又是武王之弟有次立之勢今復秉國之權恐其因即篡奪遂生流言不識大聖之度謂其實有異心非是故誣之也但啓商共叛爲罪重耳　傳辟法也　正義曰釋詁文

傳周公至此得　正義曰詩東山之篇歌此事也序云東征知居東者遂東往征也雖征而不戰故言居東也東山詩曰自我不見于今三年又云三年而歸此言二年者詩言初去及來凡經三年此直數居東之年除其去年故二年也罪人既多必前後得之故云二年之中罪人此得惟言居東不知居在何處王肅云東洛邑也管蔡與商奄共叛故東征鎮撫之案驗其事二年之間罪人皆得

傳成王至未敢　正義曰成王信流言而疑周公管蔡既誅王疑益甚故周公既誅三監而作詩解所以宜誅之意其詩云鴟鴞鴟鴞既取我子無毁我室毛傳云無能毁我室者攻堅之故也寧亡二子不可以毁我周室言宜誅之意也釋言云貽遺也以詩遺王王猶未悟故欲讓公而未敢也在周公故畏威未敢也鄭玄以爲武王崩周公爲冢宰三年服終將欲攝政管蔡流言即避居東都成王多殺公之屬黨公作鴟鴞之詩救其屬臣請勿奪其官位土地及遭風雷之異啓金縢之書迎公來反反乃居攝後方始東征管蔡解此一篇及鴟鴞之詩皆與孔異

秋大熟未穫天大雷電以風二年秋也蒙恒風若雷以威之故有風雷之異禾盡偃大木斯拔邦人大恐風災所及邦人皆大恐王與大夫盡弁以啓金縢之書皮弁質服以應天乃得周公所自以爲功代武王之說所藏請命冊書本

二公及王乃問諸史與百執事二公倡王啓之故先見書史百執事皆從周公請命對曰信噫公命我勿敢言史百執事言信有此事周公使我勿道今言之則負周公噫恨辭王執書以泣曰其勿穆卜本欲敬卜吉凶今天意可知故止之昔公勤勞王家惟予沖人弗及知言已幼童不及知周公昔日忠勤今天動威以彰周公之德發雷風之威以明周公之聖德惟朕小子其新逆我國家禮亦宜之周公以成王未寤故留東未還改過自新遣使者迎之亦國家禮有德之宜王出郊天乃雨反風禾則盡起郊以玉幣謝天天即反風起禾明郊之是二公命邦人凡大木所偃盡起而築之歲則大熟木有偃拔起而立之築有其根桑果無虧百穀豐熟周公之德此已上大誥後因武王喪并見之

䟽秋大至大熟　正義曰爲詩遺王之後其秋大熟未及收穫天大雷電又隨之以風禾盡偃仆大木於此而拔風災所及邦人大恐王見此變與大夫盡皮弁以開金縢之書案省故事求變異所由乃得周公所自以爲功請代武王之說二公及王問於本從公之人史與百執事問審然以否對曰信言有此事也乃爲不平之聲噫公命我勿敢言王執書以泣曰其勿敬卜吉凶言天之意已可知也昔公勤勞王家惟我幼童之人不及見知今天動雷電之威以彰明周公之德惟朕小子其改過自新遣人往

迎之我國家褒崇有德之禮亦宜行之王於是出
郊而祭以謝天天乃雨反風禾則盡起二公命邦
人凡大木所偃仆者盡扶起而築之禾木無虧歲
則大熟言周公之所感致若此也　傳二年至之
異　正義曰上文居東二年未有別年之事知即
是二年秋也嫌別年故辨之洪範咎徵云蒙恒風
若以成王蒙闇故常風順之風是闇徵而有雷者
以威怒之故以示天之威怒有雷風之異　傳風
災至大恐　正義曰言邦人則風災惟在周邦不
及寬遠故云風災所及邦人皆大恐言獨畿內恐
也　傳皮弁質服以應天　正義曰皮弁象古故
爲質服祭天尚質故服以應天也周禮司服云王
祀昊天上帝則服大裘而冕無旒乃是冕之質者
是事天宜質服故服之以應天變也周禮視朝則
皮弁服皮弁是視朝服每日常服而言質者皮弁
白布衣素積裳故爲質也鄭玄以爲爵弁必爵弁

尚十二　九

者衣天變降服亦如國家未道焉　傳二公至請
命　正義曰二公與王若同而問當言王及二公
今言二公及王則是二公先問知二公倡王啓之
故先見書鄭玄開金縢之書者省察變異所由故
事也以金縢匱內有先王故事疑其遭遇災變必
有消伏之術故倡王啓之史爲公造策書而百執
事給使令皆從周公請命者　傳史百至恨辭
正義曰周公使我勿道此事者公以臣子之情忠
心欲代王死非是規求名譽不用使人知之且武
王瘳而周公不死恐人以公爲詐故令知者勿言
今被問而言之是違負周公也噫者心不平之聲
故爲恨辭　傳周公至之宜　正義曰公之東征
止爲伐罪罪人既得公即當還以成王未寤恐與
公不和故留東未還待王之察己也新迎者改過
自新遣使者迎之詩九罭之篇是迎之事也亦國
家禮有德之宜言尊崇有德宜用厚禮詩稱衮衣

楊本卷十二第十九葉

東之年除其去年故云二年也罪人既多必前後得之故云二年
之中罪人此得惟言居東不知居在何處王肅云東洛邑也管
蔡與商奄共叛故東征鎮撫之案驗其事二年之間罪人皆得
傳成王至未敢
正義曰成王信流言而疑周公管蔡既誅王疑益甚故周公既
誅三監而作詩解所以宜誅之意其詩云鴟鴞鴟鴞既取我子
無毀我室毛傳云無能毀我室者攻堅之故也寧亡二子不可
以毀我周室言宜誅之意也釋言云貽遺也以詩遺王王猶未
悟故欲讓公而未敢也鄭玄以爲武王
崩周公爲冢宰三年服終將欲攝政管蔡流言即避居東都成
王多殺公之屬黨公作鴟鴞之詩救其屬臣請勿奪其官位土
地及遭風雷之異啓金縢之書迎公來反反乃居攝後方始東
征管蔡解此一篇及鴟鴞之詩皆與孔異
秋大至大熟
正義曰爲詩遺王之後其秋大熟未及收穫天大雷電又隨之

書十二　十三

以風禾盡偃仆大木於此而拔風災所及邦人大恐王見此變
與大夫盡皮弁以開金縢之書案省故事求變異所由乃得周
公所自以爲功請代武王之說二公及王問於本從公之人史
與百執事問審然以否對曰信言有此事也乃爲不平之聲噫
公命我勿敢言王執書以泣曰其勿穆卜吉凶言天之意已可
知也昔公勤勞王家惟我幼童之人不及見知今天動雷電之
威以彰明周公之德惟朕小子其改過自新遣人往迎之我國
家褒崇有德之禮亦宜行之王於是出郊而祭以謝天天乃雨
反風禾則盡起二公命邦人凡大木所偃仆者盡扶起而築之
禾木無虧歲則大熟言周公之所感致若此也
傳二年至之異
正義曰上文居東二年未有別年之事知即是二年秋也嫌別
年故辨之洪範咎徵云蒙恒風若以成王蒙闇故常風順之風
是闇徵而有雷者以威怒之故以示天之威怒有雷風之異
傳風災至大恐

單疏卷十二第十三葉

籩豆是國家禮也　傳郊以至之是　正義曰祭
天於南郊故謂之郊郊是祭天之處也王出郊者
出城至郊爲壇告天也周禮大宗伯云以蒼璧禮
天牲幣如其器之色是祭天有玉有幣今言郊者
以玉幣祭天告天以謝過也王謝天天即反風起
禾明王郊之是也鄭玄引易傳云陽感天不旋日
陽謂天子也天子行善以感天不迴旋經日故郊
之是得反風也　傳木有至見之　正義曰上文
禾偃木拔拔必亦偃故云木有偃拔起而立之築
有其根桑果無虧百穀豐熟鄭玄皆云築拾也禾
爲大木所偃者起其木拾下禾無所亡失意太曲
碎當非經旨案序將東征作大誥此上居東二年
以來皆是大誥後事而編於大
誥之前者因武王喪并見之

大誥第九

武王崩三監及淮夷叛三監管蔡商淮夷徐奄之屬皆叛周
公相成王將黜殷作大誥相謂攝政黜絕也將以誅叛者之義
大誥天下　疏　武王至大誥　正義曰武王既崩管叔蔡叔與紂子武庚三人監殷民者又及淮夷
共叛周公相成王攝王政將欲東征黜退殷君武
庚之命以誅叛之義大誥天下史敘其事作大誥
傳三監至叛周　正義曰知三監是管蔡商者以
序上下相顧爲文此言三監及淮夷叛摠舉諸叛
之人也下云成王既黜殷命殺武庚命微子啓代
殷後文言成王既伐管叔蔡叔以殷餘民邦康叔
此序言三監叛將征之下篇之序歷言伐得三人
足知下文管叔蔡叔武庚即此三監之謂知三監
是管蔡商也漢書地理志云周既滅殷分其畿内
爲三國詩風邶鄘衛是也邶以封紂子武庚鄘管

楊本卷十二第二十葉

正義曰言邦人則風災惟在周邦不及寬遠故云風災所及邦
人皆大恐言獨畿内恐也
傳皮弁質服以應天
正義曰皮弁象古故爲質服祭天尚質故服以應天也周禮司
服云王祀昊天上帝則服大裘而冕無旒乃是冕之質者是事
天宜質服故服之以應天變也周禮視朝則皮弁服皮弁是視
朝服每日常服而言質者皮弁白布衣素積裳故爲質也鄭玄
以爲爵弁必爵弁者承天變降服亦如國家未道焉
傳二公至請命
正義曰二公與王若同而問當言王及二公今言二公及王則
是二公先問知二公倡王啓之故先見書鄭云開金縢之書者
省察變異所由故事也以金縢匱内有先王故事疑其遭遇災
變必有消伏之術故倡王啓之史爲公造策書而百執事給使
令皆從周公請命者
傳史百至恨辭
正義曰周公使我勿道此事者公以臣子之情忠心欲代王死
非是規求名譽不用使人知之且武王瘳而周公不死恐人以
公爲詐故令知者勿言今被問而言之是違負周公也噫者心
不平之聲故爲恨辭
傳周公至之宜
正義曰公之東征止爲伐罪罪人既得公即當還以成王未寤
恐與公不和故留東未還待王之察已也新迎者改過自新遣
使者迎之詩九罭之篇是迎之事也亦國家禮有德之宜言尊
崇有德宜用厚禮詩稱袞衣籩豆是國家禮也
傳郊以至之是
正義曰祭天於南郊故謂之郊郊是祭天之處也王出郊者出
城至郊爲壇告天也周禮大宗伯云以蒼璧禮天牲幣如其器
之色是祭天有玉有幣今言郊者以玉幣祭天告天以謝過也
王謝天天即反風起禾明王郊之是也鄭玄引易傳云陽感天
不旋日陽謂天子也天子行善以感天不迴旋經日故郊之是

單疏卷十二第十四葉

叔尹之衞蔡叔尹之以監殷民謂之三監先儒多
同此說惟鄭玄以三監爲管蔡霍獨爲異耳謂之
監者當以殷之畿内被紂化日久未可以建諸侯
且使三人監此殷民未是封建之也三人雖有其
分互相監領不必獨主一方也史記衞世家云武
王克殷封紂子武庚爲諸侯奉其先祀爲武庚未
集恐有賊心乃令其弟管叔蔡叔傅相之是言輔
相武庚共監殷人故稱監也序惟言淮夷叛傳言
淮夷徐奄之屬共叛周者以下序文云成王東伐
淮夷遂踐奄作成王政又云成王既黜殷命滅淮
夷作周官又云魯公伯禽宅曲阜徐夷並興作費
誓彼三序者二時之事皆在周公歸政之後也多
方篇數此諸國之罪云至于再至于三得不以武
王初崩已叛成王即政又叛謂此爲再三也又此
知淮夷叛者徐奄之屬皆叛也　傳相謂至天下
正義曰君奭序云召公爲保周公爲師相成王爲

尚十二　二十一　余大

左右於時成王爲天子自知政事三公爲臣輔助
之此言相成王者有異於彼故辨之相謂攝政爲
政者教由公出不復關白成王耳仍以成王爲主
故稱成王鄭玄云黜貶退也黜實退名但此黜乃
殺其身絕其爵故以黜爲絕也周公此行普伐誅
叛獨言黜殷命者定四年左傳云管蔡啓商惎間
王室則此叛武庚爲主且顧微子之序故特言
黜殷命也以誅叛者之義大誥天下經皆是也大
誥陳大道以誥天下遂以名篇　疏　大誥　正義曰此陳伐叛之義以大誥天下而兵凶戰危
非衆所欲故言煩重其自殷勤多止而更端故數
言王曰大意皆是陳說武庚之罪自言己之不能
言己當繼父祖之功須去叛逆之賊人心既從卜
之又吉往伐無有不克勸人勉力用心此時武王
初崩屬有此亂周公以臣代君天下未察其志親
弟猶尚致惑何況疏賤者乎周公慮其有向背之

得反風也
傳木有至見之
正義曰上文禾偃木拔拔必亦偃故云木有偃拔起而立之築
有其根桑果無虧百穀豐熟鄭王皆云築拾也禾爲大木所偃
者起其木拾下禾無所亡失意太曲碎當非經旨案序將東征
作大誥此上居東二年以來皆是大誥後事而編於大誥之前
者因武王喪并見之
大誥第九
武王至大誥
正義曰武王既崩管叔蔡叔與紂子武庚三人監殷民者又及
淮夷共叛周公相成王攝王政將欲東征黜退殷君武庚之命
以誅叛之義大誥天下史敍其事作大誥
傳三監至叛周
正義曰知三監是管蔡商者以序上下相顧爲文此言三監及
淮夷叛揔舉諸叛之人也下云成王既黜殷命殺武庚命微子

書十二　十五　方成

啓代殷後又言成王既伐管叔蔡叔以殷餘民邦康叔此序言
三監叛將征之下篇之序歷言伐得三人足知下文管叔蔡叔
武庚即此三監之謂知三監是管蔡商也漢書地理志云周既
滅殷分其畿内爲三國詩風邶鄘衞是也邶以封紂子武庚鄘
管叔尹之衞蔡叔尹之以監殷民謂之三監先儒多同此說惟
鄭玄以三監爲管蔡霍獨爲異耳謂之監者當以殷之畿内被
紂化日久未可以建諸侯且使三人監此殷民未是封建之也
三人雖有其分互相監領不必獨主一方也史記衞世家云武
王克殷封紂子武庚爲諸侯奉其先祀爲武庚未集恐有賊心
乃令其弟管叔蔡叔傅相之是言輔相武庚共監殷人故稱監
也序惟言淮夷叛傳言淮夷徐奄之屬共叛周者以下序文云
成王東伐淮夷遂踐奄作成王政又云成王既黜殷命滅淮夷
作周官又云魯公伯禽宅曲阜徐夷並興作費誓彼三序者一
時之事皆在周公歸政之後也多方篇數此諸國之罪云至于
再至于三得不以武王初崩已叛成王即政又叛謂此爲再三

意故殷勤告之陳壽云皋陶之謨略而雅周公之誥煩而悉何則皋陶與舜禹共談周公與羣下矢誓也其意或亦然乎但君奭康誥乃與召公康叔語也其辭亦甚委悉抑亦當時設言自好煩復也管蔡導武庚爲亂此篇略於管蔡者猶難以伐弟爲言故專説武庚罪耳

王若曰猷大誥爾多邦越爾御事周公稱成王命順大道以告天下衆國及於御治事者盡及之弗弔天降割于我家不少言周道不至故天下凶害於我家不少謂三監淮夷並作難延洪惟我幼沖人凶害延大惟累我幼童人成王言其不可不誅之意嗣無疆大歷服弗造哲迪民康言子孫承繼祖考無窮大數服行其政而不能爲智道以安人故使叛先自責矧曰其有能格知天命安人且猶不能況其有能至知天命者乎已予惟小子若涉淵水予惟往求朕攸濟已發端歎辭也我惟小子承先人之業如涉淵水往求我所以濟渡言祇懼敷賁敷前人受命茲不忘大功前人文武也我求濟渡在布行大道在布陳文武受命在此不忘大功言任重予不敢閉于天降威用天下威用謂誅惡也言我不敢閉絶天所下威用而不行將欲伐四國寧王遺我大寶龜紹天明即命安天下之王謂文王也遺我大寶龜疑則卜之以繼天明就其命而行之言卜不可違疏王若

也以此知淮夷叛者徐奄之屬皆叛也

傳相謂至天下

正義曰君奭序云召公爲保周公爲師相成王爲左右於時成王爲天子自知政事二公爲臣輔助之此言相成王者有異於彼故辨之相謂攝政攝政者教由公出不復關白成王耳仍以成王爲王故稱成王鄭玄云黜貶退也黜實退名但此黜乃殺其身絶其爵故以黜爲絶也周公此行普伐諸叛獨言黜殷命者定四年左傳云管蔡啓商惎間王室則此叛武庚爲主且顧微子之序故特言黜殷命也以誅叛者之義大誥天下經皆是也

大誥

正義曰此陳伐叛之義以大誥天下而兵凶戰危非衆所欲故言煩重其自殷勤多止而更端故數言王曰大意皆是陳說武庚之罪自言己之不能言己當繼父祖之功須去叛逆之賊人心既從卜之又吉往伐無有不克勸人勉力用心此時武王初崩屬有此亂周公以臣代君天下未察其志親弟猶尚致惑何況疎賤者乎周公慮其有向背之意故殷勤告之陳壽云皋陶之謨略而雅周公之誥煩而悉何則皋陶與舜禹共談周公與羣下矢誓也其意或亦然乎但君奭康誥乃與召公康叔語也其辭亦甚委悉抑亦當時設言自好煩復也管蔡導武庚爲亂此篇略於管蔡者猶難以伐弟爲言故專說武庚罪耳

王若至即命

正義曰周公雖攝王政其號令大事則假成王爲辭言王順大道而爲言曰我今以大道誥汝天下衆國及於衆治事之臣以我周道不至故上天下其凶害于我家不少言叛逆者多此害延長寛大惟累我幼童人成王自言害及己也我之致此凶害以我爲子孫承繼無疆界之大數服行其政不能爲智道令民安故使之叛自責也安民猶且不能況曰其能至於知天之大命者乎言己不能知天意也復歎而言已乎我惟小子承先人之業如涉淵水惟往求我所以濟渡言己恐懼之甚我所求濟者惟在布行大道布陳前人文王武王受命之事在於此身不

至即命　正義曰周公雖攝王政其號令大事則
假成王爲辭言王順大道而爲言曰我今以大道
誥汝天下衆國及於衆治事之臣以我周道不至
故上天下其凶害于我家不少言叛逆者多此害
延長寬大惟累我幼童人成王自言害及已也我
之致此凶害以我爲子孫承繼無疆界之大數服
行其政不能爲智道令民安故使之叛自責也安
民猶且不能況曰其能至於知天之大命者乎言
已不能知天意也復歎而言已乎我惟小子承先
人之業如涉淵水惟往求我所以濟渡言已恐懼
之甚我所求濟者惟在布行大道布陳前人文王
武王受命之事在我此身不忘大功既不忘大功
當誅叛逆由此我不敢絶天之所下威用而不行
之言必將伐四國也寧天下之王謂文王也文王
遺我大寶龜疑則就而卜之以繼天明命今我就
受其命言已就龜卜其伐之吉凶已得吉也　傳

尚十二　二十三　余禾

周公至及之　正義曰序云相成王則王若曰者
稱成王之言故言周公稱成王命實非王意成
王爾時信流言疑周公豈命公伐管蔡乎誥訓道
也故云順大道以告天下衆國也鄭王本猷在誥
下漢書王莽攝位東郡太守翟義叛莽莽依此作
大誥其書亦道在誥下此本猷在大上言以道誥
衆國於文爲便但此經云猷大傳云大道古人之
語多倒猶詩稱中谷谷中也多邦之下云於爾御
事是於諸國治事者盡及之也鄭玄云王周公也
周公居攝命大事則權稱王惟名與器不可假人
周公自稱爲王則是不爲臣矣大聖作則豈爲是
乎　傳凶害至之意　正義曰釋詁云延長也洪
大也此害長大敗亂國家經言惟我幼童人謂損
累之故傳加累字累我童人言其不可不誅之意
鄭王皆以延上屬爲句言害不少乃延長之王肅
又以惟爲念向下爲義大念我幼童子與繼文武

楊本卷十二第二十三葉

忘大功既不忘大功當誅叛逆由此我不敢絶天之所下威用
而不行之言必將伐四國也寧天下之王謂文王也文王遺我
大寶龜疑則就而卜之以繼天明命今我就受其命言已就龜
卜其伐之吉凶已得吉也
傳周公至及之
正義曰序云相成王則王若曰者稱成王之言故言周公稱成
王命實非王意成王爾時信流言疑周公豈命公伐管蔡乎猷
訓道也故云順大道以告天下衆國也鄭王本猷在誥下漢書
王莽攝位東郡太守翟義叛莽莽依此作大誥其書亦道在誥
下此本猷在大上言以道誥衆國於文爲便但此經云猷大傳
云大道古人之語多倒猶詩稱中谷谷中也多邦之下云於爾
御事是於諸國治事者盡及之也鄭玄云王周公也周公居攝
命大事則權稱王惟名與器不可假人周公自稱爲王則是不
爲臣矣大聖作則豈爲是乎
傳凶害至之意

書十二　十七

正義曰釋詁云延長也洪大也此害長大敗亂國家經言惟我
幼童人謂損累之故傳加累字累我童人言其不可不誅之意
鄭王皆以延上屬爲句言害不少乃延長之王肅又以惟爲念
向下爲義大念我幼童子與繼文武無窮之道
傳言子至自責
正義曰嗣訓繼也言子孫承繼相彊境界則是無窮大數長遠
卜丗二十卜年七百是長遠也
傳安人至者乎
正義曰民近而天遠以易而況難天子必當至靈至靈乃知天
命言已猶不能安民明其不知天命自責而謙
傳前人至任重
正義曰成王前人故爲文武也以涉水爲喻言求濟者在於布
行大道行天子之政也文武有大功德故受天命又當布陳文
武受命所行之事也陳行天子之政又陳文武所行之事在此
不忘大功大功太平之功也言已所任至重不得不奉天道行

單疏卷十二第十七葉

無窮之道　傳言子至自責　正義曰：嗣訓繼也，言子孫承繼祖疆境界，則是無窮大數長遠。卜世三十，卜年七百，是長遠也。　傳安人至者乎　正義曰：民近而天遠，以易而況難矣。子必當至靈，至靈乃知天命。言己猶不能安民，明其不知天命，自責而謙。　傳前人至任重　正義曰：成王前人，故爲文武也。以涉水爲喻，言求濟者在於布行大道，行天子之政也。文武有大功德，故受天命。文當布陳文武受命所行之事也。陳行天子之政，又陳文武所行之事，在此不忘大功。大功，太平之功也。言己所任至重，不得不奉天道行誅伐也。　傳天下至四國　正義曰：王者征伐刑獄，象天震曜殺戮，則征伐者天之所威用，謂誅惡是也。天有此道，王者用之。用之則開，不用則閉。言我不敢閉絶天之所下威用而不行之。既不敢不行，故將伐四國。　傳安天至可違　正義曰：紂爲昏虐，天下不安，言文王能安之。安天下之王，謂文王也。遺我大寶龜者，天子寶藏神龜，疑則卜之，繼天明，謂就其命而行之。言卜吉則當行，不可違卜也。所以大寶龜能得繼天明者，以天道玄遠，龜是神靈，能傳天意以示吉凶，故疑則卜之，以繼天明道。鄭玄云：時既卜乃後出誥，故先云然。

曰：有大艱于西土，西土人亦不靜，越茲蠢。曰，語更端也。四國作大難於京師，西土人亦不安於此蠢動。

殷小腆誕敢紀其敘。言殷後小腆腆之祿父，大敢紀其王業，欲復之。

天降威，知我國有疵，天下威，謂三叔流言，故祿父知我周國有疵病。

民不康，曰予復，反鄙我周邦。祿父言我殷當復，欺惑東國人，令不安，反鄙易我周家，道其罪無狀。

今

蠢，今翼日，民獻有十夫，予翼以于敉寧武圖功。今天下蠢動，今之明日，四國人賢者有十夫來翼佐我周，用撫安武事，謀立其功。言人事先應。

我有大事休，朕卜并吉。大事，戎事也。人謀既從，卜又并吉，所以爲美。

疏曰有至并吉　正義曰：上言爲害不少，陳欲征之意，未說武庚之罪，更復發端言之，曰：今四國叛逆，有大難於西土。言作亂於東，與京師爲難也。西土之人爲此亦不得安靜，於此人情皆蠢蠢然動。殷後小國腆腆然之祿父，大敢紀其王業之次敘，而欲興復之。祿父所以敢然者，上天下威於三叔，以其流言，欲下威誅之。祿父知我周國有此疵病，而欺惑東國人，令人不安。祿父謂人曰：我殷復望得更爲天子，反鄙易我周國。今天下蠢動，今之明日，四國民之賢者有十夫，不從叛逆，其來爲我翼佐我周，於是用撫安武事，謀立其功。明祿父舉事不當，得賢者叛來投我，爲我謀用。是人事先應如此，則我有兵戎大事征伐必休美矣。人謀既從，我卜又并吉，是其休也。言往必克敵安民之意，告衆使知也。　傳曰語至蠢動　正義曰：周公丁寧其事，止而復言，別加一曰，語更端也。下言王曰，此不言王，史詳略耳。四國作逆於東，京師以爲大難，故言作大難於京師。西土人亦不安，亦如東方，見其亂不安也。釋詁云：蠢，動也。鄭云：周民亦不定其心，騷動，言以兵應之。當時京師無與應者，鄭言妄耳。　傳言殷至復之　正義曰：殷本天子之國，武庚比之爲小，故言小腆。腆是小貌也。鄭玄云：腆謂小國也。王肅云：腆，主也。殷小主，謂祿父也。大敢紀其王業，經紀王業，望復之也。　傳天下至疵病　正義曰：王肅云：天降威者，謂三叔流言，當誅伐之。言誅三叔是天下

咸也釋詁文疵病也鄭王皆云知我國有疵病之
瑕傳祿父至無狀　正義曰祿父以父罪滅邪
身亦當死幸得繼其先祀宜荷天恩反鄙薄輕易
我周家言其不識恩養遺其罪無狀也漢代止有
無狀之語蓋言其罪大無可形狀也近代已來遺
重喪荅人書云無狀招禍是古人之遺語也傳
今天至先應　正義曰武庚既叛聞者皆驚故今
天下蠢動謂聞叛之日也今之明日聞叛之明日
以獻爲賢四國民內賢者十夫來翼佐我周十人
史無姓名直是在彼逆地有先見之明知彼必敗
棄而歸周周公喜其來降舉以告衆謂之爲賢未
必是大賢也用撫安武事謀立其功用此十夫爲
之將欲伐叛而賢者即來言人事先應也傳大
事至爲美　正義曰成十三年左傳云國之大事
在祀與戎今論伐叛知大事戎事也十夫來翼人
謀既從卜又并吉所以爲美美即經之休也既言

尚書十二　二十六　陳

其休乃說我卜并吉以成此休之意鄭玄云卜并
吉者謂三龜皆從也王肅云何以言美以三龜一
習吉是言并吉證其休也與孔異矣肆予告我友邦君越尹
氏庶士御事以美故告我友國諸侯及於正官尹氏卿大夫衆士御治事者言謀
及之曰予得吉卜予惟以爾庶邦于伐殷
逋播臣用汝衆國往伐殷逋亡之臣謂祿父爾庶邦君越庶
士御事罔不反曰艱大汝衆國上下無不反曰征伐四國爲大難
敘其情以戒之民不靜亦惟在王宮邦君室言四
國不安亦在天子諸侯教化之過自責不能綏近以及遠越予小子考翼

楊本卷十二第二十六葉

大誥第九　周書

誅伐也
傳天下至四國
正義曰王者征伐刑獄象天震曜殺戮則征伐者天之所威用
謂誅惡是也天有此道王者用之用之則開不用則閉言我不
敢閉絕天之所下威用而不行之既不敢不行故將伐四國
傳安天至可違
正義曰紂爲昏虐天下不安言文王能安之安天下之王謂文
王也遺我大寶龜者天子寶藏神龜疑則卜之繼天明道就其
命而行之言卜吉則當行不可違卜也所以大寶龜能得繼天
明者以天道玄遠龜是神靈能傳天意以示吉凶故疑則卜之
以繼天明道鄭玄云時既卜乃後出誥故先云然
曰有至并吉
正義曰上言爲害不少陳欲征之意未說武庚之罪更復發端
言之曰今四國叛逆有大艱於西土言作亂於東與京師爲難
也西土之人爲此亦不得安靜於此人情皆蠢蠢然動殷後小

書十二　十八

國腆腆然之祿父大敢紀其王業之次敍而欲興復之祿父所
以敢然者上天下威於三叔以其流言欲下威誅之祿父知我
周國有此疵病而欺惑東國人令人不安祿父謂人曰我殷復
望得更爲天子反鄙易我周國今天下蠢動今之明日四國民
之賢者有十夫不從叛逆其來爲我翼佐我周於是用撫安武
事謀立其功明祿父舉事不當得賢者叛來投我爲我謀用是
人事先應如此則我有兵戎大事征伐必休美矣人謀既從我
卜又并吉是其休也言往必克敵安民之意告衆使知也
傳曰語至蠢動
正義曰周公丁寧其事止而復言別加一曰語更端也下言王
曰此不言王史詳略耳四國作逆於東京師以爲大艱故言作
大難於京師西土人亦不安亦如東方見其亂不安也釋詁云
蠢動也鄭云周民亦不定其心騷動言以兵應之當時京師無
與應者鄭言妄耳
傳言殷至復之

單疏卷十二第十八葉

不可征王害不違卜於我小子先卜敬成周
道若謂今四國亦不可征
則王室有害【疏】肆予告至違卜　正義曰以人從
故宜從卜　卜吉爲美之故故我告汝友邦國
之君及於尹氏卿大夫衆士治事者曰我得吉卜
我惟與汝衆國往伐殷逋亡播蕩之臣謂伐祿父
也汝國君及於衆治事者无不反我之意相與言
曰伐此四國爲難甚大言其不欲征也汝不欲伐
罪我之由四國之民亦不安而叛者亦推在我天子
王宮與邦君之室教化之過使之然以此令汝難
征過事在我雖然於我小子先考疑而卜之欲敬
成周道若謂四國難大亦不可征則於王室有害不
可違卜宜從卜往征也　傳以美至及之　正義
曰肆訓故也承上休之下以其東征然美之故我
告友國君以下共謀之尹氏即顧命云百尹是也
尹正也諸官之正謂卿大夫故傳言及於正官尹
氏卿大夫尹氏即官也揔呼大夫爲官氏也上文
大誥爾多邦越爾御无尹氏庶士下文爾庶邦君
越庶士御事亦无尹氏惟此及下文施義二者詳
其文餘略之從可知也　傳用汝至祿父　正義曰
逋逃也播謂播蕩逃亡之意祿父殷君謂之爲殷
今日叛逆是背周逃亡故云用汝衆國往伐彼殷
君於我周家逋逃亡叛之臣謂祿父也　傳汝衆
至戒之　正義曰王以卜吉之故將以諸國伐殷
且彼諸國之情必有不欲伐者無不反我之意相
與言曰征伐四國爲大難言其情必如此敘其情
以戒之使勿然也鄭云汝國君及下羣臣不與我
同志者無不反我之意云三監叛其爲難大是言
反者謂反上意反是上意則知曰者相與言也
傳言四至及遠　正義曰自責惟當言天子教化
之過而并言諸侯者化從天子布於諸侯道之不
行亦邦君之咎見庶邦亦有過故并言之教化之

正義曰殷本天子之國武庚比之爲小故言小腆腆是小貌也
鄭玄云腆謂小國也王肅云腆主也殷小主謂祿父也大敢紀
其王業經紀王業望復之也
傳天下至疵病
正義曰王肅云天降威者謂三叔流言當誅伐之言誅三叔是
天下威也釋詁云疵病也鄭王皆云知我國有疵病之瑕
傳祿父至無狀
正義曰祿父以父罪滅殷身亦當死幸得繼其先祀宜荷天恩
反鄙薄輕易我周家言其不識恩養道其罪無狀也漢代止有
無狀之語蓋言其罪大無可形狀也近代已來遭重喪荅人書
云無狀招禍是古人之遺語也
傳今天至先應
正義曰武庚既叛聞者皆驚故今天下蠢動謂聞叛之日也今
之明日聞叛之明日以獻爲賢四國民內賢者十夫來翼佐我
周十人史無姓名直是在彼逆地有先見之明知彼必敗棄而
歸周周公喜其來降歸以告衆謂之爲賢未必是大賢也用撫
安武事謀立其功用此十夫爲之將欲伐叛而賢者即來言人
事先應也
傳大事至爲美
正義曰成十三年左傳云國之大事在祀與戎今論伐叛知大
事戎事也十夫來翼人謀既從卜又幷吉所以爲美美即經之
休也既言其休乃說我卜幷吉以成此休之意鄭玄云卜幷吉
者謂三龜皆從也王肅云何以言美以三龜一習吉是言幷吉
證其休也與孔異矣
肆予告至違卜
正義曰以人從卜吉爲美之故故我告汝友邦國之君及於尹
氏卿大夫衆士治事者曰我得吉卜我惟與汝衆國往伐殷逋
亡播蕩之臣謂伐祿父也汝國君及於衆治事者無不反我之
意相與言曰伐此四國爲難甚大言其不欲征也汝不欲伐罪
我之由四國之民亦不安而叛者亦惟在我天子王宮與邦君之

過在於君身而云王宫邦君室者官室是行化之
處故指以言之 傳於我至從卜 正義翼訓敬
也於我小子先自考卜欲成周道汝庶邦御事等
若謂今四國不可征則周道不成於王室有害故
宜從卜小子先卜當謂初即位時小其欲成周道
也不可違卜謂上朕卜并吉也言欲征卜吉當從卜
征之 肆予沖人永思艱曰嗚呼允蠢鰥寡
哀哉 故我童人成王長思此難而歎曰信蠢動天下使無妻无夫者受其害可哀哉 予
造天役遺大投艱于朕身 我周家為天下役事遺我甚大投此
艱難於我身言不得已 越予沖人不卬自恤 義爾邦
君越爾多士尹氏御事 言征四國於我童人不惟自憂而已方欲
尚十二　二十八　朱
施義於汝衆國君臣上下至御治事者 綏予曰無毖于恤不可不
成乃寧考圖功 汝衆國君臣當安勉我曰無勞於憂不可不成汝寧
祖聖考文武所謀之功責其以善言助之 疏 肆予沖至圖功 正義曰以汝等有難征之意
故我童子成王長思此難而歎曰嗚呼四國今叛信蠢動天下使鰥寡受害尤可哀哉我周家
為天下役事而遺我甚大乃投此艱難於我身此難須平不可以已今征四國於我童人不惟
自憂而已乃欲施義於汝衆國君於汝多士尹氏治士之人如此為汝計汝君臣當安勉我曰無
勞於征伐之憂我諸侯當往共征四國汝王不可不成汝寧祖聖考所謀之功宜出此善言以
助我 向謂違我不欲征也 傳我周至得已
正義曰為天子者當役己以養天下故我周

楊本卷十二第二十八葉

室教化之過使之然以此令汝難征 過事在我雖然於我小
子先考疑而卜之欲蔚成周道若謂四國難大不可征則於王
室有害不可違卜宜從卜往征也
傳以美至及之
正義曰肆訓故也承上休之下以其東征必美之故我告友國
君以下共謀之尹氏即顧命云百尹是也尹正也諸官之正謂
卿大夫故傳言及於正官尹氏卿大夫尹氏即官也摠呼大夫
為官氏也上文大誥爾多邦越爾御事無尹氏庶士下文爾庶
邦君越庶士御事亦無尹氏惟此及下文施義三者詳其文餘
略之從可知也
傳用汝至祿父
正義曰逋逃也播謂播蕩逃亡之意祿父肦君謂之為肦今日
叛逆是背周逃亡故云用汝衆國往伐彼肦君於我周家逋逃
亡叛之臣謂祿父也
傳汝衆至戒之
書十二　二十　洪先
正義曰王以卜吉之故將以諸國伐叛且彼諸國之情必有不
欲伐者無不反我之意相與言曰征伐四國為大難言其情必
如此敘其情以戒之使勿然也鄭云汝國君及下羣臣不與我
同志者無不反我之意云三監叛其為難大是言反者謂反上
意反是上意則知曰者相與言也
傳言四至及遠
正義曰自責惟當言天子教化之過而并言諸侯者化從天子
布於諸侯道之不行亦邦君之咎見庶邦亦有過故并言之教
化之過在於君身而云王宫邦君室者宫室是行化之處故指
以言之
傳於我至從卜
正義曰翼訓敬也於我小子先自考卜欲蔚成周道汝庶邦御
事等若謂今四國不可征則周道不成於王室有害故宜從卜
小子先卜當謂初即位時卜其欲成周道也不可違卜謂上朕
卜并吉也言欲征卜吉當從卜征之

單疏卷十二第二十葉

家爲天下役事揔言周家當救天下此事遺我故
爲甚大以大役遺我以爲甚大而又投擲此艱難
之事於我身謂當己之時有四國叛逆言己職當
靜亂不得以已也　傳言征至事者　正義曰卬
我恤憂也四國叛逆害及衆國君得靜亂則爲大
義言征四國於我童人不惟自憂而已乃欲施義
於汝衆國君臣言難除則義施也　傳汝衆至之
助　正義曰綏安也毖勞也言我既施義於汝汝
衆國君臣言得我之力當安慰勉勸我曰無勞於
憂今我無憂四國衆國自來征之經言寧卬文王
考卬武王故言寧祖聖考也王以衆國
反己乃復設爲此言責其無善言助己

已予惟小子不敢替上帝命不敢廢天命言卜吉當必征之天休于寧王興我小邦周寧王惟卜用克綏受玆命言天美文王興周者以文王惟卜之用故能安受此天命明卜宜用今天其相民矧亦惟卜用人獻十夫是天助民況亦用卜乎吉可知矣亦亦文王嗚呼天明畏弼我丕丕基歎天之明德可畏輔成我大大之基業言卜不可違也王曰爾惟舊人爾丕克遠省爾知寧王若勤哉特命久老之人知文王故事者大能遠省識古事汝知文王若彼之勤勞哉目所親見法之又明天閟毖我成功所予閟慎也言天慎勞我周家成功所在不敢不極卒寧王圖事我不敢不極盡文王所謀之事謂致太平肆予大化誘我友邦君

我欲極盡文王所謀故大化天下道我友國諸侯天棐忱辭其考我民言我周家有大化誠辭爲天所輔其成我民矣予曷其不于前寧人圖功攸終我何其不於前文王安人之道謀立其功所終乎天亦惟用勤毖我民若有疾天亦勞慎我民欲安之如人有疾欲已去之予曷敢不于前寧人攸受休畢天欲安民我何敢不於前文王所受美命終畢之

疏已予至丕基　正義曰既敘叛國之
情告以必征之意已乎我惟小子不敢廢上帝之
命卜吉不征是廢天命從卜而興乃有故事天休
美於安天下之文王興我小國周者以安民之王
惟卜是用以此之故安受此上天之命明卜宜用
之今天助民矣十夫佐周是天助也人事既驗況
亦如文王惟卜之用吉可知矣嗚呼而歎天之明
德可畏也輔成我周家大大之基業卜既得吉不
可違也　傳人獻至文王　正義曰天之助民乃
是常道而云民獻十夫是天助民者下云亦惟十
人迪知上帝命故以民獻十夫爲天助民也王
曰爾至休畢　正義曰既述文王之事王又命於
衆曰汝惟久老之人汝大能遠省識古事汝知寧
王若此之勤勞哉以老人目所親見必知之也以
文王勤勞如此故天命慎勞來我周家當至成功
所在天意既然我不敢極盡文王所謀之事文王
謀致太平我欲盡行之我欲盡文王所謀故我大
爲教化勸誘我所友國君共伐叛逆天既輔助我
周家有大化誠辭其必成就我之衆民天意既如
此矣我何其不於前文王安民之道謀立其功之
處所而終竟之乎天亦惟勞慎我民若人有疾病

而欲已去之天意於民如此之急我何敢不於前
安人文王所受美命終畢之乎以須終畢之故故
當誅除逆亂安養下民使之致太平　傳閟慎至
太平　正義曰閟慎釋詁文天慎勞我周家者言
其德當天心慎惜又勞來勸勉之使至成功所在
在於致太平也天意欲使之然我爲文王子孫敢
不極盡文王所謀之事文王本謀謂致太平　傳
言我至民矣　正義曰釋詁云棐輔也忱誠也文
承大化之下知輔誠辭者言周家有大化誠辭爲
天所輔其成我民必爲民除害使得成也　傳天
亦至去之　正義曰亦者亦同之義也君民共爲
一體天慎勞使成功亦當勤勞民使安寧故言亦
也如疾欲已去之言天急於民至甚也　傳天欲
至畢之　正義曰上云卒寧王圖事又云圖功攸
終此云攸受休畢畢終也三者文辭略同義不甚
異大意惟言當終文王之業須征逆亂之賊周公

尚十二　三十一　顧

重其慎戰丁寧以勸民耳　王曰若昔朕其逝朕言艱日思
順古道我其往東征矣我所言國家之難備矣日思念之　若考作室既厎
法厥子乃弗肯堂矧肯構　以作室喻治政也父已致法子
乃不肯爲堂基況肯構立屋乎不爲其易則難者可知　厥父菑厥子乃弗
肯播矧肯穫　又以農喻其父已菑耕其田其子乃不肯播種況肯收穫乎
厥考翼其肯曰予有後弗棄基　其父敬事
創業而子不能繼成其功其肯言我有後不弃我基業乎今不征是弃之　肆予曷敢
不越卬敉寧王大命　作室農人猶惡棄基故我何敢不於今日撫循

楊本卷十二第三十一葉

肆予沖至圖功
正義曰以汝等有難征之意故我童子成王長思此難而歎曰
嗚呼四國今叛信蠢動天下使鰥寡受害尤可哀哉我周家爲
天下役事而遺我甚大乃投此艱難於我身此難須平不可以
已今征四國於我童人不惟自憂而已乃欲施義於汝衆國君
於汝多士尹氏治事之人如此爲汝計汝君臣當安勉我曰無
勞於征伐之憂我諸侯當往共征四國汝王不可不成汝寧祖
聖考所謀之功宜出此善言以助我何謂違我不欲征也
傳我周至得已
正義曰爲天子者當役己以養天下故我周家爲天下役事揔
言周家當救天下此事遺我故爲甚大以大役遺我以爲甚大
而又投擲此艱難之事於我身謂當已之時有四國叛逆言已
職當靜亂不得以已也
傳言征至事者
正義曰卬我也恤憂也四國叛逆害及衆國君得靜亂則爲大美

尚十二　二十一

言征四國於我童人不惟自憂而已乃欲施義於汝衆國君臣
言難除則義施也
傳汝衆至之助
正義曰綏安也毖勞也言我既施義於汝汝衆國君臣言得我
之力當安慰勉勸我曰無勞於憂今我無憂四國衆國自來征
之經言寧即文王考即武王故言寧祖聖考也王以衆國反己
乃復設爲此言責其無善言助己
已予至丕基
正義曰既敘衆國之情告以必征之意已乎我惟小子不敢廢
上帝之命卜吉不征是廢天命從卜而興乃有故事天休美於
安天下之文王興我小國周者以安民之王惟卜是用以此之
故受此上天之命明卜宜用之今天助民矣十夫佐周是天
助也人事既驗況亦如文王惟卜之用吉可知矣嗚呼而歎天
之明德可畏也輔成我周家大大之基業卜既得吉不可違也
傳人獻至文王

單疏卷十二第二十一葉

文王大命以征逆乎 若兄考乃有友伐厥子民養其
勸弗救 若兄弟父子之家乃有朋友來伐其子民養其勸心不救者以子惡故以此喻
國將誅而無救者罪大故 【疏】 王曰若至弗救 正義曰子孫成父祖之業古道當然王又言
曰今順古昔之道我其往東征矣我所言國家之
難備矣日日思念之乃以作室爲喻若父作室營
建基址既致法矣其子乃不肯爲之堂況肯構架
成之乎又以治田爲喻其父菑耕其田殺其草已
堪下種矣其子乃不肯布種況肯收穫乎其此作
室治田之父乃是敬事之人見其子如此其肯言
曰我有後不棄我基業乎必不肯爲此言也我若
不終文武之謀則文武之神亦如此耳其肯道我
不棄基業乎作室農人猶惡棄其基業故我何敢
不於我身今日撫循安人之文王大命以征討叛
逆乎我今東征無往不克若凡人兄及父厥子弟
爲家長者乃有朋友來伐其子則民皆養其勸伐
之心不救之何則以子惡故也以喻伐四國叛親
如父兄亦無救之者以君惡故也言罪大不可不
誅無救所以必克也顧氏以上不卬自恤傳云不
惟自憂遂皆以卬爲惟但卬之爲惟非是正訓觀
孔意亦以不卬爲惟義也 傳又以至穫乎 正
義曰上言作室此言治田其取喻一也上言若考
作室既厎法此類上文當云若父爲農既耕田從
上省文耳菑謂殺草故治田一歲曰菑言其始殺
草也播謂布種后稷播殖百穀是也定本云矧弗
肯構矧弗肯穫皆有弗字檢孔傳所解弗爲衍字
傳其父至棄之 正義曰治田作室爲喻既同故
以此經結上二事鄭王本於矧肯構下亦有此一
經然取喻既同不應重出蓋先儒見下有而上無
謂其脫而妄增之 傳若兄至大故 正義曰此

正義曰天之助民乃是常道而云民獻十夫是天助民者下云
亦惟十人迪知上帝命故以民獻十夫爲天助民也
王曰爾至休畢
正義曰既述文王之事王又命於衆曰汝惟父老之人汝大能
遠省識古事汝知寧王若此之勤勞哉以老人目所親見必知
之也以文王勤勞如此故天命慎勞來我周家當至成功所在
天意既然我不敢不極盡文王所謀之事文王謀致太平我欲
盡行之我欲盡文王所謀故我大爲教化勸誘我所友國君共
伐叛逆天既輔助我周家有大化誠辭其必成就我之衆民天
意既如此矣我何其不於前文王安民之道謀立其功之處所
而終竟之乎天亦惟勞慎我民若人有疾病而欲已去之天意
於民如此之急我何敢不於前安人文王所受美命終畢之乎
以須終畢之故故當誅除逆亂安養下民使之致太平
傳閟慎至太平
正義曰閟慎釋詁文天慎勞我周家者美其德當天心慎惜人
勞來勸勉之使至成功所在在於致太平也天意欲使之然我
爲文王子孫敢不極盡文王所謀之事文王本謀謂致太平
傳言我至民矣
正義曰釋詁云棐輔也忱誠也文承大化之下知輔誠辭者言
周家有大化誠辭爲天所輔其成我民必爲民除害使得成也
傳天亦至去之
正義曰亦者亦同之義也君民共爲一體天慎勞使成功亦當
勤勞民使安寧故言亦也如疾欲已去之言天急於民至甚也
傳天欲至畢之
正義曰上云卒寧王圖事又云圖功攸終此云攸受休畢畢終
也三者文辭略同義不甚異大意惟言當終文王之業須征逆
亂之賊周公重兵慎戰丁寧以勸民耳
王曰若至弗救
正義曰子孫成父祖之業古道當然王又言曰今順古昔之道
我其往東征矣我所言國家之難備矣日日思念之乃以作室

經大意言兄不救弟父不救子發首兄考備文伐
厥子不言弟互相發見傳言兄弟父子之家以足
之民養其勸民謂父兄爲家長者也養其心不退止也　王曰嗚呼肆哉
爾庶邦君越爾御事　歎今伐四國必克之故以告諸侯及臣下
御治事者　爽邦由哲亦惟十人迪知上帝命
言其故有明國事用智道十人蹈知天命謂人獻十夫來佐周　越天棐忱爾
時罔敢易法矧今天降戾于周邦　於天輔誠
汝天下是知無敢易天法況今天下罪於周使四國叛乎　惟大艱人誕鄰胥
伐于厥室爾亦不知天命不易　惟大爲難之人謂三

尚十二　三十三　朱

叔也大近相伐於其室家謂叛逆也言不早誅汝天下亦不知天命之不易也　疏王曰嗚呼至不易
正義曰既言四國無救之者王曰又言歎今伐四國必克之故告汝衆國君及於汝治事之臣所以
知必克者故有明國事用智道者亦惟有十人此人皆蹈知上天之命謂民獻十夫來佐周家此人
既來克之必也於我天輔誠信之故汝天下是知無敢變易天法者若易法無信則上天不輔故無
敢易法也況今天下罪於周國使四國叛逆惟大爲難之人謂三叔等大近相伐於其室家自欲拔
本塞源反害周室是其爲易天法也彼變易天法若不早誅之汝天下亦不知天命之不可變易也
傳言其至佐周　正義曰此其必克之故也爽明也由用也有明國事用智道言其有賢德也蹈天
者識天命而履行之此言十人謂上文民獻十夫來佐周家者此是賢人賢人既來佐彼所與是必

楊本卷十二第三十三葉

爲喻若父作室營建基址既致法矣其子乃不肯爲之堂況肯
構架成之乎又以治田爲喻其父菑耕其田殺其草已堪下種
矣其子乃不肯布種況肯收穫乎其此作室治田之父乃是敬
事之人見其子如此其肯言曰我有後不棄我基業乎必不肯
爲此言也我若不終文武之謀則文武之神亦如此耳其肯道
我不棄基業乎作室農人猶惡棄其基業故我何敢不於我身
今日撫循安人之文王大命以征討叛逆乎我今東征無往不
克若凡人兄及父與子弟爲家長者乃有朋友來伐其子則民
肯養其勸伐之心不救之何則以子惡故也以喻伐四國雖親
如父兄亦無救之者以君惡故也言罪大不可不誅無救所以
必克也顧氏以上不卬自恤傳云不惟自憂遂皆以卬爲惟但
卬之爲惟非是正訓覲孔意亦以不卬爲惟義也
傳又以至穫乎
正義曰上言作室此言治田其取喻一也上言若考作室既底
法此類上文當云若父爲農既耕田從上省文耳菑謂殺草故

書十二　二十三

治田一歲曰菑言其始殺草也播謂布種后稷播殖百穀是也
定本云矧弗肯構矧弗肯穫皆有弗字檢孔傳所解弗爲衍字
傳其父至棄之
正義曰治田作室爲喻既同故以此經結上二事鄭王本於矧
肯構下亦有此一經然取喻既同不應重出蓋先儒見下有而
上無謂其脫而妄增之
傳若兄至大故
正義曰此經大意言兄不救弟父不救子發首兄考備文伐厥
子不言弟互相發見傳言兄弟父子之家以足之民養其勸民
謂父兄爲家長者也養其心不退止也
王曰嗚至不易
正義曰既言四國無救之者王曰又言歎今伐四國必克之故
告汝衆國君及於汝治事之臣所以知必克者故有明國事用
智道者亦惟有十人此人皆蹈知上天之命謂民獻十夫來佐
周家此人既來克之必也於我天輔誠信之故汝天下是知無

單疏卷十二第二十三葉

楊本卷十二第三十四葉

克之効也王肅云我未伐而知民弗救者以民十
夫用知天命故也　傳於天至叛乎　正義曰於
天輔誠言天之所輔必是誠信汝天下於是觀之
始知無敢變易天法若易天法則天不輔之況今
天下罪於周使四國叛乎以小況大易法猶尚不
可況叛逆乎　傳惟大至不易　正義曰以下句
言相伐於其室家室家自相伐知惟大爲難之人
謂三叔也大近相伐於其室家者三叔爲周室至
親而舉兵作亂是室家自相伐爲叛逆之罪是變
易天法之極若汝諸國不肯誅之是汝天下亦不
知天命之不可變易也王肅云惟大爲難之人謂
管蔡也大近相伐於其室家明不可不誅也管蔡
犯天誅而汝不欲伐則亦不知天命之不易也予永念曰天惟喪殷
若穡夫予曷敢不終朕畝稼穡之夫除草養苗我長念天亡殷

尚十二　三十四

惡主亦猶是矣我何敢不順天終竟我壟畝乎言當滅殷天亦惟休于前
寧人予曷其極卜敢弗于從天亦惟美于文王受命我
何其極卜法敢不於從言必從也率寧人有指疆土矧今
卜并吉循文王所有指意以安疆土則善矣況今卜并吉乎言不可不從肆朕
誕以爾東征天命不僭卜陳惟若茲以卜
吉之故大以汝衆東征四國天命不僭差卜兆陳列惟若此吉必克之不可不勉疏予永至若
茲　正義曰所以必當誅四國者我長思念之曰
天惟喪亡殷國者若稼穡之夫務去草也天意既
然我何敢不終我壟畝也言穢草盡須除去殷餘
皆當殄滅也天亦惟美於前寧人文王我何其極

單疏卷十二第二十四葉

敢變易天法者若易法無信則上天不輔故無敢易法也況今
天下罪於周國使四國叛逆惟大爲難之人謂三叔等大近相
伐於其室家自欲拔本塞源反害周室是其爲易天法也彼變
易天法若不早誅之汝天下亦不知天命之不可變易也
傳言其至佐周
正義曰此其必克之故也爽明也由用也有明國事用智道言
其有賢德也蹈天者識天命而履行之此言十人謂上文民獻
十夫來佐周家者此是賢人賢人既來彼無所與是必克之効
也王肅云我未伐而知民弗救者以民十夫用知天命故也
傳於天至叛乎
正義曰於天輔誠言天之所輔必是誠信汝天下於是觀之始
知無敢變易天法若易天法則天不輔之況今天下罪於周使
四國叛乎以小況大易法猶尚不可況叛逆乎
傳惟大至不易
正義曰以下句言相伐於其室家室家自相伐知惟大爲難之
人謂三叔也大近相伐於其室家者三叔爲周室至親而舉兵
作亂是室家自相伐爲叛逆之罪是變易天法之極若汝諸國
不肯誅之是汝天下亦不知天命之不可變易也王肅云惟大
爲難之人謂管蔡也大近相伐於其室家明不可不誅也管蔡
犯天誅而汝不欲伐則亦不知天命之不易也
予永至若茲
正義曰所以必當誅四國者我長思念之曰天惟喪亡殷國者
若稼穡之夫務去草也天意既然我何敢不終我壟畝也言穢
草盡須除去殷餘皆當殄滅也天亦惟美於前寧人文王我何
其極文王卜法敢不於是從乎言必從之也我循彼寧人所有
旨意以安疆土不待卜筮便即東征已自善矣況今卜東征而
龜并吉以吉之故我大以爾東征四國天命必不僭差卜兆陳
列惟若此吉不可不從卜不可不勉力也
傳天亦至必從
正義曰天亦惟美於文王受命言文王德當天心天每事美之

文王卜法敢不於是從乎言必從之也我循彼寧人
於有旨意以安疆土不待卜筮便即東征已自善
矣況今卜東征而龜并吉以吉之故我大以爾東
征四國天命必不僭差卜兆陳列惟若此吉不可
不從卜不可不勉力也　傳天亦至必從　正義
曰天亦惟美於文王受命言文王德當天心天每
事美之故得受天命是文王之德大美也文王用
卜能受天命今於我何其窮極文王卜法敢不從
乎言必從文王卜也　傳循文王至不從　正義曰
文王之旨意欲令天下疆土皆得其宜有叛逆者
自然須平定之我直循彼文王所有旨意伐叛則
已善矣不必須卜筮也況今卜并吉乎言不可不
從也王肅云順文王安人之道有旨意盡天下疆
土使皆得其所不必須卜筮也況今卜三龜皆吉
明不可不從也　傳以卜至不勉　正義曰天命
不僭者天意去惡與善其事必不僭差言我善而
彼惡也卜兆陳列惟若此吉
言往必克之不可不勉力也

微子之命第十

成王既黜殷命殺武庚一名祿父命微子啓代
殷後啓知紂必亡而奔周命為宋公為湯後作微子之命封命之書

疏成王至之命　正義曰成王既黜殷君之命殺
武庚乃命微子啓代武庚為殷後為書命之史
敘其事作微子之命黜殷命謂絕其爵也殺武庚
謂誅其身也　傳啓知至湯後　正義曰啓知紂
必亡告父師少師而遁於荒野微子作告是其事
也武王既克紂微子乃歸之非去紂即奔周也傳
言得封之由故言其奔周耳僖六年左傳云許僖
公見楚子面縛銜璧大夫衰絰士輿櫬楚子問諸

楊本卷十二第三十五葉

故得受天命是文王之德大美也文王用卜能受天命今於我
何其窮極文王卜法敢不從乎言必從文王卜也
傳循文至不從
正義曰文王之旨意欲令天下疆土皆得其宜有叛逆者自然
須平定之我直循彼文王所有旨意伐叛則已善矣不必須卜
筮也況今卜并吉乎言不可不從也王肅云順文王安人之道
有旨意盡天下疆土使皆得其所不必須卜筮也況今卜三龜
皆吉明不可不從也
傳以卜至不勉
正義曰天命不僭者天意去惡與善其事必不僭差言我善而
彼惡也卜兆陳列惟若此吉言往必克之不可不勉力也
微子之命第十
成王至之命
正義曰成王既黜殷君之命殺武庚乃命微子啓代武庚為殷
後為書命之史敘其事作微子之命黜殷命謂絕其爵也殺武
庚謂誅其身也
傳啓知至湯後
正義曰啓知紂必亡告父師少師而遁於荒野微子作告是其
事也武王既克紂微子乃歸之非去紂即奔周也傳言得封之
由故言其奔周耳僖六年左傳云許僖公見楚子面縛銜璧大
夫衰絰士輿櫬楚子問諸逢伯對曰昔武王克殷微子啓如是
武王親釋其縛受其璧而祓之焚其櫬禮而命之使復其所史
記宋世家云武王克殷微子啓乃持其祭器造於軍門肉袒面
縛左牽羊右把茅膝行而前以告武王乃釋微子復其位如故
是言微子克殷始歸周也馬遷之書辭多錯謬面縛縛手於後
故口銜其璧又安得左牽羊右把茅也要言歸周之事是其實
耳樂記云武王克殷既下車投殷之後於宋則傳言復其位者
以其自縛為囚釋之使從本爵復其卿大夫之位及下車即封
於宋以其終為殷後故樂記云投殷之後爾時未為殷之後也
微子初封於宋不知何爵此時因舊宋命之為公令為湯後使

單疏卷十二第二十五葉

逢伯對曰昔武王克殷微子啓如是武王親釋其
縛受其璧而祓之焚其櫬禮而命之使復其所史
記宋世家云武王克殷微子乃持其祭器造於
軍門肉袒面縛左牽羊右把茅膝行而前以告武
王乃釋微子復其位如故是言微子克殷始歸周
也馬遷之書辭多錯謬面縛縛手於後故口銜其
璧又安得左牽羊右把茅也要言歸周之事是其
實耳樂記云武王克殷既下車投殷之後於宋則
傳言復其位者以其自縛爲因釋之使從本爵復
其卿大夫之位及下車即封於宋以其終爲殷後
故樂記云投殷之後爾時未爲殷之後也微子初
封於宋未知何爵此時因舊宋命之爲公令爲湯
後使祀湯耳不繼紂也　微子之命　稱其本爵以名篇　[疏]　微子之命　正
義曰令爲命書之辭以爲此篇若誥君冏命皆此類也　王若曰猷殷王元

子　微子帝乙元子故順道本而稱之　惟稽古崇德象賢　考
古典有尊德象賢之義言今法之　統承先王修其禮物　言二王之
後各修其典禮正朔服色與時王並通三統　作賓于王家與國咸
休永世無窮　爲時王賓客與時皆美長世無竟　嗚呼乃祖成
湯克齊聖廣淵　言汝祖成湯能齊德聖達廣大深遠澤流後世　皇
天眷佑誕受厥命　大天眷顧湯佑助之大受其命謂天命　撫
民以寬除其邪虐　撫民以寬政放桀邪虐湯之德　功加于
時德垂後裔　言湯立功加於當時德澤垂及後世裔末也　爾惟

踐修厥猷舊有令聞　汝微子言能踐湯德久有善譽昭聞遠近
恪慎克孝肅恭神人予嘉乃德曰篤
不忘　言微子敬慎能孝嚴恭神人故我善汝德謂厚不可忘　[疏]　王若曰猷殷王元子　正
義曰王順道而言曰今以大道告汝殷王首子告之以下辭也曰猷如大誥言以道誥之　傳微子
至稱之　正義曰呂氏春秋仲冬紀云紂之母生微子啓與仲衍尚爲妾已而爲妻後生紂紂父欲
立啓爲太子太史據法而爭之曰有妻之子不可立妾之子故紂爲後鄭玄云微子啓紂同母庶兄也
若順也猷道也以其本是元子故順道本而稱之釋詁云元首始也易曰元者善之長也　傳言二
至三統　正義曰郊特牲云天子存二代之後猶尊賢也尊賢不過二代書傳云王者存二王之後
與己爲三所以通三統立三正周人以日至爲正殷人以日至後三十日爲正夏人以日至後六十
日爲正天有三統土有三王三王者所以統天下也禮運云杞之郊也禹也宋之郊也契也是二王
後得郊祭天以其祖配之鄭云所存二王後者命使郊天以天子禮祭其始祖受命之王自行其正
朔服色此謂通天三統是立二王後之義也此命首言稽古則立先代之後自古而有此法不知從
何代然也亂意自夏以上不必改正縱使正朔不改典禮服色自當異也　曰篤不忘　正義曰僖
十二年左傳王命管仲之辭曰謂督不忘則曰亦謂義亂訓篤爲厚故傳云謂厚不可忘杜預以督
爲正可謂正而不可忘也　上帝時歆下民祗協庸建爾
于上公尹茲東夏　孝恭之人祭祀則神歆享於令則人敬和用是封立汝於

上公之位正此東方華夏之國宋在京師東欽哉往敷乃訓慎乃
服命率由典常以蕃王室敬哉敬其爲君之德往踐人布汝教
訓慎汝祖服命數循用舊典無失其常以蕃屏周室戒之
疏　慎乃服命　正義曰傳言慎汝祖服命數謂祭湯廟得用天子之禮服其數之本服命則上公九命當慎之無使乖禮制也
弘乃烈祖律乃有民永綏厥位毗予一人大汝烈祖成湯之道以法度齊汝所有之人則長安其位以輔我一人言上下同榮慶
世世享德萬邦作式言微子累世享德不忝厥祖雖同公侯而特爲萬國法式
俾我有周無斁汝世世享德則使我有周好汝無猒
嗚呼往哉惟休無替朕命歎其德遣往之國言當惟爲美政無廢我命
唐叔得禾異畝同穎唐叔成王母弟食邑內得異禾也畝壟穎穗也禾各生一壟而合爲一穗
獻諸天子拔而貢之
王命唐叔歸周公于東異畝同穎天下和同之象周公之德所致周公東征未還故命唐叔以禾歸周公唐叔後封晉
作歸禾亡
疏　唐叔至歸禾　正義曰成王母弟唐叔於其食邑之內得禾下異畝壟上同穎穗以其有異拔而貢於天子以爲周公德所感致於時周公東征未反王命唐叔歸周公於東命有言辭史敘其事作歸禾之篇　傳唐叔至一穗　正義曰昭十五年左傳云叔父唐叔成王之母弟指言唐叔得禾知其所食邑內得異禾也唐叔食邑書傳無文詩述后稷種禾於實實秀之

尚十二　三十八　陳俊

祀湯耳不繼紂也
微子之命
正義曰今寫命書之辭以爲此篇君陳君牙冏命皆此類也
王若曰猷殷王元子
正義曰王順道而言曰今以大道告汝殷王首子告之以下辭
也曰猷如大誥言以道誥之
傳微子至稱之
正義曰呂氏春秋仲冬紀云紂之母生微子啓與仲衍尚爲妾
巳而爲妻後生紂紂父欲立啓爲太子太史據法而爭之曰有
妻之子不可立妾之子故紂爲後鄭云微子啓紂同母庶兄也
若順也猷道也以其本是元子故順道本而稱之釋詁云元首
始也易曰元者善之長也
傳言二至三統
正義曰郊特牲云天子存二代之後猶尊賢也尊賢不過二代
書傳云王者存二王之後與已爲三所以通三統立三正周人以
日至爲正殷人以日至後三十日爲正夏人以日至後六十日
爲正天有三統土有三王三王者所以統天下也禮運云杞之
郊也禹也宋之郊也契也是二王後得郊祭天以其祖配之鄭
云所存二王後者命使郊天以天子禮祭其始祖受命之王自
行其正朔服色此謂通天三統是立二王後之義也此命首言
稽古則立先代之後自古而有此法不知從何代然也孔意自
夏以上不必改正縱使正朔不改與禮服色自當異也
曰篤不忘
正義曰僖十二年左傳王命管仲之辭曰謂督不忘則曰亦謂
義孔訓篤爲厚故傳云謂厚不可忘杜預以督爲正可謂正而
不可忘也
慎乃服命
正義曰傳言慎汝祖服命數謂祭湯廟得用天子之禮服其數
之本服命則上公九命當慎之無使乖禮制也
唐叔至歸禾

下乃言實穎毛傳云穎垂言穗重而垂是穎爲穗
也禾各生一壟而合爲一穗言其異也書傳云成
王之時有三苗貫桑葉而生同爲一穗其大盈車
長幾充箱民得而上諸成王下傳云拔而貢之者
是盈車之穗不可手拔而貢孔不用書傳爲説也
傳異畝至封晉　正義曰禾者和也異畝同穎是
天下和同之象成王以爲周公德所感致於時周
公東征未還故命唐叔以禾歸周公於東也歸禾
年月史傳無文不知在啓金縢之先後也王啓金
縢正當禾熟之月若是前年得之於時王疑未解
必不肯歸周公當是啓金縢之後喜得東土和平
而有此應故以歸周公也唐叔後封於晉經史多
矣傳言此者欲見此時未封知在邑内得之昭元
年左傳稱成王滅唐而封大叔焉所滅之唐即晉
國是也然則得禾之時未封
於唐從後稱之爲唐叔耳　周公既得命禾旅
天子之命已得唐叔之禾遂陳成王歸禾之命而推美成王善則稱君作嘉
禾天下和同政之善者故周公作書以善禾名篇告天下　疏　周公至嘉禾　正義曰周公
得王所命禾乃陳天子歸禾之命爲文辭稱此禾
之善推美於成王史叙其事作嘉禾之篇　傳已
得至稱君　正義曰鄭云受王歸己禾之命與其
禾以爲既得命禾謂復得禾義當然矣成王歸禾
之命必歸美周公周公陳歸禾之命又推美成王
是善則稱君之義也善則稱君坊記文也　傳天
下至下云　正義曰嘉訓善也言此禾之善故以
善禾名篇陳天子之命故當布告天下此以善禾
爲書之篇名後世同穎之禾遂名爲嘉禾由此也
二篇東征未還時事微子受命應在此篇後篇在
前者蓋先封微子
後布此書故也

楊本卷十二第三十九葉

正義曰成王母弟唐叔於其食邑之内得禾下異畝壟上同穎
穗以其有異拔而貢於天子以爲周公德所感致於時周公東
征未反王命唐叔歸周公於東命有之辭史敘其事作歸禾之篇
傳唐叔至一穗
正義曰昭十五年左傳云叔父唐叔成王之母弟指言唐叔得
禾知其所食邑内得異禾也唐叔食邑書傳無文詩述后稷種
禾於實秀之下乃言實穎毛傳云穎垂言穗重而垂是穎爲穗
也禾各生一壟而合爲一穗言其異也書傳云成王之時有三
苗貫桑葉而生同爲一穗其大盈車長幾充箱民得而上諸成
王下傳云拔而貢之若是盈車之穗不可手拔而貢孔不用書
傳爲説也
傳異畝至封晉
正義曰禾者和也異畝同穎是天下和同之象成王以爲周公
德所感致於時周公東征未還故命唐叔以禾歸周公於東也
歸禾年月史傳無文不知在啓金縢之先後也王啓金縢正當
禾熟之月若是前年得之於時王疑未解必不肯歸周公當是
啓金縢之後喜得東土和平有此應故以歸周公也唐叔後
封於晉經史多矣傳言此者欲見此時未封知在邑内得之昭
元年左傳稱成王滅唐而封大叔焉所滅之唐即晉國是也然
則得禾之時未封於唐從後稱之爲唐叔耳
周公至嘉禾
正義曰周公既得王所命禾乃陳天子歸禾之命爲文辭稱此
禾之善推美於成王史敘其事作嘉禾之篇
傳已得至稱君
正義曰鄭云受王歸己禾之命與其禾以爲既得命禾謂復得
禾義當然矣成王歸禾之命必歸美周公周公陳歸禾之命又
推美成王是善則稱君之義也善則稱君坊記文也
傳天下至下云
正義曰嘉訓善也言此禾之善故以善禾名篇陳天子之命故
當布告天下此以善禾爲書之篇名後世同穎之禾遂名爲嘉

單疏卷十二第二十七葉

尚書注疏卷第十二

楊本卷十二第四十葉

不由此也。二篇東征未還時事，微子之命應在此篇後，篇在前者，蓋先封微子以布此書故也。

尚書正義卷第十二

金澤文庫

計一萬五千五百一十六字

單疏卷十二第二十八葉

尚書注疏卷第十三

國子祭酒上護軍曲阜縣開國子臣

孔穎達奉

勑撰

周書

康誥第十一

酒誥第十二

梓材第十三

康誥第十一

成王既伐管叔蔡叔滅三監以殷餘民封康叔以三監之民國康叔爲衛侯周公懲其數叛故使賢母弟主之作康誥酒誥梓材

康誥命康叔之誥康圻內國名叔封字【疏】成王至梓材　正義曰既伐叛人三監之管叔蔡叔等以殷餘民國康叔爲衛侯周公以王命戒之作康誥酒誥梓材三篇之書也其酒誥梓材亦戒康叔宜因事而分之然康誥戒以德刑又以化紂嗜酒故次以酒誥卒若梓人之治材爲喻爲善政以結之　傳以三至主之　正義曰此序亦與上相顧爲首引初言三監叛又言黜殷命此云殷戈管叔蔡叔言以殷餘民圻內之餘民故云以三監之民國康叔爲衛侯然古字邦封同故漢有上

邦下邦縣邦字如封字此亦云邦康叔若分器序云邦諸侯故云國康叔并以三監之地封之首周公懲其數叛故使賢母弟主之此始一叛而云數叛者以六州之衆悉來歸周殷之頑民叛逆天命至今又叛據周言之故云數叛故多方云爾乃不大宅天命爾乃屑播天命以不從天命故云叛也古者大國不過百里周禮上公五百里侯四百里孟軻有所不信費誓注云伯禽率七百里之內附庸諸侯則魯猶非七百里之封而康叔封千里者康叔時爲方伯殷之圻內諸侯並屬之故得摠言三監且其實地不方平計亦不能大於魯也故左傳云衛吾匹也又曰寡君未嘗後衛君且言千里亦大率言之耳何者邢在襄國河內即東圻之限故以賜諸侯西山即有黎潞河濟之西以曹地約之千里也以此鄭云初封於衛至子孫而并邶鄘也其地理志邶鄘之民皆遷分衛民於洛邑鄘國而同風所以詩分爲三與風未明也既三年滅三監三年始封其間更遣人守自不知名號耳　傳命康叔至封字　正義曰以定四年左傳祝佗云命以康誥故以爲命康叔之誥知康圻內國名者以管蔡郕霍皆國名則康亦國名而在圻內爲主亦然惟鄭玄以康爲謚號以史記世家云生康伯故也則孔以康伯爲號謚而康叔之康猶爲國而號謚不見耳惟三月哉生魄周公攝政七年三月始生魄月十六日明消而魄生周公初基作新大邑于東國洛初造基建作王城大都邑於東國洛汭居四方民大和會天下土中四方之民大和悅而集會侯甸男邦采衛百工播民和見士于周此五服諸侯服五百里侯服去王城千里甸服千五百里男服去王城二千里采服

二千五百里衛服三千里與禹貢異制五
服之百官播率其民和悅並見即事於周　周公咸
勤乃洪大誥治　周公皆勞勉五服之人遂　疏　惟三
乃因大封命大誥以治道　至誥
治　正義曰言惟以周公攝政七年之三月始明
死而生魄月十六日己未於時周公初造基址作
新大邑於東國洛水之汭四方之民大和悅而集
會言政治也此所集之民即侯甸男采衛五服百
官播率其民和悅並見即事於周之東國而周公
皆慰勞勸勉之乃因大封命以康叔為衛侯大誥
以治道　傳周公至魄生　正義曰知周公攝政
七年之三月者以洛誥即七年反政而言新邑營
及獻卜之事與召誥參同俱為七年此亦言作新
邑又同召誥故知七年三月也若然書傳云四年
建衛侯而封康叔五年營成洛邑六年制禮作樂
明堂位云昔者周公朝諸侯于明堂之位即云頒
度量而天下大服文云六年制禮作樂是六年已
有明堂在洛邑而朝諸侯言六年已作洛邑而有
明堂者禮記後儒所錄書傳伏生所造皆孔所不
用始生魄月十六日戊午社于新邑之明日魄與
明反故云明消而魄生　傳初造至冒集　正義
曰所以初基東國洛者以天下土中故也其召誥
與大司徒文之所出釋言云集會也以主治民故
民服悅而見太平也初基者謂初始營建基址作
此新邑此史摠序言之鄭以為此時未作新邑而
以基為謀大不辭矣　傳此五至於周　正義曰
男下獨有邦以五服男居其中故舉中則五服皆
有邦可知言邦見其國君焉以大司馬職大行人
故知五服服五百里禹貢五服通王畿此在畿外
去王城五百里故每畿計之至衛服三千里言與
禹貢異制也通王畿與不通為異以此計畿之均
故須土中若然黃帝與帝嚳居偃師餘非土中者

楊本卷十三第三葉

尚書正義卷第十三
國子祭酒上護軍曲阜縣開國子臣孔穎達奉敕撰
周書
康誥第十一
酒誥第十二
梓材第十三
康誥第十一
成王至梓材
正義曰既伐叛人三監之管叔蔡叔等以殷餘民國康叔為衛
侯周公以王命戒之作康誥酒誥梓材三篇之書也其酒誥梓
材亦戒康叔但因事而分之然康誥戒以德刑又以化紂嗜酒
故次以酒誥卒若梓人之治材為器為善政以結之
傳以三至主之
正義曰此序亦與上相顧為首引初言三監叛又言以殷命此
云既伐管叔蔡叔言以殷餘民圻內之餘民故云以三監之民
國康叔為衛侯然古字邦封同故漢有上邦下邦縣邦字如封
字此亦云邦康叔若分器序云邦諸侯故云國康叔并以三監
之地封之者周公懲其數叛故使賢母弟主之此始一叛而云
數叛者以六州之衆悉來歸周殷之頑民叛逆天命至今又叛
據周言之故云數叛故多方云爾乃不大宅天命爾乃屑播天
命以不從天命故云叛也古者大國不過百里周禮上公五百
里侯四百里孟軻有所不信賈逵注云伯禽率七百里之內附
庸諸侯則魯猶非七百里之封而康叔封千里者康叔時為方
伯殷之圻內諸侯並屬之故得摠言三監且其實地不方平計
亦不能大於魯也故左傳云宋衛吾匹也又曰寡君未嘗後衛
君且言千里亦大率言之耳何者邢在襄國河內即東圻之限
故以賜諸侯西山即有黎潞河濟之西以曹地約有千里也以
此鄭云初封於衛至子孫而并邶鄘也其地理志邶鄘之民皆
遷分衛民於邶鄘故異國而同風所以詩分為三孔與同否未

單疏卷十三第一葉

自由當時之宜，實在土中，因得而美善之也。不見要服者，鄭云以遠於役事，而恒闕焉，君行必有臣從，卿大夫及士，見亦主其勞，故云五服之内，百官播率其民和悅，即事以土功，勞事民之所苦也，而此和悅，見太平也。而書傳云：示之以力役，其且猶至，況導之以禮樂乎，是也。傳周公至治道

正義曰：太保以戊申至，七日庚戌，已云庶殷攻位於洛汭，則庶殷先與之期于前至也。周公以十二日乙卯朝至于洛，則達觀于新邑營，此日當勉其民，此因命而并言之。序云：邦康叔，洪大也，爲大封命，大誥康叔以治道也。鄭玄以洪爲代，言周公代成王誥，何故代誥而反誥王，呼之曰孟侯，爲不辭矣

王若曰：孟侯，朕其弟，小子封。周公稱成王命，順康叔之德，命爲孟侯。孟，長也。五侯之長，謂方伯。使康叔爲之。曰王使我命其弟封。封，康叔名。稱小子，明當受教訓。

惟乃丕顯考文王，克明德慎罰。惟汝大明父文王，能顯用俊德，慎去刑罰，以爲教首。不敢侮鰥寡，庸庸，祗祗，威威，顯民。惠恤窮民，不慢鰥夫寡婦。用可用，敬可敬，刑可刑，明此道以示民。用肇造我區夏，越我一二邦以修。用此明德慎罰之道，始爲政於我區域諸夏，故於我一二邦皆以修治。我西土惟時怙冒，聞于上帝，帝休。我西土岐周，惟是怙恃文王之道，故其政教冒被四表，上聞于天，天美其治。天乃大命文王，殪戎殷，誕受厥命。天美文王，乃大命之殺兵殷，大受其王命，謂三分天下有其二以授武王。越厥邦厥民，惟時敘。於其國，於其民，惟是次敘，皆文王教。乃

明也。既三年滅三監，七年始封康叔，則於其間更遣人錢守，自不知名號耳

傳命康至封字

正義曰：以定四年左傳祝佗云命以康誥，故以爲命康叔之誥。知康圻内國名者，以管、蔡、郕、霍皆國名，則康亦國名而在圻内。馬、王亦然。惟鄭玄以康爲諡號，以史記世家云生康伯故也。則孔以康伯爲號諡，而康叔之康猶爲國而號諡不見耳

惟三至誥治

正義曰：言惟以周公攝政七年之三月，始明死而生魄，月十六日己未，於時周公初造基趾，作新大邑於東國洛水之汭，四方之民大和悅而集會，言政治也。此所集之民，即侯甸男采衛五服百官播率其民和悅，並見即事於周之東國，而周公皆慰勞勸勉之，乃因大封命，以康叔爲衛侯，大誥以治道

傳周公至魄生

正義曰：知周公攝政七年之三月者，以洛誥即七年反政，而言新邑營及獻卜之事，與召誥參同，俱爲七年，此亦言作新邑，又同召誥，故知七年三月也。若然，書傳云四年建衛侯而封康叔，五年營成洛邑，六年制禮作樂，明堂位云昔者周公朝諸侯于明堂之位，即云頒度量而天下大服，又云六年制禮作樂，是六年已有明堂在洛邑而朝諸侯，言六年已作洛邑而有明堂者，禮記後儒所錄，書傳伏生所造，皆孔所不用。始生魄，月十六日戊午，社于新邑之明日，魄與明反，故云明消而魄生

傳初造至集會

正義曰：所以初基東國洛者，以天下土中故也。其召誥與大司徒文之所出，釋言云集，會也。以主治民，故民服悅而見太平也。初基者，謂初始營建基趾，作此新邑。此史摠序言之，鄭以爲此時未作新邑，而以基爲謀，大不辭矣

傳此五至於周

正義曰：男下獨有邦，以五服男居其中，故舉中則五服皆有邦可知。言邦，見其國君焉。以大司馬職、大行人，故知五服服五百

康誥第十一　　周書

寡兄勗肆汝小子封在茲東土汝寡有之兄武王勉行文王之
道故汝小子封得在此東土爲諸侯 疏 王若至東土 正義曰言周公稱成王命順康叔之德而
言曰命汝爲孟侯王又使我教命其弟小子封其
所教命者惟汝大明德之父文王能顯用俊德慎
去刑罰以爲教首故惠恤窮民不侮慢鰥夫寡婦
況貴強乎其明德用可用敬可敬其慎罰威可威
者顯此道以示民用此道故始爲政於我區域諸
夏由是於我一二諸國皆以修治也上政既修我
西土惟是怙恃文王之道故其政教冒被四表聞
于上天天美其治道以此上天乃大命文王以誅
殺之道用兵除惡于殷大受其王命三分天下而
有其二也其所受二分者於其國於其民惟是皆
有次敘以文王之教故也汝寡有之兄武王
文王之道故受命克殷今汝小子封故在此東

尚十三

土爲諸侯是文王之道明德慎罰既用受命武王
無所復加以爲勉行所以汝必法之 傳周公至
教訓 正義曰以曰者爲命辭故曰周公稱成王
命順康叔之德命爲孟侯孟長也五侯之長謂方
伯使康叔爲之長者即州牧也五侯之長五等諸
侯之長也而左傳云五侯九伯汝實征之彼謂上
公之伯故征九伯而此五侯當州牧之五侯與彼
不同王制有連屬率伯也孔以五侯亦方伯則四
方者皆可爲方伯而此方伯自是州牧也康叔以
毋弟令德受大國封命固非率及連屬也虞夏及
周既有牧又離騷云伯昌作牧殷亦有牧伯四代
皆通也非如鄭玄云殷之州長曰伯以稱小子爲
幼弱故明當受教訓故云使我命其弟爲親親而
使我用戒故也此指命康叔爲之而鄭以摠告諸
侯依略說以太子十八爲孟侯而呼成王既禮制
無文義理斷曲豈周公自許天子以王爲孟侯皆

楊本卷十三第五葉

里禹貢五服通王畿此在畿外去王城五百里故每畿計之至
衛服三千里言與禹貢異制也通王畿與不通爲異以此計畿
之均故須土中若然黃帝與帝嚳居偃師餘非土中者自由當
時之宜實在土中因得而美善之也不見要服者鄭云以遠於
役事而恒闕焉君行必有臣從即卿大夫及士見亦主其勞故
云五服之內百官播率其民和悅即事以土功勞事民之所苦
也而此和悅見太平也而書傳云示之以力役其且猶至況導
之以禮樂乎是也
傳周公至治道
正義曰太保以戊申至七日庚戌已云庶殷攻位於洛汭則庶
殷先與之期于前至也周公以十二日乙卯朝至于洛則達觀
于新邑營此日當勉其民此因命而并言之序云邦康叔洪大
也爲大封命大誥康叔以治道也鄭玄以洪爲代言周公代成
王誥何故代誥而反誥王呼之曰孟侯爲不辭矣
王若至東土

尚書十三

正義曰言周公稱成王命順康叔之德而言曰命汝爲孟侯王
又使我教命其弟小子封其所教命者惟汝大明德之父文王
能顯用俊德慎去刑罰以爲教首故惠恤窮民不侮慢鰥夫寡
婦況貴強乎其明德用可用敬可敬其慎罰威可威者顯此道
以示民用此道故始爲政於我區域諸夏由是於我一二諸國
皆以修治也上政既修我西土惟是怙恃文王之道故其政教
冒被四表聞于上天天美其治道以此上天乃大命文王以誅
殺之道用兵除惡于殷大受其王命三分天下而有其二也其
所受二分者於其國於其民惟是皆有次敘以文王之教故也
汝寡有之兄武王勉行文王之道故受命克殷今汝小子封故
得在此東土爲諸侯是文王之道明德慎罰既用受命武王無
所復加以爲勉行所以汝必法之
傳周公至教訓
正義曰以曰者爲命辭故曰周公稱成王命順康叔之德命爲
孟侯孟長也五侯之長謂方伯使康叔爲之長者即州牧也五

單疏卷十三第三葉

不可信也　傳惟汝至教首　正義曰以近而可
法不過子之法父故舉文王也法者不過除惡行
善故云明德慎罰也　傳惠恤至示民　正義曰
用可用敬可敬即明德也用可用謂小德小官敬
可敬謂大德大官刑可刑謂慎罰也　傳天美至
武王　正義曰天美文王乃大命之殺兵殷者殪
殺也戎兵也用誅殺之道以兵患殷文王以伐殷
事未卒而言殺兵殷者謂三分有二爲滅殷之資
也　王曰嗚呼封汝念哉念我所以告汝之言今民將在祗遹
乃文考紹聞衣德言今治民將在敬循汝文德之父繼其所聞服行其德
言以爲政教往敷求于殷先哲王用保乂民汝往之國當布
求殷先智王之道用安治民汝丕遠惟商耇成人宅心知訓
汝當大遠求商家耇老成人之道常以居心則知訓民別求聞由古先哲王
用康保民又當別求所聞父兄用古先智王之道用其安者以安民弘于天若
德裕乃身不廢在王命大于天爲順德則不見廢常在王命　（疏）王曰嗚呼
封汝至王命　正義曰既言文王明德慎罰之訓
武王尚行之汝既得爲君方別陳明德之事故稱
王命而言曰嗚呼封汝當念我所以告汝之言哉
今治民所行將在敬循汝文德之父繼其所聞者
服行其德言以爲政教汝往之國當分布求於殷
先智王之道用安治民不但法其先君汝又當須
大遠求商家耇老成人之道居之於心即知訓民
矣其外又更當別求所聞父兄用古先智王之道
用其安者以安民即古虞夏之道也人事既然又
闡大於天之道而爲順德又加之寬容則汝身不

足利本卷十三第六葉

侯之長五等諸侯之長也而左傳云五侯九伯汝實征之彼謂
上公之伯故征九伯而此五侯當州牧之五侯與彼不同王制
有連屬卒伯也孔以五侯亦方伯則四方者皆可爲方伯而此
方伯自是州牧也康叔以母弟令德受大國封命周非卒及連
屬也虞夏及周既有牧又離騷云伯昌作牧殷亦有牧伯四代
皆通也非如鄭玄云殷之州長曰伯以稱小子爲幼弱故明當
受教訓故云使我命其弟爲親親而使我用戒故也此指命康
叔爲之而鄭以摠告諸侯依略說以太子十八爲孟侯而呼成
王既禮制無文義理駢曲豈周公自許天子以王爲孟侯皆不
可信也
傳惟汝至教首
正義曰以近而可法不過子之法父故舉文王也法者不過除
惡行善故云明德慎罰也
傳惠恤至示民
正義曰用可用敬可敬即明德也用可用謂小德小官敬可敬
謂大德大官刑可刑謂慎罰也
傳天美至武王
正義曰天美文王乃大命之殺兵殷者殪殺也戎兵也用誅殺
之道以兵患殷文王以伐殷事未卒而言殺兵殷者謂三分有
二爲滅殷之資也
王曰嗚呼封汝至王命
正義曰既言文王明德慎罰之訓武王尚行之汝既得爲君方
別陳明德之事故稱王命而言曰嗚呼封汝當念我所以告汝
之言哉今治民所行將在敬循汝文德之父繼其所聞者服行
其德言以爲政教汝往之國當分布求於殷先智王之道用安
治民不但法其先君汝又當須大遠求商家耇老成人之道居
之於心即知訓民矣其外又更當別求所聞父兄用古先智王
之道用其安者以安民即古虞夏之道也人事既然又闡大於
天之道而爲順德又加之寬容則汝身不見廢常在王命
傳今治至政教

單疏卷十三第四葉

見發常在王命 傳今治至政教 正義曰繼其所聞服行其德言者謂文王先有所聞善事今令康叔繼續其文王所聞善事被服而施行其德言以爲政教也 傳汝當至訓民 正義曰上云𢾭求殷先哲王謂求殷之賢君此言求商家耇老成人謂求殷之賢臣大遠者備徧求之 傳又當至安民 正義曰以父兄乃所居殷外故云別求上只言遹乃文考幷言兄者以上云寡兄勖則以文武道同言文可以兼武故幷言父兄也古先哲王鄭云虞夏也孔亦當然以上代與今事遠不可以同故言用其安者 傳大于至王命 正義曰以天道人用而光大之故因云大也其文王及殷古先哲王與天其道不異以前後聖迹雖殊同天不二也以康叔亞聖大賢治殷餘惡故使之用天道爲順德也

王曰嗚呼小子封恫瘝乃身敬哉 恫痛瘝病治民務除惡政當如痛病在汝身欲去之敬行我言 天畏棐忱民情大可見小人難保 天德可畏以其輔誠人情大可見以小人難安 往盡乃心無康好逸豫乃其乂民 往當盡汝心爲政無自安好逸豫寬身其乃治民 我聞曰怨不在大亦不在小惠不惠懋不懋 不在大起於小不在小至於大言怨不可爲故當使不順者順不勉者勉 已汝惟小子乃服惟弘王應保殷民 已乎汝惟小子乃當服行德政惟弘大王道上以應天下以安我所受殷之民衆 亦惟助王宅天命作新民 弘王道安殷民亦所以惟助王者居順天命爲民日新之教 疏 王曰嗚呼小至新民 正義曰所明而云行天人之德者其要在於

正義曰繼其所聞服行其德言者謂文王先有所聞善事今令康叔繼續其文王所聞善事被服而施行其德言以爲政教也

傳汝當至訓民

正義曰上云𢾭求殷先哲王謂求殷之賢君此言求商家耇老成人謂求殷之賢臣大遠者備徧求之

傳又當至安民

正義曰以父兄乃所居殷外故云別求上只言遹乃文考幷言兄者以上云寡兄勖則以文武道同言文可以兼武故幷言父兄也古先哲王鄭云虞夏也孔亦當然以上代與今事遠不可以同故言用其安者

傳大于至王命

正義曰以天道人用而光大之故因云大也其文王及殷古先哲王與天其道不異以前後聖迹雖殊同天不二也以康叔亞聖大賢治殷餘惡故使之用天道爲順德也

王曰嗚呼小至新民

正義曰所明而云行天人之德者其要在於治民故言王曰嗚呼小子封治民爲善而除惡政當如痛病在汝身欲去之敬行我言哉所以去惡政者以天德可畏者以其輔誠故也以民情大率可見所以可見者以小人難安也安之旣難其往治之當盡汝心爲政無自安好逸豫而寬縱乃其可以治民我聞古遺言曰人之怨不在事大或由小事而起雖由小事而起亦不恒在事小因小至大是爲民所怨事不可爲當使施順令不順者順勉力勸行令不勉者勉則其怨小大都消令汝消怨者已乎汝惟小子乃當服行政德惟弘大王道上以應天下以安我所受殷民不但汝身所當行此亦惟助王者居順天命爲民日新之教

傳恫痛至我言

正義曰恫聲類於痛故恫爲痛也瘝病釋詁文以痛病在汝身以述治民故務除惡政如己病也戒之而言敬故知敬行我言也鄭玄云刑罰及己爲痛病其義不及去惡若己病也

傳天德至難安

治民故言王曰嗚呼小子封治民爲善而除惡政
當如痛病在汝身欲去之敬行我言哉所以去惡
政者以天德可畏者以其輔誠故也以民情大率
可見所以可見者以小人難安也安之既難其往
治之當盡汝心爲政無自安好逸豫而寬縱乃其
可以治民我聞古遺言曰人之怨不在事大或由
小事而起雖由小事而起亦不恒在事小因小至
大是爲民所怨事不可爲當使施順令不順者順
勉力勸行令不勉者勉則其怨小大都消令汝消
怨者已乎汝惟小子乃當服行政德惟弘大王道
上以應天下以安我所受殷民不但汝身所當行
此亦惟助王者居順天命爲民日新之教　傳恫
痛至我言　正義曰恫聲類於痛故恫爲痛也瘝
病釋詁文以痛病在汝身以述治民故務除惡政
如己病也戒之而言敬故知敬行我言也鄭玄云
刑罰及己爲痛病其義不及去惡若己病也　傳
天德至難安　正義曰人情所以大可見者以小
人難安爲可見故須安之　傳不在至者勉　正
義曰以致怨恐謂由大惡故云不在大起於小言
怨由小事起不在小者謂爲怨不恒在小言其初
小漸至於大怨故使不順者順不勉者勉其怨自
消也　傳弘王至之教　正義曰亦所以惟助王
者言非直康叔身行有益亦惟助王者居順天命
爲民日新之教謂漸致太平政教日日益新也
王曰嗚呼封敬明乃罰歎而勑之凡行刑罰汝必敬明之欲其重慎人
有小罪非眚乃惟終自作不典式爾小罪非過失乃惟終
自行之自爲不常用犯汝有厥罪小乃不可不殺乃有大罪
非終乃惟眚災適爾既道極厥辜時乃不可

殺汝盡聽訟之理以極其罪是人所犯亦不可殺當以罰宥論之　疏王曰嗚呼敬至可殺
正義曰以上既言明德之理故此又云慎罰之義
而王言曰嗚呼封又當敬明汝所行刑罰須明其
犯意人有小罪非過誤爲之乃惟終身自爲不常
之行用犯汝如此者有其罪小乃不可不殺以故
犯而不可赦若人乃有大罪非終行之乃惟過誤
爲之以此故當盡斷獄之道以窮極其罪是人所
犯乃不可以殺當以罰宥論之以誤故也
即原心定罪斷獄之本所以須敬明之也　王曰嗚呼
封有敘時乃大明服政教有次敘是乃治理大明則民服惟民其勑
懋和民既服化乃其自勑正勉爲和若有疾惟民其畢棄咎化惡爲善
如欲去疾治之以理則惟民其盡棄惡修善矣若保赤子惟民其康乂養
人如安孩兒赤子不失其欲惟民其皆安治非汝封刑人殺人言得刑殺罪人
無或刑人殺人無以得刑殺人而有妄刑殺非辜者非汝封又曰劓刵
人劓截鼻刵截耳刑之輕者亦言所得行無或劓刵人所以舉輕以戒爲人輕行
之　疏王曰嗚呼至刵人　正義曰以刑者政之助不得已即用之非情好殺害故又本於
政不可以濫刑而王言曰嗚呼封欲正刑之本要
而汝政教有次敘是乃治理大明則民服惟民既
服從化其自勑正勉力而平和然政之化惡爲善
若有病而欲去之治之以理則惟民其盡棄惡而
修善言愛養人若父母之安赤子惟民爲善其皆安
治爲政保民之如此不可行以濫刑豈非汝封得
刑人殺人乎言得刑殺不可以得故而有濫刑人
殺人無辜也非汝封又曰劓刵人無以得故而有

所監劓刵人之無罪者也　傳化惡至修善　正
義曰人之有疾治之以理則疾去人之有惡化之
以道則惡除　傳愛養至安治　正義曰既去惡
乃須愛養之爲善人爲上養則化所行故言其皆
安治子生赤色故言赤子　傳劓截至得行　正
義曰以國君故得專刑殺於國中而不可濫其刑
即墨劓非官也劓在五刑爲截鼻而有刵者周官
五刑所無而呂刑亦云劓刵易噬嗑上九云何校
滅耳鄭玄以臣從君坐之刑孔意然否未明要有
刵而不在五刑之類言又曰者周公述康叔豈非
汝封又自言曰得劓刵人此又曰者述康叔王又曰**王曰外事汝陳時臬**
司師茲殷罰有倫言外土諸侯奉王事汝當布陳是法司牧其衆及此殷家
刑罰有倫理者兼用之**又曰要囚服念五六日至于旬時**
丕蔽要囚要囚謂察其要辭以斷獄既得其辭服膺思念五六日至於十日至于三
月乃大斷之言必反覆思念重刑之至也　王曰外事至要囚　正義曰言不濫刑不但國內而
王言曰若外土諸侯奉王事以至汝汝當布陳是刑法以司牧其衆及此殷家刑罰有倫理者兼用
之周公又重言曰既用刑法要察囚情得其要辭以斷其獄當須服膺思念之五日六日次至於十
日遠至於三月一時乃大斷囚之要辭言必反覆重之如此乃得無濫故耳　傳言外至用之　正
義曰外土以獄事上於州牧之官爲奉王事汝當用刑書爲布陳是刑法爲司牧其衆故受而聽之
既衛居殷墟又周承於殷後刑書相因故兼用其有理者謂當時刑書或無正條而殷有故事可兼
用若今律無條求故事之比也臬爲準限之義故爲法也　傳要囚至之至　正義曰言要囚明取

足利本卷十三第十葉

正義曰人情所以大可見者以小人難安爲可見故須安之
傳不在至者勉
正義曰以致怨恐謂由大惡故云不在大起於小言怨由小事
起不在小者謂爲怨不恒在小言其初小漸至於大怨故使不
順者順不勉者勉其怨自消也
傳弘王至之教
正義曰亦所以惟助王者言非直康叔身行有益亦惟助王者
居順天命爲民日新之教謂漸致太平政教日日益新也
王曰嗚呼封敬至可殺
正義曰以上既言明德之理故此又云慎罰之義而王言曰嗚
呼封又當敬明汝所行刑罰須明其犯意人有小罪非過誤爲
之乃惟終身自爲不常之行用犯汝如此者有其罪小乃不可
不殺以故犯而不可赦若人乃有大罪非終行之乃惟過誤爲
之以此故當盡斷獄之道以窮極其罪是人所犯乃不可以殺
當以罰宥論之以誤故也即原心定罪斷獄之本所以須敬明
之也
王曰嗚呼封有至刵人
正義曰以刑者政之助不得已即用之非情好殺害故又本於
政不可以濫刑而王言曰嗚呼封欲正刑之本要而汝政教有
次敘是乃治理大明則民服惟民既服從化其自勅正勉力而
平和然政之化惡爲善若有病而欲去之治之以理則惟民其
盡棄惡而修善言愛養人若母之安赤子惟民爲善其皆安治
爲政保民之如此不可行以淫刑豈非汝封得刑人殺人乎言
得刑殺不可以得故而有濫刑人殺人無辜也非汝封又曰劓
刵人無以得故而有所濫劓刵人之無罪者也
傳化惡至修善
正義曰人之有疾治之以理則疾去人之有惡化之以道則惡除
傳愛養至安治
正義曰既去惡乃須愛養之爲善人爲上養則化所行故言其
皆安治子生赤色故言赤子

單疏卷十三第六葉

要辭於囚以思訖事定故言乃大斷之多至三月故云反覆思念重刑之至顧氏云又曰者周公重言之也

王曰汝陳時臬事罰蔽殷彝陳是法事其刑罰斷獄用殷家常法謂典刑故事用其義刑義殺勿庸以次汝封義宜也用舊法典刑宜於時世者以刑殺勿用以就汝封之心所安乃汝盡遜曰時敘惟曰未有遜事乃使汝所行盡順曰是有次敘惟當自謂未有順事君子將自以爲不足已汝惟小子未其有若汝封之心已乎他人未其有若汝封之心言汝心最善朕心朕德惟乃知我心我德惟汝所知欲其明成王所以命己之款心

疏王曰汝至乃知 正義曰此又申上既要囚思念定其大斷若爲而王言曰汝當陳是刑書之法以行事其刑法斷獄用殷家所行常法故事其陳法殷彝皆用其合宜者以刑殺勿用以就汝封意之所安而自行也以用心不如依法故耳言汝不但依法乃使汝所行盡順曰是有次敘猶當自惟曰未有順事其有餘若不足故耳必期汝於大幸已乎汝惟小子耳而他人未其有若汝封之心言汝心最善汝心既善我心我德惟汝所委知也 傳陳是至故事 正義曰陳是法事即上汝陳時臬事罰蔽殷彝即上殷罰有倫上據有初思念得失此據臨時行事也 傳已乎至款心 正義曰此言我我王也以王命故言王爲我以康叔爲己若汝不善我王家心德汝所不知則我不順命汝款曲之心只由汝最善我王心德汝所偏知故我王命汝以款曲之心述康叔爲言故云已欲令康叔明識此意也

凡民自得罪寇攘

傳劓截至得行
正義曰以國君故得專刑殺於國中而不可濫其刑即墨劓剕宮也劓在五刑爲截鼻而有刵者周官五刑所無而呂刑亦云劓刵易噬嗑上九云何校滅耳鄭玄以臣從君坐之刑孔意然否未明要有刵而不在五刑之類言又曰者周公述康叔豈非汝封又自言曰得劓刵人此又曰者述康叔之又曰

王曰外事至要囚
正義曰言不濫刑不但國内而王言曰若外土諸侯奉王事以至汝汝當布陳是刑法以司牧其衆及此殷家刑罰有倫理者兼用之周公又重言曰既用刑法要察囚情得其要辭以斷其獄當須服膺思念之五日六日次至於十日遠至於三月一時乃大斷囚之要辭言必反覆重之如此乃得無濫故耳

傳言外至用之
正義曰外土以獄事上於州牧之官爲奉王事汝當用刑書爲布陳是刑法爲司牧其衆故受而聽之殷衛居殷墟又周承於殷後刑書相因故兼用其有理者謂當時刑書或無正條而殷有故事可兼用若今律無條求故事之比也臬爲準限之義故爲法也

傳要囚至之至
正義曰言要囚明取要辭於囚以思訖事定故言乃大斷之多至三月故云反覆思念重刑之至顧氏云又曰者周公重言之也

王曰汝至乃知
正義曰此又申上既要囚思念定其大斷若爲而王言曰汝當陳是刑書之法以行事其刑法斷獄用殷家所行常法故事其陳法殷彝皆用其合宜者以刑殺勿用以就汝封意之所安而自行也以用心不如依法故耳言汝不但依法乃使汝所行盡順曰是有次敘猶當自惟曰未有順事其有餘若不足故耳必期汝於大幸已乎汝惟小子耳而他人未其有若汝封之心言汝心最善汝心既善我心我德惟汝所委知也

傳陳是至故事

姦宄殺越人于貨凡民用得罪爲寇盗攘竊姦宄殺人顛越人於是以取貨利暋不畏死罔弗憝暋強也自強爲惡而不畏死人無不惡之者言當消絶之疏凡民至弗憝正義曰言人所慎刑者以凡民所用得罪者寇盗攘竊於外姦内宄而殺害及顛越於人以取貨利也自強爲之而不畏死此爲人無不惡之者以此須刑絶之故當慎刑罰耳傳凡民至貨利正義曰自用也言所用得罪者由寇攘也而爲之於外内既有劫竊其劫竊皆有殺有傷越人謂不死而傷皆爲之而取貨利故也傳暋強至絶之正義曰暋強也於盤庚已訓而此重詳之以由此得罪當須絶之王曰封元惡大憝矧惟不孝不友大惡之人猶爲人所大惡況不善父母不友兄弟者乎言人之罪惡莫大於不孝不友子弗祗服厥父事大傷厥考心爲人子不能敬身服行父道而怠忽其業大傷其父心是不孝于父不能字厥子乃疾厥子於爲人父不能字愛其子乃疾惡其子是不慈于弟弗念天顯乃弗克恭厥兄於爲人弟不念天之明道乃不能恭事其兄是不恭兄亦不念鞠子哀大不友于弟爲人兄亦不念稺子之可哀大不篤友于弟是不友惟弔茲不于我政人得罪惟人至此不孝不慈弟友不恭不於我執政之人得罪乎道教不至所致天惟與我民彝大泯亂天與我民五常使父義母慈兄友弟恭子孝而廢棄不行是大滅亂天道曰乃其速由

足利本卷十三第十二葉

正義曰陳是法事即上汝陳時臬事罰蔽殷彝即上殷罰有倫
上據有初思念得失此據臨時行事也
傳已乎至款心
正義曰此言我王也以王命故言王爲我以康叔爲已若汝
不善我王家心德汝所不知則我不順命汝款曲之心只由汝
最善我王心德汝所偏知故我王命汝以款曲之心述康叔爲
言故云已欲令康叔明識此意也
凡民至弗憝
正義曰言人所慎刑者以凡民所用得罪者寇盗攘竊於外姦
内宄而殺害及顛越於人以取貨利也自強爲之而不畏死此
爲人無不惡之者以此須刑絶之故當慎刑罰耳
傳凡民至貨利
正義曰自用也言所用得罪者由寇攘也而爲之於外内既有
劫竊其劫竊皆有殺有傷越人謂不死而傷皆爲之而取貨利
故也
傳暋強至絶之
正義曰暋強也於盤庚已訓而此重詳之以由此得罪當須絶之
王曰封元至無赦
正義曰以是所用得其罪不但寇盗王命而言曰封非於骨肉
之人爲大惡猶尚爲人所大惡之況惟不孝父母不友兄弟者
乎其罪莫大於不孝也何者爲人之子不能敬身服行其父事
而怠忽其業大傷其父心是不孝也於爲人父不能字愛其子
乃疾惡其子是不慈也於爲人弟不能念天之明道故乃不能
恭事其兄是不恭也爲人兄亦不能念稚子之可哀哉大不友
愛於弟是不友也惟人所行以至此不孝不友者豈不由我執
政之人道教不至以得此罪乎既人罪由教而致天惟與我民
以五常之性使有恭孝廢棄不行是大滅亂天道也以由我滅
亂曰乃其疾用文王所作違教之罰刑此亂五常者不可赦放也
傳大惡至不友
正義曰言將有作姦宄大惡猶爲人所大惡況不孝父母不善

單疏卷十三第八葉

文王作罰刑茲無赦言當速用文王所作違教之罰刑此亂五常者無得
赦疏王曰封元至無赦　正義曰以是所用得其罪不但寇盜王命而言曰封非於骨肉之人
爲大惡猶尚爲人所大惡之況惟不孝父母不友兄弟者乎其罪莫大於不孝也何者爲人之子不
能敬身服行其父事而怠忽其業大傷其父心是不孝也於爲人父不能字愛其子乃疾惡其子是
不慈也於爲人弟不能念天之明道故乃不能恭事其兄是不恭也爲人兄亦不能念稚子之可哀
哉大不友愛於弟是不友也惟人所行以至此不孝不友者豈不由我執政之人道勢不至以得此
罪乎既人罪由教而致天惟與我民以五常之性使有恭孝廢棄不行是大滅亂天道也以由我減
亂曰乃其疾用文王所作違教之罰刑此亂五常者不可赦放也　傳大惡至不友　正義曰言將
有作姦宄大惡猶爲人所大惡況不孝父母不善兄弟者乎孝經云五刑之屬三千而罪莫大於不
孝是也釋親云善父母爲孝善兄弟爲友下不言母母同於父父子尊卑而異等故孝名上不通
於下其兄弟雖有長幼而同倫故共友名也　傳爲人至不孝　正義曰考亦通生死即此文及酒
誥是也下曲禮云死曰考是對例耳人子以述成父事爲孝怠忽其業即其肯曰我有後不棄基故
爲大傷父心即是上不孝也則子不述父事當輕於盜殺況以爲甚者此聖人緣心立法人莫不緣
身本於父母也自親以及物天然之理故孝經曰不愛其親而愛他人者謂之悖德不敬其親而敬
他人者謂之悖禮以順則逆民無則焉不在於善而皆在於凶德是也以此言賊殺他人罪小於骨
肉相乖阻但於他人言其極者於親言其小者小則有不和嚚爭鬪訟相傷者也於親小則傷心大

爲逆命毆罵殺害互相發起而可知也　傳於爲至不慈　正義曰上文不言不慈意以不孝爲揔
爲父當言義而云不慈者以父母於子并爲慈因父有愛敬多少而分之言父義母慈而由慈以義
故雖義言不慈且見父兼母耳　傳於爲至不恭　正義曰善兄弟曰友此言不恭者友思念之辭
兄弟同倫故俱言友雖同倫而有長幼其心友而貌恭故因兄弟而分友文爲二而言恭也五教即
左傳文十八年史克言也於此言天之明道者父子天性不嫌非天明故於兄弟言之因上先言不
孝先言子於父故此不友先言弟於兄若舉中以見上下故此言天明見五教皆是即孝經云則天
之明左傳云爲父子兄弟姻嫿以象天明是於天理常然爲天明白之道　傳爲人至不友　正義
曰言亦者以兄弟同等而相亦所謂周書云父子兄弟罪不相及即此文也不孝罪子非及於父之
輩理所當然而周官鄰保以比伍相及而趙商疑而發問鄭荅云周禮太平制此爲居亂而言斯
不然矣康誥所云以骨肉之親得相容隱故左傳云父子兄弟罪不相及周禮所云據疎人相督率
之法故相連獲罪故今之律令大功巳上得相容隱鄰保罪有相及是也不率大戛
惟外庶子訓人戛常也凡民不循大常之教猶刑之無赦況在外掌衆子之官
主訓民者而親犯乎惟厥正人越小臣諸節惟其正官之人於小
臣諸有符節之吏及外庶子其有不循大常者則亦在無赦之科乃別播敷造
民大譽弗念弗庸瘝厥君時乃引惡惟
朕憝汝今往之國當分別播布德教以立民大善之譽若不念我言不用我法者病其君

道是汝長惡惟我亦惡汝已汝乃其速由兹義率殺亦惟
君惟長汝乃其速用此典刑宜於時世者循理以刑殺則亦惟君長之正道不能
厥家人越厥小臣外正惟威惟虐大放王
命乃非德用乂爲人君長而不能治其家人之道則於其小臣外正官之吏並
爲威虐大放棄王命乃由非德用治之故汝亦罔不克敬典乃由裕
民惟文王之敬忌常事人之所輕故戒以無不能敬常汝用寬民之道當惟
念文王之所敬忌而法之乃裕民曰我惟有及則予一人以
懌汝行寬民之政曰我惟有及於古則我一人以此悅懌汝德【疏】不率至以懌
正義曰言
滅五常之害當除凡民不循大道五常之教猶刑
之況在外土掌庶子之官主於訓民惟其正官之
人及於小臣諸有符節者並爲教首其心不循大
常豈可赦也以人之須有五常汝今往之國乃當
分別播布德教以立民大善之譽若不念我言不
用我法即病其爲君之道是汝長爲惡矣以此惟
我亦惡汝也巳乎既惡不可爲汝乃其疾用此典
刑宜於時世者循理以刑殺亂常者則亦惟爲人
君惟爲人長之正道既爲人君長不能治其五教
施於家人之道則於其卑小臣外土正官之吏惟
爲威暴惟爲酷虐大放棄王命矣如是乃由汝非
以道德用治之故由此汝亦無得不能敬其常事
汝用寬民之道當思惟念用文王之所敬畏而法
之汝以此行寬民之政曰我願惟有及於古則我
一人天子以此悅懌汝德矣汝惟宜勤之　傳戛
常至犯乎　正義曰戛猶楷也言爲楷模之常故

康誥第十一　周書

足利本卷十三第十五葉

兄弟者乎孝經云五刑之屬三千而罪莫大於不孝是也釋親
云善父母爲孝善兄弟爲友下文不言母母同於父父子尊卑
而異等故孝名上不通於下其兄弟雖有長幼而同倫故共友
名也
傳爲人至不孝
正義曰考亦通生死即此文及酒誥是也下曲禮云死曰考是
對例耳人子以述成父事爲孝怠忽其業即其肯曰我有後不
棄基故爲大傷父心即是上不孝也則子不述父事當輕於盜
殺況以爲甚者　此聖人緣心立法人莫不緣身本於父母也
自親以及物天然之理故孝經曰不愛其親而愛他人者謂之
悖德不敬其親而敬他人者謂之悖禮以順則逆民無則焉不
在於善而皆在於凶德是也以此言賊殺他人罪小於骨肉相
乖阻但於他人言其極者於親言其小者小則有不和詈爭鬬
訟相傷者也於親小則傷心大乃逆命毆罵殺害互相發起而
可知也
傳於爲至不慈
正義曰上文不言不慈意以不孝爲摠焉父當言義而云不慈
者以父母於子并爲慈因父有愛敬多少而分之言父義母慈
而由慈以義故雖義言不慈且見父兼母耳
傳於爲至不恭
正義曰善兄弟曰友此言不恭者友思念之辭兄弟同倫故俱
言友雖同倫而有長幼其心友而貌恭故因兄弟而分友文爲
二而言恭也五教即左傳文十八年史克言也於此言天之明
道者父子天性不嫌非天明故於兄弟言之因上先言不孝先
言子於父故此不友先言弟於兄若舉中以見上下故此言天
明見五教皆是即孝經云則天之明左傳云爲父子兄弟姻婣
以象天明是於天理常然爲天明白之道
傳爲人至不友
正義曰言亦者以兄弟同等而相亦所謂周書云父子兄弟罪
不相及即此文也不孝罪子非及於父之輩理所當然而周官

單疏卷十三第九葉

戞爲常也述上凡民自得罪故言凡民不循大常
之教也猶刑之即上云刑茲無赦故也亦愚以況
智故言況在外掌衆子之官主訓民者而親犯乎
即周官云諸子文王世子云庶子也以致教諸子
故爲訓人周禮諸子之官亦是王朝之臣言在外
者對父子兄弟爲外惟舉庶子之官者以其教訓
公卿子弟最爲急故也鄭玄以訓人爲師長亦各
一家之道也　傳惟其至之科　正義曰正官之
人若周官三百六十職正官之首於小臣諸有符
節者謂正人之下非長官之身下至符吏諸有符
節爲教人之故故言有符節者非要行道之符節
若爲官行文書而有符今之印者也以上況之故
言不循大常亦在無赦之科矣在軍者有旌節亦
得爲有符節耳　傳汝今至惡汝　正義曰言分
別播布德教謂分遣卿大夫爲之教民使善而已
有善譽是立民以大善之譽　傳汝乃至正道
正義曰此用宜於時以刑殺上不循五常之道者
其君長對則大夫爲長散則人君爲長君而居之
是君亦與長爲一孝經對例以長爲大夫耳　傳
爲人至之故　正義曰以五常父母兄弟子即家
人之道易有家人卦亦與此同也不行五教爲不
能治家人之道家人不治則君不明君既不明則
不察下故則於其小臣外正官之吏並爲威虐大
放棄王命非德用治是不明爲非德也　傳常事
至法之　正義曰常事常所行之事也人見尋常
不爲異故輕之而以爲戒文王所敬忌即
敬德忌刑鄭云祗祗威威是也　傳汝行至汝德
正義曰寬則得衆故五教在寬上既言乃由裕民
此又疊之汝行寬民之政曰我惟有及於古即古
賢諸侯汝惡我則惡之汝善我則愛之以此我一
人悅懌汝德也　**王曰封爽惟民迪吉康**　明惟治民之道而善安之

足利本卷十三第十六葉

鄰保以比伍相及而趙商疑而發問鄭荅云周禮太平制此
爲居殷亂而言斯不然矣康誥所云以骨肉之親得相容隱故
左傳云父子兄弟罪不相及周禮所云據疏人相督率之法故
相連獲罪故今之律令大功已上得相容隱鄰保罪有相及是也
不率至以懌
正義曰言滅五常之害當除凡民不循大道五常之教猶刑之
況在外土掌庶子之官主於訓民惟其正官之人及於小臣諸
有符節者並爲教首其心不循大常豈可赦也以人之須有五
常汝今往之國乃當分別播布德教以立民大善之譽若不念
我言不用我法即病其爲君之道是汝長爲惡矣以此惟我亦
惡汝也已乎既惡不可爲汝乃其疾用此典刑宜於時世者循
理以刑殺亂常者則亦惟爲人君惟爲人長之正道既爲人君
長不能治其五教施於家人之道則於其卑小臣外正官之
吏惟爲威暴惟爲酷虐大放棄王命矣如是乃由汝非以道德
用治之故由此汝亦無得不能敬其常事汝用寬民之道當思
惟念用文王之所敬畏而法之汝以此行寬民之政曰我願惟
有及於古則我一人天子以此悅懌汝德矣汝惟宜勤之
傳戞常至犯乎
正義曰戞猶措也言爲措模之常故戞爲常也述上凡民自得
罪故言凡民不循大常之教也猶刑之即上云刑茲無赦故也
亦愚以況智故言況在外掌衆子之官主訓民者而親犯乎即
周官云諸子文王世子云庶子也以致教諸子故爲訓人周禮
諸子之官亦是王朝之臣言在外者對父子兄弟爲外惟舉庶
子之官者以其教訓公卿子弟最爲急故也鄭玄以訓人爲師
長亦各一家之道也
傳惟其至之科
正義曰正官之人若周官三百六十職正官之首於小臣諸有
符節者謂正人之下非長官之身下至符吏諸有符節爲教人
之故故言有符節者非要行道之符節若爲官行文書而有符
今之印者也以上況之故言不循大常亦在無赦之科矣在軍

單疏卷十三第十葉

我時其惟殷先哲王德用康乂民作求我是其惟殷先智王之德用安治民爲求等矧今民罔迪不適不迪治民乃欲求等殷先智王況今民無道不之言從教也不以道
訓之則無善政在其國則罔政在厥邦疏王曰封爽至厥邦　正義曰既言德刑事終而揔言之我所以令汝
明德慎罰以施政者王命所以言曰封爲人君當明惟爲治民之道而善安之故我以是須汝善安
民故我其惟念殷先智聖王之德用安治民爲求而等之我於民未治之時尚求等殷先智王況今
民無道不之而易化汝若不以道訓之則無善政在其國所以須安民以德刑也　傳明惟至安之
正義曰以慎德刑爲明治民之道教之五常爲善富而不擾爲安也鄭以迪爲下讀各爲一通也
十七
傳治民至其國　正義曰以己喻康叔言我未治之時乃欲求等殷先智王以致太平者況今民
無道不之言易從教不以正道訓民民則不知道故無善政在其國爲無吉康也王曰封
予惟不可不監告汝德之說于罰之行我惟不可
不監視古義告汝施德之說於罰之所行欲其勤德慎刑今惟民不靜未戾
厥心迪屢未同假令今天下民不安未定其心於周教道屢數而未和同設事
之言爽惟天其罰殛我我其不怨明惟天其以民不安罰誅
我我其不怨天汝不治我罰汝汝亦不可怨我惟厥罪無在大亦無在
多矧曰其尚顯聞于天民之不安雖小邑少民猶有罰誅不在多

足利本卷十三第十七葉

者有旌節亦得爲有符節耳
傳汝今至惡汝
正義曰言分別播布德教謂分遣卿大夫爲之教民使善而已
有善譽是立民以大善之譽
傳汝乃至正道
正義曰此用宜於時以刑殺上不循五常之道者其君長對則
大夫爲長散則人君爲長君而居之是君亦與長爲一孝經對
例以長爲大夫耳
傳爲人至之故
正義曰以五常父母兄弟子即家人之道易有家人卦亦與此
同也不行五教爲不能治家人之道家人不治則君不明君既
不明則不察下故則於其小臣外正官之吏並爲威虐大放棄
王命非德用治是不明爲非德也
傳常事至法之
正義曰常事常所行之事也人見尋常不爲異故輕之而以爲
戒文王所敬忌即敬德忌刑鄭云祗祗威威是也
傳汝行至汝德
正義曰寬則得衆故五教在寬上既言乃由裕民此又疊之汝
行寬民之政曰我惟有及於古即古賢諸侯汝惡我則惡之汝
善我則愛之以此我一人悅懌汝德也
王曰封爽至厥邦
正義曰既言德刑事終而揔言之我所以令汝明德慎罰以施
政者王命所以言曰封爲人君當明惟爲治民之道而善安之
故我以是須汝善安民故我其惟念殷先智聖王之德用安治
民爲求而等之我於民未治之時尚求等殷先智王況今民無
道不之而易化汝若不以道訓之則無善政在其國所以須安
民以德刑也
傳明惟至安之
正義曰以慎德刑爲明治民之道教之五常爲善富而不擾爲
安也鄭以迪爲下讀各爲一通也

單疏卷十三第十一葉

大況曰不慎罰明聞於天者乎言罪大〔疏〕王曰封予至于天　正義曰以汝須善政在國令我
民安當爲政以慎德刑爲教故王又命之曰封我惟不可不視古義告汝施德之說於罰之所行欲
其勤德慎刑也假令惟天下民不安未定其心於周教道屢數而未和同明惟天其以民不安其罰
誅我我其不怨於天則汝不治是其罪我罰汝汝亦不可怨我我以民之不安惟其罰之無在大邑
無在多民以少猶誅罰況曰爲君不慎德刑其上明聞於天是爲罪大不可赦　傳我惟至慎刑
正義曰以數求殷先哲王及別求古先哲王爲己視古義也德由說而罰須行故德之言說而罰言
行也以事終而結上故云德刑也　傳假令至之言　正義曰天下不安爲揔說所以不安猶未定
其心於周道屢數而未和同也時已大和會故言假令設不和同事言耳　傳明惟至怨我　正義

尚十三　十八

曰顧氏云明惟天者言天明察在上見民不安乃以刑罰誅戮於我　傳民之至罪大　正義曰此
揔德刑而直云不慎罰者政以德爲主不嫌不明政失由於濫刑故舉罰以言之下言無作怨以失
罰爲罪大　王曰嗚呼封敬哉無作怨勿用非謀非
彝言當修己以敬無爲可怨之事勿用非善謀非常法蔽時忱丕則敏
德斷行是誠道大法敏德信則人任爲敏則有功用康乃心顧乃德遠
乃猷用是誠道安汝心顧省汝德無令有非遠汝謀思爲長久裕乃以民寧不
汝瑕殄行寬政乃以民安則我不汝罪過不絕亡汝〔疏〕王曰嗚呼封至瑕殄　正義曰以罰
不可失故王命言曰嗚呼封當修己以敬哉無爲可怨之事勿用非善謀非常法而以決斷行是誠

傳治民至其國
正義曰以己喻康叔言我未治之時乃欲求等殷先智王以致
太平者況今民無道不之言易從教不以正道訓民民則不知
道故無善政在其國爲無吉康也
王曰封予至于天
正義曰以汝須善政在國令我民安當爲政以慎德刑爲教故
王又命之曰封我惟不可不視古義告汝施德之說於罰之所
行欲其勤德慎刑也假令惟天下民不安未定其心於周教道
屢數而未和同明惟天其以民不安其罰誅我我其不怨於天
則汝不治是其罪我罰汝汝亦不可怨我我以民之不安惟其
罰之無在大邑無在多民以少猶誅罰況曰爲君不慎德刑其
上明聞於天是爲罪大不可赦
傳我惟至慎刑
正義曰以數求殷先哲王及別求古先哲王爲己視古義也德
由說而罰須行故德之言說而罰言行也以事終而結上故云

尚書十三

德刑也
傳假令至之言
正義曰天下不安爲揔說所以不安猶未定其心於周道屢數
而未和同也時已大和會故言假令設不和同事言耳
傳明惟至怨我
正義曰顧氏云明惟天者言天明察在上見民不安乃以刑罰
誅戮於我
傳民之至罪大
正義曰此揔德刑而直云不慎罰者政以德爲主不嫌不明政
失由於濫刑故舉罰以言之下言無作怨以失罰爲罪大
王曰嗚呼封至瑕殄
正義曰以罰不可失故王命言曰嗚呼封當修己以敬哉無爲
可怨之事勿用非善謀非常法而以決斷行是誠信之道大當
法爲機敏之德用是信敏安汝心顧省汝德廣遠汝謀能行寬
政乃以民安則我不於汝罪過而絕亡汝

信之道大當法爲機敏之德用是信敏安汝心顧省汝德廣遠汝謀能行寬政乃以民安則我不於汝罪過而絕亡汝　傳斷行至有功　正義曰以誠在於心故決斷行之亦心誠而行敏爲見事之速事有善而須德法故云大法敏德也正以此二者以信則人任爲敏則有功故也論語文　傳用是至長久　正義曰上文有恍有敏此惟云用是誠道不云敏者敏在誠下亦用之可知

王曰嗚呼肆汝小子封惟命不于常以民安則不汝絕亡汝故當念天命之不於常汝行善則得之行惡則失之汝念哉無我殄無絕棄我言而不念享明乃服命享有國土當明汝所服行之命令使可則高乃聽高汝聽聽先王道德之言以安治民用康乂民　疏王曰嗚呼肆至乂民　正義曰與上相首引王命言曰嗚呼以民安則不汝絕亡之故汝小子封當念天命之不於常也汝行善則得之行惡則失之汝念此無常哉無絕棄我言而不念若享有國土當明汝服行之教令使可法高大汝所聽用先王道德之言以安治民也　傳享有至可則　正義曰以不瑕殄即享有國土也服行之命謂德刑也

王若曰往哉封勿替敬典汝往之國勿廢所宜敬之常法聽朕告汝乃以殷民世享順從我所告之言即汝乃以殷民世世享國福流後世　疏王若至世享　正義曰以須高聽治民故王命順其德而言曰汝往之國哉封乎勿廢所宜敬之常法即聽用我誥是也汝如此則汝乃得以殷民世世享國而言不絕國祚短長由德也又言王若曰者一篇終始言之明於中亦有若也

足利本卷十三第十九葉

傳斷行至有功
正義曰以誠在於心故決斷行之亦心誠而行敏爲見事之速事有善而須德法故云大法敏德也正以此二者以信則人任爲敏則有功故也論語文
傳用是至長久
正義曰上文有恍有敏此惟云用是誠道不云敏者敏在誠下亦用之可知
王曰嗚呼肆至乂民
正義曰與上相首引王命言曰嗚呼以民安則不汝絕亡之故汝小子封當念天命之不於常也汝行善則得之行惡則失之汝念此無常哉無絕棄我言而不念若享有國土當明汝服行之教令使可法高大汝所聽用先王道德之言以安治民也
傳享有至可則
正義曰以不瑕殄即享有國土也服行之命謂德刑也
王若至世享
正義曰以須高聽治民故王命順其德而言曰汝往之國哉封乎勿廢所宜敬之常法即聽用我誥是也汝如此則汝乃得以殷民世世享國而言不絕國祚短長由德也又言王若曰者一篇終始言之明於中亦有若也

酒誥第十二

傳康叔至酒誥
正義曰以梓材云若茲監故云康叔監殷民也鄭以爲連屬之監則爲牧而言然康叔時實爲牧而所戒爲居殷墟化紂餘民不主於牧下篇云監監亦指爲君言之也明監即國君監一國故此言監殷民不言監一州若大宰之建牧立監也
王若至惟辜
正義曰周公以王命誥康叔順其事而言曰汝當明施大教命於妹國而戒之以酒所以須戒酒者以汝父於廟次穆考文王始國在西土岐周爲政也其誥慎所職衆國衆士於少正官御治事吏朝夕勑之曰惟祭祀而用此酒不當爲飲也所以不常

單疏卷十三第十三葉

酒誥第十二

酒誥康叔監殷民殷民化紂嗜酒故以戒酒誥 疏 傳康叔至酒誥 正義曰以梓材云
若茲監故云康叔監殷民也鄭以爲連屬之監則
爲牧而言然康叔時實爲牧而所戒爲居殷墟化
紂餘民不主於牧下篇云監監亦指爲君言之也
明監即國君監一國故此言監殷民不言監一州
若大宰之建牧立監也王若曰明大命于妹邦周公以成王命誥康叔順
其事而言之欲令明施大教命於妹國妹地名紂所都朝歌以北是乃穆考文王
肇國在西土父昭子穆文王第稱穆將言始國於西土西土岐周之政厥誥
毖庶邦庶士越少正御事朝夕曰祀茲酒

尚十三　二十

文王其所告慎衆國衆士於少正官御治
事吏朝夕敕之惟祭祀而用此酒不常飲惟天降
命肇我民惟元祀惟天下教命始令我民知作酒者惟爲祭祀天
降威我民用大亂喪德亦罔非酒惟行天下
威罰使民亂德亦無非以酒爲行者言酒本爲祭祀亦爲亂行越小大邦用喪
亦罔非酒惟辜於小大之國所用喪亡亦無不以酒爲罪也 疏 王若至惟
辜 正義曰周公以王命誥康叔順其事而言曰
汝當明施大教命於妹國而戒之以酒所以須戒
酒者以汝父於廟次穆考文王始國在西土岐周
爲政也其誥慎所職衆國衆士於少正官御治事
吏朝夕敕之曰惟祭祀而用此酒不常爲飲也所
以不常爲飲者以惟天之下教命始令我民知作

酒者惟爲大祭祀故以酒爲祭不主飲故天下威
罰於我民用使之大爲亂以喪其德亦無非以酒
爲行而用之故於小大之國用使之喪亡亦無非
以酒爲罪以此衆事少正皆須戒酒也是文王以
酒爲重戒汝不可不法也 傳周公至北是 正
義曰此爲下之目故言明施大教命於妹國此妹
與沬一也故沬爲地名紂所都朝歌以北但妹爲
朝歌之所居也朝歌近妹邑之南故云以北是詩
又云沬之東矣沬之鄉矣即東與北爲鄉也妹屬
鄘紂所都在妹又在此與東是地不方平偏在鄘
多故也馬鄭王本以文涉三家而有成字鄭玄云
成王所言成道之王三家云王年長骨節成立皆
爲妄也 傳父昭至之政 正義曰以穆連考故
以昭穆言之文王廟次爲穆以周自后稷以至文
王十五世案世本云后稷生不窋爲昭不窋生鞠
陶爲穆鞠陶生公劉爲昭公劉生慶節爲穆慶節

尚十三　二十一

生皇僕爲昭皇僕生羌弗爲穆羌弗生毀揄爲昭
毀揄生公飛爲穆公飛生高圉爲昭高圉生亞圉
爲穆亞圉生組紺爲昭組紺生大王亶父爲穆亶
父生季歷爲昭季歷生文王爲穆據世次偶爲穆
也左傳曰大伯虞仲大王之昭言大王爲穆而子
爲昭又曰虢仲虢叔王季之穆亦王季爲昭而子
爲穆與文王同穆也又管蔡郕霍等十六國亦曰
文王之昭則以文王爲穆其子與武王爲昭又曰
邘晉應韓武之穆以繼武王爲昭也將言始國在
西土西土岐周之政者據今本先故言始謂初始
爲政然則居豐前故云西土欲將言道文王誥毖
庶邦以下之政故先本之云肇國在西土 傳文
王至常飲 正義曰告勑使之勑慎故曰告慎其
衆國即衆多國君衆士朝臣也既總呼爲士則卿
大夫俱在內少正御治事以其卑賤更別見之朝
夕勑之丁寧慎之至也 傳惟天至祭祀 正義

酒誥第十二　周書

曰世本云儀狄造酒夏禹之臣又云杜康造酒則
人自意所爲言天下教命者以天非人不因人爲
者亦天之所使故凡造立皆云本之天元祀者言
酒惟用於大祭祀見戒酒之深也顧氏云元大也
洛誥稱秩元祀孔以爲舉秩大祀大劉以元爲始
誤也　傳天下至亂行　正義曰民自飲酒致亂
以被威罰言天下威者亦如上言天之下教命令
民作酒也爲亂而罪天理當然故曰天討有罪五
刑五用哉俗本云不爲亂行定本云亦爲亂行俗
本誤也　傳於小至爲罪　正義曰小大之國謂
諸侯之國有小大也上言民用大亂指其身爲罪
此言邦用喪言其邦國喪滅上文揔謂貴賤之人
此則專指諸侯之身故也惟行
用酒惟罪身得罪亦互相通也
文王誥教小子
有正有事無彝酒
小子民之子孫也正官
治事謂下羣吏教之皆

大五三　小四五　尚十三　二十三　朱曾

無常
飲酒
越庶國飲惟祀德將無醉
於所治衆國
飲酒惟當因
祭祀以德自
將無令至醉
惟曰我民迪小子惟土物愛厥
心臧
文王化我民教道子孫惟土地
所生之物皆愛惜之則其心善
聰聽祖考
之彝訓越小大德小子惟一
言子孫皆聰聽
父祖之常教於
小大之人皆念德
則子孫惟專一
〔疏〕文王至惟一　正義曰前文
王戒酒以爲所供當重飲之
則有臧云之害此更戒之令以德自將不可常飲
故又云文王誥教其民之小子與正官之下有職
事之人謂羣吏汝等無得常飲酒也於所治衆國
之君臣民衆等言飲酒惟當因祭祀以德自將無
令至醉又自申文王之教小子者不但身自教之
又化民使自教其子弟惟教其民曰惟我民等當

足利本卷十三第二十二葉

爲飲者以惟天之下教命始令我民知作酒者惟爲大祭祀故
以酒爲祭不主飲故天下威罰於我民用使之大爲亂以喪其
德亦無非以酒爲行而用之故於小大之國用使之喪亡亦無
非以酒爲罪以此衆事少正皆須戒酒也是文王以酒爲重戒
汝不可不法也
傳周公至北是
正義曰此爲下之目故言明施大教命於妹國此妹與沬一也
故沬爲地名紂所都朝歌以北但妹爲朝歌之所居也朝歌近
妹邑之南故云以北是詩又云沬之東矣沬之鄉矣即東與北
爲鄉也妹屬鄘紂所都在妹又在北與東是地不方平偏在鄘
多故也馬鄭王本以文涉三家而有成字鄭玄云成王所言成
道之王三家云王年長骨節成立皆爲妄也
傳父昭至之政
正義曰以穆連考故以昭穆言之文王廟次爲穆以周自后稷
以至文王十五世案世本云后稷生不窋爲昭不窋生鞠陶爲
書十三
穆鞠陶生公劉爲昭公劉生慶節爲穆慶節生皇僕爲昭皇僕
生差弗爲穆差弗生毀榆爲昭毀榆生公飛爲穆公飛生高圉
爲昭高圉生亞圉爲穆亞圉生組紺爲昭組紺生大王亶父爲
穆亶父生季歷爲昭季歷生文王爲穆據世次偶爲穆也左傳
曰大伯虞仲大王之昭言大王爲穆而子爲昭又曰虢仲虢叔
王季之穆亦王季爲昭而子爲穆與文王同穆也又管蔡郕霍
等十六國亦曰文王之昭則以文王爲穆其子與武王爲昭又
曰邘晉應韓武之穆以繼武王爲昭也將言始國在西土西土
岐周之政者據今本先故言始謂初始爲政然則居豐前故云
西土欲將言道文王誥毖庶邦以下之政故先本之云肇國在
西土
傳文王至常飲
正義曰告勑使之都慎故曰告慎其衆國即衆多國君衆士朝
臣也既揔呼爲士則卿大夫俱在内少正御治事以其卑賤更
別目之朝夕勑之丁寧慎之至也

單疏卷十三第十四葉

教道子孫小子令土地所生之物皆愛惜之則其心善矣以愛物則不爲酒而損耗故也既父祖稟之常訓言愛物以戒酒也不但民之小子爲然其文王之教以化其子孫而子孫能聰審聽用祖考於小大德之士大夫等亦皆能念行文王之德以教其子孫故子孫亦聰聽之小子惟皆專一而戒其酒其民及在位不問貴賤子孫皆化則至成長爲德可知也　傳小子至飲酒　正義曰知小子謂民之子孫者以下文云我民迪小子又云奔走事厥考厥長故知小子謂民之子孫也知有正有事非士大夫而云正官治事謂下羣吏者以文與小子相連故知是正官下治事之羣吏　傳於所至至醉　正義曰以述上文内外雙舉此爲小子及民與士大夫可知其外宜有國君故下云指戒康叔爲國之事故摠言衆國惟於祭祀得飲酒猶以德自將無令至醉大傳因此言宗室將有事族

人皆入侍得有醉與不醉而出與不出之事而以德自將無令至醉亦一隅之驗文王爲諸侯而云衆國若文王爲西伯又三分有二諸侯故得戒衆國也　傳文王至心善　正義曰以惟曰爲教聲

故言文王化我民愛惜土物而不損耗則不嗜酒故心善

妹土嗣爾股肱純

其藝黍稷奔走事厥考厥長今往當使妹土之人繼汝股肱之教爲純一之行其當勤種黍稷奔走事其父兄

肇牽車牛遠服賈用孝養厥父母農功既畢始牽車牛載其所有求易所無遠行賈賣用其所得珍異孝養其父母

厥父母慶自洗腆致用酒其父母善子之行子乃自絜厚致用酒養也

庶士有正越庶伯

足利本卷十三第二十三葉

傳惟天至祭祀

正義曰世本云儀狄造酒夏禹之臣又云杜康造酒則人自意所爲言天下教命者以天非人不因人爲者亦天之所使故凡造立皆云本之天元祀者言酒惟用於大祭祀見戒酒之深也顧氏云元大也洛誥稱秩元祀孔以爲舉秩大祀大劉以元爲始誤也

傳天下至亂行

正義曰民自飲酒致亂以被威罰言天下威者亦如上言天之下教命令民作酒也爲亂而罪天理當然故曰天討有罪五刑五用哉俗本云不爲亂行定本云亦爲亂行俗本誤也

傳於小至爲罪

正義曰小大之國謂諸侯之國有小大也上言民用大亂指其身爲罪此言邦用喪言其邦國喪滅上文摠謂貴賤之人此則專指諸侯之身故也惟行用酒惟罪身得罪亦互相通也

文王至惟一

正義曰前文王戒酒以爲所供當重飲之則有滅亡之害此更戒之令以德自將不可常飲故又云文王誥教其民之小子與正官之下有職事之人謂羣吏洪等無得常飲酒也於所治衆國之君臣民衆等言飲酒惟當因祭祀以德自將無令至醉又自申文王之教小子者不但身自教之又化民使自教其子弟惟教其民曰惟我民等當教道子孫小子令土地所生之物皆愛惜之則其心善矣以愛物則不爲酒而損耗故也既父祖稟文王之教以化其子孫而子孫能聰審聽用祖考之常訓言愛物以戒酒也不但民之小子爲然其於小大德之士大夫等亦皆能念行文王之德以教其子孫故子孫亦聰聽之小子惟皆專一而戒其酒其民及在位不問貴賤子孫皆化則至成長爲德可知也

傳小子至飲酒

正義曰知小子謂民之子孫者以下文云我民迪小子又云奔走事厥考厥長故知小子謂民之子孫也知有正有事非士大

單疏卷十三第十五葉

君子其爾典聽朕教衆伯君子長官大夫統衆士有正者其汝
常聽我教勿違犯爾大克羞耇惟君爾乃飲食
醉飽汝大能進老成人之道則爲君矣如此汝乃飲食醉飽之道先戒羣吏以聽教次戒
康叔以君義丕惟曰爾克永觀省作稽中德我大
惟教汝曰汝能長觀省古道爲考中正之德則君道成矣爾尚克羞饋祀
爾乃自介用逸能考中德則汝庶幾能進饋祀於祖考矣能進饋祀則汝
乃能自大用逸之道茲乃允惟王正事之臣汝能以進老成人爲
醉飽考中德爲用逸則乃信任王者正事之大臣茲亦惟天若元德

尚書註疏十三　二十四

永不忘在王家言此非但正事之臣亦惟天順其大德而佑之長不見忘在王
家【疏】妹土至王家○正義曰既上言文王之教今指戒康叔之身實如汝當法文王斷酒之法
故今往當使妹土之人繼爾股肱之教爲純一之行其當勤於耕種黍稷奔馳趨走供事其父與兄
其農功既畢始牽車牛遠行賈賣用其所得珍異孝養其父母父母以子如此善子之行子乃自洗
絜謹敬厚致用酒以養此亦小子土物愛也又謂汝衆士有正之人及於衆伯君子長官大夫統衆
士有正者其汝亦常聽用我斷酒之教勿違犯也汝康叔大能進行老成人之道則惟可爲君矣如
此汝乃爲飲食醉飽之道由須進行老成人故我大惟教汝曰汝能長觀省古道所爲考行中正之
德即是進行老成人惟堪爲君能考中德則汝庶幾能進饋祀於祖考矣以能進饋祀人神所助則

足利本卷十三第二十四葉

夫而云正官治事謂下群吏者以文與小子相連故知是正官
下治事之群吏
傳於所至至醉
正義曰以述上文内外雙舉此爲小子及民與士大夫可知其
外官有國君故下云指戒康叔爲國之事故總言衆國惟於祭
祀得飲酒猶以德自將無令至醉大傳因此言宗室將有事族
人皆入侍得有醉與不醉而出與不出之事而以德自將無令
至醉亦一隅之論文王爲諸侯而云衆國者文王爲西伯又三
分有二諸侯故得戒衆國也
傳文王至心善
正義曰以惟曰爲教辭故言文王化我民愛惜土物而不損耗
則不嗜酒故心善
妹土至王家
正義曰既上言文王之教今指戒康叔之身實如汝當法文王
斷酒之法故今往當使妹土之人繼爾股肱之教爲純一之行

尚書十三　十六

其當勤於耕種黍稷奔馳趨走供事其父與兄其農功既畢始
牽車牛遠行賈賣用其所得珍異孝養其父母父母以子如此
善子之行子乃自洗絜謹敬厚致用酒以養此亦小子土物愛
也又謂汝衆士有正之人及於衆伯君子長官大夫統衆士有
正者其汝亦常聽用我斷酒之教勿違犯也汝康叔大能進行
老成人之道則惟可爲君矣如此汝乃爲飲食醉飽之道由須
進行老成人故我大惟教汝曰汝能長觀省古道所爲考行中
正之德即是進行老成人惟堪爲君能考中德則汝庶幾能進
饋祀於祖考矣以能進饋祀人神所助則汝乃能自大用逸之
道如此用逸則乃信惟王正事之大臣不但正事大臣如此亦
惟天順其大德而佑助之長不見遺忘在王家矣可不務乎
傳今往至父兄
正義曰以妹土爲所封之都故言今往繼汝股肱之教者君爲
元首臣作股肱君倡臣行施由股肱以言繼其教也言奔走者
衞氏云勤種黍稷奔馳趨走也

單疏卷十三第十六葉

汝乃能自大用逸之道如此用逸則乃信惟王正事之大臣不但正事大臣如此亦惟天順其大德而佑助之長不見遺忘在王家矣可不務乎 傳今往至父兄 正義曰以妹土爲所封之都故言今往繼汝股肱之教者君爲元首臣作股肱君倡臣行施由股肱故言繼其教也言奔走者顧氏云勤種黍稷奔馳趨走也 傳農功至父母 正義曰若當農功則有所廢故知既畢乃行故云始牽車牛即牽將大車載有易無遠求盈利所得珍異而本不損故可孝養其父母亦愛土物之義也 傳其父至酒養 正義曰以人父母欲家生之富者若非盈利雖得其養有喪家資則父母所不善今勤商得利富而得養所以善子之行也 傳衆伯至違犯 正義曰衆伯君子統衆士有正者經云庶士有正者戒其慎酒從卑至尊故先教子孫乃及庶士衆伯君子 傳汝大至君義 正義曰釋詁云羞進也既以慎酒立教是大能進行老成人之道是惟可爲人君矣以人君若治不得所民事可憂雖得酒食不能醉飽若能進德民事可平故爲飲食可醉飽之道以羣臣言聽教即爲臣義不過慎酒進德次戒康叔以君義亦有聽教明爲互矣 傳我大至成矣 正義曰以言曰故以爲教辭即教以大克羞耇長耇古道是老成人之德考其中正是能大進行可以惟爲君故云則君道成矣 傳能考至之道 正義曰以聖人爲能饗帝孝子爲能饗親考德爲君則人治之已成民事可以祭神故考中德能進饋祀於祖考人愛神助可以無爲故大用逸之道即上云飲食醉飽之道也鄭以爲助祭於君亦非其義勢也以下然並亦惟天據人事是惟王正事大臣本天理故天順其大德不見忘在於王家反覆相成之勢也

王曰封我西土棐徂邦君

足利本卷十三第二十五葉

傳農功至父母

正義曰若當農功則有所廢故知既畢乃行故云始牽車牛即牽將大車載有易無遠求盈利所得珍異而本不損故可孝養其父母亦愛土物之義也

傳其父至酒養

正義曰以人父母欲家生之富者若非盈利雖得其養有喪家資則父母所不善今勤商得利富而得養所以善子之行也

傳衆伯至違犯

正義曰衆伯君子統衆士有正者經云庶士有正者戒其慎酒從卑至尊故先教子孫乃及庶士衆伯君子

傳汝大至君義

正義曰釋詁云羞進也既以慎酒立教是大能進行老成人之道是惟可爲人君矣以人君若治不得所民事可憂雖得酒食不能醉飽若能進德民事可平故爲飲食可醉飽之道以羣臣言聽教即爲臣義不過慎酒進德次戒康叔以君義亦有聽教明爲互矣

傳我大至成矣

正義曰以言曰故以爲教辭即教以大克羞耇長耇古道是老成人之德考其中正是能大進行可以惟爲君故云則君道成矣

傳能考至之道

正義曰以聖人爲能饗帝孝子爲能饗親考德爲君則人治之已成民事可以祭神故考中德能進饋祀於祖考人愛神助可以無爲故大用逸之道即上云飲食醉飽之道也鄭以爲助祭於君亦非其義勢也以下然並亦惟天據人事是惟王正事大臣本天理故天順其大德不見忘在於王家反覆相成之勢也

王曰封我西至之命

正義曰於此乃揔言不可不用文王慎酒之教王命之曰封我文王本在西土以道輔訓往日國君及治事之臣大夫士與其民之小子其此等皆庶幾能用文王教而不厚於酒故我周家至于今能受殷之王命以此故不可不用其教以斷酒

單疏卷十三第十七葉

御事小子尚克用文王教不腆于酒我文王在西土輔訓往日國君及御治事者下民子孫皆庶幾能用上教不厚於酒言不常飲故我至于今克受殷之命以不厚於酒故我周家至于今能受殷王之命

疏王曰封我西至之命　正義曰於此乃摠言不可不用文王慎酒之教王命之曰封我文王本在西土以道輔訓往日國君及治事之臣大夫士與其民之小子其此等皆庶幾能用文王教而不厚於酒故我周家至于今能受殷之王命以此故不可不用其教以斷酒　傳我文至常飲　正義曰棐輔也徂往也以事已過故言往日恐嗜酒不成其德故以斷酒輔成之其御事謂國君之下衆臣也不厚於酒即無彝酒也故云不常飲摠述上也

王曰封我聞惟曰在昔殷先哲王迪畏天顯小民聞之於古殷先智王謂湯蹈道畏天明著小民經德秉哲自成湯咸至于帝乙成王畏相能常德持智從湯至帝乙中間之王猶保成其王道畏敬輔相之臣不敢為非惟御事厥棐有恭不敢自暇自逸惟殷御治事之臣其輔佐畏相之君有恭敬之德不敢自寬暇自逸豫矧曰其敢崇飲崇聚也自暇自逸猶不敢況敢聚會飲酒乎明無也越在外服侯甸男衛邦伯於在外國侯服甸服男服衛服國伯諸侯之長言皆化湯畏相之德越在內服百僚庶尹惟亞惟服宗工於在內服治事百官

足利本卷十三第二十六葉

傳我文至常飲

正義曰棐輔也徂往也以事已過故言往日恐嗜酒不成其德故以斷酒輔成之其御事謂國君之下衆臣也不厚於酒即無彝酒也故云不常飲摠述上也

王曰封我聞至祗辟

正義曰以周受於殷文王之前殷代也今又衞居殷地故舉殷代以酒興亡得失而為戒王命之曰封我聞於古所聞惟曰殷之先代智道之王成湯於上蹈道以畏天威於下明著加於小民即能常德持智以為政教自成湯之後皆然以至于帝乙猶保成其王道畏敬輔相之臣其君既然惟殷御治事之臣其輔相於君有恭敬之德不敢自寬暇自逸豫況曰其敢聚會羣飲酒乎於是在外之服侯甸男衞國君之長於是在內之服治事百官衆正惟次大夫惟服事尊官於百官族姓及致仕在田里而居者皆無敢沈湎於酒不惟不敢亦自不暇飲所以不暇者惟以助其君成其王道令德顯明又於正人之道必正身敬法正身以化下不令而行故不暇飲是亦可以為法也

傳聞之至小民

正義曰言聞之於古是事明然見也下言自成湯知此別道湯事也王者上承天下恤民皆由蹈行於道畏天之罰已故也又以道教民故明德著小民

傳能常至為非

正義曰德在於身智在於心故能常德持智即上迪畏天顯小民為自湯後皆爾

傳惟殷至逸豫

正義曰此事當公卿故下別云越在內服百僚庶尹也為君畏相故輔之若寬暇與逸豫則不恭敬故不敢為也

傳崇聚至明無

正義曰釋詁云崇充也充實則集聚故崇為聚也飲必待暇逸猶尚不敢暇逸故言況敢聚集飲酒乎明無也

傳於在至之德

單疏卷十三第十八葉

衆正及次大夫服事尊官亦不自逸**越百姓里居**於百官族姓及卿大夫致仕居田里者**罔敢湎于酒不惟不敢亦不暇**自外服至里居皆無敢沈湎於酒非徒不敢志在助君敬法亦不暇飲酒**惟助成王德顯越尹人祗辟**所以不暇飲酒惟助其君成王道明其德於正人之道必正身敬法其身正不令而行

【疏】王曰封我聞至祗辟　正義曰以周受於殷文王之前殷代也今又衛居殷地故舉殷代以酒興亡得失而爲戒王命之曰封我聞於古所聞惟曰殷之先代智道之王成湯於上蹈道以畏天威於下明著加於小民即能常德持智以爲政教自成湯之後皆然以至于帝乙猶保成其王道畏敬輔相之臣其君既然惟殷御治事之臣其輔相於君有恭敬之德不敢自寬暇自逸豫況曰其敢聚會羣飲酒乎於是在外之服侯甸男衛國君之長於是在內之服治事百官衆正惟次大夫惟服事尊官於百官族姓及致仕在田里而居者皆無敢沈湎於酒不惟不敢亦自不暇飲所以不暇者惟以助其君成其王道令德顯明又於正人之道必正身敬法正身以化下不令而行故不暇飲是亦可以爲法也　傳聞之至小民　正義曰言聞之於古是事明衆見也下言自成湯知此別道湯事也王者上承天下恤民皆由蹈行於道畏天之罰已故也又以道教民故明德著小民　傳能常至爲非　正義曰德在於身智在於心故能常德持智即上迪畏天顯小民爲自湯後皆爾　傳惟殷至逸豫　正義曰此事當公卿故下別云越在內服百僚庶尹也爲君畏相故輔之若寬暇與逸豫則不恭敬故不敢爲也　傳崇聚至明無　正義曰釋詁云崇充也充實則集

聚故崇爲聚也飲必待暇逸猶尚不敢暇逸故言況敢聚集飲酒乎明無也　傳於在至之德　正義曰以公卿與國爲體承君共事故先言之然後見廣故自外及內舉四者以揔六服又因衛爲蕃衛故不言采也國謂國君伯言長連屬卒牧皆是見徧在外爲君故言化湯畏相之德　傳於在至自逸　正義曰畿外有服數畿內無服數故爲服治事也言百官衆正爲揔之文但百官衆正除六卿亦有大夫及士士亦有官首而爲政者惟亞傳云次大夫者謂雖爲大夫不爲官首者亞次官首故云亞舉大夫尊者爲言其實士亦爲亞次之官必知惟亞兼士者以此經文上下更無別見士之文故知兼之惟服宗工揔上百僚庶尹及惟亞言服治職事尊官之故亦不自逸惟亞等雖不爲官首亦助上服治政事或可非官首者服事在上之尊官亦不自逸　傳於百至里者　正義曰每言於者繼上君與御事爲於此不言在從上內服故也百官族姓謂其每官之族姓而與里居爲揔故云卿大夫致仕居田里者也　傳自外至飲酒　正義曰自外服至里居皆無敢沈湎亦上御事云亦不暇不暇則不逸可知助君敬法逆探下經也**我聞亦惟曰在今後嗣王酣身**嗣王紂也酣樂其身不憂政事**厥命罔顯于民祗保越怨不易**言紂暴虐施其政令於民無顯明之德所敬所安皆在於怨不可變易**誕惟厥縱淫泆于非彝用燕喪威儀民罔不衋傷心**紂大惟其縱淫泆于非常用燕安喪其威儀民無不衋然痛傷其心**惟荒腆于酒不惟自息乃逸**言紂大厚

於酒晝夜不念自息乃過差厥心疾很不克畏死紂疾很其心不能畏死言無忌憚辜在商邑越殷國滅無罹紂聚罪人在都邑而任之於殷國滅亡無憂懼弗惟德馨香祀登聞于天誕惟民怨紂不念發聞其德使祀見享外聞於天大行淫虐惟爲民所怨咎庶羣自酒腥聞在上故天降喪于殷罔愛于殷惟逸紂衆羣臣用酒沈荒腥穢聞在上天故天下喪亡於殷無愛於殷惟以紂奢逸故天非虐惟民自速辜言凡爲天所亡天非虐民惟民行惡自召罪

疏我聞至速辜　正義曰既言帝乙以上慎酒以存故

四六五　尚十三　二十九

又言紂嗜酒而滅我聞亦惟曰殷之在今帝乙後嗣之謂紂王酣樂其身不憂於政事施其政令無顯明之德於民所敬所安皆在於怨不可變易大惟其縱淫泆於非常用燕安之故喪其威儀民見之無不盡然痛傷其心也皆由惟大愛厚於酒晝夜不念自止息乃過逸其内心疾害很戾不能畏死聚罪人在商邑而任之於殷國滅亡無憂懼也不念發聞其德令之馨香使祀見享外聞於天大惟行其淫虐爲民下所怨紂衆羣臣集聚用酒荒淫腥穢聞在上天故天下喪亡於殷無愛念於殷惟以紂奢逸故非天虐殷以滅之惟紂爲人自召此罪故也　傳言紂至變易　正義曰施其政令於民無顯明之德言所施者皆是闇亂之政也紂意謂之爲善所敬之所安之者及其施行皆是害民之事爲民所怨紂之爲惡執心堅固不可變易也　傳紂大至其心　正義曰誕訓爲大言紂之

足利本卷十三第二十九葉

正義曰以公卿與國爲體承君共事故先言之然後見廣故自外及内舉四者以摠六服又因衞爲衞故不言采也國謂國君伯言長連屬卒牧皆是見徧在外爲君故言化湯畏相之德

傳於在至自逸

正義曰畿外有服數畿内無服數故爲服治事也言百官衆正爲摠之文但百官衆正除六卿亦有大夫及士士亦有官首而爲政者惟亞傳云次大夫者謂雖爲大夫不爲官首者亞次官首故云亞舉大夫尊者爲言其實士亦爲亞次之官必知惟亞兼士者以此經文上下更無別見士之文故知兼之惟服宗工摠上百僚庶尹及惟亞言服治職事尊官之故亦不自逸惟亞等雖不爲官首亦助上服治政事或可非官首者服事在上之尊官亦不自逸

傳於百至里者

正義曰毎言於者繼上君與衞宰爲於此不言在從上内服故也百官族姓謂其毎官之族姓而與里居爲摠故云卿大夫致

書十三　十九

仕居田里者也

傳自外至飲酒

正義曰自外服至里居皆無敢沈湎亦上衞事云亦不暇不暇則不逸可知助君敬法逆探下經也

我聞至速辜

正義曰既言帝乙以上慎酒以存故又言紂嗜酒而滅我聞亦惟曰殷之在今帝乙後嗣之謂紂王酣樂其身不憂於政事施其政令無顯明之德於民所敬所安皆在於怨不可變易大惟其縱淫泆於非常用燕安之故喪其威儀民見之無不盡然痛傷其心也皆由惟大愛厚於酒晝夜不念自止息乃過逸其内心疾害很戾不能畏死聚罪人在商邑而任之於殷國滅亡無憂懼也不念發聞其德令之馨香使祀見享外聞於天大惟行其淫虐爲民下所怨紂衆羣臣集聚用酒荒淫腥穢聞在上天故天下喪亡於殷無愛念於殷惟以紂奢逸故非天虐殷以滅之惟紂爲人自召此罪故也

單疏卷十三第十九葉

惟其縱淫泆於非常之事　傳紂衆至逸故　正義曰紂衆羣臣用酒沈荒用者解經之自定本作自俗本多誤爲嗜　傳言凡至召罪　正義曰此言惟人謂紂也今變言人者見雖非紂亦然

王曰封予不惟若兹多誥我不惟若此多誥汝我親行之古人有言曰人無於水監當於民監古賢聖有言人無於水監當於民監視水見已形視民行事見吉凶今惟殷墜厥命我其可不大監撫于時今惟殷紂無道墜失天命我其可不大視此爲戒撫安天下於是

疏王曰封予至于時　正義曰既陳殷之戒酒與嗜酒以致興亡之異故誥之王命言曰封我不惟若此徒多出言以誥汝而已我自戒酒已親行之汝可法之也所以親行者古人有言曰人無於水監當於民監以水監但見已形以民監知成敗故也以須民監之故今殷紂無道墜失其天命我其可不大視以爲戒撫安天下於今時也

予惟曰汝劼毖殷獻臣劼固也我惟告汝曰汝當固慎殷之善臣信用之侯甸男衛矧太史友内史友侯甸男衛之國當慎接之況太史内史掌國典法所賓友乎越獻臣百宗工矧惟爾事服休服采於善臣百尊官不可不慎況汝身事服行美道服事治民乎矧惟若疇圻父薄違農父圻父司馬農父司徒身事且宜敬慎況所順疇咨之司馬乎況能迫迴萬民之司徒乎言任大若保宏父定辟

傳言紂至變易　正義曰施其政令於民無顯明之德言所施者皆是闇亂之政也紂意謂之爲善所敬之所安之者及其施行皆是害民之事爲民所怨紂之爲惡執心堅固不可變易也

傳紂大至其心　正義曰誕訓爲大言紂大惟其縱淫泆於非常之事

傳紂衆至逸故　正義曰紂衆羣臣用酒沈荒用者解經之自定本作自俗本多誤爲嗜

傳言凡至召罪　正義曰此言惟人謂紂也今變言人者見雖非紂亦然

王曰封予至于時　正義曰既陳殷之戒酒與嗜酒以致興亡之異故誥之王命言曰封我不惟若此徒多出言以誥汝而已我自戒酒已親行之汝可法之也所以親行者古人有言曰人無於水監當於民監以水監但見己形以民監知成敗故也以須民監之故今殷紂無道墜失其天命我其可不大視以爲戒撫安天下於今時也

予惟至于酒　正義曰殷之存亡既可以爲監若是故我惟告汝曰汝當堅固愛慎殷之善臣及侯甸男衛之君則在外尚然況已下太史所賓友内史所賓友於善臣百尊官而不固慎乎此之卑官猶尚固慎況惟汝之身事所服行美道服行美事治民而可不固慎乎於己身事猶當固慎況惟所敬順疇咨之圻父能迫迴萬民之農父所順所安之宏父此等大臣能得固慎則可定其爲君之道固慎大臣雖非急要尚能使君道得定況汝又能剛斷於酒乎善所莫大不可加也

傳劼固至用之　正義曰劼固釋詁文將欲斷酒爲重故節文以相況毖訓爲慎言誠堅固謹慎皆敬而擇任之其文通於下皆固慎

傳侯甸至賓友乎

矧汝剛制于酒 宏，大也。宏父，司空。當順安之司馬、司徒、司空，列國諸侯三卿，慎擇其人而任之，則君道定，況汝剛斷於酒乎

疏 予惟至于酒　正義曰：殷之存亡既可以爲監若是，故我惟告汝曰：汝當堅固愛慎殷之善臣，及侯甸男衛之君則在外尚然，況已下太史所賓友、內史所賓友於善臣百尊官，而不固慎乎？正之卑官猶尚固慎，況惟汝之身事所服行美服行美事道治民，而可不固慎乎？於己身事猶當固慎，況惟所敬順疇咨之圻父、能迫迴萬民之農父、所順所安之宏父，此等大臣能得固慎，則可定其爲君之道。固慎大臣雖非急要，尚能使君道得定，況汝又能剛斷於酒乎？善所莫大，不可加也。

傳劼固至用之　正義曰：劼，固，釋詁文。將欲斷酒爲重，故節文以相況。毖訓爲慎，言誠堅固謹慎，皆敬而擇任之。其文通於下，皆固慎。

傳侯甸至賓友乎　正義曰：太史掌國六典，依周禮治典、教典、禮典、政典、刑典、事典也。內史掌八柄之法者，爵祿、廢置、殺生、與奪。此太史、內史即康叔之國大夫。知者，以下圻父、農父、宏父是諸侯之三卿，明太史、內史非王朝之官。所賓友者，敬也。

傳於善至民乎　正義曰：於善臣即上經殷獻臣也。百尊官即上侯甸男衛、太史、內史也。服行美道，服事治民，即上汝之身事。知服事是治民者，民惟邦本，諸侯治民爲事故也。鄭玄以服休爲燕息之近臣，服采爲朝祭之近臣，非孔意也。

傳圻父至任大　正義曰：司馬主圻封，故云圻父。父者，尊之辭。以司徒教民五土之藝，故言農父也。以司馬征伐在乎關外所專，故隨順而疇咨之，言君所順疇也。迫近迴繞於萬民，言近民事也。二者皆任大。

傳宏大至酒乎　正義曰：宏，大，釋詁文。以司空亦君所順所安和之，故言當順安之。諸侯之二卿以上有司馬、司徒，故知宏父是司空。

尚十三　三十一

楊本卷十三第三十一葉

正義曰：太史掌國六典，依周禮治典、教典、禮典、政典、刑典、事典也。內史掌八柄之法者，爵祿、廢置、殺生、與奪。此太史、內史即康叔之國大夫。知者，以下圻父、農父、宏父是諸侯之三卿，明太史、內史非王朝之官。所賓友者，敬也。

傳於善至民乎

正義曰：於善臣即上經殷獻臣也。百尊官即上侯甸男衛、太史、內史也。服行美道，服事治民，即上汝之身事。知服事是治民者，民惟邦本，諸侯治民爲事故也。鄭玄以服休爲燕息之近臣，服采爲朝祭之近臣，非孔意也。

傳圻父至任大

正義曰：司馬主圻封，故云圻父。父者，尊之辭。以司徒教民五土之藝，故言農父也。以司馬征伐在乎關外所專，故隨順而疇咨之，言君所順疇也。迫近迴繞於萬民，言近民事也。二者皆任大。

傳宏大至酒乎

正義曰：宏，大，釋詁文。以司空亦君所順所安和之，故言當順安之。諸侯之三卿以上有司馬、司徒，故知宏父是司空。言大父者，以營造爲廣大國家之父，因節文而分之，乃揔之言司馬、司徒、司空列國三卿，令慎擇其人而任之，則君道定，況剛斷於酒乎，爲甚之義也。其定辟揔上自劼毖殷獻臣已下。獨言三卿者，因文相況而接之，其實揔上也。三卿不次者，以司馬征伐爲重，次以政教安萬民，司徒爲重，司空直指營造，故在下也。司徒言於萬民爲迫迴者，事務爲主故也。司徒不言若者，互相明，皆爲治民而君所順也。

厥或至于殺

正義曰：以爲政莫重於斷酒，故其有人誥汝曰民今飲酒相與羣聚，是不用上命，則汝收捕之，勿令失矣，盡執拘以歸於周之京師，我其擇罪重而殺之也。又惟殷之蹈惡俗諸臣，惟其衆官化紂日久，乃沈湎於酒，勿用法殺之，以漸染惡俗，故三申法令，且惟教之，則汝有此明訓，可以享國。汝若不用我教辭，惟我一人天子不憂汝，不絜汝政事，是汝同於見殺之罪，不可不慎。

書十三　二十一

單疏卷十三第二十一葉

言大父者以營造爲廣大國家之父因節文而分之乃摠之言司馬司徒司空列國三卿令愼擇其人而任之則君道定況剛斷於酒乎爲甚之義也其定辟摠上自劼毖殷獻臣已下獨言三卿者因文相況而接之其實摠上也三卿不次者以司馬征伐爲重次以政教安萬民司徒爲重司空直指營造故在下也司徒言於萬民爲迫迴者事務爲主故也司徒不言若者互相明皆爲治民而君所順也

厥或誥曰羣飲汝勿佚其有誥汝曰民羣聚飲酒不用上命則汝收捕之勿令失也**盡執拘以歸于周予其殺**盡執拘羣飲酒者以歸於京師我其擇罪重者而殺之**又惟殷之迪諸臣惟工乃湎于酒勿庸殺之**又惟殷家蹈惡俗諸臣惟衆官化紂日久乃沈湎於酒勿用法殺之**姑惟教之有斯明享**以其漸染惡俗故必三申法令且惟教之則汝有此明訓以享國**乃不用我教辭惟我一人弗恤弗蠲乃事時同于殺**汝若忽怠不用我教辭惟我一人不憂汝乃不絜汝政事是汝同於見殺之罪

【疏】厥或至于殺　正義曰以爲政莫重於斷酒故其有人誥汝曰民今飲酒相與羣聚是不用上命則汝收捕之勿令失矣盡執拘以歸於周之京師我其擇罪重而殺之也又惟殷之蹈惡俗諸臣惟其衆官化紂日久乃沈湎於酒勿用法殺之以漸染惡俗故三申法令且惟教之則汝有此明訓可以享國汝若不用我教辭惟我一人天子不憂汝不絜汝政事是汝同於見殺之罪不可不愼

傳盡執至殺之　正義曰言周故爲京師但飲有稽數罪有大小亦可一皆盡殺故知擇罪重者殺之

傳又惟至殺之　正義曰言諸臣謂尊者及其下列職衆官亦可用法殺之明法有張弛此由殷之諸臣漸染紂之惡俗日久故不可即殺其衞國之民先非紂之舊臣乃羣聚飲酒恐增長昏亂故擇罪重者殺之據意不同故殺否有異

傳以其至享國　正義曰禮成於三故必三申法令有此明訓摠上之辭故得享國

傳汝若至之罪　正義曰汝不用我教辭則不足憂念故惟我一人亦不憂汝不絜汝之政事事惟穢惡亦不復教之使絜靜也

王曰封汝典聽朕毖汝當常聽念我所慎而篤行之**勿辯乃司民湎于酒**辯使也勿使汝主民之吏湎於酒言當正身以帥民

【疏】王曰封汝至于酒　正義曰以戒酒事終故結之主命言曰封汝當常聽念我所使汝慎者篤而行之勿使汝主民之吏若宰人者沈湎於酒當正身以帥民

梓材第十三

梓材告康叔以爲政之道亦如梓人治材

【疏】傳告康至治材　正義曰此取下言君作梓材既勤樸斲故云爲政之道如梓人治材此古杍字今文作梓梓木名木之善者治之宜精因以爲木之工匠之名下有稽田作室乃言梓材三種獨用梓材者雖三者同喻由在於外室摠於家猶非指事之器故取梓材以爲功也因戒德刑與酒事終言治人似治器而結之故也

王曰封以厥庶民暨厥臣達大家言當用其衆人之賢者與其小臣之良者以通達卿大夫及都家之政於國**以厥臣達王惟邦君**

汝當信用其臣以通王教於民言通民事於國通王教於民惟乃國君之道汝若恒
越曰我有師師汝惟君道使順常於是我有典常之師可師法司徒
司馬司空尹旅曰予罔厲殺人言國之三卿正官衆
大夫皆順典常而曰我無厲虐殺人之事如此則善矣亦厥君先敬勞
肆徂厥敬勞亦其為君之道當先敬勞民故汝往治民必敬勞來之肆
往姦宄殺人歷人宥以民當敬勞之故汝往之國又當詳察姦
宄之人及殺人賊所過歷之人有所寬宥亦乃以敬勞之肆亦見厥君事
戕敗人宥聽訟折獄當務從寬恕故往治民亦當見其為君之事察民以恩誤寬賢

尚書十三　三十四

人者當也宥之〔疏〕王曰至人宥正義曰王曰封汝為政當用其衆人之賢者與其小臣之良者
以通達卿大夫及都家等大家之政於國然後汝當信用其臣以通達王教於民惟乃可為國君之
道汝為君道故當使上下順常於是曰我有典常之師可師法是君之順典常也其下司徒司馬司
空國之三卿及正官衆大夫亦皆順典常而曰我無虐厲殺人之事是使臣之順常也如此君臣皆
能順常則為善矣為君之道非但順常亦須勸勞之故云亦其為君之道當先勸心以愛勞民故汝
往治民必勸勞之又以民須勸勞之故汝往之國詳察其姦宄及殺人之人二者所過歷之人原情
不知有所寬宥以斷獄務從寬故汝往治亦當見其為君之事而民有過誤殘賊人者當寬宥之此
亦為勸勞之也也監興也言用通傳言當至於國殘臣可用明此皆正義曰以用賢典以也人

楊本卷十三第三十四葉

傳盡執至殺之
正義曰言周故為京師但飲有稱數罪有大小不可一皆盡殺
故知擇罪重者殺之
傳又惟至殺之
正義曰言諸臣謂尊者及其下列職衆官不可用法殺之明法
有張弛此由殷之諸臣漸染紂之惡俗日久故不可即殺其衛
國之民先非紂之舊臣乃辜聚飲酒恐增長昏亂故擇罪重者
殺之據意不同故殺否有異
傳以其至享國
正義曰慎成於三故必三申法令有此明訓憂上之辭故得享國
傳汝若至之罪
正義曰汝不用我教辭則不足憂念故惟我一人不憂汝不絜
汝之政事惟蔽惡不復教之使絜靜也
王曰封汝至于酒
正義曰以戒酒事終故結之王命之言曰封汝當典聽念我所使

書十三　二十二

汝慎者篤而行之勿使汝主民之吏若享人者必湎於酒當正
身以帥民
梓材第十三
傳告康至治材
正義曰此取下言若作梓材既勤樸斵故云為政之道如梓人
治材此古梓字今文作梓梓木名木之善者治之宜精因以為
木之工匠之名下有稽田作室乃言梓材三種獨用梓材者雖
三者同喻稽田在於外室摠於家猶非指事之器故取梓材以為
功也因戒德刑與酒事終言治人似治器而結之故也
王曰至人宥
正義曰王曰封汝為政當用其衆人之賢者與其小臣之良者
以通達卿大夫及都家之政於國汝當信用其臣
以通達王教於民惟乃可為國君之道汝當為君道故當使上下
順常於是曰我有非常之師可師法是君之順其常也其下司
徒司馬司空尹旅之三卿及正官衆大夫亦此司順此常事而司我無

單疏卷十三第二十二葉

臣文在大家之上故知小臣也言用之者既用其
言以爲政又用其人以爲輔本之得大家所用統
之即君所遣也以大夫稱家對士庶有家而非大
故云大家卿大夫在朝者都家亦卿大夫所得邑
也又公邑而大夫所治亦是也用此以行政令上
達於國使人君知之也即是庶人升爲士又用庶
人進在官者小臣亦得進等而用之周禮有都家
之官鄭云都謂王子弟所封及公卿所食邑家謂
大夫所食采地傳以大家言之揔包大臣故言卿
大夫及都家之政卿大夫之政謂在朝所掌者都
家之政謂采邑所有政事二者並當通達之於國
故連言之　傳汝當至之道　正義曰言汝當信
用臣即信用卿大夫及都家自然大家也傳用小
臣與庶人故得通王教於民也人君上承於王下
治民事故交通其政惟乃國君之道而已鄭以於
邑言達大家於國言達王與邦君王爲二王之後
即亂名實也　傳汝惟至師法　正義曰即上民
事王教通於國人是順常也故揔上惟邦君言汝
惟君道使順常也典常可師即順常也　傳言國
至善矣　正義曰此連上蒙若恒之文故云國之
三卿正官衆大夫皆順典常也不言士從可知也
此曰予罔厲殺人所謂令康叔之語但在臣下宜
爲此也以上令下行行之在臣故云我無厲虐殺
人之事互明君及臣皆師法而無虐　傳亦其至
來之　正義曰亦其爲君之道者爲邦君之道非
直順常亦須勸勞故往必勸勞即論語云先之勞
之是也　傳以民至勞之　正義曰上文無罪勸
勞此惟就有罪者原情免宥亦勸勞也其實姦宄
不殺人者殺人亦是姦宄但重言而別其文姦宄
及殺人二者並是賊害自當合罪不可寬宥其所
過歷之人情所不知故詳察寬宥以爲勸勞之
傳聽訟至宥之　正義曰以君者立於無過之地

楊本卷十三第三十五葉

虐厲殺人之事是使臣之順常也如此君臣皆能順常則爲善
矣爲君之道非但順常亦須勸勞之故云亦其爲君之道當先
勸心以愛勞民故汝往治民必勸勞之又以民須勸勞之故汝
往之國詳察其姦宄及殺人之人二者所過歷之人原情不知
有所寬宥以斷獄務從寬故汝往治亦當見其爲君之事而民
有過誤殘敗人者當寬宥之此亦爲勸勞之也
傳言當至於國
正義曰以用也暨與也言用通厥臣可用明此皆賢良也厥
臣文在大家之上故知小臣也言用之者既用其言以爲政又
用其人以爲輔本之得大家所用統之即君所遣也以大夫稱
家對士庶有家而非大故云大家卿大夫在朝者都家亦卿大
夫所得邑也又公邑而大夫所治亦是也用此以行政令上達
於國使人君知之也即是庶人升爲士又用庶人進在官者小
臣亦得進等而用之周禮有都家之官鄭云都謂王子弟所封
及公卿所食邑家謂大夫所食采地傳以大家言之揔包大臣
故言卿大夫及都家之政卿大夫之政謂在朝所掌者都家之
政謂采邑所有政事二者並當通達之於國故連言之
傳汝當至之道
正義曰言汝當信用臣即信用卿大夫及都家自然大家也傳
用小臣與庶人故得通王教於民也人君上承於王下治民事
故交通其政惟乃國君之道而已鄭以於邑言達大家於國言
達王與邦君王爲二王之後即亂名實也
傳汝惟至師法
正義曰即上民事王教通於國人是順常也故揔上惟邦君言
汝惟君道使順常也典常可師即順常也
傳言國至善矣
正義曰此連上蒙若恒之文故云國之三卿正官衆大夫皆順
典常也不言士從可知也此曰予罔厲殺人所謂令康叔之語
但在臣下宜爲此也以上令下行行之在臣故云我無厲虐殺
人之事互明君及臣皆師法而無虐

單疏卷十三第二十三葉

使物不失其所故宥罪原情當見其爲君之事與上厥君始終相承於姦上言肆往此亦以罪事往可知也言宥明情亦可原故知過誤殘敗人也

王啓監厥亂爲民

言王者開置監官其治爲民不可不勉

曰無胥戕無胥虐至于敬寡至于屬婦合由以容

當教民無得相戕傷相虐殺至於敬養寡弱至於存恤妾婦和合其教用大道以容之無令見寃枉

王其效邦君越御事厥命曷以

王者其效實國君及於御治事者知其教命所施何用不可不勤

引養引恬自古王若茲監罔攸辟

能長養民長安民所古王道如此監無所復罪當務之

疏王啓至攸辟　正義曰周公云所以勸勞者以王者開置監官其治主爲於民故也以此當教民曰無得相殘傷無得相虐殺而爲重害也何但不可爲重害民之相於當至於敬養寡弱至於存恤屬婦合和其教用大道以相容無使至寃枉所以如此者以王者其當效實國君及於御治事者惟須知其教命所施何用知其善惡故不可不勤也所效實若能長養民長安民用古昔明王之道而治之如此爲監無所復罪戾當務之　傳當教至寃枉　正義曰以言曰故知當教民也殘謂不死虐甚則殺故二文也經言屬婦傳言妾婦者以妾屬於人故名屬婦此經屬婦與寡弱爲例則非關嫡婦也何者妻子是家中之貴者不至寃枉故也　傳王者至不勤　正義曰以君臣共國事故并效御治事而知其所施則下不得爲非即是王使存省侯伯監治是也故不可不勤

惟曰若稽田既勤敷菑

楊本卷十三第三十六葉

傳邦君至勞之
正義曰亦其爲君之道者爲邦君之道非直順常亦須敬勞故
往必敬勞即論語云先之勞之是也
傳以民至勞之
正義曰上文無罪敬勞此惟就有罪者原情免宥亦敬勞也其
實姦宄不殺人若殺人亦是姦宄但重言而別其文姦宄及殺
人二者並是賊害自當合罪不可寬宥其所過歷之人情所不
知故詳審寬宥以爲敬勞之
傳聽訟至宥之
正義曰以君若有立於無過之地使物不失其所故宥罪原情當
見其爲君之事與上厥君始終相承於姦上言肆往此亦以罪
事往可知也言宥明情亦可原故知過誤殘敗人也
王啓至攸辟
正義曰周公云所以勸勞者以王者開置監官其治主爲於民
故也以此當教民曰無得相殘傷無得相虐殺而爲重害也何
但不可爲重害民之相於當至於敬養寡弱至於存恤屬婦合
和其教用大道以相容無使至寃枉所以如此者以王者其當
效實國君及於御治事者惟須知其教命所施何用知其善惡
故不可不勤也所效實若能長養民長安民用古昔明王之道
而治之如此爲監無所復罪戾當務之
傳當教至寃枉
正義曰以言曰故知當教民也殘謂不死虐甚則殺故二文也
經言屬婦傳言妾婦者以妾屬於人故名屬婦此經屬婦與寡
弱爲例則非關嫡婦也何者妻子是家中之貴者不至寃枉故也
傳王者至不勤
正義曰以君臣共國事故并效御治事而知其所施則下不得
爲非即是王使存省侯伯監治是也故不可不勤
惟曰至丹雘
正義曰既言王者所以效實國君爲政之事故此言國君爲政
之術惟爲監之事曰若農人之爲田也已勞力徧布菑而耕發

單疏卷十三第二十四葉

惟其陳修爲厥疆畎言爲君監民惟若農夫之考田已勞力布發之
惟其陳列修治爲其疆畔畎壟然後功成以喻教化若作室家既勤垣
墉惟其塗塈茨如人爲室家已勤立垣牆惟其當塗塈茨蓋之若作
梓材既勤樸斲惟其塗丹雘爲政之術如梓人治
材爲器已勞力樸治斲削惟其當塗以漆丹以朱而後成以言教化亦須禮義然後治 疏惟曰
至丹雘 正義曰既言王者所以效實國君爲政
之事故此言國君爲政之喻惟爲監之事曰若農
人之考田也已勞力徧布菑而耕發其田又須惟
其陳列修治爲疆畔畎壟以至收穫然後功成又
若人爲室家已勤力立其垣墉又當惟其塗而塈
飾茨蓋之功乃成也又若梓人治材爲器已勞力
樸治斲削其材惟其當塗而丹漆以朱雘而後成
以喻人君爲政之道亦勞心施政除民之疾又當
惟其飾以禮義使之行善然後治 傳爲政至後
治 正義曰此三者事別而喻同也先遠而類蹤
者乃漸漸以事近而功者次之皆言既勤於初乃
言修治於末明爲政孜孜因前基而修使善垣墉
一也皆詳而復言之室器皆云其事終而考田止
言疆畎不云刈穫者田以一種但陳修終至收成
故開其初與下二文互也二文皆言斁即古塗字
明其終而塗飾之其室言塗塈塈亦塗也摡是以
物塗之茨謂蓋覆也器言塗丹雘塗丹皆飾物之
名謂塗丹以朱雘雘是彩色之名有青色者有朱
色者故鄭玄引山海經云青丘之山多
有青雘此經知是朱者與丹連文故也今王惟曰
先王既勤用明德懷爲夾言文武已勤用明德懷遠

其田又須惟其陳列修治爲疆畔畎壟以至收穫然後功成又
若人爲室家已勤力立其垣墉又當惟其塗而塈飾茨蓋之功
乃成也又若梓人治材爲器已勞力樸治斲削其材惟其當塗
而丹漆以朱雘而後成以喻人君爲政之道亦勞心施政除民
之疾又當惟其飾以禮義使之行善然後治
傳爲政至後治
正義曰此三者事別而喻同也先遠而類蹤者乃漸漸以事近
而功者次之皆言既勤於初乃言修治於末明爲政孜孜因前
基而修使善垣墉一也皆詳而復言之室器皆云其事終而考
田止言疆畎不云刈穫者田以一種但陳修終至收成故開其
初與下二文互也二文皆言斁即古塗字明其終而塗飾之其
室言塗塈塈亦塗也摡是以物塗之茨謂蓋覆也器言塗丹雘
塗丹皆飾物之名謂塗丹以朱雘雘是彩色之名有青色者有
朱色者故鄭玄引山海經云青丘之山多有青雘此經知是朱
者與丹連文故也
今王至保民
正義曰此戒康叔已滿三篇其事將終復有摠結因其政術言
法於明王上下相承資以成治故稱今者王命惟告汝曰先王
文武在於前世已自勤用明德招懷遠人使來以爲親近也以
明德懷柔之故衆國朝享於王又相親善爲兄弟之國方方皆
來賓服亦已化上奉用先王之明德矣是先王行明德下亦行
明德以從之而可法也先王既然凡爲君以君天下者亦如先
王用常法則和集衆國使之大來朝享亦須同先王用明德也
君天下者當如此今大天已付周家治九州之中國民矣周家
之王若能爲政用明德以懷萬國遠拓其疆界土壤則先王之
道遂更光大以此今王須大先王之政惟明德之大道而用之
以此和悅而先後其天下迷惑之民使之政治用此所以悅先
王受命使之道大之義故也是明德不可不務故我周王今亦
行之汝爲人臣可以不法乎當法王家勤用明德治國也汝若
能法我王家而用明德是爲善不可加因歎云已乎如此爲監

為近汝治國當法之庶邦享作兄弟方來亦既用
明德眾國朝享於王又親仁善鄰為兄弟之國方方皆來賓服亦已奉用先王之明德
后式典集庶邦丕享君天下能用常法則和集眾國大來朝享
皇天既付中國民越厥疆土于先王肆
大天已付周家治中國民矣能遠拓其界壤則於先王之道遂大王惟德用和
懌先後迷民用懌先王受命今王惟用德和悅先
後天下迷愚之民先後謂教訓所以悅先王受命之義已若茲監惟曰欲
至于萬年惟王為監所行已如此所陳法則我周家惟欲使至於萬年承奉王

尚十三　三十八

室子子孫孫永保民又欲令其子孫累世長居國以安民（疏）今王
至保民　正義曰此戒康叔已滿三篇其事將終
須有揔結因其政術言法於明王上下相承資以
成治故稱今若王命惟告汝曰先王文武在於前
世已自勤用明德招懷遠人使來以為親近也以
明德懷柔之故眾國朝享於王又相親善為兄弟
之國方方皆來賓服亦已化上奉用先王之明德
矣是先王行明德下亦行明德以從之而可法也
先王既然凡為君以君天下者亦如先王用常法
則和集眾國使之大來朝享亦須同先王用明德
也君天下者當如此今大天已付周家治九州之
中國民矣周家之王若能為政用明德以懷萬國
遠拓其疆界土壤則先王之道遂更光大以此今
王須大先王之政惟明德之大道而用之以此和
悅所先後其天下迷愚之民使之政治用此所以

楊本卷十三第三十八葉

則我周家惟曰欲使至於萬年惟以永奉王室令其子子孫孫
累世長居國以安民
傳言文至法之
正義曰言先王知謂文武也夾者是人左右而夾之故言近也
傳眾國至明德
正義曰享施於王而兄弟為相於之辭明彼此皆和協親仁善
鄰左傳文以先王用明德欲下之所行今亦奉用為亦先王耳
傳大天至遂大
正義曰肆遂也申遂故為大越遠也使天下賓服故遠拓界壤
以益先王故為遂大也
傳今王至之義
正義曰言用德亦是明德也先後若詩云予曰有先後謂於民
心先來悟而啓之已悟於後化成之故謂教訓也先王本欲子
孫成其事今化天下使善是悅先王受命其和悅先王即遠拓
疆土悅其受命即遂大也

尚書十三　二十六

尚書正義卷第十三

計一萬四千三百二十二字

單疏卷十三第二十六葉

悦先王受命使之遂大之義故也是明德不可不務故我周王今亦行之汝爲人臣可以不法乎當法王家勤用明德治國也汝若能法我王家而用明德是爲善不可加因歎云巳乎如此爲監則我周家惟曰欲汝至於萬年惟以承奉王室令其子子孫孫累世長居國以安民 傳言文至法之 正義曰言先王知謂文武也夾者是人左右而夾之故言近也 傳衆國至明德 正義曰享施於王而兄弟爲相於之辭明彼此皆和協親仁善鄰左傳文以先王用明德欲下之所行今亦奉用爲亦先王耳 傳大天至遂大 正義曰肆遂也申遂故爲大越遠也使天下賓服故遠拓界壤以益先王故爲遂大也 傳今王至之義 正義曰言用德亦是明德也先後若詩云予曰有先後謂於民心先未悟而啓之巳悟於後化成之故謂教訓也先王本欲子孫成其事今化天下使善是悦先王受命其和悦先王即遂拓疆土悦其受命即遂大也

尚十三　三十九

尚書注疏卷第十三

尚書注疏卷第十四

國子祭酒上護軍曲阜縣開國子臣孔穎達奉

勑撰

周書

召誥第十四

洛誥第十五

召誥第十四

成王在豐欲宅洛邑武王克商遷九鼎於洛邑欲以爲都故成王居焉

使召公先相宅相所居而卜之遂以陳戒作召誥召公以成王新即政因相宅以作誥

【疏】成王至召誥　正義曰成王於時在豐欲居洛邑以爲王都使召公先往相其所居之地因卜而營之王與周公從後而往召公於庶殷大作之時乃以王命取幣以賜周公因告王宜以夏殷興亡爲戒史敘其事作召誥

傳武王至居焉　正義曰桓二年左傳云昔武王克商遷九鼎于洛邑服虔注云今河南有鼎中觀云九鼎者案宣三年左傳王孫滿云昔夏之方有德也貢金九牧鑄鼎象物然則九牧貢金爲鼎故稱九鼎其實一鼎案戰國策顔率說齊王云昔武王克商遷九鼎鼎用九萬人則以爲其鼎有九但游說之辭事多虛誕不可信用然鼎之上備載九州山川異物亦又可疑未知孰是故兩解之

傳相所至陳戒　正義曰孔以

尚書正義卷第十四

國子祭酒上護軍曲阜縣開國子臣孔穎達奉

勑撰

周書

召誥第十四

洛誥第十五

召誥第十四

成王至召誥

正義曰成王於時在豐欲居洛邑以爲王都使召公先往相其所居之地因卜而營之王與周公從後而往召公於庶殷大作之時乃以王命取幣以賜周公因告王宜以夏殷興亡爲戒史敘其事作召誥

傳武王至居焉

正義曰桓二年左傳云昔武王克商遷九鼎于洛邑服虔注云今河南有鼎中觀云九鼎者案宣三年左傳王孫滿云昔夏之方有德也貢金九牧鑄鼎象物然則九牧貢金爲鼎故稱九鼎其實一鼎案戰國策顔率說齊王云昔武王克商遷九鼎鼎用九萬人則以爲其鼎有九但游說之辭事多虛誕不可信用然鼎之上備載九州山川異物亦又可疑未知孰是故兩解之

傳相所至陳戒

正義曰孔以序言相宅於經意不盡故爲傳以助成之召公相所居而卜之及其經營大作遂以陳戒史錄陳戒爲篇其意不在相宅序以經具故略之耳言先相宅者明於時周公攝政居洛邑是周公之意周公使召公先行故言先以見周公自後往也

傳召公至作誥

正義曰武王既崩周公即攝王政至此已積七年將歸政成王故經營洛邑待此邑成使王即政召公以成王將新即政恐王不順周公之意或將惰於政事故因相宅以作誥也作誥之時王未即政周公作洛誥爲反政於成王召公陳戒爲即政後事故傳言新即政也

序言相宅於經意不盡故爲傳以助成之召公相
所居而卜之及其經營大作遂以陳戒史錄陳戒
爲篇其意不在相宅序以經具故略之耳言先相
宅者明於時周公攝政居洛邑是周公之意周公
使召公先行故言先以見周公自後往也 傳召
公至作誥 正義曰武王既崩周公即攝王政至
此已積七年將歸政成王故經營洛邑待此邑成
使王即政召公以成王將新即政恐王不順周公
之意或將惰於政事故因相宅以作誥也作誥之
時王未即政周公作洛誥爲反政於成王召公陳
戒爲即政後事故
傳言新即政也
惟二月既望周公攝政七年二月十五日日
月相望因紀之越六日乙未王朝步自周則至于
豐於已望後六日二十一日成王朝行從鎬京則至于豐以遷都之事告文王廟告文王則
告武王可知以祖見考惟太保先周公相宅太保三公官名召公也召
公於周公前相視洛居周公後往越若來三月惟丙午朏越
三日戊申太保朝至于洛卜宅朏明也月三日明生之名
於頃來三月丙午朏於朏三日三月五日召公早朝至於洛邑相卜所居厥既得卜
則經營其已得吉卜則經營規度城郭郊廟朝市之位處越三日庚戌
太保乃以庶殷攻位于洛汭越五日甲寅
位成於戊申三日庚戌以衆殷之民治都邑之位於洛水北今河南城也於庚戌五日所治之
位皆成言衆殷本其所由來 疏 惟二月至位成 正義曰惟周公攝政七年二月十六日其日

惟二月至位成
正義曰惟周公攝政七年二月十六日其日爲庚寅既日月相
望矣於已望後六日乙未爲二月二十一日王以此日之朝行
自周之鎬京則至于豐以遷都之事告文王之廟此日王惟命
太保召公先周公往洛水之旁相視所居之處太保即行其月
小二十九日癸卯晦於二月之後順來三月惟三日丙午朏而
月生明於朏三日戊申即三月五日太保乃以此朝旦至於洛
即卜宅其已得吉卜則經營之規度其城郭郊廟朝市之位處
於戊申三日庚戌爲三月七日太保乃以衆所受於殷之民治
都邑之位於洛水之汭謂洛水北也於庚戌五日爲三月十一
日甲寅而所治之位皆成矣
傳周公至紀之
正義曰洛誥云周公誕保文武受命惟七年洛誥是攝政七年
事也洛誥周公云予惟乙卯朝至于洛師此篇云乙卯周公朝
至于洛正是一事知此二月是周公攝政七年之二月也望者
於月之半月當日衝日光照月光圓滿面嚮相當猶人之相望
故名望也治曆者必先正望朔故史官因紀之將言望後之事
必以望紀之將言朏後之事則以朏紀之猶今人將言日必先
言朔也望之在月十六日爲多大率十六日者四分之三十五
日者四分之一耳此年入戊午蔀五十六歲二月小乙亥朔孔
云十五日即爲望是己丑爲望言已望者謂庚寅十六日也且
孔云望與生魄死魄皆舉大略而言之不必恰依曆數又算術
前月大者後月二日月見可十五日望也顧氏亦云十五日望
日月正相望也
傳於已至見考
正義曰於已望後六日是爲二十一日也步行也此云王朝行
下太保與周公言朝至者君子舉事貴早朝故皆言朝也宗周
者爲天下所宗止謂王都也武王已都於鎬故知宗周是鎬京
也文王居豐武王未遷之時於豐立文王之廟遷都而廟不毀
故成王居鎬京則至于豐以遷都之事告文王廟也大事告祖

爲庚寅朏日月相望矣於巳望後六日乙未爲二
月二十一日主以此日之朝行自周之鎬京則至
于豐以遷都之事告文王之廟此日王惟命太保
召公先周公往洛水之旁相視所居之處太保即
行其月小二十九日癸卯晦於二月之後順來三
月惟三日丙午朏而月生明於朏三日戊申即三
月五日太保乃以此朝旦至於洛即卜宅其巳得
吉卜則經營之規度其城郭郊廟朝市之位處於
戊申三日庚戌爲三月七日太保乃以衆所受於
殷之民治都邑之位於洛水之汭謂洛水北也於
庚戌五日爲三月十一日甲寅而所治之位皆成
矣　傳周公至紀之　正義曰洛誥云周公誕保
文武受命惟七年洛誥是攝政七年事也洛誥周
公云予惟乙卯朝至于洛師此篇云乙卯周公朝
至于洛正是一事知此二月是周公攝政七年之
二月也望者於月之半月當日衝日光照月光圓
滿面鄉相當猶人之相望故名望也治曆者必先
正望朔故史官因紀之將言望後之事必以望紀
之將言朏後之事則以朏紀之猶今人將言日必
先言朔也望之在月十六日爲多大率十六日者
四分之三十五日者四分之一耳此年入戊午蔀
五十六歲二月小乙亥朔孔云十五日即爲望是
己丑爲望言已望者謂庚寅十六日也且孔云望
與生魄死魄皆舉大略而言之不必恰依曆數又
算術前月大者後月二日月見可十五日望也顧
氏亦云十五日望日月正相望也　傳於已至見
考　正義曰於已望後六日是爲二十一日也步
行也此云王朝行下太保與周公言朝至者君子
舉事貴早朝故皆言朝也宗周者爲天下所宗止
謂王都也武王已都於鎬故知宗周是鎬京也文
王居豐武王未遷之時於豐立文王之廟遷都而
廟不毀故成王居鎬京則至于豐以遷都之事告

楊本卷十四第三葉

必告於考此經不言告武王以告文王則告武王可知以告祖
見考也告廟當先祖後考此必於豐告文王於鎬京告武王也
傳朏明至所居
正義曰說文云朏月未盛之明故爲明也周書月令云三日粤
朏朏字從月出是入月三日明生之名也於順來者於二月之
後依順而來次三月也二月乙未而發豐歷三月丙午朏又從
朏三日是三月五日凡發豐至洛爲十四日也召公早朝至于
洛邑相卜所居當以至洛之日即卜也
傳其已至位處
正義曰經營者考工記所云匠人營國方九里左祖右社面朝
後市是也下有丁巳郊故知規度城郭郊廟朝市之位處也匠
人不言郊以不在國内也匠人王城方九里如典命文又以公
城方九里天子城十二里鄭玄兩說孔無明解未知從何文也
郊者司馬法百里爲郊鄭注周禮云近郊五十里禮記祭天于
南郊祭地于北郊皆謂近郊也其廟案小宗伯云建國之神位
右社稷左宗廟鄭注朝士職云庫門内之左右其朝者鄭云外
朝一在庫門之外皋門之内是詢衆庶之朝内朝二者其一在
路門外王每日所視謂之治朝其一在路門内路寢之朝王每
日視訖退適路寢謂之燕朝或與宗人圖私事顧氏云市處王
城之北朝爲陽故在南市爲陰故處北今案周禮内宰職佐后
立市然則后既主陰故立市也
傳於戊至由來
正義曰於戊申後三日庚戌爲三月七日也水内曰汭蓋以人
南面望水則北爲内故洛汭爲洛水之北鄭云隈曲中也漢書
地理志河南郡治在洛陽縣河南城別爲河南縣治都邑之位
於洛北今於漢河南城是也所治之位皆成布置處所定也治
位乃是周人而言衆殷者本其所由來言本是殷民今來爲我
周家役也莊二十九年左傳發例云凡土功水昏正而栽日至
而畢此以周之三月農時役衆者彼言尋常土功此則遷都事
大不可拘以常制也

單疏卷十四第三葉

文王廟也大事告祖必告於考此經不言告武王以告文王則告武王可知以告祖見考也告廟當先祖後考此必於豐告文王於鎬京告武王也　傳朏明至所居　正義曰說文云朏月未盛之明故爲明也周書月令云三日粵朏朏字從月出是入月三日明生之名也於順來者於二月之後依順而來次三月也三月乙未而發豐歷三月丙午朏又於朏三日是三月五日凡發豐至洛爲十四日也召公早朝至于洛邑相卜所居當以至洛之日即卜也　傳其已至位處　正義曰經營者考工記所云匠人營國方九里左祖右社面朝後市是也下有丁巳郊故知規度城郭郊廟朝市之位處也匠人不言郊以不在國內也匠人王城方九里如典命文又以公城方九里天子城十二里鄭玄兩說孔無明解未知從何文也郊者司馬法百里爲郊鄭注周禮云近郊五十里禮記祭天于南郊祭地于北郊皆謂近郊也其廟案小宗伯云建國之神位右社稷左宗廟鄭注朝士職云庫門內之左右其朝者鄭云外朝一在庫門之外皋門之內是詢衆庶之朝內朝二者其一在路門外王每日所視謂之治朝其一在路門內路寢之朝王每日視訖退適路寢謂之燕朝或與宗人圖私事顧氏云市處王城之北朝爲陽故在南市爲陰故處北今案周禮內宰職佐后立市然則后既主陰故立市也　傳於戊至由來　正義曰於戊申後三日庚戌爲三月七日也水內曰汭蓋以人南面望水則北爲內故洛汭爲洛水之北鄭云隈曲中也漢書地理志河南郡治在洛陽縣河南城別爲河南縣治都邑之位於洛北今於漢河南城是也所治之位皆成布置處所定也治位乃是周人而言衆殷者本其所由來言本是殷民今來爲我周家役也莊二十九年左傳發例云凡土功水昏正而

栽日至而畢此以周之三月農時役衆者彼言尋常土功此則遷都事大不可拘以常制也若翼日乙卯周公朝至于洛周公順位成之明日而朝至於洛汭則達觀于新邑營周公通達觀新邑所營言周徧越三日丁巳用牲于郊牛二於乙卯三日用牲告立郊位於天以后稷配故二牛后稷貶於天有羊豕羊豕不見可知越翼日戊午乃社于新邑牛一羊一豕一告立社稷之位用太牢也共工氏子曰句龍能平水土祀以爲社周祖后稷能殖百穀祀以爲稷社稷共牢越七日甲子周公乃朝用書命庶殷侯甸男邦伯於戊午七日甲子是時諸侯皆會故周公乃昧爽以賦功屬役書命衆殷侯甸男服之邦伯使就功邦伯方伯即州牧也厥既命殷庶庶殷丕作其已命殷衆衆殷之民大作言勸事太保乃以庶邦冢君出取幣乃復入諸侯公卿並覲於王王與周公俱至文不見王無事召公與諸侯出取幣欲因大會顯周公錫周公曰拜手稽首旅王若公召公以幣入稱成王命賜周公曰敢拜手稽首陳王所宜順周公之事【疏】若翼至若公　正義曰順位成之明日乙卯三月十二日也周公以此朝旦至於洛則通達而徧觀於新邑所經營其位處皆無所改易於乙卯三日丁巳三月十四日也用牲於郊告立祭天之位牛二天與后稷所配各用一牛於丁巳明日戊午乃祭社於新邑用太牢牛一羊

一豕一於戊午七日甲子二十一日也周公乃以
此朝旦用策書命衆殷在侯甸男服之內諸國之
長謂命州牧使告諸國就功作其巳命殷衆衆殷
皆勸樂勤事而大作矣太保召公乃以衆國大君
諸侯出取幣乃復入稱成王命以賜周公曰我敢
拜手稽首以戒王陳說王所宜順周公之事傳
周公至洛汭　正義曰周公以順位成之明日而
朝至則是三月十二日也其到洛汭在召公之後
七日不知初發鎬京以何日也成王蓋與周公俱
來鄭云史不書王往者王於相宅無事也傳於
乙至可知　正義曰知此用牲是告立郊位於天
者此郊與社於攻位之時已經營之今非常祭之
月而特用牲祭天知是郊位既定告天使知而今
後常以此處祭天也禮郊用特牲不應用二牛以
后稷配故二牛也郊特牲及公羊傳皆云養牲必
養二帝牛不吉以爲稷牛言用彼爲稷牛者以之
祭帝其稷牛隨時取用不在滌養是帝稷各用牛
一故二牛也先儒皆云天神尊祭天明用犢貴誠
之義稷是人神祭用太牢貶於天神法有羊豕因
天用牛遂云牛二舉其大者從天言之羊豕不見
可知也詩頌我將祀文王於明堂云惟羊惟牛又
月令云以太牢祠于高禖皆據配者有羊豕也
傳告立至共牢　正義曰經有社無稷稷是社類
知其同告之告立社稷之位其祭用太牢故牛羊
豕各一也句龍能平水土祀以爲社后稷能殖百
穀祀以爲稷左傳魯語祭法皆有此文漢世儒者
說社稷有二左氏說社稷惟句龍后稷人神而已
是孔之所用孝經說社爲土神稷爲穀神句龍后
稷配食者是鄭之所從而武成篇云告于皇天后
土孔以后土爲地言后土社也者以泰誓云類于
上帝宜于冢土故以后土爲社也小劉云后土與
皇天相對以后土爲地若然左傳云句龍爲后土

楊本卷十四第六葉

若翼至若公
正義曰順位成之明日乙卯三月十二日也周公以此朝旦至
於洛則通達而徧觀於新邑所經營其位處皆無所改易於乙
卯三日丁巳三月十四日也用牲於郊告立祭天之位牛二天
與后稷所配各用一牛於丁巳明日戊午乃祭社於新邑用太
牢牛一羊一豕一於戊午七日甲子二十一日也周公乃以此
朝旦用策書命衆殷在侯甸男服之內諸國之長謂命州牧使
告諸國就功作其巳命殷衆衆殷皆勸樂勤事而大作矣太保
召公乃以衆國大君諸侯出取幣乃復入稱成王命以賜周公
曰我敢拜手稽首以戒王陳說王所宜順周公之事
傳周公至洛汭
正義曰周公以順位成之明日而朝至則是三月十二日也其
到洛汭在召公之後七日不知初發鎬京以何日也成王蓋與
周公俱來鄭云史不書王往者王於相宅無事也
傳於乙至可知
正義曰知此用牲是告立郊位於天者此郊與社於攻位之時
已經營之今非常祭之月而特用牲祭天知是郊位既定告天
使知而今後常以此處祭天也禮郊用特牲不應用二牛以后
稷配故二牛也郊特牲及公羊傳皆云養牲必養二帝牛不吉
以爲稷牛言用彼爲稷牛者以之祭帝其稷牛隨時取用不在
滌養是帝稷各用牛一故二牛也先儒皆云天神尊祭天明用
犢貴誠之義稷是人神祭用太牢貶於天神法有羊豕因天用
牛遂云牛二舉其大者從天言之羊豕不見可知也詩頌我將
祀文王於明堂云惟羊惟牛又月令云以太牢祠于高禖皆據
配者有羊豕也
傳告立至共牢
正義曰經有社無稷稷是社類知其同告之告立社稷之位其
祭用太牢故牛羊豕各一也句龍能平水土祀以爲社后稷能
殖百穀祀以爲稷左傳魯語祭法皆有此文漢世儒者說社稷
有二左氏說社稷惟句龍后稷人神而已是孔之所用孝經說

單疏卷十四第四葉

豈句龍爲地平社亦名后土地名后土名同而義
異也社稷共牢經無明說郊特牲云社稷太牢二
神共言太牢故傳言社稷共牢也此經上句言于
郊此不言于社此言社于新邑上句不言郊於新
邑上句言用牲此言牛羊豕不言用告天不言告
地告社不言告稷皆互相足從省文也洛誥云王
在新邑烝祭王入太室祼則洛邑亦立宗廟此不
云告廟亦從省文也　傳於戊至牧也　正義曰
康誥云周公初基作新大邑于東國洛四方民大
和會侯甸男邦采衛百工播民和見士于周與此
一事也故知是時諸侯皆會故周公乃昧爽以賦
功屬役書命衆殷在侯甸男服之邦伯使就築作
功也康誥五服此惟三服者立文有詳略耳昭三
十二年晉合諸侯城成周左傳稱命役書於諸侯
屬役賦文此傳言賦功屬役其意出於彼也賦功
謂賦斂諸侯之功科其人夫多少屬役謂付屬役
之處使知得地之尺丈也邦伯諸國之長故爲方
伯州牧王制云千里之外設方伯方伯即州牧也
周公命州牧使州牧各命其所部　傳諸侯至周
公　正義曰上云周公朝用書命庶殷者周公自
命之其事不由王也庶殷既以大作諸侯公卿乃
並覲於王其時蓋有行宮王在位而諸侯公卿並
覲之既入見王乃出取幣初不言入而經言出者
下云乃復入則上以入可知從省文也下賜周公
言旅王若公明此出入是覲王之事而經文不見
王至故傳辯之王與周公俱至自此已上於王無
事故不見也正以經文不見王至知與周公俱至
也周公居攝功成將歸政於成王召公與諸侯出
取幣欲因大會顯周公之功既成將令王自知政
因賜周公遂以戒王故出取幣復入以待王命其
幣蓋玄纁束帛也鄭玄云所賜之幣蓋璋以皮故
寶玉大弓此時所賜案鄭注周禮云璋以皮二王

楊本卷十四第七葉

社爲土神稷爲穀神句龍后稷配食者是鄭玄之所從而武成篇
云告于皇天后土孔以后土爲地言后土社也者以泰誓云類
于上帝宜于冢土故以后土爲社也小劉云后土與皇天相對
以后土爲地若然左傳云句龍爲后土豈句龍爲地乎社亦名
后土地名后土名同而義異也社稷共牢經無明說郊特牲云
社稷太牢二神共言太牢故傳言社稷共牢也此經上句言于
郊此不言于社此言社于新邑上句不言郊於新邑上句言用
牲此言牛羊豕不言用告天不言告地告社不言告稷皆互相
足從省文也洛誥云王在新邑烝祭王入太室祼則洛邑亦立
宗廟此不云告廟亦從省文也
傳於戊至牧也
正義曰康誥云周公初基作新大邑于東國洛四方民大和會
侯甸男邦采衛百工播民和見士于周與此一事也故知是時
諸侯皆會故周公乃昧爽以賦功屬役書命衆殷在侯甸男服
之邦伯使就築作功也康誥五服此惟三服者立文有詳略耳
昭三十二年晉合諸侯城成周左傳稱命役書於諸侯屬役賦
文此傳言賦功屬役其意出於彼也賦功謂賦斂諸侯之功科
其人夫多少屬役謂付屬役之處使知得地之尺丈也邦伯諸
國之長故爲方伯州牧王制云千里之外設方伯方伯即州牧
也周公命州牧使州牧各命其所部
傳諸侯至周公
正義曰上云周公朝用書命庶殷者周公自命之其事不由王
也庶殷既以大作諸侯公卿乃並覲於王其時蓋有行宮王在
位而諸侯公卿並覲之既入見王乃出取幣初不言入而經言
出者下云乃復入則上以入可知從省文也下賜周公言旅王
若公明此出入是覲王之事而經文不見王至故傳辯之王與
周公俱至自此已上於王無事故不見也正以經文不見王至
知與周公俱至也周公居攝功成將歸政於成王召公與諸侯
出取幣欲因大會顯周公之功既成將令王自知政因賜周公
遂以戒王故出取幣復入以待王命其幣蓋玄纁束帛也鄭玄

單疏卷十四第五葉

之後享后所用寧當以賜臣也寶玉大弓魯公之
分伯禽封魯乃可賜之不得以此時賜周公也
幣者以上太保之意非王命幣既入即云賜周公
傳召公至之事　正義曰太保以庶邦冢君出取
者下言召公不得賜周公知召公既以幣入乃稱
成王命以賜周公於時政在周公成王未得賜周
公也但召公見周公功成作邑將反王政欲尊王
而顯周公故稱成王之命以賜周公鄭玄云召公
見衆殷之民大作周公德降功成有反政之期而
欲顯之因大戒天下故與諸侯出取幣使戒成王
立於位以其命賜周公王肅云爲戒成王錫周公
是也曰拜手稽首者召公自言己與冢君等敢拜
手稽首陳王所宜順周公之事
宜順之事自此以下皆是也
誥告庶殷越自
乃御事 召公指戒成王而以衆殷諸侯於自
乃御治事爲辭謙也諸侯在故託焉
嗚
呼皇天上帝改厥元子茲大國殷之命 歎皇
天改其太子此大國殷之命言紂雖爲
天所太子無道猶改之言不可不慎
惟王受
命無疆惟休亦無疆惟恤 所以戒成王天
改殷命惟王受
之乃無窮惟美亦
無窮惟當憂之
嗚呼曷其奈何弗敬 何其
奈何
不憂敬之
欲其行敬
疏 誥告至弗敬　正義曰召公所陳戒
王宜順周公之事云我爲言誥以告
汝庶殷之諸侯下自汝御事欲令君臣皆聽之其
實指以戒王諸侯皆在託以爲言也乃曰嗚呼有
皇天上帝改去其太子所受者即此大國殷之王
命也以其無道故改命有德惟王受得此命乃無
窮惟美亦無窮惟當憂之既憂之無窮嗚呼何其
奈何不敬乎欲其長行敬也告庶殷者告諸侯也

楊本卷十四第八葉

云所賜之幣蓋璋以皮及寶玉大弓此時所賜案鄭注周禮云
璋以皮二王之後享后所用寧當以賜臣也寶玉大弓魯公之
分伯禽封魯乃可賜之不得以此時賜周公也
傳召公至之事
正義曰太保以庶邦冢君出取幣者以上太保之意非王命幣
既入即云賜周公者下言召公不得賜周公知召公既以幣入
乃稱成王命以賜周公於時政在周公成王未得賜周公也但
召公見周公功成作邑將反王政欲尊王而顯周公故稱成王
之命以賜周公鄭玄云召公見衆殷之民大作周公德降功成
有反政之期而欲顯之因大戒天下故與諸侯出取幣使戒成
王立於位以其命賜周公王肅云爲戒成王錫周公是也曰拜
手稽首者召公自言己與冢君等敢拜手稽首陳王所宜順周
公之事宜順之事自此以下皆是也
誥告至弗敬
正義曰召公所陳戒王宜順周公之事云我爲言誥以告汝庶
殷之諸侯下自汝御事欲令君臣皆聽之其實指以戒王諸侯
皆在託以爲言也乃曰嗚呼有皇天上帝改去其太子所受者
即此大國殷之王命也以其無道故改命有德惟王受得此命
乃無窮惟美亦無窮惟當憂之既憂之無窮嗚呼何其奈何不
敬乎欲其長行敬也告庶殷者告諸侯也庶殷通尊卑之辭故
民與諸侯同云庶殷皆謂所受於殷之衆也
傳歎皇至不慎
正義曰釋詁云皇君也天地尊之大故皇天后土皆以君言之
也改其太子謂改天子之位與他姓即此大國殷之命謂紂也
言紂雖爲天所太子無道猶改之不可不慎也以託戒諸侯故
言天子雖大猶改之況已下乎釋詁云元首也首是體之大故
傳言太子鄭云言首子者凡人皆云天之子天子爲之首耳
天既至用懋
正義曰更述改殷之事天既遠終大國殷之王命矣此殷多有
先智之王精神在天不能救紂以紂不行敬故也於其智王之

單疏卷十四第六葉

庶殷通尊卑之辭故民與諸侯同云庶殷皆謂所受於殷之衆也　傳歎皇至不慎　正義曰釋詁云皇君也天地尊之大故皇天后土皆以君言之也改其太子謂改天子之位與他姓即此大國殷之命謂紂也言紂雖爲天所太子無道猶改之不可不慎也以託戒諸侯故言天子雖大猶改之說已下乎釋詁云元首也首是體之大故傳言太子鄭云言首子者凡人皆云天之子天子爲之首耳

天既遐終大邦殷之命兹殷多先哲王在天言天已遠終殷命此殷多先智王精神在天不能救者以紂不行敬故越厥後王後民兹服厥命於其後王後民謂先智王之後繼世君臣此服其命言不忝厥終智藏瘝在其終後王之終謂紂也賢智隱藏瘝病者在位言無良臣夫知保抱攜持厥婦子以哀籲天徂厥亡出執言困於虐政夫知保抱其子攜持其妻以哀號呼天告冤無辜往其逃亡出見執殺無地自容所以窮嗚呼天亦哀于四方民其眷命用懋民哀呼天天亦哀之其顧視天下有德者命用勉敬者爲民主

【疏】天既至用懋　正義曰更述改殷之事天既遠終大國殷之王命矣此殷多有先智之王精神在天不能救紂以紂不行敬故也於其智王之後人謂繼世之君乃其時之人皆服行其君之命由其亦能行敬故得不忝其先祖其此後王之終謂紂之時賢智者隱藏瘝病者在位言其時無良臣多行無禮暴虐於時之民困於虐政夫知保抱攜持其婦子以哀號呼天告冤枉無辜往其逃

亡出見執殺言無地自容以窮困也天亦哀於四方之民其眷顧天下選擇賢聖命用勉力行敬者以爲民主故王今得之也　傳言天至敬故　正義曰天既遠終殷命言其去而不復反也說天終殷之命而言智王在天者言先智王雖精神在天而不能救紂者以紂不行敬故也戒王使行敬　傳於其至不忝　正義曰先智王之後繼世君臣謂智王之後紂已前能守位不失者經言後王後民傳言君臣者見民內有臣民於此皆服行君之命言不忝辱父祖也　傳其終至良臣　正義曰既言後王又復言其終知是後王之終謂紂也以瘝從病類故言瘝病也鄭王皆以瘝爲病小人在位殘暴在下故以病言之　傳言困至以窮　正義曰言困於虐政抱子攜妻欲去之夫猶人人言天下盡然也保訓安也王肅云匹夫知欲安其室抱其子攜其妻以悲呼天也

王其疾敬德相古先民有夏言王當疾行敬德視古先民有夏之王以爲法戒之天迪從子保面稽天若今時既墜厥命夏禹能敬德天道從而子安之禹亦面考天心而順之今是桀棄禹之道天已墜其王命今相有殷次復觀有殷天迪格保面稽天若言天道所以至於保安湯者亦如禹今時既墜厥命墜其王命今沖子嗣則無遺壽耇童子言成王少嗣位治政無遺棄老成人之言欲其法之曰其稽我古人之德矧曰其有能稽謀自天沖子成王其考行古人之德則善矣況曰其能考謀從天道乎

言至善　疏王其至自天　正義曰既言皇天眷顧命用勉敬者爲人主故戒王言其疾行敬德
視古先民有夏之君取大禹以爲法戒禹以能敬
之故天道從而子安之禹能面考天心而順以行
敬今是桀棄禹之道已墜失其王命矣更復視有
殷之君取成湯以爲法戒湯以能敬之故天亦從
而子安之天道所以至於保安湯者亦以湯面考
天心而順以行敬也今是紂棄湯之道已墜失其
王命矣夏殷二代能敬則得之不敬則失之今童
子爲王嗣位治政則無遺棄壽考成人宜用老成
人之言法古人爲治曰王其考行古人之德則已
善矣況曰其有能考行所謀以從順天道乎若能
從順天道則與禹湯同功言其善不可加也　傳
夏禹至王命　正義曰勤于疾行敬德乃言天道
安夏知夏禹能行敬德天道從而子安之天既子
愛禹禹亦順天心鄭云面猶迴向也則面爲向義
禹亦志意向天考天心而順安之言能同於天心
也禹興夏而桀滅之知天道子保者是禹也既墜
厥命者是桀也今桀廢禹之道已墜失其王命矣
傳言天至如禹　正義曰此說二代興亡其意
同也於禹言從而子安之則天於湯亦子安之故
於湯因上略文直言格保格至也言至於保安湯
者亦如禹也　傳童子至法之　正義曰嗣位治
政謂周公歸政之後此時王未莅政而言今沖子
嗣者召公此戒戒其即政之後故也壽謂長命者
是老稱無遺棄長命之老人欲其取老人之言而
法效之老人之言即下云古人之德也　嗚呼有王雖小元子哉
其丕能諴于小民今休　召公歎曰有成王雖少而大爲天所
子其大能和於小民成今之美勉之　王不敢後用顧畏于民

楊本卷十四第十一葉

後人謂繼世之君乃其時之人皆服行其君之命由其亦能行
敬故得不忝其先祖甘此後王之終謂紂之時賢智者隱藏瘝
病者在位言其時無良臣多行無禮暴虐於時之民困於虐政
夫知保抱攜持其婦子以哀號呼天告冤枉無辜往其逃亡出
見執殺言無地自容以窮困也天亦哀矜於四方之民其眷顧
天下選擇賢聖命用勉力行敬者以爲民主故王今得之也
傳言天至敬故
正義曰天既遠終殷命言其去而不復反也說天終殷之命而
言智王在天者言先智王雖精神在天而不能救紂者以紂不
行敬故也戒王使行敬
傳於其至不忝
正義曰先智王之後繼世君臣謂智王之後紂已前能守位不
失者經言後王後民傳言君臣者見民內有臣民於此皆服行
君之命言不忝辱父祖也
傳其終至良臣
正義曰既言後王又復言其終知是後王之終謂紂也以瘝從
病類故言瘝病也鄭王皆以瘝爲病小人在位殘暴在下故以
病言之
傳言困至以窮
正義曰言困於虐政抱子攜妻欲去之夫猶人人言天下盡然
也保訓安也王肅云匹夫知欲安其室抱其子攜其妻以悲呼
天也
王其至自天
正義曰既言皇天眷顧命用勉敬者爲人主故戒王言其疾行
敬德視古先民有夏之君取大禹以爲法戒禹以能敬之故天
道從而子安之禹能面考天心而順以行敬今是桀棄禹之道
已墜失其王命矣更復視有殷之君取成湯以爲法戒湯以能
敬之故天亦從而子安之天道所以至於保安湯者亦以湯面
考天心而順以行敬也今是紂棄湯之道已墜失其王命矣夏
殷二代能敬則得之不敬則失之今童子爲王嗣位治政則無

單疏卷十四第七葉

碞王爲政當不敢後能用之士必任之爲先碞僭
也又當顧畏於下民僭差禮義能此二者則德
化立美
道成
疏 嗚呼至民碞 正義曰召公歎以戒王
嗚呼今所有之王惟今雖復少小而大
爲天所子愛哉言任大也若其大能和同於天下
小民則成今之美以勉之故王當不敢後其能用
之士必任以爲先又當顧念畏於下民僭差禮義
能此二者則德化立美道成矣 傳王爲至道成
正義曰王者爲政任賢使能有能有用宜先任
之故王者爲政當不敢後其能用之士必任之爲
先也碞即巖也參差不齊之意故爲僭也既任能
人復憂下民故又當顧畏於下民僭差禮義畏其
僭差當治之使合禮義也能此二者則
德化立美道成美道成即令休是也
王來紹上帝自服于土中 言王今來居洛邑繼天爲治
躬自服行教化於地勢正中
旦曰其作大邑其自時配皇天 稱周公言
其爲大邑
於土中其用是大
邑配上天而爲治 毖祀于上下其自時中
乂 爲治當慎祀于天地則
其用是土中大致治 王厥有成命治民
今休 用是土中致治則王其有天
之成命治民今獲太平之美 疏 王來至今休 正義
曰周公之作洛邑將以反政於王故召公述其遷
洛之意今王來居洛邑繼上天爲治躬自服行教
化於土地正中之處故周公旦言曰其作大邑於
土中其令成王用是大邑配上天而爲治爲治之
道當事神訓民謹慎祭祀上下神祇其用是土中
大致治也既能治則王其有天之成命治理下民
今獲太平之美矣 傳言王至正中 正義曰傳
言躬自服行則不訓自也鄭王皆以自爲用 傳

楊本卷十四第十二葉

遺棄壽考成人宜用老成人之言法古人爲治曰王其考行古
人之德則已善矣況曰其有能考行所謀以從順天道乎若能
從順天道則與禹湯同功言其善不可加也
傳夏禹至王命
正義曰勸王疾行敬德乃言天道安夏知夏禹能行敬德天道
從而子安之天既子愛禹禹亦順天心鄭云面猶迴向也則面
爲向義禹亦志意向天考天心而順安之言能同於天心也禹
興夏而桀滅之知天道子保者是禹也既墜厥命者是桀也今
桀廢禹之道已墜失其王命矣
傳言天至如禹
正義曰此說二代興亡其意同也於禹言從而子安之則天於
湯亦子安之故於湯因上略文直言格保格至也言至於保安
湯者亦如禹也
傳童子至法之
正義曰嗣位治政謂周公歸政之後此時王未莅政而言今沖
子嗣者召公此戒戒其即政之後故也壽謂長命耇是老稱無
遺棄長命之老人欲其取老人之言而法效之老人之言即下
云古人之德也
嗚呼至民碞
正義曰召公歎以戒王嗚呼今所有之王惟今雖復少小而大
爲天所子愛哉言任大也若其大能和同於天下小民則成今
之美以勉之故王當不敢後其能用之士必任以爲先又當顧
念畏於下民僭差禮義能此二者則德化立美道成矣
傳王爲至道成
正義曰王者爲政任賢使能有能有用宜先任之故王者爲政
當不敢後其能用之士必任之爲先也碞即巖也參差不齊之
意故爲僭也既任能人復憂下民故又當顧畏於下民僭差禮
義畏其僭差當治之使合禮義也能此二者則德化立美道成
美道成即今休是也
王來至今休

單疏卷十四第八葉

稱周至爲治　正義曰王肅云旦周公名也禮君
前臣名故稱周公之言爲旦曰王者爲天所子代
天治民天有其意天子繼天使成謂之紹上帝也
天子設法其理合於天道是爲配皇天也天子將
欲配天必宜治居土中故稱周公之言其爲大邑
於土之中其當令此成王用是大邑行化配上天
而爲治也說周公之意然戒成王使順公也周禮
大司徒云以土圭之法測土深正日影以求地中
日南則影短多暑日北則影長多寒日東則影夕
多風日西則影朝多陰日至之影尺有五寸謂之
地中天地之所合也四時之所交也風雨之所會
也陰陽之所和也然則百物阜安乃建王國焉馬
融云王國東都王城今河南縣是也　傳爲治至
致治　正義曰祭法云有天下者祭百神天地爲
大上下即天地也故爲治當慎祀於天地舉天地
則百神之祀皆慎之也能事神訓民則其用是土

尚書十四　十三

中大致治也　傳用是至之美　正義曰用是土
中致治當於天心則王其有天之成命降福與之
使多歷年歲治民今獲太平之
美自旦曰至此述周公之意也　**王先服殷御**
事比介于我有周御事　召公既述周公所言又自陳己意以終其戒言當先服治殷家御事之臣使比近於我有周治事之臣必和協乃可一　**節性惟**
日其邁　和比殷周之臣時節其性令不失中則道化惟日其行　**王敬作所**
不可不敬德　敬爲所不可不敬之德則下敬奉其命矣　（疏）王先至敬德　正義
曰召公既述周公所言又自陳己意戒王令爲政
先服治殷家御治事之臣使之比近於我有周治
事之臣令新舊和協政乃可一和比殷周之臣時
節其性命令不失其中則王之道化惟日其行矣

召誥第十四　周書

楊本卷十四第十三葉

正義曰周公之作洛邑將以反政於王故召公述其遷洛之意
今王來居洛邑繼上天爲治躬自服行教化於土地正中之處
故周公旦言曰其作大邑於土中其令成王用是大邑配上天
而爲治爲治之道當事神訓民謹慎祭祀上下神祇其用是土
中大致治也既能治則王其有天之成命治理下民今獲太平
之美矣
傳言王至正中
正義曰傳言躬自服行則不訓自也鄭王皆以自爲用
傳稱周至爲治
正義曰王肅云旦周公名也禮君前臣名故稱周公之言爲旦
曰王者爲天所子代天治民天有其意天子繼天使成謂之紹
上帝也天子設法其理合於天道是爲配皇天也天子將欲配
天必宜治居土中故稱周公之言其爲大邑於土之中其當令
此成王用是大邑行化配上天而爲治也說周公之意然戒成
王使順公也周禮大司徒云以土圭之法測土深正日影以求

書十四　九

地中日南則影短多暑日北則影長多寒日東則影夕多風日
西則影朝多陰日至之影尺有五寸謂之地中天地之所合也
四時之所交也風雨之所會也陰陽之所和也然則百物阜安
乃建王國焉馬融云王國東都王城今河南縣是也
傳爲治至致治
正義曰祭法云有天下者祭百神天地爲大上下即天地也故
爲治當慎祀於天地舉天地則百神之祀皆慎之也能事神訓
民則其用是土中大致治也
傳用是至之美
正義曰用是土中致治當於天心則王其有天之成命降福與
之使多歷年歲治民今獲太平之美自旦曰至此述周公之意也
王先至敬德
正義曰召公既述周公所言又自陳己意戒王令爲政先服治
殷家御治事之臣使之比近於我有周治事之臣令新舊和協
政乃可一和比殷周之臣時節其性命令不失其中則王之道

單疏卷十四第九葉

王當敬爲所不可不敬之德其德爲下所敬則下
敬奉其上命則化必行矣化在下者常若命之不
行故以此爲戒　傳召公至可一　正義曰自今
休以上文義相連知皆是稱周公言也此一句意
異於上知是召公自陳己意以終其戒殷家治事
之臣謂殷朝舊人常被殷家任使者也周家治事
之臣謂西土新來翼贊周家初基者也周臣恃功
或加陵殷人失勢或疎忌周臣新舊不和政必乖
戾故召公戒王當先治殷臣使比近周臣必和協
政乃可一也不使周臣比殷而令殷臣比周臣者
周臣奉周之法當使殷臣從之故治殷臣使比周
臣也　傳和比至其行　正義曰文承比周之下
故知和比殷周之臣人各有性嗜好不同各恣所
欲必或反道故以禮義時節其性命示之限分令
不失中皆得中道則各奉王化故王之道化惟日
其行言日日當行之日日益遠也顧氏云和協殷周

尚十四

新舊之臣制其性命勿使怠慢也　傳敬爲至命
矣　正義曰聖王爲政當使易從而難犯故令行
如流水民從如順風若使設難從之教爲易犯之
令雖迫以嚴刑而終不用命故爲其德不可敬也
王必敬爲此不可不敬之德則下民無不敬奉其命矣民奉其王命是化行也　我不可不
監于有夏亦不可不監于有殷　言王當視夏殷法其歷年戒其不長
我不敢知曰有夏服天命惟有歷
年　以能敬德故多歷年數我不敢獨知亦王所知　我不敢知曰不其
延惟不敬厥德乃早墜厥命　言桀不謀長久惟以不敬其德故乃早墜失其王命亦王所知
我不敢知曰有殷受

化惟日其行矣王當敬爲所不可不敬之德其德爲下所敬則
下敬奉其上命則化必行矣化在下者常若命之不行故以此
爲戒
傳召公至可一
正義曰自今休以上文義相連知皆是稱周公言也此一句意
異於上知是召公自陳己意以終其戒殷家治事之臣謂殷朝
舊人常被殷家任使者也周家治事之臣謂西土新來翼贊周
家初基者也周臣恃功或加陵殷士殷人失勢或疎忌周臣新
舊不和政必乖戾故召公戒王當先治殷臣使比近周臣必和
協政乃可一也不使周臣比殷而令殷臣比周臣者周臣奉周
之法當使殷臣從之故治殷臣使比周臣也
傳和比至其行
正義曰文承比周之下故知和比殷周之臣人各有性嗜好不
同各恣所欲必或反道故以禮義時節其性命示之限分令不
失中皆得中道則各奉王化故王之道化惟日其行言日日當
行之日益遠也顧氏云和協殷周新舊之臣制其性命勿使怠
慢也
傳敬爲至命矣
正義曰聖王爲政當使易從而難犯故令行如流水民從如順
風若使設難從之教爲易犯之令雖迫以嚴刑而終不用命故
爲其德不可敬也王必敬爲此不可不敬之德則下民無不敬
奉其命矣民奉其王命是化行也
我不至若功
正義曰言王所以須愼敬所爲不可不敬之德者以我不可不
監視于有夏亦不可不監視于有殷皆有歷年長與不長由敬
與不敬故也王當法其歷年戒其不長更設互監之意我不敢
獨知亦王所知曰有夏之君服行天命以敬德之故惟有多歷
年數謂桀父已前也其末亦我不敢獨知亦王所知曰有夏桀
不其長久惟不敬其德乃早墜失其王命是爲敬者長不敬者
短所以我不可不監夏也我不敢獨知亦王所知曰有殷之君

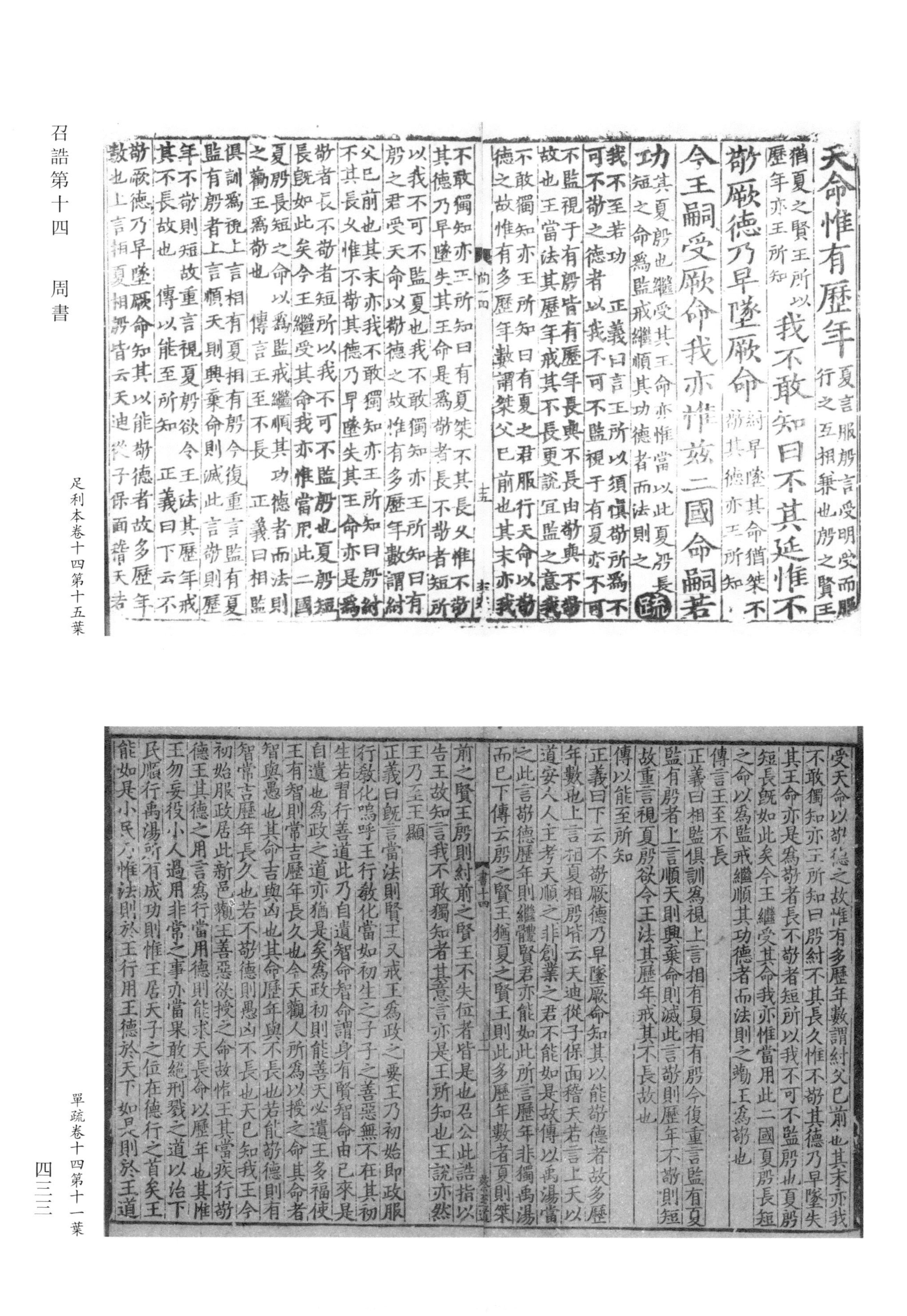

足利本卷十四第十五葉

單疏卷十四第十一葉

言上天以道安人人主考天順之非創業之君不能如是故傳以禹湯當之此言敬德歷年則繼體
賢君亦能如此所言歷年非獨禹湯而已下傳云殷之賢王猶夏之賢王則此多歷年數者夏則桀
前之賢王殷則紂前之賢王不失位者皆是也召公此誥指以告王故知言我不敢獨知者其意言
亦是王所知也王說亦然王乃初服嗚呼若生子罔不在
厥初生自貽哲命言王新即政始服行教化當如子之初生習爲善則
善矣自遺智命無不在其初生爲政之道亦猶是也今天其命哲命吉
凶命歷年今天制此三命惟人所修修敬德則有智則常吉則歷年爲不敬德則愚
凶不長雖說之其實在人知今我初服宅新邑肆惟王

尚書十四　十六

其疾敬德天已知我王今初服政居新邑洛都故惟王其當疾行敬德王
其德之用祈天永命言王當其德之用求天長命以歷年其
惟王勿以小民淫用非彝勿用小民過用非常欲其重民
秉常亦敢殄戮用乂民亦當果敢絶刑戮之道用治民戒以慎罰
若有功其惟王位在德元順行禹湯所有成功則其惟王
居位在德之首小民乃惟刑用于天下越王顯王在
德元則小民乃惟用法於天下言治政於王亦有光明【疏】王乃至王顯　正義曰既言當法則
賢王又戒王爲政之要王乃初始即政服行教化嗚呼王行教化當如初生之子子之善惡無不在

其初生若習行善道此乃自遺智命智命謂身有
賢智命由己來是自遺也爲政之道亦猶是矣爲
政初則能善天必遺王多福使王有智則常吉歷
年長久也今天觀人所爲以授之命其命者智與
愚也其命吉與凶也其命歷年與不長也若能敬
德則有智常吉歷年長久也若不敬德則愚凶不
長也天已知我王今初始服政居此新邑觀王善
惡欲授之命故惟王其當疾行敬德王其德之用
言爲行當用德則能求天長命以歷年也其惟王
勿妄役小人過用非常之事亦當果敢絶刑戮之
道以治下民順行禹湯所有成功則惟王居天子
之位在德行之首矣王能如是小民乃惟法則於
王行用王德於天下如是則於王道亦有光明也
傳言王至猶是　正義曰以此新即政始行教
化比子之初生始欲學習爲善則善矣若能爲善
天必授之以賢智之命是此賢智之命由己行善

尚書十四　十七

而來是自遺智命也初習爲惡則惡矣若其爲惡
天必授之以頑愚之命亦是自遺愚命也方欲勸
王慕善故惟舉智命而不言愚命者愚智由學習
而至是無不在其初生此初生謂年長以解習學
非初始生也爲政之道亦猶是爲善政得福爲惡
政得禍亦如初生之子習善惡也　傳今天至在
人　正義曰命由天授遠舉天心故言今天制此
三命有哲當有愚有歷年當有不長文不備者以
吉凶相反言命吉凶則哲對愚歷年對不長可知
矣天制此三命善惡由人惟人所修習也此篇所
云惟勸修敬德故云修敬德則有智則常吉則歷
年爲不敬德則愚凶不長也愚智夭壽之外而別
言吉凶於凡人則康強爲吉病患爲凶於王者則
太平爲吉禍亂爲凶三者雖以託天說之其實行
之在人人行之有善惡天隨以善惡授之耳此是
立教誘人之辭不可以賢智夭枉爲難也　傳言

王至歷年　正義曰其德之用言爲行當用德
德與疾敬德爲一事也故上傳云王其當疾行敬
德則此文是也　傳勿用至秉常　正義曰勿用
小民非常役用爲非常之義戒王當使民以時莫
爲非常勞役欲其重民秉常也　傳亦當至愼罰
正義曰聖人作法以刑止刑以殺止殺若直犯
罪之人亦當果敢致罪之以此絕刑戮之道用治
民謂獄事無疑決斷得理則果敢爲絕刑戮之道
若其獄情疑惑枉濫者多是爲不能果敢絕刑殺
之道也上戒王以明德此戒王以愼罰故言亦也
傳順行至之首　正義曰若有功必順前世有
功者也上文所云相夏相殷謂禹湯之功故知此
順行禹湯所有成功能順禹湯之功則惟王居位
在德之首禹湯爲有德之首故王亦爲首　傳王
在至光明　正義曰詩稱民之秉彝好是懿德故
王在德元則小民乃惟法則於王行王政於天下

尚十四　十八

王之爲政民盡行之是言
治政於王道有光明也
上下勤恤其曰我
受天命丕若有夏歷年式勿替有殷
歷年言當君臣勤憂敬德曰我受天命大順有夏之多歷年勿用廢有殷歷年庶幾兼之
欲王以小民受天永命我欲王用小民受天長命言常有民
拜手稽首曰予小臣敢以王之讎民百
君子拜手首至手稽首首至地盡禮致敬以入其言言我小臣謙辭敢以王之匹民
百君子治民者非一人言民在下自上匹之越友民保受王威命
明德言與匹民百君子於友愛民者共安受王之威命明德奉行之王末有

亦有光明也
傳言王至猶早
正義曰以此新即政始行教化比子之初生始欲學習爲善則
善矣若能爲善天必授之以賢智之命是此賢智之命由己行
善而來是自遺智命也初習爲惡則惡矣若其爲惡天必授之
以頑愚之命亦是自遺愚命也方欲勸王慕善故惟舉智命而
不言愚命者愚智由學習而至是無不在其初生此初生謂年
長以解習學非初始生也爲政之道亦猶是爲善政得福爲惡
政得禍亦如初生之子習善惡也
傳今天至在人
正義曰命由天授遠舉天心故言今天制此三命有哲當有愚
有歷年當有不長文不備者以吉凶相反言命吉凶則哲對愚
歷年對不長可知矣天制此三命善惡由人惟人所修習也此
篇所云惟勸修敬德故云修敬德則有智則常吉則歷年爲不
敬德則愚凶不長也愚智夭壽之外而別言吉凶於凡人則康

書十四　十二

強爲吉病患爲凶於王者則太平爲吉禍亂爲凶三者雖以託
天說之其實行之在人人行之有善惡天隨以善惡授之耳此
是立教誘人之辭不可以賢智夭枉爲難也
傳言王至歷年
正義曰其德之用言爲行當用德用德與疾敬德爲一事也故
上傳云王其當疾行敬德則此文是也
傳勿用至秉常
正義曰勿用小民非常役用爲非常之義戒王當使民以時莫
爲非常勞役欲其重民秉常也
傳亦當至愼罰
正義曰聖人作法以刑止刑以殺止殺若直犯罪之人亦當果
敢致罪之以此絕刑戮之道用治民謂獄事無疑決斷得理則
果敢爲絕刑戮之道若其獄情疑惑枉濫者多是爲不能果敢
絕刑殺之道也上戒王以明德此戒王以愼罰故言亦也
傳順行至之首

成命王亦顯臣下安受王命則王終有天成命於王亦昭著我非敢勤惟恭奉幣用供王能祈天永命言我非敢獨勤而已惟恭敬奉其幣帛用供待王能求天長命將以慶王多福必上下勤恤乃與小民受天永命上下至永命　正義曰上既勸王敬德又言臣當助君言君臣上下勤憂敬德所以勸者其言曰我周家既受天命當大順有夏之多歷年歲用勿廢有殷之多歷年歲夏殷勤行敬德故多歷年長久我君臣亦當行敬德庶幾兼之如此者我欲令王用小民受天長命言愛下民則歷年多也召公既言此乃拜手稽首盡禮致敬欲王納用其言既拜而又曰我小臣敢以王之匹配於民衆百君子於友愛民者共安受王之威命明德敬奉行之是上下勤恤也臣下安受王命則王終有天之成命於王亦以昭著也我非敢獨勤而已衆百君子皆然言我[illegible]子惟恭敬奉其幣帛用供待王能求天長命將以此慶王受天多福也　傳言當至兼之　正義曰王者不獨治必當以臣助之上句惟指勸王故此又言臣助君上下謂君臣故言當君臣共勤憂敬德不獨使王勤也我周王承夏殷之後受天明命欲其年過二代既言大順有夏歷年又言勿廢有殷歷年庶幾兼彼二代歷年長久勤行敬德即是大順勿廢也　傳拜手至匹之　正義曰拜手頭至手稽首頭至地謂既爲拜當頭至手又申頭以至地故拜手稽首重言之諸言拜手稽首者義皆然也就此文詳而解之周禮太祝辨九拜一曰稽首施之於極尊召公爲此拜者恐王忽而不聽盡禮致敬以入其言於王此拜手稽首一句史錄其事非召公語也召公設言未盡爲此拜乃更言鄭云

足利本卷十四第十九葉

正義曰若有功必順前世有功者也上文所云相夏相殷謂禹湯之功故知此順行禹湯所有成功能順禹湯之功則惟王居位在德之首禹湯爲有德之首故王亦爲首

傳王在至光明

正義曰詩稱民之秉彝好是懿德故王在德元則小民乃惟法則於王行王政於天下王之爲政民盡行之是言治政於王道有光明也

上下至永命

正義曰上既勸王敬德又言臣當助君言君臣上下勤憂敬德所以勸者其言曰我周家既受天命當大順有夏之多歷年歲用勿廢有殷之多歷年歲夏殷勤行敬德故多歷年長久我君臣亦當行敬德庶幾兼之如此者我欲令王用小民受天長命言愛下民則歷年多也召公既言此乃拜手稽首盡禮致敬欲王納用其言既拜而又曰我小臣敢以王之匹配於民衆百君子於友愛民者共安受王之威命明德敬奉行之是上下勤恤也臣下安受王命則王終有天之成命於王亦爲昭著也我非敢獨勤而已衆百君子皆然言我與衆百君子惟恭敬奉其幣帛用供待王能求天長命將以此慶王受天多福也

傳言當至兼之

正義曰王者不獨治必當以臣助之上句惟指勸王故此又言臣助君上下謂君臣故言當君臣共勤憂敬德不獨使王勤也我周王承夏殷之後受天明命欲其年過二代既言大順有夏歷年又言勿廢有殷歷年庶幾兼彼二代歷年長久勤行敬德即是大順勿廢也

傳拜手至匹之

正義曰拜手頭至手稽首頭至地謂既爲拜當頭至手又申頭以至地故拜手稽首重言之諸言拜手稽首者義皆然也就此文詳而解之周禮太祝辨九拜一曰稽首施之於極尊召公爲此拜者恐王忽而不聽盡禮致敬以入其言於王此拜手稽首一句史録其事非召公語也召公設言未盡爲此拜乃更言鄭

單疏卷十四第十三葉

拜手稽首者召公既拜興曰我小臣以下言召公
拜訖而復言也王肅云我小臣召公自謂是小臣
爲召公之謙辭讎訓爲匹敢以王之匹民百君子
百者舉其成數言治民者非一人鄭玄云王之諸
侯與羣吏是非一人也嫌匹爲齊等故云民在下
自上匹之　傳言我至永命　正義曰我非敢勤
召公自道言我非敢獨勤而已必上下勤恤言與
衆百君子皆勤也禮執贄必用幣帛惟恭敬奉其
幣帛用供待王能求天長命將以執贄慶王多福
王能愛養小民即是求天長命待王能愛小民即
欲慶之

洛誥第十五

召公既相宅周公往營成周使來告卜

召公先相宅卜之周公自後至經營
作之遣使以所卜吉兆逆告成王　作洛誥洛
誥既成洛邑將致政成王告以居洛之義【疏】召公至洛誥　正義曰序自上下相讖爲
文上篇序云召公先相宅此承其下故云召公既
相宅召公以三月戊申相宅而卜周公自後而往
以乙卯日至經營成周之邑周公即遣使人來告
成王以召公所卜之吉兆及周公將欲歸政於成
王乃陳本營洛邑之事以告成王王因請教誨之
言周公與王更相報荅史敘其事作洛誥史錄此
篇錄周公與王相對之言以爲後法非獨相宅告
卜而已但周公因致政本說往前告卜經文既具
故序略其事直舉其發言之端耳　傳召公至成
王　正義曰上篇云三月戊申太保朝至于洛卜
宅厥既得卜則經營是召公先相宅即卜之又云
乙卯周公朝至于洛則達觀于新邑營是周公自

足利本卷十四第二十葉

云拜手稽首者召公既拜興曰我小臣以下言召公拜訖而復
言也王肅云我小臣召公自謂是小臣爲召公之謙辭讎訓爲
匹敢以王之匹民百君子百者舉其成數言治民者非一人鄭
玄云王之諸侯與羣吏是非一人也嫌匹爲齊等故云民在下
自上匹之
傳言我至永命
正義曰我非敢勤召公自道言我非敢獨勤而已必上下勤恤
言與衆百君子皆勤也禮執贄必用幣帛惟恭敬奉其幣帛用
供待王能求天長命將以執贄慶王多福王能愛養小民即是
求天長命待王能愛小民即欲慶之

洛誥第十五

召公至洛誥
正義曰序自上下相讖爲文上篇序云召公先相宅此承其下
故云召公既相宅召公以三月戊申相宅而卜周公自後而往
以乙卯日至經營成周之邑周公即遣使人來告成王以召公
所卜之吉兆及周公將欲歸政於成王乃陳本營洛邑之事以
告成王王因請教誨之言周公與王更相報荅史敘其事作洛
誥史錄此篇錄周公與王相對之言以爲後法非獨相宅告卜
而已但周公因致政本說往前告卜經文既具故序略其事直
舉其發言之端耳
傳召公至成王
正義曰上篇云三月戊申太保朝至于洛卜宅厥既得卜則經
營是召公先相宅即卜之又云乙卯周公朝至于洛則達觀于
新邑營是周公自後至經營作之召公相洛邑亦相成周周公
營成周亦營洛邑各舉其一互以相明卜者召公卜也周公既
至洛邑案行所營之處遣使以所卜吉兆逆告成王也案上篇
傳云王與周公俱至何得周公至洛逆告王者王與周公雖相
與俱行欲至洛之時必周公先到行處所故得逆告也顧氏云
周公既至洛邑乃遣以所卜吉兆來告於王是也經稱成王言
公既定宅伻來來視予卜休恒吉是以得吉兆告成王也上篇

單疏卷十四第十四葉

後至經營作之召公相洛邑亦相成周周公營成周亦營洛邑各舉其一互以相明卜者召公卜也周公既至洛邑案行所營之處遣使以所卜吉兆逆告成王也案上篇傳云王與周公俱至何得周公至洛逆告王者王與周公雖相與俱行欲至洛之時必周公先到行處所故得逆告也顧氏云周公既至洛邑乃遣以所卜吉兆來告於王是也經稱成王言公既定宅伻來來視予卜休恒吉是以得吉兆告成王也上篇召公以戊申至周公乙卯至周公在召公後七日也至洛較七日其發鎬京或亦較七日 傳既成至之義 正義曰周公攝政七年三月經營洛邑既成洛邑又歸向西都其年冬將致政成王告以居洛之義故名之曰洛誥言以居洛之事告王也篇末乃云戊辰王在新邑明戊辰已上皆是西都時所誥也

周公拜手稽首曰朕復子明辟周公盡禮致敬言我復還明君之政於子子成王年二十成人故必歸政而退老王如弗敢及天基命定命如往也言王往日幼少不敢及知天始命周家安定天下之命故已攝予乃胤保大相東土其基作民明辟我乃繼文武安天下之道大相洛邑其始為民明君之治

疏 周公至明辟 正義曰周公將反歸政陳成王將居其位周公拜手稽首盡禮致敬於王既拜乃興而言曰我今復還子明君之政言王往日幼少其志意未成不敢及知天之始命我周家安定天下之命故我攝王之位代王為治我乃繼文王武王安定天下之道以此故大視東土洛邑之居其始欲王居之為民明君之治言欲為民明君必當治於土中故為王營洛邑也 傳周公至

召公以戊申至周公乙卯至周公在召公後七日也至洛較七日其發鎬京或亦較七日

傳既成至之義

正義曰周公攝政七年三月經營洛邑既成洛邑又歸向西都其年冬將致政成王告以居洛之義故名之曰洛誥言以居洛之事告王也篇末乃云戊辰王在新邑明戊辰已上皆是西都時所誥也

周公至明辟

正義曰周公將反歸政陳成王將居其位周公拜手稽首盡禮致敬於王既拜乃興而言曰我今復還子明君之政言王往日幼少其志意未成不敢及知天之始命我周家安定天下之命故我攝王之位代王為治我乃繼文王武王安定天下之道以此故大視東土洛邑之居其始欲王居之為民明君之治言欲為民明君必當治於土中故為王營洛邑也

傳周公至退老

正義曰周公還政而已明闇在於人君而云復還明君之政者其意欲令王明故稱復子明辟也正以此年還政者以成王年已二十成人故必歸政而退老也傳說成王之年惟此而已王肅於金縢篇末云武王年九十三而崩冬十一月崩其明年稱元年周公攝政遭流言作大誥而東征二年克殷殺管叔三年歸制禮作樂出入四年六年而成七年營洛邑作康誥召誥洛誥致政成王然則武王崩時成王年已十三矣周公攝政七年成王適滿二十孔於此言成王年二十則其義如王肅也又家語云武王崩時成王年十三是孔之所據也

傳如往至已攝

正義曰如往釋詁文及訓與也言王往日幼少志意未成不敢與知上天始命我周家安定天下之命故已攝也天命周家安定天下者必令天下太平乃為安定成王幼少未能使之安定故不敢與知之周公所以攝也

傳我乃至之治

還老　正義曰周公還政而已明闇在於人君而
云復還明君之政者其意欲令王明故稱復子明
辟也正以此年還政者以成王年已二十成人故
必歸政而退老也傳說成王之年惟此而已王肅
於金縢篇末云武王年九十三而已冬十一月崩
其明年稱元年周公攝政遭流言作大誥而東征
二年克殷殺管叔三年歸制禮作樂出入四年六
年而成七年營洛邑作康誥召誥洛誥致政成王
然則武王崩時成王年已十三矣周公攝政七年
成王適滿二十孔於此言成王年二十則其義如
王肅也又家語云武王崩時成王年十三是孔之
所據也　傳如往至已攝　正義曰如往釋詁文
及訓與也言王往日幼少志意未成不敢與知上
天始命我周家安定天下之命故已攝也天命周
家安定天下者欲令天下太平乃爲安定成王幼
少未能使之安定故不敢與知之周公所以攝也
傳我乃至之治　正義曰繼訓繼也文王受命
武王伐紂意在安定天下天下未得安定故周公
言我乃繼續文武安定天下之道大相洛邑之地
其處可行教化始營此都爲民明君之政治言欲
爲民明君其意當在此
予惟乙卯朝至于洛師致政在冬本其春來至洛衆說始卜定都之意
我卜河朔黎水我乃卜澗水東瀍水西惟洛食我使人卜河北黎水上不吉又卜澗瀍之間南近洛吉今河南城也卜必先墨畫龜然後灼之兆順食墨
我又卜瀍水東亦惟洛食伻來以圖及獻卜今洛陽也將定下都遷殷頑民故并卜之遣使以所卜地圖及獻所卜吉兆來告成王

足利本卷十四第二十二葉

正義曰亂訓繼也文王受命武王伐紂意在安定天下天下未
得安定故周公言我乃繼續文武安定天下之道大相洛邑之
地其處可行教化始營此都爲民明君之政治言欲爲民明君
其意當在此
予惟至獻卜
正義曰周公追述立東都之事我惟以七年三月乙卯之日朝
至於洛邑衆作之處經營此都其未往之前我使人卜河北黎
水之上不得吉兆乃卜澗水東瀍水西惟近洛而其兆得吉依
規食墨我亦使人卜瀍水東亦惟近洛其兆亦吉依規食墨我
以乙卯至洛我即使人來以所卜地圖及獻所卜吉兆於王言
卜吉立此都王宜居之爲治也
傳致政至之意
正義曰下文摠結周公攝政之事云在十有二月是致政在冬
也在冬發言嫌此事是冬故辨之云本其春來至洛衆追說始
卜定都之意也周公至洛之時庶殷已集於洛邑故云至于洛師
傳我使至食墨
正義曰嫌周公自卜故云我使人謂使召公也案上篇召公至
洛其日即卜而得卜河朔黎水者以地合龜非就地內此言所
卜三處皆一時事也黎水之下不言吉凶者我乃是改卜之辭
明其不吉乃改故知卜河北黎水之上不吉也武王定鼎於郟
鄏已有遷都之意而先卜黎水上者以帝王所都不常厥邑夏
殷皆在河北所以博求吉地故今先卜河北不吉乃卜河南也
其卜澗瀍之間南近洛吉今河南城也基趾仍在可驗而知所
卜黎水之上其處不可知矣凡卜之者必先以墨畫龜要坼依
此墨然後灼之求其兆順食此墨畫之處故云惟洛食顧氏云
先卜河北黎水者近於紂都爲其懷土重遷故先卜近以悅之
用鄭康成之說義或然也
傳今洛至成王
正義曰洛陽即成周敬王自王城遷而都之春秋昭三十二年
城成周是也周公慮此頑民未從周化故既營洛邑將定下都

單疏卷十四第十六葉

至獻卜　正義曰周公追述立東都之事我惟以
七年三月乙卯之日朝至於洛邑衆作之處經營
此都其未往之前我使人卜河北黎水之上不得
吉兆乃卜澗水東瀍水西惟近洛而其兆得吉依
規食墨我亦使人卜瀍水東亦惟近洛其兆亦吉
依規食墨我以乙卯至洛我即使人來以所卜地
圖及獻所卜吉兆於王言卜吉立此都王宜居之
爲治也　傳致政至之意　正義曰下文摠結周
公攝政之事云在十有二月是致政在冬也在冬發
言嫌此事是冬故辨之云本其春來至洛衆追説
始卜定都之意也周公至洛之時庶殷已集於洛
邑故云至于洛師　傳我使至食墨　正義曰嫌
周公自卜故云我使人謂使召公也案上篇召公
至洛其日即卜而得卜河朔黎水者以地合龜非
就地内此吉所卜三處皆一時事也黎水之下不
言吉凶者我乃是改卜之辭明其不吉乃改故知
卜河北黎水之上不吉也武王定鼎於郟鄏已有
遷都之意而先卜黎水上者以帝王所都不常厥
邑夏殷皆在河北所以博求吉地故令先卜河北
不吉乃卜河南也其卜澗瀍之閒南近洛吉今河
南城也基趾仍在可驗而知所卜黎水之上其處
不可知矣凡卜之者必先以墨畫龜要坼依此墨
然後灼之求其兆順食此墨畫之處故云惟洛食
顧氏云先卜河北黎水者近於紂都爲其懷土重
遷故先卜近以悦之用鄭康成之説義或然也
傳今洛至成王　正義曰洛陽即成周敬王自王
城遷而都之春秋昭三十二年城成周是也周公
慮此頑民未從周化故既營洛邑將定下都以遷
殷之須民故命召公即并卜之周公既至即遣使
以所卜地圖及獻所卜吉兆來告於成王言已重
其事井獻卜兆者使王觀兆知其審吉也　王拜手稽首曰公不

敢不敬天之休來相宅其作周匹休
成王尊敬周公荅其拜手稽首而受其言述而美之言公不敢不敬天之美來相宅其作周以
配天之美　公既定宅伻來來視予卜休恒吉
我二人共貞　言公前已定宅遣使來來視我以所卜之美常言之居我與公共正
其美　公其以予萬億年敬天之休　公其當用我萬
億年敬天之美十千爲萬十萬爲億言久遠　拜手稽首誨言　成王盡禮
致敬於周公求教誨之言　疏　王拜手至誨言　正義曰成王尊敬周公故亦盡禮致敬拜手稽首乃
受公之語述公之美曰不敢不敬天之美來至洛
相宅其意欲作周家配天之美故也公既定洛邑
即使人來告亦來視我以所卜之美常吉之居我
當與公二人共正其美公定此宅其當用我萬億
年敬天之美故也王既言此又拜手稽首於周公
求教誨之言　傳成王至之美　正義曰拜手稽
首施於極敬哀十七年左傳云非天子寡君無所
稽首諸侯小事大尚不稽首況於臣乎成王尊敬
周公故荅其拜手稽首而受其言又述而美之天
命文武使王天下是天之美事言公不敢不敬天
之美來相洛邑之宅　傳言公至其美　正義曰
周公追述往前遣使獻卜故成王復述公言公
前已定宅遣使來來視我所卜之吉兆常吉之居
自言前已知其卜既有此美我當與公二人共正
其美意欲留公輔己共公正此美事來來重文者
上來言使來下來爲視我卜也鄭云伻來來若使
二人也與孔意異　傳公其至久遠　正義曰言
居洛爲治可以永久公意其當用我使萬億年敬

洛誥第十五　周書

天之美言公欲令已祚胤久遠美公意之深也王
制云方百里者爲方十里者百爲田九十億畝方
里者萬則是爲田九百萬畝今記乃云九十億畝
是名十萬爲億也楚語云百姓千品萬官億醜兆
數相十是古十萬曰億今之筭術乃萬萬爲億也
傳成王至之言　正義曰此一段史官所録非
王言也王求教誨之言必有求教誨之辭史略取
其意故直云誨言爲求誨言而拜故言成王盡禮
致敬於周公求教誨之言也周公曰王肇稱殷禮祀于
新邑咸秩無文言王當始擧殷家祭祀以禮典祀於新邑皆次秩不
在禮文者而祀之予齊百工伻從王于周予惟曰
庶有事我整齊百官使從王於周行其禮典我惟曰庶幾有善政事今王
即命曰記功宗以功作元祀今王就行王命於洛邑曰
當記人之功尊人亦當用功大小爲序有大功則列大祀謂功施於民者惟命曰汝
受命篤弼丕視功載乃汝其悉自教
工惟天命我周邦汝受天命厚矣當輔大天命視群臣有功者記載之乃汝新即政其當盡自教
衆官躬化之孺子其朋孺子其朋其往少子慎其
朋黨少子慎其朋黨戒其自今已往無若火始燄燄厥攸灼敘
弗其絶言朋黨敗俗所宜禁絶無令若火始然燄燄尚微其所及灼然有次序不其絶
事從微至著防之宜以初厥若彝及撫事如予惟以在

足利本卷十四第二十五葉

以遷殷之頑民故命召公即并卜之周公既至即遣使以所卜
地圖及獻所卜吉兆來告於成王言已重其事并獻卜兆者使
王觀兆知其審吉也
王拜至誨言
正義曰成王尊敬周公故亦盡禮致敬拜手稽首乃受公之語
述公之美曰不敢不敬天之美來至洛相宅其意欲作周家配
天之美故也公既定洛邑即使人來告亦來視我以所卜之美
常吉之居我當與公二人共正其美公定此宅其當用我萬億
年敬天之美故也王既言此又拜手稽首於周公求教誨之言
傳成王至之美
正義曰拜手稽首施於極敬哀十七年左傳云非天子寡君無
所稽首諸侯小事大國尚不稽首況於臣乎成王尊敬周公故
荅其拜手稽首而受其言又述而美之天命文武使王天下是
天之美事言公不敢不敬天之美來相洛邑之宅
傳言公至其美
正義曰周公追述往前遣使獻卜故成王復述公言言公前已
定宅遣使來來視我所卜之吉兆常吉之居自言前已知其卜
既有此美我當與公二人共正其美意欲留公輔已共公正此
美事來來重文者上來言使來下來爲視我卜也鄭云伻來來
者使二人也與孔意異
傳公其至久遠
正義曰言居洛爲治可以永久公意其當用我使萬億年敬天
之美言公欲令已祚胤久遠美公意之深也王制云方百里者
爲方十里者百爲田九十億畝方里者萬則是爲田九百萬畝
今記乃云九十億畝是名十萬爲億也楚語云百姓千品萬官
億醜兆數相十是古十萬曰億今之筭術乃萬萬爲億也
傳成王至之言
正義曰此一段史官所録非王言也王求教誨之言必有求教
誨之辭史略取其意故直云誨言爲求誨言而拜故言成王盡
禮致敬於周公求教誨之言也

單疏卷十四第十七葉

周工其順常道及撫國事如我所爲惟用在周之百官往新邑伻嚮即有僚明作有功惇大成裕汝永有辭往行政化於新邑當使臣下各嚮就有官明爲有功厚大成寬裕之德則汝長有歎譽之辭於後世

疏 周公至有辭　正義曰王求教誨之言公乃誨之周公曰王居此洛邑當始舉殷家祭祀以爲禮典祀於洛之新邑皆次秩在禮無文法應祀者亦次秩而祀之我雖致政爲王整齊百官使從王於周行其禮典若能如此我惟曰庶幾有善政事今王就行王命於洛邑曰王當記人之功尊人亦當用功大小爲次敘有大功者則列爲大祀又申述所以祀神記臣功者政事由臣而立惟天命我周邦之故曰汝受天命厚矣當輔大天命故須視羣臣有功者記載之君知臣功則臣皆盡力欲令羣臣盡力宜於初即教之乃汝新始即政其當盡自教誨衆官令王躬自化之使之立功又以朋黨害政尤宜禁絕故丁寧戒之少子慎其朋黨少子慎其朋黨戒其自今已往今常慎此朋黨之事若欲絕止禁其末犯無令若火始然燄燄尚微火既然燄其火所及將灼然有次序矣不其復可絕也汝成王其當順此常道及撫循國事如我攝政所爲惟當用我此事在周之百官則當畏服各立功矣汝當以此往行政化於新邑當使臣下百官各嚮就有官明爲有功厚大成寬裕之德則汝長有歎譽之辭於後世此周公誨王之言也　傳言王至祀之　正義曰於時制禮已訖而云殷禮者此殷禮即周公所制禮也雖有損益以其從殷而來故稱殷禮猶上篇云庶殷本其所由來孔於上傳已具故於此不言必知殷禮即周禮者以此云祀於新邑即下

楊本卷十四第二十六葉

周公至有辭

正義曰王求教誨之言公乃誨之周公曰王居此洛邑當始舉殷家祭祀以爲禮典祀於洛之新邑皆次秩在禮無文法應祀者亦次秩而祀之我雖致政爲王整齊百官使從王於周行其禮典若能如此我惟曰庶幾有善政事今王就行王命於洛邑曰王當記人之功尊人亦當用功大小爲次敘有大功者則列爲大祀又申述所以祀神記臣功者政事由臣而立惟天命我周邦之故曰汝受天命厚矣當輔大天命故須視羣臣有功者記載之君知臣功則臣皆盡力欲令羣臣盡力宜於初即教之乃汝新始即政其當盡自教誨衆官令王躬自化之使之立功又以朋黨害政尤宜禁絕故丁寧戒之少子慎其朋黨少子慎其朋黨戒其自今已往今常慎此朋黨之事若欲絕止禁其末犯無令若火始然燄燄尚微火既然燄其火所及將灼然有次序矣不其復可絕也汝成王其當順此常道及撫循國事如我攝政所爲惟當用我此事在周之百官則當畏服各立功矣汝當以此往行政化於新邑當使臣下百官各嚮就有官明爲有功厚大成寬裕之德則汝長有歎譽之辭於後世此周公誨王之言也

傳言王至祀之

正義曰於時制禮已訖而云殷禮者此殷禮即周公所制禮也雖有損益以其從殷而來故稱殷禮猶上篇云庶殷本其所由來孔於上傳已具故於此不言必知殷禮即周禮者以此云祀於新邑即下文烝祭歲也既用騂牛明用周禮云始者謂於新邑始爲此祭顧氏云舉行殷家舊祭祀用周之常法言周禮即殷家之舊禮也鄭玄云王者未制禮樂恒用先王之禮樂是言伐紂以來皆用殷之禮樂非始成王用之也周公制禮樂既成不使成王即用周禮仍令用殷禮者欲待明年即政告神受職然後班行周禮班訖始得用周禮故告神且用殷禮也孔義或然故復存之神數多而禮文少應祭之神名有不在禮文者故今皆次秩不在禮文而應祀者皆舉而祀之

單疏卷十四第十八葉

文烝祭歲也既成騂牛明用周禮云始者謂於新邑始爲此祭顧氏云舉行殷家舊祭祀用周之官法言周禮即殷家之舊禮也鄭玄云王者未制禮樂恒用先王之禮樂是言伐紂以來皆用殷之禮樂非始成王用之也周公制禮樂既成不使成王即用周禮仍令用殷禮者欲待明年即政告神受職然後班行周禮班訖始得用周禮故告神且用殷禮也孔義或然故復存之神數多而禮文少應祭之神名有不在禮文者故令皆次秩不在禮文而應祀者皆舉而祀之　傳我整至政事　正義曰時成王未有留公之意公以成王初始即政自處百官不齊故雖即致政猶欲整齊百官使從王於周謂從至新邑行其典禮周公以成王賢君今復成長故言我惟曰庶幾有善政事言已私爲此言冀王爲政善也　傳今王至民者　正義曰記臣功者是人主之事故言今王就行王命於洛邑謂正位爲王臨察臣下知其有功以否恐王輕忽此事故曰當記人之功更言曰者所以致殷勤也尊人必當用功大小爲次序令功大者居上位功小者處下位也有大功則列爲大祀謂有殊功堪載祀典者祭法云聖王之制祭祀也法施於民則祀之以死勤事則祀之以勞定國則祀之能禦大災則祀之能捍大患則祀之是爲大祀謂功施於民者也或時立其祀配享廟庭亦是也　傳惟天至化之　正義曰惟天命我周邦謂天命我文武故及汝成王復受天命爲天子是天之恩德深厚矣天以厚德被汝汝當輔大天命任賢使能行合天意是輔大天也汝當輔大天命故宜視羣臣有功者記載之覆上記功宗以功言之也欲令羣臣有功必須躬自教化之在於初始故言乃汝新即政其當盡自教衆官欲令王躬化之者正己之身使羣臣法之非謂以辭化之也言盡自教者政有

傳我整至政事

正義曰時成王未有留公之意公以成王初始即政自慮百官不齊故雖即致政猶欲整齊百官使從王於周謂從至新邑行其典禮周公以成王賢君今復成長故言我惟曰庶幾有善政事言已私爲此言冀王爲政善也

傳今王至民者

正義曰記臣功者是人主之事故言今王就行王命於洛邑謂正位爲王臨察臣下知其有功以否恐王輕忽此事故曰當記人之功更言曰者所以致殷勤也尊人必當用功大小爲次序令功大者居上位功小者處下位也有大功則列爲大祀謂有殊功堪載祀典者祭法云聖王之制祭祀也法施於民則祀之以死勤事則祀之以勞定國則祀之能禦大災則祀之能捍大患則祀之是爲大祀謂功施於民者也或時立其祀配享廟庭亦是也

傳惟天至化之

正義曰惟天命我周邦謂天命我文武故及汝成王復受天命爲天子是天之恩德深厚矣天以厚德被汝汝當輔大天命任賢使能行合天意是輔大天也汝當輔大天命故宜視羣臣有功者記載之覆上記功宗以功言之也欲令羣臣有功必須躬自教化之在於初始故言乃汝新即政其當盡自教衆官欲令王躬化之者正己之身使羣臣法之非謂以辭化之也言盡自教者政有大小恐王輕大略小令王盡自親化之言惟命曰亦是致殷勤乃者緩辭也義異上句故言乃耳王肅云此其盡自教百官謂正身以先之

傳少子至巳往

正義曰鄭云孺子幼少之稱謂成王也此上皆云成王此句特言少子者以明朋黨敗俗爲害尤大恐年少所忽故特言孺子也朋黨謂臣相朋黨慎其朋黨令禁絕之戒其自今已往謂從即政以後常以此事爲戒也

傳言明至以初

大小恐王輕大略小令王盡自親化之言惟命曰亦是致邸勤乃者緩辭也義異上句故言乃耳王肅云此其盡自教百官謂正身以先之 傳少子至已往 正義曰鄭云孺子幼少之稱謂成王也此上皆云成王此句特言少子者以明朋黨敗俗為害尤大恐年少所忽故特言孺子也朋黨謂臣相朋黨慎其朋黨令禁絶之戒其自今已往謂從即政以後常以此事為戒也 傳言朋至以初 正義曰無令若火始然以喻無令朋黨始發若火既然初雖燄燄尚微其火所及灼然有次序不其復可絶也以喻朋黨若起漸漸益大羣黨既成不可復禁止也事從微至著防之宜以初謂朋黨未發之前防之使不發 傳其順至百官 正義曰考古依法為順常道號令治民為撫國事周公大聖動成軌則如我所為謂如輔政之時事所施為也惟當以我所為在周之百官以其行用公之法法於百官也 傳往行至洛也 正義曰此時在西都戒王故云往行政化於新邑當使臣下各嚮就所有之官令其各守其職思不出其位自當陳力就列明為有功在官者當以褊小急躁為累故令臣下厚大成寬裕之德臣下既賢君必明聖則汝長有歎譽之辭於後世矣今周頌所歌即歎譽成王之辭也

公曰已汝惟沖子惟終已乎汝惟童子嗣父祖之位惟當終其美業

汝其敬識百辟享亦識其有不享享多儀儀不及物惟曰不享奉上謂之享言汝為王其當敬識百君諸侯之奉上者亦識其有違上者奉上之道多威儀威儀不及禮物惟曰不奉上

惟不役志于享凡民惟曰不

享惟事其爽侮言人君惟不役志於奉上則凡人化之惟曰不奉上矣如此則惟政事其差錯侮慢不可治理

疏 公曰至爽侮 正義曰周公復誨王曰嗚呼前言已如是矣更復教誨汝惟童子嗣父祖之位惟當終其美業天子居百官諸侯之上須知臣下恭之與慢奉上謂之享汝為天子其當恭敬記識百君諸侯奉上者亦當記識其有不奉上者奉上之道多威儀威儀不及禮物則人惟曰不奉上之道矣所以須記之者百官諸侯為下民之君惟為政教不肯役用其志於此奉上之事則凡民化之亦惟曰不奉上矣百官不奉天子民復不奉百官上下不相畏敬惟政事其皆差錯侮慢不可治理矣故天子須知百官奉上與否也 傳已乎至美業 正義曰周公止而復言故更言公曰已乎者道前言已如是矣為更言發端也童子者言其年幼而任重欲父祖之位當終其美業能致太平是終之也 傳奉上至奉上 正義曰享訓獻是奉上之義故奉上謂之享百官諸侯上事天子凡所恭承皆是奉上非獨朝覲貢獻乃為奉上鄭玄專以朝聘說之理未盡也言汝為王當敬識百官諸侯之奉上者亦識其有違上者察其恭承王命如法以否奉上違上皆須記之奉上者當以禮接之違上者當以刑威之所謂賞慶刑威為君之道奉上之道其事非一故云多威儀威儀既多皆須合禮其威儀不及禮物惟曰不奉上矣謂旁人觀之亦言其不奉上也鄭云朝聘之禮至大其禮之儀不及物謂所貢篚多而威儀簡也威儀既簡亦是不享也

乃惟孺子頒朕不暇聽朕教汝于棐民彝我為政常若不暇汝惟小子當分取我之不暇而行之聽我教汝於輔民之常而用之

汝乃是不蘉乃時惟不永哉汝乃是不勉爲政汝
是惟不可長哉欲其必勉爲可長篤敘乃正父罔不若予
不敢廢乃命厚次序汝正父之道而行之無不順我所爲則天下不敢棄汝
命常奉之汝往敬哉茲予其明農哉彼裕
我民無遠用戾汝往居新邑勑行教化哉如此我其退老明教農人以義
哉彼天下被寬裕之政則我民無遠用來言皆來疏乃惟至用戾正義曰文曰已居攝之時
爲政常若不暇汝惟小子當分取我之不暇而施行之文聽我教汝於輔民之常而用之汝乃於是
事不勉力爲政則汝是惟不可長久哉受須勉力爲之乃可長矣此所言者是汝父所行汝欲勉汝
但厚次序汝正父之道而行之無不順我所爲則天下不敢廢棄汝命必常奉而行之汝往居新邑
敬行教化哉如此我其退老明教農人以義哉汝若能使彼天下之民被寬裕之政則我天下之民
無問遠近者悉皆用來歸汝矣　傳我爲至用之　正義曰爲政常若不暇謂居攝時也聖人爲政
務在和人雖復治致太平猶恨意之不盡故謙言已所不暇若言猶有美事未得施者然故戒之成
王汝惟小子當分取我之不暇而行之言已所不暇行者欲令成王勉行之鄭玄云成王之于周公
倍之猶未而言分者誘掖之言也生民之爲業雖復志有經營不能獨自成就須王者設教以輔助
之聽我教汝輔民之常法而用之謂用善政以安民誥文云續分也　傳汝乃至可長　正義曰成
王言公其以予萬億年言欲以長久也故周公於此戒之汝乃於是不勉力爲政汝惟不可長哉欲

楊本卷十四第三十葉

正義曰無令若火始然以喻無令朋黨始發若火既然初雖燄
燄尚微其火所及灼然有次序不其復可絕也以喻朋黨若起
漸漸益大羣黨既成不可復禁止也事從微至著防之宜以初
謂朋黨未發之前防之使不發
傳其順至百官
正義曰考古依法爲順常道號令治民爲撫國事周公大聖動
成軌則如我所爲謂如攝政之時事所施爲也惟當用我所爲
在周之百官令其行周公之道法於百官也
傳往行至後世
正義曰此時在西都戒王故云往行政化於新邑當使臣下各
嚮就所有之官令其各守其職思不出其位自當陳力就列明
爲有功在官者當以稱小念躁爲累故令臣下厚大成寬裕之
德臣下既賢君必明聖則汝長有歎譽之辭於後世矣今周頌
所歌即歎譽成王之辭也
公曰至其傳
正義曰周公復誥王曰嗚呼前言已具矣更復教誨汝惟童子
嗣父祖之位惟當終其美業天子居百官諸侯之上須知臣下
恭之與慢奉上謂之享汝爲天子其當恭敬記識百君諸侯奉
上者亦當記識其有不奉上者奉上之道多威儀威儀不及禮
物則人惟曰不奉上之道矣所以須記之者百官諸侯爲下民
之君惟爲政教不皆役用其志於此奉上之事則凡民化之亦
惟曰不奉上矣百官不奉天子民復不奉百君上下相習都惟
政事其皆差錯侮慢不可治理矣故天子須知百官奉上與否也
傳已乎至美業
正義曰周公止而復言故更言公曰已乎者追前言已如是矣
爲後言發端也童子者言其年幼而任重嗣父祖之位當終其
美業能致太平是終之也
傳奉上至奉上
正義曰享訓獻也獻是奉上之辭故奉上謂之享百官諸侯上
事云人子凡所恭承皆是奉上非獨朝覲貢獻乃爲奉上以臣事

單疏卷十四第二十葉

其必勉力勤行政教爲可長久之道然後可至萬
億年亹亹之爲勉相傳訓也鄭王皆以爲勉傳
厚次至奉之　正義曰正父謂武王言其德正故
稱正父厚次序汝正父之道而行之令其爲武王
之政也武王周公俱是大聖無不順我所爲又令
法周公之道既言法武王又法周公則天下不敢
棄汝命常奉行之　傳汝往至皆來　正義曰歸
其王政令汝往居新邑敬行教化哉公既歸政則
身當無事如此我其退老於州里明教農人以義
哉又令成王行寬裕之政以治下民民被寬裕之
政則我天下之民無問遠近者用來歸王言遠處
皆來也上文使之惇大成裕故此言裕政來民結
上事也大傳書傳稱禮致仕之臣教於州里大夫
爲父師士爲少師朝夕坐於門塾而教出入之子
弟是教農人以義也

王若曰公明保予沖子成王順周公意請留之自輔言公當明安我童子不可去之

公稱丕顯德以予小子揚文武烈言公當留舉大明德用我小子褒揚文武之業而奉順天

奉答天命和恒四方民居師又當奉當天命以和常四方之民居其衆

惇宗將禮稱秩元祀咸秩無文厚尊大禮舉秩大祀皆次秩無禮文而宜在祀典者凡此待公而行

惟公德明光于上下勤施于四方言公明德光於天地勤政施於四海萬邦四夷服仰公德而化之

旁作穆穆迓衡不迷文武勤教四方旁來爲敬敬之道以迎太平之政不迷惑於文武所勤之教言化洽

予沖子

以朝聘說之理未盡也言汝爲王當敬識百官諸侯之奉上者
亦識其有違上者察其恭承王命如法以否奉上違上皆須記
之奉上者當以禮接之違上者當以刑威之所謂賞慶刑威爲
君之道奉上之道其事非一故云多威儀威儀既多皆須合禮
其威儀不及禮物惟曰不奉上矣謂旁人觀之亦言其不奉上
也鄭云朝聘之禮至大其禮之儀不及物謂所貢篚多而威儀
簡也威儀既簡亦是不享也
乃惟至用戾
正義曰又曰已居攝之時爲政常若不暇汝惟小子當分取我
之不暇而施行之又聽我教汝於輔民之常而用之汝乃於是
事不勉力爲政則汝是惟不可長久哉必須勉力爲之乃可長
久此所言皆是汝父所行汝欲勉之但厚次序汝正父之道而
行之無不順我所爲則天下不敢廢棄汝命必常奉而行之汝
往居新邑敬行教化哉如此我其退老明教農人以義哉汝若
能使天下之民被寬裕之政則我天下之民無問遠近者悉
皆用來歸汝矣
傳我爲至用之
正義曰爲政常若不暇謂居攝時也聖人爲政務在和人雖復
治致太平猶恨意之不盡故謙言已所不暇若言猶有美事未
得施者然故戒之成王汝惟小子當分取我之不暇而行之言
已所不暇行者欲令成王勉行之鄭玄云成王之才周公倍之
猶未而言分者誘掖之言也生民之爲業雖復志有經營不能
獨自成就須王者設教以輔助之聽我教汝輔民之常法而用
之謂用善政以安民說文云頒分也
傳汝乃至可長
正義曰成王言公其以予萬億年言欲已長久也故周公於此
戒之汝乃於是不勉力爲政汝惟不可長哉欲其必勉力勤行
政教爲可長久之道然後可至萬億年亹亹之爲勉相傳訓也
鄭王皆以爲勉
傳厚次至奉之

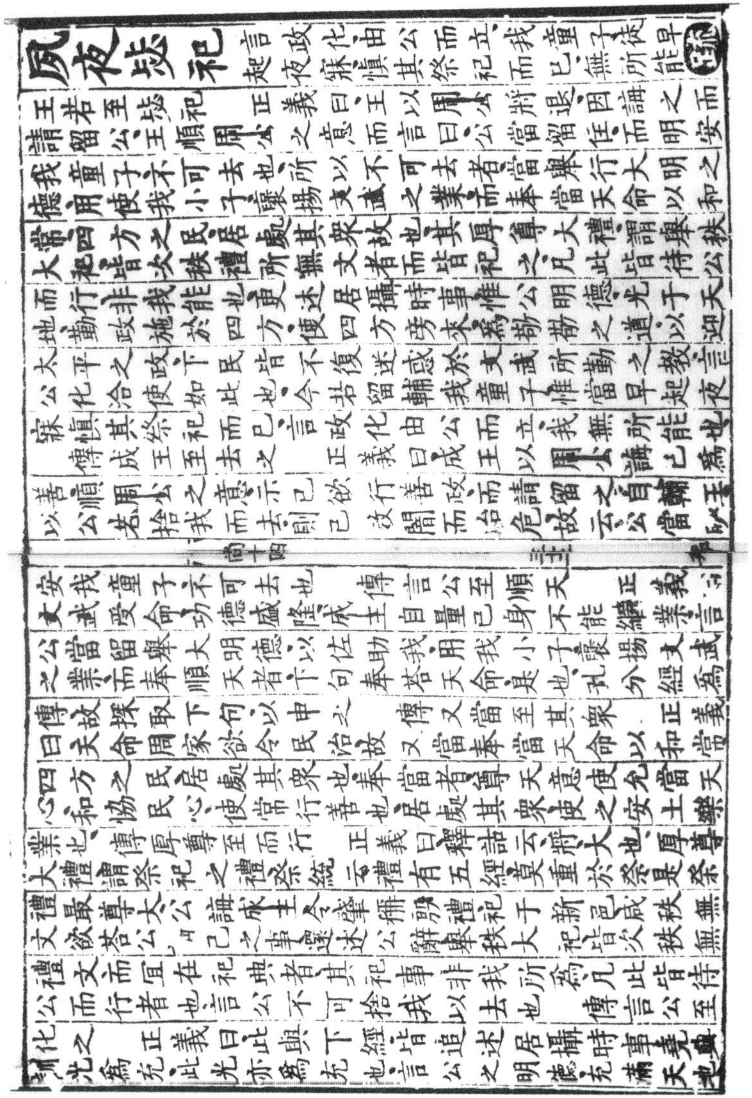

楊本卷十四第二十二葉

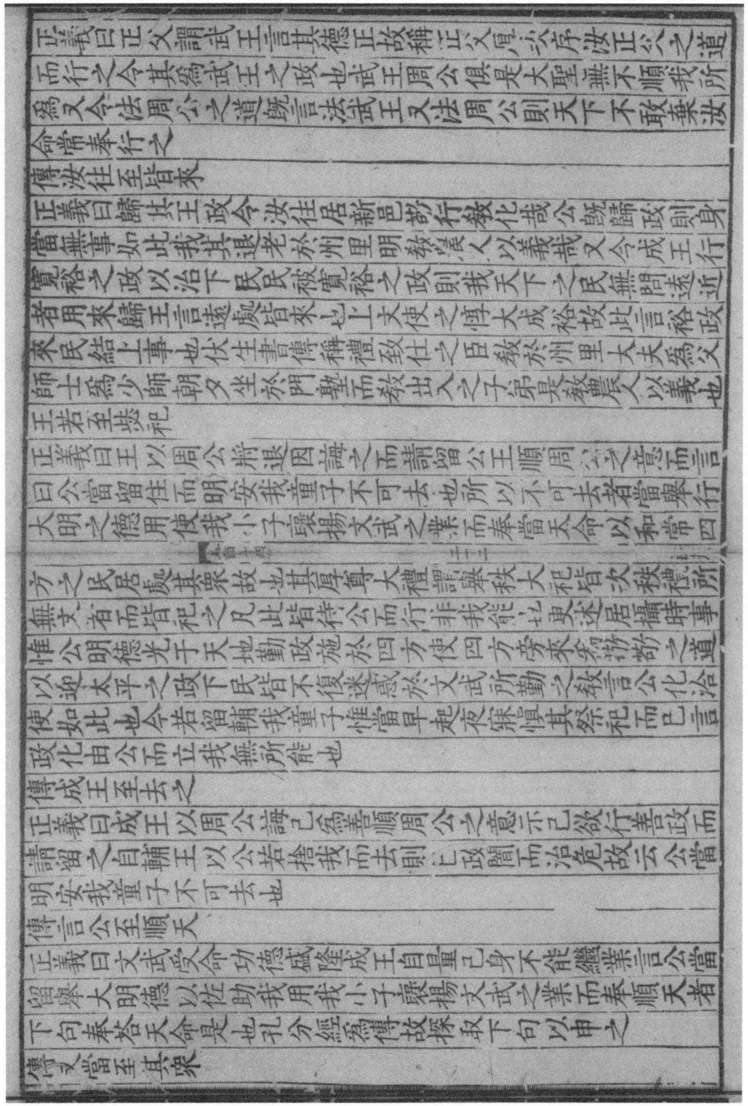

單疏卷十四第二十二葉

即堯典格于上下勤政施於四方即堯典光被四
表也意言萬邦四夷皆服仰公德而化之上言待
公乃行之此言公有是德言其將來說其已然所
以深美公也　傳四方至化洽　正義曰上言施
化在公此言民化公德四方旁來爲敬敬之道民
皆敬嚮公以迎太平之政言迎者公政從上而下
民皆自下迎之言其慕化速也文武勤行教化欲
以教訓利民民蒙公化識文武之心不復迷惑文
武所勤之教言公居攝之時政化已洽於民也
傳言政至所能　正義曰此述留公之意陳自今
已後之事言公若留住政化由公而立我童子徒
早起夜寐慎其祭祀而已於政事無所能欲惟典
祭祀以政事委公襄二十六年左傳云衛獻公使
與甯喜言曰苟得反國政由甯氏祭則寡人亦猶
是也　**王曰公功棐迪篤罔不若時**　公之功輔道我已厚
矣天下無不順而是公之功　疏　王曰公功至若時　正義曰正又重述前言還說居攝時事也
曰公之功輔道我已厚矣天下無有不順而是公
之功者公所以須留也　傳公之至之功　正義
曰王意言公之居攝天下若爲非則可捨我而去
公之居攝天下無不順而是公之功不可捨我去
王曰公予小子其退即辟于周命公後　我小子退坐之後便就君於周命立公後公當留佐我　**四方迪亂未定**
于宗禮亦未克敉公功　言四方雖道治猶未定於尊禮禮未彰是亦未能撫順公之大功明不可以去　**迪將其後監我士師**
工　公留教道將助我其今已後之政監篤我政事衆官委任之言　**誕保文武受**

正義曰天命周家欲令民治故又當奉當天命以和常四方之
民居處其衆也奉當者尊天意使允當天心和協民心使常行
善也居處其衆使之安土樂業也
傳厚尊至而行
正義曰釋詁云將大也厚尊大禮謂祭祀之禮祭統云禮有五
經莫重於祭是祭禮最尊大公論以王令肇稱殷禮祀于新邑
咸秩無文欲荅公論己之事還述公辯舉秩大祀皆次秩無禮
文而宜在祀典者其祀事非我所爲凡此皆待公而行者也言
公不可捨我以去也
傳言公至化之
正義曰此與下經皆追述居攝時事堯典訓光爲充此光亦爲
充也言公之明德充滿天地即堯典格于上下勤政施於四方
即堯典光被四表也意言萬邦四夷皆服仰公德而化之上言
待公乃行之此言公有是德言其將來說其已然所以深美公也
傳四方至化洽
正義曰上言施化在公此言民化公德四方旁來爲敬敬之道
民皆敬嚮公以迎太平之政言迎者公政從上而下民皆自下
迎之言其慕化速也文武勤行教化欲以教訓利民民蒙公化
識文武之心不復迷惑文武所勤之教言公居攝之時政化已
洽於民也
傳言政至所能
正義曰此述留公之意陳自今已後之事言公若留任政化由
公而立我童子徒早起夜寐慎其祭祀而已於政事無所能欲
惟典祭祀以政事委公襄二十六年左傳云衛獻公使與甯喜
言曰苟得反國政由甯氏祭則寡人亦猶是也
王曰公功至若時
正義曰王又重述前言還說居攝時事也曰公之功輔道我已
厚矣天下無有不順而是公之功者公所以須留也
傳公之至之功
正義曰王意言公之居攝天下若爲非則可以捨我而去公之居

民亂爲四輔大安文武所受之民治之爲我四維之輔明當依倚公

疏王曰公予至四輔　正義曰王呼周公曰我小子其退此坐就爲君於周謂順公之言行天子之政於洛邑也至洛邑當命公後立公之世子爲國君公當留輔我也公之攝政四方雖巳道治理猶自未能定於尊禮是亦未能撫順公之大功公當待其定大禮順公之大功此時未可去也公當留教道將助我其今巳後之政監篤我政事衆官以此大安文武所受之民而治之爲我四維之輔助明巳當依倚公也　傳我小至佐我　正義曰退者退朝也周公於時令成王坐王位而以政歸之成王順周公言受其政也言我小子退坐之後便就君位於周周謂洛邑許其從公言適洛邑而行新政也古者臣有大功必封爲國君今周公將欲退老故命立公後使公子伯禽爲國君公當留佐我王肅云成王前春亦俱至洛邑是顧無事既會而還宗周周公往營成周還來致政成王也　傳言四至以去　正義曰王意恐公意以四方既定不須更留故謂公云四方雖巳道治而猶未能定於尊大之禮言其禮樂未能彰明也禮既未彰是天下之民亦未能撫安順行公之大功公當待其禮法明公功順乃可去耳明今不可以去　傳大安至倚公　正義曰文武受人之於天下今大安文武所受之民助我治之爲我四維之輔明巳當依倚公也維者爲之綱紀猶如用繩維持之文王世子云設四輔謂設衆官爲四方輔助周公一人事無不統故一人爲四輔管子云四維不張國乃滅云傳取管子之意故言四維之輔也

王曰公定予往巳公功肅將祇歡公留以安定我我從公言往至洛邑巳矣公功以進大天下咸敬樂公功公

撫天下無不順而是公之功不可捨我去

王曰公予至四輔

正義曰王呼周公曰我小子其退此坐就爲君於周謂順公之言行天子之政於洛邑也至洛邑當命公後立公之世子爲國君公當留輔我也公之攝政四方雖巳道治理猶自未能定於尊禮是亦未能撫順公之大功公當待其定大禮順公之大功此時未可去也公當留教道將助我其今巳後之政監篤我政事衆官以此大安文武所受之民而治之爲我四維之輔助明巳當依倚公也

傳我小至佐我

正義曰退者退朝也周公於時令成王坐王位而以政歸之成王順周公言受其政也言我小子退坐之後便就君位於周周謂洛邑許其從公言適洛邑而行新政也古者臣有大功必封爲國君今周公將欲退老故命立公後使公子伯禽爲國君公當留佐我王肅云成王前春亦俱至洛邑是顧無事既會而還宗周周公往營成周還來致政成王也

傳言四至以去

正義曰王意恐公意以四方既定不須更留故謂公云四方雖巳道治而猶未能定於尊大之禮言其禮樂未能彰明也禮既未彰是天下之民亦未能撫安順行公之大功公當待其禮法明公功順乃可去耳明今不可以去

傳大安至倚公

正義曰文武受人之於天下今大安文武所受之民助我治之爲我四維之輔明巳當依倚公也維者爲之綱紀猶如用繩維持之文王世子云設四輔謂設衆官爲四方輔助周公一人事無不統故一人爲四輔管子云四維不張國乃滅云傳取管子之意故言四維之輔也

王曰公定至世享

正義曰王又呼公公留以安定我我從公言往至洛邑巳矣公功巳進且大矣天下皆樂公之功敬而歡樂公必留無去以困

無困哉我惟無斁其惠事公勿替刑
四方其世享公必留勿去以困我哉我惟無厭其安天下事公勿去以廢法則四
方其世世享公之德疏王曰公定至世享　正義曰王又呼公公留以安定我我從公言往至洛
邑已矣公功已進且大矣天下皆樂公之功敬而歡樂公必留無去以困我哉公留助我我惟無厭
其安天下之事公勿去以廢法則四方之民其世世享公之德矣　傳公勿至公功　正義曰讀文
以公定爲句王稱定者言定已也故傳言公留以安定我我字傳加之我從公言是經之予也往至
洛邑已矣言已順從公命受歸政也公功已進大天下咸敬樂公之功亦謂居攝時也釋詁云肅進
也傳公必至之德　正義曰王言已才智淺短公去則困故請公無去以困我哉我意欲致太平
惟無猒倦其安天下之事是以留公公勿去以廢治國之法則天下四方之民蒙公之恩其世世享
公之德享謂荷負之周公拜手稽首曰王命予來
承保乃文祖受命民拜而後言許成王留言王命我來承安汝
文德之祖文王所受命之民是所以不得去越乃光烈考武王弘
朕恭恭於汝大業之父武王大使我恭奉其道敎成王留己意孺子來相
宅其大惇典殷獻民少子今所以來相宅於洛邑其大厚行典
常於殷賢人亂爲四方新辟作周恭先言當治理
天下新其政化爲四方之新君爲周家見恭敬之王後世所推先也曰其自時中

乂萬邦咸休惟王有成績曰其當用是土中爲治使萬國
皆被美德如此惟王乃有成功予旦以多子越御事篤
前人成烈答其師作周孚先我旦以衆卿大夫於
御治事之臣厚率行先王成業當其衆心爲周家立信者之所推先疏周公至孚先　正義曰周
公拜手稽首盡禮致敬許王之留乃興而爲言曰王令命我來居臣位承安汝文德之祖文王所受
命之民令我繼文祖大業我所以不得去也又於汝大業父武王大使我恭奉其道主意以此留我
其事甚大我所以爲王留也公呼成王云少子今所以來相宅於洛邑者欲其大厚行常道於殷賢
人王當治理天下新其政化爲四方之新君爲周家後世見恭敬之王所推先也重誨王曰其當用
是土中爲治使萬國皆被美德如此惟王乃有成功也公自稱名曰若王居洛邑我旦以多衆君
子卿大夫等及於御治事之臣厚率行前人先王成業使當其衆心爲周家後世人臣立信者之所
推先言我留輔王使君臣皆爲後世所推先期於上下俱顯也　傳拜而至得去　正義曰拜是從
命之事故云拜而後言許成王留也以退爲去以留爲來故言王命我來居臣位爲太師也承安
汝文德之祖文王所受命之民天命文王使爲民主天以民命文王故民是文王所受命之民承安
者承文王之意安定此民言王之留己乃爲此事其事既大是所以不得去也　傳於汝至己意
正義曰於汝成王大功業之父武王主意大使我恭奉其道敎成王留己之意也主於文王武王皆
欲令周公奉其道安其民其意一也周公分言之耳承安其文王之民恭奉其武王之道互相通也

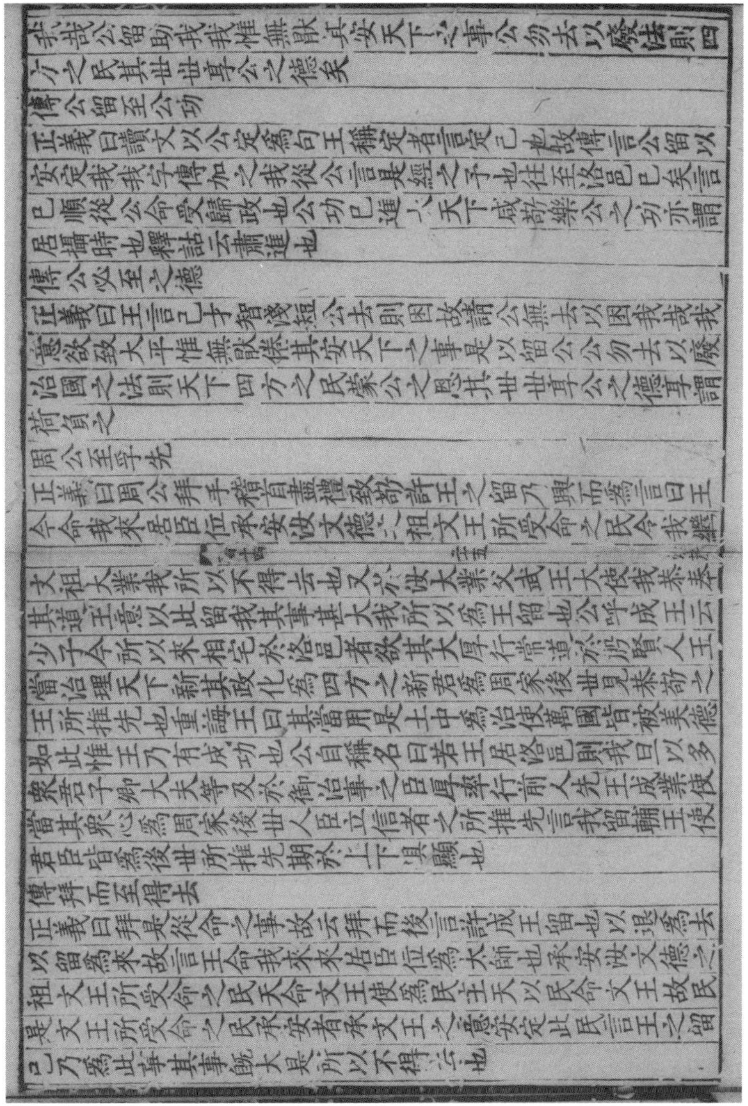

單疏卷十四第二十五葉

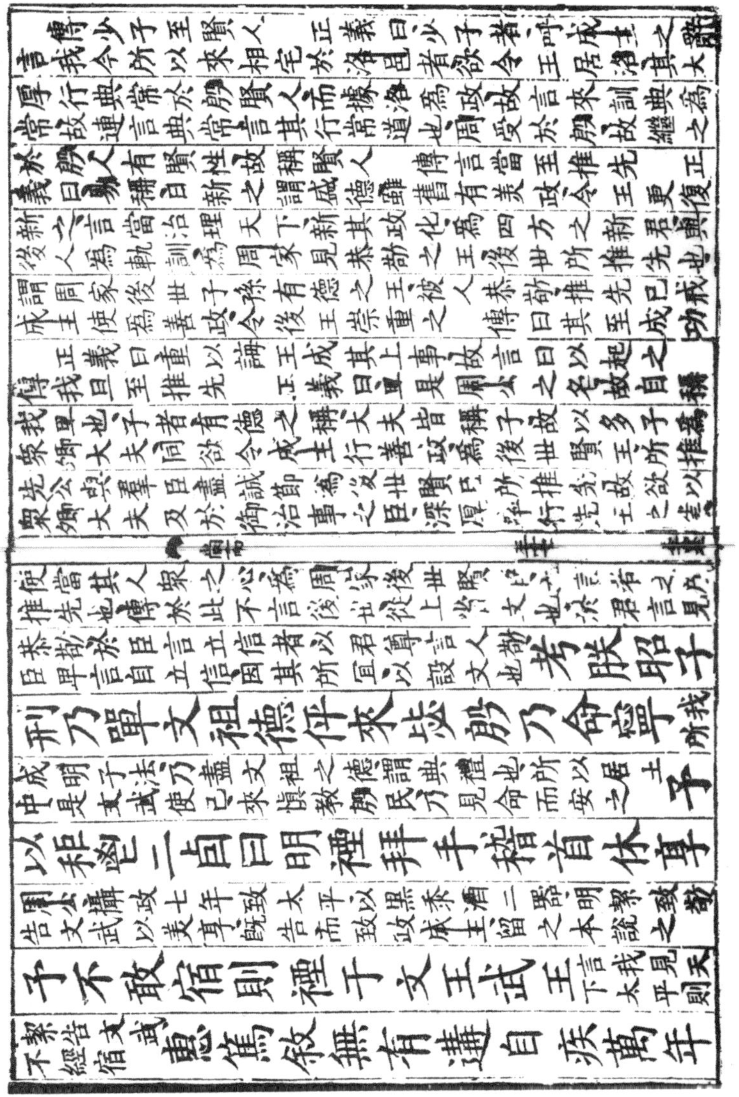

楊本卷十四第二十七葉

厥子乃德殷乃引考汝爲政當順典常厚行之使有次序無有遇用患疾之道者則天下萬年厭於汝德殷乃長成爲周王伻殷乃承敘萬年其永觀朕子懷德王使殷民上下相承有次序則萬年之道民其長觀我子孫而歸其德矣勉使終之

疏考朕至懷德　正義曰周公又說制禮授王使王奉之我所成明子之法乃盡是汝文祖之德言用文王之道制禮其事大不可輕也又言所以須善治殷獻民者文武使已來居土中慎教殷民乃是見命於文武而安之故也制典當待太平我以時既太平即以秬黍鬯酒盛於二卣鑄內我言曰當以此酒須明絜致敬於文武我則拜手稽首告文武以美享告云云太平即速告廟我不致經宿則禋告文王武王以致太平之事

當順典常厚行之使有次序則諸侯無遇用患疾之道害毒下民則天下萬年厭饜於汝王之德殷乃長成爲周王使殷民上下相承有次序則萬年之道下民其長觀我子孫而歸其德矣勸王使終之皆是誨王之言也

傳我所至安之　正義曰典禮治國事資聖人前聖後聖其終一揆故言所欲成明子之法乃盡是汝祖文王之德也子序成王言用文王之道制爲典法以明成王行之爲明君也特舉文祖不言武王下句並告文武兼用武王可知文述居洛邑之意所以居土中者是文武使已來居此地周公自言非己意也文武令我營此洛邑欲使居土中慎教殷民乃是見命於文武而安殷民也顧氏云文武使我來慎教殷民我今受文武之命以安民也

傳周公至說之　正義曰康誥之作事在七年云四方民大和會和會即太平之驗是周公攝政七年致太平也釋詁

傳於汝至己意

正義曰於汝成王大功業之父武王王意大使我恭奉其道敘成王留己之意也王於文王武王皆欲令周公奉其道安其民其意一也周公分言之耳承安其文王之民恭奉其武王之道互相通也

傳少子至賢人

正義曰少子者呼成王之辭言我今所以來相宅於洛邑者欲令王居洛其大厚行典常於殷賢人而據洛爲政故言來訓典爲常故連言典常言其行常道也周受於殷故繼之於殷人有賢性故稱賢人

傳言當至推先

正義曰易稱日新之謂盛德雖舊有美政令王更復新之言當治理天下新其政化爲四方之新君與後人爲軌訓爲周家見恭敬之王後世所推先也謂周家後世子孫有德之王被人恭敬推先已成成王使爲善政令後王崇重之

傳曰其至成功

正義曰重以誨王成其上事故言曰以起之

傳我旦至推先

正義曰旦是周公之名故自稱我旦也子者有德之稱大夫皆稱子故以多子爲衆卿大夫同欲令成王行善政爲後世賢王所推先公與羣臣盡誠節爲後世賢臣所推先故欲以衆卿大夫及於御治事之臣深厚率行先王之業使當其人衆之心爲周家後世賢臣立信者之所推先也傳於此不言後世從上省文也於君言見恭敬於臣言立信者以君尊言人敬臣卑言自立信因其所宜以設文也

考朕至懷德

正義曰周公又說制禮授王使王奉之我所成明子之法乃盡是汝文祖之德言用文王之道制禮其事大不可輕也又言所以須善治殷獻民者文武使已來居土中慎教殷民乃是見命於文武而安之故也制典當待太平我以時既太平即以秬黍

云秬黑黍釋器云卣中罇也以黑黍爲酒煮鬱金
之草築而和之使芬香調暢謂之秬鬯鬯酒二器
明絜致敬告文王武王以美享謂以太平之美事
享祭也國語稱精意以享謂之禋釋詁云禋敬也
是明禋爲明絜致敬也太平是王之美事故太平
告廟是以美享祭也公既告太平而致政成王成
王留之故本而說之此事者欲令成王重其事厚
行之周禮鬱鬯之酒實之於彝此言在卣者詩大
雅江漢及文侯之命皆言秬鬯一卣告於文人則
未祭實之於卣祭時實之於彝彼一卣此二卣者
此一告文王一告武王彼王賜臣使告其太祖故
惟一卣耳此經卣下言曰者說本盛酒於罇乃爲
此辭故言曰也　傳言我至經宿　正義曰此申
述上明禋之事言我見天下太平則絜告文武不
敢經宿亦虔恭之意也此三月營洛邑已和會
則三月之時已太平矣既而
在歲末而云不經宿[illegible]
得還鎬京即文武是爲不經宿也且太平非一日
之事公云不經宿者亦虔恭之意耳未必旦見太
平即此日告也鄭玄以文祖爲明堂曰明禋者六
典成祭於明堂告五帝太皥之屬也既告明堂則
復禋於文武之廟告成洛邑　傳汝爲至爲周
正義曰釋言云惠順也此經述上惇典故言汝爲
政當順典常厚行之使有次序釋詁云遘遇也患
疾之道謂虐政使人患疾之厚行典常使有次序
則百官諸侯凡爲政者皆無有遇用患疾之政以
害下民則經歷萬年猒飽於汝德則殷國乃長成
爲周　傳王使至終之　正義曰上言天下民萬
年猒飽王德此教爲王德使萬年令民猒飽王德
也能使殷民上下有次序則王德堪至萬年之道
王之子孫當行不怠則民其長觀我子孫知其有
德而歸其德矣此則長成爲周勸勉王使終之

楊本卷十四第三十九葉

鬯酒盛於二卣罇內我言曰當以此酒須明絜致敬於文武我
則拜手稽首告文武以美享告云今太平即速告廟我不敢經
宿則禋告文王武王以致太平之事汝王爲政當順典常厚行
之使有次序則諸爲政者無云有遇用患疾之道苦毒下民則
天下萬年猒飽於汝王之德殷乃長成爲周王使殷民上下相
承有次序則萬年之道下民其長觀我子孫而歸其德矣勸王
使終之皆是誨王之言也
傳我所至安之
正義曰典禮治國事資聖人前聖後聖其終一揆故言所欲成
明子之法乃盡是汝祖文王之德也子斥成王言用文王之道
制爲典法以明成王行之爲明君也特舉文祖不言武王下句
並告文武兼用武王可知又述居洛邑之意所以居土中者是
文武使已來居此地周公自言非己意也文武令我營此洛邑
欲使居土中慎教殷民乃是見命於文武而安殷民也顧氏云
文武使我來慎教殷民我今受文武之命以安民也
傳周公至訖之
正義曰康誥之作事在七年云四方民大和會和會即太平之
驗是周公攝政七年致太平也釋草云秬黑黍釋器云卣中罇
也以黑黍爲酒煮鬱金之草築而和之使芬香調暢謂之秬鬯
鬯酒二器明絜致敬告文王武王以美享謂以太平之美事享
祭也國語稱精意以享謂之禋釋詁云禋敬也是明禋爲明絜
致敬也太平是王之美事故太平告廟是以美享祭也公既告
太平而致政成王成王留之故本而說之此事者欲令成王重
其事厚行之周禮鬱鬯之酒實之於彝此言在卣者詩大雅江
漢及文侯之命皆言秬鬯一卣告於文人則未祭實之於卣祭
時實之於彝彼一卣此二卣者此一告文王一告武王彼王賜
臣使告其太祖故惟一卣耳此經卣下言曰者說本盛酒於罇
乃爲此辭故言曰也
傳言我至經宿
正義曰此申述上明禋之事言我見天下太平則絜告文武不

單疏卷十四第二十七葉

戊辰，王在新邑，成王既受周公誥，遂就居洛邑，以十二月戊辰晦到。烝祭歲，文王騂牛一，武王騂牛一。王命作冊逸祝冊，惟告周公其後。明月，夏之仲冬，始於新邑烝祭，故曰烝祭歲。古者褒德賞功，必於祭日，示不專也。特加文武各一牛，告曰：尊周公，立其後為魯侯。王賓殺禋咸格，王入太室祼。王賓異周公，殺牲精意以享文武，皆至其廟親告也。太室，清廟。祼鬯告神。王命周公後，作冊逸誥。王為冊書，使史逸誥伯禽封命之書，皆同在烝祭日。周公拜前，魯公拜後。在十有二月，惟周公誕保文武受命，惟七年。言周公攝政盡此十二月，大安文武受命之事，惟七年，天下太平。自戊辰以下，史所終述。

〔疏〕戊辰至七年

正義曰：自此以下，史終述之。周公歸政成王，既受言誥之，主即東行赴洛邑。其年十二月晦戊辰日，王在新邑。後月是夏之仲冬，為冬節烝祭。其月節是周之歲首，特異常祭，加文王騂牛一，武王騂牛一。王命有司作策書，乃使史官名逸者祝讀此策，惟告文武之神，言周公有功，宜立其後為國君也。其時王尊異周公，以為賓，殺牲享祭文王、武王，皆親至其廟。王入廟之太室，行祼鬯之禮，言其尊異周公而禮敬深也。於此祭時，王命周公後，令作策書，使逸讀此策辭，以告伯禽，言封之於魯，命為周公後也。又總述之，在十有二月，惟周公大安文武受命之事，於此時惟攝政七年矣。

傳成王至晦到

正義曰：周公誥成王，令居洛邑為治。王既受周公之誥，遂東行就居洛邑，以十二月戊

發經宿，示虔恭之意也。此三月營洛邑，民已和會，則三月之時已太平矣。既告而致政，則告在歲末，而云不經宿者，蓋周公營洛邑至冬始成，得還鎬京即文武，是為不經宿也。且太平非一日之事，公云不經宿者，示虔恭之意耳，未必旦旦太平即此日告也。鄭玄以文祖為明堂，曰明禋者，六典成，祭於明堂，告五帝太皞之屬也。既告明堂，則復禋於文武之廟，告成洛邑。

傳汝為至為周

正義曰：《釋言》云：「惠，順也。」此經述上惇典，故言汝為政當順典常，厚行之，使有次序。《釋詁》云：「遘，遇也。」患疾之道，謂虐政使人患疾之。厚行典常，使有次序，則百官諸侯凡為政者，皆無有遇用患疾之政以害下民，則經歷萬年，猒飽於汝德，則殷國乃長成為周。

傳王使至終之

正義曰：上言天下民萬年猒飽王德，此教為王德，使萬年令民猒飽王德也。能使殷民上下有次序，則王德堪至萬年之道。王之子孫當行不怠，則民其長觀我子孫，知其有德而歸其德矣。此則長成為周，勸勉王使終之。

戊辰至七年

正義曰：自此以下，史終述之。周公歸政成王，既受言誥之，王即東行赴洛邑。其年十二月晦戊辰日，王在新邑。後月是夏之仲冬，為冬節烝祭。其月節是周之歲首，特異常祭，加文王騂牛一，武王騂牛一。王命有司作策書，乃使史官名逸者祝讀此策，惟告文武之神，言周公有功，宜立其後為國君也。其時王尊異周公，以為賓，殺牲享祭文王、武王，皆親至其廟。王入廟之太室，行祼鬯之禮，言其尊異周公而禮敬深也。於此祭時，王命周公後，令作策書，使逸讀此策辭，以告伯禽，言封之於魯，命為周公後也。又總述之，在十有二月，惟周公大安文武受命之事，於此時惟攝政七年矣。

傳成王至晦到

正義曰：周公誥成王，令居洛邑為治。王既受周公之誥，遂東行就居洛邑，以十二月戊辰晦日到洛。指言戊辰王在新邑，知其

晦日到洛指言戊辰王在新邑知其晦日始到者
此歲入戊午蔀五十六年三月云丙午朏以算術
計之三月甲辰朔大四月甲戌朔小五月癸卯朔
大六月癸酉朔小七月壬寅朔大八月壬申朔小
九月辛丑朔大又有閏九月辛未朔小十月庚子
朔大十一月庚午朔小十二月己亥朔大計十二
月三十日戊辰晦到洛也　傳明月至魯侯　正
義曰下云在十有二月者周之十二月建亥之月
也戊辰是其晦日故明日即是夏之仲冬建子之
月也言明月者此烝祭非朔日故言月也自作新
邑已來未嘗於此祭祀此歲始於新邑烝祭故曰
烝祭歲也周禮大司馬仲冬教大閱遂以享烝是
也王者冬祭必用仲月此是周之歲首故言歲耳
王既戊辰晦到又須戒日致齊不得以朔日即祭
之祭統云古者明君爵有德而祿有功必賜爵祿
於太廟示不敢專也故云古者褒德賞功必於祭
日示不專也因封之特設祭烝之禮宗廟用太牢
此文武皆言牛一知於太牢之外特加一牛告白
文武之神言爲尊周公立其後爲魯侯魯頌所云
王曰叔父建爾元子俾侯于魯是此時也王命作
策者命有司作策書也讀策告神謂之祝逸祝策
者使史逸讀策書也鄭玄以烝祭上屬歲文王騂
牛一者歲是成王元年正月朔日特告文武封周
公也案周頌烈文序云成王即政諸侯助祭鄭箋
云新王即政必以朝享之禮祭於祖考告嗣位也
則鄭意以朝享之後特以二年告文武封周公之
後與孔義不同　傳王賓至告神　正義曰王賓
異周公者王尊周公爲賓異於其臣王肅云成王
尊周公不敢臣之以爲賓故封其子是也周語云
精意以享謂之禋既殺二牲精誠其意以享祭文
武咸皆也格至也皆至其廟言王重其事親告之
也太室室之大者故爲清廟廟有五室中央曰太

楊本卷十四第四十一葉

晦日始到者此歲入戊午蔀五十六年三月云丙午朏以算術
計之三月甲辰朔大四月甲戌朔小五月癸卯朔大六月癸酉
朔小七月壬寅朔大八月壬申朔小九月辛丑朔大又有閏九
月辛未朔小十月庚子朔大十一月庚午朔小十二月己亥朔
大計十二月三十日戊辰晦到洛也
傳明月至魯侯
正義曰下云在十有二月者周之十二月建亥之月也戊辰是
其晦日故明日即是夏之仲冬建子之月也言明月者此烝祭
非朔日故言月也自作新邑已來未嘗於此祭祀此歲始於新
邑烝祭故曰烝祭歲也周禮大司馬仲冬教大閱遂以享烝是
也王者冬祭必用仲月此是周之歲首故言歲耳王既戊辰晦
到又須戒日致齊不得以朔日即祭之祭統云古者明君爵有
德而祿有功必賜爵祿於太廟示不敢專也故云古者褒德賞
功必於祭日示不專也因封之特設祭烝之禮宗廟用太牢此
文武皆言牛一知於太牢之外特加一牛告白文武之神言爲
尊周公立其後爲魯侯魯頌所云王曰叔父建爾元子俾侯于
魯是此時也王命作策者命有司作策書也讀策告神謂之祝
逸祝策者使史逸讀策書也鄭玄以烝祭上屬歲文王騂牛一
者歲是成王元年正月朔日特告文武封周公也案周頌烈文
序云成王即政諸侯助祭鄭箋云新王即政必以朝享之禮祭
於祖考告嗣位也則鄭意以朝享之後特以二牛告文武封周
公之後與孔義不同
傳王賓至告神
正義曰王賓異周公者王尊周公爲賓異於其臣王肅云成王
尊周公不敢臣之以爲賓故封其子是也周語云精意以享謂
之禋既殺二牲精誠其意以享祭文武咸皆也格至也皆至其
廟言王重其事親告之也太室室之大者故爲清廟廟有五室
中央曰太室王肅云太室清廟中央之室清廟神之所在故王
入太室祼獻鬯酒以告神也祼者灌也王以圭瓚酌鬱鬯之酒
以獻尸尸受祭而灌於地因奠不飲謂之祼然此牲云既灌然

單疏卷十四第二十九葉

室王肅云太室清廟中央之室清廟神之所在故
王入太室祼獻鬯酒以告神也祼者灌也王以圭
瓚酌鬱鬯之酒以獻尸尸受祭而灌於地因奠不
飲謂之祼鄭玄云既灌然後迎牲則殺在祼後
此經先言殺後言祼者殺者咸格表王敬公之意
非行事之次也其王入太室祼乃是祭時行事耳
周人尚臭祭禮以祼爲重故言王祼其封伯禽乃
是祭之將末非祼時也祭統賜臣爵祿之法云祭
之日一獻君降立于阼階之南南嚮所命者北面
史由君右執策命之鄭云一獻一酳尸也禮酳尸
尸獻而祭畢是祭末乃命之以祼爲重故特言之
傳王爲至拜後　正義曰王爲策書亦命有司
爲之也上云作策作告神之策此言作策誥伯禽
之策祭於神謂之祝於人謂之誥故云使史逸誥
伯禽封命之書封康叔謂之康誥此命伯禽當云
伯禽之誥[illegible]四年左傳云命以伯[illegible]

之策也上言逸祝策此誥下不言[illegible]
之名故上云祝策此誥是誥伯禽使知雖復讀書
以誥之不得言誥策也上告周公其後已言告神
封周公嫌此逸誥以他日告之故云皆同在烝祭
日以祭統言一獻命之知此亦祭日也文十三年
公羊傳曰封魯公以爲周公也周公拜乎前魯公
拜乎後曰生以養周公死以爲周公主　傳言周
至終述　正義曰自戊辰已上周公與成王相對
語未有致政年月故史於此總結之自戊辰已
下非是王與周公之辭故辨之云史所終述也

尚書注疏卷第十四

楊本卷十四第四十二葉

後迎牲則殺在祼後此經先言殺後言祼者殺者咸格表王敬
公之意非行事之次也其王入太室祼乃是祭時行事耳周人
尚臭祭禮以祼爲重故言王祼其封伯禽乃是祭之將末非祼
時也祭統賜臣爵祿之法云祭之日一獻君降立于阼階之南
南嚮所命者北面史由君右執策命之鄭云一獻一酳尸也禮
酳尸尸獻而祭畢是祭末乃命之以祼爲重故特言之
傳王爲至拜後
正義曰王爲策書亦命有司爲之也上云作策作告神之策此
言作策誥伯禽之策祭於神謂之祝於人謂之誥故云使史逸
誥伯禽封命之書封康叔謂之康誥此命伯禽當云伯禽之誥
定四年左傳云命以伯禽即史逸所讀之策也上言逸祝策此
誥下不言策者祝是讀書之名故上云祝策此誥是誥伯禽使
知雖復讀書以誥之不得言誥策也上告周公其後已言告神
封周公嫌此逸誥以他日告之故云皆同在烝祭日以祭統言
一獻命之知此亦祭日也文十三年公羊傳曰封魯公以爲周
公也周公拜乎前魯公拜乎後曰生以養周公死以爲周公主
傳言周至終述
正義曰自戊辰已上周公與成王相對語未有致政年月故史
於此總結之自戊辰已下非是王與周公之辭故辨之云史所
終述也

尚書正義卷第十四

計一萬七千四百五十字

金澤文庫

單疏卷十四第三十葉

尚書注疏卷第十五
國子祭酒上護軍曲阜縣開國子臣孔穎達奉
勑撰
周書
多士第十六
無逸第十七

多士第十六

成周既成洛陽下都遷殷頑民殷大夫士心不則德義之經者
周公以王命誥稱成王命告令之作多士所告者即衆士
故以名篇　疏成周至多士　正義曰成周之邑既成乃遷殷之頑民令居此邑頑民謂殷之大夫士從武庚叛者以其無知謂之頑民民性安土重遷或有怨恨周公以成王之命誥此衆士言其須遷之意史敘其事作多士　傳洛陽下都　正義曰周之成周於漢爲洛陽也洛邑爲王都故謂此爲下都遷殷頑民以成周道故名此邑爲成周　傳殷大至誨之　正義曰經云商王士殷遺多士皆非民事謂之頑民知是殷之大夫士也經止云士而知有大夫者以經云迪簡在王庭有服在百僚其意言將任爲王官以爲大臣不惟告士而已故知有大夫也士者在官之摠號故言士也心不則德義之經僖二十四年左傳文引之以解稱頑民之意經云移爾遐逖比事臣我宗多遜是言徙

楊本卷十五第一葉

尚書正義卷第十五
國子祭酒上護軍曲阜縣開國子臣孔穎達奉
勑撰
周書
多士第十六
無逸第十七

多士第十六

成周至多士
正義曰成周之邑既成乃遷殷之頑民令居此邑頑民謂殷之大夫士從武庚叛者以其無知謂之頑民民性安土重遷或有怨恨周公以成王之命誥此衆士言其須遷之意史敘其事作多士

傳洛陽下都
正義曰周之成周於漢爲洛陽也洛邑爲王都故謂此爲下都遷殷頑民以成周道故名此邑爲成周

傳殷大至誨之
正義曰經云商王士殷遺多士皆非民事謂之頑民知是殷之大夫士也經止云士而知有大夫者以經云迪簡在王庭有服在百僚其意言將任爲王官以爲大臣不惟告士而已故知有大夫也士者在官之摠號故言士也心不則德義之經僖二十四年左傳文引之以解稱頑民之意經云移爾遐逖比事臣我宗多遜是言徙近王都教誨之也漢書地理志及賈逵注左傳皆以爲遷邶鄘之民於成周分衛民爲三國計三國俱是從叛何以獨遷邶鄘邶鄘在殷畿三分有二其民衆矣非一邑能容民謂之爲士其名不類故孔意不然

惟三至王士
正義曰惟成王即政之明年三月周公初始於所造新邑之洛用成王之命告商王之衆士言周公親至成周告新來者

傳周公至衆士
正義曰以洛誥之文成周與洛邑同時成也王以周公攝政七

單疏卷十五第一葉

近王都教誨之也漢書地理志及賈逵注左傳皆以爲遷邶鄘之民於成周分衞民爲三國計三國俱是從叛何以獨遷邶鄘邶鄘在殷畿三分有二其民衆矣非一邑能容民謂之爲士其名不類故孔意不然

惟三月周公初于新邑洛用告商王士周公致政明年三月始於新邑洛用王命告商王之衆士

疏惟三月至王士　正義曰惟成王即政之明年三月周公初始於所造新邑之洛用成王之命告商王之衆士言周公親至成周告新來者　傳周公至衆士　正義曰以洛誥之文成周與洛邑同時成也王以周公攝政七年十二月來至新邑明年即政此篇繼王居洛之後故知是致政明年之三月也成周南臨洛水故云新邑洛周公斷以致政在王都故新邑成周以成王之命告商王之衆士鄭云成王元年三月周公自[illegible]邑用成王命告殷之衆士以撫安之是也

王若曰爾[illegible]遺[illegible]士[illegible]其事稱以告殷遺餘衆士所順在下

弗弔旻天大降喪于殷稱天以愍下言愍道至者殷道不至故旻天下喪亡於殷

我有周佑命將天明威言我有周受天佑助之命故得奉天明威

致王罰勑殷命終于帝天命周致王者之誅罰正黜殷命終周於帝王

肆爾多士非我小國敢弋殷命天佑我故汝衆士臣服我弋取也非我敢取殷王命乃天命

惟天不畀允罔固亂弼我

我其敢求位惟天不與信無堅固治者故輔佐我我其敢求天位乎

惟帝不畀惟我下民秉爲惟天明畏惟天不與紂惟我周家下民秉心爲我皆

是天明德可畏之效

疏王若至明畏　正義曰周公以王命順其事而呼之曰汝殷家遺餘之衆士汝殷家道教不至旻天以殷道不至之故天下喪亡於殷將欲滅殷我有周受天佑助之命奉天明白之威致王者之誅罰正黜殷命終我周家於帝王之事謂使我周家代殷爲天子也天既助我周王故汝衆士來爲我臣由天助我我得爲之非我小國敢取殷之王命以爲己有此乃天與我惟天不與信無堅固於治者以是故輔弼我若其不然我其敢妄求天子之位乎言此位天自與我非我求而得之惟天不與紂故惟我周家下民秉心爲我故我得之惟天明德可畏之効也亦既得喪由天汝等不得不服以殷士未服故以天命喻之　傳順其至在下　正義曰順其殷云之事稱王命以告之從紂之臣或有身已死[illegible]遺餘在者[illegible]於成周故告殷遺餘衆士所順在下[illegible]辭　傳稱天至於殷　正義曰此[illegible]殷道不至也不至者上不至天[illegible]不以道下至民撫民不以理也天有多名獨言旻天者[illegible]也稱天以愍下言天之所愍愍道至者殷道不至故旻天下喪亡於殷言將覆滅之　傳天命至帝王　正義曰天命周致王者之誅罰謂奉上天之命殺無道之主此乃王者之事故爲王者之誅罰勑訓正也正黜殷命謂殺去虐紂使周受其終事是終周於帝王終猶舜受堯終言殷祚終而歸於周　傳天佑至天命　正義曰肆訓故也直云故爾多士辭無所結此經大意敘其去殷事周知其故爾衆士言其臣服我弋射也射而取之故弋爲取也鄭玄王肅本弋作翼王亦云翼取也鄭云翼猶驅也非我周敢驅取汝殷之王命雖訓爲[illegible]亦爲取義爲本殷之諸侯故周公自稱小國

我聞曰上帝引逸有[illegible]

不適逸則惟帝降格言上天欲民長逸樂有夏桀爲政不之逸樂故天下至戒
以譴告之嚮于時夏弗克庸帝大淫泆有辭天下至戒是嚮於時
夏不背棄桀不能用天戒大
爲過逸之行有惡辭聞於世惟時天罔念聞厥惟
廢元命降致罰惟是桀惡有辭故天無所念聞言不佑其惟廢其大命下致天罰
乃命爾先祖成湯革夏俊民甸四方天命湯更代夏用其賢人
治四方〔疏〕我聞至四方　正義曰既言天之効驗去
惡與善更追說往事比而喻之我聞人有
言曰上天之情欲民長得逸樂而有夏桀逆天
害民不得使民之適逸樂以此則惟上天下
至戒以譴告之欲使夏王桀覺悟改惡爲善
歸嚮於是夏家不背棄之而夏桀
戒改悔已惡而反大爲過逸之行
於世惟是桀有惡辭故天無復愛念無復聽聞
天不復助桀其惟廢其大命欲絕夏祚也下
罰欲誅桀身也乃命汝先祖成湯使之革夏命
用其賢俊之人以治四方之國舉桀滅湯興以辭
之　傳言上至告之　正義曰襄十四年左傳稱
天之愛民甚矣又曰天生民而立之君使司牧之
是言上天欲民長得逸樂故立君養之使之長逸
樂也夏桀爲政割剝夏邑使民不得之適逸樂故
上天下此至戒以譴告之降下格至也直言下至
明是天下至戒夫所下戒惟下災異以譴告人主
使之見災而懼改修德政耳古書亡失桀之災異
未得盡聞　傳惟是至天罰　正義曰桀惡流毒
於民乃有惡辭聞於世惡既有辭是惡已成
是桀惡有辭故天無所念聞言天不愛念不聽聞
其全棄之不佑助也棄而不佑則當更求賢主

年十二月來至新邑明年即政此篇繼王居洛之後故知是致
政明年之三月也成周臨洛水故云新邑洛周公既以致政
在王都故新邑成周以成王之命告商王之衆士鄭云成王元
年三月周公自王城初往成周之邑用成王命告殷之衆士以
撫安之是也
王若至明畏
正義曰周公以王命順其事而呼之曰汝殷家遺餘之衆士汝
殷家道教不至旻天以殷道不至之故天下喪亡於殷將欲滅
殷我有周受天佑助之命奉天明白之威致王者之誅罰正黜
殷命終我周家於帝王之事謂使我周家代殷爲天子也天既
助我周王故汝衆士來爲我臣由天助我我得爲之非我小國
敢取殷之王命以爲己有此乃天與我惟天不與信無堅固於
治者以是故輔弼我若其不然我其敢妄求天子之位乎言此
位天自與我非我求而得之惟天不與紂故惟我周家下民秉
以爲我故我得之惟天明德可畏之効也亦既得喪由天汝等
不得不服以殷士未服故以天命喻之
傳順其至在下
正義曰順其殷亡之事稱王命以告之從紂之臣或有身已死
者遺餘在者遷於成周故告殷遺餘衆士所順在下下文皆是
順之辭
傳稱天至於殷
正義曰此經先言弗弔謂殷道不至也不至者上不至天事天
不以道下不至民撫民不以理也天有多名獨言旻天者旻愍
也稱天以愍下言天之所愍愍道至者也殷道不至故旻天下
喪亡於殷言將覆滅之
傳天命至帝王
正義曰天命周致王者之誅罰謂奉上天之命殺無道之主此
乃王者之事故爲王者之誅罰勑訓正也正黜殷命謂殺去虐
紂使周受其終事是終[illegible]於帝王終猶舜受堯終言殷祚終而
歸於周

其惟廢大命欲奪其王位也下致天罰欲殺其凶身也廢大命知降致是下罰也自成湯至于帝乙罔不明德恤祀自帝乙已上無不顯用有德憂念齊敬奉其祭祀言能保宗廟社稷亦惟天丕建保乂有殷殷王亦罔敢失帝罔不配天其澤湯既革夏亦惟天大立安治於殷殷家諸王皆能憂念祭祀無敢失天道者故無不配天布其德澤在今後嗣王誕罔顯于天矧曰其有聽念于先王勤家後嗣王紂大無明於天道行昏虐天且忽之況曰其有聽念先祖勤勞國家之事乎誕淫厥泆罔顧于天顯民祗言紂大過其過無顧於天無能明人爲勤暴亂甚惟時上帝不保降若茲大喪惟是紂惡天不安之故下若此大喪亡之誅惟天不畀不明厥德凡四方小大邦喪罔非有辭于罰惟天不與不明其德者故凡四方小大國喪滅無非有辭於天所罰言皆有闇亂之辭

疏自成至于罰　正義曰既言命湯革夏又說後世皆賢至紂始惡天乃滅之自成湯至於帝乙無不顯用有德憂念祭祀後世亦賢非獨成湯以用其行合天意亦惟天大立安治有殷殷家諸王皆能明德憂祀亦無敢失天道者無不皆配天而布其德澤以此得天下又爲民主在今後嗣王紂大無明於天道敢行昏虐之政於天天猶且忽之況曰其有聽念先王父祖勤勞國家之事乎乃復大淫過其泆無所顧於上天無能明民爲勤以此反於先王違逆天道惟是上天不安紂之所爲下若此大喪亡之誅惟天不與不明其德之人故

傳天佑至天命
正義曰肆訓故也直云故爾多士辭無所結此經大意欲其去
殷事周知其故爾衆士言其臣服我弋射也射而取之故弋爲
取也鄭玄王肅本弋作翼王亦云翼取也鄭云翼猶驅也非我
周敢驅取汝殷之王命雖訓爲驅亦爲取義周本殷之諸侯故
周公自稱小國
我聞至四方
正義曰既言天之効驗去惡與善更追說往事比而喻之我聞
人有言曰上天之情欲民長得逸樂而有夏王桀逆天害民不
得使民之適逸樂以此則惟上天下災異至戒以譴告之欲使夏
王桀覺悟改惡爲善是天歸嚮於是夏家不肯棄之而夏桀不
能用天之明戒改悔已惡乃反大爲過逸之行致有惡辭以聞
於世惟是桀有惡辭故天無復愛念無復聽聞言天不復助桀
其惟廢其大命欲絕夏祚也乃下致天罰欲誅桀身也乃命汝先
祖成湯使之改革夏命用其賢俊之人以治四方之國舉桀滅
湯興以辭之
傳言上至告之
正義曰襄十四年左傳稱天之愛民甚矣又曰天生民而立之
君使司牧之是言上天欲民長得逸樂故立君養之使之長逸
樂也夏桀爲政割剝夏邑使民不得之適逸樂故上天下此至
戒以譴告之降下格至也直言下至明是天下至戒天所下戒
惟下災異以譴告人主使之見災而懼改修德政耳古書亡失
桀之災異未得盡聞
傳惟是至天罰
正義曰桀惡流毒於民乃有惡辭聞於世惡既有辭是惡已成
矣惟是桀惡有辭故天無所念聞言天不愛念不聽聞是其全
棄之不佑助也棄而不佑則當更求賢主其惟廢大命欲奪其
王位也下致天罰欲殺其凶身也廢大命知降致是下罰也
自成至三罰
正義曰既言命湯革夏又說後世皆賢至紂始惡天乃滅之自

也天不與惡豈獨紂乎凡四方諸侯小大邦國其
喪滅者無非皆有惡辭是以致至於天罰汝紂以
惡而見滅汝何以不服我也　傳自帝至社稷
正義曰下篇說中宗高宗祖甲三王以外其後立
王生則逸豫亦罔或能壽如彼文則帝乙以上非
無僻王而此言無不顯用有德憂念祭祀者立文
之法辭有抑揚方說紂之不善盛言前世皆賢正
以守位不失故得美而言之憂念祭祀者惟有齊
肅恭敬故言憂念齊敬奉其祭祀言能保宗廟社
稷爲天下之主以見紂不恭敬故喪亡之　傳湯
既至德澤　正義曰帝乙已上諸王所以長處天
位者皆由湯之聖德延及後人湯既革夏亦惟天
大立安治於殷者謂天安治之故殷家得治理也
殷家諸王自成湯之後皆能憂念祭祀無敢失天
道者故得常處王位無不配天布其德澤於民爲
天之子是配天也號令於民是布德也
至亂甚　正義曰淫泆俱訓爲過言紂大過其縱
過無顧於天言其縱心爲惡不畏天也無能明民
爲敬言其多行虐政不憂民也不畏於天不憂於
民言其暴亂甚也此經顧於天與顯民祗共蒙上
罔文故傳再言無也　傳惟天至之辭　正義曰
能明其德天乃與之惟天不與不明其德者紂不
明其德故天喪之肉即廣言天意凡四方小大邦國
謂諸侯有土之君其爲天所喪滅者無非皆有惡
辭聞於天乃爲上天所罰言被天罰者皆有闇亂
之辭上天不罰無辜紂有闇亂之辭故天滅之耳
天既滅不明其德我有明德爲天所立汝等殷士
安得不服我乎以其心仍不服故以天道責之
王若曰爾殷多士今惟我周王丕靈承帝事　周文武也大神奉天事言明德恤祀
有命曰割殷告勑于帝　天有命命

楊本卷十五第六葉

成湯至於帝乙無不顯用有德憂念祭祀後世亦賢非獨成湯
以用其行合天意亦惟天大立安治有殷殷家諸王皆能明德
憂祀亦無敢失天道者無不皆配天而布其德澤以此得天下
久爲民主在今後嗣王紂大無明於天道敢行昏虐之政於天
天猶且忽之況曰其有聽念先王父祖勤勞國家之事乎乃復
大淫過其泆無所顧於上天無能明民爲敬以此反於先王違
道天道惟是上天不安紂之所爲下若此大喪亡之誅惟天不
與不明其德之人故也天不與惡豈獨紂乎凡四方諸侯小大
邦國其喪滅者無非皆有惡辭是以致至於天罰汝紂以惡而
見滅汝何以不服我也
傳自帝至社稷
正義曰下篇說中宗高宗祖甲三王以外其後立王生則逸豫
亦罔或能壽如彼文則帝乙以上非無僻王而此言無不顯用
有德憂念祭祀者立文之法辭有抑揚方說紂之不善盛言前
世皆賢正以守位不失故得美而言之憂念祭祀者惟有齊肅
恭敬故言憂念齊敬奉其祭祀言能保宗廟社稷爲天下之主
以見紂不恭敬故喪亡之
傳湯既至德澤
正義曰帝乙已上諸王所以長處天位者皆由湯之聖德延及
後人湯既革夏亦惟天大立安治於殷者謂天安治之故殷家
得治理也殷家諸王自成湯之後皆能憂念祭祀無敢失天道
者故得常處王位無不配天布其德澤於民爲天之子是配天
也號令於民是布德也
傳言紂至亂甚
正義曰淫泆俱訓爲過言紂大過其縱過無顧於天言其縱心
爲惡不畏天也無能明民爲敬言其多行虐政不憂民也不畏
於天不憂於民言其暴亂甚也此經顧於天與顯民祗共蒙上
罔文故傳再言無也
傳惟天至之辭
正義曰能明其德天乃與之惟天不與不明其德者紂不明其

單疏卷十五第四葉

周割絕殷命告正於天謂既克紂柴於牧野告天不頓兵傷士惟我事不貳適惟爾王家我適言天下事已之我周矣不貳之他惟汝殷王家已之我不復有變予其曰惟爾洪無度我不爾動自乃邑我其曰惟汝大無法度謂紂無道我不先動誅汝亂從汝邑起言自召禍予亦念天即于殷大戾肆不正我亦念天就於殷大罪而加誅者故以紂不能正身念法

疏王若至不正

正義曰周公又稱王順而言曰汝殷衆士今惟我周家文武二王大神能奉天事故天有命命我周王曰當割絕殷命告正於天我受天命已滅殷告天惟我天下之事不有二處之適言已之適周不更適他也惟汝殷王家事亦於我之適不復變改又追說初伐紂之事我其爲汝言曰惟汝殷紂大無法度故當宜誅絕之伐紂之時我不先於汝動自往誅汝其亂從汝邑先起汝紂自召禍耳我亦念天所以就於殷致大罪者故以紂不能正身念法故也

傳周王至恤祀

正義曰文王受命武王伐紂故知周王兼文武也大神奉天事謂以天爲神而勤奉事之勞身敬神言亦如湯明德恤祀也

傳天有至傷士

正義曰以周王奉天之故故天有命命我周使割絕殷命告正於天謂武成之篇所云既克紂柴於牧野告天不頓兵傷士是也前敵即服故無頓兵傷士師以正行故爲告正武成正告功成功成無害即是不頓傷也頓兵者昭十五年左傳文頓折也

傳我亦至念法

正義曰言我亦念天者以紂雖無法度若使天不命我我亦不往誅紂以紂既爲大惡上天命我我亦念天所遣我就殷加大罪者何故以紂不能正身念法也

王曰猷告爾多士予惟

德故天喪之因即廣言天意凡四方小大邦國謂諸侯有亡君其爲天所喪滅者無非皆有惡辭聞於天乃爲上天所罰言被天罰者皆有闇亂之辭上天不罰無辜紂有闇亂之辭故天滅之耳天既滅不明其德我有明德爲天所立汝等殷士安得不服我乎以其心仍不服故以天道責之

王若至不正

正義曰周公又稱王順而言曰汝殷衆士今惟我周家文武二王大神能奉天事故天有命命我周王曰當割絕殷命告正於天我受天命已滅殷告天惟我天下之事不有二處之適言已之適周不更適他也惟汝殷王家事亦於我之適不復變改又追説初伐紂之事我其爲汝言曰惟汝殷紂大無法度故當宜誅絕之伐紂之時我不先於汝動自往誅汝其亂從汝邑先起汝紂自召禍耳我亦念天所以就於殷致大罪者故以紂不能正身念法故也

傳周王至恤祀

正義曰文王受命武王伐紂故知周王兼文武也大神奉天事

謂以天爲神而勤奉事之勞身敬神言亦如湯明德恤祀也

傳天有至傷士

正義曰以周王奉天之故故天有命命我周使割絕殷命告正於天謂武成之篇所云既克紂柴於牧野告天不頓兵傷士是也前敵即服故無頓兵傷士師以正行故爲告正武成正告功成功成無害即是不頓傷也頓兵者昭十五年左傳文頓折也

傳我亦至念法

正義曰言我亦念天者以紂雖無法度若使天不命我我亦不往誅紂以紂既爲大惡上天命我我亦念天所遣我就殷加大罪者何故以紂不能正身念法也

王曰猷至天命

正義曰又言曰我以道告汝衆士我惟是以汝未達德義之故其今徙居西汝置於洛邑以教誨汝我之徙汝非我一人奉行德義不能使民安而安之是惟天命宜然汝無違我我亦不敢

時其遷居西爾以道告汝衆士我惟汝未達德義是以徙居西汝於洛邑教誨汝
非我一人奉德不康寧時惟天命我徙汝非我天子奉德不
能使民安之是惟天命宜然無違朕不敢有後無我怨汝無違命
我亦不敢有後誅汝無怨我惟爾知惟殷先人有冊有典殷
革夏命言汝所親知殷先世有冊書典籍說殷改夏王命之意今爾又曰夏
迪簡在王庭有服在百僚簡大也今汝又曰夏之衆士蹈道者大在殷王
庭有服職在百官言見任用予一人惟聽用德肆予敢求爾
于天邑商言我周亦法殷家惟聽用有德故我敢求汝於天邑商將任用之予惟率
肆矜爾非予罪時惟天命惟我循殷故事憐愍汝故徙教汝非我罪咎是
惟天命
疏 王曰猷至天命　正義曰又言曰我以道
告汝衆士我惟是以汝未達德義之故
其今徙居西汝置於洛邑以教誨汝我之徙汝
非我一人奉行德義不能使民安而安之是惟
天命宜然汝無違我我亦不敢更有後誅罰汝
等無於我見怨汝既來遷當爲善事惟汝所
親知惟汝殷先人往世有策書有典籍說殷改
夏王命之意汝當案省知之汝知先人之故事今
汝又有言曰夏之諸臣蹈道者大在殷王之庭有
服行職事在於百官言其見任用恐我不任汝我
一人惟聽用有德之者故我敢求汝有德之人於
彼天邑商都欲取賢而任用之我惟循殷故事憐
愍汝故從教汝此徙非我有罪是惟天命當然聖
人動合天心故每事惟託天命也　傳以道至誨

更有後誅罰汝等無於我見怨汝既來遷當爲善事惟汝所親
知惟汝殷先人往世有策書有典籍說殷改夏王命之意汝當
案省知之汝知先人之故事今汝又有言曰夏之諸臣蹈道者
大在殷王之庭有服行職事在於百官言其見任用恐我不任
汝我一人惟聽用有德之者故我敢求汝有德之人於彼天邑
商都欲取賢而任用之我惟循殷故事憐愍汝故從教汝此徙
非我有罪是惟天命當然聖人動合天心故每事惟託天命也
傳以道至誨汝
正義曰猷訓道也故云以道告汝衆士上言惟是不言其故故
傳辨之惟是者未達德義也遷使居西正欲教以德義是以徙
居西汝置於洛邑近於京師教誨汝也從殷適洛南行而西迴
故爲居西也
傳汝無至怨我
正義曰周既伐紂又誅武庚殷士懼更有誅疑其欲違上命故
設此言以戒之知無違朕者謂戒之使汝無違命也汝能用命
我亦不敢有後誅必無後誅汝無怨我也
傳言我至用之
正義曰夏人簡在王庭爲其有德見用言我亦法殷家惟聽用
有德汝但有德我必任用故我往前敢求汝有德之人於天邑
商都將任用之也鄭玄云言天邑商者亦本天之所建王肅云
言商今爲我之天邑二者其言雖異皆以天邑商爲殷之舊都
言未遷之時當求往遷後有德任用之必矣
傳惟我至天命
正義曰循殷故事此故解經中肆字謂殷用夏人我亦用殷人
憐愍汝故徙之教汝此故解義之言非經中肆遷汝來西者非
我罪咎是惟天命也
王曰多士至多遜
正義曰王復言曰衆士昔我來從奄國大黜下汝管蔡商奄四
國民命民之性命死生在君誅殺其君是下民命由四國叛逆
我乃明白致行天罰汝等遺餘當教之爲善故移徙汝居於遠

汝　正義曰：猷，訓道也。故云以道告汝衆士。上言惟是，不言其故，故傳辨之。惟是者，未達德義也。遷使居西，正欲敎以德義，是以徙居西。汝置於洛邑，近於京師，敎誨汝也。從亳適洛，南行而西迴，故爲居西也。傳汝無至怨我　正義曰：周既伐紂，又誅武庚，殷士懼更有誅，疑其欲違上命，故設此言以戒之。知無違朕者，謂戒之使汝無違命也。汝能用命，我亦不敢有後誅，必無後誅，汝無怨我也。傳言我至用之　正義曰：夏人簡在王庭，爲其有德見用，言我亦法殷家，惟聽用有德，汝但有德，我必任用。故我往前敢求汝有德之人於天邑商都，將任用之也。鄭玄云：言天邑商者，亦本天之所建。王肅云：言商今爲我之天邑。二者其言雖異，皆以天邑商爲殷之舊都，言未遷之時，當求作遷後有德，任用之必矣。傳惟我至天命　正義曰：自殷故事，此故解經中肆字。謂殷用夏人，我亦四今憐愍汝，故徙之敎汝，此故解義之是非經中肆。遷汝來西者，非我罪咎，是惟天命也。三字

多士，昔朕來自奄，予大降爾四國民命。昔我來從奄，謂先誅三監，後伐奄淮夷。民命，謂君也。大下汝民命，謂誅四國君。我乃明致天罰，移爾遐逖，比事臣我宗多遜。四國君叛逆，我下其命，乃所以明致天罰。今移徙汝於洛邑，使汝遠惡俗，比近臣我宗周，多爲順道。

疏王曰多士至多遜　正義曰：王復言曰：衆士，昔我來從奄國，大黜下汝管蔡商奄四國民命。民之性命，死生在君，誅殺其君，是下民命。由四國叛逆，我乃明白致行天罰。汝等遺餘，當敎之爲善，故移徙汝居於遠，令汝遠於惡俗，比近服事臣我宗周，多爲順道，冀汝相敎爲善，永不爲惡也。傳昔我至國君　正義曰：金縢之篇說周公東征，言居東二年，罪人斯得，則昔我來從奄者，謂攝政三年時也。於時王不親行，而王言我來自奄者，周公以王命誅四國，周公師還，亦是王來還也。一舉而誅四國，獨言來自奄者，謂先誅三監，後伐奄與淮夷，奄誅在後，誅奄即來，故言來自奄也。民以君爲命，故民命謂君也。大下汝民命，謂誅四國君。王肅云：君爲民命，爲君不能順民意，故誅之也。傳四國至順道　正義曰：天之所罰，罰有罪也。四國之君有叛逆之罪，我下其命，乃所以明致天罰，言非苟爲之也。遐逖俱訓爲遠，今移徙汝於洛邑，令去本鄉遠也。使汝遠於惡俗，令去惡俗遠也。比近京師，臣我周家，使汝從我善化，多爲順道。所以救汝之性命也。

王曰：告爾殷多士，今予惟不爾殺，予惟時命有申。所以從汝，是我不欲殺汝，故惟是敎命申戒之。今朕作大邑于茲洛，予惟四方罔攸賓，今我作此洛邑，以待四方無有遠近，無所賓外。亦惟爾多士攸服奔走臣我多遜。非但待四方，亦惟汝衆士，所當服行奔走臣我，多爲順事。爾乃尚有爾土，爾乃尚寧幹止。汝多爲順事，乃庶幾還有汝本土，乃庶幾安汝故事止居，以反所生誘之。爾克敬，天惟畀矜爾；汝能敬行順事，則爲天所與，爲天所憐。爾不克敬，爾不啻不有爾土，予亦致天之罰于爾躬。汝不能敬順，其罰深重，不但不得還本土而已，我亦致天罰於汝身，言刑殺。今爾惟時宅爾邑，繼爾居，爾厥有幹有年于茲洛。今汝惟是敬順居汝邑，繼汝所當居爲，則汝其有安事，有豐年於此

洛邑言由洛修善得還本土有幹有年
爾小子乃興從爾遷汝能敬則子孫乃起從汝化而遷善
疏 王曰告至爾遷　正義曰王又言曰告汝殷之多士所以遠從汝者今我惟不欲於汝刑殺我惟是教命有所申戒由此也今我作大邑於此洛非但爲我惟以待四方無所賓外亦惟爲汝衆士所當服行臣事我宗周多爲順事故也汝若多爲順事汝乃庶幾還有汝本土乃庶幾安汝故事止居可不勉之也汝能敬行順事天惟與汝憐汝況於人乎汝若不能敬行順事則汝不啻不得還汝本土我亦致天之罰於汝身今汝惟是敬順居汝所受新邑繼汝舊日所居爲我當聽汝還歸本鄉有幹事有豐年乃由於此洛邑行善也汝能敬順則汝之小子與孫等乃起從汝化而遷善矣
傳今汝至有年　正義曰殷士遠離本鄉新來此邑或當居不安爲棄舊業故戒之今汝惟是敬順居汝新所受邑繼汝舊日所當居爲謂繼其本土之事業也但能如此得還本土其有安事有豐年也有幹有年謂歸本土有幹年而言於洛者言由在洛修善得還本土有幹有年也王肅云汝其有安事有長久年於此洛邑主解於文甚便但孔上句爲云爾乃尚有爾本土是誘引之辭故止爲得還本土有幹有年也
王曰又曰時予乃或言爾攸居言汝衆士當是我勿非我也我乃有教誨之言則汝所當居行
疏 王曰又至攸居　正義曰王之所云又復稱曰汝當是我勿非我也我乃有教誨之言則汝所當居行之
傳言汝至居行　正義曰王以誨之已終故戒之云汝當是我勿非我既不非我我乃有教誨汝之言則汝所當居行令其居於心而行用之鄭玄論語注云或之言有此亦或爲有也凡言王曰皆是史官錄辭

楊本卷十五第十一葉

令汝遠於惡俗比近服事臣我宗周多爲順道冀汝相教爲善
永不爲惡也
傳昔我至國君
正義曰金縢之篇說周公東征言居東二年罪人斯得則昔我
來從奄者謂攝政三年時也於時王不親行而王言我來自奄
者周公以王命誅四國周公師還亦是王來還也一舉而誅四
國獨言來自奄者謂先誅三監後伐奄與淮夷奄誅在後誅奄
即來故言來自奄也民以君爲命故民命謂君也天下汝民命
謂誅四國君王肅云君爲民命爲君不能順民意故誅之也
傳四國至順道
正義曰天之所罰罰有罪也四國之君有叛逆之罪我下其命
乃所以明致天罰言非苟爲之也遐逖俱訓爲遠今移從汝於
洛邑令去本鄉遠也使汝遠於惡俗令去惡俗遠也比近京師
臣我周家使汝從我善化多爲順道所以救汝之性命也
王曰告至爾遷
正義曰王又言曰告汝殷之多士所以遠徙汝者今我惟不欲
於汝刑殺我惟是教命有所申戒由此也今我作大邑於此洛
非但爲我惟以待四方無所賓外亦惟爲汝衆士所當服行臣
事我宗周多爲順事故也汝若多爲順事汝乃庶幾還有汝本
土乃庶幾安汝故事止居可不勉之也汝能敬行順事天惟與
汝憐汝況於人乎汝若不能敬行順事則汝不啻不得還汝本
土我亦致天之罰於汝身今汝惟是敬順居汝所受新邑繼汝
舊日所居爲我當聽汝還歸本鄉有幹事有豐年乃由於此洛
邑行善也汝能敬順則汝之小子與孫等乃起從汝化而遷善矣
傳今汝至有年
正義曰殷士遠離本鄉新來此邑或當居不安爲棄舊業故戒
之今汝惟是敬順居汝新所受邑繼汝舊日所當居爲謂繼其
本土之事業也但能如此得還本土其有安事有豐年也有幹
有年謂歸本土有幹年而言於洛者言由在洛修善得還本土
有幹有年也王肅云汝其有安事有長久年於此洛邑王解於

單疏卷十五第七葉

非王語也今史録稱王之言曰以前事未終故言又曰也

無逸第十七

周公作無逸中人之性好逸豫故戒以無逸

無逸成王即政恐其逸豫故以所戒名篇　疏　傳中人至無逸　正義曰上智不肯爲非下愚戒之無益故中人之性可上可下不能勉強多好逸豫故周公作書以戒之使無逸此雖指戒成王以爲人之大法成王以聖賢輔之當在中人以上其實本性亦中人耳　傳成王至名篇　正義曰篇之次第以先後爲序多士君奭皆是成王即位之初知此篇是成王始初即政周公恐其逸豫故戒之使無逸即以所戒名篇也

周公曰嗚呼君子所其無逸歎美君子之道所在念德其無逸豫君子且猶然況王者乎

先知稼穡之艱難乃逸則知小人之依稼穡農夫之艱難事先知之乃謀逸豫則知小人之所依怙

相小人厥父母勤勞稼穡厥子乃不知稼穡之艱難視小人不孝者其父母躬勤艱難而子乃不知其勞

乃逸乃諺既誕否則侮厥父母曰昔之人無聞知小人之子既不知父母之勞乃爲逸豫遊戲乃叛諺不恭已欺誕父母不欺則輕侮其父母曰古老之人無所聞知　疏　周公至聞知　正義曰周公歎美君子之道以戒王曰嗚呼君子之人所在其無逸豫君子必先知農人稼穡之艱難然後乃謀爲逸豫如是則知小人之所依怙也視彼小人不孝者其父母勤勞稼穡其子乃不知稼穡之艱難乃爲

文其便假孔上句爲云爾乃尚有爾本土是誘引之辭故止爲得還本土有幹有年也

王曰又至攸居

正義曰王之所云又復稱曰汝當是我勿非我也我乃有教誨之言則汝所當居行之

傳言汝至居行

正義曰王以誨之已終故戒之云汝當是我勿非我既不非我我乃有教誨汝之言則汝所當居行令其居於心而行用之鄭玄論語注云或之言有此亦或爲有也凡言王曰皆是史官録辭非王語也今史録稱王之言曰以前事未終故言又曰也

無逸第十七

傳中人至無逸

正義曰上智不肯爲非下愚戒之無益故中人之性可上可下不能勉強多好逸豫故周公作書以戒之使無逸此雖指戒成王以爲人之大法成王以聖賢輔之當在中人以上其實本性亦中人耳

傳成王至名篇

正義曰篇之次第以先後爲序多士君奭皆是成王即位之初知此篇是成王始初即政周公恐其逸豫故戒之使無逸即以所戒名篇也

周公至聞知

正義曰周公歎美君子之道以戒王曰嗚呼君子之人所在其無逸豫君子必先知農人稼穡之艱難然後乃謀爲逸豫如是則知小人之所依怙也視彼小人不孝者其父母勤勞稼穡其子乃不知稼穡之艱難乃爲逸豫遊戲乃叛諺不恭既爲欺誕父母矣不欺則又侮慢其父母曰昔之人無所聞知小人與君子如此相反王宜知其事也

傳歎美至者乎

正義曰周公意重其事故歎而爲言鄭云嗚呼者將戒成王欲求以深感動之是欲深感成王故歎美君子之道君子者言其

逸豫遊戲，乃叛諺不恭，既爲欺誕父母矣，不欺
則又侮慢其父母曰，昔之人無所聞知，小人與
君子如此相反，主宜知其事也。傳歎美至者乎
正義曰，周公意重其事，故歎而爲言，鄭云嗚呼者
將戒成王，欲求以深感動之，是欲深感成王，故歎
美君子之道，君子者言其可以君正上位，子愛下
民，有德則稱之，不限貴賤，君子之人念德不怠，故
所在念德其無逸豫也，君子且猶然，而況王者乎
言王者日有萬幾，彌復不可逸豫，鄭云君子止謂
在官長者，所猶處也，君子處位爲政，其無自逸豫
也 傳稼穡至依怙 正義曰，民之性命在於穀
食，田作雖苦，不得不爲，寒耕熱耘，沾體塗足，是稼
穡爲農夫艱難之事，在上位者先知稼穡之艱難
乃可謀其逸豫，使家給人足，乃得思慮不勞，是爲
謀逸豫也，能知稼穡之艱難，則知小人之所依怙
言小人依怙此稼穡之事，不可不勤勞也，上句言
君子當無逸，此言乃謀逸豫者，君子之事，勞心與
形，盤于遊畋形之逸也，無爲而治心之逸也，君子
無形逸而有心逸，既知稼穡之艱難，可以謀心逸
也 傳視小人至其勞 正義曰，視小人不孝者
其父母勤苦艱難，勞於稼穡，成於生業，致富以遺
之，而其子謂己自然得之，乃不知其父母勤勞
傳小人至聞知 正義曰，上言視小人之身，此言
小人之子者，小人謂無知之人，亦是賤者之稱，躬
爲稼穡是賤者之事，故言小人之子，謂賤者之子
即上所視之小人也，此子既不知父母之勞，謂己
自然得富，恃其家富，乃爲逸豫遊戲，乃爲叛諺，不
恭已是欺誕父母矣，若不欺誕，則輕侮其父母曰
古老之人，無所聞知，言其罪之深也，論語曰，由也
諺，諺則叛諺，欺誕不恭之貌，昔訓久也，自今而道
遠久，故爲古老之
人，詩云，召彼故老 周公曰嗚呼我聞曰昔在殷

楊本卷十五第十三葉

可以君正上位子愛下民有德則稱之不限貴賤君子之人念
德不怠故所在念德其無逸豫也君子且猶然而況王者乎言
王者日有萬幾彌復不可逸豫鄭云君子止謂在官長者所猶
處也君子處位爲政其無自逸豫也
傳稼穡至依怙
正義曰民之性命在於穀食田作雖苦不得不爲寒耕熱耘沾
體塗足是稼穡爲農夫艱難之事在上位者先知稼穡之艱難
乃可謀其逸豫使家給人足乃得思慮不勞是爲謀逸豫也能
知稼穡之艱難則知小人之所依怙言小人依怙此稼穡之事不
可不勤勞也上句言君子當無逸此言乃謀逸豫者君子之事
勞心與形盤于遊畋形之逸也無爲而治心之逸也君子無形
逸而有心逸既知稼穡之艱難可以謀心逸也
傳視小人至其勞
正義曰視小人不孝者其父母勤苦艱難勞於稼穡成於生業
致富以遺之而其子謂已自然得之乃不知其父母勤勞
傳小人至聞知
正義曰上言視小人之身此言小人之子者小人謂無知之人
亦是賤者之稱躬爲稼穡是賤者之事故言小人之子謂賤者
之子即上所視之小人也此子既不知父母之勞謂已自然得
富恃其家富乃爲逸豫遊戲乃爲叛諺不恭已是欺誕父母矣
若不欺誕則輕侮其父母曰古老之人無所聞知言其罪之深
也論語曰由也諺諺則叛諺欺誕不恭之貌昔訓久也自今而
道遠久故爲古老之人詩云召彼故老
周公至五年
正義曰既言君子不逸小人反之更舉前代之王以天壽爲戒
周公曰嗚呼我所聞曰昔在殷王中宗威儀嚴恪貌恭心敬畏
天命用法度治民敬身畏懼不敢荒怠自安故中宗之享有殷
國七十有五年言不逸之故而得歷年長也
傳太戊至稱宗
正義曰中宗廟號太戊王名商自成湯已後政教漸衰至此王

單疏卷十五第九葉

王中宗太戊也殷家中世尊其德故稱宗嚴恭寅畏天命自度言太戊嚴恪恭敬畏天命用法度治民祗懼不敢荒寧為政敬身畏懼不敢荒怠自安肆中宗之享國七十有五年以敬畏之故得壽考之福

疏周公至五年 正義曰既言君子不逸小人反之更舉前代之王以天壽為戒周公曰嗚呼我所聞曰昔在殷王中宗威儀嚴恪貌恭心敬畏天命用法度治民敬身畏懼不敢荒怠自安故中宗之享有殷國七十有五年言不逸之故而得歷年長也 傳太戊至稱宗 正義曰中宗廟號太戊王名商自成湯已後政教漸衰至此王而中興之王者祖有功宗有德殷家中世尊其德其廟不毀故稱曰宗 傳言太至法度 正義曰祭義云嚴威儼恪故引恪配嚴鄭玄云恭在貌敬在心然則嚴是威恭是貌敬是心三者各異故累言之

其在高宗時舊勞于外爰暨小人武丁其父小乙使之久居民間勞是稼穡與小人出入同事作其即位乃或亮陰三年不言武丁起其即王位則小乙死乃有信默三年不言言孝行著其惟不言言乃雍不敢荒寧在喪則其惟不言喪畢發言則天下和亦法中宗不敢荒怠自安嘉靖殷邦至于小大無時或怨善謀殷國至于小大之政人無是有怨者言無非肆高宗之享國五十有九年高宗為政小大無怨故亦享國永年

疏其在至九年 正義曰其殷王高宗父在之時久勞於外於時與小人同其事後為太子起其即王之位乃有信默三年不言在喪

而中興之王者祖有功宗有德殷家中世尊其德其廟不毀故稱中宗

傳言太至法度

正義曰祭義云嚴威儼恪故引恪配嚴鄭玄云恭在貌敬在心然則嚴是威恭是貌敬是心三者各異故累言之

其在至九年

正義曰其殷王高宗父在之時久勞於外於時與小人同其事後為太子起其即王之位乃有信默三年不言在喪其惟不言喪畢發言言得其道乃天下大和不敢荒怠自安善謀殷國至於小大之政莫不得所其時之人無是有怨恨之者故高宗之享殷國五十有九年亦言不逸得長壽也

傳武丁其至同事

正義曰舊久也在即位之前而言久勞於外知是其父小乙使之久居民間勞是稼穡與小人出入同為農役小人之艱難事也太子使與小人同勞此乃非常之事不可以非常怪之於時蓋未為太子也殷道雖質不可既為太子更得與小人雜居也

傳武丁起至行著

正義曰以上言久勞於外為父在時事故言起其即王位則小乙死也亮信也陰默也三年不言以舊無功而今有故言乃有說此事者言其孝行著也禮記喪服四制引書云高宗諒闇三年不言善之也王者莫不行此禮何以獨善之也曰高宗者武丁武丁者殷之賢王也繼世即位而慈良於喪當此之時殷衰而復興禮廢而復起故載之於書中而高之故謂之高宗三年之喪君不言也是說此經不言之意也

傳在喪至自安

正義曰鄭玄云其不言之時時有所言則羣臣皆和諧鄭玄意謂此言乃雍者在三年之內時有所言也孔意則為出言在三年之外故云在喪則其惟不言喪畢發言則天下大和知者說命云王宅憂亮陰三祀既免喪其惟不言除喪猶尚不言在喪必無言矣故知喪畢乃發言也高宗不敢荒寧與中宗正同故

其惟不言喪畢發言言得其道乃天下大和不敢
荒怠自安善謀殷國至於小大之政莫不得所其
時之人無是有怨恨之者故高宗之享殷國五十
有九年亦言不逸得長壽也　傳武丁其至同事
正義曰舊久也在即位之前而言久勞於外知是
其父小乙使之久居民閒勞是稼穡與小人出入
同爲農役小人之艱難事也太子使與小人同勞
此乃非常之事未可以非常怪之於時蓋未爲太
子也殷道雖質不可旣爲太子更得與小人雜居
也　傳武丁起至行著　正義曰以上言久勞於
外爲父在時事故言起其即王位則小乙死也亮
信也陰默也三年不言以舊無功而今有故言乃
有說此事者言其孝行著也禮記喪服四制引書
云高宗諒闇三年不言善之也王者莫不行此禮
何以獨善之也曰高宗者武丁武丁者殷之賢王
也繼世即位而慈良於喪當此之時殷衰而復興
禮廢而復起故載之於書中而高之故謂之高宗
三年之喪君不言也是說此經不言之意也　傳
在喪至自安　正義曰鄭玄云其不言之時時有
所言則羣臣皆和諧鄭玄意謂此言乃雍者在三
年之內時有所言也孔意則爲出言在三年之外
故云在喪則其惟不言喪畢發言則天下大和知
者說命云王宅憂亮陰三祀旣免喪其惟不言除
喪猶尚不言在喪必無言矣故知喪畢乃發言也
高宗不敢荒寧與中宗正同故云亦法中宗不敢
荒怠自安殷家之王皆是明主所爲善事計應略
同但古文辭有差異傳因其文同故言法中宗也
傳善謀至無非　正義曰釋詁云嘉善也靖謀也
善謀殷國謀爲政教故至於小大之政皆允人意
人無是有怨高宗者言其政無非也鄭云小大謂
萬人上及羣臣言人臣小大皆無怨王也
其在祖甲不義惟王舊爲

楊本卷十五第十五葉

云亦法中宗不敢荒怠自安殷家之王皆是明主所爲善事計
應略同但古文辭有差異傳因其文同故言法中宗也
傳善謀至無非
正義曰釋詁云嘉善也靖謀也善謀殷國謀爲政教故至於小
大之政皆允人意人無是有怨高宗者言其政無非也鄭云小
大謂萬人上及羣臣言人臣小大皆無怨王也
其在至三年
正義曰其在殷王祖甲初遭祖喪所言行不義惟亦爲王久爲
小人之行伊尹廢諸桐起其即王之位於是知小人之所依依
於仁政乃能安順於衆民不敢侮鰥寡惸獨故祖甲之享有殷
國三十有三年亦言不逸得長壽也
傳湯孫至之桐
正義曰以文在高宗之下世次顚倒故特辨之此祖甲是湯孫
太甲也爲王不義謂湯初崩久爲小人之行故伊尹放之於桐
言其廢而復興爲下作其即位起本也王肅亦以祖甲爲太甲
鄭玄云祖甲武丁子帝甲也有兄祖庚賢武丁欲廢兄立弟祖
甲以此爲不義逃於人閒故云久爲小人案殷本紀云武丁崩
子祖庚立祖庚崩弟祖甲立是爲帝甲淫亂殷道復衰國語說
殷事云帝甲亂之七代而殞則帝甲是淫亂之主起亡殷之源
寧當與二宗齊名舉之以戒無逸武丁賢王祖庚復賢以武丁
之明無容廢長立少祖庚之賢誰所傳說武丁廢子事出何書
妄造此語是負武丁而誣祖甲也
傳在桐至惸獨
正義曰在桐三年太甲序文思集用光詩大雅文彼集作輯輯
和也彼鄭言公劉之遷豳思在和其民人用光大其道此傳之
意蓋言太甲之在桐也思得安集其身用光顯王政故起即王
位於是知小人之依依於仁政故能施行政教安順於衆民不
敢侮慢惸獨鰥寡之類尤可憐愍故特言之
傳太甲至稱祖
正義曰傳於中宗云以嚴畏之故得壽考之福高宗之爲政小

單疏卷十五第十一葉

小人湯孫太甲爲王不義久爲小人之行伊尹放之桐作其即位爰知小人之依能保惠于庶民不敢侮鰥寡在桐三年思集用光起就王位於是知小人之所依依仁政故能安順於衆民不敢侮慢惸獨肆祖甲之享國三十有三年太甲亦以知小人之依故得久年此以德優劣立年多少爲先後故祖甲在下殷家亦祖其功故稱祖

【疏】其在至三年　正義曰其在殷王祖甲初遭祖喪所言行不義惟亦爲王久爲小人之行伊尹廢諸桐起其即王之位於是知小人之所依依於仁政乃能安順於衆民不敢侮鰥寡惸獨故祖甲之享有殷國三十有三年亦言不逸得長壽也　傳湯孫至之桐　正義曰以文在高宗之下世次顛倒故特辨之此祖甲是湯孫太甲也爲王不義謂湯初崩久爲小人之行故伊尹放之於桐言其廢而復興爲下作其即位起本也王肅亦以祖甲爲太甲鄭玄云祖甲武丁子帝甲也有兄祖庚賢武丁欲廢兄立弟祖甲以此爲不義逃於人閒故云久爲小人案殷本紀云武丁崩子祖庚立祖庚崩弟祖甲立是爲帝甲淫亂殷道復衰國語說殷事云帝甲亂之七代而殞則帝甲是淫亂之主起亡殷之源寧當與二宗齊名舉之以戒無逸武丁賢王祖庚復賢以武丁之明無容廢長立少祖庚之賢誰所傳說武丁廢子事出何書妄造此語是負武丁而誣祖甲也　傳在桐至惸獨　正義曰在桐三年太甲序文思集用光詩大雅文彼集作輯輯和也彼鄭言公劉之遷豳思在和其民人用光大其道此傳之意蓋言太甲之在桐也思得安集其身用光顯王政故起即王位於是知小人之依依於仁政故能施行政教安順於

衆民不敢侮慢惸獨鰥寡之類尤可[illegible][illegible]特言之　傳太甲至稱祖　正義曰傳於中宗云以敬畏之故得壽考之福高宗之爲政小大無怨故亦享國永年於此云太甲亦以知小人之依故得久年各順其文而爲之說其言行善而得長壽經意三王同也以其世次顛倒故解之云此以德優劣立年多少爲先後故祖甲在太戊武丁之下諸書皆言太甲此言祖甲者殷家亦祖其功故稱之祖甲與二宗爲類惟見此篇必言祖其功亦未知其然殷之先君有祖乙祖辛祖丁稱祖多矣或可號之爲祖未必祖其功而存其廟也

自時厥後立王生則逸從是三王各承其後而立者生則逸豫無度生則逸不知稼穡之艱難言與小人之子同其敖不聞小人之勞惟耽樂之從過樂謂之耽惟樂之從言荒淫

自時厥後亦罔或克壽以耽樂之故從是其後亦無有能壽考或十年或七八年或五六年或四三年高者十年下者三年言逸樂之損壽

【疏】自時至三年　正義曰從是三王其後所立之王生則逸豫不知稼穡之艱難不聞小人之勞苦惟耽樂之事則從而爲之故從是其後諸王無有能壽考者或十年或七八年或五六年或四三年言逸樂之損壽故舉以戒成王也

周公曰嗚呼厥亦惟我周太王王季克自抑畏太王周公曾祖王季即祖言皆能以義自抑畏敬天命將說文王故本其父祖文王卑服即康功田功文王節儉卑其衣服以就其安人之功以就田功以知稼穡之艱難徽柔懿恭懷保小民惠鮮鰥

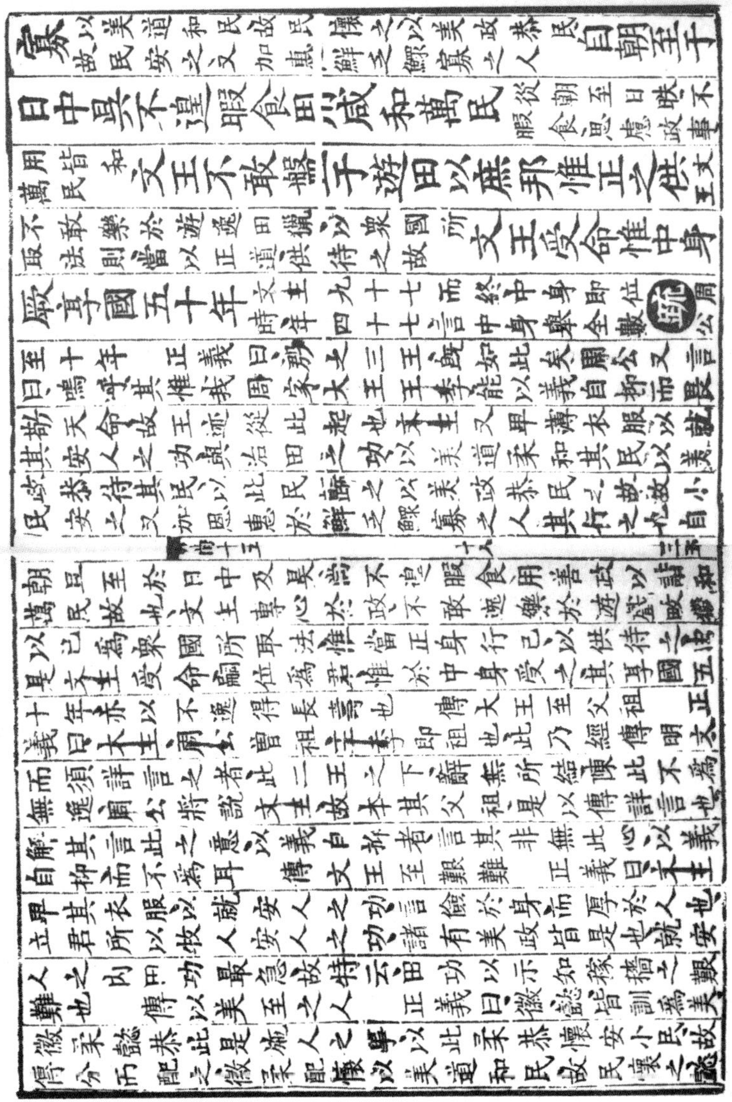

楊本卷十五第十八葉

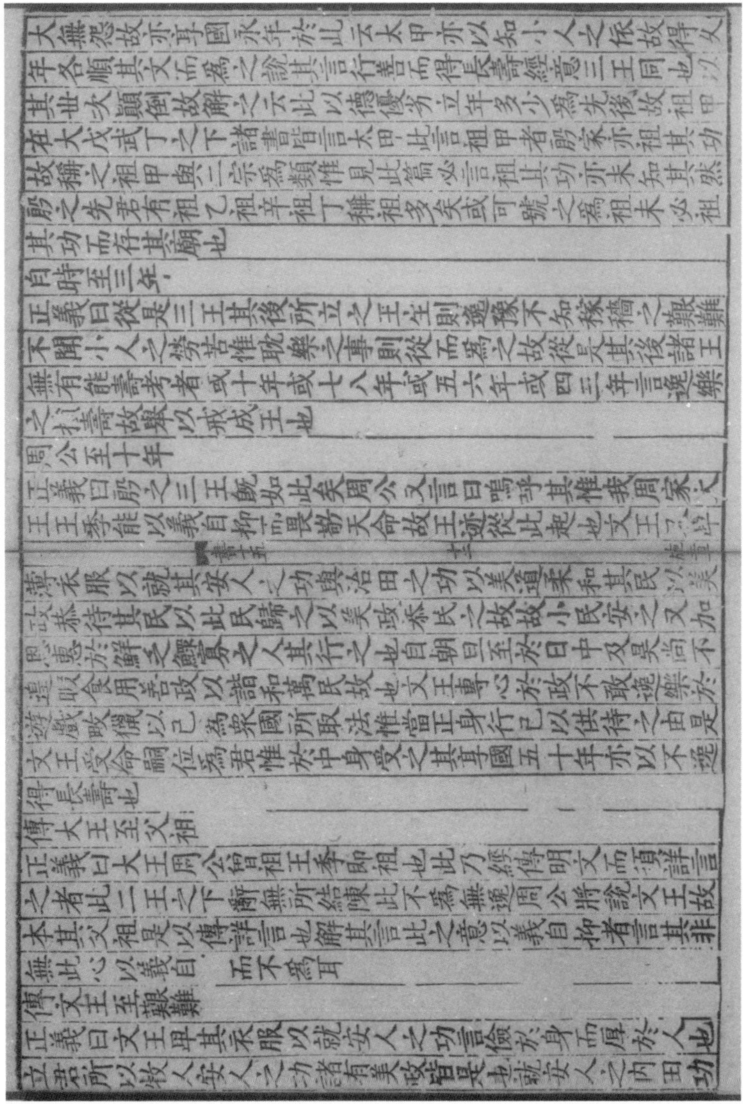

單疏卷十五第十二葉

恭配保以美政恭民故民安之徽懿言其美而已
不知何所美也人君施於民惟有道與政耳故傳
以美道美政言之政與道亦互相通也少乏鰥寡
尤是可憐故别言加惠於鮮乏鰥寡之人也 傳
從朝至萬民 正義曰昭五年左傳云日上其中
食日爲二旦日爲三則人之常食在日中之前謂
辰時也易豐卦彖曰日中則昃謂過中而斜昃也
昃亦名昳言日蹉跌而下謂未時也故日之十位
食時爲辰日昳爲未言文王勤於政事從朝不食
或至於日中或至於日昃猶不暇食故經中昃並
言之傳舉晚時故惟言昳遑亦暇也重言之者古
人自有復語猶云艱難也所以不暇食者爲思慮
政事用皆和萬民政事雖多皆是爲民故言咸咸
訓皆也 傳文王至之故 正義曰釋詁云盤樂
也遊謂遊逸田謂畋獵二者不同故並云遊逸田
獵以衆國皆於文王所取其法則文王當以正義
供待之故也言文王思爲政道以待衆國故不敢
樂於遊田文王世爲西伯故當爲衆國所取法則
禮有田獵而不敢者順時蒐狩不爲取樂故不敢
非時畋獵以爲樂耳 傳文王至全數 正義曰
文王年九十七而終禮記文王世子文也於九十
七内減享國五十年是未立之前有四十七在禮
諸侯踰年即位此據代父之年故爲即位時年四
十七也計九十七年半折以爲中身則四十七時
於身非中言中身者舉全數而稱之也經言受命
者鄭玄云受殷王嗣位之命然殷之末世政教已
衰諸侯嗣位何必皆待王命受先君之命亦可
也王肅云文王受命嗣位爲君不言受王命也 周
公曰嗚呼繼自今嗣王 繼從今已往嗣世之王皆戒之 則其無淫
于觀于逸于遊于田以萬民惟正之供 所以無敢過於觀遊

楊本卷十五第十九葉

艱急故特云田功以示知稼穡之艱難也
傳以美至之人
正義曰徽懿皆訓爲美徽柔懿恭此是施人之事以此柔恭懷
安小民故傳分而配之徽柔配懷以美道和民故民懷之懿恭
配保以美政恭民故民安之徽懿言其美而已不知何所美也
人君施於民惟有道與政耳故傳以美道美政言之政與道亦
互相通也少乏鰥寡尤是可憐故别言加惠於鮮乏鰥寡之人也
傳從朝至萬民
正義曰昭五年左傳云日上其中食日爲二旦日爲三則人之
常食在日中之前謂辰時也易豐卦彖曰日中則昃謂過中而
斜昃也昃亦名昳言日蹉跌而下謂未時也故日之十位食時
爲辰日昳爲未言文王勤於政事從朝不食或至於日中或至
於日昃猶不暇食故經中昃並言之傳舉晚時故惟言昳遑亦
暇也重言之者古人自有復語猶云艱難也所以不暇食者爲
思慮政事用皆和萬民政事雖多皆是爲民故言咸咸訓皆也
傳文王至之故
正義曰釋詁云盤樂也遊謂遊逸田謂畋獵二者不同故並云
遊逸田獵以衆國皆於文王所取其法則文王當以正義供待
之故也言文王思爲政道以待衆國故不敢樂於遊田文王世
爲西伯故當爲衆國所取法則禮有田獵而不敢者順時蒐狩
不爲取樂故不敢非時畋獵以爲樂耳
傳文王至全數
正義曰文王年九十七而終禮記文王世子文也於九十七内
減享國五十年是未立之前有四十七在禮諸侯踰年即位此
據代父之年故爲即位時年四十七也計九十七年半折以爲
中身則四十七時於身非中言中身者舉全數而稱之也經言
受命者鄭玄云受殷王嗣位之命然殷之末世政教已衰諸侯
嗣位何必皆待王命受先君之命亦可也王肅云文王受命嗣
位爲君不言受王命也
周公至德哉

單疏卷十五第十三葉

逸豫田獵者用萬民當惟正身以供待之故

無皇曰今日耽樂乃非民攸訓非天攸若時人丕則有愆無敢自暇曰惟今日樂後日止夫耽樂者乃非所以教民非所以順天是人則大有過矣無若殷王受之迷亂酗于酒德哉以酒爲凶謂之酗言紂心迷政亂以酗酒爲德戒嗣王無如之

疏 周公至德哉　正義曰周公又言而歎曰嗚呼繼此後世自今以後嗣位之王則其無得過於觀望過於逸豫過於遊戲過於田獵所以不得然者以萬民聽王者之教命王當正己身以供待之也以身供待萬民必當早夜恪勤無敢自閑暇曰今日且樂後日乃止此爲耽樂者非民之所以教訓也非天之所以敬順也若是之人則有大愆過矣王當自勤政事莫如殷王受之迷亂國政酗醬於酒德哉殷紂藉酒爲凶以酒爲德由是喪亡殷國亦當以紂爲戒無得如之　傳繼從至戒之　正義曰先言繼者謂繼此後人即從今以後嗣世之王也周公思及長遠後王盡皆戒之非獨成王也　傳所以至之故　正義曰傳意訓淫爲過鄭玄云淫放恣也淫者侵淫不止其言雖殊皆是過之義也言觀爲非時而行違禮觀物如春秋隱公如棠觀魚莊公如齊觀社穀梁傳曰常事曰視非常曰觀此言無淫于觀禁其非常觀也逸謂逸豫遊謂遊蕩田謂畋獵四者皆異故每事言於以訓用也用萬民皆聽王命主者惟當正身待之故不得淫於觀逸遊田也　傳無敢至過矣　正義曰無敢自暇謂事不寬不暇而以爲原王之意而爲辭故言曰耽以爲樂惟今日樂而後日止惟言今日樂明知後日止也夫耽樂者乃非所以教民教民當恪勤也非所以順天順天當肅恭也是此耽樂之人則大

楊本卷十五第二十葉

正義曰周公又言而歎曰嗚呼繼此後世自今以後嗣位之王則其無得過於觀望過於逸豫過於遊戲過於田獵所以不得然者以萬民聽王者之教命王當正己身以供待之也以身供待萬民必當早夜恪勤無敢自閑暇曰今日且樂後日乃止此爲耽樂者非民之所以教訓也非天之所以敬順也若是之人則有大愆過矣王當自勤政事莫如殷王受之迷亂國政酗醬於酒德哉殷紂藉酒爲凶以酒爲德由是喪亡殷國王當以紂爲戒無得如之

傳繼從至戒之

正義曰先言繼者謂繼此後人即從今以後嗣世之王也周公思及長遠後王盡皆戒之非獨成王也

傳所以至之故

正義曰傳意訓淫爲過鄭玄云淫放恣也淫者侵淫不止其言雖殊皆是過之義也言觀爲非時而行違禮觀物如春秋隱公如棠觀魚莊公如齊觀社穀梁傳曰常事曰視非常曰觀此言無淫于觀禁其非常觀也逸謂逸豫遊謂遊蕩田謂畋獵四者皆異故每事言於以訓用也用萬民皆聽王命王者惟當正身待之故不得淫於觀逸遊田也

傳無敢至過矣

正義曰無敢自暇謂事不寬不暇而以爲原王之意而爲辭故言曰耽以爲樂惟今日樂而後日止惟言今日樂明知後日止也夫耽樂者乃非所以教民教民當恪勤也非所以順天順天當肅恭也是此耽樂之人則大有愆過矣戒王不得如此也

傳以酒至如之

正義曰酗從酉以凶爲聲是酗爲凶酒之名故以酒爲凶謂之酗酗是飲酒而益凶也言紂心迷亂以酗酒爲德飲酒爲政心以凶酒爲己德紂以此亡殷戒嗣王無如之

周公至詛祝

正義曰周公言而歎曰我聞人之言曰古之人雖君明臣良猶尚相訓告以善道相安順以美政相教誨以義方君臣相正如

單疏卷十五第十四葉

有愆過矣戒王不得如此也　傳以酒至如之　正義曰酗從酉以凶為聲是酗為凶酒之名故以酒為凶謂之酗酗是飲酒而益凶也言紂心迷亂以酗酒為德飲酒為政心以凶酒為己德紂以此亡紂戒嗣王無如之

周公曰嗚呼我聞曰古之人猶胥訓告胥保惠胥教誨歎古之君臣雖君明臣良猶相道告相安順相教誨以義方民無或胥譸張為幻譸張誑也君臣以道相正故下民無有相欺誑幻惑也此厥不聽人乃訓之乃變亂先王之正刑至于小大此其不聽中正之君人乃教之以非法乃變亂先王之正法至于小大無不變亂言已有以致之民否則厥心違怨否則厥口詛祝以君變亂正法故民否則其心違怨否則其口詛祝言皆患其上

[疏]周公至詛祝　正義曰周公言而歎曰我聞人之言曰古之人雖君明臣良猶尚相訓告以善道相安順以美政相教誨以義方君臣相正如此故於時之民順從上教無有相誑欺為幻惑者此其不聽中正之君人乃教訓之以非法之事乃從其言變亂先王之正法至於小大之事無不皆變亂之君既變亂如此其時之民疾苦否則其心違上怨上否則其口詛祝上言人患之無已舉此以戒成王使之君臣相與養下民也　傳歎古至義方　正義曰此章二事善惡相反下句不聽人者是愚闇之君知此言古之人者是賢明之君相是兩人相與故知兼有臣良更相教告隱三年左傳石碏曰臣聞愛子教之以義方故知相教誨者使相教誨以義方也則知相訓告者告之以善道也相保惠者相安順以美政也　傳譸張至惑也

楊本卷十五第二十一葉

此故於時之民順從上教無有相誑欺為幻惑者此其不聽中正之君人乃教訓之以非法之事乃從其言變亂先王之正法至於小大之事無不皆變亂之君既變亂如此其時之民疾苦否則其心違上怨上否則其口詛祝上言人患之無已舉此以戒成王使之君臣相與養下民也

傳歎古至義方

正義曰此章二事善惡相反下句不聽人者是愚闇之君知此言古之人者是賢明之君相是兩人相與故知兼有臣良更相教告隱三年左傳石碏曰臣聞愛子教之以義方故知相教誨者使相教誨以義方也則知相訓告者告之以善道也相保惠者相安順以美政也

傳譸張至惑也

正義曰譸張誑也釋訓文孫炎曰眩惑誑欺人也民之從上若影之隨形君臣以道相正故下民無有相欺誑幻惑者幻即眩也惑亂之名漢書稱西域有幻人是也

傳此其至致之

正義曰上言善事此說惡事如此其不聽者是不聽中正之君也既不聽中正則好聽邪佞知此乃訓之者是邪佞之人訓之也邪佞之人必反正道故言人乃教之以非法闇君即受用之變亂先王之正法至於小大無不變亂言皆變亂正法盡也闇君所任同己由己之闇致此佞人言此闇君己身有以致之也上君明臣良由君明而有良臣亦是己有致之上言胥此不言者君任佞臣國亡滅矣不待相教為惡故不言胥也

傳以君至其上

正義曰君既變亂正法必將困苦下民民不堪命忿恨必起故民忿君乃有二事否則心違怨否則口詛祝言皆患上而為此也違怨謂違其命而怨其身詛祝謂告神明令加殃咎也以言告神謂之祝請神加殃謂之詛襄十七年左傳曰宋國區區而有詛有祝詩曰侯詛侯祝是詛祝意小異耳

周公至含怒

單疏卷十五第十五葉

正義曰譸張誑也釋訓文孫炎曰眩惑誑欺人也民之從上若影之隨形君臣以道相正故下民無有相欺誑幻惑者幻即眩也惑亂之名漢書稱西域有幻人是也

傳此其至致之　正義曰上言善事此說惡事如此其不聽者是不聽中正之君也既不聽中正則好聽邪佞知此乃訓之者是邪佞之人訓之也邪佞之人必反正道故言人乃教之以非法闇君即受用之變亂先王之正法至於小大無不變亂言皆變亂正法盡也闇君所任同己由己之闇致此佞人言此闇君己身有以致之也上君明臣良由君明而有良臣亦是己有致之上言胥此不言胥者君任佞臣國亡滅矣不待相教爲惡故不言胥也

傳以君至其上　正義曰君既變亂正法必將困苦下民民不堪命忿恨必迎故民忿君乃有二事否則心違怨否則口詛祝言皆患上而爲此也違怨謂違其命而怨其身詛祝謂告神明令加殃咎也以言告神謂之祝請神加殃謂之詛襄十七年左傳曰宋國區區而有詛有祝詩曰侯詛侯祝詛祝意小異耳

周公曰嗚呼自殷王中宗及高宗及祖甲及我周文王茲四人迪哲（言此四人皆蹈智明德以臨下）厥或告之曰小人怨汝詈汝則皇自敬德（其有告之言小人怨詈汝者則大自敬德增脩善政）厥愆曰朕之愆允若時不啻不敢含怒（其人有過則曰我過百姓有過在予一人信如是怨詈則四王不啻不敢含怒以罪之言常和悅）

疏　周公至含怒　正義曰既言明君闇君善惡相反更述二者之行周公言而歎曰嗚呼自殷王中宗及高宗及祖甲及我周文王此四人者皆蹈明智之道以

楊本卷十五第二十二葉

正義曰既言明君闇君善惡相反更述二者之行周公言而歎曰嗚呼自殷王中宗及高宗及祖甲及我周文王此四人者皆蹈明智之道以臨下民其有告之曰小人怨恨汝罵詈汝既聞此言則大自敬德更增修善政其民有過則曰是我之過民信有如是怨詈則不啻不敢含怒以罪彼人乃欲得數聞此言以自改悔言寬弘之若是

傳其有至善政

正義曰釋詁云皇大也故傳言大自敬德者謂增修善政也鄭玄以皇爲暇言寬暇自敬王肅本皇作況況滋益用敬德也

傳其人至和悅

正義曰或告之曰小人怨汝詈汝其言有虛有實其言若虛則民之愆也民有愆過則曰我過不責彼爲虛言而引過歸巳者湯所云百姓有過在予一人故若信有如是怨詈小人聞之則含怒以罪彼人此四王即不啻不敢含怒以罪彼人乃自顯聞其愆言其顏色常和悅也鄭玄云不但不敢含怒乃欲屢聞之以知巳政得失之源也

此厥至厥身

正義曰此其不聽中正之人乃有欺誑爲幻惑以告之曰小人怨汝詈汝不原其本情則信受之則如是信讒者不長念其爲君之道不審虛實不能寬緩其心而徑即含怒於人是亂其正法罰無罪殺無辜罰殺欲以止怨乃令人怨益甚天下之民有同怨君令怨惡聚於其身言禍急使民之怨若是敎成王勿學此也

傳則如至含怒

正義曰君人者察獄必審其虛實然後加罪不長念其爲君之道謂不審察虛實也不寬緩其心言徑即含怒也王肅讀辟爲辟扶亦反下長念其刑辟不當加無罪也

尚書正義卷第十五

計九千一百三十二字

單疏卷十五第十六葉

臨下民其有告之曰小人怨恨汝罵詈汝既聞此言則大自敬德更增修善政其民有過則曰是我之過民信有如是怨詈則不啻不敢含怒以罪彼人乃欲得數聞此言以自改悔言寬弘之若是 傳其有至善政 正義曰釋詁云皇大也故傳言大自敬德者謂增修善政也鄭玄以皇為暇言寬暇自敬王肅本皇作況況滋益用敬德也 傳其人至和悅 正義曰或告之曰小人怨汝詈汝其言有虛有實其言若虛則民之愆也民有愆過則曰我過不責彼為虛言而引過歸己者湯所云百姓有過在予一人故若信有如是怨詈小人聞之則含怒以罪彼人此四王即不啻不敢含怒以罪彼人乃自顧聞其愆言其顏色常和悅也鄭玄云不但不敢含怒乃欲屢聞之以知己政得失之源

此厥不聽人乃或譸張為幻曰小人怨汝詈汝則信之 此其不聽中正之君有人誑惑之言小人怨憾詛詈汝則信受之 則若時不永念厥辟不寬綽厥心 則如是信讒者不長念其為君之道不寬緩其心言含怒 亂罰無罪殺無辜怨有同是叢于厥身 信讒含怒罰殺無罪則天下同怨讎之叢聚於其身 疏 此厥至厥身 正義曰此其不聽中正之人乃有欺誑為幻惑以告之曰小人怨汝詈汝不原其本情則信受之則如是信讒者不長念其為君之道不審虛實亦不能寬緩其心而徑即含怒於人是亂其正法罰無罪殺無辜罰殺欲以止怨乃令人怨益甚天下之民有同怨君令怨惡聚於其身言褊急使民之怨君是教戒王勿學此也 傳則如至含怒 正義曰君人者察獄必審其虛實然後加罪亦長念其為君之道謂不察虛實也不寬緩其心言徑即含怒也王肅讀辟為辟亦不長念其刑辟不當加無罪也

周公曰嗚呼嗣王其監于茲 視此亂罰之禍以為戒

尚書注疏卷第十五

尚書注疏卷第十六

國子祭酒上護軍曲阜縣開國子臣孔穎達奉

勑撰

周書

君奭第十八

蔡仲之命第十九

多方第二十

君奭第十八

召公爲保周公爲師相成王爲左右召公不說

周公作君奭 尊之曰君奭名同姓也陳古以告之故以名篇 疏 召公至君奭　正義曰成王即政之初召公爲保周公爲師輔相成王爲左右大臣召公以周公嘗攝王政今復在臣位其意不說周公陳己意以告召公史敘其事作君奭之篇也周官篇云立太師太傅太保茲惟三公則此爲保爲師亦爲三公官也此實太師太保而不言太者意在師法保安王身言其實爲左右爾不爲舉其官名故不言太也經傳皆言武王之時太公爲太師此言周公爲師蓋太公薨命周公代之於時太傅蓋畢公爲之於此無事不須見也三公之次先師後保此序先言保者篇之所作主爲召公不說故先言召公不以官位爲次也案經周公之言皆說已留在王朝之意則

尚書正義卷第十六

國子祭酒上護軍曲阜縣開國子臣孔穎達奉

勑撰

周書

君奭第十八

蔡仲之命第十九

多方第二十

君奭第十八

召公至君奭

正義曰成王即政之初召公爲保周公爲師輔相成王爲左右大臣召公以周公嘗攝王政今復在臣位其意不說周公陳己意以告召公史敘其事作君奭之篇也周官篇云立太師太傅太保茲惟三公則此爲保爲師亦爲三公官也此實太師太保而不言太者意在師法保安王身言其實爲左右爾不爲舉其官名故不言太也經傳皆言武王之時太公爲太師此言周公爲師蓋太公薨命周公代之於時太傅蓋畢公爲之於此無事不須見也三公之次先師後保此序先言保者篇之所作主爲召公不說故先言召公不以官位爲次也案經周公之言皆說已留在王朝之意則召公不說周公之留也故鄭王皆云周公既攝王政不宜復列於臣職故不說然則召公大賢豈不知周公留意而不說者以周公留在臣職當時人皆怪之故欲開道周公之言以解世人之惑召公疑之作君奭非不知也史記燕世家云成王既幼周公攝政當國踐阼召公疑之作君奭此篇是致政之後言留輔成王之意其文甚明馬遷妄爲說爾鄭玄不見周官之篇言此師保爲周禮師氏保氏大夫之職言賢聖兼此官亦謬矣

傳尊之至名篇

正義曰周公呼爲君奭是周公尊之曰君也奭是其名君非名也僖二十四年左傳富辰言文王之子一十六國無名奭者則召公必非文王之子燕世家云召公奭與周同姓姬氏譙周曰

召公不說周公之留也故鄭玄皆云周公既攝王
政不宜復列於臣職故不說然則召公大賢豈不
知周公留意而不說者以周公留在臣職當時人
皆怪之故欲開道周公之言以解世人之惑召公
疑之作君奭非不知也史記燕世家云成王既幼
周公攝政當國踐祚召公疑之作君奭此篇是致
政之後言留輔成王之意其文甚明馬遷妄爲說
爾鄭玄不見周官之篇言此師保爲周禮師氏保
氏大夫之職言賢聖兼此官亦謬矣　傳尊之至
名篇　正義曰周公呼爲君奭是周公尊之曰君
也奭是其名君非名也僖二十四年左傳富辰言
文王之子十六國無名奭者則召公必非文王
之子燕世家云召公奭與周同姓姬氏譙周曰周
之支族譙周考校古史不能知其所出皇甫謐云
召公名醜是其一也是爲文王之子十六國然
文王之子本無定數并原豈爲一當召公於中又
爲十六謬矣此篇多言先世有大臣輔政是周公
陳古道以告之呼君奭以告之故以君奭名篇
若曰君奭順古道呼其名而告之弗弔天降喪于殷殷既
墜厥命我有周既受言殷道不至故天下喪亡於殷殷已墜失其王命我
有周道至已受之我不敢知曰厥基永孚于休若天棐
忱廢興之跡亦君所知言殷家其始長信於美道順天輔誠所以國也我亦不敢知
曰其終出于不祥言殷紂其終墜厥命以出於不善之故亦君所知 疏 周公
至不祥　正義曰周公留在王朝召公不說周公
爲師順古道而呼曰君奭殷道以不至之故故天
下喪亡於殷殷既墜失其王命我有周已受之矣
今雖受命貴在能終若不能終與殷無異故視殷

以爲監戒我不敢獨知殷家其初始之時能長信
於美道能安順於上天之道輔其誠信所以有國
此亦君之所知我亦不敢獨知曰殷紂其終墜失
其王命由出於不善之故亦君所知也　傳廢興
至以國　正義曰孔以召誥云我不敢知者其意召
公言我不敢獨知亦王所知則此言我不敢知亦
是周公言我不敢獨知是君奭所知故以此及下
句爲說殷之興亡言與君奭同知舉其殷興亡爲
戒鄭玄亦然也嗚呼君已曰時我我亦不敢寧于上帝
命歎而言曰君已當是我之留我亦不敢安于上天之命故不敢不留弗永遠念
天威越我民罔尤違言君不長遠念天之威而勤化於我民使無過違之
闕惟人在我後嗣子孫大弗克恭上下遏佚
前人光在家不知惟衆人共存在我後嗣子孫若大不能恭承天地絕失先王光
大之道我老在家則不得知天命不易天難諶乃其墜命弗
克經歷天命不易天難信無德者乃其墜失王命不能經久歷遠不可不慎嗣前
人恭明德在今予小子旦繼先王之大業恭奉其明德正在今我小子旦
言異於餘臣非克有正迪惟前人光施于我沖子我留非能
有改正但欲蹈行先王光大之道施政于我童子童子成王 疏 嗚呼至沖子　正義曰周公又
歎而呼召公曰嗚呼君已已辭也既歎乃復言曰
君當是我之留勿非我也我亦不敢安於上天之
命故不敢不留君何不長遠念天之威罰禍福難
量當勤敎於我下民使無尤過違法之闕惟今天

下衆人共誠心存在我後嗣子孫觀其政之善惡
若此嗣王大不能恭承上天下地絕失先王光大
之道令使衆人失望我若退老在家則不能得知
何得不留輔王也天命不易言甚難也天難信惡
則去之不常在一家是難信也天子若不稱天意
乃墜失其王命不能經久歷遠其事可不慎乎繼
嗣前人先王之大業恭奉其明德也正在今我小
子旦周公自言己身當恭奉其先王之明德留輔
佐王非能有所改正但欲蹈行先王光大之道施
政於我童子童子謂成王意欲奉行先王之事以
敎成王也　傳歎而至不留　正義曰歎而言曰嗚
呼君已已是引聲之辭既呼君奭歎而引聲乃
復言曰君當是我之留以其意不說故令是我而
勿非我我不敢安於上天之命我意當謂天既命
周我當成就周
道故不敢不留　又曰天不可信我道惟寧王德
延　無德去之是天不可信故我以
道惟安寧王之德謀欲延久　天不庸釋于文
王受命　言天不用令釋廢於文王
所受命故我留佐成王　〔疏〕又曰至受命
正義曰傳
又言曰天不可信無德則去之是其不可信也天
難信之故恐其去我周家故我以道惟安行寧王
之德謀欲延長之我原上天之意不用令廢於文
王所受命若嗣王失德則還廢之故我當留佐成
王也　傳無德至延久　正義曰此經言又曰傳
不明解鄭云人又云則鄭玄以此文曰爲周公稱
人之言也王肅云重言天不可信明己之留蓋畏
其天命則肅意以周公重言故稱又曰王雖不解
當與王肅意同言寧王
者即文王也鄭王亦同　公曰君奭我聞在昔成湯
既受命　已放桀受
命爲天子　時則有若伊尹格于皇天　尹
摯

楊本卷十六第四葉

周之支族譙周考校古史不能知其所出皇甫謐云原公名豐
是其一也是爲文王之子一十六國然文王之子本無定數并
原豐爲一當召公於中以爲十六謬矣此篇多言先世有大臣
輔政是陳古道以告之呼君奭以告之故以君奭名篇
周公至不祥
正義曰周公留在王朝召公不說周公爲師順古道而呼曰君
奭殷道以不至之故故天下喪亡於殷殷既墜失其王命我有
周已受之矣今雖受命貴在能終若不能終與殷無異故視殷
以爲監戒我不敢獨知殷家其初始之時能長信於美道能安
順於上天之道輔其誠信所以有國此亦君之所知我亦不敢
獨知曰殷紂其終墜失其王命由出於不善之故亦君所知也
傳廢興至以國
正義曰孔以召誥云我不敢知者其意召公言我不敢獨知亦
王所知則此言我不敢知亦是周公言我不敢獨知是君奭所
知故以此及下句爲說殷之興亡言與君奭同知舉其殷興亡
爲戒鄭玄亦然也
嗚呼至沖子
正義曰周公又歎而呼召公曰嗚呼君已已辭也既歎乃復言
曰君當是我之留勿非我也我亦不敢安於上天之命故不敢
不留君何不長遠念天之威罰禍福難量當勤敎於我下民使
無尤過違法之闕惟今天下衆人共誠心存在我後嗣子孫觀
其政之善惡若此嗣王大不能恭承上天下地絕失先王光大
之道令使衆人失望我若退老在家則不能得知何得不留輔
王也天命不易言甚難也天難信惡則去之不常在一家是難
信也天子若不稱天意乃墜失其王命不能經久歷遠其事可
不慎乎繼嗣前人先王之大業恭奉其明德也正在今我小子
旦周公自言己身當恭奉其先王之明德留輔佐王非能有所
改正但欲蹈行先王光大之道施政於我童子童子謂成王意
欲奉行先王之事以敎成王也
傳歎而至不留

單疏卷十六第二葉

佐湯功至大天謂致太平在太甲時則有若保衡太甲繼湯時則有如
此伊尹為保衡言天下所取安所取平在太戊太甲之孫時則有若伊陟
臣扈格于上帝巫咸乂王家伊陟臣扈率伊尹之職使其君不隕
祖業故至天之功不隕巫咸治王家言不及二臣在祖乙時則有若巫
賢祖乙殷家亦祖其功時賢臣有如此巫賢賢咸子巫氏在武丁時則有
若甘盤高宗即位甘盤佐之後有傅說疏公曰君奭至甘盤正義曰言時則有若
者言當其時有如此人也指謂如此伊尹甘盤非
謂別有如此人也以湯是殷之始王故言在昔既
受命見其為天子也以下在太甲在武丁亦言其
為天子[illegible]時有如此臣也成湯未為天子已得伊
尹言既受命者以功格皇天在受命之後故言既受
命也皇天之與上帝俱是天也變其文爾其功至
於天帝謂致太平而天下和之也保衡伊尹一人
也異時而別號伊尹之下已言格于皇天保衡之
下不言格于皇天從可知也伊陟臣扈言格于上
帝則其時亦致太平故與伊尹文異而事同巫咸
巫賢甘盤蓋功劣於彼三人故無格天之言傳
伊摯至太平　正義曰伊尹名摯諸子傳記多有
其文功至大天猶堯格于上下知其謂致太平也
傳太甲至取平　正義曰據太甲之篇及諸子傳
記太甲大臣惟有伊尹知即保衡也說命云昔先
正保衡作我先王佑我烈祖格于皇天商頌那祀
成湯稱為烈祖烈祖湯之號言保衡佐湯明保衡
即是伊尹也詩稱實維阿衡實左右商王鄭玄
云阿倚衡平也伊尹湯所依倚而取平至太甲
改曰保衡保安也言天下所取安所取平此皆

正義曰歎而言曰嗚呼君已已是引聲之辭既呼君奭歎而引
聲乃復言曰君當是我之留以其意不說故令是我而勿非我
我不敢安於上天之命孔意當謂天既命周我當成就周道故
不敢不留
又曰至受命
正義曰周公又言曰天不可信無德則去之是其不可信也天
難信之故恐其去我周家故我以道惟安行寧王之德謀欲延
長之我原上天之意不用令廢於文王所受命若嗣王失德則
還廢之故我當留佐成王也
傳無德至延久
正義曰此經言又曰傳不明解鄭云人又云則鄭玄以此又曰
為周公稱人之言也王肅云重言天不可信明己之留蓋是其
天命則肅意以周公重言故稱又曰孔雖不解當與王肅意同
言寧王者即文王也鄭王亦同
公曰君奭至甘盤
正義曰言時則有若者言當其時有如此人也指謂如此伊尹
甘盤非謂別有如此人也以湯是殷之始王故言在昔既受命
見其為天子也以下在太甲在武丁亦言其為天子之時有如
此臣也成湯未為天子已得伊尹言既受命者以功格皇天在
受命之後故言既受命也皇天之與上帝俱是天也變其文爾
其功至於天帝謂致太平而天下和之也保衡伊尹一人也異
時而別號伊尹之下已言格于皇天保衡之下不言格于皇天
從可知也伊陟臣扈言格于上帝則其時亦致太平故與伊尹
文異而事同巫咸巫賢甘盤蓋功劣於彼三人故無格天之言
傳伊摯至太平
正義曰伊尹名摯諸子傳記多有其文功至大天猶堯格于上
下知其謂致太平也
傳太甲至取平
正義曰據太甲之篇及諸子傳記太甲大臣惟有伊尹知即保
衡也說命云昔先正保衡作我先王佑我烈祖格于皇天商頌

三公之官當時爲之號也孔以太甲云嗣王不惠於阿衡則太甲亦曰阿衡與鄭異也　傳太甲之孫　正義曰史記殷本紀云太甲崩子沃丁立崩弟太庚立崩子小甲立崩弟雍己立崩弟太戊立是太戊爲太甲之孫太庚之子三代表云小甲太庚弟雍己太戊又是小甲弟則太戊亦是沃丁弟太甲子本紀世表俱出馬遷必有一誤孔於咸乂序傳云太戊沃丁弟之子是太戊爲太甲之孫也　傳伊陟至二臣　正義曰伊尹格于皇天此伊陟臣扈云格于上帝其事既同知此二臣能率循伊尹之職輔佐其君使其君不隕祖業故至天之功亦不隕墜也夏社序云湯既勝夏欲遷其社不可作夏社疑至臣扈則湯初有臣扈已爲大臣矣不得至今仍在與伊尹之子同時立功蓋二人名同或兩字一誤也案春秋范武子光輔五君或臣扈事湯而又事太戊也格于上帝之下乃言巫咸乂王家則巫　亦是賢臣俱能紹治王家之事而已其功不得至天言不及彼二臣　傳祖乙至巫氏　正義曰殷本紀云中宗崩子仲丁立崩弟外壬立崩弟河亶甲立崩子祖乙立則祖乙是太戊之孫也孔以其人稱祖故云殷家亦祖其功賢是咸子相傳云然父子俱稱爲巫知巫爲氏也　傳高宗至傳說　正義曰說命篇高宗云台小子舊學于甘盤既乃遯於荒野高宗未立之前已有甘盤免喪不言乃求傅說明其即位之初有甘盤佐之甘盤卒後有傅說計傅說當有大功此惟數六人不言傅說者周公意所不言未知其故　**率惟茲有陳保乂有殷故殷禮陟配天多歷年所**言伊尹至甘盤六臣佐其君循惟此道有陳列之功以安治有殷故殷禮能升配天享國久長多歷年所　**天惟純佑命則商實**

楊本卷十六第六葉

邦祀成湯稱爲烈祖烈祖湯之號言保衡佐湯明保衡即是伊尹也詩稱實維阿衡實左右商王鄭玄云阿倚衡平也伊尹湯所依倚而取平至太甲改曰保衡保安也言天下所取安所取平此皆三公之官當時爲之號也孔以太甲云嗣王不惠於阿衡則太甲亦曰阿衡與鄭異也

傳太甲之孫

正義曰史記殷本紀云太甲崩子沃丁立崩弟太庚立崩子小甲立崩弟雍己立崩弟太戊立是太戊爲太甲之孫太庚之子三代表云小甲太庚弟雍己太戊又是小甲弟則太戊亦是沃丁弟太甲子本紀世表俱出馬遷必有一誤孔於咸乂序傳云太戊沃丁弟之子是太戊爲太甲之孫也

傳伊陟至二臣

正義曰伊尹格于皇天此伊陟臣扈云格于上帝其事既同知此二臣能率循伊尹之職輔佐其君使其君不隕祖業故至天之功亦不隕墜也夏社序云湯既勝夏欲遷其社不可作夏社疑至臣扈則湯初有臣扈已爲大臣矣不得至今仍在與伊尹之子同時立功蓋二人名同或兩字一誤也案春秋范武子光輔五君或臣扈事湯而又事太戊也格于上帝之下乃言巫咸乂王家則巫咸亦是賢臣俱能紹治王家之事而已其功不得至天言不及彼二臣

傳祖乙至巫氏

正義曰殷本紀云中宗崩子仲丁立崩弟外壬立崩弟河亶甲立崩子祖乙立則祖乙是大戊之孫也孔以其人稱祖故云殷家亦祖其功賢是咸子相傳云然父子俱稱爲巫知巫爲氏也

傳高宗至傳說

正義曰說命篇高宗云台小子舊學于甘盤既乃遯於荒野高宗未立之前已有甘盤免喪不言乃求傅說明其即位之初有甘盤佐之甘盤卒後有傅說計傅說當有大功此惟數六人不言傅說者周公意所不言未知其故

率惟至百姓

單疏卷十六第四葉

百姓勠禮配天惟天大佑助其王命使商家百姓豐實皆知禮節 疏 率惟至百姓 正義
曰此伊尹甘盤六臣等輔佐其君率循此爲臣之
道有陳列之功以安治有殷故殷有安上治民之
禮升配上天享國多歷年之次所天惟大佑助其
爲王之命則使商家富實百姓爲令使商之百姓
家給人足皆知禮節也 傳言伊至年所 正義
曰率訓循也說賢臣佐君云循惟此道當謂循此
爲臣之道盡忠竭力以輔其君故有陳列於世以
安治有殷使殷王得安治民故殷得此安上治民
之禮能升配上天夫在人上故謂之升爲天之子
是配天也享國久長多歷年所 傳殷禮至禮節
正義曰殷能以禮配天故天降福天惟大佑助其
王命風雨以時年穀豐稔使商家百姓豐實家給
人足管子曰衣食足知榮辱倉廩實知禮節 王人罔不秉德明恤小臣

尚十六 七

屏侯甸 湯至武丁其王人無不持德立業明憂其小臣使得其人以爲蕃屏侯甸之服小
臣且憂得人則大臣可知 矧咸奔走惟茲惟德稱用乂厥辟
王猶秉德憂臣況臣下得不皆奔走惟王此事惟有德者舉用治其君事 故一人有事
于四方若卜筮罔不是孚 一人天子也君臣務德故有事於四方而天下
化服如卜筮無不是而信之 疏 王人至是孚 正義曰王人謂與人爲王言此上所說成湯太
甲太戊祖乙武丁皆王人也無不持德立業明憂
小臣雖則小臣亦憂使得其賢人以蕃屏侯甸之
服主恐臣之不賢尚以爲憂況在臣下得不皆勤
勞奔走悉憂王此求賢之事惟求有德者舉之用
治其君之事乎君臣共求其有德所在職事皆治
天子一人有事於四方天下咸化而服如有卜筮

楊本卷十六第七葉

正義曰此伊尹甘盤六臣等輔佐其君率循此爲臣之道有陳
列之功以安治有殷故殷有安上治民之禮升配上天享國多
歷年之次所天惟大佑助其爲王之命則使商家富實百姓爲
令使商之百姓家給人足皆知禮節也
傳言伊至年所
正義曰率訓循也說賢臣佐君云循惟此道當謂循此爲臣之
道盡忠竭力以輔其君故有陳列於世以安治有殷使殷王得
安治民故殷得此安上治民之禮能升配上天天在人上故謂
之升爲天之子是配天也享國久長多歷年所
傳殷禮至禮節
正義曰殷能以禮配天故天降福天惟大佑助其王命風雨以
時年穀豐稔使商家百姓豐實家給人足管子曰衣食足知榮
辱倉廩實知禮節
王人至是孚
正義曰王人謂與人爲王言此上所說成湯太甲太戊祖乙武

書十六 五

丁皆王人也無不持德立業明憂小臣雖則小臣亦憂使得其
賢人以蕃屏侯甸之服王恐臣之不賢尚以爲憂況在臣下得
不皆勤勞奔走惟憂王此求賢之事惟求有德者舉之用治其
君之事乎君臣共求其有德所在職事皆治天子一人有事於
四方天下咸化而服如有卜筮之驗無不是而信之賢臣助君
致使大治我留不去亦當如此也
傳自湯至可知
正義曰王肅云王人猶君人也無不持德立業謂持人君之德
立王者之事業人君之德在官賢人官得其人則事業立故傳
以立業配持德明憂小臣之不賢憂欲使得其人以爲蕃屏侯
甸之服也小臣且憂得人則大臣憂之可知侯甸尚思得其人
朝廷思之必矣王肅云小臣臣之微者舉小以明大也
傳王猶至君事
正義曰君之所重莫重於求賢官之所急莫急於得人故此章
所陳惟言君憂得人臣能舉賢以上之尊猶尚秉德憂臣況其

單疏卷十六第五葉

之驗無不是而信之賢臣助君致使大治我留不
去亦當如此也　傳自湯至可知　正義曰王肅
云王人猶君人也無不持德立業謂持人君之德
立王者之事業人君之德在官賢人官得其人則
事業立故傳以立業配持德明憂小臣之不賢憂
欲使得其人以爲蕃屏侯甸之服也小臣且憂得
人則大臣憂之可知侯甸尚思得其人朝廷思之
必矣王肅云小臣臣之微者舉小以明大也　傳
王猶至君事　正義曰君之所重莫重於求賢官
之所急莫急於得人故此章所陳惟言君憂得人
臣能舉賢以王之尊猶尚秉德憂臣況其臣下得
不皆奔走惟王此求賢之事惟有德者必舉之置
於官位用治其君事也　傳一人至信之　正義
曰禮天子自稱曰予一人故爲天子也君臣務求
有德衆官得其人從上至下遞相師法職無大小
莫不　天子有事於四方發號出令而天下
化服　筮無不是而信之
事既有驗言如是則人皆信之
公曰君奭天壽
平格保乂有殷有殷嗣天滅威言天壽有平至之君故安治有殷有殷嗣子紂不能平至天滅亡加之以威
今汝永念則有固命
厥亂明我新造邦今汝長念平至者安治反是者滅亡以爲法戒則有堅固王命其治理足以明我新成國矣
疏　公曰君奭天至造邦　正義曰周公呼召公曰君奭
皇天賦命壽此有平至之君言有德者必壽考也
殷之先王有平至之德故能安治有殷言故得安
治也有殷嗣子紂不能平至故天滅亡而加之以
威今汝奭當長念天道平至者安治不平至者滅
亡以此爲法戒則有堅固王命其治理足以明我
新成國矣　傳言天至以威　正義曰格訓至也

楊本卷十六第八葉

臣下得不皆奔走惟王此求賢之事惟有德者必舉之置於官
位用治其君事也
傳一人至信之
正義曰禮天子自稱曰予一人故爲天子也君臣務求有德衆
官得其人從上至下遞相師法職無大小莫不是法故天子有
事於四方發號出令而天下化服辟如卜筮無不是而信之事
既有驗言如是則人皆信之
公曰君奭天至造邦
正義曰周公呼召公曰君奭皇天賦命壽此有平至之君言有
德者必壽考也殷之先王有平至之德故能安治有殷言故得
安治也有殷嗣子紂不能平至故天滅亡而加之以威今汝奭
當長念天道平至者安治不平至者滅亡以此爲法戒則有堅
固王命其治理足以明我新成國矣
傳言天至以威
正義曰格訓至也平謂政教均平至謂道有所至上言不弔謂
道有不至者此言格謂道至者天壽有平至之君有平至之德
則天與之長壽即知中宗高宗之屬身是也由其君有平至之
德故能安治有殷言有殷國安而民治也有殷嗣子紂其德不
能平至國不安民不治故天滅亡之而加之以威也孔傳之意
此經專說君之善惡其言不及臣也王肅以爲兼言君臣注云
殷君臣之有德故安治有殷言是者不可不法殷家有良臣也
鄭注以爲專言臣事格謂至於天也與孔不同
傳今汝至國矣
正義曰上句言善者興而惡者亡此句令其長安治及念明道
念上二者故言今汝長念平至者而安治反是者滅亡念此以
爲法戒則有堅固王命王族必不傾壞若能如此其治理足以
光明我新成國矣周自武王伐紂至此年歲未多對殷而言故
爲新國傳意言不及臣周公說此事者蓋言興滅由人我欲輔
王使爲平至之君
公曰君奭至厥躬

單疏卷十六第六葉

平謂政教均平至謂道有所至上言不平謂道有
不至者此言格謂道至者夭壽有平至之君有平
至之德則天與之長壽即知中宗高宗之屬身是
也由其君有平至之德故能安治有殷言有殷國
安而民治也有殷嗣子紂其德不能平至國不安
民不治故天滅亡之而加之以威也孔傳之意此
經專說君之善惡其言不及臣也王肅以爲兼言
君臣注云殷君臣之有德故安治有殷言是者不
可不法殷家有良臣也鄭注以爲專言臣事格謂
至於天也與孔不同　傳今汝至國矣　正義曰
上言善者興而惡者亡此句令其長安治及念
明道念上二者故言今汝長念平至者而安治反
是者滅亡念此以爲法戒則有堅固王命主族必
不傾壞若能如此其治理足以光明我新成國矣
周自武王伐紂至此年歲未多對殷而言故爲新
國傳[illegible]及臣周公說此事者蓋言興滅由人
我欲爲平至之君

公曰君奭在昔上帝割申勸寧王之德其集大命于厥躬在昔上天割制其義重勸文王之德故能成其大命於其身謂勤德以受命惟文王尚克修和我有夏亦惟有若虢叔有若閎夭文王庶幾能修政化以和我所有諸夏亦惟賢臣之助爲治有如此虢閎氏虢國叔字文王弟夭名有若散宜生有若泰顛有若南宮括散泰南宮皆氏宜生顛括皆名凡五臣佐文王爲胥附奔走先後禦侮之任

疏　公曰君奭至宮括　正義曰公呼召公曰君奭在昔上天斷割其義重勸文王之德以文王有德勸勉使之成功故文王能成大命於其身言文王能順天之意勤德

以受命　傳在昔至受命　正義曰文王去此未
久但欲遠本天意故云在昔上天作文遠言之割
制謂切割絶斷之意故云割制其義重勸文王之
德者文王既已有德上天佑助而重勸勉文王順
天之意故其能成大命於其身正謂勤行德義以
受天命　傳文王至夭名　正義曰文王未定天
下庶幾能修政化以和我所有諸夏謂三分有二
屬已之諸國也僖五年左傳云虢仲虢叔王季之
穆也是虢叔爲文王之弟也[illegible]名叔字凡言人
之名氏皆上氏下名故閎散泰南宮皆氏夭宜生
顛括皆名也　傳散泰至之任　正義曰詩緜之
卒章稱文王有疏附先後奔奏禦侮之臣毛傳
云率下親上曰疏附相道前後曰先後喻德宣譽
曰奔奏武臣折衝曰禦侮鄭箋云疏附使疏者親
也奔奏使人歸趨之詩言文王有此四種之臣經
歷言　臣之名故知五臣佐文王爲此任也此四
事者言臣共爲此任非一臣當一事也鄭云不及
呂望者太師教文王以大德周公謙不可以自比

又曰無能往來茲迪彝教文王蔑德降于國人有五賢臣猶曰其少無所能往來而五人以此道法教文王以精微之德下政令於國人言雖聖人亦須良佐亦惟純佑秉德迪知天威乃惟時昭文王文王亦如殷家惟天所大佑文王亦秉德蹈知天威乃惟是五人明文王之德迪見冒聞于上帝惟時受有殷命哉言能明文王德蹈行顯見覆冒下民彰聞上天惟是故受有殷之王命

疏　又曰至命哉　正義曰文王既有賢臣五人又復言曰我之賢臣猶少無所能往來[illegible]人以此道法教文王以微蔑精妙之德下政令於國人德政既善爲天

所佑文王亦如殷家惟爲天所大佑文王亦秉德
蹈知天威文王得如此者乃惟是五人明文王之德下
德使然也五人能明文王德使蹈行顯見覆冒下
民聞於上天惟是之故得受有殷王之命哉言文
王之聖猶須良佐我所以留輔成王　傳有五至
良佐　正義曰無能往來一句周公假爲文王之
辭言文王有五賢臣猶恨其少又復言曰我臣既
少於事無能往來謂去還理事未能周悉言其好
賢之深不知厭足也迪道彝法也蔑小也小謂精
微也而五人以此道法教文王以精微之德用此
精微之德下教令於國人言雖聖人亦須良佐武
以見成王須輔佐之甚也鄭玄亦云蔑小也
王惟茲四人尚迪有祿　文王沒武王立惟此四人庶幾輔相武王蹈有天祿
虢叔先死故曰四人　後暨武王誕將天威咸劉厥敵　言此
四人後與武王皆殺其敵謂誅紂　惟茲四人昭武王惟冒丕單
稱德　惟此四人明武王之德使布冒天下大盡舉行其德　疏　武王至稱德　正義曰文王既
沒武王次立武功初立惟此四人庶幾輔相武王
蹈有天下之祿其後四人與武王大行天之威罰
皆與共殺其強敵謂共誅紂也武王之有天下惟
此四人明武王之德惟武王布德覆冒天下此四
人大盡舉行武王之德言武王亦得良臣之力
傳文王至四人　正義曰文王受命九年而崩十
三年方始殺紂文王沒武王立謂武王初立之時
惟此四人而已庶幾輔相武王蹈有天祿初立則
有此志故下句言後與武王殺紂也虢叔先死故
曰四人以是文王之弟其年應長故言先死也鄭
玄疑不知誰死注云至武王時虢叔等有死者餘
四人也　傳惟此至其德　正義曰單盡稱舉也

楊本卷十六第十一葉

正義曰公呼召公曰君奭在昔上天斷割其義重勸文王之德
以文王有德勸勉使之成功故文王能成大命於其身言文王
能順天之意勤德以受命
傳在昔至受命
正義曰文王去此未久但欲遠本天意故云在昔上天作久遠
言之割制謂切割絕斷之意故云割制其義重勸文王之德者
文王既已有德上天佑助而重勸勉文王順天之意故其能成
大命於其身正謂勤行德義以受天命
傳文王至天名
正義曰文王未定天下庶幾能修政化以和我所有諸夏謂三
分有二屬己之諸國也僖五年左傳云虢仲虢叔王季之穆也
是虢叔爲文王之弟也虢國名叔字凡言人之名氏皆上氏下
名故閎散泰南宮皆氏夭宜生顛括皆名也
傳散泰至之任
正義曰詩緜之卒章稱文王有疏附先後奔奏禦侮之臣毛傳
云率下親上曰疏附相道前後曰先後喻德宣譽曰奔奏武臣
折衝曰禦侮鄭箋云疏附使疏者親也奔奏使人歸趨之詩言
文王有此四種之臣經歷言五臣之名故知五臣佐文王爲此
任也此四事者五臣共爲此任非一臣當一事也鄭云不及呂
望者太師教文王以大德周公謙不可以自比
又曰至命哉
正義曰文王既有賢臣五人又復言曰我之賢臣猶少無所能
往來五人以此道法教文王以微蔑精妙之德下政令於國人
德政既善爲天所佑文王亦如殷家惟爲天所大佑文王亦秉
德蹈知天威文王得如此者乃惟是五人明文王之德使然也
五人能明文王德使蹈行顯見覆冒下民聞於上天惟是之故
得受有殷王之命哉言文王之聖猶須良佐我所以留輔成王
傳有五至良佐
正義曰無能往來一句周公假爲文王之辭言文王有五賢臣
猶恨其少又復言曰我臣既少於事無能往來謂去還理事未

單疏卷十六第七葉

使武王之德布冒天下是此四人之
力言此四人大盡舉行武王之德也 今在予小子
旦若游大川予往暨汝奭其濟小子同未在
位誕無我責 我新還政今任重在我小子旦不
能同於四人若游大川我往與汝 收罔勗不及耇造
奭其共濟渡成王同於未在
位即政時汝大無非責我留 德不降我則鳴鳥不聞矧曰其有能格 今與
汝留
輔成王欲收斂無自勉不及道義者立此化而老
成德不降意爲之我周則鳴鳳不得聞況曰其有
能格于
皇天乎 疏 今在至能格 正義曰周公言我新還
政成王今任之重者其在我小子之身
也我不能同於四人輔文武使有大功德但苟求
拯溺而已辟如游於大川我往與汝奭其共濟渡
小子成王用心輔弼同於成王未在位之時恐其
未能嗣先人明德我當與汝輔之汝大無非責我
之留也我留與汝輔王者欲收斂無自勉力不及
道義者我今欲立此化而老成德之人不降意爲
之我周家則鳴鳳之鳥尚不得聞知況曰其有能
格於皇天者乎 傳我新至我留 正義曰周公
旣以還政則是捨重任矣而猶言今任重在我小
子旦者周公旣攝王政又須傳授得人若其不能
負荷仍是周公之負以嗣子劣弱故言今任重猶
在我小子旦也彼四人者能翼贊初基佐成王業
我不能同於四人望有大功惟求救溺而已詩云
泳之游之左傳稱閻敖游涌而逸則游者入水浮
渡之名辟若成王在於大川我往與汝奭其同共
濟渡成王若云從此向川故言往也 傳今與至
天乎 正義曰主朝之旦有不勉力者今與汝留
輔成王者正欲收斂敎誨無自勉力不及道義者

能周悉言其好賢之深不知厭足也迪道彝法也蔑小也小謂
精微也而五人以此道法教文王以精微之德用此精微之德
下敎今於國人言雖聖人亦須良佐以見成王須輔佐之甚也
鄭玄亦云蔑小也
武王至稱德
正義曰文王旣沒武王次立武功初立惟此四人庶幾輔相武
王蹈有天下之祿其後四人與武王大行天之威罰皆與共殺
其强敵謂共誅紂也武王之有天下惟此四人明武王之德惟
武王布德覆冒天下此四人大盡舉行武王之德言武王亦得
良臣之力
傳文王至四人
正義曰文王受命九年而崩十三年方始殺紂文王沒武王立
謂武王初立之時惟此四人而已庶幾輔相武王蹈有天祿初
立則有此志故下句言後與武王殺紂也虢叔先死故曰四人
以是文王之弟其年應長故言先死也鄭玄疑不知誰死注云
至武王時虢叔等有死者餘四人也
傳惟此至其德
正義曰單盡稱舉也使武王之德布冒天下是此四人之言
此四人大盡舉行武王之德也
今在至能格
正義曰周公言我新還政成王今任之重者其在我小子之身
也我不能同於四人輔文武使有大功德但苟求拯溺而已辟
如游於大川我往與汝奭其共濟渡小子成王用心輔弼同於
成王未在位之時恐其未能嗣先人明德我當與汝輔之汝大
無非責我之留也我留與汝輔王者欲收斂無自勉力不及道
義者我今欲立此化而老成德之人不降意爲之我周家則鳴
鳳之鳥尚不得聞知況曰其有能格於皇天者乎
傳我新至我留
正義曰周公旣以還政則是捨重任矣而猶言今任重在我小
子旦者周公旣攝王政又須傳授得人若其不能負荷仍是周

當教之勉力使其及道義也我欲成立此化而老
成德之人不肯降意爲之我周家則鳴鳳尚不得
聞知況曰其有能如伊尹之輩使其功格於皇天
乎言太平不可冀也經言者造德不降者周公以
已年老應退而留因即傳言已類言已若退則老
成德者悉皆退自逸樂不肯降意爲之政無所成
祥瑞不至我周家則鳴鳳不得聞則鳳是難聞之
鳥必爲靈瑞之物故以鳴鳥爲鳴鳳孔子稱鳳鳥
不至是鳳鳥難聞也詩大雅卷阿之篇歌成王之
德其九章曰鳳皇鳴矣于彼高岡鄭云因時鳳皇
至固以喻焉則成王之時鳳皇至也大雅正經之
作多在周公攝政之後成王即位之初則周公言
此之時已鳳皇至見太平矣而復言此者恐其不
復能然故戒之此經之意言功格上天難於致鳳
故以鳴鳳況之格天案禮器云升中于天而鳳皇
降龜龍假升中謂功成告天也如彼記文似功至

尚書疏十六　十三

於天鳳皇乃降此以鳴鳳易致況格天之難者乎
記以龍鳳有形是可見之物故以鳳降龍至爲成
功之驗非言成功告
天然後此物始至也　**公曰嗚呼君肆其監于茲**
我受命無疆惟休亦大惟艱　以朝臣無能立功至天故其當
視於此我周受命無窮惟美亦大惟艱難不可輕忽謂之易治　**告君乃猷裕我**
不以後人迷　告君汝謀寬饒之道我留與汝輔王不用後人迷惑故欲教之　疏　公曰
嗚呼至人迷　正義曰周公歎而呼召公曰嗚呼
君我以朝臣無能立功至天之故故君其當視於
此謂視此朝臣無能立功之事我周家受天之命
無有境界惟美亦大惟艱難不可輕忽謂之易治
我今告君汝當謀寬饒之道以治下民使其事可
法我不用使後世人迷惑故欲教之也　傳告君

楊本卷十六第十三葉

公之負以嗣子劣弱故言今任重猶在我小子旦也彼四人者
能翼贊初基佐成王業我不能同於四人望有大功惟求救溺
而已詩云泳之游之左傳稱閻敖游涌而逸則游者入水浮渡
之名譬若成王在於大川我往與汝奭其同共濟渡成王若云
從此向川故言往也
傳今與至天乎
正義曰王朝之臣有不勉力者今與汝留輔成王者正欲收斂
教誨無自勉力不及道義者當教之勉力使其及道義也我欲
成立此化而老成德之人不肯降意爲之我周家則鳴鳳尚不
得聞知況曰其有能如伊尹之輩使其功格於皇天乎言太平
不可冀也經言者造德不降者周公以已年老應退而留因即
傳言已類言已若退則老成德者悉皆退自逸樂不肯降意爲
之政無所成祥瑞不至我周家則鳴鳳不得聞則鳳是難聞之
鳥必爲靈瑞之物故以鳴鳥爲鳴鳳孔子稱鳳鳥不至是鳳鳥
難聞也詩大雅卷阿之篇歌成王之德其九章曰鳳皇鳴矣于

尚書疏十六　九

彼高岡鄭云因時鳳皇至固以喻焉則成王之時鳳皇至也大
雅正經之作多在周公攝政之後成王即位之初則周公言此
之時已鳳皇至見太平矣而復言此者恐其不復能然故戒之
此經之意言功格上天難於致鳳故以鳴鳳況之格天案禮器
云升中于天而鳳皇降龜龍假升中謂功成告天也如彼記文
似功至於天鳳皇乃降此以鳴鳳易致況格天之難者乎記以
龍鳳有形是可見之物故以鳳降龍至爲成功之驗非言成功
告天然後此物始至也
公曰嗚呼至人迷
正義曰周公歎而呼召公曰嗚呼君我以朝臣無能立功至天
之故故君其當視於此謂視此朝臣無能立功之事我周家受
天之命無有境界惟美亦大惟艱難不可輕忽謂之易治我今
告君汝當謀寬饒之道以治下民使其事可法我不用使後世
人迷惑故欲教之也
傳告君至教之

單疏卷十六第九葉

至敎之　正義曰：猷，訓爲謀。告君汝謀寬饒之道，故當以寬饒爲法。我留與汝輔王，不用使後人迷惑怪之。無法則迷惑，故欲與汝作法以敎之。鄭云召公不説，似隘急，故令謀於寬裕也。公曰：前人敷乃心，乃悉命汝，作汝民極。前人文武布其乃心爲法度，乃悉以命汝矣，爲汝民立中正矣。曰：汝明勗偶王，在亶乘茲大命。汝以前人法度明勉配王，在於誠信行此大命而已。惟文王德丕承無疆之恤。惟文王聖德爲之子孫無忝厥祖，大承無窮之憂。

疏　公曰前至之恤　正義曰：周公又言曰：前人文武布其乃心，制法度，乃悉命汝爲民立中正之道矣，治民之法已成就也。戒召公汝當以前人之法度明自勉力，配此成王，在於誠信行此大命而已。言已有舊法，易可遵行也。惟文王聖德造始周邦，爲其子孫欲令無忝厥祖，大承無窮之憂，故我與汝不可不輔。傳前人至正矣　正義曰：乃，綏辭，不訓爲汝。傳汝以至而已　正義曰：勗，勉也。偶，配也。亶，信也。汝當以前人法度明自勉力，配成王在於誠信行大命而已，言其不復須勞心。傳以乘爲行，蓋以乘車必行，故訓乘爲行。

公曰：君，告汝朕允。告汝以我之誠信。保奭，其汝克敬以予監于殷喪大否，我呼其官而名之，勑使能敬以我言視於殷喪亡大否。言其大不可不戒。肆念我天威。予不允惟若茲誥，予惟曰：襄我二人，以殷喪大故，當念我天德可畏。言命無常，我不信惟若此誥，我惟曰當因我文武之道而行之。汝有合哉言，曰：在時二人。天休滋至，

惟時二人弗戡。言汝行事動當有所合哉，發言常在是文武，則天美周家日益至矣，惟是文武不勝受言多福。其汝克敬德，明我俊民，在讓後人于丕時。其汝能敬行德，明我賢人在禮讓，則後代將於此道大且是。

疏　公曰君至丕時　正義曰：周公呼召公曰：君，我今告汝以我之誠信。又呼其官而名之：太保奭，其汝必須能敬以我之言，視於殷之喪亡。殷之喪亡，其事甚大，不可不戒慎。以殷喪大之故，當念我天德可畏，言天命無常，無德則去之，甚可畏。我不信惟若此誥而已，我惟言曰：當因我文武二人之道而行之。汝所行事舉動必當有所合哉，當與文王武王合也。汝所發言常在是文王武王二人，則天美我周家，日日滋益至矣。其善既多，惟在是文武二人不能勝受之矣。其汝能敬行德，明我賢俊之人在於禮讓，則後人於此道大且是也。傳言汝至多福　正義曰：勸當有所合哉，舉動皆合文武也。發言常在是文武，言非文武道則不言。

嗚呼！篤棐時二人，我式克至于今日休。言我厚輔是文武之道而行之，我用能至于今日其政美。我咸成文王功于不怠，丕冒海隅出日，罔不率俾。今我周家皆成文王功于不懈怠，則德敎大覆冒海隅日所出之地，無不循化而使之。

疏　嗚呼至率俾　正義曰：周公言而歎曰：嗚呼！我厚輔是二人之道而行之，我用能至於今日其政美。言今日政美，由是文武之道。我周家若能皆成文王之功於事，常不懈怠，則德敎大覆四海之隅，至於日出之處，其民無不循我化，可臣使也。戒召公與朝臣皆當法文王之功。

公曰：君，予不

惠若茲多誥予惟用閔于天越民我不順若此多誥而
已欲使汝念躬行之閔勉也疏公曰君子至越民
我惟用勉於天道加於民正義曰公呼召公
曰君我不徙惟順如此之事多誥而已欲使汝躬
親行之我惟用勉力自強於天道行化於民顧民
云我亦自用勉勸躬行
於天道加益於民人也公曰嗚呼君惟乃知民
德亦罔不能厥初惟其終惟汝所知民德亦
無不能其初鮮能
有終惟其終則惟君
子戒召公以慎終祗若茲往敬用治當敬順
我此言
自今以往敬
用治民職事疏公曰嗚至用治　正義曰周公歎
而呼召公曰嗚呼君惟汝知民之
德行亦無有不能其初惟鮮能其終言行之雖易
終之實難恐召公不能終行善政故戒之以慎終
汝當以敬順我此言自今以往宜敬用此治民職
事戒之使行善不懈怠也　傳惟汝至慎終　正
義曰詩云靡不有初鮮克有終是凡民之德無不
能其初少能有終者凡民皆如是有終則惟君子
蓋召公至此已說恐其不能終善故戒召公以慎
終也鄭云召公是時意說周公恐其復不說故依
違託言民德
以剴切之

蔡仲之命第十九

蔡叔既沒以罪放而卒王命蔡仲踐諸侯位成王也父
卒命子罪
不相及作蔡仲之命冊書命之蔡仲之命蔡國名仲
字因以
名篇疏蔡叔至之命　正義曰蔡叔與管叔流
言於國謗毀周公周公囚之郭鄰至死

正義曰猷訓爲謀告君汝謀寬饒之道故當以寬饒爲法我留
與汝輔王不用使後人迷惑怪之無法則迷惑故欲與汝作法
以教之鄭云召公不說似隘急故今謀於寬裕也
公曰前至之恤
正義曰周公又言曰前人文武布其乃心制法度乃悉命汝爲
民立中正之道矣治民之法已成就也戒召公汝當以前人之
法度明自勉力配此成王在於誠信行此大命而已言已有舊
法易可遵行也惟文王聖德造始周邦爲其子孫欲令無忝厥
祖大承無窮之憂故我與汝不可不輔
傳前人至正矣
正義曰乃緩辭不訓爲汝
傳汝以至而已
正義曰勖勉也偶配也亶信也汝當以前人法度明自勉力配
成王在於誠信行大命而已言其不復須勞心傳以乘爲行蓋
以乘車必行故訓乘爲行
公曰君告至丕時
正義曰周公呼召公曰君我今告汝以我之誠信ㄱ呼其官而
名之太保奭其汝必須能敬以我之言視於殷之喪亡殷之喪
亡其事甚大不可不戒慎以殷喪大之故當念我天德可畏言
天命無常無德則去之甚可畏我不信惟若此誥而已我惟言
曰當因我文武二人之道而行之汝所行事舉動必當有所合
哉當與文王武王合也汝所發言常在是文王武王二人則天
美我周家日日滋益至矣其善既多惟在是文武二人不能勝
受之矣其汝能敬行德明我賢俊之人在於禮讓則後人於此
道大且是也
傳言汝至多福
正義曰動當有所合哉舉動皆合文武也發言常在是文武言
非文武道則不言
嗚呼至率俾
正義曰周公言而歎曰嗚呼我厚輔是二人之道而行之我用

不赦蔡叔既沒成王命蔡叔之子蔡仲踐諸侯之
位封爲國君以策書命之史叙其事故作蔡仲之
命　傳成王至相及　正義曰編書以世先後爲次
此篇在成王書内知王命蔡仲是成王命之也蔡
叔之沒不知何年其命蔡仲未必初卒即命以其
繼父命子故繫之蔡叔之後也蔡叔有罪而命蔡
仲者父卒命子罪不相及也昭二十年左傳曰父
子兄弟罪不相及其言罪不相及謂蔡仲不坐父
爾若父有大罪罪當絶滅正可別封他國不得仍
取蔡名以蔡叔爲始祖也蔡叔身尚不死明其罪
輕不立管叔之後者蓋罪重無子或有而不賢故也　惟周公位冢宰正百
工　百官總已以聽冢宰謂武王崩時　羣叔流言乃致辟管叔于
商囚蔡叔于郭鄰以車七乘　致法謂誅殺囚謂制其出入郭
鄰中國之外地名從車七乘言少管蔡國名　降霍叔于庶人三年不
齒　罪輕故退爲衆人三年之後乃齒録封爲霍侯子孫爲晉所滅　蔡仲克庸祗
德周公以爲卿士　蔡仲能用敬德稱其賢也明王之法誅父用子言至公周公圻
內諸侯二卿治事　叔卒乃命諸王邦之蔡　叔之所封圻內之蔡仲之所封
淮汝之間圻內之蔡名已滅故取其名以名新國欲其戒之　疏　惟周至之蔡　正義曰惟周公於武
王崩後其位爲冢宰之卿正百官之治攝王政治天下於時管蔡霍等羣叔流言於國謗毁周公周
公乃以王命致法殺管叔於商就殷都殺之囚蔡叔遷之於郭鄰之地惟與之從車七乘降黜霍叔
於庶人若今除名爲民三年之内不得與兄弟年齒相次蔡叔之子蔡仲能用敬德周公爲畿内諸

能至於今日其政美言今日政美由是文武之道我周家若能
皆成文王之功於事常不懈怠則德教大覆四海之隅至於日
出之處其民無不循我化可臣使也戒召公與朝臣皆當法文
王之功
公曰君子至越民
正義曰公呼召公曰君我不徒惟順如此之事多誥而已欲使
汝躬親行之我惟用勉力自強於天道行化於民顧氏云我亦
自用勉勸躬行於天道加益於民人也
公曰嗚至用治
正義曰周公歎而呼召公曰嗚呼君惟汝知民之德行亦無有
不能其初惟鮮能其終言行之雖易終之實難恐召公不能終
行善政故戒之以慎終汝當以敬順我此言自今以往宜敬用
此治民職事戒之使行善不懈怠也
傳惟汝至慎終
正義曰詩云靡不有初鮮克有終是凡民之德無不能其初少
能有終者凡民皆如是有終則惟君子蓋召公至此已說恐其
不能終善故戒召公以慎終也鄭云召公是時意說周公恐其
復不說故依違託言民德以剴切之
蔡仲之命第十九
蔡叔至之命
正義曰蔡叔與管叔流言於國謗毁周公周公囚之郭鄰至死
不赦蔡叔既沒成王命蔡叔之子蔡仲踐諸侯之位封爲國君
以策書命之史敘其事故作蔡仲之命
傳成王至相及
正義曰編書以世先後爲次此篇在成王書內知王命蔡仲是
成王命之也蔡叔之沒不知何年其命蔡仲未必初卒即命以
其繼父命子故繫之蔡叔之後也蔡叔有罪而命蔡仲者父卒
命子罪不相及也昭二十年左傳曰父子兄弟罪不相及其言
罪不相及謂蔡仲不坐父爾若父有大罪罪當絶滅正可別封
他國不得仍取蔡名以蔡叔爲始祖也蔡叔身尚不死明其罪

侯得立二卿以蔡仲爲己之卿士周公善其爲人
及蔡叔既卒乃將蔡仲命之於王國之於蔡爲諸
侯也　傳致法至國名　正義曰周禮有掌囚之
官鄭云囚拘也主拘繫當刑殺者拘繫之是爲制
其出入不得輒行郭鄰中國之外地名蓋相傳爲
然不知在何方舜典云流宥五刑謂流之遠地任
其自生此則從之郭鄰而又囚之管蔡世家云封
叔鮮於管封叔度於蔡是管蔡爲國名杜預云管
在滎陽京縣東北　傳罪輕至所滅　正義曰言
羣叔流言則霍叔亦流言也而知其罪輕者以其
不死不遷直降黜而已明其罪輕也霍叔不監殷
民周公惟伐管蔡不言伐霍叔於時霍叔蓋在京
邑聞管蔡之語流傳其言謂其實然不與朝廷同
心故退之世家云武王已克商平天下封功臣昆
弟封叔處於霍則武王已封之矣後黜爲庶人奪
其爵祿三年之後乃更齒錄蓋復其舊封封爲霍
侯春秋閔元年晉侯滅霍既子孫得爲國君爲
晉所滅知三年之後復得封也世家惟云封霍
不云其爵傳言霍侯或當有所據而知之　傳
蔡仲至治事　正義曰周禮冢宰以八則治都
鄙馬融云距王城四百里至五百里謂之都鄙鄙
邊邑也以封王之子弟在畿內者冢宰又云乃施
則于都鄙而建其長立其兩馬鄭皆云立卿兩人
是畿內諸侯立二卿定四年左傳說此事云周公
舉之以爲己卿士是爲周公圻內之卿士也世家
云周公舉胡以爲魯卿士魯國治於是周公言於
成王復封之於蔡案魯世家云成王封周公於魯
周公不就封留佐成王則周公身不就封安得使
胡爲卿士馬遷說之謬爾　傳叔之至戒之　正
義曰仲之所封淮汝之間左傳有文叔之所封圻
內之蔡其事不知所出也世家云蔡叔居上蔡宋
仲子云胡徙居新蔡杜預云武王封叔度於汝南

楊本卷十六第十八葉

輕不立管叔之後者蓋罪重無子或有而不賢故也
惟周至之蔡
正義曰惟周公於武王崩後其位爲冢宰之卿正百官之治攝
王政治天下於時管蔡霍等羣叔流言於國謗毀周公周公乃
以王命致法殺管叔於商就殷都殺之囚蔡叔遷之於郭鄰之
地惟與之從車七乘降黜霍叔於庶人若今除名爲民三年之
內不得與兄弟年齒相次蔡叔之子蔡仲能用敬德周公爲畿
內諸侯得立二卿以蔡仲爲己之卿士周公善其爲人及蔡叔
既卒乃將蔡仲命之於王國之於蔡爲諸侯也
傳致法至國名
正義曰周禮有掌囚之官鄭云囚拘也主拘繫當刑殺者拘繫
之是爲制其出入不得輒行郭鄰中國之外地名蓋相傳爲然
不知在何方舜典云流宥五刑謂流之遠地任其自生此則從
之郭鄰而又囚之管蔡世家云封叔鮮於管封叔度於蔡是管
蔡爲國名杜預云管在滎陽京縣東北
傳罪輕至所滅
正義曰言羣叔流言則霍叔亦流言也而知其罪輕者以其不
死不遷直降黜而已明其罪輕也霍叔不監殷民周公惟伐管
蔡不言伐霍叔於時霍叔蓋在京邑聞管蔡之語流傳其言謂
其實然不與朝廷同心故退之世家云武王已克商平天下封
功臣昆弟封叔處於霍則武王已封之矣後黜爲庶人奪其爵
祿三年之後乃更齒錄蓋復其舊封封爲霍侯春秋閔元年晉
侯滅霍既子孫得爲國君爲晉所滅知三年之後復得封也世
家惟云封霍不云其爵傳言霍侯或當有所據而知之
傳蔡仲至治事
正義曰周禮冢宰以八則治都鄙馬融云距王城四百里至五
百里謂之都鄙鄙邊邑也以封王之子弟在畿內者冢宰又云
乃施則于都鄙而建其長立其兩馬鄭皆云立卿兩人是畿內
諸侯立二卿定四年左傳說此事云周公舉之以爲己卿士是
爲周公圻內之卿士也世家云周公舉胡以爲魯卿士魯國治

單疏卷十六第十二葉

上蔡至平侯徙新蔡昭侯徙居九江下蔡檢其地上蔡新蔡皆屬汝南郡去京師太遠叔君封於上蔡不得在圻內也言叔封圻內或當有以知之但圻內蔡地不知所在爾王若曰小子胡言小子明當受教訓胡仲名順其事而告之惟爾率德改行克慎厥猷言汝循祖之德改父之行能慎其道歎其賢肆予命爾侯于東土往即乃封敬哉以汝率德改行之故故我命汝為諸侯於東土往就汝所封之國當修己以敬哉爾尚蓋前人之愆惟忠惟孝汝當庶幾修德掩蓋前人之過子能蓋父所以為惟忠惟孝爾乃邁迹自身克勤無怠以垂憲乃後汝乃行善迹用汝身使可蹤迹而法循之能勤無懈怠以垂法子孫世世稱頌乃當我意率乃祖文王之彝訓無若爾考之違王命言當循文武之常教以父違命為世戒皇天無親惟德是輔民心無常惟惠之懷天之於人無有親疏惟有德者則輔佐之民心於上無有常主惟愛己者則歸之為善不同同歸于治為惡不同同歸于亂言人為善為惡各有百端未必正同而治亂所歸不殊宜慎其微爾其戒哉慎厥初惟厥終終以不困不惟厥終終以困窮汝其戒治亂之機哉作事云為必慎其初念其終則終用不困窮懋乃攸績睦乃四鄰以蕃王室

以和兄弟勉汝所立之功親汝四鄰之國以蕃屏王室以和協同姓之邦諸侯之道康濟小民率自中無作聰明亂舊章為政當安小民之居成小民之業循用大中之道無敢為小聰明作異辯以變亂舊典文章詳乃視聽罔以側言改厥度則予一人汝嘉詳審汝視聽非禮義勿視聽無以邪巧之言易其常度必斷之以義則我一人善汝矣王曰嗚呼小子胡汝往哉無荒棄朕命歎而勑之欲其念戒小子胡汝往之國哉無廢棄我命欲其終身奉行後世遵則

疏「侯于東土」。正義曰：此使之為諸侯於東土爾，不知何爵也。世家云「蔡仲卒，子蔡伯荒立。荒卒，子宮侯立。自此已下遂皆稱侯」，則蔡仲初封即為侯也。「蔡伯荒」者，自稱其字伯，非爵也。傳「汝當」至「惟孝」。正義曰：忠施於君，孝施於父。子能蓋父，惟得為孝，而亦得為忠者，父以不忠獲罪，若能改父之行，蓋父之愆，是為忠臣也。

成王東伐淮夷遂踐奄成王即政淮夷奄國又叛王親征之遂滅奄而徙之以其數反覆作成王政為平淮夷徙奄之政令亡

疏「成王東」至「王政」。正義曰：周公攝政之初，奄與淮夷從管蔡作亂，周公征而定之。成王即政之初，淮夷與奄又叛，成王親往征之。成王東伐淮夷，遂踐滅奄國，以其數叛，徙奄民，作誥命之辭，言平淮夷徙奄之政令。史叙其事，作成王政之篇。成，訓平也，言平此叛逆之民，以為王者政令，故以成王政為篇名。傳「成王」至「反覆」。正義曰：洛誥之篇言周公歸政成王，成王已下皆是成王即政初事，編篇以先後為

次此篇在成王書內知是成王即政淮夷奄國又
叛王親征之文案洛誥成王即政始封伯禽伯禽
既爲魯侯乃居曲阜費誓稱魯侯伯禽宅曲阜淮
夷徐戎並興魯侯征之作費誓彼言淮夷並興即
此伐淮夷王伐淮夷魯伐徐戎是同時伐明是成
王即政之年復重叛也鄭玄謂此伐淮夷與踐奄
是攝政三年伐管蔡時事其編篇於此即云未聞
費誓之篇言淮夷之叛則是重叛明矣多方之篇
責殷臣云我惟時其戰要囚之至於再至於三若
武王伐紂之後惟攝政三年之一叛正可至於再
爾安得至於三乎故知是成王即政又叛也鄭玄
讀踐爲翦翦滅也孔不破字蓋以踐其國即是踐
滅之事故孔以踐爲滅也下篇序云成王既踐奄
將遷其君是滅其奄而徙之以其數反覆故也

成王既踐奄將遷其君於蒲姑 已滅奄而徙其君及人臣之惡者於蒲姑蒲姑齊地近中國教化之

周公告召公作將蒲姑 言將徙奄新立之君於蒲姑告召公使此冊書告令之亡

疏 成王既至作蒲姑 正義曰成王既踐滅奄國
將遷其君於蒲姑之地周公告召公使作策書言
將遷奄君於蒲姑之地史叙其事作將蒲姑之篇
傳已滅至化之 正義曰昭二十年左傳晏子云
古人居此地者有蒲姑氏杜預云樂安博昌縣北
有蒲姑城是蒲姑爲齊地也周公遷殷頑民於成
周近京師教化之知今遷奄君臣於蒲姑爲近
中國教化之必如此言則奄去中國遠於蒲姑杜
預云奄闕不知所在鄭玄云奄蓋在淮夷之地亦未
能詳成王先伐淮夷遂滅奄似遠於淮夷也
傳言將至之亡 正義曰禮天子不滅國諸侯有
罪則殺其君而擇立次賢者故知所徙者言將徙
奄新立之君於蒲姑也上言周公告召公其篇既

於是周公言於成王復封之於蔡案魯世家云成王封周公於
魯周公不就封留佐成王則周公身不就封安得使胡爲卿士
馬遷說之謬爾
傳叔之至戒之
正義曰仲之所封淮汝之閒左傳有文叔之所封圻內之蔡其
事不知所出也世家云蔡叔居上蔡宋仲子云胡徙居新蔡杜
預云武王封叔度於汝南上蔡至平侯徙新蔡昭侯徙居九江
下蔡檢其地上蔡新蔡皆屬汝南郡去京師太遠叔若封於上
蔡不得在圻內也孔言叔封圻內或當有以知之但圻內蔡地
不知所在爾
侯于東土
正義曰此使之爲諸侯於東土爾不知何爵也世家云蔡仲卒
子蔡伯荒立卒子宮侯立自此已下遂皆稱侯則蔡仲初封即
爲侯也蔡伯荒者自稱其字伯非爵也
傳汝當至惟孝
正義曰忠施於君孝施於父子能蓋父惟得爲孝而亦得爲忠
者父以不忠獲罪若能改父之行蓋父之愆是爲忠臣也
成王東至王政
正義曰周公攝政之初奄與淮夷從管蔡作亂周公征而定之
成王即政之初淮夷與奄又叛成王親往征之成王東伐淮夷
遂踐滅奄國以其數叛徙奄民作誥命之辭言平淮夷徙奄之
政令史敘其事作成王政之篇成訓平也言平此叛逆之民以
爲王者政令故以成王政爲篇名
傳成王至反覆
正義曰洛誥之篇言周公歸政成王多士已下皆是成王即政
初事編篇以先後爲次此篇在成王書內知是成王即政淮夷
奄國又叛王親征之又案洛誥成王即政始封伯禽伯禽既爲
魯侯乃居曲阜費誓稱魯侯伯禽宅曲阜淮夷徐戎並興魯侯
征之作費誓彼言淮夷並興即此伐淮夷王伐淮夷魯伐徐戎
是同時伐明是成王即政之年復重叛也鄭玄謂此伐淮夷與

云不知告以何事孔以意卜之告召公使爲此策書告令之不能知其必然否也

多方第二十

成王歸自奄歸自伐奄在宗周誥庶邦誥以禍福作多方

多方衆方天下諸侯

惟五月丁亥王來自奄至于宗周周公歸政之明年淮夷奄又叛魯征淮夷作費誓王親征奄滅其國五月還至鎬京

疏成王至宗周　正義曰成王歸自伐奄在於宗周鎬京諸侯以王征還皆來朝集周公稱王命以禍福咸告天下諸侯國史敘其事作多方　傳衆方天下諸侯　正義曰自武王伐紂及成王即政新封建者甚少天下諸侯多是殷之舊國其心未服周家由是奄君重叛今因滅奄新歸故告天下諸侯以興亡之戒欲令其無二心也語雖普告天下意在殷之舊國篇末亦告殷之多士獨言諸侯者舉其尊者以其篇主告殷之諸侯故也　傳周公至鎬京　正義曰以洛誥言歸政之事多士之篇次之多士是歸政明年之事故知此篇亦歸政明年之事事猶不明故取費誓爲證以成王政之序言成王東伐淮夷費誓之篇言淮夷徐戎並興俱言淮夷明是一事故言魯征淮夷作費誓王親征之奄滅其國以明二者爲一時之事也上序言成王伐淮夷而此傳言魯征淮夷者當時淮夷徐戎並起爲亂魯與二國相近發意欲並征二國故以二國誓衆但成王恐魯不能獨平二國故復親往征之所以成王政之序與費誓之經並言淮夷爲此故也傳言五月還至鎬京明此宗周即鎬京也禮記祭統衛孔悝之鼎銘云即宮於宗周彼宗周謂洛邑也是洛邑亦名宗周知此是鎬京者成王以周

踐奄是攝政三年伐管蔡時事其編篇於此即云未聞費誓之篇言淮夷之叛則是重叛明矣多方之篇責殷臣云我惟時其戰要囚之至於再至於三若武王伐紂之後惟攝政三年之一叛正可至於再爾安得至於三乎故知是成王即政又叛也鄭玄讀踐爲翦翦滅也孔不破字蓋以踐其國即是踐滅之事故孔以踐爲滅也下篇序云成王既踐奄將遷其君是滅其奄而徙之以其數反覆故也

成王既至作蒲姑

正義曰成王既踐滅奄國將遷其君於蒲姑之地周公告召公使作策書言將遷奄君於蒲姑之地史敘其事作將蒲姑之篇

傳已滅至化之

正義曰昭二十年左傳晏子云古人居此地者有蒲姑氏杜預云樂安博昌縣北有蒲姑城是蒲姑爲齊地也周公遷殷頑民於成周近京師教化之知今遷奄君臣於蒲姑爲近中國教化之必如此言則奄去中國遠於蒲姑杜預云奄闕不知所在鄭云奄蓋在淮夷之地亦未能詳成王先伐淮夷遂滅奄奄似遠於淮夷也

傳言將至之云

正義曰禮天子不滅國諸侯有罪則殺其君而擇立次賢者故知所徙者言將徙奄新立之君於蒲姑也上言周公告召公其篇既亡不知告以何事孔以意卜之告召公使爲此策書告令之不能知其必然否也

多方第二十

成王至多方

正義曰成王歸自伐奄在於宗周鎬京諸侯以王征還皆來朝集周公稱王命以禍福咸告天下諸侯國史敘其事作多方

傳衆方天下諸侯

正義曰自武王伐紂及成王即政新封建者甚少天下諸侯多是殷之舊國其心未服周家由是奄君重叛今因滅奄新歸故告天下諸侯以興亡之戒欲令其無二心也語雖普告天下意

公歸政之時暫至洛邑還歸處西都鎬京是王當
居知至于宗周至鎬京也且此與周官同時事也
周官序云還歸在豐經云歸于宗 周公曰王若曰
周豐鎬相近即此宗周是鎬京也
猷告爾四國多方 周公以王命順大道告四方稱周公以別王自告 惟爾
殷侯尹民我惟大降爾命爾罔不知 殷之諸侯正民者我
大下汝命謂誅紂也言天 疏 周公至不知 正義
下無不知紂暴虐以取亡 曰周公以成王之意
告衆方之諸侯曰我王順大道以告汝四方之國
多方諸侯惟爾殷之諸侯正民者我武王大下汝
天下民命誅殺虐紂汝諸侯天下之民無有不知
紂以暴虐取亡欲令其思念之 傳周公至自告
正義曰成王新始即政周公留而輔之周公以王
命告令諸侯所告實非王言故加周公曰於王若
曰之上以明周公宣成王之意也猷道也周公以
王命順大道告四方也既言四國又言多方見四
方國多也不直言王曰稱周公以別王自告也王
肅云周公攝政稱成王命以告及還政稱王曰嫌
自成王辭故加周公以明之然多士之篇王若曰
之上不加周公曰者以彼上句云周公初于新邑
洛用告知是周公故也 傳殷之至取亡 正義
曰諸侯爲民之主民所取正故謂之正民民以君
爲命死生在君天下之命在於一人紂言我大黜
下汝之民命正謂武王誅紂也言天下無不知紂
以暴虐取亡欲使思念之 洪惟圖天之命弗永寅
令其心棄殷而慕周也
念于祀惟帝降格于夏 大惟爲王謀天之命不長敬念于祭祀謂夏桀
惟天下至戒於夏以譴告之謂災異 有夏誕厥逸不肯慼言于

楊本卷十六第二十三葉

在殷之舊國篇末亦告殷之多士猶言諸侯者舉其尊者以其
篇主告殷之諸侯故也
傳周公至鎬京
正義曰以洛誥言歸政之事多士之篇次之多士是歸政明年
之事故知此篇亦歸政明年之事事猶不明故取費誓爲證以
成王政之序言成王東伐淮夷費誓之篇言淮夷徐戎並興俱
言淮夷明是一事故言魯征淮夷作費誓王親征之奄滅其國
以明二者爲一時之事也上序言成王伐淮夷而此傳言魯征
淮夷者當時淮夷徐戎並起爲亂魯與二國相近發意欲並征
二國故以二國誓衆但成王恐魯不能獨平二國故復親往征
之所以成王政之序與費誓之經並言淮夷爲此故也傳言五
月還至鎬京明此宗周即鎬京也禮記祭統衛孔悝之鼎銘云
即宮於宗周彼宗周謂洛邑也是洛邑亦名宗周知此是鎬京
者成王以周公歸政之時暫至洛邑還歸處西都鎬京是王常
居知至于宗周至鎬京也且此與周官同時事也周官序云還
歸在豐經云歸于宗周豐鎬相近即此宗周是鎬京也
周公至不知
正義曰周公以成王之意告衆方之諸侯曰我王順大道以告
汝四方之國多方諸侯惟爾殷之諸侯正民者我武王大下汝
天下民命誅殺虐紂汝諸侯天下之民無有不知紂以暴虐取
亡欲令其思念之
傳周公至自告
正義曰成王新始即政周公留而輔之周公以王命告令諸侯
所告實非王言故加周公曰於王若曰之上以明周公宣成王
之意也猷道也周公以王命順大道告四方也既言四國又言
多方見四方國多也不直言王曰稱周公以別王自告也王肅
云周公攝政稱成王命以告及還政稱王曰嫌自成王辭故加
周公以明之然多士之篇王若曰之上不加周公曰者以彼上
句云周公初于新邑洛用告知是周公故也
傳殷之至取亡

單疏卷十六第十五葉

民有夏桀不畏天戒而大其逸豫不肯憂言於民無憂民之言乃大淫昏不克終日勸于帝之迪言桀乃大爲過昏之行不能終日勸於天之道乃爾攸聞言桀之惡乃汝所聞疏洪惟至攸聞　正義曰以諸侯心未服周故舉夏殷爲戒此章皆說桀亡湯興之事言夏桀大惟居天子之位謀上天之命而不能長敬念于祭祀惟天下至戒於夏桀謂下災異以譴告之冀其見災而懼改悛政德而有夏桀不畏天命乃大其逸豫不肯憂言於民惟乃自樂其身無憂民之言夏桀乃復大爲淫昏之行不能終竟一日勉於天之道言不能一日行天道也桀之此惡乃是汝之所聞言不虛也　傳大惟至災異　正義曰上天之命去惡與善凡爲民主皆當謀之惡人捨己而去常須敬念祭祀天所譴告謂下災異天不言故下災異以譴告責之主冀自悛政也厥圖帝之命不克開于民之麗桀其謀天之命不能開於民所施政教麗施也言昏昧乃大降罰崇亂有夏因甲于內亂桀乃大下罰於民重亂有夏言殘虐外不憂民內不勤德因甲於二亂之內言昏甚不克靈承于旅罔丕惟進之恭洪舒于民言桀不能善奉於人衆無大惟進恭德而大舒惰於治民亦惟有夏之民叨懫日欽劓割夏邑桀洪舒於民故亦惟有夏之民貪叨忿懫而逆命於是桀日尊敬其能劓割夏邑者謂殘賊臣疏厥圖至夏邑　正義曰文言桀惡桀其謀天之命不能開發於民之所施政教正謂不能開發善政以施於民桀乃大下

罪罰於民重亂有夏之國外不憂民內不勤德因復甲於二者之內爲亂之行桀不能以善道奉承於衆民無大惟進之恭德而大舒惰於民言桀不能進行恭德而舒情於治民桀既舒情於民故亦惟有夏之民貪饕忿懫而違逆桀命於是桀日日尊敬殘賊之臣能劓割夏邑者任用之使威服下民也　傳桀乃至昏甚　正義曰釋詁云崇重也桀既爲惡政無以悛改乃復大下罪罰於民重亂有夏之國言其殘虐大也夾聲近甲古人甲與夾通用夾於二事之內而爲亂行故傳以二事充之外不憂民內不勤德桀身夾於二亂之內言其昏闇甚也鄭玄皆以甲爲狎王云狎習災異於內外爲禍亂鄭云習爲鳥獸之行於內爲淫亂與孔異也　傳言桀至治民　正義曰民當奉主而責桀不能善奉於民衆者君之奉民謂設美政於民也以善奉民當敬以從之不敢懈惰桀乃無大惟進於恭德而大舒緩懈惰於治民令民益困而政益亂也　傳桀洪至賊臣　正義曰禮記云言悖而出亦悖而入桀既不憂於民故民亦違逆桀命爲貪饕忿懫之行文十八年左傳云縉雲氏有不才子貪於飲食冒於貨賄天下之民謂之饕餮說者皆言貪財爲饕貪食爲餮饕即叨也叨餮謂貪財貪食也忿懫言忿怒違理也民既如此桀無如之何惟日日尊敬其能劓割夏邑者謂性能殘賊者任用之天惟時求民主乃大降顯休命于成湯天惟是桀惡故更求民主以代之大下明美之命於成湯使王天下刑殄有夏惟天不畀純命湯刑絕有夏惟天不與桀亦已大乃惟以爾多方之義民不克永于多享天所以不與桀以其乃惟用汝多方之義民爲臣而不能長久多享

國政惟夏之恭多士大不克明保享于民惟桀之所
謂恭人衆士大不能明安享于民言亂主所任任同己者乃胥惟虐于民至
于百爲大不克開桀之衆士乃相與惟暴虐於民至於百端所爲言虐非一
大不能開民以善言與桀合志（疏）天惟至克開　正義曰天惟桀惡之故更求民主以代之天乃
大下明美之命於成湯使之代桀王天下乃命湯施刑罰絕有夏惟天不與夏桀亦已大矣天所不
與之者乃惟此桀用汝多方之義民爲臣而不能長久於多享國故也義民實賢人也夏桀不用惟
夏桀之所謂恭人衆士者大不能用明道安存享於衆民乃相與惟行暴虐於民至於百端所爲言
虐無所不作大不能開民以善其且與桀同惡夏家所以滅亡也　傳惟桀至己者　正義曰惟桀

書十六　二十六　陳仁

之所謂恭人衆士實非恭人亂主所好好同己者以其同己謂之爲恭人實非善人故不能明享
於民柟頊訓享爲受受國者謂受而有之此言不能安享於民謂不能安存享受於民衆也乃
惟成湯克以爾多方簡代夏作民主乃惟成湯能用
汝衆方之賢人代夏政爲天下民主慎厥麗乃勸厥民刑用勸湯慎
其施政於民民乃勸善其人雖刑亦用勸善言政刑清以至于帝乙罔不明
德慎罰亦克用勸言自湯至于帝乙皆能成其王道畏慎輔相無不明
有德慎去刑罰亦能用勸善要囚殄戮多罪亦克用勸開
釋無辜亦克用勸帝乙已上要察囚情絕戮衆罪亦能用勸善開放無罪之

正義曰諸侯爲民之主民所取正故謂之正民民以君爲命死
生在君天下之命在於一人紂言我大黜下汝之民命正謂武
王誅紂也言天下無不知紂以暴虐取亡欲使思念之令其心
棄殷而慕周也
洪惟至攸聞
正義曰以諸侯心未服周故舉夏殷爲戒此章皆說桀亡湯興
之事言夏桀大惟居天子之位謀上天之命而不能長敬念于
祭祀惟天下至戒於夏桀謂下災異以譴告之冀其見災而懼
改修政德而有夏桀不畏天命乃大其逸豫不肯憂言於民惟
乃自樂其身無憂民之言夏桀乃復大爲淫昏之行不能終竟
一日勉於天之道言不能一日行天道也桀之此惡乃是汝之
所聞言不虛也
傳大惟至災異
正義曰上天之命去惡與善凡爲民主皆當謀之恐天捨己而
去常須敬念祭祀天所譴告謂下災異天不言故下災異以譴
告責人主冀自修政也

書　十六

厥圖至夏邑
正義曰又言桀惡桀其謀天之命不能開發於民之所施政教
正謂不能開發善政以施於民桀乃大下罪罰於民重亂有夏
之國外不憂民內不勤德因復甲於二者之內爲亂之行桀不
能以善道奉承於衆民無大惟進之恭德而大舒惰於民言桀
不能進行恭德而舒惰於治民桀既舒惰於民故亦惟有夏之
民貪饕忿懫而違逆桀命於是桀日日尊敬殘賊之臣能劓割
夏邑者任用之使威服下民也
傳桀乃至昏甚
正義曰釋詁云崇重也桀既爲惡政無以悛改乃復大下罪罰
於民重亂有夏之國言其殘虐大也夾聲近甲古人甲與夾通
用夾於二事之內而爲亂行故傳以二事充之外不憂民內不
勤德夾身夾於二亂之內言其昏闇甚也鄭王皆以甲爲狎王
云狎習災異於內外爲禍亂鄭云習爲鳥獸之行於內爲淫亂

人必無枉縱亦能用勸善今至于爾辟弗克以爾多方享天之命今至于汝君謂紂不能用汝衆方享天之命故誅滅之疏乃惟至之命正義曰桀殘虐於民乃惟成湯能用汝衆方之賢人大代夏桀作天下民主湯既爲民主慎其所施政教於民民乃勸勉爲善其民雖被刑殺亦用勸勉爲善非徒湯聖後世亦賢自湯至於帝乙皆能成其王道無不顯用有德畏慎刑罰亦能用勸勉爲善要察囚情絶戮衆罪亦能用勸勉爲善開放無罪亦能用勸勉爲善今至於汝君紂反先王之道不能用汝多方之民享有上天之命由此故被誅滅汝等宜當知之亦當更令如恐也　傳乃惟至民主　正義曰大代夏者言天位之重湯能代之謂之大代夏也王肅云以大道代夏爲民主　傳湯慎至刑清　正義曰慎厥麗者揔謂施政教爾但

尚十六　二十七　陳仙

下句言刑罰勸用刑則厥麗之言有賞當謂賞罰勸也但所施政教其事既多非徒刑賞而已舉事得中民皆勸也政無失刑無濫民以是勸善言政刑清　傳帝乙至勸善　正義曰將欲斷罪必受其要辭察其虛實故言要囚也殄戮多罪罪者不濫開釋無罪者不枉殺人不縱有罪亦是政刑清故能用勸善也嗚呼王若曰誥告爾多方非天庸釋有夏歎而順其事以告汝衆方非天用釋棄桀桀縱惡自棄故誅放非天庸釋有殷乃惟爾辟以爾多方大淫圖天之命屑有辭非天用棄有殷乃惟汝君紂用汝衆方大爲過惡者共謀天之命惡事盡有辭說布在天下故見誅滅疏嗚呼至有辭　正義曰周公先自歎而復稱王命云王順其事而言曰以言告人謂

與孔異也

傳言桀至治民

正義曰民當奉主而責桀不能善奉於民衆者君之奉民謂設美政於民也以善奉民當敬以循之不敢懈惰桀乃無大惟進於恭德而大舒緩懈惰於治民令民益困而政益亂也

傳桀洪至賊臣

正義曰禮記云言悖而出亦悖而入桀既不憂於民故民亦違逆桀命爲貪饕忿懫之行文十八年左傳云縉雲氏有不才子貪於飲食冒於貨賄天下之民謂之饕餮說者皆言貪財爲饕貪食爲餮饕即叨也叨餮謂貪財貪食也忿懫言忿怒違理也民既如此桀無如之何惟日日尊敬其能劓割夏邑者謂性能殘賊者任用之

大惟至克開

正義曰天惟桀惡之故更求民主以代之天乃大下明美之命於成湯使之代桀王天下乃命湯施刑罰絶有夏惟天不與夏桀亦已大矣天所不與之者乃惟此桀用汝多方之義民爲臣而不能長久於多享國故也義民實賢人也夏桀不用惟夏桀之所謂恭人衆士者大不能用明道安存享於衆民乃相與惟行暴虐於民至於百端所爲言虐無所不作大不能開民以善其臣與桀同惡夏家所以滅亡也

傳惟桀至己者

正義曰惟桀之所謂恭人衆士實非恭人亂王所好好用同己者以其同己謂之爲恭人實非善人故不能明享於民杜預訓享爲受受國者謂受而有之此言不能安享於民謂不能安存享受於民衆也

乃惟至之命

正義曰桀殘虐於民乃惟成湯能用汝衆方之賢人大代夏桀作天下民主湯既爲民主慎其所施政教於民民乃勸勉爲善其民雖被刑殺亦用勸勉爲善非徒湯聖後世亦賢自湯至於帝乙皆能成其王道無不顯用有德畏慎刑罰亦能用勸勉爲

之誥我告汝衆方諸侯非天用廢有夏夏桀縱惡
自棄也非天用廢有殷殷紂縱惡自棄也又指說
紂惡乃惟汝君殷紂用汝衆方之民大爲過惡者
共此惡人謀天之命其惡事盡有辭說布在天下
以此故見誅滅乃惟有夏圖厥政不集于享天降時
喪有邦間之更說桀也言桀謀其政不成于享故天下是喪亡以禍之使天下有
國聖人代之言有國明皇天無親佑有德
疏乃惟至間之　正義曰更說桀亡之由乃惟有夏桀
謀其政不能成於享國所謀皆是惡事故天下是
喪亡以禍之使有國聖人來代之言皇天無親惟
佑有德故以聖君代闇主也
湯是夏之諸侯故云有國
乃惟爾商後王逸
厥逸後王紂逸豫其過逸言縱恣無度
圖厥政不蠲烝天惟降
時喪紂謀其政不絜進于善故天惟下是喪亡謂誅滅
惟聖罔念作狂
惟狂克念作聖惟聖人無念於善則爲狂人惟狂人能念於善則爲聖人言桀
紂非實狂愚以不念善故滅亡
天惟五年須暇之子孫誕作民
主罔可念聽天以湯故五年須暇湯之子孫冀其改悔而紂大爲民主肆行無道事無
可念言無可聽武王服喪三年還師二年
疏乃惟至念聽　正義曰更說紂亡之由乃惟汝商之
後王紂逸豫其過縱恣無度紂謀其爲政不能絜
進於善惟行惡事天惟下是喪亡以禍之惟聖人
無念於善則爲狂人惟狂人能念於善則爲聖人
紂雖狂愚冀其念善也計紂爲惡早應誅滅天惟
以成湯之故積五年須待閑暇湯之子孫縱緩
多年冀其改悔而紂大爲民主肆行無道事無可

楊本卷十六第二十八葉

善要察囚情絕戮衆罪亦能用勸勉爲善開放無罪亦能用勸
勉爲善令至於汝君紂反先王之道不能用汝多方之民享有
上天之命由此故被誅滅汝等宜當知之不當更令如殷也
傳乃惟至民主
正義曰大代夏者言天位之重湯能代之謂之大代夏也王肅
云以大道代夏爲民主
傳湯慎至刑清
正義曰慎厥麗者擬謂施政教爾但下句言刑用勸勸用刑則
厥麗之言有賞賞謂賞用勸也但所施政教其事既多非徒刑
賞而已舉事得中民皆勸也政無失刑無濫民以是勸善言政
刑清
傳帝乙至勸善
正義曰將欲斷罪必受其要辭察其虛實故言要囚也殄戮多
罪罪者不濫開釋無罪者不枉殺人不縱有罪亦是政刑清故
能用勸善也
十八
嗚呼至有辭
正義曰周公先自歎而復稱王命云王順其事而言曰以言告
人謂之誥我告汝衆方諸侯非天用廢有夏夏桀縱惡自棄也
非天用廢有殷殷紂縱惡自棄也又指說紂惡乃惟汝君殷紂
用汝衆方之民大爲過惡者共此惡人謀天之命其惡事盡有
辭說布在天下以此故見誅滅
乃惟至間之
正義曰更說桀亡之由乃惟有夏桀謀其政不能成於享國所
謀皆是惡事故天下是喪亡以禍之使有國聖人來代之言皇
天無親惟佑有德故以聖君代闇主也湯是夏之諸侯故云有國
乃惟至念聽
正義曰更說紂亡之由乃惟汝商之後王紂逸豫其過縱恣無
度紂謀其爲政不能絜進於善惟行惡事天惟下是喪亡以禍
之惟聖人無念於善則爲狂人惟狂人能念於善則爲聖人紂
雖狂愚冀其念善也計紂爲惡早應誅滅天惟以成湯之故故

單疏卷十六第十八葉

念言無可聽由是天始改意故誅滅之 傳惟聖至滅亡 正義曰聖者上智之名狂者下愚之稱孔子曰惟上智與下愚不移是聖必不可爲狂狂必不能爲聖此事決矣而此言惟聖人無念於善則爲狂狂人能念於善則爲聖人者方言天須暇於紂冀其改悔說有此理爾不言此事是實也謂之爲聖寧肯無念於善已名爲狂豈能念善中人念與不念其實少有所移欲見念善有益故舉狂聖極善惡者言之 傳天以至二年 正義曰湯是創業聖主理當祚胤長遠計紂未死五年之前已合喪滅但紂是湯之子孫天以湯聖人之故故五年須待閑暇湯之子孫冀其改悔能念善道而紂大爲民主肆行無道所爲皆惡事無可念者言皆惡言無可聽者由是天始滅之五年者以武王討紂初立即應伐之故從武王初立之年數至伐紂爲五年文王受命九年而崩其年武王嗣立服喪三年未得征伐十一年服闋乃觀兵於孟津十三年方始殺紂從九年至十三年是五年也然服喪三年還師二年乃事理宜然而云以湯故須暇之者以殷紂惡盈久合誅滅逢文王則未暇行師兼之示弱凡經五載聖人因言之以爲法教爾其實非天不知紂狂望其後改悔亦非曲念湯德延此歲年也

天惟求爾多方大動以威開厥顧天 天惟求汝衆方之賢者大動紂以威開其能顧天可以代者 惟爾多方罔堪顧之 惟汝衆方之中無堪顧天之道者 惟我周王靈承于旅 惟我周王善奉於衆言以仁政得人心 克堪用德惟典神天 言周文武能堪用德惟可以主神天之祀任天王 天惟式教我用休簡畀殷命尹

爾多方 天以我用德之故惟用教我用美道代殷大與我殷之王命以正汝衆方之諸侯

疏 天惟至多方 正義曰天以紂惡之故將選人代之惟求賢人於汝衆方大動紂以威讉誅去紂也開其有德能顧天之者欲以代紂惟汝衆方之君悉皆無德無堪使天顧之惟我周王善奉於衆能以仁政得人心文武能堪用德惟可以主神天之祀任作天子也天惟以我用德之故教我使用美道大與我殷王之命命我代殷爲王正汝衆方諸侯言天授我以此位也 傳天惟至代者 正義曰天惟求汝衆方之賢欲選賢以爲天子也大動紂以威讉誅殺紂也天意復開其能顧天可以代者欲使代之顧謂迴視有聖德者天迴視之詩所謂乃眷西顧此惟與宅與彼顧同言天顧文王而與之居即此意也但謂天顧此人人亦顧天此云開厥顧天謂人顧天也下云罔堪顧之謂天顧人也言多方人皆無德不堪使天顧之傳以顧事通於彼故皆以天言之 傳天以至諸侯 正義曰周以能行美道乃得天顧復言天用教我美道者人之美惡何事非天由爲美道爲天所顧以美歸功於天言教我用美道故得當天意也

今我曷敢多誥我惟大降爾四國民命 今我何敢多誥汝而已我惟大下汝四國民命謂誅管蔡商奄之君 爾曷不忱裕之于爾多方 汝何不以誠信行寬裕之道於汝衆方欲其戒四國崇和協 爾曷不夾介乂我周王享天之命 夾近也汝何不近大見治於我周王以享天之命而爲不安乎 今爾尚宅爾宅畋爾田爾曷不惠王熙天之命 今汝殷之諸侯皆尚得居汝常居臣

民皆尚得畋汝故田汝何不順從王政廣天之命而自懷疑乎爾乃迪屢不靜
爾心未愛汝所蹈行數爲不安汝心未愛我周故爾乃不大宅天
命爾乃屑播天命汝乃不大居安天命是汝乃盡播棄天命爾乃自
作不典圖忱于正汝未愛我周播棄天命是汝乃自爲不常謀信于正道
我惟時其教告之我惟時其戰要囚之我惟汝如
是不謀信于正道故其教告之謂討以文誥其戰要囚之謂討其倡亂執其朋黨至于再至
于三再謂三監淮夷叛時三謂成王即政又叛言迪屢不靜之事乃有不用我
降爾命我乃其大罰殛之我教告戰要囚汝已至再三汝其有不用
我命我乃大下誅汝君乃其大罰誅之非我有周秉德不康寧
乃惟爾自速辜非我有周執德不安寧自誅汝乃惟汝自召罪以取誅
疏今我至速辜　正義曰今我何敢多以言誥告於汝衆而已我惟大下黜汝管蔡商奄四國之
君也民命謂民以君爲命謂誅殺四國之君也我
已殺汝四國君矣汝何不以誠信之心行寬裕之
道於汝衆方諸侯欲令懲創四國務崇和協言汝
衆方諸侯何不崇和協相親近夫顯見治道於我
周王以享受上天之命而執心不安乎今爾殷之
諸侯尚得居汝常居臣民尚得畋汝故田其安樂
如此汝何得不順從王政以廣大天之命而自懷
疑乎汝乃復所蹈行者數爲不安時或叛逆是汝
心未愛我周家故也汝乃不大居安天命是汝乃
欲盡播棄天命汝不愛我周家播棄天命是汝

積五年須待閑暇湯之子孫縱緩多年冀其改悔而紂大爲民
主肆行無道事無可念言無可聽由是天始改意故誅滅之
傳惟聖至滅亡
正義曰聖者上智之名狂者下愚之稱孔子曰惟上智與下愚
不移是聖必不可爲狂狂必不能爲聖此事決矣而此言惟聖
人無念於善則爲狂人惟狂人能念於善則爲聖人者方言天
須暇於紂冀其改悔說有此理爾不言此事是實也謂之爲聖
寧肯無念於善已名爲狂豈能念善中人念與不念其實少有
所移欲見念善有益故舉狂聖極善惡者言之
傳天以至二年
正義曰湯是創業聖王理當祚胤長遠計紂未死五年之前已
合喪滅但紂是湯之子孫天以湯聖人之故故五年須待閑暇
湯之子孫冀其改悔能念善道而紂大爲民主肆行無道所爲
皆惡事無可念者言皆惡言無可聽者由是天始滅之五年者
以武王討紂初立即應伐之故從武王初立之年數至伐紂爲
五年文王受命九年而崩其年武王嗣立服喪三年未得征伐
十一年服闋乃觀兵於孟津十三年方始殺紂從九年至十三
年是五年也然服喪三年還師二年乃事理宜然而云以湯故
須暇之者以殷紂惡盈久合誅滅逢文王崩未暇行師兼之示
弱凡經五載聖人因言之以爲法教爾其實非天不知紂狂望
其後改悔亦非曲念湯德延此歲年也
天惟至多方
正義曰天以紂惡之故將選人代之惟求賢人於汝衆方大動
紂以威謂誅去紂也開其有德能顧天之者欲以代紂惟汝衆
方之君悉皆無德無堪使天顧之惟我周王善奉於衆能以仁
政得人心文武能堪用德惟可以主神天之祀任作天子也天
惟以我用德之故故教我使用美道大與我殷王之命命我代
殷爲王正汝衆方諸侯言天授我以此位也
傳天惟至代者
正義曰天惟求汝衆方之賢言欲選賢以爲天子也大動紂以

乃自爲此不常謀信於正道言其心不常謀正道
故爲背違之心我惟汝如是不謀信於正道之故
其以言辭敎告之我惟汝如是不誠信於正道之
故其用戰伐要察囚繫之由汝數爲不信故我敎
告汝戰伐要囚汝至於再至於三我數告汝戰伐
要囚汝已至再三如今而後乃復有不用我命者
我乃其大罰誅之言我更將殺汝也非我有周執
德不安數設誅罰乃惟汝自召罪也此章反覆殷
勤者恐其更有叛逆故丁寧戒之　傳今我至之
君　正義曰今我何敢多爲言誥而已實殺其君
非徒口告管蔡商奄皆爲叛逆受誅故今因奄
重叛而追說前事言下四國民命王肅以四國
爲四方之國言從今以後四方之國苟有此罪則
必誅之謂戒其將來之事與孔不同　傳夾近至
安乎　正義曰夾其旁旁是近義故爲近也諸國
跡遠周室不肯以治納功故責之顧氏云彼衆方
諸侯何不常和協相親近大顯見治道於我周王
以享上天之命而今何以不自安乎　傳今汝至
疑乎　正義曰主遷於上臣易於下言汝諸侯之
國應隨紂降黜今汝紂之諸侯皆尚得居汝常居
臣民畋汝故田宅不易安樂如此汝何不順從
我周王之政以廣上天之命使天多佑汝何故畏
我周家自懷疑乎諸侯有國故云居汝常居臣民
重田故云畋汝故田治田謂之畋猶捕魚謂之漁
今人以營田求食謂之畋食即此畋亦田之義也
傳汝未至正道　正義曰事君無二臣之道爲人
臣者常宜信之汝未愛我周家播棄天命汝數爲
叛逆是汝乃自爲此不常謀信於正道　傳我惟
至朋黨　正義曰敎告與戰要囚連文則告以文
辭是將戰之時敎告謂伐紂之事也十三年說戰
法云告之以文辭董之以武師是將戰之時於法
當有文辭告前敵也我惟汝如是不謀信於正道

威謂誅殺紂也天意復開其能誠天可以代者欲使代之顧謂
迴視有聖德者天迴視之詩所謂乃眷西顧此惟與宅與彼顧
同言天顧文王而與之居即此意也但謂天顧此人人亦顧天
此云開厥顧天謂人顧天也下云罔堪顧之謂天顧人也言多
方人皆無德不堪使天顧之傳以顧事通於彼故皆以天言之
傳天以至諸侯
正義曰周以能行美道乃得天顧復言天用敎我美道者人之
美惡何事非天由爲美道爲天所顧以美歸功於天言敎我用
美道故得當天意也
今我至速辜
正義曰今我何敢多以言誥告於汝衆而已我惟大下黜汝管
蔡商奄四國之君也民命謂民以君爲命謂誅殺四國之君也
我已殺汝四國君矣汝何不以誠信之心行寬裕之道於汝衆
方諸侯欲令懲創四國務崇和協言汝衆方諸侯何不崇和協
相親近大顯見治道於我周王以享受上天之命而敎心不安乎
今爾殷之諸侯尚得居汝常居臣民尚得畋汝故田其安樂如
此汝何得不順從王政以廣大天之命而自懷疑乎汝乃復所
蹈行者數爲不安時或叛逆是汝心未愛我周家故也汝乃不
大居安天命是汝乃欲盡播棄天命汝不愛我周家播棄天命
是汝乃自爲此不常謀信於正道言其心不常謀正道故爲背
違之心我惟汝如是不謀信於正道之故其以言辭敎告之我
惟汝如是不誠信於正道之故其用戰伐要察囚繫之由汝數
爲不信故我敎告汝戰伐要囚汝至於再至於三我敎告汝戰
伐要囚汝已至再三如今而後乃復有不用我命者我乃其大
罰誅之言我更將殺汝也非我有周執德不安數設誅罰乃惟
汝自召罪也此章反覆殷勤者恐其更有叛逆故丁寧戒之
傳今我至之君
正義曰今我何敢多爲言誥而已實殺其君非徒口告管蔡商
奄皆爲叛逆受誅故今因奄重叛而追說前事言下四國民命
王肅以四國爲四方之國言從今以後四方之國苟有此罪必

故其教告之謂誥以文辭誥告也告以文辭數其
罪也其戰要囚之謂戰敗其師執取其人受其要
辭而囚之謂討其倡亂之人囚執其朋黨也此雖
揔言戰事但下有至於再三明此指伐紂也傳
再謂至之事　正義曰以伐紂爲一故再謂攝政
之初三監與淮夷叛時也三謂成王即政又叛也
言上迪屢
不靜之事
王曰嗚呼猷告爾有方多士暨殷多士
王歎而以道告汝
衆方與殷多士
今爾奔走臣我監五祀
監謂成周之監此指謂所遷頑民殷衆士今汝
奔走來徙臣我我監五年無過則得還本土
越惟有胥伯小大多正爾罔不克臬
於惟有相
長事小大
衆正官之人汝無不
能用法欲其皆用法
自作不和爾惟和哉爾室

尚十六　二十三　陳注

不睦爾惟和哉爾邑克明爾惟克勤乃事
小大多正自爲不和汝有方多士當和之哉汝親
近室家不睦汝亦當和之哉汝邑中能明是汝惟
能勤汝
職事
爾尚不忌于凶德亦則以穆穆在乃位
汝庶幾不自忌入於凶德
亦則用敬敬常在汝位
克閱于乃邑謀介爾乃自時洛邑尚永力畋爾田
汝能使我閱具
于汝邑而以汝
所謀爲大則汝乃用是洛邑庶幾長力畋
汝田矣言雖遷徙而以修善得反邑里
天惟畀矜爾我有周惟其大介賚爾
汝能修善天惟
與汝憐汝我有
周惟其大大賜汝
言受多福之祚
迪簡在王庭尚爾事有服

必誅之謂戒其將來之事與孔不同
傳夾近至安乎
正義曰夾其旁旁是近義故爲近也諸國疏遠周室不肯以治
爲功故責之顧氏云汝衆方諸侯何不常和協相親近大顯見
治道於我周王以享上天之命而今何以不自安乎
傳今汝至疑乎
正義曰主遷於上臣易於下討汝諸侯之國應隨殷降黜今汝
殷之諸侯皆尚得居汝常居臣民畋汝故田田宅不易安樂如
此汝何不順從我周王之政以廣上天之命使天多佑汝何故
畏我周家自懷疑乎諸侯有國故云居汝常居臣民重田故云
畋汝故田治田謂之畋猶捕魚謂之漁今人以營田求食謂之
畋食即此畋亦田之義也
傳汝未至正道
正義曰事君無二臣之道爲人臣者常宜信之汝乃不愛我周家
播棄天命汝數爲叛逆是汝乃自爲此不常謀信於正道

書十六　二十一

傳我惟至朋黨
正義曰教告與戰要囚連文則告以文辭是將戰之時教告謂
伐紂之事昭十三年說戰法云告之以文辭董之以武師是將
戰之時於法當有文辭告前敵也我惟汝如是不謀信於正道
故其教告之謂訊以文辭訊告也告以文辭數其罪也其戰要
囚之謂戰敗其師執取其人受其要辭而囚之謂討其倡亂之
人囚執其朋黨也此雖揔言戰事但下有至於再三明此指伐
紂也
傳再謂至之事
正義曰以伐紂爲一故再謂攝政之初三監與淮夷叛時也三
謂成王即政又叛也言上迪屢不靜之事
王曰嗚呼猷至大僚
正義曰王言而歎曰嗚呼我以道告汝在此所有四方之多士
謂四方之諸侯及與殷之衆士謂頑民遷成周者[四]告四方諸
侯遂告成周之人徧使諸侯知之此章皆告成周之人辭也今

在大僚非但受憐賜又乃蹈大道在王庭庶幾修汝事有所服行在大官王門
嗚呼猷至大僚　正義曰王言而歎曰嗚呼我以
道告汝在此所有四方之多士謂四方之諸侯亦
與殷之衆士謂頑民遷成周者因告四方諸侯遂
告成周之人徧使諸侯知之此章皆告成周之人
辭也今汝成周之人奔走勤事臣我周之監成周
者五年無罪過則聽汝還本土於惟有相長事謂
小大衆正官之人汝無有不能用法欲其皆用法
也小大衆正官之人自爲不和汝衆官等自當和
之哉汝等親近室家不相和親汝亦當和之哉汝
邑内之人若能明於和睦之道汝惟能勤於汝之
職事言是其教之使然汝能庶幾不自相怨忌入
於凶德皆能不入於凶德亦則用敬之道常在
汝之職位不黜退也汝若能善相教誨使我簡閱
於汝邑善汝之事以汝所謀爲大則汝乃用是洛
邑庶幾得以本土長得勤力故曰汝能修善天
惟與汝憐之我有周惟其大賞賜汝汝非但受
賞而已其有蹈大道者得在王庭被任用庶幾汝事
有所服行在於大官恐其心未服故丁寧勸誘之傳王
歎至多士　正義曰言有方多士與殷多士則此二者非
一人也有方多士當謂於時所有四方之諸侯也
與殷多士當謂遷於成周頑民之衆士也下云以
臣我監者謂成周之監明此殷多士也　傳監謂
至本土　正義曰下云自時洛邑此所戒成周之
人故知監謂成周之監此指謂所遷頑民殷家衆
士也五年再閏天道有成故期以五年無過則得
還本土以民性重遷設期以誘之　傳於惟至用
法　正義曰胥相也伯長也顧氏以相長事即小
大衆正官之人也　傳汝庶至汝位　正義曰和
順爲善德怨惡爲凶德忌謂自怨忌上言自作不
和是怨忌也釋訓云穆穆敬也此戒小大正官之

楊本卷十六第三十四葉

汝成周之人奔走勤事臣我周之監成周者五年無罪過則聽
汝還本土於惟有相長事謂小大衆正官之人汝無有不能用
法欲其皆用法也小大衆正官之人自爲不和汝衆官等自當
和之哉汝等親近室家不相和親汝亦當和之哉汝邑内之人
若能明於和睦之道汝惟能勤於汝之職事言是其教之使然
汝能庶幾不自相怨忌入於凶德若能不入於凶德亦則用敬
敬之道常在汝之職位不黜退也汝若能善相教誨使我簡閱
於汝邑善汝之事以汝所謀爲大則汝乃用是洛邑庶幾得反
本土長得勤敢汝故曰汝能修善天惟與汝憐汝我有周惟其
大大賞賜汝汝非但受賞而已其有蹈大道者得在王庭被任
用庶幾汝事有所服行在於大官恐其心未服故丁寧勸誘之
傳王歎至多士
正義曰言有方多士與殷多士則此二者非一人也有方多士
當謂於時所有四方之諸侯也與殷多士當謂遷於成周頑民
之衆士也下云以臣我監者謂成周之監明此殷多士也
傳監謂至本土
正義曰下云自時洛邑此所戒成周之人故知監謂成周之監
此指謂所遷頑民殷家衆士也五年再閏天道有成故期以五
年無過則得還本土以民性重遷設期以誘之
傳於惟至用法
正義曰胥相也伯長也顧氏以相長事即小大衆正官之人也
傳汝庶至汝位
正義曰和順爲善德怨惡爲凶德忌謂自怨忌上言自作不和
是怨忌也釋訓云穆穆敬也此戒小大正官之人故云敬敬常
在汝位
傳汝能至邑里
正義曰閱謂簡閱其事觀其具足以否故言閱具於汝邑介大
也以汝所謀爲大善其治理聽還本國也是由在洛邑修善得
反其邑里王肅云其無成亦五年亦不得反也
王曰嗚呼多至爾土

單疏卷十六第二十二葉

人故云敬敬常在汝於。傳汝能至邑里　正義
曰。閱謂簡閱其事觀其具足以否故言閱具於
汝邑介大也。以汝所謀爲大善其治理聽。遂本
國也是由在洛邑修善得反其邑里。王肅云爾
無成雖五年
亦不得反也　王曰嗚呼多士爾不克勸忱我　王歎而言
命爾亦則惟不克享凡民惟曰不享
曰。衆士汝不能勸信我命汝亦則惟不能
享天祚矣。凡民亦惟曰不享於汝祚矣　爾乃
惟逸惟頗大遠王命則惟爾多方探天之
威我則致天之罰離逖爾土　若爾乃爲逸豫頗僻大棄王命
則惟汝衆方取天之威我則致
行天罰離土逖汝土將遠徙之　疏王曰嗚呼至爾土　正義曰王
言而歎曰嗚呼成周之衆士汝若不能勸勉信用
我之教命汝則惟不能多受天福祚矣凡民惟曰
不享於汝祚矣汝乃惟爲逸豫頗僻大遠棄
王命則惟汝衆方自取天之威刑我則致天之罰
於汝身將遠徙之使離遠汝之本土　傳王歎至
祚矣　正義曰勸信我命勸勉而信順之凡民亦
惟曰不享於汝祚矣言民亦不顧汝之子孫長久
矣　傳若爾至徙之　正義曰成周一邑之士不
得謂之多方此蓋意在成周遷者兼告四方諸國
使知亦如康誥王誥康叔并使諸侯知之離遠汝
土更遠徙之鄭云分離
奪汝土也與孔異也　王曰我不惟多誥我惟
祗告爾命　我不惟多誥汝而已我惟敬告汝吉凶之命　又曰時惟爾
初不克敬于和則無我怨　又誥汝是惟汝初不能敬于和道故誅汝

楊本卷十六第三十五葉

正義曰王言而歎曰嗚呼成周之衆士汝若不能勸勉信用我
之教命汝則惟不能多受大福祚矣凡民惟曰不享於汝祚矣
汝乃惟爲逸豫惟爲頗僻大遠棄王命則惟汝衆方自取天之
威刑我則致天之罰於汝身將遠徙之使離遠汝之本土
傳王歎至祚矣
正義曰勸信我命勸勉而信順之凡民亦惟曰不享於汝祚矣
言民亦不顧汝之子孫長久矣
傳若爾至徙之
正義曰成周一邑之士不得謂之多方此蓋意在成周遷者兼
告四方諸國使知亦如康誥王誥康叔并使諸侯知之離遠汝
土更遠徙之鄭云分離奪汝土也與孔異也
王曰我至我怨
正義曰王曰我今告戒汝者不惟多爲言誥汝而已惟敬告汝
吉凶之命從我則吉違我則凶汝命吉凶在此言也王又謂汝
所以前三被誅者是惟汝初不能敬於和道故致此罰汝自取
之則無於我有怨
傳又誥至之意
正義曰又誥者更言王意又謂汝曰也以上王誥已終又起別
端故更稱王又復言曰汝序云成王在豐誥庶邦則此篇是王
親告之辭直稱王曰者是也其有周公稱王告者則上云周公
曰王若曰是也又云嗚呼王若曰是也顧氏云又曰者是王又
復言曰也

尚書正義卷第十六

計一萬三千一百七十七字

單疏卷十六第二十三葉

汝無我怨解所以【疏】王曰我至我怨　正義曰王
弃三加誅之意　曰我今告戒汝者不惟多爲
言誥汝而已惟敬告汝吉凶之命從我則吉違我
則凶汝命吉凶在此言也王又謂汝所以弃三
誅者是惟汝初不能敬於和道故致此爾汝自取
之則無於我有怨　傳又誥至之意　正義曰又
誥者更言王意又謂汝曰也以上王誥已終又起
別端故更稱王又復言曰以序云成王在豐誥庶
邦則此篇是王親告之辭直稱王曰者是也其有
周公稱王告者則上云周公曰王若曰是也又云
嗚呼王若曰是也顧氏云
又曰者是王又復言曰也

尚書注疏卷第十六

尚書正義卷第十七

國子祭酒上護軍曲阜縣開國子臣孔穎達奉

勑撰

周書

立政第二十一

周公作立政周公既致政成王恐其怠忽故以君臣立政爲戒　立政言用臣當共立政故以名篇

周公若曰拜手稽首告嗣天子王矣順古道盡禮致敬告成王言嗣天子今以爲王矣不可不慎　用咸戒于王曰周公用王所立政之事皆戒於王曰常所長事常所委任謂三公六卿準人平法謂士官綴衣掌衣服虎賁以武力事王

王左右常伯常任準人綴衣虎賁皆左右近臣宜得其人

周公曰嗚呼休茲知恤鮮哉歎此五者立政之本知憂得其人者少

疏　周公至鮮哉　正義曰王之大事在於任賢使能成王初始即政猶尚幼少周公恐其怠忽政事任非其人故告以用臣之法周公順古道而告王曰我敢拜手稽首告

尚書正義卷第十七

國子祭酒上護軍曲阜縣開國子臣孔穎達奉

勑撰

周書

立政第二十一

周公若至鮮哉

正義曰王之大事在於任賢使能成王初始即政猶尚幼少周公恐其怠忽政事任非其人故告以用臣之法周公順古道而告王曰我敢拜手稽首告嗣天子成王今已爲王矣王者當立善政其事不可不慎周公既爲此言乃用王所立政之事皆戒於王曰王之親近左右常所長事謂三公也常所委任謂六卿也平法之人謂獄官也綴衣之人謂掌衣服者也虎賁以武力事王者此等皆近王左右最須得人周公既歷言此官復言而歎曰嗚呼美哉此五等之官立政之本也知憂此官宜得賢人者少也

傳順古至不慎

正義曰周公既拜手稽首而後發言還自言拜手稽首示已重其事欲令受其言故盡禮致敬以告王也召誥云拜手稽首旅王若公亦是召公自言已拜手稽首與此同也成王嗣世而立故呼成王爲嗣天子周公攝政之時成王未親王事此時既已歸政於成王故言今以爲王矣不可不慎也王肅以爲於時周公會羣臣共戒成王其言曰拜手稽首者是周公讚羣臣之辭

傳周公至其人

正義曰此以立政名篇知用咸戒者是周公用王所立政之事皆戒於王也三公臣之尊者知常所長事謂三公也六卿分掌國事王之所任知常所委任謂六卿也準訓平也平法之人謂士官也士察也察獄之官用法必當均平故謂獄官爲準　周

嗣世天子成王，今已爲王矣。王者當立善政，其事不可不愼。周公既爲此言，乃用王所立政之事皆戒於王曰：王之親近左右常所長事，謂三公也；常所委任，謂六卿也；平法之人，謂獄官也；綴衣之人，謂掌衣服者也；虎賁以武力事王者。此等皆近王左右，最須得人。周公既歷言此官，復言而歎曰：嗚呼！美哉此五等之官，立政之本也。知憂此官宜得賢人者少也。傳「順古至不愼」正義曰：周公既拜手稽首而後發言，還自言拜手稽首，示已重其事，欲令受其言，故盡禮致敬以告王也。召誥云「拜手首旅王若公」，亦是召公自言已拜手稽首，與此同也。成王嗣世而立，故呼成王爲嗣天子。周公攝政之時，成王未親王事，此時既已歸政於成王，故言今以爲王矣，不可不愼也。王肅以爲於時周公會羣臣共戒成王，其言曰拜手稽首者，是周公讚羣臣之辭。傳「周公至其人」正義曰：此以立政名篇，知用咸戒者是周公用王所立政之事皆戒於王也。三公臣之尊者，知常所長事謂三公也。六卿分掌國事，主之所任，知常所委任謂六卿也。準訓平也，平法之人謂士官也。士，察也，察獄之官，用法必當均平，故謂獄官爲準人。周禮司寇之長在常任之内，此士官當謂士師也。衣服必連綴著之，此歷言官人，知綴衣是掌衣服者。此言親近大臣，必非造衣裳者，周禮太僕下大夫掌正王之服位，出入王之大命，此掌衣服者當是太僕之官也。周禮虎賁氏下大夫，言其若虎賁獸，是以武力事王者。此皆左右近臣，宜得其人。言其急於餘官，得其人者，文官得其文人，武官得其武人，違才易務皆爲非其人也。傳「歎此至者少」正義曰：此五官皆親近王，故歎此五者，立政之本也。休，美也，王肅云：此五官美哉，是休茲爲美此五官也。歎其官之美，美官不可不委賢人用之，故歎之。知憂得其人

者少，下句惟言禹湯文武官得其人，是知憂得人者少也。

古之人迪惟有夏，乃有室大競，籲俊尊上帝，古之人道惟有夏禹之時，乃有卿大夫室家大強，猶乃招呼賢俊與共尊事上天。迪知忱恂于九德之行。禹之臣蹈知誠信於九德之行，謂賢智大臣，九德皐陶所謀。乃敢告教厥后曰：拜手稽首后矣。曰宅乃事，宅乃牧，宅乃準，茲惟后矣。知九德之臣，乃敢告教其君以立政。君矣，亦猶王矣。宅，居也。居汝事，六卿掌事者；牧，牧民，九州之伯；居内外之官，及平法者，皆得其人，則此惟君矣。謀面，用丕訓德，則乃宅人，茲乃三宅無義民。謀所面見之事無疑，則能用大順德，乃能居賢人於衆官。若此，則乃能三居無義民，六罪宥之四裔，次九州之外，次中國之外。桀德惟乃弗作往任，是惟暴德罔後。桀之爲德，惟乃不爲其先王之法往所委任，是惟暴德之人，故絕世無後。

[疏]「古之」至「罔後」。正義曰：既言知憂得人者少，乃遠述上世之事。此言禹與桀也。古之人能用此求賢之道者，惟有夏禹之時，乃有羣臣卿大夫皆是賢人，室家大強，猶尚招呼賢俊之人與共立於朝，尊事上天。禹之臣蹈知誠信於九德之行者，乃敢告教其君曰：我敢拜手稽首，君今已爲君矣，不可不愼也。戒其君，即告曰：居汝掌事之六卿，居汝牧民之州伯，居汝平法之獄官，使此三者皆得其人，則此惟爲君矣。言不得賢人不成爲君也。禹能謀所面見之事，無所疑惑，用大明順之德，則乃能居賢人於官，賢人在官，職事修理，乃

能三處居無義之民善人在朝惡人黜遠其國乃爲治矣及夏末年桀乃爲天子桀之爲德惟乃不爲其先王之法往所委任是惟暴德之人以此故絕世無後得賢人則與任小人則滅是須官賢人以立政也　傳古之至上天　正義曰經言古之人迪傳言古之人道當說古之求賢人之道也王肅云古之人道惟有夏之大禹爲天子也其意言古人之道說有此事孔意似不然也孔以大夫稱家室猶家也籲訓呼也招呼者乃是臣下之事故以爲夏禹之時乃有卿大夫室家大強猶乃招呼在外賢俊與之共立於朝尊事上天也言君既求賢臣之助言天子事天臣成君事故言共尊事上天　傳禹之至所謀　正義曰九德之行非一人能備言禹之臣蹈知九德之行極言其賢智大臣也禹時伯益之輩乃可以當此經典之文更無九德之事惟有臯陶謀九德故言九德臯陶所謀者也寬而栗柔而立愿而恭亂而敬擾而毅直而溫簡而廉剛而塞強而義是也　傳知九至君矣　正義曰進言戒君非大賢不可故知九德之臣乃敢告教其君以立政也君矣亦猶言王矣言已爲君矣不可不慎也君王一也變文以相避爾宅訓居也居汝事須得賢人六卿各掌其事者也居汝牧九州之伯主養民亦須得賢人養其民也居汝準士官主理刑法亦須賢人平其獄也六卿掌內州牧掌外內外之官及平法三事皆得其人則此惟爲君矣言羣官失職則不成爲君也上句周公戒王歷言五官其內無州牧此惟言三官加州牧者俱是遂急言之其有詳略爾曲禮云九州之長曰牧王制云千里之外設方伯八州八伯然則牧伯一也伯者言一州之長牧者言牧養下民故伯俱得言之故孔以伯解牧鄭玄云殷之州牧曰伯虞夏及周曰牧與孔不同　傳謀所至之外　正義曰

禮司寇之長在常任之內此士官當謂士師也衣服必連著之此歷言官人知綴衣是掌衣服者此言親近大臣必是造衣裳者周禮太僕下大夫掌王之服位出入王之大命此掌衣服者當是太僕之官也周禮虎賁氏下大夫言其若虎賁獸是以武力事王者此皆左右近臣宜得其人言其急於餘官得其人者文官得其文人武官得其武人違才易務皆爲非其人也
傳歎此至者少
正義曰此五官皆親近王故歎此五者立政之本也休美也王肅云此五官美哉是休茲爲美此五官也歎其官之美美官不可不委賢人用之故歎之知憂得其人者少下句惟言禹湯文武官得其人是知憂得人者少也
古之至罔後
正義曰既言知憂得人者少乃遠述上世之事此言禹與桀也古之人能用此求賢之道者惟有夏禹之時乃有羣臣卿大夫皆是賢人室家大強猶尚招呼賢俊之人與其立於朝尊事上天禹之臣蹈知誠信於九德之行者乃敢告教其君曰我敢拜手稽首君今已爲君矣不可不慎也戒其君即告曰居汝掌事之六卿居汝牧民之州伯居汝平法之獄官使此三者皆得其人則此惟爲君矣言不得賢人不成爲君也禹能謀所面見之事無所疑惑用大明須之德則乃能居賢人於官賢人在官職事修理乃能三處居無義之民善人在朝惡人黜遠其國乃爲治矣及夏末年桀乃爲天子桀之爲德惟乃不爲其先王之法往所委任是惟暴德之人以此故絕世無後得賢人則與任小人則滅是須官賢人以立政也
傳古之至上天
正義曰經言古之人迪傳言古之人道當說古之求賢人之道也王肅云古之人道惟有夏之大禹爲天子也其意言古人之道說有此事孔意似不然也孔以大夫稱家室猶家也籲訓呼也招呼者乃是臣下之事故以爲夏禹之時乃有卿大夫室家大強猶乃招呼在外賢俊與之共立於朝尊事上天也言君既

凡人爲主皆欲臣賢但大佞似忠賢不可別欲知其遠先驗於近但爲能謀所面見之事善官賢人既得其官分別善惡無所疑惑仁賢必用邪佞必退然後舉直錯諸枉則爲能用大順德如是乃能居賢人於衆官賢人既得居官則能分別善惡無義之民必獲大罪量其輕重斥之遠地乃能三處居此無義罪人三居者大罪宥之四裔次九州之外次中國之外四裔者四海之表最遠者也次九州之外者四海之内要服之外次中國之外者謂罪人所居之國外也猶若衛人居於晉去本國千里故孔注舜典云次千里之外是也鄭云三處者自九州之外至於四海三分其地遠近若周之夷鎮蕃也與孔不同

亦越成湯陟丕釐上帝之耿命桀之昏亂亦於成湯之道得升大賜上天之光命王天下**乃用三有宅克即宅曰三有俊克即俊**湯乃用三有居惡人之法能使就其居言服罪又曰能用剛柔正直三德之俊能就其俊事言明德**嚴惟丕式克用三宅三俊**言湯所以能嚴威惟可大法象者以能用三居三德之法**其在商邑用協于厥邑其在四方用丕式見德**湯在商邑用三宅三俊之道和其邑其在四方用是大法見其聖德言遠近化

疏亦越至見德　正義曰不有所廢則無以興桀之滅亡夏家乃以開道湯德此言湯之能用人也桀之昏亂亦於成湯之道得升聞於天天大賜受上天之光命得王有天下湯既爲王乃用三有居惡人之法能使各就其居處言皆服其罪也又曰用三德之俊人能使各就其俊事言皆明其德也湯所以能嚴威惟可大法

求賢臣之助言天子事天臣戒君[illegible]故言共[illegible]事上天

傳禹之至所謀

正義曰九德之行非一人能備言禹之臣蹈知九德之行極言其賢智大臣也禹時伯益之輩乃可以當此經典之文更無九德之事惟有皋陶謀九德故言九德皋陶所謀者即寬而栗柔而立愿而恭亂而敬擾而毅直而溫簡而廉剛而塞強而義是也

傳知九至君矣

正義曰進言戒君非大賢不可故知九德之臣乃敢告教其君以立政也君矣亦猶言王矣言已爲君矣不可不慎也君王一也變文以相避爾宅訓居也居汝事須得賢人六卿各掌其事者也居汝牧九州之伯主養民亦須得賢人養其民也居汝準士官主理刑法亦須賢人平其獄也六卿掌内州牧掌外内外之官及平法三事皆得其人則此惟爲君矣言羣官失職則不成爲君也上句周公戒王歷言五官其内無州牧此惟言三官加州牧者俱是遂急言之其有詳略爾曲禮云九州之長曰牧

王制云千里之外設方伯八州八伯然則牧伯一也伯言一州之長牧者言牧養下民牧伯俱得言之故孔以伯解牧鄭玄云殷之州牧曰伯虞夏及周曰牧與孔不同

傳謀所至之外

正義曰凡人爲主皆欲臣賢但大佞似忠賢不可別欲知其遠先驗於近但爲能謀所面見之事善官賢人既得其官分別善惡無所疑惑仁賢必用邪佞必退然後舉直錯諸枉則爲能用大順德如是乃能居賢人於衆官賢人既得居官則能分別善惡無義之民必獲大罪量其輕重斥之遠地乃能三處居此無義罪人三居者大罪宥之四裔次九州之外次中國之外四裔者四海之表最遠者也次九州之外者四海之内要服之外次中國之外者謂罪人所居之國外也猶若衛人居於晉去本國千里故孔注舜典云次千里之外是也鄭云三處者自九州之外至於四海三分其地遠近若周之夷鎮蕃也與孔不同

亦越至見德

象者以其能用三居三俊之法故也成湯其在商
邑用此三居三俊之道和於其邑其在四方用是
斷罪任賢之大法見其聖德於民言遠近皆從化
也　傳桀之至天下　正義曰成湯之道得升謂
從下而升於天故天賜之以光命使之得王天下
爲天子也釐賜耿光皆釋詁文　傳湯乃至明德
正義曰皐陶謨九德即洪範之三德細分以爲九
爾以此知三俊即是洪範所言剛克柔克正直三
德之俊也能就其俊事言明德者用以俊人居官
顯明其德也上句言則乃宅人茲乃三宅無義民
先言用賢後言去惡此經先言三有宅後言曰三
有俊者用賢去惡俱是立政之本上句先說夏禹
言得賢然後去惡見其須賢之切及說成湯文武
先言去惡後言用賢又見惡宜速去或先或後所
以互相見爾　嗚呼其在受德暋惟羞刑暴德之

尚書十七　六

人同于厥邦　受德紂字帝乙愛焉爲作善字而反大惡自強惟進用刑與暴德之
人同于其國並爲威虐　乃惟庶習逸德之人同于厥政
乃惟衆習爲過德之人同于其政言不任賢　帝欽罰之乃伻我有夏
式商受命奄甸萬姓　天以紂惡故敬罰之乃使我周家王有華夏得用商所受
天命同治萬姓言皇天無親佑有德　疏　嗚呼至萬姓　正義曰既言湯以用賢而興又說紂之失人而
滅周公又歎曰嗚呼其在受王受德本性大惡自
強惟進用刑罰與暴德之人同治其國並爲威虐
乃惟衆習爲過德之人與之同共於其政由其任
同惡之人故上天敬誅罰之乃使我周家王有華
夏用商所受天命同治天下萬姓言周能用賢天
親有德故得爲天子　傳受德至威虐　正義曰

楊本卷十七第六葉

正義曰不有所廢則無以興桀之滅亡夏家乃以開道湯德此
言湯之能用人也桀之昏亂亦於成湯之道得升聞於天大賜
受上天之光命得王有天下湯既爲王乃用三有居惡人之法
能使各就其居處言皆服其罪也又曰用三德之俊人能使各
就其俊事言皆明其德也湯所以能嚴威惟可大法象者以其
能用三居三俊之法故也成湯其在商邑用此三居三俊之道
和於其邑其在四方用是斷罪任賢之大法見其聖德於民言
遠近皆從化也
傳桀之至天下
正義曰成湯之道得升謂從下而升於天故天賜之以光命使
之得王天下爲天子也釐賜耿光皆釋詁文
傳湯乃至明德
正義曰皐陶謨九德即洪範之三德細分以爲九爾以此知三
俊即是洪範所言剛克柔克正直三德之俊也能就其俊事言
明德者用以俊人居官顯明其有德也上句言則乃宅人茲乃
三宅無義民先言用賢後言去惡此經先言三有宅後言曰三

尚書十七　四

有俊者用賢去惡俱是立政之本上句先說夏禹言得賢然後
去惡見其須賢之切及說成湯文武先言去惡後言用賢又見
惡宜速去或先或後所以互相見爾
嗚呼至萬姓
正義曰既言湯以用賢而興又說紂之失人而滅周公又歎曰
嗚呼其在受王受德本性大惡自強惟進用刑罰與暴德之人
同治其國並爲威虐乃惟衆習爲過德之人與之同共於其政
由其任同惡之人故上天敬誅罰之乃使我周家王有華夏用
商所受天命同治天下萬姓言周能用賢天親有德故得爲天子
傳受德至威虐
正義曰泰誓三篇惟單言受而此云受德者則德本配受共爲
一人故知受德是紂字也既受之與德共爲紂字而經或言受
或言受德者呼之有單復爾其人實爲大惡德字乃爲善名非
是時人呼爲德知是帝乙愛焉爲作善字望其爲善而反爲大

單疏卷十七第四葉

泰誓三篇惟單言受而此去受德者則德本即爲
共爲一人故知受德是紂字也既受之與德共爲
紂字而經或言受或言受德者呼之有單復爾其
人實爲大惡德字乃爲善名非是時人呼有德知
是帝乙愛焉爲作善字違其爲善而反爲大惡以
其行反其字明非時人呼也釋詁云暋強也暋即
昏也故訓爲強言紂自強爲惡惟進用刑罰身既
進用刑罰則愛好暴虐之人故爲與之同於其國
言並爲威虐　傳乃惟至任賢　正義曰暴德言
以暴虐爲德逸德言以過惡爲德習效爲之衆者
言其所任多也紂任衆爲過德之人與之同於其
政言其不任賢也與暴德同於其國與惡德同於
其政其事一也異言之爾牧誓所云四方之多罪
逋逃是信是使是以爲大夫卿士俾暴虐於百姓
以姦宄於商邑是其事也　傳天以至有德　正
義曰言天知其惡勑詳審下罰故言勑罰也詩本

受天命周亦受天命故言用商所受天命同治萬
姓釋言云弇同也同爲天子治萬姓與商同也此
經之意言周家有德皇天親有德
也王肅云勑罰者謂須暇五年　亦越文王武王
克知三有宅心灼見三有俊心　紂之不善亦於文武之道大行以
能知三有居惡人之心灼然見三有賢俊之心　以敬事上帝立民長伯　言文武知
三宅三俊故能以敬事上天立民正長謂郊祀天建諸侯
疏　亦越至長伯　正義曰既言上天去惡與
善滅殷興周即說文王武王能用求賢審官之事
桀惡所以興成湯紂惡所以開文武言紂之不善
亦於文王武王使得其道大行能知居三有惡人
之心居之皆得其所言服其罪也灼然見三有賢
俊之心用之皆得其人言明其德也文武知此三
宅三俊故能敬事上天稱天心也立民正長合民

楊本卷十七第七葉

惡以其行反其字明非時人呼也釋詁云暋強也暋即昏也故
訓爲強言紂自強爲惡惟進用刑罰身既進用刑罰則愛好暴
虐之人故爲與之同於其國言並爲威虐
傳乃惟至任賢
正義曰暴德言以暴虐爲德逸德言以過惡爲德習效爲之衆
者言其所任多也紂任衆爲過德之人與之同於其政言其不
任賢也與暴德同於其國與惡德同於其政其事一也異言之
爾牧誓所云四方之多罪逋逃是信是使是以爲大夫卿士俾
暴虐於百姓以姦宄於商邑是其事也
傳天以至有德
正義曰言天知其惡勑詳審下罰故言勑罰也商本受天命周
亦受天命故言用商所受天命同治萬姓釋言云弇同也同爲
天子治萬姓與商同也此經之意言周家有德皇天親有德也
王肅云勑罰者謂須暇五年
亦越至長伯

正義曰既言上天去惡與善滅殷興周即說文王武王能用求
賢審官之事桀惡所以興成湯紂惡所以開文武言紂之不善
亦於文王武王使得其道大行能知居三有惡人之心居之皆
得其所言服其罪也灼然見三有賢俊之心用之皆得其人言
明其德也文武知此三宅三俊故能敬事上天稱天心也立民
正長合民心也
傳紂之至之心
正義曰桀之昏亂開成湯紂之不善開文武其事同也於成湯
言能受上天之命於文武云能敬事上帝前聖後聖爲行必同
交錯爲文所以互相見爾文王受命武王伐紂二聖共成王道
故文武並言之猶詩序云文武以天保已上治内采薇已下治
外文武並言與此同也文王之時未定天下所立之官亦未具
足下經所言立政任人已下三亳阪尹已上其所舉官屬多是
文武時事以見二聖同道父作之子述之言其相成爾故以能
知三有居惡人之心灼然見三有賢俊之心言文王之聖心能

單疏卷十七第五葉

心也　傳紂之至之心　正義曰桀之昬亂開成
湯紂之不善開文武其事同也於成湯言能受上
天之命於文武云能敬事上帝前聖後聖爲行必
同交錯爲文所以互相見爾文王受命武王伐紂
二聖共成王道故文武並言之猶詩序云文武以
天保已上治內采薇已下治外文武並言與此同
也文王之時未定天下所立之官亦未具足下經
所言立政任人已下三亳阪尹已上其所舉官屬
多是文武時事以見二聖同道父作之子述之言
其相成爾故以能知三有居惡人之心灼然見三
有賢俊之心言文王之聖心能揆度知惡人眞惡
須屏黜之知賢人實賢須舉用之故去惡進賢皆
得其所賢人難識故特言灼然言其知之審也
傳言文至諸侯　正義曰上天之道與善去惡三
宅三俊行合天心言文武知三宅三俊故能敬事
上帝伯亦長也故言立民正長天子祭天知敬事

尚十七　八　徐弁

上帝謂郊祀天也天子建國知立民長伯謂建諸
侯也以下句立政任人已下歷言朝廷之臣與蠻
夷衆君知此立民長伯主謂諸侯詩周頌維清述
文王之德言肇禋大雅皇矣美文王之伐言是類
類禋皆是祭天之名是文王已祀天矣文
王未得封建諸侯其建諸侯惟武王時爾　立政任
人準夫牧作三事　文武亦法禹湯以立政常任準人及牧治爲天地人
之三事
虎賁綴衣趣馬小尹　趣馬掌馬之官言此三者雖小官長
必愼擇其人
左右攜僕百司庶府　雖左右攜持器物之僕及百官有司
主券契藏吏亦皆擇人
大都小伯藝人表臣百司　小臣猶皆
愼擇其人況大都邑之小長以道藝爲表幹之臣及百官有司之職可以非其任乎　太史尹

楊本卷十七第八葉

揆度知惡人眞惡須屏黜之知賢人實賢須舉用之故去惡進
賢皆得其所賢人難識故特言灼然言其知之審也
傳言文至諸侯
正義曰上天之道與善去惡三宅三俊行合天心言文武知三
宅三俊故能敬事上帝伯亦長也故言立民正長天子祭天知
敬事上帝謂郊祀天也天子建國知立民長伯謂建諸侯也以
下句立政任人已下歷言朝廷之臣與蠻夷衆君知此立民長
伯主謂諸侯詩周頌維清述文王之德言肇禋大雅皇矣美文
王之伐言是類類禋皆是祭天之名是文王已祀天矣文王未
得封建諸侯其建諸侯惟武王時爾
立政至阪尹
正義曰言文武亦法禹湯審官以立美政任人謂六卿準夫者
平法之人謂理獄官也牧者九州之牧治爲天地人之三事自
虎賁已下歷舉官名言此官皆須得其人不以官之尊卑爲次
蓋以從近而至遠虎賁綴衣趣馬三者官職小須愼擇其人乃
至左右攜持器物之僕及百官有司之下至衆府藏之吏亦須
擇其人既言近王小官及遠官大者小臣猶須擇人況乎大者
邑之小長與有道藝之人爲表幹之臣及百官有司之職可以
非其任乎以近臣況遠臣以小官況大官既以近小況遠大又
舉官之次而掌事要者若太史下大夫長官大夫及衆掌常事
之善士皆須得其人更舉官之大者司徒司馬司空之卿及次
卿之衆大夫皆須得其人既略言內外之官又更遠及夷狄蠻
夷微盧之衆帥與三亳阪地之尹長皆須用賢人
言文武於此諸官皆求賢人爲之也
傳文武至三事
正義曰前聖後聖其道皆同未必相放法也後人法前自是常
事因其上說禹湯立政故言文武亦法禹湯以立政也任人則
前經所云常任六卿也準夫則準人也牧者前云宅乃牧也前
文有常伯綴衣虎賁不言牧此不言常伯綴衣虎賁而言牧者
以前文先舉朝臣故不言牧前已備文故此不言常伯其綴衣

單疏卷十七第六葉

伯庶常吉士太史下大夫掌邦六典之貳尹伯長官大夫及衆掌常事之善士皆得其人**司徒司馬司空亞旅**此有三卿及次卿衆大夫則是文武未伐紂時舉文武之初以爲法則**夷微盧烝三亳阪尹**蠻夷微盧之衆帥及亳人之歸文王者三所爲之立監及阪地之尹長皆用賢

疏立政至阪尹　正義曰言文武亦法禹湯審官以立美政任人謂六卿準夫者平法之人謂理獄官也牧者九州之牧治爲天地人之三事自虎賁已下歷舉官名言此官皆須得其人不以官之尊卑爲次蓋以從近而至遠虎賁綴衣趣馬三者官雖小須慎擇其人乃至左右攜持器物之僕及百官有司之下至衆府藏之吏亦須擇其人既言近王小官及遠官大者小官猶須擇人況乎大都邑之小長與有道藝之人爲表幹之臣及百官有司之職可以非其任乎以近臣況遠臣以小官況大官既以近小況遠大又舉官之次而掌事要者若太史下大夫長官大夫及衆掌常事之善士皆須得其人更舉官之大者司徒司馬司空之卿及次卿之衆大夫皆須得其人既略言內外之官又更遠及夷狄蠻夷微盧之衆帥與三處亳民之監及阪地之尹長皆須用賢人言文武於此諸官皆求賢人爲之也　傳文武至三事　正義曰前聖後聖其道皆同未必相放法也後人法前自是常事因其上說禹湯立政故言文武亦法禹湯以立政也任人則前經所云常任六卿也準夫則準人也牧者前云宅乃牧也前文有常伯綴衣虎賁不言牧此不言常伯綴衣虎賁而言牧者以前文先舉朝臣故不言牧前已備文故此不言常伯其綴衣虎賁而言牧者以下文自詳故此惟舉內外要官者言之故內官舉任人準夫外官舉牧故下云繼自今

我立政立事準人牧夫我其克灼知厥若云自古商人亦越我周文王立政立事牧夫準人則克宅之克由繹之茲乃俾乂皆據內外要重官以言之夫即人也立官所以事天地治人民爲此三事而已故以三事謂天地人也王肅云文王所以立政任人常任也準夫準人也牧者諸侯之長也與孔意同　傳趣馬至其人　正義曰周禮趣馬爲校人屬官馬一十二匹立趣馬一人掌贊王良馬而齊其飲食是掌馬之小官也綴衣是太僕也虎賁太僕皆下大夫也比三公六卿亦爲小尹之官雖文止三官亦包通在下之屬官三官之下小官多矣趣馬即下士其馬一匹有圉師一人是趣馬之下猶有小官也　傳雖左至擇人　正義曰諸官有所務業從王左右攜持器物之僕謂寺人內小臣等也百司庶府謂百官有司之下主券契府藏之吏謂其下賤人非百官有司之身也言此等亦皆擇人　傳小臣至任乎　正義曰小臣猶皆擇人況大都邑之小長謂公卿都邑之內大夫士及邑宰之屬以身有道藝爲民之表的楨幹之臣其都邑之內屬官謂之小長周禮太宰職云乃施則于都鄙而建其長立其兩設其伍陳其殷兩謂兩卿長謂公卿伍謂大夫殷謂衆士是也　傳太史至其人　正義曰周禮太史下大夫二人掌建邦之六典又太宰職亦云掌建邦之六典太史副貳太宰掌其正太史掌其貳六典謂治典教典禮典政典刑典事典六卿所掌者也掌邦六典之貳其所掌事重故特言之尹伯長官大夫周禮每官各有長若太史爲史官之長大司樂爲樂官之長如此類皆是也及衆掌常事之善士謂士爲長官者其大夫及士不爲長官者則前云百司也居官必須善人此是摠舉衆官故特言吉士　傳此有至法則　正義曰周公攝政之時制禮作樂其

作立政之篇必在制禮之後周禮六卿而此有三卿及次卿衆大夫則是副卿之大夫有若周禮小宰之類是也此文武未伐紂之時也遠舉文武之初以爲法則爾泰誓下篇云王乃大巡六師六師則六軍也軍將皆命卿即伐紂之時已立六卿矣牧誓亦云司徒司馬司空舉之三卿者彼傳已解之云指誓戰者也　傳蠻夷至用賢　正義曰牧誓所云有微盧彭濮人此舉夷微盧以見彭濮之等諸夷也烝訓衆也此篇所言皆立官之事此經惟阪下言尹則夷微已下以一尹摠之故傳言蠻夷微盧之衆帥及亳民之歸文王者三所爲之立監及阪地之尹長故言帥言監亦是言爲之立長義出經文尹也亳是湯之舊都此言三亳必是亳民分爲三處此篇說立官之意明是分爲三亳必是三所各爲立監也亳人之歸文王經傳未有其事文王既未伐紂亳民不應歸之鄭玄所說皆與孔同言亳民歸文王者蓋以此章雜陳文王武王時事其言以文王爲主故先儒因言亳民歸文王爾即如此意三亳爲已歸周必是武王時也及阪地之尹長傳言其山阪之地立長爾不知其指斥何處也鄭玄以三亳阪尹者共爲一事云湯舊都之民服文王者分爲三邑其長居險故言阪尹蓋東成皐南轘轅西降谷也皇甫謐以爲三亳三處之地皆名爲亳蒙爲北亳穀熟爲南亳偃師爲西亳古書亡滅旣無要證未知誰得旨矣

文王惟克厥宅心乃克立兹常事司牧人以克俊有德　文王惟其能居心遠惡舉善乃能立此常事司牧人用能俊有德者

文王罔攸兼于庶言庶獄庶慎惟有司之牧夫　文王無所兼知於毀譽衆言及衆刑獄衆

虎賁而言牧者以下文自詳故此惟舉內外要官者言之故內官舉任人準夫外官舉牧故下云繼自今我立政立事準人牧夫我其克灼知厥若又云自古商人亦越我周文王立政立事牧夫準人則克宅之克由繹之兹乃俾乂皆據內外要重官以言之夫即人也立官所以事天地治人民爲此三事而已故以三事謂天地人也王肅云文王所以立政任人常任也準夫準人也牧者諸侯之長也與孔意同

傳趣馬至其人

正義曰周禮趣馬爲校人屬官馬一十二匹立趣馬一人掌贊正良馬而齊其飲食是掌馬之小官也綴衣是太僕也虎賁太僕皆下大夫也比三公六卿亦爲小尹之官準文止三官亦包通在下之屬官三官之下小官多矣趣馬即下士其馬一匹有圉師一人是趣馬之下猶有小官也

傳雖左至擇人

正義曰諸官有所務業從王左右攜持器物之僕謂寺人內小臣等也百司庶府謂百官有司之主券契府藏之吏謂其下賤人非百官有司之身也言此等亦皆擇人

傳小臣至任乎

正義曰小臣猶皆擇人況大都邑之小長謂公卿都邑之內大夫士及邑宰之屬以身有道藝爲民之表的楨幹之臣其都邑之內屬官謂之小長周禮太宰職云乃施則于都鄙而建其長立其兩設其伍陳其殷兩謂兩卿長謂公卿伍謂大夫殷謂衆士是也

傳太史至其人

正義曰周禮太史下大夫二人掌建邦之六典又太宰職亦云掌建邦之六典太史副貳太宰掌其正太史掌其貳六典謂治典教典禮典政典刑典事典六卿所掌者也掌邦六典之貳其所掌事重故特言之尹伯長官大夫周禮每官各有長若太史爲史官之長大司樂爲樂官之長如此類皆是也尹衆掌常事之善士謂士爲長官若其大夫及士不爲長官者則前云百司

當所慎之事及惟慎擇有司牧夫而已勞于求才逸於任賢**是訓用違庶獄**是萬民順法用違法衆獄衆慎之事文王

庶慎文王罔敢知于兹一無敢自知於此委任賢能而已（疏）文王至于兹　正義曰上既揔言文武此又分而說之文
王惟能其居心遠惡舉善乃能立此常事其主養
人之官用能俊有德者既任用俊人每事委之文
王無所兼知於衆人之言或毁或譽文王皆不知
也衆獄斷罪得失文王亦不得知也衆所當慎之
事文王亦不得知也惟慎擇在朝有司在外牧養
民之夫是時萬民或順於法或用違法衆刑獄衆
所慎之事文王一皆無敢自知於此惟委任賢能
而已　傳文王至德者　正義曰上言文王能知
三宅三俊知此言能居心者以遠惡舉善居其心
也既遠惡舉善乃能立此常事用賢養民是人君
之常事也　傳文王至任賢　正義曰下云是訓
用違即是在上庶言也是訓則彌譽之事用違則
毁損之事但分析言之爾**亦越武王率惟敉功不敢替厥**
義德亦於武王循惟文王撫安天下之功不敢廢其義德奉遵父道**率惟謀**
從容德以並受此丕丕基武王循惟謀從文王寬容之德故君
臣以並受此大大之基業傳之子孫（疏）亦越至丕基　正義曰亦於武王遵循父道所循惟文王
撫安天下之功不敢廢其文王義德言奉行遵父
道也又言武王所遵循者惟謀從文王寬容之德
故武王君臣能並受此大大之基業謂受命爲天
子傳之子孫　傳武王至子孫　正義曰以言並
受則非獨王身故以爲君臣並受此大大之基業
謀從寬容之德是與臣謀及基業成就則君臣共

也居官必須善人此是揔舉衆官故特言吉士
傳此有至法則
正義曰周公攝政之時制禮作樂其作立政之篇必在制禮之
後周禮六卿而此有三卿及次卿衆大夫則是副卿之大夫有
若周禮小宰之類是也此文武未伐紂之時也遠舉文武之初
以爲法則爾泰誓下篇云王乃大巡六師六師則六軍也軍將
皆命卿即伐紂之時已立六卿矣牧誓亦云司徒司馬司空舉
之三卿者彼傳已解之云指誓戰者也
傳蠻夷至用賢
正義曰牧誓所云有微盧彭濮人此舉夷微盧以見彭濮之等
諸夷也烝訓衆也此篇所言皆立官之事此經惟阪下言尹則
夷微已下以一尹揔之故傳言蠻夷微盧之衆帥及亳民之歸
文王者三所爲之立監及阪地之尹長故言帥言監亦是言爲
之立長義出經文尹也亳是湯之舊都此言三亳必是亳民分
爲三處此篇說立官之意明是分爲三亳必是三所各爲立監
也亳人之歸文王經傳未有其事文王既未伐紂亳民不應歸
之鄭王所說皆與孔同言亳民歸文王者蓋以此章雜陳文王
武王時事其言以文王爲主故先儒因言亳民歸文王爾即如
此意三亳爲已歸周必是武王時也及阪地之尹長傳言其山
阪之地立長爾不知其指斥何處也鄭玄以三亳阪尹者共爲
一事云湯舊都之民服文王者分爲三邑其長居險故言阪尹
蓋東成皐南轘轅西降谷也皇甫謐以爲三亳三處之地皆名
爲亳蒙爲北亳穀熟爲南亳偃師爲西亳古書亡滅既無要證
未知誰得旨矣
文王至于兹
正義曰上既揔言文武此又分而說之文王惟能其居心遠惡
舉善乃能立此常事其主養人之官用能俊有德者既任用俊
人每事委之文王無所兼知於衆人之言或毁或譽文王皆不
知也衆獄斷罪得失文王亦不得知也衆所當慎之事文王亦
不得知也惟慎擇在朝有司在外牧養民之夫是時萬民或順

有故言並受且王爲天子臣爲諸侯皆受基業各傳子孫是亦爲並受也嗚呼孺子王矣歎稚子今以爲王矣不可不勤法祖考之德繼自今我其立政立事準人牧夫我其克灼知厥若丕乃俾亂繼用今已往我其立政大臣立事小臣及準人牧夫我其能灼然知其順者則大乃使治之言知臣下之勤勞然後莫不盡心力相我受民和我庶獄庶慎時則勿有間之能治我所受天民和平我衆獄衆慎之事如是則勿有以代之言不可復變自一話一言我則末惟言政當用一善善在一言而已欲其口無擇言如此我則成德之彥以乂我受民終惟有成德之美以治我所受之民

疏嗚呼孺子至受民　正義曰周公旣歷說禹湯文武乃復指戒成王嗚呼而歎孺子今已爲王矣既正位爲王事不可不慎繼續從今已往我王其與立政謂大臣也其與立事謂小臣也平法之人及養民之夫此等諸臣我王其能察之灼然知其順於事者則大乃使之治理言知其能有勤勞各盡心力然後用此賢臣治我所受天民和平我衆獄訟及衆當所慎之事必能如是則勿復有以代之言其法不可復變也政從君出爲人主用是一善之言善在一言而已勿以惡言亂之主能如是我王則終惟有成德之美以治我所受天民矣　傳繼用至心力　正義曰自此已下四言繼自今者凡人靡不有初鮮克有終恐王不能終之戒成王使繼續從今已往常用賢也自訓爲從亦訓爲用此傳言用今已往下傳言從今已往其意同也政事相對則政大事小故以立政爲大臣立事爲小臣及準人牧夫略舉四者以摠諸臣戒王任此人也其能灼然知其能順於事者則大乃使治顧氏云君能知臣下順於事則臣感君恩大乃

楊本卷十七第十三葉

於法或用違法衆刑獄衆所慎之事文王一皆無敢自知於此惟委任賢能而已

傳文王至德者

正義曰上言文王能知三宅三俊知此言能居心者以遠惡舉善居其心也旣遠惡舉善乃能立此常事用賢養民是人君之常事也

傳文王至任賢

正義曰下云是訓用違即是在上庶言也是訓則稱譽之事用違則毀損之事但分析言之爾

亦越至丕基

正義曰亦於武王遵循文道所循惟文王撫安天下之功不敢廢其文王義德言奉行遵文道也又言武王所遵循者惟謀從文王寬容之德故武王君臣能並受此大大之基業謂受命爲天子傳之子孫

傳武王至子孫

正義曰以言並受則非獨王身故以爲君臣並受此大大之基業謀從寬容之德是與臣謀及基業成就則君臣共有故言並受且王爲天子臣爲諸侯皆受基業各傳子孫是亦爲並受也

嗚呼孺子至受民

正義曰周公既歷說禹湯文武乃復指戒成王嗚呼而歎孺子今已爲王矣旣正位爲王事不可不慎繼續從今已往我王其與立政謂大臣也其與立事謂小臣也平法之人及養民之夫此等諸臣我王其能察之灼然知其順於事者則大乃使之治理言知其能有勤勞各盡心力然後用此賢臣治我所受天民和平我衆獄訟及衆當所慎之事必能如是則勿復有以代之言其法不可復變也政從君出爲人主用是一善之言善在一言而已勿以惡言亂之王能如是我王則終惟有成德之美以治我所受天民矣

傳繼用至心力

正義曰自此已下四言繼自今者凡人靡不有初鮮克有終恐

單疏卷十七第九葉

治理言各盡心力也 傳能治至復變 正義曰相訓助也
助君所以治民事故相爲治天命王者使之治民則天與王
者此民故言能治我所受天民也能治下民理衆獄衆慎之
事使得其所則爲政之大要能如此則勿有以代之言此法
盡善不可復變易也或據臣身既能如此不可以餘人代之
也 傳言政至之民 正義曰釋詁云自用也話言也舍人
曰話政之善言也孫炎曰話善之言也然則話之與言是一
物也自一話者言人君爲政當用純一善言又云一言者純
一善在於一言而已謂發號施令當須純一不得差貳欲令
其口無可擇之言也顧氏云人君爲政之道當須用一善而
已爲善之法惟在一言也末訓爲終彥訓爲美王能出言皆
善口無可擇如此我王則終惟有成德之美以治我所受天
民矣釋訓云美士爲彥故彥爲美 嗚呼予旦已受人之徽言咸告孺
子王矣 歎所受賢聖說禹湯之美言皆以告稚子王矣 繼自今文子文孫其
勿誤于庶獄庶慎惟正是乂之 文子文孫文王之子孫從
今以往惟以正是之道治衆獄衆慎其勿誤 自古商人亦越我周文
王立政立事牧夫準人則克宅之克由繹之
茲乃俾乂 言用古商湯亦於我周文王立政立事用賢人之法能居之於心能用陳之此乃使
天下治 疏 嗚呼予至俾乂 正義曰旦者周公名也周公又歎曰嗚呼我旦已受賢聖人說禹湯之美言
皆以告孺子王矣王宜依行之繼續從今以往文王之
子孫其勿得過誤於衆獄訟衆所慎之事惟當用是正
是之道治之用古商人成湯亦於我周家文王其立
政立事牧夫準人此等諸官皆用賢人之法則能居之
於心能用陳之於位明識賢人用之爲官此乃使天下大
治戒成王使法之 傳言用至下治 正義曰上陳禹湯文武

王不能終之戒成王使繼續從今已往常用賢也自訓爲從亦
訓爲用此傳言用今已往下傳言從今已往其言同也政事相
對則政大事小故以立政爲大臣立事爲小臣及準人牧夫略
舉四者以摠諸臣戒王任此人也其能灼然知其能順於事者
則大乃使治顧氏云君能知臣下順於事則臣感君恩大乃治
理言各盡心力也
傳能治至復變
正義曰相訓助也助君所以治民事故相爲治天命王者使之
治民則天與王者此民故言能治我所受天民也能治下民理
衆獄衆慎之事使得其所則爲政之大要能如此則勿有以代
之言此法盡善不可復變易也或據臣身既能如此不可以餘
人代之也
傳言政至之民
正義曰釋詁云自用也話言也舍人曰話政之善言也孫炎曰
話善之言也然則話之與言是一物也自一話者言人君爲政
當用純一善言又云一言者純一善言在於一言而已謂發號
施令當須純一不得差貳欲令其口無可擇之言也顧氏云人
君爲政之道當須用一善而已爲善之法惟在一言也末訓爲
終彥訓爲美王能出言皆善口無可擇如此我王則終惟有成
德之美以治我所受天民矣釋訓云美士爲彥故彥爲美
嗚呼予至俾乂
正義曰旦者周公名也周公又歎曰嗚呼我旦已受賢聖人說
禹湯之美言皆以告孺子王矣王宜依行之繼續從今以往文
王之子孫其勿得過誤於衆獄訟衆所慎之事惟當用是正是
之道治之用古商人成湯亦於我周家文王其立政立事牧夫
準人此等諸官皆用賢人之法則能居之於心能用陳之於位
明識賢人用之爲官此乃使天下大治戒成王使法之
傳言用至下治
正義曰上陳禹湯文武此覆上文惟言湯與文王者言有詳略
無別意也能居之於心謂心知其賢也能用陳之謂陳列於位

之賢上文惟言湯與文王者言有詳略無別意也能居之於心謂心知其賢也能用陳之謂陳列於
位用之以爲官也王肅曰則能居之在位能用陳其才力如此故能使天下治也國則
罔有立政用憸人不訓于德是罔顯在厥
世商周賢聖之國則無有立政用憸利之人者憸人不順於德是使其君無顯名在其世繼
自今立政其勿以憸人其惟吉士用勱相我
國家立政之臣惟以吉士用勉治我國家疏國則至國家正義曰既言湯與文王用
賢人治又言其不宜用小人商周聖賢之國無有立政用憸利小人者此憸利之人不順於德若其
用之是使其君無顯名在其世也王當繼續從今已往立其善政其勿用憸利之其惟任用善士

尚十七　十五

使勉力治我國家故王使用善士勿使小人也今文子文孫孺子王矣
告文王之子孫言稚子即政爲王矣所以厚戒以其勿誤于庶獄惟
有司之牧夫獨言衆獄有司欲其重刑慎官人其克詰爾戎
兵以陟禹之迹其當能治汝戎服兵器威懷並設以升禹治水之舊迹方
行天下至于海表罔有不服方四方海表蠻夷戎狄無有不
服化者以覲文王之耿光以揚武王之大烈能使四夷
賓服所以見祖之光明揚父之大業嗚呼繼自今後王立政其惟
克用常人其惟能用賢才爲常人不可以天官有所私疏今文至常人正義

楊本卷十七第十五葉

用之以爲官也王肅曰則能居之在位能用陳其力以此故
能使天下治也
國則至國家
正義曰既言湯與文王用賢人治又言其不宜用小人商周聖
賢之國無有立政用憸利小人者此憸利之人不順於德若其
用之是使其君無顯名在其世也王當繼續從今已往立其善
政其勿用憸利之人其惟任用善士使勉力治我國家故王使
用善士勿使小人也
今文至常人
正義曰今告汝文王之子文王之孫孺子今已即政爲王矣我
所以須厚戒之王其勿誤於衆治獄之官當須慎刑也惟有司
之牧夫有司主養民者宜得賢人此治獄之吏養民之官若任得
其人使其能治汝戎服兵器以此升行禹之舊迹四方而行至
於天下至於四海之表無有不服王之化者以顯見文王之光
明以播揚武王之大業言任得賢臣則光揚父祖周公又歎曰

尚書十七

嗚呼繼續從今已往後世之王立行善政其惟能用常人必使
常得賢人不可任非其才此雖指戒成王乃是國之常法因以
戒後王言此法可常行也
傳獨言至官人
正義曰上有庶慎立政立事牧夫準人此獨言庶獄與有司之
牧夫者言庶獄欲其重刑言有司牧夫欲其慎官人也
傳其當至舊迹
正義曰立官所以牧養下民戎備不虞故以詰爾戎兵爲言也
戎亦兵也以其並言戎兵故傳以爲戎服兵器威懷並設以升
禹治水之舊迹行必登山故以陟言之也舜之陟方並是亦然
傳方行至化者
正義曰方行天下言無所不至故以方爲四方釋地云九夷八
狄七戎六蠻謂之四海知海表謂夷狄戎蠻無有不服化者即
詩小雅云蓼蕭澤及四海是也
傳其惟至所私

單疏卷十七第十一葉

曰今告汝文王之子文王之孫孺子今巳即政爲王矣我所以須厚戒之王其勿誤於衆治獄之官當須慎刑也惟有司之牧夫有司主養民者宜得賢也治獄之吏養民之官若任得其人使其能治戎服兵器以此升行禹之舊迹四方而行至於天下至於四海之表無有不服王之化者以顯見文王之光明以播揚武王之大業言任得賢臣則光揚父祖周公又歎曰嗚呼繼續從今巳往後世之王立行善政其惟能用常人必使常得賢人不可任非其才此雖指戒成王乃是國之常法因以戒後王言此法可常行也 傳獨言至官人 正義曰上有庶慎立政立事牧夫準人此獨言庶獄與有司之牧夫者言庶獄欲其重刑言有司牧夫欲其慎官人也 傳其當至舊迹 正義曰立官所以牧養下民求備不虞故以詰爾戎兵爲言也戎亦兵也以其並言戎兵故傳以爲戎服兵器威懷並設以升禹治水之舊迹遠行必登山故以陟言之如舜之陟方意亦然 傳方四至化者 正義曰方行天下言無所不至故以方爲四方釋地云九夷八狄七戎六蠻謂之四海知海表謂夷狄戎蠻無有不服化者即詩小雅云蓼蕭澤及四海是也 傳其惟至所私 正義曰官須常得賢人故惟賢是用用賢是常常則非賢不可人主或知其不賢以私受用之代天爲官故言不可以天官有所私

周公若曰太史順其事并告太史**司寇蘇公式敬爾由獄以長我王國**忿生爲武王司寇封蘇國能用法敬汝所用之獄以長施行於我王國言主獄當求蘇公之比**茲式有慎以列用中罰**此法有所慎行必以其列用中罰不輕不重蘇公所行太史掌六典有廢置官人之制故告之

疏 周公至中罰 正義曰周公順其事而言曰太史以其太史掌廢置官人故呼而告之昔日司寇蘇公旣能用法汝太史當敬汝所用之獄以長施行於我王國欲使太史選主獄之官當求蘇公之比也此刑獄之法有所慎行必以其體式列用中常之罰不輕不重當如蘇公所行也 傳忿生至之比 正義曰成十一年左傳云昔周克商使諸侯撫封蘇忿生以溫爲司寇是忿生爲武王司寇封蘇國也蘇是國名所都之地其邑名溫故傳言以溫也特舉蘇公治獄官以告太史知其言主獄之官當求蘇公之比類也 傳此法至告之 正義曰治獄必有定法此定法有所慎行周禮大司寇云刑新國用輕典刑平國用中典刑亂國用重典輕重各有體式行列周公言然之時是法爲平國故必以其列用中罰使不輕不重美蘇公治獄使列用中罰所中罰不輕不重是蘇公所行也周禮太宰以八柄詔王馭羣臣爵祿廢置生殺與奪之法太史亦掌邦之六典以副貳太宰是太史有廢置官人之制故特呼而告之也

周官第二十二

成王旣黜殷命滅淮夷黜殷命在周公東征時滅淮夷在成王即政後事相因故連言之**還歸在豐作周官**成王雖作洛邑猶還西周**周官**言周家設官分職用人之法

疏 成王至周官 正義曰成王於周公攝政之時旣黜殷命及其即政之後滅淮夷於是天下大定自滅淮夷還歸在豐號令羣臣言周家設官分職用人之法史叙其事作周官 傳黜殷至言之 正義曰據金縢之經大誥之序知黜殷命在周公攝政三年東征

之時也據成王政之序費誓之經知滅淮夷在成
王即政之後也淮夷於攝政之時與武庚同叛成
王既滅淮夷天下始定淮夷本因武庚而叛黜殷
命與滅淮夷其事相因故雖則異年而連言之以
見天下既定乃作周官故也下經言四征弗庭是
黜滅之事也罔不承德是安寧之狀也序顧經文
故追言黜殷命以接滅淮夷見征伐乃安定之意
也　傳成王至西周　正義曰以洛誥之文言王
在新邑今復云在豐故解之也史記周本紀云太
史公曰學者皆稱周伐紂居洛邑綜其實不然武王
營之成王使召公卜居九鼎焉而周復都豐鎬是
言成王雖作洛邑猶還西周之事也多方云王來
自奄至於宗周宗周即鎬京也於彼不解至此始
爲傳者宗周雖是鎬京文無豐鎬之字故就此解
之武王既以遷鎬京今王復在豐者豐鎬相近舊
說不毀豐有文王之廟大事就豐宣之故也　傳
言周至之法　正義曰周禮每官言人之員數及
職所掌立其定法授與成主成王即政之初即有
淮夷叛逆未暇得以立官之意號令羣臣今既滅
淮夷天下清泰故以周家設官分職用人之法以
詔羣臣使知立官之大旨也設官分職周禮序官
之文言設置羣官分其職掌經言立三公六卿是
設官也各言所掌是分職也各舉其官之
所掌亦以才堪乃得居之是說用人之法　惟周王
撫萬邦巡侯甸　即政撫萬國巡行天下侯服甸服　四征弗庭綏
厥兆民　四面征討諸侯之不直者所以安其兆民十億曰兆言多　六服羣辟
罔不承德歸于宗周董正治官　六服諸侯奉承周德言協
服還歸於豐督正治理職司之百官　疏　傳惟周至治官　正義曰惟周之
王者布政教撫安萬國巡

楊本卷十七第十八葉

正義曰官須常得賢人故惟賢是用用賢是常常刑非賢不可
人主或知其不賢以私受用之代天爲官故言不可以天官有
所私
周公至中罰
正義曰周公順其事而言曰太史以其太史掌廢置官人故呼
而告之昔日司寇蘇公既能用法汝太史當敬汝所用之獄以
長施行於我王國欲使太史選主獄之官當求蘇公之比也此
刑獄之法有所慎行必以其體式列用中常之罰不輕不重當
如蘇公所行也
傳忿生至之比
正義曰成十一年左傳云昔周克商使諸侯撫封蘇忿生以溫
爲司寇是忿生爲武王司寇封蘇國也蘇是國名所都之地其
邑名溫故傳言以溫也特舉蘇公治獄官以告太史知其言主
獄之官當求蘇公之比類也
傳此法至告之
正義曰治獄必有定法此定法有所慎行周禮大司寇云刑新
國用輕典刑平國用中典刑亂國用重典輕重各有體式行列
周公言然之時是法爲平國故必以其列用中罰使不輕不重
美蘇公治獄使列用中罰明中罰不輕不重是蘇公所行也周
禮太宰以八柄詔王馭羣臣有爵祿廢置生殺與奪之法太史
亦掌邦之六典以副貳太宰是太史有廢置官人之制故特呼
而告之也
周官第二十二
成王至周官
正義曰成王於周公攝政之時既黜殷命及其即政之後滅淮
夷於是天下大定自滅淮夷還歸在豐號令羣臣言周家設官
分職用人之法史敘其事作周官
傳黜殷至言之
正義曰據金縢之經大誥之序知黜殷命在周公攝政三年東
征之時也據成王政之序費誓之經知滅淮夷在成王即政之

單疏卷十七第十二葉

行天下侯服甸服四面征討諸侯之不直者所以
安其海內兆民六服之內羣衆諸侯之君無有不
奉承周王之德者自滅淮夷而歸於宗周豐邑乃
督正治理職司之百官叙王發言之端也　傳即
政至甸服　正義曰撿成王政之序與費誓之經
知成王即政之年奄與淮夷又叛叛即往伐今始
還歸多方云五月丁亥王來自奄至於宗周與此
滅淮夷而還歸在豐爲一事也年初始叛五月即
歸其間未得巡守於四方也而此言撫萬國巡行
天下其實止得撫巡向淮夷之道所過之諸侯爾
未是用四仲之月大巡守也以撫諸侯巡守是天
子之大事因即大言之爾周之法制無萬國也惟
伐淮夷非四征也言萬國四征亦是大言之爾六
服而惟言侯甸者二服去圻最近舉近以言之言
王巡省徧六服也　傳四面至言多　正義曰四征
從京師而四面征也釋詁云庭直也綏安也諸侯

尚十七　十九

不直謂叛逆王命侵削下民故四面征討諸侯之
不直者所以安其兆民楚語云十日百姓千品萬
官億醜兆民每數相十知十億曰兆稱兆言其多
也　傳六服至百官　正義曰周禮九服此惟言
六者夷鎮蕃三服在九州之外夷狄之也王者之
於夷狄羈縻而已不可同於華夏故惟舉六服諸
侯奉承周德言協服也序云還歸在豐知宗周即
豐也周爲天下所宗王都所在皆得稱之故豐鎬
與洛邑皆名宗周釋詁云董督正也是董得爲
督督正治理職司之百官下戒勑是董正也　王
曰若昔大猷制治于未亂保邦于未危　言當順古
大道制治安國必于未亂未危之前思患預防之
疏　王曰至未危　正義曰治謂政教邦謂國
家治有失則亂家不安則危恐其亂則預爲之制
慮其危則謀之使安制其治於未亂之前安其國

楊本卷十七第十九葉

後也淮夷於攝政之時與武庚同叛成王既滅淮夷天下始定
淮夷本因武庚而叛黜殷命與滅淮夷其事相因故雖則異年
而連言之以見天下既定乃作周官故也下經言四征弗庭是
黜滅之事也罔不承德是安寧之狀也序顧經文故追言黜殷
命以接滅淮夷見征伐乃安定之意也
傳成王至西周
正義曰以洛誥之文言王在新邑今復云在豐故解之也史記
周本紀云太史公曰學者皆稱周伐紂居洛邑綜其實不然武
王營之成王使召公卜居九鼎焉而周復都豐鎬是言成王雖
作洛邑猶還西周之事也多方云王來自奄至於宗周宗周即
鎬京也於彼不解至此始爲傳者宗周雖是鎬京文無豐鎬之
字故就此解之武王既以遷鎬京今王復在豐者豐鎬相近舊
都不毀豐有文王之廟大事就豐宣之故也
傳言周至之法
正義曰周禮每官言人之員數及職所掌立其定法授與成王

書十七

成王即政之初即有淮夷叛逆未暇得以立官之意號令羣臣
今既滅淮夷天下清泰故以周家設官分職用人之法以誥羣
臣使知立官之大旨也設官分職周禮序官之文言設置羣官
分其職掌經言立三公六卿是設官也各言所掌是分職也各
舉其官之所掌示以才堪乃得居之是説用人之法
惟周至治官
正義曰惟周之王者布政教撫安萬國巡行天下侯服甸服四
面征討諸侯之不直者所以安其海內兆民六服之內羣衆諸
侯之君無有不奉承周王之德者自滅淮夷而歸於宗周豐邑
乃督正治理職司之百官敍王發言之端也
傳即政至甸服
正義曰撿成王政之序與費誓之經知成王即政之年奄與淮
夷又叛叛即往伐今始還歸多方云五月丁亥王來自奄至於
宗周與此滅淮夷而還歸在豐爲一事也年初始叛五月即歸
其間未得巡守於四方也而此言撫萬國巡行天下其實止得

單疏卷十七第十三葉

於未危之前張官設府使分職明察任賢委能令事務順理如是則政治而國安矣標此二句於前以示立官之意必於未亂未危之前爲之者思患而預防之思患而預防之易既濟卦象辭也

曰唐虞稽古建官惟百內有百揆四岳外有州牧侯伯道堯舜考古以建百官內置百揆四岳象天之有五行外置州牧十二及五國之長上下相維外內咸治言有法庶政惟和萬國咸寧官職有序故衆政惟和萬國皆安所以爲至治夏商官倍亦克用乂禹湯建官二百亦能用治言不及唐虞之清要明王立政不惟其官惟其人言聖王立政修教不惟多其官惟在得其人

疏曰唐至其人　正義曰既言須立官之意乃追述前代之法止而復言故更加一曰唐堯虞舜考行古道立官惟數止一百也內有百揆四岳者百揆揆度百事爲羣官之首立一人也四岳內典四時之政外主方岳之事立四人也外有州牧侯伯使一州之長侯伯五國之長各監其所部之國外內置官各有所掌衆政惟以協和萬邦所以皆安也夏禹商湯立官倍多於唐虞雖不及唐虞之清簡亦能用以爲治明王立其政教不惟多其官惟在得其人言自古制法皆明開官司求賢以處之也　傳道堯至有法　正義曰百人無主不散則亂有父則有君也君不獨治必須輔佐有君則有臣也易序卦云有父子然後有君臣則君臣之興次父子之後人民之始則當有之未知其所由來也雖遠舉唐虞復考古也說命曰明王奉若天道建邦設都則王者立官皆象天爲之故內置百揆四岳象天之有五行也五行佐天羣臣佐主以此

楊本卷十七第二十葉

撫巡向淮夷之道所過之諸侯爾未是巡四仲之月大巡守也以撫諸侯巡守是天子之大事因即大言之爾周之法制無萬國也惟伐淮夷非四征也言萬國四征亦是大言之爾六服而惟言侯甸者二服去圻最近舉近以言之言王巡省徧六服也

傳四面至言多

正義曰四征從京師而四面征也釋詁云庭直也綏安也諸侯不直謂叛逆王命侵削下民故四面征討諸侯之不直者所以安其兆民楚語云十日百姓千品萬官億醜兆民每數相十知十億曰兆稱兆言其多也

傳六服至百官

正義曰周禮九服此惟言六者夷鎮蕃三服在九州之外夷狄之地王者之於夷狄羈縻而已不可同於華夏故惟舉六服諸侯奉承周德言協服也序云還歸在豐知宗周即豐也周爲天下所宗王都所在皆得稱之故豐鎬與洛邑皆名宗周釋詁云董督正也是董得爲督督正治理職司之百官下戒勑是董正也

王曰至未危

正義曰治謂政教邦謂國家治有失則亂家不安則危恐其亂則預爲之制慮其危則謀之使安制其治於未亂之前安其國於未危之前張官設府使分職明察任賢委能令事務順理如是則政治而國安矣標此二句於前以示立官之意必於未亂未危之前爲之者思患而預防之思患而預防之易既濟卦象辭也

曰唐至其人

正義曰既言須立官之意乃追述前代之法止而復言故更加一曰唐堯虞舜考行古道立官惟數止一百也內有百揆四岳者百揆揆度百事爲羣官之首立一人也四岳內典四時之政外主方岳之事立四人也外有州牧侯伯牧一州之長侯伯五國之長各監其所部之國外內置官各有所掌衆政惟以協和萬邦所以皆安也夏禹商湯立官倍多於唐虞雖不及唐虞之清簡亦能用以爲治明王立其政教不惟多其官惟在得其人

單疏卷十七第十四葉

爲象天爾不必其數有五乃象五行以百揆四岳爲五行之象左傳說少昊立五鳩氏顓頊已來立五行之官其數亦有五故置於五行矣舜典云肇十有二州此說虞事知置州牧十二也侯伯謂諸侯之長益稷篇禹言治水時事云外薄四海咸建五長知侯伯是五國之長也成王說此事者言堯舜所制上下相維內外咸治言有法也此言建官惟百夏商官倍則唐虞一百夏商二百禮記明堂位云有虞氏官五十夏后氏官百者禮記是後世之言不與經典合也

今予小子祗勤于德夙夜不逮今我小子敬勤於德雖夙夜匪懈不能及古人言自有經仰惟前代時若訓迪厥官言仰惟先代之法是順順蹈其所建官而則之亦不敢自同堯舜之官準擬夏殷而蹈之

立太師太傅太保茲惟三公論道經邦燮理陰陽師天子所師法傅傅相天子保保安天子於德義者此惟三公之任佐王論道以經緯國事和理陰陽言有德乃堪之官不必備惟其人三公之官不必備員惟其人有德乃處之少師少傅少保曰三孤此三官名曰三孤孤特也言卑於公尊於卿特置此三者貳公弘化寅亮天地弼予一人副貳三公弘大道化敬信天地之教以輔我一人之治冢宰掌邦治統百官均四海天官卿稱太宰主國政治統理百官均平四海之內邦國言任大司徒掌邦教敷五典擾兆民地官卿司徒主國教化布五常之教以安和天下衆民使小大協睦

宗伯掌邦禮治神人和上下春官卿宗廟官長主國禮治天地神祇人鬼之事及國之吉凶賓軍嘉五禮以和上下尊卑等列司馬掌邦政統六師平邦國夏官卿主戎馬之事掌國征伐統正六軍平治王邦四方國之亂者司寇掌邦禁詰姦慝刑暴亂秋官卿主寇賊法禁治姦惡刑強暴作亂者夏司馬討惡助長物秋司寇刑姦順時殺司空掌邦土居四民時地利冬官卿主國空土以居民士農工商四人使順天時分地利授之土能吐生百穀故曰土六卿分職各率其屬以倡九牧阜成兆民六卿各率其屬官大夫士治其所分之職以倡道九州牧伯爲政大成兆民之性命皆能其官則政治

○今予至厥官　正義曰王言今我小子敬勤於德雖早夜不懈怠猶不能及於唐虞仰惟先代夏商之法是順順蹈其前代建官而法則之言不敢同堯舜之官準擬行夏殷之官爾若與訓俱訓爲順也　傳師天至堪之　正義曰三公俱是教道天子輔相天子緣其事而爲之名三公皆當運致天子使歸於德義傳於保下言保安天子於德義摠上三者言皆然也禮記文王世子云師也者教之以事而喻諸德者也保也者愼其身以輔翼之而歸諸道者也道德別掌者內得於心出行於道道德不甚相遠因其並釋師保故分配之爾於公云燮理陰陽於孤云寅亮天地和理敬信義亦同爾以孤副貳三公故其事所掌不異　傳天官至任大　正義曰此經言六卿所掌之事撮引周禮爲之總目或據禮文或取禮意雖言有小異義皆不殊周禮云乃

立天官冢宰使帥其屬而掌邦治治官之屬太宰
卿一人馬融云冢大也宰治也大治者兼萬事之
名也鄭玄云變冢言大進退異名也百官摠焉則
謂之冢列職於王則稱大冢者大之上也山頂曰
冢是解冢大異名之意大宰職云三曰禮典以統
百官馬融云統本也百官是宗伯之事也此統百
官在冢宰之下當以冢尊故命統治百官爲冢宰
之事治官禮官俱得統之也禮云以佐王均邦國
此言均四海故傳辨之均平四海之內邦國典乳
意不異　傳地官至協睦　正義曰周禮云乃立
地官司徒使帥其屬而掌邦教以佐王安擾邦國
大宰職云二曰教典以擾萬民鄭玄云擾亦安也
言饒衍之傳亦以擾爲安五典即五教也布五常
之教以安和天下之人民使小大協睦也舜典云
契爲司徒敬敷五教周禮司徒掌十有二教一曰
以祀禮教敬則民不苟二曰以陽禮教讓則民不
爭三曰以陰禮教親則民不怨四曰以樂禮教和
則民不乖五曰以儀辨等則民不越六曰以俗教
安則民不偷七曰以刑教中則民不暴八曰以誓
教恤則民不怠九曰以度教節則民知足十曰以
世事教能則民不失職十有一曰以賢制爵則民
慎德十有二曰以庸制祿則民興功鄭玄云有虞
氏五而周十有二焉然則十有二細分五教爲之
五教可以常行謂之五典五典謂父義母慈兄友
弟恭子孝也　傳春官至等列　正義曰周禮云
乃立春官宗伯使帥其屬而掌邦禮以佐王和邦
國宗廟也伯長也宗廟官之長故名其官爲宗伯
其職云掌建邦之天神人鬼地祇之禮文至吉凶
賓軍嘉之五禮吉禮之別有十二凶禮之別有五
賓禮之別有八軍禮之別有五嘉禮之別有六摠
有三十六禮皆在宗伯職掌之文文煩不可具載
大宰職云三曰禮典以和邦國以諧萬民其職又

楊本卷十七第二十三葉

言自古制法皆明開官司求賢以處之也
傳道堯至有法
正義曰百人無主不散則亂有父則有君也君不獨治必須輔
佐有君則有臣也易序卦云有父子然後有君臣則君臣之興
次父子之後人民之始則當有之未知其所由來也雖遠舉唐
虞復考古也說命曰明王奉若天道建邦設都則王者立官皆
象天爲之故內置百揆四岳象天之有五行也五行佐天羣臣
佐主以此爲象天爾不必其數有五乃象五行故以百揆四岳
爲五行之象左傳說少昊立五鳩氏顓頊已來立五行之官其
數亦有五故置於五行矣舜典云肇十有二州此說虞事知置
州牧十二也侯伯謂諸侯之長益稷篇禹言治水時事云外薄
四海咸建五長知侯伯是五國之長也成王說此事者言堯舜
所制上下相維內外咸治言有法也此言建官惟百夏商官倍
則唐虞二百夏商二百禮記明堂位云有虞氏官五十夏后氏
官百者禮記是後世之言不與經合也
今予至厥官
正義曰王言今我小子敬勤於德雖早夜不懈怠猶不能及於
唐虞仰惟先代夏商之法是順順蹈其前代建官而法則之言
不敢同堯舜之官準擬行夏商之官爾若與訓俱訓爲順也
傳師天至堪之
正義曰三公俱是教道天子輔相天子緣其事而爲之名三公
皆當運致天子使歸於德義傳於保下言保安天子於德義摠
上三者言皆然也禮記文王世子云師也者教之以事而喻諸
德者也保也者慎其身以輔翼之而歸諸道者也道德別掌者
內得於心出行於道道德不甚相遠因其所釋師保故分配之
爾於公云燮理陰陽於孤云寅亮天地和理敬信義亦同爾以
孤副貳三公故其事所掌不異
傳天官至任大
正義曰此經言六卿所掌之事撮引周禮爲之摠目或據禮文
或取禮意雖言有小異義皆不殊周禮云乃立天官冢宰使帥

單疏卷十七第十五葉

有以王作六瑞以等邦國，以禽作六贄以等諸臣，是以和上下尊卑等列也。傳夏官至亂者　正義曰：周禮云乃立夏官司馬，使帥其屬而掌邦政，以佐王平邦國。其職主戎馬之事，有掌征伐，統正六軍，平治王邦四方國之亂者。天子六軍，軍師之通名也。案其職掌九伐之法，馮弱犯寡則眚之，賊賢害民則伐之，暴内陵外則壇之，野荒民散則削之，負固不服則侵之，賊殺其親則正之，放弒其君則殘之，犯令陵政則杜之，外内亂鳥獸行則滅之。傳秋官至時殺　正義曰：周禮云乃立秋官司寇，使帥其屬而掌邦禁，以佐王刑邦國。其職云刑邦國，詰四方。馬融云：詰猶窮也，窮四方之姦也。孔以詰爲治，是主寇賊法禁，治姦慝之人，刑殺其違暴作亂者。夏官主征伐，秋官主刑殺，征伐亦殺人，而官屬異者，夏司馬討惡，助夏時之長物；秋司寇刑姦，順秋時之殺物也。周禮云掌邦刑，此云掌邦禁者，避下刑暴亂之文，故云掌邦禁。傳冬官至曰土　正義曰：周禮冬官亡，小宰職云六曰冬官掌邦事，文云六曰事職，以富邦國，以養萬民。馬融云：事職掌百工器用耒耜弓車之屬，與此主土居民全不相當。冬官既亡，不知其本。禮記王制記司空之事，云量地以制邑，度地以居民，足明冬官本有主土居民之事也。齊語云管仲制法令，士農工商四民不雜，即此居民使順天時分地利授之土也。主土則地利爲之名，以其吐生百穀，故曰土也。周禮云事，此云土者，爲下有居四民，故云土以居民爲急 故也。

六年五服一朝，五服侯甸男采衛 六年一朝會京師 **又六年王乃時巡考制度于四岳**。周制十二年一 巡守春東夏南 秋西冬比故曰時巡考正制度禮 法于四岳之下如虞帝巡守然 **諸侯各朝于**

其屬而掌邦治。治官之屬，大宰卿一人。馬融云：冢，大也；宰，治也。大治者兼萬事之名也。鄭玄云：變冢言大，進退異名也。百官揔焉則謂之冢，列職於王則稱大。冢，大者大之上也，山頂曰冢，是解冢大異名之意。大宰職云三曰禮典以統百官。馬融云：統，本也。百官是宗伯之事也。此統百官在冢宰之下，當以冢尊，故命統治百官爲冢宰之事。治官、禮官俱得統之也。禮云以佐王均邦國，此言均四海，故傳辨之：均平四海之内邦國，與孔意不異。

傳地官至協睦

正義曰：周禮云乃立地官司徒，使帥其屬而掌邦教，以佐王安擾邦國。大宰職云二曰教典以擾萬民。鄭玄云：擾亦安也，言饒衍之。傳亦以擾爲安。五典即五教也，布五常之教，以安和天下之人民，使小大協睦也。舜典云契爲司徒，敬敷五教。周禮司徒掌十有二教：一曰以祀禮教敬則民不苟，二曰以陽禮教讓則民不爭，三曰以陰禮教親則民不怨，四曰以樂禮教和則民不乖，五曰以儀辨等則民不越，六曰以俗教安則民不愉，七曰以刑教中則民不暴，八曰以誓教恤則民不怠，九曰以度教節則民知足，十曰以世事教能則民不失職，十有一曰以賢制爵則民慎德，十有二曰以庸制禄則民興功。鄭玄云：有虞氏五而周十有二焉。然則十有二細分五教爲之，五教可以常行，謂之五典。五典謂父義、母慈、兄友、弟恭、子孝也。

傳春官至等列

正義曰：周禮云乃立春官宗伯，使帥其屬而掌邦禮，以佐王和邦國。宗，廟也；伯，長也。宗廟官之長，故名其官爲宗伯。其職云掌建邦之天神人鬼地祇之禮，又主吉凶賓軍嘉之五禮。吉禮之別有十二，凶禮之別有五，賓禮之別有八，軍禮之別有五，嘉禮之別有六，揔有三十六禮，皆在宗伯職掌之文，文煩不可具載。大宰職云三曰禮典以和邦國，以諧萬民。其職又有以玉作六瑞以等邦國，以禽作六贄以等諸臣，是以和上下尊卑等列也。

傳夏官至亂者

正義曰：周禮云乃立夏官司馬，使帥其屬而掌邦政，以佐王平

方岳大明黜陟覲四方諸侯各朝于方岳之下大明考績黜陟之法疏六年
至黜陟　正義曰此篇說六卿職掌皆與周禮符
同則六年五服一朝亦應是周禮之法而周禮無
此法也周禮大行人云侯服歲一見其貢祀物甸
服二歲一見其貢嬪物男服三歲一見其貢器物
采服四歲一見其貢服物衛服五歲一見其貢材
物要服六歲一見其貢貨物先儒說周禮者皆云
見謂來朝也必如所言則周之諸侯各以服數來
朝無六年一朝之事昭十三年左傳叔向云明王
之制使諸侯歲聘以志業間朝以講禮再朝而會
以示威再會而盟以顯昭明自古已來未之或失
也存亡之道恒由是興說左傳者以爲三年一朝
六年一會十二年而盟事與周禮不同謂之前代
明王之法先儒未嘗措意不知異之所由計彼六
年一會與此六年五服一朝事相當也再會而盟

向十七　九五

與此十二年王乃時巡諸侯各朝於方岳亦相當
也叔向盛陳此法以懼齊人使盟若周無此禮叔
向妄說齊人當以辭拒之何所畏懼而敬以從命
十且云自古以來未之或失則當時猶尚行之不
[redacted]爲前代之法齊當時之人明矣明周有此法禮
不具爾大行人所云見者皆言貢物或可因貢
而見何必見者皆是君自朝乎遣使貢物亦應可
矣太宗伯云時見曰會殷見曰同時見殷見不云
年限時見曰會何必不是再朝而會乎殷見曰同
何必不是再會而盟乎周公制禮若無此法豈成
王謬言叔向妄說也計六年大集應六服俱來而
此文惟言五服孔以五服爲侯甸男采衛蓋以要
服路遠外逼四夷不必常能及期故寬言之而不
數也　傳周制至守然　正義曰周禮大行人云
十有二歲王巡守殷國是周制十二年一巡守也
如舜典所云春東夏南秋西冬北以四時巡行故

楊本卷十七第二十五葉

邦國其職主戎馬之事有掌征伐統正六軍平治王邦四方國
之亂者天子六軍軍師之通名也案其職掌云伐之法馮弱犯
寡則眚之賊賢害民則伐之暴內陵外則壇之野荒民散則削
之負固不服則侵之賊殺其親則正之放弑其君則殘之犯令
陵政則杜之外內亂鳥獸行則滅之
傳秋官至時殺
正義曰周禮云乃立秋官司寇使帥其屬而掌邦禁以佐王刑
邦國其職云刑邦國詰四方馬融云詰猶窮也窮四方之姦也
孔以詰爲治是主寇賊法禁治姦慝之人刑殺其強暴作亂者
夏官主征伐秋官主刑殺征伐亦殺人而官屬異時者夏司馬
討惡助夏時之長物秋司寇刑姦順秋時之殺物也周禮云掌
邦刑此云掌邦禁者避下刑暴亂之文故云掌邦禁
傳冬官至曰土
正義曰周禮冬官亡小宰職云六曰冬官掌邦事又云六曰事
職以富邦國以養萬民馬融云事職掌百工器用耒耜戶車之

書十七　十七

屬與此主土居民全不相當冬官既亡不知其本禮記王制記
司空之事云量地以制邑度地以居民足明冬官本有主土居
民之事也齊語云管仲制法令士農工商四民不雜即此居民
使順天時分地利授之土也土則地利爲之名以其吐生百穀
故曰土也周禮云事此云土者爲下有居四民故云土以居民
爲急故也
六年至黜陟
正義曰此篇說六卿職掌皆與周禮符同則六年五服一朝亦
應是周禮之法而周禮無此法也周禮大行人云侯服歲一見
其貢祀物甸服二歲一見其貢嬪物男服三歲一見其貢器物
采服四歲一見其貢服物衛服五歲一見其貢材物要服六歲
一見其貢貨物先儒說周禮者皆云見謂來朝也必如所言則
周之諸侯各以服數來朝無六年一朝之事昭十三年左傳叔
向云明王之制使諸侯歲聘以志業間朝以講禮再朝而會以
示威再會而盟以顯昭明自古已來未之或失也存亡之道恒

單疏卷十七第十七葉

云時巡考正制度禮法于四岳之下如虞帝巡守然據舜典同律度量衡已下皆是也

王曰嗚呼凡我有官君子欽乃攸司愼乃出令令出惟行弗惟反有官君子大夫已上歎而戒之使敬汝所司愼汝出令從政之本令出必惟行之不惟反政若二三其令亂之道以公滅私民其允懷從政以公平滅私情則民其信歸之學古入官議事以制政乃不迷言當先學古訓然後入官治政凡制事必以古義議度終始政乃不迷錯其爾典常作之師無以利口亂厥官其汝爲政當以舊典常故事爲師法無以利口辯佞亂其官

尚十七　二十六　朱静

【疏】王曰至厥官　正義曰王言而歎曰嗚呼凡我有官之君子謂大夫已上有職事者汝等皆敬汝所主之職事愼汝所出之號令令出於口惟即行之不惟反之而不用是去而後反也爲政之法以公平之心滅己之私欲則見下民其信汝而歸汝矣學古之典訓然後入官治政論議時事必以古之制度如此則政教乃不迷錯矣其汝爲政當以舊典常故事作師法無以利口辯佞亂其官敎之以居官爲政之法也

傳有官至之道　正義曰敎之出令使之號令在下則是尊官故知有官君子是大夫已上也下云三事暨大夫是也安危在於出令故愼汝出令是從政之本也令既出口必須行之令而不行是去而更反故謂之反也不惟反者令其必行之勿使反也若前令不行而倒反別出後令以改前令二三其政則在下不知所從是亂之道也

傳言當至迷錯　正義曰襄三十一年左傳子產云我聞學而後入政未聞以政學者也言將欲入政先學

出是與說左傳者以爲三年一朝六年一會十二年而盟事與周禮不同謂之前代明王之法先儒未嘗措意不知異之所由計彼六年一會與此六年五服一朝事相當也再會而盟與此十二年王乃時巡諸侯各朝於方岳亦相當也叔向盛陳此法以懼齊人使盟若周無此禮叔向妄說齊人當以辭拒之何所畏懼而敬以從命乎且云自古以來未之或失則當時猶尚行之不得爲前代之法齊當時之人明矣明周有此法禮文不具爾大行人所云見者皆言貢物或可因貢而見何必見者皆是君自朝乎遣使貢物亦應可矣大宗伯云時見曰會殷見曰同時見不云年限時見曰會何必不是再朝而會乎殷見曰同何必不是再會而盟乎周公制禮若無此法豈成王謬言叔向妄說也計六年大集應六服俱來而此文惟言五服孔以五服爲侯甸男采衛蓋以要服路遠外逼四夷不必常能及期故寬言之而不數也

傳周制至守然

書十七

正義曰周禮大行人云十有二歲王巡守殷國是周制十二年一巡守也如舜典所云春東夏南秋西冬北以四時巡行故云時巡考正制度禮法于四岳之下如虞帝巡守然據舜典同律度量衡已下皆是也

王曰至厥官

正義曰王言而歎曰嗚呼凡我有官之君子謂大夫已上有職事者汝等皆敬汝所主之職事愼汝所出之號令令出於口惟即行之不惟反之而不用是去而後反也爲政之法以公平之心滅己之私欲則見下民其信汝而歸汝矣學古之典訓然後入官治政論議時事必以古之制度如此則政教乃不迷錯矣其汝爲政當以舊典常故事作師法無以利口辯佞亂其官教之以居官爲政之法也

傳有官至之道

正義曰敎之出令使之號令在下則是尊官故知有官君子是大夫已上也下云三事暨大夫是也安危在於出令故愼汝出

古之訓典觀古之成敗而擇善而從之然後可以入官治政矣凡欲制斷當今之事必以古之義理議論量度其終始合於古義然後行之則其爲之政教乃不迷錯也

蓄疑敗謀怠積疑不決必敗其謀怠情忽荒政不學牆面莅事惟煩忽略必亂其政人而不學其猶正牆面而立臨政事必煩

戒爾卿士功崇惟志業廣惟勤惟克果斷乃罔後艱此戒凡有官位但言卿士舉其掌事者功高由志業廣由勤惟能果斷行事乃無後難言多疑必致患

疏 蓄疑至後艱　正義曰又戒羣臣使彊於割斷勤於職事蓄積疑惑不能彊斷則必敗其謀慮怠情忽略不能恪勤則荒廢政事人而不學如面向牆無所覩見以此臨事則惟煩亂不能治理戒汝卿

尚十七　二十七　洪乘

之有事者功之高者惟志意彊正業之大者惟勤力在公惟能果敢決斷乃無有後日艱難言多疑必將致後患矣申說蓄疑敗謀也

位不期驕祿不期侈貴不與驕期而驕自至富不與侈期而侈自來驕侈以行已所以速亡

恭儉惟德無載爾僞言當恭儉惟以立德無行姦僞

作德心逸日休作僞心勞日拙爲德直道而行於心逸豫而名日美爲僞飾巧百端於心勞苦而事日拙不可爲

居寵思危罔不惟畏弗畏入畏言雖居貴寵當思危懼無所不畏若乃不畏則入可畏之刑

推賢讓能庶官乃和不和政厖賢能相讓俊乂在官所以和諧厖亂也

舉能其官惟爾

楊本卷十七第二十七葉

令是從政之本也令既出口必須行之令而不行是去而更反故謂之反也不惟反者令其必行之勿使反也若前令不行而改作反別出後令以改前令二三其政則在下不知所從是亂之道也

傳言當至迷錯

正義曰襄三十一年左傳子産云我聞學而後入政未聞以政學者也言將欲入政先學古之訓典觀古之成敗擇善而從之然後可以入官治政矣凡欲制斷當今之事必以古之義理議論量度其終始合於古義然後行之則其爲之政教乃不迷錯也

蓄疑至後艱

正義曰又戒羣臣使彊於割斷勤於職事蓄積疑惑不能彊斷則必敗其謀慮怠情忽略不能恪勤則荒廢政事人而不學如面向牆無所覩見以此臨事則惟煩亂不能治理戒汝卿之有事者功之高者惟志意彊正業之大者惟勤力在公惟能果敢決斷乃無有後日艱難言多疑必將致後患矣申說蓄疑敗謀也

書十七

傳爲德至可爲

正義曰爲德者自得於已直道而行無所經營於心逸豫功成則譽顯而名益美也爲僞者行違其方枉道求進思念欺巧於心勞苦詐窮則道屈而事日益拙也以此故僞不可爲申誡無載爾僞也

成王至之命

正義曰成王即政之初東夷背叛成王既伐而服之東北遠夷其國有名肅愼氏者以王戰勝遠來朝賀王賜以財賄使榮國之伯爲策書以命肅愼之夷嘉其慶賀慰其勞苦之意史敘其事作賄肅愼之命名篇也

傳海東至來賀

正義曰成王伐淮夷滅徐奄指言其國之名此傳言東夷非徒淮水之上夷也故以爲海東諸夷駒麗扶餘馯貊之屬此皆於孔君之時有此名也周禮職方氏四夷之名八蠻九貉鄭玄云北方曰貉又云東北夷也漢書有高駒麗扶餘韓無此馯馯即

單疏卷十七第十九葉

之能稱匪其人惟爾不任所舉能修其官惟亦汝之功能舉非其人亦惟女之不勝其任王曰嗚呼三事暨大夫敬爾有官亂爾有政歎而勑之公卿已下各敬居汝所有之官治汝所有之職以佑乃辟永康兆民萬邦惟無斁言當敬治官政以助汝君長安天下兆民則天下萬國惟乃無厭我周德

疏傳為德至可為 正義曰為德者自得於已直道而行無所經營於心逸豫功成則譽顯而名益美也為僞者行違其方枉道求進思念欺巧於心勞苦詐窮則道屈而事日益拙也以此為不可為申說無載爾僞也

成王既伐東夷肅愼來賀海東諸夷駒麗扶餘馯貊之屬武王克商皆通道焉成王即政而叛王伐而服之故肅愼氏來賀王俾榮伯作賄肅愼之命榮國名同姓諸侯為卿大夫王使之為命書以幣賄賜肅愼之夷亡

疏成王至之命 正義曰成王即政之初東夷背叛成王既伐而服之東北遠夷其國有名肅愼氏者以王戰勝遠來朝賀王賜以財賄使榮國之伯為策書以命肅愼之夷嘉其慶賀慰其勞苦之意史叙其事作賄肅愼之命名篇也 傳海東至來賀 正義曰成王伐淮夷滅徐奄指言其國之名此傳言東夷非徒淮水之上夷也故以為海東諸夷駒麗扶餘馯貊之屬此皆於孔君之時有此名也周禮職方氏四夷之名八蠻九貉鄭玄云北方曰貉又云東北夷也漢書有高駒麗扶餘韓無此馯馯即彼韓也音同而字異爾多方云王來自奄奄在後滅言滅奄即來必非滅奄之後更伐東夷在海東路遠又不得先伐遠夷後來

滅奄此云成王既伐東夷不知何時伐之魯語云武王克商遂通道於九夷八蠻於是肅愼氏來賀貢楛矢則武王之時東夷服也成王即政奄與淮夷近者尚叛明知遠夷亦叛蓋成王親伐淮夷而滅之又使偏師伐東夷而服之君統臣功故言王伐不是成王親自伐也肅愼之於中國文遠於所伐諸夷見諸夷既服故懼而來賀也 傳榮國至夷亡 正義曰晉語云文王諏於蔡原訪於辛尹重之以周召畢榮於文王之時名次畢公之下則是大臣也未知此時榮伯是彼榮公以否或是其子孫也同姓諸侯相傳為然注國語者亦云榮周同姓不知時為何官故並云卿大夫王使榮伯明使之有所作史錄其篇名為賄肅愼之命明是王使之為命書以幣賜肅愼氏之夷也

周公在豐致政老歸將沒欲葬成周已所營作示終始念之公薨成王葬于畢不敢臣周公故使近文武之墓告周公作亳姑

疏周公至亳姑 正義曰周公既致政於王歸在豐邑將沒遺言欲得葬於成周以成周是已所營示已終始念之故欲葬焉文公薨成王葬於畢以文武之墓在畢示已不敢臣周公使近文武之墓王以葬畢之義告周公之柩又周公徙奄君於亳姑因言亳姑周公徙奄君於亳姑因告柩以葬畢之義并及奄君已定亳姑言所遷之功成亡功成史叙其事作亳姑之篇案帝王世紀云文武葬於畢畢在杜南晉書地道記亦云畢在杜南與畢陌別俱在長安西北 傳致政老歸 正義曰周公既還政成王成王又留為太師今言周公在豐則是去離王朝又致太師之政告老歸於豐如伊尹之告歸也成王封伯禽於魯以為周公後公老不歸魯而在豐者案十三年公羊傳云周公曷

爲不之魯欲天下之一乎周也何休云周公聖人
德至重功至大東征則西國怨西征則東國怨嫌
之魯恐天下迴心趣向之故封伯禽命使遙供養
死則奔喪爲主所以一天下之心于周室是言周
公不歸魯之意也歸豐者蓋以先王之都欲近其
宗廟故也　傳周公至成亡　正義曰序說葬周
公之事其篇乃名亳姑篇名與序不相允會其篇
既亡不知所道故傳原其意而爲之說上篇將遷
亳姑序言成王既踐奄將遷其君於亳姑者是周
公之意今告周公之柩以葬畢之義乃用亳姑爲
篇名必是告葬之時并言及奄君已定於
亳姑言周公所遷之功成故以名篇也

君陳第二十三

周公既沒命君陳分正東郊成周　成王重周公所營故命君陳分居正東郊成周之邑里官司

作君陳　作書命之　君陳　臣名也因以名篇

王若曰君陳惟爾令德孝恭　言其有令德善事父母行己以恭

惟孝友于兄弟克施有政　言善父母者必友于兄弟能施有政令

命汝尹茲東郊敬哉　正此東郊監郟頑民教訓之

昔周公師保萬民民懷其德往慎乃司茲率厥常　言周公師安天下之民民歸其德今往承其業當慎汝所主此循其常法而教訓之

懋昭周公之訓惟民其乂　勉明周公之教惟民其治

周公至君陳　正義曰周公遷殷頑民於成周頑民既遷周公親自監之周公既沒成王命其臣名

尚十七　三十

楊本卷十七第三十葉

彼韓也音同而字異爾多方云王來自奄奄在後滅言滅奄即
來必非滅奄之後更伐果夷夷在海東路遠又不得先伐遠夷
後來滅奄此云成王既伐東夷不知何時伐之魯語云武王克
商遂通道於九夷八蠻於是肅慎氏來賀貢楛矢則武王之時
東夷服也成王即政奄與淮夷近者尚叛明知遠夷亦叛蓋成
王親伐淮夷而滅之又使偏師伐東夷而服之君統臣功故言
王伐不是成王親自伐也肅慎之於中國又遠於所伐諸夷見
諸夷既服故懼而來賀也

傳榮國至夷亡

正義曰晉語云文王諏於蔡原訪於辛尹重之以周召畢榮於
文王之時名次畢公之下則是大臣也未知此時榮伯是彼榮
公以否或是其子孫也同姓諸侯相傳爲然注國語者亦云榮
周同姓不知時爲何官故並云卿大夫王使榮伯明使之有所
作史錄其篇名爲賄肅慎之命明是王使之爲命書以幣賜肅
慎氏之夷也

書十七　方成

周公至亳姑

正義曰周公既致政於王歸在豐邑將沒遺言欲得葬於成周
以成周是己所營示己終始念之故欲葬焉及公薨成王葬於
畢以文武之墓在畢示己不敢臣周公使近文武之墓王以葬
畢之義告周公之柩又周公徙奄君於亳姑因言亳姑功成史
敘其事作亳姑之篇案帝王世紀云文武葬於畢畢在杜南晉
書地道記亦云畢在杜南與畢陌別俱在長安西北

傳致政老歸

正義曰周公既還政成王成王又留爲太師今言周公在豐則
是去離王朝又致太師之政告老歸於豐如伊尹之告歸也成
王封伯禽於魯以爲周公後公老不歸魯而在豐者文十三年
公羊傳云周公曷爲不之魯欲天下之一乎周也何休云周公
聖人德至重功至大東征則西國怨西征則東國怨嫌之魯恐
天下迴心趣向之故封伯禽命使遙供養死則奔喪爲主所以一
天下之心於周室是言周公不歸魯之意也歸豐者蓋以先王

單疏卷十七第二十葉

君陳代周公監之分別居處正此東郊成周之邑以策書命之史録其事作策書爲君陳篇名 傳成王至官司 正義曰成周周之下都監成周者正是一邑宰爾而特命君陳大其事者成王重周公所營猶恐郡民有不服之者故命君陳分居正東郊成周之邑里官司也以畢命之序言分居知此分亦爲分居分別郡民善惡所居即畢命所云旌別淑慝表厥宅里是也言東郊者鄭玄云天子之國五十里爲近郊今河南洛陽相去則然是言成周之邑爲周之東郊也 傳臣名至名篇 正義曰孔直云臣名則非周公子也鄭玄注中庸云君陳蓋周公子者以經云周公既没命君陳猶若蔡叔既没命蔡仲故也孔未必然矣 傳言其至以恭 正義曰令德在身之大名孝是事親之稱恭是身之所行言其善事父母行己以恭也釋訓云善父母爲孝善兄弟爲友 傳言善至政令 正義曰父母尊之極兄弟親之甚緣其施孝於極尊乃能施友於甚親言善事父母者必友於兄弟推此親親之心以至於疏遠每事以仁恕行之故能施有政令也 我聞曰至治馨香感于神明黍稷非馨明德惟馨 所聞上古聖賢之言政治之至者芬芳馨氣動於神明所謂芬芳非黍稷之氣乃明德之馨勵之以德 爾尚式時周公之猷訓惟日孜孜無敢逸豫 汝庶幾用是周公之道教郡民惟當日孜孜勤行之無敢自寬暇逸豫 疏 我聞至逸豫 正義曰我聞人之言曰有至美治之善者乃有馨香之氣感動於神明所言馨香感神者黍稷飲食之氣非馨香也明德之所遠及乃惟爲馨香爾勉勵君陳使爲德也欲必爲明德惟法周公汝當庶幾用是周公

之道惟當每日孜孜勤法行之無敢自寬暇逸豫教使勤於事也 凡人未見聖若不克見既見聖亦不克由聖 此言凡人有初無終未見聖道如不能得見已見聖道亦不能用之所以無成 爾其戒哉爾惟風下民惟草 汝戒勿爲凡人之行民從上教而變猶草應風而偃不可不慎 圖厥政莫或不艱有廢有興出入自爾師虞庶言同則繹 謀其政無有不先慮其難有所廢有所起出納之事當用汝衆言度之衆言同則陳而布之禁其專 爾有嘉謀嘉猷則入告爾后于內爾乃順之于外 汝有善謀善道則入告汝君於內汝乃順行之於外 曰斯謀斯猷惟我后之德 此善謀此善道惟我君之德善則稱君人臣之義 嗚呼臣人咸若時惟良顯哉 歎而美之曰臣於人者皆順此道是惟良臣則君顯明於世 王曰君陳爾惟弘周公丕訓無依勢作威無倚法以削 汝爲政當闡大周公之大訓無乘勢位作威人上無倚法制以行刻削之政 寬而有制從容以和 寬不失制動不失和德教之治 郡民在辟予曰辟爾惟勿辟予曰宥爾惟勿宥惟厥中 郡人有罪在刑法者我曰刑之汝勿刑我曰赦宥汝勿宥惟其當以中正平理斷之 有弗若于汝政弗化于汝

君陳第二十三　周書

訓辟以止辟乃辟有不順於汝政不變於汝教
刑之而懲止犯刑者乃刑之
狃于姦宄敗常亂俗三細不宥習於姦宄凶
惡毀敗五常
之道以亂風俗之教罪雖
小三犯不赦所以絕惡源疏王曰至不宥　正義
曰主呼之曰君陳汝
今爲政當弘大周公之大訓周公既有大訓汝當
遵而行之使其法更寬大汝奉周公之訓無得依
恃形勢以作威於人無得倚附法制以行刻削百
姓必當寬容而有法制使踈而不漏從容以和協
於物莫爲褊急此成周殷民有犯事在於刑法未
斷決者我告汝曰刑罰之法惟勿得刑罰之我告
汝曰赦宥之汝惟勿得赦宥之惟其以中正平法
斷決之不得從上意也其有不順於汝之政令不
也於汝之訓教其罪既大當行刑中刑罰一人可
以上息後犯者故云犯刑者乃刑之如其罪或輕
細罰不當理雖刑勿息故不可輒刑若有人習於
姦宄凶惡敗五常之道亂風俗之教三犯其事者
事雖細小勿得宥之以其知而故犯當殺之以絕
惡源也　傳汝爲至之政　正義曰君陳之智必
不及周公而令闡大周公訓者遵行其法使廣被
於民即是闡揚而大之非遺君陳爲法使大於周
公法也凡在人上位貴於人勢足可畏者多乘是
形勢以作威刑於人倚附公法以行刻削之政故
禁之也　傳寬不至之治　正義曰寬不失制則
經寬而有制動不失和則經從容以和言動謂從
容也　傳習於至惡源　正義曰釋言云狃復也
孫炎曰狃忕前復爲也古言狃忕是慣習之義故
以習解狃習於姦宄凶惡言爲之不知止也敗常
亂俗有大有小罪雖小者三犯不赦恐其滋大所
以絕惡源也此謂所犯小
事言三者再猶可赦爾爾無忿疾于頑無求

楊本卷十七第三十三葉

之都欲近其宗廟故也
傳周公至成亡
正義曰序說葬周公之事其篇乃名亳姑篇名與序不相允會
其篇既亡不知所道故傳原其意而爲之說上篇將遷亳姑序
言成王既踐奄將遷其君於亳姑者是周公之意今告周公之
柩以葬畢之義乃用亳姑爲篇名必是告葬之時并言及奄君
已定於亳姑言周公所遷之功成故以名篇也
君陳第二十三
周公至君陳
正義曰周公遷殷頑民於成周頑民既遷周公親自監之周公
既沒成王命其臣名君陳代周公監之分別居處正此東郊成
周之邑以策書命之史錄其事作策書爲君陳篇名
傳成王至官司
正義曰成周周之下都監成周者正是一邑宰爾而特命君陳
大其事者成王重周公所營猶恐殷民有不服之者故命君陳
分居正東郊成周之邑里官司也以畢命之序言分居知此分
亦爲分居分別殷民善惡所居即畢命所云旌別淑慝表厥宅
里是也言東郊者鄭玄云天子之國五十里爲近郊今河南洛
陽相去則然是言成周之邑爲周之東郊也
傳臣名至名篇
正義曰孔直云臣名則非周公子也鄭玄注中庸云君陳蓋周
公子者以經云周公既沒命君陳猶若蔡叔既沒命蔡仲故也
孔未必然矣
傳言其至以恭
正義曰令德在身之大名孝是事親之稱恭是身之所行言其
善事父母行己以恭也釋訓云善父母爲孝善兄弟爲友
傳言善至政令
正義曰父母尊之極兄弟親之甚緣其施孝於極尊乃能施友
於甚親言善事父母者必友於兄弟推此親親之心以至於疏
遠每事以仁恕行之故能施有政令也

單疏卷十七第二十一葉

備于一夫。人有頑嚚不喻，汝當訓之，無忿怒疾之；使人當器之，無責備于一夫。必有忍，其乃有濟；有容，德乃大。爲人君長，必有所含忍，其乃有所成；有所包容，德乃爲大。欲其忍恥藏垢。簡厥修，亦簡其或不修；簡別其德行修者，亦別其有不修者，善以勸能，惡以沮否。進厥良以率其或不良。進顯其賢良者，以率勉其有不良者，使爲善。

疏「爾無」至「不良」○正義曰：民者，冥也。當以漸教之，故戒君陳：民有不知道者，汝無忿怒疾惡頑嚚之民，當以漸教訓之，無求備於一人，當取其所能。在爲人君長，必有所含忍，其事乃有所成；有所寬容，其德乃能大。欲其寬大不福監也。汝之爲政，須知民之善惡，簡別其德行修者，亦簡別其有不修德者；進顯其賢良，以率勵其不良者，欲令其化惡使爲善也。

惟民生厚，因物有遷。言人自然之性敦厚，因所見所習之物有遷變之道，故必慎所以示之。違上所命，從厥攸好。人之於上，不從其令，從其所好，故人主不可不慎所好。爾克敬典在德，時乃罔不變，允升于大猷。汝治人能敬常在道德，是乃無不變化，其政教則信升于大道。惟予一人膺受多福，汝能升大道，則惟我一人亦當受其多福，無凶危。其爾之休，終有辭於永世。非但我受多福而已，其汝之美名亦終見稱誦於長世，言沒而不朽。

疏「惟民」至「永世」○正義曰：惟民初生自然之性皆敦厚矣，因見所習之物，本性遷變爲惡，皆由習效使然。人之情非好違

我聞至逸豫
正義曰：我聞人之言曰：有至美治之善者，乃有馨香之氣感動於神明。所言馨香感神者，黍稷飲食之氣非馨香也，明德之所遠及，乃惟爲馨香爾。勉勵君陳，使爲德也。欲必爲明德，惟法周公。汝當庶幾用是周公之道，惟當每日孜孜勤法行之，無敢自寬暇逸豫。教使勤於事也。

王曰至不宥
正義曰：王呼之曰：君陳，汝今爲政，當弘大周公之大訓。周公既有大訓，汝當遵而行之，使其法更寬大。汝奉周公之訓，無得依恃形勢以作威於人，無得倚附法制以行刻削。百姓必當寬容而有法制，使疏而不漏，從容以和協於物，莫爲褊急。此成周殷民有犯事在於刑法未斷決者，我告汝曰刑罰之，汝惟勿得刑罰之；我告汝曰赦宥之，汝惟勿得赦宥之。惟其以中正平法斷決之，不得從上意也。其有不順於汝之政令，不化於汝之訓教，其罪既大，當行刑。中刑罰一人，可以止息後犯者，故云犯刑者乃刑之。如其罪或輕細，罰不當理，雖刑勿息，故不可輒刑。若有人習於姦宄凶惡，敗五常之道，亂風俗之教，三犯其事者，事雖細小，勿得宥之，以其知而故犯，當殺之，以絶惡源也。

傳汝爲至之政
正義曰：君陳之智必不及周公，而令闡大周公訓者，遵行其法，使廣被於民，即是闡揚而大之，非遣君陳爲法使大於周公法也。凡在人上，位貴於人，勢足可畏者，多乘是形勢以作威刑於人，倚附公法以行刻削之政，故禁之也。

傳寬不至之治
正義曰：寬不失制，則經「寬而有制」；動不失和，則經「從容以和」。言動謂從容也。

傳習於至惡源
正義曰：《釋言》云：「狃，復也。」孫炎曰：「狃忕前復爲也。」古言狃忕是慣習之義，故以習解狃。習於姦宄凶惡，言爲之不知止也。敗常亂俗，有大有小，罪雖小者，三犯不赦，恐其滋大，所以絶惡源也。此

上所命命之不必從也從其君所好君之所好矣
必從之在上者不可不慎所好也汝之治民能敬
當從終常在於道德教之汝以道德教之是民乃
無不變化民皆變從汝化則信升於大道矣汝能
如此惟我一人亦當受其多福無凶危矣其
汝之美名亦終有稱誦之美辭於長世矣

尚書注疏卷第十七

謂所犯小事言三者再猶可赦爾

爾無至不良

正義曰民者冥也當以漸教之故戒君陳民有不知道者汝無忿怒疾惡頑嚚之民當以漸教訓之無求備於一人當取其所能在爲人君長必有所含忍其事乃有所成有所寬容其德乃能大欲其寬大不褊隘也汝之爲政須知民之善惡簡別其德行修者亦簡別其有不修德行者進顯其賢良以率勵其不良者欲令其化惡使爲善也

惟民至永世

正義曰惟民初生自然之性皆敦厚矣因見所習之物本性乃有遷變爲惡皆由習效使然人之情性好違上所命命之不必從也從其君所好君之所好民必從之在上者不可不慎所好也汝之治民能敬當從終常在於道德教之汝以道德教之是民乃無不變化民皆變從汝化則信升於大道矣汝能如此惟我一人亦當受其多福無凶危矣其汝之美名亦終有稱誦之美辭於長世矣

尚書正義卷第十七

計一萬三千四百五十一字

尚書注疏卷第十八

國子祭酒上護軍曲阜縣開國子臣孔穎達奉

勑撰

周書

顧命第二十四

康王之誥第二十五

畢命第二十六

顧命第二十四

成王將崩命召公畢公二公爲二伯中分天下而治之率諸侯相康王作顧命臨終之命曰顧命

疏 成王至顧命 正義曰成王病困將崩召集羣臣以言命太保召公太師畢公使率領天下諸侯輔相康王史叙其事作顧命

傳二公至治之 正義曰禮記曲禮下云九州之長曰牧五官之長曰伯是職方鄭玄云職主也謂爲三公者是伯分主東西者也周禮大宗伯云八命作牧九命作伯鄭云謂上公有功德者加命爲二伯此禮文皆伯尊於牧故主一州明伯是中分天下者也禮言職方是各主一方也此二伯即以三公爲之隱五年公羊傳云諸公者何天子三公天子三公者何天子之相也天子之相何以三自陝而東者周公主之自陝而西者召公主之一相處乎內是言三公爲二伯也公羊傳漢世之書陝

尚書正義卷第十八

國子祭酒上護軍曲阜縣開國子臣孔穎達奉

勑撰

周書

顧命第二十四

康王之誥第二十五

畢命第二十六

顧命第二十四

成王至顧命

正義曰成王病困將崩召集羣臣以言命太保召公太師畢公使率領天下諸侯輔相康王史敘其事作顧命

傳二公至治之

正義曰禮記曲禮下云九州之長曰牧五官之長曰伯是職方鄭玄云職主也謂爲三公者是伯分主東西者也周禮大宗伯云八命作牧九命作伯鄭云謂上公有功德者加命爲二伯此禮文皆伯尊於牧牧主一州明伯是分天下者也禮言職方是各主一方也此二伯即以三公爲之隱五年公羊傳云諸公者何天子三公天子三公者何天子之相也天子之相何以三自陝而東者周公主之自陝而西者召公主之一相處乎內是言三公爲二伯也公羊傳漢世之書陝縣者漢之弘農郡所治其地居二京之中故以爲二伯分掌之界周之所分亦當然也公羊傳所言周召分主謂成王即位之初此時周公已薨故畢公代之周官篇三公之次太師太傅太保太保最在下此篇以召公爲先者三公命數尊卑同也王就其中委任賢者任之重者則在前耳

傳臨終至顧命

正義曰說文云顧還視也鄭玄云迴首曰顧顧是將去之意此言臨終之命曰顧命言臨將死去迴顧而爲語也

顧命

正義曰發首至百尹御事敘王以病召臣爲發言之端自王曰

聯者漢之引農邪所治其地居二京之中故以爲
二伯分掌之界周之所分亦當然也公羊傳所言
同召分主謂成王即位之初此時周公已薨故畢
公代之周官篇三公之次太師太傅太保太保最
在下此篇以召公爲先者三公命數尊卑同也王
就其中委任賢者任之重者則在前耳　傳臨終
至顧命　正義曰說文云顧還視也鄭玄云迴首
曰顧顧是將去之意此言臨終之命曰顧命言臨
將死去迴顧而爲語也　顧命　實命羣臣叙以要言　惟四月哉生魄
王不懌　成王崩年之四月始生魄月十六日王有疾故不悅懌　甲子王乃洮
頮水相被冕服憑玉几　王大發大命臨羣臣必齊戒沐浴今疾病
故但洮盥頮面扶相者被以冠冕加朝服憑玉几以出命　乃同召太保奭芮伯
彤伯畢公衛侯毛公　同召六卿下至御治事太保畢毛稱公則三公矣此
先後六卿次第冢宰第一召公領之司徒第二芮
伯爲之宗伯第三彤伯爲之司馬第四畢公領之
司寇第五衛侯爲之司空第六毛公領之召芮彤畢衛毛皆國名入爲天子公卿　師氏虎
臣百尹御事　師氏大夫官虎臣虎賁氏百尹百官之長及諸御治事者　疏顧命至御事
正義曰發首至百尹御事叙王以病召臣爲發言
之端自王曰至冒貢于非幾是顧命之辭也茲既
受命至立于側階言命後王崩欲宣王命布陳儀
衛之事也自王麻冕已下叙康王受命之事　傳
實命至要言　正義曰王之所命實普命羣臣序
以要約爲言直云命召公畢公傳不於上召公畢
公之下而解於顧命之下言之者以上欲指明二
公中分天下之事非是摠語故命不得言之顧命

楊本卷十八第二葉

至冒貢于非幾是顧命之辭也茲既受命至立于側階言命後
王崩欲宣王命布陳儀衛之事也自王麻冕已下敘康王受命
之事
傳實命至要言
正義曰王之所命實普命羣臣序以要約爲言直云命召公畢
公傳不於上召公畢公之下而解於顧命之下言之者以上欲
指明二公中分天下之事非是摠語故命不得言之顧命是摠
命羣臣非但召畢而已故於此解也
傳成王至悅懌
正義曰成王崩年經典不載漢書律曆志云成王即位三十年
四月庚戌朔十五日甲子哉生魄即引此顧命之文以爲成王
即位三十年而崩此是劉歆說也孔以甲子爲十六日則不得
與歆同矣鄭玄云此成王二十八年傳惟言成王崩年未知成
王即位幾年崩也志又云死魄朔也生魄望也明死魄生從望
爲始故始生魄爲月十六日即是望之日也釋詁云懌樂也有
疾故不悅懌下云病日臻既彌留則王遇疾已多日矣於哉
生魄下始言王不懌者甲子是發命之日爲洮頮張本耳
傳王將至出命
正義曰凡有敬事皆當潔清王將發大命臨羣臣必齋戒沐浴
今以病疾之故不能沐浴故但洮頮而已禮洗手謂之盥洗面
謂之靧內則云子事父母面垢燂潘請靧頮是洗面知洮爲盥
手言水謂洮盥俱用水扶相王者以冕服加王鄭玄云相者正
王服位之臣謂太僕或當然也被以冠冕以冕服被王首也加
朝服以服加王身也謂以袞冕朝諸侯之服加王身也鄭以爲
玄冕知不然者以顧命羣臣大發大命以文武之業傳社稷之
重不應惟服玄冕而已覲禮王服袞冕而有玉几此既憑玉几
明服袞冕也周禮司几筵云凡大朝覲王位設黼扆扆前南向
設左右玉几是王見羣臣當憑玉几以出命
傳同召至公卿
正義曰下及御事蒙此同召之文故云同召六卿下及御事也

單疏卷十八第二葉

是揔命羣臣，非但召畢而已，故於此解也。傳「成王至悅懌」。正義曰：成王崩年，經典不載。漢書律曆志云：「成王即位三十年，四月庚戌朔，十五日甲子哉生魄。」即引此顧命之文，以爲成王即位三十年而崩。此是劉歆說也。孔以甲子爲十六日，則不得與歆同矣。鄭玄云此成王二十八年。傳惟言成王崩年，未知成王即位幾年崩也。志又云：「死魄，朔也；生魄，望也。」明死魄生從望爲始，故始生魄爲月十六日，即是望之日也。釋詁云：「懌，樂也。」有疾，故不悅懌。下云「病日臻，既彌留」，則成王遇疾已多日矣。於哉生魄下始言王不懌者，甲子是發命之日，爲洮頮張本耳。傳「王將至出命」。正義曰：凡有敬事，皆當絜清。主將發大命，臨羣臣，必齋戒沐浴。今以病疾之故，不能沐浴，故但洮頮而已。禮，洗手謂之盥，洗面謂之靧。內則云：「子事父母，面垢，燂潘請靧。」頮是洗面，知洮爲盥手。言水，謂洮盥俱用水。扶相王者以冕服加王。鄭玄云：「相者，正王服位之臣，謂太僕。」或當然也。被以冠冕，以冕服被王首也。加朝服，以服加王身也。謂以袞冕朝諸侯之服加王身也。鄭以爲玄冕。知不然者，以顧命羣臣，大發大命，以文武之業傳社稷之重，不應惟服玄冕而已。覲禮王服袞冕而有玉几，此既憑玉几，明服袞冕也。周禮司几筵云：「凡大朝覲，王位設黼扆，扆前南向，設左右玉几。」是王見羣臣，當憑玉几以出命。傳「同召至公卿」。正義曰：下「及御事」，蒙此「同召」之文，故云同召六卿，下及御事也。以王病甚，故同時俱召之。太保是三公官名，畢、毛又亦稱公，知此三人是三公也。三人是三公，而與侯伯相次，知六者是六卿。衛侯爲司寇，而位第五，知此先後是六卿次第也。以三公尊，故特言公，其餘三卿舉其本爵，見其以國君入爲卿也。天子三公皆以卿爲之，不復別置其人，高官兼攝下司者，漢世以來謂之爲

領，故言召公領之、毛公領之。定四年左傳云「康叔爲司寇」，知此六人依周禮次第爲六卿也。王肅云：「彤，姒姓之國。其餘五國，姬姓。畢、毛，文王庶子；衛侯，康叔所封，武王母弟。」依世本、史記爲說也。傳「師氏至事者」。正義曰：周禮師氏中大夫「掌以美詔王，居虎門之左，司王朝得失之事，帥其屬守王之門」也。其所掌故與虎臣並於百尹之上特言之。尹，訓正也，故百尹爲百官之長。諸御治事，謂諸掌事者，蓋大夫皆被召也。王肅云：「治事，蓋羣士也。」

王曰：「嗚呼！疾大漸，惟幾，自歎其疾大進，篤惟危殆。病日臻，既彌留，恐不獲誓言嗣，茲予審訓命汝。病日至，言困甚；已久留，言無瘳。恐不得結信出言嗣續我志，以此故我詳審教命汝。昔君文王、武王宣重光，奠麗陳教則肄，言昔先君文武布其重光累聖之德，定天命，施陳教，則勤勞。肄不違，用克達殷集大命。文武定命陳教，雖勞而不違道，故能通殷爲周，成其大命。在後之侗，敬迓天威，嗣守文、武大訓，無敢昏逾。在文武後之侗稚成王，自斥。敬迎天之威命，言奉順。繼守文武大教，無敢昏亂逾越，言戰慄畏懼。今天降疾殆，弗興弗悟。爾尚明時朕言，今天下疾我身，甚危殆，不起不悟，言必死。汝當庶幾明是我言，勿忽略。用敬保元子釗弘濟于艱難，用奉我言，敬安太子釗。釗，康王名。大渡於艱難，勤德政。柔遠能邇，安勸小大庶邦。

言當和遠又能知近安小大衆國勸使爲善思夫人自亂于威儀
爾無以釗冒貢于非幾羣臣皆宜思夫人夫人自治正於威
儀有威可畏有儀可象然後足以率人汝無以釗冒進于非危之事王曰至非幾〔疏〕正義曰王召
羣臣既集乃言而歎曰嗚呼我疾大進益重惟危殆矣病日日益至言病困已甚病既久留於我身
恐一旦暴死不得結誓出言語以繼續我志以此故我今詳審教訓命誥汝等昔先君文王武
王布其重光累聖之德安定天命施陳教誨則勤勞矣武定命陳教雖勞而不違於道用能通殷
爲周成其大命代殷爲主至文武後之侗稚成王自謂己也言己常敬迎天之威命終當奉順天道
繼守文武大教無敢昏亂逾越言常戰慄畏懼恐墜文武之業今天降疾於我身甚危殆恐不能更

尚十八　五

起不悟覺悟言已必死汝等庶幾明是我言勿忽略之用我之語敬安太子釗大渡於艱難言當安
和遠人又須能和近人當爲善政遠近俱安之又當安勸小大衆國於彼小大衆國皆安之勸之安
之使國得安存勸之使相勸爲善汝羣臣等思夫人夫人衆國各自治正於威儀有威有儀然後可
以率人人無威無儀則民不從命戒使慎威儀也汝無以釗冒進於非事危事欲令戒其不爲惡也
傳病日至命汝　正義曰病日至者言日日益至偏於身體困甚也已久留者言病來多日無瘳愈
也恐死死不得結信出言嗣續我志志欲有言若不能言則不得續志此及今能言故我詳審出言
教命汝言已詳審欲其敬聽之　傳今天至忽略　正義曰孔讀殆上屬爲句今天下疾我身甚危殆
也不起言身不能起不悟言心不能覺悟病者彌弱神亂不起不悟言必死也　兹既受

顧命第二十四　周書

楊本卷十八第五葉

以王病甚故同時俱召之太保是三公官名畢毛又亦稱公知
此三人是三公也三人是三公而與侯伯相次知六者是六卿
衛侯爲司寇而位第五知此先後是六卿次第也以三公尊故
特言公其餘三卿舉其本爵見其以國君入爲卿也天子三公
皆以卿爲之不復別置其人高官兼攝下司者漢世以來謂之
爲領故言召公領之毛公領之定四年左傳云康叔爲司寇知
此六人依周禮次第爲六卿也王肅云彤姒姓之國其餘五國
姬姓畢毛文王庶子衛侯康叔所封武王母弟依世本文記爲
説也
傳師氏至事者
正義曰周禮師氏中大夫掌以美詔王居虎門之左司王朝得
失之事帥其屬守王之門重其所掌故與虎臣並於百尹之上
特言之尹訓正也故百尹爲百官之長諸御治事謂諸掌事者
蓋大夫皆被召也王肅云治事羣吏也
王曰至非幾

書十八　三

正義曰王召羣臣既集乃言而歎曰嗚呼我疾大進益重惟危
殆矣病日日益至言病困已甚病既久留於我身恐一旦暴死
不得結誓出言語以繼續我志以此故我今詳審教訓命誥汝
等昔先君文王武王布其重光累聖之德安定天命施陳教誨
則勤勞矣文武定命陳教雖勞而不違於道用能通殷爲周成
其大命代殷爲主至文武後之侗稚成王自謂已也言已常敬
迎天之威命終當奉順天道繼守文武大教無敢昏亂逾越言
常戰慄畏懼恐墜文武之業今天降疾於我身甚危殆矣不能
更起不復覺悟言已必死汝等庶幾明是我言勿忽略之用我
之語敬安太子釗大渡於艱難言當安和遠人又須能和近人
當爲善政遠近俱安之又當安勸小大衆國於彼小大衆國皆
安之勸之安之使國得安存勸之使相勸爲善汝羣臣等思夫
人夫人衆國各自治正於威儀有威有儀然後可以率人人無威
無儀則民不從命戒使慎威儀也汝無以釗冒進於非事危事
欲令戒其不爲惡也

單疏卷十八第三葉

命還此羣臣已受顧命各還本位出綴衣于庭越翼日乙丑王崩綴衣幄帳羣臣既退徹出幄帳於庭王寢於北墉下東首反初生於其明日王崩太保命仲桓南宮毛冢宰攝政故命二臣桓毛名俾爰齊侯呂伋以二干戈虎賁百人逆子釗于南門之外臣子皆侍左右將正太子之尊故出於路寢門外使桓毛二臣各執干戈於齊侯呂伋索虎賁百人更新逆門外所以殊之伋為天子虎賁氏延入翼室恤宅宗明室路寢延之使居憂為天下宗主丁卯命作冊度三日命史為冊書法度傳顧命於康王

疏 茲既至宅宗 正義曰此羣臣既受王命還復本位出連綴之衣主所坐幄帳置之於庭於其明日乙丑王崩矣太保召公命仲桓南宮毛使此二人於齊侯呂伋之所以二干戈桓毛各執其一又取虎賁之士百人迎太子釗於南門之外逆此太子使入於路寢明室令太子在室當喪憂居為天下宗主正其將王之位以繫羣臣之心也 傳此羣至本位 正義曰周禮射人掌國之三公孤卿大夫之位三公北面孤東面卿大夫西面鄭玄云不言士者此與諸侯之賓射士不與也凡朝燕及射臣見於君之禮同鄭知然者以周禮司士掌治朝之位與射人同是天子之朝位與射禮位同案燕禮小臣納卿大夫卿大夫皆北面公命爾卿東方西面爾大夫少進皆北面大射禮其位亦然是諸侯燕位與射位同故云朝燕及射臣見於君之禮同但天子臣多故三公北面孤東面卿大夫西面諸侯臣少故卿西面大夫北面其士與天子同皆門內西方東面其入門當立

楊本卷十八第六葉

傳病日至命汝

正義曰病日至者言日日益至徧於身體困甚也已久留者言病來多日無瘳愈也恐死不得結信出言嗣續我志志欲有言若不能言則不得續志以此及今能言故我詳審出言教命汝言已詳審欲其敬聽之

傳今天至忽略

正義曰孔讀殆上屬為句今天下疾我身甚危殆也不起言身不能起不悟言心不能覺悟病者形弱神亂不起不悟言必死也

茲既至宅宗

正義曰此羣臣既受王命還復本位出連綴之衣王所坐幄帳置之於庭於其明日乙丑王崩矣太保召公命仲桓南宮毛使此二人於齊侯呂伋之所以二干戈桓毛各執其一又取虎賁之士百人迎太子釗於南門之外逆此太子使入於路寢明室令太子在室當喪憂居為天下宗主正其將王之位以繫羣臣之心也

傳此羣至本位

正義曰周禮射人掌國之三公孤卿大夫之位三公北面孤東面卿大夫西面鄭玄云不言士者此與諸侯之賓射士不與也凡朝燕及射臣見於君之禮同鄭知然者以周禮司士掌治朝之位與射人同是天子之朝位與射禮位同案燕禮小臣納卿大夫卿大夫皆北面公命爾卿東方西面爾大夫少進皆北面大射禮其位亦然是諸侯燕位與射位同故云朝燕及射臣見於君之禮同但天子臣多故三公北面孤東面卿大夫西面諸侯臣少故卿西面大夫北面其士與天子同皆門內西方東面其入門當立定位如此及王呼與言必各自前進已受顧命退還本位者謂還本治事之位故孔下傳云朝臣就次謂退王庭而還治事之處

傳綴衣至王崩

正義曰綴衣者連綴衣物出之於庭則是從內而出下云狄設黼扆綴衣則綴衣是黼扆之類黼扆是王坐立之處知綴衣

定位如此及王呼與言必各自前進已受顧命退
還本位者謂還本治事之位故孔下傳云朝臣就
次謂退王庭而還治事之處　傳綴衣至王崩
正義曰綴衣者連綴衣物出之於庭則是從內而
出下云狄設黼扆綴衣則綴衣是黼扆之類黼扆
是王坐立之處知綴衣是施張於王坐之上故以
爲幄帳也周禮幕人掌帷幕幄帟綬之事鄭玄云
在旁曰帷在上曰幕帷幕皆以布爲之四合象宫
室曰幄王所居之帳也帟王在幕若幄中坐上承
塵也幄帟皆以繒爲之然則幄帳是黼扆之上所
張之物此言出綴衣於庭則亦并出黼扆故下句
云象王平生之時更復設之王發顧命在此黼扆
幄帳之坐命訖乃復反於寢處以王病重不復能
臨此坐故徹出幄帳於庭將欲爲死備也傳更解
徹去幄帳之意以王病困寢不在此喪大記云疾
病君大夫徹懸士去琴瑟寢東首於北牖下廢牀
鄭玄云廢去也人始生在地去牀庶其生氣反也
記言君大夫士則尊卑皆然故知此時王亦寢於
北牖下東首反初生也　傳臣子至賁氏　正義
曰天子初崩太子必在其側解其迎於門外之意
於時臣子皆侍左右將正太子之尊故使太子出
於路寢門外更迎入所以殊之也經言以二干戈
文在齊侯呂伋下似就齊侯取干戈傳言使桓毛
二臣各執干戈於齊侯呂伋索虎賁則是執干戈
就齊侯傳似反於經者於時新遭大禍內外嚴戒
桓毛二人必是武臣宿衛先執干戈太保就命使
之就干戈以往傳達其意故移干戈之文於齊侯
之上傳言是實也經言於齊侯呂伋下言以二干
戈虎賁百人者指說迎太子之時有此備衛耳非
言二人干戈亦是齊侯授也周禮虎賁氏下大夫
其屬有虎士八百人知伋爲天子虎賁氏故就伋
取虎賁也　傳明室至宗主　正義曰釋言云巽

楊本卷十八第七葉

施張於王坐之上故以爲幄帳也周禮幕人掌帷幕幄帟綬之
事鄭玄云在旁曰帷在上曰幕帷幕皆以布爲之四合象宫室
曰幄王所居之帳也帟王在幕若幄中坐上承塵也幄帟皆以
繒爲之然則幄帳是黼扆之上所張之物此言出綴衣於庭則
亦并出黼扆故下句云象王平生之時更復設之王發顧命在
此黼扆幄帳之坐命訖乃復反於寢處以王病重不復能臨此
坐故徹出幄帳於庭將欲爲死備也傳更解徹去幄帳之意以
王病困寢不在此喪大記云疾病君大夫徹懸士去琴瑟寢東
首於北墉下廢牀鄭玄云廢去也人始生在地去牀庶其生氣
反也記言君大夫士則尊卑皆然故知此時王亦寢於北墉下
東首反初生也
傳臣子至賁氏
正義曰天子初崩太子必在其側解其迎於門外之意於時臣
子皆侍左右將正太子之尊故使太子出於路寢門外更迎入
所以殊之也經言以二干戈文在齊侯呂伋下似就齊侯取干
戈傳言使桓毛二臣各執干戈於齊侯呂伋索虎賁則是執干
戈就齊侯傳似反於經者於時新遭大禍內外嚴戒桓毛二人
必是武臣宿衛先執干戈太保就命使之就干戈以往傳達其
意故移干戈之文於齊侯之上傳言是實也經言於齊侯呂伋
下言以二干戈虎賁百人者指說迎太子之時有此備衛耳非
言二人干戈亦是齊侯授也周禮虎賁氏下大夫其屬有虎士
八百人知伋爲天子虎賁氏故就伋取虎賁也
傳明室至宗主
正義曰釋言云翼明也喪大記云君夫人卒於路寢以諸侯薨
於路寢知天子亦崩於路寢今延太子入室必延入喪所知翼
室是明室謂路寢也路寢之大者故以明言之延之使憂居喪
主爲天下宗主也
傳三日至康王
正義曰周禮內史掌策命故命內史爲策書也經不言命史史
是常職不假言之王之將崩雖已有遺命未作策書故於是

單疏卷十八第五葉

明也。喪大記云：君夫人卒於路寢，以諸侯薨於路寢，知天子亦崩於路寢。今延太子入室，必延入喪所，知翼室是明室，謂路寢也。路寢之大者，故以明言之。延之使憂居喪主，爲天下宗主也。　傳三日至康王　正義曰：周禮内史掌策命，故命内史爲策書也。經不言命史，史是常職，不假言之。王之將崩，雖口有遺命，未作策書，故於此日作之。既作策書，因作受策法度。下云：曰皇后憑玉几，宣成王言。是策書也。將受命時，升階即位，及傳命已後，康王荅命，受同祭饗，皆是法度。

越七日癸酉，伯相命士須材。邦伯爲相，則召公。於丁卯七日癸酉，召公命士致材木，須待以供喪用。

狄設黼扆綴衣。狄，下士。扆，屏風，畫爲斧文，置戶牖間。復設幄帳，象平生所爲。

【疏】越七日癸酉　正義曰：自此以下至立于側階，惟命士須材，是擬供喪用，其饌皆是將欲傳命布設之事。四坐，王之所處者，器物國之所寶者，車輅王之所乘者，陳之所以華國，且以示重顧命。其執兵器立於門内堂階者，所以備不虞，亦爲國家之威儀也。　傳邦伯至喪用　正義曰：成王既崩，事皆聽於冢宰，自非召公，無由發命，知伯相即召公也。王肅云：召公爲二伯，相王室，故曰伯相。上言太保命仲桓，此改言伯相者，於此所命事多，非是國相不得大命諸侯，故改言伯相，以見政皆在焉。於丁卯七日癸酉，則王乙丑崩，於今巳九日矣。於九日始傳顧命，不知其所由也。鄭玄云：癸酉蓋大斂之明日也。鄭以大夫已上殯斂皆以死之來日數，天子七日而殯，於死日爲八日，故以癸酉爲殯之明日。孔不爲傳，不必如鄭說也。須訓待也。今所命者，皆爲喪事，知命士須材者，召公命士致材木，須待以供喪用，謂椁與明器，是喪之雜用也。案士喪禮，將葬筮宅之後，始作椁及明器。

此既殯，即須材木者，以天子禮大，當須預營之。故禮記云：虞人致百祀之木，可爲棺椁者斬之。是與士禮不同。顧氏亦云：命士供葬椁之材。　傳狄下至所爲　正義曰：禮記祭統云：狄者，樂吏之至賤者也。是賤官有名爲狄者，故以狄爲下士。喪大記復䰟之禮云：狄人設階。是喪事使狄，與此同也。釋宫云：牖戶之間謂之扆。李巡曰：謂牖之東、戶之西爲扆。郭璞曰：窻東戶西也。禮云斧扆者，以其所在處名之。郭璞又云：禮有斧扆，形如屏風，畫爲斧文，置於扆地，因名爲扆。是先儒相傳黼扆者，屏風畫爲斧文，在於戶牖之間。考工記云：畫繢之事，白與黑謂之黼。是用白黑畫屏風，置之於扆地，故名此物爲黼扆。上文言出綴衣於庭，此復設黼扆、帷幄、帳者，象王平生時所爲也。經於四坐之上言設黼扆綴衣，則四坐皆設之。此經所云狄設，亦是伯相命狄吏没之，不言命者，上云命士，此蒙命文。設此坐，乃陳寶玉兵器與輅車，各有所司，皆是相命，不言所命之人，從上省文也。

牖間南嚮，敷重篾席，黼純，華玉仍几。篾，桃枝竹，白黑雜繒緣之。華，彩色。華玉以飾憑几。仍，因也，因生時几不改作。此見羣臣覲諸侯之坐。

西序東嚮，敷重底席，綴純，文貝仍几。東西廂謂之序。底，蒻苹。綴，雜彩。有文之貝飾几。此旦聽事之坐。

東序西嚮，敷重豐席，畫純，彫玉仍几。豐莞，彩色爲畫。彫，刻鏤。此養國老饗羣臣之坐。

西夾南嚮，敷重筍席，玄紛純，漆仍几。西廂夾室之前。筍，蒻竹。玄紛，黑綬。此親屬私宴之坐，故席几質飾。

越玉五重，陳寶，於東西序坐北列玉五重，又陳先王所寶之器物。赤刀

大訓弘璧琬琰在西序寶刀赤刃削大訓虞書典謨大璧琬琰之珪爲二重大玉夷玉天球河圖在東序三玉爲三重夷常也
球雍州所貢河圖八卦伏羲氏王天下龍馬出河
遂則其文以畫八卦謂之河圖及典謨皆歷代傳寶之胤之舞衣大貝鼖鼓在西房胤國所爲舞者之衣皆中
法大貝如車渠鼖鼓長八尺
商周傳寶之西房西夾坐東兌之戈和之弓垂之竹矢在東房兌和古之巧人垂舜共工所爲皆
中法故亦傳寶之東房東廂夾室
大輅在賓階面綴輅在阼階面大輅玉綴輅金面前皆南
向先輅在左塾之前次輅在右塾之前先輅象木
輅木金三象皆以飾車木則無飾皆在路寢門內
左右塾前北面凡陳列皆象成王生時華國之事
所以重顧命〔疏〕牖間至漆仍几　正義曰牖謂窻也間
者窻東戶西戶牖之間也周禮司几筵
云凡大朝覲大饗射凡封國命諸侯王位設黼扆
扆前南向設莞筵紛純加繅席畫純加次席黼純
左右玉几彼所設者即此坐也又云戶牖之間謂
之扆彼言扆前此言牖間即一坐也彼言次席黼
純此言篾席黼純亦一物也周禮天子之席三
重諸侯之席再重則此四坐所言敷重席者其席
皆敷三重舉其上席而言重知其下更有席也此
牖間之坐即是周禮扆前之坐篾席之下二重其
次是繅席畫純其下是莞筵紛純也此一坐有周
禮可據知其下二席必然下文三坐禮無其事以
扆前一坐敷三種之席知下三坐必非一種之席
敷三重但不知其下二重是何席耳周禮天子左

楊本卷十八第十葉

作之既作策書因作受策法度下云皇后憑玉几宣成王言
是策書也將受命時升階即位及傳命已後康王荅命受同祭
饗皆是法度
越七日癸酉
正義曰自此以下至立于側階惟命士須材是擬供喪用其餘
皆是將欲傳命布設之事四坐王之所處者器物國之所寶者
車輅王之所乘者陳之所以華國且以示重顧命其執兵器立
於門內堂階者所以備不虞亦爲國家之威儀也
傳邦伯至喪用
正義曰成王既崩事皆聽於冢宰自非召公無由發命知伯相
即召公也王肅云召公爲二伯相王室故曰伯相上言太保命
仲桓此改言伯相者於此所命事多非是國相不得大命諸侯
故改言伯相以見政皆在焉於丁卯七日癸酉則王乙丑崩於
今巳九日矣於九日始傳顧命不知其所由也鄭玄云癸酉蓋
大斂之明日也鄭以大夫巳上殯斂皆以死之來日數天子七
日而殯於死日爲八日故以癸酉爲殯之明日孔不爲傳不必
如鄭說也須訓待也今所命者皆爲喪事知命士須材者召公
命士致材木須待以供喪用謂椁與明器是喪之雜用也案士
喪禮將葬筮宅之後始作椁及明器此既殯即須材木者以天
子禮大當須預營之故禮記云虞人致百祀之木可爲棺椁者
斬之是與士禮不同顧氏亦云命士供葬椁之材
傳狄下至所爲
正義曰禮記祭統云狄者樂吏之賤者也是賤官有名爲狄者
故以狄爲下士喪大記復魄之禮云狄人設階是喪事使狄與
此同也釋宮云牖戶之間謂之扆李巡曰謂牖之東戶之西爲
扆郭璞曰窻東戶西也禮云斧扆者以其所在處名之郭璞又
云禮有斧扆形如屏風畫爲斧文置於扆地因名爲扆是先儒
相傳黼扆者屏風畫爲斧文在於戶牖之間考工記云畫繢之
事白與黑謂之黼是用白黑畫屏風置之於扆地故名此物爲
黼扆上文言出綴衣於庭此復設黼扆帷幄帳者象王平生時

單疏卷十八第六葉

右几諸侯惟右几此言仍几則四坐皆左右几也鄭玄云左右有几優至尊也　傳篾桃至之坐　正義曰此篾席與周禮次席一也鄭注彼云次席桃枝席有次列成文鄭玄不見孔傳亦言是桃枝席則此席用桃枝之竹必相傳有舊說也鄭注此下則云篾析竹之次青者王肅云篾席纖蒻苹席並不知其所據也考工記云白與黑謂之黼釋器云緣謂之純知黼純是白黑雜繒緣之蓋以白繒黑繒錯雜彩以緣之鄭玄注周禮云斧謂之黼其繡白黑彩也以絳帛爲質其意以白黑之線縫刺爲黼文以緣席其事或當然也華是彩之別名故以爲彩色用華玉以飾憑几也鄭玄云華玉五色王也仍因也釋詁文周禮云凡吉事變几凶事仍几禮之於几有變有仍故特言仍几以見因生時几不改作也此見羣臣覲諸侯之坐周禮之文知之又覲禮天子待諸侯設斧扆於戶牖之間左右

凡天子衮冕負斧扆彼在廟此在寢爲異其牖間之坐則同　傳東西至之坐　正義曰東西廂謂之序釋宫文孫炎曰堂東西牆所以別序内外也禮注謂蒲席爲蒻苹孔以底席爲蒻苹當謂蒲爲蒲蒻之席也史游急就篇云蒲蒻藺席蒲蒻謂此也王肅云底席青蒲席也鄭玄云底致也篾織致席也鄭謂此底席亦竹席也凡此重席非有明文可據各自以意說耳綴者連綴諸色席必以彩爲緣故以綴爲雜彩也貝者水蟲取其甲以飾器物釋魚於貝之下云餘蚳黃白文餘泉白黃文李巡曰貝甲以黃爲質白爲文彩名爲餘蚳以白爲質黃爲文彩名爲餘泉有文之貝飾几謂用此餘蚳餘泉之貝飾几也此旦夕聽事之坐鄭玄亦以爲然牖間是見羣臣覲諸侯之坐見於周禮其東序西嚮養國老饗羣臣之坐者案燕禮云坐於阼階上西嚮則養國老及饗與燕禮同其西序之

所爲也經於四坐之上言設黼扆綴衣則四坐皆設之此經所云狄設亦是伯相命狄使設之不言命者上云命士此蒙命文設四坐及陳寶玉兵器與輅車各有所司皆是相命不言所命之人從上省文也

牖間至漆仍几

正義曰牖謂窻也間者窻東戶西戶牖之間也周禮司几筵云凡大朝覲大饗射凡封國命諸侯王位設黼扆扆前南向設莞筵紛純加繅席畫純加次席黼純左右玉几彼所設者即此坐也又云戶牖之間謂之扆彼言扆前此言牖間即一坐也彼言次席黼純此言篾席黼純亦一物也周禮天子之席三重諸侯之席再重則此四坐所言敷重席者其席皆敷三重舉其上席而言重知其下更有席也此牖間之坐即是周禮扆前之坐篾席之下二重其次是繅席畫純其下是莞筵紛純也此一坐有周禮可據知其下二席必然下文三坐禮無其事以扆前一坐敷三種之席知下三坐必非一種之席敷三重但不知其下二重是何席耳周禮天子左右几諸侯惟右几此言仍几則四坐皆左右几也鄭玄云左右有几優至尊也

傳篾桃至之坐

正義曰此篾席與周禮次席一也鄭注彼云次席桃枝席有次列成文鄭玄不見孔傳亦言是桃枝席則此席用桃枝之竹必相傳有舊說也鄭注此下則云篾析竹之次青者王肅云篾席纖蒻苹席並不知其所據也考工記云白與黑謂之黼釋器云緣謂之純知黼純是白黑雜繒緣之蓋以白繒黑繒錯雜彩以緣之鄭玄注周禮云斧謂之黼其繡白黑彩也以絳帛爲質其意以白黑之線縫刺爲黼文以緣席其事或當然也華是彩之別名故以爲彩色用華玉以飾憑几也鄭玄云華玉五色玉也仍因也釋詁文周禮云凡吉事變几凶事仍几禮之於几有變有仍故特言仍几以見因生時几不改作也此見羣臣覲諸侯之坐周禮之文知之又覲禮天子待諸侯設斧扆於戶牖之間左右几天子衮冕負斧扆彼在廟此在寢爲異其牖間之坐則同

坐在燕饗坐前以其旦夕聽事重於燕飲故西序
爲旦夕聽事之坐夾室之坐在燕饗坐後又夾室
是隱映之處又親屬輕於燕饗故夾室爲親屬私
宴之坐案朝士職掌治朝之位王南面此西序東
嚮者以此諸坐並陳避牖間南嚮覲諸侯之坐故
也王肅說四坐皆與孔同　傳豐莞至之坐　正
義曰釋草云莞苻蘺郭璞曰今西方人呼蒲爲莞
用之爲席也又云蘢鼠莞樊光曰詩云下莞上簟
郭璞曰似莞而纖細今蜀中所出莞席是也王肅
亦云豐席莞鄭玄云豐席刮凍竹席考工記云畫
繢之事雜五色是彩色爲畫蓋以五彩色畫帛以
爲緣鄭玄云似雲氣畫之爲緣釋器云玉謂之彫
金謂之鏤木謂之刻是彫爲刻鏤之類故以刻鏤
解彫蓋雜以金玉刻鏤爲飾也　傳西廂至質飾
正義曰下傳云西房西夾坐東東房東廂夾室然
則房與夾室實同而異名天子之室有左右房房
尚十八　十二
即室也其夾中央之太室故謂之夾室此坐在
西廂夾室之前故繫夾室言之釋草云筍竹萌孫
炎曰竹初萌生謂之筍是筍爲蒻竹取筍竹之皮
以爲席也紛則組之小別鄭玄周禮注云紛如綬
有文而狹者也然則紛綬一物小大異名故傳以
玄紛爲黑綬鄭於此注云以玄組爲之緣周禮大
宗伯云以飲食之禮親宗族兄弟鄭玄云親者使
之相親人君有食宗族飲酒之禮所以親之也文
王世子云族食世降一等是天子有與親屬私宴
之事以骨肉情親不事華麗故席几質飾也　傳
於東至器物　正義曰此經爲下摠目下復分別
言之越訓於也於者於其處所上云西序東嚮東
序西嚮則序旁已有王之坐矣下句陳玉復云在
西序在東序者明於東西序坐北也序者牆之別
名其牆南北長坐北猶有序牆故言在西序在東
序也西序二重東序三重二序共爲列玉五重又

楊本卷十八第十二葉

傳東西至之坐
正義曰東西廂謂之序釋宮文孫炎曰堂東西牆所以別序內
外也禮注謂蒲席爲蒻苹孔以底席爲蒻苹當謂蒲爲蒻之
席也史游急就篇云蒲蒻藺席蒲蒻謂此也王肅云底席青蒲
席也鄭玄云底致也篾纖致席也鄭謂此底席亦竹席也凡此
重席非有明文可據各自以意說耳綴者連綴諸色席必以彩
爲緣故以綴爲雜彩也貝者水蟲取其甲以飾器物釋魚於貝
之下云餘蚳黃白文餘泉白黃文李巡曰貝甲以黃爲質白爲
文彩名爲餘蚳貝甲以白爲質黃爲文彩名爲餘泉有文之貝
飾几謂用此餘蚳餘泉之貝飾几也此旦夕聽事之坐鄭王亦
以爲然牖間是見羣臣覲諸侯之坐見於周禮其東序西嚮養
國老饗羣臣之坐者案燕禮云坐於阼階上西嚮則養國老及
饗與燕禮同其西序之坐在燕饗坐前以其旦夕聽事重於燕
飲故西序爲旦夕聽事之坐夾室之坐在燕饗坐後又夾室是
隱映之處又親屬輕於燕饗故夾室爲親屬私宴之坐案朝士
書十八
職掌治朝之位王南面此西序東嚮者以此諸坐並陳避牖間
南嚮覲諸侯之坐故也王肅說四坐皆與孔同
傳豐莞至之坐
正義曰釋草云莞苻蘺郭璞曰今西方人呼蒲爲莞用之爲席
也又云蘢鼠莞樊光曰詩云下莞上簟郭璞曰似莞而纖細今
蜀中所出莞席是也王肅亦云豐席莞鄭玄云豐席刮凍竹席
考工記云畫繢之事雜五色是彩色爲畫蓋以五彩色畫帛以
爲緣鄭玄云似雲氣畫之爲緣釋器云玉謂之彫金謂之鏤木
謂之刻是彫爲刻鏤之類故以刻鏤解彫蓋雜以金玉刻鏤爲
飾也
傳西廂至質飾
正義曰下傳云西房西夾坐東東房東廂夾室然則房與夾室
實同而異名天子之室有左右房房即室也以其夾中央之太
室故謂之夾室此坐在西廂夾室之前故繫夾室言之釋草云
筍竹萌孫炎曰竹初萌生謂之筍是筍爲蒻竹取筍竹之皮以

單疏卷十八第八葉

陳先王所寶之器物河圖大訓貝鼓戈弓皆是先
王之寶器也　傳寶刀至二重　正義曰上言陳
寶非寶則不得陳之故知赤刀爲寶刀也謂之赤
刀者其刀必有赤處刀一名削故名赤刃削也禮
記少儀記執物授人之儀云刀授頴削授拊鄭玄
云避用時也頴鐶也拊謂把也然則刀施鐶削屈
把削似小於刀相對爲異散文則通故傳以赤刀
爲赤刃削吳録稱吳人嚴白虎聚衆反遣弟輿治孫
策策引白削斫虎輿體動曰我見刃爲然然則赤
刃爲赤削白刃爲白削是削爲刀之別名明矣周
禮考工記云築氏爲削合六而成規鄭注云曲刃
刀也又云赤刀者武王誅紂時刀赤爲飾周正色
不知其言何所出也大訓虞書典謨王肅亦以爲
然鄭云大訓謂禮法先王德教皆是以意言耳弘
訓大也大璧琬琰之圭爲二重則琬琰共爲一重
周禮典瑞云琬圭以治德琰圭以易行則琬琰別

尚十八　十三　徐琥

玉而共爲一重者蓋以其玉形質同故不別爲重也
考工記琬圭琰圭皆九寸鄭玄云大璧大琬大琰
皆度尺二寸者孔既不分爲二重亦不知何所據
也　傳三玉至寶之　正義曰三玉爲三重與上
共爲五重也夷常釋詁文禹貢雍州所貢球琳琅
玕知球是雍州所貢也常玉天球傳不解常天之
義未審孔意如何王肅云夷玉東夷之美玉天球
玉磬也亦不解稱天之意鄭玄云大玉華山之球
也夷玉東北之珣玗琪也天球雍州所貢之玉色
如天者皆璞未見琢治故不以禮器名之釋地云
東方之美者有醫無閭之珣玗琪焉東方實有此
玉鄭以夷玉爲彼玉未知經意爲然否河圖八卦
是伏犧氏王天下龍馬出河遂則其文以畫八卦
謂之河圖當孔之時必有書爲此說也漢書五行
志劉歆以爲伏犧氏繼天而王受河圖則而畫之
八卦是也劉歆亦如孔說是必有書明矣易繫辭

楊本卷十八第十三葉

爲席也紛則組之小別鄭玄周禮注云紛如綬有文而狹者也
然則紛綬一物小大異名故傳以玄紛爲黑綬鄭於此注云以
玄組爲之緣周禮大宗伯云以飲食之禮親宗族兄弟鄭玄云
親者使之相親人君有食宗族飲酒之禮所以親之也文王世
子云族食世降一等是天子有與親屬私宴之事以骨肉情親
不事華麗故席几質飾也
傳於東至器物
正義曰此經爲下揔目下復分別言之越訓於也於者於其處
所上云西序東嚮東序西嚮則序旁已有王之坐矣下句陳玉
復云在西序在東序者明於東西序坐北也序者牆之別名其
牆南北長坐北猶有序牆故言在西序在東序也西序二重東
序三重二序共爲列玉五重又陳先王所寶之器物河圖大訓
貝鼓戈弓皆是先王之寶器也
傳寶刀至二重
正義曰上言陳寶非寶則不得陳之故知赤刀爲寶刀也謂之

書十八　九

赤刀者其刀必有赤處刀一名削故名赤刃削也禮記少儀記
執物授人之儀云刀授頴削授拊鄭玄云避刃時也頴鐶也拊
謂把也然則刀旋鐶削用把削似小於刀相對爲異散文則通
故傳以赤刀爲赤刃削吳録稱吳人嚴白虎聚衆反遣弟輿治
孫策策引白削斫虎輿體動曰我見刃爲然然則赤刃爲赤削
白刃爲白削是削爲刀之別名明矣周禮考工記云築氏爲削
合六而成規鄭注云曲刃刀也又云赤刀者武王誅紂時刀赤
爲飾周正色不知其言何所出也大訓虞書典謨王肅亦以爲
然鄭云大訓謂禮法先王德教皆是以意言耳弘訓大也大璧
琬琰之圭爲二重則琬琰共爲一重周禮典瑞云琬圭以治德
琰圭以易行則琬琰別玉而共爲重者蓋以其玉形質同故不
別爲重也考工記琬圭琰圭皆九寸鄭玄云大璧大琬大琰皆
度尺二寸者孔既不分爲二重亦不知何所據也
傳三玉至寶之
正義曰三玉爲三重與上共爲五重也夷常釋詁文禹貢雍州

單疏卷十八第九葉

云古者包犧氏之王天下也仰則觀象於天俯則
觀法於地觀鳥獸之文與地之宜近取諸身遠取
諸物於是始作八卦都不言法河圖也而此傳言
河圖者蓋易理寬弘無所不法直如繫辭之言所
法已自多矣亦何妨更法河圖也且繫辭又云河
出圖洛出書聖人則之若八卦不則河圖餘復何
所則也王肅亦云河圖八卦也璧玉人之所貴是
爲可寶之物八卦典謨非金玉之類嫌其非寶故云
河圖及典謨皆歷代傳寶之此西序東序各陳四
物皆是臨時處置未必別有他義下二房各有二
物亦應無別意也　傳胤國至坐東　正義曰以
夏有胤侯知胤是國名也胤是前代之國舞者之
今猶在明其所爲中法故常寶之亦不知舞衣至
衣是何衣也大貝必大於餘貝伏生書傳云散宜
生之江淮取大貝如大車之渠是言大小如車渠
也考工記謂車罔爲渠大八如車罔其貝形曲如

尚十八　十四　丁華

車罔故比之也考工記云鼓長八尺謂之鼖鼓釋
樂云大鼓謂之鼖此鼓必有所異周興至此未久
當是先代之器故云商周傳寶之西序即是西夾
西夾之前已有南向坐矣西序亦陳之寶近在此
坐之西知此在西房者在西夾坐東也　傳兊和
至夾室　正義曰戈弓竹矢巧人所作垂是巧人
知兊和亦古之巧人也垂舜共工舜典文若不中
法即不足可寶知所爲皆中法故亦傳寶之垂是
舜之共工竹矢蓋舜時之物其兊和之所作則不
知寶來幾何世也故皆言傳寶之耳東夾室無坐
故直言東廂夾室陳於夾室之前也案鄭注周禮
宗廟路寢制如明堂明堂則五室此路寢得有東
房西房者鄭志張逸以此問鄭鄭荅云成王崩在
鎬京鎬京宮室因文武更不改作故同諸侯之制
有左右房也孔無明說或與鄭異路寢之制不必
同明堂也　傳大輅至東向　正義曰周禮巾車

楊本卷十八第十四葉

所貢球琳琅玕知球是雍州所貢也常玉天球傳不解常天之
義未審孔意如何王肅云夷玉東夷之美玉天球玉磬也亦不
解稱天之意鄭玄云大玉華山之球也夷玉東北之珣玕琪也
天球雍州所貢之玉色如天者皆璞未見琢治故不以禮器名
之釋地云東方之美者有醫無閭之珣玕琪焉東方寶有此玉
鄭以夷玉爲彼玉未知經意爲然否河圖八卦是伏犧氏王天
下龍馬出河遂則其文以畫八卦謂之河圖當孔之時必有書
爲此說也漢書五行志劉歆以爲伏犧氏繼天而王受河圖則
而畫之八卦是也劉歆亦如孔說是必有書明矣易繫辭云古
者包犧氏之王天下也仰則觀象於天俯則觀法於地觀鳥獸
之文與地之宜近取諸身遠取諸物於是始作八卦都不言法
河圖也而此傳言河圖者蓋易理寬弘無所不法直如繫辭之
言所法已自多矣亦何妨更法河圖也且繫辭又云河出圖洛
出書聖人則之若八卦不則河圖餘復何所則也王肅亦云河
圖八卦也璧玉人之所貢是爲可寶之物八卦典謨非金玉之

書十八　十

類嫌其非寶故云河圖及典謨皆歷代傳寶之此西序東序各
陳四物皆是臨時處置未必別有他義下二房各有二物亦應
無別意也
傳胤國至坐東
正義曰以夏有胤侯知胤是國名也胤是前代之國舞衣至今
猶在明其所爲中法故常寶之亦不知舞者之衣是何衣也大
貝必大於餘貝伏生書傳云散宜生之江淮取大貝如大車之
渠是言大小如車渠也考工記謂車罔爲渠大小如車罔其貝
形曲如車罔故比之也考工記云鼓長八尺謂之鼖鼓釋樂云
大鼓謂之鼖此鼓必有所異周興至此未久當是先代之器故
云商周傳寶之西序即是西夾西夾之前已有南向坐矣西序
亦陳之寶近在此坐之西知此在西房者在西夾坐東也
傳兊和至夾室
正義曰戈弓竹矢巧人所作垂是巧人知兊和亦古之巧人也
垂舜共工舜典文若不中法即不足可寶知所爲皆中法故亦

單疏卷十八第十葉

掌王之五輅玉輅金輅象輅革輅木輅是爲五輅
也此經所陳四輅必是周禮五輅之四大輅輅之
最大故知大輅玉輅也綴輅繫綴於下必是玉輅
之次故爲金輅也面前者據人在堂上面向南方
知面前皆南向謂轅向南也地道尊右故玉輅在
西金輅在東　傳先輅至顧命　正義曰此經四
輅兩兩相配上言大輅綴輅此言先輅次輅二
者各自以前後爲文五輅金即次象故言先輅象
其木輅在象輅之下故云次輅木也又解四輅之
名金玉象皆以飾車三者以飾爲之名木則無飾
故指木爲名耳鄭玄周禮注云革輅鞔之以革而
漆之木輅不鞔以革漆之而已以直漆其木故以
木爲名木輅之上猶有革輅不以次輅爲革輅者
禮五輅而此四輅於五之內必將少一蓋以革輅
是兵戎之用於此不必陳之故不云革輅而以木
輅爲次鄭玄馬融王肅皆云不陳戎輅者兵事非常故

不陳之孔意或當然也鄭玄以綴次是從後之言
二者皆爲副貳之車先輅是金輅也綴輅是玉輅
之貳次輅是金輅之貳不陳象輅革輅木輅者主
於朝祀而已未知孔鄭誰得經旨成王殯在路寢
下云二人執惠立于畢門之內畢門是路寢之門
知此陳設車輅皆在路寢門內也釋宮云門側之
堂謂之塾孫炎曰夾門堂也塾前陳車必以轅向
堂故知左右塾前皆北面也左塾者謂門內之西
右塾者門內之東故以北面言之爲左右所陳坐
位器物皆以西爲上由王殯在西序故也其執兵
宿衛之人則先東而後西者以王在東宿衛敬新
王故也顧氏云先輅在左塾之前在寢門內之西
北面對玉輅次輅在右塾之前在寢門內之東對
金輅也凡所陳列自狄設黼扆已下至此皆象成
王生時華國之事所以重顧命也鄭玄亦云陳寶
者方有大事以華國也周禮典路云若有大祭祀

楊本卷十八第十五葉

傳寶之垂是舜之共工竹矢蓋舜時之物其兌和之所作則不
知寶來幾何世也故皆言傳寶之耳東夾室無坐故直言東廂
夾室陳於夾室之前也案鄭注周禮宗廟路寢制如明堂明堂
則五室此路寢得有東房西房者鄭志張逸以此問鄭鄭荅云
成王崩在鎬京鎬京宮室因文武更不改作故同諸侯之制有
左右房也孔無明說或與鄭異路寢之制不必同明堂也
傳大輅至南向
正義曰周禮巾車掌王之五輅玉輅金輅象輅革輅木輅是爲
五輅也此經所陳四輅必是周禮五輅之四大輅輅之最大故
知大輅玉輅也綴輅繫綴於下必是玉輅之次故爲金輅也面
前者據人在堂上面向南方知面前皆南向謂轅向南也地道
尊右故玉輅在西金輅在東
傳先輅至顧命
正義曰此經四輅兩兩相配上言大輅綴輅此言先輅次輅二
者各自以前後爲文五輅金即次象故言先輅象其木輅在象

輅之下故云次輅木也又解四輅之名金玉象皆以飾車三者
以飾爲之名木則無飾故指木爲名耳鄭玄周禮注云革輅鞔
之以革而漆之木輅不鞔以革漆之而已以直漆其木故以木
爲名木輅之上猶有革輅不以次輅爲革輅者禮五輅而此四
輅於五之內必將少一蓋以革輅是兵戎之用於此不必陳之
故不云革輅而以木輅爲次馬融王肅皆云不陳戎輅者兵事
非常故不陳之孔意或當然也鄭玄以綴次是從後之言二者
皆爲副貳之車先輅是金輅也綴輅是玉輅之貳次輅是金輅
之貳不陳象輅革輅木輅者主於朝祀而已未知孔鄭誰得經
旨成王殯在路寢下云二人執惠立于畢門之內畢門是路寢
之門知此陳設車輅皆在路寢門內也釋宮云門側之堂謂之
塾孫炎曰夾門堂也塾前陳車必以轅向堂故知左右塾前皆
北面也左塾者謂門內之西右塾者門內之東故以北面言之
爲左右所陳坐位器物皆以西爲上由王殯在西序故也其執
兵宿衛之人則先東而後西者以王在東宿衛敬新王故也顧

單疏卷十八第十一葉

則出路大喪大賓客亦如之是大喪出輅爲常禮也二人雀弁執惠立于畢門之內士衛殯與在廟同故雀韋弁惠三隅矛路寢門一名畢門四人綦弁執戈上刃夾兩階戺綦文鹿子皮弁亦士堂廉曰戺上所立處一人冕執劉立于東堂一人冕執鉞立于西堂冕皆大夫也劉鉞屬立於東西廂之前堂一人冕執戣立于東垂一人冕執瞿立于西垂戣瞿皆戟屬立于東西下之階上一人冕執銳立于側階銳矛屬也側階北下立階上

【疏】二人至側階　正義曰禮大夫服冕士服弁也此所執者凡有七兵六於畢門之內及夾兩階立堂下者服雀弁綦弁皆士也以其去殯遠故使士爲之其在堂上服冕者皆大夫也以其去殯近皆使大夫爲之先門次階次堂從外向內而敘之也次東西垂次側階又從近向遠而敘之也在門者兩守門兩廂各一人故二人在階者兩廂各二人故四人禮記明堂位三公在中階之前考工記夏后氏世室九階鄭玄云南面三三面各二鄭玄又云宗廟及路寢制如明堂則路寢南面亦當有三階矣此惟四人夾兩階不守中階者路寢制如明堂惟鄭玄之說耳路寢三階不書亦未有明文縱有中階中階無人升降不須以兵衛之　傳士衛至畢門　正義曰士入廟助祭乃服雀弁於此服雀弁者主衛王殯與在廟同故雀韋弁也鄭玄云赤黑曰雀言如雀頭色也雀弁制如冕黑色但無藻耳然則雀弁所用當與冕同阮諶三禮圖云雀弁以三十升布爲之此傳言雀韋弁者蓋以周禮司服云乙

楊本卷十八第十六葉

氏云先輅在左塾之前在寢門內之西北面對玉輅次輅在右塾之前在寢門內之東對金輅也凡所陳列自狄設黼扆已下至此皆象成王生時華國之事所以重顧命也鄭玄亦云陳寶者方有大事以華國也周禮典路云若有大祭祀則出路大喪大賓客亦如之是大喪出輅爲常禮也

二人至側階

正義曰禮大夫服冕士服弁也此所執者凡有七兵立於畢門之內及夾兩階立堂下者服雀弁綦弁者皆士也以其去殯遠故使士爲之其在堂上服冕者皆大夫也以其去殯近皆使大夫爲之先門次階次堂從外向內而敘之也次東西垂次側階又從近向遠而敘之也在門者兩守門兩廂各一人故二人在階者兩廂各二人故四人禮記明堂位三公在中階之前考工記夏后氏世室九階鄭玄云南面三三面各二鄭玄又云宗廟及路寢制如明堂則路寢南面亦當有三階矣此惟四人夾兩階不守中階者路寢制如明堂惟鄭玄之說耳路寢三階不書亦未有明文縱有中階中階無人升降不須以兵衛之

傳士衛至畢門

正義曰士入廟助祭乃服雀弁於此服雀弁者士衛王殯與在廟同故雀韋弁也鄭玄云赤黑曰雀言如雀頭色也雀弁制如冕黑色但無藻耳然則雀弁所用當與冕同阮諶三禮圖云雀弁以三十升布爲之此傳言雀韋弁者蓋以周禮司服云凡兵事韋弁服此人執兵宜以韋爲之異於祭服故言雀韋弁下云綦弁孔言鹿子皮爲弁然則下言冕執兵者不可以韋爲冕未知孔意如何天子五門臯庫雉應路也下云王出在應門之內出畢門始至應門之內知畢門即是路寢之門一名畢門也此經所陳七種之兵惟戈經傳多言之考工記有其形制其餘皆無文傳惟言惠三隅矛銳亦矛也戣瞿皆戟屬不知何所據也劉鉞屬者以劉與鉞相對故言屬以似之而別又不知何以爲異古今兵器名異體殊此等形制皆不可得而知也鄭玄云惠狀蓋斜刃宜芟刈戈即今之句孑戟劉蓋今鑱斧鉞大斧戣瞿

單疏卷十八第十二葉

兵事韋弁服此人執兵宜以韋爲之異於祭服故
皆雀韋弁下云綦弁孔言鹿子皮爲弁然則下言
冕執兵者不可以韋爲冕未知孔意如何天子五
門皐庫雉應路也下云王出在應門之内畢門
始至應門之内知畢門即是路寢之門一名畢門
也此經所陳七種之兵惟戈經傳多言之考工記
有其形制其餘皆無文傳惟言惠三隅矛銳亦矛
也戣瞿皆戟屬不知何所據也劉鉞屬者以劉與
鉞相對故言屬以似之而別文不知何以爲異古
今兵器名異體殊此等形制皆不可得而知也鄭
玄云惠狀蓋斜刃宜芟刈戈即今之句孑戟劉蓋
今鑱斧鉞大斧戣瞿蓋今三鋒矛銳矛屬凡此七
兵或施矜或著柄周禮戈長六尺六寸其餘未聞
長短之數王肅惟云皆兵器之名也　傳綦文至
立處〇正義曰鄭玄云青黑曰綦王肅云綦赤黑
色也孔以爲綦文鹿子皮弁亦以意言無正文也大

夫則服冕此服弁知亦士也堂廉曰戺相傳爲然
廉者稜也所立在堂下近於堂稜　傳冕皆至前
堂　正義曰周禮司服云大夫之服自玄冕而下
知服冕者皆大夫也鄭玄云序内半以前曰堂謂
序内簷下自室壁至於堂廉中半以前揔名爲堂
此立於東堂西堂者當在東西廂近階而立以備
升階之人也　傳鈛瞿至階上　正義曰釋詁云
疆界邊衛圉垂也則垂是遠外之名此經所言冕
則在堂上弁則在堂下此二人服冕知在堂上也
堂上而言東垂西垂知在堂上之遠地堂之遠地
當於序外東廂西廂必有階上堂知此立於東西
堂之階上也　傳銳矛至階上　正義曰鄭玄皆
以側階爲東下階也然立于東垂者已在東下階
上何由此人復共並立故傳以爲北下階上謂堂
北階北階則惟堂北一階而已側猶特也

王麻冕黼裳由賓階隮王及羣臣皆吉服用西階升不敢當主

卿士邦君麻冕蟻裳入即位公卿大夫及諸侯皆同服亦廟中之禮蟻裳名色玄

太保太史太宗皆麻冕彤裳執事各異裳彤纁也太宗上宗即宗伯也

太保承介圭上宗奉同瑁由阼階隮大圭尺二寸天子守之故奉以奠康王所位同爵名瑁所以冒諸侯圭以齊瑞信方四寸邪刻之用阼階升由便不嫌

太史秉書由賓階隮御王冊命太史持冊書顧命進康王故同階

疏王麻至冊命　正義曰此將傳顧命布設位次即上所作法
度也凡諸行禮皆賤者先置此必卿下士邦君即
位既定然後王始升階但以君臣之序先言王服
因服之下即言升階從省文卿士邦君無所執事

故直言即位而已太保太史太宗皆執事之人故
別言衣服各有所職不得即言升隮故別言所執
各從升階爲文次也卿士王臣故先於邦君太史
乃是太宗之屬而先於太宗者太史之職掌冊書
此禮主以爲冊命太史所掌事重故先言之　傳
王及至當主　正義曰禮績麻三十升以爲冕故
稱麻冕傳嫌麻非吉服故言王及羣臣皆吉服也
王麻冕者蓋袞冕也周禮司服享先王則袞冕此
禮授王冊命進酒祭王且袞是王之上服於此正
王之尊明其服必袞冕也其卿士邦君當各以命
服服即助祭之冕矣袞鄭玄周禮注云袞之衣五
章裳四章則袞衣之裳非獨有黼言黼裳者以裳
之章色黼黻有文故特取爲文詩采菽之篇言王
賜諸侯云玄袞及黼以黼有文故特言之鄭玄於
此注云黼裳者冕服有文者也是言貴文故稱之
禮君升阼階此用西階升者以未受顧命不敢當

主也　傳公卿至色玄　正義曰卿士卿之有事
者公則卿兼之此行大禮大夫亦與焉略舉卿士
爲文公與大夫必在故傳言公卿大夫及諸侯皆
同服言同服吉服此亦廟中之禮也言其如助祭
各服其冕服也禮無蟻裳今云蟻者裳之名也蟻
者蚍蜉蟲也此蟲色黑知蟻裳色玄以色玄如蟻
故以蟻名之禮祭服皆玄衣纁裳此獨云玄裳者
卿士邦君於此無事不可全與祭同故改其裳以示
變於常也太保太史有所主者則純如祭服暫從
吉也入即位者鄭玄云卿西面諸侯北面鄭玄惟
據經卿士邦君言之其公亦北面孤東面也　傳
執事至宗伯　正義曰此三官者皆執事俱彤裳
而言各異裳者各自異於卿士邦君也彤赤也禮
祭服纁裳纁是赤色之淺者故以彤爲纁言是常
祭服也太宗與下文上宗一人即宗伯之卿也
傳大圭至不嫌　正義曰考工記玉人云鎮圭尺

尚十八　十九　徐顔

有二寸天子守之鎮圭之大者介訓大也故知
是彼鎮圭天子之所守故奉之以奠康王所位以
明正位爲天子也禮又有大圭長三尺知介圭非
彼三尺圭者典瑞云王搢大圭執鎮圭以朝日玉
人云大圭長三尺天子服之彼搢於紳帶是天子
之笏不是天子所守故知非彼三尺之大圭也上
宗奉同瑁則下文云天子受同瑁太保必奠於位
其奉介圭下文不言受介圭者以同瑁并在手中
故不得執之太保必奠於其位但文不見耳禮於
奠爵無名同者但下文祭酢皆用同奉酒知同是
酒爵之名也玉人云天子執冒四寸以朝諸侯鄭
玄注云名玉曰冒者言德能覆蓋天下也四寸者
方以尊接卑以小爲貴禮天子所以執瑁者諸侯
即位天子賜之以命圭圭頭邪鋭其瑁當下邪刻
之其刻闊狹長短如圭頭諸侯來朝執圭以授天
子天子以冒之刻處冒彼圭頭若大小相當則是

楊本卷十八第十九葉

蓋今三鋒矛鋭矛屬凡此七兵或施矜或著柄周禮戈長六尺
六寸其餘未聞長短之數王肅惟云皆兵器之名也
傳綦文至立處
正義曰鄭玄云青黑曰綦王肅云綦赤黑色孔以爲綦文鹿子
皮弁各以意言無正文也大夫則服冕此服弁知亦士也堂廉
曰戺相傳爲然廉者棱也所立在堂下近於堂棱
傳冕皆至前堂
正義曰周禮司服云大夫之服自玄冕而下知服冕者皆大夫
也鄭玄云序内半以前曰堂謂序内簷下自室壁至於堂廉中
半以前摠名爲堂此立於東堂西堂者當在東西廂近階而立
以備升階之人也
傳戣瞿至階上
正義曰釋詁云疆界邊衞圉垂也則垂是遠外之名此經所言
冕則在堂上弁則在堂下此二人服冕知在堂上也堂上而言
東垂西垂知在堂上之遠地堂之遠地當於序外東廂西廂必

尚書十八　十三

有階上堂知此立於東西堂之階上也
傳鋭矛至階上
正義曰鄭王皆以側階爲東下階也然立于東垂者已在東下
階上何由此人復共並立故傳以爲北下階上謂堂北階北階
則惟堂北一階而已側猶特也
王麻至冊命
正義曰此將傳顧命布設位次即上所作法度也凡諸行禮皆
賤者先置此必卿下士邦君即位既定然後王始升階但以君
臣之序先言王服因服之下即言升階從省文卿士邦君無所
執事故直言即位而已太保太史太宗皆執事之人故別言衣
服各有所職不得即言升階故別言所執各從升階爲文次也
卿士王臣故先於邦君太史乃是太宗之屬而先於太宗者太
史之職掌冊書此禮主以爲冊命太史所掌事重故先言之
傳王及至當主
正義曰禮績麻三十升以爲冕故稱麻冕傳嫌麻非吉服故言

單疏卷十八第十三葉

本所賜其或不同則圭是偽作知諸侯信與不信
故天子執瑁所以冒諸侯之圭以齊瑞信猶今之
合符然經傳惟言圭之長短不言闊狹瑁方四寸
容彼圭頭則圭頭之闊無四寸也天子以一瑁冒
天下之圭則公侯伯之圭闊狹等也此瑁惟冒圭
耳不得冒璧璧亦稱瑞不知所以齊信未得而聞
之也阼階者東階也謂之阼者鄭玄士冠禮注云
阼猶酢也東階所以荅酢賓客是其義也禮凶事
設洗於西階西南吉事設洗於東階東南此太保
上宗皆行吉事盥洗在東故用阼階升由便以卑
不嫌為主人也鄭玄云上宗猶太宗變其文者宗
伯之長大宗伯一人與小宗伯二人凡三人使其
上二人也二人奉同二人奉瑁傳無明解當同於
鄭也　傳太史至同階　正義曰訓御為進太史
持策書顧命欲以進王故與王同升西階鄭玄云
御猶嚮也王此時在立賓階上少東太史東面於
殯西南而讀策書以命王嗣位之事孔雖以御為
進其意當如鄭言不言王面北可知也篇以顧命
為名指上文為言顧命策書稟王之意
為言亦是顧命之事故傳言策書顧命　曰皇后憑
玉几道揚末命命汝嗣訓　冊命之辭大君成王言憑玉几所道稱揚
終命所以感動康王命汝繼嗣其道言任重因以託戒　臨君周邦率循大
卞　用是道臨君周國率羣臣循大法　燮和天下用荅揚文武之
光訓　言用和道和天下用對揚聖祖文武之大教敘成王意　王再拜興
荅曰眇眇予末小子其能而亂四方以敬忌
天威　言微微我淺末小子其能如父祖治四方以敬忌天威德乎謙辭託不能　疏

王及羣臣皆吉服也王麻冕者蓋衮冕也周禮司服享先王則
衮冕此禮授王冊命進酒祭王且衮是王之上服於此正王之
尊明其服必衮冕也其卿士邦君當各以命服服即助祭之冕
矣衮鄭玄周禮注云衮之衣五章裳四章則衮衣之裳非獨有
黼言黼裳者以裳之章色黼黻有文故特取為文詩采菽之篇
言王賜諸侯云玄衮及黼以黼有文故特言之鄭玄於此注云
黼裳者冕服有文者也是言貴文故稱之禮君升阼階此用西
階升者以未受顧命不敢當主也
傳公卿至色玄
正義曰卿士卿之有事者公則卿兼之此行大禮大夫亦與焉
略舉卿士為文公與大夫必在故傳言公卿大夫及諸侯皆同
服言同服吉服此亦廟中之禮也言其如助祭各服其冕服也
禮無蟻裳今云蟻者裳之名也蟻者蚍蜉蟲也此蟲色黑知蟻
裳色玄以色玄如蟻故以蟻名之禮祭服皆玄衣纁裳此獨云
玄裳者卿士邦君於此無事不可全與祭同改其裳以示變於
常也太保太史有所主者則純如祭服暫從吉也入即位者鄭
玄云卿西面諸侯北面鄭玄惟據經卿士邦君言之其公亦北
面孤東面也
傳執事至宗伯
正義曰此三官者皆執事俱彤裳而言各異裳者各自異於卿
士邦君也彤赤也禮祭服纁裳纁是赤色之淺者故以彤為纁
言是常祭服也太宗與下文上宗一人即宗伯之卿也
傳大圭至不嫌
正義曰考工記玉人云鎮圭尺有二寸天子守之鎮圭圭之大
者介訓大也故知是彼鎮圭天子之所守故奉之以奠康王所
位以明正位為天子也禮又有大圭長三尺知介圭非彼三尺
圭者典瑞云王搢大圭執鎮圭以朝日玉人云大圭長三尺天
子服之彼搢於紳帶是天子之笏不是天子所守故知非彼三
尺之大圭也上宗奉同瑁則下文云天子受同瑁太保必奠於
位其奉介圭下文不言受介圭者以同瑁並在手中故不得執

王光訓　正義曰此即丁卯命作之冊書也誥康王曰大君成王病困之時憑玉几所道稱揚將終
之教命命汝繼嗣其道代爲民主用是道以臨君周邦率羣臣循大法用和道和天下用對揚聖祖
文武之大教敘成王之意言成王命汝如此也　傳冊命至託戒　正義曰言憑玉几所道以示不
憑玉几則不能言所以感動康王令其哀而聽之不敢忽也以訓爲道命汝繼嗣其道繼父道爲天
下之主言所任者重因以託戒也　傳用是至大法　正義曰卞之爲法無正訓也告以爲法之道
令率羣臣循之明所循者法也故以大卞爲大法率肅亦同也

乃受同瑁王三宿

三祭三咤

王受瑁爲主受同以祭禮成於三故酌者實三爵於王王三進爵三祭酒三奠爵告已受羣臣所傳顧命

上宗曰饗

祭必受福讚王曰饗福酒

太保受同降

受王所饗同下堂反於篚

盥以異同秉璋以酢

太保以盥手洗異同實酒秉璋以酢祭半圭曰璋臣所奉王已祭太保又祭報祭曰酢

授宗人同

拜王荅拜

宗人小宗伯佐太宗者太宗供王宗人供太保拜白已傳顧命故授宗人同拜王荅拜尊所受命

太保受同祭嚌

太保既拜而祭既祭受福嚌至齒則王亦至齒王言饗太保言嚌互相備

宅授宗人同拜王荅拜

太保居其所授宗人同拜白戒王以事畢王荅拜敬所白

太保降收

太保下堂立王下可知有司於此盡收徹　傳乃受至降收　正義曰王受冊命之時立於西階上少東北面太史於柩西南東面
讀策書讀冊既訖王再拜上宗於王西南北面奉同瑁以授王王一手受同一手受瑁王又以瑁授

楊本卷十八第二十一葉

之太保必奠於其位但文不見耳禮於奠爵無名同者但下文
祭酢皆用同奉酒知同是酒爵之名也玉人云天子執冒四寸
以朝諸侯鄭玄注云名玉曰冒者言德能覆蓋天下也四寸者
方以尊接卑以小爲貴禮天子所以執瑁者諸侯即位天子賜
之以命圭圭頭邪鋭其瑁當下邪刻之其刻闊狹長短如圭頭
諸侯來朝執圭以授天子天子以冒之刻處瑁彼圭頭若大小
相當則是本所賜其或不同則圭是僞作知諸侯信與不信故
天子執瑁所以冒諸侯之圭以齊瑞信猶今之合符然經傳惟
言圭之長短不言闊狹瑁方四寸容彼圭頭則圭頭之闊無四
寸也天子以一瑁冒天下之圭則公侯伯之圭闊狹等也此瑁
惟冒圭耳不得冒璧璧亦稱瑞不知所以齊信未得而聞之也
阼階者東階也謂之阼者鄭玄士冠禮注云阼猶酢也東階所
以荅酢賓客是其義也禮凶事設洗於西階西南吉事設洗於
東階東南此太保上宗皆行吉事盥洗在東故用阼階升由便
以卑不嫌爲主人也鄭玄云上宗猶太宗變其文者宗伯之長
太宗伯一人與小宗伯二人凡三人使其二人也一人奉同
一人奉瑁傳無明解當同於鄭也
傳太史至同階
正義曰訓御爲進太史持策書顧命欲以進王故與王同升西
階鄭玄云御猶嚮也王此時立賓階上少東太史東面於殯
西南而讀策書以命王嗣位之事孔雖以御爲進其意當如鄭
言不言王面北可知也篇以顧命爲名指上文爲言顧命策書
稟王之意爲言亦是顧命之事故傳言策書顧命
曰皇至光訓
正義曰此即丁卯命作之冊書也誥康王曰大君成王病困之
時憑玉几所道稱揚將終之教命命汝繼嗣其道代爲民主用
是道以臨君周邦率羣臣循大法用和道和天下用對揚聖祖
文武之大教敘成王之意言成王命汝如此也
傳冊命至託戒
正義曰言憑玉几所道以示不憑玉几則不能言所以感動康

單疏卷十八第十五葉

宗人王乃執同就樽於兩楹之間酌酒乃於殯
西面立三進於神坐前祭神如前祭尸前祭酒酢
地而奠爵訖復位再拜王又於樽所別以同酌酒
祭神如前復三祭故云三宿三祭三咤然後酌福
酒以授王上宗讚王曰饗福酒王再拜受酒跪而
祭先嚌至齒興再拜太保受同降自東階反於篚
又盥以異同執璋升自東階適樽所酌酒至殯東
西面報祭之欲祭之時授宗人同拜白王柩云巳
傳顧命訖王則荅拜拜柩尊所受命太保乃於宗
人處受同祭柩如王禮但一祭而已祭訖乃受福
祝酌同以授太保宗人讚太保曰饗福酒太保再
拜受同亦祭先而嚌至齒興再拜訖於所居位授
宗人同太保更拜白柩以事畢王又荅拜拜柩勸
所白王與太保降階而下堂有司於是收徹器物
傳王受至顧命　正義曰天子執瑁故受瑁爲主
同是酒器故受同以祭鄭玄云王既對神則一手
受同一手受瑁然既受之後王受同而祭則瑁以
授人禮成於三酌者實三爵於王當是實三爵而
續送三祭各用一同非一同而三反也釋詁云肅
進也宿即肅也故以宿爵而續送祭各用一同爲
一進三宿謂三進爵從立處而三進至神所也三
祭酒三酹酒於神坐也每一酹酒則一奠爵三奠
爵於地也爲此祭者告神言已已受羣臣所傳顧
命白神使知也經典無此咤字咤爲奠爵傳記無
文正以既祭必當奠爵既言三祭知三咤爲三奠
爵也王肅亦以咤爲奠爵鄭玄云徐行前曰肅却
行曰咤王徐行前三祭又三却復本位與孔異也
傳祭必至福酒　正義曰禮於祭末必飲神之酒
受神之福其大祭則有受嘏之福禮特牲少牢主
人受嘏福是受神之福也其告祭小祀則不得備
儀直飲酒而已此非大祭故於王三奠爵訖上宗
以同酌酒進王讚王曰饗福酒也王取同嚌之以

楊本卷十八第二十二葉

王令其哀而聽之不敢忽也以訓爲道命汝繼嗣其道繼父道
爲天下之主言所任者重因以託戒也
傳用是至大法
正義曰卞之爲法無正訓也告以爲法之道令率羣臣循之明
所循者法也故以大卞爲大法王肅亦同也
傳乃受至降收
正義曰王受册命之時立於西階上少東北面太史於柩西南
東面讀策書讀册既訖王再拜上宗於王西南北面奉同瑁以
授王王一手受同一手受瑁王又以瑁授宗人王乃執同就樽
於兩楹之間酌酒乃於殯東西面立三進於神坐前祭神如前
祭凡前祭酒酹地而奠爵訖復位再拜王又於樽所別以同酌
酒祭神如前復三祭故云三宿三祭三咤然後酌福酒以授王
上宗讚王曰饗福酒王再拜受酒跪而祭先嚌至齒興再拜太
保受同降自東階反於篚又盥以異同執璋升自東階適樽所
酌酒至殯東西面報祭之欲祭之時授宗人同拜白王柩云巳
傳顧命訖王則荅拜拜柩尊所受命太保乃於宗人處受同祭
柩如王禮但一祭而已祭訖乃受福祝酌同以授太保宗人讚
太保曰饗福酒太保再拜受同亦祭先而嚌至齒興再拜訖於
所居位授宗人同太保更拜白柩以事畢王又荅拜拜柩勸所
白王與太保降階而下堂有司於是收徹器物
傳王受至顧命
正義曰天子執瑁故受瑁爲主同是酒器故受同以祭鄭玄云
王既對神則一手受同一手受瑁然既受之後王受同而祭則
瑁以授人禮成於三酌者實三爵於王當是實三爵而續送三
祭各用一同非一同而三反也釋詁云肅進也宿即肅也故以
宿爵而續送祭各用一同爲一進三宿謂三進爵從立處而三
進至神所也三祭酒三酹酒於神坐也每一酹酒則一奠爵三
奠爵於地也爲此祭者告神言已已受羣臣所傳顧命白神使
知也經典無此咤字咤爲奠爵傳記無文正以既祭必當奠爵
既言三祭知三宅爲三奠爵也王肅亦以咤爲奠爵鄭玄云徐

單疏卷十八第十六葉

以同授太保也　傳受王至於篚　正義曰上宗
讚王以饗福酒也即云太保受同明是受王所饗
同也祭祀飲酒之禮爵未用皆實於篚既飲皆反
於篚知此下堂反於篚也　傳太保至曰酢　正
義曰祭祀以變爲敬不可即用王同故太保以盥
手更洗異同實酒於同中乃秉璋以酢祭於王祭
後更復報祭猶如正祭大禮之亞獻也周禮典瑞
云四圭有邸以祀天兩圭有邸以祀地圭璧以祀
日月璋邸射以祀山川從上而下遞減其半知半
圭曰璋祭統云君執圭瓚太宗執璋瓚謂亞獻用
璋瓚此非正祭亦是亞獻之類故亦執璋若助祭
公侯伯子男自得執圭璧也秉璋以酢是報祭之
事王已祭太保又報祭也酢訓報也故報祭曰酢
飲酒之禮稱獻酢者亦是報之義也　傳宗人至
受命　正義曰上宗爲大宗伯知宗人爲小宗伯
也太保所以拜者白成王言已已傳顧命訖也將
欲拜故先授宗人同拜者白爲拜神不拜康王但
白神言已傳顧命之事先告王已受顧命王荅拜
者尊所受之命亦告神使知故荅拜也王既祭則
奠同於地太保不敢奠於地故以同授宗人然後
拜也太保既酢祭而拜則王之奠爵每奠必拜於
王祭不言拜者祭酒必拜乃是常禮於王不言拜
於太保言拜者足以見王拜也　傳太保至相備
正義曰太保受同者謂太保既拜之後於宗人邊
受前所授之同而進以祭神既祭神之後遂更受
福酒嚌以至齒禮之通例啐入口是嚌至於齒示
飲而實不飲也太保報王之祭事與王祭禮同而
史録其事二文不等故傳辨其意於太保言嚌至
齒則王饗福酒亦嚌至齒也於王言上宗曰饗則
太保亦應有宗人曰饗二文不同互見以相備
傳太保至所白　正義曰宅訓居也太保居其所
於受福酒之處足不移爲將拜故授宗人同祭祀

楊本卷十八第二十三葉

行前曰肅却行曰咤王徐行前三祭又三却復本位與孔異也
傳祭必至福酒
正義曰禮於祭末必飲神之酒受神之福其大祭則有受嘏之
福禮特牲少牢主人受嘏福是受神之福也其告祭小祀則不
得備儀直飲酒而已此非大祭故於王三奠爵訖上宗以同酌
酒進王讚王曰饗福酒也王取同嚌之乃以同授太保也
傳受王至於篚
正義曰上宗讚王以饗福酒也即云太保受同明是受王所饗
同也祭祀飲酒之禮爵未用皆實於篚既飲皆反於篚知此下
堂反於篚也
傳太保至曰酢
正義曰祭祀以變爲敬不可即用王同故太保以盥手更洗異
同實酒於同中乃秉璋以酢祭於王祭後更復報祭猶如正祭
大禮之亞獻也周禮典瑞云四圭有邸以祀天兩圭有邸以祀
地圭璧以祀日月璋邸射以祀山川從上而下遞減其半知半
圭曰璋祭統云君執圭瓚太宗執璋瓚謂亞獻用璋瓚此非正
祭亦是亞獻之類故亦執璋若助祭公侯伯子男自得執圭璧
也秉璋以酢是報祭之事王已祭太保又報祭也酢訓報也故
報祭曰酢飲酒之禮稱獻酢者亦是報之義也
傳宗人至受命
正義曰上宗爲大宗伯知宗人爲小宗伯也太保所以拜者白
成王言已已傳顧命訖也將欲拜故先授宗人同拜者白爲拜
神不拜康王但白神言已傳顧命之事先告王已受顧命王荅
拜者尊所受之命亦告神使知故荅拜也王既祭則奠同於地
太保不敢奠於地故以同授宗人然後拜也太保既酢祭而拜
則王之奠爵每奠必拜於王祭不言拜者祭酒必拜乃是常禮
於王不言拜於太保言拜者足以見王拜也
傳太保至相備
正義曰太保受同者謂太保既拜之後於宗人邊受前所授之
同而進以祭神既祭神之後遂更受福酒嚌以至齒禮之通例

單疏卷十八第十七葉

既畢而更拜若白成王以事畢也既拜白成王以
傳顧命事畢則王受顧命亦畢王荅拜敬所白也
諸侯出廟門俟 言諸侯則卿士已下亦可知殯之所處故曰廟皆待王後命
疏 諸侯出廟門俟 正義曰廟門謂路寢門也出門待王後命即作後篇後篇云二伯率諸侯入
應門則諸侯之出應門之外非出廟門而已以其
在廟行事事畢出於廟門不言出廟門即止也

康王之誥第二十五

康王既尸天子 尸主也主天子之正號 遂誥諸侯作康
王之誥 既受顧命羣臣陳戒遂報誥之因事曰遂 康王之誥 求諸侯之見匡弼
疏 康王之誥 正義曰康王既受顧命主天子之位羣臣進戒於王王遂報誥諸侯史敘其事
作康王之誥伏生以此篇合於顧命共爲一篇後
人知其不可分而爲二馬鄭王本此篇自高祖寡
命已上内於顧命之篇王若曰以下始爲康王之
誥諸侯告王王報誥諸侯而使告報異篇失其義
也 王出在應門之内 出畢門立應門内之中庭南面 太保率西方
諸侯入應門左畢公率東方諸侯入應門
右 二公爲二伯各率其所掌諸侯隨其方爲位皆北面 皆布乘黃朱 諸侯
皆陳四黃馬朱鬣以爲庭實 賓稱奉圭兼幣曰一二臣衛
敢執壤奠 賓諸侯也舉奉圭兼幣之辭言一二見非一也爲蕃衛故曰臣衛來朝而遇國喪遂因見新王敢執壤地所出而奠贄也 皆再拜稽首 王義嗣

啐入口是嚌至於齒示飲而實不飲也太保報王之祭事與王
祭禮同而史録其事二文不等故傳辨其意於太保言嚌至齒
則王饗福酒亦嚌至齒也於王言上宗曰饗則太保亦應有宗
人曰饗二文不同互見以相備
傳太保至所白
正義曰宅訓居也太保居其所於受福酒之處足不移爲將拜
故授宗人同祭祀既畢而更拜者白成王以事畢也既拜白成
王以傳顧命事畢則王受顧命亦畢王荅拜敬所白也
諸侯出廟門俟
正義曰廟門謂路寢門也出門待王後命即作後篇後篇云二
伯率諸侯入應門則諸侯之出應門之外非出廟門而已以其
在廟行事事畢出於廟門不言出廟門即止也
康王之誥第二十五
康王之誥
正義曰康王既受顧命主天子之位羣臣進戒於 王王遂報
誥諸侯史敘其事作康王之誥伏生以此篇合於顧命共爲一
篇後人知其不可分而爲二馬鄭王本此篇自高祖寡命已上
内於顧命之篇王若曰以下始爲康王之誥諸侯告王王報誥
諸侯而使告報異篇失其義也
王出至荅拜
正義曰此敘諸侯見新王之事王出畢門在應門之内立於中
庭太保召公爲西伯率西方諸侯入應門左立於門内之西廂
也太師畢公爲東伯率東方諸侯入應門右立於門内之東廂
也諸侯皆布陳一乘四匹之黃馬朱鬣以爲見新王之庭實諸
侯爲王之賓共使一人少前進舉奉圭兼幣之辭言曰一二天
子之臣在外爲蕃衛者敢執土壤所有奠之於庭既爲此言乃
皆再拜稽首用盡禮致敬以正王爲天子也康王先爲太子以
義嗣先人明德不以在喪爲嫌荅諸侯之拜以示受其圭幣與
之爲主也
傳出畢至南面

德答拜諸侯拜送幣而首至地盡禮也康王以義繼先人明德答其拜受其幣
疏 王出至答拜　正義曰此叙諸侯見新王之事王
出畢門在應門之內立於中庭太保召公爲西伯
率西方諸侯入應門左立於門內之西廂也太師
畢公爲東伯率東方諸侯入應門右立於門內之
東廂也諸侯皆布陳一乘四匹之黃馬朱鬣以爲
見新王之庭實諸侯爲王之賓共使一人少前進
舉奉圭兼幣之辭言曰一二天子之臣在外爲蕃
衛者敢執土壤所有奠之於庭既爲此言乃皆再
拜稽首用盡禮致敬以正王爲天子也康王先爲
太子以義嗣先人明德不以在喪爲嫌答諸侯之
拜以示受其圭幣與之爲主也　傳出畢至南面
正義曰出在門內不言王坐諸侯既拜王即答拜
復不言興知立庭中南面也　傳二公至北面
正義曰二公率領諸侯知其爲二伯各率其所掌
尚十八　二十五
諸侯曲禮所謂職方者此之義也王肅云畢公代
周公爲東伯故率東方諸侯然則畢公是太師也
當太師之名在太保之上此先言太保者於時太
保領冢宰相王室任重故先言西方若使東伯任
重亦當先言東方北面以東爲右西爲左入左入
右隨其方爲位嫌東西相向故云皆北面將拜王
明北面也　傳諸侯至庭實　正義曰諸侯朝見
天子必獻國之所有以表忠敬之心故諸侯皆陳
四黃馬朱鬣以爲庭實言實之於王庭也四馬曰
乘言乘黃正是馬色黃矣黃下言朱朱非馬色定
十年左傳云宋公子地有白馬四公嬖向魋魋欲
之公取而朱其尾鬣以與之是古人貴朱鬣知朱
者朱其尾鬣也於時諸侯其數必衆衆國皆陳四
馬則非王庭所容諸侯各有所獻必當少陳之也
案周禮小行人云合六幣圭以馬璋以皮璧以帛
琮以錦琥以繡璜以黼此六物者以和諸侯之好

正義曰出在門內不言王坐諸侯既拜王即答拜復不言興知
立庭中南面也
傳二公至北面
正義曰二公率領諸侯知其爲二伯各率其所掌諸侯曲禮所
謂職方者此之義也王肅云畢公代周公爲東伯故率東方諸
侯然則畢公是太師也當太師之名在太保之上此先言太保
者於時太保領冢宰相王室任重故先言西方若使東伯任重
亦當先言東方北面以東爲右西爲左入左入右隨其方爲位
嫌東西相向故云皆北面將拜王明北面也
傳諸侯至庭實
正義曰諸侯朝見天子必獻國之所有以表忠敬之心故諸侯
皆陳四黃馬朱鬣以爲庭實言實之於王庭也四馬曰乘言乘
黃正是馬色黃矣黃下言朱朱非馬色定十年左傳云宋公子
地有白馬四公嬖向魋魋欲之公取而朱其尾鬣以與之是古
人貴朱鬣知朱者朱其尾鬣也於時諸侯其數必衆衆國皆陳
尚書十八　十九
四馬則非王庭所容諸侯各有所獻必當少陳之也案周禮小
行人云合六幣圭以馬璋以皮璧以帛琮以錦琥以繡璜以黼
此六物者以和諸侯之好鄭玄云六幣所以享也五等諸侯享
天子用璧享后用琮用圭璋者二王之後也如鄭彼言則諸侯
之享天子惟二王之後用馬此云皆陳馬者下云奉圭兼幣
即馬是也圭是文馬之物鄭云此幣圭以馬蓋舉王者之後以
言耳諸侯當璧以帛亦有庭實然則此陳馬者是二王之後享
王物也獨取此物以摠表諸侯之意故云諸侯皆陳馬也圭亦
享王之物下言奉圭此不陳圭者圭奉以文命不陳之也案覲
禮諸侯享天子馬卓上九馬隨之此用乘黃者因喪禮而行朝
故略之
傳賓諸至奠贄
正義曰天子於諸侯有不純臣之義故以諸侯爲賓稱訓舉也
舉奉圭兼幣之辭以圭幣奉王而爲之作辭辭出一人之口而
言一二者見諸侯同爲此意意非一人也鄭玄云稱辭者一人

鄭玄云六幣所以享也五等諸侯享天子用璧享后用琮用圭璋者二王之後也如鄭彼言則諸侯之享天子惟二王之後用馬此云皆陳馬者下云奉圭兼幣幣即馬是也圭是文馬之物鄭云此幣圭以馬蓋舉王者之後以言耳諸侯當璧以帛亦有庭實然則此陳馬者是二王之後享王物也獨取此物以摠表諸侯之意故云諸侯皆陳馬也圭亦享王之物下言奉圭此不陳圭者圭奉以文命不陳之也案覲禮諸侯享天子馬卓上九馬隨之此用乘黃者因喪禮而行朝故略之 傳賓諸至奠贄 正義曰天子於諸侯有不純臣之義故以諸侯爲賓稱訓舉也舉奉圭兼幣之辭以圭幣奉王而爲之作辭辭出一人之口而言一二者見諸侯同爲此意意非一人也鄭玄云釋辭者一人其餘奠贄拜者稽首而已是也言衛者諸侯之在四方皆爲天子藩衛故曰臣衛此時咸在也崩即得有諸侯在京師者來朝而值國喪遂因見新王也諸侯享天子其物甚衆非徒圭馬而已皆是土地所有故云敢執壤地所出而奠贄也然舉奉圭兼幣乃是享禮凡享禮則每一國事畢乃更餘國復入其朝則侯氏摠入故鄭玄注曲禮云春受贄於朝受享於廟是朝與享別此既諸侯摠入而得有庭實享禮者以新朝嗣王因行享禮故鄭注云朝兼享禮也與常禮不同 傳諸侯至其幣 正義曰周禮太祝辨九拜一曰稽首施之於極尊故爲盡禮也義嗣德三字史原王荅拜之意也康王先是太子以義繼先人明德今爲天子無所讓故荅其拜受其幣自許與諸侯爲主也 **太保暨芮伯咸進相揖皆再拜稽首** 冢宰與司徒皆共羣臣諸侯並進陳戒不言諸侯以內見外 **曰敢敬告天子皇天改大邦**

殷之命 大天改大國殷之王命謂誅紂也 **惟周文武誕受羑若克恤西土** 言文武大受天道而順之能憂我西土之民本其所起 **惟新陟王畢協賞罰戡定厥功用敷遺後人休** 惟周家新升王位當盡和天下賞罰能定其功用布遺後人之美言施及子孫無窮 **今王敬之哉** 敬天道務崇先人之美 **張皇六師無壞我高祖寡命** 言當張大六師之衆無壞我高德之祖寡有之教命 疏 太保至寡命 正義曰太保召公與芮伯皆共諸侯並進相顧而揖乃並再拜稽首起而言曰敢告天子大天改大國殷之王命謂殺殷紂之惡周家文王武王大受天道而順之能憂我西土之民以此土有天下惟我周家新升王位當盡和天下賞罰戡定其爲王之功用布遺後人之美行從施及子孫無有窮盡之期今王新即王位當傾其敬之哉當張大我之六師令國常強盛無令傾壞我高祖寡有之命戒王使繼先王之業也 傳冢宰至見外 正義曰召公爲冢宰芮伯爲司徒司徒位次冢宰故言太保與芮伯咸進芮伯已下共告羣臣諸侯並皆進也相揖者揖之使俱進也太保揖羣臣羣臣又報揖太保故言相揖動足然後相揖故相揖之文在咸進之下 傳言文至所起 正義曰羑聲近猷故訓之爲道王肅云羑道也文武所憂非憂西土而已特言能憂西土之民本其初起於西土故也 傳言當至教命 正義曰皇訓大也國之大事在於強兵故令張大六師之衆高德之祖謂文王也王肅云美文王少有及之故曰寡有也 **王若曰庶邦侯甸男衛** 順其戒而告之不言羣臣以外

見內惟予一人釗報誥報其戒昔君文武丕平富
不務咎言先君文武道大政化平美不務咎惡厎至齊信用昭
明于天下致行至中信之道用顯明於天下言聖德洽則亦有熊羆
之士不二心之臣保乂王家言文武既聖則亦有勇猛如熊羆之士忠
一不二心之臣共安治王家用端命于上帝皇天用訓厥
道付畀四方君聖臣良用受端直之命於上天大天用順其道付與四方之國王
天下乃命建侯樹屏在我後之人言文武乃施政令立諸侯
樹以藩屏傳王業在我後之人謂子孫今予一二伯父尚胥暨顧
綏爾先公之臣服于先王天子稱同姓諸侯曰伯父言今我一二伯
父庶幾相與顧念文武之道安汝先公之臣服於先王而法循之雖爾身在外
乃心罔不在王室言雖汝身在外土為諸侯汝心常當忠篤無不在王室熊
羆之士勵朝臣此督諸侯用奉恤厥若無遺鞠子羞當各用心
奉憂其所行順道無自荒怠遺我稚子之羞辱稚子康王自謂也
疏王若至子羞 正義曰羣臣
諸侯既進戒王王順其戒呼而告之曰衆邦在侯
甸男衛諸服內之國君惟我一人釗報誥卿士羣
公昔先君文王武王其道甚大政化平美專以美
道教化不務咎惡於人致行至美中正誠信之道
用是顯明於天下言聖道博洽也文武既聖時臣
亦賢則亦有如熊如羆之勇士不二心之忠□共

楊本卷十八第二十八葉

其餘奠幣拜者稽首而已是也言衛者諸侯之在四方皆為天
子蕃衛故曰臣衛此時成王始崩即得有諸侯在京師者來朝
而遇國喪遂因見新王也諸侯享天子其物甚衆非徒圭馬而
已皆是土地所有故云敢執壤地所出而奠贄也然舉奉圭兼
幣乃是享禮凡享禮則每一國事畢乃更餘國復入其朝則侯
氏摠入故鄭玄注曲禮云春受贄於朝受享於廟是朝與享別
此既諸侯摠入而得有庭實享禮者以新朝嗣王因行享禮故
鄭注云朝兼享禮也與常禮不同
傳諸侯至其幣
正義曰周禮太祝辨九拜一曰稽首施之於極尊故為盡禮也
義嗣德三字史原王荅拜之意也康王先是太子以義繼先人
明德今為天子無所嫌故荅其拜受其幣自許與諸侯為主也
太保至寡命
正義曰太保召公與司徒芮伯皆共諸侯並進相顧而揖乃並
再拜稽首起而言曰敢敬告天子大天改大國殷之王命誅殺殷
紂惟周家文王武王大受大道而順之能憂我西土之民以此
王有天下惟我周家新升王位當盡和天下賞罰戡定其為王
之功用布遺後人之美將使施及子孫無有窮盡之期今王新
即王位其勑之哉當張大我之六師令國常強盛無令傾壞我
高祖寡有之命戒王使繼先王之業也
傳冢宰至見外
正義曰召公為冢宰芮伯為司徒司徒位次冢宰故言太保與
芮伯咸進芮伯已下共告羣臣諸侯並皆進也相揖者揖之使
俱進也太保揖羣臣羣臣又報揖太保故言相揖動足然後相
揖故相揖之文在咸進之下
傳言文至所起
正義曰羑聲近誘故訓之為道王肅云羑道也文武所憂非憂
西土而已特言能憂西土之民本其初起於西土故也
傳言當至敘命
正義曰皇訓大也國之大事在於強兵故令張大六師之衆高

單疏卷十八第二十葉

安治王家以君聖臣良之故用能受端直之命於
上天大天用順其道付與四方之國使文武受此
諸國王有天下言文武得賢臣之力也文武以得
臣力之故乃施政命封立賢臣爲諸侯者樹之以
爲蕃屏令屏衛在我後之人先王所立諸侯即今
諸侯之祖故舉先世之事以告令之諸侯今我一
二伯父庶幾相與顧念文武之道安汝先公之用
臣服於先王之道而法循之亦當以忠誠輔我天
子雖汝身在外土爲國君汝心常當無有不在王
室當各用心奉憂其所行順道無自荒怠以遺我
稚子之羞辱稚子康王自謂戒令臣弼已也　傳
順其至見有　正義曰羣臣戒王使勤王又戒之
使輔已是順其事而告之也上文太保芮伯進言
不言諸侯以内見外此王告庶邦不言朝臣以外
見内欲令互相備也周制六服此惟四服不言采
要者略舉其事猶武成云甸侯衛駿奔走亦略舉

尚十八　廿九　毛昌

之矣　傳予一人釗　正義曰禮天子自稱予一人
不言名此王自稱名者新即王位謙也　傳言先
至咎惡　正義曰孔以富爲美故云政化平美不
務咎惡於人言哀矜下民不用刑罰王肅云文武
道大天下以平萬民以富是也　傳致行至德洽
正義曰孔以齊爲中致行中正誠信之道王肅云
立大中之道也　傳天子至循之　正義曰覲禮
言天子呼諸侯之禮云同姓大國則曰伯父其異
姓則曰伯舅同姓小邦則曰叔父其異姓則曰叔
舅計此時諸侯多矣獨云伯父舉同姓大國言之
也諸侯先公以臣道服於先王其事有法故令安
汝先公之用臣服於先王以臣之道而法循之
傳言雖至諸侯　正義曰王之此誥並告羣臣諸
侯但互相發見其言不備言先王有熊羆之上屬
朝臣使用力如先世之臣也此言汝
身在外土心念王室晉謂諸侯使然　羣公既聽

德之祖謂文王也王肅云美文王少有及之故曰寡有也
王若至子羞
正義曰羣臣諸侯既進戒王王順其戒呼而告之曰衆邦在侯
甸男衛諸服内之國君惟我一人釗報誥卿士羣公昔先君文
王武王其道甚大政化平美專以美道教化不務咎惡於人致
行至美中正誠信之道用是顯明於天下言聖道博洽也文武
既聖時臣亦賢則亦有如熊如羆之勇士不二心之忠臣共安
治王家以君聖臣良之故用能受端直之命於上天大天用順
其道付與四方之國使文武受此諸國王有天下言文武得賢
臣之力也文武以得臣力之故乃施政命封立賢臣爲諸侯者
樹之以爲蕃屏令屏衛在我後之人先王所立諸侯即今諸侯
之祖故舉先世之事以告今之諸侯今我一二伯父庶幾相與
顧念文武之道安汝先公之用臣服於先王之道而法循之亦
當以忠誠輔我天子雖汝身在外土爲國君汝心常當無有不
在王室當各用心奉憂其所行順道無自荒怠以遺我稚子之

書十八　二十一

羞辱稚子康王自謂戒令臣弼已也
傳順其至見内
正義曰羣臣戒王使勤王又戒之使輔已是順其事而告之也
上文太保芮伯進言不言諸侯以内見外此王告庶邦不言朝
臣以外見内欲令互相備也周制六服此惟四服不言采要者
略舉其事猶武成云甸侯衛駿奔走亦略舉之矣
予一人釗
正義曰禮天子自稱予一人不言名此王自稱名者新即王位
謙也
傳言先至咎惡
正義曰孔以富爲美故云政化平美不務咎惡於人言哀矜下
民不用刑罰王肅云文武道大天下以平萬民以富是也
傳致行至德洽
正義曰孔以齊爲中致行中正誠信之道王肅云立大中之道也
傳天子至循之

聽命相揖趨出已聽誥命趨出罷退諸侯歸國朝臣就次王釋冕
喪服脫去黼冕反服喪服居倚廬 疏 羣公至喪服　正義曰羣公摠謂朝臣與諸侯
也鄭玄云羣公主爲諸侯與王之三公諸臣亦在
焉王釋冕反喪服朝臣諸侯亦反喪服禮喪服篇
臣爲君諸侯爲
天子皆斬衰

畢命第二十六

康王命作冊畢命爲冊書以爲畢公分居里成周郊
分別民之居里異其善惡
成定東周郊境使有保護作畢命言畢公見命之
書 疏 康王至畢命　正義曰康王命史官作冊書
命畢公使畢公分別民之居里令善惡有異
於成周之邑成定東周之郊境史叙其事作畢命
傳命爲至畢公　正義曰周禮內史云凡命諸侯
及孤卿大夫則策命之此云命作冊者命內史爲
冊書以命畢公故云以冊命畢公　傳分別至保
護　正義曰郼之頑民遷居此邑歷世化之已得
純善恐其變改故更命畢公分別民之居里異其
善惡即經所云旌別淑慝表厥宅里彰善癉惡樹
之風聲殊厥井疆俾克畏慕皆是也分者令其善
惡分別使惡者慕善非分別其處使之異居也此
邑本名成周欲以成就周道民不純善則是未成
故命畢公敎之成定東周郊境即經
中畫郊圻愼固封守是其使有保護惟十有二年
六月庚午朏康王即位十二年六月三日庚午越三日壬申王
朝步自宗周至于豐於朏三日壬申王朝行自宗周至于豐宗周鎬

尚十八　三十

楊本卷十八第三十葉

正義曰覲禮言天子呼諸侯之禮云同姓大國則曰伯父其異
姓則曰伯舅同姓小邦則曰叔父其異姓則曰叔舅計此時諸
侯多矣獨云伯父舉同姓大國言之也諸侯先公以臣道服於
先王其事有法故今安汝先公之用臣服於先王以臣之道而
法循之
傳言雖至諸侯
正義曰王之此誥並告羣臣諸侯但互相發見其言不備言先
王有熊羆之士勵朝臣使用力如先世之臣也此言汝身在外
土心念王室督諸侯使然
羣公至喪服
正義曰羣公摠謂朝臣與諸侯也鄭玄云羣公主爲諸侯與王
之三公諸臣亦在焉王釋冕反喪服朝臣諸侯亦反喪服禮喪
服篇臣爲君諸侯爲天子皆斬衰
畢命第二十六
康王至畢命
正義曰康王命史官作冊書命畢公使畢公分別民之居里令
善惡有異於成周之邑成定東周之郊境史叙其事作畢命
傳命爲至畢公
正義曰周禮內史云凡命諸侯及孤卿大夫則策命之此云命
作冊者命內史爲冊書以命畢公故云以冊命畢公
傳分別至保護
正義曰郼之頑民遷居此邑歷世化之已得純善恐其變改故
更命畢公分別民之居里異其善惡即經所云旌別淑慝表厥
宅里彰善癉惡樹之風聲殊厥井疆俾克畏慕皆是也分者令
其善惡分別使惡者慕善非分別其處使之異居也此邑本名
成周欲以成就周道民不純善則是未成故命畢公敎之成定
東周郊境即經中畫郊圻愼固封守是其使有保護
惟十至東郊
正義曰惟康王即位十有二年六月三日庚午月光朏然而明
也於朏後三日壬申之早朝行從宗周鎬京至於豐邑就文王

單疏卷十八第二十二葉

京豐文王所都以成周之衆命畢公保釐東郊用周之民衆命畢公使安理治正成周東郊令得所疏惟十至東郊　正義曰惟康王即位十有二年六月三日庚午月光朏然而明也於朏後三日壬申王早朝行從宗周鎬京至於豐邑就文王之廟以成周之民衆命太師畢公使安理東郊之民令得其所　傳康王至庚午　正義曰漢初不得此篇有僞作其書以代之者漢書律曆志云康王十二年六月戊辰朔三日庚午故畢命豐刑曰惟十有二年六月庚午朏王命作策書豐刑此僞作者傳聞舊語得其年月不得以下之辭妄言作豐刑耳亦不知豐刑之言何所道也鄭玄云今其逸篇有冊命霍侯之事不同與此序相應非也鄭玄所見又似異於豐刑皆妄作也說文云朏月未盛之明也从月出未有事而記此庚午朏者爲下言王申

張以晉如記朔望與生魄死魄然也王若曰嗚呼父師惟文王武王敷大德于天下用克受殷命王順其事歎告畢公代周公爲大師爲東伯命之代君陳言文武布大德於天下故天佑之用能受殷之王命惟周公左右先王綏定厥家言周公助先王安定其家毖殷頑民遷于洛邑密邇王室式化厥訓慎殷頑民恐其叛亂故徙於洛邑密近王室用化其教既歷三紀世變風移四方無虞予一人以寧言殷民遷周已經三紀世代民易頑者漸化四方無可度之事我天子用安矣十二年曰紀父子曰世道有升降政由俗革

臧厥臧民罔攸勸天道有上下交接之義政教有用俗改更之理民之俗善以善養之俗有不善以法御之若乃不善其善則民無所勸慕惟公懋德克勤小物弼亮四世正色率下罔不祗師言言公能行德能勤小物輔佐文武成康四世爲公卿正色率下下人無不敬仰師法嘉績多于先王予小子垂拱仰成公之善功多大先人之美我小子爲王垂拱仰公成理言其上顯父兄下施子孫疏王若至仰成　正義曰康王順其事歎而呼畢公曰嗚呼父師惟文王武王布大德於天下用此能受殷之王命代殷爲天子惟周公佐助先王安定其家慎彼殷之頑民恐其或有叛逆故遷於洛邑令之近王室用使化其教訓自殷已下既歷

三紀二世既變風俗亦移四方無可度之事我天子一人用是而得安寧但天道有上下交接之義政教有用俗改更之理今日雖善或變爲惡若不善其善則民無所勸慕更須選賢教之舉善勸之宜此任者莫先於公令惟公勉力行德能勤小事輔佐四世正色率下無有不敬仰師法公言者公之善功多於先王我小子垂衣拱手仰公成理將欲任之故盛稱其德也　傳王順至王命　正義曰畢公代周公爲太師故王呼爲父師率東方諸侯是爲東伯也蓋君陳卒命之使代君陳也　傳言周至其家　正義曰釋詁云左右助也言周公助先王安定其家伐殷之時周公已有其功復能遷殷頑民言其功之多也　傳言殷至曰世　正義曰周公以攝政七年營成周成王元年遷殷頑民成王在位之年雖未知其實當在三十左右至今應三十六年是殷民遷周已歷三紀十二年考天

之大數歲星十二年而一周天故十二年
曰紀父子易人爲世大禹謨云賞延于世謂緣父
及子也　傳天道至勸慕　正義曰天氣下降地
氣上騰而有寒暑生焉刑新國用輕典刑亂國用
重典輕重隨俗而有寬猛異焉天道有上下交接之
義故寒暑易節政教有用俗改更之理故寬猛相
濟天道有寒暑遞來政教以寬猛相濟民之風俗
善惡無常或善變爲惡或惡變爲善不可以其既
善謂善必不變民之俗善須以善養之令善遂不
變人之俗有不善當以善法御之使變而爲善若
乃不善其善則下民無所勸慕民無所慕則變爲
惡矣殷民今雖已善更當以善教之欲以屈畢公
之意　傳言公至師法　正義曰小物猶小事也
能勸小事則大事必能勸矣故舉能勸小事以爲
畢公之善釋詁云亮佐也晉語說文王之事云詢
于八虞而諮于辛尹重之以周召畢榮則周公於文
王之世已爲大臣是輔佐文武成康四世爲公卿
也正色謂嚴其顏色不惰慢不阿諛以此率下下
民無不敬仰師法之　傳公之至子孫　正義曰
先王之功無由可及言公之善功多大先人之美
方欲委之以事盛言之重其功美矣　**王曰嗚呼父師今予祗命公**
以周公之事往哉　今我敬命公以周公所爲之事往爲之哉言非周公所爲不敢枉公往治
旌別淑慝表厥宅里彰善癉惡樹之風聲　言當識別頑民之善惡表異其居里明其爲善病其爲惡立其善風揚其善聲
弗率訓典殊厥井疆俾克畏慕　其不循教道之常者殊其井居田界使能畏爲惡之禍慕爲善之福所以沮勸
申畫郊圻愼

楊本卷十八第三十三葉

之廟以成周之民衆命太師畢公使安理東郊之民今得其所
傳康王至庚午
正義曰漢初不得此篇有僞作其書以代之者漢書律曆志云
康王十二年六月戊辰朔三日庚午故畢命豐刑曰惟十有二
年六月庚午朏王命作策書豐刑此僞作者傳聞舊語得其年
月不得以下之辭妄言作豐刑耳亦不知豐刑之言何所道也
鄭玄云今其逸篇有冊命霍侯之事不同與此序相應非也鄭
玄所見又似異於豐刑皆妄作也說文云朏月未盛之明也此
日未有事而記此庚午朏者爲下言壬申張本猶如記朔望與
生魄死魄然也
王若至仰成
正義曰康王順其事歎而呼畢公曰嗚呼父師惟文王武王布
大德於天下用此能受殷之王命代殷爲天子惟周公佐助先
王安定其家愼欲殷之頑民恐其或有叛逆故遷於洛邑令之
比近王室用使化其教訓自爾已來既歷三紀人世既變風俗
亦移四方無可度之事我天子一人用是而得安寧但天道有
上下交接之義政教有用俗改更之理今日雖善或變爲惡若
不善其善則民無所勸慕更須選賢教之舉善勸之宜此任者
莫先於公惟公勉力行德能勤小事輔佐四世正色率下無有
不敬仰師法公言者公之善功多於先王我小子垂衣拱手仰
公成理將欲任之故盛稱其德也
傳王順至王命
正義曰畢公代周公爲太師故王呼爲父師率東方諸侯是爲
東伯也蓋君陳卒命之使代君陳也
傳言周至其家
正義曰釋詁云左右助也言周公助先王安定其家伐殷之時
周公已有其功復能遷殷頑民言其功之多也
傳言殷至曰世
正義曰周公以攝政七年營成周成王元年遷殷頑民成王在
位之年雖未知其實當在三十左右至今應三十六年居殷民

單疏卷十八第二十三葉

固封守以康四海郊圻雖舊所規畫當重分明之又當謹慎堅固封疆之守
備以安四海京圻安則四海安矣政貴有恒辭尚體要不惟好
異政以仁義爲常辭以理實爲要故貴尚之若異於先王君子所不好商俗靡靡
利口惟賢餘風未殄公其念哉紂以靡靡利口惟賢覆
國家今殷民利口餘風未絕公其念絕之 疏 王曰至念哉 正義曰王更歎而呼畢公曰嗚呼父
師今日我勑命公以周公所爲之事公其往爲之
哉公往至彼當識別善之與惡表異其善者所居
之里彰明其爲善病其爲惡其爲善之人當立其
善風揚其善聲其有不循道教之常者則殊其井
田疆界使之能畏爲惡之禍慕爲善之福更重畫
郊圻境界謹慎牢固其封疆守備以安彼四海之
内爲政貴在有常言辭尚其體實要約當不惟好
其奇異商之舊俗靡靡然好相隨順利口辯捷阿
諛順旨者惟以爲賢餘風至今未絕公其念絕之
哉戒畢公以治殷民之法 傳言當至善聲 正
義曰旌旗所以表識貴賤故傳以旌爲識淑善也
慝惡也言當識別頑民之善惡知其善者表異其
所居之里若今孝子順孫義夫節婦表其門閭者
也表其善者則惡者自見明其爲善當褒賞之病
其爲惡當罪罰之其有善人立其善風令其里使
放傚之揚其善聲告之踈遠使聞知之 傳其不
至沮勸 正義曰孟子云方里爲井井九百畝使
民死徙無出鄉鄉田同井出入相友守望相助疾
病相扶持則百姓親睦然則先王制之爲井田也
欲使民相親愛生相佐助死相殯葬不循道教之
常者其人不可親近與善民雜居或染善爲惡故
殊其井田居界令民不與來往猶今下民有大罪

遷周已歷三紀十二年者天之大數歲星太歲皆十二年而一
周天故十二年曰紀父子易人爲世大禹謨云賞延于世謂緣
父及子也
傳天道至勸慕
正義曰天氣下降地氣上騰而有寒暑生焉刑新國用輕典刑
亂國用重典輕重隨俗而有寬猛異焉天道有上下交接之義
故寒暑易節政教有用俗改更之理故寬猛相濟天道有寒暑
遞來政教以寬猛相濟民之風俗善惡無常或善變爲惡或惡
變爲善不可以其旣善謂善必不變民之俗善須以善養之令
善遂不變人之俗有不善當以善法御之使變而爲善若乃不
善其善則下民無所勸慕民無所慕則變爲惡矣殷民今雖已
善更當以善教之欲以屈畢公之意
傳言公至師法
正義曰小物猶小事也能勤小事則大事必能勤矣故舉能勤
小事以爲畢公之善釋詁云亮佐也晉語說文王之事云詢于
八虞訪于辛尹重之以周召畢榮則畢公於文王之世已爲大
臣是輔佐文武成康四世爲公卿也正色謂嚴其顏色不惰慢
不阿諂以此率下下民無不敬仰師法之
傳公之至子孫
正義曰先王之功無由可及言公之善功多大先人之美方欲
委之以事盛言之重其功美矣
王曰至念哉
正義曰王更歎而呼畢公曰嗚呼父師今日我勑命公以周公
所爲之事公其往爲之哉公往至彼當識別善之與惡表異其
善者所居之里彰明其爲善病其爲惡其爲善之人當立其善
風揚其善聲其有不循道教之常者則殊其井田疆界使之能
畏爲惡之禍慕爲善之福更重畫郊圻境界謹慎牢固其封疆
守備以安彼四海之内爲政貴在有常言辭尚其體實要約當
不惟好其奇異商之舊俗靡靡然好相隨順利口辯捷阿諛順
旨者惟以爲賢餘風至今未絕公其念絕之哉戒畢公以治殷

過不肯服者則擯出族黨之外吉凶不與交通此之義也亦既殊其井田必當思自改悔冀其能畏爲惡之禍慕爲善之福所以沮止爲惡者勸勉爲善者　傳郊圻至安矣　正義曰郊圻謂邑之境界境界雖舊有規畫而年世久遠或相侵奪當重分明畫之以防後相侵犯雖舉邑之郊境爲言其民田疆畔亦令更重畫之不然何以得殊其井疆也王城之立四郊以爲京師屏障預備不虞又當謹慎牢固封疆之守備以安四海之內此是王之近郊牢設守備惟可以安京師耳而云安四海者京師安則四海安矣　傳紂以至絕之　正義曰韓宣子稱紂使師延作靡靡之樂靡靡者相隨順之意紂之爲人拒諫飾非惡聞其短惟以靡靡相隨順利口捷給能隨從上意者以之爲賢商人效之遂成風俗由此所以覆亡國家殷民利口餘風至今不絕公其念絕之欲令其變惡俗也　我聞曰世祿之家鮮克由禮以蕩陵德實悖天道言我聞自古有之世有祿位而無禮教少不以放蕩陵邈有德者如此實亂天道敝化奢麗萬世同流言敝俗相化車服奢麗雖相去萬世若同一流茲殷庶士席寵惟舊怙侈滅義服美于人殷衆士居寵日久怙恃奢侈以滅德義服飾過制美於其民言僭上驕淫矜侉將由惡終雖收放心閑之惟艱言殷衆士驕恣過制矜其所能以自侉大如此不變將用惡自終雖今順從周制心未厭服以禮閑禦其心惟難資富能訓惟以永年惟德惟義時乃大訓不由

楊本卷十八第三十五葉

民之法　傳言當至善聲　正義曰旌旗所以表識貴賤故傳以旌爲識淑善也慝惡也言當識別頑民之善惡知其善者表異其所居之里若今孝子順孫義夫節婦表其門閭者也表其善者則惡者自見明其爲善當褒賞之病其爲惡當罪罰之其有善人立其善風令邑里使放傚之揚其善聲告之蹤迹使聞知之　傳其不至沮勸　正義曰孟子云方里爲井井九百畝使民死徙無出鄉鄉田同井出入相友守望相助疾病相扶持則百姓親睦然則先王制之爲井田也欲使民相親愛生相佐助死相殯葬不循道教之常者其人不可親近與善民雜居或染善爲惡故殊其井田居界令民不與來往猶令下民有大罪過不肯服者則擯出族黨之外吉凶不與交通此之義也亦既殊其井田必當思自改悔使其能畏爲惡之禍慕爲善之福所以沮止爲惡者勸勉爲善者　傳郊圻至安矣　正義曰郊圻謂邑之境界境界雖舊有規畫而年世久遠或相侵奪當重分明畫之以防後相侵犯雖舉邑之郊境爲言其民田疆畔亦令更重畫之不然何以得殊其井疆也王城之立四郊以爲京師屏障預備不虞又當謹慎牢固封疆之守備以安四海之內此是王之近郊牢設守備惟可以安京師耳而云安四海者京師安則四海安矣　傳紂以至絕之　正義曰韓宣子稱紂使師延作靡靡之樂靡靡者相隨順之意紂之爲人拒諫飾非惡聞其短惟以靡靡相隨順利口捷給能隨從上意者以之爲賢商人效之遂成風俗由此所以覆亡國家殷民利口餘風至今不絕公其念絕之欲令其變惡俗也　我聞至其訓　正義曰我聞古人言曰世有祿位之家恃富驕恣少能用禮以放蕩之心陵邈有德之士如此者實悖亂天道敝俗相化奢侈

單疏卷十八第二十五葉

古訓于何其訓以富資而能順義則惟可以長年命矣惟有德義是乃大順若
不用古訓典籍於何其能順乎王曰嗚呼父師邦之安危惟茲
殷士不剛不柔厥德允修言邦國所以安危惟在和此殷士而
已治之不剛不柔寬猛相濟則其德政信修立惟周公克慎厥始惟君
陳克和厥中惟公克成厥終周公遷殷頑民以消亂階能慎
其始君陳弘周公之訓能和其中畢公闡二公之烈能成其終三后協心同底于
道道洽政治澤潤生民三君合心爲一終始相成同致于道道至普洽
政化治理其德澤惠施乃浸潤生民言三君之功不可不尚四夷左衽罔不咸
賴予小子永膺多福言東夷西戎南蠻北狄被髮左衽之人無不皆
恃賴三君之德我小子亦長受其多福公其惟時成周建無窮之
基亦有無窮之聞公其惟以是成周之治爲周家立無窮之基業於公
亦有無窮之名聞於後世子孫訓其成式惟乂言後世子孫順公之成法惟以
治嗚呼罔曰弗克惟既厥心人之爲政無曰不能惟在盡其心而
已罔曰民寡惟慎厥事無曰人少不足治也惟在慎其政事無敢輕之
欽若先王成烈以休于前政敬順文武成業以美於前
人之政所以勉畢公疏我聞至其訓　正義曰我聞古人言曰世有祿位之家恃富驕恣少能用

楊本卷十八第三十六葉

華麗雖相去萬世而共同一流此殷之衆士皆是富貴之家居
處寵勢惟已久矣怙恃奢侈以滅德義身卑而僭上飾其服美
於其人驕恣過制矜能自侉行如此不變將用惡自終今以法
約之雖收斂其放侈之心猶防閑之惟大艱難資財富足能順
道義則惟可以長年命矣惟能用德惟能行義是乃爲大順德
也若不用古之訓典則於何其能順乎欲令畢公以古之訓典
教殷民也
傳特言至天道
正義曰凡以善言教化無非古之訓典於此特言我聞者言此
事自古有之所以尤須嚴禁故也世有祿位財多勢重縱恣其
心而無禮教如此之人少能不以放蕩之心陵邈有德者天道
以上臨下以善率惡今乃以下慢上以惡陵善如此者實亂天
道也
傳此殷至僭上
正義曰席者人之所處故爲居之義舊久也殷士多是世貴之
家故爲居寵日久怙恃已之奢侈自謂奢侈爲賢德義廢而
行故爲以滅德義又以人輕位卑美服盛飾是服飾過制侈美
於其人言僭上服服勝人也
傳言殷至惟難
正義曰淫訓過也故爲過制強梁者不得其死好勝者必遇其
敵故矜侉不變將用惡自終言雖收放心則已收之矣雖今順
從周制畏威自止故怨猶在心未厭服故以禮閑禦其心惟難
也閑謂防閑禦止也
傳敬順至畢公
正義曰美於前人之政謂光前人之政所以勉勸畢公
尚書正義卷第十八
計一萬五千六百九十五字

單疏卷十八第二十六葉

禮以放蕩之心陵邈有德之士如此者實悖亂天
道敝俗相化奢侈華麗雖相去萬世而其同一流
此殷之衆士皆是富貴之家居處寵勢惟已久矣
怙恃奢侈以滅德義身卑而僭上飾其服美於其
人驕恣過制矜能自侉行如此不變將用惡自終
今以法約之雖收斂其放佚之心惟防閑之惟大
艱難資財富足能順道義則惟可以長年命矣惟
能用德惟能行義是乃爲大順德也若不用古之
訓典則於何其能順乎欲令畢公以古之訓典教化
民也　傳特言至天道　正義曰凡以善言教化
無非古之訓典於此特言我聞者言此事自古有
之所以尤須嚴禁故也世有禄位財多勢重縱恣
其心而無禮教如此之人少能不以放蕩之心陵
邈有德者天道以上臨下以善率惡今乃以下慢
上以惡陵善如此者實亂天道也　傳此殷至僭
上　正義曰席者人所處故爲人所依藉
人之是世貴之家以爲居寵日久怙恃
侈自謂奢侈爲賢德義廢而不行故爲以滅德義
又以人輕位卑美服盛飾是服飾過制度美於其
人言僭上服服勝人也　傳言殷至惟難　正義
曰僞訓過也故爲過制强梁者不得其死好勝者
必遇其敵故矜侉不變將用惡自終言雖收放心
則已收之矣雖今順從周制畏威自止故怨猶在
心未壓服故以禮閑禦其心惟難也閑謂防禦
止也　傳敬順至畢公　正義曰美於前
人之政謂光前人之政所以勉勵畢公

尚書注疏卷第十八

尚書註疏卷第十九

國子祭酒上護軍曲阜縣開國子臣孔穎達奉勅撰

周書

君牙第二十七
冏命第二十八
呂刑第二十九

君牙第二十七

穆王命君牙爲周大司徒穆王康王孫昭王子作君牙君牙臣名

君牙命以其名遂以名篇王若曰嗚呼君牙順其事而歎稱其名而命之惟乃祖乃父世篤忠貞服勞王家厥有成績紀于太常言汝父祖世厚忠貞服事勤勞王家其有成功見紀錄書於王之太常以表顯之王之旌旗畫日月曰太常惟予小子嗣守文武成康遺緒亦惟先王之臣克左右亂四方惟我小子繼守先王遺業亦惟父祖之臣能佐助我治四方言己懷所能心之憂危若蹈虎尾涉于春冰言祖業之大己才之弱故心懷

危懼虎尾畏噬春冰畏陷危懼之甚○穆王至春冰　正義曰穆王命其臣名君牙者爲周大司徒之卿以策書命之史錄其策書作君牙傳言汝至太常　正義曰周禮司勳云凡有功者銘書於王之太常祭於大烝鄭玄云銘之言名也生則書于王旌以識其人與其功也死則於烝先王祭之是有功者書於王之太常以表顯之也周禮司常云日月爲常王建太常是王之旌旗畫日月名之曰太常也今命爾予翼作股肱心膂今命汝爲我輔翼股肱心體之臣言委任纘乃舊服無忝祖考弘敷五典式和民則繼汝先祖故所服忠勤無辱累祖考之道大布五常之教用和民令有法則爾身克正罔敢弗正民心罔中惟爾之中言汝身能正則下無敢不正民心無中從汝取中必當正身示民以中正夏暑雨小民惟曰怨咨夏月暑雨天之常道小人惟曰怨歎咨嗟言心無中也冬祁寒小民亦惟曰怨咨冬大寒亦天之常道民猶怨嗟厥惟艱哉思其艱以圖其易民乃寧天不可怨民猶怨嗟治民其惟難哉當思慮其難以謀其易民乃安○今命至乃寧　正義曰王言我以危懼之故今命汝爲我輔翼汝當作我股肱心膂言將任之如己身也繼汝先世舊所服行亦如父祖忠勤無爲不忠辱累汝祖考當須大布五常之教用和天下兆民令有法則凡欲率下當先正身汝身能正則下無敢不正民心無能中正惟取汝之中正汝當爲中正以率之夏月大暑大雨天之常也小民惟曰怨恨而咨嗟冬月大寒亦天之常也小民亦惟曰怨恨而咨嗟天不可怨民尚怨

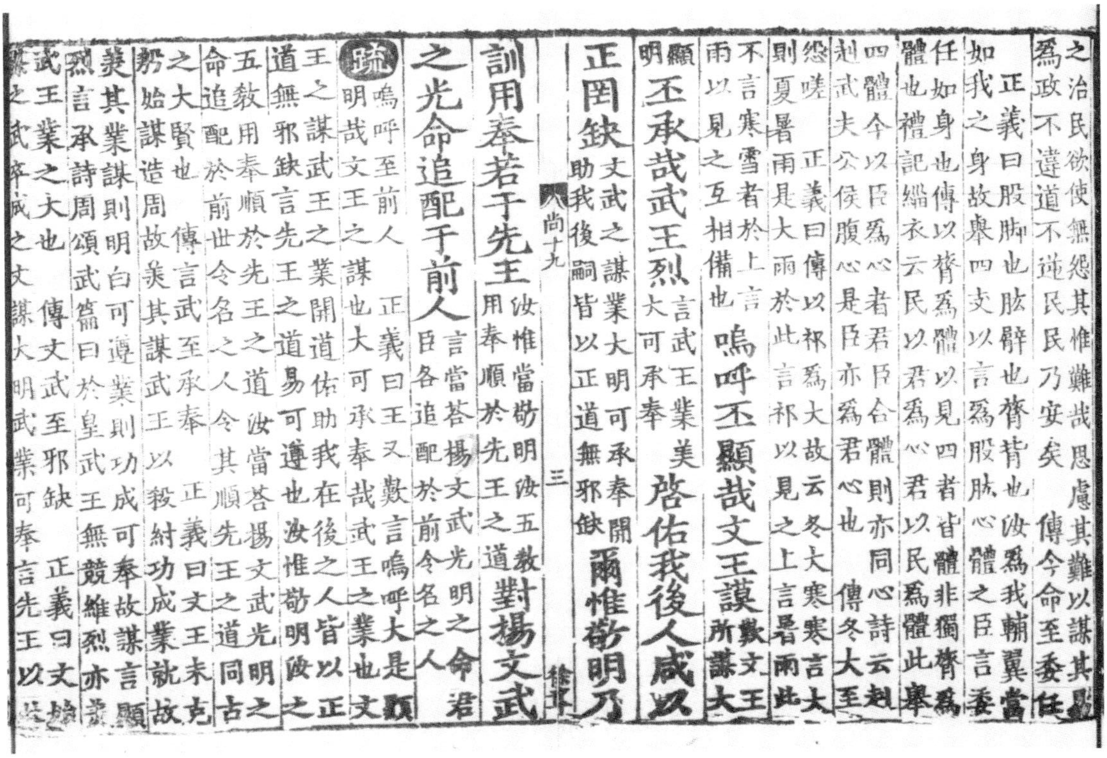

足利本卷十九第三葉

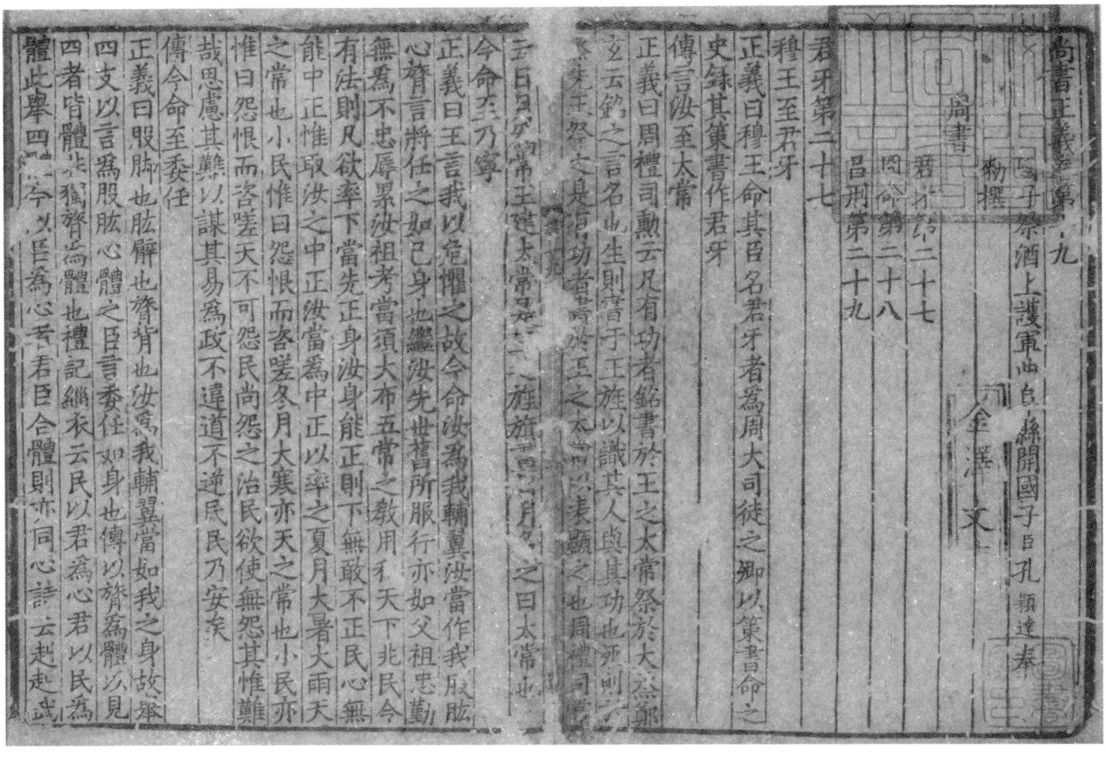

單疏卷十九第一葉

成功開道佑助我之後人使我得安其事而奉行
之以正道見其無邪罔缺失見其周備故傳言無
邪缺 王若曰君牙乃惟由先正舊典時式民之治亂
在茲 汝惟當奉用先正之臣所行故事舊典文籍是法民之治亂在此而已用之則民治廢之
則民亂 率乃祖考之攸行昭乃辟之有乂 言當循汝父祖之所
行明汝君之有治功 疏 王若至有乂 正義曰王順而呼之曰君牙汝爲大司徒惟當奉用先世
正官之法諸臣所行故事舊典於是法則之民之治亂在此而已汝必奉而用之循汝祖考之所行
明汝君之有治功 汝君王自謂也

冏命第二十八

穆王命伯冏爲周太僕正 伯冏臣名也太僕長太御中大夫 作冏
命 冏命 以冏見命名篇 疏 穆王至冏命 正義曰穆王命其臣名伯冏者爲周太僕正之官
以策書命之史録其策書作冏命 傳伯冏至大
夫 正義曰正訓長也周禮太御中大夫太僕下
大夫孔以此言太僕正則官高於太僕故以爲周禮太御者知非周禮太僕若是周禮太僕則此太
僕是矣何須云正乎且此經云命汝作大正正于羣僕案周禮太馭中大夫而下有戎僕齊僕道
僕田僕太御最爲長既稱正于羣僕故以爲太御中大夫且與君同車最爲親近故春秋魔侯寵少
師以爲車右漢書文帝愛趙同命之爲御凡御者最爲寵昵故此經云汝無昵於憸人充耳目之官
故以爲太御中大夫掌御王輅之官戎僕雖中大夫以戎事爲重敘在太御之下故以太御爲長大

夫公侯腹心是臣亦爲君心也
傳冬大至怨咨
正義曰傳以祁爲大故云冬大寒寒言大則夏暑雨是大雨於
此言祁以見之上言暑雨此不言寒雪者於上言雨以見之互
相備也
嗚呼至前人
正義曰王又歎言嗚呼大是顯明哉文王之謀也大可承奉哉
武王之業也文王之謀武王之業開道佑助我在後之人皆以
正道無邪缺言先王之道易可遵也汝惟敬明汝之五教用奉
順於先王之道汝當荅揚文武光明之命追配於前世令名之
人令其順先王之道同古之大賢也
傳言武至承奉
正義曰文王未克殷始謀造周故美其謀武王以殺紂功成業
就故美其業謀則明白可遵業則功成可奉故謀言顯烈言承
詩周頌武篇曰於皇武王無競維烈亦美武王業之大也
傳文武至邪缺
正義曰文始謀之武卒成之文謀大明武業可奉言先王以此
成功開道佑助我之後人使我得安其事而奉行之以正道見
其無邪罔缺失見其周備故傳言無邪缺
王若至有乂
正義曰王順而呼之曰君牙汝爲大司徒惟當奉用先世正官
之法諸臣所行故事舊典於是法則之民之治亂在此而已汝
必奉而用之循汝祖考之所行明汝君之有治功汝君王自謂也
冏命第二十八
穆王至冏命
正義曰穆王命其臣名伯冏者爲周太僕正之官以策書命之
史録其策書作冏命
傳伯冏至大夫
正義曰正訓長也周禮太御中大夫太僕下大夫孔以此言太
僕正則官高於太僕故以爲周禮太御者知非周禮太僕若是

僕雖掌燕朝非親近之任
又是下大夫不得爲長
王若曰伯冏惟予弗克
于德嗣先人宅丕后順其事以命伯冏言我不能於道德繼先人居大君之位
人輕任重怵惕惟厲中夜以興思免厥愆言常悚懼惟危夜半以起
思所以免其過悔昔在文武聰明齊聖小大之臣咸懷忠
良聰明視聽遠齊通無滯礙臣雖官有尊卑無不忠良其侍御僕從罔匪正
人雖給侍進御僕役從官官雖微無不用中正之人以旦夕承弼厥辟出
入起居罔有不欽小臣皆良僕役皆正以旦夕承輔其君故君出入起居無有不
欽
發號施令罔有不臧下民祗若萬邦咸休言文武發
號施令無有不善下民敬
順其命萬國皆美其化
疏王若至咸休　正義曰王順其事而呼之
曰伯冏惟我不能於道德而繼嗣先人居大君之
位人輕任重終常悚懼心内怵惕惟恐傾危中夜
以起思望免其愆過昔在文王武王聰無所不聞
明無所不見齊中也每事得中聖通也通知諸事
其身明聖如此又小大之臣無不皆思忠良其左
右侍御僕從無非中正之人以旦夕承輔其君故
其君出入起居無有不敬文武發號施令無有不
善以此之故下民敬順其命萬邦皆美其化由臣
善故也　傳言常至過悔　正義曰禮記祭義云
春雨露既濡君子履之必有怵惕之心怵惕是心
動之名多憂懼之意也厲訓危也言常悚懼惟恐
傾危易稱夕惕若厲即此義也　傳聰明至忠良
正義曰聰發於耳明發於目故爲視聽遠也齊訓
中聖訓通也動必得中通而先識是無滯礙也

足利本卷十九第五葉

冏命第二十八　周書

周禮太僕列此云太僕是大夫何須云正乎且此經云命汝作大
正正于羣僕案周禮太馭中大夫而下有戎僕齊僕道僕田僕
太御最爲長既稱正于羣僕故以爲太御中大夫且與君同車
最爲親近故春秋隨侯寵少師以爲車右漢書文帝愛趙同命
之爲御凡御者最爲密昵故此經云汝無昵於憸人充耳目之
官故以爲太御中大夫掌御玉輅之官戎僕雖中大夫以戎事
爲重敘在太御之下故以太御爲長大僕雖掌燕朝非親近之
任又是下大夫不得爲長
王若至咸休
正義曰王順其事而呼之曰伯冏惟我不能於道德而繼嗣先
人居大君之位人輕任重終常悚懼心内怵惕惟恐傾危中夜
以起思望免其愆過昔在文王武王聰無所不聞明無所不見
齊中也每事得中聖通也通知諸事其身明聖如此又小大之
臣無不皆思忠良其左右侍御僕從無非中正之人以旦夕承
輔其君故其君出入起居無有不敬文武發號施令無有不善
以此之故下民敬順其命萬邦皆美其化由臣善故也
傳言常至過悔
正義曰禮記祭義云春雨露既濡君子履之必有怵惕之心怵
惕是心動之名多憂懼之意也厲訓危也言常悚懼惟恐傾危
易稱夕惕若厲即此義也
傳聰明至忠良
正義曰聰發於耳明發於目故爲視聽遠也齊訓中聖訓通也
動必得中通而先識是無滯礙也
惟予至先烈
正義曰王言惟我一人無善未既無知實恃賴左右前後有職
位之臣匡正其智所不及者言羣臣使正己也即言正己之事
繩其愆過糾其錯謬格其非妄之心心有妄作則格正之使能
繼先王之功業言得臣匡輔乃可繼世也
傳言恃至功業
正義曰木不正者以繩正之繩謂彈正糾謂發舉有愆過則彈

單疏卷十九第三葉

惟予一人無良實賴左右前後有位之士匡其不及惟我一人無善實恃左右前後有職位之士匡正其不及言此責羣臣正己繩愆糾謬格其非心俾克紹先烈言恃左右之臣彈正過誤撿其非妄之心使能繼先王之功業疏惟予至先烈　正義曰王言惟我一人無善亦既無如實恃賴左右前後有職位之臣匡正其智所不及者責羣臣使正己也即言正己之事繩其愆過糾其錯謬格其非妄之心心有妄作則格正之使能繼先王之功業言得臣臣輔乃可繼世也　傳言恃至功業　正義曰木不正者以繩正之繩謂彈正糾謂發舉有愆過則彈正之有錯謬則發舉之格謂檢括其有非理枉妄之心檢括使妄心不作臣當如此臣君使能繼先王之功業言己無能責臣使如此也

令予命汝作大正正于羣僕侍御之臣欲其教正羣僕無敢佞僞懋乃后德交修不逮言侍御之臣無小大親疏皆當勉汝君爲德更代修進其所不及慎簡乃僚無以巧言令色便辟側媚其惟吉士當謹慎簡選汝僚屬侍臣無得用巧言無實令色無質便辟足恭側媚諂諛之人其惟皆吉良正士疏今予至吉士　正義曰今我命汝作太僕官大正汝當教正於羣僕侍御之臣勸勉汝君爲德汝與同僚交更修進汝君智所不及之事汝爲僕官之長當慎簡汝之僚屬必使皆得正人無得用巧言令色便僻側媚之人其惟皆當用吉良善士令選其在下屬官小臣僕隸之等皆用善人　傳欲其至佞僞　正義曰作大正正長也作僕官之長正於羣僕令教正之二正義不同也羣僕雖官

有小大皆近天子近人主者多以諂佞自容令太僕教正羣僕明使教之無敢佞僞也案周禮太馭中大夫掌御玉輅戎僕中大夫掌御戎車齊僕下大夫掌馭金輅道僕上士掌馭象輅田僕上士掌馭田輅羣僕謂此也　傳當謹至正士　正義曰府史已下官長所自辟除命士以上皆應人主自選此令太僕正謹慎簡選僚屬者人主所用皆由臣下銓擬可者然後用之故令太僕正慎簡僚屬也論語稱巧言令色足恭左丘明恥之便僻是巧言令色之類知是彼足恭也巧言者巧爲言語以順從上意無情實也令色者善爲顏色以媚說人主無本質也便僻者前却俯仰以足爲恭側媚者爲僻側之事以求媚於君此等皆是諂諛之人不可用爲近官也媚愛也襄三十一年左傳云鄭子產謂子皮曰誰敢求愛於子知此爲側媚者爲側行以求愛非是愛前人也若能愛在上則忠臣也不當棄其無用

僕臣正厥后克正僕臣諛厥后自聖言僕臣皆正則其君乃能正僕臣諂諛則其君乃自謂聖后德惟臣不德惟臣君之有德惟臣成之君之無德惟臣誤之言君所行善惡專在左右爾無昵于憸人充耳目之官迪上以非先王之典汝無親近於憸利小子之人充備侍從在視聽之官道君上以非先王之法非人其吉惟貨其吉若非人其實吉良惟以貨財配其吉良以求入於僕侍之臣汝當清審若時瘝厥官若用是行貨之人則病其官職惟爾大弗克祗厥辟惟予汝辜用行貨之人則惟汝大不能敬其君惟我則亦以此罪汝言不忠也王曰嗚呼欽哉永弼乃后于

彝憲歎而勑之使敬用所言當長輔汝君
於常法此穆王庶幾欲蹈行常法

呂刑第二十九

呂命呂侯見命爲天子司寇穆王訓夏贖刑呂侯以穆王命作書訓暢夏禹
贖刑之法更從輕以布告天下作呂刑呂刑後爲甫侯故或稱甫刑　疏　呂命至呂
刑　正義曰呂侯得穆王之命爲天子司寇之卿
穆王於是用呂侯之言訓暢夏禹贖刑之法呂侯
稱王之命而布告天下史錄其事作呂刑　傳呂
侯至司寇　正義曰呂侯得王命必命爲王官周
禮司寇掌刑知呂侯見命爲天子司寇鄭玄云呂
侯受王命入爲三公引書說云周穆王以呂侯爲
相書說謂書緯刑將得放之篇有此言也以其言
相知爲三公即如鄭言當以三公領司寇不然何
以得專王刑也　傳呂侯至天下　正義曰名篇
謂之呂刑其經皆言王曰知呂侯以穆王命作書
也經言陳罰贖之事不言何代之禮故序言訓夏
以明經是夏法王者代相革易刑罰世輕世重殷
以變夏周又改殷夏法行於前代廢已久矣今復
訓暢夏禹贖刑之法以周法傷重更從輕以布告天
下以其事合於當時故孔子錄之以爲法經多說
治獄之事是訓釋申暢之也金作贖刑唐虞之法
周禮職金掌受士之金罰貨罰入于司兵則周亦
有贖刑而遠訓夏之贖刑者周禮惟言士之金罰
人似不得贖罪縱使亦得贖罪贖必異於夏法以
夏刑爲輕故祖而用之罪實則刑之罪疑則贖之
故當並言贖刑非是惟訓贖罰也周禮司刑掌五
刑之法以麗萬民之罪墨罪五百劓罪五百宮罪
五百刖罪五百殺罪五百五刑惟有二千五百此
經五刑之屬三千案刑數乃多於周禮而言變從

正之有錯謬則發舉之格誥檢括其有非理枉妄之心檢括使
妄心不作臣當如此臣君使能繼先王之功業言已無能責臣
使如此也
今予至吉士
正義曰今我命汝作大僕官之正汝當教正於羣僕侍御之臣
勸勉汝君爲德汝與同僚交更修進汝君智所不及之事汝爲
僕官之長當慎簡汝之僚屬必使皆得正人無得用巧言令色
便僻側媚之人其惟皆當用吉良善士令選其在下屬官小臣
僕隸之等皆用善人
傳欲其至佞僞
正義曰作大正正長也作僕官之長正於羣僕令教正之二正
義不同也羣僕雖官有小大皆近天子近人主者多以諂佞自
容今大僕教正羣僕明使教之無敢佞僞也案周禮太馭中大
夫掌御玉輅戎僕中大夫掌御戎車齊僕下大夫掌馭金輅道
僕上士掌馭象輅田僕上士掌馭田輅諸僕謂此也
傳[illegible]至正士
正義曰府史已下官長所自辟除命士以上皆應人主自選此
令太僕正謹慎簡選僚屬者人主所用皆由臣下臣下銓擬可
者然後用之故令太僕正慎簡僚屬也論語稱巧言令色足恭
左丘明恥之便僻是巧言令色之類知是彼足恭也巧言者巧
爲言語以順從上意無情實也令色者善爲顏色以媚說人主
無本實也便僻者前却俯仰以足爲恭側媚者爲僻側之事以
求媚於君此等皆是諂諛之人不可用爲近官也媚愛也襄三
十一年左傳云鄭子產謂子皮曰評敢求愛於子知此爲側媚
者爲側行以求愛非是愛前人也若能愛在上則忠臣也不當
禁其無用
呂刑第二十九
呂命至呂刑
正義曰呂侯得穆王之命爲天子司寇之卿穆王於是用呂侯
之言訓暢夏禹贖刑之法呂侯稱王之命而布告天下史錄其

輕者周禮五刑皆有五百此則輕刑少而重刑多
此經墨劓皆千剕刑五百宮刑三百大辟二百輕
刑多而重刑少變周用夏是改重從輕也然則周
公聖人相時制法而使刑罰太重今穆王改易之
者穆王遠取夏法殷刑必重於夏夏承堯舜之後
民淳易治故制刑近輕輕則民慢故殷刑稍重自
湯已後世漸苛酷紂作炮烙之刑明知刑罰益重
周承暴虐之後不可頓使太輕雖減之輕猶重於
夏法成康之閒刑措不用下及穆王民猶易治故
呂侯度時制宜勸王改從夏法聖人之法非不善
也而不以經遠呂侯之智非能高也而法可以適
時苟適於時事即可爲善亦不言呂侯才高於周
公法勝於前代所謂觀民設教遭時制宜刑罰所
以世輕世重爲此故也　傳後爲至甫刑　正義
曰禮記書傳引此篇之言多稱爲甫刑曰故傳解
之後爲甫侯故或稱甫刑知後爲甫侯者以詩大
雅崧高之篇宣王之詩云生甫及申揚之水爲平
王之詩云不與我戍甫明子孫改封爲甫侯不知
因呂國改作甫名不知別封餘國而爲甫號然子
孫封甫穆王時未有甫名而稱爲甫刑者後人以
子孫之國號名之也猶若叔虞初封於唐子孫封
晉而史記稱晉世家然宣王以後改呂爲甫鄭語
史伯之言幽王之時也乃云申呂雖衰齊許猶在
仍得有呂者以彼史伯論四嶽治水其齊許申呂
是其後也因上申呂之文而云申呂雖衰呂即甫也

惟呂命王享國百年耄荒

言呂侯見命爲卿時穆王以享國百年耄亂荒忽穆王即位過四十矣言百年大期雖老而能用賢以揚名

度作刑以詰四方

度時世所宜訓作贖刑以治天下四方之民

惟呂至四方　正義曰惟呂侯見命爲卿於時穆王享有周國已積百年王精神耄亂而荒忽

事作呂刑

傳呂侯至司寇

正義曰呂侯得王命必命爲王官周禮司寇掌刑知呂侯見命爲天子司寇鄭玄云呂侯受王命入爲三公引書說云周穆王以呂侯爲相書說謂書緯刑將得放之篇有此言也以其言相知爲三公即如鄭言當以三公領司寇不然何以得專王刑也

傳呂侯至天下

正義曰名篇謂之呂刑其經皆言王曰知呂侯以穆王命作書也經言陳罰贖之事不言何代之禮故序言訓夏以明經是夏法王者代相革易刑罰世輕世重殷以變夏周又改殷夏法行於前代廢已久矣今復訓暢夏禹贖刑之法以周法傷重更從輕以布告天下以其事合於當時故孔子錄之以爲法經多說治獄之事是訓釋申暢之也金作贖刑唐虞之法周禮職金掌受士之金罰貨罰入于司兵則周亦有贖刑而遠訓夏之贖刑者周禮惟言士之金罰人似不得贖罪縱使亦得贖罪贖必異於夏法以夏刑爲輕故祖而用之罪實則刑之罪疑則贖故當並言贖刑非是惟訓贖罰也周禮司刑掌五刑之法以麗萬民之罪墨罪五百劓罪五百宮罪五百刖罪五百殺罪五百五刑惟有二千五百此經五刑之屬三千案刑數乃多於周禮而言變從輕者周禮五刑皆有五百此則輕刑少而重刑多此經墨劓皆千剕刑五百宮刑三百大辟二百輕刑多而重刑少變周用夏是改重從輕也然則周公聖人相時制法而使刑罰太重今穆王改易之者穆王遠取夏法殷刑必重於夏夏承堯舜之後民淳易治故制刑近輕輕則民慢故殷刑稍重自湯已後世漸苛酷紂作炮烙之刑明知刑罰益重周承暴虐之後不可頓使太輕雖減之輕猶重於夏法成康之閒刑措不用下及穆王民猶易治故呂侯度時制宜勸王改從夏法聖人之法非不善也而不以經遠呂侯之智非能高也而法可以適時苟適於時事即可爲善亦不言呂侯才高於周公法勝於前代所謂觀民設教遭時制宜刑罰所以世輕世重爲此故也

矣王雖老耄猶能用賢取呂侯之言度時世所宜
作夏贖形以治天下四方之民也　傳言呂至揚
名　正義曰史述呂侯見命而記王年知其得命
之時王以享國百年也曲禮云八十九十曰耄是
耄荒爲年老精神耄亂荒忽也穆王即位之時已
年過四十矣比至命呂侯之年未必已有百年言
百年者美大其事雖則年老而能用賢以揚名故
記其百年之耄荒也周本紀云甫侯言於王作脩
刑辟是脩刑法者皆呂侯之意美王能用之穆王即位
過四十者不知出何書也周本紀云穆王即位春秋已
五十矣立五十五年崩司馬遷若在孔後或當各
有所據無逸篇言殷之三王及文王享國若干年
者皆謂在位之年此言享國百年乃從生年而數
意在美王年老能用賢而言其長壽故舉從生之
年以耄荒接之美其老之
意也文不害意不與彼同
王曰若古有訓蚩尤惟

尚書十九　十　蔡中

始作亂延及于平民順古有遺訓言蚩尤造始作亂
惡化相易延及於平善之人九
黎之君號曰蚩尤　**罔不寇賊鴟義姦宄奪攘矯虔**　平民化之無不
相寇賊爲鴟梟之義以相奪攘
矯稱上命若固有之亂之甚　**苗民弗用靈制以**
刑惟作五虐之刑曰法　三苗之君習蚩尤之惡不
用善化民而制以重刑惟
爲五虐之刑自謂得法蚩尤黃帝所
滅三苗帝堯所誅言異世而同惡　**殺戮無辜爰**
始淫爲劓刵椓黥　三苗之主頑凶若民敢行虐刑
以殺戮無罪於是始大爲截人
耳鼻椓陰黥面以
加無辜故曰五虐　**越茲麗刑并制罔差有辭**　苗民
於此
施刑并制無罪無差
有直辭者言淫濫　**民興胥漸泯泯棼棼罔中于**

傳後爲至甫刑
正義曰禮記書傳引此篇之言多稱爲甫刑曰故傳解之後爲
甫侯故或稱甫刑知後爲甫侯者以詩大雅崧高之篇宣王之
詩云生甫及申揚之水爲平王之詩云不與我戍甫明子孫改
封爲甫侯不知因呂國改作甫名不知別封餘國而爲甫號然
子孫封甫穆王時未有甫名而稱爲甫刑者後人以子孫之國
號名之也猶若叔虞初封於唐子孫封晉而史記稱晉世家然
宣王以後改呂爲甫鄭語史伯之言幽王之時也乃云申呂雖
衰齊許猶在仍得有呂者以彼史伯論四嶽治水其齊許申呂
是其後也因上申呂之文而云申呂雖衰呂即甫也
惟呂至四方
正義曰惟呂侯見命爲卿於時穆王享有周國已積百年王精
神耄亂而荒忽矣王雖老耄猶能用賢取呂侯之言度時世所
宜作夏贖刑以治天下四方之民也
傳言呂至揚名
正義曰史述呂侯見命而記王年知其得命之時王以享國百
年也曲禮云八十九十曰耄是耄荒爲年老精神耄亂荒忽也
穆王即位之時已年過四十矣比至命呂侯之年未必已有百
年言百年者美大其事雖則年老而能用賢以揚名故記其百
年之耄荒也周本紀云甫侯言於王作脩刑辟是脩刑法者皆
呂侯之意美王能用之穆王即位過四十者不知出何書也周
本紀云穆王即位春秋已五十矣立五十五年崩司馬遷若在
孔後或當各有所據無逸篇言殷之三王及文王享國若干年
者皆謂在位之年此言享國百年乃從生年而數意在美王年
老能用賢而言其長壽故舉從生之年以耄荒接之美其老之
意也文不害意不與彼同
王曰至在下
正義曰呂侯進言於王使用輕刑又稱王之言以告天下說重
刑害民之義王曰順古道有遺餘典訓記法古人之事昔炎帝
之末有九黎之國君號蚩尤者惟造始作亂惡化遞相染易延

信以覆詛盟三苗之民瀆於亂政起相漸化泯泯爲亂棼棼同惡皆無中于信義以反
背詛盟之約虐威庶戮方告無辜于上上帝監民罔有
馨香德刑發聞惟腥三苗虐政作威衆被戮者方方各告無罪於天天視苗民
無有馨香之行其所以爲德刑發聞惟乃腥臭皇帝哀矜庶戮之不辜報
虐以威遏絕苗民無世在下皇帝帝堯也哀矜衆被戮者之不辜乃報
爲虐者以威誅遏絕苗民使無世位在下國也【疏】王曰至在下呂侯進言於王使用輕正義曰
刑又稱王之言以告天下說重刑害民之義王曰
順古道有遺餘典訓記法古人之事昔炎帝之末
有九黎之國君號蚩尤者惟造始作亂惡化遞相
漸染易延及於平善之民平民化之亦變爲惡無有
不相寇盜相賊害爲鴟梟之義鈔掠良善外姦内
宄劫奪人物攘竊人財矯稱上命以取人財若已
固自有之然蚩尤之惡已如此矣至於高辛氏之
末又有三苗之國君習蚩尤之惡不肯用善化民
而更制重法惟作五虐之刑乃言曰此得法也殺
戮無罪之人於是始大爲四種之刑刵截人耳劓
截人鼻椓人陰黥割人面苗民於此施刑之時
并制無罪之人對獄有罪者無辭無罪者有辭苗
民斷獄並皆罪之無差簡有直辭者言濫及無罪
者也三苗之民慣瀆亂政起相漸染皆化爲惡泯
泯爲亂棼棼同惡小大爲惡民皆巧詐無有中于
信義以此無中于信反背詛盟之約雖有要約皆
違背之三苗虐政作威衆被戮者方方各告無罪
於上天上天下視苗民無有馨香之行其所以爲
德刑者發聞於外惟乃皆腥臭無馨香也皇帝
堯哀矜衆被殺戮者不以其罪乃報爲暴虐者以

及於平善之民平民化之亦變爲惡無有不相寇盜相賊害爲
鴟梟之義鈔掠良善外姦内宄劫奪人物攘竊人財矯稱上命
以取人財若己固自有之然蚩尤之惡已如此矣至於高辛氏
之末又有三苗之國君習蚩尤之惡不肯用善化民而更制重
法惟作五虐之刑乃言曰此得法也殺戮無罪之人於是始大
爲四種之刑刵截人耳劓截人鼻椓人陰黥割人面苗民於
此施刑之時并制無罪之人對獄有罪者無辭無罪者有辭苗
民斷獄並皆罪之無差簡有直辭者言濫及無罪者也三苗之
民慣瀆亂政起相漸染皆化爲惡泯泯爲亂棼棼同惡小大爲
惡民皆巧詐無有中于信義以此無中于信反背詛盟之約雖
有要約皆違背之三苗虐政作威衆被戮者方方各告無罪於
上天上天下視苗民無有馨香之行其所以爲德刑者發聞於
外惟乃皆腥臭無馨香也君帝堯哀矜衆被殺戮者不以其
罪乃報爲暴虐者以威止絕苗民使無世位在於下國言以刑
虐故滅之也
傳順古至蚩尤
正義曰古有遺訓順而言之故爲順古有遺訓也蚩尤造始作
亂其事往前未有蚩尤今始造之必是亂民之事不知造何事
也下說三苗之主習蚩尤之惡作五虐之刑此章主說虐刑之
事蚩尤所作必亦造虐刑也以峻法治民民不堪命故惡化轉
相染易延及於平善之民亦化爲惡也九黎之君號曰蚩尤當
有舊說云然不知出何書也史記五帝本紀云神農氏世衰諸
侯相侵伐蚩尤最爲暴虐莫能伐之黄帝乃徵師諸侯與蚩尤
戰於涿鹿之野遂擒殺蚩尤而諸侯咸尊軒轅爲天子如本紀
之言蚩尤是炎帝之末諸侯君也應劭云蚩尤古天子鄭玄云蚩
尤霸天下黄帝所伐者漢書音義有臣瓚者引孔子三朝記云
蚩尤庶人之貪者諸說不同未知蚩尤是何人也楚語曰少昊
氏之衰也九黎亂德顓頊受之使復舊常則九黎在少昊之末
非蚩尤也韋昭云九黎氏九人蚩尤之徒也韋昭雖以九黎爲
蚩尤要史記蚩尤在炎帝之末國語九黎在少昊之末二者不

威止絶苗民使無世位在於下國言以刑虐故滅
之也　傳順古至蚩尤　正義曰古有遺訓順而
言之故爲順古有遺訓也蚩尤造始作亂其事往
前未有蚩尤今始造之必是亂民之事不知造何事
也下説三苗之主習蚩尤之惡作五虐之刑此章
主説虐刑之事蚩尤所作必亦造虐刑也以峻法
治民民不堪命故惡化轉相染易延及於平善之
民亦化爲惡也九黎之君號曰蚩尤當有舊説云
然不知出何書也史記五帝本紀云神農氏世衰
諸侯相侵伐蚩尤最爲暴虐莫能伐之黄帝乃徵
師諸侯與蚩尤戰於涿鹿之野遂擒殺蚩尤而諸
侯咸尊軒轅爲天子如本紀之言蚩尤是炎帝之
末諸侯君也應劭云蚩尤古天子鄭云蚩尤霸天
下黄帝所伐者漢書音義有臣瓚者引孔子三朝
記云蚩尤庶人之貪者諸説不同未知蚩尤是何
人也楚語曰少昊氏之衰也九黎亂德顓頊受之

尚十九　十二

使復舊常則九黎在少昊之末非蚩尤也韋昭云
九黎氏九人蚩尤之徒也韋昭雖以九黎爲蚩尤
要史記蚩尤在炎帝之末國語九黎在少昊之末
二者不得同也九黎之文惟出楚語孔以蚩尤爲
九黎下傳又云蚩尤黄帝所滅言黄帝所滅則與
史記同矣孔非不見楚語而爲此説蓋以蚩尤是
九黎之君黄帝雖滅蚩尤猶有種類尚在故下至少
昊之末更復作亂若其不然孔意不可知也鄭玄
云學蚩尤爲此者九黎之君在少昊之代也其意
以蚩尤當炎帝之末九黎當少昊之末九黎學蚩
尤九黎非蚩尤也　傳平民至之甚　正義曰蚩尤
作亂當是作重刑以亂民以峻法酷刑民無所措
手足困於苛虐所酷人皆苟且故平民化之無有
不相寇賊羣行攻劫曰寇殺人曰賊言攻殺人以
求財也鴟梟貪殘之鳥詩云爲梟爲鴟梟是鴟類
鄭玄云盜賊狀如鴟梟鈔掠良善劫奪人物傳言

足利本卷十九第十二葉

得同也九黎之文惟出楚語孔以蚩尤爲九黎下傳又云蚩尤
黄帝所滅言黄帝所滅則與史記同矣孔非不見楚語而爲此
説蓋以蚩尤是九黎之君黄帝雖滅蚩尤猶有種類尚在故下
至少昊之末更復作亂若其不然孔意不可知也鄭玄云學蚩
尤爲此者九黎之君在少昊之代也其意以蚩尤當炎帝之末
九黎當少昊之末九黎學蚩尤九黎非蚩尤也
傳平民至之甚
正義曰蚩尤作亂當是作重刑以亂民以峻法酷刑民無所措
手足困於苛虐所酷人皆苟且故平民化之無有不相寇賊羣
行攻劫曰寇殺人曰賊言攻殺人以求財也鴟梟貪殘之鳥詩
云爲梟爲鴟梟是鴟類鄭玄云盜賊狀如鴟梟鈔掠良善劫奪
人物傳言鴟梟之義如鄭説也釋詁云虔固也若固有之言取
得人物如己自有也
傳三苗至同惡
正義曰上説蚩尤之惡即以苗民繼之知經意言三苗之君習

書十九

蚩尤之惡靈善也不用善化民而制以重刑學蚩尤制之用五
刑而虐爲之故爲五虐之刑不必皐陶五刑之外别有五也曰
法者述苗民之語自謂所作得法欲民行而畏之如史記之文
蚩尤黄帝所滅下句所説三苗帝堯所誅楚語云三苗復九黎
之惡是異世而同惡也鄭玄以爲苗民即九黎之後顓頊誅九
黎至其子孫爲三國高辛之衰又復九黎之惡堯興又誅之堯
末又在朝舜臣堯又竄之後禹攝位又在洞庭逆命禹又誅之
穆王深惡此族三生凶德故著其惡而謂之民孔惟言異世同
惡不言三苗是蚩尤之子孫韋昭云三苗炎帝之後諸侯共工也
傳三苗至五虐
正義曰三苗之主實國君也頑凶若民故謂之苗民不於上經
爲傳者就此惡行解之以其頑凶敢行虐刑以殺戮無罪釋詁
云淫大也於是大爲截人耳鼻椓陰黥面苗民爲此刑也椓陰
即宫刑也黥面即墨刑也康誥周公戒康叔云無或劓刵人即
周世有劓刵之刑非苗民别造此刑也以加無辜故曰五虐鄭

單疏卷十九第八葉

鴟梟之義如鄭說也釋詁云虔固也若固有之言
取得人物如己自有也　傳三苗至同惡　正義
曰上說蚩尤之惡即以苗民繼之知經意言三苗
之君習蚩尤之惡靈善也不用善化民而制以重
刑學蚩尤制之用五刑而虐爲之故爲五虐之刑
不必皐陶五刑之外別有五也曰法者述苗民之
語自謂所作得法欲民行而畏之如史記之文蚩
尤黄帝所滅下句所說三苗帝堯所誅楚語云三苗
復九黎之惡是異世而同惡也鄭玄以爲苗民即
九黎之後顓頊誅九黎至其子孫爲三國高辛之
衰又復九黎之惡堯興又誅之堯末又在朝舜臣
堯又竄之後禹攝位又在洞庭逆命禹又誅之穆
王深惡此族三生凶德故著其惡而謂之民孔惟
言異世同惡不言三苗是蚩尤之子孫韋昭云三
苗炎帝之後諸侯共工也　傳三苗至五虐　正
義曰三苗之主實國君也頑凶若民故謂之苗民
不於上經爲傳者就此惡行解之以其頑凶敢行
虐刑以殺戮無罪釋詁云淫大也於是大爲截人
耳鼻椓陰黥面苗民爲此刑也椓陰即宮刑也黥
面即墨刑也康誥周公戒康叔云無或劓刵人即
周世有劓刵之刑非苗民別造此刑也以加無辜
故曰五虐鄭玄云刵斷耳劓截鼻椓謂椓破陰黥
爲羈黥人面苗民大爲此四刑者言其特深刻異於
臯陶之爲鄭意蓋謂截耳截鼻多截之椓陰苦於去勢
黥面甚於墨額孔意或亦然也　傳三苗至之約
正義曰三苗之民謂三苗國内之民也瀆謂慣瀆
苗君久行虐刑民慣見亂政習以爲常起相漸化
泯泯相似之意棼棼擾攘之狀泯泯爲亂習爲亂
也棼棼同惡共爲惡也中猶當也皆無中於信義言
爲行無與信義合者詩云君子屢盟亂是用長亂世之
民多相盟詛既無信義必皆違之以此無中於信
反背詛盟之約也　傳三苗至腥臭　正義曰方

各告無罪於上天言其處處告也天矜於下俯
視苗民無有馨香之行馨香以喻善也其所以爲
德刑苗民自謂是德刑者發聞於外惟乃皆是腥
臭腥臭喻惡也　傳君帝至下國　正義曰釋詁
云皇君也此言遏絶苗民下句即云乃命重黎重
黎是帝堯之事知此滅苗民亦帝堯也此滅苗民
在堯之初興使無世位在於下國而堯之末年又
有竄三苗者禮天子不滅國擇立其次賢者此爲
五虐之君自無世位在下其改立者復得
在朝但此族數生凶德故歷代每被誅耳
乃命重黎絶地天通罔有降格重即羲黎即和堯命羲和
世掌天地四時之官使人
神不擾各得其序是謂絶地天通言天
神無有降地地祇不至於天明不相干
羣后之逮在下明明棐常鰥寡無蓋羣后諸侯之逮在下
國皆以明明大道輔
行常法故使鰥寡
得所無有掩蓋
皇帝清問下民鰥寡有辭于苗帝堯詳問民患皆
有辭怨於苗民
德威惟畏德明惟明言堯監苗
民之見怨
則又增修其德行威則民畏服
明賢則德明人所以無能名焉
【疏】乃命至惟明
正義曰三苗亂
德民神雜擾帝堯既誅苗民乃命重黎二氏使絶
天地相通令民神不雜於是天神無有下至地地
民無有上至天言天神地民不相雜也羣后諸侯
相與在下國羣臣皆以明明大道輔行常法鰥寡
皆得其所無有掩蓋之者君帝帝堯清審詳問下
民所患鰥寡皆有辭怨於苗民言誅之合民意堯
視苗民見怨則又增修其德以德行威則民畏之
不敢爲非以德明人人皆勉力自修使德明言堯
所行賞罰得其所也　傳重即至相干　正義曰
楚語云昭王問於觀射父曰周書所謂重黎實使

天地不通者何也若無然民將能登天乎對曰非
此之謂也古者民神不雜少昊氏之衰也九黎亂
德家爲巫史民神同位禍災荐臻顓頊受之乃命
南正重司天以屬神命火正黎司地以屬民使復
舊常無相侵瀆是謂絕地天通其後三苗復九黎
之德堯復育重黎之後不忘舊者使復典之彼言
主說此事而堯典云乃命羲和欽若昊天即所謂
育重黎之後使典之也以此知重即羲也黎即和
也言羲是重之子孫和是黎之子孫能不忘祖之
舊業故以重黎言之傳言堯乃命羲和掌天地四
時之官堯典文也民神不擾是謂絕地天通楚語
文也孔惟加各得其序一句耳楚語又云司天屬
神司地屬民令神與天在上民與地在下定上下
之分使民神不雜則祭享有度災厲不生經言民
神分別之意故言罔有降格言天神無有降至於
地者謂神不干民孔因互文云地民不有上至於
天者言民不干神也乃總之云明不相干即是民
神不雜也地民或作地祇學者多聞神祇又民字
似祇因妄改使謬耳如楚語云乃命重黎是顓頊
命之鄭玄以皇帝哀矜庶戮之不辜至罔有降格
皆說顓頊之事乃命重黎即是命重黎之身非羲
和也皇帝清問以下乃說堯事顓頊與堯再誅苗
民故上言遏絕苗民下云有辭於苗異代別時非
一事也案楚語云少昊氏之衰也九黎亂德又云
其後三苗復九黎之德則九黎三苗非一物也顓
頊誅九黎謂之遏絕苗民於鄭義爲不愜楚語言
顓頊命重黎解爲帝堯命羲和於孔說又未允不
知二者誰得經意也　傳言堯至名焉　正義曰
此經二句說帝堯之德事也而其言不順文在苗
民之下故傳以爲堯監苗民之見怨則又增修其
德敦德以臨之以德行其威罰則民畏之而不敢
爲非明賢則德明人若凡人辟欲以德明賢者

足利本卷十九第十五葉

玄云刵斷耳劓截鼻椓謂椓破陰黥爲羈黥人面苗民大爲此
四刑者言其特深刻異於皐陶之爲鄭意蓋謂截耳截鼻多截
之椓陰苦於去勢黥面甚於墨額孔意或亦然也
傳三苗至之約
正義曰三苗之民謂三苗國內之民也瀆謂慣瀆苗君久行虐
刑民慣見亂政習以爲常起相漸化泯泯相似之意棼棼擾攘
之狀泯泯爲亂習爲亂也棼棼同惡共爲惡也中猶當也皆無
中於信義言爲行無與信義合者詩云君子屢盟亂是用長亂
世之民多相盟詛既無信義必皆違之以此無中於信反背詛
盟之約也
傳三苗至腥臭
正義曰方方各告無罪於上天言其處處告也天矜於下俯視
苗民無有馨香之行馨香以喻善也其所以爲德刑苗民自謂
是德刑者發聞於外惟乃皆是腥臭腥臭喻惡也
傳君帝至下國
正義曰釋詁云皇君也此言遏絕苗民下句即云乃命重黎重
黎是帝堯之事知此滅苗民亦帝堯也此滅苗民在堯之初興
使無世位在於下國而堯之末年又有竄三苗者禮天子不滅
國擇立其次賢者此爲五虐之君自無世位在下其改立者復
得在朝但此族數生凶德故歷代每被誅耳
傳乃命至惟明
正義曰三苗亂德民神雜擾帝堯既誅苗民乃命重黎二氏使
絕天地相通令民神不雜於是天神無有下至地地民無有上
至天言天神地民不相雜也羣后諸侯相與在下國羣臣皆以
明明大道輔行常法鰥寡皆得其所無有掩蓋之者君帝帝堯
清審詳問下民所患鰥寡皆有辭怨於苗民言誅之合民意堯
視苗民見怨則又增修其德以德行威則民畏之不敢爲非以
德明人人皆勉力自脩使德明言堯所行賞罰得其所也
傳重即至相干
正義曰楚語云昭王問於觀射父曰周書所謂重黎寔使天地

單疏卷十九第九葉

不能照察今堯德明賢者則能以德明識賢人故皆勸慕爲善明與上句相互則德威者凡人雖欲以德行威不能威肅今堯行威罰則能以德威罰罪人故人皆畏威服德也

乃命三后恤功于民伯夷降典折民惟刑禹平水土主名山川稷降播種農殖嘉穀伯夷下典禮教民而斷以法禹治洪水山川無名者主名之后稷下教民播種農畝生善穀所謂堯命三君憂功於民

三后成功惟殷于民各成其功惟所以殷盛於民言禮教備衣食足

士制百姓于刑之中以教祗德言伯夷道民典禮斷之以法皐陶作士制百官於刑之中助成道化以教民爲敬德

疏「乃命」至「祗德」。正義曰堯既誅苗民乃命三君伯夷禹稷憂施功於民使伯夷下禮典教民折斷下民惟以典法伯禹身平治水土主名天下山川其無名者皆與作名后稷下教民布種在於農畝種殖嘉穀三君者各成其功惟以殷盛於民使民衣食充足乃使士官制御百官之姓於刑之中正以教民爲敬德言先以禮法化民民既富而後教之非苟欲刑殺也　傳「伯夷」至「於民」。正義曰伯夷與稷言降禹不言降可知降下也從上而下於民也舜典伯夷主禮典教民而斷以法即論語所謂齊之以禮也山川與天地並生民應先與作名但禹治洪水萬事改新古老既死其名或滅故當時無名者禹皆主名之言此者以見禹治山川爲民於此耕稼故也此三事者皆是爲民故傳既解三事乃結上句此即所謂堯命三君憂功於民憂欲與民施功也此三事之次當禹功在先先治水土乃得種穀民得穀食乃能行禮管子云衣食足知榮辱倉廩實知禮節是言足食足衣然後行禮也此經先

不通者何也若無然民將能登天乎對曰非此之謂也古者民神不雜少昊氏之衰也九黎亂德家爲巫史民神同位禍災荐臻顓頊受之乃命南正重司天以屬神命火正黎司地以屬民使復舊常無相侵瀆是謂絕地天通其後三苗復九黎之德堯復育重黎之後不忘舊者使復典之彼言主說此事而堯典云乃命羲和欽若昊天即所謂育重黎之後使典之也以此知重即羲也黎即和也言羲是重之子孫和是黎之子孫能不忘祖之舊業故以重黎言之傳言堯乃命羲和掌天地四時之官堯典文也民神不擾是謂絕地天通楚語文也孔惟加各得其序一句耳楚語又云司天屬神司地屬民令神與天在上民與地在下定上下之分使民神不雜則祭享有度災厲不生經言民神分別之意故言罔有降格言天神無有降至於地者謂神不干民孔因互文云地民不有上至於天者言民不干神也乃揔之云明不相干即是民神不雜也地民或作地祇學者多聞神祇又民字似祇因妄改使謬耳如楚語云乃命重黎是顓頊命之鄭玄以皇帝哀矜庶戮之不辜至罔有降格皆說顓頊之事乃命重黎即是命重黎之身非羲和也皇帝清問以下乃說堯事顓頊與堯再誅苗民故上言遏絕苗民下云有辭於苗異代別時非一事也案楚語云少昊氏之衰也九黎亂德又云其後三苗復九黎之德則九黎三苗非一物也顓頊誅九黎謂之遏絕苗民於鄭義爲不愜楚語言顓頊命重黎解爲帝堯命羲和於孔說又未允不知二者誰得經意也

傳「言堯」至「名焉」。正義曰此經二句說帝堯之德事也而其言不順文在苗民之下故傳以爲堯監苗民之見怨則又增修其德敦德以臨之以德行其威罰則民畏之而不敢爲非明賢者則德明人者若凡人雖欲以德明賢者不能照察今堯德明賢者則能以德明識賢人故皆勸慕爲善明與上句相互則德威者凡人雖欲以德行威不能威肅今堯行威罰則能以德威罰罪人故人皆畏威服德也

言伯夷者以民爲國之本禮是民之所急將言制刑先言用禮刑禮相須重禮故先言之也　傳言
伯至敬德　正義曰此經大意言禹稷教民使衣食充足伯夷道民使知禮節有不從教者乃以刑
威之故先言三君之功乃說用刑之事言禹稷教民稼穡衣食既已充足伯夷道民典禮又能折之
以法禮法既行乃使皐陶作士制百官於刑之中令百官用刑皆得中正使不僭不濫不輕不重助
成道化以教民爲敬德言從伯夷之法敬德行禮也　**穆穆在上明明在下灼**
于四方罔不惟德之勤堯躬行敬敬在上三后之徒秉明德明君道於下灼
然彰著四方故天下之士無不惟德之勤　**故乃明于刑之中率乂于民**
棐彝天下皆勤立德故乃能明於用刑之中正循道以治於民輔成常教　疏　穆穆至棐彝
正義曰言堯躬行敬敬之道在於上位三后之徒躬秉明德明君道在於下君臣敬明其德灼然著
於四方故天下之士無不惟德之勤悉皆勤行德矣天下之士皆勤立德故乃能明於用刑之中正
循大道以治於民輔成常教美堯君臣明德能用刑得中以輔禮教　傳堯躬至之勤　正義曰釋
訓云穆穆敬也明明重明則穆穆重敬當敬天敬民在於上位也明明在下則是臣事知是三后之
徒秉明德明君道於下也彰著于四方四方皆法效之故天下之士無不惟德之勤　傳天下至常
教　正義曰刑者所以助教而不可專用非是身有明德則不能用刑以天下之大萬方之衆必當
盡能用刑天下乃治此美堯能使天下皆勤立德故乃能明於用刑之中正言天下皆能用刑盡得
中正循治民之道以治於民輔成常教伯夷所典之禮是常行之教也　**典獄非訖于**

足利本卷十九第十七葉

乃命至祗德
正義曰堯既誅苗民乃命三君伯夷禹稷憂施功於民使伯夷
下禮典教民折斷下民惟以典法伯禹身平治水土主名天下
山川其無名者皆與作名后稷下教民布種在於農畝種殖嘉
穀三君者各成其功惟以殷盛於民使民衣食充足乃使士官
制御百官之姓於刑之中正以教民爲敬德言先以禮法化民
民既富而後教之非苟欲刑殺也
傳伯夷至於民
正義曰伯夷與稷言降禹不言降降可知降下也從上而下於
民也舜典伯夷主禮典教民而斷以法即論語所謂齊之以禮
也山川與天地並生民應先與作名但禹治洪水萬事改新古
老既死其名或滅故當時無名者禹皆主名之言此者以見禹
治山川爲民於此耕稼故也此三事者皆是爲民故傳既解三
事乃結上句此即所謂堯命三君憂功於民憂欲與民施功也
此三事之次當禹功在先先治水土乃得種穀民得穀食乃能
行禮管子云衣食足知榮辱倉廩實知禮節是言足食足衣然
後行禮也此經先言伯夷者以民爲國之本禮是民之所急將
言制刑先言用禮刑禮相須重禮故先言之也
傳言伯至敬德
正義曰此經大意言禹稷教民使衣食充足伯夷道民使知禮
節有不從教者乃以刑威之故先言三君之功乃說用刑之事
言禹稷教民稼穡衣食既已充足伯夷道民典禮又能折之以
法禮法既行乃使皐陶作士制百官於刑之中令百官用刑皆
得中正使不僭不濫不輕不重助成道化以教民爲敬德言從
伯夷之法敬德行禮也
穆穆至棐彝
正義曰言堯躬行敬敬之道在於上位三后之徒秉明德明
君道在於下君臣敬明其德灼然著於四方故天下之士無不
惟德之勤悉皆勤行德矣天下之士皆勤立德故乃能明於用
刑之中正循大道以治於民輔成常教美堯君臣明德能用刑

單疏卷十九第十一葉

威惟訖于富言堯時主獄有威有德有恕非絶於威惟絶於富世治貨賂不行敬忌罔有擇言在身堯時典獄皆能敬其職忌其過故無有可擇之言在其身惟克天德自作元命配享在下凡明於刑之中無擇言在身必是惟能天德自爲大命配享天意在於天下

疏典獄至在下　正義曰堯時典獄之官非能止絶於威有犯必當行威威刑不可止也惟能止絶於富受貨然後得富無貨富自絶矣言於時世治貨賂不行堯時典獄之官皆能敬其職事忌其過失無有可擇之言在於其身天德平均惟能爲天之德志性平均自爲長久大命配當天意在於天下言堯德化之深於時典獄之官皆能賢也　傳言堯至不行　正義曰堯時主獄之官有威嚴有德行有恕心有犯罪必罪之是有威也無罪則赦之是有德也有威有德有恕心行之不受貨賂是恕心也訖是盡也故傳以訖爲絶不可能使民不犯非絶於威能使不受貨賂惟絶於富言以恕心行之世治則貨賂不行故獄官無得富者　傳凡明至天下　正義曰惟克天德言能效天爲德當謂天德平均獄官效天爲平均凡能明於刑之中正矣又能使無可擇之言在身者此人必是惟能爲天平均之德斷獄必平矣皇天無親惟德是輔若能斷獄平均者必壽長久大命大命由己而來是自爲大命享訓當也是此人能配當天命在於天之下鄭云大命謂延期長久也

王曰嗟四方司政典獄非爾惟作天牧主政典獄謂諸侯也非汝惟爲天牧民乎言任重是汝今爾何監非時伯夷播刑之迪言當視是伯夷布刑之道而法之其今爾何懲惟時苗

得中以輔禮教

傳堯躬至之勤

正義曰釋訓云穆穆敬也明明重明則穆穆重敬當敬天敬民在於上位也明明在下則是臣事知是三后之徒秉明德明君道於下也彰著于四方四方皆法效之故天下之士無不惟德之勤

傳天下至常敎

正義曰刑者所以助敎而不可專用非是身有明德則不能用刑以天下之大萬方之衆必當盡能用刑天下乃治此美堯能使天下皆勤立德故乃能明於用刑之中正言天下皆能用刑盡得中正循治民之道以治於民輔成常敎伯夷所與之禮是常行之敎也

典獄至在下

正義曰堯時典獄之官非能止絶於威有犯必當行威威刑不可止也惟能止絶於富受貨然後得富無貨富自絶矣言於時世治貨賂不行堯時典獄之官皆能敬其職事忌其過失無有可擇之言在於其身天德平均惟能爲天之德志性平均自爲長久大命配當天意在於天下言堯德化之深於時典獄之官皆能賢也

傳言堯至不行

正義曰堯時主獄之官有威嚴有德行有恕心有犯罪必罪之是有威也無罪則赦之是有德也有威有德有恕心行之不受貨賂是恕心也訖是盡也故傳以訖爲絶不可能使民不犯非絶於威能使不受貨賂惟絶於富言以恕心行之世治則貨賂不行故獄官無得富者

傳凡明至天下

正義曰惟克天德言能效天爲德當謂天德平均獄官效天爲平均凡能明於刑之中正矣又能使無可擇之言在身者此人必是惟能爲天平均之德斷獄必平矣皇天無親惟德是輔若能斷獄平均者必壽長久大命大命由己而來是自爲大命享

民匪察于獄之麗其今汝何懲戒乎所懲戒惟是苗民非察於獄之施刑以取滅亡罔擇吉人觀于五刑之中惟時庶威奪貨言苗民無肯選擇善人使觀視五刑之中正惟是衆爲威虐者任之以奪取人貨所以爲亂斷制五刑以亂無辜上帝不蠲降咎于苗苗民任奪貨殺人斷制五刑以亂加無罪天不絜其所爲故下咎罪謂誅之苗民無辭于罰乃絕厥世言罪重無以辭於天罰故堯絕其世申言之爲至戒

疏王曰至厥世　正義曰王呼諸侯戒之曰咨嗟汝四方主政事典獄訟者諸侯之君等非汝惟爲天牧養民乎言汝等皆爲天養民言任重也受任既重當觀古成敗今汝何所監視乎其所視者非是伯夷布刑之道也言當效伯夷善布刑法受令名也其今汝何所懲創乎其所創者惟是苗民非察於獄之施刑乎言當創苗民施刑不當取滅亡也彼苗民之爲政也無肯選擇善人使觀視於五刑之中正惟是衆爲威虐者任之以奪取人之貨賂任用此人使斷制五刑以亂加無罪之人上天不絜其所爲故下咎惡於苗民苗民無以辭於天罰堯乃絕滅其世汝等安得不懲創乎　傳言當至法之　正義曰伯夷典禮皋陶主刑刑禮相成以爲治不使視皋陶而令視伯夷者欲其先禮而後刑道之以禮禮不從乃刑之則刑亦伯夷之所布故令視伯夷布刑之道而法之王肅云伯夷道之以禮齊之以刑　傳其今至滅亡　正義曰上言非時此言惟時文異者非時者言豈非是事也惟時者言惟當是事也雖文異而意同惟是苗民非察於獄之施刑以取滅亡也言其正謂察於獄之施刑不當於罪以取滅亡　傳苗民至誅之

足利本卷十九第十九葉

訓當也是此人能配當天命在於天之下鄭云大命謂延期長久也

王曰至厥世

正義曰王呼諸侯戒之曰咨嗟汝四方主政事典獄訟者諸侯之君等非汝惟爲天牧養民乎言汝等皆爲天養民言任重也受任既重當觀古成敗今汝何所監視乎其所視者非是伯夷布刑之道也言當效伯夷善布刑法受令名也其今汝何所懲創乎其所創者惟是苗民非察於獄之施刑乎言當創苗民施刑不當取滅亡也彼苗民之爲政也無肯選擇善人使觀視於五刑之中正惟是衆爲威虐者任之以奪取人之貨賂任用此人使斷制五刑以亂加無罪之人上天不絜其所爲故下咎惡於苗民苗民無以辭於天罰堯乃絕滅其世汝等安得不懲創乎

傳言當至法之

正義曰伯夷典禮皋陶主刑刑禮相成以爲治不使視皋陶而令視伯夷者欲其先禮而後刑道之以禮禮不從乃刑之則刑亦伯夷之所布故令視伯夷布刑之道而法之王肅云伯夷道之以禮齊之以刑

傳其今至滅亡

正義曰上言非時此言惟時文異者非時者言豈非是事也惟時者言惟當是事也雖文異而意同惟是苗民非察於獄之施刑以取滅亡也言其正謂察於獄之施刑不當於罪以取滅亡

傳苗民至誅之

正義曰以亂加無罪者正謂以罪加無罪是亂也蠲訓絜也天不絜其所爲者鄭玄云天以苗民所行腥臊不絜故下禍誅之

王曰至惟永

正義曰王言而歎曰嗚呼汝等諸侯其當念之哉念以伯夷爲法苗民爲戒既令念此法戒又呼同姓諸侯曰伯父伯兄仲叔季弟幼子童孫等汝皆聽從我言依行用之庶幾有至善之命命必長壽也今汝等諸侯無不用安道以自居曰我當勤之哉汝已許自勤汝當必勤汝無有徒念我戒許欲自勤而身不行

單疏卷十九第十三葉

之正義曰以亂加無罪者正謂以罪加無罪是亂也𤔲訓絜也天不絜其所爲者鄭玄云天以苗
民所行腥臊不絜故下禍誅之　王曰嗚呼念之哉　念以伯夷爲法苗民爲戒　伯
父伯兄仲叔季弟幼子童孫皆聽朕言庶有格
命　皆王同姓有父兄弟子孫列者伯仲叔季順少長也舉同姓包異姓言不殊也聽從我言庶幾
有至命　今爾罔不由慰日勤爾罔或戒不勤　今汝無不用安
自居曰當勤之汝無有徒念戒而不勤　天齊于民俾我一日非終惟
終在人　天整齊於下民使我爲之一日所行非爲天所終惟爲天所終在人所行　爾尚
敬逆天命以奉我一人雖畏勿畏雖休勿休　汝當庶幾

尚十九　二十

敬逆天命以奉我一人之戒行事雖見畏勿自謂可敬畏雖見美勿自謂有德美　惟敬五
刑以成三德一人有慶兆民賴之其寧惟永　先戒
以勞謙之德次教以惟敬五刑所以成剛柔正直之三德也天子有善則兆民賴之其乃安寧長久
之道　疏　王曰至惟永　正義曰王言而歎曰嗚呼汝等諸侯其當念之哉念以伯夷爲法苗民爲
戒既令念此法戒又呼同姓諸侯曰伯父伯兄仲叔季弟幼子童孫等汝皆聽從我言依行用之庶
幾有至善之命命必長壽也令汝等諸侯無不用安道以自居曰我當勤之哉汝已許自勤即當必
勤汝無有徒念我戒許欲自勤而身竟不勤戒使必自勤也上天欲整齊於下民使我爲之令我爲
天子整齊下民也我一日所行失其道非爲天所終一日所行得其理惟爲天所終此事皆在人所

行言已當慎行以順天也我已與欲順天汝等當庶幾敬逆天命以奉用我我一人之戒汝所行事雖
見畏勿自謂可敬畏雖見美勿自謂有德美欲令其謙而勿自取也汝等惟當敬慎用此五刑以成
剛柔正直之三德以輔我天子我天子一人有善事則億兆之民蒙賴之若能如此其乃安寧惟久
長之道也　傳皆王至至命　正義曰此揔告諸侯不獨告同姓知舉同姓包異姓也格訓至也言
庶幾有至命至命當謂至善之命不知是何命也鄭玄云格登也登命謂壽考者傳云至命亦謂壽
考　傳令汝至不勤　正義曰由用也慰安也人之行事多有始無終從而不改王既殷勤教誨恐
其知而不行或當曰欲勤行而中道倦怠故以此言戒之令汝等諸侯無不用安道以自居言曰我
當勤之安道者謂勤其職是安之道若不勤其職是危之道也　傳天整至所行　正義曰天整齊

尚十九　二十一

於下民者欲使之順道依理以性命自終也以民不能自治故使我爲之使我爲天子我既受天委
付務欲稱天之心墜失天命是不爲天所終保全祿位是爲天所終我一日所行善之與惡非爲天
所終惟爲天所終皆在人所行王言已冀欲使爲行稱天意也　傳汝當至德美　正義曰逆迎也
上天授人爲主是下天命也諸侯上輔天子是逆天命也言與天意相迎逆也汝當庶幾敬逆天命以
奉我一人之戒欲使之順天意而用己命凡人被人畏必當自謂己有可畏敬被人譽必自謂己實
有德美故戒之汝等所行事雖見畏勿自謂可敬畏雖見美勿自謂有德美教之令謙而不自恃也
傳先戒至之道　正義曰上句雖畏勿畏雖休勿休是先戒以勞謙之德也勞謙易謙卦九三爻辭
謙則心勞故云勞謙天子有善以善事教天下則兆民蒙賴之　王曰吁來有邦有

土告爾祥刑［吁歎也有國土諸侯告汝以善用刑之道］在今爾安百姓何擇非人何敬非刑何度非及［在今爾安百姓兆民之道當何所擇非惟吉人乎當何所敬非惟五刑乎當何所度非惟及世輕重所宜乎］兩造具備師聽五辭［兩謂囚證造至也兩至具備則衆獄官共聽其入五刑之辭］五辭簡孚正于五刑［五辭簡核信有罪驗則正之於五刑］五刑不簡正于五罰［不簡核謂不應五刑當正五罰出金贖罪］五罰不服正于五過［不服不應罰也正於五過從赦免］五過之疵惟官惟反惟內惟貨惟來［五過之所病或嘗同官位或詐反囚辭或內親用事或行貨枉法或舊相往來皆病所在］其罪惟均其審克之［以病所在出入人罪使在五過罪與犯法者同其當清察能使之不行］五刑之疑有赦五罰之疑有赦其審克之［刑疑赦從罰罰疑赦從免其當清察能得其理］簡孚有衆惟貌有稽［簡核誠信有合衆心惟察其貌有所考合重刑之至］無簡不聽具嚴天威［無簡核誠信不聽理其獄皆當嚴敬天威無輕用刑］墨辟疑赦其罰百鍰閱實其罪［刻其顙而涅之曰墨刑疑則赦從罰六兩曰鍰鍰黃鐵也閱實其罪使與罰名相當］劓辟疑赦其罰惟倍閱實其罪［截鼻曰劓刑倍百爲二百鍰］剕辟疑赦其罰倍差閱實其罪［刖足曰剕倍差謂倍之又半爲五百鍰］宮辟疑赦其

足利本卷十九第二十二葉

勤戒使必自勤也上天欲整齊於下民使我爲之令我爲天子整齊下民也我一日所行失其道非爲天所終一日所行得其理惟爲天所終此事皆在人所行言已當慎行以順天也我已異欲順天汝等當庶幾敬逆天命以奉用我一人之戒汝所行事雖見畏勿自謂可敬畏雖見美勿自謂有德美欲令其謙而勿自取也汝等惟當敬慎用此五刑以成剛柔正直之三德以輔我天子我天子一人有善事則億兆之民蒙賴之若能如此其乃安寧惟以長之道也

傳皆王至至命

正義曰此摠告諸侯不獨告同姓知舉同姓包異姓也格訓至也言庶幾有至命至命當謂至善之命不知是何命也鄭玄云格登也登命謂壽考者傳云至命亦謂壽考

傳令汝至不勤

正義曰由用也慰安也人之行事多有始無終從而不改王既殷勤教誨恐其知而不行戒當曰欲勤行而中道倦怠故以此言戒之令汝等諸侯無不用安道以自居言曰我當勤之安道者謂勤其職是安之道若不勤其職是危之道也

傳天整至所行

正義曰天整齊於下民者欲使之順道依理以性命自終也以民不能自治故使我爲之使我爲天子我既受天委付務欲稱天之心墜失天命是不爲天所終保全祿位是爲天所終我一日所行善之與惡非爲天所終惟爲天所終皆在人所行王言已異欲使爲行稱天意也

傳汝當至德美

正義曰逆迎也上天授人爲主是下天命也諸侯上輔天子是逆天命也言與天意相迎逆也汝當庶幾敬逆天命以奉我一人之戒欲使之順天意而用己命凡人被人畏必當自謂己有可畏敬被人譽必自謂己實有德美故戒之汝等所行事雖見畏勿自謂可敬畏雖見美勿自謂有德美教之令謙而不自恃也

傳先戒至之道

單疏卷十九第十四葉

罰六百鍰，閱實其罪。宮淫刑也，男子割勢，婦人幽閉，次死之刑。序五刑先輕轉至重者，事之宜。大辟疑赦，其罰千鍰，閱實其罪。死刑也。五刑疑各入罰，不降相因，古之制也。墨罰之屬千，劓罰之屬千，剕罰之屬五百，宮罰之屬三百，大辟之罰其屬二百。五刑之屬三千。別言罰屬，合言刑屬，明刑罰同屬，互見其義以相備。

疏 王曰至天威 正義曰：凡與人言，必呼使來前。吁，歎聲也。王歎而呼諸侯曰：吁！來，有邦國有土地諸侯國君等，告汝以善用刑之道。在於今日，汝安百姓兆民之道，何所選擇？非惟選擇善人乎？何所敬慎？非惟敬慎五刑乎？何所謀度？非惟度及世之用刑輕重所宜乎？即教諸侯以斷獄之法。凡斷

尚十九

獄者必令囚之與證兩皆來至，囚證具備，取其言語，乃與衆獄官共聽其入五刑之辭。其五刑之辭簡核信實有罪，則正之於五刑，以五刑之罪罪其身也。五刑之辭不如衆所簡核，不合入五刑，則正之於五罰，罰謂取其贖也。於五罰論之，又有辭不服，則正之於五過，過失可宥則赦宥之。從刑入罰，從罰入過，此五過之所病者，惟嘗同官位，惟詐反囚辭，惟內親用事，惟行貨枉法，惟舊相往來，以此五病出入人罪，其罪與犯法者均。其當清證審察，能使五者不行，乃爲能耳。五刑之疑有赦，赦從罰也；五罰之疑有赦，赦從過也，過則赦之矣。其當清證審察，使能之，勿使妄入人罪，妄得赦免。既得囚辭，簡核誠信，有合衆心，或記可刑，或皆可放，雖云合罪，惟更審察其貌，有所考合，謂貌又當罪，乃決斷之。無簡不聽者，謂雖以罪狀無可簡核誠信合罪者，則不聽理其獄，當放赦之，皆當嚴敬天威，勿

足利本卷十九第二十三葉

正義曰：上句雖畏勿畏，雖休勿休，是先戒以勞謙之德也。勞謙，易謙卦九三爻辭。謙則心勞，故云勞謙。天子有善，以善事教天下，則兆民蒙賴之。

王曰至天威

正義曰：凡與人言，必呼使來前。吁，歎聲也。王歎而呼諸侯曰：吁！來，有邦國有土地諸侯國君等，告汝以善用刑之道。在於今日，汝安百姓兆民之道，何所選擇？非惟選擇善人乎？何所敬慎？非惟敬慎五刑乎？何所謀度？非惟度及世之用刑輕重所宜乎？即教諸侯以斷獄之法。凡斷獄者，必令囚之與證兩皆來至，囚證具備，取其言語，乃與衆獄官共聽其入五刑之辭。其五刑之辭簡核信實有罪，則正之於五刑，以五刑之罪罪其身也。五刑之辭不如衆所簡核，不合入五刑，則正之於五罰，罰謂取其贖也。於五罰論之，又有辭不服，則正之於五過，過失可宥則赦宥之。從刑入罰，從罰入過，此五過之所病者，惟嘗同官位，惟詐反囚辭，惟內親用事，惟行貨枉法，惟舊相往來，以此五病出入人罪，其罪與犯法者均。其當清證審察，能使五者不行，乃爲能耳。五刑之疑有赦，赦從罰也；五罰之疑有赦，赦從過也，過則赦之矣。其當清證審察，使能之，勿使妄入人罪，妄得赦免。既得囚辭，簡核誠信，有合衆心，或記可刑，或皆可放，雖云合罪，惟更審察其貌，有所考合，謂貌又當罪，乃決斷之。無簡不聽者，謂雖似罪狀，無可簡核誠信合罪者，則不聽理其獄，當放赦之，皆當嚴敬天威，勿輕聽用刑也。

傳在今至宜乎

正義曰：何度非及，其言不明，以論刑事而言度所及，知所度者，度及世之用刑輕重所宜。王肅云：度，謀也。非當與主獄者謀慮刑事，度世輕重所宜也。

傳兩謂至之辭

正義曰：兩謂兩人，謂囚與證也。凡競獄必有兩人爲敵，各言有辭理，或時兩皆須證，則囚之與證非徒兩人而已。兩人謂囚與證，不爲兩敵至者。將斷其罪，必須得證，兩敵同時在官，不須待

輕聽用刑也　傳在今至宜乎　正義曰何度非
及其言不明以論刑事而言度所及知所度者度
及世之用刑輕重所宜王肅云度謀也非當與主
獄者謀慮刑事度世輕重所宜也　傳兩謂至之
辭　正義曰兩謂兩人謂囚與證也凡競獄必有
兩人為敵各言有辭理或時兩皆須證則囚之與
證非徒兩人而已兩人謂囚與證不為兩敵至者
將斷其罪必須得證兩敵同時在官不須待至且
兩人競理或並皆為囚各自須證故以兩為囚與
證也兩至具備謂囚證具足各得其辭乃據辭定
罪與衆獄官共聽其辭觀其犯狀斟酌入罪或入
墨劓或入宮剕故云聽其入五刑之辭也　傳五
辭至五刑　正義曰既得囚證將入五刑之辭更
復簡練核實知其信有罪狀與刑書正同則依刑
書斷之應墨者墨之應殺者殺之　傳不簡至贖
罪　正義曰不簡核者謂覆審囚證之辭不如簡
核之狀既囚與證辭不相符合則是犯狀不定謂
不應五刑不與五刑書同獄官疑不能決則當正
之於五罰令其出金贖罪依準五刑疑則從罰故
為五罰即下文是也今律疑罪各依所犯以贖論
虛實之證等是非之理均或事涉疑似傍無證見
或雖有證見事非疑似如此者皆為疑罪　傳不
服至赦免　正義曰不服不應罰者欲令贖罪而
其人不服獄官重加簡核無復疑似之狀本情非
罪不可強遣出金如是者則正之於五過雖事涉
疑似有罪乃是過失過則可原故從赦免下文惟
有五刑五罰而無五過亦稱五者緣五罰為過故
謂之五過五者之過皆可原也　傳五過至所在
正義曰釋詁云疵病也此五過之所病皆謂獄吏
故出入人罪應刑不刑應罰不罰致之五過而赦
免之故指言五過之疵於五刑五罰不赦其罪本
有此病故不言五刑之疵五罰之疵應刑而罰亦

足利本卷十九第二十四葉

至且兩人競理或並皆為囚各自須證故以兩為囚與證也兩
至具備謂囚證具足各得其辭乃據辭定罪與衆獄官共聽其
辭觀其犯狀斟酌入罪或入墨劓或入宮剕故云聽其入五刑
之辭也
傳五辭至五刑
正義曰既得囚證將入五刑之辭更復簡練核實知其信有罪
狀與刑書正同則依刑書斷之應墨者墨之應殺者殺之
傳不簡至贖罪
正義曰不簡核者謂覆審囚證之辭不如簡核之狀既囚與證
辭不相符合則是犯狀不定謂不應五刑不與五刑書同獄官
疑不能決則當正之於五罰令其出金贖罪依準五刑疑則從
罰故為五罰即下文是也今律疑罪各依所犯以贖論虛實之
證等是非之理均或事涉疑似傍無證見或雖有證見事非疑
似如此者皆為疑罪
傳不服至赦免
正義曰不服不應罰者欲令贖罪而其人不服獄官重加簡核
無復疑似之狀本情非罪不可強遣出金如是者則正之於五
過雖事涉疑似有罪乃是過失過則可原故從赦免下文惟有
五刑五罰而無五過亦稱五者緣五罰為過故謂之五過五者
之過皆可原也
傳五過至所在
正義曰釋詁云疵病也此五過之所病皆謂獄吏故出入人罪
應刑不刑應罰不罰致之五過而赦免之故指言五過之疵於
五刑五罰不赦其罪未有此病故不言五刑之疵五罰之疵應
刑而罰亦是其病於赦免言病則赦刑從罰亦是病可知損害
王道於政為病故謂之病惟官謂嘗同官位與吏舊同僚也或
詐反囚辭拒諱實情不承服也或內親用事囚有親戚在官吏
或望其意而曲筆也或行貨於吏吏受財枉法也或因與吏舊
相往來此五事皆是病之所在五事皆是枉法但枉法多是為
貨故於貨言枉辭皆枉可知

單疏卷十九第十六葉

是其病於赦免言病則赦刑從罰亦是病可知損
害王道於政爲病故謂之病惟官謂尝同官位與
吏舊同僚也或詐反囚辭拒諱實情不承服也或
內親用事因有親戚在官吏或望其意而曲筆也
或行貨於吏吏受財枉法也或囚與吏舊相往來
此五事皆是病之所在五事皆是枉法但枉法多
是爲貨故於貨言枉餘皆枉可知　傳以病至不
行　正義曰以五病所在出入人罪不罰不刑使
得在於五過妄赦免之此獄吏之罪與犯法者同
諸侯國君清證審察能使之不行乃爲善也此以
病所在惟出人罪爾而傳幷言入者有罪而妄出
與無罪而妄入獄吏之罪等故以出入言之今律
故出入者與同罪即此是也　傳刑疑至其理
正義曰刑疑有赦赦從罰也罰疑有赦赦從免也
上云五罰不服正於五過即是免之也不言五過
之疑有赦者知過則赦之不得疑也其當清察能

尚十九　二十五

得其理不使應刑妄得罰應罰妄得免也舜典云
眚災肆赦大禹謨云宥過無大易解卦象云君子
以赦過宥罪論語云赦小過是過失之罪皆當赦
放故知過即是赦之鄭玄云不言五過之疑有赦
者過不赦也禮記云凡執禁以齊衆者不赦過如
鄭此言五罰不服正於五過者五過皆當罪之也
五刑之疑赦刑取贖五罰疑者反使服刑是刑疑
而輸贖罰疑而受刑不疑而更輕可疑而益重事
之顚倒一至此乎謂之祥刑豈當若是然則不赦
過者復何所謂執禁以齊衆非謂平常之過失也
人君故設禁約將以齊整大衆小事易犯人必輕
之過犯悉皆赦之衆人不可復禁是故不赦小過
所以齊整衆人令其不敢犯也今律和合御藥誤
不如本方御幸舟船誤不牢固罪皆死乏軍興者
斬故失等皆是不赦過也　傳簡核至之至　正
義曰簡核誠信有合衆心或皆以爲可刑或可以

足利本卷十九第二十五葉

傳以病至不行
正義曰以五病所在出入人罪不罰不刑使得在於五過妄赦
免之此獄吏之罪與犯法者同諸侯國君清證審察能使之不
行乃爲善也此以病所在惟出人罪爾而傳幷言入者有罪而
妄出與無罪而妄入獄吏之罪等故以出入言之今律故出入
者與同罪即此是也
傳刑疑至其理
正義曰刑疑有赦赦從罰也罰疑有赦赦從免也上云五罰不
服正於五過即是免之也不言五過之疑有赦者知過則赦之
不得疑也其當清察能得其理不使應刑妄得罰應罰妄得免
也舜典云眚災肆赦大禹謨云宥過無大易解卦象云君子以
赦過宥罪論語云赦小過是過失之罪皆當赦放故知過即是
赦之鄭玄云不言五過之疑有赦者過不赦也禮記云凡執禁
以齊衆者不赦過如鄭此言五罰不服正於五過者五過皆當
罪之也五刑之疑赦刑取贖沍罰疑者反使服刑是刑疑而輸

書十九　十七

贖罰疑而受刑不疑而更輕可疑而益重事之顚倒一至此乎
謂之祥刑豈當若是然則不赦過者復何所謂執禁以齊衆非
謂平常之過失也人君故設禁約將以齊整大衆小事易犯人
必輕之過犯悉皆赦之衆人不可復禁是故不赦小過所以齊
整衆人令其不敢犯也今律和合御藥誤不如本方御幸舟船
誤不牢固罪皆死乏軍興者斬故失等皆是不赦過也
傳簡核至之至
正義曰簡核誠信有合衆心或皆以爲可刑或可以爲赦未得
即斷之惟當察其囚貌更有所考合考合復同乃從衆議斷之
重刑之至也察其貌者即周禮五聽辭聽色聽氣聽耳聽目聽
也鄭玄以爲辭聽觀其出言不直則煩色聽觀其顏色不直則
赧然氣聽觀其氣息不直則喘耳聽觀其聽聆不直則惑目聽
觀其眸子視不直則眊然是察其貌有所考合也
傳無簡至用刑
正義曰無簡核誠信者謂簡核之於罪無誠信效驗可簡核即

單疏卷十九第十七葉

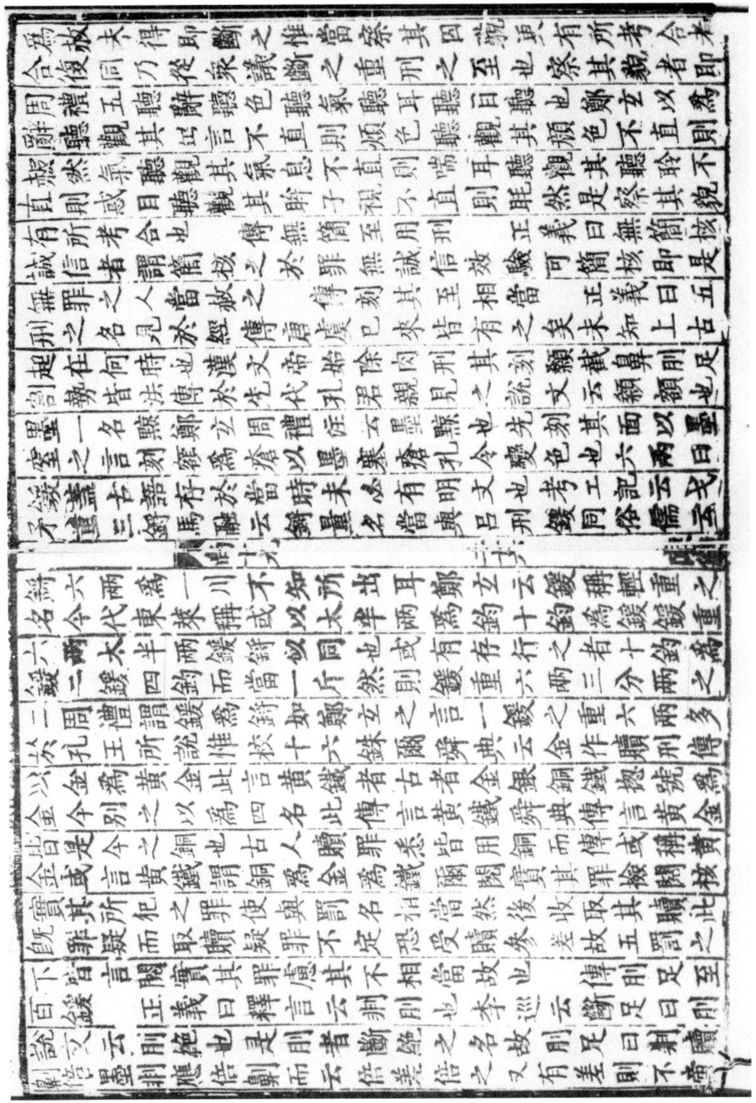

足利本卷十九第二十六葉

呂刑第二十九　　周書

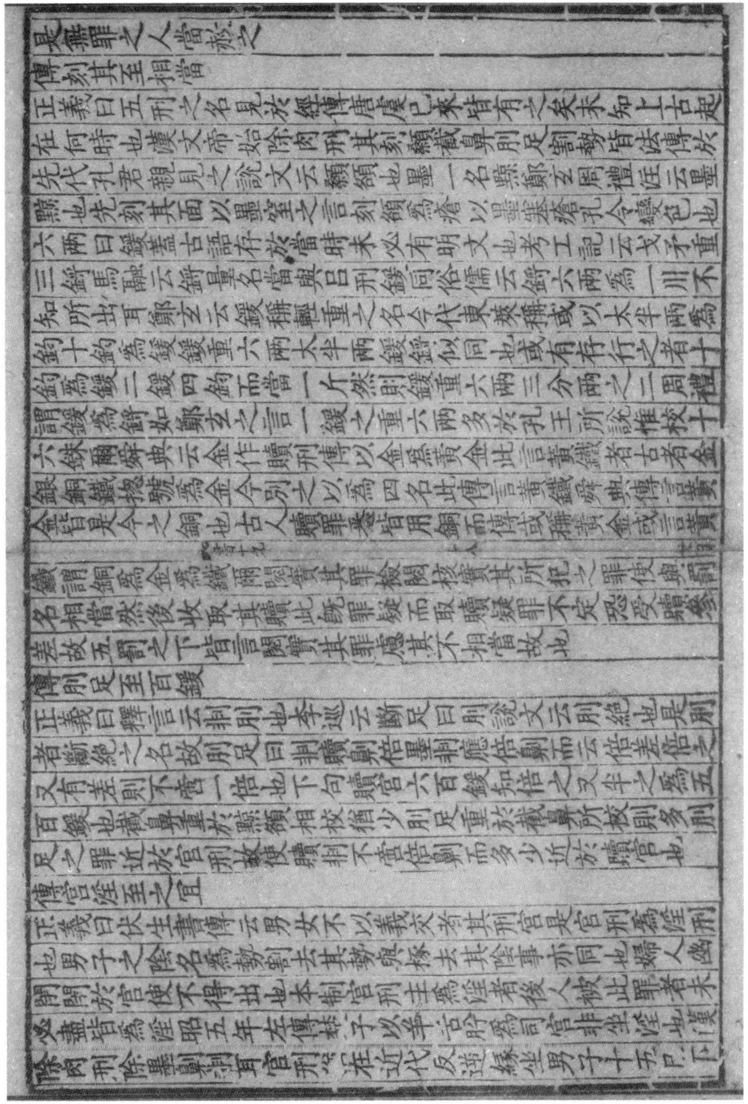

單疏卷十九第十八葉

一倍也下句贖宮六百鍰知倍之又半之爲五百
鍰也截鼻重於黥額相校猶少刖足重於截鼻所
校則多刖足之罪近於宮刑故使贖剕不啻倍劓
而多少近於贖宮也　傳宮淫至之宜　正義曰
伏生書傳云男女不以義交者其刑宮是宮刑爲
淫刑也男子之陰名爲勢割去其勢與椓去其陰
事亦同也婦人幽閉閉於宮使不得出也本制宮
刑主爲淫者後人被此罪者未必盡皆爲淫昭五
年左傳楚子以羊舌肸爲司宮非坐淫也漢除肉
刑除墨劓剕耳宮刑猶在近代反逆緣坐男子十
五已下不應死者皆宮之大隋開皇之初始除男
子宮刑婦人猶閉於宮宮是次死之刑宮於四刑
爲最重也人犯輕刑者多犯重刑者少又以鍰數
以倍相加序五刑先輕後重取事之宜　傳死刑
至制也　正義曰釋詁云辟罪也死是罪之大者
故謂死刑爲大辟經歷陳罰之鍰數五刑之疑各

尚十九　二十七

自入罰不降相因不合死疑入宮宮疑入剕者是
古之制也所以然者以其所犯疑不能決故使贖之
次刑非其所犯故不得降相因　傳別言至相備
正義曰此經歷言二百一百五百者各是刑之條
也每於其條有犯者實則刑之疑則罰之刑屬罰
屬其數同也別言罰屬五者各言其數合言刑屬
但摠云三千明刑罰同其屬數互見其義以相備
也經云大辟之罰其屬二百文異於上四罰者以
大辟二字不可云大辟罰之屬故分爲二句以其二字足使成文　上下比罪無僭
亂辭勿用不行　上下比方其罪無聽僭亂之辭以自疑勿用折獄不可行　惟察
惟法其審克之　惟當清察罪人之辭附以法理其當詳審能之　上刑適輕
下服　重刑有可以虧減則之輕服下罪　下刑適重上服輕重諸罰

有權　一人有二罪則之重而輕并數輕重諸刑罰各有權宜　刑罰世輕世重
惟齊非齊有倫有要　言刑罰隨世輕重也刑新國用輕典刑亂國用重典
刑平國用中典凡刑所以齊非齊各有倫理有要善　傳上下至有要　正義曰此又述斷獄之法
將斷獄訟當上下比方其罪之輕重乃與獄官衆
議斷之其囚有僭亂之虛辭者無得聽之勿用此
辭斷獄此僭亂之辭言一不可行也惟當清察罪人
之辭惟當附以法理其當詳審使能之勿使僭失
爲不能也上刑適輕者謂一人雖犯一罪狀當輕
重兩條據重條之上有可以虧減者則之輕條服
下罪也下刑適重者謂一人之身輕重二罪俱發
則以重罪而從上服令之服上罪或輕或重諸所
罪罰皆有權宜當臨時斟酌其狀不得雷同加罪
刑罰有世輕世重當視世所宜權而行之行罰者

尚一九　二十八

所以齊非齊者有倫理有要善戒令審量之　傳
上下至可行　正義曰罪條雖有多數犯者未必
當條當取故事並之上下比方其罪之輕重上比
重罪下比輕罪觀其所犯當與誰同獄官不可盡
賢其間或有阿曲宜預防之僭不信也獄官與囚
等或作不信之辭以惑亂在上人君無得聽此僭
亂之辭以自疑惑勿即用此僭亂之辭以之斷獄
此僭亂之言不可行用也　傳一人至權宜　正
義曰一人有二罪則之重而輕并數者謂若一人
有二罪則應兩罪俱治今惟斷獄以重條而輕者
不更別數與重并數爲一劉君以爲上刑適輕下
刑適重皆以爲一人有二罪上刑適輕者若今律
重罪應贖輕罪應居作官當者以居作官當爲重
是爲上刑適輕下刑適重者謂若二者俱是贓罪
罪從重科輕贓亦備是爲而輕并數也知不然者
案經既言下刑適重上服則是重上服而已何得

云輕贓亦備又今律云重罪應贖輕罪應居作官
當者以居作官當爲重者此即是下刑適重之條
而以爲上刑適輕之例實爲未允且孔傳下經始
云一人有二罪則上經所云非一人有二罪者也
劉君妄爲其説故今不從　傳言刑至要善　正
義曰刑罰隨世輕重言觀世而制刑也刑新國用
輕典刑乱國用重典刑平國用中典周禮大司寇
文也鄭玄云新國者新辟地立君之國用輕法者
爲其民未習於教也平國承平守成之國用中典
者常行之法也亂國篡弒叛逆之國用重典者以
其化惡伐滅之也　罰懲非死人極于病　刑罰所以懲過非殺人欲使惡
人極於病苦莫敢犯者　非佞折獄惟良折獄罔非在中　非口
才可以斷獄惟平良可以斷獄無不在中正　察辭于差非從惟從　察囚
辭其難在於差錯非從其偽辭惟從其本情　哀敬折獄明啓刑書胥
占咸庶中正　當憐下人之犯法敬斷獄之害人明開刑書相與占之使刑當其罪
皆庶幾必得中正之道　其刑其罰其審克之　其所刑其所罰其當
詳審能之無失中正　獄成而孚輸而孚　斷獄成辭而信當輸汝信於王謂上
其鞫劾文辭　其刑上備有并兩刑　其斷刑文書上王府皆當備具有并
兩刑亦具上之　疏　罰懲至兩刑　正義曰言聖人之制刑罰所以懲創罪過非要使人死也欲使
惡人極於病苦莫敢犯之而已非口才辯佞之人
可以斷獄惟良善之人乃可以斷獄言斷獄無非
在其中正佞人即不能然也察囚之辭其難在於
言辭差錯斷獄者非從其偽辭惟從其本情斷獄

不應死者皆宮之大隋開皇之初始除男子宮刑婦人猶閉於
宮宮是次死之刑宮於四刑爲最重也人犯輕刑者多犯重刑
者少又以鍰數以倍相加序五刑先輕後重取事之宜
傳死刑至制也
正義曰釋詁云辟罪也死是罪之大者故謂死刑爲大辟經歷
陳罰之鍰數五刑之疑各自入罰不降相因不合死疑入宮宮
疑入剕者是古之制也所以然者以其所犯疑不能決故使贖
之次刑非其所犯故不得降相因
傳別言至相備
正義曰此經歷言二百三百五百者各是刑之條也再於其條
有犯者實則刑之疑則罰之刑屬罰屬其數同也別言罰屬五
者各言其數合言刑屬但揔云三千明刑罰同其屬數互見其
義以相備也經云大辟之罰其屬二百文異於上四罰者以大
辟二字不可云大辟罰之屬故分爲二句以其二字足使成文
上下至有要
正義曰此又述斷獄之法將斷獄訟當上下比方其罪之輕重
乃與獄官衆議斷之其囚有僭亂之虛辭者無得聽之勿用此
僭亂之辭斷獄此僭亂之辭言不可行也惟當清察罪人之辭惟當附
以法理其當詳審使能之勿使僭失爲不能也上刑適輕者謂
一人雖犯一罪狀當輕重兩條據重條之上有可以虧減者則
之輕條服下罪也下刑適重者謂一人之身輕重二罪俱發則
以重罪而從上服令之服上罪或輕或重諸所罪罰皆有權宜
當臨時斟酌其狀不得雷同加罪刑罰有世輕世重當視世所
宜權而行之行罰者所以齊非齊者有倫理有要善戒令審量之
傳上下至可行
正義曰罪條雖有多數犯者未必當條當取故事並之上下比
方其罪之輕重上比重罪下比輕罪觀其所犯當與誰同獄官
不可盡賢其閒或有阿曲宜預防之僭不信也獄官與囚等或
作不信之辭以惑亂在上人君無得聽此僭亂之辭以自疑惑
勿即用此僭亂之辭以之斷獄此僭亂之言不可行用也

之時當哀憐下民之犯法敬慎斷獄之害人勿得
輕耳斷之必令典獄諸官明開刑書祖與占之皆
庶幾得中正之道其所刑罰其當詳審能之勿使
失中其斷獄成辭得其信實又當輸汝信實之狀
而告於王其斷刑文書上於王府皆使備具勿有
踈漏其囚若犯二事罪雖從重有并兩刑上之者
言有兩刑亦具上之恐獄官有所隱沒故戒之
傳當憐至之道　正義曰論語云陽膚爲士師曾
子戒之云如得其情則哀矜而勿喜是斷獄者於
斷之時當憐下民之犯法也死者不可復生斷者
不可復續當須敬慎斷獄之害人勿得輕耳即決
之五刑之屬三千皆著在刑書使斷獄者依案用
之宜令斷獄諸官明開刑書相與占之使刑書當
其罪令人之所犯不必當條須探測刑書之意比
附以斷其罪若卜筮之占然故稱占也皆庶幾必
得中正之道令獄官同心思使中也此言明啓刑
書而左傳云昔先王議事以制不爲刑辟者彼鑄
刑書以宣示百姓故云臨事制宜不預明刑辟人
有犯罪原其情之善惡斷定其輕重乃於刑書比
附而罪之故彼此各據其一義不相違　傳斷獄
至文辭　正義曰孚信也輸寫也下而爲汝也斷
獄成辭而得信實當輸寫汝之信實以告於王勿
藏隱其情不告王也曲必隱情直則無隱令其不
隱情者欲使之無阿曲也漢世問罪謂之鞫斷獄
謂之劾謂上其鞫劾文辭也　傳其斷至上之
正義曰其斷刑文書上王府皆當備具若今曹司
寫案申尚書省也有并兩刑謂人犯兩事刑有上
下雖罪從重斷有兩刑者亦具上之使王知其事
王或時以下刑爲重改下爲上故并亦上之

王曰嗚呼敬之哉官伯族姓朕言多懼

敬之哉告使敬刑官長諸侯族同族姓異姓也我言多可戒懼

傳一人至權宜
正義曰一人有二罪則之壹而輕并數者謂若一人有二罪則
應兩罪俱治今惟斷獄以重條而輕者不更別數與重并數爲
一劉君以爲上刑適輕下刑適重皆以爲一人有二罪上刑適
輕者若今律重罪應贖輕罪應居作官當者以居作官當爲重
是爲上刑適輕下刑適重者謂若二者俱是贓罪罪從重科輕
贓亦備是爲而輕并數也知不然者案經既言下刑適重上服
則是重上服而已何得云輕贓亦備又今律云重罪應贖輕罪
應居作官當者以居作官當爲重者此即是下刑適重之條而
以爲上刑適輕之例實爲未允且孔傳下經始云一人有二罪
則上經所云非一人有二罪者也劉君妄爲其說故今不從
傳言刑至要善
正義曰刑罰隨世輕重言觀世而制刑也刑新國用輕典刑亂
國用重典刑平國用中典周禮大司寇文也鄭玄云新國者新
辟地立君之國用輕法者爲其民未習於教也平國承平守成
之國用中典者常行之法也亂國篡弒叛逆之國用重典者以
其化惡伐滅之也
罰懲至兩刑
正義曰言聖人之制刑罰所以懲創罪過非要使人死也欲使
惡人極於病苦莫敢犯之而已非口才辯佞之人可以斷獄惟
良善之人乃可以斷獄言斷獄無非在其中正佞人即不能然
也察囚之辭其難在於言辭差錯斷獄者非從其偽辭惟從其
本情斷獄之時當哀憐下民之犯法敬慎斷獄之害人勿得輕
耳斷之必令典獄諸官明開刑書相與占之皆庶幾得中正之
道其所刑罰其當詳審能之勿使失中其斷獄成辭得其信實
又當輸汝信實之狀而告於王其斷刑文書上於王府皆使備
具勿有踈漏其囚若犯二事罪雖從重有并兩刑上之者言有
兩刑亦具上之恐獄官有所隱沒故戒之
傳當憐至之道
正義曰論語云陽膚爲士師曾子戒之云如得其情則哀矜而

以儆之朕敬于刑有德惟刑我敬於刑當使有德者惟典刑今天
相民作配在下明清于單辭今天治民人君爲配天在下當
承天意聽訟當清審單辭單辭特難聽故言之民之亂罔不中聽獄之
兩辭民之所以治由典獄之無不以中正聽獄之兩辭兩辭棄虛從實刑獄清則民治無
或私家于獄之兩辭典獄無敢有受貨聽詐成私家於獄之兩辭
獄貨非寶惟府辜功報以庶尤受獄貨非家寶也惟
聚罪之事其報則以衆人見罪永畏惟罰非天不中惟人在
命當長畏懼惟爲天所罰非天道不中惟人在教命使不中不中則天罰之天罰不極

尚十九　三十七　徐珣

庶民罔有令政在于天下天道罰不中令衆民無有善政在於
天下由人主不中將亦罰之（疏）王曰至天下正義曰王歎而
呼諸侯曰嗚呼刑罰事重汝當
敬之哉謂諸侯官之長此同族異姓等我言多可
戒懼我敬於刑當敬命有德者惟典刑事今上天
治民命人君爲天子配天在於下承天之意爲事
甚重其聽獄訟當明白清審於獄之單辭民之所
以治者由獄官無有不用中正聽訟之兩辭由以
中正之故下民得治汝獄官無有敢受貨賂成私
家於獄之兩辭勿於獄之兩家受貨致富治獄受
貨非家寶也惟是聚罪之事言汝身多違則不達
虛言戒行急惡跡非虛論矣多聚罪則天報汝以
衆人見被尤怨而罰責之汝當長畏惟天所罰天
罰汝者非是天道不中惟人在於自作教命使不
中爾教命不中則天罰汝天道罰不中也若令衆

勿喜是斷獄者於斷之時當憐下民之犯法也死者不可復生
斷者不可復續當須敬慎斷獄之害人勿得輕耳即決之五刑
之屬三千皆著在刑書使斷獄者依案用之宜令斷獄諸官明
開刑書相與占之使刑書當其罪令人之所犯不必當條須探
測刑書之意比附以斷其罪若卜筮之占然故稱占也皆庶幾
必得中正之道令獄官同心思使中也此言明啓刑書而左傳
云昔先王議事以制不爲刑辟者彼鑄刑書以宣示百姓故云
臨事制宜不預明刑辟人有犯罪原其情之善惡斷定其輕重
乃於刑書比附而罪之故彼此各據其一義不相違
傳斷獄至文辭
正義曰孚信也輸寫也下而爲汝也斷獄成辭而得信實當輸
寫汝之信實以告於王勿藏隱其情不告王也曲必隱情直則
無隱令其不隱情者欲使之無阿曲也漢世問罪謂之鞫斷獄
謂之劾謂上其鞫劾文辭也
傳其斷至上之

書十九　二十一

正義曰其斷刑文書上王府皆當備具若今曹司寫案申尚書
省也有并兩刑謂人犯兩事刑有上下雖罪從重斷有兩刑者
亦并具上之使王知其事王或時以下刑爲重改下爲上故并
亦上之
王曰至天下
正義曰王歎而呼諸侯曰嗚呼刑罰事重汝當敬之哉謂諸侯
官之長此同族異姓等我言多可戒懼我敬於刑當敬命有德
者惟典刑事今上天治民命人君爲天子配天在於下承天之
意爲事甚重其聽獄訟當明白清審於獄之單辭民之所以治
者由獄官無有不用中正聽訟之兩辭由以中正之故下民得
治汝獄官無有敢受貨賂成私家於獄之兩辭勿於獄之兩家
受貨致富治獄受貨非家寶也惟是聚罪之事言汝身多違則
不違虛言戒行急惡跡非虛論矣多聚罪則天報汝以衆人見
被尤怨而罰責之汝當長畏惟天所罰天罰汝者非是天道不
中惟人在於自作教命使不中爾教命不中則天罰汝天道罰

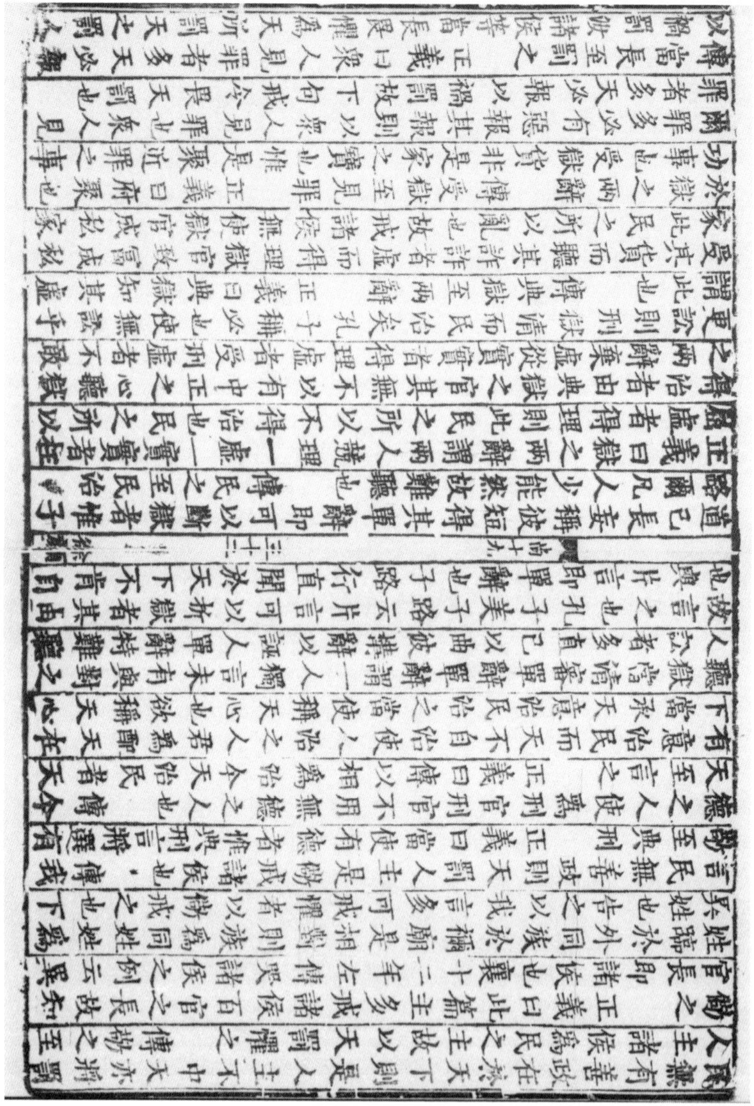

足利本卷十九第三十二葉

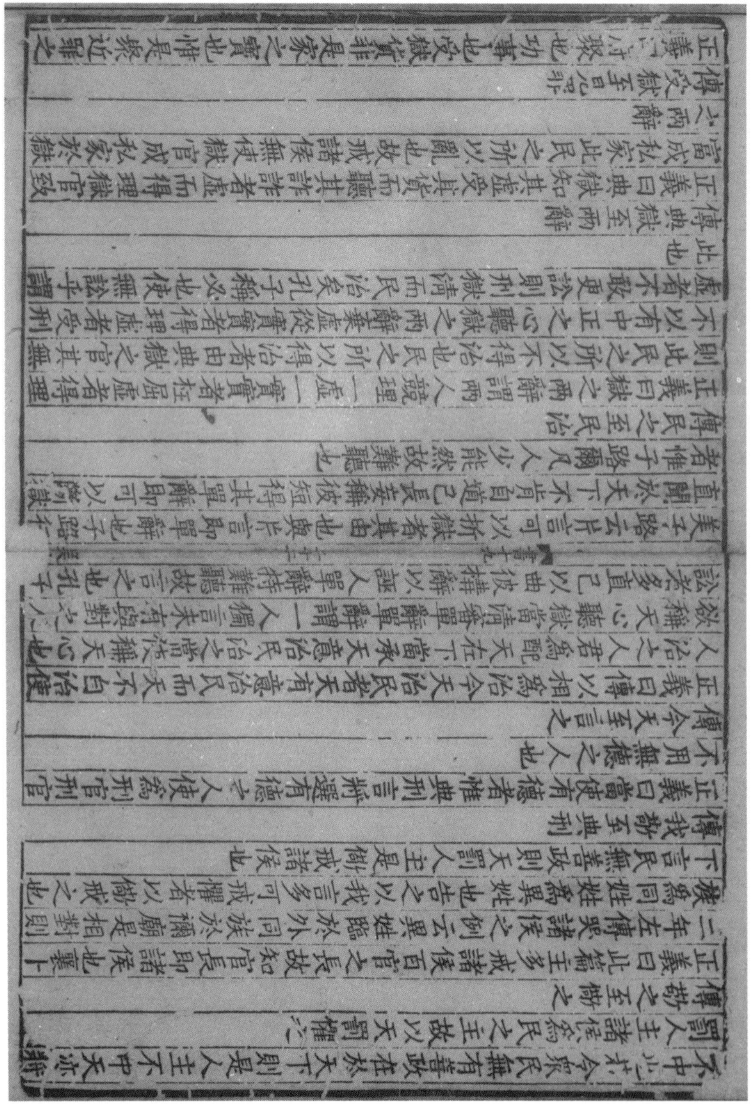

單疏本卷十九第二十二葉

呂刑第二十九　周書

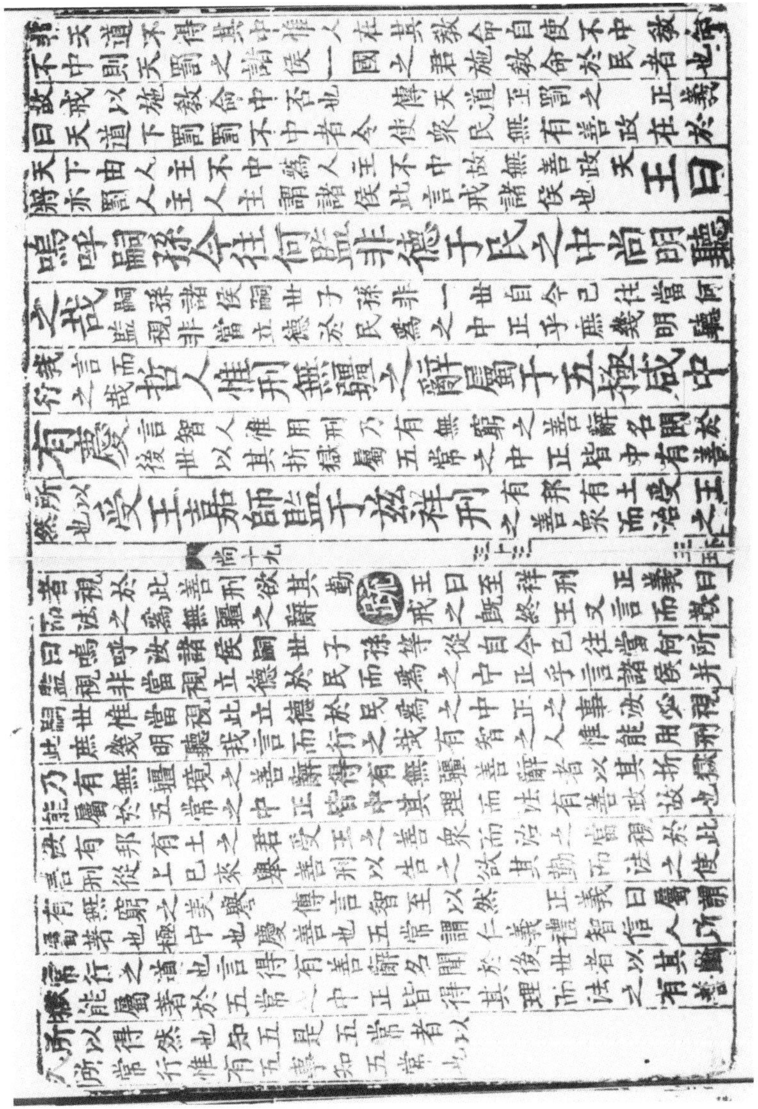

足利本卷十九第三十三葉

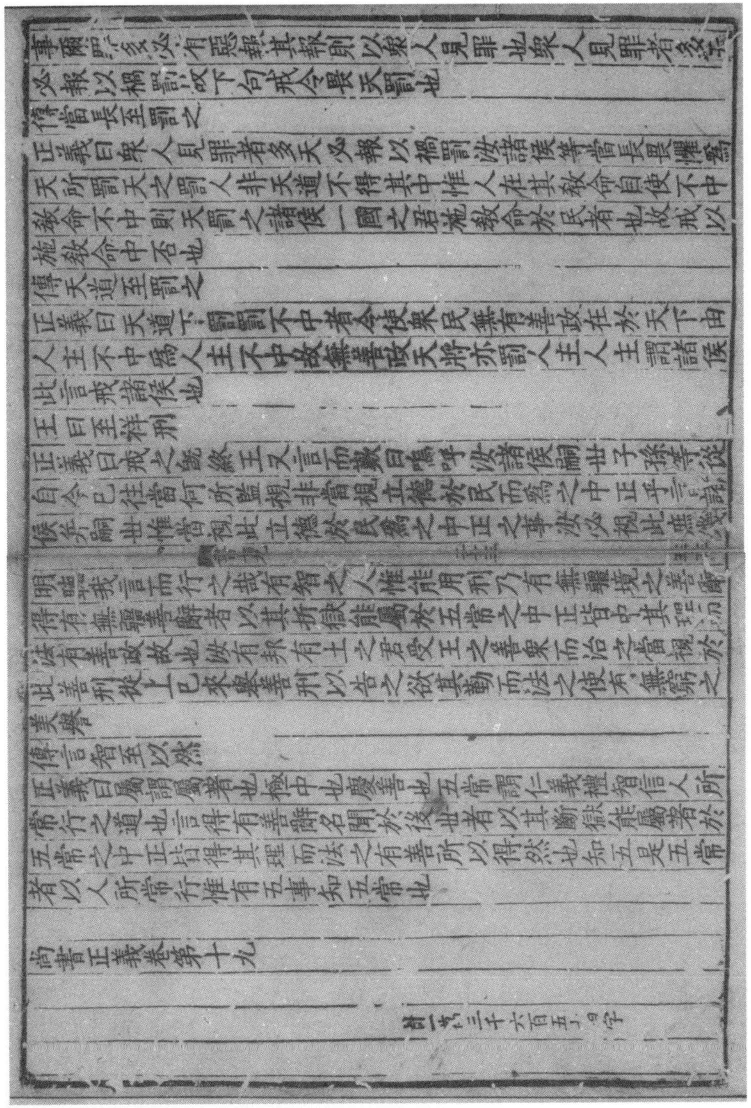

單疏卷十九第二十三葉

足利本卷十九第三十四葉

尚書注疏卷第二十

國子祭酒上護軍曲阜縣開國子臣孔穎達奉

勑撰

周書

文侯之命第三十

費誓第三十一

秦誓第三十二

文侯之命第三十

平王錫晉文侯秬鬯圭瓚以圭爲杓柄謂之圭瓚作文侯之命所以名篇幽王爲犬戎所殺平王立而東遷洛邑晉文侯迎送安定之故錫命焉

文侯之命平王命爲侯伯

疏平王至之命　正義曰幽王嬖褒姒廢申后逐太子宜臼宜臼奔申申侯與犬戎既殺幽王晉文侯與鄭武公迎宜臼立之是爲平王遷於東都平王乃以文侯爲方伯賜其秬鬯之酒以圭瓚副焉作策書命之史錄其策書作文侯之命　傳以圭至圭瓚　正義曰祭之初酌鬱鬯之酒以灌尸圭瓚者酌鬱鬯之杓杓下有槃瓚即槃之名也是以圭爲杓之柄故謂之圭瓚周禮典瑞云祼圭有瓚以肆先王以祼賓客鄭司農云於圭頭爲器可以挹鬯祼祭謂之瓚以肆先王灌先王祭也鄭玄云肆解牲體以祭因以爲名爵行曰祼漢禮瓚槃大五升口徑八寸

足利本卷二十第一葉

尚書正義卷第二十

國子祭酒上護軍曲阜縣開國子臣孔穎達奉

勑撰

周書

文侯之命第三十

費誓第三十一

秦誓第三十二

文侯之命第三十

平王至之命

正義曰幽王嬖褒姒廢申后逐太子宜臼宜臼奔申申侯與犬戎既殺幽王晉文侯與鄭武公迎宜臼立之是爲平王遷於東都平王乃以文侯爲方伯賜其秬鬯之酒以圭瓚副焉作策書命之史錄其策書作文侯之命

傳以圭至圭瓚

正義曰祭之初酌鬱鬯之酒以灌尸圭瓚者酌鬱鬯之杓杓下有槃瓚即槃之名也是以圭爲杓之柄故謂之圭瓚周禮典瑞云祼圭有瓚以肆先王以祼賓客鄭司農云於圭頭爲器可以挹鬯祼祭謂之瓚以肆先王灌先王祭也鄭玄云肆解牲體以祭因以爲名爵行曰祼漢禮瓚槃大五升口徑八寸下有槃口徑一尺詩云瑟彼玉瓚黃流在中毛傳云玉瓚圭瓚也黃金所以飾流鬯也鄭云黃流秬鬯也圭瓚之狀以圭爲柄黃金爲勺青金爲外朱中央是說圭瓚之形狀也禮無明文而知其然者祭統云君執圭瓚祼尸大宗執璋瓚亞祼鄭云圭瓚璋瓚祼器也以圭璋爲柄酌鬱鬯曰祼然則圭瓚璋瓚惟柄以圭璋爲異其瓚形則同考工記玉人云祼圭尺有二寸有瓚以祀廟大璋中璋九寸邊璋七寸厚寸黃金勺青金外朱中鼻寸鄭云鼻勺流也凡流皆爲龍口也三璋之勺形如圭瓚是鄭以璋形如此知圭瓚亦然毛傳又云九命然後錫以秬鬯圭瓚則晉文侯於時九命爲東西大伯故得受此賜也所言從經爲傳故此惟解圭瓚

單疏卷二十第一葉

下有槃口徑一尺詩云瑟彼玉瓚黃流在中毛傳
云玉瓚圭瓚也黃金所以飾流鬯也鄭云黃流秬
鬯也圭瓚之狀以圭為柄黃金為勺青金為外朱
中央是説圭瓚之形狀也禮無明文而知其然者
祭統云君執圭瓚祼尸大宗執璋瓚亞祼鄭云圭
瓚璋瓚祼器也以圭璋為柄酌鬱鬯曰祼然則圭
瓚璋瓚惟柄以圭璋為異其瓚形則同考工記玉
人云祼圭尺有二寸有瓚以祀廟大璋中璋九寸
邊璋七寸厚寸黃金勺青金外朱中鼻寸鄭云鼻
勺流也凡流皆為龍口也三璋之勺形如圭瓚是
鄭以璋形如此知圭瓚亦然毛傳又云九命然後
錫以秬鬯圭瓚則晉文侯於時九命為東西大伯
故得受此賜也秬鬯從經為傳故此惟解圭瓚
傳所以至命焉　正義曰周本紀云幽王嬖褒姒
褒姒生子伯服幽王廢申后并去太子用褒姒為
后伯服為太子申侯怒乃與西夷犬戎共攻殺幽
王於是諸侯乃與申侯共立太子宜臼是為平王
東徙於洛邑避戎寇隱六年左傳周桓公言於王
曰我周之東遷晉鄭焉依鄭語云晉文侯於是乎
定天子是迎送安定之故平王錫命焉　傳平王
命為侯伯　正義曰伯長也諸侯之長謂二伯也
僖元年左傳云凡侯伯救患分災討罪禮也是謂
諸侯之長為侯伯王肅云幽王既滅平王東遷晉
文侯鄭武公夾輔王室晉為大國功重故平王命
為侯伯　**王若曰父義和**　順其功而命之文侯同姓故稱曰父義和字也稱父
者非一人故以字別之　**丕顯文武克慎明德**　大明乎文王武王之道能
詳慎顯用有德　**昭升于上敷聞在下惟時上帝集厥**
命于文王　更述文王所以王也言文王聖德明升于天而布聞在下民惟以是故上

天集成其王命德流子孫　**亦惟先正克左右昭事厥辟**　言君
既聖明亦惟先正官賢臣能左右明事其君所以然　**越小大謀猷罔不率**
從肆先祖懷在位　文王君聖臣良於小大所謀道德天下無不循從其化故我後世先祖歸在王位
傳王若至在位　正義曰平王順文侯之功親之勸而呼其字曰父義
和既呼其字乃告以上世之事大明乎文王武王
之道能詳慎顯用有德之人以為大臣文王之為
王也聖德明升於天言其道至天也又布聞於在
下言其德被民也惟以是故上天成其大命於文
王使之身為天子澤流後世文武聖明如此亦惟
先世長官之臣能左右明事其君君聖臣賢之故
於小大所謀道德天下無有不循從其化故我之
先祖文武之後諸王皆得歸在王位言先世聖王
得賢臣之力將説已無賢臣故言此也　傳順其
至別之　正義曰覲禮説天子呼諸侯之義曰同
姓大國則曰伯父其異姓則曰伯舅同姓小國則
曰叔父其異姓則曰叔舅鄭玄禮注云稱之以父
與舅親親之辭晉文侯唐叔之後與王同姓故稱
曰父曲禮天子謂二伯為伯父伯舅計文侯為侯伯天
子當呼為伯父此不云伯而直稱父者尤親之也
左傳以文侯名仇今呼曰義和知是字也天子於
同姓諸侯皆呼為父稱父者非一人若不稱其字
無以知是文侯故以字別之鄭玄讀義為儀儀仇
皆訓匹也故名仇字儀古人名字不可皆令相配
不必然也　傳文王至王位　正義曰後世先祖
謂文武之後在今王之先祖成康以至宣幽皆是
也懷歸也歸在王位者王位是其所有也若歸向
家然故稱歸也　**嗚呼閔予小子嗣造天丕愆**　歎而自痛傷也

言我小子而遭天大罪過父死國敗祖業隤隕殄資澤于下民侵戎
我國家純言周邦喪亂絕其資用惠澤於下民侵兵傷我國及卿大夫之家禍甚大
即我御事罔或耆壽俊在厥服予則罔克所以
遇禍即我治事之臣無有耆宿壽考俊德在其服位我則材劣無能之致疏嗚呼至罔克　正義
曰王又歎而自傷嗚呼疲病者是我小子繼嗣先王之位遭天大罪過於我周家父死國敗傾覆祖
業致使周邦喪亂絕其資用惠澤於下民言下民資用盡致使而王澤竭也西夷犬戎侵兵傷我國
及卿大夫之家其禍亦甚大也所以遇此禍者即我治事之臣無有耆宿壽考俊德之人在其服位
我則材弱無能之致自恨己弱不能致得賢臣恐又不能自立也　傳言周至甚大　正義曰此經
所言追敘幽王滅事民不自治立君以養之民之資用是王者佑助以得之言周邦喪亂不能撫佑
下民絕其資用惠澤於下民也幽王之滅由夷狄交侵兵傷我國及卿大夫之家其禍甚大諸言國
家者皆謂國為國家傳意欲見君臣俱被其害故以家為卿大夫之家王肅云遭天之大愆謂幽王為犬
戎所殺殄絕其先祖之澤於下民侵犯兵寇傷我國家甚大謂犬戎也　傳所以至之致　正義曰
此經亦是追敘往事言幽王所以遇禍者即我周家治事之臣無有耆宿壽考俊德之人在其服位
致使有犬戎之禍亦是我材劣無能之致幽王之時平王被逐在外國之興亡非平王所知言我無
能之致者引過歸己自懼將來復然故下句思得賢臣曰惟祖惟父其伊恤
朕躬嗚呼有績予一人永綏在位王曰同姓諸侯在我惟祖

足利本卷二十第四葉

傳所以至命焉
正義曰周本紀云幽王嬖褒姒褒姒生子伯服幽王廢申后并
去太子用褒姒為后伯服為太子申侯怒乃與西夷犬戎共攻
殺幽王於是諸侯乃與申侯共立太子宜臼是為平王東徙於
洛邑避戎寇隱六年左傳周桓公言於王曰我周之東遷晉鄭
焉依鄭語云晉文侯於是乎定天子是迎送安定之故平王錫
命焉
傳平王命為侯伯
正義曰伯長也諸侯之長謂二伯也僖元年左傳云凡侯伯救
患分災討罪禮也是謂諸侯之長為侯伯王肅云幽王既滅平
王東遷晉文侯鄭武公夾輔王室晉為大國功重故平王命為
侯伯
王若至在位
正義曰平王順文侯之功親之而呼其字曰父義和既呼其
字乃告以上世之事大明乎文王武王之道能詳慎顯用有德
之人以為大臣文王之為王也聖德明升於天言其道至天也
又布聞於在下言其德被民也惟以是故上天成其大命於文
王使之身為天子澤流後世文武聖明如此亦惟先世長官之
臣能左右明事其君君聖臣賢之故於小大所謀道德天下無
有不循從其化故我之先祖文武之後諸王皆得歸在王位言
先世聖王得賢臣之力將說己無賢臣故言此也
傳順其至別之
正義曰覲禮說天子呼諸侯之義曰同姓大國則曰伯父其異
姓則曰伯舅同姓小國則曰叔父其異姓則曰叔舅鄭玄禮注
云稱之以父與舅親親之辭晉文侯居叔之後與王同姓故稱
曰父曲禮天子謂二伯為伯父伯舅計文侯為侯伯天子當呼
為伯父此不云伯而直稱父者尤親之也左傳以文侯名仇今
呼曰義和知是字也天子於同姓諸侯皆呼為父稱父者非一
人若不稱其字無以知是文侯故以字別之鄭玄讀義為儀儀
仇皆訓匹也故名仇字儀古人名字不可皆令相配不必然也

單疏卷二十第二葉

惟父列者其惟當憂念我身嗚呼能有
成功則我一人長安在王位言恃諸侯父義和汝
克昭乃顯祖重稱字親之不稱名尊之言汝
能明汝顯祖唐叔之道辯之汝肇
刑文武用會紹乃辟追孝于前文人言汝今始
法文武之
道矣當用是道合會繼汝君以善使追孝於前汝
文德之人汝君平王自謂也繼先祖之志爲孝
多修扞我于艱若汝予嘉戰功曰多言汝之
功多甚修矣乃扞
我於艱難謂救周誅
犬戎汝功我所善之疏曰惟至予嘉　正義曰王
又言我以無能之致私爲
言曰同姓諸侯惟我祖之列者其
惟當憂念我身又自傷歎嗚呼此諸侯等若有能
助我有功則我一人長安在王位言已無能惟恃
賴諸侯也又呼文侯字曰父義和汝能明汝顯祖
唐叔之道汝始法文武之道用是道合會繼汝君
以善追孝於前世文德之人救周之日汝功爲多
甚修矣乃能扞蔽我於艱難謂救周誅犬戎也如
汝之功是我所善陳其前功以勸勉之　傳王曰
至諸侯　正義曰文侯是同姓諸侯王言已未得
文侯之時常望同姓助已王私爲言曰同姓諸侯
在我惟祖惟父列者惟當憂念我身伊訓惟也望
得同姓之閒有憂已者以思謂未得更復歎而爲
言嗚呼同姓諸侯若有能助我有功則我一人長
得安在王位言已恃賴諸侯思得其人在後果得
文侯告文侯以此言言已思文侯之功　傳重稱
至奬之　正義曰天子之於諸侯當稱父舅而已
既呼其父又稱其字所以別他人也初則別於他
人重則可以已矣重稱其字者親之也禮君父之
前臣名朋友之交臣字是名重於字也輕前人則
斥其名尊前人則避其重故不稱其名尊之也

傳文王至王位
正義曰後世先祖謂文武之後在今王之先祖成康以至宣幽
皆是也懷歸也歸在王位者王位是其所有也若歸向家然故
稱歸也
嗚呼至周克
正義曰王又歎而自傷嗚呼疲病者是我小子繼嗣先王之位
遭天大罪過於我周家父死國敗傾覆祖業致使周邦喪亂絶
其資用惠澤於下民言下民資用盡致使而王澤竭也西夷犬
戎侵兵傷我國及卿大夫之家其禍亦甚大也所以遇此禍者
即我治事之臣無有耆宿壽考俊德之人在其服位我則材弱
無能之致自恨已弱不能致得賢臣恐又不能自立也
傳言周至甚大
正義曰此經所言追敘幽王滅事民不自治立君以養之民之
資用是王者佑助以得之言周邦喪亂不能撫祐下民絶其資
用惠澤於下民也幽王之滅由夷狄交侵兵傷我國及卿大夫
之家其禍甚大諸言國家者皆謂國爲國家傳意欲見君臣俱
被其害故以家爲卿大夫之家王肅云遭天之大愆謂幽王爲
犬戎所殺殄絶其先祖之澤於下民侵犯兵寇傷我國家甚大
謂犬戎也
傳所以至之致
正義曰此經亦是追敘往事言幽王所以遇禍者即我周家治
事之臣無有耆宿壽考俊德之人在其服位致使有犬戎之禍
亦是我材劣無能之致幽王之時平王被逐在外國之興亡非
平王所知言我無能之致者引過歸已自懼將來復然故下句
思得賢臣
曰惟至予嘉
正義曰王又言我以無能之致私爲言曰同姓諸侯惟我祖之
列者惟我父之列者其惟當憂念我身又自傷歎嗚呼此諸侯
等若有能助我有功則我一人長安在王位言已無能惟恃賴
諸侯也又呼文侯字曰父義和汝能明汝顯祖唐叔之道汝始

於上文作傳於此言尊之者就此親之弁解之也
昭乃顯祖不知所斥以晉之上世有功名者惟有
唐叔耳故知明汝顯祖唐叔之道所以勸獎之令
其繼唐叔之業也　傳言汝至爲孝　正義曰以
其初有大功終當不殞其業故言始法文武之道
當用是文武之道合會繼汝君以善令以功德佐
汝君使汝君繼前世追行孝道於前世文德之人汝君
者平王自謂也先祖之志在於平定天下故子孫繼
父祖之志爲孝也　傳戰功至所善　正義曰戰
功曰多者周禮司勳文又云王功曰勳國功曰功
民功曰庸事功曰勞治功曰力戰功曰多彼有此
六功也言功多殊於他人故云汝之功多甚修矣
言其功修整美其功之善也文侯之功在於誅犬
戎立平王言乃扞蔽我於艱難知謂救周誅犬戎
也若訓如也如汝之功我所善
也王肅云如汝之功我所嘉也　王曰父義和其
八　尚二十　六　朱拵
歸視爾師寧爾邦遣令還晉國其歸視汝衆安汝國內上下用賚
爾秬鬯一卣黑黍曰秬釀以鬯草不言圭瓚可知卣中罇也當以錫命告其始祖
故賜鬯彤弓一彤矢百盧弓一盧矢百彤赤盧黑也諸
侯有大功賜弓矢然後專征伐彤弓以講德習射藏示子孫馬四匹馬供武用四匹
曰乘侯伯之賜無常以功大小爲度父往哉柔遠能邇惠康小
民無荒寧父往歸國哉懷柔遠人必以文德能柔遠者必能柔近然後國安安小人
之道必以順無荒廢人事而自安簡恤爾都用成爾顯德當簡核汝所任
憂治汝都鄙之人人和政治則汝顯用有德之功成矣不言鄙由近以及遠　疏　王曰至顯德

足利本卷二十第六葉

法文武之道用是道合會繼汝君以善追孝於前世文德之人
救周之日汝功爲多甚修矣乃能扞蔽我於艱難謂救周誅犬
戎也如汝之功是我所善陳其前功以勸勉之
傳王曰至諸侯
正義曰文侯是同姓諸侯王言已亦得文侯之時常望同姓助
已王私爲言曰同姓諸侯在我惟祖惟父列者惟當憂念我身
伊訓惟也望得同姓之閒有憂已者以思謂未得更復數而爲
言嗚呼同姓諸侯若有能助我有功則我一人長得安在王位
言已恃賴諸侯思得其人在後果得文侯告文侯以此言言已
思文侯之功
傳重稱至獎之
正義曰天子之於諸侯當稱父舅而已既呼其父又稱其字所
以別他人也初則別於他人重則可以已矣重稱其字者覩之
也禮君父之前白名朋友之交白字是名重於字也輕前人則
斥其名尊前人則避其重故不辭其名尊之也不於上文作傳
於此言尊之者就此親之弁解之也昭乃顯祖不知所斥以晉
之上世有功名者惟有唐叔耳故知明汝顯祖唐叔之道所以
勸獎之令其繼唐叔之業也
傳言汝至爲孝
正義曰以其初有大功終當不殞其業故言始法文武之道當
用是文武之道合會繼汝君以善令以功德佐汝君使汝君繼
前世追行孝道於前世文德之人汝君者平王自謂也先祖之
志在於平定天下故子孫繼父祖之志爲孝也
傳戰功至所善
正義曰戰功曰多者周禮司勳文又云王功曰勳國功曰功民
功曰庸事功曰勞治功曰力戰功曰多彼有此六功也言功多
殊於他人故云汝之功多甚修矣言其功修整美其功之善也
文侯之功在於誅犬戎立平王言乃扞蔽我於艱難知謂救周
誅犬戎也若訓如也如汝之功我所善也王肅云如汝之功我
所嘉也

單疏卷二十第四葉

義曰王既陳其功乃賚賜之王曰父義和其當歸汝晉國視汝衆民安汝國內上下用賜汝秬鬯之酒一卣鍋歸以告祭汝之始祖又賜汝形弓一形矢百旅弓一旅矢百馬四匹父往歸國哉必以文德安彼遠人欲安遠必能安近是遠近乃得安耳當以順道安汝之小民無得荒廢人事以自安逸簡核汝所任之臣憂治汝都鄙之人民用成汝顯明之德戒使歸國善治民也

傳黑黍至賜鬯

正義曰釋草云秬黑黍李巡曰黑黍一名秬周禮鬱人掌和鬱鬯以實彝而陳之鄭云鬱鬱金香草也築鬱金煮之以和鬯酒鄭衆云鬱爲草若蘭又有鬯人掌共秬鬯鄭玄云鬯釀秬爲酒芬香調暢於上下也如彼鄭說釀黑黍之米爲酒築鬱金之草煑以和之此傳言釀以鬯草似用鬯草合釀不同者終是以鬯和黍米之酒或先或後言之耳詩美宣王賜召穆公云釐爾圭瓚秬鬯一卣告于文人知賜秬鬯者必以圭瓚副焉此不言圭瓚明并賜之可知也卣中尊也釋器文孫炎云樽彝爲上罍爲下卣居中郭璞曰在罍彝之間即犧象壺著大山等六尊是也周禮司尊彝云春祠夏禴祼用雞彝鳥彝秋嘗冬烝祼用斝彝黃彝則祭時實鬯酒於彝此用卣者未祭則盛於卣及祭則實於彝此初賜未祭故盛以卣也詩稱告于文人毛傳云文人文德之人也鄭玄云王賜召虎以鬯酒一尊使以祭其宗廟告其先祖諸有德美見記也然則得秬鬯之賜當徧告宗廟此傳惟言告始祖者舉祖之尊者言之耳

傳形赤至子孫

正義曰形字從丹旅字從玄故形赤旅黑也是諸侯有大功賜弓矢然後專征伐禮記王制文也周禮司弓矢掌六弓其名王弧夾庾唐大鄭玄云六者弓異體之名也往體寡來體多曰王弧往體多來體寡曰夾庾往體來體若一曰唐大經又云唐弓大弓以授學

足利本卷二十第七葉

王曰至顯德

正義曰王既陳其功乃賚賜之王曰父義和其當歸汝晉國視汝衆民安汝國內上下用賜汝秬鬯之酒一卣鍋歸以告祭汝之始祖又賜汝形弓一形矢百旅弓一旅矢百馬四匹父往歸國哉必以文德安彼遠人欲安遠必能安近是遠近乃得安耳當以順道安汝之小民無得荒廢人事以自安逸簡核汝所任之臣憂治汝都鄙之人民用成汝顯明之德戒使歸國善治民也

傳黑黍至賜鬯

正義曰釋草云秬黑黍李巡曰黑黍一名秬周禮鬱人掌和鬱鬯以實彝而陳之鄭云鬱鬱金香草也築鬱金煮之以和鬯酒鄭衆云鬱爲草若蘭又有鬯人掌共秬鬯鄭玄云鬯釀秬爲酒芬香調暢於上下也如彼鄭說釀黑黍之米爲酒築鬱金之草煑以和之此傳言釀以鬯草似用鬯草合釀不同者終是以鬯和黍米之酒或先或後言之耳詩美宣王賜召穆公云釐爾圭瓚秬鬯一卣告于文人知賜秬鬯者必以圭瓚副焉此不言圭瓚明并賜之可知也卣中尊也釋器文孫炎云樽彝爲上罍爲下卣居中郭璞曰在罍彝之間即犧象壺著大山等六尊是也周禮司尊彝云春祠夏禴祼用雞彝鳥彝秋嘗冬烝祼用斝彝黃彝則祭時實鬯酒於彝此用卣者未祭則盛於卣及祭則實於彝此初賜未祭故盛以卣也詩稱告于文人毛傳云文人文德之人也鄭玄云王賜召虎以鬯酒一尊使以祭其宗廟告其先祖諸有德美見記也然則得秬鬯之賜當徧告宗廟此傳惟言告始祖者舉祖之尊者言之耳

傳形赤至子孫

正義曰形字從丹旅字從玄故形赤旅黑也是諸侯有大功賜弓矢然後專征伐禮記王制文也周禮司弓矢掌六弓其名王弧夾庾唐大鄭玄云六者弓異體之名也往體寡來體多曰王弧往體多來體寡曰夾庾往體來體若一曰唐大經又云唐弓大弓以授學射者使者勞者鄭云學射者弓用中後習強弱則易也使者勞者弓亦用中遠近可也勞者勤勞王事若晉文侯

單疏卷二十第五葉

射者使者勞者鄭云學射者弓用中後習強弱則
易也使者勞者弓亦用中遠近可也勞者勤勞王
事若晉文侯受弓矢之賜者鄭玄以此形弓旅弓
爲周禮唐弓大弓唐大是弓強弱之名形旅是弓
赤黒之色孔意亦當然也此傳及毛傳皆云形弓
以講德習射用周禮爲説也唐弓大弓以授學射
者是習射也授使者勞者是講德也講論知其有
德乃賜之耳襄八年左傳云晉范宣子來聘季武
子賦形弓宣子曰城濮之役我先君文公受形弓
于襄王以爲子孫藏杜預云藏之以示子孫　傳
馬供至爲度　正義曰六畜特以馬賜之者爲馬
供武用故也周禮校人云乘馬一師四圉圉養一
馬是四匹曰乘乘車必駕四馬故也司勳云凡賞
無常輕重視功是侯伯之賜無常以功大小爲度
傳父往至自安　正義曰論語云遠人不服則修
文德以來之是懷柔遠人必以文德也能柔遠者
尚二十　八
必能柔近遠近俱安然後國安惠順也康安也言
順安小民者安小民之道必以順道安之故言順
安也順者順小民之心爲其政也論語云因民之
所利而利之是順安也　傳當簡至及遠　正義
曰簡恤者共有爾都之文當簡核汝都内善人而
任之令以德憂治汝都鄙之人人和政治則汝顯
用有德之功成矣言用賢之名既成國君之治亦
成也鄭云都國都也鄙邊邑也言都不言鄙由近
以及
遠也

費誓第三十一

魯侯伯禽宅曲阜始封之國居曲阜徐夷並興東郊
不開徐戎淮夷並起爲寇於魯故東郊不開作費誓魯侯征之於費地而

足利本卷二十第八葉

受弓矢之賜者鄭玄以此形弓旅弓爲周禮唐弓大弓唐大是
弓強弱之名形旅是弓赤黒之色孔意亦當然也此傳及毛傳
皆云形弓以講德習射用周禮爲説也唐弓大弓以授學射者
是習射也授使者勞者是講德也講論知其有德乃賜之耳襄
八年左傳云晉范宣子來聘季武子賦形弓宣子曰城濮之役
我先君文公受形弓于襄王以爲子孫藏杜預云藏之以示子孫
傳馬供至爲度
正義曰六畜特以馬賜之者爲馬供武用故也周禮校人云乘
馬一師四圉圉養一馬是四匹曰乘乘車必駕四馬故也司勳
云凡賞無常輕重視功是侯伯之賜無常以功大小爲度
傳父往至自安
正義曰論語云遠人不服則修文德以來之是懷柔遠人必以
文德也能柔遠者必能柔近遠近俱安然後國安惠順也康安
也言順安小民者安小民之道必以順道安之故言順安也順
者順小民之心爲其政也論語云因民之所利而利之是順安也
尚書二十　六
傳當簡至及遠
正義曰簡恤者共有爾都之文當簡核汝都内善人而任之令
以德憂治汝都鄙之人人和政治則汝顯用有德之功成矣言
用賢之名既成國君之治亦成也鄭云都國都也鄙邊邑也言
都不言鄙由近以及遠也
費誓第三十一
魯侯至費誓
正義曰魯侯伯禽於成王即政元年始就封於魯居曲阜之地
於時徐州之戎淮浦之夷並起爲寇於魯東郊之門不敢開闢
魯侯時爲方伯率諸侯征之至費地而誓戒士衆史錄其誓辭
作費誓
傳徐戎至不開
正義曰經稱淮夷徐戎序言徐夷略之也此戎夷在魯之東諸
侯之制於郊有門恐其侵逼魯境故東郊之門不開
傳書魯至地名

單疏卷二十第六葉

誓衆也諸侯之事而連帝王孔子序書以魯有治
戎征討之備秦有悔過自誓之戒足爲世法故録
以備王事猶詩録商魯之頌

費誓

費魯東郊之地名

【疏】魯侯至費誓　正義曰魯
侯伯禽於成王即政元年始就封於魯居曲阜之
地於時徐州之戎淮浦之夷並起爲寇於魯東郊
之門不敢開闢魯侯時爲方伯率諸侯征之至費
地而誓戒士衆史録其誓辭作費誓　傳徐戎至
不開　正義曰經稱淮夷徐戎序言徐夷略之也
此戎夷在魯之東諸侯之制於郊有門恐其侵逼
魯境故東郊之門不開　傳費魯至地名　正義
曰甘誓牧誓皆至戰地而誓知費非戰地者東郊
不開則戎夷去魯近矣此誓令其治兵器具糗糧
則是未出魯境故知費是魯東郊地名非戰處也

公曰嗟人無譁聽命

伯禽爲方伯監七百里內之諸侯帥之以征歎而勑之使無諠譁欲其靜聽誓命

徂茲淮夷徐戎並興

今往征此淮浦之夷徐州之戎並起爲寇此戎夷帝王所羈縻統敘故錯居九州之內秦始皇逐出之

善敹乃甲冑敽乃干無敢不弔

言當善簡汝甲鎧冑兜鍪施汝楯紛無敢不令至攻堅使可用

備乃弓矢鍛乃戈矛礪乃鋒刃無敢不善

備汝弓矢弓調矢利鍛鍊戈矛磨礪鋒刃皆使無敢不功善

【疏】公曰至不善　正義曰魯侯將征徐戎召集士衆歎而
勑之公曰嗟在軍之人無得諠譁皆靜而聽我誓
命令往征此淮浦之夷徐州之戎以其並起爲寇
故也汝等善簡擇汝之甲冑施汝楯紛無敢不令至
攻極堅備汝弓矢一弓百矢令弓調矢利鍛鍊汝
之戈矛磨礪汝之鋒刃無敢不使皆善戒之使善

足利本卷二十第九葉

正義曰甘誓牧誓皆至戰地而誓知費非戰地者東郊不開則
戎夷去魯近矣此誓令其治兵器具糗糧則是未出魯境故知
費是魯東郊地名非戰處也
公曰至不善
正義曰魯侯將征徐戎召集士衆歎而勑之公曰嗟在軍之人
無得諠譁皆靜而聽我誓命令往征此淮浦之夷徐州之戎以
其並起爲寇故也汝等善簡擇汝之甲冑施汝楯紛無敢不令
至攻極堅備汝弓矢一弓百矢令弓調矢利鍛鍊汝之戈矛磨
礪汝之鋒刃無敢不使皆善戒之使善言不善將得罪也
傳伯禽至誓命
正義曰禮諸侯不得專征伐惟州牧於當州之內有不順者得
專征之於時伯禽爲方伯監七百里內之諸侯故得帥之以征
戎夷王制云千里之外設方伯以八州八伯是州別立一賢侯
以爲方伯即周禮大宗伯云八命作牧是也禮記明堂位云封
周公於曲阜地方七百里孔意以周之大國不過百里禮記云
七百里者監此七百里內之諸侯非以七百里地并封伯禽也
下云魯人三郊三遂指言魯人明於時軍內更有諸侯之人故
知帥七百里內諸侯之人以之共征也鄭云人謂軍之士衆及
費地之民案下句令塡塞坑穽必使軍旁之民塞之或當如鄭
言也
傳今往至出之
正義曰詩美宣王命程伯休父率彼淮浦省此徐土知淮夷是
淮浦之夷徐戎是徐州之戎也四海之名東方曰夷西方曰戎
謂在九州之外此徐州淮浦中夏之地而得有戎夷者此戎夷
帝王之所羈縻而統敘之不以中國之法齊其風俗故得雜錯
居九州之內此伯禽之時有淮浦者淮浦之夷並起詩美宣王
命召穆公平淮夷則戎夷之處中國久矣漢時內地無戎夷者
秦始皇逐出之始皇之崩至孔之初惟可三四十年古老猶在
及見其事故孔得親知之也王肅云皆紂時錯居中國經傳不
說其事無以知紂時來也

單疏卷二十第七葉

言不善將得罪也　傳伯禽至誓命　正義曰禮
諸侯不得專征伐惟州牧於當州之內有不順者
得專征之於時伯禽爲方伯監七百里內之諸侯
故得帥之以征戎夷王制云千里之外設方伯以
八州八伯是州別立一賢侯以爲方伯即周禮大
宗伯云八命作牧是也禮記明堂位云封周公於
曲阜地方七百里孔意以周之大國不過百里禮
記云七百里者監此七百里內之諸侯非以七百
里地并封伯禽也下云魯人三郊三遂指言魯人
明於時軍內更有諸侯之人故知帥七百里內諸
侯之人以之共征也鄭云人謂軍之士衆及費地
之民寨下句令塡塞坑穽必使軍旁之民塞之或
當如鄭言也　傳今往至出之　正義曰詩美宣
王命程伯休父率彼淮浦省此徐土知淮浦是淮
浦之夷徐戎是徐州之戎也四海之名東方曰夷
西方曰戎謂在九州之外此徐州淮浦中夏之地
而得有戎夷者此戎夷帝王之所羈縻而統敘之
不以中國之法齊其風俗故得雜錯居九州之內
此伯禽之時有淮浦者淮浦之夷並起詩美宣王
命召穆公平淮夷則戎夷家處中國久矣漢時內
地無戎夷者秦始皇逐出之始皇之前至孔之初
惟可二四十年古老猶在及見其事故孔得親知
之也王肅云皆紂時錯居中國經傳不說其事無
以知紂時來也　傳言當至可用　正義曰世本
云杼作甲宋仲子云少康子杼也說文云胄兜鍪
也兜鍪首鎧也經典皆言甲胄秦世已來始有鎧
兜鍪之文古之作甲用皮秦漢已來用鐵鎧鍪二
字皆從金蓋用鐵爲之而因以作名也甲胄爲有
善有惡故令敹簡取其善者鄭云敹謂穿徹之謂
甲繩有斷絕當使敹理穿治之干是楯也敽乃干
必施功於楯但楯無施功之處惟繫紛於楯故以
爲施汝楯紛紛如綬而小繫於楯以持之且以爲

足利本卷二十第十葉

傳言當至可用
正義曰世本云杼作甲宋仲子云少康子杼也說文云胄兜鍪
也兜鍪首鎧也經典皆言甲胄秦世已來始有鎧兜鍪之文古
之作甲用皮秦漢已來用鐵鎧鍪二字皆從金蓋用鐵爲之而
因以作名也甲胄爲有善有惡故令敹簡取其善者鄭云敹謂
穿徹之謂甲繩有斷絕當使敹理穿治之干是楯也敽乃干必
施功於楯但楯無施功之處惟繫紛於楯故以爲施汝楯紛紛
如綬而小繫於楯以持之且以爲飾鄭云敽猶繫也王肅云敽
楯當有紛繫持之是相傳爲此說也弔訓至也無敢不令至極
攻堅使可用鄭云至猶善也
傳備汝至功善
正義曰備訓具也每弓百矢弓十矢千使其數備足令弓調矢
利案毛傳云五十矢爲束或臨戰用五十矢爲束凡金爲兵器
皆須鍛礪有刃之兵非獨戈矛而已云鍛鍊戈矛磨礪鋒刃令
其文互相通稱諸侯兵器皆使無敢不功善令皆利快也
今惟至常刑
正義曰此戒軍旁之民也今軍人惟欲大放舍牿牢之牛馬言
牧於野澤杜汝捕獸之擭塞汝陷獸之穽無敢令傷所放牿牢
之牛馬牛馬之傷汝則有殘害人畜之常刑
傳今軍至放牧
正義曰淫訓大也周禮充人掌繫祭祀之牲牷祀五帝則繫于
牢芻之三月鄭玄云牢閑也校人掌王馬之政天子十有二閑
馬六種然則養牛馬之處謂之牢閑牢閑是周衛之名也此言
大舍牿牛馬則是出之牢閑牧於野澤令其逐草而牧之故謂
此牢閑之牛馬爲牿牛馬而知牿即閑牢之謂也故言大放舍
牿牢之牛馬言軍人所在必須放牧此告軍旁之民也既言牛
馬在牿遂以牿爲牛馬之名下云無敢傷牿謂傷牛馬牿之傷
謂牛馬傷也鄭玄以牿爲梏梏之牿施牿於牛馬之腳使不得
走失
傳擭捕至常刑

單疏卷二十第八葉

飾鄭云敿猶繫也王肅云敿摘當有紛繫持之是
相傳爲此說也弔訓至也無敢不令至極攻堅使
可用鄭云至猶善也　傳備汝至功善　正義曰
備訓具也每弓百矢弓十矢千使其數備足令弓
調矢利案毛傳云五十矢爲束或臨戰用五十矢
爲束凡金爲兵器皆須鍛礪有刃之兵非獨戈矛
而已云鍛鍊戈矛磨礪鋒刃令其文互相通稱
諸侯兵器皆使無敢不功善令皆利快也　今惟
淫舍牿牛馬　今軍人惟大放舍牿牢之牛馬言軍所在必放牧也　杜乃擭
敜乃穽無敢傷牿牿之傷汝則有常刑　擭捕獸機
檻當杜塞之穽穿地陷獸當以土窒敜之無敢令
傷所放牿牢之牛馬牛馬之傷汝則有殘人畜之
常刑　疏　今惟至常刑　正義曰此戒軍旁之民也今
軍人惟欲大放舍牿牢之牛馬令牧於野澤

尚二十　十一

杜汝捕獸之擭塞汝陷獸之穽無敢令傷所放牿
牢之牛馬牛馬之傷汝則有殘害人畜之常刑
傳今軍至放牧　正義曰淫訓大也周禮充人掌
繫祭祀之牲牷祀五帝則繫于牢芻之三月鄭玄
云牢閑也校人掌王馬之政天子十有二閑馬六
種然則養牛馬之處謂之牢閑牢閑是周衛之名
也此言大舍牿牛馬則是出之牢閑牧於野澤
令其逐草而牧之故謂此牢閑之牛馬爲牿牛馬
而知牿即閑牢之謂也故言大放舍牿牢之牛馬
言軍人所在必須放牧此告軍旁之民也既言牛
馬在牿遂以牿爲牛馬之名下云無敢傷牿謂傷
牛馬牿之傷謂牛馬傷也鄭玄以牿爲梏梏之牿
施梏於牛馬之脚使不得走失　傳擭捕至常刑
正義曰周禮冥氏掌爲阱擭以攻猛獸知穽擭皆
是捕獸之器也檻以捕虎豹穿地爲深坑又設機
於上防其躍而出也穽以捕小獸穿地爲深坑入

必不能出其上不設機也穽以穿地爲名擭以得
獸爲名擭亦設於穽中但穽不設機爲異耳杜塞
之窒敜之皆閉塞之義使之塡坑廢機無敢令傷
所放牿牢之牛馬牛馬之傷汝則有殘人畜之常
刑令律文施機槍作坑穽者杖一百傷人之畜産
者償所減價王肅云杜閉也擭所以捕禽獸機檻
之屬敜塞也穽穿地爲之所以陷墮之恐害牧牛
馬故使閉塞之鄭玄云山林之田春始穿地爲穽
或設擭其中以遮獸擭作㓨也　馬牛其風臣妾逋逃勿敢越逐
馬牛其有風佚臣妾逋亡勿敢棄越壘伍而求逐之役人賤者男曰臣女曰妾　祗復之我
商賚汝　衆人其有得佚馬牛逃臣妾皆敬還復之我則商度汝功賜與汝　乃越
逐不復汝則有常刑　越逐爲失伍不還爲攘盜汝則有此常刑　無敢

尚二十　十二

寇攘踰垣墻　軍人無敢暴劫人踰越人垣墻物有自來者無敢取之　竊馬
牛誘臣妾汝則有常刑　軍人盜竊馬牛誘偷奴婢汝則有犯軍令之常刑
甲戌我惟征徐戎　誓後甲戌之日我惟征之　峙乃糗
糧無敢不逮汝則有大刑　皆當儲峙汝糗糒之糧使足食無敢不相逮及汝則有乏軍興之死刑
魯人三郊三遂峙乃楨榦
甲戌我惟築　總諸國之兵而但稱魯人峙具楨魯道近也題曰楨旁曰榦言三郊三遂明東郊距守不峙甲戌日當築攻敵壘距堙之屬　無敢不供汝則有
無餘刑非殺　峙具楨榦無敢不供不供汝則有無餘之刑刑者非一也然亦非殺汝

足利本卷二十第十三葉

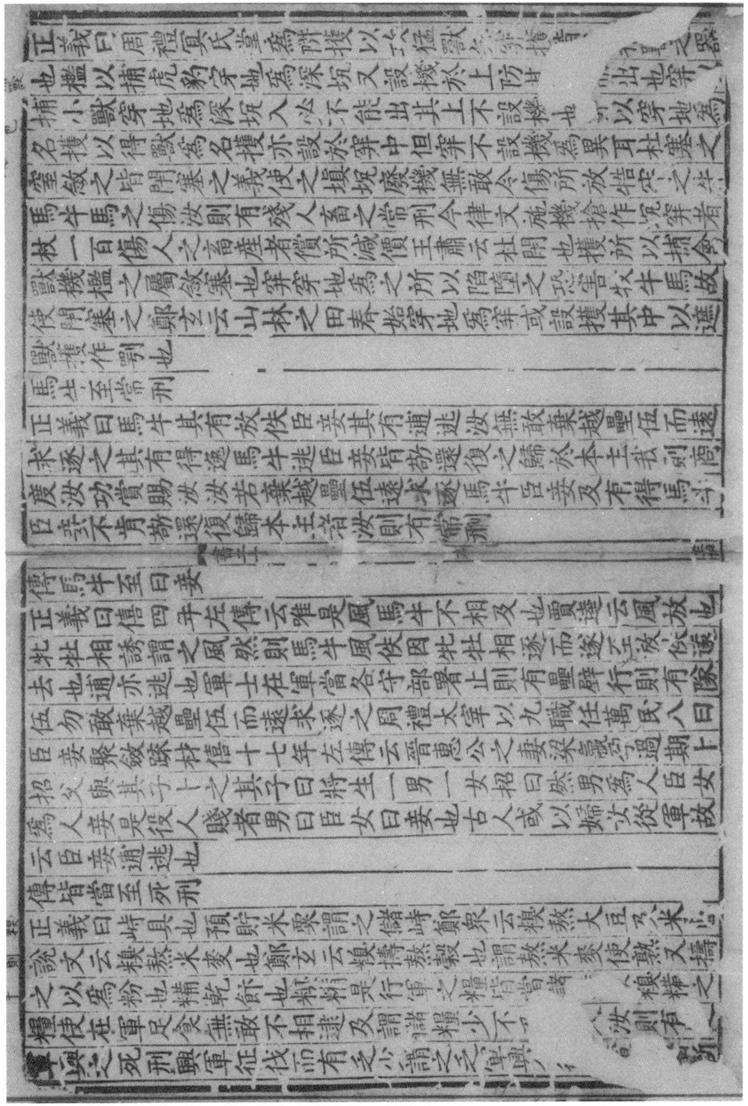

單疏卷二十第九葉

徒云凡起徒從役無過家一人是家出一人一鄉
爲一軍天子六軍出自六鄉則諸侯大國三軍亦
當出自三鄉也周禮又云萬二千五百家爲遂遂
人職云以歲時稽其人民簡其兵器以起征役則
六遂亦當出六軍鄉爲正遂爲副耳鄭衆云六遂
之地在王國百里之外然則王國百里爲郊鄉在郊
内遂在郊外釋地云邑外謂之郊孫炎曰邑國都
也設百里之國去國十里爲郊則諸侯之制亦當
鄉在郊内遂在郊外此言三郊三遂者三郊謂三
鄉也蓋使三鄉之民分在四郊之内三遂之民分
在四郊之外鄉近於郊故以郊言之鄉遂之民分
在國之四面當有四郊四遂惟言三郊三遂者明
東郊令留守不令峙楨榦也上云甲戌我惟征徐
戎此云甲戌我惟築期以至日即築當築攻敵之壘
距堙之屬兵法攻城築土爲山以闚望城内謂之
距堙襄六年左傳云晏弱城東陽而遂圍萊甲寅

尚二十　十四

堙之環城傅於堞杜預云堞女牆也堙土山也周
城爲土山及女牆宣十五年公羊傳楚子圍宋使
司馬子反乘堙而闚宋城宋華元亦乘堙而出見
之何休云堙距堙上城具也是攻敵城壘必有距
堙知築者築距堙之屬也　傳峙具至殺汝　正
義曰上云無敢不逮此云無敢不供下云無敢不
多文異者糗糧難備不得偏少故云無敢不逮楨
榦易得惟恐闕事故云無敢不供芻茭賤物惟多
爲善故云無敢不多量事而爲文也不供汝則有
無餘之刑者言刑者非一謂合家盡刑之王肅云
汝則有無餘刑父母妻子同産皆坐之無遺免之
者故謂無餘之刑然入於罪隸亦不殺之鄭玄云
無餘刑非殺者謂盡奴其妻子不遺其種類在軍使
給厮役反則入於罪隸舂槀不殺之周禮司厲云
其奴男子入于罪隸女子入於舂槀鄭玄云奴從
坐而没入縣官者男女同名鄭衆云輸於罪隸舂

足利本卷二十第十四葉

傳摠詰至之屬
正義曰指言魯人明更有他國之人摠諸國[illegible]
峙具楨榦爲道近故也峙具楨榦以擬築之用[illegible]當牆
兩端者也旁曰榦謂在牆兩邊者也釋詁云楨榦也舍人曰楨
正也築牆所立兩木也榦所以當牆兩邊障土者三郊三遂謂
魯人三軍周禮司徒萬二千五百家爲鄉司馬法萬二千五百
人爲軍小司徒云凡起徒役無過家一人是家出一人一鄉爲
一軍天子六軍出自六鄉則諸侯大國三軍亦當出自三鄉也
周禮又云萬二千五百家爲遂遂人職云以歲時稽其人民簡
其兵器以起征役則六遂亦當出六軍鄉爲正遂爲副耳鄭衆
云六遂之地在王國百里之外然則王國百里爲郊鄉在郊内
遂在郊外釋地云邑外謂之郊孫炎曰邑國都也設百里之國
去國十里爲郊則諸侯之制亦當鄉在郊内遂在郊外此言三
郊三遂者三郊謂三鄉也蓋使三鄉之民分在四郊之内三遂
之民分在四郊之外鄉近於郊故以郊言之鄉遂之民分在

書二十

之四面當有四郊四遂惟言三郊三遂者明東郊令留守不[illegible]
峙楨榦也上云甲戌我惟征徐戎此云甲戌我惟築期以至日
即築當築攻敵之壘距堙之屬兵法攻城築土爲山以闚望城
内謂之距堙襄六年左傳云晏弱城東陽而遂圍萊甲寅堙之
環城傅於堞杜預云堞女牆也堙土山也周城爲土山及女牆
宣十五年公羊傳楚子圍宋使司馬子反乘堙而闚宋城宋華
元亦乘堙而出見之何休云堙距堙上城具也是攻敵城壘必
有距堙知築者築距堙之屬也
傳峙具至殺汝
正義曰上云無敢不逮此云無敢不供下云無敢不多文異者
糗糧難備不得偏少故云無敢不逮楨榦易得惟恐闕事故云
無敢不供芻茭賤物惟多爲善故云無敢不多量事而爲文也
不供汝則有無餘之刑者言刑者非一謂合家盡[illegible]王肅云
汝則有無餘刑父母妻子同産皆坐之無遺免[illegible]故謂[illegible]
之刑然入於罪隸亦不殺之鄭玄云無餘刑非[illegible]

單疏卷二十第十葉

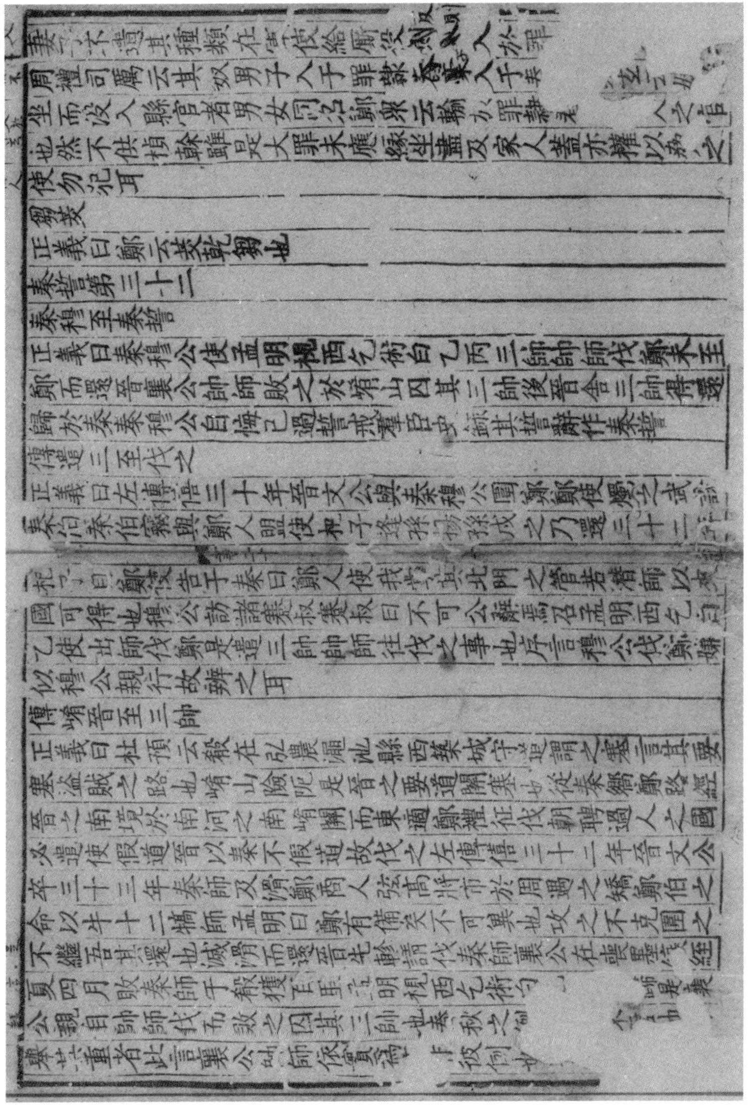

單疏卷二十第十一葉

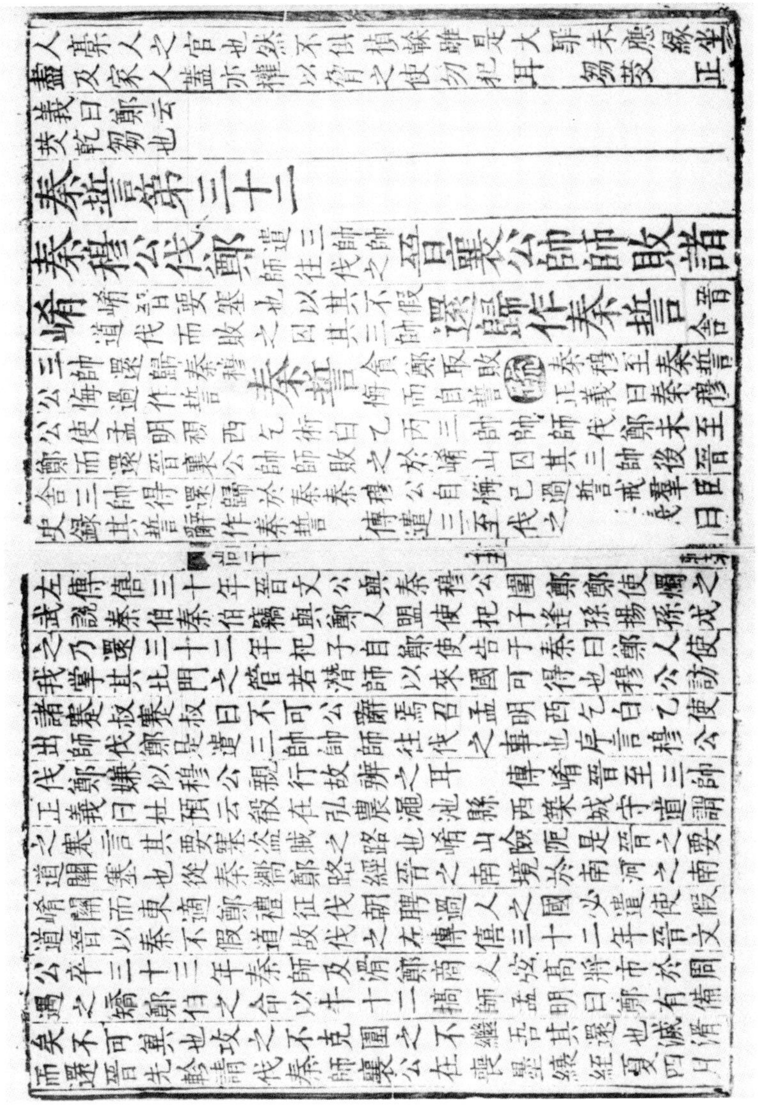

足利本卷二十第十五葉

敗秦師于殽獲百里孟明視西乞術白乙丙以歸
是襄公親自帥師伐而敗之囚其三帥也春秋
之例君將不言帥師舉其重者此言襄公帥師依
實爲文非彼例也又春秋經書此事云晉人及姜
戎敗秦師于殽實是晉侯而書晉人者杜預云晉
侯諱背喪用兵通以賤者告也是言晉人告魯不
言晉侯親行而云大夫將兵大夫賤不合書名氏
故稱人也直言敗秦師于殽不言秦之將帥之名
亦諱背喪用兵故告辭略也　傳晉舍至作誓
正義曰左傳又稱晉文公之夫人文嬴秦女也請
三帥曰彼實構吾二君寡君若得而食之不厭君
何辱討焉使歸就戮于秦以逞寡君之志若何公
許之秦伯素服郊次鄉師而哭曰孤違蹇叔以辱
二三子孤之罪也不替孟明孤之過也是晉舍三
帥而得還秦穆公於是悔過作誓序言還歸謂三
帥還也嫌穆公身還故辨之公羊傳說此事云匹
馬隻輪無反者左傳稱秦伯鄉師而哭則師亦少有還者　公曰嗟我士聽無
譁誓其羣臣通稱士也予誓告汝羣言之首衆言之本要古
人有言曰民訖自若是多盤言民之行己盡用順道是多樂
稱古人言悔前不順忠臣責人斯無難惟受責俾如流是
惟艱哉人之有非以義責之此無難也若己有非惟受人責即改之如水流下是惟難哉
我心之憂日月逾邁若弗云來言我心之憂欲改過自新
如日月並行過如不復云來雖欲改悔恐死及之無所益【疏】公曰至云來　正義曰穆公自悔伐
鄭召集羣臣而告之公曰咨嗟我之朝廷之士聽
誓詰於汝無得諠譁我誓告汝衆言之首誥汝以

言中之最要者古人有言曰民之行己盡用順道
是多樂言順善事則身大樂也見他有非理以義
責之此無難也惟己有非理受人之責即能改之
使如水之流下此事是惟難哉言己已往之前不
受人言故自悔也今我心憂欲自改過自新但日
月益爲疾行如似不復云來恐已老死不得改悔
也　傳誓其至稱士　正義曰士者男子之大號
故羣臣通稱之鄭云誓其羣臣下及萬民獨云士
者舉中言之　傳言民至忠臣　正義曰訖盡也
自用若順盤樂也盡用順道則有福有福則身樂
故云是多樂也稱古人言者悔前不用古人之言
不順忠臣之謀故也昔漢明帝問東平王劉蒼云
在家何者爲樂對曰爲善最樂是其用順道則多
樂　傳言我至所益　正義曰逾益邁行也員即
云也言日月益爲疾行並皆過去如似不復云來
畏其去而不復來夜而不復明言己年老前途稍
近雖欲改悔恐死及之不得修改身無所益也王
肅云年已衰老恐命將終日月遂往若不云來將
不復見日月雖欲改過無所及益自恨改過遲晚深自咎責之辭惟古之謀人則
曰未就予忌惟爲義執古義之謀人謂忠賢蹇叔等也則曰未成我所欲反忌之
耳惟今之謀人姑將以爲親惟指今事爲我所謀之人我且將以
爲親而用之悔前違古從今以取破敗【疏】惟古至爲親　正義曰此穆公自說己之前過我欲
伐鄭之時羣臣共爲謀計惟爲我執古義之謀人
我則曰未成我之所欲反猜忌之惟指今事爲我
所謀之人我且將以爲親己而用之悔前違古從
今自取破敗也其古之謀人當謂忠賢之臣若蹇
叔之等今之謀人勸穆公使伐鄭者蓋謂杞子之類國內亦當有此人雖則云然尚

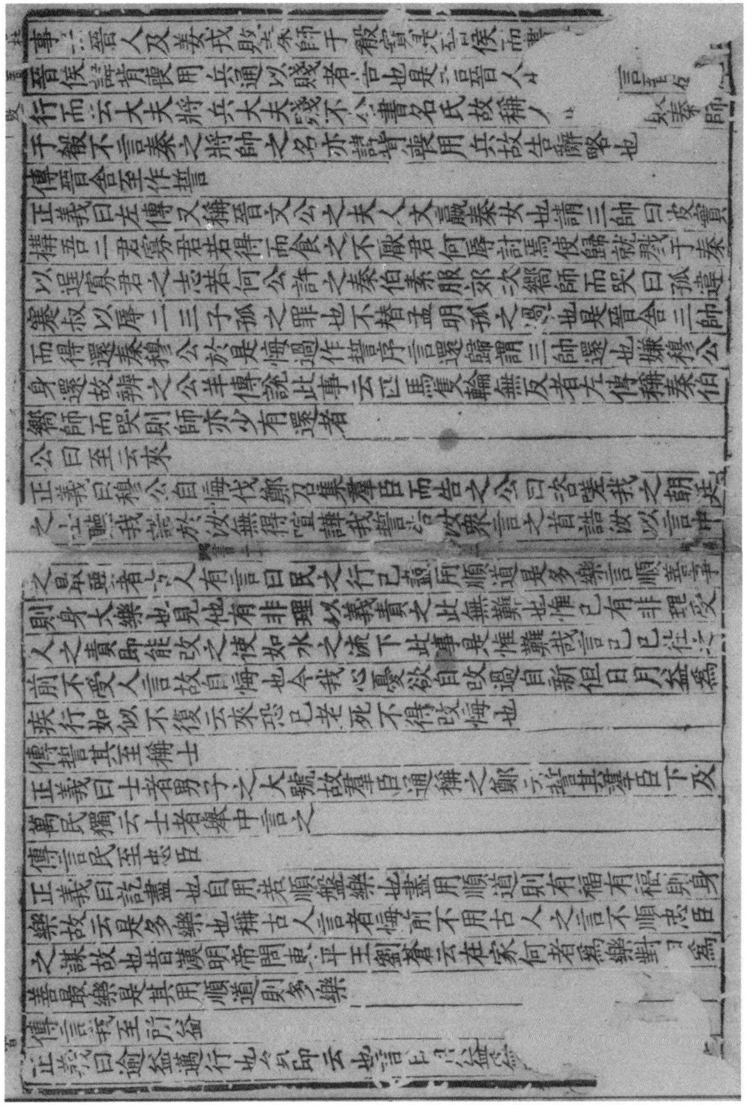

單疏卷二十第十二葉

足利本卷二十第十八葉

明故有此輩在我側也 傳如有至任之 正義
曰孔注論語以束脩爲束帶脩飾此亦當然一介
謂一心耿介斷斷守善之貌休休好善之意如有
束帶脩飾一心耿介斷斷然守善猗然專一之臣
雖復無他技藝休休焉好樂善道其心行如是則
能有所含容言得此人將任用之猗者足句之辭
不爲義也禮記大學引此作斷斷兮猗是兮之類
詩云河水清且漣猗是也王肅云一介耿介一心
端愨斷斷守善之貌無他技能徒守善而已休休
好善之貌其如是人能有所容忍小過寬則得衆
穆公疾技巧多端故思斷斷無他技者 人之有技若己有之人之
彥聖其心好之不啻如自其口出是能容
之 人之有技若己有之樂善之至也人之美聖其心好之不啻如自其口出心好之至也是人必
能容之 以保我子孫黎民亦職有利哉 用此好技聖之
人安我子孫衆人亦主有利哉言能興國 疏 人之至利害 正義曰此說大賢之行也大賢之人
見人之有技如似己自有之見人之有美善通聖
者其心愛好之不啻如自其口出愛彼美聖口必
稱揚而薦達之其心愛之又甚於口言其愛之至
也是人於民必能含容之用此愛好技聖之人安
我子孫衆民則我子孫衆民亦主有利益哉言其能興邦也 人之有技冒疾
以惡之人之彥聖而違之俾不達 見人之有技藝蔽冒
疾害以惡之人之美聖而違背壅塞之使不得上通 是不能容以不能保
我子孫黎民亦曰殆哉 冒疾之人是不能容人用之不能安我子

似不復云來畏其去而不復來而亦不復明
近雖欲改悔恐死及之不得能改身亦無所益
老恐命將終日月遂往若不云來將不復見
所及益自恨改過遲晚深自咎責之辭
惟古至爲親
正義曰此穆公自說己之前過我欲伐鄭之時羣臣共爲謀計
惟爲我執古義之謀人我則曰未成我之所欲反猜忌之惟指
今事爲我所謀之人我且將以爲親己而用之悔前違古從今
自取破敗也其古之謀人當謂忠賢之臣若蹇叔之等今之謀
人勸穆公使伐鄭者蓋謂杞子之類國內亦當有此人
雖則至不欲
正義曰言我前事雖則有云然之過我今庶幾以道謀此黃髮
賢老受用其言則行事無所過也番番然勇武之善士雖衆力
既過老而謀計深長我庶幾欲有此人而用之仡仡然壯勇之
夫雖射御不有違失而智慮淺近我庶幾不欲用之自悔往前
用壯勇之計失也
惟截至有容
正義曰惟察察然便巧善爲辯佞之言能使君子迴心易辭我
前大多有之昧昧然我思之不明故也如有一心耿介之臣斷
斷守善猗然雖無他技藝而其心樂善休休焉其如是則能有
所含容如此者我將任用之悔前用巧佞之人今將任寬容善
士也
傳惟察至故也
正義曰截截猶察察明辯便巧之意諞猶辯也由其便巧善爲
辯佞之言使君子聽之迴心易辭皇訓大也我前大多有之謂
杞子之等及在國從己之人以我昧昧而闇思之不明故有此
輩在我側也
傳如有至任之
正義曰孔注論語以束脩爲束帶脩飾此亦當
耿介斷斷守善之貌休休好善之意如有束

孫衆人亦殆哉【疏】人之至殆哉　正義曰此說大佞之
曰危殆哉　行也大佞之人見人之有技蔽冒疾
害以惡之見人之有美善通聖者而違背壅塞之
使不達於在上是人之不能含容人也用此疾惡
技聖之人不能安我子孫衆民則我子孫衆民亦
曰危殆哉言其必亂邦也　傳見人至上通　正
義曰傳以冒爲覆冒之冒謂蔽障掩蓋之也疾謂
疾惡之謂憎疾患害之也見人之美善通聖而違
背之不從其言壅塞之使不得上通皆是佞人害賢之行也
邦之杌隉曰由一人　杌隉不安言危也一人所任用國之傾危曰由所任不用賢
邦之榮懷亦尚一人之慶　國之光榮爲民所歸亦庶幾其所任用賢之善也穆公陳戒背賢則危用賢則榮自誓改前過之意【疏】邦之至有慶　正義曰既言賢佞行異又言用之安否邦之杌
隉危而不安曰由所任一人之不賢也邦之光榮
爲民所歸亦庶幾所任一人之有慶也言國家用
賢則榮背賢則危穆公自
誓將改前過用賢人者也

上杉安房守藤原憲實寄進

尚書注疏卷第二十

足利本卷二十第二十葉

斷斷然守善猗然專一之臣雖復無他技
其心行如是則能有所含容言得此人將任[illegible]
辭不爲義也禮記大學引此作斷斷兮猗是今[illegible]
清且漣漪是也王肅云一介耿介一心端愨斷斷守善之貌無
他技能徒守善而已休休好善之貌其如是人能有所容忍小
過寬則得衆穆公疾技巧多端故思斷斷無他技者
人之至利哉
正義曰此說大賢之行也大賢之人見人之有技如似己自有
之見人之有美善通聖者其心愛好之不啻如自其口出愛彼
美聖口必稱揚而薦達之其心愛之又甚於口言其愛之至也
是人於民必能含容之用此愛好技聖之人安我子孫衆民則
我子孫衆民亦主有利益哉言其能[illegible]也
人之至殆哉
正義曰此說大佞之行也大佞之人見人之有技蔽冒疾害以
惡之見人之有美善通聖者而違背壅塞之使不達於在上言
人之不能含容人也用此疾惡技聖之人不能安我子孫衆民
則我子孫衆民亦曰危殆哉言其必亂邦也
傳見人至上通
正義曰傳以冒爲覆冒之冒謂蔽障掩蓋之也疾謂疾惡之謂
憎疾患害之也見人之美善通聖而違背之不從其言壅塞之
使不得上通皆是佞人害賢之行也
邦之至之慶
正義曰既言賢佞行異又言用之安否邦之杌隉危而不安曰
由所任一人之不賢也邦之光榮爲民所歸亦庶幾所任一人
之有善也言國家用賢則榮背賢則危穆公自誓將改前過用
賢人者也

尚書正義卷第二十

金[illegible]文
計八千六百五[illegible]

單疏卷二十第十四葉

版本解題彙錄

一、楊守敬舊藏八行本尚書正義版本解題（據中國版刻圖錄移錄）

趙萬里撰

尚書正義 唐孔穎達撰 宋兩浙東路茶鹽司刻本 紹興

匡高二一·五釐米，廣一五·五釐米。八行，行十六字、十七字、十九字不等。注疏雙行，行十九字、二十字不等。白口，左右雙邊。此爲尚書經注單疏合刻第一本。黄唐於浙東茶鹽司本禮記正義刻書跋文稱「本司舊刊易、書、周禮，正經注疏萃見一書」，即指此本。宋諱「慎」字不缺筆。刻工李寔、李詢、陳錫、陳安、陳俊、王珍、朱明、徐茂、丁璋、包端、洪先、毛昌、洪乘、徐顔、徐亮、朱靜、徐章、梁文等，皆南宋初年杭州地區良工。補版絕少。原二十卷，存卷一至卷六，卷九至卷一八，凡十六卷，餘卷日人據足利學校藏本影抄配全。

二、足利學校藏八行本尚書正義版本解題（據日本國見在宋元版本志經部翻譯。該文初發表於一九八二年斯道文庫論輯第一八輯，後收錄於一九九三年汲古書院出版阿部隆一遺稿集第一卷）

阿部隆一撰

尚書正義二十卷 舊題漢孔安國傳 唐孔穎達等疏

（宋紹興乾道間）（兩浙東路茶鹽司）刊

（足利學校遺跡圖書館藏）（宋、元）遞修本，八册。「國寶」（譯者按：猶云一級文物）。

經籍訪古志著録。後補深褐色書衣（二八·三×一八·四釐米）。襯紙補修：天頭地腳裁去少許。首有端拱元年三月日孔維等九名上表、永徽四年二月二十四日長孫無忌等上五經正義表、孔穎達尚書正義序。正文卷端題「尚書正義卷第幾/(低二格)國子祭酒上護軍曲阜縣開國子 臣 孔穎達等奉/敕撰」，第四行以下列本卷篇目。尾題「尚書卷第幾」。左右雙邊(二一·四×一五·七釐米)，有界八行，行十九字左右不等，注疏小字雙行二十字左右不等。疏文開頭標一大「疏」字，墨圍白字。版心白口單黑魚尾，題「尚幾 (葉次)」。下象鼻有刻工名。宋、元遞修，補版上象鼻多刻字數。原刻避諱缺筆字有：玄，敬驚儆境，弘殷，匡筐，恒，貞楨徵懲，讓，頊勗，桓，構遘。宋代補版，除右列外，間亦缺「慎」字末筆。元代補版亦往往缺敬、殷、恒、貞、購諸字末筆。刻工名如左：

(原刻)丁章、丁璋、丁、王林、王珎、毛昌、毛期、包端、朱靜、靜、朱明、朱、余永、李憲、憲、李寔、李詢、旻□、洪先、洪乘、徐亮、徐茂、徐顏、顏、孫中、浩朱？、許中、陳仁、陳安、陳保、陳俊、俊、陳錫、梁文。

(宋修)丁之才、才堅？、大中、方至、方信、方堅、方、毛祖、毛端、王圭、王良佐、王定、王明、王玩、王信、王政、王恭、王進、王壽、王寶、永昌、朱益、朱梓、朱渙、余敏、宋通、宋琚、吳中、吳生、吳祐、吳益、沈文、沈昌、沈旻、沈忠、沈珍、沈茂、李仲、李其、李忠、李倍、周明、邵夫、邵亨、金祖、金嵩、金滋、金震、徐仁、徐中、徐杞、徐拱、徐浚、徐珙、徐珣、徐義、徐儀、儀、孫琦、秦顯、高□、高文、馬松、馬、張亨、張明、張昇、張富、張堅、張斌、張謙、曹鼎、章東、陸選、陳伸？、陳良？、陳浩、童遇、楊潤、劉仁、劉昭、蔡邠、蔣宋、蔣榮、鄭春、錢宗、嚴賀、顧祐、顧達。

(元修)山朱、方中吳、文玉、文昌、毛文、占讓、史、任昌、任、朱曾、何宗一七、何宗十四、何垕、何建、何益、何慶、何、李茂、李崗、李公正、吳祥、汪惠、沈祥、沈、辛文、周鼎、金友、金世榮、柳、茅化、范華、范堅、胡昶、政、洪福、恭、徐、徐囦、孫日新、高涼、夏乂、時忠、張亨、曹德新、陳仁、陳、陶春、葉禾、詹德潤、虞、楊春、葛辛、壽、滕杲、鄭埜、三山鄭、蔣鬻、錢裕、錢、繆珎、鎮、蘇。

首冊卷首第一葉至第二葉書眉橫題「此書不許/出學校闔/外憲實(花押)」，每冊首題「上杉安房守藤原憲實寄進」，末題「上杉安房守藤原憲實寄進(花押)」，皆出上杉憲實手筆。各冊首書眉橫題「足利學校公用」，鈐「松竹清人」印。卷一一缺首葉。又，卷一第七葉及卷一〇第一八、第一九、第二二、第二四、第二五、第二七至三二葉均缺，有補抄，蓋出室町時期末或德川幕府時期初（譯者按：約當明末清初）。卷一〇第三六葉左半葉破損。

據版式、刻工名可知，此版與足利學校所藏周易注疏、禮記正義（均見日本國見在宋元版本志）同屬兩浙東路茶鹽司所刊，俗稱越刊八行注疏合刻本之一。此部有原版葉，字體重厚雅潔，亦有宋至元代多次補版，字體巧拙不一，元代補版有字體甚劣者。以葉數言，宋代補版最多，元代補版較少。原版葉亦有局部修改之處。今將分析刻工年代，羅列此版刻工見於其餘諸版者，其見該書補版之刻工，則標×以區別。出現此版原版刻工之其他版本，例如同屬越刊八行本而似爲最早刊刻之周禮疏（丁璋、王玠、毛昌、毛期、包端、朱明、余永、李憲、李寔、洪先、洪乘、徐亮、徐茂、徐顏、孫中、陳安、陳保、陳俊、陳錫、梁文），此版原版刻工幾乎全見；周易注疏（丁璋、王玠、朱明、洪先、徐亮、徐茂、孫中、陳錫、梁文）所見此版原版刻工人數亦甚多。刊刻時間稍晚之禮記正義，僅見包端、李憲二名，而此版宋代第一次補版之刻工，大都亦見禮記正義原版。此外有紹興九年紹興府刊單疏本毛詩正義（余永、徐茂、陳錫），紹興一〇年臨安府刊西漢文類（陳錫），紹興一九年刊徐公文集（洪先），紹興間明州刊紹興二八年以後遞修文選（×毛昌、洪乘、徐亮、許中），紹興間刊白氏六帖事類集（王玠、洪先、徐顏），紹興間刊外臺秘要方（朱明、徐顏），乾道三年江陰澂江郡齋刊宣和奉使高麗圖經（徐亮），乾道九年高郵軍學刊淮海集（李憲），孝宗朝刊單疏本周易正義（王玠、×包端、朱靜），孝宗朝刊單疏本尚書正義（洪先），孝宗朝兩淮江東轉運司刊三史（丁璋、王玠、朱靜、朱明、李憲、李詢、洪先、徐茂、徐顏、梁文），孝宗朝刊論衡（王林、王玠、毛昌、毛期、李憲、徐亮、徐顏、許中、陳俊），孝宗朝刊周官講義（毛昌、李憲、許中、陳仁、陳俊），孝宗朝刊元氏長慶集（毛昌、李憲、許中），孝宗朝刊類篇（王林），孝宗朝刊北山小集（朱明），孝宗朝刊廣韻（王玠、余永、徐茂、徐顏、陳錫），孝宗朝刊豫州黄先生文集（×徐亮、×孫中），淳熙二年嚴州郡庠刊通鑑紀事本末（朱明），紹興初刊孝宗寧宗間遞修史記集解（×王玠、×徐茂），紹興初刊孝宗寧宗間遞修資治通鑑目錄（×王玠），紹興初刊孝宗寧宗間遞修通典（×朱明、×包端、×李憲、×李詢），紹興初刊孝宗寧宗間遞修新唐書（×朱明），舊稱眉山七史（×陳仁、×陳錫、×包端、×李憲、×李詢），嘉定三年刊中興館閣錄（包端），均見此部原版刻工。右列諸版中，有刊年最早者紹興九年，最晚有嘉定三年，而以紹興、乾道年間刊本最多。此版原刻避諱至高宗，修補避諱至孝宗「慎」字，綜合考慮，此版刊刻當與同屬兩浙東路茶鹽司刊行之周易注疏大約同時，在高宗末至孝宗前期之間，亦即紹興、乾道年間。

又，觀察此部補版刻工名見於其他刊本之情形，據以推論修補年代，則同出兩浙東路茶鹽司刊行之八行注疏合刻本中，周禮疏(×丁之才、×方至、×方堅、×王玩、王政、×王恭、×王寶、×永昌、×朱益、朱渙、×宋通、×宋琚、×吳中、×吳祐、李忠、×邵夫、×金滋、×范堅、×徐杞、×孫琦、×秦顯、×張亨、×張昇、×張謙、×章東、×陸選、陳浩、×童遇、×劉仁、劉昭、×蔡邠、×鄭春、×顧達)，紹熙三年刊禮記正義(方堅、×毛祖、毛端、王恭、王壽、×朱渙、沈珎、李忠、×范堅、×邵亨、徐仁、×徐珙、×徐珣、×高文、馬松、×張亨、×張昇、×張謙、×章東、×楊潤、劉昭、×蔣榮)，寧宗朝刊論語注疏解經(丁之才、沈珎、徐仁、張亨、顧祐)，寧宗朝刊孟子注疏解經(丁之才、邵夫、徐仁、張亨、顧祐)，均於其原版或補版(標×者見該書補版)見此部補版刻工。此外，較多出現此部補版刻工之其他版本有：推測爲寧宗朝刊之增修互註禮部韻略(丁之才、方至、方信、毛祖、王良佐、王政、王恭、朱梓、余敏、宋琚、吳祐、沈旻、沈珍、沈茂、李仲、邵亨、金祖、金嵩、金震、徐仁、徐珙、徐珣、徐義、高文、馬松、張明、張昇、陳浩、楊潤、顧達)，古史(丁之才、方至、方信、毛祖、毛端、王定、王明、王恭、王進、王壽、宋通、宋琚、吳中、吳祐、沈忠、沈珍、沈茂、李仲、金祖、金嵩、金震、徐拱、徐義、馬松、張亨、張昇、曹鼎、陳浩、童遇、楊潤、劉昭、蔡邠、蔣榮、鄭春、錢宗、顧達)，玉篇(方至、方堅、王玩、王恭、王寶、余敏、宋琚、吳益、金滋、張謙、陸選、劉昭)，廣韻(方至、方堅、王玩、王恭、王寶、余敏、宋琚、吳益、李倍、金滋、秦顯、陸選)，愧郯錄(王寶、沈昌、金滋、高文、劉昭)，歷代故事(方至、王玩、宋琚、陸選、劉昭)，晦庵先生文集(丁之才、毛祖、王良佐、王定、王明、王政、王恭、王進、王壽、余敏、宋通、宋琚、吳祐、金祖、張昇、張富、曹鼎、陸選、楊潤、劉昭、錢宗)，武經七書(王政、王恭、金嵩、陸選、劉昭)。又，越刊八行本注疏及其他南宋前期公使庫諸刊版，移歸臨安國子監，繼續邊修邊印，故此部之宋代補版刻工見於其他南宋官版之補版者(此項專列諸書補版刻工，故省略×號)甚多，如單疏本周易正義(王政)，爾雅疏(王恭、吳祐、李仲、張堅、張斌、陳浩、鄭春)，說文解字(吳中、吳祐、沈茂、周明、劉昭、蔣榮、顧達)，兩淮江東轉運司刊史記(吳中、金祖、曹鼎)，兩淮江東轉運司刊漢書(王玩、王政、王恭、王壽、余敏、宋通、吳祐、沈昌、沈珎、李仲、周明、金震、徐仁、徐浚、徐珣、孫琦、張亨、張明、張昇、張富、章東、陳浩、楊潤、劉昭、蔣榮、鄭春、顧達)，兩淮江東轉運司刊後漢書(丁之才、毛端、王壽、朱梓、宋琚、沈昌、李倍、金震、徐仁、徐珙、馬松、陳浩、童遇、鄭春)，舊稱眉山七史(丁之才、大中、方至、方信、方堅、毛端、王定、王明、王玩、王信、王政、王恭、王進、王壽、朱梓、余敏、宋通、宋瑉、吳中、吳祐、沈文、沈昌、沈旻、沈忠、沈珍、沈茂、李仲、李忠、李倍、周明、邵夫、邵亨、金祖、金嵩、金滋、金震、徐仁、徐中、徐杞、徐拱、徐浚、徐珙、徐珣、徐義、孫琦、秦顯、高文、馬松、張亨、張明、張富、張堅、張斌、曹鼎、章東、童遇、楊潤、劉仁、劉昭、蔡邠、蔣榮、鄭春、錢宗、顧達），資治通鑑目錄（丁之才、宋瑉、范堅、徐義、孫琦、張明、張昇），國語、國語補音（王進、徐義、馬松、張明、張昇、陳浩、蔡邠、蔣榮），通典（丁之才、方至、方信、王明、王信、朱益、余敏、宋通、吳益、周明、徐仁、徐珣、徐儀、張明、張堅、劉仁），贛州刊文選（△大中、毛祖、王定、王明、王信、△王政、王恭、宋通、△吳中、吳祐、沈昌、△沈珍、李仲、李忠、周明、△金祖、金嵩、徐杞、徐拱、馬松、張明、張昇、張富、張堅、張斌、曹鼎、章東、童遇、楊潤、劉昭、蔡邠、蔣榮、鄭春。標△者文選原版刻工，餘皆補版刻工）。 又，列舉其餘諸版出現此部補版刻工之情況如下。 但王明、王信、王政、吳中、李忠、陳浩、劉仁等名，有同名異人者，故孝宗朝以前刊本見此數名者，不爲著錄。 淳熙間刊聖宋文選合集（方至、方堅、李忠），紹熙元年刊坡門酬唱（劉仁），慶元元年刊漢隸字源（徐中），慶元刊樂書（劉仁），嘉泰四年新安郡齋刊皇朝文鑑（方至、王信、李忠、金滋、徐仁、張明、童遇），嘉泰四年刊東萊呂太史文集（宋瑉），淳熙慶元間嚴州刊南軒先生文集（大中、鄭春），孝宗寧宗前期間鄂州刊資治通鑑（徐儀、徐義），光宗寧宗朝間蜀廣都裴氏刊六家文選（王定），嘉定六年淮東倉司刊註東坡先生詩（沈昌、金震、徐珙、章東），嘉定九年刊晦庵先生朱文公語錄（吳祐、劉昭），嘉定一二年溫陵郡齋刊資治通鑑綱目（王定、吳中、周明、金祖、徐中），嘉定一三年臨安府太廟前尹家書舖刊歷代名醫蒙求（余敏），寧宗朝刊重校添註音辯唐柳先生文集（朱梓、金滋、劉昭），寧宗朝刊桯史（劉昭），寧宗朝刊中興館閣續錄（王定），南宋初刊前期修劉賓客文集（×張明），南宋初刊前期修史記集解（×陳浩），孝宗朝刊寧宗朝修豫章黃先生文集（王明、×周明、×徐中），淳熙二年嚴州郡齋刊端平二年淳祐六年等遞修通鑑紀事本末（方堅、吳中、×徐仁），淳熙間撫州公使庫刊宋遞修春秋經傳集解（×吳生、×陳浩），紹定二年平江府刊吳郡志（朱梓、金震、徐珙、馬松、蔣榮），淳祐一〇年福州路刊國朝諸臣奏議（吳生、陳浩（疑或與右見者同名異人）），淳熙間武夷詹光祖月崖書堂刊資治通鑑綱目（吳生），寶祐五年湖州刊資治通鑑紀事本末（徐珙、徐拱）。 可見此部宋代補版刻工從事之版刻甚多，早則孝宗朝淳熙年間，晚至理宗朝寶祐年間，而以寧宗朝刻版爲最多。 觀察此部補版即知，字體及版面狀態不一，是經多次修補。 今推測此版修補，蓋自孝宗朝後期始，而以嘉定年間前後爲最多。

元西湖書院重整書目之「書注疏」似即此版。入元後，此版版片當與其他國子監所藏版片，一同歸西湖書院管理，一邊修補，一邊刷印。因此，此部元修刻工並見於其他西湖書院藏南宋國子監舊藏版之元代補版者甚多。（此項專列諸書元修刻工，故省略×號）越刊八行本周禮疏（文玉、文昌、毛文、占讓、何垕、吳祥、辛文、金友、范華、胡昶、洪福、徐囦、葛辛、鄭埜）、越刊八行本禮記正義（文玉、毛文、占讓、何垕、何慶、吳祥、周鼎、茅化、范華、洪福、徐囦、高涼、葛辛、鄭埜、錢裕、繆珎）、越刊八行本論語注疏（文昌、何垕、辛文、徐囦、曹德新）、越刊八行本孟子注疏（占讓、辛文、范華、徐囦、葉禾）、增修互註禮部韻略（何宗十七、陶春）、資治通鑑目錄（何宗一七、汪惠、沈祥、周鼎、范堅、胡昶、洪福、陳仁）、史記集解（朱曾、何益、李嵩、吳祥、汪惠、范堅、胡昶、高涼、鄭埜、蔣豔）、舊稱眉山七史（毛文、占讓、朱曾、何宗一七、何宗十四、何垕、何建、何益、何慶、李茂、李嵩、吳祥、汪惠、沈祥、辛文、周鼎、金友、范華、范堅、洪福、高涼、曹德新、陳仁、陶春、葉禾、詹德潤、楊春、葛辛、鄭埜、蔣豔、繆珎）、兩淮江東轉運司刊三史（文玉、毛文、占讓、朱曾、何宗一七、何宗十四、何益、何慶、李嵩、李公正、吳祥、辛文、周鼎、金友、范華、范堅、胡昶、洪福、高涼、張亨、陳仁、葉禾、葛辛、鄭埜、蔣豔、繆珍）、嘉定一二年刊資治通鑑綱目（周鼎）、國語、國語補音（文玉、朱曾、何慶、周鼎、洪福、蔣豔、繆珍）、嘉定刊儀禮經傳通解（毛文、何宗一七、何宗十四、何建、李嵩、辛文、范堅、胡昶、楊春、蔣豔、繆珎）、宋初刊說文解字（沈祥、茅化、范堅、曹德新、詹德潤、楊春、鄭埜）、贛州刊文選（文玉）、嘉泰四年刊皇朝文鑑（占讓、何宗十四、何慶、吳祥、周鼎、高涼、蔣豔）。元代刊本有見此版元代補版刻工者，大德四年刊大德重校聖濟總錄（汪惠、胡昶、高涼、陳仁、楊春、鄭埜、繆珎）、大德五年刊儀禮集說（汪惠）、至大重修宣和博古圖錄（文玉）、嘉泰元年西湖書院刊文獻通考（何慶、周鼎）、後至元六年湖南刊唐丞相陸宣公奏議纂註（李茂）、通鑑釋文辨誤（張亨）、晦庵先生朱文公集（李茂）。其中胡昶亦見宋末咸淳三年刊古尊宿語錄，知此部元代修補當在元前期，當不晚於大德年間。

此部爲足利學校創始人上杉憲實捐贈足利學校之書，卷中偶有朱筆句點、圈點、劃線，有極少數假名及朱墨兩色訓讀音點。書眉有批注，行間有校異。批注有引元黄鎮成尚書通考，乃室町時期日本學人較常用之書。批注、校異之中，似有足利學校第七代庠主九華、第九代庠主三要手筆。

此版印本除此部外，今日知見，僅一部殘本十六卷存世。乃楊守敬購於大阪，後歸南皮張之洞，今歸北京圖書館者。（缺卷七、卷八、卷

一九、卷二〇，用影抄足利學校藏本配補完足。有楊守敬手跋。（日本訪書志、中國版刻圖錄六九著錄。）中國版刻圖錄稱該部「補版絕少」。此版文字多可校正十行本以下通俗版本，已見七經孟子考文等。又，足利學校藏本經「松崎慊堂校審」，弘化四年（當道光二七年）由熊本藩時習館影刻行世。中國有明代覆刻本及民國擇是居叢書所收仿宋刻本。

譯者說明：譯者未見斯道文庫論集所載，且據阿部隆一遺稿集翻譯。然遺稿集錯字甚多，如「增修互註禮部韻略」「註」譌「訖」，「宋初刊說文解字」「宋」譌「宗」，是其顯而易見者。刻工名之譌誤，則較難校定。如羅列原版刻工見其他諸刻之處，三見「浩先」，皆當爲「洪先」；補版刻工見其他諸刻之處，見「宗通」「李信」，當爲「宋通」「李倍」；元代補版刻工見其他諸刻之處，見「毛乂」，當爲「毛文」，今皆改正。列舉儀禮經傳通解元代補版刻工有「徐仁」，而上文表列刻工以「徐仁」爲宋修，且中國訪書志及日本國見在宋元版本志著錄儀禮經傳通解，均不見「徐仁」，則「徐仁」當爲譌誤，而不知當作何名，今刪。又，阿部列舉刻工，「范堅」在「元修」之列，當其分析補版刻工時，乃與宋代補版刻工並舉。今按中國訪書志，周禮疏刻工「范堅」，列爲宋修；資治通鑑目錄刻工「范堅」，列爲元修。疑「范堅」所刻當爲元代補版。

三、宮內廳藏單本尚書正義版本解題（據日本國見在宋元版本志經部翻譯）

阿部隆一撰

尚書正義二十卷　唐孔穎達等奉敕撰　〔宋孝宗朝〕刊

（宮內廳書陵部藏）十七册。經籍訪古志、日本訪書志、古文舊書考著錄。後補粉紅套書衣（二八×一九釐米），題簽墨書「宋板尚書正義幾」。已經襯紙修補。首端拱元年三月日孔維上表，末列秦奭、軒轅節、胡令問、解貞吉、胡迪、解損、李覺、袁逢吉、孔維九名官銜；次上五經正義表，末署「永徽四年二月二十四日太尉揚州上柱國趙國公　臣　無忌等上表」；次尚書正義序，標題次行低四格題「國子祭酒上護軍曲阜縣開國子　臣　孔穎達奉/敕撰」。孔維上表、列銜、長孫無忌上表、孔穎達序，接連排寫，中間未嘗留空行，如同卷子本舊式。正文卷端題「尚書正義卷第一/（低四格）國史祭酒上護軍曲阜縣開國子　臣　孔穎達等奉/敕撰/尚書序」。卷二以下，首三行同此，唯「孔穎達」下無「等」字為小異。卷二第四行題「古文尚書堯典第一」，卷三第四行題「舜典第二（空二格）虞書」；卷四以下第四行低二格題

「某書」，第五行以下低三格列標「某篇第幾」。每卷尾題下或尾題前後行，記「計若干字」。左右雙邊(二三・二×一六・七釐米)，有界十五行，行二十四字。卷中標示經傳起止，皆提行頂格，自居一行，疏文又提行，與諸經單疏行中標起止，上下隔空格連寫不同。版心白口單黑魚尾，題「書幾　(葉次)」。下象鼻記刻工名，而多破損，僅得如下諸名：王正、王伸、王政、王寔、方成、朱因、汪政、汪盛、吳珪、洪先、洪茂、施章、張元、陳忠、黃暉、葛珎、蔡至道。缺筆字有：玄眩炫弦紘玆，敬驚儆警竟境鏡，弘殷，匡胤，炯，恒，貞楨徵懲，樹，讓襄，頊，桓完瑗，構購，慎。

每單數卷首及雙數卷尾，均鈐「金澤文庫」墨印，第一册、第十五册副葉鈐「歸源」，知此部爲金澤文庫舊物，後流出在鎌倉圓覺寺下屬小廟歸源庵。除卷七至卷十，又卷十三以下，其餘部分皆有朱筆訓讀音點，間或引錄音義，并有稱名寺(譯者按：稱名寺即金澤文庫所在)入宋和尚圓種之識語。

(卷三末)嘉元二年(譯者按：當元大德八年)暮春廿五朝鈎句讀了　圓種(朱筆)

(卷四末)嘉元元年　歲次癸卯　十月廿一日加朱點了　圓種(朱筆)

(卷六末)嘉元二年　甲辰　卯月廿二日拭老眼粗加麁點了/佛子圓種　流年六旬

(卷一二末)嘉元二年　甲辰　暮春十七日□□加點了　圓種

據此可推知，朱筆訓讀音點當出其手。另有兩種室町時期(譯者按：約當明代)墨筆批注，包含書眉記反切及别本校異。第一册副葉及卷首上表、正義序，書眉、行間墨書引用蔡沈集傳等，均出室町時期禪僧之典型字體，又加朱筆返點、假名、竪點等。卷二第二六葉、卷六第二七葉似出圓種補抄，卷二十破損處書眉亦補其字。

十三經注疏，注與疏分别流傳，至南宋前期始有注疏薈本——一般以兩浙東路茶鹽司刊本爲權輿——以其便於翻閱，頗受好評而盛行，以致單疏幾爲泯棄。宋槧單疏本之現存者，除此帙外，僅有周易十四卷(傅氏舊藏，北京圖書館現藏)、毛詩殘本三十三卷(金澤文庫、內藤湖嘉堂文庫、北京圖書館各藏一部)。又,雖不知宋版原書現存與否,儀禮殘本四十四卷,有道光一〇年汪氏藝芸書舍覆宋刊本行世,春秋正義三十六卷有正宗寺舊藏、宫内廳書陵部現藏舊抄本,乃據金澤文庫藏宋版抄寫。又有金澤文庫舊藏鎌倉時期(譯者按:約當元代)抄本周易正義殘本五卷,今藏彰考館,亦以宋版爲底本。然則當年金澤文庫一處而五經正義單疏本具備,洵可謂盛。

南舊藏,武田科學振興財團杏雨書屋現藏)、禮記零本八卷(金澤文庫舊藏,身延山久遠寺現藏)、公羊零本七卷(潘氏寶禮堂舊藏,北京圖書館現藏)、爾雅十卷(靜

九經注,五代始有刻本,北宋初國子監據五代刻本再校刊行,而五經正義之上梓,乃在端拱、淳化年間,太宗敕命國子監校刊。玉海云:

> 端拱元年三月,司業孔維等奉敕校勘孔穎達五經正義百八十卷,詔國子監鏤板行之。易則維等四人校勘,李説等六人詳勘,又再校,十月板成以獻。書亦如之,二年十月以獻。春秋則維等二人校勘,王炳等三人詳校,邵世隆再校,淳化元年十月板成。詩則李覺等五人再校,畢道昇等五人詳勘,孔維等五人校勘,淳化三年壬辰四月以獻。禮記則胡迪等五人校勘,紀自成等七人再校,李至等詳定,淳化五年五月以獻。

然此國子監本仍多譌誤,有議再加刊定。玉海又云:

> 是年(淳化五年)判監李至言,義疏、釋文尚有訛舛,宜更加刊定。杜鎬、孫奭、崔頤正,苦學强記,請命之覆校。至道二年,至請命禮部侍郎李沆、校理杜鎬、吴淑,直講崔偓佺、孫奭、崔頤正校定。咸平元年正月丁丑,劉可名上言,諸經板本多誤,上令頤正詳校,可名奏詩、書正義差誤事。二月庚戌,奭等改正九十四字。沆預政,二年命祭酒邢昺代領其事,舒雅、李維、李慕清、王涣、劉士元預焉,五經正義始畢。

此北宋國子監本,如今無一傳本。據云靖康之難,北宋滅於金軍侵攻,國子監版片爲金人運往北方。南宋朝廷伊始,萬般艱難,經費短绌,無可應學者要求,配備經籍版本,故紹興九年詔州郡索國子監本,校對鏤板,鼓勵刊印經書、正史等基本典籍。玉海云:「紹興十五

年閏十一月，博士王之望請群經義疏未有板者，令臨安府雕造。」建炎以來朝野雜記云：「先是，王瞻叔（即王之望）爲學官，嘗請摹印諸經義疏及經典釋文，許郡縣以贍學或係省錢各市一本，置之於學。上許之。今士大夫仕於朝者，率費紙墨錢千餘緡而得書於監云。」然則，此部尚書正義，似即紹興下詔之後，州郡刊行義疏之一。卷首孔維上表後之列銜，與王海所言吻合，此版字體在歐、顔之間，有北宋版遺風，可見此版爲北宋監本之覆刻或模刻版，明矣。

此版究屬何時、何地之刻本？內藤湖南（景宋槧單本尚書正義解題）、長澤規矩也（現存宋刊單疏本刊行年代考，見書誌學論考）兩博士均據此版缺筆止於孝宗「慎」字，不及光宗以下，又以「卒哭乃諱，生不諱」，應不避當今皇上名諱，遂以此版爲光宗紹熙年間刊本。然綜考宋版避諱之實情，乃應以避當今皇上名諱爲妥。今將分析本版刻工，以重新討論本版刊刻時期。下列可見本版原版刻工名之南宋諸版本，若此刻工見該書補版則標×號，該書原版與補版均見則標△號。刻工名並見最多者，紹興年間明州刊、紹興二八年至孝宗朝修六臣注文選（王伸、△王寔、方成、△朱因、吳珪、洪先、△洪茂、△施章、陳忠、黃暉、葛珍、蔡至道），紹興一九年明州刊徐公文集（王伸、王寔、洪先、洪茂、施章、陳忠），紹興年間浙刊白氏六帖事類集（方成、朱因、洪先、洪茂、陳忠）。又有紹興初刊、南宋前期修史記集解（陳忠、×黃暉），紹興初刊資治通鑑目錄（吳珪、黃暉），紹興刊通典（△王政、×洪茂），孝宗朝兩淮江東轉運司刊三史（王政、洪先、洪茂），越刊八行本周禮疏（王政、洪先），越刊八行本尚書正義（×王政、洪先），越刊八行本周易注疏（洪先）等。陳忠亦見紹興初刊五代史記、紹興二一年序刊臨川先生文集、紹興年間刊類篇。又，王政亦見周易正義單疏本補版，爾雅、儀禮單疏本等多種版本，王正亦見其餘多種版本，而此二名似有南宋中後期之同名異人，爲避混亂，此不更列舉。今知此等刻工所刻，皆在高宗紹興年間至孝宗朝前期之間。例如陳忠已見於紹興初年所刊史記集解、資治通鑑目錄，假設此兩種版本刊年晚至紹興一〇年（一一四〇），至光宗第一年紹熙元年（一一九〇），相距已有五十年。當時未有老花鏡，一位刻工從事雕版，應不及五十年之久。可見此部不當認爲光宗朝刊本。綜合考慮刻工與缺筆，此版當目爲孝宗朝前期隆興、乾道年間所刻。此等刻工皆杭州地區人，雖不知此版是否應紹興一五年詔，由臨安府雕造，可以確定爲杭州地區浙刊本。

此部爲天壤閒孤本，夙爲學界熟知，諸家考論甚多，今不贅述其學術價值。另，此部有稱名寺入宋僧圓種嘉元元年、二年所加訓讀音點，幾及全書。尚書經傳之日本訓讀音點，平安時代以來多有傳本，而正義之訓讀音點別無傳本，是研究日本漢學史之珍貴資料。

據藏印可知，此帙乃金澤文庫舊物，不知何時轉歸鎌倉圓覺寺下屬小廟歸源庵。後歸德川幕府官庫楓山文庫之經過，則大田南畝云：「過吉田橋，訪問伊勢屋源七。住在批發商對面。曾聞彼年來多藏書，果不其然。彼爲余言，前年持一卷尚書正義鈐金澤文庫印者，獻呈官方，有賜金五兩云。」（改元紀行）經籍訪古志云：「寬政丙辰歲，櫟窗先生得此書宋槧零本獻之官，并搜索餘卷所在以聞，遂成全帙。即此本也。」要之，寬政八年（當嘉慶元年）德川幕府醫官多紀元簡（櫟窗）得一零本，獻之幕府，寬政一一年幕府令戶塚買人伊勢屋源七獻呈所藏一卷，享和二年（當嘉慶八年）因大學頭林述齋建議，又令歸源庵獻上所藏，於是全帙完足，藏於楓山文庫。明治政權推翻德川幕府，楓山文庫歸內閣文庫，後又將此部轉歸宮內省圖書寮，即如今宮內廳書陵部。一九二九年大阪每日新聞社以玻璃版影印此部，并附內藤湖南解題一冊，列爲「秘籍大觀第一集」。四部叢刊三編據每日新聞社影印本縮小影印。

影印南宋官版尚書正義編後記

喬秀岩撰

一、南宋浙刊官版義疏

南宋初年，百廢待興，而經典古籍是教化根本，統治者不得不設法配備書版。朝野雜記（甲集卷四）云：

「監本書籍者，紹興末年所刊也。國家艱難以來，固未暇及。九年九月，張彦實待制爲尚書郎，始請下諸道州學，取舊監本書籍，鏤板頒行。從之。然所取諸書多殘缺，故冑監刊六經無禮記，三史無漢書。二十一年五月，輔臣復以爲言，上謂秦益公曰：『監中其他缺書，亦令次第鏤板，雖重有所費，蓋不惜也。』繇是經籍復全。」

可見當時中央官方刊刻書版，由各地行政機構分擔，非由國子監自行校刊。今傳紹興府刊毛詩正義、兩浙東路茶鹽司刊周易注疏等，均屬此類。此類官刊本，雖由不同機構分別刊行，仍應有總體規劃或互相協調，故未聞有同一部經籍重複刊行之情形。經多年經營，至紹興後期，經典古籍書版大體完備。

據禮記正義黄唐跋可知，兩浙東路茶鹽司先於高宗朝校刊周易、尚書并周禮義疏，又於光宗紹熙三年刻毛詩、禮記義疏。至寧宗慶元六年紹興府續刊左傳義疏，五經正義始備。然毛詩、禮記有單疏刻本傳世，當皆高宗朝刻本。左傳單疏刻本雖已散佚，疑高宗朝亦有刻本。是高宗時期，諸經義疏皆有官版，至少五經正義必當齊備，不過由不同機構承擔，或直接就北宋單疏本覆刻，或添加經注作爲八行注疏本，編輯體例不同而已。至光宗朝以後，八行注疏本續出毛詩、禮記、左傳，於是八行本始得獨立成套。將禮記正義黄唐跋與鎮江刊三禮圖（淳熙二年）、桐川刊史記集解索隱合編本（淳熙三年）、金州刊集韻（淳熙十四年）、新定刊世説（淳熙十五年）諸跋合觀，頗覺基本經籍書版已備於高宗朝，至孝宗、光宗朝，官方刻書多出地方官衙之自發，意在補充既有官版之不足，或刊行官方未刻之書，或補刻前期已毁之版。兩浙東路茶鹽司於高宗朝刊周易、尚書、周禮注疏，當在中央規劃之中，故茶鹽司無跋可述；數十年後續刊毛詩、禮記注疏，乃出黃唐私議，故始有跋以明其意。周易、尚書單疏之刊刻，大約在孝宗朝，蓋亦所以續高宗朝已刊之毛詩、禮記、左傳單疏，相配成套。資料尚少，不敢論斷，因周易、尚書單疏本在八行本之後，似不合常理，故試爲推測如此。

嘉業堂翻刻尚書正義單疏本，有跋云：「刻本以單疏本爲最古，據孔維表，開雕於端拱初年。後彙刻注疏，莫古於黃唐本。」此言既有小誤，又容易令人誤會。尚書八行注疏本在黃唐之前，當在紹興年間，不得稱爲「黃唐本」。尚書正義之最古刊本，乃北宋監本，固爲單疏，但後世無傳本。今所見尚書正義單疏刻本，乃南宋翻刻本，并非北宋版，刊刻時間在八行注疏之後。單疏本最古，僅得據已散佚之北宋版而言，不得謂今存南宋版單疏本爲最古版本。

本叢刊去年出版影印南宋越刊八行本禮記正義，編後記已言：「毛詩、禮記單疏及周易、尚書、周禮八行本，爲南宋第一代義疏刻本，毛詩、禮記八行本及周易、尚書單疏本爲南宋第二代義疏刻本。版本價值之總體認識，當謂南宋第一代優於南宋第二代，不當謂單疏本優於八行本。可惜禮記單疏傳世僅八卷，今不得不以八行本爲禮記正義最善本。」故本叢刊之禮記，選取足利學校藏本與潘明訓舊藏本兩套八行本，對照影印。尚書不僅亦有兩套八行本，又有單疏足本，故今採用八行本與單疏本對照之新體例。尚書正義八行本爲南宋第一代義疏版本，亦即現存最早版本，最足信賴；單疏本雖屬南宋第二代義疏版本，而體例更接近北宋版，文本亦據北宋版翻刻，非據八行本編刊，版本價值僅次於八行本。今讀此書，當以八行本爲主，用單疏本校，最爲得體，幾無遺憾。

二、本書底本三種

以下，分別說明本書三部底本之基本情況。

（一）楊守敬舊藏八行注疏本

此部爲楊守敬在日本大阪所購，後經張之洞，轉歸北京圖書館。在日本原藏何處，傳藏情況如何，至今了無線索。缺卷七、卷八、卷十九、卷二十整卷及卷三第三十九葉、卷十三第六至二十九葉、卷十四第十四至二十五葉，皆有抄補。又缺卷十第三十三葉，乃無抄補。楊守敬稱「鈔補亦是以原書影摹，字體行款毫無移易，固不害爲全書」（見日本訪書志，原書前附楊氏手書跋同），版刻圖錄據稱「日人據足利學校藏本影抄配全」。今經野間文史先生調查（尚書正義版本小考，見二〇一三年研文出版出版五經正義研究論攷，原發表於二〇〇九年東洋古典學研究第二三集。下引野間先生說，均據此文），已知此部抄補所據底本並非足利學校藏本，而是日本弘化七年（當道光二七年）熊本藩時習館模刻足利學校藏本。時習館刊本，經松本復校審，有校改，亦有訛誤，文字與足利學校藏本有所出入。要之，此部抄補以足利學校藏本爲祖本，故本書用足利學校藏本取代，抄補部分棄之並不可惜。

一九三九年日帝「東方文化研究所」排印出版「尚書正義定本」（一九九八年北京中華書局出版「四部要籍注疏叢刊・尚書」收錄此書），參校本有一部「影抄八行本」，稱「亦出自兩浙東路茶鹽司本，而與足利宋本時有異同，蓋其所據之本，較爲早印，補版少也」。今經野間文史先生調查，已知即據此楊守敬舊藏本影抄。影抄本今歸五島美術館大東急紀念文庫，野間先生亦未見原書，詳情不得而知。如果影抄包括現已亡佚之卷七、卷八、卷十九、卷二十，可謂推測原版文字之唯一線索，實屬珍貴。若不包括，則今既有影印宋本，影抄本自不足觀。依常情推測，後一種可能性較大。究竟如何，待考。

此部長期不顯，至一九八六年始有古逸叢書三編影印本。後亦收入續修四庫全書，又有再造善本影印本（二〇〇三年）。

（二）足利學校藏八行注疏本

早在乾隆年間，山井鼎曾校此部，詳記其異文於七經孟子考文中。道光年間有日本熊本藩模刻本，如上所述。模刻本末附禮記正義黃唐跋，故楊守敬舊藏本亦有影抄黃跋，實非尚書正義宋版所有。當「東方文化研究所」編「尚書正義定本」時，曾經直接校對此部，每卷後附校記稱「八行本」者即此。

「尚書正義定本」編者未見楊守敬舊藏本，而據影抄本校對文字，已知足利學校藏本譌字較多，不如楊守敬舊藏本，並推測楊守敬舊藏本補版較少，故文字較佳。據野間文史先生介紹，山口謠司、桑瀨明子兩先生於一九九九年發表「越刊八行本尚書正義の遞修について」（大東文化大學漢學會誌第三八號），舉例說明足利本因屢經修補，譌字較多之情形。

南宋官版經南宋中期、元代多次修補，每經校改，除糾正原版顯誤之外，越校越俗，殊不足取，觀本叢刊影印禮記正義可知。故本書不更對照兩套八行本，以楊守敬舊藏本爲主，其缺卷、缺葉乃用足利學校藏本配補。

兩百年來，學者於此部耳熟能詳，有兩種校記，亦有模刻本，而從無影印本，未能睹其真面目。本社幸獲足利市教育委員會並史跡足利學校事務所之允許，借用斯道文庫所藏縮微膠卷，首次影印公布。

（三）宮內廳藏單疏本

現存宋版單疏本有周易、尚書、毛詩、禮記、公羊、爾雅，又有儀禮影刻本，體例大體一致，而尚書單疏標示經傳起止，單獨佔一行，與其他諸經疏皆在行中，上下留一空格與疏文接連不同。不妨推測，空一格連寫，爲北宋版原貌，標示起止獨佔一行，乃南宋翻刻單疏之新體例。如此編排，當非舊式，而頗便檢閱。

德川幕府時期此部零本出現民間，後由德川幕府索得全書，歸官庫，如阿部隆一所言（說見本書版本解題彙錄）。故早爲學者所關注，楊守敬曾有意影刻而未果（見日本訪書志），至民國五年乃有嘉業堂翻刻本。嘉業堂在民國初期陸續翻刻諸經單疏，勞苦功高。但皆據抄本翻刻，行格全異，文字亦有出入，不足據信，故隨後陸續有影印宋版，嘉業堂本漸失讀者。影印此部在一九二九年，由每日新聞社出版，附內藤湖南「解題」一冊。內藤「解題」詳考史書，敘述孔穎達等撰五經正義及孔維等校刊之情形，周詳爲前所未有，故當時即有漢譯文本，刊登在一九三〇年北平圖書館館刊第四卷第四號。一九三五年四部叢刊三編收錄此書，乃以每日新聞社影印本爲底本。四部叢刊三編印數較多，後又有多種重印、翻印本，普及最廣。二〇一二年上海古籍出版社出版日本宮內廳書陵部藏宋元版漢籍選刊，亦收此部。今本社獲得宮內廳之允許，複製所藏縮微膠卷，經電子掃描成像影印。

三、本書編排

八行本與單疏本，體例不同，不能一葉對應一葉。本社特請北京大學歷史學系研究生王鷺嘉先生調整編排，以上欄排八行本、下欄排單疏本爲原則，因八行本葉數較多，必要時，容許八行本溢出上欄，入下欄。但八行本出現在下欄，僅限雙數頁，單數頁下欄衹有單疏本出現。如此編排，與八行本相應之單疏本內容，大都可在當頁下欄或前後一頁下欄看到。

孫人和先生曾言「不校不讀」，前輩學者皆勤於校書。凡是版本皆有譌字，讀書必須分辨孰爲祖本原字，孰爲版刻譌字，不能盲從版本，以後世無聊譌字當作古人語言。此乃閱讀版本之規矩，好比買毛坯房，必須經過一翻裝修，才適合居住。然書眉批校，不得盡詳，參考別人校記，總覺隔靴搔癢，校宋本自然不如影宋本。擁有兩種影印宋版，固可對校，終不如本書在一部之內直接對照，可以隨時核對觀察。

本書影印八行本，以楊守敬舊藏本爲主，缺卷、缺葉用足利學校藏本配補，足利本雖亦有缺葉，所幸楊本所缺足利本具在，於是宋版八行本首次得以配補完璧，可喜可賀。至於足利本本書未收錄之部分，參七經孟子考文及「尚書正義定本」校記，可得其異文之大概。

本書編排以八行本爲主，八行本具錄經傳，故卷首新編目次及單數頁頁邊篇題，均據八行本爲準。單疏起始之處，容或先後一頁，特請注意。

四、經傳文本

尚書經傳文字，兩千年來屢經更改，問題複雜。一九九六年上海古籍出版社出版顧廷龍先生所編尚書文字合編，但印製效果極差，未能吸引較多學者深入探索。繼唐石經、五代監本之後，北宋監本成爲後世所有版本之祖本，諸版本之間，文字歧異幅度有限。長期以來，尚書孔傳無善本，四部叢刊選印重言重意本，「四部要籍注疏叢刊·尚書」選印清翻岳本（該書劉起釪先生前言稱用四部叢刊本，與實際內容不符），皆末流俗本。「尚書正義定本」又用余仁仲本，乃據金鳳翔校本，原書已失傳；用王朋甫本，則據趙萬里校本，原書後有臺灣影印本。此兩本雖較重言重意本、岳本稍佳，終不足貴，不如八行本之經傳，直接據監本移録。北京大學圖書館藏李盛鐸舊藏一部宋版尚書，較之南宋前期浙刊官本，版框略小（二〇×一三·四釐米，見阿部隆一遺稿集第一卷第四二三頁，下引阿部説同），字體不類，傅增湘曾以爲建本（見藏園訂補郘亭知見傳本書目），阿部隆一推測爲淳熙嘉定間某公使庫刊本。今有再造善本影印本，故請王鷟嘉先生對校一過，撰校異附後，以便參考。今觀校異，此本校字不慎，不似官刊。然此版乃宋刻尚書經傳單行本之僅存者，當據監本翻刻，自當珍重。要之，宋代以後之尚書經傳文字，當以本書影印八行本所載爲最佳，與李盛鐸舊藏本相校，可以仿佛南宋監本之文本。

鳴謝

日本宮內廳書陵部許可所藏單疏本之影印出版，應允本社複製所藏縮微膠卷；足利市教育委員會並史跡足利學校事務所准許本社複製斯道文庫所藏膠卷，據以影印所藏八行本；慶應義塾大學附屬斯道文庫允許本社複製所藏膠卷。本社幸獲三家藏書機構及相關單位之支持協助，始得編輯出版本書，特此表示衷心謝忱。

北京大學研究生同學們曾協助檢查版面，糾正編排失誤；王鷟嘉同學編排版面，又以李盛鐸舊藏經傳本校八行本，感謝他們的辛勤勞動。撰寫編後記，又蒙顧永新、李霖、馬清源、馮茜、袁晶靖、趙永磊諸位師友教正，謹此誌謝。

附

李盛鐸舊藏經傳本校異（以校本書八行本經傳）

王鷺嘉撰

卷二

葉一篇題「古文尚書堯典第一」，李本無「古文尚書」四字。

葉一三「鳥獸希革」傳「改易革改」，李本「革改」下有「也」。

葉一四「以閏月定四時成歲」傳「迊四時曰朞」，李本「迊」作「匝」。又傳「未盈三歲足得一月」，李本「足」作「定」。按：足利本此葉爲補版，「足」字筆畫稍近於「定」。

葉二七「下民其咨有能俾乂」傳「言民咨嗟憂愁」，李本「嗟」作「差」。

葉二七「帝曰吁咈哉方命圮族」傳「元毁族類也」，李本「元」作「圮」。按：足利本此葉爲張斌所刻補版，「元」已改作「圮」。

卷三

葉一八「扑作教刑」傳「扑榎楚也」，李本「榎」作「榎」。按：足利本此葉爲補版，「榎」字筆畫怪異，疑經描摹。

葉一九「殛鯀于羽山」傳「績用不成」，李本「績」作「續」。

葉二六「柔遠能邇惇德允元」傳「敦厚也」，李本「敦」作「惇」。

葉二八「禹拜稽首讓于稷契暨臯陶」傳「居稷官者秉也」，李本「秉」作「棄」。按：楊本此字筆畫怪異，姑讀爲「秉」。足利本此葉爲同版後印，筆畫經修改，雖仍怪異，可讀爲「棄」。

葉三〇「蠻夷猾夏寇賊姦宄」傳「言無教所致」，李本「教」下有「之」字。

葉三四「剛而無虐簡而無傲」傳「剛失入虐簡失入傲」，李本兩「入」字均作「之」。

卷四

葉二「萬邦咸寧」傳「天下安寧」，李本傳「安」下無字。

葉四「儆戒無虞罔失法度」傳「言有恆」，李本「恆」作「常」。

葉七「汝惟不怠揔朕師」傳「厭倦萬機」，李本「厭」作「猒」。

葉一一「天祿永終」傳「言爲天子勤此二者」，李本「二」作「三」。

葉一八至十九「七旬有苗格」傳「在荒服之例」，李本「例」作「外」。

葉二三「何憂乎驩兜」傳「佞人亂真」，楊本「佞」字作「人」旁「安」，足利本此葉爲同版後印，字作「佞」。不知楊本是否經描摹乃從「安」。李本作「佞」。

葉二三「何畏乎巧言令色孔壬」傳「令色象恭滔大」，李本「大」作「天」。

葉二四「乃言曰載采采」傳「必言其所行某事某事以爲驗」，李本不重「某事」。

葉二八「一日二日萬機」傳「兢兢戒慎」，李本「戒」作「我」。

葉二九「五典無惇哉」傳「各有分義」，李本「有」作「曰」。

葉三一「曰賛賛襄哉」傳「上古行事言之」，李本「事」下有「而」字。

卷五

葉四「惟動丕應徯志」傳「順天命以待帝志」，李本無「天」字。按：八行本經挖修擠補，疑初刻亦無「天」字。

卷六

葉一三「厥貢鹽絺海物惟錯」傳「絺細葛」，李本「葛」作「葛」。按：足利本此葉爲金祖所刻補版，字已改作「葛」。

葉一七「齒革羽毛惟木」傳「木梗梓豫章」，李本「梓」作「楠」。

葉二一「杶榦栝柏」傳「柏葉松身曰栝」，傳「柏葉」之「柏」，李本作「栢」。

葉二一「惟箘簵」傳「菌簵美竹」，傳「菌」李本作「箘」。按：楊本傳「菌」字從艸，足利本此葉爲補版，已改從竹作「箘」。

葉二八「厥貢惟球琳琅玕」傳「琅玕石而似珠」，李本「珠」作「玉」。

葉二九「至于荆山」傳「故以山名乏」，李本「乏」作「之」。

葉三四「東流爲漢」傳「東行爲漢水」，李本「行」作「流」。

葉三六「東迆北會于匯」傳「都共北會爲彭蠡」，李本「共」作「其」。

葉三八「庶土交正厎」傳「謂壤墳壚」，李本「壚」作「壚」。

卷七

葉一「作甘誓」傳「夏啓嗣禹立」，李本「立」作「位」。

葉一四「遐弃厥司」，李本「弃」作「棄」。

卷八

葉三「天命殛之」傳「民命誅之今順天」，李本「民」作「天」。

葉九至一〇「式商受命」傳「商受王命」，李本「王」作「主」。

葉一一「民之戴商厥惟舊哉」傳「舊謂初征自葛時」，李本「舊」作「久」。按：足利本有挖改痕跡，疑其初刻亦作「久」。

葉一六「惟簡哉上帝之心」傳「以其簡在天心故」，李本「故」下有「也」字。

葉一八「百官總己以聽冢宰」，傳「以三公攝冢宰」，李本經傳「冢」字皆作「家」。

葉一九經「先王肇修人紀」，傳「言湯始脩爲人綱紀」，李本經傳同作「修」字。

葉三四「俾作神主」傳「使伐桀爲天地神祇之主」，李本「伐」作「代」。

葉三五「臣爲上爲德」傳「言臣奉上布德」，李本「布」作「在」。

葉三七「又曰一哉王心」傳「能一德則一心」，李本「則」下無「一」字。

卷九

葉八「服田力穡乃亦有秋」傳「下承上則有福」，李本「福」作「秋」。

葉八「汝有積德」傳「汝違上之心」，李本「上」作「叔」。

葉一三「汝無侮老成人」傳「是侮老之」，李本「老」作「慢」。

葉一五「我古后之聞」傳「古君先王之聞」，李本「君」作「后」。

葉二八「說築傅巖之野惟肖」傳「常使胥靡形人」，李本「形」作「刑」。按：足利本此葉與楊本同版，而經修補，此字改作「刑」。

葉三五「王人求多聞」傳「王者求多聞」，傳「王者」李本作「三者」。

葉三六「惟斆學半」傳「教然後知困」，李本「困」作「因」。

葉三六「作我先王」傳「言先世長官之臣」，李本「世」作「王」。

葉四〇「典祀無豐于昵」傳「服罪改修之」，李本「之」下有「也」，未知是否描補。

葉四二「西伯既黎戡」，李本「黎戡」作「戡黎」。

葉四四「嗚呼乃罪多」傳「言汝罪惡衆多」，李本「言」作「云」。

葉四五「草竊姦宄」傳「又爲姦宄於外内」，李本「外内」作「内外」。

卷十

葉一一「吉人爲善惟日不足」傳「言吉人竭日以爲善」，李本「竭」作「渴」，下傳「竭日以行惡」「竭日不足」同。

葉一七「古人有言曰」傳「武王述古言」，李本「述」作「迷」。

葉一八「惟予小子無長」，李本「長」作「良」。

葉二〇「時甲子昧爽」傳「早旦」，李本「旦」下有「也」。

葉二〇「右秉白旄以麾」傳「右手把旄旄示有事於教」，李本不重「旄」字。

葉二一「御事司徒司馬司空」傳「司空主士」，李本「士」作「土」。按：足利本此葉爲補版，字已改作「土」。

葉二二「稱爾戈」傳「戈戟」，李本「戟」作「戰」。

葉三一「將有大正于商」傳「大正以兵征之也」，李本無「也」字。

葉三一「爲天下逋逃主」傳「言大姦」，李本「大」作「天」。

葉三六「惟食喪祭」傳「喪禮篤事親愛」，李本無「事」字。按：楊本此處經挖補擠刻，疑初刻亦無「事」字。足利本此葉爲補版，擠刻一如楊本，而挖去「事」字留空白。

卷十一

葉五「次六曰乂用三德」傳「始民必用剛柔正直之三德」，李本「始」作「治」。按：足利本此葉爲同版後印，「始」字修改作「治」。

葉一二「六曰司寇」傳「王姦盜使無縱」，李本「王」作「主」，「縱」作「縱」。按：足利本此葉爲同版，字作「主」。疑楊本亦作「主」，由蛀蝕等因，不見一點而已。

葉一七「皇則受之」傳「几民之行」，李本「几」作「凡」。

葉三一「曰哲時燠若」傳「則時煖順之」，李本「煖」作「燠」。

卷十二

葉九「植璧秉珪」傳「周公秉桓珪」，李本「珪」作「圭」。

葉一一「有丕子之責于天」傳「太子之責謂疾不可救於天則當以旦代之」，李本「太」作「丕」，「代」作「伐」。

葉一八「歲則大熟」傳「此已上大誥後因武王喪并見之」，李本至「此已上大」止，卷七第八葉終，第九葉自「大誥第九」起，無「誥後因武王喪并見之」九字。

葉二二「紹天明即命」傳「就其命而行之」，李本「行」作「言」。

葉二六「告我友邦君越尹氏」傳「及於正官尹氏」，李本「正」作「王」。

葉二八「無毖于恤」傳「以善言助之」，李本「助之」作「之助」。

葉二九「予不敢不極卒寧王圖事」傳「文王所謀之事」，李本「文王」作「文五」。

葉三〇「勤毖我民若有疾」傳「欲已去之」，李本「去」作「云」。

葉三一「弗弃基」，此經並傳共三見「弃」字，李本皆作「棄」。

卷十三

葉七「應保殷民」傳「殷之民衆」，李本無「之」字。

葉九「其畢弃咎」傳「弃惡修善矣」，李本經傳兩「弃」字皆作「棄」，傳末無「矣」字。按：楊本缺此葉，足利本「矣」字經描摹，不知印版有無其字。

葉九「又曰劓刵人」，李本「又」作「乂」。

葉一二「惟弔茲不于我政人得罪」傳「不孝不慈弗友」，李本「弗」作「不」。

葉二九「登聞于天誕惟民怨」傳「升聞於天大行淫虐」，李本「大」作「天」。

葉三〇「我其可不一監」，李本「一」作「大」。按：楊本「不一監」字距甚小，足利本此葉與楊本同版，而「不一」二字經挖改作「不大」。

卷十四

葉二「越五日甲寅位成」傳「本其所由來」，「由」李本作「自」。

葉一二「其自時配皇天」傳「配上天而爲治」，李本「上」作「大」。

葉二一「王如弗敢及天基命定命」傳「不敢及如天」，李本「如」作「知」。

葉二九「聽朕教汝于棐民彝」傳「聽我教汝於輔民之常」，李本「我」作「朕」。

葉三五「我惟無斁其惠事」，李本「惠」作「康」。按：足利本此葉與楊本同版，此字挖改作「康」。

葉三五「作周恭先」傳「見恭敬之王」，李本「王」作「主」。

卷十五

葉二「惟三月」傳「明年二月」，「二」李本作「三」。按：足利本此葉與楊本同版，字作「三」，唯首筆不清晰。疑楊本印版亦作「三」，印製時首筆著墨不佳，以成「二」字。

葉二「用告商王士」傳「告商王之衆士」，李本「士」作「壬」。

葉二「將天明威」傳「奉天明威」，李本「威」作「滅」。

葉二「勑殷命終于帝」傳「正黜殷命」，李本「正」作「王」。

葉五「罔不配天其澤」傳「故無不配天」，李本傳「天」字作「大」。

葉九「比事臣我宗多遜」傳「使汝遠惡俗」，李本「遠」下有「於」。按：足利本此葉爲補版，「使汝」下一字格擠刻「遠於」二字。

葉一四「三年不言」傳「言孝行著」，李本傳「言」字作「信」。

葉一四「言乃雍」傳「則天下和」，李本「天」作「大」。

葉二一「民無或胥譸張爲幻」，李本「幻」作「幼」。葉二三「人乃或譸張爲幻」同。

卷十六

葉二「天降喪于殷」傳「天下喪亡於殷殷已墜失」，李本不重「殷」字。

葉七「明恤小臣屏侯甸」傳「自湯至戊丁」，李本「戊」作「武」。按：楊本此處稍破損，足利本此葉爲補版，而「戊」字已改作「武」。

葉一六「祇若茲往敬用治」傳「當敬順我比言」，李本「比」作「此」。按：足利本此葉與楊本同版，而「比」字挖改作「此」。

葉一七「周公以爲卿士」傳「周公所內諸侯」，李本「所」作「圻」。按：足利本此葉與楊本同版，而「所」字挖改作「圻」。

葉二五「乃大降顯休命于成湯」傳「大下明美之命」，李本傳「大」字作「天」。

葉三五「凡民惟曰不享」傳「凡民亦惟曰不享」，李本傳「民」字作「國」。

卷十七

葉一二「惟有司之牧夫」傳「及惟慎擇有司牧夫而已」，李本無「及」字，留空格。

葉二一「官不必備」傳「不必備員」，李本「員」作「具」。

葉二六「無以利口亂厥官」傳「無以利口辯佞」，李本「辯」作「辨」。

卷十八

葉三「甲子乃洮頮水」，李本「甲子」下有「王」字。

葉九「越玉五重陳寶」傳「於東西序坐北」，李本「北」作「此」。又傳「先王所寶」，李本「王」作「玉」。

葉二一「授宗人同拜」傳「拜白已傳顧命」，李本「白」作「曰」。

葉二一「宅授宗人同拜」傳「白戒王以事畢」，李本「戒」作「成」。按：足利本此葉爲顧達所刊補版，「戒」字經修改作「成」，但筆畫怪異，仍可見原作「戒」。

葉二一「太保降收」傳「太保下堂立王下可知」，李本「立王下」作「則王亦」。按：足利本此葉爲顧達所刊補版，「立王下」經修改作「則王下」。

卷十九

葉一八「伯夷播刑之迪」傳「言當視是伯夷」，李本無「言」。

卷二十

葉一五「秦穆公伐鄭」傳「遣三帥帥師」，李本「三帥」作「三師」。

圖書在版編目(CIP)數據

影印南宋官版尚書正義 / (唐) 孔穎達撰. —北京：北京大學出版社，2015.11
(重歸文獻. 影印經學要籍善本叢刊)
ISBN 978-7-301-24000-7

Ⅰ. ①影… Ⅱ. ①孔… Ⅲ. ①中國歷史—商周時代②《尚書》—注釋 Ⅳ. ①K221.04

中國版本圖書館CIP數據核字(2014)第039911號

書　　名	影印南宋官版尚書正義
著作責任者	(唐)孔穎達　撰
責任編輯	王　琳　魏奕元
標準書號	ISBN 978-7-301-24000-7
出版發行	北京大學出版社
地　　址	北京市海淀區成府路205號　100871
網　　址	http://www.pup.cn　　新浪微博:@北京大學出版社
電子信箱	zpup@pup.cn
電　　話	郵購部 62752015　發行部 62750672　編輯部 62756694
印 刷 者	北京中科印刷有限公司
經 銷 者	新華書店
	787毫米×1092毫米　16開本　40.75印張　960千字
	2015年11月第1版　2015年11月第1次印刷
定　　價	320.00圓
